中国经济科学年鉴

1993

主　　编

李京文　郑家亨　张卓元　晓　亮（常务）

副 主 编

张朝尊　肖灼基　翟立功　刘福垣　张问敏

中国统计出版社

（京）新登字 041 号

中国经济科学年鉴
ZHONGGUO JINGJI KEXUE NIANJIAN
1993
主　编　李京文　郑家亨　张卓元　晓　亮（常务）
副主编　张朝尊　肖灼基　翟立功　刘福垣　张问敏
*
中国统计出版社　出版
新华书店北京发行所发行
北京顺义振华印刷厂印刷
*
787×1092 毫米　16 开本　28.75 印张　90 万字
1993 年 11 月第 1 版　1993 年 11 月北京第 1 次印刷
印数：1—2 000
ISBN 7-5037-1293-7/F·538
定价：50.00 元

《中国经济科学年鉴》顾问

(按姓氏笔划为序)

《中国经济科学年鉴》编辑委员会委员名单

(按姓氏笔划为序)

前　　言

《中国经济科学年鉴》是一本较全面地反映我国经济科学的发展历程，记载我国经济科学的研究成果，报道我国经济学界的活动和事件，并适当介绍国外经济学动向的年刊。它具有学术性、知识性和资料性的特点。自1984年出版以来，深受读者的欢迎。现在摆在您面前的这本《年鉴》，按顺序为第九卷。

《中国经济科学年鉴》原来由中国经济学团体联合会创办，自1990年起转归中国社会科学院经济学科片主办。

根据年鉴栏目的设置应当具有相对稳定性和连续性，并不断改进的要求，今年这本年鉴共设13个栏目。与以往各卷相比，本卷有如下一些变化：理论探讨和改革开放都围绕着"市场经济"这一目标模式展开为了集中介绍国内经济学科的情况，取消了"国外学术动态"一栏；为了更多地介绍企业经营管理和企业改革的先进经验，这一栏的篇幅有较大增加。

本年鉴选用的资料，以自然年度为限。但由于有些资料出版较晚，或为了保证资料的完整性和连续性，在年度时间上有少量的交叉。

经济科学是一个大学科。它涉及面广，同实际经济工作有紧密的联系。每年开展的学术活动、发表的论文、著作、讨论的问题很多。尽管本年鉴力争全面、客观地反映这些情况，但是由于我们的视野、水平有限，加上编辑力量薄弱，因而难免有所遗漏和不妥，欢迎读者批评、指正，并提出改进意见。

本年鉴在组稿编辑和出版过程中得到经济学界同仁和各有关部门、单位的大力支持，在此表示深切的谢意。

目　　录

党和国家重要经济文献选编

专　　论

经济科学研究观点简介

经济学著作、译著选介

附：部分经济学著作、译著、工具书索引

经济学论文选介

附：部分经济学论文索引

经济学博士学位论文选介

经济学学术会议选介

经济学新学科介绍

企业经营管理和企业改革

已故经济学家介绍

中外学术交流

海外经济学家对中国的评论

附　录

Outline of Contents

Selection of the Party's and state's Economic Documents

Theses

Introduction to Viewpoints in Research into Economic Sciences

党和国家重要经济文献选编

加快改革开放和现代化建设步伐，夺取有中国特色社会主义事业的更大胜利（节录）

——在中国共产党第十四次全国代表大会上的报告

（1992年10月12日）

江　泽　民

九十年代改革和建设的主要任务

我们要在九十年代把有中国特色社会主义的伟大事业推向前进，最根本的是坚持党的基本路线，加快改革开放，集中精力把经济建设搞上去。同时，要围绕经济建设这个中心，加强社会主义民主法制和精神文明建设，促进社会全面进步。

我国近代的历史和当今世界的现实都清楚表明，经济落后就会非常被动，就会受制于人。当前国际竞争的实质是以经济和科技实力为基础的综合国力较量。世界上许多国家特别是我们周边的一些国家和地区都在加快发展。如果我国经济发展慢了，社会主义制度的巩固和国家的长治久安都会遇到极大困难。所以，我国经济能不能加快发展，不仅是重大的经济问题，而且是重大的政治问题。

九十年代我国经济的发展速度，原定为国民生产总值平均每年增长百分之六，现在从国际国内形势的发展情况来看，可以更快一些。根据初步测算，增长百分之八到九是可能的，我们应该向这个目标前进。在提高质量、优化结构、增进效益的基础上努力实现这样的发展速度，到本世纪末我国国民经济整体素质和综合国力将迈上一个新的台阶。国民生产总值将超过原定比一九八〇年翻两番的要求。主要工农业产品产量显著增加。产业结构和地区经济布局比较合理。科学技术和管理水平有较大提高，一批骨干企业接近或达到国际先进水平。人民生活由温饱进入小康。建议国务院对“八五”计划做出必要的调整，并着手研究制订“九五”计划。

当前，要紧紧抓住有利时机，加快发展，有条件能搞快一些的就快一些，只要是质量高、效益好、适应国内外市场需求变化的，就应当鼓励发展。要坚持从实际出发，注意量力而行，搞好综合平衡，不要一讲加快发展，就一哄而起，走到过去那种忽视效益，片面追求产值，争相攀比，盲目上新项目，一味扩大基建规模的老路上去。要真抓实干，大胆而又细致地工作，齐心协力办好几件大事，走出一条既有较高速度又有较好效益的国民经济发展路子。

加快我国经济发展，必须进一步解放思想，加快改革开放的步伐，不要被一些姓“社”姓“资”的抽象争论束缚自己的思想和手脚。社会主义要赢得同资本主义相比较的优势，必须大胆吸收和借鉴世界各国包括资本主义发达国家的一切反映现代社会化生产和商品经济一般规律的先进经营方式和管理方法。国外的资金、资源、技术、人才以及作为有益补充的私营经济，都应当而且能够为社会主义所利用。政权在人民手中，又有强大的公有制经济，这样做不会损害社会主义，只会有利于社会主义的发展。

我国经济体制改革确定什么样的目标模式，是关系整个社会主义现代化建设全局的一个重大问题。这个问题的核心，是正确认识和处理计划与市场的关系。传统的观念认为，市场经济是资本主义特有的东西，计划经济才是社会主义经济的基本特征。十一届三中全会以来，随着改革的深入，我们逐步摆脱这种观念，形成新的认识，对推动改革和发展起了重要作用。十二大提出计划经济为主，市场调节为辅；十二届三中全会指出的商品经济是社会经济发展不可逾越的阶段，我国社会主义经济是公有制基础上的有计划商品经济；十三大提出社会主义有计划商品经济的体制应该是计划与市场内在统一的体制；十三届四中全会后，提出建立适应有计划商品经济发展的计划经济与市场调节相结合的经济体制和运行机制。特别是邓小平同志今年初重要谈话进一步指出，计划经济不等于社会主义，资本主义也有计划；市场经济不等于资本主义，社会主义也有市场。计划和市场都是经济手段。计划多一点还是市场多一点，不是社会主义与资本主义的本质区别。这个精辟论断，从根本上解除了把计划经济和市场经济看作属于社会基本制度范畴的思想束缚，使我们在计划与市场关系问题上的认识有了新的重大突破。改革开放十多年来，市场范围逐步扩大，大多数商品的价格已经放开，计划直接管理的领域显著缩小，市场对经济活动调节的作用大大增强。实践表明，市场作用发挥比较充分的地方，经济活力就比较强，发展态势也较好。我国经济要优化结构，提高效益，加快发展，参与国际竞争，就必须继续强化市场机制的作用。实践的发展和认识的深化，要求我们明确提出，我国经济体制改革的目标是建立社会主义市场经济体制，以利于进一步解放和发展生产力。

我们要建立的社会主义市场经济体制，就是要使市场在社会主义国家宏观调控下对资源配置起基础性作用，使经济活动遵循价值规律的要求，适应供求关系的变化；通过价格杠杆和竞争机制的功能，把资源配置到效益较好的环节中去，并给企业以压力和动力，实现优胜劣汰；运用市场对各种经济信号反应比较灵敏的优点，促进生产和需求的及时协调。同时也要看到市场有其自身的弱点和消极方面，必须加强和改善国家对经济的宏观调控。我们要大力发展全国的统一市场，进一步扩大市场的作用，并依据客观规律的要求，运用好经济政策、经济法规、计划指导和必要的行政管理，引导市场健康发展。

社会主义市场经济体制是同社会主义基本制度结合在一起的。在所有制结构上，以公有制包括全民所有制和集体所有制经济为主体，个体经济、私营经济、外资经济为补充，多种经济成分长期共同发展，不同经济成分还可以自愿实行多种形式的联合经营。国有企业、集体企业和其他企业都进入市场，通过平等竞争发挥国有企业的主导作用。在分析制度上，以按劳分配为主体，其他分配方式为补充，兼顾效率与公平。运用包括市场在内的各种调节手段，既鼓励先进，促进效率，合理拉开收入差距，又防止两极分化，逐步实现共同富裕。在宏观调控上，我们社会主义国家能够把人民的当前利益与长远利益、局部利益与整体利益结合起来，更好地发挥计划和市场两种手段的长处。国家计划是宏观调控的重要手段之一。要更新计划观念，改进计划方法，重点是合理确定国民经济和社会发展的战略目标，搞好经济发展预测、总量调控、重大结构与生产力布局规划，集中必要的财力物力进行重点建设，综合运用经济杠杆，促进经济更好更快地发展。

建立和完善社会主义市场经济体制，是一个长期发展的过程，是一项艰巨复杂的社会系统工程。既要做持久的努力，又要有紧迫感；既要坚定方向，又要从实际出发，区别不同情况，积极推进。在建立社会主义市场经济体制的过程中，计划与市场两种手段相结合的范围、程度和形式，在不同时期、不同领域和不同地区可以有所不同。要大胆探索，敢于试验，及时总结经验，促进体制转换的健康进行。建立社会主义市场经济体制，涉及到我国经济基础和上层建筑的许多领域，需要有一系列相应的体制改革和政策调整，必须抓紧制定总体规划，有计划、有步骤地实施。我们相信，社会主义条件下的市场经济，应当也完全可能比资本主义条件下的市场经济运转得更好。

为了加速改革开放，推动经济发展和社会全面进步，必须努力实现十个方关系全局的主要任务。

第一，围绕社会主义市场经济体制的建立，加快经济改革步伐。

建立社会主义市场经济体制，要认真抓好几个相互联系的重要环节。

一是转换国有企业特别是大中型企业的经营机制，把企业推向市场，增强它们的活力，提高它们的素质。这是建立社会主义市场经济体制的中心环节，是巩固社会主义制度和发挥社会主义优越性的关键所在。通过理顺产权关系，实行政企分开，落实企业自主权，使企业真正成为自主经营、自负盈亏、自我发展、自我约束的法人实体和市场竞争的主体，并承担国有资产保值增值的责任。当前实行的经营承包制应当进一步完善。股份制有利于促进政企分开、转换企业经营机制和积聚社会资金，要积极试点，总结经验，抓紧制定和落实有关法规，使之有秩序地健康发展。鼓励有条件的企业联合、兼并，合理组建企业集团。国有小型企业，有些可以出租或出售集体或个人经营。

二是加快市场体系的培育。继续大力发展商品市场特别是生产资料市场，积极培育包括债券、股票等有价证券的金融市场，发展技术、劳务、信息和房地产等市场，尽快形成全国统一的开放的市场体系。加强市场制度和法规建设，坚决打破条条块块的分割、封锁和垄断，促进和保护公平竞争。价格改革是市场发育和经济体制改革的关键，应当根据各方面的承受能力，加快改革步伐，积极理顺价格关系，建立起以市场形成价格为主的价格体制。

三是深化分配制度和社会保障制度的改革。统筹兼顾国家、集体、个人三者利益，理顺国家与企业、中央与地方的分配关系，逐步实行利税分流和分税制。加快工资制度改革，逐步建立起符合企业、事业单位和机关各自特点的工资制度与正常的工资增长机制。积极建立待业、养老、医疗等社会保障制度，努力推进城镇住房制度改革。

四是加快改革政府职能的转变。这是上层建筑适应经济基础和促进经济发展的大问题。不在这方面取得实质性进展，改革难以深化，社会主义市场经济体制难以建立。转变的根本途径是政企分开。凡是国家法令规定属于企业行使的职权，各级政府都不得干预。下放给企业的权利，中央政府部门和地方政府都不得截留。政府的职能，主要是统筹规划，掌握政策，信息引导，组织协调，提供服务和检查监督。进一步改革计划、投资、财政、金融和一些专业部门的管理体制，同时强化审计和经济监督，健全科学的宏观管理体制与方法。合理划分中央与省、自治区、直辖市的经济管理权限，充分发挥中央和地方两个积极性。

第二，进一步扩大对外开放，更多更好地利用国外资金、资源、技术和管理经验。

对外开放的地域要扩大，形成多层次、多渠道、全方位开放的格局。继续办好经济特区、沿海开放城市和沿海经济开放区。扩大开放沿边地区，加快内陆省、自治区对外开放的步伐。以上海浦东开发开放为龙头，进一步开放长江沿岸城市，尽快把上海建成国际经济、金融、贸易中心之一，带动长江三角洲和整个长江流域地区经济的新飞跃。加速广东、福建、海南、环渤海湾地区的开放和开发。力争经过二十年的努力，使广东及其他有条件的地方成为我国基本实现现代化的地区。

利用外资的领域要拓宽。采取更加灵活的方式，继续完善投资环境，为外商投资经营提供更方便的条件和更充分的法律保障。按照产业政策，积极吸引外商投资，引导外资主要投向基础设施、基础产业和企业的技术改造，投向资金、技术密集型产业，适当投向金融、商业、旅游、房地产等领域。经济技术开发区和高新技术产业开发区的建设，要合理布局，认真办好。

积极开拓国际市场，促进对外贸易多元化，发展外向型经济。扩大出口贸易，改善出口商品结构，提高出口商品的质量和档次，同时适当增加进口，更多地利用国外资源和引进先进技术。深化外贸体制改革，尽快建立适应社会主义市场经济发展的、符合国际贸易规范的新型外贸体制。赋予有条件的企业、科技单位以外贸自营权。积极扩大我国企业的对外投资和跨国经营。

第三，调整和优化产业结构，高度重视农业，加快发展基础工业、基础设施和第三产业。

根据我国经济的现实情况和发展趋向，应当着力提高第一产业即农业的质量，稳步增加产量；继续发展第二产业，积极调整工业结构；大力促进第三产业的兴起。

农业是国民经济的基础，必须坚持把加强农业放在首位，全面振兴农村经济。树立大农业观念，保持粮食、棉花稳定增产，继续调整农业内部结构，积极发展农、林、牧、副、渔各业，努力开发高产优质高效农业。坚持依靠科技、教育兴农，多形式、多渠道增加农业投入，坚持不懈地开展农田水利建设，不断提高农业的集约经营水平和综合生产能力。继续大力发展乡镇企业，特别要扶持和加快中西部地区和少数民族地区乡镇企业的发展。必须全面贯彻十三届八中全会的决定，深化农村经济体制和经营机制的改革。要把家庭联产承包为主的责任制，统分结合的双层经营体制，作为一项基本制度长期稳定下来，并不断充实完善。积极发展多种形式的农业社会化服务体系。从各地实际出发，逐步壮大集体经济实力。抓紧进行农产品价格和农村流通体制的改革，继续强化市场在农村经济中的调节作用。

加快交通、通信、能源、重要原材料和水利等基础设施和基础工业的开发与建设。这是当前加快经济发展的迫切需要，也是增强经济发展后劲的重要条件。集中必要的力量，高质量、高效率地建设一批重点骨干工程，抓紧长江三峡水利枢纽、南水北调、西煤东运新铁路能通道、千万吨级钢铁基地等跨世纪特大工程的兴建。加强地质勘探。振兴机械电子、石油化工、汽车制造和建筑业，使它们成为国民经济的支柱产业。不失时机地发展高新技术产业。轻工、纺织等一般加工工业主要通过联合、改组和技术改造，提高素质和水平。高度重视节约能源和原材料，提高资源利用效率。固定资产投资的重点应当放在加强基础设施、基础产业，以及现有企业的技术改造和改建扩建上，尤其要重视老工业基地和大型骨干企业的技术改造。

第三产业的兴旺发达，是现代化经济的一个重要特征。目前我国第三产业在国民生产总值中的比重，大大低于发达国家和许多发展中国家。发展我国商业、金融、保险、旅游、信息、法律和会计审计咨询、居民服务等第三产业，不仅有利于促进市场发育，提高服务的社会化、专业化水平，提高经济效益和效率，方便和丰富人民生活，而且可以广开就业门路，为经济结构调整、企业经营机制转换和政府机构改革创造重要条件。要发挥国家、集体、个人三方面的积极性，加快第三产业的发展，使之在国民生产总值中的比重有明显提高。

第四，加速科技进步，大力发展教育，充分发挥知识分子的作用。

科学技术是第一生产力。振兴经济首先要振兴科技。只有坚定地推进科技进步，才能在激烈的竞争中取得主动。当前，我国经济正面临着加速发展、调整结构、提高效益的重大任务，尤其需要全社会提高科技意识，多方面增加科技投入，真正依靠科技进步。科技工作要面向经济建设主战场，在开发研究、高新技术及其产业、基础性研究这三个方面合理配置力量，确定各自攀登高峰的目标。在世界高科技领域中，中华民族要占有应有的位置。通过深化改革，建立和完善科技与经济有效结合的机制，加速科技成果的商品化和向现实生产力转化。不断完善保护知识产权的制度。认真抓好引进先进技术的消化、吸收和创新。努力提高科技进步在经济增长中所占的含量，促进整个经济由粗放经营向集约经营转变。

科技进步、经济繁荣和社会发展，从根本上说取决于提高劳动者的素质，培养大批人才。我们必须把教育摆在优先发展的战略地位，努力提高全民族的思想道德和科学文化水平，这是实现我国现代化的根本大计。要优化教育结构，大力加强基础教育，积极发展职业教育、成人教育和高等教育，鼓励自学成才。各级政府要增加教育投入。鼓励多渠道、多形式社会集资办学和民间办学，改变国家包办教育的做法。各级各类学校都要全面贯彻党的教育方针，全面提高教育质量。到本世纪末，基本扫除青壮年文盲，基本实现九年制义务教育。进一步改革教育体制、教学内容和教学方法，加强师资队伍的培养和建设，扩大学校办学自主权，促进教育同经济、科技的密切结合。

知识分子是工人阶级中掌握科学文化知识较多的一部分，是先进生产力的开拓者，在改革开放和现代化建设中有着特殊重要的作用。能不能充分发挥广大知识分子的才能，在很大程度上决定着我们民族的盛衰和现代化建设的进程。要努力创造更加有利于知识分子施展聪明才智的良好环境，在全社会进一步形成尊重知识、尊重人才的良好风尚。下决心采取重大政策和措施，积极改善知识分子的工作、学习和生活条件，对有突出贡献的知识分子给予重奖，并形成规范化的奖励制度。我们热情欢迎出国学习人员通过多种方式关心、支持和参加祖国的现代化建设。不论他们过去的政治态度如何，都欢迎回来参加社会主义建设，给予妥善安排，并实行出入自由、来去方便的政策。广大知识分子在社会主义现代化事业中已经做出巨大贡献，今后一定会不辜负国家和人民的厚望与重托，更加振奋精神，做出新的贡献。

第五，充分发挥各地优势，加快地区经济发展，促进全国经济布局合理化。

我国地域广阔，各地条件差异很大，经济发展不平衡。应当在国家统一规划指导下，按照因地制宜、合理分工、各展所长、优势互补、共同发展的原则，促进地区经济合理布局和健康发展。东部沿海地区要大力发展外向型经济，重点发展附加值高、创汇高、技术含量高、能源和原材料消耗低的产业和产品，多利用一些国外资金、资源，求得经济发展的更高速度和更好效益。中部和西部地区资源丰富，沿边地区还有对外开放的地缘优势，发展潜力很大，国家要在统筹规划下给予支持。这些地方应当根据市场经济的要求，加快对内对外开放的步伐，加强基础设施建设，促进资源的开发和利用，努力发展优势产业和产品，有条件的也要积极发展外向型经济，以带动整个经济发展。各地都要从国家整体利益出发，树立全局观念，不应追求自成体系，竭力避免不合理的重复建设和重复引进。积极促进合理交换和联合协作，形成地区之间互惠互利的经济循环新格局。要根据自然地理特点和经济的内在联系，充分发挥中心城市作用，努力发展各具特色的区域经济。

加快少数民族地区经济发展，对于加强民族团结，巩固边防，促进全国经济发展，具有极为重要的意义。贫困地区尽快脱贫致富，是实现第二步战略目标的重要组成部分。对少数民族地区以及革命老根据地、边疆地区和贫困地区，国家要采取有效政策加以扶持，经济比较发达地区要采取多种形式帮助他们加快发展。

第六，积极推进政治体制改革，使社会主义民主和法制建设有一个较大的发展。

同经济体制改革和经济发展相适应，必须按照民主化和法制化紧密结合的要求，积极推进政治体制改革。我们的政治体制改革，目标是建设有中国特色的社会主义民主政治，绝不是搞西方多党制和议会制。我国宪法规定，中华人民共和国国家机构实行民主集中制的原则。这是我国的一项根本制度。人民民主是社会主义的本质要求和内在属性。没有民主和法制就没有社会主义，就没有社会主义的现代化。我们应当在发展社会主义民主、健全社会主义法制方面取得明显进展，以巩固和发展稳定的社会政治环境，保证经济建设和改革开放的顺利进行。

进一步完善人民代表大会制度。加强人民代表大会及其常委会的立法监督等职能，更好地发挥人民代表的作用。完善共产党领导的多党合作与政治协商制度，巩固和发展新时期的爱国统一战线，充分发挥人民政协在政治协商和民主监督中的作用。坚持“长期共存、互相监督、肝胆相照、荣辱与共”的方针，加强同民主党派协商议事，支持民主党派和无党派人士在国家机关担任领导职务，进一步巩固我们党同党外人士的联盟。我国是统一的多民族国家，各民族的大团结是维护祖国统一、实现社会主义现代化的重要保证。全面贯彻党的民族政策，坚持和完善民族区域自治制度，坚持平等、互助、团结、合作，以促进各民族的共同繁荣。认真贯彻党的宗教政策、侨务政策，为社会主义现代化建设服务。

决策的科学化、民主化是实行民主集中制的重要环节，是社会主义民主政治建设的重要任务。领导机关和领导干部要认真听取群众意见，充分发挥各类专家和研究咨询机构的作用，加速建立一套民主的科学的决策制度。加强基层民主建设，切实发挥职工代表大会、居民委员会和村民委员会的作用。强化法律监督机关和行政监察机关的职能，重视传播媒介的舆论监督，逐步完善监督机制，使各级国家机关及其工作人员置于有效的监督之下。

高度重视法制建设。加强立法工作，特别是抓紧制订与完善保障改革开放、加强宏观经济管理、规范微观经济行为的法律和法规，这是建立社会主义市场经济体制的迫切要求。要严格执行宪法和法律，加强执法监督，坚决纠正以言代法、以罚代刑等现象，保障人民法院和检察院依法独立进行审判和检察。加强政法部门自身建设，提高人员素质和执法水平。要把民主法制实践和民主法制教育结合起来，不断增强广大干部群众的民主意识和法制观念。

搞好社会治安，是关系广大群众切身利益，保证社会稳定和经济发展的大事。必须采取有力措施，认真改变有些地方治安不好的状况。要强化人民民主专政职能，依靠专门机关和广大群众的紧密结合，坚持综合治理，坚决打击敌对势力和各种刑事犯罪活动，伸张正义，保护人民。

第七，下决心进行行政管理体制和机构改革，切实做到转变职能、理顺关系、精兵简政、提高效率。

机构改革，精兵简政，是政治体制改革的紧迫任务，也是深化经济改革、建立市场经济体制和加快现代化建设的重要条件。目前，党政机构臃肿，层次重叠，许多单位人浮于事，效率低下，脱离群众，障碍企业经营机制的转换，已经到了非改不可的地步。各级党委和政府必须统一认识，按照政企分开和精简、统一、效能的原则，下决心对现行行政管理体制和党政机构进行改革。综合经济部门的工作重点要转到加强宏观调控上来。撤并某些专业经济部门和职能交叉重复或业务相近的机构，大幅度裁减非常设机构。精减机关人员，严格定编定员。机构改革、精兵简政是一项艰巨任务，必须统筹规划，精心组织，上下结合，分步实施，三年内基本完成。要把人员精减同提高工作效率和发展社会生产力结合起来，既改善机关人员结构，提高人员素质，又使大批人才转移到第三产业和其他需要加强的工作岗位上去，成为现代化建设的生力军。

加快人事劳动制度改革，逐步建立健全符合机关、企业和事业单位不同特点的科学的分类管理体制和有效的激励机制。这方面的改革要同机构改革、工资制度改革相结合。尽快推行国家公务员制度。

第八，坚持两手抓，两手都要硬，把社会主义精神文明建设提高到新水平。

改革开放和现代化建设，有力地推动着我国人民解放思想、开阔眼界、面向世界、走向未来，焕发出自强不息、奋力拚搏的精神，同时也对精神文明建设提出了更高要求。物质文明和精神文明都搞好，才是有中国特色的社会主义。精神文明建设必须紧紧围绕经济建设这个中心，为经济建设和改革开放提供强大的精神动力和智力支持。

精神文明重在建设。应当高度重视理论建设，保障学术自由，注重理论联系实际，创造性地开展研究，繁荣哲学社会科学，坚持和发展马克思主义。加强理论队伍建设，重视中青年理论工作者的培养和提高。坚持“为人民服务、为社会主义服务”的方向和“百花齐放、百家争鸣”的方针。积极推进文化体制改革，完善文化事业的有关经济政策，繁荣社会主义文化。要重视社会效益，鼓励创作内容健康向上特别是讴歌改革开放和现代化建设的具有艺术魅力的精神产品。加强新闻、出版、广播、电视和文学艺术等方面的工作。发挥思想政治工作的优势，激发广大群众投身社会主义建设的积极性。在全国各族人民特别是青少年中，进一步加强党的基本路线教育，爱国主义、集体主义和社会主义思想教育，近代史、现代史教育和国情教育，增强民族自尊、自信和自强精神，抵御资本主义和封建主义腐朽思想的侵蚀，树立正确的思想、信念和价值观。各行各业都要重视职业道德建设，逐步形成适合自身特点的职业道德规范，坚决纠正利用职权谋取私利的行业不正之风。加强社会公德教育，大力表彰具有时代精神的模范人物。搞好社区文化、村镇文化、企业文化、校园文化的建设，进一步开展军民共建、警民共建文明单位等群众性活动，把精神文明建设落实到城乡基层。精神文明建设要有相应的物质保障，要通过各种渠道增加投入，并把这方面的设施建设纳入城乡建设总体规划。

社会丑恶现象的滋长蔓延，毒害人们特别是青少年的身心健康，防碍现代化建设和改革开放，损害社会主义形象，人民对此深恶痛绝。扫除各种丑恶现象，切不可手软，必须长期坚持，抓出成效。

各级党委要认真总结改革开放以来的新经验，加强和改进对精神文明建设的领导。我们要继承和发扬中华民族优良的思想文化传统，吸收人类文明发展的一切优秀成果，在生动丰富的社会主义实践中，创造出人类先进的精神文明。我们要为改革开放和现代化建设创造有利环境，培养一代又一代有理想、有道德、有文化、有纪律的新人。

第九，不断改善人民生活，严格控制人口增长，加强环境保护。

加快改革开放和经济发展，目的都是为了满足人民日益增长的物质文化需要。随着生产发展和社会财富的增加，城乡居民的实际收入、消费水平和生活质量要有明显提高。衣食住行尤其是居住条件，应有较多改善。文化生活更加丰富，体育、卫生事业进一步发展，人民健康水平继续提高。在我们这个占世界人口五分之一的国家里，人民过上小康生活，是一件了不起的大事。同时应当指出，我国底子薄，目前处在实现现代化的创业阶段，需要有更多的资金用于建设，一定要继续发扬艰苦奋斗、勤俭建国的优良传统，提倡崇尚节约的社会风气。

认真执行控制人口增长和加强环境保护的基本国策。计划生育工作决不能放松，必须确保实现既定的人口控制目标，坚持优生优育，提高人口质量。重视研究人口老龄化问题，认真做好这方面的工作。要增强全民族的环境意识，保护和合理利用土地、矿藏、森林、水等自然资源，努力改善生态环境。

第十，加强军队建设，增强国防实力，保障改革开放和经济建设顺利进行。

中国人民解放军是人民民主专政的坚强柱石，是捍卫社会主义祖国的钢铁长城，是建设有中国特色社会主义的重要力量。在当前和今后相当长的时期内，我国社会主义现代化建设仍将在复杂多变的国际环境中进行。必须始终不渝地坚持党对军队的绝对领导，必须按照邓小平同志关于新时期军队建设的思想，走有中国特色的精兵之路，把人民解放军建设成为强大的现代化正规化革命军队，不断增强我国国防实力，为改革开放和经济建设提供坚强有力的安全保证。我国已经裁军百万，今后军队要努力适应现代战争的需要，注重质量建设，全面增强战斗力，更好地担负起保卫国家领土、领空、领海主权和海洋权益，维护祖国统一和安全的神圣使命；同时，要自觉服从国家经济建设的大局，积极支持和参与改革开放和现代化建设，为国家的发展和繁荣贡献力量。军队要努力搞好各项建设和改革，切实把教育训练摆到战略地位，全面提高官兵素质，使全军部队做到政治合格、军事过硬、作风优良、纪律严明、保障有力。重视国防科技研究和国防工业，逐步改善武器装备。各级党组织、政府和全国人民要一如既往地关心国防建设，支持军队完成各项任务。抓好全民国防教育，广泛深入持久地开展拥政爱民、拥军优属活动，发展军民相互团结、相互支持的大好局面。做好民兵、预备役工作，不断加强国防后备力量建设。中国人民武装警察部队是保卫社会主义现代化建设的一支重要力量。要继续加强人民武装警察部队和公安、安全等部门的建设，更加有力地维护国家安全和社会稳定。

同志们！改革开放和现代化建设是人民群众的伟大事业。我们要胜利实现九十年代的繁重任务，必须全心全意依靠工人阶级和广大劳动群众，充分发挥全体人民的积极性和创造性。只要我国各族人民紧密团结，奋发图强，我们的社会主义现代化事业就一定会无往而不胜。

政府工作报告(节录)

——1992年3月20日在七届全国人大五次会议上

国务院总理　李　鹏

二、抓紧有利时机，加快经济发展

现在，我国国内条件具备，国际环境有利，再加上发挥社会主义制度能够集中力量办大事的优势，在今后现代化建设的长过程中，出现若干个发展速度比较快、效益比较好的阶段，是必要的，也是能够办到的。机不可失，时不我待。我们要抓紧时机，集中力量，进一步加快国民经济的发展。1992年经济工作的重点，是抓紧调整结构和提高效益，特别是要在搞好农业和国营大中型企业方面取得更大的成绩。

今年计划要求，在保持社会总需求与总供给基本平衡的基础上，国民生产总值增长百分之六，全社会固定资产投资增长百分之八。投资要符合产业政策，避免盲目发展和重复建设。社会商品零售总额增长百分之十二点三，货币发行和新增信贷规模与去年大体持平，零售物价上涨幅度控制在百分之六以内。考虑到治理整顿刚刚结束，经济发展中还存在着一些不稳定因素，当前经济工作的重点是调整结构和提高效益，因此在今年经济增长速度的计划安排上，是留有余地的。我们要努力做好工作，力争实际执行的结果更好一些。有条件的地区，能够快的一定要搞得快一些。如果今年各方面的工作都能够做得更好一些，“八五”计划后三年经济的加快发展就有了更为坚实的基础。

继续下大力气抓农业，争取农村经济更快发展。今年的农村工作，要全面贯彻落实党的十三届八中全会的决定，继续稳定以家庭联产承包为主的责任制，不断完善统分结合的双层经营体制，积极发展农业社会化服务体系，逐步壮大集体经济实力。采取坚决有力的措施，把科技、教育兴农的战略落到实处。要有计划地改造中低产田，在保持农产品总量稳定增加的基础上，逐步调整农业生产结构，大力发展高产优质高效农业。有效地控制农业生产资料价格，坚持制止乱摊派、乱收费，切实减轻农民负担。继续发挥各方面的积极性，努力搞好扶贫工作。

深化农产品价格和流通体制改革，是进一步发展农村商品经济的关键。要积极推进粮食购销价格体制改革，进一步建立和完善粮食、棉花、食油等重要农产品的储备调节制度，发展批发市场和期货市场。实行多渠道流通，在发挥国营和合作社商业主渠道作用的同时，支持农民从事商品流通活动，积极发展第三产业。

乡镇企业在农村经济中具有十分重要的作用，并已成为整个国民经济的重要组成部分。要根据国家的产业政策、市场需求和资源条件，鼓励它们继续发展。国家和地方都要大力帮助中西部地区和经济不发达地区、贫困地区发展乡镇企业，以尽快改变落后面貌，改善农民生活。

大灾之后，应当更加重视水利建设。当前的重点是加快淮河、太湖的综合治理。各地要加强中小河流的治理，开展农田水利基本建设。去冬今春以来部分地区旱情严重，必须认真加强抗旱工作，同时也要注意做好防汛准备。搞好城乡节水，缓解水资源紧张的矛盾。改革土地使用制度，合理利用土地，切实保护耕地，有步骤地开发宜农荒地、宜牧荒原和滩涂。进一步搞好水土保持，保护森林和草原植被。全民植树造林活动，功在当代，福及子孙，要长期不懈地坚持下去。

努力搞好国营大中型企业，大力调整经济结构和提高经济效益。我国经济要上一个新的台阶，必须加快调整经济结构，不断促进科技进步和提高经济效益，切实增强国营大中型企业的活力。去年提出的关于搞好国营大中型企业的20条措施，正在逐步落实，已经收到初步效果，继续扎扎实实抓下去是大有希望的。所有的企业，特别是国营大中型企业，都要深化改革，严格管理，挖掘内部潜力，加速资金周转，提高产品质量，降低生产成本，并且十分注意安全生产，努力增加盈利，使企业经济效益状况在今年有一个明显的好转。

近年来市场供求关系和消费结构发生了很大变化，调整结构势在必行。第一、第二、第三产业的结构以及各产业的内部结构都需要调整。今年调整的重点，要紧紧围绕企业产品结构和企业组织结构进行。对那些生产能力过剩、产成品积压、技术落后、长期亏损的企业，逐步实行关停并转。继续开展质量、品种、效益年活动，鼓励企业通过技术革新，开发新产品，提高产品质量档次和增加花色品种，以适应市场需求。今年要继续清理三角债，认真解决前清后欠的问题，继续限制滞销积压产品的生产，压缩不合理库存，大力扭亏增盈。努力开拓国际国内两个市场。要积极开拓新的国际市场，更多地开拓农村市场。要继续组建企业集团，增强自我发展能力和市场竞争能力，以发挥企业更大的综合经济效益。要把产品结构和企业结构的调整结合起来，提倡多并转少关停，以利于职工队伍的稳定。

固定资产投资，主要用于能源、交通、通信、原材料和农业、水利等基础产业，支持高新技术产业的发展，加快居民住宅的建设。积极开发中、西部地区的丰富资源，促进这些地区的经济发展。基本建设和技术改造都要抓住重点，集中投资，形成规模经济。加工工业主要是通过技术改造来求得发展。对于目前已经出现的盲目争投资、上项目的现象，必须通过严格执行国家产业政策，加强项目的科学论证和管理，控制信贷规模，切实加以制止，否则势必造成严重浪费，破坏整个国民经济的总量平衡，给今后的经济发展带来困难。今年全国固定资产投资总规模为5700亿元。要千方百计多渠道筹集资金，努力提高建设的速度和效益。在全国各地，都要十分注意积极保护和合理利用矿产资源。

积极发展科技和教育事业，提高国民经济的整体素质。我们要认真贯彻邓小平同志提出的科学技术是第一生产力的指导思想，依靠科技进步和提高劳动者素质来促进经济的发展。必须坚持经济建设依靠科学技术，科技工作面向经济建设的方针，促进科技与经济有机结合。

企业技术进步要围绕提高经济效益，大力推广先进适用的科技成果。现在我国每年有省部级以上的重大科技成果几万项，其中国家级的重大科技成果数千项，当前的主要任务是认真做好科技成果的推广应用，尽快形成科学技术能够较快地转化为现实生产力的机制。要积极扩大电子技术的应用，改造传统产业，促进节能降耗，开发新产品，提高产品质量。

要推动农科教的结合，逐步建立起有利于农村科技进步、教育发展、农业振兴的机制。继续实施“星火计划”、“燎原计划”和“丰收计划”，并使之更好地结合起来，发挥综合效益。

为了实现现代化的宏伟目标，必须认真执行高新技术研究和发展计划，充分重视科研院所、高等学校和重点企业的作用，努力办好高新技术产业开发区，促进高新技术产业化。在高新科技领域，中国也要在世界上占有一席之地。这样人民高兴，国家实力也才能增强。必须继续加强基础性研究，增强科技实力与发展后劲。要增加科技投入，健全和完善保护知识产权的制度，发挥专利制度在发展科技事业和经济建设中的作用。

发展教育事业，提高全民族素质，是社会主义现代化建设的根本大计。教育要深化改革，适应改革开放和现代化建设的需要。要认真贯彻德智体全面发展的方针，不断提高教育质量。要在全社会形成尊师重教的良好风尚。继续重视和改进德育工作，对学生认真进行我国历史和国情教育，激发爱国主义热性，坚定建设有中国特色社会主义的信念。高等教育要稳定规模，优化结构，进一步面向经济建设。继续推广农村教育综合改革，搞好城市教育综合改革的试点。有步骤地改革中小学升学考试制度，以利于教育方针的贯彻。继续采取有效措施，进一步完善基础教育、职业技术教育、高等教育和成人教育体系。增加对教育的投入，改善办学条件。各级各类学校都要抓紧改革内部管理体制和分配制度，提高办学效益，充分调动广大教师的办学积极性。

充分发挥广大工人、农民和知识分子的积极性和创造性。社会主义现代化建设是亿万人民群众自己的创造性事业。我国经济建设和各项社会事业要有大的进步和发展，必须在各条战线上充分走群众路线，发挥人在生产力发展中的决定性作用，切实保障广大人民群众的主人翁地位，调动和发挥工人、农民、知识分子和其他劳动群众的主动精神和创造精神。各级政府要为知识分子创造必要的工作条件和生活条件，鼓励知识分子面向实际，深入工农，更好地发挥聪明才智。海外留学人员是国家的宝贵财富。不管过去的政治态度如何，我们都欢迎他们回来，参加社会主义现代化建设，报效祖国，回来后要妥善安排。继续大力宣传工农劳动模范、先进工作者和优秀知识分子的模范事迹，在全社会提倡无仅奉献精神，进一步树立尊重知识、尊重人才的良发风尚。

各位代表！我们进行经济建设和改革开放，目的是不断改善人民的物质和文化生活。今年计划安排职工工资有适度的增长。企业职工要在提高效益的基础上增加工资收入，适当提高行政事业单位职工的工龄工资和奖金水平，继续对有突出贡献的知识分子给予特殊津贴。要通过发展农村经济和适当调高粮食购价，增加农民收入。我们继续执行提倡和鼓励一部分地区、一部分人先富起来的政策，同进通过国家的宏观调控和发展地区间各种不同形式的互利支援，逐步实现共同富裕。我国现代化建设还处在创业阶段，人口众多，经济发展很不平衡，要实现现代化的目标任重而道远，因此要在全社会长期树立自力更生，艰苦奋斗，勤俭建国，勤俭办一切事业的良好风尚。要千方百计增收节支，加强税收征管和审计监督，严肃财经纪律，压缩集团购买力，严格控制国家行政事业机构和人员编制。要逐步减少国家财政赤字，今年要做到赤字不突破国家预算。

计划生育和环境保护是我国的两项基本国策。去年由于各方面的努力，人口出生率有所降低。各级政府要继续加强领导，落实控制人口的法规和政策。坚持环境保护与经济建设协调发展的方针，加强环境监督、管理和服务，使更多的地区和城市环境质量得到改善。

在过去的三年中，国务院和各部委以及地方各级政府为了进行治理整顿发布了一些文件，起了积极的作用。现在治理整顿已经结束，国务院和各部委以及地方各级政府要对这些文件认真进行一次清理。现在仍然起积极作用的要继续贯彻执行，不符合当前情况和经济发展需要的要修订或取消。

各位代表！全国人民非常关心的三峡工程，是一项具有防洪、发电、航运、供水等综合效益的巨大工程，论证工作已经进行多年，权衡利弊，认为兴建三峡工程是必要的，技术上是可行的，经济上是合理的，随着经济的发展，国力也是可以承担的。国务院向本次大会提出专门议案，建议将兴建三峡工程列入国民经济和社会发展十年规划，由国务院根据国民经济的实际情况，选择适当时机组织实施。请审议。

三、加快改革步伐，扩大对外开放

改革是从根本上改变束缚生产力发展的经济体制，建立起充满生机和活力的社会主义经济体制，促进有计划商品经济的发展。这些年来我国社会政治的稳定，经济的持续发展，治理整顿任务的顺利完成，为进一步深化改革和扩大开放创造了更为有利的条件。我们要认真总结经验，进一步解放思想，大胆创新，把改革开放的步子迈得更大一些。加快改革开放的关键在于各级干部进一步提高贯彻执行党的基本路线的自觉性，要警惕右，但主要是防止“左”。

积极推进企业改革，转换和完善经营机制。企业改革是今年经济体制改革的重点。所有国营大中型企业都要在转换和完善经营机制上下硬功夫。政府部门要下决心消除对企业生产经营活动的不必要干预，真正把企业推向市场，使企业逐步成为自主经营、自负盈亏、自我发展、自我约束的社会主义商品生产者和经营者。在这方面，今年应当迈出更大的步伐，取得比较显著的成效。国务院正着手制定有关全民所有制工业企业转换经营机制的暂行条例，落实企业经营权，保障国家所有权，促进企业法的贯彻执行。要继续完善各种形式的承包经营责任制，改革企业劳动人事制度、工资分配和社会保障制度。继续贯彻按劳分配原则，完善工资总额同经济效益挂钩办法，积极稳妥地进行以岗位技能工资制为主要形式的企业内部分配制度改革，进一步打破平均主义。完善企业领导体制，进一步发挥党组织的政治核心作用，坚持和完善厂长负责制，全心全意依靠工人阶级。

实行股份制是筹集建设资金和监督企业管理的一种有效方式，并有利于促进企业机制的转变。要积极进行发行股票和证券交易市场的试点工作，抓紧人员培训，完善规章制度，健全交易秩序，使股份制经济为社会主义建设服务。

积极推进其他方面的配套改革，加强和完善宏观管理。今年着重进行的与企业改革相配套的改革，主要是物价和流通体制的改革，财政金融和计划体制的改革，以及住房和社会保障制度的改革。

通过改革理顺价格关系，建立合理的价格形成机制，对整个国民经济的发展具有十分重要的意义。这项改革关系到广大人民群众的切身利益，应当在保持物价基本稳定的前提下，既积极而又谨慎地加以实施。要努力把零售物价总水平上升幅度控制在国家、企业和群众能够承受的范围内，以保持市场的稳定。

加快流通体制改革，促进货畅其流，是整个经济体制改革的一个重要方面。要进一步培育市场体系，发展消费资料和生产资料批发市场，试办期货市场和为企业服务的原材料配送中心。探索多种途径和办法，促进资金市场、技术市场、信息市场、房地产市场和劳务市场的发展。加强市场法规建设和监督管理，完善交易规则，反对不正当竞争，促进各类市场规范化，以保持良好的流通秩序。深入开展打击制造，销售伪劣商品活动，保护消费者利益。第三产业是我国经济的薄弱环节，潜力很大，要大力加以发展。

从今年开始国家财政实行复式预算制，这是财政管理制度的重要改革。实行复式预算必须严格区分收支性质。经常性预算实行硬约束，不能打赤字。建设性预算的支出作为国家资本金，主要用于支持国家重大项目的建设。应当根据资金筹集的实际情况，合理安排建设规模。加快分税制和税利分流改革试点的步伐，探索理顺中央和地方、国家和企业分配关系的途径。要进一步深化金融体制改革，坚持“控制总量、调整结构”的货币信贷政策。加强中央银行的宏观调控能力，改善专业银行的经营机制，积极开拓和发展金融市场。

按照计划经济和市场调节相结合的原则，进一步改革计划体制和管理方式。计划和市场都是调控经济的手段，不是区别社会主义和资本主义的标志，社会主义和资本主义都可以用。我们应当根据经济发展的客观需要，进一步调整指令性计划、指导性计划和市场调节的范围，更好地发挥市场机制的作用。政府机构要按照政企职责分开、所有权和经营权适当分离的原则，继续转变职能，加强和改善宏观调控，同时改革国有资产管理体制，加强国有资产管理，巩固和发展公有制经济，并引导其他经济成分健康发展，继续发挥个体经济、私营经济有益的补充作用。

住房和社会保障制度的改革要迈出较大步伐。进行这些方面的改革，人民群众既是受益者，也要承担相应的义务，难度比较大，但经过前一段的试点，已经逐渐为广大群众理解和接受。由于各地经济发展水平不同，在进行这些改革时，国家只提出统一的方针，各地可因地制宜地制定具体政策，不搞“一刀切”。各种社会保险事业对促进经济发展和保障社会稳定具有重要意义，应当更加积极地加以发展。

继续扩大对外开放，更好地促进国内经济发展。我国经过十多年的努力，对外开放已经全面展开。要进一步扩大开放的范围，注重效益的提高，把对外开放提高到一个新的水平。

继续采取措施和完善政策，办好深圳等经济特区、经济技术开发区，以及开放城市和开放地区。努力使这些地区不但在经济和城市建设上有较快的发展，而且在改革开放事业中，更好地发挥窗口作用和辐射作用，加快外向型经济的发展。上海浦东新区是今后十年开放开发的重点。要进一步加强基础设施建设，创造良好的投资环境，建设一些投资效益好的项目，通过上海浦东的开放开发带动长江三角洲地区乃至整个长江流域经济的发展，逐步使上海发展成为远东地区经济、金融、贸易的中心之一。最近国务院批准海南省吸收外商投资开发洋浦经济开发区，批准黑河、绥芬河、珲春和满洲里作为边境地区新的开放城市，这些地区要抓紧规划，培训人才，把对外开放工作搞得更好。

我们欢迎更多的外商来华投资，同时要继续改善投资环境，对投资方向加以正确的引导。吸引外资的重点要放在先进技术以及在国际市场适销对路、有竞争能力的项目上，并注意同加快我国企业的技术改造结合起来。中国愿意以各种方式包括使用国际经济组织、外国政府贷款和买方信贷的方式，购买国外先进技术与设备。中国是一个发展潜力很大的市场，我们愿意与国外进行广泛的经济、贸易和技术合作。

今年要努力巩固和发展去年外贸体制改革的成果，进一步扩大对外贸易。深化外贸体制改革，重点是改革进出口管理办法，推进外贸市场的多元化，努力适应国际市场的需要，提高出口产品质量，加强销售和服务工作。对有出口条件的企业集团和工业企业要给予外贸自主权，逐步建立一批工贸、技贸、农贸、内外贸结合的经济联合体。努力扩大对外工程承包和劳务输出，稳步发展跨国经营。有步骤地推进内陆边境、民族地区的对外开放和边境贸易。积极扩大与世界各国的科技合作与文化交流。加快旅游业的发展，办好中国友好观光年，欢迎更多的外国朋友以及台湾、港澳同胞和海外侨胞来旅游。

四、为经济建设和改革开放创造更好的社会政治环境

1992年，政府工作要更好地体现现代化建设的全面要求，在抓好经济建设的同时，巩固和发展安定团结的政治局面，继续保持社会稳定，努力使精神文明建设、民主与法制建设和各项社会事业有一个新的进步。

按照政企职责分开的原则，积极推进政府机构改革。随着经济体制改革的深化、对外开放的扩大和现代化建设的发展，必须积极而又稳步地推进政府机构改革。目前各级政府机构庞大，人浮于事，办事手续繁琐，效率低下，对经济建设和改革开放产生了许多不利的影响。今年要在深入调查研究的基础上，按照政企分开、转变职能、精兵简政、提高效率的原则，提出各级政府精简机构、减少人员和建立公务员制度的方案，并逐步付诸实施。湖南省华容县、山西省隰县等县级政府，已经在实践中取得了精简机构、改善服务的宝贵经验，要认真加以总结和推广。各级政府要逐步建立和健全民主的、科学的决策制度和程序。要自觉地接受人民代表大会及其常委会的监督，充分发挥人民政协、各民主党派、无党派人士、人民团体在政治协商和民主监督中的作用。要从民主党派和无党派人士中，继续选拔优秀分子担任各级领导职务和各种民主监督工作。要加强基层民主政治建设，健全企业民主管理制度和居民、村民自治制度，进一步活跃基层民主生活。在推进民主政治建设的同时，必须加强社会主义法制建设。抓紧起草有关法律（草案）和制定有关行政法规，改善行政执法活动，完善行政执法监督机制。深入开展法制宣传教育，提高全民法律意识，努力把各项工作纳入法制轨道。

做好思想文化工作，推进社会主义精神文明建设。在深化改革、扩大开放的条件下，无论是思想理论战线，还是教育文化战线，都遇到许多新情况和新问题。因此，我们应当在不同的层次，运用不同的方法，对广大的干部群众特别是青年，深入持久地进行坚持四项基本原则的教育。各级领导要长期坚持物质文明建设和精神文明建设一起抓的方针，教育我国一代又一代人坚持走有中国特色的社会主义道路。要大力宣传各条战线的英雄模范人物和先进事迹，激励人们发扬爱国主义、集体主义和社会主义的热情，发扬自力更生、艰苦创业的传统，遵守职业道德和社会公德。正在全国农村开展的社会主义思想教育，目的是使党的基本路线进一步深入农村，加强基层组织建设，促进农村经济的发展，要继续抓紧抓好。

文化建设是精神文明建设的重要方面。要坚持"为人民服务、为社会主义服务"和"百花齐放、百家争鸣"的方针，弘扬中华民族的优秀传统文化，汲取世界先进文明成果。进一步加强文化市场管理和文化设施建设，积极促进各项文化事业的繁荣兴旺。广大文艺工作者要深入生活、深入群众，创作更多无愧于伟大时代的作品，丰富人民群众的文化生活。新闻出版、广播影视要努力反映社会主义现代化建设的新成就新面貌，发挥团结、鼓舞和教育人民的作用。社会科学工作者要

坚持以马列主义、毛泽东思想为指导，深入研究中国现代化建设中经济、政治、文化等领域的理论和实际问题，为改革和建设作出贡献。

要加强农村卫生工作和医疗预防保健工作，重视对各种严重危害人民群众健康的疾病的防治，加强药品管理和卫生监督工作。大力发展群众体育运动，增强人民体质，进一步提高我国竞技运动水平。中国政府支持北京市申办2000年奥运会。

继续搞好社会治安综合治理，努力维护社会稳定。社会治安是当前人民群众普遍关心的一个问题。去年在这方面虽然取得了一定的成绩，但目前一些地方社会治安状况仍然不好，各种刑事犯罪活动还比较严重，各级政府都要继续采取坚决有力的措施，加强综合治理，使治安状况较快较明显地得到改善。对卖淫嫖娼、拐卖妇女儿童和吸毒贩毒等犯罪活动，坚决依法严惩。对危害国家安全的活动和黑社会势力，要坚决予以打击。

深入开展反腐败斗争，加强廉政建设。党和政府十分重视廉政建设。前几年在反腐败斗争方面虽然取得了一定成效，但现在问题还相当严重。必须从国家生死存亡的高度来认识拒腐防变的重要性，坚持不懈地开展反腐败斗争。今年工作的重点，是继续坚决打击贪污受贿和纠正行业不正之风，推进廉政建设。廉政建设既要靠教育，靠民主监督，更要靠法制。各部门各行业要选准那些人民群众最不满意的热点问题，集中力量进行专项治理，务求取得实效。对贪污盗窃、索贿受贿的腐败分子，不论职务高低，都要坚持绳之以法，决不姑息。各级领导机关和领导干部都要模范遵守党和国家的规章制度，以身作则，廉洁奉公。要充分发挥执法部门和监督机关的作用，鼓励和支持各民主党派、人民团体、舆论机关和人民群众进行监督，依靠人民群众同各种腐败现象作斗争。

发扬我军优良传统，加强国防现代化建设。中国人民解放军、武警部队和公安干警是保卫祖国的坚强柱石，始终不渝地实践着全心全意为人民服务的宗旨，在社会主义建设和改革开放中立下了不朽的功勋。哪里有困难，哪里有危险，他们就出现在哪里，为保卫国家财产和人民的生命安全作出了重大贡献。军队要进一步注重提高战斗力，为保卫国家主权和现代化建设再立新功。进一步发展国防科技，搞好民兵预备役等国防后备力量建设。加强边防海防工作。增强全民国防意识，依靠群众保护好军事设施。继续加强拥政爱民、拥军优属工作，深入开展创建双拥模范城（县）和军民共建精神文明活动，把军政军民团结提高到新的水平。

加强民族团结，促进各民族共同繁荣。我国是统一的多民族国家。在经济建设和改革开放的伟大实践中，各族人民同心同德，为维护祖国统一，促进国家的安定团结和繁荣昌盛，作出了巨大贡献。坚持各民族平等、团结、互助的原则，坚持实行民族区域自治制度，促进各民族的团结进步和共同繁荣，是我们坚定不移的方针。去年底，国务院发出《进一步贯彻实施民族区域自治法若干问题的通知》，提出了促进民族地区经济和社会发展的具体措施。今年初，中共中央、国务院召开民族工作会议，总结民族工作基本经验，提出了90年代民族工作的主要任务和政策。各地要全面贯彻落实，进一步加强全国各族人民的大团结。促进民族地区经济和社会发展，是各民族的共同任务，国家要加以扶持，经济较发达地区要给予支援，民族地区要发扬自力更生精神，增强自我发展的活力。继续坚定不移地执行民族区域自治法，充分保障自治地方的自治权利和少数民族的平等权利，尊重少数民族的风俗习惯。在少数民族地区和非少数民族地区，都要全面贯彻国家的宗教政策，保障公民宗教信仰自由，依法加强对宗教事务的管理。坚决维护祖国统一，反对任何分裂祖国的行为。西藏是中国神圣领土不可分割的部分，藏族是中国56个民族大家庭的一员，任何敌对势力制造民族分裂、搞“西藏独立”的图谋都是注定要失败的。不管国际形势如何变化，我国各族人民一定能够排除一切内外干扰，同呼吸，共命运，心连心，团结一致，为共建现代化大业而奋斗。

各位代表！加快经济发展和改革开放，为现代化建设和改革开放创造更好的社会政治环境，任务都是十分艰巨的。这次大会之后，国务院和各级政府都要本着狠抓实干的务实精神，进一步认真研究和制定具体的政策和有力的措施，以保证各项任务的落实。

附1：党和国家重要经济文献索引

（1992年1—12月）

国务院办公厅批转国务院住房制度改革领导小组《关于全面推进城镇住房制度改革的意见》

新华社讯　1月1日《人民日报》

全国商业行业管理暂行规定（商业部1991年12月24日发布）

1月11日《中国商报》

乡镇企业组建和发展企业集团暂行办法（农业部发布）

1月24日《中国乡镇企业报》

乡镇联营企业暂行规定

（农业部发布）

1月24日《中国乡镇企业报报》

国务院召开第九十七次常务会议原则通过《储蓄管理条例（草案）》

新华社讯　2月1日《人民日报》

国务院清理"三角债"领导小组发出关于一九九一年全国清理"三角债"成果和一九九二年继续开展清理"三角债"工作的公告

2月9日《人民日报》

劳动部、国务院生产办、国家体改委、人事部、全国总工会关于深化企业劳动人事、工资分配、社会保险制度改革的意见

2月13日《劳动人事报》

国务院召开第九十九次常务会议原则通过出口货物原产地规则草案和关于修改进出口关税条例决定草案

新华社讯　2月29日《人民日报》

中华人民共和国陆生野生动物保护实施条例

新华社讯　3月2日《人民日报》

中央进一步支持浦东开发开放，扩大上海审批筹资权

新华社讯　3月11日《人民日报》

国务院批准海南省吸收外商投资开发建设洋浦经济开发区

新华社讯　3月14日《人民日报》

中华人民共和国出口货物原产地规则

3月25日《人民日报》

中华人民共和国国库券条例

3月25日《人民日报》

国务院关于修改《中华人民共和国进出口关税条例》的决定

3月27日《人民日报》

中华人民共和国进出口关税条例

3月27日《人民日报》

国务院批转《国家体改委关于一九九二年经济体制改革要点》

新华社讯　3月29日《人民日报》

国务院批转农业部《关于促进乡镇企业持续健康发展的报告》

3月30日《人民日报》

全国人大财经委员会建议批准关于一九九一年国民经济和社会发展计划执行情况与一九九二年国民经济和社会发展计划草案的报告

新华社讯　3月31日《人民日报》

政府工作报告——1992年3月20日在七届全国人大五次会议上（李鹏）

新华社讯　4月4日《人民日报》

第七届全国人民代表大会第五次会议关于一九九一年国民经济和社会发展计划执行情况与一九九二年国民经济和社会发展计划的决议

新华社讯　4月4日《人民日报》

全国人大财经委员会建议批准关于一九九一年国家预算执行情况和一九九二年国家预算草案的报告

新华社讯　4月4日《人民日报》

第七届全国人民代表大会第五次会议关于一九九一年国家预算执行情况和一九九二年国家预算的决议

新华社讯　4月4日《人民日报》

关于一九九一年国民经济和社会发展计划执行情况与一九九二年计划草案的执行——1992年3月21日在七届全国人大五次会议上（邹家华）

新华社讯　4月6日《人民日报》

第七届全国人民代表大会第五次会议关于兴建长江三峡工程的决议

新华社讯　4月6日《人民日报》

国务院发出抓紧做好库存粮油安全保管工作的紧急通知

新华社讯　4月16日《人民日报》

河道管理范围内建设项目管理的有关规定

4月22日《中国水利报》

国务院发出关于深入开展企业扭亏增盈工作的通知

新华社讯 5月10日《人民日报》

国务院关于修改《植物检疫条例》的决定

新华社讯 5月23日《人民日报》

植物检疫条例

新华社讯 5月23日《人民日报》

国务院关于修改《国营企业实行劳动合同制暂行规定》第二条第二十六条的决定

5月26日《人民日报》

中央军委颁发关于加强军队财务管理的规定

5月26日《人民日报》

国务院批转农业部《关于促进乡镇企业持续健康发展的报告》

《农村工作通讯》1992年第5期

股份制企业试点办法(国家体改委、国家计委等颁布)

新华社讯 6月16日《人民日报》

股份有限公司规范意见(国家体改委颁布)

新华社讯 6月19日《人民日报》

股份制试点企业会计制度(财政部、国家体改委公布)

新华社讯 6月25日《人民日报》

股份制试点企业财务管理若干问题的暂行规定(财政部、国家体改委公布)

新华社讯 6月28日《经济日报》

全国人大常委会关于批准《关于解决国家和他国国民之间投资争端公约》的决定

新华社讯 7月2日《人民日报》

股份制试点企业有关税收问题的暂行规定(国家税务局、国家体改委公布)

7月2日《新华社新闻稿》

国有资产产权登记管理试行办法(国家国有资产管理局、财政部、国家工商行政管理局发布)

新华社讯 7月5日《人民日报》

股份制试点企业宏观管理暂行规定(国家计划委员会、国家体改委公布)

新华社讯 7月7日《经济日报》

股份制试点企业劳动工资管理暂行规定(劳动部、国家体改委公布)

新华社讯 7月13日《人民日报》

国务院决定在全国范围内严厉打击假冒伪劣商品

新华社讯 7月16日《人民日报》

国务院批转建设部等单位《关于解决我国城市生活垃圾问题的几点意见》

7月17日《新华社新闻稿》

股份制试点企业审计暂行规定(国家审计署、国家体改委公布)

新华社讯 7月21日《经济日报》

全民所有制工业企业转换经营机制条例

新华社讯 7月25日《人民日报》

股份制试点企业土地资产管理暂行规定(国家土地管理局、国家体改委公布)

新华社讯 7月27日《人民日报》

国家体改委关于《全民所有制工业企业转换经营机制条例》的说明

新华社讯 7月27日《人民日报》

关于外商参与打捞中国沿海水域沉船沉物管理办法

新华社讯 7月28日《人民日报》

城市市容和环境卫生管理条例

新华社讯 7月31日《人民日报》

股份制试点企业国有资产管理暂行规定

新华社讯 8月10日《法制日报》

我国公布实施工业考核评价新办法

9月17日《人民日报》

党中央、国务院批准环境与发展十大对策

新华社讯 9月17日《人民日报》

国务院举行第一百一十二次常务会议，原则通过关于发展高产优质高效农业的决定

新华社讯 9月17日《人民日报》

国务院发出通知决定实施新国民经济核算体系方案

新华社讯 9月21日《人民日报》

《中华人民共和国城镇集体所有制企业条例》商业企业实施细则(商业部发布)

9月22日《中国商报》

注册会计师执行股份制试点企业有关业务的暂行规定(财政部、国家体改委公布)

新华社讯 9月27日《法制日报》

乡镇企业安全生产和工业卫生管理规定(农业部发布)

9月28日《农民日报》

中共中央、国务院发出关于认真贯彻执行《全民所有制工业企业转换经营机制条例》的通知

新华社讯 10月16日《人民日报》

国务院关于发展高产优质高效农业的决定

新华社讯 10月19日《人民日报》

加快改革开放和现代化建设步伐、夺取有中国特色的社会主义事业的更大胜利——在中国共产党第十四次全国代表大会上的报告(江泽民)

新华社讯 10月21日《人民日报》

关于改进企业登记管理工作，促进改革开放和经济发展的若干意见

11月2日《法制日报》

全民所有制商业企业转换经营机制实施办法（商业部、国务院经贸办、国家体改委1992年11月6日发布）

11月17日《中国商报》

国务院发出通知要求各地严格制止乱占、滥用耕地

新华社讯 11月23日《人民日报》

国务院发出关于发展房地产业若干问题的通知

新华社讯 11月24日《人民日报》

江泽民、李鹏就经济形势和明年经济工作发表重要意见——在全国计划会议上

新华社讯 12月20日《人民日报》

附2： 经济体制改革大事记

(1992)

1 月

邓小平同志于1月视察南方，发表了关于我国改革开放一系列重要谈话。对中国的进一步改革开放和建设都具有深远影响。

国务院总理李鹏在元旦发表了题为“沿着有中国特色的社会主义道路前进”的讲话。指出要进一步加快改革开放的步伐，把经济体制改革与科技体制、教育体制有机结合起来，充分发挥科学技术第一生产力的作用；继续推进计划体制改革、投资体制改革、财政体制改革、商品流通体制改革、价格改革、劳动工资制度改革、住房和社会保障制度的改革等。

人民日报发表元旦社论：《在改革开放中稳步发展》。社论指出深化改革、扩大开放是完成1992年经济建设任务的关键，坚持四项基本原则，是搞好改革开放、实现国民经济稳步发展的根本保证。

1日 人民日报发表了国务院办公厅批转国务院住房制度改革领导小组《关于全面推进城镇住房制度改革的意见》，意见主要是：关于城镇住房制度改革的总目标和分阶段目标；城镇住房制度改革的基本原则；城镇住房缺席改革中的有关政策及明后两年的总体部署和组织领导工作等。

6—10日 国务院在北京召开全国经济体制改革工作会议，李鹏总理主持会议并在闭幕时作了重要讲话。他指出，1992年改革的重点是转换国营企业经营机制，使企业逐步成为自主经营、自负盈亏、面向市场的经济实体，以建立富有效率与活力的企业制度，使部分国有企业经营机制初步实现转换，参与市场竞争的能力有所增强。

2 月

《半月谈》发表了中央领导同志关于解放思想，深化改革，扩大开放问题谈话录。其要点为：1. 要始终扭住经济建设这个中心不放，决不要分散和转移自己的注意力；2. 进一步解放思想，在改革开放方面迈出更大步伐；3. 农村和城市都必须坚持改革，改革有风险，但能够承受；4. 要实行“大开放”的方针，向世界各国借鉴一切有用的经验；5. 政治改革与经济改革是相辅相成的；6. 要抓紧时机，把整个国民经济提高到一个新水平。

13日 中国劳动报发表了劳动部、国务院生产办、国家体改委、人事部、全国总工会关于深化企业劳动人事、工资分配、社会保险制度改革的意见。主要内容是：加强企业内部经济责任制；改革企业人事制度，企业管理人员和技术人员逐步实行聘任制；巩固完善劳动合同制；逐步推行全员劳动合同制；改进完善企业工资总额同经济效益挂钩的办法；落实企业内部分配自主权，贯彻按劳分配原则，克服平均主义；提高职工队伍素质；推进养老社会保险制度改革；适当扩大待业保险范围，完善待业保险制度；加快劳动计划体制改革和加强企业民主管理等。

17日 人民日报发表了国家体改委负责人就1992年经济体制改革任务发表的答记者问。就1992年改革的重点、建立企业经营新机制、分配制度问题、股份制试点问题、价格改革和外贸体制改革及宏观经济体制改革等，回答了记者的提问。

22日和24日 人民日报先后发表了题为《更好地坚持以经济建设为中心》和《改革的胆子更大一点》的社论，要求通过改革开放，使社会主义制度更加完善。

3 月

9—10日 中共中央政治局在京召开全体会议，讨论我国改革和发展的若干重大问题。会议强调，改革开放胆子要大一些，要勇于创新，敢于试验。当前，抓住各项工作的落实是关键。

11日 人民日报发表了为“中央进一步支持浦东新区开发开放，扩大上海审批权筹资权”的消息。消息报道提到，年初，中央给予五个方面配套资金筹措权和扩大五类项目的审批权。上海市政府决定采取五项重要措施，增加改革力度，理顺管理体制，改善招商服务等等。

14日和15日 《人民日报》发表了国务院批准海南省吸收外商投资开发建设洋浦经济开发区的消息。建设洋浦经济开发区，是海南经济特区吸收外资规模最大的一个项目，根据国务院要求，要把这个经济开发区建设成为以技术先进的工业为主导，第三产业相应发展的外向型工业区。

20日 国务院总理李鹏在七届全国人大五次会议上所作的《政府工作报告》强调指出，要认真总结经验，进一步解放思想，大胆创新，把改革开放的步子迈得更大一些。1992年要积极推进企业改革，转换和完善经营机制；加强其他方面的配套政策，加强和完善宏观管理；继续扩大对外开放，更好地促进国内经济发展。

29日 人民日报发表国务院批转《国家体改委关于一九九二年经济体制改革要点》，要点指出，1992年改革的重点是搞好全民所有制大中型企业，贯彻落实《企业法》，转换企业经营机制，有步骤地把企业推向市场。同时，积极推进各项配套改革：积极稳妥地推行价格改革，加大流通体制改革的力度；综合配套运用经济杠杆，强化间接调控；住房、社会保险和医疗制度改革要迈出较大步伐；搞好重大改革试点，为新体制和新机制的建立进行积极大胆的探索。贯彻落实中共中央《关于进一步加强农业和农村工作决定》，继续深化农村改革。

4 月

继1991年年初提高粮食订购价格后，1992年4月，大幅度提高了粮食销售价格，实现了购销同位。

11日 人民日报发表了关于《国家中长期科学技术发展纲领》。《纲领》强调要深化改革，建立有利于经济发展和科技进步的新体制。我国科技体制改革的总目标是：建立和完善符合科学技术发展客观规律的、与社会主义有计划商品经济相适应的科技同经济有机结合、相互促进的新体制；促进科技工作积极为社会主义商品经济服务，推动经济建设转移到依靠科技进步和提高劳动者素质的轨道上来，充分发挥科学技术第一生产力的作用。科技体制改革的具体目标是：转变政府职能，形成以直接计划管理与间接管理有机结合的宏观科技进步管理体系；改革科技人员管理制度，造成人才辈出、人尽其才的良好环境，建立对科技人员和科技活动的社会化服务体系；培育和建立物资、技术、劳务、信息等社会主义市场体系，创造有利于科技发展的合理竞争的环境；形成由政府、民间、企业和金融等各方面组成的多元化科技投资体系等等。

13日 人民日报为《国家中长期科学技术发展纲领》发表社论。强调《纲领》是我国今后10年至30年科技发展的纲领性文献。把科技搞上去要靠改革开放，在我国总体改革加快的形势下，科技体制改革也要加快。评价科技体制改革措施的成败得失，应当看它是否有利于出人才、出成果，是否有利于推动科技成果向现实生产力的转化，是否有利于最大限度地调动科技部门和科研人员的积极性，总之，是看它是否有利于科技生产力的解放和发展。

18日 人民日报发表了李鹏总理在1992年3月14日全国科技工作会议代表座谈会上的讲话。讲话指出，90年代，要继续坚定不移地执行“经济建设必须依靠科学技术、科技工作必须面向经济建设”的方针。同时，强调要加快科技体制改革，并要求解决好诸如：加速科研成果的转化；做到人尽其才，才尽其用；增加科技投入等方面的关系。

28日 人民日报发表题为“扎扎实实登新台阶”社论，社论指出，全国各地要抓紧有利时机，采取有效措施，加快改革开放，加快经济发展，力争我国经济再上一个新台阶。为此，1992年要把劲用在调整经济结构和提高经济效益、促进科学技术进步和提高劳动者的素质、发育市场和开拓市场及发展战略的科学决策等方面。

5 月

6—13日 中共中央政治局常委宋平在贵州考察时强调毫不动摇贯彻党的基本路线，抓住有利时机，进一步解放思想，加快改革开放步伐，集中精力把经济建设搞上去。

13日 人民日报发表题为《大力发展第三产业》评论员文章。文章认为，目前我国第三产业仅占国民生产总值的27%，1991年第三产业增长速度仅5.3%，其结构也不合理。因此，必须坚持发展第三产业，坚持国家、集体、个人、私营一起上的原则，并积极利用外资，调动各方面的积极性。

15日 江泽民、李鹏同志视察北京市新技术产业开发试验区。

21日 人民日报发表了国务院批准的国家体改委、国务院生产办公室《关于股份制企业试点工作座谈会情况的报告》，报告披露，截至1992年5月21日止，全国共有各种类型的股份制企业3220家（不含乡镇企业中的股份合作制和中外合资、国内联营企业）；其中企业之间法人持股和内部职工持股的试点企业，约占股份制企业总数的95%以上，报告提出进行股份制试点的指导思想是：坚决试，不求多，务求好，不能乱。

23日 国务院总理李鹏在江苏考察时指出，县级机构要紧紧抓住转变政府职能、强化服务这个关键。

26日 人民日报刊登消息披露:《中央在京党政机机关住房制度改革方案》已经领导原则同意,并经北京市住房制度改革领导小组批准,自6月1日开始实施。

26日 人民日报发表了国务院关于修改《国营企业实行劳动合同制暂行规定》部分条款的决定,修改意见如下:第2条修改为:企业在国家劳动工资计划指标内招用常年性工作岗位上的工人,实行劳动合同制。劳动合同可以采用三种形式,即有固定期限、无固定期限和以完成一项工作为期限。第26条修改为:国家对劳动合同制工人退休养老实行社会保险制度。退休养老基金的来源,由企业和劳动合同制工人缴纳。退休养老基金不敷使用时,国家给予适当补助。

28日 人民日报发表社论:《论企业改革与工人阶级》。社论指出,企业改革要全心全意依靠工人阶级,通过改革,更好地实现劳动组织的优化组合,充分发挥人的积极性、创造性,使那些劳动出力、工作出色、智慧出众的人大有作为,也大有所得;通过改革,促进企业技术进步,产品质量提高,消耗降低,经济效益增加,从而使国家增收、企业增利、职工多劳多得。总之,工人阶级是企业改革的主人。

29日 人民日报发表评论员文章,题为《社会保障制度改革势在必行》。文章认为,社会保障制度的改革是配套改革措施中十分重要环节。我国的社会保障事业存在主要问题是社会化程度不高。要通过改革,尽快建立和健全统一的、多层次的管理机构或协调机构,实行国家、集体、个人三方面合理负担社会保障(主要是保险)资金。

6 月

9日 中共中央总书记江泽民在中央党校发表重要讲话,强调深刻领会全面落实邓小平南巡重要谈话精神,把经济建设改革开放搞得更好。

9日 人民日报发表社论:《中国改革开放的新阶段》。社论指出,中国改革开放事业发展到20世纪90的代,处于一个非常重要的关键时刻,要配套改革,整体推进。城市改革必须始终把搞活国营大中型企业作为中心环节,以转换经营机制、把企业推向市场为核心,进行配套改革。

10—18日 中共中央政治局常委宋平在新疆维吾尔自治区考察时,强调抓住机遇改革开放、发展经济。

12日和24日 人民日报先后报道了国务院房改会议及财政部支持房改所作出的有关规定。会议要求各地在房改中坚持国家、集体、个人三方合理负担的原则,按照不同经济发达地区的群众承受能力,适当确定提租幅度。财政部作出有关规定主要内容是:免征国家能源交通重点建设基金和国家预算调节基金,包括各企业和事业单位自管住房提取的折旧;经财政部门核定,企业从缴纳“两金”后的留利中提取的住房资金,行政事业单位从缴纳“两金”后的预算外收入中提取的住房资金;各企业、行政事业单位地和个人缴存的公积金;直管住房和自管住房的租赁保证金;住房债券收入;政府统筹的租金收入;政府统筹的租金收入及政府、企业、行政事业单位和个人以集资合作建房等形式筹集的住房建设基金。

16日 中共中央,国务院作出关于加快发展第三产业的决定。对发展第三产业的目标和重点、主要政策和措施,都作出明文规定。

16日 人民日报披露:我国关于股份制企业组建和试点的一整套政策、法规已基本形成,全套政策、法规由15个文件组成,即将陆续向社会公布。这标志着我国股份制企业走上规范化道路。

16日 人民日报发表了《股份制企业试点办法》。该办法由国家经济体制改革委员会、国家计划委员会、财政部、中国人民银行和国务院生产办公室共同制定。对股份制企业试点的目的、原则、组织形式、内部职工持股、试点范围、股份制企业组建、审计程序和政府对股份制企业的管理,都作了具体规定。

19日 人民日报全文发表了由国家体改委制定的《股份有限公司规范意见》。分12章,共119条,对股份有限公司的设立条件、股份、股东和股东会的权利和义务及行政职权、董事会和经理、监事会、财务会计与审计、章程修改、合并与分立、终止与清算及罚则等作出了具体规定。

20日 中共中央就加快改革开放和经济发展问题,举行党外人士情况通报会。

20日 人民日报公布了我国财政管理体制改革情况。从1992年起,先后在浙江、辽宁、新疆维吾尔自区、天津及武汉、青岛、大连、沈阳、重庆9个地方实行分税制财政体制改革。依照规定,中央财政固定收入包括关税和海关代征的产品税、增值税、工商统一税、特别消费税等。地方固定收入包括农牧业税、集市交易税、奖金税、个人收入调节税等。中央和地方共享收入包括产品税、增值税、营业税、工商统一税、资源税。少数民族地区实行中央和地方“二八”分享,其他地区一律实行“五五”分享。在支出的划分上,分税制体制将其划分为中央财政支出、地方财政支出和由中央掌管的专项支出三个部分。

22日人民日报发表了由国家经济体制改革委员

会制定的《有限责任公司规范意见》，共分11章、79条。主要内容包括总则、设立条件和程序、股东和股东大会、董事会和经理、监事会、财国会计审计和劳动工资制度、转让出资和变更注册资本、合并与分立、期限、终止和清算等。

25日 经济日报发表了由财政部和国家经济体制改革委员会共同制定的《股份制试点企业会计制度》，包括15章85个条款。对会计核算一般原则、流动资产、长期投资、固定资产、无形资产及其他资产、流动负债和长期负债、股东权益、成本费用、营业收入、利润及利润分配、会计科目和会计报告、查帐、终止与清算等，都作了具体规定。

28日 经济日报发表了由财政部和国家体改委共同制定的《股份制试点企业财务管理若干问题的暂行规定》，包括60个条款，内容主要有：资金筹集的管理、固定资产的管理、无形资产和其他长期资产的管理、流动资产的管理、成本费用的管理、利润和利润分配的管理、等等。

7　月

2日 新华社讯：国家税务局、国家体改委联合发布《股份制试点企业有关税收问题的暂行规定》，内容包括13个条款，主要规定如下：1. 凡依照《股份制企业试点办法》和规定的程序报经批准成立并在工商行政管理部门注册登记的股份制试点企业，按本规定执行。2. 股份制试点企业的产品税、增值税、营业税，按现行规定照章征收。3. 股份制试点企业所得税按法人就地征收。4. 股份制试点企业所得税按33%的比例税率执行。国家另有规定的除外。5. 股份制试点企业所得税的计税依据是应纳税所得额，包括来源于中国境内外的全部生产经营所得和其它所得。企业计算缴纳所得税的列支项目和标准，按照国家税收规定执行。目前，可暂按《股份制试点企业财务管理若干问题的暂行规定》试行。归还的各种借款，分配给股东的股利，不得在缴纳所得税前扣除。6. 股份制试点企业年度发生亏损，可以用下一纳税年度的所得予以弥补，下一年度的所得不足弥补的，可以逐年延续弥补，但最长不得超过三年。7. 股份制试点企业向个人分配的股利，由股份制试点企业按《中华人民共和国个人所得税法》或《中华人民共和国个人收入调节税暂行条例》规定代扣、代缴个人所得税或个人调节税。8. 股份制试点企业暂按控股法人股东或占有股份比例最多的法人股东的经济性质，分别适用《集体企业奖金税暂行规定》、《事业单位奖金税暂行规定》、《国营企业奖金税暂行规定》、《国营企业工资调节税暂行规定》征收奖金税或工资调节税。9. 股份制试点企业向社会公开发行的股票，因购买、继承、赠与所书立的股权转让数据，均依书立时证券市场当日实际成交价格计算的金额，由立据双方当事人分别按千分之三的税率缴纳印花税。办理股权交割手续的单位负责有监督纳税人依法纳税的责任，并代征代缴印花税款。10. 股份制试点企业的其他税收，均按现行规定照章征收。

5日 人民日报发表了国家国有资产管理局、财政部和国家工商行政管理局共同制定的《国有资产产权登记管理试行办法》，共21条，主要内容有：国有资产产权登记体现所有权与经营权分离原则，保障国家对国有资产的所有权，落实占有、使用国有资产的企业单位的经营权和经营责任，提高国有资产的营运效益。产权登记主要包括国有资产总额、国有资本金总额、资产总额、经济性质、主管单位、负责人、地址和单位名称，等等。

7日 经济日报发表了由国家计划委员会和国家经济体制改革委员会共同制定的《股份制试点企业宏观管理暂行规定》。主要内容如下：

1. 根据国家产业政策和以公有制为主体、允许和鼓励其他经济成分适当发展的方针，国家按照不同产业领域和不同经济类型，对股份制企业的组建和试点进行分类指导，实行不同的股权结构。

对涉及国家安全、国防尖端技术、具有战略意义的稀有金属开采等行业，以及必须由国家专卖的企业或行业，不进行股份制试点。

国家产业政策重点发展的能源、交通、通信等垄断性较强的行业，可以进行股份制企业试点，但公有资产股份在这些行业的企业中必须达到控股地位。

国家产业政策顺序和鼓励发展的竞争性较强的行业尤其是资金、技术密集型或规模经济要求高的行业，鼓励进行股份制试点，国家可视需要进行参股或控股。

在国家颁布的外商投资产业目录范围内，欢迎和鼓励外资入股组建股份制企业，但国家法律和行政法规禁止外商投资的行业，不得设立外资入股的股份制企业。

2. 凡采取联合投资新建项目和国营企业改、扩建项目，经建设项目有权审批的计划部门会同体改部门批准后可以设立股份制企业。

按有关规定在提出建设项目建议书的同时提出股份制企业的组建方案，经计划、体改部门批准后按规定程序设立。在建设过程中可以根据组建方案及有关规定申请发行股票筹集建设资金。董事会即建设项目的业主，负责编报建设项目可行性研究报告、组织项目建设以及企业的生产经营活动，实行全过程的业主责任制。

按政企分开的原则,中央和地方政府投资,可委托国家专业投资公司和地方投资公司作为投资主体,向建设项目股份制企业进行股份投资,并负责委派董事。

建设项目因故停建、缓建或撤消,应报经建设项目审批机构批准解散董事会或吊销执照。由此造成的一切损失由投资各方承担,有关善后事宜的处理由董事会负责。

根据“谁投资、谁受益”的原则,建设项目股份制企业投资各方按参股比例分享收益。

建设项目设立股份制企业的具体实施,按国家计委、国家体改委制定的《建设项目股份制试点暂行办法》有关规定执行。

3. 国营企业经批准可进行股份制改组,对其中承担国家指令性计划任务的国营企业和实行计划单列的企业集团进行股份制改组时,须做好指令性计划任务的衔接工作。具体改组方案,由有关体改、计划部门审定。

对利用国外贷款建成的项目或企业,其进行股份制改组的方案,报原项目审批机构及有关部门审定。

已设立的中外合资企业转为股份有限公司,须经原审批机构会同有关部门批准,原外商入股部分不得转为A种股票,其股票转让只能在外国、港、澳、台投资者之间以B种股票进行。

4. 股份制企业的生产经营活动,在国民经济计划指导和有关法规的约束下,由企业根据市场需要自主决策。国家主要通过制定、实施宏观政策和指导性计划对其进行必要的宏观调控。

对原承担国家指令性计划任务的企业实行股份制改组后,国家逐步采取国家订货方式来改造和取代指令性计划,股份制企业有义务优先保证完成国家定货任务。

股份制企业用工和内部工资分配由企业自主决定。国家对股份制企业逐步取消劳动工资计划指标,主要通过劳动就业政策和收入分配政策进行间接调控。

在国家产业政策和行业规划指导下,股份制企业进行固定资产投资活动,凡不需要国家提供资金、又不需要国家平衡条件的项目,国家不再审批,由企业自主决策,自行承担投资责任。

5. 国家主要通过国家专业投资公司以参股、控股方式进行国有资产股份投资,并由国家专业投资公司组织国有资产股权收益的回收,继续用于国家重点投资,具体办法另行规定。

6. 国家要加强对股份制企业发行和上市股票的规模和结构的管理,做到统一规划,综合平衡。

13日 人民日报发表了有关劳动部和国家经济体制改革委员会共同制定的《股份制试点劳动工资管理暂行规定》。主要内容包括:

1. 股份制企业的劳动工资计划实行指导性管理。在国家宏观指导和调控下,企业可根据实际情况自主制定用人和工资分配计划,报劳动部门备案。

2. 股份制企业在坚持工资总额增长幅度低于本企业经济效益增长幅度和职工平均实际收入增长幅度低于本企业劳动生产率增长幅度的前提下,可自主决定年度工资总额;股份制企业的工资总基数由企业提出,报劳动部门核定。股份制企业工资总额的执行情况,要接受劳动部门及有关部门的监督。

3. 股份制企业按照国家的政策法规,可自主决定机构设置和招工的条件、方式、数量与时间。

4. 股份制企业有权决定用工形式,可以实行合同化管理或全员劳动合同制。企业与职工可以签订有固定期限、无固定期限或以完成一项工作任务为期限的劳动合同。企业和职工按照劳动合同规定、享受权利,承担义务。

5. 股份制企业与职工发生劳动争议,应按照国家有关劳动争议处理的规定办理。

6. 股份制企业可根据其经济效益和经营特点,实行灵活多样的内部分配形式,合理确定各类职工的工资收入。

7. 股份制企业中代表国有资产股份的兼职董事、监事,其工资福利等待遇由原派出单位负责支付,不能从企业取得股利。

8. 股份制企业应按照国家和地方政府的有关规定,参加所在地区的社会保险费用统筹,并逐步实行职工个人缴纳养老保险费的制度。股份制企业职工待业保险的具体办法,由各省、自治区、直辖市人民政府参照国营企业职工实行待业保险的原则制定。

21日 经济日报发表了由国家体制改革委员会和国家审计署共同制定的《股份制试点企业审计暂行规定》。主要内容如下:

1. 全民所有制企业改组为内部职工持股的股份制试点企业,审计机关仍按对全民所有制企业审计的规定进行审计监督。

2. 股份制试点企业,凡国有资产占控股地位的,均由投资股份比例最大的单位有审计管辖权的审计机关进行审计监督;国有资产占参股地位的,根据需要或审计机关的要求,由该企业董事会委托经国家批准、确认的社会审计组织对该股份制试点企业进行审计查证,审计机关必要时可以直接对其进行审计监督。

3. 社会审计组织经委托对有国有资产的股份制试点企业审计查证后,应将该企业的审计报告、验资证明抄送审计机关。审计报告和验资证明如有不真实、不合法等情况的，审计机关可以进行核查和处理。

4. 审计机关应加强对有权代表国家向股份制试点企业投资的部门或机构的审计监督，以确定国有资产股份的投资收入及其运用是否真实、合法和有效。

25日 人民日报发表社论："以充满活力的机制加快走向市场"（喜读《全民所有制工业企业转换经营机制条例》）。社论强调，转换企业经营机制的关键在于落实企业的自主权，同时，切实转换政府管理经济的职能。

25日 人民日报发表了《全民所有制工业企业转换经营机制条例》。分7章54条，对企业经营权、企业自负盈亏的责任、企业的变更和终止、企业和政府的关系、企业的法律责任，都作了具体规定。关于企业经营权主要包括扩大企业生产经营决策权、投资决策权、产品定价权、进出口经营权、人事劳动权和工资奖金分配权。《条例》指出，在赋予企业经营权的同时，必须强化企业自负盈亏的责任，一是强化厂长（经理）对企业盈亏的责任；二是增强企业上交利润欠收自补的责任；三是强化企业对潜亏应负的责任；四是强化企业的分配约束的责任。同时，《条例》还规定了企业的法律责任。

27日 经济日报发表了由国家土地管理局和国家经济体制改革委员会共同制定的《股份制试点企业土地资产管理暂行规定》。主要内容如下：

1. 改组或新设股份制企业时，涉及的国有土地使用权必须作价入股。土地使用权的价格由县级以上人民政府土地管理部门组织评估，并报县级以上人民政府审核批准后，作为核定的土地资产金额。

2. 改组或新设的股份制企业，凭负责审批、组建股份制企业主管部门（股份制企业试点期间为国家及省级体改部门，下同）批准文件，向当地人民政府土地管理部门申请土地登记或变更土地登记。股东单位在改组或新设股份制企业之前，已经领取国有土地使用证的，由土地管理部门对用地情况进行复核，用地情况发生变化的进行变更登记，更换或更改国有土地使用证；尚未领取国有土地使用证的，由土地管理部门进行地籍调查，核实权属、界址、面积和用途，经审核注册登记，颁发国有土地使用证。

3. 通过出让方式取得国有土地使用权的土地资产与股东单位其他资产一并入股。土地使用权由改组或新设后的股份制企业持有。

(1) 土地资产入股期限为土地使用权出让年期减去原股东单位以出让方式获取土地使用权后已使用的年期；

(2)在土地使用权出让期限内，持有土地使用权的股份制企业须承担土地使用权出让合同和土地登记文件所载明的权利和义务。

(3)在土地使用权出让期内，持有土地使用权的股份制企业应依法缴纳土地税费；

(4)土地使用权出让期届满，股份制企业须到土地管理部门依法办理土地使用权注销登记手续，土地使用权由国家依法收回；股份制企业如需续期使用土地，应重新向原土地管理部门申请办理出让手续；支付土地使用权出让金，并办理土地登记手续。

4. 以划拨方式取得国有土地使用权的股份制企业，在补办土地使用权出让手续、补交出让金、进行土地登记后，土地使用权由股份制企业所持有。其他要求按本《规定》第三条办理。

5. 使用集体所有土地的股份制企业，必须持负责审批组建股份制企业主管部门批准文件，向县级以上人民政府土地管理部门提出申请，经县级以上人民政府批准，按国家建设征用土地的规定由国家征用，依法出让给股份制企业，或由国家作为土地资产入股；原集体土地所有者可用获得的征地补偿、安置费向该股份制企业投资入股。

6. 土地登记、估价所需经费按国家有关规定执行。

31日 人民日报刊登了国务院副总理田纪云在全国发展高产优质高效农业经验交流会上所作《关于加快改革开放步伐，实现农业向高产优质高效的转变》的讲话。他指出，发展高产优质高效农业的基本途径，要做到四个结合，即种养加工相结合，工农商相结合、内贸外贸相结合和农科教相结合。同时，要建立健全适合高产优质高效农业和农村商品经济发展的经济运行机制和管理体制。

8　月

3—9日 全国转换企业经营机制工作会议在北京召开。国务院总理李鹏到会讲话。他指出：目前我国独立核算的国营大中型工业企业约一万多个，占全国工业企业总数的2.7%，但它们创造的工业产值却占全国工业总产值近50%，上交国家的利税占67%，且国家的经济命脉诸如能源、交通、电力、钢铁、大型机械、化工等基础性行业，都掌握在国营大中型企业手中。因此，转换企业经营机制，进一步搞活大中型企业，具有举足轻重的作用。如何搞好企业经营机制转换，李鹏讲话中提出如下几点意见：1. 关键是把企业推向市场，使企业成为依法自主经营、自负盈亏、自我发展、自我约束的商品生产者和经营单位。2. 落实企业的经营自主权；3. 转换企业经营机制条例对政府和企业的要求是两方面的，要全面理解和贯彻；4. 各级政府部门要把主要精力放在转换企业经营机制方面，以此带动其他方面的改革。

10日 法制日报刊登了由国有资产管理局和国家经济体制改革委员会共同制定的《股份制试点企业国有资产管理暂行规定》。主要内容如下：

1. 股份制试点企业国有资产管理原则：

(1) 贯彻发展以公有制为主体的股份制企业的方针，对应由国家控股的股份制试点企业必须保证国有资产股份在企业中的主导地位；

(2)国有资产股权的行使、转让必须符合国家对国有资产保值、增值的要求；

(3)在股份制企业试点中，不允许以任何方式瓜分国有资产，侵犯国家利益；

(4) 对股份制试点企业的管理，坚持政企职责分开、所有权与经营权适当分离、政府社会行政管理职能和国家所有权管理职能分开；

(5) 建立严格的国有资产股权代表责任制。

2. 组建股份制试点企业，用国有资产入股形成的股份（包括将全民所有制企业改组为股份制试点企业)，视股权管理不同情况，可以分别构成国家股和国有法人股。

国家股为有权代表国家投资的政府部门或机构以国有资产向股份制试点企业投资形成的股份（含现有已投入企业的国有资产折成的股份）

国有法人股是全民所有制企业用国家授予其自主经营的国有资产向独立于自己的股份制试点企业投资形成的股份。

国家股和国有法人股，其性质均属国家所有，统称为国有资产股（简称国有股）。

3. 国有资产管理部门是国有股权的政府专职管理机构，依法履行对国有股权的管理职能。

国有股持有单位接受国有资产管理部门的指导、监督和考核。

国有资产管理部门对国有法人股的管理要通过法定程序，保障和维护其持有单位依法享有的经济权益和经营自主权。

4. 组建股份制企业或将全民所有制企业改组为股份制试点企业，其试点范围和股权结构设置要符合《股份制企业试点办法》及其它有关规定。

5. 国有股的设置须由国有资产管理部门或其授权机构确认。对用国有资产入股组建或以全民所有制企业改组设立股份制试点企业，国家或各省、自治区、直辖市国有资产管理部门要参与审批工作。

6. 用国有资产投资组建或改组设立股份制试点企业，对投入的国有资产，必须进行资产评估和所有权界定，并向国有资产管理部门办理资产价值评估结果、所有权界定的确认手续。

进行资产评估，应按照《国有资产评估管理办法》发布的规定申报立项，委托有资产评估资格的评估机构评估。

国有资产的所有权界定，应按国家国有资产管理局、财政部、国家工商行政管理局发布的《企业国有资产所有权界定暂行规定》执行。

7. 在资产评估和所有权界定确认后，企业占用的国有资产价值总额，依照财政部和国家体改委印发的《股份制试点企业会计制度》调整原企业的帐面价值和国家资金，转为国有股股东权益。

用国有资产折价入股、折股出售、认缴出资，应按照《国有资产产权登记管理试行办法》及其实施细则的规定办理有关国有资产产权登记事宜。国有资产产权登记表作为国有股的资信证明，是办理工商登记的要件。

8. 全民所有制企业改组为股份制试点企业，不得用国有资产设置股份制企业自己的“企业股”或“职工集体股”；不得将国有资产无偿转为股份制试点企业各股东所共有的公积金、公益金；不得将国有资产效益较好的一部分（分店、分厂、车间等）单独划出来吸收职工入股；不得将企业的名牌、畅销、高利产品无偿或低价转给其职工入股的股份制试点企业经营，不得将企业股票无偿地送给或低于公开发行价格售给企业职工或其他人，不得采取其它损害国有资产权益的行为。

9. 全民所有制企业改组为股份制试点企业并采取溢价发行股票的方式招股增资时，国有资产折股的标面价值总额可以略低于经资产评估确认的国有资产价值总额，其差额和股票发行的溢价收入一并作为资本公积金，但不得使国有资产所有者的权益受到损害。

10. 全民所有制企业改组为股份制试点企业时，企业的非经营性单位，包括职工宿舍、幼儿园、医院等占用的资产如不折价入股，则仍属国家所有，也要清产核资。经同级财政部门和国有资产管理部门批准，可以办成独立于股份制企业之外的经营单位；也可以委托改组后的股份制试点企业进行专项管理、有偿使用。

11. 股份制试点企业的国有股权实行谁投资、谁管理的原则，并接受国有资产管理部门的指导和监督。

国有股股权有偿转让给非国有经济成份时，须由国有资产管理部门审批或由国有资产管理部门报请政府批准。

折股出售国营大中型骨干企业的国有资产时，须报请上级国有资产管理部门审批或上级政府审批。

12. 国有资产管理部门可以委托控股公司、投资公司、企业集团的母公司、经济实体性总公司及某些特定部门行使国家股权和依法定程序委派股权代表。经国务院或省、自治区、直辖市人民政府批准，国有资产管理部门也可以按法定程序向有国家股的企业委派股权代表。国家股权代表的委派办法由国有资产管理部门和人事部门另行制定。国有法人股代表由投资入股的法人单位委派。

13.建立国有股权代表的报告制度。国有股权代表除定期向委派单位报告工作情况外，在涉及到企业下列重大经营决策时，要事前书面请示报告：(1)选聘公司董事会成员及董事会主要负责人；(2)有关重大投资、经营方向、方式的决策；(3)增资或发行公司债；(4)收益分配决策；(5)资产抵押超过企业净资产1/3；(6)其他涉及国有股重大权益的事项。

国有股权代表的委派单位对国有股权代表的请示要及时作出负责的答复，不得因延误造成经营损失。

14. 要建立国有股权代表的考核、奖惩和监督制度。

15. 国家股的股利收入由国有资产管理部门组织收取，解缴国库、依法纳入国家建设性预算，根据国家计划统筹安排使用，任何单位和个人不得截留和拒交。国有法人股的股利收入由直接投资入股的法人单位收取。

16.依照国家法律和法规的规定，经国有资产管理部门或其授权机构批准，全民所有制企业转为股份制试点企业时，如将存量国有资产折股出售，其收入由国有资产管理部门组织收取，解缴国库，依法纳入国家建设性预算，根据国家计划统筹安排使用，支持企业发展生产建设。

17. 改变国有股权在应由国家控股的股份制试点企业中的比例，国有股权代表应报经国有资产管理部门或其授权机构会同有关部门按国家规定审核批准，经批准后方可执行。改变国有股权在其它股份制试点企业中的比例应报经国有股权代表委派单位审批。将国有资产折股出售给外商，其办法由国家另行规定。

18. 股份制试点企业破产或终止清算后的剩余资产，由国有资产管理部门或其授权机构及投资入股单位按国家规定处理。

19.国有股持股单位，必须妥善保管股票或其他股权凭证。国有资产管理部门有权对国有股权的管理、经营情况进行检查，被检查单位不得弄虚作假或以任何方式拒绝和逃避。

20、对违反本规定，导致国有资产受到侵害的单位和人员，国有资产管理部门有权提请或会同有关部门作出经济、行政的处分。对触犯刑律的责任人，要依法追究刑事责任。

21.国有资产管理部门及其授权机构的工作人员，以及国有股权代表，利用职权营私舞弊或者玩忽职守，造成国有资产权益受到不应有的损失的，国有资产管理部门或其授权机构要给予经济、行政的处分；触犯刑律的，要依法追究刑事责任。

11日 人民日报报道了国务院对海南省进一步放宽政策。

31日 农民日报刊登了农业部关于进一步加强科教兴农工作的决定。主要内容包括：加强农业科研工作，增强科教兴农的技术贮备；加强农业教育，为科研兴农提供人才保障；加强基层农业技术推广体系建设；多方筹集资金，切实增强科教兴农的投入；深化农业科教体系改革；大力加强科技开发等等。

9　月

4日 人民日报报道了国务院决定试办国家旅游度假区。

17日 人民日报公布我国工业考核评价新办法。国家统计局、国家计委、国务院经贸办联合决定：从1992年9月起，按月公布全国及分地区工业增加值以及综合经济效益的完成情况。定期公布工业经济效益综合指数完成情况，用新的评价方法，采用全国统一的标准，对不同地区经济效益完成情况进行评价，有利于改进宏观经济管理的导向作用，以引起社会的重视，使大家都来关心我们的经济效益状况，普遍增强提高经济效益的社会意识，促进工业经济的合理发展，这将对我国工业经济效益的全面提高产生积极的推动作用。

据国家统计局、国家计委、国务院经贸办首次发表的通报显示，1992年1至7月全国工业增加值完成4189.4亿元，按可比价格计算，比上年同期增长18.5%。分地区看，增加值增长超过全国平均水平的有河北、江苏、浙江、山东、河南、广东、贵州7个省。

在工业生产高速增长的同时，综合经济效益有所提高。按新的评价方法计算的经济效益综合指数，全国为86.27%。比上年同期提高4.64个百分点。分地区看，经济效益综合指数较高的有北京、上海、浙江、福建、广东、云南、贵州7个地区，经济效益综合指数较低的有山西、内蒙古、辽宁、吉林、黑龙江、安徽、江西、河南、海南、四川、陕西、青海、宁夏、新疆14个省区。

21日 人民日报发表了国务院关于实施新国民经济核算体系方案。国务院决定，从1992年起在全国分两步实施新国民经济核算体系方案。第一步，在1992年、1993年两年建立起国家和省两级新核算体系基本框架，实现初步过渡；第二步，到1995年基本完成向新国民经济核算体系的全面过渡。关键是要走好第一步。第一步的主要目标，就是要把新核算体系的基本核算表建立起来，即通过1992年度的资料，编制国内生产总值及其使用表、投入产出表、资金流量表、国际收支表，从总体上系统地反映国民经济的运行情况。实现第二步目标，就是要能够比较准确完整地编制新核算体系的全部表式和帐户体系，并建立起与之配套的统计指标体系、统计分类标准和数据库系统。

21—24日 全国县级机构改革试点工作座谈会在北京召开。这次会的主要议题是总结交流县级机构试点的经验，研究试点过程中遇到的问题及解决办法。

25日和26日 人民日报报道了国家计划体制改革情况。文章指出，国家计委从多方面转变职能，推出重大改革步骤。计划部门从8个方面实现职能的转变，即从偏重于管理微观经济活动。定指标、分投资、扣项目、分物资，转向用主要精力研究提出经济发展总体战略、重大方针和政策；从偏重于运用行政手段进行直接管理，转向主要运用经济政策、经济杠杆、经济法规进行间接管理；由主要着眼于全民所有制经济活动，转向引导和调控全社会经济活动；从偏重于实物和指标计划管理，转向注重价值管理和政策性、预测性计划管理；从偏重于对工业生产建设的管理，转向重视生产、分配、流通、消费全过程的引导和调控；从偏重于供给管理、忽视市场需求，转向面向市场和研究市场变化；从偏重于静态的、国内经济活动和资源的平衡，转向积极运用国内外两个市场、两种资源、两类资金，实行动态的、开放式的计划平衡；从偏重于控制型计划管理，转向协调服务性宏观管理。

10 月

9日 人民日报发表了国务院关于发展高产优质高效农业的决定。主要内容如下：进一步把农产品推向市场；以市场为导向继续调整和不断优化农业生产结构；以流通为重点建立贸工农一体化的经营体制；依靠科技进步发展高产优质高效农业；建立健全农业标准体系和监测体系；继续加强农业投入，资金投放结构；改善农业生产条件；积极扩大农业对外开放；建立适应高产优质高效农业考核制度。

12日 江泽民同志在中国共产党第十四次全国代表大会上，发表了《加快改革开放和现代化建设步伐，夺取有中国特色社会主义事业更大胜利》的报告。《报告》用很大篇幅陈述了九十年代中国的经济体制改革和建设任务。

16日 中共中央国务院发出关于认真贯彻执行《全民所有制工业企业转换经营机制条例》通知。主要内容包括：1.经济体制改革的中心环节是企业改革，企业改革的关键是转换经营机制；2.转换企业经营机制，必须转变政府职能；3. 落实企业经营自主权是企业转换经营机制的重点；4. 企业要主动进入国内外两个市场进行竞争；5. 企业认真贯彻落实《条例》，要依靠广大职工群众；6. 抓紧制定贯彻实施《条例》的办法。

11 月

17日 中国商报发表了由商业部、国务院经贸办和国家体改委共同发布的《全民所有制商业企业转换经营机制实施办法》。《办法》规定，商业企业转换经营机制的目标是：使企业适应市场的要求，成为依法自主经营、自负盈亏、自我发展、自我约束的商业经营单位，成为独立享有民事权力和承担民事义务的企业法人。《办法》还对企业经营权、企业自负盈亏的责任、企业的变更和终止、企业和主管部门的关系等作了具体规定。

23日 人民日报发表了国务院关于要求各地严格制止乱占、滥用耕地的通知。通知指出，各地区、各部门必须严格执行《土地管理法》、《中华人民共和国城镇国有土地使用权出让和转让暂行条例》和《国务院关于出让国有土地使用权批准权限的通知》等法规、政策文件。各地制定的地方性法规凡与《土地管理法》不一致的，要予纠正。地方各级政府不得越权审批土地，也不得将审批权层层下放，否则，要依法追究当事人及有关领导的责任。通知说，要加强对各类开发区审批、建设的管理，必须坚持资源管理与资产管理并重，进一步规范地产市场。

24日《人民日报》发表了国务院关于发展房地产业若干问题的通知。通知要求各地进一步深化土地使用制度改革。要逐步扩大城镇国有土地有偿有限期使用范围。商业、金融、旅游、服务业、商品房屋和涉外工程用地，要逐步采用土地使用权有偿限期出让的办法。

12 月

30日 人民日报发表了国务院召开农业工作电视电话会议，李鹏总理提出保证农业发展十项措施。

31日《人民日报》发表了财政改革要加快步伐的消息。这是李鹏总理在全国财政工作会议上所强调指出的。他说，财税改革的核心是按照社会主义市场经济体制要求，处理好国家与企业、中央与地方的利益分配关系，为市场发育和企业之间的公平竞争创造良好的外部条件，改进和加快宏观调控。财税改革的进程要加快，近期财税改革应积极进行国有企业“税利分流”的改革试点，规范国家与国有企业的分配关系；进一步修订和完善“分税制”财政体制的试点方案，规范中央与地方的分配关系；加快税制改革的步伐，为企业公平竞争和调节收入分配创造条件。

31日 人民日报发表了全国财政工作会议在京举行消息，李鹏总理强调财政改革要加快步伐。

专　论

关于社会主义市场经济问题

薛　暮　桥

建国至今，我国建设社会主义的实践已历时40多年，改革开放也有了10多年的经历。到底在中国这块土地上应当建立什么形式的社会主义经济？什么是我国社会主义经济体制改革的目标？现在可以得出比较成熟的结论了。

一

1984年党的十二届三中全会《关于经济体制改革的决定》，以正式决议的形式，肯定我国社会主义经济是“有计划的商品经济”。这是理论上一次重大突破，发展了马克思主义社会主义经济理论，为我国社会主义经济体制改革规定了正确目标和方向。

马克思曾设想，在资本主义社会以后的未来的新社会，最终将走向统一的全社会公有制，因而商品经济也将随之消亡。但是，这是他根据自已所处时代的状况，运用抽象方法对未来社会发展总趋势所作的预测。马克思从来不对这种发展的具体进程进行空想主义的描述，而把它留给后人的实践来回答。

马克思恩格斯逝世后，许多马克思主义者对于社会经济发展的复杂性普遍估计不足。他们离开了马克思主义实事求是的思想路线，总想按照现成的公式来构筑现实的社会主义经济。十月革命后，俄国曾经实行战时共产主义政策，企图迅速取消商品货币关系。列宁很快觉察到这是错误的，果断地实行新经济政策，在承认多种经济成份并存基础上恢复商品货币关系。可惜列宁逝世过早，对于新经济政策究竟是经济恢复时期的暂行办法，还是未来社会主义社会的必经阶段，未做出明确结论。斯大林执政后没有几年，就急于实现纯粹的公有制，依靠政治手段急剧推行全盘集体化，建立起只有国家所有和集体所有的两种公有制并存的经济制度。他承认由于两种公有制并存，还局部地存在商品生产和商品交换，但否认国有企业仍然是商品生产经营者，不承认社会主义经济还是商品经济。在此基础上他设计并建立起高度集中的行政命令式的计划管理体制。

我国从1953年起执行过渡时期总路线，要求在三个五年计划内进行社会主义工业化，实现对农业、手工业和资本主义工商业的社会主义改造。后来，又急急忙忙把原定在15年内完成的任务，用不到5年的时间就完成了。我国向社会主义过渡中的偏差，不仅在于急于求成，改造工作过急过快，更重要的是在过渡的目标上不切合中国国情，试图消灭资本主义经济，甚至消灭个体经济，追求纯而又纯的社会主义，这是违背马克思主义历史唯物主义原理的。在50年代，我们还没有建设社会主义的实践经验，当时强调向世界上第一个社会主义国家苏联学习，基本上把苏联模式的社会主义体制作为过渡的直接目标（后来是搞得更“左”了），没有认识到，在任何社会，生产力都是多层次的，生产关系也只能是多样化的。在社会主义阶段，除了占主体地位的公有经济，还必然有适应不同水平生产力发展要求的多种经济成分，才能适应人民群众日益复杂多样的需要。我国在50年代中期，社会主义经济已牢固地占据了国民经济的领导地位，是否可以说，即使那时不进行农业的全面合作化、私营工商业的全行业公私合营，我国也已开始进入社会主义初级阶段。但是，由于当时脱离实际，急于追求清一色的公有制，同时建立行政命令式计划管理体制，结果带来诸多弊病，不利于我国社会主义现代化建设的顺利发展。

党的十一届三中全会后，在实事求是的马克思主义思想路线指引下，我们开始进行经济体制的改革。经过几年实践探索、争论以及反复，我们逐步得到正确的结论。最主要的是：第一，我国生产力发展水平不高且不平衡，不能违背客观经济规律追求纯而又纯的清一色公有制，只能以社会主义公有制经济为主体（其中，国有经济为主导，集体经济是重要组成部分），允许多种经济成份并存。同时，既然存在多种所有制，不同经济单位之间的交换，也就只能是商品交换。第二，在国有经济内部，各个企业仍然是具有各自相对独立经济利益的商品生产者和商品经营者。否定它们的经济利益和商品生产者地位，就会窒息企业的活力，不能成为充满生机的经济细胞。第三，既然如此，社会主义经济就不是仅仅局部地存在商品生产和商品交换，而是从总体来看仍然是一种商品经济，是公有制经济为主体基础上的社会主义商品经济。对于商品经济，在宏观上也要有计划管理，但计划管理的方法必须适应商品经济本身特点。

党的十二届三中全会正式肯定我国社会主义经济是有计划的商品经济，这是一个有重要历史意义的结论。1987年党的十三大政治报告给予高度的评价，认为"这是我们党对社会主义经济作出的科学概括，是对马克思主义的重大发展，是我国经济体制改革的基本理论依据"。十三大还进一步指出，我国所处的历史阶段是社会主义初级阶段；我国社会主义有计划商品经济是计划与市场内在统一的体制，计划和市场都是覆盖全社会的，要把计划工作建立在商品交换和价值规律的基础上；并指出利用市场调节决不等于搞资本主义。这就使我们对改革方向的认识又进了一步。

二

对于社会主义商品经济，或市场经济，我们的认识是逐步深入、逐步提高的。确定这一改革的方向和目标，经历了一个解放思想、逐步冲破传统观念的过程。

1978年下半年，我们开始认识到高度集中的指令性计划管理体制的许多弊病，提出经济体制改革问题。1979年初，陈云同志提出"计划经济为主、市场调节为辅"的方针，主张允许国民经济中有一个部分为市场而生产、由市场机制来调节。这一主张在旧体制上冲破一个缺口，代表了认识上的进步。但是，我们当时的认识尚未突破旧体制的基本框架，没有超越传统观念的束缚，只有一部分同志提出社会主义经济还是商品经济，主张按商品经济规律管理经济，实行计划指导下的市场调节。1980年国务院体制改革办公室起草的《关于经济体制改革的初步意见》采纳了这一主张，并作了初步的阐述。但当时这种阐述未被确认为改革的指导思想，而且，随后又受到一些同志的批评。在1981—1982年间出现一系列文章，强调指令性计划"是社会主义全民所有制的重要体现"，是"计划经济的基本标志"；"决不能把我们的经济概括为商品经济。如果做这样的概括……，就势必模糊社会主义经济和资本主义的本质区别"；而按照商品经济原则进行改革，更是削弱社会主义计划经济，"和我们的社会主义经济制度是不相符的"，等等。这一场争论，影响到党的决策。1982年十二大政治报告中，强调了"我国在公有制基础上实行计划经济，有计划的生产和流通，是我国国民经济的主体"，只允许"对于部分产品的生产和流通不作计划，由市场来调节"。但是，十二大报告在计划和市场关系问题上较之拨乱反正以前还是前进了一步，它指出"由于我国还存在着多种经济形式，由于对社会的各种复杂的需求和大量企业的生产能力难以作出精确计算等原因，除了指令性计划之外，对许多产品和企业要实行主要运用经济杠杆以保证其实现的指导性计划"。实行指导性计划，实际上就是在计划指导下发挥市场调节的作用。因此，在十二大后，指令性计划范围逐步缩小，而市场调节范围不断扩大。

市场调节范围的扩大，推动体制改革的指导思想的发展。事实表明，行政指令性计划管理体制否定企业相对独立的经济利益，不让企业面向市场，会窒息企业的经济活力，同时在正常时期也不利于社会资源的合理配置和有效利用。改革的正确方向是在搞好宏观调控条件下充分发挥市场调节的作用。到1984年传统计划体制的陈旧观念进一步被突破，在党的十二届三中全会上终于确立了社会主义有计划商品经济的改革目标，并且在党的十三大得到进一步发展。

建立社会主义有计划商品经济的实质，是要使企业摆脱行政机构附属物的地位，成为充满活力的商品生产经营者，而国家则放弃以行政指令为主的计划管理体制，代之以计划指导下充分发挥市场机制作用的体制。这样的改革，许多同志称为是"市场取向"的改革，我认为这是正确的。

但是，在1989年形势下，有的同志起来反对改革的市场取向，反对建立社会主义市场经济。他们把1985年以后宏观管理失控归罪于市场取向的改革；并且认为市场经济只能建立在资本主义私有制基础上，同社会主义公有制是不相容的；认为"把改革的目标定位在'市场取向'上，把'市场经济'作为我们社会主义社会的目标模式"，就是"搞资产阶级自由化"，是"要改变我国经济制度的性质"。

这种看法是很错误的。1985—1988年通货膨胀和经济比例失调，并非市场取向的改革引起的，而是急于求成追求超高速，在改革过程中忽视以经济办法加强宏观调控的结果。根本不应当借口经济波折来反对体制改革的正确方向。至于说市场经济只能建立在私有制基础上,这种观点一方面来自不正确的陈旧观念,另方面又是从西方经济学著作中搬过来的。我们在多年实践中已经推翻了商品经济同公有制不能相容的偏见，为什么又去把市场经济同公有制基础上的商品经济对立起来呢?

商品生产就是为市场而生产，既然是有计划的商品经济,就必然有商品交换,就必然有市场,商品和市场是鱼和水的关系，作为商品经济基本调节者的价值规律,从来是通过市场机制自发地发挥作用的。但在农业社会商品经济不发达、自然经济还占统治地位的条件下,市场机制的调节作用也相应局限于较小范围,而不可能成为社会资源的主要配置者。当社会化大生产发展起来、商品经济覆盖全社会时,市场机制就必然承担起合理配置社会资源的职能。所以在社会化大生产条件下的商品经济，也就是市场经济。根据这个道理，既然中国经济体制改革的实质，是用以市场机制为基础的资源配置方式取代以行政命令为主的资源配置方式，那么，社会主义经济也可以叫做市场经济。

社会主义经济与资本主义经济的本质区别，在于生产资料所有制不同，而不在于社会经济运行方式和经济调节方式上。早在1979年底，邓小平同志在一次同外宾谈话中就提到:说市场经济就限于资本主义,这肯定是不正确的。社会主义也可以搞市场经济。1985年他又指出,社会主义制度和市场经济并无根本矛盾,问题是我们应当用什么方法来更加有效地发展社会生产力。1990年12月,他要求大家从理论上要搞懂,资本主义与社会主义的区分不是计划、市场这样的内容。计划经济不等于社会主义,资本主义也有计划;市场经济不等于资本主义,社会主义也有市场。在他看来,计划和市场都是经济调节的手段。他要求大家进一步解放思想，不要被姓“社”姓“资”的抽象争论束缚住自己的手脚，加快改革开放步伐，集中力量把经济搞上去。

按照马克思主义历史唯物主义观点，任何一种生产关系、一种经济体制都是适应生产力的需要而产生、发展、消亡的。所以,我们评论任何一种生产关系或经济体制的是非得失，不是根据道德标准,，主要标准应看它是否有利于生产力的迅速发展，从而能使人民生活得到迅速改善。我们现在提出要建立社会主义市场经济体制，是由于这样的经济体制最有利于我国生产力的发展和人民生活的迅速改善。

确认社会主义有计划商品经济就是社会主义市场经济,对于进一步明确我们的改革目标具有重要意义。我们的改革，不仅是一般地要求更多地发挥价值规律和市场机制的调节作用，而是要市场机制对于整个国民经济的运行,对于社会资源的合理配置和有效使用,发挥基础性的调节作用，使市场调节成为社会资源配置的基础方式。所以确认社会主义市场经济,并非只是一个名词问题,具有实质性意义,为深化改革进一步指明了方向。

(原载《经济研究》1992年第10期)

关于社会主义市场经济理论的几个问题

刘　国　光

在学习小平同志南巡讲话的高潮中，社会主义市场经济是大家热烈讨论和十分关心的一个问题。下面我想讲两个问题：一是介绍一下若干年来对社会主义市场经济有关理论问题讨论的情况，也就是介绍对计划与市场问题(包括对计划经济、商品经济、市场经济等概念)认识的曲折演变过程;二是谈谈我本人学习小平同志南巡讲话过程中对社会主义市场经济理论若干焦点问题的理解。

一、对计划与市场（包括对计划经济、商品经济、市场经济等概念）认识的曲折演变过程

我国的经济体制改革已经进行了13年。我们的改革要采取什么样的目标模式，多年来经济理论界一直在讨论。这个问题的核心,是正确认识和处理计划与市场的关系,并涉及到对计划经济、商品经济、市场经济的理解。我们对这些问题的认识有一个逐步深化的过程，经过了长期曲折的探索。

关于商品经济、市场经济这些概念,据查阅,马克思、恩格斯都没有讲过,他们只讲过商品生产、商品交

换、货币经济；也没讲过计划经济，只讲过在未来社会中"劳动时间的社会的有计划的分配，调节着各种劳动职能同各种需要的适当的比例。"首次使用"商品经济"，"市场经济"和"计划经济"概念的是列宁。列宁在革命胜利初期，多次提出消灭商品经济，资本主义不可避免地要被社会主义取代，这种新社会实行计划经济。但列宁也讲过，无所不包的计划等于空想，这种计划列宁是反对的。在实行新经济政策时期，不但允许发展自由贸易，而且国营企业在相当程度上实行商业原则（即市场原则），给企业在市场上从事自由贸易的自由。到了20年代末30年代初，斯大林停止了新经济政策，实行了排斥商品经济的计划经济，长期地把商品经济同计划经济对立起来。虽然斯大林也讲过商品生产、价值规律，但他把它们的作用限制在狭小的领域，其主导思想还是认为计划经济同商品经济不相容，同市场经济更是对立的。

过去，社会主义国家在实行计划经济时期，不是没有市场，但市场只处于补充状态，存在于缝隙当中。我国在改革前也是这样，比如大计划、小自由，容许集市贸易，三类物质上市等等。但总的看是限制市场，不承认商品经济和市场经济。十一届三中全会以后开始松动，承认计划和市场可以结合。十一届六中全会关于对建国以来历史经验总结的决议中，确认社会主义社会存在着商品生产和商品交换，因而要考虑价值规律，但没有提"商品经济"，那时还是认为，商品经济作为整体来说只能存在于以私有制为基础的资本主义社会。十二大时，提出了"计划经济为主，市场调节为辅，"前进到了这一步，"商品经济"的概念依然难以提出来。但在这以前，理论界对社会主义商品经济已有讨论，甚至有人提出"社会主义市场经济"的概念。至于小平同志1979年11月26日接见美国《不列颠百科全书》副总编辑时的谈话，当时大家并不知道。所以在那一段时期，商品经济、市场经济的概念一直是一个禁区。直到1984年十二届三中全会，才在我们党的正式文件《关于经济体制改革的决定》中，第一次提出"社会主义经济是在公有制基础上的有计划的商品经济。"这是社会主义经济理论的一个重大突破。小平同志在通过该《决定》的会议上说，十一届三中全会的决定是马克思主义新的政治经济学，评价极高。的确，这一突破来之不易，考虑到马、恩等经典作家过去曾设想未来社会主义社会不再有商品经济，以及几十年社会主义的实践当中长期排斥市场调节这样一个历史背景，十二届三中全会关于社会主义有计划商品经济的新论断，可以说是有划时代意义的，它对推进以后我国以市场为取向的改革并获得相当进展，无疑起了巨大的作用。

但是，在十二届三中全会的新论断提出来以后，人们对于究竟什么是有计划的商品经济，包括经济理论界的理解还很不一致。对于"有计划的商品经济"这一命题，有的同志强调"有计划"这一方面，有的同志强调"商品经济"这一面。当然大家对两个方面都承认，但强调的重点不同。强调重点不同，对社会主义经济本质的理解就会有差异，把握改革的方向就会有出入。历来讲社会主义的经济特征，综合起来主要是两大特征："公有制"和"按劳分配"。此外，有没有第三个特征？如果有，那么这第三个特征到底是"计划经济"还是"商品经济"，理论界的争论一直在进行，两种意见都有。一种是强调计划经济为主的，认为计划经济是社会主义经济的一项本质特征；另一种是强调商品经济为主的，则认为商品经济是社会主义的一个本质特征。当然，还有第三种意见，有不少同志想把两碗水端平，计划与市场相结合，半斤八两，平起平坐，结合的范围、方式和程度可因产品、部门、所有制和地区不同而异。不同场合可以这个多一点那个少一点，或者相反。"十三大"提出"有计划商品经济的体制是计划与市场内在统一的体制"，虽然没有讲哪个为主，哪个为辅，但同时提出"国家调控市场，市场引导企业"的间接调控的公式，实际上重点放在市场方面。这是1989年政治风波以前的情况。在计划经济与商品经济、计划与市场的关系上，理论界的风尚是逐渐向商品经济，向市场方面倾斜。但是在这以后，特别是提出"计划经济与市场调节相结合"的方针后，由于当时治理整顿和稳定局势的需要，有必要多一点集中，多一点计划，这时理论讨论的风尚又向计划经济方面倾斜。当时有一篇文章说，社会主义经济就其本质来说，是计划经济，只不过在现阶段还要有某些商品属性罢了。这种说法是近两三年比较典型的一种认识。但同时另外一种意见仍然存在，即仍然坚持商品经济是社会主义经济的关键所在。例如有一篇文章说，社会主义商品经济同公有制、按劳分配一样，都是社会主义实质所在。对于近几年正式文件中的计划经济与市场调节相结合的提法，理论界也有一些内部议论。有的同志说，计划经济指的是经济制度或体制，市场调节则是一种机制或手段，两者不是属于一个层次的问题，不好说结合一起。但公开发表的文章中，大家都使用这一提法，有些经济学家论证这一提法的科学性时说：这个提法同以前的"计划经济为主，市场调节为辅"的提法衔接起来了，这表明我们的改革不是削弱和放弃计划经济，而是要在坚持计划经济制度的前提下，实行一定的市场调节。但是不赞成这一提法的同志，认为这一解释实际上退回到十三大以前去了。但这是私下的议论。总之，在近两三年里，理论界关于计划与市场关系的争论一直不停。这几年集中讨论的有两个问题：第一个是关于市场取向问题，即中国经济体制改革的取向是否要以市场为取向；第二个是关于社会主义市场经济，即我们社会主义经济体制改革能不能以社会主义市场经济为目标模式。显而易见，这两个问题是紧密联系在一起的。

首先，介绍一下关于改革取向的问题。

有位很著名的经济学者把改革取向归纳为三种思路：一是市场取向论；二是计划取向论；三是计划和市场结合论。这种概括好像很简洁、明快，但不很确切，不完全符合经济理论界在这个问题上争论的实际分野。因为十二届三中全会提出有计划商品经济的论断以后，理论界多数同志逐渐形成了共识，就是认为计划与市场可以结合，而且应该结合。不论强调计划经济的一方还是强调商品经济和强调市场的一方都是这个共同看法。而按这种三分法，似乎前两种思想不赞成结合，只有第三种意见讲结合。这当然不符合实际。实际上，强调市场取向的也不排斥计划；强调计划为主的也不排斥市场。对于"市场取向改革"的主张，有一批同志，包括中国社会科学院的一些学者，不但说过，也见诸文字，可以说有案可查。但没见到过"计划取向"的说法。因为我们原来的体制就是计划经济体制，改革的对象就是要对传统的计划经济进行改造，要改革就不能是计划取向。所以说，这种区分是不确切的。但作出这种三分法的同志，对于改革取向的涵义有他自己的理解，似乎改革取向就是指在改革目标模式中计划与市场的侧重点的选择，侧重点是计划就是计划取向论，侧重点是市场就是指市场取向论，"平起平坐"就是二者结合论。我个人认为，改革取向不是这个意思，不是指改革目标模式中计划与市场的重点选择，而是指改革的模式转换方向，即从改革的起点模式向目标模式转换的方向。

我国经济改革的模式转换，就是从过去以自然经济和产品经济为基础的、排斥市场的、过份集中的计划经济体制这一起点模式向着引进和扩大市场机制作用范围并按市场规律的要求来改造的传统计划经济体制，由此来实现计划与市场结合的有计划商品经济（或者社会主义市场经济）的目标模式过渡。从排斥、限制市场机制的作用到发挥、强化市场机制，并按照市场规则要求来改革传统体制，这样一种改革，我认为不是不可以叫市场取向改革。改革成果首先就表现在我国的经济体制和经济运行在市场取向上的进步。

我们知道，改革前，我国所有制结构是单一化的，是越大、越公、越纯、越统就越好。那时的经济运行机制主要是实行指令性计划，直接的行政命令管理。这种机制在一定时期里是必要的，但这种机制在本性上是排斥市场和市场机制的作用的，当经济发展到一定阶段，这种机制就成为进一步发展生产力的障碍，要进一步解放和发展生产力，就必须改革。改革以后，我国的所有制结构出现了以公有制为主体的多元化的所有制结构，公有制内部企业的自主权开始有了某些扩大，这就为企业按市场规则活动提供了一定的条件；同时我们的市场体系、市场机制也在发育成长；政府在宏观经济上对企业的管理也开始从直接管理逐渐改变为间接管理为主。所谓间接管理，说到底无非是通过市场、利用市场机制、利用价格杠杆进行管理，也就是"国家调节市场，市场引导企业"这一公式的基本含义。

我们的经济改革所带来的这样一些变化，处处表现为市场取向改革的不断扩大、不断深化的过程。过去十二、三年，我们国家经济改革取得的巨大进展和成就，究竟是加强行政指令性计划的结果，还是扩大市场机制作用，并按照发展市场机制的要求去改造传统计划经济机制的结果呢？答案显然是后者。

过去不赞成或者反对提市场取向改革的同志也不少，他们不赞成的理由主要有两条：一是认为搞市场取向就是搞市场经济，而市场经济过去认为是资本主义的；二是认为我国经济中出现的一些消极现象，如1988年的通货膨胀、市场秩序紊乱、社会分配不公等问题都是因为强调市场作用而造成的。第一条理由，在小平同志今年南巡讲话后，不存在了。第二条理由，也有同志认为，这些消极现象是改革初期和发展商品经济初期难免的，这不是由于市场发展得太多了，而是由于市场还发展得不够，还没有真正的培育成长起来，而政府对经济的宏观调控又没有及时跟上来的结果。这是过渡时期的现象，不是由于改革过头，而是由于改革不够才出现的现象。要解决经济生活过程中的一些消极现象和问题，就要继续进行有宏观控制和有计划指导的市场取向的改革，把它进行到底。

其次，介绍一下关于社会主义市场经济问题的讨论情况。

这个问题的讨论时间延续得更长，从改革开始以来一直在讨论。最近在小平同志讲话以后，总书记在党校的讲话以后，这方面的文章多起来了，但都是正面的东西，看不见不同的意见，而过去长期是不同意见在争论。改革之初，1979年4月在无锡开了一个会——社会主义经济中的价值规律讨论会。在这个会上就有人提出社会主义市场经济的概念。有赞成的，也有不赞成的。那个时候也曾经出现过市场经济与计划经济相结合的提法。到了十二届三中全会中央指出来我国经济是有计划的商品经济以后，在学习十二届三中全会关于体制改革的决定时，广东有一位老经济学家说，理论上要彻底一些，其实社会主义商品经济也可以叫做社会主义的市场经济。还有同志说，商品经济与市场经济这两个概念没有必要区分，要区分的是社会主义的市场经济和资本主义的市场经济。但与此同时，反对的意见也出来了。当时有一位教授这样讲，市场经济这个概念在西方的文献当中有确定的含义，曲型的市场经济就是资本主义经济。他进而认为："社会主义有计划的商品经济不是市场经济。"这种争论延续了相当长时期，到了1988年，广东省的经济学界，举行了社会主义初级阶段的市场经济问题讨论会，明确提出了社会主义初级阶段的市场经济问题。会上取得了一个共识，认为世界上有以私有制为基础的资本主义市场经济，也应该有一个以公有制为基础的社会主义市场经济；曾经有过没有计划调控的自由市场经济，也应该有宏观调控的计划市场经济。我们应该研究和实践社会主义的市场经济。1988年下半年有人提出要把商品经济的概念进一步发展到市场经济的概念。并且提出我们迫切需要确立社会主义市场经济的理论。这些是1989年初政治风波以前的事情了。这同前面讲的那时理论界在计划与市场问题上的大致趋向是一致的。当时在理论界两种意见都有，但是越来越多的同志倾向于强调商品经济是社会主义有计划的商品经济的两面中的更重要的一面，而且使用市场经济概念的同志也渐渐多了起来。

1989年春夏之后，有一些内部资料上出现了对于社会主义市场经济观点的批判。一位同志在1989年6月17日《什么是市场经济》一文中讲，市场经济是一个比较规范化的有特定含义的概念，它主要以私有制为基础，决策高度分散，一切经济活动由所谓看不见的手，即市场力量来操纵。他认为，一些西方国家把市场经济同私有制，同资本主义联系在一起，所以社会主义国家的许多政治家、科学家不随便把发展社会主义的商品经济说成是搞市场经济。可以讲发展商品经济，但不能搞市场经济。他说，社会主义市场经济的提法不过是以资本主义的市场经济作为社会主义经济改革的模式而已。总而言之，这种意见把市场经济、计划经济与社会制度联系起来了，断言市场经济是资本主义的，社会主义搞市场经济就是搞资本主义。当然还有的同志不赞成这种观点，他们认为不能把市场经济的问题同社会制度联系起来，市场经济不过是现代商品经济或现代货币经济的"同义语"。有的经济学家讲，我国经济体制改革的实质是以市场经济为基础的资源配置方式来取代以行政命令为基础的资源配置方式。从这个意义上说，社会主义的商品经济也可以叫做社会主义的市场经济。两种不同的观点还是继续存在的。

不同意见的讨论甚至交锋，对于深化我们的认识是必要的，有好处的，也是正常的。对于社会主义市场经济的两种意见，一直讨论到今年年初，小平同志到南方巡视，发表了精辟见解。小平同志说，市场经济不等于资本主义，社会主义也有市场；计划经济不等于社会主义，资本主义也有计划。小平同志讲话后，那种把计划同市场，把计划经济同市场经济看成是制度性的观点开始消失了。但是在观念上要彻底解决这个问题还需要一个过程。

二、若干焦点问题

（一）社会主义商品经济的提法为什么要改成社会主义市场经济？

我认为，这不单纯是两个字的改变，它有深刻的涵义。首先要把商品经济和市场经济这两个概念的涵义弄清楚。这两个概念既有联系，又有区别。简单地说，商品经济是相对于自然经济、产品经济而言的，讲的是人类社会经济活动中行为交换是否具有商品性，或者具有等价补偿的关系。

与市场经济相对应的是计划经济，这是作为资源配置方式来说的。在现代的社会化生产中，资源配置一般有两种方式：一种是市场方式，另一种是计划方式。如果说资源配置方式是以计划为主，那么叫计划经济；如果以市场作为资源配置的主要方式，那么就叫市场经济。以资源配置方式来说，市场经济和计划经济是相对应的概念。

从以上的区分中，我们可以认识到，从逻辑的角度看，商品经济属于比较抽象、本质的内容层次，而市场经济则是更为具体、现象的形式层次。可以说市场经济是商品经济的一种高度发展了的现象形态。从历史发展的角度来考察也是这样。商品经济由来已久，在原始社会末期就有了萌芽，它存在于多种社会形态之中，演变到现代高度发达的程度。但不是在商品经济发展的任何阶段上都有市场经济。有商品交换当然要有市场，但那不等于市场经济。形成市场经济要有一定的条件，那就是商品和生产要素要能够在全社会范围内自由流动，配置到效益最优的地方和用项组合上去，这就要求废除国内的封建割据和形形色色阻拦资源自由流动的人为的障碍。商品经济发展到一定高度就需要一个统一的国内市场，并要逐步伸向世界市场。近代民族国家的形成和几乎同时发生的地理大发现，就是这种统一市场逐渐形成的历史背景，也是市场经济形成的历史背景，所以说，市场经济是商品经济高度发展的产物，这是从资源配置这一经济学基本观点提出来的。资源配置在经济生活中有极其重要的意义，我们是通过改革才逐渐认识到这一点的，1984年提出有计划商品经济概念时对这点了解得还有限。我们现在提出用市场经济概念代替有计划商品经济概念，就是强调要进一步发展商品经济，在资源配置的问题上，就必须明确用市场配置为主的方式来取代行政计划配置为主的方式,这也正是我国当前经济改革的实质所在,而这一实质是"有计划的商品经济"概念所不能涵盖和表达的。

再从认识发展过程来看,十一届三中全会提出有计划商品经济新概念,无疑是社会主义经济理论的一次重大突破,它具有推进历史的重大意义,但也不可避免地有一定的历史局限性。即如上所分析,它未能彻底解决计划与市场究竟何者为资源配置的基础性方式或主要手段的问题,以致人们在计划与市场关系的认识上不断发生摆动和分歧。人们仍然不能摆脱把计划经济与市场经济看作是区别两种社会制度范畴标志的思想束缚,这又阻碍了人们去深刻认识市场机制在优化资源配置和促进社会生产力发展中的不可替代的作用。今年初小平同志南巡讲话指出,计划经济不等于社会主义,资本主义也有计划,市场经济不等于资本主义,社会主义也有市场,计划和市场都是经济手段,计划多一点还是市场多一点不是社会主义与资本主义的基本区别。这一科学论断从根本上破除了把计划经济和市场经济看作是社会基本制度范畴的传统观念,诊治了我们在市场和市场经济问题上常犯的恐资病,启发了人们从资源配置这一基本经济学观点出发,去全新地思考把社会主义市场经济体制作为经济改革目标模式的问题。这无疑是社会主义经济理论继80年代初提出社会主义商品经济概念后,在90年代初发生的又一次重大突破。这一突破对今后我国改革开放和经济建设的实践将产生重大影响。

(二)既然计划和市场都是经济手段,为什么我们现在又把社会主义计划经济的概念变成或者发展成社会主义市场经济的概念?

这个问题涉及到对作为资源配置两种方式各自的内涵和各自长短优劣的比较。经过多年的实践与观察,应该说这个问题越来越清楚了。

的确,资源配置的计划方式和市场方式各有其长短优劣。计划配置它的长处在于能够集中力量(即资源)办成几件大事,有可能从社会整体利益来协调经济的发展。但计划配置的缺陷主要在于:由于计划制定和决策人员在信息掌握和认识能力上的局限性,以及在所处地位和所代表利益上也难免有局限性,因此计划配置的方式就难免产生偏颇、僵滞的毛病,往往会限制经济活力,不利于资源的优化配置。市场配置一般是按照价值规律的要求,通过适应供求关系的变化,发挥竞争机制的功能来实现。它的长处在于能够通过灵敏的价格信号和经常的竞争压力,来促进优胜劣汰,协调供求关系,把有限的资源配置到最优环节组合上去。但市场配置也有其缺陷:市场调节具有自发性、盲目性和事后性等特点,它对于保证经济总量平衡,防止经济剧烈波动,对于合理调整重大经济结构,对于防止贫富悬殊、两极分化,以及对于生态环境和自然资源的保护等等,所有这些,市场调节或者是勉为其难的,或者是无能为力的。

这样看来,既然计划与市场各有其长短优劣,我们就必须扬长避短,取长补短,把两者结合起来运用。但是讲到这里,仍然没有解答为什么要用市场经济体制来取代计划经济体制的问题。我认为,这个问题已经不是一个信念问题,也不是一个感情好恶的问题,而是一个实证性问题。就是说,要解答这个问题,就必须不再纠缠于市场经济和计划经济是姓社还是姓资的抽象理论上,而要切实考察这两种经济运行机制在世界经济竞技场上进行的历史较量,说明它们各自在什么条件下是资源配置的更为有效的方式,以及从整体上说何者更为有效。

纵观近代世界史,市场经济和计划经济在不同的历史条件下都有成功亦有失败,各有千秋。但从总体效率的较量来看,现代市场经济与传统计划经济相比已被证明是更为有效的经济运行机制,传统的计划经济已被证明敌不过现代的市场经济,正是这个客观事实最终成为导致东欧剧变,苏联解体的重要因素之一。中国实行计划经济在第一个五年计划等阶段也是成功的,但后来也出现了物资匮乏、效率上不去的问题。十一届三中全会后,我们针对这些问题,及时采取了市场取向改革的步骤,而且事实证明,凡是市场取向改革越深入、市场调节比重越大的地方、部门和企业,经济活力就越大,发展速度就越快。改革10多年来,国家整体上经济实力增强了,市场商品丰富了,人民生活水平提高了。工农基本群众衷心拥护党,支持稳定,这是前几年中国在严竣考验中能够屹然站立,避免蹈苏联东欧复辙的一个重要因素。这也从一个方面表明,中国选择以市场为取向的改革道路是明智的。

从历史的回顾中,我们还得出一个结论:计划经济是不能一笔抹杀的,它有它一定的适用范围,在一定的历史条件下,它是更有效的。那么,计划经济适用的历史条件是什么呢?第一是经济发展水平较低、建设规模较小的时候(如"一五"时期156个项目的建设);第二是经济结构、产业结构比较简单的时候(如非公有经济成分消灭了,主要发展重工业);第三是发展目标比较单纯、集中的时候(如战时经济、战备经济,解决温饱问题);第四是发生了除战争以外的非常重大事故的时候(如特大的灾害,特大的经济危机);第五是闭关锁国、自给自足的时候。在这些条件下,计划经济比较好搞,也很管用。但是,一旦经济发展水平提高了,建设规模扩大了,经济结构和产业、产品结构复杂化了,发展目标正常化多元化了(把满足人民丰富多彩的生活需求和提高以科技、经济为中心的综合国力作为目标)，对外开放使经济逐渐走向国际化了，在这样的情况下，以行政计划配置资源为主的计划经济就越来越不适应，必须及时转向市场配置资源为主的市场经济。这正是我国经济目前面临的形势和任务。80年代，我国经济已经跨上了一个大台阶，90年代，我们要抓紧有利时机，在优化产业结构、提高质量效益的基础上加快发展；还要进一步扩大开放，走向国际市场，参与国际竞争。这就要求我们更加重视和发挥市场在资源配置中的导向作用，建立社会主义市场经济新体制。在这个基础上，把作为调节手段的计划和市场更好地结合起来。在配置资源的过程中，凡是市场能解决好的，就让市场去解决；市场管不了，或者管不好的就由政府用政策和计划来管。现代市场经济不仅不排斥政府干预和计划指导，而且必须藉助和依靠它们来弥补市场自身的缺陷，这是我们在从计划经济转向市场经济时须臾不可忘记的。

(三) 既然市场经济不是制度性的概念，那么为什么要在市场经济前加上"社会主义"的定语？社会主义市场经济区别于资本主义市场经济的特点是什么呢？

海外人士也有这样提出问题的，中国搞市场经济就行了，何必要社会主义。这样讲，要么是有其用心，要么就是不了解中国以市场为取向的经济改革，其目的其内容都是社会主义制度的自我完善，而不是照抄照搬西方市场经济。海内人士提出这个问题，是认为从运行机制上说，市场经济在两种社会制度下没有什么差别，如果说有所不同，那也不是市场经济本身的问题，而是两种社会制度基本特征不同带来的。所以，有的同志主张不叫"社会主义市场经济"而叫"社会主义制度下"或"社会主义条件下的市场经济。"我认为，这个意见不是没有道理，但为减少文字，我们也可以约定成俗，用"社会主义市场经济"概念来表述"社会主义条件下"或"社会主义制度下的市场经济。"再者一些共性的范畴，体现在具体的事物中，往往呈现出特殊性来，在共性范畴前面加上特殊性的定语，也是通常的做法。例如我们通常使用的"社会主义现代化"、"社会主义企业"等概念就是如此。对于社会主义条件下的市场经济，不妨使用"社会主义市场经济"的称谓，因为社会主义市场经济与资本主义市场经济确实既有共性，也有特殊性。即使同是资本主义的市场经济，德国的市场经济不等同于法国的市场经济，日本的市场经济也不等同于美国的市场经济。何况社会主义国家的市场经济，当然有不同于资本主义市场经济的差异和特征。社会主义市场经济与资本主义市场经济的共性我们在前文的论述中已多次涉及了，如价值规律、供求关系、价格信号、竞争机制在资源配置中的作用等等。其差异主要是由于市场经济不能脱离它存在于其中的社会制度的制约。社会主义市场经济不同于资本主义市场经济的特点，是受社会主义制度的本质特征决定的，特别是它同社会主义基本经济制度是紧密联系在一起的。

我国社会主义制度的基本特征，从政治制度上说，最重要的是共产党和人民政权的领导。这个政权从总体上说不是为某些集团或个人谋求私利，而是以为全体人民利益服务为宗旨的。在基本经济制度上，所有制结构是以公有制（包括国有制和集体所有制）为主体，个体、私营、外资经济为补充，不同所有制可用不同形式组合经营，各种经济成分和经营形式的企业都进入市场，平等竞争，共同发展。国有经济的主导作用要通过市场竞争来实现。与所有制结构相适应，社会主义的分配制度以按劳分配为主体，按其他生产要素分配为补充，兼顾效率与公平，运用市场机制合理拉开差距，刺激效率，同时运用多种调节手段，缓解分配不公，逐步实现共同富裕。社会主义制度的这些基本特征，不能不通过注入较多的自觉性和公益性，对市场经济的运转产生重要的影响。由于有共产党的领导，有公有制为基础，有共同富裕的目标，我们在社会主义市场经济的运行中，更有可能自觉地从社会整体利益与局部利益相结合出发，在处理计划与市场的关系、微观放活与宏观协调的关系、以及刺激效率和实现社会公正的关系等方面，应当也能够比资本主义市场经济更有成效，做得更好。对此我们充满信心，因为通过全面改革的努力，这些是能够实现的。

(摘自《经济研究》1992年第10期)

建立社会主义市场经济新体制

马　洪

党的十四大报告指出：社会主义经济体制改革的目标是建立社会主义市场经济新体制。14年来，我国的经济改革，始终是围绕改革以往的高度集中的指令性计划管理体制，向扩大市场机制的调节作用的方向进行的。通过这10多年的艰苦努力，我们在理论和实践两方面都取得了一系列重大进展。早在1979年，邓小平同志就讲过社会主义也可以搞市场经济，特别是今年年初邓小平同志南巡讲话，指出计划与市场不是区分社会主义与资本主义的标志，资本主义有计划，社会主义有市场，进一步澄清了这一重大问题上的思想认识，鼓舞了全国人民加快改革开放的信心。刚刚召开的党的十四大又进一步提出发展社会主义市场经济，这是社会主义改革理论上的又一重大突破，我国社会主义改革开放从此进入了一个新的发展时期。

由于经济体制改革的任务是建立社会主义市场经济体制，所以，10余年来在理论认识上不断深化的同时，在实际改革过程中主要进行了以下5个方面的改革。

1. 下放权利，改变过度集中的决策体制。从决策角度讲，排斥市场的以往体制的最大弊端就是权力过于集中，而市场机制从本质上讲是一种分权决策机制。从这个角度讲，权力分散是形成市场，或者说是市场成为资源配置形式的首要条件。因为，如果成千上万个商品生产经营者不能根据市场需求变动和成本条件自主地进行生产、交换和投资决策，也就谈不上由市场来配置资源。自1979年以来，我国的经济体制改革首先对以往的高度集中的决策体制进行了冲击，采取了一系列对企业扩权让利的政策和措施。尽管这些政策和措施的贯彻落实还很不尽人意，但相比较而言，企业的自主权还是有所增加，如在确定生产规模、调整产品结构、进行投资改造、商品销售和收入分配等方面，企业都可以在不同程度上进行自主决策，从而开始根据市场供求变化来调节自身的生产经营活动。

决策权力分散的分权改革，集中地表现为指令性计划的大幅度减少。从1979年起国家在生产和流通领域的指令性计划逐年减少，目前国家计委管理的工业生产指令性生产品种，由以往的120多种左右减到60种左右；国家统配物资品种由125种减少到26种，商业部门计划收购的品种由188种减为23种，在全部社会商品中，由计划决定生产和按计划价格交易的商品已降到30%以下。

2. 调整和放开价格。如果说对企业扩权让利是创造市场行为主体的必要前提的话，那么价格放开，使之能灵活地反映市场供求关系的变动，则是市场有效地配置资源的重要条件，如果只把价格做为一种计算或核算工具，它的逆向调节可能表现的并不明显，但若在企业有了相应的自主权特别是对其自身利益有所关心的条件下，价格仍是固定的、不合理的，那么这时价格调节的作用将可能是逆向的和低效的，因此，企业的扩权推进势必要求与价格的放开同时进行。1990年以来，价格改革在以下几个方面迈出了重大的步子：第一，对部分电子和机械工业产品实行了浮动价格，先后放开小商品和大部分的日用工业品价格，另外，在相当大的范围内放开了城市的农副产品销售价格，在整个消费品市场中，除粮、油等少数农副产品外，已基本上由价格来调节生产和需求；第二，逐步提高了严重偏低的生产资料价格，并对暂时不能放开的生产资料实行“双轨制”。到1987年双轨制价格占全部生产资料种类的40%，交易额占75%以上。价格双轨制是由排斥市场机制的以往体制向计划与市场结合体制过渡的一种典型表现。其实质就是，在生产资料生产和流通领域计划体制依然存在的条件下，允许价格在一定范围内成为刺激生产，进而配置资源的信号。当然，由于它的过渡性，在这里计划和市场的结合尚是板块式的，并存在着许多摩擦。总之，通过生产资料价格的放开，调整和实行双轨制，在生产资料生产和流通中，价格也成为重要的调节工具和资源配置形式。

3. 改变国家流通部门统购包销的单一流通形式，开放的多渠道的流通网络初步形成。与生产上的直接计划相适应，在以往体制下，大部分工业品的产销是隔断的。企业的产品统统由国家流通部门（物资、商业、外贸）收购，至于产品是否对路，就是国家计划的事了。在这种单一的流通体制下，供需总量脱节、结构失衡是司空见惯之事，随着生产企业和流通企业自主权的扩大和独立利益的承认，这种高度集中的单一的流通体制自然也就难以维持下去，企业自销、商业选购、产销一体化等流通形式也应运而生，同时由于联通供需的需要、由此产生的流通收益的刺激及国家政策的放开，使流通领域的非国有成分迅速发展，初步形成了以国营流通部门为主导的多种成分参与的流通体制。这种多渠道的流通体制是市场机制在商品市场上发挥调节作用的必要条件，也是近年来流通领域计划和市场得以初步结合的重要原因。

4. 发展和培育市场体系。市场要有效地配置资源，不仅要求价格具有较大弹性，而且要求市场是一个发达和健全的体系，即不仅要有商品市场，而且需要劳务市场和金融市场，只有这样才能把劳动力和资金配置到需要发展的行业和竞争活力强的企业。从商品市场的建设来看，目前，我国已有农产品市场1万多个，日用工业品批发市场3000多个，大型钢材市场200多个，生产资料贸易中心近400家。我国的金融市场已初具规模。在银行系统集中和分配资金能力大大增强的同时，以银行同业拆借为主的短期金融市场，以各类债券为主的长期金融市场和以证券流通为主的证券市场开始形成。据不完全统计，目前全国主要从事证券交易业务的机构已达300多家。在劳务市场方面，在国营经济中的存量部分实行优化组合的同时，增量部分实行全员合同工制和临时工制。这样，非国营经济部分和国营经济增量部分已初步形成了地方性的劳务市场，从而为市场参与配置资源起了积极的作用。目前，全国县、市以上劳动部门已建立劳务市场服务机构8000多个。

5. 建立初步的宏观间接调控体系。对企业和地方扩权并放开价格，并不意味着中央政府对经济放任不管，而是从过去对企业生产和流通的直接控制转化为通过宏观管理来间接调控企业。改革10多年来，我国在建立新的调控手段和形成新的管理方式方面所做的改革是：(1) 建立中央银行体制，充分发挥货币政策在宏观调控中的作用，建立了以中央银行（中国人民银行）为领导，以国家专业银行为骨干的二级银行体制；(2) 国家预算内基本建设投资由预算拨款改为建设银行贷款，尝试用经济手段来调控投资；(3) 实行税制改革，发挥税收调节生产流通、分配和消费的作用；(4) 建立、健全各类经济法规，把经济管理纳入法制的轨道，以上几方面的改革使我们积累了实行新的宏观管理的经验，检验了我国宏观调控手段的功效，同时也发现了今后应予完善的问题。

10余年来对经济体制以上5个方面的改革，使我们的经济运行机制发生了重大的变化。过于集中的权力和利益结构向相对分散的方向转化。地方政府及各类经济实体的权力和利益有所增强；单一的由行政机构确定的资源配置信号向市场决定的方向转化，市场信息在资源配置中的作用明显增强；单纯依靠行政机构和行政手段进行运作的直接计划控制向计划调节与市场调节并存转化，经济手段、间接调控在政府的宏观经济管理中开始发挥重要作用；纵向的金字塔式的行政协调的组织体系依然存在，同时也开始出现横向的市场自行组织机制。由于这些方面的变化，我国目前实际运行着的经济运行机制既非改革前的单一计划机制，也不是政府宏观调控下的一元的市场机制，而是一个计划与市场虽已结合，但尚未有机融合在一起的二机制。一方面，以往体制下的动力机制、信息机制、调控机制和组织机制已程度不同地被改变，但它们又都没有全部消失，有的仍在起作用。另一方面，新的计划与市场结合的构架开始逐步形成，其基本构成要素或快或慢、或先或后地生成，但一个能够有效运行的新的经济机制系统则还远未形成。所以，目前的体制是一个新旧交替的体制，是一个仍在转换中的带有二元特征的体制。

这种二元体制与以往的计划体制相比是一个历史进步，它带来了80年代我国经济的高速成长。但是，这种计划与市场未能有机结合的二元体制，与我们要建立的社会主义市场体制仍有较大的距离，主要是市场的分割和市场体系不健全。市场的分割或封锁主要表现为不同的部门和行政区划之间的条块分割。这种分割在生产领域表现为各地方和部门不顾本地的资源和生产经营条件，大上价高利大的短平快项目，造成分散生产、重复布点，破坏了配置资源的统一市场的形成。在流通方面。当产品供不应求时，阻止本地产品流出；而当供大于求时，阻止外地产品流入。市场的不健全，主要表现在各类商品市场有所发育的同时，要素市场与之极不对称。资金、劳务、技术、信息和房地产等各类要素市场严重滞后，使市场功能难以得到正常发挥。

现阶段两种体制的摩擦，一是表现在投资上，由于价格的不合理，国家的产业政策和区域政策受到市场引导的独立经济实体投资行为的冲击，形成中央投资意图与地方或企业投资方向和不一致；二是表现在生产上，计划内生产任务价格偏低而受到市场调节部分的冲击；三是表现在价格上，一些商品双轨价格之间的悬殊价差形成计划价严重偏低，而市场价严重偏高的“双重扭曲”；四是表现在商品流通上，计划内调拨部分与市场调节部分相互影响相互制约；五是表现在金融上，与经济实体身份相应的经营功能与国家专业银行身份相应的调控功能冲突；六是表现在企业行为上，政企分开虽已经起步，但企业仍普遍存在一边盯住政府一边盯住市场的“双重依赖”的状态之中。

与旧体制相比，这种二元体制当然是一种伟大的历史进步，已经增强了我国经济和稳定发展的活力，1978—1991年这14年是我国建国以来经济增长最快、人民生活水平提高最快的14年；同时随着市场配置资源功能的增强，消费者偏好在资源配置中的作用也随之增强，供给与需求的偏差迅速缩小，这两方面的变化，不仅是改革的巨大成果，也是我们进一步推进改革，建立市场经济体制的物质基础。不看到这点，就不能充分估计10余年改革的伟大成就。然而，如只看到这点，而看不到这种二元体制因内部摩擦引起的种种弊端，看不到解决这些弊端的必然性和迫切性，就会贻误建立社会主义市场经济体制的时机。

用社会主义市场经济替代以往的“有计划商品经济”，它涉及到对社会主义经济性质认识的重大变化，和对社会主义经济的组织方式、经济改革的目标和改革策略的相应变化以及社会经济生活的各个领域的变化。对政府、企业、个人，都将提出新的要求并产生深刻的影响。为了实现这一战略任务，十四大报告提出了转换企业经营机制，加快市场体系培育，深化分配制度和社会保障制度改革、政府职能转变等4项任务，具体地讲，应做好以下几方面的转变。

第一，所有制将由单一的国家所有或集体所有的公有制形式向以公有制经济为基础的混合型所有制（股份制）转变。实践已经证明，单一公有制的管理形式下政企关系不易理顺，企业筹集资源渠道过窄，不利于企业的成长，不适应市场经济的要求。要发展社会主义市场经济，实行股份制企业制度势在必行。这种股份制是以公有制为基础的，各种所有制的企业间以及各种法人间相互持股，并包括个人持股在内的混合所有制。从目前的承包制向国家控股和国家机构、社会团体及职工参股的转化可采取以下几种形式：(1)新建企业凡是集资兴建的，应当考虑转化为股份制。投资者根据资金比例取得相应的利益份额和决策权力。(2)老企业，凡是有条件的可利用与外资和内资合作的机会转化为股份制，根据这几年的试点情况看，应严格防止借股份制之机将利润转化为工资。所有国有企业的股份制试点要妥善安排有序进行，不应一哄而上。

第二，经济运营形式将由政府为主体向企业为主体和个人为主体的格局转变。实行社会主义市场经济，政府不再扮演经济主体的角色，企业和个人应当成为决策主体、执行主体、利益主体，企业经营的决策、执行和利益要落实到企业家和职工个人。只有企业家和个人的责任和利益明确，个人的主体作用发挥出来了，企业的主体作用才能落到实处。

第三，企业经营的决策风险从由政府和社会承担，转变为由企业和个人承担。市场经济是一种风险经济。企业要自负盈亏，风险必须自负。企业破产后，经营者应承担相应的责任，职工也应承担相应的责任。这样，企业、企业家和职工才能真正走向市场。

第四，企业的经营战略由依赖型向自我发展型转变。企业要在市场竞争中取胜，就必须寻求一条适合自身经营特点的、走向市场的生存和发展战略。那种由上级部门下达计划、包销产品，企业依赖于政府的经营方式已不能适应市场经济的新形势。企业要强调竞争意识和质量意识，把规模经营和多元化经营相结合，形成自己的经营特色。

第五，企业同政府的关系将由以往的政企不分向无行政上级隶属的企业转变。改革以来，虽然在政企分离方面做了大量工作，但政企仍难以真正分离，其根源在于每个企业都必须有个权力很大的主管部门。既有主管部门，就有了隶属关系，政府部门就有权对企业进行各种形式的干预。企业向无行政隶属方向转变，是实现政企分离的可行的探索方向。

第六，政府管理经济由实物的、直接的、一对一的管理，转变为价值的、间接的、行业性的管理。企业产品供求由市场调节；政府职能转向全行业的间接管理，如制订产业政策、行业政策、法规，发布经济信息等间接方式转变。

第七，国有资产的管理将由实物化向价值化、货币化、证券化转变。同时由单一的固定资金管理向地产、房产、有价证券、商品等资产一体化转变。以往的国有资产管理是实物性的，如只对国家投资形成的厂房、设备进行登记，不准转移等，而缺乏价值形态的管理，对国有财产的保值、增值、价值运动不能有效管理。今后随着资本市场的形成和完善，国有资产也将以证券形式在市场上运动。同时，随着房地产市场的形成，部分国有资产也将进入房地产市场。

第八，劳动用工制度将由国家包就业向职工自主择业转变。发挥市场机制在资源配置方面的作用，形成适当的劳动力市场是必不可少的。首先要促进智力型劳动的合理流动，并完善高校毕业生的“双向选择”分配办法，继续完善合同用工制度，企业有辞退和解聘职工的权利，职工有自主择业的权利。并在城乡间、地区间开展适当的劳动力流动。

第九，竞争的机制将由目前的不同所有制企业采取不同标准向各类企业实行同一竞争规则转变。对全民所有制企业、集体所有制企业、三资企业，今后都应通过制订统一的法规、法律，使之在相同的环境下从事平等的竞争。我国目前市场竞争的低效和混乱就是与市场法制不健全有关。要在清理现有法规的基础上，抓紧制定维护市场秩序、约束企业行为的基本法规，如公司法、公平竞争法和反垄断法，在立法的基础上，强化司法工作。

第十，价格制度将由行政性定价向市场定价转变。今后将进一步减少行政性定价的比重，绝大部分产品实行市场价格。没有合理的价格体系也就谈不上有效的市场调节。所以一定要充分利用几年来连续的供求基本平衡、双轨价差大幅度缩小的有利时机，在控制住总需求的基础上，把绝大部分生产资料的价格放开，取消双轨制。国家重点建设和重点大型企业所需要的原材料采取国家订货，保量不保价。价格并轨的基本原则是，凡是供求基本平衡的商品，计划轨要向市场轨靠，即放开价格；而产品供求差距很大，计划价大大低于市场价的商品，主要是基础工业产品，并轨方法是较大幅度提高计划价格水平，并通过调价，简化计划价格形式，逐步实现单一综合计划价。

放开价格是市场有效调节的条件，但价格放开并不等于形成市场，所以在理顺价格体系的同时，要积极发展各种有利于产品顺畅、流转的新型通组织形式。在农副产品的生产资料的重点产销区努力完善现有的各类现货市场，通过组建有组织有指导的批发市场，提高现货市场的组织程度。同时，在大力发展远期合同的基础上，注意有条件地引入期货市场机制发展期货贸易。同时鼓励和发展产供销之间的联营、联购和联销的等多种形式的横向联合；大力发展交通、仓储设施和信息服务设施的建设；结合金融、财政和劳动体制的改革，促进金融市场、劳动市场、房地产市场等市场体系的建立和完善，努力改变目前我国市场发育中的要素市场严重滞后的不协调状况。

（摘自《经济研究》1992 年第 11 期）

社会主义市场经济与价格改革

张 卓 元

1992 年 10 月举行的党的十四大把建立社会主义市场经济体制，作为我国经济体制改革的目标模式，为我国今后的改革开放进一步指明了方向。价格改革是经济体制改革的关键。尽管从 1979 年以来，我国价格改革已取得重大进展，市场机制在货物和劳务价格形成中已占优势，但是仍然需要按照发展社会主义市场经济的要求，深化价格改革，以促进市场的发育和统一、开放、竞争、有序市场体系的建立，促进竞争性市场体制的形成和完善。

一、建设社会主义市场经济体制对价格改革提出了新的更高的要求

建设社会主义市场经济体制，使价格改革的主要性和地位进一步突出起来。因为价格是市场的核心，价格机制是市场机制的核心，社会主义市场经济的运行，要充分发挥价格机制的作用。这就对价格改革提出了新的更高的要求。这些要求至少包括如下几点：

第一，应更明确地把建立市场价格体制作为价格改革的目标模式。建立市场价格体制，是建立竞争性市场体制的前提，也是发展社会主义市场经济的前提和基础条件。

第二，加快生产要素价格改革。生产要素的市场化和生产要素价格形成的市场化，是实现经济资源由市场机制配置的根本条件。为了顺利向社会主义市场经济体制过渡，今后应把要素价格改革，作为价格改革的重点，置于优先地位。

第三，加快价格改革的步伐，尽快理顺价格关系，建立合理的价格结构，以适应和推动社会主义市场经济新体制的建设，使市场的导向作用有助于优化资源配置，提高经济活动的效率。虽然总的改革战略仍应坚持渐进步伐，但是要努力创造条件大胆迈步，不要轻易放过加快改革的良好时机。

第四，加快国内价格同国际市场价格挂钩的进程，以利于国内市场和国际市场的接轨，更好地全方位地对外开放，积极参与国际市场竞争。

第五，建立和完善适应社会主义市场经济发展的价格调控体系。价格调控主要依靠经济的和法律的手段，并辅之以行政的手段，协调好各方面的利益，促进经济的稳定增长和社会的安定。

第六，进一步处理好理顺物价关系和稳定物价水平的关系，为深化价格改革创造相对宽松的环境。价格改革步伐的加快，国家价格逐步向国际市场价格靠拢，有可能在一个时期内，出现价格水平上涨幅度较大，需要国家采取恰当的宏观政策加以调控，努力保持经济的稳定，减少价格改革带来的危险，以便顺利推进价格改革。

二、建立市场价格体制

我们进行价格改革，一是要改变原来单一的行政定价体制，建立以市场调节价格的主体的价格形成机制，使价格能充分反映生产耗费和市场供求关系；二是要形成相对合理的价格结构，以引导资源的合理配置；三是建立主要依靠经济的和法律的手段并辅之以行政手段的价格调控体系。这三面可以归结为建立市场价格体制。因为市场价格体制是形成合理的价格结构的基础和保证，也是建立有效的价格调控体系的前提。

为什么要建立市场价格体制？

这首先是由整个经济体制改革的目标模式决定的，即建立社会主义市场经济体制决定的。市场经济要充分发挥市场机制的作用。市场机制的作用意味着价格要根据市场供求关系的变化上下波动，向生产者、经营者和消费者发出信号，使他们作出有利的和合理的选择。实行市场经济，使市场在社会经济资源配置中发挥基础性作用，在社会主义市场经济运行中以市调节为主，就要求把微观价格尽可能放开，使商品和劳务价格由市场供求关系决定和调节，即建立市场价格体制。

其次，从商品价格本身的含义来看，也只有实行市场价格体制，才能把价格关系理顺，改变扭曲状态。价格是商品价值的货币表现，是商品交换发展到一定阶段的产物，是在商品交换中即在市场上由买卖双方讨价还价形成的。有交换，有买卖，有市场，才有价格。价格体现参加市场交换当事人买者与卖者的经济利害关系，是在剧烈的市场竞争中变动起伏的。商品供过于求，竞争主要在卖者中展开，买者力求杀价；商品供不

应求，竞争主要在买者中展开，卖者力求抬价。亿万次的交换使当时一般认可的价格成为买卖双方利益的暂时均衡点。由于商品的生产消耗和供求关系是经常变化的，价格也应随之发生变化。但是，行政定价体制不可能很好地反映数以万计、十万计的商品的生产消耗和供求关系的变化，只能使价格关系僵化，比价、差价不合理，并且长期得不到纠正。因此，要理顺过去由于实行行政定价体制被扭曲了的价格关系，必须还价格的本来面目，让价格回到市场交换中去形成，逐步放开价格，实行市场价格体制。

再次，十几年改革的实践使大家越来越愿意接受市场价格体制的选择。中国价格改革是逐步推进的，放开价格也是逐步实行的。80年代中期开始逐步放开价格的。成功实践告拆人们，那些供求弹性大的商品的价格一旦放开，这些商品就会象泉水般涌流出来，即使长期短缺的商品也会很快缓和供求矛盾，从而有力地推动着市场的活跃和繁荣，给整个国家经济注入新的生机和活力，经济加速发展，人民生活迅速改善。这样，就使大家在活生生的事实面前更新观念，转换脑筋，确认中国价格改革的目标是实行市场价格体制。

我们所要建立的市场价格体制，并不是完全自由放任的，而是有计划指导和宏观控制的。第一，这种价格制度并不是把全部商品和劳务价格放开，而是把绝大部分商品和劳务价格放开，少数自然垄断产品、重要公用产品和劳务的价格，仍需保留政府定价。按交易额计算，实行政府定价的部分可能要占15%到20%。第二，对放开的价格也不是完全放任自流，还要用反映商品交换规律的市场交易法规，包括反对垄断、公平竞争等加以约束，以及实行明码标价、同质同价等。在特定条件下远可作临时的行政干预。第三，国家对宏观价格主要是物价总水平，一些战略性价格如利率、工资、汇率等，以及最重要的关系国计民生的个别产品，主要运用经济手段进行调节和控制，力求避免价格的变动幅度太大，影响经济的稳定。因此，这种价格体制，仍然体现着计划与市场相结合的原则。

三、积极、稳步地深化价格改革

经过14年多的价格改革，我国在向市场价格体制过渡中已迈出重大的步伐，取得实质性进展。这主要表现在原来高度集中的行政定价体制已发生重大变化。目前在社会商品零售总额中，市场调节价的比重已占90%左右，在工业生产资料出厂价中，市场调节的部分也已迈70%左右。所以，市场机制在货物价格形成中已开始起主导作用，畸型的价格结构已有较大的改善，原来严重偏低的农产品和基础工业品的相对价格已得到提高，95%以上的进口商品实行代理制，其国内市场的销售价格与国际市场价格联系越来越密切；新的价格调控体系正在试验和逐步建立，如建立了用于平抑市场物价的重要物资的储备制度，在十几个省市实行了重要商品的价格调节基金制度，制定了一批规范价格行为的法规等。

但是价格改革并未完成，今后需在如下四个方面深化价格改革。

第一，一些可以进入竞争性市场的产品的价格还有待放开。迄今为止，有些重要商品，比如能源产品中的统配煤、成品油；原材料中的钢材、有色金属产品；化工产品中的基础化学工业产品、化学工业原料及化肥、化纤和塑料等轻工原料；建筑材料中的水泥；重型机械工业产品；个别轻纺工业产品；农产品中合同定购的少数品种的购销价格等，可以放开而还没有放开。原因很复杂，一是怕一下子放开这些产品价格会带来物价总水平上涨幅度过大，企业和居民都难以承受；二是市场发育程度差，行业垄断和地区封锁障碍着统一市场的形成，从而难以形成比较规范的市场调节价格；三是有些主管部门为了保住自己的既得利益，不愿放权；等等。看来，即使采取比较积极的态度，也得有两三年的时间才能逐步把适宜放开而目前还没有放开的价格放开。

第二，政府管理的价格还没有理顺，一些重要商品价格仍然偏低，调整价格任务还很重。比如，原油、天然气的价格应统一由政府制订，并且大幅度提高计划价格（原油由目前每吨300元提高到700多元，相当于国际市场价格；铁路货运价格大体需要提高近1倍，由每吨公里3.85分提高到6分左右；政府定购的粮食价格和供应居民的粮食销售价格也需要提高；公房租金目前明显偏低，需要大幅度提高；城市公共交通，城市自来水、煤气供应，生产和生活用电力供应等收费；也明显偏低，需要提高；等等。由于调价金额较大，比如光是调整原油、天然气和铁路货运价格等，就将提价500亿元以上，难以一次到位（一次到位将推动整个物价水平上涨百分之十几，无法为社会所承受），需要分步实施，力争在5年左右在保证整个物价水平年上涨率不超过两位数前提下，把上述价格关系理顺。

第三，生产要素价格要逐步实现市场化。生产要素价格，最主要的包括资金（资本）的价格利息，劳动力的价格工资，土地的价格地租和地价，人民币对外币的比率汇价。按照发展社会主义市场经济的要求，它们都要求由市场形成和调节，以免最重要的市场信号失真，影响资源配置效率的提高。

这里专门读一下最重要的生产要素资金（资本）的价格利息率。因为资金（资本）是每一个市场经济社会最稀缺的经济资源。生产要素价格的市场化，首要的是实现利息率的市场化。

在社会主义市场经济中，利率是政府调节宏观经济运行的最重要的杠杆。政府为了保证经济的稳定、协调和有效增长，需要对利率进行调节。例如，在经济过热时，提高中央银行再贴现率和再贷款利率，以影响市场利率的提高。控制通货膨胀；相反，当经济过冷时，则降低中央银行再贴现率和再贷款利率，以降低市场利率水平，刺激投资与消费，使经济复杂和扩张。但是，政府或中央银行对利率的调节，主要是调节基准利率，并以此来影响市场利率，而不是直接规定市场利率及其变动。对于商业银行和其它金融机构的存贷款利率，政府不要干预，放开由市场调节。对于各个企业、公司直接融资的利率，也应由发债主体自行决定债券的利率，政府同样不要干预。为此，要区分商业金融和政策金融，区分商业银行与政策银行，根据国家的产业政策，需要对重要基础设施建设或主导产业的发展给予优惠贷款时，可采取财政贴息等办法，以便同一般的商业金融区分开来。

第四，有效的价格调控体系还有待建立。

在建立市场价格体制过程中和建立起市场价格体制以后，都要保持物价总水平的相对稳定和基本稳定，以保证社会主义经济的稳定和正常运行。根据中国的情况，在正常条件下，应努力控制年物价上涨率在5%以下，即使在集中改革时期，物价上涨率可能高一些，也不应达到两位数。稳定物价水平，关键在于政府实施稳健的宏观经济政策，中央银行必须控制货币供应量，不但要控制现金（MO）的发行，而且要控制广义的包括现金和存款的货币（M1和M2）供应量，年增长率一般不得超过年经济增长率和经济货币化需要增长率（比如两三个百分点）过多，最好控制在5个百分点左右。

为了使社会主义市场经济稳定发展，除了要对利率、工资、汇率进行调节外，还要避免重要商品价格的波动幅度太大。为此，需要对诸如粮食、能源、重要原材料建立必要的储备、以及建立必要的价格调节基金，包括某些单项商品如粮食、副食品的价格调节基金。与此相配合，还要给生产者、经营者和消费者予市场和价格的信息指导，使重要商品供求关系和价格的波动不致过大，影响国民经济的持续与协调发展。

此外，还要完善价格立法并严格执法。政府定价和政府对市场与价格的干预要有法可依，生产者和经营者的价格行为也要有章可循，对于各种违法获取暴利的价格行为必须依法制裁。同时建立各种监督组织和手段，发动舆论和群众对各种价格行为进行监督。

建设社会主义市场经济新体制与财政改革

项 镜 泉

实现党的14大确定的建立社会主义市场经济新体制的目标，是各个领域特别是经济领域的共同任务。本文就财政改革同建立社会主义市场经济新体制的相互关系作些论述。

一、财政必须通过改革转移到社会主义市场经济的全新轨道上来

建立社会主义市场经济的新体制是一项涉及政治、经济方方面面的系统工程。财政是这一系统工程的组成部分，必须按照社会主义市场经济的要求，进行全面改革。

按照市场经济要求进行财政改革，大体包括以下四个方面：

1. 转变财政职能。财政职能是财政本身所固有的，它虽然随社会生产方式的变革而发展，但其基本职能是不会改变的。这里所说的转变职能，是要按照社会主义市场经济的要求转变其职能。因为以往的财政职能是按照高度集中统一的计划经济体制的要求发挥作用的。近十多年来，通过改革，虽有很大变化，但与市场经济的要求还有很大距离，因而要进一步转变。从财政的分配职能来说，过去主要是按照统收统支的要求，偏重于直接的预算收支分配，包揽过多，甚至把许多该由个人和社会共同负担的开支也包揽了起来。改变这种状况就是要按照社会化大生产大流通的要求，按照社会“六项扣除”和“三大基金”（补偿基金、消费基金、积累基金）形成合理比例和兼顾公平与效率的原则，着眼于社会化分配，改变偏重于预算收支直接分配和包揽过多的状况。从财政的调节职能来说，以往是按照计划配置资源的要求进行调节，加之部门之间由于分工不明和协调不够，且调节手段单一，因而财政的调节职能发挥得不好。按照社会主义市场经济的要求转变财政的调节职能，就是要按照市场对资源配置起基础作

用的要求，运用市场调节的方法进行转变。从财政的管理和监督职能来说，以往由于财政的国有资产所有者的职能与社会管理的职能搅在一起，政企不分，而又往往采用行政手段行使其职能，因而对国有企业的活动管得过多，过死，对宏观管理做得很不够，监督得很不力。按照社会主义市场经济的要求转变财政的管理和监督职能，就是要按照政企职责分开的要求，科学划分财政的国有资产所有者职能与社会管理职能的基础上，使两者的职能都得到加强。既要按照市场经济原则实现国有资产保值增值的任务，又要面向全社会，搞好各类企业经济生活和社会事业的管理和监督。并综合运用经济的、法律的、行政的、教育的等各种手段，予以规范化的管理和监督。

2. 改革财政运行机制和管理体制。这里所说的运行机制主要是与财政管理体制相联系的部分。进行财政运行机制和管理体制方面的改革涉及到的方面很多，包括税制改革，国有资产管理体制改革，国有企业同国家分配关系的改革，预算管理体制的改革，国家投资体制改革，财政信用制度改革，财政补贴制度改革，财务会计制度改革，各项经费管理体制改革，工资管理制度改革，社会保障制度改革，房地产管理制度改革等等。这些运行机制和管理体制，有不少是在以往偏重计划机制，忽视市场机制和高度集中的计划体制、统收统支财政体制下形成的。虽然近年的改革对比有所改变，但很不够，必须按市场机制和市场经济体制的要求进行进一步改革。例如现行的企业所得税制是按不同的所有制分别设置的，国有企业税负偏重，其他所有制企业税负偏轻，这同市场经济所要求的平等竞争的原则是大相径庭的。因此必须按照公平税负、规范分配关系、统一所得税的原则改革现行企业所得税制。又如企业上交利润承包制这种机制和体制，虽然对调动企业经营积极性有一定作用，但它是“一对一”讨价还价来确定上交任务的，不是偏少，就是偏多，缺乏客观遵循的数量标准，既包死了财政，又严重妨碍了企业之间的平等竞争，而且导致企业负盈不负亏和短期行为泛滥。应该按照公平税负、自负盈亏、投入资本取得盈利等市场经济原则，实行税利分流的改革，使国家财政同国有企业分配关系转移到市场机制和市场体制上来。再如现行的预算管理体制，是在“分灶吃饭”体制基础上发展的收支包干制，这一运行机制和管理体制，虽对调动地方政府当家理财的积极性有积极作用，但它是按企业隶属关系来划分财政收入归属的，既不利彻底转换政府职能，又不利真正把企业推向市场，而且成为地方政府片面从增加地方收入出发布局生产力，成为导致违背国家产业政策的重复生产、重复建设、重复引进，甚至发生地区封锁的一个原因，还影响地区之间发展的均衡性。必须在正确划分中央政府与地方政府事权的前提下，实行分税制体制，使中央和地方都有固定收入的税种。只有实行这种运行机制和管理体制的转换，才有利于促进各级政府按照市场经济要求配置资源和科学地规范中央同地方的分配关系，促进地区之间经济的均衡发展和全国经济的协调发展。

3. 完善和强化财政的宏观调控作用。市场经济，一方面是商品经济的更高层次，是以社会化大生产、大流通、大分配为前提的，要求全社会的经济活动协调一致；另一方面，市场经济又要求一切企业却成为自主经营、自负盈亏的经济实体，而各个经济实体又都受自身的利益所局限，难免发生相互之间、局部与整体之间的矛盾，从而影响全社会经济活动的协调一致。因此国家必须搞好宏观管理和调控。由于财政是参与社会总产品和国民收入分配的全过程的活动，是调节经济的重要杠杆，因而国家财政自然要成为国家搞好宏观管理和调控的主要承担者。这就要求财政通过改革，逐步从微观管理的事务中解脱出来，凡微观活动的内容，特别是企业自主权方面的事，切实下放给企业管理；凡宏观管理和调控的内容，包括通过财政的社会分配手段，保证政府机构正常运行、各项社会公共开支和国家重点建设的资金需要，通过财政政策和货币政策的协调运用，调节社会供需总量的平衡和结构的协调，通过预算、税收、财政补贴、财政信用等各种经济杠杆，促进生产要素的优化配置和产业结构的合理化，按照公平与效率兼顾的原则调节国家、企业、个人之间，各个地区之间，各个企业之间和个人之间等各种分配关系，实现社会的公平分配和经济效益的提高，等等，都必须切实做好。

4. 搞好财政的服务和监督。这既是按照市场经济原则转变政府职能的要求，又是保证促进市场经济健康发展的要求。这就要求财政通过机构改革改变过去那种以行政管理为主的工作方法，发挥综合机关了解情况多、信息灵敏、联系面广、熟悉政策法规等特长，多为企业的增产促销、进行决策论证、搞好资产评估和资信评级等多种服务；同时通过加强财政法规建设和建立健全的财政、税务国有资产管理、财务、会计、审计等监督体系，维护市场经济的正常秩序。

二、财政改革在建立社会主义市场经济新体制中占有极为重要的地位

财政改革不仅是财政自身适应市场经济发展的需要，而且对建立社会主义市场经济新体制有不可估量的意义。尤其在以下方面更为突出：

1. 财政改革是培育、完善和发展市场体系的重要方面。而要培育、完善和发展社会主义市场体系，财政

改革起着重要作用。这种作用的表现，一是直接的，二是间接的。直接作用是通过财政改革可以促进一些生产要素市场的完善和发展。例如财政信用是资金市场的重要组成部分。因为市场经济不仅需要银行信用和商业信用，而且要有财政信用。但我国现行的财政信用，虽已初步摆脱了以往计划体制下单纯平衡预算收支和用行政手段摊派认购的作法，但仍然不适应资金市场发展的要求，远不如发达的市场经济国家，因而必须通过改革进一步完善和发展，包括扩大财政信用的种类和规模，完善国债一级市场和二级市场的改革。又如房地产市场，近年来虽有发展，但仍然不够，且很不规范，其中一个重要的原因也是受财政拮据和管理体制的制约。需要通过改革发展起来。还有财政信息也是信息市场的组成部分，但目前还未形成市场，需要培育和发展。间接作用是指要通过财政改革来促进一些要素市场的进一步完善和发展。例如商品市场中，要使一些重要农产品和生产资料彻底放开，进入市场，就有赖于价格改革和财政补贴制度的改革予以促进。其他如技术市场和劳务市场的发展也有赖于与财政预算和财务管理有关的科技经费管理体制和工资制度的进一步改革。可见财政改革对培育、完善和发展市场体系作用之重要，没有财政的进一步改革将制约着市场体系的完善和发展。

2. 财政改革是促进市场机制作用充分发挥的重要所在。发展市场经济就是要充分发挥市场机制的作用，包括竞争机制、风险机制、价格机制、利率机制、工资机制等的作用。财政改革对促进这些机制作用充分发挥占有重要的地位。例如要发挥竞争机制和风险机制的作用，一个重要条件是要创造公平竞争的客观环境，并为竞争失败而破产的企业职工提供社会保障，以维护其基本生活和社会的安定。这些在很大程度上要通过财政改革来造就和提供。如前已提到，现行的企业所得税制是按不同所有制企业分别设置的，现行的国有企业上交利润包干制，由于"一对一"谈判的不规范确定，也是畸轻畸重，负担不公的，现行的财务会计制度也是按不同所有制企业分别规定的，这些都妨碍着企业之间的平等竞争，必须进行改革。社会保障制度是以财政分配为主要内容的。虽然近年在改进这一制度方面取得一些进展，但还很不完善，特别是在资金的筹集、使用和管理等方面都存在不少问题，需要进一步改革。只有进一步搞好这些方面的改革，才能真正发挥市场竞争机制和风险机制的作用，否则就是一句空话。又如在发挥价格机制、利率机制和工资机制的作用方面，也与财政补贴、财政信用和工资与效益挂钩的工资制度等有直接关系。如果不进行这些方面的改革，价格机制、利率机制和工资机制的作用也就难以得到充分发挥。

3. 财政改革对其他经济体制改革起着重要的促进和支持作用。前已讲到，建立社会主义市场经济新体制是各经济领域的共同任务，必须进行企业、计划、投资、物资、商业、外贸、金融、物价、劳动、工资等各种经济体制的改革，这些改革都与财政改革相辅相成，需要财政改革予以配合和促进。例如进行企业改革，必须转换企业经营机制，就要进行企业分配制度、财务会计制度、企业折旧制度、国有资产管理制度和税收制度等诸多财政改革予以配合，否则转换企业经营机制的改革也难以见效。又如投资体制改革，必须进行变单一预算为复式预算的改革，还应建立财政投资融资体系。否则投资体制改革也难以收到成效。还有进行价格改革，必须与财政补贴制度和工资改革相配合，否则价格改革也难以推进。

4. 财政改革对市场经济的健康发展起着重要作用。市场经济存在着自发性和盲目性的固有缺陷，经常发生着由于利益的偏好而导致产业经济的失调，发生着物力、财力和人力资源的浪费，发生着社会分配的不公等等现象，需要国家加强宏观管理和调控予以克服。其中财政的宏观管理和调控起着最重要的作用。例如通过财政减少盈利性企业投资，增加基础设施和基础产业投资的投资体制改革，就起着产业结构协调的作用，通过对国有资产进行营运和改制（即对现有国营企业采取独资、联营、有限责任公司、股份公司、企业集团等经营形式和出租、出卖等方式经营）的改革，通过扩大资源税、增值税的税制改革，通过加强财政信用作用的改革，通过工资制度和社会保障制度的改革，就可以减少物力、财力和人力等资源的浪费，通过完善财务会计制度，进行个人所得税制和加强税收征管制度的改革，就可以起调节社会公平分配的作用。

5. 财政改革对维护社会主义市场经济的本质特征起着突出作用。坚持以生产资料公有制为主体，坚持按劳分配为主，坚持共同富裕的道路，是社会主义市场经济区别于资本主义市场经济的本质特征。财政改革对此起着其他改革所难以起到的作用。在维护生产资料公有制为主体方面，国家财政是国有资产的所有者的代表，按照保值增值的原则进行国有资产管理体制改革就起着这种作用。同时国家投资体制改革，除了起着调节产业结构协调的作用外，也起着巩固和壮大社会主义公有制的作用。此外，还通过财政优惠政策和资金扶植政策发展集体所有制经济，也起着坚持公有制为主体的作用。在坚持按劳分配和共同富裕方面，与财政分配紧密相联的工资制度改革，企业所得税制和个人所得税制改革，社会保障制度改革等都起着重要作用。

三、财政改革同其他经济体制改革是相互制约，互为条件的

财政改革同其他经济体制改革是相互制约、互为条件的。

财政方面的许多改革需要其他方面的改革予以配合才能顺利推进和收到实效。例如党的十四大确定的"税利分流"改革，它符合公平税负，自负盈亏、投入资本取得利润等市场经济要求所通行的原则，在建立市场经济体制中起着重要作用。但这一改革如果不对现行的企业承包制这种运行机制进行改革，不进行税前还贷为税后还贷的金融改革，不进行按占用国有资产的数量确定上交利润的改革，就不可能推进。又如进行财政宏观调控作用的改革，必须与改进和完善计划调控、金融调控的改革协调配合，使之分工明确，相互协同，形成合力。还要通过产业结构改革，提高经济效益和对现行的不合理分配格局进行改革，以增加财政的宏观调控能力。因为要发挥财政的客观调控作用是要以相应财力作保证的(如加强非盈利性的"瓶颈"产业建设投资)，没有相应的财力，就不可能发挥财政的宏观调控作用。再如进行社会保障制度的改革，除了搞好财政本身改革外，还要相应进行企业、保险、民政、劳动、人事等多种改革，建立起由国家、企业、个人三者共同负担社会保障基金的社会保障体系才能收到显著成效。没有这种多方面的改革，市场经济所要求的社会保障制度也难以建立起来。还有财政信用改革同银行信用的改革也是紧密相联的，像发行国债流通市场业务的改革，必然要求银行进行公开市场业务的改革，并建立起规范化的证券交易体系，否则财政信用的改革也难以符合市场经济的要求。

另一方面的情况是，其他许多经济改革需要通过财政改革来予以配合、支持和促进。如进一步深化企业改革，必须进行税制改革、国有资产管理体制改革、财务会计制度改革，否则企业就不可能真正走向平等竞争、自负盈亏的市场经济轨道。又如价格改革，无论是提高基础产品价格的改革，还是价格管理体制的改革，都需要相应进行财政补贴(如价格补贴和企业亏损补贴)、财政贴息和预算管理制度的改革予以配合；如果只进行价格改革尚不同时进行这些方面的改革，价格改革也难以推进。又如进行银行企业化改革，如国家财政不相应建立起政策性投资融资体系，银行企业化改革也难以真正推进。还有工资改革，如果没有相应的预算管理体制改革与之配合，也难以推进。

以上分析说明，无论是财政本身的改革，还是其他各种经济体制的改革，都不能孤立地进行，必须统观整体，立足全局，彼此照应，协调地有计划有步骤地进行。所以，要求在推进整个经济体制改革中，必须正确处理好财政改革同各种经济体制改革之间的相互关系，统筹兼顾，全面安排，防止和减少相互掣肘所产生的阻力，加快建立社会主义市场经济新体制的步伐。

(1992 年 3 月)

社会主义市场经济与金融体制改革

刘　光　第

一、金融与市场经济的关系

金融业是市场经济的产物，承于市场经济的范畴，具有市场经济的属性。市场经济就是货币经济和信用经济。商品生产和商品流通总是和货币运行联结在一起的，货币的有序运行要靠一定的条件而实现。在微观上，货币运行要借助于金融企业的货币经营活动，利用信贷、储蓄和利率机制，使货币运行与商品运行相适应。在宏观上，由于金融活动是整个经济运行的价值形式，货币运行和整个经济运行又是联结在一起的，因而整个经济的平衡发展，有赖于国家借助于货币运行调节整个经济的运行，使宏观经济得以平衡发展。可见，货币与信用是市场经济的产物，而它又是推动市场经济发展的必要条件，没有货币和信用的发展，市场经济就得不到发展，而没有金融企业的经营活动和国家的调节活动，货币和信用也不可能发展。因此，只有在市场经济条件下，金融业才能获得充分发展。

在我国传统的计划经济体制下，金融成了政府行政机构和财政的附庸工具，金融的市场性质完全被排斥，只是作为实行单一计划功能发挥一定的作用，金融的经营活动和调节活动僵滞，金融的中介功能和融资功能都受到限制，金融的市场机制的作用被排除，其结果是资金非商品化，使用效率低下，经济结构调整僵化，经济总量控制效应低下，整个经济既无动力，又无压力和活力，呈现停滞不前的状态。

改革开放以来，金融体制进行了不断的改革，主要是围绕三方面进行的，即：一是建立中央银行的宏观调控机制；二是专业银行的企业化经营；三是培育和发展

金融市场。这三方面的改革，曾取得一定成绩。但是还远不适应经济体制改革的要求，特别是落后于发展市场经济的要求。因为整个金融改革没有超出计划经济体制的框架，中央银行的调控手段仍然是行政性的，专业银行仍执行一定的宏观调节任务，中央银行与专业银行的界线不清，金融市场也无法真正按市场规则运行。结果是中央银行调控乏力，专业银行企业化步履维艰，金融市场发展缓慢。

要加快金融体制改革，必须尽快摆脱计划经济体制的束缚，真正按社会主义市场经济体制的要求重塑整个新的金融体制。新金融体制，应以实现资金商品化为核心，相应的重组新的金融组织体系，有计划地发展商业银行、改造国家专业银行、完善金融市场、改进金融宏观调控和发挥利率机制的作用。

二、实现资金商品化

资金商品化应成为我国金融体制改革的核心，改革应从这里开始。为什么应成为金融改革的核心？因为：在市场经济条件下，资金是表现一切商品价值的价值，对经济发展具有第一推动力的作用。如果一切生产要素，如物资、设备、技术、信息、劳动力、土地等都已成为商品，都表现为价值，按价值进行交换和分配，而表现一切生产要素的价值的价值——资金，不成为商品，那么，社会资源就无法配置，第一推动力的作用就无从发挥。在市场经济条件下，市场配置资源的作用主要是通过资金的流动和组合来配置的，资金若不是商品，市场经济就无从建立。因此，实行资金商品化是建立和发展社会主义市场经济的基本要求和首要条件。而恰恰在这个问题上，改革开放以来裹足不前，毫无触动。突出地表现在国家银行占全国信贷资金 85％以上的资金不是商品，而是由中央银行和各级政府官员按计划进行分配的，本质上是资金供给制和资金“大锅饭”，贷款能收就收，不能收就挂或烂，这是与市场经济完全背道而驰的。为了适应市场经济的要求，信贷资金应按“有借有还、到期还本、收取利息、周转使用”的规律运行，使资金由供给制转为供贷制，这是金融改革的中心环节，其他各项金融改革都在绕此配套进行。

三、重组新的金融组织体系

实行资金商品化，首先就应重组新的金融组织体系。建立这一体系的原则应是：以公有制为主导、以中央银行为领导的所有制多样化、金融机构多元化的金融体系；综合化金融机构和专业化金融机构同时并存的金融体系。

1. 应发展商业银行。现代市场经济需要现代商业银行与之相适应。现代商业银行已普遍地向着综合化、全能化的方向发展，金融创新层出不穷，经营范围越来越大。我国发展商业银行，不仅有利于市场经济的发展，而且有利于提高我国金融体系的运行效率，带动专业银行向商业银行转化，并使中央银行的宏观调控具有良好的微观基础。商业银行可以设全国性的、区域性的和地方性的三类。一般可采取股份制和非股份制两种模式。我国现已有 9 家商业银行，应下大力量把它们办好，使其更好地发挥作用。当然，还需要有计划、有步骤地发展一批新的商业银行（可以从原有的专业银行改造而成，也可以从境外引进或新建）。

2. 建立新的专业银行。我国原有的专业银行，是在计划经济体制下设立的，不适应市场经济发展的需要，必须进行改造。在市场经济条件下，仍需要有专业银行，特别是需要有政策性的专业银行机构，如中国开发银行、政府投资银行、进出口银行、科技开发银行、农业发展银行等。这类银行可以由原有的专业银行改造而成，也可以重新建立，其任务主要是负担政策性的长期投资和贷款，可视其轻重缓急，逐步设立，例如，初期可以先设政府投资银行和进出口银行。其资金来源包括国家基本建设拨款、国家重点建设债券、邮政储金等等。

3. 增设外资银行和中外合资银行。到 1992 年 8 月止，我国已有 48 家外资、中外合资金融机构。增设这类银行对于我国扩大国际经济、金融合作，引进外资，引进技术和管理经验；促进我国经济发展，将起积极作用。

4. 试建私人银行。我国地区辽阔，多种经济并存，急需多种融资渠道。私人办银行，经营灵活，方便客户，可以更好地满足个体和私人企业融资的需要。但是，必须严格审核，在数量上应严加限制，先行试验，再审慎推广。

5. 发展非银行金融机构。根据市场经济发展的需要，我国必须：(1) 大力发展保险机构和保险业务。坚持政企分开、社会保障与商业保险分开经营的原则。在以中国人民保险公司为主渠道的条件下，组建一批专业性的保险公司，开拓新的保险业务。在社会保障方面，应成立养老基金协会，保障职工退休后有稳定收入以保障晚年生活；设立工人工资保障基金，保障工人在企业亏损或生产困难时可以获得基本收入。在商业保险方面，可以成立商业性的存贷款保险公司。此外，还应发展农村合作保险、设立风险保障基金等。(2) 逐步规范证券公司和信托投资公司，明确各自在市场经济中的职责，充分发挥其各自的经营优势。(3) 引导城市信用社和农村合作基金等小型金融机构的发展，明确其服务对象，并建立统一的组织体系加以协调。(4) 理顺农村信用社和农行的关系，建立农村金融体系。

经过以上的重组后，我国将逐步建立和完善以中央银行为领导、国有商业银行为主体、多种金融机构分工协作的金融组织体系。

四、改造原有的四大专业银行

原有国家专业银行务必逐步改造成为国有商业银行。可以采取两种形式进行改造：一是改造其成为总行全资附属的、具有独立法人资格的地方商业银行；另一是改造成为总行控股、地方单位参股的股份制商业银行。专业银行的政策性业务与商业性业务能分离的就马上分离，不能分离的，就先搞分帐管理，按不同原则进行管理，分别考核，但政策性业务也必须讲究经济效益。

五、加强资金市场建设

资金市场应包括银行业务在内。除银行业务外，必须在全国建立一个统一的全国性融资市场，扩大资金流通。(1)逐步设立全国性的拆借中心。拆借市场以有形市场为主体，业务范围应是金融同业短期资金拆借，企业不能参与拆借活动，拆借资金不能用于长期投资。各金融机构，都可以到资金市场挂牌拆借，自由调节。(2)办好票据贴现市场，人民银行的信贷规模要有一定的比例用于再贴现业务。(3)积极发展保险市场。在打破了保险业的垄断后，保险机构和保险业务都趋于多样化，必然逐步形成既有分工又有竞争的、高效统一的保险市场。(4)进一步放开搞活外汇市场。外汇市场要办成公开市场，外汇价格要随行就市，竞价交易。个人外汇调剂在试点的基础上，调剂的对象、范围、额度都应进一步放开，公民有正当理由也可申请调剂外汇。(5)积极筹建黄金市场。随着改革开放的深入，我国的国际储备实力正在逐步增强。近年来，我国的黄金产量持续增长，除用于国家储备外，有相当一部分已作为非金融性质的应用（饰品业和电子工业等)。因此，改变对黄金的统购专营政策，建立黄金市场已具有必要和可能。近年来，随着企业财务和个人收入的增加，金融机构的多样化，客观上要求金融资产和融资方式向多元化发展，以满足不同筹资、投资和保值的需要。适度开放黄金市场，有利于满足人们追求黄金的欲望，有利于引导资金的流向，并有利于金饰品企业按市场机制运行，优胜劣汰，以便在国际竞争中，我国金饰品工业能够在国内外市场上占有一席之地。同时，地下黄金市场也可随之消灭。(6)积极培育具有相当深度、广度和弹性的国债市场，为中央银行进行公开市场操作创造条件。(7)积极而审慎的发展股票市场。股份制是市场经济发展到一定程度时候的产物。我国市场经济尚在形成，市场经济体制尚在建立，市场规则既不规范也不健全，这不仅会对股份制的发展造成障碍，而且还可能使股份制走上歧途。但是，我们又不能等待市场经济发展完善了，再来推行股份制。因此，只好从培育市场和培育股份制的规范化双方做工作，特别是要求实行股份制的企业必须规范化经营。

六、改善和加强中央银行的宏观调控力度

中央银行必须坚持货币稳定的货币政策。货币稳定和经济增长是密切联系不可分的。但是，中央银行首先要信守货币观点，即保持货币的稳定，其次才是资金观点，即保持资金市场的顺畅融通。在市场经济条件下，中央银行为了稳定货币和发展经济，必须用间接调控代替直接调控。多样化的金融体制必须实行间接调控与之相适应。如果完全依赖直接调控，例如，完全依靠信贷规模控制，将失去控制效力，使金融市场出现混乱局面。因此，中央银行应充分运用再贷款、再贴现、存款准备金、利率、汇率以及公开市场政策等经济手段来实现宏观调控。中央银行对资金能自求平衡的银行应实行资产负债比例管理和风险管理，对国家专业银行应逐渐实行贷款限额管理下的资产负债比例管理。

七、发挥利率的调节作用

在计划经济体制下，利率只能作为产品经济的一个只具表面意义的外壳而存在，不仅利率的调节作用无从谈起，就是利率范畴本身也游离于实际经济运行之外。只有在市场经济条件下，利率范畴和利率调节，才真正存在并现实地发挥作用。

在社会主义市场经济条件下，最能体现资金运行实况的只能是市场利率。有了普遍通行的市场利率，利率才能起到调节经济的作用。但是，由于现在还存在着双重经济体制和市场发育不全，不仅市场利率存在着多种形式，而且还存在着基准利率、浮动利率、行业利率和优惠利率等等。金融间接调控无一不借求于利率的作用，但是迄今为止，利率的作用还很有限。在国民经济中占主导地位的国有企业，除少数基本上已转换了经营机制者外，多数企业的预算约束是软的，他们在投资上缺乏利率弹性。为了推动经济体制转轨，发展市场经济，从中央银行起必须加强对利率杠杆的运用：(1)利率改革的目标应是使利率逐步放开，由市场资金供求决定利率的高低，形成市场利率；(2)中央银行在保持基准利率为基础的条件下，使专业银行的利率加大浮动幅度，浮动利率的幅度宜大不宜小，以便经营行视资金供求情况进行调节，让商业银行和非银行金融机构的利率逐渐放开，逐步形成大体上反映市场资金供求、资金成本和收益的市场利率。城乡信用社的利率

逐步放开。金融市场上的利率应由供求双方自行议定。有了普遍通行的市场利率，中央银行的利率政策才可能真正起到调节货币供求的作用。与国家的产业政策和产品政策相配套，中央银行实行行业利率政策，很有必要，国家支持的行业利率可低些，以支持其发展；国家限制的行业实行高利率，使其无利可图，加速其关、停、并、转。优惠利率要适度，不可过多过滥，优惠利率贴息，坚决实行“谁决定谁贴息”的原则，并及时弥补。(3)应统筹协调储蓄、国债、企业债、金融债的利率水平，理顺其间的关系，以防止互相牵制，影响资金不正常的流动。存贷款利率应根据经济发展状况，适时调整。(4)利率管理权限应适当下放，省和计划单列市人民银行应拥有一定范围的利率调节权。

社会主义市场经济与农村改革

陈　吉　元

十四年来，我国农村改革是以市场为取向的。通过改革，消除体制方面妨碍市场经济发展的因素，推动农村从自给、半自给的自然经济向商品经济转变。

首先，在80年代初，废除了农村人民公社体制，建立了农业家庭联产承包责任制，为我国农村商品经济的发展开辟了广阔道路。农民由人民公社体制下的被动的劳动力变成为有生产经营自主权的商品生产者，这就使农民的主动性、积极性得以充分发挥，专业户、专业组、专业村不断涌现，有力推动了农村社会分工的深化和商品化程度的提高。

其次，农村改革以来，乡镇企业异军突起，蓬勃发展。到1991年底，全国乡镇企业总产值达到1.1万亿元，占全国社会总产值的1/4，占全国农村社会总产值的近60%；乡镇工业企业产值8500亿元，占全国工业总产值的1/3；上交国家税金430亿元，约占全国各项税收总和的15%；出口商品交货额超过600亿元，占全国外贸出口商品收购总额的1/4。①现在，乡镇企业已经成为我国国民经济的重要组成部分和中小企业的主体，成为我国农村经济的强大支柱。乡镇企业之所以具有顽强的生命力，其奥秘就在于它以市场为导向，以市场机制决定自己的行为，投身市场竞争的海洋中优胜劣汰。

第三，我国从80年代中期开始了对农产品统购、派购制度的改革，陆续减少农产品统派购的品种和数量，把越来越多的农产品推向市场，放开价格。今后随着农产品流通体制改革的深化，我国农产品将陆续进一步放开。可以预期，以市场为取向的农产品流通体制改革，必将进一步推动我国农村商品经济的大发展。

农村改革的上述三个方面充分表明，以市场为取向的我国农村改革，确实是农村经济近十多年来飞速发展的巨大推动力。

现在，我国农村经济从总体上说已经进入跨越温饱奔小康的阶段。在本世纪末实现农村经济发展的新目标，要求农村商品经济有一个更大的发展。这就需要继续坚持和深化以市场为取向的农村改革，从不同经济层次上消除妨碍商品经济进一步发展的体制方面因素，通过建立市场经济机制，赋予商品经济发展以新的动力。

一、坚持农业家庭联产承包经营责任制，维护农户作为商品生产者的地位和权力，巩固农村商品经济的基础

农业家庭联产承包责任制的建立，为我国农村商品经济发展开辟了广阔道路。为了实现农业现代化目标，仍需继续保持农村商品经济发展的势头。

但是，农业家庭联产承包责任制的发展，并不是一帆风顺的。自其开始实施之日起，就引发了一场“阳关道”还是“独木桥”之争。在80年代中期，在几种主要农产品生产出现停滞、徘徊的情况下，有的同志把其归咎于家庭联产承包责任制，宣称家庭作为农业生产经营单位的生命力业已耗尽。近年来，有的地方又把扩大农业经营规模与农业家庭联产承包责任制摆在对立的地位。然而十余年来我国农业生产的实践却表明，家庭联产承包责任制是我国农业发展的强大推动力，正是农业家庭联产承包责任制的实施，揭开了我国80年代史无前例的经济体制改革的序幕。对于近十几年我国农业的兴旺发达乃至整个国民经济的欣欣向荣，家庭联产承包责任制是立了头功的。

我国以及其他国家的经济实践都表明，以家庭作为农业生产经营的基本单位，劳动者具有很大的主动性、积极性和灵活性，这是动植物有效生长的重要条件。同时，我国家庭，特别是农民家庭，在一个相当长的历史阶段，将继续承担部分社会经济职能，养老养小，安排就业，这是我国经济社会稳定的一个重要条

① 参见《中国统计摘要》(1992)

件。

农业家庭经营与扩大农业经营规模,从根本上说,二者并不是对立的,因为家庭经营能够容纳不同水平的生产力,可以适应生产的发展,逐步扩大经营规模。随着物质技术装备水平和劳动者素质的提高,农业家庭经营的规模有必要也有可能扩大。而且推行农业规模经营是需要条件的,包括非农产业的发展,能够为农业剩余劳动力提供就业机会;农用生产资料供应的增加,能够为扩大农业经营规模提供必要的物质技术装备;农民文化技术素质和管理水平的提高,能够驾驭扩大的农业经营规模;以及农民对土地思想感情的变化,能够自觉自愿地放弃和集中所承包的土地。我国一些大城市郊区和沿海经济发达地区,现在已具备实行规模经营的条件,但就全国大部分农村地区来说,目前实行农业规模经营的条件还远未成熟。

不言而喻,家庭联产承包责任制的稳定和完善是相辅相成的,今后通过健全和完善双层经营体制,发展社会化服务体系,壮大集体经济,家庭联产承包责任制将更加稳定,农民作为商品生产者的主动性、积极性将更加充分地发挥出来,从而把农村商品经济的发展推向一个新阶段。

二、抓好县级改革,增强县级活力,架起小生产通向大市场的桥梁

近年来,随着农村商品经济的发展,出现了一个突出的矛盾,即小生产与大市场的矛盾。一家一户的农民盲目地受市场供求和价格的摆布,商品生产大起大落,买难卖难交替出现,严重挫伤了农民的积极性,妨碍了农村商品经济的发展。

我国一些地区的实践经验表明,解决小生产与大市场矛盾的关键在于抓好县级改革,增强县级活力。县是省(市)与乡(镇)之间的中间层次,是城市与乡村、工业与农业的结合部,具有承上启下、联系左右的功能,因而是组织和领导农村改革的中心环节。要依据组织协调农村商品生产和流通的需要,改革县级经济机构的领导方式和作用手段,转换政府职能,把培育市场,组织农民进入流通放在重要的议事日程之上。

以县为基点组织农村商品经济一条重要经验,就是县级有关经济机构,通过组织好产前、产中、产后服务,与农民结成经济利益共同体,风险共担,兴衰与共,把农村社会再生产诸环节,包括生产、流通、分配、消费有机地结合起来。除了政府有关经济机构在职能转换以后,可以作为组织和推动农民进入流通领域的"龙头",各种经济性质的公司,以及各种形式的专业协会,也都可以充当"龙头",发挥组织农村商品流通的作用。

三、深化流通体制改革,培育和发展农村市场,为发展农村商品经济创立良好的宏观环境

深化流通体制改革,解决价格关系的扭曲问题,是当前广大农民群众的强烈要求,也是今后农村商品经济发展所必须具备的宏观条件。

80年代中期以来,对我国长期实行的农产品统派购制度开始进行了改革,一些农产品逐步放开,实行市场调节,有力推动了农村商品经济的发展。今后,除了国家规定的少数重要农产品继续实行国家统一收购经营或部分统一收购经营外,其余农产品一律放开,由市场调节其供求。

从今后我国市场经济发展趋势看,现在尚未放开市场、价格的少数农产品也将陆续放开。根据国务院的统一部署,预计在两三年内,除少数贫困地区外,全国各地的粮价和粮食经营都将放开。首先在沿海经济发达地区放开,然后向内地扩展。东部沿海地区全面或部分放开农产品的市场和价格,进一步解放了农业生产力,推动了农村经济的发展。它们根据国际、国内两个市场的需要,积极调整和优化农业结构,从跟着粮食走变为跟着效益走,向多种经营要效益,向资源和市场的结合要效益,向优质品种要效益。当然,在放开农产品市场和价格的过程中,国家实施相应的宏观调控措施是完全必要的,以保证国民经济稳定健康地向前发展。历史经验表明,对农业生产,特别是对粮食,任何时候都不能掉以轻心。粮价放开后,要继续扶持农民发展粮食生产,促进调整粮食品种结构;对消费者,特别是低收入者,要保证其基本生活;要建立粮食保障机制,其中最重要的是建立储备粮制度和价格风险基金制度。可以预期,在国家必要的宏观调控之下,建立在市场经济基础上的我国农业经济,今后必将陆续攀登上一个又一个高峰。

在深化经济改革的进程中,通过市场解决长期以来农产品价格过低,以及扭曲的工农产品比价和农产品内部的比价关系,是保证今后农业持续稳定增长又一重要的宏观经济条件。1985—1988年,我国粮食等主要农产品生产之所以出现徘徊,比价关系的不合理变动是一个重要原因。近年来,比价关系不合理的状况有继续恶化之势,农民增产不增收的情况相当突出。80年代初,通过大幅度提高农副产品收购价格,同时严格限制农用生产资料价格的上涨,工农产品价格剪刀差曾一度缩小。但1985年以后,农产品价格偏离价值的幅度及剪刀差绝对额逐年扩大。1991年与1984年比,农产品价格低于价值的幅度由19.86%提高到26.16%。工农产品价格剪刀差绝对额在50、60年代是

一年200亿元，1985年超过700亿元，1991年达到2000亿元。后5年以16.90%的速度递增。农民人均剪刀差负担，1985年比1978年增加了42元，1991年比1985年增加了125元，1991年农民人均剪刀差负担达217元。①

近年来，由于剪刀差的扩大以及农产品卖难等原因，农业增产不增收已日益成为一个困扰农村经济发展的突出问题。农村改革开始后的最初5年是农民收入增长最快的5年，平均年增长速度达到15.10%。1985—1988年，虽然粮、棉、油等停滞、徘徊，但由于农村多种经营的发展，农民人均收入年平均增长速度仍达到4%。可是从1989年开始，尽管农业生产年年丰收，农民收入却连续3年徘徊。1989年粮食产量超过历史最高水平的1984年，而农民人均收入仅为600元，扣除物价上涨因素，比1988年减少1.8%；1990年农业全面大丰收，农民人均纯收入仅比上年增长1.8%；1991年又比上年增长2%。这样，从1989—1991年，农民人均纯收入3年平均仅年增长0.7%。如果与城市居民收入迅速增长相对照，就更看出解决农业增产不增收问题的紧迫性。1981年，全国农民人均纯收入223.44元，城市居民人均生活费收入是458元，差距为234.56元，二者的比例是1：2。到1990年，城乡居民收入差距扩大到757元之多，相当于1981年这一差距的3.2倍。② 同时，需要指出的是，我国500个商品粮生产大县，它们是保障我国粮食生产持续增长、稳定提供商品粮的骨干力量，但其中有一半是财政补贴县，人均收入比全国低50多元。③ 对上述情况需要给予高度重视。由于农业比较利益，特别是种粮比较利益的降低，如何保持农民，也包括一些重要商品粮产区发展农村商品经济，特别是多产商品粮的后劲，已尖锐地提到人们面前。前些时候，在有的地区已出现了土地大面积撂荒，农民要求退还责任田的情况。认真研究比价关系，解决务农特别是种粮比较利益低下的问题已刻不容缓。看来，通过进一步深化农村以市场为取向的改革，继续放开农产品的价格和市场，并由国家实施必要的宏观调控，农村商品经济发展中新出现的矛盾和困难，是完全可能解决的，我国农村商品经济的进一步兴旺发达将指日可待。

四、重新学习，转变观念，推动农村市场经济建设

现在，建立社会主义市场经济体制，深化农村改革的任务已提到了从事农村工作的同志面前。这就要求我们重新学习，转变观念，以适应农村市场经济建设的需要。

首先，要转变单纯追求农产品数量的观念，树立效益和质量观念。

其次，要转变农业生产单一化，特别是单打一抓粮食的观念，树立农林牧副渔全面发展，种养加结合、农工商结合的新观念。

第三，要转变按照上级指令计划安排农业生产的观念，树立以市场为导向，市场需要什么就生产和销售什么的观念。

第四，要转变自给自足、自成体系、分割封锁的自然经济观念，树立市场经济观念，培育和增强竞争意识和风险意识。

现在，目标已经明确，道路业已开通，只要我们转换脑筋，跟上形势，就一定能够在90年代推动农业再上新台阶，在本世纪末实现亿万农民所向往的小康目标。

社会主义市场经济中的宏观管理

戴 园 晨

我国要建立的是有宏观管理和调控的市场经济

党的十四大明确提出我国经济体制改革的目标模式是建立社会主义市场经济体制，这是我国经济体制改革的里程碑，是马克思主义经济理论的突破性发展。

我国的经济体制改革是以市场为取向的。十多年来的改革开放，使市场范围逐步扩大，使原来由计划价格牢牢凝固住的商品价格逐步放开，使计划直接管理的领域显著缩小，市场对经济活动的调节作用已经大大增强。

但前一段所进行的以市场为取向的改革，其最终目标并不是很明确。虽然提出了计划与市场相结合，明

① 孙鲁威：《农民负担知多少?》，《农民日报》1992年8月3日。
② 参见《要高度注意农民收入增加不快问题》，《经济日报》1992年10月31日。
③ 《30个商品粮大县探讨农业发展之路》，《农民日报》1992年11月2日。

确了要利用市场调节，但最终目标是什么样的结合和对市场调节利用到什么程度并不清晰，这样就避免不了改革发展中的曲折，避免不了“姓资姓社”的疑虑和干扰。正因为这样，明确改革的目标，对建立社会主义市场经济体制有着极其重要的意义，这将摆脱干扰从而大大加快改革的进程。

把市场经济作为改革的目标模式，是因为由市场进行资源配置的效益优于由计划进行资源配置。但是，不能把市场的作用过分强调，“市场万能论”和“计划万能论”一样都是片面性的观点。在资本主义的市场经济中，市场作用是有缺陷的，为了弥补市场缺陷需要政府的干预。如果说亚当·斯密的《国民财富的性质及其原因的研究》一书是经济自由放任主义的经典，是对市场唱的一首“赞歌”，那末，弗里德里希·李斯特于1841年发表的《政治经济学的国民体系》一书则是对自由放任主义的挑战宣言，它指出了市场的局限性并且提出了政府干预经济的要求。到本世纪30年代，席卷资本主义世界的经济大危机使主张国家干预的凯恩斯主义大出风头，以财政政策和货币政策为主要内容的需求管理政策被认为是政府干预经济的必要政策。在我们社会主义中国，则不仅因为市场作用有局限性，还因为市场体系发育度低，市场规则和市场秩序尚未充分建立，信息传递和搜集还有不少障碍，这就更强化了市场的缺陷，因而对政府干预的要求更迫切。

所以，我们要建立的市场经济，不是自由放任的市场经济，而是在社会主义国家充分发挥其宏观管理和调控作用的条件下的市场经济。那种把市场经济当作是放任的无政府的经济运行的认识，是不可取的。

不能在宏观调控名义下搞换汤不换药的计划管理

社会主义市场经济是有宏观管理和调控的市场经济，但如何进行宏观经济的管理与调控，却是一项新的课题。

从我国的实践看，曾多次出现因为统得过死而放，而放开以后便出现市场秩序的混乱，价格的波动，收入分配的悬殊，于是又重新实行专营统配等强化计划管理的措施，结果形成统——死——放——活——乱——统的循环。人们一谈起更加强宏观管理与调控，通常便意味着循环过程又走到了强调统的时刻。因此，如何避免重演“一放就乱、一统就死”的循环，便成了需要探索与创新的课题。

迈向市场经济初期之所以会出现“一放就乱”的现象，主要是因为长期计划经济所形成的价格体系和供求关系是扭曲的，这种扭曲了的商品经济，必须依靠强制性的指令性计划才能够保持这种基于资金原始积累需要而构筑的扭曲价格，由于扭曲价格是与以等价交换及供需关系为基础的市场运行有矛盾和冲突的，所以一旦放弃指令性计划而听凭市场调节，企业便会基于对利润的追逐而使供求矛盾突然尖锐，并且因为从扭曲价格到供需均衡的价格按照“蛛网定理”是求大于供和供大于求的反复过程，在此过程中会呈现出混乱与无序。加以原来市场发育度低，培育市场不等于镶嵌式地组建几个专业市场，而是相当长的创造市场发育条件和健全市场竞争规则的过程。当市场尚未成熟时，不正当的竞争和过度竞争也会使市场呈现出混乱与无序。如果再因为经济过热而出现总需求膨胀和物价猛涨，因地区间利益冲突而出现市场分割，要避免“一放就乱”就更加困难。

但是，“一放就乱”虽然是迈向市场经济中难以避免的现象，但重演“一统就死”的循环却是不可取的。因为，建立社会主义市场经济体制的关键是政企分开，政府不再直接管理企业，使企业真正成为市场主体；市场经济的宏观经济管理不能再采取传统的集中计划和行政管理的方式，政府不能再命令企业干这干那，冲击企业好不容易得来的经济主体地位。这就需要转变政府职能，改变政府组织经济工作的工作方法，从直接调控转向间接调控，以区别于传统的计划管理。

政府进行宏观管理和调控的范围

社会主义市场经济体制目标的提出，意味着今后社会资源将要通过市场来配置。这从微观经济领域来说是非常必要的和有效率的。但是，市场调节总是事后的、不确定的、短期性的，有着它的局限性，而且市场调节还有它所不能及的领域。正因为如此，才逐渐地产生了由政府进行干预和调节的必要。因为从每个微观个体来说是合理的事情，到了宏观领域有可能变成不合理的事情。即使市场机制运行得十分灵活、十分完美，仍然有一些重大的领域无法靠市场机制来加以调节，因为这些领域超出了微观经济主体的认识眼界和决策能力。同时，市场调节中可能产生的种种混乱现象，也需要由政府有计划地加以协调。所以，政府进行宏观管理和调控是非常必要的。至于宏观管理和调控的范围，则有窄派和宽派的区别。由于社会主义国家政府职能的范围一般都比较宽，因而宽派的观点较适合于我国的实际。其范围包括：

第一，经济运行中总供给和总需求平衡。在市场经济中，为数众多的微观主体依据市场信息来调整自己的活动，根据对不同产出的需求来配置各自的资源投入，但这并不意味着简单加总就可以使投入的供给总量与需求总量相等。如果投入的供给总量小于需求总量，就会出现总需求过旺；如果因为种种缘故而使得社会需求总量小于社会能够提供的供给总量，又会因总需求不足而出现宏观水平上的资源闲置。这种总供需的失衡是市场调节所不能解决的，不能不依靠宏观经济的管理政策来进行高于市场层次的总量协调。各个国家政府进行宏观管理和调控，都把对总需求量的管理作为最主要的方面。因为这涉及到对经济发展速度的掌握和熨平经济周期，涉及到保持多大失业率与物价稳定之间关系的处理，需要在随机调节的过程中不断调整政策选择和改进调控措施，日常工作的量很大，而且从年度内的调控来说是宏观调控所必须做好的大事。因此习惯上都把它放在政府进行宏观管理和调控的首位，从窄派来说甚至把这作为唯一的内容。

第二，制定本国的社会和经济发展战略和规划。因为市场调节不可能展示社会经济长期的发展动向，不可能展示应当循着什么途径发展和以什么作为发展重点，对于这种具有宏观战略层次的决策只能由政府来作。政府根据本国人口、资源、环境、经济实力等方面的国情特点，依据宏观经济规律的要求，制定社会经济协调发展的总体战略和中长期规划，树立经济持续稳定协调发展的长远目标。显然，个别的经济主体即使有战略眼光也只能作出自身的发展战略，整个社会经济的发展战略只能由政府来作，从而成为政府进行宏观管理的重要方面。

第三，协调经济发展中工农、城乡、沿海内地等方面的关系，减少社会矛盾，推动经济加速增长。从传统的"大锅饭"到引入市场竞争机制，收入差距的拉开是相当迅速的，而利用市场机制推动经济增长从而提高全民的一般经济福利水平，则是一个长期的渐进的过程。市场调节的结果往往是一部分人很快地先富起来，然而相当大部分人的生活却虽有提高但还未富或者还很贫困。这样就有可能因为贫富差距而出现社会矛盾。对此也只能由政府进行干预，有计划地安排一部分资金扶持贫困地区发展经济，实行力所能及的社会保障政策来加以协调。

第四，研究制订产业政策和技术政策，引导产业结构和技术结构的升级和优化。技术进步是生产力发展的动力，而技术进步主要体现在产业结构的升级和换代上，对两者要结合起来观察研究和引导推动，这种推动要利用市场力量，但扭曲价格会使价格信号失真而使某些产业畸形发展。所以，实行计划经济的国家固然要有计划地确定优先发展的主导产业和能合理配置资源的产业结构；而实行市场经济的国家也在不同程度上由政府进行干预，实行不同的产业政策，确定生产力布局，以最有效地利用资源，提高经济竞争力和资源配置效益。当然，产业政策的具体实现即产业结构的调整过程是通过市场来进行的，企业向哪里投资和多生产什么、少生产什么，主要考虑的是现时的盈利和对未来的盈利预期，但政府可以根据产业政策所要求的长期资源配置的方向和目标，通过价格政策及差别税率、差别利率政策给以引导，使市场调节能够体现国家调控的宏观意图。

第五，市场体系的培育，市场秩序和市场规则的形成，中央的地方分级调控系统的建立，国际经济交往协调等，都是需要政府来作的。因为，市场进行的规则不可能由市场本身来创造，市场调节的局限性使得市场总是带有自发性的特征，从而导致无序和混乱。所以，对市场经济尚待发育的我国来说，塑造有利于市场经济发展的环境，研究市场经济发展过程中遇到的种种问题并加以解决，参考国际惯例进行有关市场经济的经济立法工作，以及商标保护、专利保护、打击假冒伪商品等，都成为政府进行经济管理的内容。

第六，处理有显著外部经济效益（或负效益）的部门的有关事项。因为市场机制无法全面衡量社会成本和社会收益，且不说那些非市场的相互依存关系如基础设施和公共服务之类的社会成本和社会收益是市场机制所不能反映的，就是企业的商品生产经营活动中也会产生一些超出市场评价原则的成本与收益。例如人所共知的污染是外部经济负效益，它加大了社会成本，但在企业成本中没有反映；而企业培训职工、提高职工素质在技术交流和劳动力流动过程中会产生外部经济正效益，但企业又无法向受益者索取回报，在企业收益中也得不到反映。对于具有重大外部经济效益（或负效益）的项目，也是不能够按市场价格和个别企业的盈利来计算它的实际效益的。这表明，处于微观和宏观的不同角度，对于同一件事情会有不同的评价，各种经济措施往往相互影响，其利弊得失很难简单地加以判断。由于各个经济主体是从自己的利害的角度来考虑效益大小的，国民经济范围的效益或负效益对企业来说属于外部影响，只能由政府来作出判断和进行调节。

综上所述，那种把市场神化得过分美妙，以为有了市场便可以取代政府，市场可解决经济工作中种种难题的议论，是不切实际的。进入市场经济以后，微观经济的活动是由市场去调节了，然而在宏观层次上，政府还有大量的工作要做。

宏观经济管理操作的革命性转变

过去政府对经济工作的管理，对宏观层次问题和微观层次问题的区分并不很明确，特别是在直接管理到企业的状况下，对投入和产出指标、投资项目和数额、财政上交和下拨等指标的层层分解，切块分配，占了很大一部分工作量；尤其是当涉及到各级利益关系时，讨价还价，协商折衷，成了日常工作的主要内容；

“年度计划、计划一年”的说法，反映了处理利益关系的反复过程中的艰巨性，反映了那时宏观经济管理部门实际上是在忙碌着向企业分项目、分指标。因此，今后经济部门进行宏观管理是从直接管理转向间接管理，其变化意义之重大将不仅限于工作方法方面，还涉及到由“换脑筋”而引起的管理操作的革命性转变。

“换脑筋”是进一步解放思想的形象化说法。过去在计划经济、产品经济条件下所形成的观念，是根深蒂固不易消逝的，“左”的东西还阴魂不散，禁锢头脑；传统的经济工作管理中的一些做法还因为习惯而在新的条件下继续采用。因而，推行社会主义市场经济要对传统的计划经济“换脑筋”，而进行宏观经济管理也同样要“换脑筋”。这从操作上讲，就是不仅要从直接管理转向间接管理，而且要从“切块分配”、“讨价还价”的日常事务转向方针政策的研究。因为只有认真研究了方针政策才能革故鼎新，收到实效。

当前我国正处于从传统的计划经济体制向市场经济体制转换的时期，并且还突出地表现为双重体制的并存与此消彼长的变换；与此同时，我国正处于从温饱型向小康型过渡的经济发展阶段，通常认为这是经济起飞初期最为动荡和供给需求变化最剧烈的时期；我国传统的数量型、外延型、粗放型的经济发展战略模式，在我国社会主义建设的初始阶段，作为一种启动经济发展的战略，确实推动建立了我国工业化的初步基础，但为此需要有不断的大量的投入才能保证经济的持续增长，而且会形成投入不断增多而产出相对下降的趋势，使得总需求膨胀成为传统发展战略难以摆脱的伴生物，从而要求向效益型、内涵型、集约型转变，并且开始出现了转变的萌动；再有现代工业的发展和传统的农业部门中滞留着我国半数以上的社会劳动力，形成了显著的二元经济结构，并且正处于农业劳动力向非农产业部门转移的动荡不安与矛盾重重的阶段，再扩大一点看则不仅是就业结构，而且包括产业结构、供给结构、需求结构等，都处于转换变化的过程之中，这种转换是基于特定的社会历史背景而不是哪个人的主观意志可以随意左右的，它是由多种力量相互交织而产生的合力推动其形成和演变的动态结构；再还有我国正处于从封闭型经济转向开放型经济的转换阶段，这也会对经济运行发生影响。所以，政府进行宏观经济的管理和调控，便不能够就事论事把各个经济问题当作互不相干的独立体。我谈宏观经济管理，特别强调宏观经济的系统性，这就是要把整个经济这个大的系统从总体上进行考察，看到各个子系统在大系统中相互交织，互相渗透，盘根错节，难以分离；相互间发生既有促进又有掣肘的影响。从而，我认为要从总体的配套的角度设计宏观调控措施，避免“各打各的鼓、各敲各的锣”，使经济体制模式转换、经济发展战略转换、二元经济和产业结构转换、从封闭到开放的模式转换以及总供给和总需求协调等各个侧面，能够经过的经济大系统中的协调配套而减少冲突，提高宏观调控的艺术并且取得良好的效果。

市场经济中宏观经济管理操作的革命性转变，还包括传统计划经济中已成“定式”的观念的转变。例如过去在计划经济管理中的传统观念是赞扬节俭，抑制消费，对于市场经济中要靠消费来实现“商品的惊险的跳跃”的认识很不够，这样就需要树立生产发展要靠消费推动的新观念，扩大消费领域，拓宽消费空间，丰富消费层次，深化消费内容，创造新的消费热点。否则，生产发展了而没有消费力来购买，生产的增长便没有生命力。宏观管理中，诸如此类涉及到方针性的观念转变的方面还很多，这就要不断地进行研究并且不断地“换脑筋”，才能改进宏观管理与调控，使之不再成为计划经济管理的复归，而是赋予宏观管理以新的内容、新方法和新方针，推动社会主义市场经济体制模式的逐步完善。当今世界上，有些国家在从计划经济转向市场经济的过程中，出现了剧烈的动荡与不安，出现了经济生活的无序与混乱，陷入了宏观失控的困境。我认为我们要重视这个问题，在进行市场经济改革的同时注意微观和宏观两个方面，在随机的日常调节时特别重视对货币供给和对社会需求的调控，既注意加快发展又注意经济稳定，既注意经济搞活又注意宏观管理，从而创造出平稳地向市场经济过渡的奇迹。

社会主义市场经济和国有企业经营机制转换

周 叔 莲

一、社会主义市场经济要求国有企业转换经营机制

江泽民同志在党的十四次全国代表大会上的报告中指出："实践的发展和认识的深化，要求我们明确提出，我国经济体制改革的目标是建立社会主义市场经济体制，以利于进一步解放和发展生产力。"

发展社会主义市场经济是需要一系列条件的。主要有三个条件：一是企业成为市场主体，二是形成竞争性的市场体系，三是政府对国民经济进行宏观调控。有了这三个条件，才有可能使市场在国家宏观调控下对资源配置起基础性作用，使资源得以自由流动，通过价格杠杆和竞争机制把资源配置到效益好的环节中去。这三个条件中，在一定意义上，第一条是最主要的。因为只有企业成了市场主体，才有可能形成竞争性的市场体系，也才有可能实行政府的间接调控。

从我国当前情况看，为了建立社会主义市场经济体制，使国有企业成为有活力的市场主体，最值得重视和迫切需要解决的是国有企业转换经营机制的问题。经过10多年的改革，我国国有企业的经营机制也发生了不少变化，但是离开社会主义商品生产者和经营者的要求还相当远，绝大多数国有企业成为真正的商品生产者和经营者。

国有企业转换经营机制就是要改变原来的经营机制，建立起适应社会主义市场经济体制要求的经营机制。这就是使这些企业成为真正自主经营、自负盈亏、自我发展自我制约的商品生产者和经营者。本文主要是探讨这一类国有企业经营机制转换的问题。

国有企业转换经营机制包括着复杂丰富的内容，有的同志认为企业经营机制是单一的不可分割的，我不同意这种看法。现代企业是一种构造十分复杂的机体，其经营活动也是多种系统共同活动的总和。因此，企业经营机制也有必要进行分解，这样，才能得到比较科学的认识。事实说明这种分解是可能的。

怎样分解和分析企业经营机制呢？这个问题值得深入研究。我认为如何分析企业经营机制决定于如何分解企业经营这个大系统。一种办法是把它分解成生产系统、销售系统、分配系统、管理系统、监督系统等分支系统，研究这些分支系统的机制，并在此基础上进行综合。另一种办法是把它分为决策系统、信息系统、调节系统、发展系统、约束系统、动力系统等分支系统，研究这些分支系统的机制，并在此基础上进行综合。下面采取第二种办法，谈谈转换国有企业经营机制的一些主要（不是全部）内容。

关于转换企业决策机制。这就是从主要由政府决策转变为企业自主决策，提高决策的科学性和可行性。在市场经济中，企业决策对经营好坏起着极其重要甚至决定性的作用。在计划经济体制下，企业是政府的附属物和算盘珠，缺少经营自主权，重要决策由主管部门作出。这种情况适应排斥市场的指令性计划体制，和发展社会主义市场经济是相悖的。如上所说，改革以来这种情况有了改变，但是很多法律和政策规定的企业自主权还未落实。为了落实企业经营自主权，需要正确处理政府职责和企业职责的关系，政府行政管理权和国家所有权的关系，所有权和经营权的关系。还要完善企业决策系统，正确处理厂长、党组织和职代会的关系，贯彻厂长负责制和民主集中制原则，做好信息的收集、传递、储存、分析、整理和反馈等工作，这样才能保证决策正确并得到贯彻。

关于转换企业动力机制。这就是从企业和职工缺少主动性、积极性转变为有很高的主动性和积极性。企业和职工的主动性、积极性要和企业的任务联系起来研究，建立起使企业任务得以顺利完成的动力机制，在市场竞争中取胜。改革以来，企业和职工的主动性、积极性增强了，这是由于企业有了独立性，有了一定的经营管理自主权和自己的利益，同时也是由于明确了按劳分配原则，改进了企业的工资奖励制度。现在企业和职工的主动性、积极性仍受到很大限制，尚未建立起适应发展社会主义市场经济的企业动力机制。为了尽快建立起这种机制，一要使企业真正自主经营，从不必要的政府干予中解放出来；二要实行自负盈亏制度和破产制度，使企业和职工的利益同企业经营好坏更紧密地结合起来；三要深入内部改革，特别是深化劳动人事和工资制度的改革，打破铁交椅、大锅饭、铁饭碗，认

真贯彻按劳分配原则；四要加强思想政治工作，提高职工素质，保证企业经营的社会主义方向，遵守国家的法律和法规；五要处理好企业内部的各种人际关系，体现职工的主人翁地位，充分发挥企业家的作用。

关于转换企业发展机制。现代企业必须实现扩大再生产。否则，在激烈的竞争中，企业不仅难以发展，甚至难以生存。改革以来企业有了简单再生产的自主权，有的企业还增加了留利，能够进行一些技术改造。但很多企业仍难维持简单再生产，技术改造更是步履艰难。它们仍处于设备陈旧、技术落后而且难以改进的状况。因此，适应市场经济的要求建立起相应的企业发展机制，使企业能够增加留利，增加积累，实现集约经营，是转换企业经营机制的一项重要内容。现在企业负担太重。要减轻企业负担，使之具有扩大再生产的能力。企业也要改进经营管理，提高经济效益，克服分配过多地向个人倾斜的短期行为。当代科学技术日新月异，在经济增长和生产发展中起着最重要的作用，已经成为第一生产力。适应这种情况，大型企业要建立和健全自己的科研机构，努力进行技术创新，加快科学技术转化为生产力的进程。还要帮助企业增加科技投入，促进科技进步。折旧问题已提出多年，迄今未很好解决，必须下决心解决这个问题。总之，要从体制、政策、法律、思想等多方面建立起健全的企业发展机制。

关于转换企业的约束机制。这就是从企业行为主要由外部约束转变为主要由自我约束并辅之以外部约束，克服企业短期行为，防止偏离企业正确的经营方向和目标。计划经济体制下企业主要受政府从外面给予的约束，包括指令性指标、政治纪律、法律责任、经济奖罚等等手段。这种机制要以职工的政治热情为基础，在政治热情高涨的情况下容易见效，而在政治热情不高的情况下往往起不到预期的作用。改革以来企业约束有了变化，外部约束减弱了，企业内部和利益约束增强了，市场约束开始发挥作用了。但是迄今还未建立起适应社会主义市场经济的企业约束机制。突出的表现是企业短期行为严重，如有些企业热衷于目前利益而忽视长远利益，不重视积累，不重视技术进步和经营管理，生产和建设不注意经济效益，收入分配过多向个人倾斜，等等。这说明转换企业约束机制也十分紧迫。只有建立起以企业自我约束为主的约束机制，企业才能克服各种短期行为，处理好企业和外部环境以及企业内部的各种关系，处理好企业长远利益和目前利益的关系。实现这个转变要着重于建立企业自我约束机制，这是一种自我调节机制，在企业经营机制转换中有特别重要的地位。建立自我约束机制包括以下内容：(1)硬化企业预算约束，从各方面克服企业预算约束软化的现象；(2)改进分配制度，贯彻按劳分配原则，使职工收入同自己的贡献紧密结合，工资增长的幅度不能超过劳动生产率增长的幅度；(3)形成财产约束，企业要用自己占有的财产实行自负盈亏，资不抵债时要破产；(4)建立和健全企业内部的各种监督制度；(5)强化市场约束。形成竞争性的市场，实行优胜劣汰。此外，也要改进和加强必要的外部约束，包括审计约束、法律约束、舆论监督等。《全民所有制工业企业转换经营机制条例》专门有一章规定了企业自负盈亏的责任，这个问题是建立企业自我约束机制最重要的问题，要认真执行有关的规定。

二、国有企业转换经营机制的目标和前景

前面已经说过国有企业转换经营机制的目标是使绝大多数国有企业转变为社会主义商品生产者和经营者。我国国有企业名义上一直称为企业，但事实上并非真正的企业。转换经营机制就是使国有企业由名义上的企业成为真正的企业。

国有企业成为商品生产者和经营必须具备商品生产者和经营者的一般特征。这种特征很多，主要有：

第一，生产是为了交换，企业面向市场。作为商品生产者和经营者的企业离不开市场，企业要在市场上出卖产品，购买原材料和设备等等。有的同志认为改革以前我国社会经济生活中也是商品生产和商品流通占绝对统治地位。按照这种说法，国有企业早就是商品生产者和经营者了。这当然是不符合实际情况的。持这种意见的同志认为产品调拨也是一种交换形式，产品在调拨过程中已经变成商品。事实上计划经济体制下实行的产品调拨是直接分配而非商品交换，而且这种产品调拨是指令性计划，是排斥商品交换的。企业成为商品生产者和经营者必须废除产品调拨制度，必须逐步减少指令性计划，必须形成和发展市场体系。同时企业要面向市场。

第二，企业自主经营。作为真正的企业一定要有经营管理自主权。如果企业没有经营管理自主权，如果企业是政府的算盘珠和附属物，企业是决不可能成为真正的商品生产者和经营者的。

第三，企业自负盈亏。国有企业成为真正的商品生产者和经营者必须自负盈亏。国有企业自负盈亏必须具备必要的条件，例如，要实行政企职责分开，企业自主经营，企业以盈利作为经营目标，还要有比较发达的市场体系和合理的价格体系，等等。很多企业还不具备这些必要的条件，因此要努力创造条件。

第四，企业能够扩大再生产。这也就是企业要能够自我改造自我发展。这也是企业作为商品生产者和经营者必须具备的基本特征。在激烈竞争的市场经济中，如果国有企业不能自主地进行扩大再生产，就等于仍

被捆住手脚,让竞争者来击败自己。这样的国有企业不可能有活力,不可能成为竞争中的胜利者,甚至只能坐以待毙,让其他经济成份的企业战胜自己。现在很多国有大中型企业的简单再生产自主权也未很好落实,更说不上很好落实扩大再生产自主权。为了深化改革,实现企业改革目标,也有必要强调企业应有扩大再生产自主权,从而能够自我改造和自我发展。

第五,经营以赢利为目标。作为商品生产者和经营者的企业,必须以赢利为目标。过去一本《辞海》中解释企业是"以营利为目的而经营之事业",这是正确的。后来修改为:"企业,从事产品的生产流通或服务性的经济单位"。这样企业就是产品生产者而非真正的企业了,所以这是修改错了。现在国有企业承担许多社会职能和政府职能,不能真正把盈利作为经营目标,这种情况应该改变。例如,企业承担的稳定物价、增加就业、增加社会福利等职能,经费应该由社会或政府来负担。企业应按规定上交税收和利润,同时要保证企业有必要的留利。这样,企业才可能实现自负盈亏和扩大再生产。

第六,政企职责分开。政企职责分开是企业作为商品生产者和经营者的另一个基本特征。政企职责分开是说企业不应是政府附属物,政府有政府的职责,企业有企业的职责,企业对政府没有行政隶属关系。社会主义国有企业自主经营、自负盈亏的前提条件是政企分开。政企分开,政府不去管该由企业管的事,也才可能形成市场体系和市场竞争,形成适应商品经济要求的价格机制。这些都是企业成为商品生产者和经营者的条件。可以说,政企分开是企业成为商品生产者和经营者的关键问题,也是建立社会主义市场经济体制的关键问题。

以上说明了国有企业作为商品生产者和经营者的一些基本特征。

应该清醒地看到,国有企业转换经营机制难度很大。困难是很多的。我认为企业改革至少会遇到如下一些主要困难。

第一,实现政企分开难。这里的困难在于:经济改革是自上而下进行的,是在政府领导下进行的。改革不能不依靠各级政府领导,政策也要依靠各级干部贯彻。可是改革又可能触动某些政府官员的权益,因而会遇到很大阻力,因此困难更大。

第二,形成市场体系难。作为商品生产者和经营者的企业离不开市场。如果没有市场,也就不存在作为商品生产者和经营者的企业了。可是,形成市场体系是很难的。我国的价格体系很不合理,因此价格改革是形成市场体系的重要条件,而价格改革的困难,很多人已有体会。问题还在于,没有市场体系固然难以使企业成为商品生产者和经营者,而企业不是商品生产者和经营者又难以形成市场体系。这是个连环套,如何解开这个连环套是个两难问题。

第三,解决产权问题难。企业改革的困难不只是个产权问题。但这确是一个重要问题,甚至也是根本问题。企业自负盈亏就是用自己的财产负盈亏的责任。而迄今为止,国有企业的财产都只属于国家,企业没有自己的财产。既然企业没有自己的财产,也就说不上真正自负盈亏。因为财产所有权是国家的,当然只能由国家统负盈亏。我们要使企业有自己的财产而又不改变国家所有制,这在实践上理论上也是非常困难的问题。

第四,改进企业管理难。企业作为商品生产者,必须适应市场的需要,在激烈的竞争中取胜。这就要求有很高的经营管理水平。否则,它就不能适应市场变化,不可能有竞争力。因此,改革要求不断改进企业管理,提高其水平。但是这也有困难。一是有些人不重视管理,认为改革重要管理次要。二是改革任务重、变动多,往往挤掉了企业管理工作。三是我国劳动力富裕,改进管理后劳动力剩余了,要作安排,而安排又很困难。四是市场体系不完善,缺少市场竞争来推动企业改革管理。五是有些职工不服管,现在不少企业劳动纪律松弛,管起来很困难。六是原来管理基础差。现在企业管理问题很多,导致企业经济效益很差,减少了对改革的承受能力,也给企业改革带来困难。尤其是国有企业内部劳动制度、人事制度、分配制度改革很难,它事关广大职工干部的利益,涉及社会安定问题。

第五,形成有利改革的经济环境难。由于改革时期两种体制并存,往往出现盲目追求速度、投资规模过大、消费基金增长过快等经济过热现象,使国民经济绷得很紧,导致通货膨胀、物价上涨等结果,给企业改革和其他改革带来困难。而在改变过热情况以后,又会出现市场疲软,即经济过冷。这时企业困难很多,深化改革也很难。在经济环境有利改革时也会由于缺乏思想准备和缺少规划等等原因而不能及时推进改革。目前经济环境总的来说对改革有利,但是企业经济效益和国民经济效益都较低,财政困难,这也是不利条件。

第六,思想转变难。这个困难也要重视。改革是人们的自觉行动,改革的目标、步骤和方法在很大程度上都决定于人们的思想认识,而人们的思想认识往往很不一致。对重要的理论问题不取得比较一致的正确认识,改革是很难深入的。现在明确了社会主义市场经济的提法,澄清了很多理论是非,这来之不易,但不能说思想认识问题都解决了,并且要防止认识上的反复。

国有企业转换经营机制的工作要和其他工作结合起来进行。江泽民同志在十四大报告中提出建立社会主义市场经济体制要认真抓好几个相互联系的重要环节:一是转变国有企业特别是大中型企业的经营机制。二是加快市场体系的培育。三是深化分配制度和社会保障制度的改革。四是加快政府职能的转变。由于这些环节是相互联系的,因此必须结合起来进行。国有企业转换经营机制不仅要改革企业和国家、企业和市场、企业和企业的关系,还要在企业内部改革管理制度,和改进加强企业经营管理,和企业经营管理工作结合起来。这样,才能保证企业转换经营机制顺利实现,达到目标。

社会主义市场经济和对外开放

方 生

发展社会主义市场经济,建立和完善社会主义市场经济体制,是一项艰巨复杂的社会系统工程,需要研究的问题很多。这里仅就社会主义市场济和对外开放的相互关系,作些探讨。

一

社会主义市场经济要求有发育的市场机制,有让市场调节充分发挥作用的经济环境。为此,没有发达的商品经济是难以实现的。对外开放相对过去的闭关自守,无疑是一项改革,而且是十分深刻的改革。对外开放和其他改革一样,是解放生产力,发展生产力。就这一点说,发展社会主义市场经济,迫切要求对外开放,即通过对外开放促进社会生产力的发展。

资金短缺是制约我国社会主义现代化建设的一个重要因素。过去曾想仅仅依靠自己力量来解决,是难以为继的。对外开放以来,我们打破了传统观念,利用外资共达800亿美元。其中500多亿是贷款,大都用于农业、交通、通信、能源和重要原材料等重点项目建设,增强了我国国民经济的薄弱环节;近300亿用于举办“三资”企业,这是我国引进国外先进技术、借鉴国外科学管理方法、开拓国际市场和了解国际市场动态的一个重要途径。中国是一个大国,搞建设主要靠自力更生,建设所需资金也主要靠自己筹措,但引进资金不失是一个重要补充。

科学技术是第一生产力。在当代,社会生产的发展越来越依赖于科学技术的进步,国民生产总值中越来越多的部分来自对先进技术的运用。在我国,许多科学技术已居于世界领先地位,但总的说,同西方发达国家相比还存在一定差距。为加快现代化建设步伐,我们有必要引进国外先进技术。在10年改革开放时期,我国开展了大规模的技术引进工作,累计共投资165.8亿美元,引进18400多项技术改造项目,新增产值8742亿元,新增利税1035亿元。技术引进还奠定了新兴产业的基础,促进了高科技产业的发展,使许多传统产品赶上了国际水平。今天视引进国外技术为洋奴哲学的人已不多见,值得注意的却是有的地方出现脱离实际需要、盲目引进现象。这同样不利于生产力的发展。

进行社会主义现代化建设,不仅要掌握现代科学技术知识,而且要学会管理现代经济的本领。在一定的科技水平下,能否实现管理的现代化,是关系社会主义经济建设能否加快发展的一个关键。我国管理落后,远远不能适应社会化大生产和现代化建设的要求,不改变这种状况,就会严重地拖住整个国民经济发展的后腿。因此,我国对外开放的一项重要任务,就是引进和借鉴国外包括资本主义发达国家的管理方法和经营方式。十几年来,我们通过派出去、请进来,举办“三资企业”等渠道,学习国外的科学管理经验,有效地改进了我国的管理制度,推动了社会生产的发展。

闭关自守只能导致经济发展迟缓甚至倒退,对外开放才能使经济迅速地向前发展。这个曾长期被人忽视的朴素真理,在强调发展社会主义市场经济的今天,更加显示其重大的现实意义。

二

搞市场经济,我们还缺乏经验,这就要通过对外开放,在同世界各国特别是现代资本主义国家的交往和接触中,了解人家的做法,过去曾认为,市场经济是资本主义所特有的东西,计划经济才是社会主义经济的基本特征。受这种传统观念的影响,根本谈不上对资本主义经验的吸收、借鉴和利用。今天在我们解除了把计划经济和市场经济看作属于社会基本体制范畴的思想束缚,并认识到计划和市场都是经济手段之后,应当明确地提出,向搞了几百年市场经济的资本主义国家学习和借鉴有关市场经济的有用知识和经验,为我所用。

所谓市场经济,就是要使市场对资源配置起决定性作用,使经济运行遵循价值规律的要求,适应供求关系的变化;要通过价格杠杆和竞争机制,把资源配置到效益较好部门中去,并通过竞争实现优胜劣汰;要运用市场对各种经济信号反映比较灵敏的优点,及时协调生产和需求的关系。在所有这些方面,资本主义国家在其长期经济活动中都积累了丰富的经验。激烈的竞争驱使他们必须时刻关注市场供求关系和价格的变化,及时调整自己的生产经营活动;破产的威协逼着他们千方百计地挖掘潜力,降低成本,提高质量,以便在市场这个无情的战场上战胜对手;对利润的追逐,促使他们不断改善经营管理,精打细算,注重经济效益。一句话,切身利益推动他们努力使企业适应市场的需要。只有这样,企业才会有活力,才能达到赢利的目的。对市场漠不关心,对竞争无动于衷,企业赢利与否与已无关,这种在我们旧传统体制下曾经普遍存在的弊端,对他们来说是不可想象的。在这些方面,如果撇开资本主义剥削关系,那么,人家的一些做法,对我们来说,不是没有学头,而是颇有学头。

谈到学习外国的经验,包括外国搞市场经济的经验,我们强调要从中国的实际出发,不要照抄照搬。这不仅是因为社会主义市场经济和资本主义市场经济,就其社会性质来说有着本质区别,而且是因为,我们现在不处在社会主义的初级阶段,不同于经济发达的资本主义国家。发展市场经济的许多措施,虽然本身是中性的东西,没有什么阶级性,但它们总是在一定社会制度下实施的,不能不带有各自社会的特点,即使在资本主义制度下是行之有效的,我们也不能照搬,同样要结合我国情况。

三

发展社会主义市场经济,建立和完善社会主义市场经济体制,不应该也不可能关起门来搞,而必须打开国门,与世界经济建立更加密切的联系,进一步发展与世界各国的经济贸易关系。为此,同样必须坚持对外开放。当今的世界是开放的世界,又是一个统一的国际大市场。任何一个国家都不能孤立于世界经济和国际市场之外。随着世界新技术革命的深入发展,国际分工愈益深化,国际市场不断扩大,国家之间的经济联系越来密切。为使我国的市场经济适应这种新的世界历史潮流,必须积极参与国际分工,勇于投身国际市场竞争,在制定本国市场经济发展战略的同时,必须考虑世界经济发展动向,了解国际市场变化规律,及时掌握对自己有利的国际机遇,不失时机地加以利用。

当前,在加强中国市场经济与世界经济的联系方面,一个值得重视的问题是,中国已于1986年申请恢复关税及贸易总协定的创始缔约国地位。其目的是为了促进中国对外贸易的发展,密切与世界各国的经济关系,更好地掌握国际经济信息,更快地发展外向型经济。改革开放以来,中国经济走向世界已是大势所趋。但由于种种原因,贸易摩擦时常发生,这也需要一个国际通行的贸易准则来协调,既承担义务,又享受权利。只有这样,才能有利于中国对外经济关系的进一步扩大,让中国经济真正走向世界。

有人问,我国提出恢复申请已经六年,为什么至今还在谈判。这里当然有政治因素,但也有经济上的原因。其中一个根本问题是,关贸总协定是以市场经济为基础的,而我国长期以来实行的是高度集中统一的计划经济,两者在经济体制上格格不入,难以协调。这不能不成为影响我国“入关”的一个严重障碍。经过多年的经济体制改革,我们已经大大地缩小了指令性计划范围,逐步地扩大了市场调节的作用。现在明确地提出要建立社会主义市场经济体制。这样就便于把我国的市场经济同世界市场经济衔接起来,并适应关贸总协定的要求,为早日“入关”提供了十分有利的条件。中国经济历经十多年的改革开放,如今已具备了参与国际经济活动的实力,一个相对稳定的国际贸易环境,既是中国加快社会主义现代化建设所需要的,也是发展日益引人关注的社会主义市场经济所需要的。

四

在当今世界上,现代市场经济已经形成世界性的市场经济体系,各国经济都程度不同地纳入这个体系之中,不可能独立于这个体系之外。同样,中国的社会主义市场经济也要面向世界,成为世界市场经济体系的组成部分。为此,必须尊重国际惯例,按国际惯例办事。而这也需要通过对外开放的实践,逐步了解和学会运用国际惯例。所谓国际惯例,是指在国际交往中被多数国家和地区接受的习惯做法,虽不成文,却具有法律的约束力。就发展我国市场经济、促进我国同世界各国经济往来这一方面看,研究和运用经贸方面的国际惯例,意义重大。

首先,有利于完善我国的经济立法,做到有法可依。市场经济是法制经济,要加强经济立法以保证市场经济的健康发展。和外商打交道,既不能凭感情办事,也不能按我国的政策办事,而要有一套体现国际惯例的经济立法,依法办事。改革开放以来,为了适应对外开放的需要,我国已经陆续制定了许多涉外经济法律和法规,其中大都是参照有关国际惯例,结合我国实际情况而制定的。有了这些经济立法,就应当严格依法执行,而不能任意违反。

其次,有利于引进外资和先进技术。引进外资弥补我国建设资金的不足;引进先进技术,促进我国社会主义现代化,这都是被各国普遍采用并行之有效的国际惯例。按照这些惯例办事,不但使我们能更好地参与国际竞争,开拓国际市场,而且有利于改善投资环境,使外国企业家能按照国际惯例前来我国投资和经营企业,从而吸收更多外资和引进更多先进技术。这对于发展我国市场经济是十分必要的。

再次,有利于维护中外双方当事人的合法权益,改善合作共事关系。国际经贸往来中,无论是商品交换,合资或合作经营,还是国际租赁以及国际承包工程等等,都必须通过签订各类经济合同或达成某种协议来实现。在这些经济活动中,只要双方当事人都按照国际惯例谈判并签订合同,使合同条款符合有关国际惯例,就能使合同顺利履行,使当事人双方合法权益得到维护,不必要的争议得以避免;即使发生争执,也较为容易解决。

最后,有利于开拓我们的视野,增长我们发展市场经济和对外经济关系和才干。长期的闭关锁国,使我们眼光狭窄,不善于甚至不懂得怎样和各国打交道发展经贸关系,怎样在国际市场竞争中发挥优势战胜对手。国际惯例是人类长期交往的经验总结,是客观规律特别是商品经济规律的反映。只要我们不是置身于国际市场和国际分工之外,都应该熟悉国际惯例,努力学会按照国际惯例办事。这是扩大对外经济贸易的需要,也是发展社会主义市场经济的需要。

1992年消费经济研究述评

尹 世 杰

在市场经济条件下,经济的运行由供给导向型转变为需求导向型,由投资需求推动型转变为消费需求推动型,由卖方市场转变为买方市场,消费在经济发展中的作用会越来越大,消费问题也越来越复杂,值得研究的问题也越来越多。1992年我国经济学界和实际部门对消费问题也越来越重视,探讨了一些新情况、新问题,提出了一些新命题。

一、关于市场经济下消费领域的新情况、新问题、新变化的研究

有的提出:市场经济不仅是一种经济关系,而且是种文化。这样会使消费领域发生更大的变化,产生更大的影响,从经济生活到意识形态都会发生根本性的变革。有的提出:我们应把消费放到整个现代市场中去考察,比如,股票发行、股市形成对消费会产生什么影响?把工资、劳动力纳入市场体系中,对消费会产生什么影响?把分配放开,拉大收入差别,拉开收入层次,对消费会产生什么影响?恢复关贸总协定后对消费有什么影响?这些问题都值得很好研究。有的认为:市场经济对消费者行为会产生重大的影响,消费可选择空间扩宽,可选择的消费客体趋于多样化,消费者行为趋于多样化。有的提出:随着市场经济的发展,居民消费将呈现商品化、市场化、多样化、多层次化、个性化和国际化等特点,使消费领域不断扩大,消费内容日益丰富,大大有利于促进社会经济的发展。有的认为:在市场经济的条件下,在较长时期内,由于居民收入差距会扩大,消费的差距也会扩大,如何采取有效措施,既使收入差距、消费差距拉开,而又不致差别悬殊,以利于逐步实现共同富裕。这些新情况、新问题,都很值得进一步探讨。

要进一步发挥消费在市场经济运行中的作用,值得进一步研究的问题是:市场经济下消费领域发生的这些新情况、新问题、新变化,发展趋势如何?是否有某些带规律性的东西?伴随而来的,又会产生一些什么新的矛盾?市场经济会带来一些什么新的观念,与传统观念会产生一些什么矛盾,带来一些什么挑战?居民收入提高后对消费水平,消费结构会产生一些什么影响?如何运用各种经济杠杆,包括征收累进所得税和高额遗产税,以合理调节收入差距和消费差距?如何在合理拉开收入差距、消费差距的条件下,逐步促进消费层次的提高和消费质量的提高?这些问题,都需要根据新的情况,作出新的理论概括。

二、关于我国90年代消费热点问题的讨论

什么是消费热点?我国90年代消费热点是什么?如何对消费热点进行正确引导?最近一两年,有些报刊对这些问题已开展了讨论。

我国90年代消费热点是什么?意见还很不一致。有人认为我国90年代,居民收入差距会扩大,消费的选择性增强,消费会出现多样化、多层次化,热点分散,难以形成比较集中的热点。另一种意见认为,正因为收

入多元化、多层次化，消费也会出现多元化、多层次化，因而会出现多种热点。还有人认为：一些重要消费品的消费，会出现S形曲线的增长，消费热点会经常变化，不可能固定于一两个热点上。不少人认为我国90年代，住房会成为消费热点。因为居民收入会不断增加。当温饱实现后，住房问题将成为消费领域的主要矛盾。与住房相联系的，是室内装饰将成为消费热点。有人提出：室内装饰行业将成为90年代消费品工业支柱产业。还有人认为：我国90年代城乡居民消费热点，城市可能是住房和室内装饰，农村可能是家用电器。还有人认为，小汽车会成为90年代消费热点，但也有人认为，我国90年代居民收入水平还不高，很少有人买得起，这种需求只有少数高收入的居民方会提出。还有人认为：旅游和文化生活会成为90年代的消费热点。按国际经验，人均国民收入达到1000美元时，就会产生国际旅游的愿望。到本世纪末，我们人均国民收入将要达到1000美元，有相当多的人会产生国际旅游的愿望。但也有人认为：旅游和文化生活不能成为90年代消费领域的主要矛盾。旅游和文化生活这种消费，属于精神文明建设，它离不开一定的物质条件，要以物质文明为基础。在由温饱到小康的征途中，主要任务还是解决物质生活问题。还有人认为：电话会成为我国90年代的消费热点。从时代变化来看，进入了信息时代，信息跟时间等各方面很有关系。但也有人认为，电话、小汽车、单元房等超级三大件的消费，在短期内难以形成消费热点，这不仅收入水平和价格因素的制约，而且受消费心理的影响。

所有这些牵涉到什么是消费热点？如何才成为消费热点？我认为：消费热点就是消费需求或购买力投放比较集中于某种或某类消费品（包括劳务），使人们对这种消费品或消费行为的追求出现一种热潮。要成为消费热点，这种或这类消费品必须是：第一，适合人们的消费需要，有广阔的市场；第二，有较大的生产能力和可供量；第三，这种消费品或这类消费品，必须适应当代消费倾向，具有时代气息；第四，这种消费品或这类消费品，必须能吸收大量的购买力。这里的问题还在于：这种消费品或这类消费品能否成为消费热点，还要分析各种制约因素，特别是相关因素，如能源的供应、基础设施的配套、居民收入水平的变化、价格水平的变化以及居民消费心理的变化，等等，通过全面分析，才能得出正确的结论。

研究消费热点，还要研究如何对消费热点进行正确引导。如何根据经济发展战略的战略目标，根据不断满足消费需要和提高消费层次的客观要求，对消费热点进行适当引导，既要形成促进经济发展的热点，又不能使热点过热，形成排浪式的增长，以免影响国民经济的健康发展。还需要进一步研究，如何提高居民收入，并合理分配收入，以利于消费热点的形成；如何开拓消费领域、消费市场，并正确引导购买力的投向，以利于合理调整产业结构、产品结构，优化资源配置，等等。

三、关于消费模式问题

研究消费模式，不仅有利于揭示消费过程的内在规律，促进消费合理化，而且有利于促进产业结构合理化，促进商品经济的合理运行，有利于加强两个文明建设。近年来，有些同志对这些问题也进行了一些探讨。

什么是我国目标消费模式的基本特征？有人认为主要是：第一，具有国家、企业和劳动者个人多层次的消费决策体系，企业和消费者个人有较大的决策权和自主权；第二，具有计划和市场相结合的调节体系，消费者将更多地依赖市场；第三，消费领域中各种经济利益的有机结合；第四，具有一套完整的相互配合的消费者组织；第五，消费领域中的经济形式、经营方式以及消费方式具有多样化。有人不同意这些意见，认为消费决策和消费决策体系、消费者组织、经济形式和经营方式，都不是消费模式本身的问题，甚至不是消费领域的问题，不能成为消费模式的基本特征。计划和市场相结合的调节体系、消费领域中各种经济利益的有机结合，是影响、甚至形成合理消费模式的条件，而不是消费模式本身的问题，当然也不能成为消费模式的基本特征。他们提出我国目标消费模式的基本特征是：第一，商品化、市场化的消费比重不断提高，逐步形成以商品化、市场化为主体的消费模式；第二，在居民的消费结构中，发展性、享受性消费的比重逐步提高，并逐步形成以追求发展性消费为导向的消费模式；第三，随着消费品（包括劳务）的日益丰富，逐步形成了消费选择性不断增强的自主型的消费模式；第四，由于消费差别的"倒U形"变化，逐步形成一种具有多元性和多样性而又稳定发展的消费模式；第五，随着商品经济的发展和社会主义精神文明建设的加强，逐步形成以提高生活质量为中心的、文明的、健康的、科学的消费模式。

如何划分我国社会主义初级阶段消费模式的类型和层次？有人以收入水平、生存资料、享受资料、发展资料在消费总额中的比重，吃、穿、用、住等在消费总额中的比重，耐用消费品的数量和质量，劳务消费在消费总额中的比重，消费质量等六个方面来分析、划分消费模式的宏观类型：简朴型消费模式；温饱型消费模式；小康型消费模式；比较富裕型消费模式。

如何建立合理的消费模式？有人提出，对高消费示范拉动型消费模式要加以调控治理，要继续调整收入分配格局，开辟多种消费和投资通道，拓宽社会交往结构，形成适当的消费层次和梯度，分散消费高峰，逐步建立起消费层次和梯度适宜、消费结构和方式合理科学的消费模式。有人提出，要建立我国合理的消费模式，要强调：第一，必须以科学社会主义价值观、消费观为指导；第二，要重视消费和消费模式在经济运行和社会发展中的作用；第三，必须打下合理消费模式的物质基础；第四，必须处理好消费领域各种关系，促进消费合理化；第五，提高消费者的消费能力，提高消费者本身的素质。还有人提出：建立合理的消费模式，必须健全消费模式的微观基础，要加强对消费者消费心理、消费行为的引导，要加强消费教育，提高消费主体的素质，使消费者成为“具有高度文明的人”。

消费模式的深入研究，必须和商品经济、市场经济的发展紧密结合起来。要把消费模式的形成和发展纳入市场经济运行轨道之中，要深入分析影响消费模式的各种因素，分析这些因素的发展变化及其对消费模式的影响；在市场经济条件下，合理消费模式的形成、发展及其内在规律性；如何实现合理的消费模式，以利于建立文明的、健康的、科学的社会主义生活方式。这些都需要根据社会主义市场经济的发展，在理论与实践的结合上进一步加以探讨。

一年来，除了讨论以上问题外，还有人提出：如何解放消费力，发展消费力，提出文化教育是第一消费力等新问题。

一年来，随着社会主义市场经济的发展，在消费经济研究方面有了新的进展。我们认为，今后的研究，除了应该继续研究市场经济条件下各种消费问题的新变化、新格局外，还应深入研究消费体制的改革，如何促进消费的商品化、市场化、世界化，不断提高消费层次和质量；如何促进人们消费观念的转变，改变传统的、产品经济的消费观念，树立商品经济、市场经济的消费观念，以促进社会主义市场经济的发展和人的全面发展。

经济迅速增长 问题不容忽视

——1992 年中国经济形势回顾与前瞻

郑家亨 邱晓华

1992 年，在年初邓小平视察南方重要谈话、三月中共中央政治局全体会议和中国共产党十四大精神指引下，中国的改革开放步伐明显加快，国民经济进入高速增长时期，宏观总体基本正常，形势很好。初步统计，全年国内生产总值 23938 亿元，按可比价格计算，比上年增长 12.8%。为中国经济在 90 年代再上新台阶创造了一个良好的开端，与全球多数国家和地区经济不景气的大环境形成鲜明对照。但在新旧体制转轨过程中，伴随经济的高速增长，也出现一些突出问题，存在局部偏热的现象，需要引起高度重视。

一、1992 年中国经济运行的基本态势

1992 年，在改革开放大潮推动下，中国经济进入了一个新的发展阶段，社会总供、需均快速增长。初步测算，全年社会总供给为 27427 亿元，比上年增长 18.9%；社会总需求为 29241 亿元，增长 21.9%；供求相抵，求大于供的差率为 6.6%，略大于 5%左右的合理水平。

全年经济发展的主要特点是：

（一）从供给方面看，第一产业发展相对平稳，第二产业高速增长，第三产业增长有所加快。

第一产业稳定增长。全年增加值为 5808 亿元，比上年增长 3.7%（总产值增长 6.4%）。种植业中主要农产品产量有增有减，林、牧、副、渔业稳定增长。全年粮食总产量达到 4427 亿公斤，比上年增产 1.7%（约增产 74 亿公斤）；棉花因受干旱和虫害的影响，产量为 451 万吨，减产 20.6%；油料总产量为 1641 万吨，增产 0.2%；糖、烟、麻、果、菜均有不同程度增产。猪牛羊肉产量为 2941 万吨，增产 8%；水产品产量为 1557 万吨，增产 15.2%。农业的连年丰收，使农产品供应比较充裕，居民“菜篮子”更加丰盛。有利于经济的稳定和社会的安定。

第二产业高速增长。全年增加值为 11508 亿元，比上年增长 20.5%，增速明显加快，第二产业增量占全部经济增量的 63.4%，在国民经济发展中起着主导作用。特别是工业生产伴随投资、出口需求的迅猛回升，呈现高速增长态势。全年工业增加值比上年增长 20.8%（乡以上工业总产值 14 年来增长最快的年份）。工业生产的基本特点是：（1）生产速度呈逐月上升态势。（2）发展的不平衡性更为明显：一是由于投资需求旺盛，使主要生产投资品的重工业的增长快于主要生产消费品的轻工业的增长；二是在高速发展中，地区差

异进一步扩大，沿海地区增幅明显高于内陆地区；三是由于市场调节作用增强，非国有工业超高速增长。(3)随着市场需求趋旺，工业品产销衔接渐趋好转，基本恢复正常水平，当年生产除了轻纺、家用机电产品有些积压外，在总量上没有出现新的积压，产销衔接较好。(4)企业经济效益扭转下降趋势，全年工业综合经济效益指数为89%左右，比上年提高5个多百分点。预算内国营工业企业实现利税增长18.7%，其中实现利润增长近五成。

第三产业逐季加快发展。一季度增长5.6%，二季度增长7.7%，三季度增长11.5%，全年增加值为6623亿元，比上年增长9.2%，增幅比上年加快3个多百分点。商业饮食业、邮电通信、金融保险、房地产、咨询服务等都有了较大的发展，但整体上第三产业仍滞后于整个经济的发展。

（二）从需求方面看，投资需求增长迅猛，消费需求平稳增长。

全年全社会固定资产投资总额为7837亿元，比上年增长42.3%，扣除价格因素，实际工作量增长20%左右。全年投资的主要特点是：(1)按投资的所有制和管理体制分，国有和集体所有制单位投资高速增长，个体投资增长相对平稳；地方项目投资增长高于中央项目投资，比重上升。(2)按投资的资金来源分，预算外投资增长明显快于预算内投资，贷款、各级自筹资金增加额占全部资金增加额的90%以上。(3)按投资结构分，更新改造投资增长快于基本建设投资；第三产业投资增长快于第一、第二产业投资；运输邮电、农田水利的投资比重有所提高，但能源、原材料投资比重下降。

国内零售市场商品销售呈平稳增长态势。全年社会商品零售总额达10994亿元，比上年增长16.8%，扣除价格因素增长10.8%。整体上消费品供大于求的格局未变，市场竞争渐趋强化。投资品市场由于投资的强力拉动，购销两旺。全国物资企业主要生产资料销售额达5891亿元，比上年增长39.5%，扣除价格因素，实际增长23%。

（三）对外经济空前活跃。

1992年，中国对外开放的范围、领域均明显扩大，全方位、大开放格局已初步形成，密切了中国同国际经济的联系。全年进出口总额达1656亿美元，比上年增长22.1%，相当于国内生产总值的39%左右，比上年提高3个百分点。其中出口总额850亿美元，比上年增长18.2%；进口总额806亿美元，增长26.4%。进出口相抵，扣除不收付外汇货物，全年出口大于进口127亿美元。边境贸易、易货贸易日趋活跃，外贸市场多元化取得新进展；进出口商品结构进一步优化，工业制成品出口所占比重达80%，进口商品中，钢材、铜材、铝材等国内紧缺原材料及机械与运输设备明显增加，有利于调节国内需求。

利用外资大幅度增长，投资项目规模有所扩大，外商直接投资势头较猛。全年新签利用外资项目超过4万项，协议金额694亿美元，均比上年增长2倍以上；实际利用外资192亿美元，增长66.2%。其中外商直接投资112.9亿美元，增长1.4倍。

非贸易外汇稳定增加。国际旅游业兴旺，全年来华旅游人数和旅游创汇收入分别达到3811.5万人次和39.5亿美元，比上年增长14.3%和38.7%，均创历史最好水平。

国际收支形势基本正常，年末国家现汇结存大体保持在200亿美元的水平。银行、企业和个人拥有的外汇明显增加。

（四）城乡居民收入增幅高于物价涨幅，生活水平继续提高。

全年职工工资总额达3939亿元，比上年增长18.5%；城镇居民人均年生活费收入1826元，比上年增长18.2%，扣除价格因素，实际增长8.8%。但收入分配不尽合理问题还比较突出，一些机关干部、生产经营难的企业职工收入水平提高不多，涨价后负担较重。农村居民全年人均纯收入达784元，比上年增长10.6%，扣除价格因素，实际增长5.9%，突破了前几年徘徊的局面，但增长不平衡，东、中、西部差异较大。初步测算，居民货币收入增量相当于经济增量的60%左右。年末城乡居民储蓄存款余额达11545亿元，比上年增长26.8%。收入的稳定增长，为城乡居民生活的进一步改善奠定了基础，全年居民实际消费水平比上年增长8.6%。增强了对改革的经济承受能力和心理承受能力，这也是社会安定、人心安定的一个非常重要的因素。居民金融投资意识增强，购买的债券、股票等有价证券明显增加，非商品支出领域进一步扩大，消费结构开始朝多层次、多样化方向演变。

（五）财政收支均超过预算。

1992年，国内财政收入4189亿元，比上年增长16%；财政支出4426亿元，增长16.1%。收支相抵，支大于收237亿元，比上年扩大35亿元。全年收支均超过年度预算，赤字超过预算29亿元。从收入角度来看，16%的增长速度不低，但相对经济的增长仍不尽理想，财政支出还有控制不严的现象。

1992年经济的高速运行，主要是以下因素共同推动的结果：一是邓小平视察南方重要谈话使全国上下思想大解放，各方面积极性较高；二是改革在多方位深化，对外开放明显扩大，进一步解放了生产力；三是治理整顿所积累的能量进一步释放，经济周期性规律发挥作用；四是投资高速增长的拉动；五是经济较发达地区的带动，国内生产总值增幅超过全国平均水平的12个地区中，有9个是沿海地区，而内陆地区大多数在10%以下。

二、经济发展中存在的主要问题

总的看来，1992年是中国国民经济由全面回升转入高速增长的一年，是改革开放和经济建设取得明显成效的一年，发展势头是积极的，但也出现了一些问题，需要引起高度重视。

（一）基础产业、基础设施的约束加剧。

1992年，随着工业生产和投资需求的快速增长，主要原材料、电力供应趋紧，特别是运力不足的矛盾更加突出。铁路车皮满足率由上年的77%下降到65%，关键路段的比率更低；旅客运输严重超员。港口压船现象加剧，作业船与等待船之比由上年的1：0.8上升到1：1.25。

（二）固定资产投资在建规模偏大，投资结构不尽合理，投资效益不高。

随着治理整顿的结束，形成了新一轮投资高潮。全年全国新开工5万元以上的基本建设和更新改造项目达8.9万个，比上年增加1.4万个；全年全社会在建总规模为27900亿元，比上年增长48%，超出正常规模12%左右。从投向上来看，加工工业项目仍偏多，仅百万元以上项目中，新开工加工工业项目即占第二产业项目的六成，棉纺、毛纺、卷烟等仍在上新项目；开发区热、房地产热的发展，一些地方出现了重复、盲目建设的现象，投资的回收率低。这不仅存在潜在高投入、低产出的风险，而且不利于缩短建设周期，改善投资结构，提高投资效益。

（三）贷款和货币投放规模过大。

贷款和货币均呈较大投放势头。全年银行贷款增加额为3547亿元，货币投放1158亿元；年末贷款余额和市场货币流通量分别比上年末增长19.6%和36.4%。这虽有改革深化、对外开放扩大和经济快速发展，经济的商品化、货币化程度进一步加大等合理因素，但也有不合理因素，主要是货币供应超经济现象较为突出。据测算，全年狭义货币供应量M1（即现金加活期存款）的增幅在35%左右，远高于经济增长、价格上涨和货币流通速度减慢等正常因素，致使潜在的通货膨胀压力进一步增强。

（四）城市市场物价和国内生产资料价格涨幅较大。

1992年，市场物价涨幅有所提高。从全社会看，由于农村市场物价变动相对平稳，消费品供大于求的格局未变，城乡居民收入的增加，使得物价总水平涨幅尚处在可承受范围，全年居民生活费用价格比上年上涨6.4%，零售物价总水平上涨5.4%。城镇物价涨幅较高，全年城镇居民生活费用价格比上年上涨8.6%，其中35个大中城市上涨10.9%。特别是基本生活必需品价格涨幅较大，影响一部分低收入居民的生活。当年零售商品和居民生活费用价格上涨主要是由价格改革结构性调整所致，约占80%左右。从积极方面看，这有利于理顺价格体系，使价格形成建立在市场供需关系和价值规律的基础上。

但是，从发展趋势看，激发通货膨胀的因素都在逐步积累。如需求拉动由于货币供应量的超经济增长将逐步显示出其强劲态势；成本推动力将逐步增强，生产资料类价格明显上扬，作为中间投入品的原材料、燃料、动力购进价格涨幅下半年超过了10%，使工业品成本提高，全年工业品出厂价格上涨6.8%，表明成本推动力开始有所释放。

（五）农业基础还比较脆弱。

当年农业取得较好收成，农副产品供应较充裕，但潜在问题也不容忽视。部分农产品市场价格下降，而生产成本却不断上升，各种负担较重，使农业的经济效益下降，影响农民的积极性；农业的结构性供求矛盾加剧，农副产品收购资金缺口大，"卖难"问题突出；大搞开发区、搞基建的热潮，耕地面积减少的速度过快；不少地方领导的精力主要集中在投资和工业生产上，对农业有所忽视。

（六）总体经济效益水平还不高。

1992年工业企业经济效益已扭转了前几年持续滑坡的局面，但这主要是"速度型"效益。当年工业综合效益指数提高幅度中，有一半以上是因高速度而得。全年总体效益水平仍低于"七五"期间平均水平。年末国有企业亏损面仍占24.5%，全年亏损企业亏损额还高达289亿元。影响效益低下的因素主要有：价格体系尚未理顺，政策性亏损影响较大，目前煤炭、石油、烟草、军工等行业的亏损额占预算内亏损企业亏损额的9成以上；结构调整缓慢，不合理状况仍很突出，影响资源配置效益的提高；经济增长模式仍以粗放型为主，科技进步作用还比较小。

上述问题是前进中的问题，但关系国民经济全局，需要引起高度重视。从浅层次看，这些问题是经济高速增长所伴生，但从深层次看，反映了现行经济体制和机制还不尽合理，法制与管理落后，深化改革的任务还很繁重。

三、1993年中国经济发展趋势与宏观调控对策

展望新的一年，中国经济发展既有许多有利因素，也有一些不利因素。

从有利因素看：邓小平视察南方重要谈话和中国共产党十四大精神仍将更大地促进全国改革开放向广度和深度发展，经济活力将进一步增强。1992年经济增长较快，特别是农业丰收，轻工业稳定增长，消费品供大于求的格局未变，加上国际收支形势基本正常，能源、原材料供应虽然趋紧，但仍可支撑，为1993年的经济发展提供了较好的物质条件。1992年社会需求特别是投资需求增长快的滞后作用较大，消费需求也稳定回升，对1993年经济的拉动作用增强。此外，从经济发展的周期规律看，1993年仍处在一个较快发展时期。

从不利因素看："瓶颈"的制约作用将进一步加剧，特别是交通运输趋紧的制约将进一步明显，经济运行环境将趋紧。1992年的高速度是在前几年速度较低的背景下实现的，挖掘了过去积累的生产潜力和库存资源，而这一因素在1993年将减弱。1992年求大于供的差率稍超合理界限，市场物价涨势增强，将对1993年形成较大压力。经济体制尚处在新旧转轨时期，微观经济机制与宏观调控体制都还存在不尽合理的一面，市场发育还不完善，有效地约束机制尚未形成。此外，目前世界政治经济格局变动中的一些不确定因素，还难以把握。

综合考虑经济运行中的有利与不利因素，预测1993年中国国民经济的发展态势，概括说来是，社会总供求关系可能略紧于1992年，经济增长速度可能接近或略超过1992年水平。全社会固定资产投资需求仍然相当旺盛，增幅可能进一步加快。市场销售将稳定增长，全年社会商品零售总额的增幅可能略高于1992年。物价涨幅也可能明显高于1992年。金融压力仍很大，特别是银行新增贷款与货币投放可能增幅明显高于1992年。进出口将稳定增长，出口增幅可能低于1992年。城乡居民收入继续保持增长的势头。

上述预测结果表明，1993年整个国民经济仍将是高速增长的年份。有鉴于此，1993年宏观决策应选择微调方案，宏观调控的主要目标是防止经济过热。

宏观调控主要任务是保持社会总供求的基本平衡。控制固定资产投资规模，守住信贷总闸门，严格控制货币供应量，防止物价涨幅过高。

具体调控措施，主要是深化改革、加强法制、控制总量、调整结构、扩大开放。

（一）以改革为主线，加速建立以市场为基础配置资源的社会主义新经济体制和运行机制。

要围绕转换企业经营机制、使企业逐步成为自主经营、自负盈亏的市场主体、投资主体和经营主体这个中心，积极推进各项配套改革。(1)要把企业各项经营管理自主权真正落到实处，防止变相和层层截留。要建立、健全有效的外部监督机制，杜绝外部对企业的随意侵扰。(2)抓好计划、金融、投资、财政等宏观调控体系的综合配套改革，特别是要加速金融体制的深化改革，按市场经济要求构造好中央银行、政策性银行、商业银行、形成中央银行集中统一调控下的、符合社会主义市场经济要求的现代金融体系，增强货币运用的风险意识和效益观念，减少盲目性和浪费。(3)培育市场，加快建立和完善市场体系，消除各种形式的市场封锁和市场割据。(4)推进社会保障制度改革，重点是围绕住房、医疗、教育、就业等的改革，大力发展第三产业，加快建立社会福利和风险保障系统，解除职工的后顾之忧。与此同时，要加强对国有资产的管理，认真搞好资产所有权的界定，防止各种"跑、冒、滴、漏"现象对中有资产的侵蚀。

（二）按照发展社会主义市场经济要求，大力加强各项经济法制建设，依法治经济。

要大胆吸收国际成功经验，抓紧制定公司法、市场法、产权法、银行法等市场经济急需的法律法规。与此同时，要严肃执法，使经济活动尽快纳入法制轨道，以减少管理上的漏洞。

（三）控制总量，这是防止经济过热的关键。

根据历史规律和现阶段一些新的因素，综合考虑改革、发展、稳定的需要，建议按以下数量界限来调控1993年的国民经济运行：

——社会总供求的负差率控制在5%左右。

——国内生产总值增长速度控制在10%左右。

——固定资产投资规模控制在9000亿元以内，在建总规模控制在当年完成投资额的3倍以内；

——市场物价涨幅控制在7%以内。

——信贷政策必须适当从紧。贷款增加额控制在4000亿元左右；货币投放量控制在1000亿元左右。

（四）调整结构，这是保持合理配置资源的重要环节。

增量结构调整，要采取得力措施，加大对短线的投入，强化结构调整。当前，一方面要通过改进国家投入方式，搞好投资方向的宏观调控。另一方面，要适应市场经济发展的需要，更多地运用经济杠杆，充分发挥差别利率、投资方向税等在结构调整中的作用，合理引导社会资金向基础产业流动。结合深化改革，多用贴息、参股等诱导性投资方式，增大财政投资对产业结构的调控力度。这在目前市场体系不健全的情况下，有利于弥补间接调控的不足，矫正失衡的结构。与此同时，要加快投资管理体制的改革步伐，强化银行作用，实行谁投资、谁受益、谁担风险、"责权利"相结合的原则，规范各投资主体的投资行为，硬化投资约束机制，解决低水平上的重复建设和"长线"产业的盲目扩张问题。

存量结构调整，要通过改革产品经济的行政管理体制，打破部门、行业、地区的界限；对扭亏无望的企业不惜破产，提倡兼并，保证存量资源的合理配置。

（五）大力加强农业，促进农业的高产优质高效增长。

中国经济是典型的二元经济结构，农村经济特别是农业生产的好坏直接影响到国民经济全局。要采取有效措施解决一些地区忽视农业生产的倾向。稳住农业生产关键是保护农民利益，调动农民生产积极性。一是进一步完善各项农业生产的政策措施，加快高产、高效、优质农业的进展，为农业的稳定发展创造良好环境；二是要引导资金投入，尽量调动各种资源支持农业增长；三是加速农业市场改革的进程，既要发挥市场对农业生产的调节作用，又要采取保护政策，缩小工农产品价格剪刀差，防止“谷贱伤农”，并加强信息导向，以增加农民收入，同时切实减轻农民负担；四是大力发展创汇农业，积极参与农产品的国际循环，并加强农产品转化，以缓解卖难矛盾。

（六）积极参与国际市场竞争，调节国内供需。

一是适应恢复我国关贸总协定缔约国地位的需要，抓紧做好各项涉外经济法规建设，增强调控的主动性。二是大力提高产品质量，改进售后服务，保持出口的稳定增长。三是注意优化进口结构，避免消费品“洋货”过多涌入国门。四是改善投资环境，大力吸收国外直接投资。

任务更繁重，地位也更重要了

于　光　远

十一届三中全会前的二十多年中，中国的历史已经发展到了应该以经济建设为重点的阶段，但是主观指导思想却强调以阶级斗争为纲，这就使得我国经济长期处在停滞之中。在这个时期，中国的经济学家的地位是很低的。

1979年以来，情况就大不一样了。而在1992年2月邓小平南巡发表了那些重要谈话和1992年党的十四大召开之后，又有了新的发展。中国经济学家要完成的任务更加繁重了。不论在市场经济与计划经济并存、整个社会主义国民经济处于向社会主义市场经济过渡的现阶段，或者在将来建立起以社会主义市场经济为主体的社会主义国民经济新阶段，会有比以前多许多、也复杂得多的问题需要中国经济学家们去研究，会有在各项社会主义事业中需要运用的各式各样的经济手段要经济学家们很好地去掌握，并且向社会进行广泛的传播。当前是中国历史上经济学家地位最高的时期，而且他们的地位还会随着时间的前进继续提高。

当前中国经济学家的任务是多方面的。探讨人类历史上社会主义经济发展的规律，发展政治经济学社会主义部分，研究我国社会主义经济发展指导思想的理论基础，是一个方面。从事理论经济学研究的经济学家不需要也不会很多，但是他们的工作应该得到充分的重视和有力的支持。需要经济学家们去做的是大量的应用研究。关于改革、经营和组织建设，关于在国民经济各个领域中如何把我们的事业向前推进的战略、政策、措施和运作之道，需要90%以上的经济学家在理论经济学的指导下去进行。理论探讨与应用研究的两分法是概括经济学家任务的角度之一。

我们还把中国经济学家的任务作这样的划分：经济学家们应该从事切实的研究来取得有比较高的质量、比较高的水平的科学成果。这是经济学家立足之本。同时经济学家也应该通过各种媒介，包括报刊、书籍、广播、电视、课堂教育、学术论坛等，把在研究中所获得的科学成果在社会上进行传播。在当前我国，不论是直接从事经济工作的生产者、经营者，或者在社会经济生活中起着重要作用的官员，以及各式各样的社会活动分子等都需要懂得关于经济的规律性，都需要了解有关经济的有益的经验，都需要掌握各种有用的经济知识，此其二。我把向政府和企业提供咨询和信息，也归入这一类。当然也有一些经济学家自已去进行操作，在操作中研究。这个研究、发表意见和操作的三分法是概括经济学家任务的另一个角度。

我想人们可以从各种不同的角度来对中国经济学家肩负的繁重任务进行概括。在这里我只是把我现在正想到的写了出来。我认为随便什么人都不可能把经济学家的任务说得完全。但是有一条是不能忘记的，那便是经济学家也要学习，也要自我教育。特别是学习理论、学习方法——严格的科学方法。

这么繁重的任务，需要一个比较大的经济学家的队伍，这一点是肯定的。当然经济学家的素质也必须注意提高，我不提倡人海战术。

1992年4月22日

经济科学研究观点简介

第一部分 清除“左”的干扰，深化改革开放

邓小平同志南巡讲话传达之后，理论界对凡事都要问一个姓“资”姓“社”以及中国要警惕右，但主要是防“左”的问题，议论较多，发表了不少见解。现摘要如下：

一、不能凡事都要问一个姓“资”姓“社”

于光远说，凡事都要问一个姓“资”姓“社”，免得迷失方向，其目的是用大帽子来吓唬人。用“走资本主义道路”、“搞资本主义”这样的大帽子吓唬人，整人的事情由来已久。十一届三中全会之后，改革开放中出现的新事物屡见不鲜。在农村中实行家庭联产承包制，建立经济特区，海南搞洋埔开发区，乃至发展社会主义市场经济，都受到这种指责。现在提出的姓“资”姓“社”问题只是在使用的名词上与过去不一样，但实质是一样的。……有了三个“有利于”这样明确的标准，就可以防止那些站在“左”的立场上的人，对姓“资”姓“社”作任意的解释，防止他们用姓“资”的帽子任意戴在他们看不惯的东西的头上。……姓“资”姓“社”问题，根本不是学术讨论中提出的问题，姓什么也根本不是科学概念，不能成为科学研究、科学讨论的对象。从学术的角度来看姓“资”姓“社”问题没有什么研究价值。（于光远：《姓“资”姓“社”和事物的资本主义和社会主义属性》，《跨世纪的选择》上海人民出版社，1992 年 12 月版）

晓亮指出：不讲道理，拿大帽子吓人，确实是一种“左”的表现。就拿姓“社”姓“资”的问题来说吧。社会主义和资本主义是两种不同的生产关系和社会制度，但不是所有的社会现象都可以用这两个概念所能概括了的。“我们在改革中，应该采用适合现代化大生产和商品经济的措施、形式、方式，而不应用姓‘社’姓‘资’的抽象议论来束缚我们的手脚。”可是，在去年《解放日报》皇甫平文章后，有人在这个问题上大作文章。对一些完全属于学术观点的问题，有人一再宣扬学术问题和政治问题分不开，学术问题就是政治问题。甚至把“文化大革命”中的语言都抬出来训斥人。近些年来思想战线上的一个怪现象，就是否定以往改革，说 1985—1988 这一时期的改革方向“被西方某些经济理论所误导”了。因而本来已经前进了的认识，早已肯定了的东西，在特定的气候下，又大面积的回潮了。（晓亮：《加快改革必须注意反“左”》，《改革》1992 年第 5 期）

方生认为：当前姓“社”姓“资”之争的焦点，主要不是表现为，如何正确认识改革开放中的一些新事物，而是表现为对改革开放所持的态度；主要不是表现为，真的要讨论什么社会主义和资本主义这样一个极为严肃的问题，而是有人口头上说是要讨论姓“社”姓“资”，实际上是疑虑、不满，甚至是反对改革开放。这才是姓“社”姓“资”问题的实质所在。姓“社”、姓“资”问题在中国的出现，从政治倾向上看，说到底是“左”的产物。（方生：《关于姓“社”姓“资”问题》，《跨世纪的选择》上海人民出版社，1992 年 12 月版）

林凌认为，改革开放中的姓“资”姓“社”问题，是一个一直困扰我们的思想，束缚我们的手脚，制约我们加快改革开放步伐的要害问题。一段时间里，有的同志对任何事物，任何一项改革都要先问姓什么，并且，不是用是否有利于发展社会主义社会生产力，是否有利于增加社会主义国家的综合国力，是否有利于提高人民的生活水平为判断标准，而是脱离实际地用他们头脑中固有的“左”的观念去断定姓“资”姓“社”，把本来属于“中性”的规律、方式、方法和概念，不作任何深入的分析，简单地归结为非“社”即“资”，或非“资”即“社”，使得一些思想、理论、实践都受到束缚，走上误区。在这

一点上需要进行一次 思想理论上的拨乱反正。(林凌等:《论改革开放中的姓“资”姓“社”问题》,《改革》1992年第4期)

董辅礽认为,所谓社会制度定性标准就是对改革首先要问姓“社”还是姓“资”,如果姓“资”,即使能促进生产力的发展也不可行。就姓“社”姓“资”来说,改革有两类,一类改革没有姓“社”姓“资”的问题,如果给它们加上姓“社”姓“资”的社会制度属性的标志,并认定其姓“资”,那么,按照这种标准,这种改革即使能够促进生产力的发展,也不可取。如计划和市场问题,原本都是调节资金配置的方式、手段、没有社会制度属性,非要把计划说成是社会主义的,市场是资本主义的,我们就无从建立有计划的商品经济体制。如引入外资、办三资企业是有社会制度属性的,但这些都促进了生产力的发展,增强了我国的经济实力,提高了人民的生活水平,虽然这些改革姓“资”,也是可取的。在改革中大部分改革不具有社会制度属性。所以邓小平同志不同意争论姓“社”姓“资”是很有道理的。(董辅礽:《谈改革开放中的争论》,《改革》1992年第3期)

二、用市场经济取代计划经济不是搞资本主义

关于社会主义应该是计划经济还是市场经济问题,**吴敬琏**说,从1990年7月的一次会议上,经济学家就这个问题进行正式交锋之后,我国经济学界分的“计划”学派和“市场”学派的说法不胫而走。当时,把我叫做“吴市场”是含有深刻贬义的。对一些人来说,“市场取向的改革”或者“市场化”乃是“资产阶级自由化”的同义语,显然属于异端邪说。但是,我经过反复思考,仍然不准备改变初衷,因为要实现中国的腾飞,除了坚持改革开放,迅速建立市场经济之外,实在没有别的出路。(吴敬琏:《计划经济还是市场经济》前言,中国经济出版社)

张卓元针对《市场取向论“质”疑》一文的观点说,“反对市场取向改革的要害是否认传统体制排斥商品货币关系、排斥市场机制,否认高度集中的以指令性计划为基本标志的计划经济体制把经济搞死了窒息了生机和活力。生怕他们心目中的计划经济被否定。”我们认为,由于传统体制排斥市场和市场机制,束缚了生产力的发展,因此,改革就是要发挥市场机制的作用,扩大市场调节的范围和比重,借助市场的力量使国民经济活跃起来,解放生产力,发展生产力。同时,为把整个国民经济搞活,保证国民经济稳定、协调和高效发展,社会主义国家市场取向改革需要同计划指导和宏观控制相结合。总之,市场取向改革要求对传统的计划体制和计划工作进行一场真正的革命。随着中国经济体制改革的完成形态——社会主义市场经济论的提出,使我国经济体制改革的目标最后明确和清晰了。只有肯定社会主义经济也是一种市场经济,才能使我国经济彻底摆脱封闭状态,全方位对外开放,参与国际竞争。(张卓元:《中国经济改革理论三部曲:商品经济论、市场取向论、市场经济论》,《跨世纪的选择》,上海人民出版社1992年12日版)

晓亮认为,市场经济问题的争论,实质上是坚持改革旧体制与维护旧体制之争。市场经济就是以市场为导向的经济,或者说,是以市场为主来配置资源的经济。这种经济本身并无“资”与“社”的属性问题。它以公有制为基础,在社会主义条件下进行,就是社会主义市场经济,与私有制为基础的资本主义相结合,就是资本主义市场经济。市场经济与社会主义市场经济是一般与特殊的关系。我们既然是搞社会主义市场经济,市场经济的一般做法都是可以大胆采用的。不能认为采用市场经济的一般做法就是搞资本主义。如果我们的改革不以市场经济为目标,那就只能是对旧体制的修修补补了。(晓亮:《市场经济:改革的最佳选择》。《跨世纪的选择》,上海人民出版社1992年12月版)

吴敬琏谈到有些人在文章中提出“市场经济,就是取消公有制,这就是说,要否定共产党的领导,否定社会主义制度,搞资本主义”,以及“社会主义经济只能是计划经济”等这些貌似革命的说法时。指出:用市场经济取代计划经济,这就是社会主义国家进行改革的实质所在。反对把市场经济确立为我国改革的目标的同志提出一些疑议:主要是:(1)“计划经济等于社会主义,市场经济等于资本主义”是公认的定则;(2)实行“市场经济”意味着这种经济受市场盲目力量的支配,导致“生产无政府状态”;(3)价值规律的作用会引起贫富两极分化。以上种种论断都是不正确的,已为实践所否定或修正。(1)“市场经济等于资本主义,计划经济等于社会主义”只是“教条的社会主义者”和“教条的反社会主义者”所共有的偏见。社会主义市场经济同资本主义市场经济的区别只在于所有制基础不同。(2)计划配置资源并不能保证经济无危机地发展,相反,在完善市场的基础上,辅之以计划指导,是可以减少经济波动,避免严重危机的。(3)价值规律的作用会使资源秉赋不同的人贫富不均,但只要做到:注意初始分配平等;一方面采取累进所得税、高额遗产税等税收措施,另一方面采取对低收入阶层的福利措施,两极分化是可以防止的。(吴敬琏:《社会主义市场经济的历史沿革和现实意义》,《著名学者论社会主义市场经济》人民出版社1992年9月版)

薛暮桥认为,在1989年形势下,有的同志起来反对改革的市场取向,反对建立社会主义市场经济。他们

把1985年以后宏观管理失控归罪于市场取向的改革；并且认为市场经济只能建立在资本主义私有制基础上，同社会主义公有制是不相容的；认为："把改革的目标定位在'市场取向'上、把'市场经济'作为我们社会主义社会的目标模式"，就是搞资产阶级自由化，是要改变我国经济制度的性质。这种看法是很错误的。1985—1988年通货膨胀和经济比例失调，是急于求成追求超高速，在改革过程中忽视以经济办法加强宏观调控的结果。根本不应当借口经济波折来反对经济体制改革的正确方向。至于说市场经济只能建立在私有制基础上，这种观点一方面来自不正确的陈旧观念，另一方面又是从西方经济学著作中搬过来的。当社会化大生产发展起来、商品经济覆盖全社会时，市场机制就必然承担起合理配置社会资源的职能。所以在社会化大生产条件下的商品经济，也就是市场经济。既然中国经济体制改革的实质，是用以市场机制为基础的资源配置方式取代的行政命令为主的资源配置方式，那么，社会主义经济也可以叫做市场经济。（薛暮桥：《关于社会主义市场经济问题》，《著名学者论社会主义市场经济》，人民出版社1992年9月版）

董辅礽说，在我国一再批判"市场经济"，并一再提出计划姓"社"，市场姓"资"的各种论断，这种错误在于赋于指令性计划以姓"社"的社会制度属性，认为指令性计划经济是社会主义经济的本质特征，社会主义经济必须实行指令性计划，取消指令性计划就是否定社会主义经济，并使其蜕变为资本主义经济。作为指令性计划的对立物的市场也有社会制度属性，即姓"资"，如果用市场取代指令性计划来配置资源，就会使社会主义经济蜕变为资本主义经济。邓小平同志南巡讲话后，人们懂得了计划和市场是配置资源的不同手段或方式，其本身没有社会制度属性。但至今仍有一些问题未解决，如果劳动力、土地、矿产和国有企业资产等这些要素、资源不是商品，市场如何运作？如何能起到优化资源配置的作用？这样，哪里还有什么市场经济？可见，在一些人头脑里，市场不姓"社"也不姓"资"的问题，还没有真正解决。（董辅礽：《论市场和社会主义市场经济》，《著名学者论社会主义市场经济》人民出版社1992年9月版）

冒天启认为，在理论界，对"社会主义市场经济"始终还有另外一种看法，认为：社会主义和市场经济是对立的。对此看法的诸多观点不能一概而论。一部分观点属于正常的学术研究，我们从其议论中看出了建立政府宏观调控的重要性。市场的确不是万能的，在市场经济的运行过程中，它不能自然而然地去保持社会总供给和总需求的平衡，不能对重大原产业结构进行调整，也不能体现公平的竞争等等，它必须有政府的宏观调控。所以社会主义市场经济，实际上就是一种可调控的现代市场经济。当今世界上，还没有那个国家在实行完全自由的市场经济。但还有一部分观点，则属于"用大帽子来吓唬人"，大都属于政治断言，而不对客观经济事实的分析。"资产阶级自由化"，这是一个具有严格政治含义的概念，但他们以此乱扣帽子，乱打棍子，把"可调控的市场经济"竟然当作资产阶级自由化来批判，好像越"左"越革命。社会主义和市场经济是对立的调子已唱了半个多世纪，但在中国改革的实践中都把它统一起来，无疑，这是社会主义经济学中的一次重大变革。（冒天启：《经济改革理论的新进展：社会主义市场经济》，《社会主义市场经济的理论与实践》，中国财政经济出版社，1992年11月版）

何伟认为，有人说市场经济是资本主义性质的。其根据，一是斯大林讲过计划经济规律要代替资本主义的竞争和生产无政府状态的规律。二是资产阶级学者认为市场经济是在生产资料私有制下的一种经济制度。其实，这是一种不科学的传统看法。市场是商品经济的载体，是商品交换关系实现的一种形式，二者是不能分离的，从某种意义上讲，二者是一回事情。市场经济和计划经济是资源配置的一种手段，不是区分社会制度的标志。（何伟：《论区分姓"资"姓"社"的标准及其意义》，《跨世纪的选择》上海人民出版社，1992年12月版）

三、股份制可以成为公有制的实现形式

吴敬琏针对有的经济学家提出，只有全社会共同占有，才能叫做公有，那怕公有法人持股为主的股份公司，也应看作私有制企业的观点，而明确地说：股份有限公司这种组织形式，使公司法人按照追求收益最大化的行为规则运转，而与出资人（持股者）的本身的身份和性质无关。把这种组织形式移到社会公共占有的所有制基础上来，就可以创造出公有制的新的实现形式。他还说：部分劳动者的公共占有，也是公有制的一种形式，在这种情况下，对公有制的多样性和它的实现形式显然已有较多的选择。以公有法人持股为主的股份有限公司属于公有制企业，应是确定无疑的。（吴敬琏：《计划经济还是市场经济》，中国经济出版社）

董辅礽认为，多种公私混合所有制经济、非国有制的各种公有制经济（例如真正意义的合作所有制、集体所有制经济），也不同程度地是与市场兼容的。股份制经济本是市场经济发展的产物，多种类型的股份制经济（包括公有法人股为主的股份制经济）自然也是与市场兼容的。因此，发展包括多种公有制形式在内的多种所有制结构，正是发展社会主义市场经济的条件和客

观要求。(董辅礽:《论市场和社会主义市场经济》,《著名学者论社会主义市场经济》,人民出版社1992年9月版)

赵履宽认为,股份制是一种企业组织形式,它本身不存在姓"社"姓"资"问题,它既可以成为私有制企业的组织形式,也可以成为公有制企业的组织形式,还可以成为几种所有制交织的混合企业的组织形式。所以,推行股份制,不会削弱公有制的主导地位。从管理学的角度看,与其他的企业组织形式相比,股份制意味着制度和组织的创新,它对社会经济的发展,起着巨大的作用。(赵履宽:《关于中国经济体制改革的系统思考》,《改革》1992年第3期)

高尚全指出,有人认为,股份制是资本主义的,是同私有化相联系的,是"私有化潜行"。其实,股份制是企业资产的一种组织管理形式,这种形式虽然产生于资本主义,它可以为资本主义服务,社会主义也可拿来为社会主义服务,因为它是中性的,它既不姓"资"又不姓"社"。(高尚全:《尽快建立社会主义市场经济新体制》,《著名学者论社会主义市场经济》,人民出版社1992年9月版)

苏车斌说,有人认为股份制经济的发展将导致中国经济的私有化。这是完全没有道理的。第一,高度分散股权的股份制实际上是一种共产制;第二,在董事会里恰恰有了国有资产的具体代表,他们行使职权的原则就是国有资产的增值;第三,国有资产的实力并不在于直接占有多少财产,而在于间接控制多少财产。(苏车斌:《中国市场经济存在的根据和体系内容》,《著名经济学家论社会主义市场经济》,黑龙江教育出版社1992年10月版)

四、正确看待非公有制经济发展问题

晓亮在一篇文章中说:一些惯于搞"左"的一套的同志提出,每办一件事情都要先问姓"社"还是姓"资"。对资本主义、私营经济,总是当作异己的力量看待,力求限制在一个很小的范围之内。近些年来。他们趁批判资产阶级自由化之机,讲了不少过头的、不负责任的话,使私营经济的当事人产生了种种顾虑,对私营经济的发展造成了不利的影响。如有人把发展私营经济同私有化联系起来了,有人认为社会分配不公的表现,主要是私营企业主、个体户嫌了大钱;有人在论证私营经济两重性时,只讲私营经济的消极作用;有人提出由于私营经济的发展,中国已出现了一个资产阶级;还有人认为,私营经济的发展已经威胁到公有经济的存在了;等等。从性质上讲,私营经济是资本主义经济,但我国经济还很落后,对我们整个国家和民族来说,私营经济不是多了,而且还很不够。在我国社会主义条件下,它可以发挥积极有益的作用。我国改革开放以来经济所以搞活了,很大程度上归因于多种经济成分的发展。要保证国有制的主导地位的话,应深化改革,增强其活力,开展平等的竞争,而不是通过限制其他经济成份的发展来保持国有经济的地位。那样必然导致对生产力的破环。(晓亮:《清除"左"的干扰,促进私营经济健康发展》,《中国工商管理研究》1992年第2期)

冯兰瑞针对一些人认为,私营经济就是资本主义,私营企业主就是资产阶级分子的观点而指出,我国社会主义社会中的私营经济与资本主义社会中的私营经济相比,具有不同的特点,两者在性质和作用上具有重大区别。我国私营经济属于社会主义的国家资本主义。有的论者不去对我国私营经济作实事求是的调查研究,不对它的性质和作用作科学的具体的分析,而是从抽象的概括出发,滥用阶级分析方法,简单地扣上剥削阶级、资产阶级的帽子。这只不过是"左"倾武断的一种表现。(冯兰瑞:《论多元经济结构下一部分人先富起来》,《跨世纪的选择》,上海人民出版社1992年12月版)

徐雪寒认为,有的同志针对这几年非国有经济的发展和国营企业经营不力而在比重中出现百分点下降的情况,得出了公有制的主体地位有丧失危险的结论,并进而从政治上判断这是一种经济领域内潜在的"和平演变"。这在实践上是非常有害的,会动摇发展多种经济成分的国策,影响对外开放,在理论上又回到"一大二公"的老路上去。实际上,既然调整所有制结构,就必然存在此消彼长的情况,国有经济比重虽下降,但其绝对值仍增加很快,同时,集体所有制也是公有制的一个重要组成部分。何况,保持公有制主体地位的关键问题,是如何使国有企业特别是大中型企业增强活力。(徐雪寒:《坚持以经济建设为中心 努力研究商品经济理论》,《改革》1992年第3期)

五、反"左"是为了推进改革开放

吴敬琏认为,来自"左"的干扰,主要表现为固守已经被实践证明为过时的教条,反对马克思主义的理论创新,反对对传统的僵化体制实行根本性的变革。他说:"马克思的整个世界观不是教义,而是方法"。马克思主义的根本方法,就是实事求是,在改革开放的实践中发展起来的社会主义新观念,新认识,有人不理解,有所保留或持反对意见,都是正常的,应允许不同意见的自由讨论。而不能采取简单粗暴的办法解决。问题在于,有些人拿大帽子压人,压制不同意见,强制推行同党的改革开放路线相对立的理论观点和政策主张。十一届三中全会以来,这种抵制、反对改革开放的回潮已经发生了多次,而每一次回潮,都在一定程度上造成改

革开放在某些领域的停顿乃至倒退。(吴敬琏:《在新的改革大潮面前的思考》,引自《计划经济还是市场经济》一书117页)

袁红冰认为,改革开放是强国之路,左倾思想对改革开放的否定,就是对共产主义理想的否定;改革开放是发展生产力的唯一途径,左倾思潮对改革的攻击和旧体制的怀恋,是以"生产关系决定论"为基础的。以人民公社和僵死的计划经济为背景的大跃进行造成的惨痛的经济后果,就是历史事实的证明。左倾思潮把当前存在的腐败现象归罪于改革开放,实则它才是腐败的直接的现实性根源。当前左倾思潮的一个特点是形式主义的表演,另一个特点便是思想的僵死和教条主义。(袁红冰:《让历史不再悲泣》,《历史的潮流》,中国人民大学出版社1992年4月版)

刘祥之认为,"左"把马克思主义宗教化,而且把实践产生的新知都视为异端;不仅自己思想禁锢,也不允许别人探索。教条主义僵化在实际工作中必然实行脱离实际的政策。由于教条主义僵化总是以"革命"的面目出现,言必引马克思主义词句,一时不易识别;即使有所察觉,一时还难以批评制止。所以,"左"的错误总是时间长,损失惨重,往往后遗症大。可见"左"的教条主义僵化确实可以葬送社会主义,在这一点上与与右的资产阶级自由化没有任何区别。改革每前进一步,"左"都顽强的表现自己,从教条主义僵化的方面反对党的基本路线,干扰中国特色的社会主义建设,成为一个主要阻力,是当前改革中的主要矛盾。(刘祥之:《论"左"说右》,《解放日报》1992年7月29日)

方生认为,正如邓小平同志所指出,把改革开放说成是引进和发展资本主义,认为和平演变的主要危险来自经济领域,这些就是"左"。"左"对中国革命和建设事业的危害,人所共知,但长期以来,人们对此总是认识不足。究其原因,一个值得注意的问题是,一方面人们容易被"左"的革命色彩所蒙蔽,另一方面,那些始作俑者,往往自以为坚持"左"就是坚持马克思主义,并以此自鸣得意,不思改过,继续害人。(方生:《关于"姓社""姓资"问题》,《跨世纪的选择》,上海人民出版社1992年12月版)

王珏认为,"左"的东西就概念而言,在现实中也有它的特定含义。它已不是以往所定义的那种认识超越事物的发展阶段,主观超越客观实际而发生的"左"的错误,而恰恰是认识远远落后于实践,又企图用这种落后的、错误的认识来限制、阻挡实践发展的保守、僵化的思想。只是一味用由于错误理解而僵化和教条化了的关于资本主义、社会主义的某些原则来裁决现实。这种在新的历史条件下发生作用的,可称之为新教条主义。在改革开放以来,其要害问题,就是怀疑并企图改变十一届三中全会以来的路线,怀疑并企图动摇经济建设的中心地位。前一段时间,反和平演变甚至要取代经济建设而成为中心,或与之并列的另一个中心,这就充分说明了问题的严重性。对于这种新教条主义的要害和实质,我们决不能等闲视之。(王珏:《清除"左"的干扰是深化改革扩大开放的关键》,《改革》1992年第5期)

(丁宝玲整理)

第二部分 经 济 体 制 改 革

建立社会主义市场经济体制问题

一、为什么要建立社会主义市场经济体制

1.有人说,明确规定改革目标是市场经济,是因为"传统社会主义经济体制种种弊端的根源,在于用行政管理机关制定的计划来配置资源这种运行方式本身,那末克服它的弊端的根本途径,也只能是彻底改变它的资源配置方式,建立起市场经济的整套机制"。(吴敬琏:《社会主义市场经济的历史沿革和现实意义》,《著名学者论社会主义市场经济》,人民出版社1992年9月版,第68页)

2.有人说,"中国为什么要搞社会主义市场经济",是因为:(1)"高度集中的计划经济体制束缚了生产力发展,必须进行根本性的改革";(2)"14年的改革实践证明,市场取向的改革方向是正确的";(3)"要把改革与发展相结合好,要实现邓小平同志提出三步发展战略,要解决深层次的体制与经济发展问题,也离不开市场经济";(4)"中国要走向世界,也迫切需要搞市场经济";(5)在改革开放中,已为建立社会主义市场经济建立了思想和物质基础。(高尚全:《加快改革步伐,尽快

建立社会主义市场经济新体制》,《社会主义市场经济的理论与实践》,中国财政经济出版社 1992 年 11 月版,第 92—99 页)

3.有人说,从世界政治经济格局的现状出发,认为在当今世界,随着政治冷战的结束,强弱争夺的刀光剑影正在被经济热战所取代,这一角逐又主要是在市场上展开的,它最终将决定每个国家在这个星球上的位置。而对波涛汹涌的全球市场浪潮,一个国家,一个民族,如果其经济不是构筑在市场目标模上,其运行机制不是赚钱的,那就是很难在全球竞争中立脚。在全球贸易格局已经形成的今天,任何一个国家的国力、价值观念,最终要接受市场的检验。市场原则是无情的,企业也好,国家也好,其生存发展是靠市场盈利;不适应市场,就只有被淘汰。经济跨了,什么"主义"也干不成!(羊慧明:《没有"市"外桃源》,《经济日报》1992 年 11 月 9 日)

4.有人说,之所以将建立社会主义市场经济经济作为我国经济体制改革的目标模式,一是只有这样,才能实现我国经济体制改革的基本要求,实现社会主义制度的自我完善和发展,以及在此基础上解放和发展生产力;二是只有确定这样的改革目标模式,才能适应加快我国当前经济发展的要求;三是只有这样确定改革的目标模式,才能适应我国当前加快改革开放步伐的要求;四是只有这样,才能在坚持社会主义制度的条件下,放手地、充分地吸收资本主义几百年来发展的最重要、最基本的文明成果,即作为社会生产资源配置方式的市场经济,才能按照市场经济的通用规则,实现国际经济接轨,顺利地处理对外经济贸易关系,并更多地引进外国资金、技术和管理经验。(汪海波:《社会主义市场经济刍议》,《经济管理》1992 年第 8 期)

5.有人说:"我们所以要搞社会主义市场经济,根本的原因是,只有这样才能调动各方面和各种人的积极性,使人们都在利益的驱使下,卷入社会主义商品经济的洪流,以市场为引导,在动态中合理配置资源,极大地提高效率和效益。"(晓亮:《改革的目标——走向社会主义市场经济》,《现代化》1992 年第 14 期)

二、怎样建立社会主义市场经济体制

1.认为:为了建立社会主义市场经济,目前应当加快三个方面的改革。第一是要加快企业体制改革,特别是国有企业管理体制改革。改革的方向,是要使国有企业从吃"大锅饭"、按上级指令生产,转变为而向市场、自主经营、自负盈亏的商品生产经营者。根本出路是让它进入市场,在竞争中增强活力。第二是要加快发展和培育社会主义市场体系。要大力发展消费品市场和各种要素市场,并健全市场规划,改进市场管理。特别是要理顺价格体系,并建立起正常的价格形成机制。第三,尽快健全以经济方法为主的宏观计划调控体系。社会主义市场经济不能没有国家的计划指导和宏观调控,但是指令性计划管理体制必须根本改变。通过国家计划把宏观管好,通过市场调节把微观搞活,我想这是社会主义市场经济的正常秩序,是我们改革的目标和方向。(薛暮桥:《关于社会主义市场经济问题》,《著名学者论社会主义市场经济》,人民出版社 1992 年 9 月出版,第 8—10 页)

2.有人认为:要建立社会主义市场经济要尽快实现下述三个方面的改革:"首先,按照市场经济的内在要求调整政府机构和转变政府职能";"其次,按照市场经济的要求改革公有制的实现形式";"最后,要按照市场经济的要求改革和完善有关法规"。(魏杰:《确立市场经济的改革趋向》,《工人日报》1992 年 7 月 24 日)

3.认为"转向社会主义市场经济,最迫切、最关键的环节是进行国有企业的产权制度改革,塑造社会主义市场经济的主体。""只有有了产权主体这个基础,市场经济的大厦才能由此构建,其它各类关系(包括各种配改革措施)才可由此理顺。这一步是无可替代的,越早走这一步,损失越小,发展越顺"。(唐丰义:革命性转折《走向社会主义市场经济》、《财贸经济》1992 年第 8 期)

4.认为"推进经济市场化的进程,重点要放在加快流通改革、实现流通社会化上。"因为"从十一届三中全会实行改革开放进程来看,我国的改革很不配套,市场改革严重滞后于价格改革和企业改革。""另一方面,看看这些年来我国经济上得快的地方,都是搞活流通、重视市场建设、努力发展流通产业的。""实现社会化的流通,首先要在以下几个方面下功夫:一是打破地区封锁的流通格局";"二是要打破物资、商业、外贸三分天下的流通格局";"三是要打破生产企业和主管部门搞'大而全''小而全'的自我服务的封闭流通体系"。(柳随年:《加快流通改革步伐,推进经济市场化进程》,《改革》1992 年第 4 期)

5.认为要建立社会主义市场经济,重要任务之一是积极稳妥地推进价格改革,形成市场定价制度的合理的比价体系。价格机制是市场机制的核心,推进价格改革,塑造反应灵敏、信号准确、功能齐全运转健康的价格制度,是建立社会主义市场经济体制的基础性工作。另一个重要任务就是要加快企业改革的步伐,尽快使企业成为自主经营、自负盈亏的经济主体。(吴敬琏:《推进市场取向改革,建立社会主义市场经济体制》,《金融时报》1992 年 9 月 14 日)对于上述观点,有人提出不同看法。认为无论从理论上看还是从实践中看,价格改革与企业改革都是关键性问题,是过去我国经济改革的两条主线。但从目前的实际情况看,价格改革已取得了很大成就,价格改革已接近完成。因此现在的关键问题是国有经济的改革、要素市场的建立和新经济秩序的形成,这是现阶段经济改革的一个热点。(魏杰、张宇:《建立社会主义市场经济体制的对策》,《光明日报》1992 年 11 月 21 日)

6.有人提出,“推进市场取向的改革,首先遇到的困难是,通过所谓‘衰退的优化效应’,迫使一些企业关停并转,伴生短期待业现象。对这种负效应的控制和援助,需要认真研究解决。同时,企业组织的发展和社会保障系统的建立,也是一项十分繁重的工作。”(《推进市场取向的改革势在必行——访国务院发展中心研究员吴敬琏》,《光明日报》1992 年 7 月 8 日)

7.有人提出,“警惕右,主要是防‘左’。”“在经济领域主要是防‘左’。把经济搞上去,搞改革开放,就要从根本上改革传统的产品经济或计划经济的模式,建立社会主义产品经济的新模式。其关键:一是坚持以公有制为基础,二是建立竞争性市场体制,把公有制同市场体制结合起来。”(胡季:《我国经济发展面临着新的转折点》,《财贸经济》1992 年第 5 期)

三、在市场经济条件下政府的调控

(一)政府干预的内容

1.有的文章提出五种模式:(1)以美国为代表的、国家通过财政政策和货币政策的宏观间接调控式,企业和家庭的微观经济活动完全由市场导向;(2)北欧瑞典等福利国家模式,企业和家庭也由市场调节,国家通过国民收入再分配,采取一系列社会福利措施;(3)法国的指导型计划模式,由政府制订中、长期计划和规划,对企业经济行动进行指导,并能过政策措施加以引导,但不对企业下达计划;(4)德国社会市场经济形式,国家通过立法为市场竞争建立秩序,防止“不道德竞争”,同时实行积极的经济政策和健全的货币制度保证社会公正和社会福利;(5)日本的国家发展导向模式,政府通过产业政策限制过度竞争,并与企业巨头们紧密协作实施指导性计划经济。采取何种国家与市场结合的模式,各国根据自身经济、政治、社会、文化、传统等条件确定。以某种形式为主也不排斥其他形式,而且随客观经济形势及其他条件变化还会对它不断作些调整。诚然,资本主义市场经济以私有制为基础,即使有国家干预,也无法根本解决生产社会化与资本主义占有的矛盾。但他们采取的国家与市场结合的各种形式,对我们有借鉴意义。(《社会主义市场经济论纲 20 条》,《文汇报》1992 年 9 月 25 日)

2.有的文章提出政府干预的主要方面:(1)防止商品过渡集中和出现垄断;(2)纠正商品价格不能反映社会成本与价值严重背离;(3)在市场机制不起作用的条件下,保证公共事业和重要的长期投资的正常供给;(4)保护“幼稚工业”的发展;(5)控制天然垄断企业出现市场行为的偏差等。(高尚全:《加快改革步伐,尽快建立社会主义市场经济新体制》,《社会主义市场经济的理论的实践》,中国财政经济出版社 1992 年版,第 109 页)

3.有的文章提出,政府调节控制市场经济,不费政府对各类市场的直接干预,而主要是通力制订财政政策、货币政策、收入政策、外汇政策去调控市场。所以,政府间接管理经济,不仅是通过市场去间接地管理企业,而且对市场管理也应是通过政策去间接管理及控制。另外,中国不同地区的经济资源、经济基础差异极大,各地区的市场孕育、发展、成熟情况极不一样,应实行中央政府总调控,地方政府具体协调相结合。重点放在地方政府协调上的调控形式。(郑炎潮:《论中国特色的社会主义市场经济》,《学术研究》1992 年第 1 期)

4.有人提出,在中国这样市场发育程度低、经济结构剧烈变动的发展中国家,政府应实施强有力宏观总量管理和行政指导,以弥补“市场失灵”和“市场失误”。具体地说:(1)为保持经济稳定发展,除了在市场制定范围内寻求改进办法外,国家可以在中长期预测基础上,制定宏观经济计划,并提供其他有关当前经济状况和发展趋势的信息,为企业和其他经济为主体的微观经济决策提供信号。(2)某些宏观经济变量,对于市场经济的稳定运行具有决定性的意义。然而这些宏观总量的确定和控制,不是市场力量能够单独决定的,只能由国家宏观调控部门进行管理。(3)当市场机制有效配置资源的前提条件受到破坏时,便需要政府进行干预。采取行政措施或经济奖惩的办法来处理;至于社会治安、国防等的“生产”,更应由政府负责。(4)反对垄断和非大正竞争是政府的重要职责。(5)社会主义国家的政府有责任通过正确的税收政策和收入政策,来维护分配的公正性。(6)政府要通过产业政策,创造条件,使潜在的比较优势得以发挥。(《推进市场取向的改革势在必行——访国务院发展中心研究员吴敬琏》,《光明日报》1992 年 7 月 18 日)

(二)计划管理体制改革的方向

多数人认为:一是从原来的以直接管理为主转向以间接管理为主;二是从原来的管微观转向管宏观;三是从原来的搞审批经济,批项目、分钱分物转向利用经济杠杆,转到搞规划、搞协调、搞监督、搞服务的轨道上来。(高尚全:《加快改革步伐,尽快建立社会主义市场经济新体制》,《社会主义市场经济的理论与实践》,中国财政经济出版社 1992 年版,第 110 页)

认为计划部门改革的方向有三:一是变成类似日

本企划厅那样的机构，即主要承担规划预测任务，不具备宏观调控职能；二是大致维持目前的现状；三是能够比较充分地发挥综合协调经济政策和经济杠杆的作用，真正成为最具综合性的有权威的宏观调控机制。（王晓明：《建立社会主义市场经济下的计划管理体制研讨论会综述》，《计划经济研究》1992 年第 10 期）

有的文章说，在社会主义市场经济条件下，计委作为政府宏观经济管理的综合部门应当具有的职能和任务：一是研究和提出国民经济和社会发展战略，制定中长期规划和年度计划；二是研究和提出涉及国民经济以及社会发展的重大方针政策，建立以产业政策为中心的结构政策体系，搞好生产力布局区域布局规划；三是搞好国民经济和社会发展总量控制，合理确定和调控固定资产投资总规模、外债总规模、有价证券发行总规模等等；四是以总量平衡和产业政策为中心的，综合协调财政、金融政策和综合运用经济杠杆；五是规划和组织好交通、能源、原材料等基础设施、基础产业和高新技术产业的重点建设；六是统筹规划和协调全国性与大区域中心市场的组织、建设，依托一大批企业集团、物资经营机构和市场中介组织，有计划地引导和调控市场。根据这样的职能，计委应当具有必要的参与权、协调权、仲裁权和决策权。（王晓明：《建立社会主义市场经济下的计划管理体制研讨会综述》，《计划经济研究》1992 年第 10 期）

改革计划管理体制的方法，有人说："总结近年来计划管理体制改革的经验的教训，重新构造政府计划管理权力格局必须郑重把握好以下几点：第一，重新构造政府计划管理权力格局必须以政府获得新的计划管理权力为前提。要彻底改变以往'先破后立'、'破而不立'的做法，走'先立后破'的路子，避免政府计划管理权力出现'缺位'。第二，重新构造政府计划管理权力格局必须以加强而不是削弱政府计划管理能力为原则。要有选择、有重点地保留一部分政府直接参与企业生产经营计划决策过程组织的权力，形成直接计划管理与间接计划管理有机结合的新的政府计划管理权力结构。第三，重新构造政府计划管理权力格局必须以政府职能转变为保证。要适应新体制的要求，从政府及其机构的职能转变入手，对政府计划管理权力格局重新进行设计和配置，在调整与重组利益格局的基础上，变行政性分权与经济性分权，形成规范化分级计划管理体系。"（宋小佳：《不同计划管理形式下计划经济与市场调节的结合》，《中国经济问题》1992 年第 3 期）

改革计划管理指标体系。有人提出，在各方面经济关系尚未理顺、计划体制改革仍处在探索阶段的情况下，指标体系的改革需要有一个过程，具体可分两步走。首先，改革年度国民经济和社会发展计划主要指标，并对主要专项计划指标作调整。其次，随着国民经济核算体系的转换，再计划指标体系作全面改革。并认为，近期可对年度国民经济和社会发展计划主要指标作以下改革：(1)以国民生产总值取代工农业总产值作为反映国民经济总量的核心指标。(2)以"工业生产指数"和"农业生产指数"作为衡量产品产量生产状况的指标。(3)充实和调整部分指标。主要充实 11 个方面的指标，包括外向型经济、商业、金融、经济效益、居民生活质量、科技、计划生育与社会秩序、投资、体育、环保等；需作调整的指标主要有工业、农业、财政收支、交通运输、教育、文化、卫生等 7 个方面。(4)对计划指标表式作适当改进。例如，工业主要产品等专项计划中的表式，就可以将预测和计划安排结合起来，以增强其指导性。（傅殷：《适应市场经济要求改革计划指标体系》，《计划与管理》1992 年第 10 期）在内部讨论中还有人提出，尽快建立健全新国民经济核算体系和计划指标。抓紧研究建立能够反映全社会经济活动的国民经济核算体系和计划指标体系，特别是要健全国民生产总值生产、分配、使用的核算和全社会资金总量、结构、流向、流量的测算体系。另外，要淡化总产值指标，强化经济效益指标体系。要逐步建立一套能够更好地反映经济规模、速度和经济效益状的计划、调控和考核、评价指标。改进对工业生产规模、速度和经济效益的计划和评价、考核指标，把销售收入、工业产销率、工业增加值、产品成本利税率、资金利税率、工资利税率、全员劳动生产率、流动资金用转率等作为主要指标。总产值指标只作为一般统计指标，不作为评价、考核的依据。

（张静整理）

1992 年 经 济 形 势

1992 年是中国经济经过三年治理整顿后进入高速发展的第一年。同前三年相比，国民经济运行的特点发生了很大的变化，市场需求从疲软转变为大幅度增长，财政、信贷环境由紧缩转变为相对宽松，我国国民经济已由缓慢增长进入高速增长阶段。当前我国经济是否潜伏着较大的问题？对此，我国学术界有不同看法，存在较大的争论。争论的焦点是我国经济是否已经过热。由此便产生了对通货膨胀态势、固定资产投资规模和宏观调控政策选择的不同判断。

一、对 1992 年经济形势的不同看法

1.认为到 1992 年下半年,我国经济已经过热。根据黄铁军等人的观点,所谓经济“过热”,指的需求增长明显大于供给增长、经济处于紧运行状态。“过热”的直接表现是物价总水平的持续攀升。经济过热有四个前提条件:(1)消费需求大于消费品供给;(2)投资及生产的增长未能有效地改善供给;(3)能源、原材料。交通运输等瓶颈部门的供给能力严重不足;(4)银行信贷超常增长。就第一个条件来看,虽然目前我国有效总需求小于总供给 6—8 个百分点,库存产品 12000 亿元,但从有效供给的角度看,这 12000 亿元库存并不都构成有效总供给。尤其当前长线产品和短线产品一起随大气候“热”起来,成为经济过热的推动力量;从第二个条件来看,投资需求及生产的增长虽在一定程度上改善了供给,但是,目前出现的投资大扩张却是推动经济过热的力量;就第三个条件看,由于治理整顿时期产业结构并未得到全面有效的调整,使得能源和部分原材料供应再度趋紧,铁路运力和运量的矛盾也更加突出;就第四个条件看,目前银行货币投放、信贷规模也超常扩张,通货膨胀压力在不断积累。综上所述,推动经济过热的力量明显大于制约经济过热的力量,因此,我国经济已步入过热状态。(见黄铁军:《如何看待当前的经济高速增长》,《经济学消息》1992 年 11 月 12 日)

2.认为我国经济已出现过热的苗头。中国人民银行金融研究所形势分析课题组认为,当前通货膨胀压力增大,要求宏观调控谨慎行事。因为,1991 年企业效益仍然低下,这种与生产速度回升形成明显反差,从而使低效益和高增长联系在一起,成为 1991 年工业生产形势的显著特征。由于 1990 年预算内国营工业企业实现利税下降 18.5%,其中实现利润下降 58%,企业亏损面达 30%,亏损额比上年增加 1.3%倍;1991 年 1—10 月预算内工业企业产值增长 11.4%,实现利税增长 10.2%,其中实现利润下降 5.4%,企业亏损面占 35.9%,亏损额为 224.6 亿元,比上年同期增长 15.3%。因此,企业经济效益低下和 1991 年国家大规模调价,使成本推动力十分强劲;最缺乏约束的需求超过其他需求更快增长,也使需求拉动的威胁增大;1992 年受各种因素影响,经济增长速度会继续有所上升,但通货膨胀压力加大,也要求宏观调控操作必须更为谨慎小心。(中国人民银行金融研究所形势分析课题组:《改善宏观调控,稳定经济增长》,《经济研究》1992 年第 1 期)

李成瑞认为,为什么银行的大量贷款和货币发行尚未引起物价的明显上涨?其原因:一是三年治理整顿,速度放慢,积累了大量库存物资,1988 年前新增的工业生产能力也积累了相当潜力;二是农业连年丰收,1992 年夏收在受灾情况下出乎意外地超过上年;三是外资大量涌入;四是居民手中相当一部分资金流入债券、股票、房地产和非商品支出;五是新的消费热点尚未形成。这些因素,主要是改革开放的结果,是目前经济生活中出现的不可低估的新现象。但从这些因素发生作用的时间上来看:有的是暂时性;有的可能是长期的,但会有波动,有的还会发展,但到一定限度就会停止发展。总之,都有它们的局限性。当这些缓解物价上涨的因素减弱到一定程度时,货币运行规律本来的力量就会显现或“爆发”出来,形成新的一轮通货膨胀,使我们被迫转入新的一轮调整。对此,需要防患于未然。(李成瑞:《高速发展中经济和金融的若干问题》,《改革·增长·货币政策》中国金融出版社 1992 年 11 月版)

江其务认为,目前经济的高速增长,尽管仍然在经济可承受能力范围之内,并未出现“过热”,但是经济的高速增长基本上是靠政策驱动和高投入实现的,而经济增长的体制基础仍然是层层分解的旧式放权模式。加之市场体系不健全,市场机制不完善,扩张冲动机制与数量冲动机制仍然是当前经济高速增长的主导机制。经济发展的基本特征是:经济高速增长与硬性投入和结构矛盾同步递进,与经济效益低下并存;金融扩张来势迅猛,通货膨胀压力开始释放;经济运行快速向偏紧的角度倾斜,重新膨胀的迹象开始显露。在这种情况下,经济的高速度能够维持多久?值得冷静分析:(1)工业生产在结构调整迟缓、并未取得实质性进展的情况下,被投资扩张牵动,增长速度高达 19%,形成全民 12.8%、集体 27.6%,其他类型工业 42.8%的全面高速增长的格局。与这种增长速度相伴随的是产品积压增加,经济效益低下仍未解决,上半年全民工业产成品资金占用达到 1.387 亿元,比年初增加 22.7%,高于生产的增长速度;实际亏损面高达 2/3,亏损额还有所增加。这些反映了相当一部分的增长是无效供给。(2)社会固定资产以 28.5%高速度增长的同时,投资结构再度畸型化,结构矛盾继续发展:一是重基建、轻技改;二是重加工、轻基础、能源、运输、邮电增长 20%左右,而轻纺工业投资增长高达 80%;三是地方投资快于中央投资。这种投资格局的发展,加深了结构矛盾,经济发展“瓶颈”部门的增加,这就给经济的长期稳定发展投下了极大的阴影。(3)拉动物价上涨的因素在不断积累,高增长、高投入与低物价并存的格局将终结。投资需求的迅速增长,已经推动生产资料价格持续上涨,职工生活费价格指数上涨已经超过两位数。随着国内需求扩大的发展,对进口依赖的增强,国际原材料价格高于国内市场价格的成本上升,外汇调剂价格持续上扬,价格改革措施不断出台等因素的发展,需求推动物价

上涨的时滞必然大大缩短。综合上述因素分析,有充分理由判断,目前的物价相对平稳,掩盖着正在积累的上涨潜流,并不像有些同志想象的那样乐观。(4)社会金融总量呈全面强劲扩张态势,在直接金融迅猛发展的同时,间接金融也反常扩张,货币投放和信贷规模增长过快过多,这种态势正在对来之不易的经济金融改革与发环境产生巨大的冲击。综上所述,如果这种质量不高、机制不顺、指导不力的状况继续发展下去,就可能重蹈膨胀——紧缩——再膨胀的不良循环。(江其务:《深化金融改革为稳定通货发展经济创造条件》,《改革·增长·货币政策》,中国金融出版社1992年11月版)

3.认为经济形势基本正常,没有理由患"速度恐惧症"。如果我们把控制经济增长速度作为实现调控目标,就有可能导致阻碍技术进步、资源优化配置和组织制度创新的后果;如果就我国经济实际增长速度来说,有关"超高速"的判断也是欠妥当的,因为1979—1988年我国国民生产总值平均增长达9.6%(按可比价格计算),这样的速度和西方国家目前4%的速度相比,好像是高了,但是经济发展起点不同,具有不可比性,他们现阶段已处于高科技的信息时代,经济发展以技术密集型产业为主体,发展的起点较高,而我国目前还只是处于工业化初级阶段,经济发展仍然以劳动密集型产业为主,发展起点的基数小,很难说9%的增长速度属于"超高速"增长,如果我国不保持较高的经济增长速度,那么大规模的失业人口必将给经济稳定乃至社会安定造成巨大威胁;物价稳定本身就是为了保持经济的持续增长,真正的物价长久稳定最终也只有靠增长的商品和劳务的供给来维持。所以,我们没有理由患"速度恐惧症"。(《没有理由患"速度恐惧症"》,《西南物资商业报·经济学消息》1992年5月28日第三版)

李扬也认为,1989年以来,我国的货币供应量,以各个口径来衡量,都有惊人的增长。人们根据过去的经验,大都预言严重的通货膨胀即将到来,然而,年复一年,通货膨胀的预言似乎都只落得"狼来了"的下场。这与70年代以来西方国家出现的"货币失踪"情况,颇有些相似。原因是,1989—1991年的异于常情的现象,反映了我国经济体制的深刻变化,这一变化体现在货币问题上,便是影响我国货币需求的因素有了诸多变化:(1)市场经济的不断发展和专业分工的逐步深化,使得结算单位迅速增加,从而,铺底资金和汇兑在途资金逐年增多,造成流通中的货币容纳量增大。(2)随着社会主义市场经济的发展,构成我国货币需求函数的变量有了很大的扩展。过去,我们用来与货币供给相比较的变量仅限于根据狭窄生产概念计算出的商品总值,这种研究框架,显然已不足以容纳如今的现实。在实物因素方面,至少有各种劳务、土地和房屋、人们恒久收入的增长进入了货币需求函数;在金融因素方面,股票、债券的从无到有,以及公众持有外汇的大规模增加,都是吸收货币供给的重要因素。如此等等总和起来,大大扩展了我国的货币需求。(3)地下经济的发展,使得我国的国民收入被大大低估(除了统计口径不当造成的制度性低估以外),从而也造成了我国货币需求的低估。目前虽不能准确估算出我国地下经济的规模,但我们处处都感觉到它的存在。以上三个因素加起来,我国的货币需求规模可能扩大20%左右,基于这一判断,前几年货币供给虽然大幅度增长但却未引起明显的物价上涨,当可得到合理解释。(李扬:《直接融资发展后的金融宏观调控问题》,《金融研究》1992年第10期)

二、对1992年通货膨胀走势的判断

1992年是经济持续升温、工业生产高速增长的一年。随着经济发展速度加快和大批基建项目上马,1992年的通货膨胀及其走势便引起了理论界的普遍关注,并形成了极不相同的判断。

1.大部分人认为,通货膨胀压力确实存在,并且还在继续加大,但短期内尚难形成通货膨胀反弹。主要依据是:(1)80%以上消费品基本供求平衡或供过于求,有限的买方市场格局尚未被打破。一方面,耐用消费品生产能力大幅度增大,供应充足;农业连续三年丰收,食品供应充分,在很大程度上制约着物价水平的上涨幅度。另一方面,目前我国居民的消费进入一个相对稳定和逐步提高的阶段,新一轮消费主流尚未形成。(2)名义利率还高于物价上涨率,有利于稳定和鼓励储蓄。只要实际利率保持正值,居民储蓄增大的态势就不会逆转,这是市场稳定的一个重要因素。(3)在国民经济高速增长、生产资料价格上涨较猛的情况下,全国零售物价总水平仍保持着相对稳定的趋势。扣除1992年粮食等计划调价因素和1991年调价滞后的影响,1992年新发生的市场物价上涨仍属较低水平。(4)房地产市场日趋活跃,资金市场发育明显加快,分流了一部分社会购买力,促使一部分潜在的通货膨胀压力得到了平缓释放。(5)我国经济商品化、货币化进程,客观上也会抵消一部分通货膨胀压力。(6)1992年财政收入比上年增长15.1%,财政情况有所好转,也是有助于减轻货币上涨压力的。但是,在市场物价基本稳定的情况下,还存在着潜在通货膨胀压力加大的因素。如固定资产投资增长较猛,各项贷款增加较多、大中城市职工生活费指数已超过2位数,外汇调剂和生产资料价格看涨等。但1992年不会发生严重的通货膨胀。(见张卓

元:《通货膨胀年内不会反弹》,《经济日报》1992年7月25日;史业:《"狼"会不会卷土重来——1992年通货膨胀形势分析》,《经济学消息》1992年5月14日;刘国光等:《对1992年国民经济发展的预测及分析》,《经济研究》1992年第6期)

2.有些人则认为,潜在通货膨胀的压力迟早要转化成为通货膨胀的动力,如果政策调整带来预期突变,1992年的通货膨胀率不仅有可能突破2位数,而且还会进一步推动下一年或几年后的通货膨胀。认为判断通货膨胀走势,关键是观察需求缺口。有的人又进一步将需求缺口组分为四类:(1)货币增长率与GNP增长率缺口(缺口1);(2)经济增长率与潜在经济增长率缺口(缺口2);(3)预期通货膨胀率与实际通货膨胀率缺口(缺口3);(4)名义利率与预期通货膨胀率缺口(缺口4)。缺口2、3、4为零,是判断是否存在通货膨胀倾向的三个临界点。我国经济的正常增长率为7%左右,而1992年GNP增长率已超过了8%,缺口2已超过临界点1—2个百分点。如果货币供给仍保持前几年的增长水平(平均19%左右),预期通货膨胀率与实际通货膨胀率大体相等,则缺口约为10.5%,即缺口3、4也都处于临界点上。对1992年的通货膨胀走势不容乐观。有些人则根据潜在GNP与实际GNP的正向缺口状况,指出近两年内若能力争缺口不超过17%,则经济可望不出现大起大落。但是,由于缺口逐步积累,到1995年则有可能超过17%,因而可能出现新的被迫调整。总之,对1992年的通货膨胀走势不应过于乐观。(见李拉亚:《我对目前通货膨胀形势的看法》,《金融研究》1992年第6期;中国人民银行金融研究所形势分析课题组:《改善宏观调控稳定经济增长》,《经济研究》1992年第1期;王继祥、何军红、《我国宏观经济潜在运行运行能力分析》,《经济研究》1992年第9期;阿思奇:《投资规模与通货膨胀》,《经济研究》1992年第9期)

3.也有少数人认为,不可能再出现需求拉起的通货膨胀了。因为:(1)支撑我国经济高速增长的需求构成发生了变化,出现了"投资热、消费平"的新特点,由于受货币积累、生产结构调整和消费环境等诸多限制,城乡居民消费结构转变在短期内难以完成,所以整个消费需求便由早些年的迅速扩张转入现阶段的平缓增长。只要消费需求不振,由投资单向扩张支撑的这次高速增长就难以长久,社会供求总量矛盾就难以激化,从而经济过热也就难以形成。(2)消费需求增长平缓,使社会供求总量保持了基本平衡,虽然近几年货币超经济投放,但新增贷款多被产成品积压所占用,进而造成货币流通速度放慢。这种沉淀下来的货币,在一定时期内已不能直接导致物价上涨。(3)从市场价格变动看,1992年全国零售物价指数虽比去年同期明显上升,但其中80%是由政策性提价因素所致。由价格调整和成本推动的这种物价上涨,同经济过热时期商品供不应求、自发性涨价占很大比重的情况有本质差别。眼下部分生产资料特别是建筑用材虽然出现供不应求、价格上涨较猛的现象,可是尚未形成物资供应的全面紧张,与轻工业生产有关的基础化工原料供大于求的局面仍未改变。况且,工业消费品价格依然保持基本稳定,价格升降基本持平。(4)虽然全国大规模的基础设施投资正在逐步带动原材料尤其是建筑材料价格上涨,但是,由于消费品市场疲软,产品大量积压,其结果只能是加速消费品生产领域中那些产品质量差、管理混乱、效益低下的企业破产。(见阎卡琳:《注意经济运行中的新情况》,《经济日报》1992年9月30日;朱金海:《当前我国经济过热的可能性不大》,《经济学消息》1992年5月21日等)

三、对1992年固定资产投资规模的看法

1.认为1992年的固定资产投资增长速度虽高,但总规模仍是合适的。形成这种看法的根据主要有:(1)1992年信贷规模和货币投放的高速增长是在前几年治理整顿时期固定资产投资增长较慢甚至停滞的基础上出现的,因此这次固定资产投资和信贷规模大幅度增长带有回升性质,是对前几年固定资产投资下降过猛的一种补偿;(2)物价上涨幅度仍然被控制在社会可承受的限度之内;(3)投资品的供给能力显著增长,消费品的供给能力完全能够支撑目前的固定资产投资规模;(4)从外资利用和外汇储备来看,我国扩大进口的支付能力的偿还外债的能力已大大增强;(5)财政情况有所好转,财政收入增长快于支出增长。这些情况与1988年大不一样,因此当前固定资产投资中的矛盾主要不在于总量过大,而在于投资结构不合理和投资效益差,主要是基础产业投资比重下降、供给能力不足。见吕政:《关于当前固定资产投资中的几个问题》,《中国工业经济研究》1993年第1期;刘向耘等:《对我国今年1—5月经济走势的判断》,《经济学消息》1992年7月16;国家信息中心预测部:《去年经济运行分析与今年的预测》,香港《经济导报》1993年1月1日)

2.认为1992年的固定资产投资不仅是结构不合理,而且投资规模、特别是在建规模仍偏大、新开工项目过多。1992年全民所有制单位固定资产投资规模是在高起点上攀高的,即由年初的增幅33.8%逐月提高到5月的38.8%,再由6月的33.9%急剧提高到10月的43%。特别是在建规模,到9月末按投资概算统计,已达到1.2万亿元,按实际投资将超过概算投资40%计算,则高达1.7万亿元左右。1—10月全国新

开25万元以上的基建的更改项目有43 118个,比1991年同期增加了8 617个。而在新开工项目中,能源、原材料等基础产业比重下降,棉纺、卷烟、彩色显像管、烧碱等项目以及楼堂馆所项目明显增加。根据已往经验,新开工项目都是当年投资少、以后逐年增加,具有加速增长的惯性。因此,1992年投资既存在结构不合理问题,又存在规模过大甚至存在投资膨胀倾向问题。(见胡季:《对近期经济走势的一些看法》,《改革》1993年第1期;高铁生等:《1992—1993年:市场物价运行分析》,《中国工业经济研究》1993年第1期)

四、对今后宏观政策选择的不同认识

由于人们对宏观经济形势的判断不同,因此所提出的宏观对策也必然不尽相同,甚至完全相反。归纳起来,主要有三种不同看法:

1.紧缩论。即主张采取从紧的宏观政策,运用多种调控手段,特别是金融手段,控制经济增长速度,以抑制可能发生的经济过热。具体说,第一,要稳住投资规模、调整投资结构;第二,要控制信贷规模和投放速度;第三,要大力发展第三产业,扩大居民的消费领域,要在改革开放的基础上提高人民生活水平;第四,要加快宏观管理体制的改革,提高宏观管理效率。(见《我国经济学家对当前经济形势的判断与政策建议》,《经济学消息》1993年1月21日)

2.标本兼治论。就是针对我国经济形势,一方面要采取偏紧的宏观经济政策,以此治标;另一方面要加大改革力度,切实抓好国有企业经营机制的改造,同时要加快市场体系和宏观调控体系的建设,以此治本。治本与治标都不可偏废,但只有治本,才能真正解决效率问题、结构问题、预算软约束等问题。(见胡季:《对近期经济走势的一些看法》,《改革》1993年第1期)

3.微调论。这种观点的一个核心问题是认为1992年的经济增长来之不易。虽然运行中存在某种“热”的苗头,但主要倾向是好的。因此,在政策选择上,既要保持经济的较快增长甚至跳跃式与发展,又要努力避免出现冷热病,防止过热,又要防止衰退。要强调“稳”的政策选择方针,实行积极的微调措施,把握总量、调整结构。具体说就是:(1)经济增长速度取9%左右,其中,工业增长速度控制在15%以内为宜;(2)投资规模保持在8400—8600亿元是最高限;(3)信贷规模也不宜放得过大、收得过猛,保持新增贷款3900—4000亿元的规模是必要的;(4)物价总水平要采取政策引导、力求控制在7%以内;(5)粮食产量要稳中有增,保持年递增4%左右的水平是合适的。总之,面对“热”的苗头,采取“冷”的态度,实行积极的微调,将有助实现我国经济的长期持续高速高效增长。(见谷书堂、刘迎秋:《论我国经济的适度增长与跳跃式发展》,《经济研究》1992年第1期;邱晓华:《判断、走势、对策——对当前经济形势的一些看法》,《经济学消息》1993年1月21日)

(刘迎秋、樊苗江、赵一新整理)

转换企业经营机制

一、企业经营机制的内涵

(一)企业经营机制的概念

主要有六种意见:(1)经营机制是指处理好人、财、物的关系和责、权、利的关系,并通过这些关系的相互结合、相互作用和相互制约,使企业具备有效进行生产经营活动的机能。(高尚令:《加快企业改革步伐,转换企业经营机制》、《教研参考资料》1992年第3期。)(2)企业经营机制是决定企业生存和发展的内在功能,适应社会化大生产的能力及其应有的权力义务关系。(杨启先:《关于转换企业经营机制的中期设想及现实选择》,《经营管理》1992年第5期)(3)一般涵义是指有计划的社会主义商品经济社会里,企业在一定的生产关系和外部条件影响下,在营运中为达到彼此结合着的各个组成部分和环节之间的相互推动和制约,实现经营活动在动态平衡中的正常运转所形成的联系方式。(《企业经营机制研究论纲》,《财经理论与实践》1992年第2期)(4)是在一定的生产关系和外部条件的影响下,围绕生产经营所形成的内部结构功能状况及运转方式,运转过程的原理和内在的发展规律。(林汉川:《论大中型企业经营机制的转换》,《经济情报1992年第2期)(5)是决定企业经营行为的各种内外因素及其相互关系的总称。(高贵谦:《谈转换企业经营机制的几个问题》,《企业家》1992年第9期)(6)是经济系统中企业经营活动的固有运转方式。(李忠凡:《论企业经营机制的形成和转换》,《管理现代化》1992年第2期)

(二)企业经营机制的内容

有以下几种意见:(1)经营机制是由动力机能、自我调节机能、自我制约机能、吸收应用和发展技术等机能相互联系在一起的。(同上)(2)应把企业经营机制看成一个系统,这个系统应由经营利益导向机制、信息传导机制、经营决策与管理机制、经营发展机制和经营调控约束机制共同组成为一个有序的经营机制体系。(《企业经营机制研究论纲》,《财经理论与实践1992年第2期》)(3)企业经营机制应包括动力机制、风险机制、生产要素运行机制和调节机制。(4)企业经营机制可以概括为两个要素,即自主经营、自负盈亏,在此基础上又产生出激励机制、自我约束机制和优胜劣汰机制。(孙效良:《关于转换企业经营机制的几点意见》,《经济日报》1992年1月14日)

二、转换企业经营机制的目的

1. 转换企业经营机制就是要把企业办成自主经营、自负盈亏、面向市场的经济实体,使企业成为真正的商品生产者。转换企业机制的目的是使企业在市场中通过平等竞争,优胜劣汰,优化结构,提高效益,不断满足人们的需要。(高尚全:《加快企业改革步伐,转换企业经营机制》,教研参考资料》1992年第3期)

2. 转换企业经营机制就是要把国有企业原来那种主要按照国家指令性计划和政府部门行政指令被动进行经营的制度改为在国家宏观计划、政策指导和所有者必要的约束的条件下,自觉按照商品经济规律和市场的要求,主动进行经营的制度。(杨启先:《关于转换企业经营机制的中期设想及现实选择》,《经济管理》1992年第5期)

3. 转换企业经营机制就是要在国家计划和宏观政策指导下,使企业逐步成为自主经营、自负盈亏、自我发展、自我约束的社会主义商品生产者和经营者。(周叔莲等:《转换国有企业经营机制的宏观配套改革》,《中国工业经济研究》1992年第8期)

4. 转换企业经营机制就是使企业的运营,由原来统制经济、命令经济下的被动机制转换为能在市场竞争中,适应市场需求的自主经营机制。(杨坚白:《企业经营机制究竟是什么》,《西南物资商业报》1992年7月23日)

三、转换企业经营机制的障碍和主要问题

1. 认为,转换企业经营机制的障碍在于思想观念,有两种表述:(1)当前转换企业经营机制工作存在的主要问题是:形式主义突出;不少企业对政策的稳定性和连续性缺乏信心;现有的管理体制制约了企业经营机制的转换;存在着打破"三铁"就是转换机制的片面认识;对职工是改革的主体认识不足。(陈重等:《当前转换企业经营机制存在的问题及建议》,《企业管理》1992年第8期)(2)企业经营机制难以转换的原因之一是思想观念的转变:"定势"的障碍;社会惰性的障碍;形式主义的阻碍。(吴帮本:《转换经营机制的思考》,《经济管理》1992年第9期)

2. 认为转换企业经营机制障碍在于旧体制的痼疾,双重体制并存是搞好企业的障碍。新旧体制并存是企业状态不佳,效益低下的原因,使企业难以自主经营和自负盈亏;导致企业目标混乱和目标之间冲突;引起企业各种行为不规则甚至混乱。(董辅礽:《专家学者谈转换企业经营机制》,《企业管理》1992年第4期)

3. 是从转换企业经营机制具体操作角度来认识。(1)企业改革难点主要表现在:所有权的界定问题;企业自负盈亏的责任问题;企业亏损呆帐处理和破产问题。(高尚全:《加快企业改革步伐,转换企业经营机制》,《教研参考资料》1992年第3期)(2)实施破产法,全面转换企业经营机制,面临着两大障碍:破产企业的财产处置权问题;破产企业的人员安置问题。(吴帮本:《转换经营机制的思考》,《经济管理》1992年第9期)

4. 认为,企业成为相对独立的经济实体在于企业外部环境没有转换:"政企不分"、"政资不分";市场发育不健全;法制不健全;社会保障制度不健全。(国家体改委转换企业经营机制课题组:《国有企业经营机制的现状及转换对策》,《中国工业经济研究》1992年第8期)

5. 综合了转换机制中的障碍和主要问题:(1)深化企业改革缺乏紧迫感;(2)转换经营机制着眼点不同,既需要外部条件,又强调内部因素;(3)政府部门管理职能互抵效应;(4)工商企业目标市场冲突。

四、转换企业经营机制的突破口

转换企业经营机制是一个系统工程,从不同角度分析,就会提出不同见解,从而选择不同的突破口来实现机制转换。

1. 全面转换企业经营机制的关键是让企业真正"自负盈亏",而实现"自负盈亏"的最有效办法,就是加速实行企业破产法,"八五期间"应以企业破产法为契机,按照不同所有制、不同产业的特点,全面构造和转换企业经营机制。(孙乐军:《全面转换机制面临的选择》,《光明日报》1992年5月30日)

2. 国家体改委一份报告建议提出三种类型的试点作为转换企业经营机制的突破口:(1)企业跨国经营;(2)企业投入产出总承包试点;(3)扩大税保国家、税保企业试点。(《寻求转换企业机制最佳突破点》,《社会科学报》1992年7月30日)

3. 企业的人事制度、劳动制度和分配制度这三项制度的改革是企业改革的核心问题,作为实现企业内部转换机制的突破口是可行的。(袁宝华:《转换经营机制,把企业推向市场》,《中国企业报》1992年4月13

日)

五、转换企业经营机制目标模式

选择实现企业经营机制转换的目标模式，论者一般倾向于针对不同地区、规模、类型企业，区别对待，选择不同实现形式，也有提出企业转换机制普遍模式的观点。

(一) 甄别类型，选择不同目标模式

1. 可以考虑选取如下几种模式：(1) 实行政资分开，做到自主经营、自负盈亏的经济实体，相当数量的企业可以实行以公有制为主体的股份制，有的还可以实行中外合资、中外合营；(2) 实行政企分开，企业自主经营，有些企业，特别是大中型骨干企业，可以采取产权委让的办法；(3) 采取政企合一，政府经营，统负盈亏，一些资源垄断和资源约束的企业，可以实行这种制度。(国家体改委《转换企业经营机制课题组》，《国有企业经营机制的现状及转换对策》，《中国工业经济研究》1992 年第 8 期。

2. 采取分类指导原则，既不要求所有企业采取同一途径，也不能要求同时完成经营机制转换。第一类企业是关系国家安全的国防军工企业，生产特殊物品的企业，不以盈利为目的，主要加强制度和经营管理；第二类企业是主要原材料、能源、交通等基础产业的企业，此类企业可以通过强化经营，实现企业机制的转换；第三类是除上两类以外的大中型企业，可以通过理顺产权关系，重新探索和构造国有制的实现形式，一是国家持股的股份有限公司，二是公有制法人持股为主的有限公司；第四类是国民经济中起补充作用的为数众多的小企业，可以通过长期租赁或拍卖等方式转让产权。(何泽强、王强：《转换企业经营机制的途径和步骤》，《中国工业经济研究》1992 年第 8 期)

3. 全民企业呈现出四种不同的状态。第一种状态：全民所有，企业自主经营，自负盈亏；第二种状态：全民所有，企业经营，自负盈亏，即境内合营与境内外合营企业；第三种状态；全民所有，企业有限自主经营，承担有限盈亏责任；第四种状态：复合所有，企业自主经营、自负盈亏，即中外合资，向社会发行股票的企业，我们通常所说的企业机制转换，其实限内容就是从第一种状态转到第二、四种状态。(孙效良：《关于转换企业经营机制的几点意见》，《经济日报》1992 年 1 月 14 日)

(二) 完善承包经营责任制

1. 承包经营责任制是在公有制基础上形成具有活力的基本企业制度，是以利益约束为动力，以责任为核心，实现所有权与经营权分离，确立企业商品生产者和经营者独立法人的企业制度，它涵盖了适应社会主义商品经济发展要求的具有活力的企业经营机制的全部内容：(1) 通过以责任为核心的责权利结合，界定了国家与企业的责权利关系；(2) 承包制产生了强大的经济动因；(3) 承包制发展了公有制的内涵；(4) 承包制具有较大兼容性。(李忠凡：《专家学者谈转换企业经营机制》，《经济管理》1992 年第 4 期)

2. 承包经营责任制对转换企业经营机制的作用有四点：(1) 承包制是对旧体制的改革，为企业由国家机关附属物向独立商品生产者转化创造了条件，打破了统收统支的财政体制，使全民企业有了自己的独立经济目标——对超额利润追求；承包制使企业获得了与承包责任对应的自主权；承包责任制推动了宏观经济改革。(2) 承包制理顺了国家与企业的分配关系，形成了合理的利益协调机制，把企业对自身利益和追求与促进社会整体利益的发展统一起来。(3) 承包制能充分调动劳动者积极性，为企业注入强大的动力机制；(4) 承包制健全了约束机制，企业行为受到市场竞争、资金和制度的约束。(郑永权：《企业经营机制的实质和途径选择》，《经济理论与经济管理》1992 年第 5 期)

3. 坚定不移地推广首钢承包制的经验。(1) 首钢承包制，解决了国家与企业的关系，保障了国家的利益，又调动了企业的积极性，既有压力又有动力；(2) 首钢承包制规定留利的分配，落实了按劳分配的原则，鼓舞了职工积极性和创造性；(3) 首钢实行全员承包，形成“包、保、核”的管理体系。首钢承包制既坚持了全民所有制，又把产权包括占有、使用、处置、分配等权力转移到企业和全体职工手中。(扬培新：《搞活国营大中型企业，是今后我国经济体制改革的中心环节》，《投资与建设》1992 年第 1 期)

(三) 推行股份制

通过股份制实现企业经营机制转换的观点，被广泛论证和宣传，呼声较高。

1. 在社会主义企业中推行股份制是改革企业管理体制，实现企业经营机制转换的最佳途径，也是企业走出困境的根本出路，企业实行股份制形式的管理体制，能有效地促进几个方面的转变：(1) 促进政企分开，规范政府行为，使之合理化；(2) 促使企业摆脱政府附属物的地位，成为相对独立的商品生产者和经营者，从而有效地促进企业行为规范化；(3) 促进人产结合的机制，强化职工的责任感，增强职工的主人翁意识。(吴帮本：《转换经营机制的思考》，《经济管理》1992 年第 9 期)

2. 要顺利转换国有企业经营机制，根据国外对上百年发展现代化社会大生产的成功经验和国内外多方面研究探索结果来看，将国有企业改为按股份制企业的办法组织和经营，是一种真正能够实现机制转换，比

较规范的企业组织形式：它有利于通过社会筹集资金，有利于企业资产的合理流动；有利于吸收企业职工入股；有利于理顺企业的产权关系。（扬启先：《关于转换企业经营机制的中期设想及现实选择》，《经济管理》1992年第5期）

3. 企业经营承包制存在着产权关系模糊，企业缺乏自主权，行为短期化的问题。股份制可以克服企业的短期行为，能较好地使政企分开，让企业真正成为自主经营、自负盈亏的商品生产者和经营者，股份制应成为国家所有制实现形式的主要选择：它可以理顺产权关系；摆脱政府直接干预；可以克服企业短期行为，促使资本流动。（兰虹：《股份制是转变企业经营机制的最佳选择》，《经济体制改革》1992年第4期）

4. 转换企业经营机制必须彻底改革我国现有的产权制度，调整和重组国有资产，要实现此目标，一条可供选择的有效途径就是推行企业股份制。(1)明确企业产权关系，使企业真正实行自负盈亏；(2)落实企业经营自主权，实现企业政企彻底分开；(3)形成企业主体利益机制，合理分配企业收益；(4)强化企业的自我约束，促进企业行为合理化；(5)有利于企业广泛筹集资金，解决企业资金不足的问题；(6)促进企业资产合理流动，实现社会资源优化配置。（胡思敬等：《推行股份制实现企业经营机制转换》，《经济师》1992年第7期）

此外，论者提出的企业经营机制转换模式还有税利分流、租赁经营责任制等。

六、转换企业经营机制的途径、对策和步骤

转换企业经营机制涉及到宏观和微观管理体制以及管理方式等方面的改革，论者从不同角度广泛论证机制转换的对策，主要从改善外部环境和完善企业内部机制着手，一般结合这两方面提出对策措施，表述不尽相同。

（一）完善企业外部环境

1. 通过配套改革，改善企业外部环境。(1)发育和完善市场体系；(2)转变价格形成机制；(3)转变政府职能；(4)理顺国家和企业的分配关系；(5)健全社会保障制度。（周叔莲等：《转换国有企业经营机制的宏观配套改革》，《中国工业经济研究》1992年第8期）

2. 转换企业经营机制要解决以下问题：(1)转变政府职能：政企分开；精简机构；(2)建立和完善统一的社会市场；(3)建立和完善社会保障体系：完善社会待业保险制度、建立和完善“三结合”的养老保险制度。（国家体改委《转换企业经营机制课题组》：《国有企业经营机制的现状及转换对策》，《中国工业经济研究》1992年第8期）

3. 企业改革是一项社会系统工程，不可能孤立地进行，国家应通过完善各项宏观政策，为企业改革创造良好的外部环境：(1)要把企业从“企业办社会”的困境中解脱出来；(2)改革价格体制；(3)改革财税体制；(4)改革金融体制；(5)创造一个有利于经营阶层成长的环境。（张久达等：《增强企业活力在于转变经营机制》，《管理世界》1991年第6期）

4. 转换企业经营机制，必须同时转变政府经济管理职能，并实现精兵简政；改善宏观调控，根据实际情况，调节需求与供给，为企业创造良好的市场条件。（杨培新：《搞活国营大中型企业，是今后我国经济体制改革的中心环节》，《投资与建设》1992年第1期）

（二）转换企业内部机制

1. 企业要适应社会主义市场经济的发展规律，自主经营，自负盈亏，平等竞争，职工工资要按劳分配，人员要优化组合，使企业不断增强产品竞争力、技术开发力、资产增殖力、市场应变力、班子进取力、职工凝聚力。（张彦宁：（转换企业经营机制，搞好国营大中型企业》，《企业技术进步》1992年第3期）

2. 深化企业内部改革，就企业来说，转换经营机制不能等待外部条件的改善，一步到位，要抓住时机深化内部改革，结合具体情况，三项制度改革起步理顺内部关系，深化约束机制。

（三）转换企业机制的步骤

1. 认为分三个阶段：第一阶段为法规准备和试点探索阶段。要完善法规体系；完善股票市场，改善外部条件；完成选择部分企业实行投入产出总承包工作。第二阶段是大力推行阶段，法人持股的股份制企业大大增加，小企业的租赁和拍卖加快，收回部分资金，用于投入产出总承包，企业集团和投入产出总承包通过股份制发展壮大，带动一大批企业转换机制。

2. 认为要采取分类指导，分档达标，分期实现的方法实现机制转换。特区、开发区的国有企业，法人持股的股份制企业，可以考虑作为第一批完成经营机制的转换；现有生产经营活动已基本面向市场的企业，可以考虑作为第二批完成经营机制的转换；现有生产经营尚未面向市场，但其产品已达到供求平衡的国有企业，可以考虑作为第三批完成经营机制的转换；国家指令性任务仍然比较多的企业，可以考虑作为第四批完成经营机制的转换。（高尚全：《加快企业改革步伐，转换企业经营机制》，《教研参考资料》1992年第3期）

（秦思敏整理）

国有企业的股份制改革

一、关于股份制性质

1.从股份经济是生产社会化和商品化产物的角度论证股份制的性质。股份经济摆脱了私人对资本的控制，使资本具有社会的形式。股票市场，象看不见的手，可以自发地调节着生产要素在各个部门和企业的分配比例，实现生产要素在社会范围的自由流动。从这种意义上讲，担心在社会主义制度下，股份经济的发展会导致资本主义私有制的发展，是毫无根据的。相反，由于股份经济既适合生产力发展的要求，又促进生产力的进一步发展，因此它在根本上有利于公有制的巩固和发展。(肖灼基:《论社会主义公有制的实现形式》,《经济研究》1992年第2期)

2.从“两权分离”的角度解释股份制的性质。股份公司建立的意义在于企业成为独立的法人，企业资产成为与个人财产享有同等权力的法人资产，企业具有了象持股人处理自己股票一样处置由个人财产集聚而成的企业资产的“天赋人权”。而且，两权分离的程度越演越烈，股权的高度分散化、股票的高度流动性都使资产的所有权与资产的经营权越分越离，私人股东的权力从直接或委托经营、控股、股东大会选举经理逐步沦落到用“脚”投票(出卖股票)的境地，这种“两权”分离的重要意义在于，通过弱化所有权对企业经营的直接干预、为社会造就了一支对他人资产(甚至对说不清是谁人的法人资产)增殖负责的企业家队伍。现在资产是谁的并不重要，甚至靠私有制逻辑也无法解释企业发展的动力，重要的是有一支吃企业资产增殖这碗饭的企业家队伍。(王小强:《超越私有制逻辑》,《中国改革与发展》,1988年第4期)

3.从“产权。的角度界定股份制的性质。股份制最重要的意义在于它形成了一种有效的所有制形式，使资本所有者在维持和促进资本使用效率方面的作用被进一步强化，普遍化和社会化了。在这种制度下，所有权的作用，不仅通过股东大会行使，更重要的是通过市场买卖股票的过程行使，体现在股票市场上的每一笔交易当中，并且变成了一种社会力量和压力。一个小股东可能在股东大会上没有发言权，但他可以在股票市场上通过买进卖出行为来表示自己对资本效率的关切，对资源配置的看法以及对某一经理称职与否的意见。显然，随着更多的人与资本收益有了直接的利害关系，关心资本效率的人不是少了，而是多了。因此，实行股份制主要是为了形成“有效的所有权”；以促进资本利用效率的提高。(樊纲:《关于股份制的若干理论问题》,《改革》1991年第4期

4.从产权组织形式和经营组织形式统一的角度论证股份制的性质。股份制的法律含义是企业形态(组织形式)公司化。如果我们把股份制只看作是产权组织形式，或只把它看作是经营组织形式，都是片面的。实际上，股份制是一种以经营者的经营活动为主导型的产权组织形式。从这一角度看，股份公司的特点首先在于原始产权和法人产权的两极分化。原始产权具有“自益权”和“公益权”，与其权益相适应，原始产权处于相对独立的自我运动过程中。法人产权在原始产权的基础上形成，而一旦形成，股东的所有财产就都转化为公司的法人财产了。这时，原始产权和法人产权完全分离了，并各自发挥其所特有的功能，完成自己特有的运行过程。其次，股份公司还具有“两权统一”的特点。即公司内部的法人产权和经营权的一体化。公司作为法人，不仅掌握了公司所有财产的所有权，而且也掌握了公司所有财产的经营权，从而真正实现了法人产权和经营权的统一。从这种意义上看，搞股份制不论是对经济体制改革的深化，还是对企业经营机制的完善都大有益处。(宋养琰:《论股份制及其在我国深化企业改革中的地位和作用》,《社会科学辑刊》1989年第2.3期)

二、关于股份制与国有企业改革的关系

(一) 肯定股份制是国有企业改革的重要途径

1.认为股份制可以最终解决国有企业的“两权”分离问题，从而强化企业的经营机制。国有企业可以建立类似企业集团成员企业经理会议的机构，使法人股东相互参与，由股东企业的法人代表形成经营者集团，对企业进行控制，从而淡化行政主管部门的直接干预，强化企业之间的横向制约，突出经营者集团的作用。即在相互持股的条件下，在一定意义上可以说，作为最终所有者的股东被架空了，在企业经营上起关键作用的，归根到底并非股东而是经营者。应当说，这才是全民所有制企业实行股份制的主要目的和根本着眼点。(吴家骏:《论企业法人相互持股》,《经济研究》1992年第7期)

2.认为在我国目前情况下，建立股份制是与国有企业产权改革紧密相联的。就是要通过股份制的改革，重构公有产权主体，在全社会范围内实现产权融通。通过建立具有独立法人地位，承担所有者权、责、利的国

有资产持股公司,以发挥终极所有者职能,解决国有企业所有者长期缺位问题。从而达到变革财产关系的组织结构,重新构造社会化产权主体,为在全社会范围内形成竞争性市场结构,奠定制度性基础的目的。(“国有企业改革与效率”课题组:《国有企业改革:可供选择的方案》,《经济研究》1992年第7期)

(二)不赞成股份制是国有企业改革的重要途径

1.认为大中型国有企业实行股份制不具备客观条件,一般而言,企业能否实行股份制,不是企业一厢情愿的事。而中国目前实行的股份制,一般都是在原有企业基础上实行的,入股或购买股票者首先要看原有企业经济效益如何,如果股票所得红利不如银行存款利息,人们宁肯将钱存入银行,而不去购买股票不仅股份有限公司如此,有限责任公司也会出现相同情况。在当前大多数国有企业经济效益不好的情况下,不可能普遍实行股份制,何况有些国有企业根本不宜实行股份制。即使在将来,经济效益好转,也不能使所有企业都实行股份制,因为人们只会抢购少数经济效益最好企业的股票。(何伟:《政企职能分开的途径—国有制改革的设想》,《工人日报》1991年12月6日)

2. 认为股份制本身解决不了国有企业现存的问题。首先,实行股份制不一定能够解决国有企业存在的经营问题。历史上股份制不是为了经营管理的需要出现的,现实中实行股份制的企业也不一定能比不实行股份制的企业经营管理得好。在资本主义社会,股份企业破产的也不是没有。而在我们社会主义社会里,不实行股份制的企业也不乏经营管理成功的例子。其次,说股份制有助于明确国有企业产权的论点亦不成立。全民所有制企业的产权本来是明确的,表现在两方面,一方面职工不受剥削,没有人攫取他们的剩余价值(贪污等现象应作别论)。如果职工没有产权,必定要受剥削。另一方面国家向企业收取资金税,国家又把所收取的资金税用在全体人民的事业建设和福利上,不仅企业职工,而且全体人民都可以从不同的途径。不同方式享受到公有制经济的利益。因为是公有,而且是全民公有,每个人当然不可能有象私有者那样具体的产权形式。从整体利益角度看,全民所有制的产权是明确的,从私有者的角度看,全民所有制的产权是不时确的。这是如何看待公有制的主观意识问题。社会主义国有企业实行股份企业以后,国家控股部分的资产和过去一样,产权仍属于全民,不会发生变化。要说不明确,照旧不明确。(胡培兆:《九问股份制》,《中国经济问题》1991年第4期)

3.认为如果把股份制作为国有企业改革的目标模式就必然要走向私有制。从历史上看,股份制是作为克服资本私人占有制与社会化生产之间的矛盾而出现的经济形式,因此,股份制本身就是资本私人占有制为适应社会生产发展需要而演变出来的一种经济形式,离开了私有制,股份制也就失去了存在的意义。在坚持公有制的前提下,实行股份制是不可能的。因为股权只能是私有的,使作为股权的所有者从自身利益出发,认真履行所有者的职责。如果股权所有者仍然是国家或它的代表,由于投资风险以及资本增殖与他的利益没有直接联系,那么又如何能实行资本所有者对经营者的有效约束呢?另一方面,股票一旦上市,在变幻莫测的股票市场里,股票所有权在不断变动着,那些善于钻营的个人股或集体股就可能取代国家股,这样社会主义原则也就会发生变化。在目前情况下,要实行股份制,就要把全民财产以股票形式量化到每个劳动者,建立证券市场,允许股票上市交易。这种股份制实际是推行私有制,因为变化莫测的证券市场,在顷刻之间就会使劳动者刚刚获得的股票吞噬殆尽,少数人成为拥有巨额股份的食利者,因此,要真正坚持国家所有制,就不可能建立具有企业法人独立产权的股份制。(陈躬林:《股份制:走不通的路》,《学术交流》1991年第4期)

三、关于国有企业实行股份制的方案比较

1.在国有企业中全面实行股份制以达到重塑国有产权的目的。有些学者认为,在使公有制占主导地位的条件下,通过实行股份制,使国有企业成为独立的、有效率的经济单位。他们所设计这一方案的要点是通过对国家所有权的现行格局的重新组合,使得一个企业不再隶属于某一部门或地方政府,而是将其所有权分散在若干个主要关心该企业盈利(而不是它的产值、采购量、就业或工资)的公共机构手中,如中央或地方的国有资产管理局、银行、养老基金和保险公司等,这意味着将每个国营企业构造为股份公司,让上述有关机构持有该公司的一定比例的股份。以这种法律形式管理国有企业,是其它国家的通行作法,即使一企业的全部股份仅由一个公共机构如财政部或某一国家控股公司持有,也会有助于改进国有企业的实绩。(〔英〕阿·伍德:《重组所有权的公有股份公司:搞活中国国有企业的进一步思考》,《经济社会体制比较》1991年第5期)

有些人在同一思路下,更为具体的论证了这一方案。即通过三种途径组建三种类型的国有资产持股公司。三种类型是:第一种类型,在原有国有企业基础上组建而成的大型国有企业集团。这些企业集团或者是按行业关联,或者是按产品关联,或者是按市场关联组成,不隶属于任何地区、任何级别的政府部门,仅仅是对其所拥有的资产保值、增殖、收益和发展负责;第二种类型,组建作为经济实体的国有资产经营公司。公司

不直接管理和使用资产，而是以所有者身份，对若干个相当于子公司的国有企业的资源配置效率实行监督。为了避免寡头垄断，国有资产经营公司需形成跨行业、跨地区、相互渗透、平等竞争的局面；第三种类型，组建各种基金会，如能源交通基金会，科学教育基金会，社会保障基金会，养老金基金会，各种信托基金会，形成机构法人所有者，对各种不同的企业，企业集团和国有资产经营公司发挥所有者职能，同时以财产收入为基础实施和发展各种社会公益事业。法人持股公司的基本职能是：行使产权主体的职能，行使投资主体的职能和行使社会公益事业主体的职能。三种途径是："集团股权化"，"债务股权化"和"模拟拍卖法"。其中"模拟拍卖法"是最规范的途径，其具体做法是组建两个层次的资本市场，分两步实施股份制改革。

在这一层次资本虚拟股份拍卖市场上，由各级政府国有资产管理局出面，向各种国有资产持股公司拍卖现有国有企业资本存量的虚拟股份。可以责成专职的财务公司或其他金融机构对国有资产存量的帐面价格和市场现价，考虑其产出能力和效率状况，测算出每个企业资本折股底价，形成虚拟股份，然后在市场上按报价的高低，向各持股公司拍卖，再把拍卖的股权以资本金的形式拨付不同的持股公司，同时将股息收入中政府分割比例以国有资产特别税的名义，通过契约形式下达持股公司，在第二层次资本证券交易市场上，由各持股公司向社会公开发行股票，实现国有资产股权社会化。股权社会化包括两个方面，其一是向法人机构售股，通过这种方法，可以实现社会资产结构重组，引入竞争，推动产业政策的有效实施；其二向居民个人售股，通过这种办法，可以吸收居民储蓄，以缓解存款形式的个人储蓄因不稳定而对市场构成的压力。更重要的是，利用社会个人股权各种终极所有制形式对整个产权关系所具有的边际调节力，使股份制在整个社会范围内得到有效运转。(《国有企业改革：可供选择的方案》，《经济研究》1992 年第 7 期)

2. 在大多数国有企业中实行以公有制为主体的，混合型社会主义股份制。一些同志认为，我国一般性行业(竞争性行业)的大中型企业的目标模式应当是股份制。即实行国家控股，企业互相掺股，然后再吸收个人股份，在公有制控股的关提下，把企业改造成公有股份制。在这种以公有制为主的股份制下，国家资产管理部门和各个公有企业派出自己的代表，组成董事会，把经济所有权掌握起来，国有财产由一个组织统一管理，然后分散经营，可以有许多经济单位，可以是控股公司，可以是大企业集团，可以是投资公司。(《首都经济学界座谈经济学领域若干重大理论问题》，《经济学动态》，1991 年第 8 期，) 也有些人认为，国营企业改造成股份制企业一个重要途径是向个人发行股票，私人持有的股份合计可以多达股份额的半数以上，因为私股是分散在很多人手中的，所以一个人以至一个私营企业的股份所占比重无论如何总是少数，从而没有决策权，也不会改变公有制为主的性质。杨鲁：《国营大中型企业实行股份制的构想》，《体改内容》1992 年第 10 期)

3. 在国有企业中部分地实行股份制。大致可以归纳出如下几种意见：(1) 在一部分企业中推行股份制。如一些新开工的基础设施和基础产业，可以通过发行股票筹集资金，但股票购买主体要受限制，以确保这种股份公司的公有制为主体的性质。其次还可以以股份制作为企业集团的组织形式，通过入股，将若干企业组织起来，形成企业集团中的核心层，股份制企业集团对上实行政府计划单列，隶属经济综合管理部门，接受行业主管部门的指导。再次，可以通过"环形持股"，在一些企业之间实行股份制。如在现有的已有横向联系的企业以股份制的形式加入企业集团，企业集团中的协作企业出资购买核心企业的股份，按股分红。核心企业再将这笔资金投向入股企业进行控股。这样，可以在没有额外支出的情况下实现资本集聚和转移，通过核心企业的控股实现国有企业的主导作用(《经转经营机制，深化企业改革》，《经济研究》1991 年第 8 期。(2) 在一些国有企业中部分的实行股份制。如，一种办法是组织投资合作股份基金会，按照自愿互利和典型示范的原则，把分散在企业的国有投资基金投放到基金会，扩大投资的选择空间，支持会员企业的生点技术改造，可以形成联合的优势，打好资金的时间差、空间差，增加的好处由会员按股份分享，这对于克服投资"小型化"、封闭性"不失为一剂良药。(王子林：《健全产权机制，搞好国有大中型企业》，《经济理论与经济管理》1992 年第 3 期) 第二种办法是在国有企业新增资产中实行股份制，又称"劳动积累股份制"。这里劳动积累包括三种具体形式，一是全社会劳动者的"公共劳动积累"，二是本企业全体劳动者的"集体劳动积累"，三是每个职工的"个人劳动积累"。在企业运动中，随企业资产的增殖形成新的产权关系中，国家用"公共劳动积累"再对企业投资形成的资产叫"国家积累股"，企业集体用"集体劳动积累"投资形成的资产叫"集体劳动积累股"或"集体积累股"，职工的"个人劳动积累"形成的资产叫"个人劳动积累股"或"个人积累股"。(张增芳：《劳动积累股份制：我国全民企业体制改革的出路》，《当代经济科学》1989 年第 5 期)

四、推行股份制中亟需解决的若干问题

(一) 国有企业实行股份制是否会导致私有化

有些人曾从股份制本身的性质论证了实行股份制必然会引起私有化。(何建章:《坚持国有经济的主体地位》,《光明日报》1991年1月26日)另一些人认为,不仅把国有企业资产以股份形式出售给私人是彻底的私有化;即使实行集团所有制,企业所有制,即把国有资产划归各个社会团体、各类基金会、各企业,或者由这些社团、企业通过各种形式集资购买国有企业的股票,成为企业的团体股东,也是不符合社会主义原则的。因为这样将使各个集团、企业分裂成为一个个竞相追逐利润的实体,全社会将陷入无政府状态,所有社会成员将分裂成为一个个经济利益互相对立的集团,社会主义的远大目标、共同理想将从人们的视野中消失。(孙效良、李雄:《社会主义需要股份制》,《改革》1992年第1期)相反的意见则认为:是否会导致私有化,完全是个政策决定问题,与股份制本身无关。在我国,哪些企业允许有私人股份,哪些企业不允许,允许有私人股份的企业不能超过多大比例,都可以由国家政策规定。现在国家政策已经明确,我们要实行的股份制,是以公有制为主体的股份制,即可以有一些私人股份,但在社会总资产中,公有资产必须占大多数,应当允许吸收一些私人股份,但关系国计民生的重要企业,必须由国家控股。只要坚持这一政策,实行股份制就不可能导致私有化。还有一些同志认为,在推行股份制的情况下,国有制虽然不具体物化在某个企业上,但价值形态的国有制仍然存在,不能认为只有实物形态的国有制才是真正的国有制,实际上、价值形态的国有制可能更能体现商品经济条件下公有制的本质要求,更能实现社会资源的合理配置和有效配置。因此,股份制度的实行,不仅不会消弱公有经济的地位,而且还扩大了国有经济的控制范围,使我国的公有制形式愈加完善。(韩志国、刘纪鹏:《股份制在中国的产生和发展》,《管理世界》1990年第6期)

(二)关于股权比重问题

比较一致的观点是,在国有大中型企业实行股份制,要坚持公有制为主,公有股应占较大比重,有些学者甚至认为公有股应占51%以上,才能达到控制企业的目的。但大多数人认为,由于现代股份企业的股权已极为分散,小股东在股东大会上基本没有发言权,所以国家即使要控制企业,也不一定非行要51%的股份,关键是要控制股票的相对份额。有些同志提出,我国的公有制股份企业应以集团股为主体,其具体设想是,把国有企业资产划为若干股,分为国有股、集团(企业)股和个人股(包括本企业职工)。其中国有股占40—50%(随着改革的深入和股份制的完善可逐步降至20—30%);集团股占40—50%(可逐步扩大到60—70);个人股占5—15%。另些人则认为,不必过低限制个人股,私营企业和个人购买的股票可以共占40%。但有些同志认为,即使实行社会主义公有制下的股份制也不能普遍以国家股为主,否则仍摆脱不掉所有权中的超经济性。三权分离首先要求所有权运动价值形式化,而价值形式的所有权运动又首先要求排除超经济强制,否则,即使搞出三权分离,但国家普遍成为主要持股者,也远远不是商品关系所要求的所有权权能结构。因为国有股本身并非单纯的经济股权,它并不能自由地由市场进行交易,因此,普遍以国有股为主不仅克服不了传统体制运行的行政性,而且不会形成真正商品性的股市秩序。(刘伟:《所有权的经济性质,形式及权能结构,《经济研究》1991年第4期)

(三)关于是否应设置企业股的问题

有许多人主张设立企业股。其主要理论有如下:一些同志认为,设立企业股是有中国特色的股份经济的一个创造,也是从中国现实出发的唯一可行的选择。总的说来,企业资金的形成既有合理的一面也有不合理的一面,但这种由历史形成的企业自留资金是客观存在,也是合法的,这部分资金应归企业,归企业全体职工所有。也有人认为,社会主义要实行股份制,首先是为了理顺企业内部的财产关系,解决国家和企业之间产权模糊的问题,企业股的存在及其主要功能也在于此。承认企业股,对于调动职工的积极性,完善企业的经营机制和改善企业的经营行为,都有其重要意义。还有些同志认为,设立企业股是为了满足企业发展的要求。首先是为了减轻股东分红对企业的巨大压力。如果新增的股份都量化给股东或职工个人,则在新增的利润分配中,股息就会蚀掉企业积累,同时,迫于分红压力,企业可能为追求高利而使行为短期化。其次也是为了增强企业应付暂时经营失败的能力。企业平时盈利较多时,通过积累增加一些企业股;企业暂时经营失败发生亏损时,可以卖掉一部分企业股来解决资金困难。

反对设立企业股的人则认为,设立企业股可能会造成产权关系更加模糊。这是因为:第一:股份公司发行股票的直接目的是向社会筹集资金,如果设立企业股那就等于公司自己掏钱买自己的股票。第二,企业股的股票由谁持有和由谁受益,这在实践上是一个难以解决的问题。如果由董事会持有,那么就会出现这样的情况,本来是作为全体股东代表的董事会,又同时代表这部分股东,这与董事会设立宗旨是不相容的。如果企业股由职工代表大会和工会或其选出的代表持有,那么矛盾就会更多。还有些同志认为,如果企业股由职工代表大会和工会或其选出的代表持有,那么矛盾就会更多。也有些人认为,设立企业股弊大于利,这表现在以下几方面:影响劳动力合理流动;促使企业采取资金密集型生产方式:就业机会人为地减少;劳动报酬攀比心理必然使企业股份比重小，造成无企业股的职工劳动积极性下降；将使企业职工劳动收入趋于不合理；国家财政负担加重。(秦晓青：《近年来关于股份制问题观点综述》，《改革》1991年第3期)

(禾　子整理)

财 政 体 制 改 革

一、财政职能范围变革问题

在市场经济条件下，财政职能范围将如何变化。

1. 主张强化财政职能。**孙毅**提出要“重新认识财政的职能作用。(1)调节职能在财政各职能中的地位日益突出，可以说，已成为财政的首要职能。在有计划的商品经济条件下，财政是既能体现政府意图，实施计划调节，又能对市场发生作用的重要宏观经济调控手段。财政调节的范围不再局限于分配领域，而是覆盖社会再生产的全过程。调节的手段也不仅是计划、法规等直接的行政手段，而是多种形式、多层次的调节。(2)不能仅以预算收支来理解财政的分配职能，分配的范围要触及到整个社会产品价值。(3)财政监督职能也有了一定程度的变化。比如，过去财政监督着眼于乱挤、乱摊成本较多，而对当前普遍存在的补偿不足、成本不实、财产严重流失等重大问题则重视不够。”(孙毅：《财政基础理论建设应该有新的突破》，《吉林财政研究》1992年第4期)

宁学平认为：“关于有计划商品经济条件下财政的职能作用，必须从综合管理社会财力的角度来认识。财政是国家实现政治职能和经济职能的重要工具，是有计划地实行社会总产品和国民收入分配，实行马克思在《哥达纲领批判》中所指明的必要的社会扣除，形成社会再生产三大基金，合理组织和分配社会财力，制约社会总供求平衡，调节各方面经济关系和国民经济重大比例关系的经济手段。财政的作用是从财力分配的角度来实现国家职能。在有计划商品经济条件下，有计划地组织社会财力的分配，是实现计划经济与市场调节相结合的一个关键。”(宁学平：《财政经济若干理论和实践问题初探》，《真理的追求》1992年第1期)

2. 主张调整财政职能。**何振一**认为：“我国经济改革的进程，已跨入从产品经济向商品经济全面转变的关键时期，实现这一转变，要求政府转变职能。同时，财政职能范围也需要做相应的调整。做哪些调整，以及如何调整，要根据商品经济发展的需要，以纠正财政职能范围的越位及缺位为目标，全面调整财政职能范围。(1)在实现政府职能转变的同时，进行财政职能和所有者职能分开改革，建立财政职能与所有者职能两条线管理体制。为此，对财政职能范围作以下几项调整。一是从一般性生产投资领域退出去，将这部分交给企业和国有资产管理部门；二是全面推行税利分流，实现两种分配关系分开改革；三是转换财务管理目标，从对国有企业财务活动的具体管理领域退出去，不再直接干预企业日常财务活动，不再承担弥补企业亏损，补充资金不足及归还贷款的责任，转而面对各种经济成份的企业财务，实行大财务管理，即从维护企业财务运行秩序出发，对各类财务活动进行普遍的规范、监督和管理；四是转换财政信用机制，建立财政政策融资体系，以强化财政宏观经济间接调控能力。(2)重新界定科教文卫事业领域中的财政职能范围，改革财政统包科教文卫事业供给的体制。(3)分解预算外资金，使其各归其位，以划清财政资金与其它各类资金的界限。(4)建立健全复式预算体系。(5)财政应承担社会保险的组织功能，建立起国家、集体和个人共同负担的社会保障体系。(6)改革个人收入分配制度，从半供给半工资制向全面商品化方向转变。”(何振一：《论经济体制大转变中的财政职能范围问题》，《改革》1992年第6期)

许善达认为：“现在是认真清理财政与各方面关系的时候，该管的就管，不该管的就坚决甩开不管。在理顺分配关系上，要跳出现有格局，打破原有结构，提出新的思路。”荀大志认为要“按照市场经济的原则，重新构造我国的财政体制，(1)将财政与国有资产所有者的职能分开。(2)规范国家与企业的关系。(3)规范中央与地方的关系。(4)改革税制。”(首都中青年谈社会主义市场经济与财政改革：《更新观念、转换职能、深化改革》，《财政研究》1992年第11期)

二、税利分流改革

(一) 如何评价税利分流

1. 认为要充分肯定税利分流改革，“税利分流已成为人们普遍关心的问题。中央和国务院领导同志已明确肯定税利分流是国家与企业分配关系改革的方向。这个问题已被越来越多的同志所认识和理解，并从理论上加以论证，逐步达成共识。(1)税利分流符合政企职责分开，两权适当分离的改革方向。(2)税利分流有利于为不同所有制企业提供平等竞争的条件。(3)税利分流有利于微观效益和宏观效益的结合、国家利益和企业利益的兼顾。”(项怀诚：《坚持税利分流改革方向、

进一步推进和扩大税利分流试点》,《中央财政金融学院学报》1992年第1期)

2. 认为"单纯实施税利分流改革不成","只有在新的经济运行机制基础上进行税利分流改革,才能真正充分发挥其效应。因为税利分流改革,既是税制改革的内容,也是企业改革的内容,还是投资体制改革的内容。实行税利分流改革的出发点应当是转换经济运行机制,理顺分配关系。改革以来,企业自主经营的权利虽然有所增强,但仍未完全摆脱行政机关附属物的地位,政府与国有资产所有者不分立或只是部分分立,没有真实的产权主体,无法形成客观的利益流向的划分,只能是模拟税利分流机制,貌似分流而实际上不分流。与承包制相比,改变的只是收益上缴的名称,只是税收与利润的比例,税后还贷也仅是形式而已。"(高万聪、王宏、燕亚光:《税利分流:调查与思考》,《税务研究》1992年第6期)

3. 认为评价税利分流改革要注意把试点方案和税利分流改革区别开来。"税利分流与税利分流试点方案是两回事。税利分流改革是我们进一步改革并理顺国家与企业之间分配关系的一项重要措施。税利分流试点方案,是当前为了实现上述改革目标而提出的一种试点办法。这种办法还不完善,存在着不少问题,只是为实现税利分流而提出的一种设想和探索。因此,我们在研讨税利分流改革时,不能把税利分流与税利分流试点方案混为一谈。不能认为税利分流即是目前试点方案中的这些内容,更不能认为试点方案遇到了种种问题就说明税利分流改革行不通。"(武虹光:《关于税利分流改革的几点意见》,《税务研究》1992年第2期)

(二) 税利分流试点中的不同见解

1. 认为"税利分流试点取得初步成效。(1) 试点企业经济效益有所提高。(2)税利分流保证了财政收入稳定增长,国家和企业分配关系趋向合理。(3) 促进了企业自我约束机制的形成,有利于企业自我发展及生产经营的良性循环。(4) 企业留利分配趋向合理。(5) 促进了企业加强管理。"(湖北省国有资产管理局:《湖北省荆门市、老河口市税利分流取得初步成效》,《财政》1992年第5期)"来自试点地区的和企业情况表明,实行税利分流使国家与企业利润分配格局趋向于合理稳定,发挥了所得税的弹性调节功能,强化了资产管理,初步实现了国家与企业利益共享、风险共担的关系,特别是实行税后还贷后,适度抑制了投资膨胀、硬化了企业预算约束,又没有影响企业的发展后劲。它告诉我们,税利分流在实践中具有可行性,可以成为正确处理国家与企业分配关系的方向性选择。"(邓小基:《深化财政改革、理顺分配关系》,《经济研究》1992年第11期)

2. 认为"税利分流、税后还贷、税后承包方案中,税后还贷目前难于一步到位。(1)企业经济效益低下状况未根本改变,企业还贷能力弱;(2)投资体制没有作相应的配套改革,在投资问题上国家与企业职责不清,过去实行税前还贷,企业吃国家的大锅饭,现在不分谁决定投资和资金来源,一律税后还贷,企业难于承受,到头来还得国家照顾或形成呆滞贷款。(3)实行'拨改贷后,一方面刺激了企业的投资欲望,争上项目,决算超概算屡有发生,另一方面建设项目的施工进度与资金使用的时间差,形成一笔贷款的连锁投资,在建工程的摊了越铺越大,贷款金额不断增加。"(陈万里:《税利分流的实践与思考》,《中央财政金融学院学报》1992年第1期)。**刘景溪**认为"税前还贷改税后还贷,是税利分流的一项重要内容,有些企业老贷款包袱沉重。一些遗留问题悬而未决,影响税后还贷的推行。本溪市1989年末的专项贷款余额117,206万元,其中有20%左右是因为'拨改贷'及有关部门决策失误等原因造成的,这样形成的老贷款如果要企业税后归还,既不合理也难以办到。另外,实行税利分流、税后还贷后,企业对一些自身效益差而社会效益高的项目,缺乏投资的积极性。对一些投资额度大,回收期长,符合当前产业政策调整的大型技改项目,由于企业缺乏承受能力,因而无法进行。"刘景溪:《税利分流试点工作的体会与展望》,《税务研究》1992年第3期)

3. 认为实行税利分流碰到难度是正常的,不应成为推迟改革的理由。因为"实行税利分流改革实质是对利益分配关系的调整,目的在于建立起一个比较公平、规范的分配机制,有的甚至还要触及到某些不合理的既得利益,难度是可想而知的。面对这种情况,我们有两条路可供选择:一条是逐步扩大试点范围,由点到面,层层推开。但是在试点过程中,如果过多地迁就各方面的现实利益,不断用修改方案、增加优惠的办法减轻试点的阻力,虽然看上去比较稳妥,不致引起大的震动,但势必使试点方案扭曲,有违改革的初衷。如果坚持按规范性原则进行试点,不去迁就各方面的现实利益,那么仅靠自觉自愿或谈判的方式,试点工作就很难推开。另一条路是,在一定范围内的试点取得某些技术性的经验和成果之后,只要各方面认识大体一致,就应当由领导层下决心,选择有利时机,采取果断措施,自下而上地全面推开,然后对个别问题进行技术性的修正和局部调整。"(张少春、谢庚:《加快财税改革势在必行》,《经济日报》1992年3月27日)

三、分税制改革

(一) 当前可否推行分税制

1. 认为目前我国实行分税制的条件尚不成熟。理由是："(1)中央与地方的职能不明确，税源与税权的划分无法确定。(2)国营企业所得税按行政隶属关系进行管理，难以实行分税制。(3)现行税制结构不合理，税种设置、税收负担等一系列问题都要求我们慎重处理。(4)我国的税收征管现状无法适应分税制的要求。(5)法制建设还不够健全，地方没有立法权，实行分税制还缺乏法律保证。(6)当前匆忙推行分税制可能影响全国经济一体化的进程。"(林高星：《我国实行分税制的条件尚未成熟》，《广西税务》1992年第10期)

2. 认为应加快推行分税制，理由是"用分税制财政体制代替现行的多种形式的包干体制，不仅是加快财政改革的需要，也是整个经济体制改革的需要。(1)扩大了地方固定收入范围，进一步调动地方组织收入的积极性。(2)有利于稳定中央和地方的分配关系。(3)可在一定程度上缓解地区封锁和盲目建设问题，有利于国家产业政策的贯彻实施。(4)有利于地方政府关注企业经济效益。"(韩国春：《积极做好分税制财政体制试点工作》，《财政》1992年第8期)

3. 认为"从目前我国的政治、经济体制、经济发展水平、市场发育程度以及其它配套条件来看，推行彻底的分税制还需要一个过程。近期内，可以通过对不同地区采取不同形式和办法的复合型财政体制的综合方案来提高两个比重，为将来实行彻底的分税制做好准备。(1)对商品经济发达的沿海地区要尽早率先试行分税制，为分税制的全面推行积累经验；(2)对经济发展中等水平的地区，实行各种形式的活包干办法，保证中央财政的实际收入不因物价因素的变化而受任何影响；(3)对经济不发达的补助地区和少数民族地区实行定额补助或定额补助递减包干办法，并在总结发达地区试行分税制经验的基础上，逐步扩大实行分税制的范围。"(李力：《关于重新塑造中央与地方财政关系的几个问题》，《财政研究》1992年第4期)

4. 认为要"分步实施分税制，1995年前，用三年左右的时间进行调查、测算、试点，作好各项准备。首先，对流转税、所得税和地方税的系列改革在这三年内完成，使分税制真正做到有税可分；其次，选择部分省或市(地区)进行多种方案试点。再用五年左右的时间在全国推进分税制，按照以税种划分财力的原则，在国家统一的财政政策下实行划分税种、以税定财、分级预算、自求平衡的制度，实现分税制的构想。90年代末，着重搞好分税制的完善工作，使分税制真正发挥效益。"(杨跃：《税制改革的几个问题》，《中国财经报》1992年2月29日)

(二) 对现行分税制试点方案的评价

1. 认为当前分税制试点方案收效颇大。"大连市是国务院确定进行分税制财政体制的试点的九个地区之一。从大连市实际情况看，分税制通过收入范围的重新调整，把与产值、速度联系紧密的有关税收划为中央与地方的共享收入，可以改变地方政府单纯追求产值和速度的倾向，而把与经济效益密切相关的企业收入按行政隶属进行划分办法，可以促进地方政府狠抓经济效益。同时，克服了中央与地方之间互相吃大锅饭的不足。"(姜继增：《分税制可促进经济效益提高》，《中国财经报》1992年8月1日)

2. 认为现行方案有缺欠，理由是："分税制的涵义是：按照公平和效率的原则，明确中央和地方的立法权，建立中央和地方两个税收体系。"(陈国华、《分税制：理论与设计的探讨》，《税务研究》1992年第10期) 方国建 认为"实行分税制财政体制，不仅仅是税种税额的划分，还包括税收立法权的划分 。如果分税而不分税收立法仅，则将使分税制失去可靠的法律保障，从而会影响其作用的充分发挥，因此，中央税的立法权要归中央，地方税的立法权也要归地方。至于共享税，其立法权也宜划归中央，以维护中央对税收的统一领导。或者，也可以在实行分税制的前几年，将共享税的立法权划归中央，待今后条件成熟，再考虑逐步下放。"(方国建：《实行分税制财政体制应解决的问题》，《中国财经报》1992年1月4日)

四、推行复式预算问题

(一) 对推行复式预算的评价

1. 认为"从当前财政经济情况看，实行复式预算是必要的。(1)复式预算的编列顺序，是先编制经常性预算，并且要使经常性预算保持平衡，略有结余。然后再根据财力情况编制建设性预算，建设性预算要保持合理规模。这个顺序与经济建设与'一要吃饭、二要建设'的方针是一致的，如果在工作中能切实执行，对于防止经济建设中出现过热的状况将起到积极作用。(2)复式预算是将各项预算收支按经济性质，分别划入经常性预算或建设性预算，便于根据资金的来源分析各类资金的使用情况，有利于加强预算管理。(3)可以清楚地表现出究竟是哪个预算出了赤字，从而便于采取措施有目的地压缩支出，以减少赤字。(4)可以增强预算的透明度，便于各级人大代表审查，监督预算的编制与执行。"李慧中：《关于复式预算的几个问题》，《中国财经报》1992年2月19日)

2. 认为在我国实行复式预算达不到预期目的。"(1)在我们这样一个发展中国家，'吃饭'的需要与可能是一对难以解决的矛盾，正常性收入的增长是难以满足正常性支出增长需要的，即使有结余，若不稍加控制，也会被'吃饭'吃完。因此，在预算安排中，人为地将财政收支分为两块，其结果在预算上将出现各有各的打算，管基本建设的想要保证基本建设投资，管经常性预算的想要保证经常性经费支出，如果不能妥善处理，反而不利于贯彻‘一要吃饭、二要建设’的原则。(2)实行复式预算，用特定的预算收入保证特定的预算支出需要，在收支项目之间建立比较稳定的对比关系，在实践中难以真正贯彻。收支项目之间建立比较稳定的对比关系，类似于目前预算上出现的支出基金制，列收列支、固定比例，其结果使财政对整个收入分配失去了进行有效调控的万能，不利于资金的统筹使用。(3)实行复式预算可以较为具体的反映出财政赤字的原因和数字，也有点牵强附会，按照复式预算的思路，意味着今后财政出现赤字，其原因是建设性支出安排过多引起的。实际现在财政出现赤字的原因主要是企业经济效益还不高，财政亏损补贴负担重，分配关系不合理，财力分散，特别是过于向个人及预算外倾斜，财政支出结构不合理，机构臃肿，人员膨胀，皇粮支出不堪重负等等。因此，实行复式预算后，上述形成赤字的原因就消失了，显然是不可能的。”(陆华裕：《单式预算改为复式预算的探讨》，《浙江财税与会计》1992年第3期)

(二) 如何划分经常性预算和建设性预算的范围

1. **梅筱春**等认为“根据我国现行国家预算收支科目的经济性质和内容，把国家预算划分为经常性预算和建设性预算两个部分。经常性预算收入包括各项税收、企业收入和其他收入等。经常性预算支出主要有：各项事业费、行政管理费、国防支出、外交支出、公检法支出、价格补贴支出和其他支出等。建设性预算收入主要有：国家能源交通重点建设基金收入、债务收入、专款收入、基本建设贷款归还收入等。建设性预算支出主要有：基本建设支出、企业挖潜改造资金、增拨企业流动资金、新产品试制费、地质勘探费、支援农业生产支出、支援经济不发达地区的发展资金、简易建筑费、国库券还本付息支出、国外借款还本付息支出等。”(梅筱春、张声和：《谈谈复式预算的编制》，《财政》1992年第1期)

2. **甘耘**不同意上述划分方法，提出：“(1)从理论上看，实行复式预算是根据国家双重职能身份相分离的原则，不能将国家作为经济管理者所取得的收入与国家作为资产所有者所取得的收入相混淆，应将经常性预算作为国家经济管理者活动的客观基础，将建设性预算作为国家资产所有者活动的客观基础。(2)从现实来看，按上述方案划分复式预算，则1991年国家经常性预算收入占预算总收入的74.5%，经常性支出占总支出的59.9%；建设性预算收入只占25.5%，建设性支出占40.1%，从而形成经常性预算结余过多，建设性预算赤字较大的非对称状况。”(甘耘：《我国实行复式预算应注意的几个问题》，《财政》1992年第8期)

3. **于中一**等认为，“经常性预算的税收收入不能全部用于经常性支出，而且在项目划分时，就需要划出一块税收收入列入建设性预算的收入项目。理由是：(1)我国的建设性预算并不能完全靠债务收入来解决，而需要一部分税收收入和专项收入作为必要的补充。(2)我国还处于社会主义初级阶段，建设和发展的任务很重。因此，在保证正常的消费水平不断增长的条件下，应该从税收收入中多挤出一部分资金用于建设，而不能吃光喝净。(3)是硬化经常性预算约束的需要。经常性预算结余固然应转入建设性预算，但结余过多，久而久之，就会引发经常性预算支出的膨胀，因此，过多的结余是个隐患。”(于中一、陈穗红、周威、张晓云：《关于实行复式预算的几个理论问题》，《财政研究》1992年第9期)

4. **彭天喜**等认为，“(1)复式预算要求预算收支科目按经济性质设置，但现行的预算收支科目是按部门设置的，因而需要对现行的收支科目重新配置。(2)基建投资既有生产性投资，又有非生产性投资，目前在国家预算中，统一纳入一个‘基本建设支出’科目，可否考虑将基建投资按40%编入经常性预算，60%编入建设性预算。(3)企业亏损补贴分为政策性补贴和经营性补贴。两种亏损交织在一起，很难划分清楚，能否在年初确定预算时，给企业确定一个政策性亏损补贴数额，编入经常性预算，如果超过规定的数额，则为经营性亏损，作为追加预算，编入建设性预算。(4)企业收入既有政府作为管理者取得的收入，也有作为资产所有者取得的收入，应分别划入经常性预算和建设性预算。”(彭天喜、秦新锋：《编制复式预算需要研究的几个问题》，《财政研究》1992年第8期)

5. **何振一**认为，“建立复式预算的目的，并不单纯是为了便于考察各类资金运用状况，分清赤字的原因，而是为实现两种职能分开改革服务的。现行的将经常性预算与建设性预算分开的复式预算办法，虽然有其方便之处，但却很难完成调整财政职能的使命。在我国特定的条件下，要建立适应商品经济发展需要的复式预算体系，应当本着国家财政预算与国有资金预算分开，公共建设预算与经费预算分开的原则构造，即我国的复式预算至少应当分为财政经费预算、财政建设预算和国有资本金经营预算三部分。在条件成熟时，还要设置社会保障预算和财政政策融资预算。”何振一：《调整财政职能才能强化财政职能》，《中国财经报》1992年12月12日)

五、关于预算外资金

（一）对预算外资金含义的争议

1. **杜西南**等认为，“预算外资金是指根据国家财政、财务制度规定，不纳入国家预算，由各地区、各单位、各部门自收自支的财政资金。它主要包括地方财政部门管理的预算外资金、事业行政单位管理的预算外资金和国营企业及其主管部门管理的预算外资金三部分。”（杜西南、刘广荣：《重庆市80年代预算外资金运用状况分析》，《改革》1992年第1期）

2. **吕东**认为，“预算外资金是我们搞产品经济时的概念，即统收统支的概念。现在预算外资金的80%为专项基金，诸如大修理、折旧基金等，完全属于企业内部经营的资金，企业要用这笔预算外资金维持简单再生产。建议这个80%的维持简单再生产的费用今后不再列入预算外资金，并且无论如何也不能打它的主意，否则只能说是‘竭泽而渔’的思想在作怪。”（吕东：《发展经济、扩大财源、量入为出、节制开支》，《经济管理》1992年第1期）

3. **梁尚敏**认为，“预算外资金作为经济体制改革的产物，有其客观必然性。作为综合财政重要组成部分的预算外财力，要求有计划合比例地增长，引导其正确地使用，甚至建立第二预算等都是可供考虑的。但分解或取消预算外财力，将得不偿失，不符合改革完善的精神。”（梁尚敏：《我国综合财政发展战略的选择》，《财政研究》1992年第2期）

4. **宁学平**认为，“目前的预算外资金项目繁多，内容庞杂，按性质划分，并不都是财政资金，把它一律视为财政收支，只有预算内外之分，并不确切。”（宁学平：《再论综合财政问题》，《财政研究》1992年第10期）

5. **何振一**认为，“随着体制改革的深化，原有的预算外资金概念，已与新的情况很不相适应，很有调整的必要。(1)由于实行分灶吃饭体制，地方各级财政掌握的那部分预算外资金，已失去保留意义，而且还造成国家预算及地方预算的不完整，使一大块财政资金的运用脱离了预算管理，脱离了人民代表大会的监督。(2)部门掌握的那部分预算外资金，特别是各种基金，是与政府两种职能分开改革的要求相背离的，实行部门基金制，实质上是从另一角度强化了两种职能不分、政企不分的体制。(3)改革以来下放给企业自主支配的资金，从两权分离的角度来说，这种资金仍是所有者向企业的投资，在企业中已成为法人的产权，虽然所有权没变，但它已不再是财政性资金。因此，有必要全面调整预算外资金，对属于财政性的资金，应统一纳入国家预算管理，而其余部分则应分别纳入国有资本管理体系和纳入企业财务管理体系。”何振一：《调整财政职能才能强化财政职能》，《中国财经报》1992年12月12日）

（二）预算外资金如何管理才好

1. **张跃平**提出运用综合财政计划，实现预算内外资金计划的统一。”(1)要求预算内、外资金计划在做到各自平衡的基础上，达到整体的综合平衡，不打赤字预算或超支计划；(2)预算内外资金哪一方出现赤字或超支，将由综合财政计划进行调节。预算外资金的使用在大原则范围内，也要按照现行的预算内资金的开支标准、开支范围来执行，保证和预算内资金开支政策同步，避免预算外资金运转的偏轨。”（张跃平：《从四个方面搞好预算内外资金协调》，《中国财经报》1992年9月26日）

2. **刘冬生**等提出，“构建‘虚拟财政’的管理方法，把各部门、各单位的预算外资金虚设为财政资金，运用财政预算内资金的一整套管理制度、方式，程序等对其管理。(1)统一单位的预算外资金收入管理，将其纳入财政部门在银行专设的专库、专户（称之为第二金库、第二帐户），分单位分户头设置收入明细帐，编制收入预算。(2)统一支出预算管理，采取‘内外挂钩法’。将单位预算外资金支出与预算内资金支出挂钩。(3)决算编制比照预算内资金决算办理。”刘冬生、李志坚、姜华强：《管理预算外资金的对策》，《中国财经报》1992年10月24日）

3. **邓本宝**认为，“在预算外资金管理的现阶段，仅靠财政部门一家是难以管好预算外资金的，必须采取变通方式，利用政府行为，变预算外资金管理的主体由财政部门独家为政府牵头、财政、审计、监察、物价、银行等部门共同参与形成的一个综合性组织，并暂时分离财政，作为政府管理预算外资金的专职机构。”（邓本宝：《预算外资金管理要抓住四个重点》，《中国财经报》1992年12月2日）

4. **苗润生**认为，应“(1)正确划分预算内、预算外资金的界限。(2)建立健全完善的预算外资金管理规章制度。财政部门应实行宏观管理，建立一整套完善的预算外资金的来源、使用范围、监督检查、违纪处罚的制度，实行法制管理。(3)财政部门要严格执行检查监督制度。”（苗润生：《划清预算外资金范畴、加强宏观管理》，《中国财经报》1992年12月26日）

六、税负问题

（一）宏观税负高低之争

1. **陈恭义**等认为“我国税收负担的总水平是比较低的，1989年各项税收收入总额为2730.6亿元。占当年国民生产总值的17.4%。1990年的宏观税负为18.9%，而目前发达国家的税收占国民生产总值的比重一般都在30%以上，其中有些欧洲国家高达40%，甚至50%，发展中国家一般为20%左右。”（陈恭义、陈光平：《深化税制改革，实现公平税负》，《中国经济问题》1992年第3期）**包逸生**“以我国建国以来各个时期的国民收入增长速度和宏观税负的数据，引用拉弗曲线原理，采用数理统计学方法及41个国家和地区的数据，进行横向比较，得出相对应的宏观税负值在18—24%之间，认为我国宏观税负最纯水平应在23%以内。”（包逸生：《宏观税负最佳之间初探》，《税务研究》1992年第1期）

2. **黄宇光**等认为，“我国宏观税负水平和财政规模在目前发展阶段上仍然是较高的。(1)以80年代主要国家宏观税负比较，发达国家宏观税负总水平较高，是与其经济发展程度高、纳税人的负担能力强、政府承担了较多的公共服务及社会保障的职能相适应的。发展中国家宏观税负水平都较低。(2)以相同发展阶段上的各国宏观税负比较，我国的宏观税负水平也是偏高的。(3)以财政支出的结构比较，中国的财政规模比印度大，在大致相同的经济发展阶段上，日本的财政规模明显小于中国。”（黄宇光、阎彬：《当前我国财政收入比重若干问题的再思考》，《改革》1992年第5期）

3. **顾牧青**认为“衡量税负水平，要根据不同情况具体分析。(1)税负水平涉及到千变万化的复杂情况，我们在比较各国税负水平的时候，应该从实际出发，根据不同的情况作出比较恰当的选择。(2)关于税负水平的量化问题，最佳点如何选定，使之具体量化，还是一个尚待解决的难题。选择最佳点，实质上是一个选择最佳税率的问题，适度的税率不能单靠主观臆测，主要靠通过税率实际执行的反馈来判断它的高低，即通过税收反馈它对各方面产生的效应，全方位地加以综合分析，逐渐确定一个比较适度的税率。”（顾牧青：《确定税负水平，要统筹考虑全面衡量》，《税务研究》1992年第3期）

（二）企业税负高低之争

1. 认为“目前我国国营企业税收负担过重，致使企业无力进行自我积累、自我改造，严重影响企业的生存和发展。(1)从税种来看是一个‘多’字，1987年以前我国工业企业只交工商税，到1990年各类税种和基金已多达40种。(2)从税率来看是一个‘高’字，目前全民所有制企业所得税率为55%，调节税率为20～40%，加上能源交通建设基金、预算调节基金等税种，总计税率高达85%至95%，大大高于国外企业30%至50%的税负水平。(3)从企业的实际税负来看是一个‘重’字。我国国营大中型企业的盈利80%以上或80%左右都被国家征收了。”（何解定：《对国营大中型企业税收负担的思考》，《改革经济》1992年第3期）

2. 认为“国营企业不存在税负相对过重问题。单纯地从名义税率和税率结构本身比较，判断国营企业与非国营企业税负水平的结果，带有很大的片面性。一些国营企业活力不足的原因，主要还是其自身经营机制不完善和政府行政控制过多。”张晋武：《国营企业不存在税负相对过重问题》，《经济参考报》1992年7月28日）

3. 认为“公正评判企业税负的轻重，需要综合考虑特定时期的国民经济发展状况，财政与企业的承受能力等诸多因素。在纳税与上缴利润、各种合理或不合理摊派费用并存时，企业税负只是企业负担的一个组成部分，企业税负不能全面反映企业对国家的贡献。在国家财政十分困难和企业景况不佳的两难时期，增税或减税均缺乏现实可行性，解决问题的根本途径仍在于经济的有效增长。”陈敦厚：《对企业税负的理性思考》，《中南财经大学学报》1992年第4期）

4. 认为“国有企业负担主要重在社会保障负担和其它负担，社会保障是用以保障无收入或低收入的社会成员基本消费需要的。我国缺全独立的社会保障体系，本应由社会承担的保障功能绝大部分是由企业承担的。其它负担指摊派、收费、集资和罚款等负担，这类负担名目繁多，不胜枚举。”（王燕辉：《国有企业负担重在何处》，《财政》1992年第5期）

（三）社会主义税收负担是否存在转嫁

1. 认为“在以私有制为基础的资本主义社会，存在着税负转嫁问题，而公有制为基础的社会主义国家不存在税负转嫁，只存在税负最终归宿于谁的问题。”（俸导群：“试论我国税负归宿问题》，《税务研究》1992年第2期）

2. 认为“税负转嫁是流转税的内在属性，而不意味着税负必然要全部转嫁出去，即转嫁性与转嫁的实现是两个不同问题。”（益民：《谈流转税负担转嫁》，《中国税务报》1992年4月20日）

3. 认为“从社会总体上看，由于生产资料公有制的建立，国家作为全体人民的利益代表，它的征税从本质上说，只不过是在社会总产品分配中所做的一种社会扣除，取之于民，用之于民，当然也就不存在，也不可能发生转嫁问题。可是从微观角度来观察，国家所取得的税收，并不是从社会总产品堆积中取得，而是将社会扣除额，量化到各微观利益主体来实现，各利益主体出于维护既得利益，减轻税收负担之考虑，在客观上就形成税收转嫁的可能。在商品经济条件下，一切商品的实现都要通过市场，都离不开价格运动，一切同商品流转相关的税，都会被各微观利益主体看成是他的商品交换费用，只要条允许，它就会作为商品价格组成部分，用提高价格办法，把税负转嫁出去。”（何振一：

《关于社会主义税收转嫁的几个问题》,《税务研究》1992年第8期)

(孙蕴素整理)

金融体制改革

一、对金融体制改革的评价

(一)金融体制改革在整个体制改革中的地位、作用

1. 认为在前十二年的金融改革中，中国的金融体系及其运行机制发生了某些根本性变化；特别是金融机构的多样化、金融工具的创新和金融市场的发展,可使更多的储蓄转化为投资，许多企业及时得到了外源融资,从而使许多投资机会和盈利机会得到了实现,促进了经济增长和收入增加。中国的金融机构已发生了显著变化,这是无可争议的。但是,就金融体系促进社会资源配置这一功能而言，中国的金融改革还刚刚起步，90年代的改革将是实质性的，同时也将更复杂和更困难。(“中国经济体制改革的总体设计”课题组：《九十年代的中国金融体制改革》,《改革》1992年第5期)

2. 认为中国的金融改革已明显落后总体经济改革的步伐。其主要表现是：(1)国民经济实体部门中的许多企业已开始依赖市场，其经济效益已与其职工的个人利益挂起钩来，但是，作为与企业运营活动密切相关的银行,仍然实行着机关化管理,专业银行的企业化改革裹足不前,使传统体制下形成的政府对企业的“父爱关系”和银行对企业的资金喂养关系至今无法消除。(2)实体经济部门中许多行业的价格已处于半放开或大部分放开状态,但是,银行的存贷款利率仍然由国家严格管制着，资金低价与商品相对高价自然促生和加剧了微观资金需求的膨胀机制。(3)由于生产和流通领域的改革，商品的流动已基本上实现了供求关系和价格信号调节,但在货币资金分配中,因为国家各专业银行的系统管理体制，在各专业行资金大于规模情况出现时,常常出现资金划地为牢、即使闲置也不轻易向外系统拆借的现象,形成极大的浪费。(转引自王松奇、郑先炳:《全国中青年金融改革与金融市场问题理论讨会纪要》,《经济学动态》1992年第5期)

3. 认为现在的问题不是金融改革落后于总体经济改革，而是总体经济改革特别是企业改革落后于金融改革，其主要根据是：只有国营企业成为真正的企业，经营好的生存、经营不下去的倒闭,才有可能彻底割断国营企业对国家银行的资金依赖关系，而现在的问题恰恰是企业改革严重滞后，对于目前国营企业改革的现状来说,金融改革并没有落后(转引自王松奇、郑先炳:《全国中青年金融改革与金融市场问题理论研讨会纪要》,《经济学动态》1992年第5期)

(二)金融体制改革过程中的教训

在全国中青年金融改革与金融市场问题理论讨论会上提出三种看法

1. 认为前十二年金融改革最主要的教训是:(1)缺少明确的改革思路设计;(2)在改革战略方向的选择上只注意改良和修修补补，忽视了制度创新，因而，微观金融改革没有着手建立健全微观金融企业组织制度，宏观金融改革没有建造出既能实施有效调控同时又保持相当调节弹性的间接调控机制，开放金融市场则缺少应当作为前提的金融法律与制度。

2. 认为中国金融改革最主要的失误是忽视改革措施的配套与协调,而寄希望于单项突破。金融体系在运作上的主要问题是效率低下。

3. 认为十二年来金融改革遗留下来的问题主要有五个：(1)宏观金融调控乏力、缺乏有效性；(2)融资机制不健全，缺少平衡力；(3)银行经营与自身利益不挂钩，金融机构缺少活力；(4)金融立法严重滞后，金融活动缺少保障力；(5)金融改革的外部条件不完善，因此,金融改革缺少整体效应。转引自王松奇、郑先炳:《全国中青年金融改革与金融市场问题理论研讨会纪要》,《经济学动态》1992年第5期)

“中国经济体制改革的总体设计”课题组提出，过去中国金融改革是一种渐进型的，自上而下有计划推进的，所以一直处于政府控制之下。改革进程的停滞、不足甚至向旧体制复归的现象也十分明显。其原因在于：政治体制和意识形态方面的约束，特别是姓“资”姓“社”问题的困扰，过分强调了“中国特色”，排斥西方成功的先进经验和国际惯例，如证券市场的改革就出现争论和反复;受企业制度改革还未深化的制约，如在企业产权界定尚未明确，企业内部制约机制尚未健全的背景下,信贷债权、债务约束就不能硬化,银行业务方面的一些改革也就无法展开；受宏观政策指导思想的影响，受计划体制、价格体制、投资体制和财政体制的约束,使一些金融改革措施无法实行。比如：第一,中央银行的指导思想出现偏差。在市场趋向的改革大背景下,中央银行的一项重要任务 是力促金融市场机制趋于完善，不应借口市场发育不全而任意扩大自

己干预社会信贷活动的权力和范围。在1988—1990年期间，中央银行大大强化了信贷计划对社会金融活动的控制，在一定程度上阻止了金融市场机制的发育，特别是减弱了专业银行、金融机构的市场主体地位，从而使社会信贷活动背离价值规律运行，趋于畸形和扭曲。第二，我国各类金融机构始终没有完全摆脱作为政府附属机构的阴影。其中一主要因素就是现行人事任免制度下的"乌纱帽机制"。因此，各级政府、主管部门、中央银行对银行及其他金融机构的行政干预具有"职务"效应，这对宏观资金效益是有所影响的。在这一体制下，"官本位"居主导地位，银行信贷活动中的"政治风险"始终存在，一些金融机构负责人为了避免"政治风险"，不得不以增大"经济风险"来替代。第三，金融业垄断格局不但没打破，反而进一步强化，从而始终未形成规范化的竞争环境，使金融业的效率下降了。第四，金融市场的深化远远不够，地区封锁、金融工具短缺、证券市场发展滞后，使金融市场发展滞后于商品市场的发展，在一定程度上已经影响了我国商品经济的进一步发展。第五，利率的市场化改革基本上未触及，相反，计划利率管理大大强化。在前阶段改革中，利率作为资金的价格及资源配置功能远没有体现出来，反而受到一定程度的压制。第六，中央银行货币政策的独立性没有确定，这是受到政治体制因素影响的。第七，信用结算方面票据化改革半途而废。由于在1989年受到"三角债"问题的干扰，错误地取消了原定的结算改革，强令恢复了体现产品计划经济的"银行托收承付"方法，事后不得不又从头再来一次改革。第八，部分短期应急措施长期化，意味着旧体制复归。例如："现金管理条例"至今不撤销，阻碍了商品交易活动正常进行；"工资基金管理"，银行凭劳动部门核准的工资基数才付给企业工资性现金，至今还在实施；对城乡信用社的贷款规模控制，也有长期化趋势。第九，金融监管一直以行政命令为主，以中央银行文件为主，没有法律制约，没有走上法制监管的轨道。第十，保险业的改革一直是个薄弱环节，在前阶段改革中不重视，现在矛盾突出又来不及了。（"中国经济体制改革的总体设计"课题组：《九十年代的中国金融体制改革》，《改革》1992年第5期）

二、金融机构改革问题

在这个问题的讨论中，主要是提出一些雷同看法，虽有差异，但争论焦点并不突出。

（一）金融机构改革的方向

1. 认为中国在改革初期并没有设计一个什么蓝图，要设立什么机构。近年来设立的金融机构都是随着经济发展的需要而产生的。比如信托投资公司、城市信用合作社、证券公司等等。也有的金融机构明确是作为改革试验而产生的。根据中国国情，还是以专业银行为主体，允许少量业务交叉，另外搞一点综合业务银行。（牧之：《关于中国金融体制改革的若干问题——"中国金融体制改革国际研讨会"观点综述》，《经济学家》，1992年第1期）

2. 认为我国未来的金融组织体系，应该是在完全独立产权基础上适应社会主义市场经济发展的，包括不同规模、类别齐全的八大类金融机构群体：1. 为数不很多的大商业银行；2. 区域性或地方性商业银行；3. 国家政策性银行；4. 城市信用社；5. 农村信用社；6. 非银行金融机构（信托公司、证券公司、财务公司、租赁公司）；7. 中外合资或外资银行；8. 各类不同性质的保险公司。上述新架构的金融机构将有四个特点：(1) 所有制形式多样，国有制、股份制、合作制 (2) 分业制体系，即银行业、证券业、投资业、信托业、政策性金融业等从机构上分开；(3) 这些金融机构均是企业，不具有宏观调控职能，平等竞争；(4) 大、中、小机构同时并举。（"中国经济体制改革的总体设计"课题组：《九十年代的中国金融体制改革》，《改革》1992年第5期）

3. 主张建立地方银行，或把分散在各地的专业银行分离出去一部分建立地方性银行。建立地方性银行后各专业银行不一定要在同一城市都设立分支机构，对非金融机构，要灵活些。应该看到，我国是一个地域辽阔，人口众多的大国，应因地制宜，允许各省根据具体情况，在统一原则的前提下，实行不同的经济、金融政策。现在全国各经济部门都走上了有计划的商品经济的轨道，唯独在金融方面仍按产品经济模式的要求，不准地方搞金融、办银行，这是否合适，值行深思。当然，货币是个宏观问题，让地方办银行，搞金融，中央银行如何控制，我们还没有这方面的经验，在没有看准之前，应在小范围内试验，实事求是地总结。（王志：《金融体制改革讨论会观点评价》，《经济学动态》1992年第7期）

4. 主张把专业银行办成独立的商业银行。认为那种把专业银行既当成执行国家产业政策、对许多经营不善的国营大中型企业履行"救死扶伤"义务的政策性银行。又当成追求盈利的商业性银行的局面不能再继续下去了，已经到了非改不可的程度，改革的基本方向是企业化。具体办法是，几大专业银行首先把政策性业务和经营性业务分开；然后对不同业务采取不同办法进行核算与管理，政策性业务专户核算，银行因经营这类业务发生的亏损或少获得的利润在应上缴利润中扣除，经营性业务可以采取系统承包或地区分片承包两种办法，并由银行自由选择，以此办法把专业银行改造为全能化的商业银行。(王松奇、郑先炳:《全国中青年金融改革与金融市场问题理论研讨会纪要》,《经济学动态》1992年第5期)

5. 主张专业银行企业化。认为专业银行企业化改革之所以没有取得实质性进展,并很容易退到计划管理的传统体制上去,就是因为专业银行企业化改革中没有进一步把产权定位问题提出来。产权定位解决了,专业银行的一些经营问题就很容易解决。专业银行的企业化,如果仅仅是给自主的经营权的话,这个改革还是半市场化的,还不能解开中央银行与专业银行、财政与银行、计委与银行之间的连裆关系,不能使中央银行相对独立,也不能使专业银行真正企业化,变成市场的主体。关于如何进行改革。他提出以下几点:一是几大专业银行是否具体再分一下工,看哪个干脆承担政策性贷款职能,哪些进一步转化为市场经济中的商业银行,不再承担作为国家银行的一些责任?或者把一两个大专业银行化解为若干地方银行?二是能不能通过股份化方式,解决产权不清、政企不分问题?在此基础上,把政策性贷款与经营性贷款区分开来,做不到这一条,要求银行提高自身的经济效益和贷款的质量,是无从谈起的。三是如果现有的专业银行无法向单一的市场经济主体转化,能否扩展类似交通银行这样一些股份制银行,使我国市场经济中能形成几个大的名副其实的商业银行,让其按市场规律经营,使银行的竞争真正搞起来。如果我们一方面不能在专业银行企业化方面迈出实质性步伐,另一方面又不愿放弃现有国有银行对资金市场的垄断地位,金融体制改革就不可能真正取得成功,货币政策的宏观调控也就没有一个不用行政手段的经济调控的金融基础。(李晓西:《社会主义市场经济条件下的货币政策》,《改革·增长·货币政策》中国金融出版社1992年11月版)

(二)中央银行的独立性问题

1. 主张通过立法,确定中央银行独立的、与财政互相制约并不受限制、依赖的体制,形成财政与中央银行从不同角度宏观管理和协调国家经济的格局,彻底改变"大财政、小银行"的旧体制。(郝丽萍:《强化我国中央银行的宏观调控职能》,《天津金融月刊》1992年第8期)

2. 主张中央银行是相对独立的。中央银行的相对独立性,可以概括为:政策的正确和保证执行。中国的许多政策,制定时不见得不好,但有的政策执行不了。中央银行和政府的关系应当是既独立又有合作。在中国,如果整个经济管理不转向以间接调整为主,单纯解决中央银行的独立性问题是不可能的。(牧之:《关于中国金融体制改革的若干问题——"中国金融体制改革国际研讨会"观点综述:刘鸿儒的发言》,《经济学家》1992年第1期)

在内部讨论中还有人说,中国人民银行做为中国的中央银行,但它同时又是中央政府——国务院的部门序列的组成机构。因此,它既要独立负责制订和执行宏观货币政策和信贷政策,同时要受中央政府宏观经济政策的制约,这种制约还包括由国务院批准发布的国家计划和国家预算的制约。按目前的情况,除了中央银行各分支机构可以与地方政府完全脱离,中央银行要完全脱离中央政府系列,而独立于其它经济管理部门之外是不现实的。因为,我国中央政府所担负的组织国家经济的职能就决定了,国务院必须加强对金融活动管理的职能,有最终确定宏观货币政策和调节措施的任务。但是,仅仅把中央银行作为国务院一般的部门序列中的一个成员是不够的,中央银行在执行货币政策时,要有相对独立的职权。因此,可行的中国金融体制,就要设计出一个既能适应中央政府政策要求、调节决策,又能保持中央银行相对独立地行使货币政策职能,对政府决策有一定约束力的金融管理体系。

三、社会资金分配关系扭曲的原因

在一次讨论会上提出两种看法:

1. 多数人认为,社会资金分配关系的扭曲,主要是财政银行关系不顺造成的,主要表现在:(1)企业亏损财政不补,基本建设铺底流动资金财政不拨,导致大量信贷资金向财政领域流失,成为财政的附庸;(2)财政内部"职能分解",中央财政收入累退,行业大包干肢解了财政的职能,行业的财政行为替代了财政的整体行为,导致财政资金体外循环,但财政事权未相应转移,日益陷入困境,被迫挤占银行信贷资金;(3)财政包干体制顺应了短期经济改革的需要,但也留下了相当大的问题。尤为突出的是,由于各地方财政承担地方经济发展的任务,一方面,千方百计少交中央财政,另一方面又对辖区内企业分摊任务,使一些企业被压得喘不过气来,而与此相对应,财政包干也留下了相当大的缺口,导致苦乐不均;(4)财政赤字预算成为经常性做法,但未认真考虑过弥补途径,往往以银行借款或透支办法加以解决,信贷资金自主经营的余地愈来愈小。

2. 也有人指出,导致社会资金分配关系混乱的根本原因在企业机制方面,因为企业被赋予国有性质,尽管维系了公有制的表面形式,但也隐藏了许多深层次的问题,尤其是承包经营过程中,承包主体、承包责任、承包期满后发展后劲问题均未落实,产生了资金分配关系的不顺。具体表现在:(1)企业自补流动资金制度制度尽管已有明确规定,但缺少自补的动力与压力,而银行统管流动资金则恰好迎合了企业自补不足向银行转嫁的需要,统管变成了统包;(2)我国固定资产折旧率本来很低，与飞速发展的技术革新是不相称的，承包企业为了保基数，还进一步少提甚至不提折旧基金，有些企业还将价格上涨过程中的资产谥价部分上交财政或增加向个人的分配，不仅严重影响了固定资产的重置，而且相对于生产资料价格的上涨而言，仅有的流动资金也不断贬值；(3)企业重视外延的扩大再生产，借国家改革过程政策不配套的缝隙，盲目扩张基本建设规模，“钓鱼”项目越来越多，配套流动资金压力越来越大，银行日益陷入服从流动资金补偿的境地，择优发放贷款余地越来越小；(4)为迎合政府对速度的偏好，企业重速度、轻效益，生产结构长期得不到矫正，产品积压现象不断蔓延，“三角债”越欠越多，极大地影响了资金的利用，也破坏了资金的重新有效配置。（周月秋：《中国金融学会“金融体制改革发展战略研究会”第七次理论研讨会观点综述》，《经济学动态》1992年第3期）

四、融资模式问题

1. 强调直接融资。认为改革以来，直接金融发展较快，但在社会总融资量中的比重仍然很低。直接金融的风险是分散在众多投资者身上，体现投资者自我判断、自担风险的机制。另一方面，企业承受的直接压力大，负债约束强，相比而言更注重资金效益。间接金融的所有风险都集中在银行身上，在中国特别是集中国家专业银行身上。由于中国产权界限不明确，国有企业与国有银行之间的负债约束不强，银行就要承受更大的风险。既不利于信贷资金的使用效率，也不利于银行业的稳定。还认为，改革开放以前，我国的融资模式可以概括为“国家积累为主、国家运用为主”。这样一种融资模式，窒息了广大居民社会主义劳动的创造性和积极性，结果是“低成本、低增长、低效益”，即社会资金交易成本低，经济发展速度低，整体经济效益也较低。目前，融资格局发生了变化，可以概括为“居民积累为主、国家运用为主”。即由于国民收入分配格局发生了很大的变化，居民储蓄已成为建设资金来源的主渠道，通过金融的中介转移到经济建设中去。但由于这一转移过程基本是在国家计划形式下予以分配，国家的计划又需顾及方方面面的需要，国家承担的负担太重，出现的结果是“高成本、高成长、低效益”。即积累方式以居民为主，资金交易成本必然大幅度提高，但是由于国家在资金的运用上包的太多，承诺太多，企业运行机制未转换，相反在整体经济效益上不是高了，而是低了。改革的方向应是在融资模式上向“居民积累为主、市场运用为主”模式的转化。国家主要保证能源、交通、原材料等基础产业和基础设施的资金筹措与运用，让一般的加工企业、普通企业的资金需求，主要通过市场解决。在一定的经济增长和货币供应前提下，放手让其在市场中竞争。优胜劣汰，保证有限的资金向高效益企业流动，从而促成整体经济效益的提高。（“中国经济体制改革的总体设计”课题组：《九十年代的中国金融体制改革》，《改革》1992年第5期）

2. 强调间接融资为主，认为，现阶段的基本思路应是在坚持间接金融为主的前提下，搞活间接和直接金融市场。金融市场是资金交易的场所。金融市场的发展格局无疑客观上受资金流量格局制约。金融市场应以间接金融为主。间接金融市场，主要指金融中介者的市场。在我国银行作为金融中介主体的情况下，间接金融市场主要指银行同业拆放市场，商业银行对商业票据的贴现市场、中央银行的重贴现市场等。我国目前的问题是资金短缺，而在资金的使用上又极容易分散。为了便于集中社会有限的资源，用于最需要的地方，国家必须能够控制资源的流向，这样在资金融通格局上，就不能太放手。日本70年代中期以前，经济建设取得令人瞩目的成绩，一个很重要的原因是政府对新兴产业的发展给予了强大的支持。而政府所以能够对经济施加强大的影响，其前提条件之一是当时日本的金融格局是以间接金融为主的。世界上许多经济发展很快的国家，并不是依靠直接金融市场的开放才奏效的。我们并不排斥直接金融，并且充分肯定直接金融的作用，但是同时不应迷信直接金融。应在坚持间接金融为主的前提下，搞活直接金融。（戴根有：《90年代中国的金融问题及金融体制改革》，《经济研究》1992年第6期）

3. 主张采取直接融资和间接融资并举的融资机制，是建设具有中国特色金融模式的理想抉择。新中国成立以来，人民储蓄长期稳定增长，有力地支持了国家经济建设和发展的资金需求。同时，我们应当看到，作为一种信用工具，储蓄具有不稳定性。且通过这种信用方式用于经济建设，一旦通货膨胀预期加剧，便基本没有回旋余地。另外，金融资产过于单一，银行资金需求压力过大。目前企业自有流动资金普遍不足20%，绝大部分生产经营资金依赖银行货款解决。使得银行信贷收支失衡矛盾进一步拉大。最后，间接融资是资金供给制条件下的产物，它更多地体现了计划经济模式下资金集中和分配关系，在这种资金条件下，很难打破在资金上企业吃专业银行的大锅饭、专业银行吃中央银行的大锅饭的体系。因此，有必要大力培育直接融资和间接融资市场，使两个市场紧密联系、互为补充，逐步建立起一个高效、完整、灵活的金融体系。（武捷思、童颜：《我国融资方式存在的问题及解决途径》，《金融时报》1992年3月9日）

五、利率问题

1. 主张相对稳定利率。认为八十年代以来我国的利率政策基本上是失效的。其根源在于现阶段我国经济对利率缺乏弹性，不具备利率杠杆有效调节的基本条件；决策者不能对利率寄希望太大，现阶段金融宏观调控仍应以信贷规模和再贷款为主。金融调控由直接型向间接型转化当然是方向，但转化点不是利率，而是金融市场；近十年来不断调整利率水平，但现实经济决定了利率水平实际上的不可调。因此，今后应保持利率水平的相对稳定，以免造成混乱。（郑安国：《论利率杠杆失效》，《中南财经大学学报》1992 年第 1 期）

2. 主张先由国家统一控制，然后逐步市场化。提出要实现利率市场化、资金商品化并不是件容易的事情，主要是目前价格还没有理顺、企业的经营机制转换还没有完成，专业银行也没有实行企业化经营，因此，当前利率调整、货币发行、贷款规模仍然要由国家统一控制。下一步，金融系统要根据党的十四大精神，加快金融的改革步伐，以适应社会主义市场经济体制的要求。（《李贵鲜谈当前金融形势及金融改革》，《经济日报》1992 年 11 月 6 日）

3. 认为我国应尽快着手利率市场化改革。第一，放开直接融资（主要是各类债券）的利率限制，由发债主体自行决定；第二，在全国统一货币市场基础上，形成真正的同业拆借市场基准利率，中央银行以贴现率、公开市场业务等手段影响该利率；第三，中央银行只控制中央银行存贷利率、个人储蓄存款利率，其他利率可以全部放开；第四，建立符合市场利率的计息方法，或计息方法由企业、银行自行决定。还提出，应该承认，在前阶段金融改革中，我国利率水平的逐渐提高对动员储蓄起了很大作用，即储蓄的利率弹性已显示出来。但是，利率水平提高并不意味着利率市场化，高水平计划管理型利率结构仍然是排斥市场机制的。例如，中国的贷款利率就不能反映资金供求实际情况，企业的贷款需求仍对利率无弹性，使得利率在资金配置和调节投资结构方面不能发挥作用。高利率吸收来的储蓄，由低贷款利率水平上的信贷计划来分配贷款，而不是通过信贷市场上供求双方根据风险等因素决定的利率来分配贷款，这本身就是一种扭曲的利率体制。这种状况已经对中国金融改革产生不利作用：当利率不能作为银行经营自主权的砝码时，银行的风险资产管理机制也就不能完善；在宏观上，利率调节资源（资金）配置的功能不存在，全社会无效资金占用就会越来越多，由此而造成的资源浪费不可弥补。虽然前阶段金融改革躲过了利率市场化，并试图以提高利率水平和有控制浮动来局部替代利率市场机制，但利率市场化终究是一国金融改革不可逾越的阶段。特别是在金融市场、金融创新进一步发展，证券市场进一步深入，个人投资选择的自由化，市场利率机制必然在经济中形成，就如同商品市场价格必然突破计划价格而发挥主导作用一样。（“中国经济体制改革的总体设计”课题组：《九十年代的中国金融体制改革》，《改革》1992 年第 5 期）

六、建立适应社会主义市场经济的金融调控体制

一年来，在加快金融改革步伐，建立适应社会主义市场经济的金融机制方面，遇到许多新情况、新问题。

1. 如何在新的形势下协调货币政策与财政政策这两种调控手段的关系问题。**黄达**认为，这些年我们谈宏观调控手段问题，主要的注意力实际是集中在货币供给这个方面。因而对宏观调控作用大小的认识，也主要涉及这个量的变化对于经济运行的状况能够控制到何种程度的判断。改革开放以来，不论提法是市场调节、是市场机制、还是市场经济，反正都意味着直接计划的成份要缩小。那么，谁来填充计划管理这个真空？恰好，宏观调控这一观念引进来了，于是宏观调控系统和调控机制成了计划系统和计划机制的替补。由于我们的思路一直习惯于直接的计划管理，所以很容易就像理解直接计划管理发挥作用的力度和方式那样，去理解间接的宏观调控，即自觉不自觉地要求宏观政策也能直接地、立竿见影地实现对的经济的调控，或者换一个说法，总是把宏观政策所能发挥的作用估价得过于简单、过于直接。现在在金融学界，既肯定金融手段的调控作用，又肯定它的作用有其限度的观点，可以说已逐步确立；对于它的作用，其核心是依存于市场，认识得也越来越明。又如，宏观调节中的另一重要工具财政政策，应该怎样认识它，怎样运用它，怎样实现它与货币政策的协调配合？创建宏观经济理论的凯恩斯特别寄予希望的是财政政策，而我们却有些置诸宏观调节的视野之外。但在西方市场经济中，财政作用还是人们进行宏观调节的极其重要的方面，往往还被放在首位。那么我们的问题出在哪里，恐怕值得想一想。并且从宏观角度看，国家财政的支出也是经济的“启动力量”，缺之不可。财政要是继续萎缩下去，只靠金融系统是独木难支的。有的同志不赞成过去那种财政决定一切的机制，一味主张它的作用越小越好。但如果没有“度”的分析，甚至认为只凭金融这根擎天柱即可，那未免有点跟着感情走的味道了。（黄达：《认真推进宏观分析的理论建设》，《财贸经济》1992 年第 10 期）

2. 关于金融宏观调控模式问题。**刘光第**认为，我国改革开放以来，金融宏观调控已由直接调控向间接调控过渡，但是间接调控还很不完善，直接调控仍不能

不起一定的重要作用。在供给型的间接调控方式中,基础货币控制不住;在需求型的间接调控方式中,金融市场又很不健全,利率杠杆难以发挥作用。因此,不论单独实行哪一种调控方式都存在不少问题。审时度势,还是实行货币需求和货币供给双向调控模式,比较适合我国情况。在双向调控模式中,又应将控制基础货币放在首位,将放开市场货币置于从属地位。为此,就需要:(1)改进基础货币调控的制度基础。我国今后融资方式仍应以间接融资为主,直接融资为辅。坚持以间接融资为主,就必须改革现行的银行体制,为改进基础货币的调控提供制度基础。当务之急,首先要求健全中央银行。它必须具有相对独立地制定货币信贷政策的职能,强化货币意识,以保卫货币为首要职责。只管宏观,不与商业银行争业务,加强对外汇外债的管理和平衡工作,要明确银行与财政的职能分工,要灵活运用存款准备金率、再贷款、再贴现率以及公开市场业务和窗口指导等货币政策手段,调节贷款规模、结构和货币流通。随着改革的深入,中央银行的直接规模控制应趋于最终取消。其次,发展综合化、多功能的商业银行和其他多种金融机构,改造国家专业银行,重组竞争性的微观金融组织,即把专业银行的自主性(商业性)业务与指令性(政策性)业务分开。前者改成商业银行经营,走完全企业化的道路;后者改成为政策性的长期信贷银行,执行国家产业政策和指令性计划。(2)培育金融市场。(3)加强对利率杠杆的运用。利率改革的重点在于完善差别利率,实行不同产业的不同利率;适当提高贷款利率和储蓄存款利率;在保持中央银行的基准利率为基础的条件下,逐步放开市场利率。(4)建立双重产权结构,使企业成为法人产权的主体。总之,金融双向调控的主体是健全的中央银行,调控机制是利率杠杆,传导机制是大批商业银行的存在,中介机构是金融市场,微观基础是企业改革。(刘光第:《关于建立货币需求与货币供给双向调控模式》,《改革·增长·货币政策》中国金融出版社 1992 年 11 月版)

3. 适应市场经济要求的宏观金融调控内容。**周正庆**认为,随着社会主义市场经济的发展,我国宏观金融调控的内容将主要集中在这样几个方面:(1)中央银行在继续加强对信贷总量调控、确保货币发行权、信用总量调控权由国家统一掌握的同时,要更多地运用市场机制,运用各种经济手段,增加间接调控的比重。要进一步加强货币供应量的统计监测制度,建立和完善货币政策预警系统。要抓紧转换专业银行的经营机制,面向市场,为搞好宏观金融调控打下扎实的基础。(2)进一步完善对贷款限额的管理。今后要从侧重对信贷的数量管理,转向对信贷数量及质量并重的管理,在继续实行贷款限额管理的同时,逐步推行信贷资产的比例管理和风险管理,要因地制宜地借鉴国际银行管理的经验,制定衡量贷款风险大小的标准,用以考察贷款质量,强化银行的自我约束力。(3)加强对基础货币的管理。人民银行向社会提供基础货币的渠道主要是:对金融机构的再贷款、再贴现;外汇、金银占款;财政透支借支;人民银行专项贷款。要想严格地控制基础货币的吞吐,就必须控制好这四条渠道。从资金运用的性质讲,除外汇、金银占款外,其余三项资金的运用都与国家的政策性任务有关,因此,控制好基础货币的关键是要处理好宏观经济管理体制问题:一是要处理好财政政策与货币政策的关系,逐步把弥补财政赤字和政策性筹集、融资推向市场,变目前中央银行被动地供应基础货币逐步发展为利用市场机制灵活吞吐基础货币。二是建立合理的外汇储备制度,减轻外汇储备变动对基础货币以及货币信贷总量调控的影响程度。三是逐步理顺政策性贷款与非政策性贷款的关系。今后,可考虑建立低息政策性贷款的贴息制度。四是积极培育市场机制,逐步形成具有相当深度、广度和弹性的国债市场,为中央银行进行公开市场操作创造条件。(周正庆:《关于中国宏观金融调控的几个问题》,《金融研究》1992 年第 11 期)

4. 关于贷款规模管理改革的取向问题。**许健**认为,在确立改革宏观金融调控机制和方式时,现实经济中双轨制的特征、旧体制的残余制度和框架,使我们不得不慎重地考虑对贷款规模管理方式采取渐进的方式改革。其设想是:(1)取消贷款规模管理全年亮底的作法,将贷款规模作为目标的依据。(2)允许各家专业银行运用自求平衡的资金经营,将其贷款换算成应控制的贷款规模汇总管理。(3)新增贷款部分实行直接分配制度。在规定的贷款增长幅度内可通过中央银行分配一部分新增贷款给专业银行。如超过规定的增长幅度时,中央银行有权将其超额储备全部划转到特种存款帐户(无息)以此来控制总量。(4)废除指标和资金两条线调控体系,逐步过渡到调控资金。总量控制的规模不作为直接操作对象。(5)积极研究公开市场业务,搞好相应的配套改革,争取条件尽快以公开市场业务吞吐基础货币调节货币供应量。(许健:《规模管理的体制属性及改革方向》、《金融研究》1992 年第 12 期)

5. 关于发展消费信贷问题。**陈彩虹**认为,消费信贷对于宏观经济运行有很大的良性推动作用,而且对通货膨胀也有着一定的约束作用:(1)消费信贷是对于消费者的信贷,这一点奠定了消费信贷对于生产与流通的正确引导作用的基础。由于消费信贷是直接从消费者出发,它是明确地满足消费者的意愿的力量,会对社会生产和流通产生正确的引导作用,为保证经济运行的正常与协调打下基础。相反,银行对生产者(或是商业经济组织)提供的信贷,由于与消费者的消费需求愿望之间存在着一个中间环节,如果生产者和商业组织对于经济运行的形势发生主观上的判断失误,或是当某些经济信号失真时,银行和生产者、商业组织就很容易步入岐途,导致生产、流通与社会需求的脱节。从一定意义上讲,在一个发达的商品经济社会中,如果没有消费信贷,宏观经济的运行很难是优化的、合理的。(2) 消费信贷将消费者消费行为与信贷的发生紧密相联,不会发生消费与生产、流通的脱轨情况。如果说,消费信贷的对象是消费者为消费正确地引导生产与流通奠定了基础的话,那么,消费信贷将消费行为与信贷过程紧密相联,就使正确地引导生产与流通得以实现。(3)消费信贷总体上受制于城乡居民的收入水平,它一般也不会引发通货膨胀。消费信贷从形式上看是一种超前的消费支出,但是,从整体上看,城乡居民的消费信贷是受制于货币收入的,由此决定了消费信贷不会引起通货膨胀。由于货币收入量上的限制,使得社会并不会出现过量的货币去追逐少量商品的格局,因而它不可能成为通货膨胀地直接起因。(4)消费信贷随即而来的是城乡居民的实质性消费,因此,这是一种现实的消费力量,不会由于消费信贷形成消费品的储备,从而防止了消费行为的陡然性变化,使消费的需求平稳化,进而保证整个经济运行的平稳化。(5)消费信贷也是一种很好的银行贷款种类,是银行分散风险,争取较好效益的一个重要方面。当然,这并不意味着消费信贷的量越大越好,事实上,它也有一个量上适度的问题。陈彩虹:《消费信贷论》,《金融研究》1992 年第 4 期)

6. 关于发展金融市场模式问题。讨论中,人们从不同的角度阐述了我国发展金融市场的模式问题。**刘光第**从直接融资和间接融资的关系角度分析了金融市场的模式。股票市场是一种直接融资方式,银行信贷是一种间接融资方式,在发达的商品经济条件下,必然存在这两条融资渠道。对我国来说,我们应吸取日本经济起飞时期的经验,以间接融资为主,直接融资为辅的模式。其理由:(1)间接融资符合商品经济不甚发达的条件。直接融资要求信息灵通,市场机制灵敏,信用制度发达,人们判断能力强。现在,这些条件,在短期内,我们还不具备。(2)间接融资便于宏观调控。我国要建立以公有制为主体的股票市场,加强金融宏观调控是社会主义金融一条基本原则,而间接融资比较能实现这一目标。(3)间接融资可以减少社会震荡。在条件不具备时,过早过快地发展股票市场,容易引起社会震荡。(4)间接融资符合我国人民储蓄习惯。而且从融资机构看,现在我国银行用较低存款利率吸收大量资金支援建设,是一个特殊有利条件,而当前急于发展股票市场,放弃有利条件,恐怕在战略上是一个失误。(刘光第:《为发展股票市场创造条件》,《金融研究》1992 年第 6 期)

周建松认为,中国金融市场模式选择,既不能选择"内在自发型"模式,即金融市场适应国内经济发展的客观要求,以国内资金为主要财源,自发形成;也不能选择"外在扶持型"模式,即以国外或境外资金为主要财源,由国家采取各种开放政策进行扶持;更不能实行金融抑制政策,采取"金融抑制型"模式。而应该按照"立足国情,博采众长,融合提炼,自成一家"的方针,选择"兼容深化型"模式。它的含义是:(1) 国内金融深化和发展,是金融市场形成和发展的客观基础。国际经济对国内经济的影响,是形成和发展金融市场的重要的外部条件。(2) 发展金融市场所需要的资金,是以通过国内金融的深化动员和筹集国内资金为主,同时又要适当地利用国外资金。(3)我国金融市场本身应该是一个各个市场综合协调,全方位拓展,相互推进的市场结构体系,任何一个子市场一花独放都是不现实的,也是不可能的,其内容包括同业拆借市场、票据贴现市场、政府债券市场、企业债券市场、股票市场、外汇市场、黄金市场等等。(4)政府通过制订一系列的优惠和鼓励政策,推动和促进金融市场的发展。(6)我国金融市场的发展要充分注意借鉴和吸收西方发达市场经济地先进和成熟经验,切实注意国际惯例和中国特色相结合,把改革和开放相统一的思想贯彻到市场融资上去。周建松:《发展我国金融市场的模式和策略》,《金融研究》1992 年第 9 期)

(郑 理、赵一新整理)

股票市场问题

一、对股票市场发育过程的总结

1. 认为股份制试点是有领导的逐步开展起来的。其依据是,1987 年 10 月,党的十三大报告指出:"改革中出现的股份制形式,包括国家控股和部门、地区、企业间参股以及个人入股,是社会主义企业财产的一种组织方式、可以继续试行。"这以后,各地股份制试点企业迅速增多。1989 年以后,根据治理整顿的要求,股份制试点着重完善提高。1990 年 5 月国务院批转国家体改委关于《在治理整顿中深化企业改革的意见》,

提出区别三种情况，继续搞好股份制试点的方针：一是企业间相互参股、持股的股份制要积极试行；二是企业内部职工持股的股份制不再扩大试点，凡是已经搞了的，要完善提高，逐步规范化，特别注意不得变相扩大消费；三是向社会公开发行股票的股份制，在上海、深圳两市进行配套改革的试点，不再铺新点。1990年12月十三届七中全会通过的《中共中央关于制定国民经济和社会发展十年规划和"八五"计划建设》中提出：要逐步扩大债券和股票的发行，并严格加强管理。……在有条件的大城市建立和完善证券交易所。"1990年11月和1991年4月，上海、深圳两市先后经批准开办了证券交易所。乞今为止，从整个证券市场来看，主要是债券市场，股票市场所占的比例很少；在股票市场上，公有股是处于主体地位的。(刘鸿儒：《关于我国试行股份制的几个问题》《人民日报》1992年6月23日)

2. 认为股份制是被："发现"了。具体讲，即1983年，随着企业经营自主权的下放和拨改贷的实行，企业自身开始有了筹措资金扩大再生产的需要与可能。股份制被发现和应用了。但直到1984年12月以前，这类股票总额虽有10多亿元，却都不是现代经济意义上的股票，因为已不能上市流通。1984年12月，由上海市人民银行批准，上海工商银行信托投资公司静安证券业务部成立并由它向社会公开发行了飞乐音响公司的股票，这是国内第一次公开发行可以上市流通的股票。两半以后，经中央批准，上海和深圳又分别开设股票交易所试点。到此时，证券市场上的主要商品股票，终于确立了它的合法地位。(陈灏、德明：《有了证券市场，就要有证券法律》、《经济参考报》1992年4月19日)

3. 也有人把我国股票市场的建立和发展概括为两个阶段；第一阶段从1984年到1989年，其特征是(1)股票市场鲜为人知，当时的股东占居民的比例较小；(2)上市挂牌的公司少；(3)交易量少；(4)价格只在票面上下轻微波动，没有大起大落。第二阶段是从1990年初至今，其特征是：(1)具有典型的操作性；(2)交易量剧增，股价猛升。从这两个阶段的情况看，中国的股票市场基本上是按着发展中国家相同的方向发展。(潘正彦：《我国股票市场的实证分析及展望》，《金融研究》1991年第5期)

二、股票市场存在的问题

我国股票市场尚处在初创阶段，存在着一系列急需解决和完善的问题。对这些问题人们从不同角度作了概括。

1. 认为我国股票市场的主要问题是不够规范。这主要体现在以下几方面：①证券形式不够规范化，没有固定的规范化标准，其基本要素也不完善，以致股票与债券难以实际区分，股票投机还本，债券分红等也较混乱；②发行非市场化现象极为普遍，在我国，筹资人把新发行的证券直接卖给投资者的做法是极为普遍的，并基本上是通过银行单一进行的，这就无法体现市场行情的需求变化，其调节经济的功能也就无法实现；③发行与流通不配套，一、二级市场无法有机地衔接起来，其发展规模也极不平衡，出现两头热，中间冷的状况。1990年夏，上海、深圳出现股市奇热，但市场流通不畅、信息交流渠道过窄、供求关系严重失衡，是上海股票奇热以及股价在短期内暴涨的主要原因，由此引发出的黑市场交易猖獗、投机诈骗行为增多也就不足为奇了；④证券交易机构不健全、人才匮乏，缺乏统一领导，大批应在证券柜台上成交的股票在黑市上做成了，"证券黄牛"从中渔利。上海静安证券业务部1990年8月份股票交易额1 575万元，9月份下降至1 094万元，10月份又下降到700万元，根本原因就在于机构不健全。(陈灏、德明：《有了证券市场，就要有证券法律》，《经济参考报》1992年4月19日)

余根钱亦认为，目前全国各种类型的股份制试点企业中，规范的股份制形式所占的比重很少，大多数存在有不同程度的变形和走样，其主要表现是：(1)财产关系不明确，国家股缺乏最终所有者，无人负责，企业股五花八门，甚至由职代会、工会持股；(2)股东利益不平等，分配关系紊乱，内部职工股大多既取息(股息进成本)，又分红，且分红率高，而国家股则不分红或无保证；(3)股权约束软化，有些股份制企业没有开过股东大会，没有设立董事会，或者股东大会和董事会名存实亡；(4)股票债券化，不少股份制企业规定职工股可退股，风险机制未体现出来；(5)原有资产评估不准确；(6)未摆脱政府部门的干预。股份制在变形和走样以后，其作用就会偏离最初的设计。因此，如果无视股份制改革中出现的变形和走样，空谈股份制对转换企业经营机制的作用，或者空谈可以达到政企分开的目的，是没有多少意义的。(余根钱：《股份制走样的原因及其正负效应》，《经济研究》1992年第9期)

2. 关于股票供求严重失衡问题**王维安**认为，我国股市狂涨暴落的根源在于股票供求总体严重失衡，因而要发展股票市场，平稳股市，必须从供给和需求两方面入手。目前，我国股票供应总的情况是股票供给远远要小于股票需求，因而股价水平呈上涨趋势，但也不排除因某一特殊原因出现较长时期的股票需求小于股票供给。因此，从供给方面看，壮大股票市场就是要增加股票的上市数量。这有三种办法：一是对已经上市交易的股票增加上市数量，在当前就是要想办法允许公股上市。有人担心，公股上市会使公股流失转化为私股。

其实这种担心大可不必，因为公股抛出所得的收入仍归公家所有，把这部分收入如果用于建设，仍然是公有资产，如果再去用于购买别的股票，那仍然是公股。而且，通过公股的抛出买进不但用活了公家的钱，而且还能起到调控股市价格的作用。二是对已经发行但至今尚未上市的股票要创造条件为其提供交易市场。这又有两种情况，一种情况是已发行并且够得上进交易所交易条件的股票要尽快组织力量为其上市；另一种情况是已发行但不够入交易所上市条件的股票要为其流通提供出路，办法就是开辟股票场外交易市场。在国外股票市场发达国家，股票场外交易比场内交易还多。三是增发新的股票。到目前为止，我国股票发行累计也不过50亿元左右。其中大多还是不能上市的不规范股票。这些数量相对于当年的国民生产总值来说几乎是微不足道。再从股票需求看，股票需求是制约股票供给的一个因素，因此，扩大股票需求比扩大股票供给更为重要。（王维安：《从供给和需求两方面发展我国股票市场》，《财贸经济》1992年第2期）

3. 关于股票市场的发展速度问题。**赵海宽**认为，现在的速度不够快，改革的步子应放大点，思想再解放些，实行股份制的速度是否比现在再快些。实行股份制，从本质上说，是保护国有资产。因为股份制不可能损耗国有资产的，把国有资产转化为股权，仍属国家所有；把国有资产卖给股民，国家可以拿这些钱新办工厂，这只是改变了形态，国有资产并没有减少。现在的问题是，如何利用股份制的优势，使国有资产发展壮大的更快、更多一些；是放在那里不流动呢，还是在流动中去发展壮大，即在动态中去保值、增值呢，还是在静态中保值、增值。国营企业变成股份制后，经营机制改变了，不但不亏损，还能盈利。如果是基于这样一个认识，那么快一点有什么不好，每个省允许有几个试点，甚至允许1—2个公司的股票上市。这样，既可加深认识，也可取得经验。（赵海宽：《关于股份制的几个问题》，《金融研究》1992年第9期）

但是，**黄朝翰**认为，中国的股票市场发展得太快、太早了。目前，中国的股市也许是世界上最不成熟的。股价指数水银柱般的上升悄然掩盖了它的基本缺陷：首先，现有的深圳和上海证券交易所缺乏明确的方向和目标，中国政府依然把它们作为一种“试验”。第二，中国股市依然是在“半是传统、半是改革”的特殊的宏观经济中运行，价格严重扭曲。在这两个证券交易所挂牌上市的公司企业，并不是真正的市场经济下的企业，依然没有竞争压力，因此这些公司企业所谓“利润”的高低就没有多大的实际意义。更为严重的是，这两个“试验性”的股市，是缺乏一些最必须的制度性前提的条件下发展起步的，例如缺乏规章和管制。甚至直至现在，这两个证券交易所迅速发展后，许多基本的前提要求，如规范的会计程序、独立的审计制度，都没有建立起来，也没有概念明确的有关产权、破产、公司明朗度和公众揭露等方面内容的证券法。因此，上海、深圳证券交易所同其他新开张的股市相比，更易受投机者操纵、控制。总之，中国处于萌芽状态的股票市场，要使它成为有效率的市场还有很大的差距，它不可能成为中国经济改革过程中的关键环节。目前中国股市的蓬勃发展只能使过热的经济火上浇油，加剧通货膨胀的趋势。对中国来说，要把新兴的股市发展成富有活力的资本市场，甚至需要比其他发展中国家更多的时间。可以预料，中国股市的发展进程充满着艰难曲折。（黄朝翰（新加坡教授）：《对中国股市热的冷静思考》，《财贸经济》1992年第11期）

4. 我国股票市场发展中存在着深层次矛盾。**陈明森**认为，我国股市发育中的深层矛盾有四：(1)扩大股票发行与企业股份制改造滞后的矛盾。近年来我国股票发行规模偏小，就是受到企业股份改造的慢变量约速。其原因除了在思想上对股份制性质认识模糊，而造成行动上犹豫不决外，还与现行的企业管理体制密切相关。目前企业体制改革，往往从既得利益出发，对财产约束较弱的经营方式具有特殊偏好，而对以增强产权硬约束为目的真正股份制，必然产生极大的排斥力。因此，依靠企业现任的厂长经理实现国营企业的股份制改造必然步履艰难。而且还可能使这种改革形式离谱走样，变为既可以满足企业的投资饥渴，又不会增加财产约束的公司债券。从企业主管部门看，也担心企业实行股份制后中断了隶属关系，造成肥水外流，因此也必然对此抱有排斥、抵制心理。(2)股市规模的扩大与信用膨胀的隐患。目前我国地方企业新发行股票一般用于基本建设投资项目，从而潜伏着投资规模扩张引致信用扩张的危险。(3)股票市场发育与货币市场发育的矛盾。一般说，证券市场对货币数量的需求与货币市场对证券市场的资金供给必需保持某种均衡关系，证券市场才能有效率地运转。然而从我国目前看，货币市场深化并没有取得足够的进展，表现为：银行尚未真正实行企业化经营，缺乏完善的风险——利益机制；银行存贷利率是限制性的管理利率，对货币资金的供求变化缺乏充分的敏感性和弹性，无法通过利率水平的变化，调节储蓄与购买证券的比较利益，以平抑证券市场上货币资金的供求关系。在这种情况下，贸然先行资本市场深化往往事倍功半。(4)股票发行市场发育与股票交易市场发育的矛盾。目前股票交易市场发育滞后，发行市场与交易市场的运行机制存在着明显的摩擦，造成股票发行价格与股票交易价格差距过大（如上海上市股票平均盈利率为184倍，而新发行股票的市盈率仅为20倍左右),股票发行价的潜在收益,必然刺激社会对新发行股票的购买狂热。我国股市发育中的深层矛盾,决定了全国股市发育成长的复杂性和艰难性。其对策:一是把企业推向资本市场,刺激股市供给;二是培育证券投资机构,鼓励机构投资者入市交易;三是强化对股票市场的监督管理工作。(陈明森:《中国股票市场发育中的困境与出路》,《财贸经济》1992年第7期。)

5. 还有些人从更具体的层次分析了我国股票市场上存在的问题,认为我国股市的运作上存在着"五多五少"的情况。"五多"即:①年轻的投资者居多,据上海调查,参与买卖股票者,40岁以下的占68%,50岁以上者只占3%,②短期入市者居多,据上海调查,参与股票交易者,一年以上占25.4%,三年以上占7.1%,而半年者却占45.78%;据深圳调查,在1989年入市者占13%,1990年入市者占23%,1991年入市者占48%,1992年入市者16%。③中小投资者多,据上海调查,投资额低于5万元者占90.97%,其中5千元以下者又占26.49%。④公职人员作为投资者居多。据深圳调查,股民的结构状况是:干部占79%,工人占16%,待业者占5%。⑤排队入市者居多,而且每次交易都要排队两次。"五少"是:①上市公司的数量少,截止目前,上海有23家、深圳有18家上市公司,共上市A种股票41种,B种股票17种。②上市交易的额度少,能在证交所交易的多是个人股和部分法人股,国家股不能交易,这样在二级市场上股票面额只占发行股票总额的30%左右。③长期持有者少,据在深圳调查,约有91%,采取短线和中线投资,只有9%的股民投资方式是长线。④分散投资者少。入市者的金融资产持有取向趋同,有91.21%的喜欢股票,仅8.79%的人员持有债券。因此,在股票投资中,有54.01%的人不持有债券。投资集中,风险也比较集中。⑤有遭受损失的思想准备者少,据调查,自称从事股票交易以来从未亏损者达78.47%,这使很多人缺乏受损失的思想准备。以上这种状况使股市周转率大,价格波幅较大。(曾康霖:《股价波幅之大,国际上前所未见》,《经济学消息报》,1992年12月3日)

三、进一步完善股票市场的若干问题

目前,对如何进一步完善和发展中国的股票市场,多数人士的看法是一致的。概括起来讲,从整个股市看,是适度放宽股票上市的限制,一定程度扩大股市交易市场;进一步健全证券市场管理的有关法规;加强对股市、股票知识的宣传工作。从发行市场看,对已发行的股票进行清理和登记;增强上市股份制企业,扩大股票发行及供给量;有计划、有步骤地发行B股,促进现有股市向国际化发展。从交易市场方面看,国家对股市交易的管理应由行政手段管理向经济手段管理过渡,加强对股市交易的宏观调节,国家股应适当投入市场;股票交易应由分散过户向集中过户过渡,要建立并完善证券管理机构、经营机构;还要重视培养股票经营人员以及股市管理人员。(《首届"中国股市发展与中外股市比较研究会"广州卫星会议讨论述要》,《改革时报》,1992年4月21日)

下面就两个比较敏感的问题做一述要。

(一)关于"公有股"入市的问题

1. 一部分人认为,对于一些国营大中型企业可先进行法人相互交叉复股、持股的股份制试点,待股份制运作取得一定的经验后,逐步走向公开。这是因为,股票市场还处于试验阶段,股份制经济发展需要相应的经济条件。目前,我国实行股份制的6000家企业,能公开向社会发行股票的仅占2%。大多数国有企业实际亏损面为74%,让这些企业保证股息分配要高于银行存款利息更是无从谈起。那么谁又会去购买亏损企业的股票呢?(《关于近期股票问题讨论综述》,《经济学动态》1992年第6期)也有人认为,我们现在发展金融市场的目的是把仅让国家承担投资风险,转变为让各种经济实体都来承担投资风险,股票债券能够得到高收益,是因为它有高风险。可是,现在各地都要求股票上市,注重的并不是项目的效益,而是想通过发行股票得到钱。试想,在国家独资时,项目没有效益,那么现在以国家的信誉为担保和向老百姓筹措资金,就能有效益?实际上这样风险会更大。当一个国营企业经济状况恶化时,我们都不敢宣布它破产,你敢对千百万股民宣布它破产么?这样搞下去很危险,危险之处在于国家引入了这个东西并没有引入它的机制。总之,我们现在的首要任务是解决深层次的矛盾,注重机制的转换和管理的规范化。(《专家学者座谈金融体制改革》,《金融研究》1992年第6期)

2. 认为国有股应与其它股权一样,可以转让和交易,否则将使国有股处于"沉淀状态,无法通过证券市场规避风险或实现增殖,同时难以形成对股权市场的主导影响,最终也损害国有股权利益。但对下列两种情况,要经国有资产管理部门或报有权批准的政府部门审批,一是将存量国有资产折股出售给国内非国有经济成分和外商,二是国家控股企业国有股权转让改变国家控股地位。至于允许国有股上市交易和转让、卖给个人,则意味着企业的一部分生产资料要归私人所有的问题,这些同志认为,股份公司不应限定财产来源,只要是合法的,均可入股参加。股份制既不是私有制的专利,也不是公有制的专利,它对于混合所有制的商品经济是普遍适用的一种企业制度。承认私有制的合法性是改革不能回避的一个重要问题。为此，有必要修改宪法，使私人生产资料所有制与公共生产资料所有制具有同等合法地位。（《中国股票市场发展战略研讨会综述》，《经济学动态》1992年第9期）在内部讨论中，还有一些人明确提出，要建立国家股、法人股和个人股的统一市场。在这个市场上只有一种价格，国家可以通过公有股的出让或对个人股的受让进行国有资产的重组。公有股入市，还会有平抑股市波动的作用。譬如，目前上海和深圳的股票上市量不到其上市公司股本总额的一半，股票供不应求，市价远远高于股票的理论价值。谁能买到原始股，谁就肯定能发财。这一方面把一部分公有经济应得的创业利润转移到少数个人的手中，另一方面，会使股市波动过大，过于脆弱。如果把一部分公有股陆续推出，溢价出售，那么，一方面国家可以取得相应的利益，另一方面也增加了股票供给，缓和了供求矛盾。由于目前巨大的供求矛盾不可能一下子解决，出售公有股的所得会高于正常的创业利润，多出的这部分资金可作为股市平准基金，当股市供过于求时，用于扩大股票需求，取之于市，用之于市。当然，建立统一的股票市场，还有一系列操作上的问题需要解决，如由谁来代表国家运作国有股，如何防止国家作为大股东操纵股市，使普通股民受损等等。这些都是必须以法律形式明确的问题。但是无论如何，建立国有股、法人股和个人股的统一市场，是我国股市发展的方向。（王东梅、王克明：《关于公有制股入市的一些思考》，《经济体制改革内部参考》1992年第22期）

（二）关于"上市股票"与"不上市股票"的关系

1. 内部讨论中认为从发展方向看，似有必要从严控制上市股票的发行，适当鼓励不上市股票的发行。其依据是，根据国外经验，股票能够上市的公司占全部股份制企业的比重很小，如比利时这一比重不到千分之一，而目前上海试点中大多为上市公司，不上市公司却很少。一般来说，发行一种新的债券或股票，在其进入证券市场之前，必须对其进行严格的审查，不具备资格的，绝不能允许其进入证券市场。从上海市股份制试点的情况看，目前各方面对上市股票的发行积极性很高，投资者对其投资收益其实并不关心，而之所以对股票的需求量很大，股票的投机收益大是主要原因。（王卫星等：《改进股份制与证券市场管理势在必行》，《经济研究资料》1992年第2期）也有些人认为，机构入市不能太滥，又不能全无，所以机构入市的问题不在于机构本身，而在于我们缺乏规则。投机性的机构入市会搅乱股市，规范化的机构入市则能平稳市场。我们应当制定一个规则，严格选择和审批入市的机构，严格控制机构数，使机构不能随便进，也不能随便出，在保留机构优先权的同时，要让其负担一定的责任，市场下跌时必须承接，上扬时必须抛出，这样才能保证市场的平稳。（万朝领、峰谷：《当前深圳股市的趋势与问题》，《特区经济》1992年第1期）

2. 内部讨论中认为目前只有不断扩大股票有效供给。才是解决"股份热"的最好方法。即对符合公开发行股票、公开上市交易股票条件的公司迅速批准，不要拖延，更不能用计划配额的方法来人为限制股票上市规模、上市数量、上市品种，防止出现新的不平等和加剧供需矛盾。（李幛喆：《深圳股市风波后的思考》，《经济体制改革内部以参考》1992年第18期）。也有专家认为，目前中国只允许上海、深圳两市搞公开发行股票并上市交易的股份制试点。海南、福建、广东允许公开发行股票但不搞上市交易的股份制试点。不上市交易，就意味着可以搞柜台交易。在证券市场发展初期是应该多发展一些店头交易，但是从西方国家股票市场发展的经验看，店头交易比交易所带来的问题更多。因此中国在店头交易发展的过程中，一定更及时制定规划，完善相应法规，使股票市场的发展尽快走到规范化和法制化的轨道上去。另外，在上述5省市以外的其他省市，应允许搞企业内部职工持股的股份制企业，这也是一种非上市企业，是上市前的准备阶段。对这类企业内部职工持股的范围及股票流通的办法都应有明确规定。对准备上市的公司来讲，这是一种过渡形式，而不应该把它搞成和上市交易股票并存的一种固定形式。否则，会带来更多的问题。（《日本专家谈中国证券市场建设和股份制的发展》，《经济体制改革内部参考》1992年第13期。）

（三）关于是否要开办新的证券交易所

1. 暂时不能在其它城市设立。这主要是因为上海、深圳两个试点交易所成立不久，许多方面有待完善，试验任务并未完成。将来中国设立几个证券交易所，也不能按行政区划建立，而必须全国统一布局，它主要决定于两个因素：一是商品经济、股份制企业和证券市场的发展水平；二是通讯等科学技术装备的水平，通讯越发达，市场交易活动越集中。（刘鸿儒：《关于我国试行股份制的几个问题》，《人民日报》1992年6月23日。）

2. 认为我国不需要再建新的股票交易所。其依据是外国有二、三百年的股市，但股票交易所却相当有限，象美国有二、三百年的股票市场，但股票交易所也相当有限。我国股市建立不到10年，有两个股票交易所已属高速发展了。因此不应再建新所。

3. 内部讨论中认为应增设新的证券交易所。虽然持这种观点的同志中，有些是出于为本地区利益着想的动机。但也有些人是出于其它原因。如有人认为，中国是一个很大的国家，目前又处于证券市场的发展初期，不可能只有两家交易所。交易所的大小和多少不应当是行政规定的结果，而是在证券市场的发展中，经过竞争逐步演化而成。但是，不管交易所设立多少，其设立必须是有根据的，首先要有法律依据。建立交易所不应是行政的意愿，而应是证券市场发展的结果。法律要明确规定交易所建立的各种条件。建交易所的目的是为了增资和筹资，而不是为了炒钱。如果没有一定规模的上市企业，建交易所就没有意义。因为上市企业少，上市交易的股票规模不足，供求就会严重失衡，这样，股价涨得太高，远离实际价值，经济就变成了“泡沫经济”；发展下去，股市必然要发生崩溃，潜在问题很严重。其次，建交易所的地方，柜台交易应首先达到一定规模，证券公司有一定的数量，这样才会产生建交易所的内在需求。建起交易所以后，业务的开展和代理才有物质的保证。再次交易所的建立应该和证券市场管理体系配合起来。交易机构和监管机构必须同时发展。中国的证券公司多数是国家公司，而不是股份公司，这样就等于国家在为证券公司承担风险。中国目前还是一个发展中国家，财力还不够，用钱的地方还很多，有多大能力承担这种潜在风险，是一个值得研究的问题。最后，公认会计师制度、证券评级机构等也应在交易的建立之前有一定发展。还有一点要说明，如果只有两家交易所，尽管行政上可以控制，但在中国目前交通、通讯都不很发达的情况下，困难也很大，并且柜台交易发展到一定程度，也只有建立交易所，才能使证券逐步走向规范化、法制化。但绝非是说一个省建立一个交易所。(《日本专家谈中国证券市场建设和股份制的发展》，《经济体制改革内部参考》1992 年第 13 期)

4. 从更具体的层次上规划建立新的证券交易所。认为我国有理由，也有能力在近年内再建两个股票交易所，即中部的武汉或成都，北部的天津或沈阳股票交易所。其理由是：①从地区经济状况来看，上述四个城市大多资金不足，而各所在地区的人均收入、物价水平及储蓄存款在全国来说都比较高，说明这些地区具有发行、交易股票的个人闲置资金。此外，随着内地交易所的建立，“B股”也会在内地公开发行上市，这就可以从很大程度上避免内地因远离沿海而较少吸收到外资的困境。②从市场竞争的公平性来看，一方面，为了获准建立股票交易所，上述四个城市自然会先行展开一系列的竞争，完善各自已有的证券机构、市场；另一方面，新建的交易所也会与已有的交易所展开新一轮的竞争；此外，对不同地区的居民来讲，大家基本上都可能在本地或附近地区买到股票，“沉浮”股市，公平竞争，充分体现市场经济条件下，人人机会均等的原则。③香港将于 1997 年回归祖国，那时，香港与深圳的隔阂会基本消失，恒生指数极有可能“吞并”掉深圳指数，深圳股票交易所在激烈的市场竞争中将有可能被淘汰掉，出于此，在中部或北部增设交易所也是必要的。一旦这个设想成为现实，我国将形成一个包括北部、中部、南部都有的梯级股票市场。(李荷宝：《应让市场取代计划，高效地配置资源》，《经济学消息报》1992 年 12 月 3 日)

(漫　江　赵一新整理)

流　通　体　制　改　革

一、我国流通领域的主要问题及原因

经过 12 年的改革开放，到 1992 年流通领域却仍然存在一些问题。比较突出的表现在流通体制不顺和流通产业仍然比较落后两个方面。现行流通体制方面的问题，有人概括为 (1) 商业、物资、外贸部门“三分天下”，国内贸易与国际贸易脱节，生产资料与生活资料流通割裂。(2) 地区封锁、划地为牢，各部门、各地区、各行业自成体系，分散管理，造成行行、层层设库，中转环节多，流而不通。诸侯割据，行业垄断，排斥异己，保护落后。价格多轨运行，人为因素多，价格扭曲。行政干预多，市场管理不能规范化，其结果是流通运行不畅，整体经济效率低下，制约改革开放的进程。(《流通体制改革调查之一》，《中国物资报》1992 年 9 月 7 日)

谢明干认为，我国流通产业仍然比较落后主要表现在：一是条块分割，自办流通，互相封锁，市场支离破碎，形不成开放的、统一的体系。二是市场秩序混乱，贿买贿卖、假冒伪劣、偷税漏税猖獗。三是一物多价，计划内外价格倒挂，使合理配置资源、管理市场、疏通流通困难很大。四是流通渠道不畅，环节多、周期长，库存大，买难卖难，迂回、相向、空载运输普遍。五是流通企业缺乏活力和实力，官商作风严重，市场观念淡薄，经济效益低下。这些问题不仅损害了流通产业本身，而且影响了工农业生产和整个国民经济的稳定发展。(谢明干：《论我国流通产业落后的原因和对策》，《上海物资经济》1992 年第 2 期)

关于我国流通领域仍然存在着上述问题的主要原因，**柳随年**认为：第一，长期以来，有许多人患有比较严重的“市场恐惧症”。经济上，他们对市场的积极作用看得不够，消极作用看得过重；政治上，把商品经济等同于资本主义，因此不敢放心大胆地发展市场。第二，在我国“重生产、轻流通”的思想较为严重。长期以来，没有正确认识流通在现代商品经济和社会发展中的重要作用。无论是经济发展战略的确定，还是经济体制的构造，都没有充分发挥流通的作用和潜能。第三，严重缺乏在现代商品经济中建设市场的知识、经验和人才，更缺乏一整套从产品经济向商品经济转变时期建立市场、发展流通的正确战略。改革开放以来，我们强调价格改革和企业改革，这对于尽快冲破旧体制的束缚，是很有意义的。但这些改革到一定阶段后，没有适时地把更为深层的流通改革、市场建设放在突出位置，这使价格改革和企业改革或者很难进一步深入下去，或者硬往前走就出现混乱。（柳随年：《加快流通改革步伐　推进经济市场化进程》，《改革》1992年第4期）

二、流通在国民经济中的作用

谢明干把流通在国民经济中的作用概括为联结作用、引导作用、稳定作用。(1) 联结作用。即联结生产与消费，实现生产领域中创造的价值和使用价值，完成再生产过程中的价值补偿和实物替换，使再生产过程得以周而复始地循环进行。(2) 引导作用。流通为生产者提供产品品种、质量、数量、价格等方面的信息，为生产者创造竞争的环境。特别是在供求关系缓和的情况下，流通引导生产者采用新技术，开发新产品，调整产品结构。(3) 稳定作用。流通联系广大企业，流通稳定与否直接影响到企业的正常生产和经济的稳定增长。流通是国民经济的调节器，可以缓冲、承担生产领域的风险，特别是作为流通的主渠道和蓄水池的国营流通企业，可以通过吞吐物资，来调节供求、平抑物价，达到稳定市场、保证正常供应的目的。（谢明干：《我国流通产业落后的原因和对策》，《改革》1992年第2期）

刘维明针对传统的生产决定流通的观点，提出：流通对生产也具有决定作用。随着商品经济的发展和生产社会化程度的提高，流通对社会经济发展的作用愈来愈大，对生产起保证、促进以至决定的作用。这是因为商品生产是为了交换而进行的生产，在任何不是为了直接满足生产者自身需要的生产中，产品都是作为商品来流通的。没有商品交换、没有商品流通，就失去了商品生产的意义。而且，商品流通的扩大，反过来又刺激和促进商品生产的发展。在商品经济发展的条件下，往往是先有订货后有生产；先在流通中反映需求，才有生产的开始，再也不是生产什么卖什么的时代了。因此，生产越是走向规模化、社会化和现代化，就越依赖于市场的开拓和流通的扩张。（刘维明：《加快流通体制改革步伐》，《人民日报》1992年4月15日）

申道镒认为，流通对生产的决定作用还可具体表现在它能组织生产少数流通企业凭借其实力和声誉，在部分地区、部分商品的经营中形成一定的垄断。这种状况必然导致流通企业渗入生产企业，进而部分控制生产直至参与组织生产。渗入可以是在产销的品种、数量、价格等方面达成一定的协议；部分控制可以是对生产企业注入一定的资金，对其经营管理实施有限度的控制；组织可以表现为对陷入困境的生产企业通过股份公司形式或直接收购、兼并等方式使之完全纳入自己的企业体系中，然后按照流通企业的需要来重新组织生产。（申道镒：《试论流通对社会经济发展的作用》，《商业经济研究》1992年第10期）

蔡宁林认为，流通在国民经济中的作用不能只从流通与生产的关系上去看，还应从流通对分配、流通对消费诸环节上全面把握。流通对其它的三个环节都能起能动的“调节作用”。流通的调节作用主要表现在：(1) 调节生产。个别的生产只有通过流通和交换，其产品才能实现价值和使用价值，否则这种生产就不能继续进行。所以我们把经过流通交换使企业的私人劳动、个别劳动转化为社会劳动的过程称之为“惊险的跳跃”。不论是个别生产，还是全社会的再生产，都会把流通交换作为检验和调节其生产的关键一环。(2)调节分配。流通对分配过程起着重要的调节作用，其中，最重要的是调节利润分配。随着经济发展质量的提高，增加了利润的途径，从过去主要依靠第一利润源泉即增加产量、提高劳动生产率和依靠第二利润源泉即开拓市场、强化销售，越来越转向依靠第三利润源泉的挖掘，即流通对分配过程的能动调节作用。(3)调节消费。随着各种信息传播技术的发展，生产者在市场上被动接受消费者检验和选择的情况在很大程度上转变成为市场上通过广告宣传等促销手段日益影响着消费者的选择。（蔡宁林：《如何正确看待流通产业》，《经济日报》1992年5月26日）

三、流通领域计划机制与市场机制相结合的问题

高尚全提出了商品流通中计划与市场有机结合的途径与方式。(1) 改变计划管理的实现方法。随着改革的深入，指令性计划应逐步改为用经济的办法，实行国家或政府订货，执行合同的主体不是政府机关，而是承担国家任务的企业。国家不再通过行政命令或向企业直接分配实物来保证国家任务的完成，而是国家提供保证条件，企业依照法规自主签订合同，保证国家任务的完成；按照等价交换的原则，价格不再是扭曲的，而

是合同双方都能接受的价格；合同具有法律约束力。(2)区别情况分类管理。政府对商品流通的管理可采取的方式有：①流通渠道与价格都放开。国家管理主要体现在保障竞争的公正性、合理性、有序性。这类商品主要是资源与需求替补弹性大，供求大体平衡。②流通渠道与价格都管住。这类商品主要是受自然资源约束大的稀缺商品，非竞争性行业。这类商品的价格虽然由国家制定，但也要考虑价值规律。③国家只管渠道不管价格。这类商品主要是不宜竞争或者是为了保证国家财政收入，如烟草、中草药等。这类商品渠道的管理主要在批发环节，零售环节可以放得宽点。④国家只管价格不管渠道。主要是价格变动对生产与消费影响比较大的商品。这类商品一般实行倒扣作价，由于零售价不宜经常变动，批发和出厂价格也随之管住了。要根据不同商品流通实行不同的管理方式，管理手段要从行政办法为主向法律管理为主转变。(《深化流通体制改革 加快市场体系建设步伐》，《国际贸易》1992 年第 5 期)

关于计划机制与市场机制在流通领域的结合程度，**李瑞华**等认为，应根据经济周期的不同阶段，针对不同情况，对计划与市场灵活运用和倾斜。如：在经济恢复和调整时间，流通秩序较乱，重心可适当向计划调节移动；经济发展健康、稳定时期，重心可适当倾向于市场调节。在供求极不平衡、通货膨胀严重的环境下，可增加计划的比重，甚至诉诸必要的行政控制；在社会供求相对平衡或供略大于求，流通中购销两旺的宽松条件下，可相对减少计划的比重。不同的计划期或同一计划期不同阶段，要分别不同的流通环境和市场状况，经济发展任务有别，背景有别，可相应调整流通领域计划与市场的结合度。(《流通领域计划经济与市场调节相结合的构想》，《商业经济研究》1992 年第 3 期)

李国勤认为，应按经济发达程度不同的地区，分别掌握计划调节与市场调节的力度。在经济发达地区的商品流通过程中，要过多的应用市场调节手段，适当的应用计划调节，确保商品流通的社会主义方向和市场的活跃。在经济不发达地区的流通过程中，可采取强计划、弱市场的结合调节方式。因为这些地区生产力发展层次较低，流通手段落后，商品供需矛盾突出，如果一味强化市场调节职能，不但带来生产、流通上的盲目性，造成重复建设、产品积压、生产停滞，流通受阻，影响国民经济的总体运行方向。只有在强化计划调节的前提下，有计划、有步骤地发展多种经济成份，多种经营方式，多条流通渠道，才能稳步、高起点、高速度地发展不发达地区的商品流通。(《对建立我国商品流通计划经济与市场调节最佳结合模式的探讨》，《兰州商学院学报》1992 年第 2 期)

纪良纲从流通环节的角度分析计划调节与市场调节结合的理想模式，主张加强批发环节的计划性，基本放开零售环节，通过批发环节的制约和影响，实现整个商品流通过程的协调发展。由于批发和零售商业在市场运行中具有不同的作用，对增强整个商业体系的市场波动的抗逆性也占有不同的位置。根据不同的环节控制商品流通，实行国家指导下的批发贸易，充分发挥批发环节在稳定市场、稳定物价、保证国民经济协调发展方面的重要作用，既是我国建立和发展社会主义商品经济的宝贵经验，又是某些发达国家对商品流通进行宏观管理的重要启示。(《计划经济与市场调节在流通领域的结合点》，《财经科学》1992 年第 2 期)

有人认为，流通领域计划调节与市场调节体现在商品上是：对关系国计民生的重要商品如生活消费方面的粮油和重要工业原料的棉花、钢材、石油等实行强化的计划管理，严格宏观调控；对自然资源和技术性资源约束程度较大的商品，如木材、某些稀有金属、各类中药材等实行较严格的宏观控制；其他宜开展市场竞争的商品一律采取放开、自由经营措施。对强化计划管理的重要商品也应遵循价值规律，使价格符合价值。对这些商品应明确各环节的销售价格，所有经营者必须一律执行，并使所有双轨价格向这一价格靠扰，最后消除多轨价格。(《计划经济与市场调节相结合在流通领域的实践》，《商经学会简报》1992 年第 7 期)

从所有制上看，我国的流通企业主要有全民所有制、集体所有制、个体所有制和其他非公有制经济。**靳俊喜**等认为，对全民所有制商业应慎重掌握指令性计划的种类、程度，加强指导性计划运用，适当放宽市场调节的范围；对集体所有制商业，则可在必要的指令性计划前提下，重点运用指导性计划和市场调节；对个体商业和其他形式的商业应以市场调节为主，辅之必要的指导性计划调控。(《流通领域计划经济与市场调节相结合的构想》，《商业经济研究》1992 年第 3 期)

四、流通模式的问题

姚成海认为，与社会主义市场经济相适应的商品流通体制的目标模式，主要应包括的内容有：(1)以国有流通企业为主体，呈多元化、竞争性的流通格局。不论是国有、私营，还是“三资”企业都应明确产权关系，具有自主企业制度的法人或自然人，在市场中平等竞争，共同发展。国有流通企业占多大比重，不是人为地用数量概念来确定，而是由生产力发展水平来决定，在竞争中发挥主导作用。(2)建立竞争性的市场组织，包括商品市场体系和生产资料要素市场体系。形成市场化价格机制，并使由供求关系和竞争形成的价格，成为权衡成本与收益，协调市场主体利益的基本尺度，也是市场运行的基本参数及信号，据此引发的商品和资源在各部门、各企业之间的自由流入与流出，是必不可少的。(3)形成建立在公平竞争的市场秩序基础上的良好的市场关系。在不同所有制的流通企业之间，实行统一竞争规则。在坚持充分竞争的基础上，制止各种形式的垄断经营、地区封锁，取消各种不正当竞争。通过比较、吸收和引进，建立一套符合国际市场惯例，能够与国际市场直接接轨的法规体系。(4)把商品流通作为社会经济生活中的一个具有主动性、能动性、先导性的重要产业。(5)改进和完善政府的宏观调控系统，主要是制定流通产业发展规划；分析预测市场发展态势，进行信息引导；运用经济参数，调节市场总量；加强对流通基础设施的投入。(《加速形成我国商品流通新体制》，《经济工作通讯》1992年第23期)

柳思维提出了计划与自由相结合的流通模式。这是既体现社会主义经济制度的特性又体现商品经济一般共性的流通模式。就整个商品流通而言，既有市场机制的自发运动对商品流通运行的自我调节，又有计划手段有目的对商品流通运行的自觉调节。具体到不同类别的商品流通，两种调节的组合比例则因物制宜、因地制宜。在商品流通动力上，既有宏观利益动力，又有微观利益动力；在商品流通决策权方面，是国家在宏观方面的流通决策权与企业在微观方面流通决策权的结合；在商品流通信息上，是横向信息沟通与纵向信息沟通的结合；在商品流通运行机制方面，是计划机制与市场自由流通机制的结合；在商品流通的调节管理方式上，是间接调控与直接调控的结合。(《论商品流通模式与供求平衡》，《财贸研究》1992年第1期)

万典武提出了国家间接宏观调控下的商品自由流通模式。主要内容是，商品要按价值规律和供求规律实行自由流通；商业企业要按自愿让渡原则和经济利益原则转换企业机制，使其具有经营自主权；市场要发挥合理竞争条件下的优胜劣汰作用，要特别注意商品市场的培育和健全，加强有形市场的建设，充分发挥市场机制的作用；国家间接宏观调控手段要在遵循价值规律的前提下逐步完善，行政管理部门应转变职能，切实搞好政企职责分开。商品流通的这个模式是符合社会主义市场经济的。(《市场经济与商品流通体制改革的目标模式》，《商业经济研究》1992年第12期)

五、按照社会主义市场经济的要求，深化流通体制改革

李恩贤认为，建立社会主义市场经济对流通体制改革提出的客观要求包括：(1)产销关系市场化，反映价值规律的客观要求，深化商品管理体制改革。市场经济中的商品流通方向、流量、价格，是以市场为依据由交换主体决定的。由政府决定产销关系的体制必须改变。(2)微观经济市场化，按照社会需求构造产业结构，深化商业企业改革。除部分商品物资的消费相对稳定增长，容易通过计划把握外，绝大多数都需要经过市场来反映，让企业根据购买力需求决定生产经营。这是微观市场化的客观依据。主要包括，企业经营要素通过市场配置；企业的生产和经营规模、产品品种数量，根据市场决定，通过合同和市场调查决策；企业生产、经营活动所依赖的社会保障条件，由社会化的社会保障市场提供；企业生产、购进的商品通过市场销售；企业的开业、兼并、联合、歇业、破产、等级评定、资产评估由市场及市场中产生的专业化、社会化行业组织，通过市场竞争形成，政府只负责合法性管理。(3)经济往来的市场化，包括商品交换、资金占用、房地固定资产使用、信息交流、劳动力流动、科技应用、社会咨询教育等，都实行商品交换原则，并通过市场实现。(4)社会经济活动市场化。社会经济活动都要进入市场，通过市场组织实现企业的经济目标，建立完善的市场体系。(5)社会经济宏观调节活动市场化。国家对社会经济活动的调节纳入市场活动中，国家参与并通过市场调控，引导社会经济的供求平衡。(《社会主义市场经济与加快商品流通体制改革》，《商品流通论坛》1992年第5期)

钟诚认为，建立社会主义市场经济体制，表现在流通领域就是建立以市场调节为基础的流通体制。流通体制改革的过程就是市场调节范围不断扩大的过程，当前应进一步缩小流通领域内指令性计划分配的范围、品种、数量。建立以市场调节为基础的流通体制，意味着将流通领域内的调节机制从指令性计划分配为主、直接调控的机制代之以指导性计划为主、间接调控的机制，即通过市场起作用的调节机制。在市场经济条件下，有效的宏观调控手段应建立在完善市场机制的基础上，并且是保证市场机制能正常作用的手段。如果说将企业推向市场是进一步推进全面经济体制改革的核心内容的话，那么，培育和完善使企业能够正常经营、充分竞争的市场环境，则是流通部门责无旁贷的改革重任。(《关于我国流通体制的进一步改革》，《社会科学辑刊》1992年第6期)

谢明干认为，深化流通体制改革的目的，就是为了建立起开放、统一、通畅、高效、可调控的流通体系。首先，应对市场模式、市场布局、市场网络和市场组织形式等，进行研究论证，使之既符合现实国情，又有利于向国际性、专业性、集约化经营过渡。可考虑在各大区设立大型的综合商社，作为货物集散中心或批发中心，并以之为骨干，辐射周围地区。国家行政主管部门通过它们调控全国市场。其次，要有计划有重点地投资

建设一批流通设施项目，如交易所、货场、仓库、专用线、专用码头、车辆终端等，以实现流通合理化，提高流通效率。这些项目应尽量采取先进适用技术，作为推进流通现代化的典型。此外，还要改革订货制度、试办适用于大宗商品批发交易的期货市场，并逐步向通讯订货过渡。为此，国家应成立统管生产与流通的机构。(《积极发展和搞活流通产业》,《中国统计信息报》1992年2月13日)

柳随年认为，深化流通体制改革，就要打破以下三方面的障碍，以便实现社会化大流通：一是要打破地区封锁的流通格局。这除了要尽快改变现存“分灶吃饭”的财政体制，实行分税制外，还必须按照发展商品经济和有利于建立全国统一市场的要求，一方面重新确定各级政府的经济职能，从经济利益上切断地方保护主义的根子；另一方面研究调整区域经济发展战略，缓解东西南北经济发展上的矛盾，促进全国统一市场的形成。二是要打破物资、商业、外贸三分天下的流通格局。要允许一业为主、综合经营，提倡跨行业联合，促进建立全国统一的、开放的社会主义大市场。三是要打破生产企业和主管部门搞“大而全”“小而全”的自我服务的封闭流通体系。企业需要关心市场，企业的供产销也需要衔接，但不能因此就强调企业的供销必须由企业自己搞。必须发展社会化大流通，充分利用专业流通企业所特有的联系广、信息买、网点多等优势，为生产企业提供优质服务，开拓产品市场，最终使流通与生产两类部门都能够在社会化过程中协调发展。(柳随年:《加快流通改革步伐　推进经济市场化进程》,《改革》1992年第4期)

高尚全指出，深化流通体制改革的中心任务是培育和完善社会主义市场体系。市场体系主要包括五方面的内容：一是建立起具有自主经营、自负盈亏机制的作为市场主体的企业制度；二是建立起具有种类完备、布局合理、多层次、多功能的市场组织群体；三是建立起具有公平竞争、高效通畅的市场流通网络；四是建立起具有灵活有效、完整可靠的市场调控和保障系统；五是建立起具有健全规范的市场法规和监督管理体系。这五个方面构造了社会主义统一市场体系的基本框架。社会主义市场体系不是封闭的，而是开放的；不仅包括国内市场，也包括与国内市场相互联系的对外贸易、国际经济技术交流等。(《深化流通体制改革　加快市场体系建设步伐》,《国际贸易》1992年第5期)

李恩贤也指出，在按照社会主义市场经济的要求，深化流通体制改革过程中，政府的有关部门要进行职能转换，新的职能主要是：(1)组织市场。根据供求平衡状况，建立健全各种专业性、区域性和中央市场，规划发展各种服务、零售市场。(2)规范市场。制定、审查整个市场规模、结构、交易行为、纠纷仲裁等规则，并监督执行。(3)服务市场。对于进入市场交易者提供信息、咨询、法律服务、协助搞好商品鉴定、卫生监督、生活服务、建立社会化服务体系。(4)管理市场。保护正当交易，处置违规活动，打击违法行为。要通过对入市交易者的资格审查、登记，严把入市关。(《社会主义市场经济与加快商品流通体制改革》,《商品流通论坛》1992年第5期)

另有人认为，深化流通体制改革，发展流通产业，除了有关的政府部门转变职能外，国有流通企业还必须转变经营机制。为此应解决好三个问题：(1)更新观念是转变机制的前提。需要从几个方面转变、更新，即变产品分配观念为商品交换观念；变流通部门独家经营观念为多渠道经营观念；变库存储备观念为库存核算观念；变方便于我观念为服务于人观念。(2)建立健全激励机制与约束机制相结合的分配体制。要把用工、分配的改革作为转变企业机制，增强企业活力的关键，实行干部能上能下、职工能进能出、分配能多能少的制度，打破“大锅饭”、“铁饭碗”、“铁工资”和“铁交椅”，克服“官商”和“机关化”作风，调动全体职工的积极性。奖励制度应该与硬化企业预算约束结合起来。如何硬化是一个亟待解决的重要课题。(3)处理好企业内部经营与管理的关系。作为流通企业，经营是基础，管理是手段，过去许多企业这种关系颠倒了，在完善内部机制时应该调整过来，人员配置上要小管理、大经营，充实经营、购销第一线。经营、购销人员要围绕用户转，管理人员要围绕经营活动转。(邹漳等人:“如何搞好国营流通企业”研讨会综述,《中国物资报》1992年1月15日)

(安晓枫整理)

价 格 体 制 改 革

一、如何看待市场价格体制

马凯认为，市场价格体制形成以后，要达到五大目标：一是价格决策主体由政府定价为主转变为企业定价为主，二是价格形式由计划价格为主转换为市场价格为主，三是价格形式途径由行政程序定价为主转换为通过市场竞争形成价格为主，四是价格形成机制转变为以市场供求机制为主，五是价格调控的方式由依靠行政手段转换为依靠经济手段和法律手段间接调控为主。

市场价格体制中，价格的形成机制具有高度灵活和自动调节两个显著优点，能较好地适应复杂多变的社会生产和社会需求，充分利用这种价格形成机制的优点，有利于及时对商品生产者、经营者以及消费者提供正确的价格信号，促使生产结构和消费结构相适应，以达到合理配置资源，按比例分配社会总劳动的目的。市场价格形成机制又具有滞后性和盲目性两个明显的弱点，往往引起价格和生产的周期性波动，造成社会劳动的一定浪费，为此，有必要对市场价格的形成进行适当的调节，着眼于市场运用经济的，法律的手段，通过平衡宏观总量，调节商品供求，促进市场竞争去影响价格的形成和变动，即"政府调控市场，市场形成价格"这样一种以间接调控为主的新体制。市场价格形成机制的正常运行和有效发挥作用必须具备一定的条件，即是否有"合理的市场主体"和"完善的市场体系"。前者指企业享有经营自主权，真正自负盈亏，后者指有一个公平竞争的市场和健全的市场运行规则。因此，以转换价格形成机制为核心的价格改革，必须与企业经营机制的转换以及培育市场体系的工作配套进行，相互促进。（马　凯：《关于转换价格形成机制的几个问题》，《求是》1992 年第 20 期）

张卓元也认为，我们所要建立的市场价格体制，也并不是完全放任自流的市场价格制度，而是有计划指导和市场调控的市场价格制度。第一，这种价格制度并不是把全部商品价格放开，而是把大部分商品和劳务价格放开，少数自然垄断产品，公共产品，关系国际民生而又长期短缺产品的价格，仍需实行国家定价，按交易额计算，实行国家定价的部分约占 20%，可能是较为合适的比例。保留国家定价的产品，目前可能是生产资料多一些，以后可能是消费资料多一些。第二，对放开的价格也不是完全放任自流，还要用反映商品交换规律的市场法规加以约束，在特定条件下还可作临时的行政干预。第三，国家对宏观价格即物价总水平，以及一些战略性价格和利息，工资、汇率等，主要运用经济手段进行调节和控制，力求避免价格变动的幅度太大，影响经济稳定。因此，这种市场价格体制，仍然能体现计划与市场相结合的原则。

二、建立市场价格体制与放开物价

张卓元指出，建立市场价格体制，就要很好区分竞争性行业的产品和非竞争性行业的产品，原则上在竞争性市场中的产品价格都应放开，由市场调节，在实际操作中，可以先对供求大体平衡或者供求虽然不平衡但供求弹性较大的竞争性产品的价格放开。有些重要的竞争性产品，由于长期严重短缺，则可以迟一步放开，以免带动物价总水平的过大幅度上涨。放开价格和市场发育要互相协调。放开价格是形成市场的重要前提，但放开价格不等于自然就能形成市场。市场还有其自身的发育过程。市场不发育，没有形成开放的、统一的市场，价格放开以后也难形成真正的市场调节价格。因此，市场价格体制不是短时期就能建立的，我们应抛弃一步到位的不切实际的幻想。放开价格和培育市场都要积极而又稳步地进行。（《张卓元谈建立市场价格体制》《四川物价》1992 年第 7 期）

庄耀认为，当今世界没有一个国家的价格是绝对放开的，都程度不同地采用不同手段和方式进行管理。发达国家、较发达国家和发展中国家，在放开价格后都保留物价管理机构，不少产品价格和收费由国家直接管理。意大利国家管理占 30—40%，法国、日本等占 20%，美国也占 5%以上。较发达的发展中国家管理更多。而且他们对放开的商品也不是撒手不管，而是通过法律、补贴和舆论等手段控制。对违价不仅收罚款，而且判刑。我国地广人多，情况复杂，地区差别大，产业结构很不合理，需要国家调控，统筹安排，协调发展。目前要继续放开价格，继续调整价格，同时要作好六个改变；一改以权管价为主为以理管价为主；二改管理为主为服务为主；三改直接地行政管理为主为间接地经济管理为主；四改抑制为主为促进为主；五改处罚为主为指导为主；六改大机关为小机构太服务。（见《广东价格报》1992 年 12 月 16 日头版《市场经济条件下如何管理价格》）

三、关于市场价格体系

吴敬琏、**王育琨**认为，建立现代化商品经济中的"竞争性市场价格体系，不是靠简单的"自由放任"，即把定价下放给企业，实行价格自由化，就可以达到目标的。在中国建立现代化商品经济中的"竞争性市场价格体系"，要注意三个方面的建设：树立并维护消费者的主权意识，建立并维护竞争性的企业组织结构；建立和不断完善市场的基础设施。"竞争性市场价格体系"是在生产者与消费者的竞争中实现的，并且需求一方往往起着主导的作用。因而，消费者主权意识的确立和加强对建立竞争性的市场价格体系至关重要，对建立新的价格形成机制也有举足轻重的作用。

建立并保持竞争性的组织结构，不只是个企业规模大小的经济垄断问题，在当前我国更突出的问题是如何消除超经济垄断，以保持企业有大致公平的竞争条件。价格双轨制是一种维护超经济垄断的体制。双轨制下的超经济垄断表现在以下两个方面；一是享受计划低价供应生产资料的企业，相对于需要在市场上高价购买生产资料的企业来讲，有一种超经济的垄断。这种垄断是由计划主管和享受低价供应的企业共同组成的。这种垄断的形成，对经济的运行有极强的破坏作用，会使众多的企业运用非市场竞争的手段，去争得更多的垄断权，这样会使政企不分的企业制度得到进一步加强，从而延缓竞争性企业组织的形成。二是各级地方政府将运用行政权力，强化区域内的资源保护，形成一个个的分割市场，阻碍社会主义统一市场的运行，扭曲市场信号，从而不利于形成公平竞争，优胜劣汰的局面。(《中国价格改革的若干战略选择》,《西南物资商业报》1992年5月5日)

四、关于价格管理权限的划分

鲁晓龙认为，定价主体按其对价格最终形成的作用力来划分，可分为三类：政府（国家定价）、企业（市场调节价）和政府与企业混合体（浮动价或中准价）。这里说的政府主体，还可分为中央政府与地方政府两类。因此，定价主体有三类；中央政府、地方政府和企业。由于三者各自代表的利益群体不同，制定价格政策时考虑的基点也就不同，所制定的同品种商品价格不可能一致。特别值得注意的是必须把中央和地方政府作为两个不同的主体对待，因为二者代表的利益截然不同，他们的制定的价格从理论上讲不可能完全一致，事实上也是如此。

政府对价格的控制要从宏观和总量着手，尽力避免不干预具体的商品价格形成，把政府的价格决策权限于少数具有高度垄断性的行业，受自然资源约束的产品，其余的价格决策权均应该由企业掌握决定。在政府掌握的定价权中，要尽可能地减少地方政府掌握定价权，因为这种定价主体往往只考虑地方利益，易于割裂全国统一市场，又束缚企业手脚。

政府定价主体要区别不同商品采取不同的定价形式：如对居民口粮，行政事业性收费等采取国家直接定价形式；原油、电力、统配煤等能源产品及铁路运输邮电资费等实行国家批准价格；对统购粮、棉，国家重点建设所需原材料等实行国家采购价格；对居民房租等可实行强制性国家限价。(《价格决策权的配置研究》《价格月刊》1992年第四期)

张光远提出了划分价格管理权限的准则。具有下列性质的商品应由国家管价：(1)垄断性：由于某些行业生产的特殊性所决定的由一家或少数几家垄断企业提供全部供给具有技术上和经济上的优越性的商品，如上网电价、交通运价、邮电资费等。(2)资源稀缺性，由于某些资源受自然条件限制不能再生或难以再生的资源稀缺性商品如木材、部分中药材等。(3)某些人民生活所必须而供给弹性和需求弹性都比较小的商品如粮食等。(4)从国民经济管理角度为了稳定经济，调整产业结构，稳定人心，促进出口或者为了社会福利目的而应由国家直接管理的商品。除此之外，其余商品价格应放由市场调节。

在国家管价商品中，究竟哪些应实行中央统一定价，哪些应由地方分级定价，应按以下三条标准进行划分：(1)垄断强度。凡属全国联网的垄断性行业如铁路运输，全国电网、邮电系统等，均应由中央统一管理，以统筹兼顾，综合平衡；凡属地方性垄断行业如地方铁路、汽车运输、小电网等价格和收费应由地方管理。(2)溢出效应。即按一项价格决策所产生的效益的影响范围的大小来划分。按这一标准，大型水利设施受益收费，全国统购粮价和治疗性药品价格应由全国统管；城市公共交通、自来水、煤气价格和教育、医疗、公用电话和出租汽车收费等则由地方管理。(3)资源垄断原则。对某些重要资源价格，其定价权应从属于法律赋于的资源所有者。这一原则对民族区域自治地方和广大农村尤为重要。(《价格管理权限划分的难点与准则》,《价格理论与实践》1992年第2期)

五、关于期货市场价格

马凯认为，价格改革呼唤着期货市场，对价格改革来说，单纯的放开价格是很容易的事情，然而形成一个完整的、竞争的、公开的、有规则的市场体系，则是更重要、更困难的事情。改革十多年来，随着放开市场，放开经营、放开价格，曾出现过许多重要商品的大起大落，价格暴涨暴跌，各种大战层出不穷，给国家、生产者、经营者、消费者造成很大损失。这些问题的存在，原因是多方面的，比如宏观调控体系不健全，财政地方分割以及外贸体制本身的问题等，但其中一个重要的，值得注意的问题是这些现象也充分暴露了现货市场的一些弱点和局限性，特别是暴露了在现货市场上形成的价格的弱点和局限性。首先，在现货市场上反映的只是短期供求，即期供求，而且对短期供求的反应过度敏感，由此形成的价格具有很大的盲目性和不稳定性，很容易被人为地操纵，生产者，经营者据此作出的决策容易形成生产和价格的周期性的较大波动。因此，生产者、经营者都迫切需要一个能真正反映长期供求的准确的有权威性的信息和价格信号，这种信号在当前条件下一靠合理的计划价格去提供，二靠期货市场形成的价格去提供，除此没有第三条道路。另外，现货市场也缺乏风险机制。价格调节本身就有风险，这是客观存在的。现货交易中，价格高低或赔钱赚钱在中国现阶段，要么由买卖双方当事人承担风险，要么由国家拿钱来承担风险。现在大量价格风险是由国家来承担的。从长远看，价格风险，特别是重要商品，国家还要承担一部分，完全让市场承担是不可能的。但全部由国家承担也是不行的。要让市场或者市场的参与者去承担一部分风险，可行的办法是建立和发展期货市场，由参与期货的一些经纪人、投机者、一部分生产经营者去承担。总之，期货交易市场的建立和发展是市场向更高级发展的一种产物，它可以强化、增强价格信号的科学性和全面性，又可以弱化价格调节的盲目性和风险性。(《价格改革与期货市场》《上海物资经济》1992年第3期)

吴硕认为，利用期货市场可以分解、转移价格风险；期货市场所进行的期货交易和期权交易都是为了买卖双方转移价格风险，而由从事风险事业的投资者承担风险。搞期货的理由，一是价格导向，二是风险转移。转移风险是期货市场同现货市场、期货合同与远期合同的质的区别。“套期保值”得以实现，风险得以转移是因为有庞大的风险投资活动。追逐风险利润的风险事业投资商买进和卖出期货合同和期权合同往往数倍、十几倍甚至数十倍实物交割合同，而且在一般情况下几乎买进与卖出同时发生。当市场走俏、价格看涨时则买进，但价格上升到一定高点，便开始卖出；在市场疲软、价格看跌时则卖出，但价格下跌到一定低点，便开始买进，供求变化从而调节了价格的涨跌。所以，没有风险投资商，期货市场便停摆。在目前条件下，我国创办期货市场的基本条件是难以完备的。在这一时期，由政府和企业共担价格风险，实行吞吐调节的价格政策。政府对粮食、油料、猪肉等关系国计民生的主要农产品和畜产品，在批发市场内通过吞吐调节供求，控制价格、稳定价格。(《价格风险管理与市场形式》《商业经济研究》1992年第2期)

六、关于房地产价格

周诚认为，如何认识土地价格的本质?如果认为土地价格与普通商品价格完全相同，即它的价格是价值(劳动价值)的货币表现，由“成本＋利润”(即c＋v＋m)所构成，那是错误的。那么，如果认为土地价格与普通商品完全不同，即土地是纯自然物，其中不包含任何价值，其价格仅仅是作为自然物的土地的所有权所要求的地租的资本化，也是不正确的。以上两种方法之所以不正确，其根本原因是经过人类开发、利用的土地具有二元性。因此，问题的关键在于要深刻领会马克思关于“把土地物质和土地资本区别开来”的思想。经过人类开发、利用的土地，是由土地物质和土地资本所组成的。前者是纯天然品，后者是人类劳动的产品。前者称为土地自然资源，后者称为土地固定资产。既然如此，土地价格就必然是由土地自然资源价格和土地固定资产价格所组成，但二者的性质是截然不同的。土地自然资源价格是无价值的，其价格只能是由土地所有权决定的地租的资本化。土地固定资产则是由劳动创造的因而是有价值的。其价格就是价值的货币表现，与普通商品相同，是由“成本加利润”所组成的。由此，只有真正理解了土地价格的二重性，才算是真正理解了土地价格的本质。此外，当我们谈到“地价是地租的资本化”时，不能片面的认为只有土地自然资源的所有权所要求的真正的地租才能够资本化为土地自然资源的价格，而应当看到，“投入土地的资本的利息，可能形成地租的这样一个外来的组成部分，……并且，和真正的地租一样，对土地的价格，也有决定作用”。换句话说，整个地租由真正的地租和土地固定资产的利息所组成，两者可分别通过资本化的途径而形成地价的两个不同部分。

关于房地产估价方法，**周诚**认为，建设用地价格按其性质可划分为四个组成部分：土地自然资源价格，土地自然资源价格，土地固定资产价格，建设用地开发价格和土地自然资源增殖价格。在运用“成本法”估价时，地价中包含；建设用地价格四个组成部分中的三个部分，即土地自然资源价格、土地固定资产价格和建设用地开发价格，而未包括农用地转为建设用地后的增殖价格。这一增殖实际上是土地由农用地转为建设用地后其所获得的真正的地租量(其中包括绝对地租和级差地租Ⅰ)增加，从而其资本化所形成的地价增加。这说明由农用地转为建设用地后它所获得的超额利润量增加。这部分增殖价格是难以通过“成本法”估算出来的，这是土地估价的“成本法”所无法克服的缺陷。用成本法估算的土地价格是一种不完全价格，不能认为它是建设用地的完全价格。但应当承认，它毕竟包括了建设用地价格的基础部分，因而可以把它当作建设用地价格的最低界线，即实际的土地出让价格只能高于而不应低于“成本法”价格。(《略论土地价格的本质与土地估价的“成本法”》《中国房地产》1992年第5期)

关于房地产价格管理，**石小抗**认为，不应该用旧的价格管理方式将房地产价格和市场管死或管入地下。目前，我国城市住房主要由单位自建和开发公司统建两部分组成，私人建房的比重很小。无论自建还是统建，大体上都要将建成的住房中的一部分甚至多半部分，无偿交给原用地者(家庭或单位)，余下的分配给本单位职工(自建)或作为商品房推向市场(统建)。这种住房开发方式，实际上形成我国独特的住房价格“双轨制”。对住房价格的管理，第一，住房价格“双轨制”应坚持下去，以保证市场的发展和社会保障的实现；其二，市场价格要真正放开，允许开发公司根据市场要求能卖多高的价钱就卖多高的的价钱，市场房价涨上去了，福利性房价才能降下来。第三，对低收入家庭应在确认其经济状况后向其出售低价房，而不应象现在的拆迁安置那样给予无偿居住权。这也是我国降低住房开发成本的一个重要环节。(《房地产价格如何管》《价格理论与实践》1992年第10期)

七、关于粮食价格

袁永康认为：粮食购销价格合理化的关键是确立新的价格形成机制，建立新的价格形成机制的根本出路在于把粮食推向市场。我国粮食购销价格体系不合理，其真正原因在于国家行政性计划定价的存在以及市场机制的缺乏。首先，行政计划干预甚至决定价格必然导致价格形成机制的扭曲，并出现粮价双轨制，使粮价体系紊乱，运行偏差。其次，我国粮食市场发育不全，主体缺位、客体不足、机制不健全。市场行为的决定力量不是来自市场，而是来自国家或政府粮食管理部门，新的价格形成机制不能建立，粮食价格体系也不能合理。而对这种状况，应尽快把粮食推向市场，确立其价格形成机制。第一，培育新的价格形成机制，尽早取消国家行政定价。对国家收购、定购、议购、专储粮的收购制度等进行改革，实行对农民的农业税征实。同时制定粮食最低保护价，以防市价剧落打击粮农。粮食销售价格可根据各地条件分步放开，实行保量不保价。国家在放开粮价的同时，建立粮食风险基金和储备基金，基金来源可由国家出一部分，产销区各拿一部分，粮食企业利税再拿出一部分。在市场发生大的波动时，可以通过吞吐来平抑粮价。同时还可设立粮食支持价格保证金，在需要时，用些基金按高于市场价格来收购。第二，国营粮食企业必须面向市场，目前的国营粮食企业可进行产权处理，转化为股份企业，独立经营，自负盈亏。第三，培育粮食初级市场，兴办高中级批发市场，寻找初级市场与高中级批发市场的联接渠道，为向统一市场过渡创造条件。(《市场化：粮食购销体制改革的根本出路》《经济纵横》1992年第8期)

温桂芳认为：当前粮食流通和价格体系不适应发展市场经济的要求，在指导思想上没有把粮食作为真正或完全的商品，而是作为特殊商品进行管理。在政策上，无论是收购价格还是收购数量，都是指令性的，农民完全丧失了自主权。在改革过程中其它大部分农产品价格已经改由市场调节，而粮食依然实行计划调节，粮食生产处于不利的竞争地位。温桂芳认为，必须按照发展市场经济的要求加快粮食经营和价格改革的步伐。实行粮食生产商品化，经营和价格市场化的必要性在于：(1)实行粮食生产商品化、经营和价格市场化，是发展社会主义市场经济的客观要求。特别是经过十多年的改革，农村实行联产承包责任制，农民已成为独立生产者；粮食连年丰收，有较强的物质基础；工业已形成自我发展能力，不需要农业为工业提供积累；城市经济改革亦迈开较大步伐，对外开放程度扩大。所有这些都要求加快粮食流通和价格改革，尽快放开粮食经营和价格。(2)放开粮食经营和价格，更重要的还可使粮食生产经营者可以作为一个自主的商品生产者和经营者参与市场竞争，改变其长期存在的在商品经济中的扭曲状态。(3)放开粮食的经营和价格，可以矫正价格的扭曲状态和相关的比价关系，使农产品价格趋向合理，并促进农业生产结构调整。温桂芳建议，“八五”末期放开粮食经营和价格，打破国营企业对粮食经营的垄断局面，实行粮食流通的多渠道和经营主体的多元化。粮食不再实行国家定价，让价格回到市场交换中去形成，国家只在宏观上进行指导和调控。温桂芳认为，“八五”末期放开粮价是可行的，因为：第一，进入90年代以来，粮食连年丰收，供求状况和产销不平衡状况都有所改善，据国家统计局预测，今后十年粮食供求仍可在总量上实现平衡甚至略有结余，第二，在粮食供求基本平衡的基础上放开粮价，城镇居民能够承受。因为进入80年代后期以来，居民用于直接消费粮食的支出占其收入的比重仅6%，放开粮价后，即使粮价略有上升，支出增加也不会很大；况且居民实际收入仍在以较快的速度增长，1991年平均增长7.7%。而且目前居民在市场上购买高价口粮的比重已经增大，有的地方占一半以上，截止目前全国已有13个省的228个县的粮食价格完全放开，这将为“八五”期末放粮价奠定基础和积累经验。为实现放开，从现在起必须着手作相应的准备工作，这包括：第一，继续实行提价，减购、压销。第二、培育市场，顺畅流通。第三，建立宏观调控体系，加强国家对粮食市场的宏观调控能力。建立健全国家粮食储备制度，设立粮食市场调节基金，加快粮食的仓储建设，并规定粮食批发企业的囤积，交易、利润等行为规范。还要逐步解决补贴挂帐问题。(《按照社会主义市场经济的要求　深化粮食流通和价格改革》《财贸经济》1992年第11期)

八、物价与财政

戴国庆认为，在谈到财政措施对物价上涨的作用时，经济理论一般是从需求角度，即通过财政赤字的增减对总需求的扩大与收缩来研究财政措施对通货膨胀的影响。但在我国的通货膨胀中，财政措施从供给角度(即“成本推进”的角度)对物价上涨也起着非常重要的作用。这一类物价上涨我们把它叫做“财政型‘成本推进’物价上涨”。它是指出于减少财政支出(减少亏损补贴或减少投资支出)和增加财政收入的目的，在价格改革中对原由国家计划管理的价格计划提价或放开价格而形成的物价上涨。这类物价上涨与需求推动意义上的通货膨胀的区别在于：1. 这类物价上涨虽也反映为物价指数上涨，但主要集中在几个部门、几种产品及直接相关的下游产品价格变动上，主要是一种结构性价格调整。2. 这类物价上涨的主要原因不是中央银行采取了扩大货币供应量政策，相反，这类财政政策引起的物价上涨总能带动相应的货币供应量增长，是货币扩张的主要原因之一。因此，这类物价上涨与中央货币政策的松紧关系不大，或者说总供求是否平衡关系不大。无论政府采取“松动”或“紧缩”政策，自由市场物价上升或下降，都可以发生这类物价上涨。3. 这类物价上涨对居民通货膨胀预期所产生的效应与一般通货膨胀不同，一般不会对居民产生很强的通货膨胀预期，也不会使居民的消费行为发生很大的变化。除非在一个较短时期内出台了大批这样的项目。

大部分“财政型‘成本推进’物价上涨”都纠正或减少了原有的价格扭曲程序，符合经济改革的总方向，即让价格更充分地反映市场的供求关系。由于我国由国家计划管理的价格仍存在相当程度的扭曲，在今后的改革中仍然会出现类似的“财政型‘成本推进’物价上涨”，如房租、城镇粮油、民用燃料，煤炭、原油价格上涨等。

但是，正因为造成这一类物价上涨的政策措施的主要着眼点是解决财政的困难，而不是理顺价格体系，因而引发了两大问题：第一，上下游产品价格改革和税收改革问题现在没有综合考虑、协调配套解决。传统体制下扭曲的税收结构是扭曲的价格结构的必然产物和补充。与上游产品低价相配套，对相关的下游产品则采取高税政策。在解决上游产品低价问题时，也应同时解决下游产品的高税问题。然而由于这种变动的主要目的是“甩包袱”，财政一般不同意减少从下游产品得到的既有高税收入。上游产品提价对下游产品造成的“成本推进”一般采用“水涨船高”的办法解决，下游产品相应涨价把成本压力转嫁出去。如果下游产品的新价格还有竞争力，问题不大。但是如果下游产品价格已经偏高，那么，或者加强垄断地位强行按垄断高价出售，或者减少上游产品的提价幅度，使上游产品价格扭曲长期得不到解决。第二，价格应在什么意义和多大程度上解决我国“短线”行业的发展投资资金。我国用价格来解决短钱行业发展所需资金，基本有两类政策：一类是征收发展基金，同时提高用户价格；另一类是“还本付息价格”即在投资资金有偿使用的情况下，产品价格根据对投资资金偿还本息的需要来确定。从方向上看，这些政策是正确的，但实践中确有定价过高的问题。其原因，一是资金市场开放和价格改革不同步，企业难以在市场筹资，增大了对价格的压力。二是在确定“还本付息价格”时，混淆了长期资金使用和短期资金使用的区别，将长期投资压缩到短期内来归还。解决的办法是明确工业发展基金或建设基金的主要用途不是用于投资，而是为向社会发行长期债券提供贴息。这样，同样数额的基金就可以支持10倍以上的向社会直接筹集的资金，以满足这些部门的投资需要。同时，允许这些工业部门发行10年以上的长期债券，或采取“借新债还旧债”的办法滚动发行债券，从而把短期负债变成长期负债。还应考虑让这些部门发行只付红利不还本的股票。这样，“还本付息价格”就会接近于经济上的合理价格。（戴国庆：《我国价格改革中的“财政型”成本推进“物价上涨”》，见《经济研究》1992年第12期）

（张光远整理）

深化农村经济改革问题

一年来，我国农经学界在关于深化农村改革问题的讨论中，在以下三个问题上出现了一些不同的见解：

一、关于深化农村经济改革的主线

1. 认为要把稳定联产承包制、完善双层经营、壮大集体经济，作为深化农村经济改革的首要任务。其理由是：如果说80年代的农村改革是以“破”为主要标志，那么，可以讲90年代的农村改革就要以“立”为主要标志，制度性建设和稳定、完善、贯彻、落实工作，应该在90年代的农村改革中占很大比重。中央在讲到农村改革时总是讲四句话，即“稳定和完善以家庭联产承包为主的责任制，积极发展多种形式的社会化服务体系，逐步壮大集体经济实力，健全统分结合的双层经营体制”。当前，全国主要问题还是集体统一经营层次过于薄弱，这是矛盾的主要方面。这种情况影响了家庭经营潜力的挖掘，影响了农村基层组织作用的发挥，制约着农村经济的发展。因此，逐步壮大集体统一经营层次的实力，是完善联产承包制的一项重要工作。在发展集体经济的问题上，既要防止急于求成的现象，也要注意片面理解家庭承包而不敢发展集体经济的倾向。（张路雄：《统一思想，稳步前进——论农村改革的形势和任务》，《中国农村经济》1992年第2期）

2. 认为推进县级改革、增强县级活力，是今后农村改革、乃至整个农村工作的重点。其理由是：(1) 抓农村必须抓好县这一级，抓好两千多个县，对全国经济发展至关重要，直接关系到我国社会稳定、经济稳定和社会主义现代化事业的发展。如果象抓国营大中型企业那样抓县级改革与发展，所取得的效益要比抓大中型企业高得多。(2) 县级上接国民经济各部门，下连县城经济各层次，正好处在城乡体制改革汇合点的地位；同时，它也是新旧体制矛盾的集中点，推进县级改革，可以成为城乡一体的经济体制综合改革的突破口。(3) 县经济具有国民经济大系统、大网络的综合性特点，是相对独立的经济单元。选择县作为经济发展和深化改革的基本单元，能做到"活而不乱"，对社会振动较小，改革经受的风险也较小。(吴尚民、赵天晓：《90 年代农村改革与发展的重点问题及对策》、《中国农村经济》1992 年第 3 期；徐逢贤等：《发挥县经济在国民经济中的作用》，《经济研究》1992 年第 3 期。

3. 认为 90 年代农村改革的主线，应是在继续深化产品市场改革的同时，重点促进生产要素市场的发育。其理由是：概括地讲，农村改革总的目标是要形成农民高兴、政府满意的发展环境。这个发展环境的基本特征是：(1) 农业生产发展，农民的收入不断提高；(2) 农业生产发展，政府的财政负担将逐渐减轻，财政收入逐渐增加；(3) 农业生产发展，城乡差距和农村间地区差异逐渐缩小。而要达到这样的目标，就必须把发育市场做为 90 年代农村改革的主线，这是因为：(1) 近几年农村经济发展中的一个突出问题是，在农产品供给全面好转的形势下，农民的收入却基本处于停滞状态。农业增产而农民不增收或少增收现象为改革以来前 10 年所没有，也是建国以来少有的。而要使农民能够增产增收，最根本的保证就是全面开放产品市场，让需求和供给直接见面，使农民能够根据市场提供的需求结构变化的信息，调整生产供求结构。(2) 而生产结构的调整，又只能以要素就业结构的变动为前提，灵活的要素市场使要素自由流动，才能使农村资源配置向非农产业倾斜，才能缩小城乡、地区差距，才能使政府财税增加。(林毅夫、李周：《发育市场——90 年代农村改革的主线》，《农业经济问题》1992 年第 9 期；农业部农村经济研究中心：《农民收入·结构调整·市场发育》，《中国农村经济》1992 年第 11 期)

二、关于稳定农业家庭联产承包制

1. 认为农业家庭联产承包责任制具有广泛的适应性和旺盛的生命力，受到亿万农民的普遍欢迎，一定要作为农村的一项基本政策、基本制度长期稳定下来。农业的稳定是整个国民经济稳定的基础，也是社会稳定、政治稳定的基础。而要使农业稳定，就必须稳定农村的行之有效的政策，特别是稳定家庭联产承包责任制的政策。(徐逢贤：《关于深化农村改革重点的理论分析》，《中国农村经济》1992 年第 2 期)

2. 认为农业家庭联产承包制是农村经济体制的重大改革。在用了大约五年时间基本完成这一巨大变革后，需要有一段时间来巩固和完善，用变革的成果去进一步推动生产力发展。因此，80 年代中后期农村本身工作的主要任务是发展农业生产力，而不是继续变革生产关系，尤其不能再去变革所有制。但是，家庭经营有旺盛生命力的说法是有条件的：一是支持政策；二是使之与工业结合，即农工一体化；三是不能靠分散孤立的家庭经营发展农业生产力，而是要把家庭经营纳入社会化大生产的轨道，即实现农业社会化。而学术理论界长期以来对规模狭小的家庭经营的局限性认识不足。(吴尚民、赵天晓：《90 年代农村改革与发展的重点问题及对策》，《中国农村经济》1992 年第 3 期)

3. 认为我国农村的第一步改革，充分调动了农业生产中的关键能动因素——农民对个人利益合理追求这一"动力源"，从而带来了农村经济的迅猛发展。但是，新的体制和新的组织形式的发生发展，又带来了一些新的矛盾和问题，如家庭经营规模狭小与进一步提高农业劳动生产率的矛盾，分散的小农户与社会化大市场的矛盾。有人认为，解决这些矛盾的核心是要找到家庭经营与现代化大生产和商品经济大市场之间、社会的宏观利益与农户家庭利益之间的联系。而这两种联系的结合点就是农业社会化服务体系。只有通过发展农业社会化服务体系，才能将农民的家庭经营纳入到现代化的商品生产中去。实现农业适度规模经营，也要以健全的社会化服务体系为前提。(本刊记者：《中国农村：新时期改革与发展探索》，《农业经济问题》1992 年第 7 期)

4. 认为这几年对农村经济的研究，好象回避了一些深层次的问题。历史地看，大包干实质上是中国农村在人民公社体制向商品经济体制转换中的一种过渡性制度安排。既然是过渡，就必然会有变化。变化的依据是这种制度安排确实有它特殊的问题。关键是用什么办法来解决这一问题。在办法的选择上，人们往往有着根本的分歧。这种分歧集中到一点上，就是对"合作"的不同理解和设计上。"合作"是农村经济发展的必由之路。但是，合作是一种动态的，渐进的过程，是经济发展的内在要求，是各种不同的经营主体之间，或者说有关经营者之间交换劳动的一种外在形式。不能把"合作"仅仅定义在"统分结合、双层经营"上，目前农村经济的经营组织形式所发生的变化，已经大大超出了人们对"统分结合、双层经营"的设计和想象，表现出经济自身和农民自身的一种创造力。所以，要有一种新的"合作"观念，要有一套新的在农村实行"合作"的办法，要真正重新确立各合作者的身份和他们之间的关系性质。无论对于改革，还是发展，这都是一片广阔的天地。(本刊编辑部:《农村深化改革与发展的思路及对策》,《中国农村经济》1992年第1期)

5. 认为家庭联产承包制，不仅改变了农村的经营体制，也是一定程度上引起了农村财产关系的变化。首先，家庭联产承包制，虽未改变耕地的集体所有制，但却改变了耕地的占有方式，因而导致了一个新的矛盾，即耕地的集体所有制与经营活动的分散性和劳动产品的大部分私有制之间的矛盾。这个现实矛盾的存在和发展，是提供从集体所有的耕地上，持续地生长出属于农户私有的生产资料的条件。其次，在家庭联产承包制下，集体已不再是一个经济核算单位，农民反而成了一个相对独立和完整的经营核算单位。这样，农户的家庭，就不仅仅是一个简单的共同体内部的经营层次，它已经发育成了一个经济实体。因此，可以认为，"农户经济"这个概念事实上已经形成。总之，家庭联产承包制已引起农村财产关系发生变化，由这种变化又导致农民家庭地位转变，而农村经济政策的进一步完善，则必须充分考虑到这种变化了的客观现实。(陈锡文:《90年代农村改革与发展面临的新问题》,《中国农村经济》1992年第5期)

三、关于农村股份合作制

(一) 农村股份合作制的内涵

1. 认为既有劳动者为了克服个体劳动的弱点，共同从事生产和经营而实行劳动联合；又有资产所有者为了共同从事生产和经营使资产增殖而实行资金联合，兼有二者特点并融为一体，就是股份合作经济。股份合作企业和私人合伙企业的原则区别，前者为有限责任企业，后者为无限责任企业。(王树枫:《我国农村股份合作经济考察》,《经济学动态》1992年第9期)

2. 认为股份合作制是把股份制引入到合作经济中，变成股份式的合作经济。其根本特征是企业资金按股形成，企业利润按股分配，职工工资按劳分配，企业决策权按人一人一票，这是合作制的一种典型形态。对此，有人更明确称之为"股份式合作经济"，并解释说："合作经济是主词，'股份式'是定语，不能颠倒它们之间的主辅关系"。"股份式合作经济是以股份明确产权，并具有股份经营的某些特征的合作经济。它不是股份经济，也不等同于集体经济"。(北京农大农经学院农业双层经营课题组:《农村股份合作制若干问题探讨》,《农业经济问题》1992年第9期；杨名远:《关于农村股份式合作经济的思考》,《农业经济问题》1992年第8期)

3. 认为股份合作制决不是股份制与合作制的简单叠加，而是把这两种组织形式的内在机制，即合作制为其成员谋福利的基本原则和股份制集聚分散的生产要素形成经营规模的特殊功能，结合在一起了，形成了一种新的具有独立的组织目标、内在结构、组织功能和形态特点的经济组织形式。(杜鹰:《股份合作制是一种独立的经济组织形态》,《中国农村经济》1992年第11期)

4. 认为股份合作制是一种目前还说不清、不能准确定义的混和经济形态，是一种"非驴非马"的企业形态。存在的东西在理论上说明不了，并不能否定它的存在。有人认为，股份合作制的好处就在于它"非驴非马"，在社会主义初级阶段，往往就是这种"非驴非马"的东西能够发挥作用。这种有点股分、有点合作的"非驴非马"的股份合作制在现阶段可能更有生命力。(冉明权:《农村股份合作企业研讨会观点综述》,《中国农村经济》1992年第3期；吴象:《尊重农民的选择》,《中国农村经济》1992年第11期)

5. 在内部讨论中，有人对于"股份合作制"概念本身提出了异议，认为我国农村中出现的"股份合作制"，其股份是按照农村社区的自然成员划分的，体现的是一人一股的平等权力，而且这些股份都是虚拟的，并不存在股票，成员持有的股权也不能流转或继承。因此，所谓的"股份合作制"实际是合作制的一种形式，与股份制是绝然不同的。混淆股份制与合作制的界限，在实践上会产生诸多不利影响。股份制与合作制有其不同的特征和管理原则，不存在既是股份制也是合作制的两性经济组织。"股份合作制"的概念似是而非，含混不清。从理论上讲，"股份合作制"企业只是合作社的一个亚种（国外本来就有股份制合作社和非股份制合作社之分），它仍要遵循股份制合作社的一些基本运行规则。从实际情况看，"股份合作制的提法，也不是对实践中的股份制本质特性的概括。因此，仍应用股份企业和合作企业，而不能用"股份合作制"企业这种"非驴非马"的形态，对现行股份制企业进行分类和规范；也不应把"股份合作制"当作改革的成果，继续在理论上大加渲染、在实践中大加推广，不然会给我们正确制订企业发展政策带来很多困难，制造很多混乱。

(二) 农村股份合作制的性质

1. 认为股份合作企业在本质上是私人企业，是私有制的一种形式。其理由是：(1) 无论是股份制还是合作制，都是强调产权私有，而不是公有。股权就是一种私有权，股全分红更是按资分配；(2) 股份合作企业的股东大多是个体或私营业主，且与部分或大多数企业职工相分离，不少股份合作企业都采取雇工的方式；

(3)股份合作企业的经营管理,实际上是入股最多的股东说话算数,职工难以参与管理。(冉明权:《农村股份合作企业研讨会观点综述》,《中国农村经济》1992年第3期)

2. 认为股份合作制是公有制的一种实现形式。其理由是:(1)股份合作制与经典意义上的合作制是相当接近的,甚至可以说基本上是一个概念。经典意义上的合作制,是承认成员个人的产权的,也承认财产可以获得一定的收益(尽管做了严格的限制)。因此,股份合作制的产生,在某种意义上讲,是本来意义上的合作制,在我国农村经济发展中,重新确立了它的地位。(陈锡文:《集体经济、合作经济与股份合作经济》,《中国农村经济》1992年第11期)(2)私人所有、合作社占有的产权制度,是公有制的一种新的实现形式。其特征,一是原始产权和企业法人产权共同构成双层产权制度;二是原始产权和企业法人产权互相分离;三是股份产权与企业法人产权互相制衡。股份合作经济的产权制度,已具备这种产权制度的某些特征。(蒋励:《私人所有、合作社占有是一种新的公有产权制度》,《中国农村经济》1992年第11期)(3)由各种不同所有制单位集资入股的股份合作企业,尽管其原有产权属于不同的所有者,但一经入股联营,其产权制度就发生了变化,原来所有者的原始产权就转化为股票或股权证书,其实物就转化为企业所有,由企业法人使用和处置,股东不能直接干预企业经营,也不能随意退股抽资。因此,在社会主义条件下,股份合作企业的财产所有制,实际上已形成了一种新的公有制形式。(马恩成等:《广东省农村股份合作经济研讨会纪要》,《中国农村经济》1992年第4期)(4)农村公有制的实现形式不应局限在某一特定形式,不应把它凝固化或者单一化,不要简单地划分高、低发展阶段,而应看其经济本质,对于发展农村生产力有何作用。我国农村的集体经济已不完全具有合作经济应有特性,成为了"小全民",是村、乡、县、省、中央分级管理的全民所有制经济的一部分。股份合作经济才是典型意义上的合作经济。(北京农大农经学院农业双层经营课题组:《农村股份合作制若干问题探讨》,《农业经济问题》1992年第9期)

3. 认为股份合作制是中性的,只是一种企业的组织形式,本身不存在姓公姓私问题,公私两种经济都可以用它。企业的性质也不能完全由企业本身决定,还应看它在什么社会制度下运用。也有人认为,股份合作企业是一种经济组织形式,不代表特定的生产关系,目前还处在发展变化过程之中,不宜急于给这类企业定性,也不必马上用社会主义或资本主义的概述去规定它,给它带上"帽子"。(冉明权:《农村股份合作企业研讨会观点综述》,《中国农村经济》1992年第3期)

4. 认为股份合作企业是一种多种所有制的混和体。对股份合作企业的定性要具体化,不能一概而论。首先,应该区别规范化和不规划化的股份合作企业,可以认定规范化的股份合作企业基本属于合作性质;其次,在不规范化的股份合作企业中,又可分为若干类别,如从原集体企业变为股份合作企业的,其大部分股份为集体持股,应视为集体经济性质;而那些少量股东、大量雇工的企业,不应视为合作性质;在上述两种形态之间的企业,如股东和劳动者同一,或只有少量雇工的,也应视为是有合作性质的。有人则认为,可将股份合作企业分成以下几种类型,即含有部分合作因素的私人股份企业;含有部分私人股份因素的社会主义合作企业;股份合作企业(以股份因素为主,如约占60%);合作股份企业(以合作因素为主,如约占60%);典型形态的合作股份企业(二者各约占一半)。(安希:《中国农村股份合作企业的兴起及其前景》,《农业经济问题》1992年第8期;冉明权:《农村股份合作企业研讨会观点综述》,《中国农村经济》1992年第3期;陈瑞铭:《关于股份合作企业性质问题的思考》,《经济研究》1992年第4期)

5. 认为股份合作制是在社会主义制度下重建了个人所有制。马克恩在《资本论》中论述了,劳动者个人所有制被资本主义私有制否定,资本主义私有制则有被"重新建立的个人所有制"否定的必然性,指出这个"重新建立的个人所有制",是建立在"协作和土地及靠劳动本身生产的生产资料共同占有的基础上"(《马恩全集》第23卷,第832页),是联合起来的社会个人的所有制"(《马恩全集》第48卷,第21页)。通过股份式合作建立起来的劳动者股份所有制,就是这样一种所有制。(杨名远:《关于农村股份式合作经济的思考》,《农业经济问题》1992年第8期)

(三)农村股份制是否瓦解了集体经济

近年来,我国一些地区农村把股份合作制引入到传统的集体经济组织,建立了社区股份合作制经济。这一实践,引起了人们的广泛关注,在一些重要问题的认识上,也出现了较大的分歧,集中反映在以下两个问题上:

1. 有人担心,社区合作经济组织引进股份制机制,把集体的资产作价折股,分配给社员,是"化公为私",瓦解集体经济,对是否改变了原来公有制的性质、是否符合社会主义产生了怀疑。(马恩成等:《广东省农村股份合作经济研讨会纪要》,《中国农村经济》1992年第4期;蒋励、彭力:《广东农村股份经济研究》,《中国农村经济》1992年第7期)

2. 多数人则认为这种担心和怀疑是不必要的。因为,把集体资产作价折股,除具体保留股外,将其余股权分配给社员，一般不能退股抽资，只能参与集体经济管理和分红，个人不能支配占有集体财产，也不能直接干预集体企业经营，集体资产仍然原封不动地属集体经济法人所有，由集体进行经营管理和支配处置。所不同的只是将社员共同所有的部分财产具体界定到个人，纠正了原来集体财产产权模糊，分配上吃“大锅饭”的问题。因此，它没有改变集体的公有制性质。集体资产是社区合作经济组织全体成员长期劳动的历史积累，是物化劳动的结晶，“还股于民”就是肯定劳动者的贡献，它既实现了所有权与经营权的分离，又保持了集体资产的完整性和集体经济的统一经营，社员只是在价值形态上表明拥有集体资产的份额，而集体资产的支配权仍由股东选举出来的董事会代表全体劳动者行使。因此，并没有分割集体财产。（马恩成等《广东省农村股份合作经济研讨会纪要》，《中国农村经济》1992年第4期；于幼军：《社区型股份合作经济：农村经济组织的创新》，《中国农村经济》1992年第11期）有人更认为，不仅不存在瓦解集体经济的问题，而且是对集体产权制度的完善，使社员和集体在经济利益上更紧密地联系了起来，建立起具有活力的经营管理机制。（蒋励、彭力：《广东农村股份经济研究》，《中国农村经济》1992年第7期）

（四）是否应该设立“集体股”的问题

一些地方规定：社区股份合作制经济组织必须设立“集体股”，而且其比重不能低于60%。持赞成意见的人认为，集体股是社区股份合作制经济组织公有性质的具体体现，比重不低于60%，才能保持公有制的主体地位。持反对意见的人则认为这是一种误解，坚持公有制的主体地位，不一定就要设立一个比重在60%以上的“集体股”，把集体财产在价值形态上都明晰到社员个人，也不过是其存在方式改变罢了，任何人并不能拿走任何一份价值形态上归他占有的集体财产，因而并没有瓦解公有制经济。集体股的存在，仍然是产权不清，因为这部份股权归谁所有，谁是它的合法代表，依然不清楚。集体股的设立只有利于乡村政府对社区股份合作经济组织的干预。（陈吉元：《深化农村社区股份合作经济问题的研究》，《中国农村经济》1992年第11期；北京农大农经学院农业双层经营课题组：《农村股份合作制若干问题探讨》，《农业经济问题》1992年第9期）

（五）股东的资格是否应该限制的问题

社区股份合作经济组织对股东资格一般都规定了严格的限制条件：只限于本社区范围内的常住人口。这样就形成了一种地缘性、封闭式的股份合作制，股权是天赋的，外部的人不能获得股权。而由于股权有社区范围的限制，股权的分配也采取了平均主义方式，连社区内计划生育的初生婴儿也都自然地成为小股东。再加上股权不能抵押、转让、继承、流通，社区内人口发生变动时，就出现了股权纠纷，而且限制了人口的合理流动。

对此，有人认为，由于我国农村的社区合作组织是将社区与合作的功能相结合，党政结合一，干部相对集中，在一定的历史下及经济发展的一定阶段上，这种作法可减少组织成本，同时运作也较简便，具有积极意义。（张晓山：《关于农村股份合作制的两个认识问题》，《中国农村经济》1992年第11期）但有人则指出，产权结构的封闭性，是不利于社区股份合作经济今后发展的一大因素，它不利于吸收资金和调动股东的积极性，不利于生产要素，社会资源的合理配置和产业结构的调整，等等。因此，如何打破社区股份合作经济的封闭性，是值得探讨的一个问题。（北京农大农经学院农业双层经营课题组：《农村股份合作制若干部问题探讨》，《农业经济问题》1992年第9期；陈吉元：《深化农村社区股份合作经济问题的研究》，《中国农村经济》1992年第11期）

（林　立整理）

劳动制度改革

近两年，伴随着政府新一轮改革措施的出台和地方掀起的改革热潮，特别是在《全民所有制工业企业转换经营机制条例》颁布以来，对劳动制度改革的讨论空前热烈，讨论的重点主要集中在企业劳动制度如何适应社会主义市场经济的要求，转换企业经营机制方面。

一、劳动制度改革的目标模式

1. **王爱文**认为，劳动制度改革的目标模式应是“企业自主用人、国家宏观调控、全员劳动合同、多种形式并存”。它集中反映了国家和企业在劳动力管理中的不同地位作用，以及企业劳动关系的特征只有实现了这个目标模式，企业在用人上才能真正做到自主，“三铁”也就失去了存在的基础。劳动力才能实现“能上能下，能进能出”。（《关于劳动制度改革的目标模式问题》，《中国劳动报》1992年8月18日）

关于对劳动制度改革目标模式的构建与实现，王爱文认为，这里存在三种偏见。一是用改革的方法代替目标，常见的“破三铁”、“合同代管理”等仅仅是改革的手段或方法，而不是目标本身。二是以改革的目的代替目标模式，目的偏重于效果或作用，如“能上能下，能进能出”；而目标则指具有某种特定作用的体制结构，二者不能混同。三是部分代替整体，比如“全员劳动合同制”显然就包含不了整个劳动制度的全部内容。(同上)

2. **张彦宁**认为，劳动制度改革的目标必须与转换企业经营机制的目标相一致，为此，企业劳动制度改革的目标应是建立起“干部能上能下、职工能进能出、工资能升能降”的企业机制，将企业的用人主体和分配主体由政府转向企业。(《认真总结经验，积极稳妥地推进企业三项制度改革》，《中国劳动科学》1992年第2期)

3. 站在另一个角度，有的人认为，应把建立劳动力市场体制作为劳动就业体制改革的目标模式。它要求将政府职能由原来的对企业劳动力的直接管理为主转变为间接调控为主，从根本上确保企业作为用工主体的地位。(“社会主义市场经济下的劳务市场讨论”，《中国劳动报》1992年12月8日，1992年12月15日)

4. **蒋一苇**则主张，应按马克思的经典定义，制定出真正符合社会主义本质的劳动制度。它要求首先以“职工公约”代替劳动合同。“职工公约”是由劳动者集体制定的，规定职工的权利和义务。新加入的职工应以承认公约为条件。其次，实行正式工、合同工和临时工三种用工形式并存。正式工是企业的主体，他们不用签订用工合同，而是必须遵守其民主制定的“职工公约”。一再违反公约的职工，经企业劳动委员会决定，可以离开企业。对新招职工，除要求承认公约外，还应实行合同制，只是这种合同是职工个人与劳动集体间的合同，而不是职工与厂长(经理)之间的合同，厂长只是正式工的一员。合期满，经同意可转为正式工。此外，企业还可以招收各种临时工。职工主体地位的实现是当前和今后深化企业改革必须逐步实现的根本任务。(《评我国现行企业劳动制度》，《经济日报》1992年11月10日)

二、深化劳动制度改革的方向与步骤

1. 在讨论中有些人认为，应围绕市场抓改革，劳动制度改革的方向应是进一步培育市场主体，使全部国有自营企业和所有的劳动者都成为劳动力市场的主体部分。为此，要使劳动合同制覆盖所有职工，取消身份差别，统一实行企业职工制度；优化劳动组合应该走向自主化、规范化和制度化。

2. **张弛**认为，当前应采取“分步实施、重点突破、标本兼治、内外配套”的改革策略，积极推进以下改革：(1)构建自主、平等的劳动者联合劳动的组织方式。一是建立“开流式”企业劳动组织，让企业和劳动者“双向选择”，“自主联合”。二是确立“政治平等、民主管理、统一指挥、密切协作”的劳动关系；(2)推行资产、劳动双保全员经营责任制。通过资产保劳动、劳动保资产，实现劳动者与生产资料的最佳结合；(3)重塑科学、合理的企业劳动分配制度；(4)建立公平、效率的社会劳动保障体系；(5)转变政府管理职能，强化宏观调控能力。(《劳动制度改革浅见》，《管理与效益》1992年第2期)

3. **郄建伟**等人认为，实行全员劳动合同制是企业劳动制度改革的方向。为此应当加强以下三方面的工作：(1)强化企业内部管理，建立企业自主用人的内部机制。(2)转换政府职能，建立企业自主用人的外部机制。(3)加快进行与全员劳动合同制有关的各项配套改革。(《实行全员劳动合同制是企业劳动制度改革的方向》，《中国劳动科学》1992年第8期)

4. **阮崇武**认为，实行全员劳动合同制是劳动制度改革的主要内容。在改革步骤上，要由试点转为推广。条件尚不成熟的，可先实行优化劳动组合和企业内部的合同化管理。(《按照建立社会主义市场经济体制的要求转变劳动部门职能，深化劳动领域改革》，《中国劳动报》1992年12月29日)

三、劳动制度改革存在的主要问题

1. **令狐安**认为，有的人在观念上存在问题，觉得革除旧的弊端，还权于企业，是削弱了职工的主人翁地位。有些同志没有完全摆脱“左”的老框框束缚，离开企业的自主权和改革公有制生产资料的管理使用方式去空谈职工的主人翁地位，有的地方和企业在宣传改革时，不能及时将政策措施交给群众，甚至把“破三铁”与“砸饭碗”等同起来，引起职工误解，造成不良后果。(《紧紧围绕建设社会主义市场经济这个主题改进劳动工资工作》，《劳动工资社会保险制度改革(1992)》，中国劳动出版社1992年版)

2. 有一些人认为，政府部门往往局限于过去简单的让利改革方式，并使之成为政府与企业之间是否进行改革的谈判条件。这些皆易造成改革要么流于形式，要么生出怪胎，或者仅仅是修修补补。在配套改革方面，劳动制度改革与外部的改革不配套，步调不一致；劳动领域内部的各项改革整体配合程度不够，如出现劳动合同不履行的问题，就在于推行劳动合同制时，劳动争议处理制度未能及时跟上。此外，还有一些技术性问题，比如，订合同的“千篇一律”、“千人一面”。而且，也存在走过场的现象，由于合同期限太长，形成“铁合同”。

3. **拱桥**认为，改革应充分尊重企业的自主权，不能用行政手段过多干预，不要采取下任务、订指标、划比例、赶进度的办法“破三铁”。(《对企业劳动人事和分配制度改革的几点认识》，《经济参考报》1992年7月1日)

4. **蒋学毛**认为，由于存在用工“双轨制”问题，会造成两种用工制度的摩擦与矛盾，使新招合同工被“同化”为“合同制”的固定工，背离了改革的初衷。同时，也带来职工群众心理上的矛盾。由于劳动合同制自身存在的问题，加上其它配套办法跟不上，在实际工作上出现合同期限不合理，内容过份单一，缺乏合同管理手段等弊端，改革的出发点和结果自相矛盾。(《深化用工制度改革的战略及对策》，《科学·经济·社会》1992年第1期)

5. **周天勇**等人认为，“破三铁”面临五大方面的障碍与问题：(1)权、责、利的障碍。首先，劳动者公平竞争和发挥积极性与现有企事业单位权、责、利，即全民所有制实现形式之间存在矛盾；其次，在国家与企业之间缺乏有效的资产约束机制时存在的矛盾。(2)在劳动力市场和劳动人口管理体制方面的障碍。它体现在劳动力市场发育缓慢，固有的档案、户籍制度以及劳动力供过于求的格局等方面。(3)产业结构转换缓慢，特别是第三产业滞后的障碍。(4)经济增长速度与寻求社会稳定方面的障碍。(5)在社会保障环节上的障碍。(《破除“三铁”的深层障碍与突破障碍的对策思路》，《福建论坛》1992年第5期)

6. **杭天珑**认为，企业中富余人员如何安置，是实行全员劳动合同制的难点，也是深化改革的关键。他认为应从以下几个方面为深化改革创造良好的外部环境。(1)进一步发展和完善劳务市场机制；(2)进一步完善待业保险制度；(3)加快养老保险制度改革的步伐，逐步扩大老保险覆盖面；(4)建立和发展劳服企业，增设安置岗位；(5)建立待业职工转业培训和生产自救基地。(《对全员劳动合同制中难点问题的思考》，《江苏劳动》1992年第8期)

7. **雷庆生**认为，劳动制度改革是一项系统工程，必须配套进行。目前存在三方面主要问题：(1)实行全员劳动合同制后，原来不同用工形式、不同身份职工政治、经济待遇如何统一的问题，其中的矛盾冲突该相应解决；(2)社会保障制度和劳动就业服务体系的不完善，必然严重影响改革的推进；(3)政府职能转变缓慢也制约着企业经营机制的转换。(《关于劳动制度综合配套改革的思考》，《探索与求是》1992年第11期)

四、对近几年劳动制度改革的评价

1. **蒋学毛**认为，劳动用工制度改革为改变劳动者的职业身份终身制提供了可能；逐步引进了竞争择优机制和“契约”机制，充分调动劳动者的积极性；在较大程度上落实和扩大了企业用工的自主权，为今后转换企业经营机制提供了可借鉴的经验；为开创以法制化手段构建企业劳动关系拓宽了途径。(《深化用工制度改革的战略及对策》，《科学·经济·社会》1992年第1期)

2. 在讨论中有人认为，近年来劳动制度改革的地位比以前任何时期都高，甚至放到了企业改革的首要位置，无论从改革的模式、群众的热情、还是改革的理论准备上都是最好的。在改革的方式上也具有了上下结合的特点，以前搞优化劳动组合与劳动合同制均是自上而下，现在许多企业正在实现“要我改革”到“我要改革”的转变。过去搞改革，因为怕承担风险，都是找效益好的企业作试点，最后把成果算在改革的帐上；而现在有的地方 也拿亏损、微利、破产企业搞改革。近年劳动制度改革的内容也开始配套实施，由原来简单提劳动合同制或优化劳动组合并提。

3. 也有人持相反的意见，蒋一苇认为，(1)劳动合同制不符合企业的社会主义性质，它否定了劳动者作为生产资料主人的地位；(2)它不利于发挥职工的主人翁精神，使职工无法摆脱传统的雇佣观念；(3)它不符合现代企业以人为本管理的一般原理。(《评我国现行企业劳动制度》，《经济日报》1992年11月10日)

4. 从大配套改革的角度看，赵履宽认为，我国劳动经济制度改革滞后于其它领域的改革，已成为当前经济体制改革的“瓶颈”。比如，落后的劳动经济体制是使我国“企业破产法”成为一纸空文的主要原因。(《劳动经济体制改革与劳动经济学》，《百科知识》1992年第9期)

5. **乔刚**认为，近年的转变企业机制，集中力量“砸三铁”等存在两点不足：(1)对其中政府应承担的责任强调不够。一是企业尚不具备必要的外部条件；二是在体制转变时期，企业发展方向是什么，如何转换体制，根本上取决于政府的宏观决策，而非企业的微观行为；三是企业转换经营机制，首先的障碍是过多的行政干预，这种状况不改变，光靠企业“练内功”难以实现机制转变。(2)对从根本上制约企业机制转换的产权制度重视不够。(《应着重推进市场的制度与组织建设》，《经济研究》1992年第5期)

(岳　威整理)

工资制度改革

从1992年年初的"破三铁",年中《全民所有制工业企业转换经营机制条例》颁布,到年底党的"十四大"胜利召开,提出建立社会主义市场经济体制等一系列重大举措,都促进了劳动工资理论研究的空前活跃,提出了许多新思路。

一、社会主义市场经济体制下收入分配的原则

(一)市场分配主体论

1. **董国楹**认为,在社会主义商品经济条件下,作为社会生产要素之一的劳动力成为商品是理所当然的事情,否则,建立社会主义市场经济就成为空谈。但劳动力成为商品,不会否定劳动者主人翁地位和作用,不会否定按劳分配原则,只不过按劳分配实现的方式具有新的特点。首先,两个主体即企业与劳动者在流通过程中要根据市场形成的劳动力价值或价格(由社会经济发展水平、劳动力再生产费用、劳动的供求、物价变动情况所决定的),经过双方商定,在合同中规定劳动者的标准工资(即基本工资),作为劳动力的交换价格。其次,劳动者成为企业职工进入生产过程,企业职工的最终所得还要看实际付出的劳动大小。(董国楹:《劳动力成为商品不会否定劳动者的主人翁地位和按劳分配原则》,《工人日报》1992年12月4日)

2. **何伟**认为,社会主义市场经济条件下,所有的劳动产品都是商品,那么,劳动力也必然成为商品,否则将无法核算产品成本。收入分配的改革也不能再继续沿着国家控制企业,实行"统分结合"分配原则的路子走下去,而应变产品经济观为商品经济分配观。商品经济的收入分配原则,完全以效益决定收入分配。它是根据每一个作出的贡献,或某一生产要素提供的效用,作为收入分配的尺度。每个职工工资的确定,是在劳务市场上由价值规律和工资机制的作用决定的,会受到供求关系的影响,是在双方都能接受的工资均衡条件下达成协议,决定工资水平,签订劳动工资合同。除了盈亏共负的工资制度外,大多数企业职工的工资应与企业经济效益无关,工资是事先确定的。(何伟:《社会主义市场经济下劳动力商品的历史必然性》,《工人日报》1992年12月11日;《从产品经济分配观到商品经济分配观的转变》,《中国工业经济研究》1992年6期)

3. **张卓元**认为,在社会主义社会,劳动还是谋生手段,劳动能力强、劳动贡献大的劳动者有权多得,这就在实际上承认了各人对自己的劳动能力所有权,承认各人有要求按劳付酬的权利,即劳动力同工资等价交换的权利。社会主义社会劳动力仍然要采取商品形式或商品化是合乎逻辑的。因此,社会主义市场经济体制下,工资是劳动力的价格,工资体制改革的方向仍然是市场化,工资应在劳动力商场上通过竞争形成。劳动力价格——工资的市场化,是企业转换经营机制走向市场的重要一环。(张卓元:《九十年代需重点推进要素价格改革》,《经济研究》1992年第11期)

4. **范恒山**认为,建立社会主义市场经济新体制,要求劳动工资在劳动就业、收入分配方面建立以市场为基础,企业和职工实行双向选择的竞争性和开放性劳动就业制度;建立以劳动为主要依据,以经营效益为基础的符合不同职业特点,体现各种能力效果的灵活多样的收入分配形式。(范恒山:《社会主义市场经济新体制的思路》,《瞭望》周刊,1992年10月19日第42期)

5. **陈进玉**等认为,在整个社会主义历史阶段,劳动是人们谋生的主要手段,追求个人物质利益是人们从事生产和经营活动的动力。社会对劳动者个人物质利益的分配,必须和只能遵循等量劳动相交换的原则。而等量劳动交换只有依据通过市场形成的表现为价格的社会必要劳动这个尺度来进行。(陈进玉、钟朋荣:《社会主义也应搞市场经济》,《经济日报》1992年7月11日

6. **贺志亭**认为,只要劳动者具有人身自由,具备劳动力归劳动者自己所有这一个社会条件,劳动力就可以成为商品。在社会主义阶段,劳动力成为商品的社会条件和原因还存在,因此,劳动力仍然是商品。在非商品经济条件下,社会主义分配原则是按劳动力分配,市场经济理论的提出,社会主义分配原则转化为按劳动力价值交换。按劳分配与劳动力商品统一于按劳动力价值交换。劳动力价值所包含的价值规定,同任何其他商品一样包含着价值的质和价值的量等等一切有关商品价值的规定和含义。(贺志亮:《关于按劳分配与劳动力商品的深层思考》,《经济理论与经济管理》1992年第6期)

7. **熊映梧**认为,工资改革的根本方向是市场化,既然肯定社会主义社会的劳动力也是一种商品,那么,自然也应由市场来调节这种特殊商品的价格——工资。(熊映梧:《工资改革的根本方向是市场化》,《经济参考报》1992年12月6日)

（二）按劳分配主体论

1. **周升涛**认为，在社会主义市场经济条件下，劳动力不是商品。其分配方式仍然实行以按劳分配为主体，其他分配方式为补充的分配制度。因为我国社会主义的根本经济制度是坚持以生产资料公有制为主体，多种经济成份并存的所有制结构。劳动者是国家和社会的主人，劳动者不能把自己卖给自己。（周升涛：《在社会主义市场经济条件下劳动力不是商品》，《工人日报》1992年12月4日）

2. **杨时旺**认为，深化工资改革要坚定不移地按照按劳分配规律的客观要求，以社会主义初级阶段按劳分配为指导。在工资制度、工资运行、工资管理中要探索建立计划经济与市场调节相结合的工资机制和工资体制。新的工资体制实际上就是计划经济与市场调节相结合的机制和体制在个人消费品领域中的实现和具体化。（杨时旺：《关于深化工资改革的基本思路》，《管理世界》1992年第3期）

（三）按劳分配与按资分配相结合

王珏认为，社会主义条件下，劳动者的生活资料，光按劳分配不行，而应该按劳分配和按资分配相结合。因为社会主义劳动者，既是劳动者，又是财产所有者，因而应从两方面取得收益，如果光按劳分配，没有按资分配，那就只是劳动者，不是所有者；如果光按资分配，没有按劳分配，那就只是所有者而不是劳动者。只有这样，社会主义公有制优越性才能发挥出来。（王珏：《按劳分配与按资分配相结合》，《经济参考报》1992年12月6日）

二、国家对个人收入的管理形式

1. **何伟**主张在国家的宏观管理上，应该由控制分配转向控制收入。放开分配后，国家不再控制企业的工资总额和工资标准，只制定有关的政策。企业可以根据本企业的特点和经营状况，以及有关政策，决定工资制度和工资水平。国家不再作为当事人的一方，而是凌驾于企业和职工之上，来调节他们之间的纠纷。在商品经济条件下不论分配有多少来源，最后都集中在每个人身上，表现为收入。国家在宏观上控制收入，通过征收个人收入调节税等手段，既能解决社会分配不公，还能调节总需求。（何伟：《从产品经济分配观到商品经济分配观的转变》，《中国工业经济研究》1992年第6期）

2. **贺天中**主张，工资分配主体要由国家向企业或者其他经济实体转换，机关公务员工资要能随市场劳务价格的变化而变化，把工资分配纳入市场调节的轨道。但工资分配纳入市场轨道并不否定政府的必要监督。政府还有大量的工作要作，主要是调控市场和间接指导企业，建立和健全市场经济需要的新的宏观调控体系；培育发展劳务市场，强化对个人收入的税收调节等。（贺天中：《把工资分配纳入市场经济调节轨道》，《经济日报》1992年12月26日）

3. **杨时旺**认为，国家对工资调控的主要言面是总量调控和结构调控以及协调主要工资关系；宏观调控的目标是工资总水平与生产力发展水平相适应，与消费或供量相适应，使工资增长与国民收入增长相适应，平均工资增长与劳动生产率相适应；调控方式应采取直接调控与间接调控相结合的方式，采用多种手段，把目标调控与随机调控结合起来，以目标调控为主。（杨时旺：《关于深化工资改革的基本思路》，《管理世界》1992年第3期109页）

（王学力整理）

第三部分 经 济 理 论

社会主义市场经济问题

一、市场经济是不是经济制度

少数人坚持认为市场经济是一个制度性概念。有人说：“市场经济是一个已经约定俗成的概念，其含义不仅仅是资源配置方式，也是一种经济制度。我国经济体制改革不能照搬西方市场经济的一套，指导社会主义经济体制改革的经济理论也不宜套用市场经经济这个已有其特定含义的范畴。”（卫兴华：《对〈论作为资源配置方式的计划与市场〉一文的商榷》，《中国社会科学》1992年第3期）

1992年，较多的人认为市场经济不是经济制度。如有人说：“在我国理论界，有些同志把计划经济与市场经济当作根本制度，认为计划经济等于社会主义，市场经济等于资本主义，因而认为坚持那套已被实践证明严重阻碍生产力发展的计划经济体制，就是坚持社会主义；而把发展市场经济当作‘搞资本主义’加以反对和批判。这在理论上是错误的,在实践上是不利于生产力发展的。"(肖灼基:《坚持市场经济,发展市场经济》,《社会主义市场经济的理论与实践》,中国财政经济出版社 1992 年版,第 315 页)

二、市场经济是不是资本主义的经济范畴

在 1989 年"6·4"以后,在报刊上曾有一些人认为市场经济是资本主义范畴。如有人说:"市场经济,就是取消公有制,这就是说,要否定共产党的领导,否定社会主义制度,搞资本主义。"(高狄:《社会主义必定代替资本主义》,《人民日报》1990 年 12 月 17 日)"中国不能搞市场经济",是因为"市场经济是一个特定的经济范畴"。(刘日新:《中国不能搞市场经济》,《计划经济研究》1990 年第 1 期)1992 年,仍有人从理论上来论证这个观点,认为:"西方经济学著作、重要文献、新闻媒介、政界要人一般都把市场经济与私有制乃至资本主义联系起来,在经济思想史上,市场经济一词是作为与社会主义或计划经济相对立的概念提出和流行起来的","在一些已发生演变的原社会主义国家,凡是坚持马克思主义和社会主义的一些领导人都曾反对实行市场经济,而西方对社会主义国家搞和平演变都鼓励、支持这些国家实行市场经济";"凡转向市场经济的一些原社会主义国家,都最终背离了社会主义,而其社会经济则变得趋于恶化。"(卫兴华:《对〈论作为资源配置方式的计划与市场〉一文的商榷》,《中国社会科学》1992 年第 3 期)

但 1992 年多数经济学家已接受并采用了社会主义市场经济的概念。有人还针对上述把市场经济等同于资本主义的观点,提出不同看法。例如有的同志说:西方有些学者确实是把市场经济等同于资本主义的。西方某些文献在经济上分类是把中央计划国家视为社会主义国家,而把市场经济国家视为资本主义国家。但是,研究问题不应从概念出发,不能照西方的定义来行事。因为概念是发展的,内含是可以变化的。比如,当初我们把商品、货币、资本利润、资本增殖等这些范畴都当作资本主义的专属物,现在已用来为社会主义服务。80 年代初有人不允许使用商品经济的概念,现在已成了政治经济学社会主义部分的重要范畴。何况西方学者并不都把计划经济、市场经济当作制度性概念,有人把它们当作资源配置方式来使用。当时南斯拉夫实行市场经济,他们并不认为南斯拉夫不是社会主义国家。关于市场经济是取消公有制问题。反对这种看法的人认为,为了促进有计划商品经济的发展,公有制形式也要改革,但我们始终是坚持公有制为主。应该明确所有制决定市场经济的性质,而不是市场经济决定所有制。关于原苏联和东欧国家是因为它的领导人提倡市场经济才出了问题的观点。反对这种观点的人认为,苏联解体、东欧演变是由深刻的多方面的原因造成的,并不是因为它们提出了向市场经济过渡。事实上,直到现在,它们也还没有过渡到市场经济。至于南斯拉夫虽然较早地运用市场机制,但问题并不是出自重视市场经济的方面,而是其它方面。如否定固定国家的统一干预、实行社会所有产权关系不明确,造成企业收入分光吃尽等等。总之,这些问题要具体分析。(晓亮:《论社会主义市场经济问题》,《社会主义市场经济的理论与实践》,中国财政经济出版社 1992 年版,第 443—445 页)

三、社会主义市场经济与资本主义市场经济是不是完全一样

1992 年关于社会主义市场经济与资本主义市场经济有无差别的计论,基本上是讲共性和特性的关系。从市场经济本身来说,它概不姓"社"也不性"资",是中性的。但多数人认为,不同社会制度下的市场经济还是存在着差别的。如有人说:"社会主义市场经济除了具有资本主义市场经济的共性之外,还具有不同于资本主义市场经济的特点。这些特点是由社会主义制度的基本特征决定的。""从政治制度上说,最重要的是共产党和人民政府的领导。这个政权从总体上说不是为某些集团或个人谋私利,而是以为全体人民服务为宗旨的。在基本经济制度上,所有制结构是以公有制(包括国有制和集体所有制)为主体,个体、私营、外资经济为补充,不同所有制可用不同形式经营,各种经济成分和经济营形式的企业都进入市场、平等竞争,共同发展。国有制经济的主导作用,要通过市场竞争来实现。与所有制结构相适应,社会主义的分配制度以按劳分配为主体,按其要素分配为补充,兼顾效率与公平,运用市场机制合理拉开差距,刺激效率,同时运用多种调节手段,防止两极分化,逐步实现共同富裕。社会主义制度的这些基本特征,不能不对市场经济的运转产生生要的影响。"(刘国光:《略论社会主义市场经济》,《人民日报》1992 年 10 月 26 日)还有人把社会主义市场经济特点作了不同归纳,如提出以公有制为主体以外,还提出:计划指导、计划协调具有较资本主义更加突出的作用;社会主义市场经济的群众基础,是劳动者而不是资产者;等等。(见唐半义:《革命性的转折:走向社会主义市场经济》,《财贸经济》1992 年第 8 期)有人还进一步分析说:"以公有制为主体的条件下,实行社会主义的市场经济,将遇到不少特殊问题,有待正确处理。例如对国营(有)企业,如何界定产权,实现产权人格化,就与私营企业不同。实行股份制改革和股票交易,对国有股的运作也不同于私有股:在市场经营

中，一般企业以利润最大化为目标，而国营企业就不该只有单一的类似目标；尤其是国营企业、物资企业和专业银行，还要承担调控或配合调控市场的职能。”（沈立人：《轻舟已过万重山——认定“社会主义市场经济”的伟大意义》，《亚太经济时报》1992年9月6日）

四、市场经济与商品经济的关系

一是认为市场经济就是商品经济，但也有不同的说法。有人说：“市场经济同商品经济本来是同义词，或者说还是把市场经济和商品经济视作同义语比较好。市场经济是一个世界上通用的名词。商品经济是我国80年代初才开始使用的名词。这两个名词本来难得分开。因为商品本来就是为市场而生产、在市场上交换的产品。一定要把商品经济和市场经济说成是两个不同的东西，难以自圆其说。”“当然，‘市场经济’是世界上一个通用的名词，同我国造出的商品经济这个词被使用后产生的影响不宣传相同。但是我国完全可以把我们赋予它的含义讲清楚，不要怕别人误解和歪曲。特别是‘社会主义市场经济’这个词完全是我们造出来的，它的含义更加清楚明白。”（于光远：《不要再回避“市场经济”这个词，《改革》1992年第3期》）

有的观点强调“商品经济侧重说明社会分工下劳动的间接社会性质，即个别劳动必须通过市场交换才能被承认和实现为社会劳动；市场经济则说明生产商品劳动社会性的实现，即由供求双方构成商品流通和经济运行过程。前者说明劳动社会性质的本质，后者是它的现象表现现。此外，商品经济和市场经济在历史上也是同步形成和发展的。资本主义社会以前，虽然也有商品生产和商品交换，但它们没有成为社会经济的普遍形式。当时整个社会还是自然经济，而不是商品经济或市场经济。至多说有市场经济的萌芽。只有当劳动力成为商品，机器大工业基础上的社会化大生产成为整个社会的物质基础，商品成为财富的元素形态，产品和生产要素都成为商品，加入市场流通，并形成全社会统一的市场，才进入商品经济或市场经济社会。所以说商品经济或市场经济和资本主义经济是同时形成的。认为市场经济‘与商品经济既不是同时产生的，也不是同一概念’的看法，似乎缺少根据。”（《从有计划商品经济到社会主义市场经济——社会主义市场经济论纲20条》，《文汇报》1992年9月25日）

有人说：“商品经济和市场、市场机制是统一体。当一切社会经济活动都通过市场，市场机制成为资源配置的调节机制时，商品经济就表现为市场经济。市场经济就作为商品经济必然的、自我表现形式。只要一个社会的经济形式是商品经济，就同时是市场经济。商品经济的发展，至今已经历了三个阶段，简单商品经济、近代商品经济和现代商品经济。与之相 适应；市场经济也依次走过了古代的市场经济、近代市场经济和现代市场经济。在奴隶社会商品经济刚刚萌芽，只有单一的商品市场，可以说只是初级阶段的市场经济。”（王珏：《论市场经济的属性》，《光明日报》1992年11月14日）

二是认为“市场经济与商品经济既有联系又有区别，市场经济是商品经济高度发展的产物。商品经济是与自然经济、产品经济相对而言的，讲的是人类社会经济活动中交换行为是否具有商品性，或者具有等价补偿的关系。与市场经济相对应的是计划经济，这是作为资源配置方式来的。如果说你这个资源配置是以计划方式为主的，那末就是计划经济，以市场作为资源配置的主要方式，就叫市场经济。从以上区分中我们认识到商品经济是比较抽象比较本质地表现社会生产方式的内容，而市场经济则是比较具体、属于现象形态的层次。从历史发展看，商品经济由来已久，存在于诸多社会形态，但不是商品经济发展到任何阶段上都有市场经济。形成市场经济要有一定的条件，就是商品和各种生产要素能在全社会范围内自由流动，配置到效益最优的用项和组合上。因此，市场经济是商品经济高度发展的产物。”（刘国光：《中心问题是资源配置的方式》，《经济日报》1992年9月28日）

还有人从我国经济体制改革的角度来说明商品经济不等于市场经济。认为：“‘商品经济’是俄语的表达方式，这种说法既不能从马克思的原著中找到根据，也不是现代经济学的通用语言。它不能指明稀缺资源的特定配置这种方式反映经济体制本质的运行特征。如果采用商品经济这种说法，为了对它们的运行特征作出明确的界定，需要作种种附加的解释”。另外，“传统社会主义经济体制种种弊病的根源，在于用行政管理机关制定的计划来配置资源这种运行方式本身，而克服它的弊病的根本途径，只能是彻底改变它的资源配置方式。所以，把我国经济体制改革的内容规定为从集中计划经济转变为市场经济，更能反映事物的本质。”（吴敬琏：《全力以赴，建设市场经济的基础结构》，《改革》1992年第5期）

五、市场经济与计划经济的关系

1979年初提出市场经济概念后，反对观点的主要理由，是认为它是资本主义范畴，与计划经济相矛盾。尽管邓小平多次讲过市场经济提法，如“应该把计划经济与市场经济结合起来”。（《人民日报》1985年10月24日）理论界也有中呼吁采用市场经济概念（见晓亮：《经济理三题》，《经济学周报》1986年9月26日；杨坚白：《关于有计划商品经济和市场实现问题》，《天津社会科学》1986年第2期)，但党和国家的文件中，却一直不用市场经济的提法。1992年以后，虽然市场经济提法被社会普遍接受，但在计划与市场关系问题上仍有不同理解。

1.计划与市场能不能结合。这是长期讨论的问题，在1992年讨论中，仍有不同的看法或提法。

(1)认为市场经济与计划经济的关系，既结合又排斥。有人说："确认社会主义市场经济，是不是意味着否定计划经济，会不会影响坚持社会主义制度?我们认为，这要看如何理解'计划经济'的含义，以及如何理解社会主义制度的经济特征。一种看法是把计划经济等同于指令性计划经济，这可以说是一种传统观点，它构成了传统体制的理论基础。根据这种看法，计划经济(即指令性计划经济)与市场经济确实是对立的，确认了后者就包含着否定前者的意思。另一种看法是把计划经济看作国民经济的计划性。这样，计划经济与市场经济就不是对立的，确认后者不等于否定前者。因为否定指令性计划经济并没有否定国民经济的计划性，市场机制的运行仍然可以而且必须反映宏观计划性的要求。"(周叔莲、郭克莎:《确认"社会主义市场经济"提法意义重大》,《经济日报》1992年8月22日)还有人说:"现在我们对建立社会主义市场经济的新体制已经有了基本共识"，"现在的问题是计划经济会不会很快退出历史舞台"。"我认为，即使用最快的速度朝着那个以社会主义市场经济为主体的体制迈进，这段时间也不会太短"。"由于产业部门不同，实行计划经济与市场经济的情况就有很大的不同"。"在国民经济中，只要存在计划经济和市场经济并存的局面，在它们之间的关系中，总是既有结合的一面也有排斥的一面"。"不仅代表市场经济的力量要去结合计划经济和排斥计划经济，代表计划经济的力量——仅仅40年的计划经济本身就是一个强大的习惯力量——即使在不利的条件下，也会起排斥市场经济的力量。"(于光远:《社会主义市场经济体制完全建成后计划经济的地位》,《社会主义市场经济的理论与实践》，中国财政经济出版社1992年版，第36—39页)

(2)认为计划经济与市场经济是不能结合的，计划经济必须彻底否定。有人说:"加快走向现代市场经济，就是要加快从中央集中的计划经济过渡到面向世界大市场的现代市场经济。""当前，我们改革开放中有一个大矛盾，就是计划经济和市场经济的分歧和摩擦"。"这里所说的'计划经济'，是指中央高度集中的苏联经济模式和体制，它和经济计划(包括各种中长期、短期或随时的临时的计划)是两回事。经济计划是最一般的经济活动方法。从原始社会开始的两个人要互相做买卖，就含有一定计划性。如今，社会化大生产越来越要求制定严密的经济计划。所以，经济计划是一切社会经济活动的属性。而'计划经济'和'市场经济'则是不同的经济模式和体制，是不可能结合起来的。"(童大林:《加快走向现代市场经济》,《现代化》1992年第7期)

还有人说:"计划经济只是我们正在对之进行改革的传统的社会主义经济体制的一个重要特征。""我国的经济事实上正在朝着市场经济发展。""计划经济不是社会主义的本质特征。"(马家驹:《计划经济不是社会主义的本质特征》,《著名经济学家论社会主义市场经济》，黑龙江教育出版社)

(3)认为必须实行计划经济与市场调节相结合。有人说，关于计划和市场问题的争论，"'分歧的实质'或'问题的焦点'，不是什么'让指令性计划成为稀缺资源的主要配置者'还是'以市场机制作为资源的主要配置者'之争，而是实行计划经济与市场调节相结合、在经济运行和资源配置上走出一条有中国特色的社会主义道路呢，还是实行西方早已实行、东欧和原苏联正在开始实行的那种市场经济?"(卫兴华:《对〈论作为资源配置方式的计划与市场〉一文的商榷》,《中国社会科学》1992年第3期)

2.计划(计划管理、计划经济)是不是经济制度。

有人认为，计划没有制度属性。尤其是1992年春天邓小平南巡讲话以及中共"十四大"以后，多数人都同意"计划经济不等于社会主义，资本主义也有计划;市场经济不等于资本主义，社会主义也有市场。计划和市场都是经济手段"的观点。(龚育之:《市场经济问题与思想路线问题——围绕邓小平有关论述的对谈录》,《社会主义市场经济的理论与实践》，中国财政经济出版社1992年版，第142页)但在用语上许多人已不用"计划经济"一词。有人说:"在计划和市场问题上，这是改革的最后目标模式"，。以及提"社会主义市场经济的有计划发展"。"中国经济的有计划发展也就意味着以市场为主体的有计划的发展"。(于光远:《关于市场经济和计划经济问题的提法》,《财贸经济》1992年第8期)还有人说:"社会主义经济不是完全放任自流的，而是有计划指导和宏观调控的，即政府是要对市场活动进行计划引导和宏观控制的"。"计划与市场的结合，是社会主义市场经济发展的内在要求"。(张卓元:《为发展社会主义市场经济而努力》,《财贸经济》1992年第8期)之所以不提"计划经济"，主要是把计划经济等同于旧的计划管理体制。如有人说:"我终于决定象当今绝大多数经济学家们那样，对计划经济这个词作比较窄义的理解:那就是把计划经济理解为不是从市场的需要出发，而是从别的需要出发;不是按照市场经济发展的规律，而是按照其它的规律;不是运用市场手段，而是依靠指令性的计划，通过行政的手段来决定生产什么，怎样生产，产品怎样分配等等或者简单地说配置资源的经济。”（于光远：《社会主义市场经济体制完全建成后计划经济的地位》《社会主义市场经济的理论与实践》，中国财政经济出版社1992年版，第33—34页）

有人在分析社会主义经济本质时，实际是把“计划”看成了有制度属性。如认为：“社会主义经济运行的本质是实行计划经济与市场调节相结合”。“如果把社会主义经济关系的本质说成是商品经济关系或等量劳动互换的关系，那就会把目的和手段混淆起来，而且发展商品经济也有方向和道路问题。商品经济自身并不能保证经济关系的社会主义本质。”（卫兴华：《关于社会主义经济关系的本质问题》，《经济理论与经济管理》1992年第4期）还说：“我不赞成在我国全面推行市场经济，否定计划经济；不赞成把社会主义商品经济与市场经济混同起来。”因为市场经济不仅是资源配置方式，也是“经济制度”。“我们讲计划经济和计划调节，并不单指指令性计划，指导性计划要成为新的计划体制的主要形式。”然而有的文章“却从计划经济就是‘命令经济’、就是指令性计划、就是‘行政配置资源’的成见出发，去批评反对否定计划经济、全面实行市场经济”。（卫兴华：《对〈论作为资源配置方式的计划与市场〉一文的商榷》，《中国社会科学》1992年第3期）

3. 在市场经济一词前面要不要加限制词。1992年10月中共“十四大”报告中使用了“社会主义市场经济”的提法。在此之前，理论界有各种提法，如市场经济就是社会主义条件下的市场经济，是宏观调控下的市场经济，是有计划的市场经济，政府指导型的市场经济，社会主义市场经济就是市场经济，等等。其中对有计划的市场经济，有不同意见。

有人说：“所谓社会主义市场经济（也有称之为‘有计划的市场经济’）是相对于两个方面而言的”。“其一，是相对于传统的社会主计划经济而言的”。“随着经济发展水平的提高，这种传统的计划经济就不可避免地暴露出局限。因此，对这种体制进行改革就成为客观必然。”“其二，是相对于资本主义市场经济而言的。社会主义市场经济应当是建立在生产资料公有制基础上的，它必然要求有计划指导和宏观控制。不过，这里的‘计划’已不是传统体制下的那种指令性计划（尽管在某些领域我们还可能保留它），而主要是一种非直接、非强制的计划，是一种政府通过对市场进行调节、以市场为中介对经济进行引导的手段，是一种在尊重价值规律、反映供求关系前提下的符合客观实际的计划”。（《刘国光谈“市场取向”的改革与“社会主义市场经济”》，《经济参考报》1992年8月2日）

有人说：“用‘有计划的’形容词来对商品（市场）经济作出限定，以便避免‘要搞纯粹的市场经济’的误解或曲解，似乎也难以成为保持原有提法的这个定语的理由。这是因为，在现代世界的现实生活中存在的一切市场经济，无不具有一定形式和某种程度的宏观管理、政府干预或计划指导。在这种情况下，特别标明我们所主张的市场经济是‘有计划的’市场经济，就完全没有必要了。而且，如果我们还记得十二届三中全会后某些人在这个定语上作文章，力图让行政性计划保留对关键部门的控制的历史，我们就更不应当为僵化思想的再次反攻预先留下这样的空子。”（吴敬琏：《全力以赴，建设市场经济的基础结构》，《改革》1992年第5期）

（张　静整理）

所有制结构问题

一、所有制结构的内涵

1. 认为我国的所有制结构应该具体表述为：以国有制为主导、以集体经济和合作经济为主体，多种经济成份和多种经营形式并存的所有制结构。有人把这种所有制结构称之为“正态所有制结构”或“集体化式所有制结构”。持这种观点的人认为，建立以集体经济、合作经济为主体的有中国特色的所有制结构，有利于缓解社会主义现代化建设规模庞大或国家财力不足的矛盾，解决提高劳动生产率和充分就业的矛盾，解决大量技术引进与外汇来源不足的矛盾，协调公有制经济与非公有制经济之间的关系，巩固社会主义制度的经济基础。（戎文佐：《让集体经济在数量上占优势势在必行》，《经济科学》1992年第2期）

2. 认为在所有制结构问题上，应巩固公有制的主体地位，以公有制（包括全民所有制和集体所有制经济）为主体，个体经济、私营经济、外资经济为补充，多种经济成份长期共同发展。持这种观点的人认为，如果让集体经济占主体地位，在数量上占优势是不行的，这不仅不符合我国现阶段社会化大生产的实际要求，而且集体经济终究只能代表局部利益，离开全民所有制经济的制约，任其自由发展并占据主体地位，将导致整个社会生产的无政府状态,国民经济比例失调,社会各阶层收入差距悬殊,地区发展差距扩大,整个经济生活将陷入混乱,社会政治生活也将出现动荡。(何建章:《壮大国有经济实力,巩固公有制主体地位》,《集体工业经济》1992年第2期)

3. 还有人提出,我国目前所要发展的以公有制为主体、多种经济成份并存的所有制结构应该包括以下几个方面的含义:(1)公有制的主体地位是指在全国范围内要从总体上保持公有制经济在国民经济中的主体地位,不排斥在某些领域内和某些地方公有制不占主体地位;(2)考虑到生产力发展的不平衡状况,各种所有制形式所占的比重可以在不同领域内和不同的地区有不同的状况,因而在全国总的所有制构成体系中,还可以有不同地区和不同经济领域在整个国民经济中的所有制构成体系;(3)公有制主体地位不是要求国有经济在国民经济中占主体地位,而是包括国有经济及集体经济等公有制成份在内的公有制经济占主体地位;(4)多种经济成份并存既包括国有经济、集体经济等公有制经济的不同形式,也包括个体经济、私营经济、国家资本主义等非公有制经济的不同形式,是公有制经济与非公有制经济的组合。(魏杰:《坚持以社会主义公有制经济为主体,发挥非公有制经济的补充作用》,《学术论坛》1992年第3期)

二、公有制经济主体地位的判定

(一)保持公有制经济主体地位的必要比例问题

1. 认为只要公有制经济控制了主要产业部门,能够以自己的经营质量和效益的优势在国民经济中发挥其主体作用,就保持了主体地位。公有制经济在国民经济中的比重可以小一些,甚至不需要占优势。

2. 认为要保持公有制经济的主体地位,就必须使其在经济中占有较大的比重。因此,坚持社会主义经济制度的基本性质决定于生产资料公有制和按劳分配,所以,坚持社会主义经济制度就必须使公有制经济的资产存量及其所提供的国民生产总值和国民收入在社会总量中占有明显的优势,并且保持较高的增长势头。否则,就不是坚持以公有制为主体。当然。这里所说的明显优势只是总量的比较,不排斥非公有制经济在某些行业、某些地区占有优势,甚至绝对优势。(郭振英等:《关于我国所有制结构的现状、问题的建议》,《中国社会科学》1992年第2期)

3. 认为应从质和量两个方面来保持公有制的主体地位。在质的方面,坚持公有制的主体地位,就是要坚持经济体制改革和经济发展的社会主义方向,坚持全民所有制经济的主导地位,把关系国民经济命脉以及关系国计民生的重要部门、行业、产品控制在公有制经济特别是全民所有制经济手中。在量的方面,公有制经济在整个国民经济中要占绝大部分份额,其中全民所有制经济在整个国民经济中要占稳定的绝对优势,才能保证其主导地位。各种经济成分在国民经济中所占的比重,应主要是用占社会净产值的比重、占全部净资产存量的比重及占工业总产值和社会总产值的比重等指标来衡量。(张胜宏:《论坚持生产资料社会主义公有制的主体地位》,《阵地》1992年第1期)

(二)公有制经济主体地位的判定方法

1. 产值法,即用量化的产值指标来衡量。总产值指标反映了生产成果的总周转量、国民经济发展的总规模、社会再生产的总循环量。因此,可以用全民所有制和集体所有制总产值占社会总产值的比重来判断其主体地位。

2. 资产法,即用全社会固定资产中公有制经济所占的比重来衡量。因为固定资产的多少反映了一个国家的经济实力和生产力水准的高低,代表着这个国家的生产能力和生产技术水平,尤其是对要建立在高度生产技术基础上的社会主义经济来说,更是如此。所以,进行所有制结构分析,固定资产指标占有特殊重要的位置。

3. 机械数量法,即用整个产业工人中公有制所占的比重来衡量。因为,所有制结构不仅是一个经济范畴,而且是一个与阶级范畴密切相关的政治问题。用产业工人分析阶级结构的方法,同样适用于分析所有制结构,也适用于判断公有制的主体地位。(苏增添、朱文毅:《公有制主全地位衡量标准的理论探讨》,《中国经济问题》1992年第2期)

4. 综合指标系数法,即把上述三种方法加以综合,适用社会总产值、全部资产价值和就业人员数三种指标对社会经济现象的数量关系进行综合分析研究,从而得出某一所有制的确定比例。用公式可具体表示为:

$$\text{所有制结构值}=\text{产值法比例}\times\text{系数}1+\text{资产法比例}\times\text{系数}2+\text{数量法比例}\times\text{系数}3$$

(其中:系数1+系数2+系数3=1)

得到:

$$\text{所有制结构}(\%)=\frac{\text{某一所有制结构值}}{\text{所有制结构值之和}}\times 100\%$$

在这里,公有制经济的主体比例在经济发展过程中是不断变化的,它的比例是否合理,主要是看公有制经济是否在最大程度上促进其它所有制形式的发展,从而促进生产力的发展。(翟应龙:《试论公有制经济主体地位的判定》,《经济日报》1992年5月12日)

5. 位、向、量、质综合判定法。包括四个方面的内容：(1) 定位：主体内容。把一些关系国计民生的重要经济命脉掌握和控制在国家手里，从而确定公有制在国民经济全局中的"主体"位置。(2) 定向：主体方向。除了一些非国家独家垄断不可的行业和部门继续实行完全公有制外，对其它大量的需要国家掌握和控制的重要经济命脉，应大胆地实行股份制经济。但在这些领域，必须坚持公有制经济所占的股份有足够大，能左右其今后的发展方向。(3) 定量：主体形式。就全国而言，公有制经济的相对量必须高于其它所有制经济成份。在不同的地区，可以有所差别。(4) 定质：主体作用。就是看公有制企业的活力和经济效益。以上四个方面是辩证统一、有机联系的，它们都构成了社会主义公有制主体地位衡量标准的范畴，缺一不可。(苏增添、朱文毅：《公有制主体地位衡量标准的理论探讨》，《中国经济问题》1992 年第 2 期)

三、对所有制结构比例发展趋势的预测

1. 认为根据 80 年代所有制结构的演化特点，运用相应的数学模拟模型：$X_t = a \cdot X_{t-1} + b \cdot t + c$(其中 X_t 是当年比重值，X_{t-1} 是上年比重值，t 是时间，a、b、c 是方程系数)，进而预测 90 年代所有制结构的发展趋势是：公有经济占国民经济的产值比重仍将继续显著下降，而同期私有经济的比重则将继续上升。到 2000 年，工业的所有制产值结构将形成如下的基本格局：集体所有制企业工业产值比重将达到 47.7%，占工业总产值的 1/2；全民所有制企业工业产值所占比重将下降到 27.2%，城乡个体和私营企业的比重将分别达到 13.4%和 11.7%，这样，全民、私有经济的产值比重各占 1/4。商业的所有制基本格局将是：私有商业的商品零售额比重占 1/2，全民占 1/3。集体占余下的 1/6。综合上述两个方面的预测情况得出：到 2000 年，我国各种所有制的产值比重将大体相当，所有制产值结构将进一步合理化。(陈明星、唐元：《八十年代我国所有制结构的演化及对 2000 年的预测》，《经济与管理研究》1992 年第 5 期)

2. 认为全民所有制的比重还将进一步缩小，但其素质和作用会有所提高；集体所有制将继续巩固壮大，其比重将超过全民所有制；以全民经济核心的混合所有制及其他合作形式，随着改革的深化会有长足的进展；个体和和营经济等从萌发阶段进入发展阶段，仍具有强劲的增长势头，比重仍将继续上升。在既定政策不变的前提下，各种经济成份发展到一定程度，其比重会稳定或徘徊在一定的水平上。持这种观点的同志依据十年规划确定的。社会和经济发展战略及产业结构调整目标，对前 10 年各种所有制形式的实际增长速率进行适当调整后测算。到 2000 年，我国公有制经济与非公有制经济的比例关系，将由目前的 93：7 变化到 87：13 左右，其中，非公有制经济的上限比重不能超过 15%。(武爱民：《我国所有制结构的现状、趋势及思考》，《计划经济研究》1992 年第 1 期)

3. 认为在整个国民经济中，公有制经济的比重应不低于 6/7，全民所有制经济的比重不低于 4/7。如果非公有制经济的比重达到 20%以上，那它就不是社会主义公有制经济的补充，而成为左右整个国民经济发展的一股巨大力量。(张胜宏：《论坚持生产资料社会主义公有制的主体地位》，《阵地》1992 年第 1 期)

四、国有制经济改革的途径

人们普遍认为，国有制经济的改革主要是指全民所有制大中型企业的改革。改革的关键是转换企业经营机制，即按照发展社会主义市场经济的要求，调整、改革所有权与经营权形式，理顺企业经营活动中的各种责、权、利关系，健全企业经营行为，使企业真正成为自主经营、自负盈亏、自我发展、自我约束的法人实体和市场竞争的主体，并承担国有资产保值增值的责任。(袁木、白克明等编著：《建立社会主义市场经济体制的重要环节》，《迈向 21 世纪的行动纲领——学习党的十四大报告》)但是，具体到国有制经济改革与完善的途径问题，则有不同看法。

1. 股份制。这种意见认为，股份制是直接社会性占有生产资料的一种特定的财产组织方式或实现形式，可以存在不同性质的经济制度之下。股份制的性质取决于社会经济制度，取决于入股者的身份地位，并作为一种经济形式体现和实现着所有制。股份制是对全民所有制的进一步完善，不会改变全民所有制的根本性质。依据股份制原则改造传统的国有制的具体实现形式，实现公有制内部的各种权能在结构上的调整和重组，至少要经历以下几个步骤：(1) 把国家所有制的权能重合主体单一的结构，分解为单一主体统一管理的单纯所有者和多主体分散经营的代理所有者，为股权的分散化奠定基础；(2) 在股权分散化的基础上，实现国家自然人所有权与法人所有权的彻底分离，创建以企业产权为基础的法人所有权制度；(3) 在股份公司内部实现法人所有权（产权）与经营权的分离，培养和造就一大批具有企业家精神和素质的企业经营人才；(4) 界定清楚生产者在企业中的角色，强化职代会职能，调动生产者的劳动积极性。这样。在公有股权所有者、法人所有者、经营者和生产者之间形成了一种丝丝相扣般的制约关系，使企业成为内有动力、外有约束的、具有商品生产者资格的经营主体。(王珏、霍云鹏：《股份制是公有制经济一种有效的实现形式》，《理论与学习研究》1992 年第 2 期)

持反对的看法认为，股份制的组织特征在于产权关系由分散到集中，如果实行股份制，就势必要将集中的财产占有关系转化为分散的财产占有关系，会改变或削弱公有制。

2. 承包制。这种意见认为，承包制是目前我国国有制的实现形式，其理论基础在于所有权和经营权分离的两权分离理论。承包制适合我国现阶段的生产力发展水平，因而促进生产力的发展，可以为企业塑造一种既有压力、又有动力的经营机制，使企业成为自主经营、自负盈亏、自我发展、自我约束的商品生产者和经营者。(张友树:《增强企业活力理论思路综述》,《经济学动态》1992 年第 4 期)

反对的意见认为，承包制在实践中还存在着以下缺陷:(1) 承包制难以解决政企不分的问题;(2) 承包制难以解决自负盈亏问题;(3)承包制难以做到生产要素的合理流动;(4) 承包制难以克服企业的短期行为。所以，它不是理想的公有制实现形式。(边琳:《当前经济理论研究中的几个难点和热点问题综述》,《山东经济》1992 年第 2 期)

3. 租赁制。这种看法主要是针对小型国有企业而言的。认为国家可以通过租赁的方式，把个数众多但产值税利比重不大的小型国有企业转变为非国有企业，把它们彻底推向市场，完全自负盈亏。因为这里实行的是有偿转让，国家可以从出售中在货币资金形态上收回资产的价值，用于大中型企业的投资，所以，对小型国有企业实行租赁制不会影响国有经济的主导地位。(刘国光:《谈谈我国所有制关系的改革》,《阵地》1992 年第 3 期)

五、非国有制经济在国民经济中的地位和作用

目前，关于非国有制经济的问题，大家普遍认为，非国有制经济作为国有制经济的一种有益的补充，在经济生活中发挥了很大作用，二者可以同样并存发展。非国有制经济的作用主要表现在两个方面:

一方面，非国有制经济的发展，促进了我国市场机制的形成，经济活动中已有相当大的一部分由市场调节，按市场价格交易的产品所占的比重大大提高，较完整的市场体系正在发育，出现了一大批真正具有市场行为特征的企业。(樊纲:《更积极地发展非国有经济》,《改革》1992 年第 3 期)

另一方面，非国有经济的发展可以在许多方面为国有经济的改革提供必要的外部条件，成为国营企业改革的依托，表现在:(1) 非国有经济是国营企业减轻税赋的依托。因为，将国有企业推向市场，增强其活力，必要改变国营企业高税赋的局面，实行公平税赋，而减轻国营企业税赋，改善其外部环境，要依赖于非国有经济发展及其提供的大量产值和财政收入。(2)非国有经济是国营企业中劳动力流动的就业依托。因为，解决国营企业多余人员的根本出路，在于非国有经济发展为社会提供更多的就业机会。(3)非国有经济是国营企业改组的市场依托。非国有经济发展水平越高，其承接国营企业改组的要素转移能力越强，从而国营企业改组的市场运作条件越好。此外，非国有经济的发展还在思想观念、制度安排、行为方式等方面，为国营企业改革创造了良好的氛围，提供了可借鉴的模式(周振华:《国营企业改革与非国营经济发展》,《经济研究》1992 年第 8 期)

在肯定非国有经济在国民经济中的积极作用的同时，还应看到，非国有经济还有一些不可避免的缺陷。要确保公有制经济的主体地位，就必须明确界定各种非公有制经济的经营和经营方式，划清禁止、限制、允许、鼓励非公有制经济发展的范围和相应的政策界限，并由有关部门公布，用法律的、行政的、经济的手段予以保证。(郭振英等:《关于我国所有制结构的现状、问题和建议》,《中国社会科学》1992 年第 2 期)

(武京闽整理)

产 业 结 构 问 题

一、产业结构的概念

1. 产业结构是指在一国或一地区国民经济中以全部产业部门为总体，具有不同职能的产业部门在总体中所占的比重，它反映了各产业部门在国民经济发展中的地位。(徐衡:《试论产业结构的分析方法》,《天津财经学院学报》1992 年第 4 期)

2. 产业结构实质上是指宏观经济中各行业存量所占的比重，即分配于各行业中的固定资产、劳动力在国民经济中所占的比重，相对来说，它是一个常量。(陈汉东、乐弘:《紧缩条件下产业结构调整的难点及对策》,《财经理论与实践》1992 年第二期)

3. 产业结构是产业之间、产业内部的相互关系，它主要是指各产业之间以及产业内部在生产规模上的比例关系，这种比例关系涉及结构均衡问题，包括产业之间的均衡，也包括产业内部的均衡。(胡怡建:《税收分

配和产业结构》,《财贸经济》1990年第7期)

4. 所谓产业结构,是指各产业部门之间以及各产业部门内部各业之间的对比关系和结合状况。如按照西方经济学界关于三次产业的划分来说,就是指三次产业之间及各次产业内部各业之间的对比关系和结合状况。如按照我国过去传统的划分来说,就是指农、轻、重、交、邮、建、商各业之间及其内部各业之间的对比关系和结合状况。这主要是指农、轻、重之间,农工与运输邮电之间,原材料工业与加工工业之间,农、林、牧、副、渔之间的对比关系和结合状况。(何炼成:《试论陕西的产业结构和产业政策》,《西北大学学报》1992年第3期)

5. 产业结构是以产业划分为基础的生产力结构。产业结构的状态可从纵向和横向两方面分析。纵向方面指一国的产业结构在边界产业结构进化的等级系列中所处的阶段,这是产业结构的高级度;横向方面指一国产业结构中,各个产业之间的协调状态,这是产业结构的均衡度。(熊映梧、吴国华等:《论产业结构优化的适度经济增长》,《经济研究》1992年第3期)

二、我国产业结构的特点

1. 认为目前我国产业结构的总体发展,还正处在经济发达国家工业化和现代化中期的起始阶段,明显的特点是:以农业和轻纺工业为主导的前期轻型产业发展落后;以重化工业即基础工业和基础设施为主导的重化工产业相当短缺;以电子技术、信息技术、生物工程和新材料为代表的新兴的后期产业极为薄弱;第三产业同第一、第二产业相比又严重滞后。这些特点表明:我国产业结构的发展水平还只停留在主要经济发达国家19世纪末20世纪初的产业结构水平上。(任林泉:《论产业结构与生产力的发展》,《生产力研究》1992年第3期)

2. 我国产业结构变动是超常规性的。其主要特点:(1)产业配置顺序超前发展,且幅度甚大。即:在农业和工业的结构变动中,工业超前发展;在工业内部的结构变动中,重工业超前发展;在重工业内部的结构变动中,重加工业超前发展。(2)产业结构变动振荡性较强,且反反复复。在我国产业结构变动中,主导地位的变更经常伴随着结构"逆转",即已失主导地位的产业部门再一次兴起,重新占据主导地位,从而产业结构变动表现出强烈的振荡性,大起大落,反反复复。(周振华:《我国产业结构变动模式的基本估价》,《数量经济技术经济研究》1990年第3期)

3. 用霍尔曼比值看我国产业结构的变动历史,可用"三大失常"来加以概括。各国三次产业结构变动的一般趋势是:第一产业在全国劳动力总数所占比重下降的同时,第一产业在国内生产总值中所占的比重也在下降,但是后一下降速度超过前一下降速度,而我国农业产值比重的下降惊人地大于农业劳动力的比重下降。这是我国产业结构变动中的一大失常。各国经济发展的普遍规律,农、轻、重工业依次占统治地位,依次成为资金积累的主要来源。而我国在轻工业尚未充分发展之前,人为地优先发展重工业,造成霍尔曼比值的快速下降,受到了惩罚,这是我国产业结构变动中的第二次失常。各国重工业的发展通常分两个阶段:先发展煤、电、运输等基础工业;再发展机械工业等加工工业,而且,加工工业的高速度在人均国民收入250美元的水平才开始,而我国在40美元时就已发生,未等基础工业成熟,加工工业就脱颖而出。这是我国产业结构变动中的第三大失常。(朱仲棣:《产业结构的失衡及其对策》,《财经研究》1990年第1期)

4. 我国现阶段产业结构失衡有着与过去大为不同的特点:(1)前30年产业结构不合理主要体现为重工业过重、轻工业过轻、服务业薄弱,而近10年则主要表现在加工工业发展过快,上游产业严重滞后、农业连年徘徊。(2)过去的失衡主要是部门结构的扭曲,而目前的失衡除此之外,还表现为地区产业结构的严重的同构趋势。(3)从协调机制看,过去基本上是高度集中的管理体制,调控能力较强,而目前则是一种不规范的计划机制和不完善的市场机制的并存状态,市场自组织机制还未形成,而中观调控能力已非昔比。(刘光杰、胡艳超:《我国产业结构调整的深层思考》,《江汉论坛》1992年第5期)

三、产业结构存在的问题

1. 周叔莲等在内部讨论中提出,中国的产业结构从根本上说,存在着两个相互联系、相互影响的两大矛盾:一是农业、能源、原材料等基础产业以及以科技、教育、运输、邮电为代表的基础设施的滞后发展,形成了国民经济发展的"瓶颈"障碍;二是各产业部门,关键是加工工业部门的产品、技术、经营规模、专业化协作等的低的水平的粗放扩张,使整个产业结构处于低水平状态。

2. 当前产业结构突击的问题有:(1)加工产业生产能力过大,基础产业生产能力不足;(2)加工产业内部低水平产品生产能力过大,高水平产品生产能力过小;(3)重复建设从轻加工工业向重化工业发展,重复建设已经和将会造成巨大的经济损失和结构破坏作用;(4)企业组织结构不合理,专业化协作水平低。(薛亮:《产业政策和产业结构调整》,《管理世界》1992年第3期)

3. 中国产业结构变化过程导致了下列问题:(1)轻

型产业发展与国内的重化工业及基础设施发展之间出现了严重脱节。(2)由于技术水平和工业整体素质的差别,引进产业与国内产业间不能很好衔接,形不成相互间互相促进的顺畅循环关系。(3)进口的大量增加和引进产业的发展,在拓宽国内市场的同时,强化了中国城乡间的二元消费结构,使得在传统消费品供给结构下趋于缩小的城乡消费结构上的差距重新扩大。(4)出口劳动密集型产品,进口资金、技术密集型产品,使我国在国际贸易中处于不利地位。(张立群:《中国产业结构矛盾再认识》,《经济研究》1992年第4期)

4. 我国产业结构存在的问题主要表现在:(1)加工产业超前发展、基础产业严重滞后。(2)产业区域分布出现同构化趋向。(3)农业薄弱,结构单一的局面并未获得根本改观。(4)产业结构与国民经济其他结构的耦合性差。(刘光杰、胡艳超:《我国产业结构调整的深层思考》,《江汉论坛》1992年5期)

5. 李强在内部讨论中提出,影响我国产业政策进一步贯彻存在的问题主要是:(1)速度型的经济计划缺少约束机制,制约了产业结构调整和成果巩固;(2)合理配置资源机制不完善,使产业结构增量调整偏向;(3)缺乏固定资产流动机制,产业结构存量调整缓慢;(4)地方政府及财政行为往往逆向产业政策,上有政策,下有对策。

6. 刘占军等在内部讨论中提出,现阶段中国产业结构演化过程中存在如下矛盾:(1)就业结构和第三产业发展的"双重滞后"现象十分突出,造成了我国产业结构演化的不平衡性和工业化阶段特征的不确定性。(2)基础结构滞后于产业演化的要求。(3)"双重同构化"与产业组织结构演化的滞后。资源的非合理配置使得高浪费与低效益并存。(4)科技进步在产业结构演化中的贡献不足。

7. 产业结构的失衡包括三方面的内容:(1)产业结构的轻型化,使基础部门日益薄弱,结构性矛日益尖锐,经济发展后劲不足;(2)产业组织的分散化使资金的集中程度降低,规模效益得不到发挥,生产的效率受到了影响;(3)产业调整的僵硬化则降低了产业结构的速度和效率,加剧了供求的矛盾,影响了资源的合理配置。(张宇:《产业结构的调整与经济模式的转移》,《金融日报》1992年5月9日)

8. 我国产业结构自身机制的缺损和功能畸变,集中表现在以下几方面:(1)我国各产业之间的协调性差。(2)我国产业结构演进乏力,低水平上自我倾斜、自我复制。(3)我国产业结构缺乏立体效应,低水平结构趋同。一是轻重结构趋同;二是行业结构趋同;三是规模结构趋同(房汉廷:《以机构转换促进产业结构》,《光明日报》1990年8月25日)

9. 当前产业结构上存在的问题主要有十:一是农业发展滞后,经济基础薄弱;二是基础工业薄弱,能源交通紧张;三是重加工型结构,经济效益很差;四是第三产业偏低,且结构不合理;五是传统支柱产业面临重重困难;六是行业内部结构和产品结构不合理;七是企业结构中大中小比例不合理;八是商品供需矛盾突出;九是特大型企业太少,规模效益不佳;十是工业布局集中,地区差异明显。(何炼成:《试论产业结构和产业政策》,《西北大学学报》1992年第3期)

四、产业结构失衡的原因

1. 导致产业结构失衡主要是税收方面的原因。(1)目前国营企业的税高于集体企业和私营企业,由于对小企业的不加区别的优惠措施,造成企业规模不经济。(2)地区间的资源配置作为税收经济职能之一,必须遵循公平与效率的原则。由于税收政策只针对地区而不是产业,因此诱化了地区间的攀比冲动,使各地区产业结构趋同,地区产业优势无从体现。(3)由于税制本身所具有的不确定性和随意性,使得作为参与国民收入再分配的有效法律手段的税收,在促使产业结构合理和完善方面调节乏力。(4)中央放权和财政地方包干制的实行加剧了地方政府的功利色彩,强化了地方政府的利益扩张冲动。(5)现实中,中央与地方政策往往不一致,而地方政府对地方税务部门影响更大,因而使中央结合产业政策制订的税收政策难以落实。(张岚:《形成产业结构现状的税收原因及完善对策》,《财经研究》1990年第8期)

2. 朱明春在内部讨论中提出,我国产业结构的失衡主要是产业政策方面的失效或有很大的局限性。(1)政策体系和实施手段上带有明显的计划经济色彩;(2)产业政策的近期色彩较浓,长期政策甚至体制设置也往往屈从于近期目标;(3)政策体系与实施手段脱节,结构政策与组织政策脱节;(4)过多地依靠增量调整,存量调整力度远远不够;(5)产业技术政策未能有效发挥作用,产业技术水平提高缓慢;(6)主导产业尚未有效形成并发挥作用;(7)对外开放条件下国际因素对产业结构变动的影响及地区间经济关系的处理,重视不够。

3. 近几年来,我国产业结构的调整虽然已取得一定的进度,但产业结构失衡的状况还未缓解。究其原因,主要是未能抓住存量调整。因为,存量调整是增量调整的基础,增量调整是存量调整的扩展,两者互相促进,互为补充,必须在优化产业整体结构的基础上结合起来,才能达到产业整体结构动态优化、经济效益持续增长和改善社会总供给的目的。(汤洪明:《注重存量调节——产业结构调整的关键》,《社会科学》1992年第

8期)

4. 我国产业结构自身机制的缺损和功能的畸变主要原因在于现行经济运行机制的扭曲。其具体表现在如下四个方面:(1)利益分配机制的误导强化了产业结构的失衡;(2)价格体系的扭曲加剧了产业结构的扭曲;(3)经营机制不完善与金融市场发育不健全,阻碍了产业结构的调整;(4)产业政策与结构调整缺乏内在联系。(房汉廷:《以机制转换促进产业结构调整》,《光明日报》1990年8月25日)

5. 我国产业结构的失衡是一种体制现象,是以扩权让利为特征的改革进程的必然产物。(1)改革以来,一方面地方企业和各个经济主体具有了强烈的利益冲动和独立的经济权力,另一方面却未形成有效的财产约束和市场约束,这就导致了各个生产单位和社会单位在收入分配中强烈的短期化倾向和个人收入最大化的倾向。(2)扩权让利的改革改致地方和企业在国民收入中所占比重不断上升,而中央政府的积累能力和投资能力不断下降。(3)在现行国有经济中,由于缺乏完善的要素市场和要素价格,从而使生产要素的流动十分困难,造成了僵化的经济结构。(张宇:《产业结构的调整与经济模式的转移》,《金融日报》1992年5月9日)

6. 一国产业结构的形成、变化虽同经济体制高度相关,但更全面而准确地说,它是各种因素综合作用的结果。我们必须肯定体制的因素对产业结构调整占据着主导地位,但不能因些而忽视其他因素。因此,仅仅考虑体制因素而忽视非体制因素,是不够全面的。这儿所说的非体制性因素及其制约,是指那些同经济体制没有直接关联或关联度很低而对结构调整产生制约的因素及其过程。如人口及需求结构变动,自然资源分布以及由此决定的工业布局,由生产力状况决定的技术水平对资产转移的障碍,工程项目的投资周期等等。显然,这些因素在任何经济体制下都是存在的。(何大安:《我国产业结构调整的非体制性制约及其启示》,《经济研究》1992年第7期)

7. 我国产业结构的失衡主要是如下两方面的原因:首先,不合理的财源结构与产业结构的调整存在矛盾。第一,现行流转税制度制约着产业结构的形成与调整;第二,所得税的内部结构不合理影响了对产业结构的调整;第三涉外税收忽视投向引导,影响了产业结构的调整。其次,支出结构不合理是制约产业结构调整的重要原因。第一,财政对农业投入比重偏小且逐年下降,影响和制约了农业的进一步发展;第二,对政支出中基本建设拨款占的比重较低且逐年下降,使本已成为"短线"的基础工业更短,影响了产业结构的协调发展。(王玉华:《实现产业结构合理化目标的财政政策构想》,《福建论坛》1990年第2期)

8. 造成产业结构失衡的原因自然是多重的,这些多重原因也是彼此交错、互为影响的,这大体有以下几个主要方面:(1)没有从根本上抛弃追求高速度的外延型增长战略;(2)产业结构自行调节的机制还未形成;(3)产业结构的政府调节机制存在缺陷;(4)地区利益格局的形成和强化;(5)消费结构无序变化。(刘光杰、胡艳超:《我国产业结构调整的深层思考》,《江汉论坛》1992年第5期)

9. 周叔莲等在内部讨论中说,产业结构失调而且调整步履十分艰难,原因是多方面的,既有传统发展战略的影响,又有因新旧两种体制并存而出现的新矛盾,还有经济决策操作失误的因素,具体地说,主要有四个方面:(1)在指导思想上急于求成,片面追求数量扩张,经济发展过热。(2)宏观调控体系不健全,调控手段弱化。(3)地方、企业经济行为的短期化。(4)价格扭曲的状况没改观。

五、产业结构调整的难点

1. 我国产业结构调整的最大障碍是现有的利益格局。因为地区利益格局的形成,使地区产业结构趋同化。而产业结构的趋同化,加剧了全国产业结构的不平衡,加大了产业结构调整的难度。首先,产业结构趋同化使全国产业布局更加不合理;其次,产业结构趋同化使一些应压缩的产业部门不仅得不到压缩,甚至可以保留和发展。(林其屏:《利益格局:产业结构调整的最大障碍》,《福建论坛》1990年第5期)

2. 调整产业结构,就是要使社会各方面的资金多投向"瓶颈"部门,少投向长线产业,然而,资金流向是由一系列经济条件决定的,在这些经济条件没有改变之前,试图通过行政办法改变资金流向,调整产业结构,那是相当困难的。一是财政包干体制对结构调整的障碍;二是投资者的短期行为对结构调整的障碍;三是价格体系扭曲对结构调整的障碍;四是消费需求膨胀对结构调整的障碍。(钟朋荣:《产业结构调整的四大障碍》,《金融时报》1991年5月9日)

3. 下一步产业结构调整有两大难点:一是行政性结构政策的作用有限。其一行政性产业支持政策的物力财力有限;其二行政性控制政策碰到较强阻力。二是结构失衡的细化和调整信号的失真。其一产业结构失衡状况的复杂化;其二优化结构方向不清;其三政府能力有限。(江小涓:《论我国产业结构政策的实效和调整机制的转变》,《经济研究》1991年第2期)

4. 产业结构调整的困难主要有这样两条:一是资金短缺。二是产权障碍。企业组织结构调整中的产权障碍有三层意思。其一,我国目前尚未形成实现资源优化配置的有效机制；其二，一些主管部门存在本位主义倾向；其三，产权关系制约了企业改组联合的深入发展。（梁仲勋：《论我国未来产业结构调整的机制及方向》，《人文杂志》1992年第4期）

5. 我国产业结构调整往往是处在一种欲进不行、欲退亦不行的两难境地。(1)经济增长速度的高与低的两难困境。(2) 现时稳定与长远发展的两难困境。(3)宏观调控放与收的两难困境。（刘光杰、胡艳超：《我国产业结构调整的深层思考》，《江汉论坛》，1992年第5期）

6. 产业结构调整过程中的障碍主要来自四个方面：(1) 经济体制所形成的障碍。(2) 分配机制所产生的障碍。(3) 产业结构调整方式所形成的障碍。(4) 产业政策调整效应的障碍。（何啸、郭建国：《产业结构调整的政策设计》，《财苑》1992年第2期）

7. 产业结构调整面临的困局是：(1) 比价关系仍严重扭曲，现行产业政策无利益诱发力；(2) 设资调控与约束机制的弱化和缺环，使投资倾斜缺乏刚性保障；(3)消费膨胀使长线部门的增长速度难以抑压，同时拉上短线部门的发展目标，加大产业结构调整的难度；(4)投资品生产不足与供给短缺，供产业结构调整的物资保障条件很不充分；(5)生产要素流动上的政策限制与市场体系的不健全，限制产业结构调整中非增量方式的运用；(6) 现行产业政策尚存在一定缺陷，在实施过程中会面临理论与实践上的某些矛盾。（鲁磊敏：《产业结构调整：逆阻与对策》，《投资与建设》1990年第8期）

8. 产业结构优化面临的障碍因素主要存在于九个方面：一是价格体系扭曲，导致基础工业与加工工业的利益不对称；二是规模门槛约束；三是融资机制缺陷；四是税收杠杆失灵；五是技术创新乏力；六是宏观调控机能萎缩；七是投资格局发生变化；八是计划职能产生偏移；九是市场机制发育不良。（钱春、操鸣禅：《产业结构优化的障碍及对策思考》，《江汉论坛》1992年第3期）

9. 当前国际产业结构的变化和调整对我国提出了严峻的挑战：(1)我国科技发展受基础、资金等的制约。面临着与发达国家的技术差距拉大，从而进一步扩大经济差距的现实危险。(2)发达国家大力采用高新技术改造传统产业和加速产品更新换代，使包括我国在内的大多数发展中国家生产劳动密集的初级产品和低档产品的比较优势严重削弱。(3) 近年来，与我国产业结构相近的东南亚国家经济发展迅速，使我国不仅在发展技术密集型产业和较高档次产品方面临着与发达国家、“四小”的强大竞争压力，而且在传统产品和吸引外资方面增加了新的有威胁的竞争对物。(4)当前世界经济中不仅区域化、集团化和发达国家贸易保护及技术垄断加强，而且发达国家还利用我国争取恢复在关贸总协定中地位的时机，压我开放国内市场。（薛亮：《产业政策和产业结构调整》，《管理世界》1992年第3期）

六、调整和优化产业结构的思路选择

对产业结构失衡的原因和调整的难点既然有不同的看法，那么对调整和优化产业结构的对策与思路当然也就各抒己见了。归纳起来，大体有以下一些代表性意见：

1. 我国产业结构的合理化，只能沿着这样的基本思路进行：结构优化与深化改革互相配合，以结构调整促进改革的深化，以改革的深化促进结构的调整，在结构调整——→改革深化——→结构调整的良性循环中实现产业结构的合理化和经济体制的转机。只有这样，才能做到既保持社会的稳定，又促进改革的深化和经济的发展。为此建议：(1) 宏观经济政策的选择要为改革的发展创造一个松紧适宜的经济环境。(2)调整改革和发展战略，优先搞活全民所有制大中型企业。(3) 提高基础产业产品的价格。(4) 资金的金融集中和合理运用。(5) 提高存量资产的经济效益。(6) 深化改革，构造产业结构合理化的体制基础。（高旭东：《我国产业结构调整的基本思路》，《中国工业经济研究》1992年第2期）

2. 刘占军等在内部讨论中提出，90年代促进我国产业结构合理演化的对策性选择应建立在深化改革的基础上，把形成以市场选择为中心与有效的宏观调控相结合的产业结构演化的良性调节机制作为基本目标，具体思路是要把握三个结合，进而实现三个优化。(1)以发展和完善要素市场为中心，把深化价格改革与完善市场调节机制相结合，实现产业演化的市场基础的优化。(2) 以加快国有经济改革为基础，把深化企业制度改革与发展企业集团相结合，实现产业组织结构的优化。(3) 以转换政府管理职能为中心，深化管理体制改革，把明确的产业政策与有效的宏观调控相结合，实现产业政策的优化。

3. 总的思路应该是，在提高行政性产业结构政策效率的同时，加快经济体制的改革，从根本上增强市场导向型结构政策的有效性。(1) 加强预算内资金缓解“瓶颈”的作用。(2) 继续推进体制改革，增强市场性结构政策的作用。一是向企业提供乐观的投资预期，上调基础产品价格，并在上升到位之前提供贷款、税收、产品留成方面的优惠；二是增加企业融资能力；三是化解部门利益地区利益的约束，给予大企业更多的投资自主权；四是大型企业的承包期应适当延长。（江小涓：

《论我国产业结构政策的实效和调整机制的转变》,《经济研究》1991年第2期)

4. 李强在内部讨论中提出，调整产业结构亟需改善经济机制。当前尤其要注意以下几方面的问题。(1)运用货币信贷杠杆，完善计划的自我约束机制。(2)调整产业结构要与资源配置机制协调。(3)调整产业结构必须与建立固定资产流动机制。(4)调整产业结构必须与改善政府行为及财政收支机制协调。

5. 矫正产业结构失衡，关键在于经济体制改革的深化和运行机制的完善，特别需要注重宏观调控机制与自我约束机制的协调与配合，其着力点主要在于六个方面：(1)根据直接调控与间接调控相结合、行业管理与区域管理相结合的原则，健全与产业政策导向相适应的宏观分级调控体系。(2)根据宏观产业政策导向，结合区域产业结构、资源结构、技术结构和市场结构的特点与差异，研究制定区域产业政策。(3)完善现有财政包干体制。(4)建立倾斜信贷机制和政策性产业发展银行。(5)健全投资决策体制，完善投资管理办法。(6)发挥价格杠杆对产业结构调整的正向作用。(钱春、操鸣禅:《产业结构优化的障碍及对策思路》,《江淮论坛》1992年第3期)

6. 必须以经济运行机制转换促进产业结构调整。首先，推进价格体系改革，矫正价格机制对产业结构的扭曲。价格机制的转换是开启结构调整大门有钥匙，而现在价格改革恰蓬难以再遇的时机。其次，调整利益分配机制，建立健全有利于优化产业结构的投资机制。为此，重点应放在完善企业经营机制与硬化企业市场约束上来。硬化企业市场约束主要是指：资金约束；资源约束；破产约束。再次，制定可操作的产业倾斜政策，变“撒胡椒面”式的多元倾斜为产业倾斜。(房汉廷:《以机制转换促进产业结构调整》,《光明日报》1990年8月25日)

7. 调整不合理的产业结构，其核心问题是提高产业结构的聚合质量，以促进国民经济持续、稳定、协调地发展。提高产业结构的聚合质量就是改善部门之间的耦合状态，从而提高产业关联的整体性功能。由于产业间耦合水平的度量指标是结构平衡度，所以，提高产业结构聚合质量的问题，最终可归结到提高产业结构平衡度上去。为此，需要从理论上阐明和实践上处理好有关产业结构平衡的若干关系。即(1)结构的短期平衡与长期平衡；(2)结构的短线平衡与长线平衡；(3)结构的绝对平衡与相对平衡。(周振华:《论产业结构平衡的几组关系》,《经济研究》1991年第5期)

8. 注重存量调整是产业结构调整的关键。为此，必须结合深化经济体制改革，采取行政的、经济和法律的手段积极创造条件，在可能的范围内最大限度地发挥存量调整的作用。(1)存量调整的主要方式是产权调整。(2)要实现生产要素的合理流动和重新组合，必须发展要素市场和市场机制，按价值规律办事。(3)财政金融方面要塑造有利于资产存量结构调整的利益机制；(4)积极发挥增量调整的诱导作用。(5)采取必要的行政措施。(汤洪明:《注重存量调整——产业结构调整的关键》,《社会科学》1992年第8期)

9. 根据我国技术进步与产业结构的现状，今后应主要抓好技术进步方面的工作，以促进产业结构的合理化和高度化：(1)注意技术引进，并把引进的重点转向“软件”。(2)技术引进必须注意“适用技术”的选择。(3)建立推动技术进步的经济机制。(4)用新技术改造传统产业。(5)实行技术商品化，推进技术进步。(恬波、陈祖彬:《技术进步与我国产业结构调整》,《理论学习月刊》1992年第4期)

10. 产业结构调整必须考虑人力资源因素。人力资源开发如果能与产业结构调整协调起来，将有力地支持产业结构调整。围绕产业结构调整的人力资源开发战略构想是：(1)深化劳动就业制度改革。(2)实施产业结构调整中的人力资源开发政策。为求得人力资源开发与产业结构调整协调发展，应遵循如下原则：在处理现代产业发展与传统产业的关系时，要考虑专业技术人力资源与一般劳动力资源的关系；在考虑开发新技术产业的同时，要考虑支持新技术产业的专业技术人力资源的数量与结构分布；在制定区域自然资源开发政策时，也要充分考虑区域人力资源状况。为此，还需要在当前的有关产业政策中迫切解决如下问题：对于鼓励和优先发展的产业，特别是高技术产业，相应的专业技术人才也要优先给予保证；按照社会分工的客观要求，努力使产业结构明晰化；人才继续教育工程要列入产业发展规划。(左春文:《和产业结构调整相协调的人力资源开发》,《中国工业经济研究》1992年第7期)

11. 从完善税收政策入手：(1)在短期内，以完善承包制为思路，中央在承包基数上规定一个附加比例，以分享地方增收的收入。在长期内，把分税制作为一个思路，中央与地方共享税源，分设税种，使中央、地方利益分配关系完全按税法规定予以确定。(2)针对现行税制的不合理规定予以修正。第一，所得税应按产业不同分别设计；第二，调整减免税的范围、规模和减免权限，实行“税后还贷”；第三，加强对产业结构的调节功能；第四，对于未达到应有规模的企业可以征收一定的规模经营税。(3)建立垂直的税务管理体系，地方税务部门只对上级税务部门负责，不仅独立于地方政府的管辖，而且还对地方政府的行为进行监督、制衡。(张岚:《形成产业结构现状的税收原因及完善对策》,

《财经研究》1990年第8期)

12.实现产业结构合理化应从完善财政政策着手。因为财政分配政策与产业结构有着极为密切的关系。一方面,财政分配结构受制于产业结构;另一方面,产业结构的形成及调整,以合理的财政分配结构为重要前提,合理的财政分配结构引导着国民经济产业结构趋于合理,从而促使产业结构实现良性循环。实现产业结构合理化目标的财政政策构想是:(1)正确处理财政组织收入与调节经济的关系,强化财政调节经济的功能;(2)调整财源结构,使其适应产业结构调整的要求;(3)配合产业政策,调整财政支出结构。(王玉华:《实现产业结构合理化目标的财政政策构想》,《福建论坛》1990年第2期)

13.实现产业结构合理化目标的根本途径,是要处理好利益格局与产业结构调整关系防止两个偏向:偏向之一:忽视利益格局,只强调产业倾斜,忽视地区封锁,对产业结构调整采取不分地区的“一刀切”。偏向之二:过分注重利益格局,在产业结构中只强调区域倾斜政策而忽视产业倾斜。处理好利益格局与产业结构调整的关系,关键是要制定一套体贴现区域倾斜的区域产业政策,与体现产业倾斜的产来政策相配套,同时实行。(林其屏:《利益格局:产业结构调整的最大障碍》,《福建论坛》1990年第5期)

14.产业结构的调整必须超越“头痛医头、脚痛医脚”的思维模式和做法,而要根据现实的困境,确立科学的调整原则,采取较为系统、连贯且行之有效的治理措施。(1)实行经济增长的产业结构平衡原则。(2)力求合理的增长速度。(3)建立新型产业结构协调机制。一要完善企业经营机制,调整产业组织结构;二是加快市场发育,完善市场体系;三要校正消费结构,引导产业的调整;四要建立和健全社会保障制度,为存量转移提供保证,从而实现现时对稳定与长远发展的统一和协调。(刘光杰、胡艳超:《我国产业结构调整的深层思考》,《江汉论坛》1992年第5期)

15.要从根本上改变不合理的产业结构,必须从如下方面入手:(1)应以股份制为主体形式,建立产业部门之间的自发调节机制。(2)进一步完善社会主义市场体系,促进生产要素市场的建立,强化企业竞争机制,实行企业破产法和企业兼并,实现资产存量的合理流动。(3)明确产业结构的调整方向。即:大力发展高新技术产业,不断优化产业构成,积极推进住房制度改革,大力发展建筑业,带动相关产业发展;大力扩展对外贸易,实现国际产业对接。(梁仲勋:《论我国未来产业结构调整的机制及方向》,《人文杂志》1992年第4期)

16.当前应尽快抓好以下四方面的工作:(1)制订政策,制订产业政策的根据,一是马列主义理论与经济发展的客观规律;二是我国经济发展的基本路线与战略目标;三是我国当前经济与社会发展的实际。(2)改革体制。因为经济体制对于产业结构的调整、产业政策的贯彻执行有着重大影响。(3)完善手段。对于不合理的产业结构,需要依靠一套完整而有效的经济调节手段和杠杆,进行综合调整。具体包括:价格手段;税收手段;信贷手段;关税手段;工商行政管理手段;信息手段。(4)落实机构。因为好的产业政策,需要通过必要的机构和高效的职能部门贯彻执行,才能较为理想的效果。(董新保:产业结构:《困境与选择》,《经济师》1992年第3期)

17.正确进行我国产业结构的调整应从以下八个方面着手:(1)抓紧今后十年关键时期,促进产业结构尽快升级。(2)全面提高企业素质,加快改组改造加工业。(3)加快第三产业发展。(4)产业政策的核心是按照计划经济与市场调节相结合的要求,对产业进行分类管理。(5)建立健全产业政策的实施机制。(6)改革预算内投资使用方式,建立政策性投资体制。(7)搞好产业政策地区化,避免大的结构失调和地区趋同。(8)产业结构调整和产业政策实施有赖于改革的深化。(薛亮:《产业政策和产业结构调整》,《管理世界》1992年第3期)

18.产业结构变动的均衡和非均衡协调是产业协调发展和产业质量提高的重要战略措施。为此应努力做好以下协调工作:(1)结合现代化与结构均衡的协调。(2)产业结构变动与结构效益提高的协调。(3)区域结构变动与全国结构变动的协调。(4)国内产业结构变动与国际产业结构重组的协调。(刘景林:《我国产业结构变动中的协调问题》,《学习与探索》1992年第4期)

19.现阶段的产业结构调整战略在总体上要贯彻适度的原则,必须对加工工业内部不同性质的行业采取不同的调整对策。(1)对适应需求结构变化的某些加工行业,仍需实行优惠性政策。(2)对目前社会需求下降的但仍然占有一定市场需求的某些加工行业,可暂时采取延缓调整的政策。(3)对社会需求很低以至于接近淘汰的加工行业,则必须实行压缩政策。具体措施包括经济性的和行政性的各方面手段。(何大安:《我国产业结构调整的非体制性制约及其启示》,《经济研究》1992年第7期)

20.我国产业结构的调整,主要应遵循以下五个原则:(1)近期利益服从长远利益的原则;(2)局部利益服从全局利益的原则;(3)渐进性原则;(4)政策上相互配套的原则;(5)手段上间接调控为主的原则。调整产业结构需要稳定的经济环境。因为:第一,大起大落的经济环境下难以进行结构调整；第二，结构调整要求有一个兼具稳定性和良性的体制环境；第三，结构调整要求有一个完善、规范并处于稳定的市场环境；第四，结构调整还要求有一个稳定开放环境。（梁展崇：《论产业结构调整与经济稳定的关系》，《经济科学》1992年第2期）

21. 优化产业结构，还必须树立科学的方法论，加强对产业结构调整的系统思考。(1)坚持局部和全局相统一的整体观，既搞好产业结构的局部平衡，又注重产业结构的全局平衡；(2)坚持重点与非重点相统一的辩证观，既要重点搞存量调整，又不能忽视增量调整；(3)坚持短期与长期相统一的时空观，搞好产业结构的短期平衡与长期平衡；(4)坚持量态均衡与质态优化相统一的质量观，既要拉长短线产业，又要压缩长线产业。（姜作培、羌怡芳：《试论产业结构平衡的科学方法》，《经济科学》1992年第6期）

（辛　欣整理）

产 业 政 策 问 题

一、产业政策的概念

目前对产业政策的提法大体有两种：

1. 产业政策是一种实现目标的措施体系。产业政策是国家为了实现经济和社会发展的目标，根据产业结构变动的一般规律，针对调整产业结构所面临的现实障碍，推进产业结构合理化、高度化的目标及保障实现目标的措施体系。（何啸、郭建国：《产业结构调整的政策设计》，《财苑》1992年第2期）

2. 产业政策是一种综合政策体系。产业政策是一套完整的以发展为目标，以改革作保证，协调价格、税收、金融、财政、外贸、外汇及计划等调控手段的综合政策体系。（朱明春：《我国产业政策的回顾与展望》，《经济工作者学习资料》1992年第42期）

二、产业政策的内容

概括起来，较其代表性的观点有三种：

1. 产业政策的主要内容至少包含四个层次：(1)战略产业的选择。我国现阶段战略产业群可以设想有三种类型：基础产业；支柱产业；先导产业。(2)制订产业发展序列，供全国参照执行。(3)制订部门与行业发展的具体政策。(4)合理确定产业发展的地区布局（董新保：《产业结构：困境与选择》，《经济师》1992年第3期）

2. 产业政策的实质内容可划分为四类：一类是国家鼓励各地区扩大生产能力和规模的产业和产品，主要是农业，交通通讯，能源和第三产业等；第二类是国家只鼓励部分地区扩大生产能力的产业和产品，主要是石化、汽车、电子等；第三类是国家不鼓励某些地区单纯扩大生产能力的产业和产品；第四类是对老少边穷地区的一些特殊政策。（国家计委长期规划和产业政策司：《加快老工业基地改造和振兴的思考》，《管理世界》，1992年第4期）

3. 产业政策内容应包括五点：(1)产业结构政策；(2)产业组织政策；(3)产业区域政策；(4)产业技术政策；(5)产业国际合作政策。（何啸、郭建国：《产业结构调整的政策设计》，《财苑》1992年第2期）

（辛　欣整理）

关于我国企业跨国经营问题

我国企业的跨国经营是改革开放政策的直接产物，它已构成我国对外开放的重要的战略内容。如何看待我国企业的跨国经营？如何发展我国企业的跨国经营？是1992年前后经济理论界讨论的一个热点问题。

一、我国企业跨国经营的必要性和可能性

（一）我国企业跨国经营的必要性

袁木认为，我国的企业，尤其是国营大中型企业要不要发展跨国经营，我们的认识要有战略眼光。我国企业跨国经营的必要性在于它对振兴国民经济有着积极的作用。(1)跨国经营有利于更好地利用国外资源；(2)有利于国营大中型企业引进国外先进技术和管理经验，提高企业素质；(3)有利于我们消化和转移国内过剩的加工能力和传统技术，加快产业结构和产品结构的调整；(4)有利于增强国营大中型企业的实力和活力；(5)有利于加强南南和作，绕过一些国家和地区的贸易壁垒，打破西方敌对势力对我国的经济封锁和制裁。（袁木：《稳步发展我国企业跨国经营》，《经济日报》1991年11月9日）

高尚全认为，我国企业跨国经营的必要性在于：

(1)跨国经营是适应世界经济发展大趋势的需要。生产的国际化与资本的国际化是世界经济发展的必然趋势。由于国际贸易战的加剧与贸易保护主义的抬头,使争夺世界市场的主要手段自然地由商品输出转为技术和资本输出,由进出口贸易转为向国外投资生产,以绕开关税与非关税壁垒对国际贸易的阻碍。面对这样的国际趋势,我们不能置身于外,也不可能置身于外。(2)跨国经营是我国社会主义商品经济发展的需要。商品经济的本质并不单指商品本身的交换,它包括资金、劳务、技术等诸多生产要素的流动与交换。商品经济在本质上是没有区域和国界的,搞商品经济就要参与国际市场竞争,参与国际分工,因此,跨国经营是发展社会主义商品经济的题中应有之义。(3)跨国经营是把国营大中型企业推向国际市场的需要。搞活国营大中型企业,重要的条件是把企业推向市场,它包括国内和国际两个市场。国营大中型企业如果不把国际市场纳入自己的眼界,就很难在90年代和下个世纪有更大的作为,也不可能具有更强的竞争力。(高尚全:《为跨国经营创造体制条件》,《经济日报》1992年1月25日)

夏添认为,我国对外贸易面临诸多挑战,未来形势不容乐观。第一,市场回旋余地逐步缩小。一方面,劳动密集型产品量的不断增长,将超过国际市场的实际需求;另一方面,竞争对手日益增多、市场扩展难度增大。第二,资源优势逐步丧失。我国人均资源量很少,资源的存在和开发利用还有一定的距离,由于无计划的开发和低层次的利用,资源贫瘠化问题越来越突出。第三,技术转让优势尚未形成。我国技术产品尚未形成商品优势,技术的发明创造能力与实际运用仍有较大的差距,不仅难以强化国际竞争力,而且难以提高创汇水平。第四,国际贸易保护日趋严重。面对这种态势,我们除了继续发挥传统优势、搞活经济外交外,一个重要的选择就是发展跨国集团,兴办海外企业。(夏添:《发展跨国集团是我国势在必行的选择》,《技术经济与管理研究》1992年第1期)

(二)我国企业跨国经营的可能性

袁木认为,发展我国企业的跨国经营是完全有可能的。(1)我们已经有了一批已经具备一定实力和优势、有能力在海外进行非贸易投资、参与国际竞争的大型企业。(2)我国有一些技术比较先进而国内市场又已经饱和或趋于饱和的装备,在某些技术领域和价格方面,我们有自己的优势,特别是一些适用技术,对发展中国家有较大的吸引力。(3)伴随着科学技术迅速发展而出现的结构转换,即使国际竞争日益激烈,也创造出更多的投资机会和市场条件,而比较发达的海外融资市场又为筹集资金提供了条件。这些机会和条件,别人可以利用,我们也可以利用。(4)在改革开放过程中,我国的一些企业已经培养和锻炼了一批熟悉国际惯例和市场环境,有能力在海外从事生产、经营和管理的人才,也摸索和积累了一些经验和教训,为我国拓展海外投资事业奠定的初步基础。(袁木:《稳步发展我国企业跨国经营》,《经济日报》1991年11月9日)

姚廷纲认为,我国发展企业跨国经营,不仅是必要的,而且是可行的。(1)当前国际环境有利于发展跨国经营。目前的世界局势趋于缓和,不仅发展中国家对外国直接投资采取了宽松或鼓励的政策,而且发达国家也欢迎外国直接投资。同时,国际上有大量的资金可以融通,有大量科技管理人才可以聘用,还有大量技术和专利可以应用,这一切都形成了有利的国外投资环境。(2)我国经济实力居世界前列,拥有比较完整的工业体系和可转让的技术,具有较强的国际竞争力。(3)已经培养出一批可以在国际舞台上一展才能的专家和企业家,拥有一批具有实力的企业集团,为发展我国的海外企业创造了前提条件。(姚廷纲:《中国的海外企业》,《世界经济研究》1991年第1期)

叶刚等认为,发展我国企业跨国经营的可能性在于我国的海外企业在以下几个方面具有比较明显的优势:首先是良好的顾客关系和信誉的优势。它反映了有关企业的良好经营记录和成败已为当地所承认,也在相当程度上反映了这是对我国社会主义国家和企业的信任。其次是生产技术和管理技术人员的数量和素质的优势。我国的某些传统产品在世界上具有相对优势,在初级产品加工、一般机械和电子等方面也有一定的优势。同时,海外企业的建立和发展已造就了一批能从事国际经营的人才。再次是小规模生产和华侨联系的优势。最后是就地取材和适合当地市场能力、成本较低以及有声望的优势。(叶纲等:《参与国际市场的中国海外企业》,《外国经济管理》1990年第1期)

二、我国企业跨国经营的现状及问题

(一)我国企业跨国经营的现状及特点

综合理论界的讨论结果,我国企业的跨国经营主要有以下几个特点:

(1)起步晚、但发展速度很快。我国企业的跨国经营始于80年代初,距今只有十余年的历史,但我国在海外的贸易企业和非贸易企业均发展很快,并且有不断加速的趋势。据不完全统计,到1991年4月底,我国在海外的贸易企业773家,注册总资本8850万美元,中方实际投资额为1.86亿美元。到1991年9月底,我国在海外的非贸易企业已达927家,双方协议总投资额为28亿美元,其中中方投资为13.7亿美元,占49%。(李岚清:《中国企业跨国经营的问题》,《管理世界》1992年第1期)

(2)我国海外投资的主体多元化。参加跨国经营的企业几乎遍及全国的各个部门和各个行业。其主要类型有,中央部委和各省市的专业外贸公司,以及对外经济技术合作公司、信托投资公司、工业企业、工贸集团、窗口型企业等,投资主体呈现出明显的多元化特征。(段云程:《我国企业跨国经营现状考察》,《中国工业经济研究》1992年第3期)

(3)投资地区不断扩大,但投资地区的分布相对集中。我国企业的跨国经营的国家和地区已由1985年的45个上升到1990年的93个,但约70%的企业集中在发展国家和地区,其中以港澳地区为主。其次是美、澳、日、德四个发达国家,在该地区的我国海外非贸易企业约占我国海外非贸易企业总数的27%,我国海外非贸易企业的地区分布,平均每个国家和地区不足9个,但在近80个国家和地区,平均每个国家和地区不到4个,实际有些国家只有1个。(段云程:《我国企业跨国经营现状考察》,《中国工业经济研究》1992年第3期)

(4)投资行业呈现多样化的特征。我国企业跨国经营所涉及的行业或投资领域极为广泛,从制造加工、资源开发、交通运输到饮食旅游、科学开发、咨询服务,以至综合贸易、金融业和房地产等。我国海外投资领域有两个显著的特点:一个服务性行业所占比重下降、而生产性行业的比重上升(尹忠明:《当前我国跨国企业存在的问题与进一步发展的对策》,《亚太经济》1991年第4期);另一个特点是,资源开发项目占据显著地位。(姚廷纲:《中国的海外企业》,《世界经济研究》1991年第1期)

(5)海外企业投资项目的规模较小。我国企业海外投资项目,1990年非贸易企业中方投资额平均为128.3万美元,如果加上贸易性企业,平均每个项目不到90.3万美元。(段云程:《我国企业跨国经营现状考察》,《中国工业经济研究》1992年第3期)当前国际上单项投资项目的平均投资额,发达国家为600万美元,发展中国家为450万美元,前苏联、东欧为140万美元,都高于我国企业海外投资项目的规模。(对外经贸大学跨国公司研究中心:《中国大型企业海外直接投资调查报告》《对外经济贸易大学学报》1991年第6期)

(6)我国企业跨国经营的方式以合资经营为主,合作伙伴以华侨居多。据不完全统计,1990年,全国跨国经营的1700多个贸易性和非贸易性企业中,中方独资企业近600家,占34%以上,与国外合资、合营的企业1100多家,占65%左右。(段云程:《我国企业跨国经营现状考察》,《中国工业经济研究》1992年第3期)

(7)我国跨国经营企业的经济效益不断提高。在已批准并已开业的海外企业中。经济效益较高的占一半稍多,略有盈利或收支平衡的占1/3左右,经营不善亏损的企业低于10%。(姚廷纲:《中国的海外企业》,《世界经济研究》1991年第1期)

(二)我国企业跨国经营存在的问题

理论界在讨论中从不同方面讨述了我国企业跨国经营现存的问题:概括起来,主要有以下几种:

(1)跨国经营企业的自主权难以落实。(杨君:《中国大企业跨国经营的主要障碍》,《亚太经济时报》1992年6月21日)企业跨国经营面对的是瞬息万变的国际市场,竞争十分强烈,这就要求企业有完整的经营决策权。如果企业没有灵活筹集、运用和积累外汇资金的自主权,如果企业对海外投资项目缺乏必要的投资决策权,就不可能真正的实现企业的国际化经营。(高尚全:《为跨国经营创造体制条件》,《经济日报》1992年1月25日)目前一些大型工业企业的外经贸自主权没有落实到位,例如,相当一部分大企业至今没有进出口的经营权;没有海外工程承包签约权;没有海外投资设点权;没有海外融资权;没有直接派人出国的审批权;没有外汇支配使用权,等等。

(2)工贸矛盾制约着我国企业跨国经营的综合竞争力。我国企业跨国经营面临着一个很大的问题是外贸企业和工业企业难以形成统一对外的拳头。改革以来,专业外贸公司转向企业化经营,但在体制上,这些公司仍具有国家进出口贸易行政管理机构职能,依然是外贸专营垄断组织,政企不分的局面没有根本改变。企业的国际化经营以实业化和集团化为基础,专业外贸公司搞国际化经营明显感到力量不足,以自己投资创办的实业规模也不会很大。而我国很多国营大中型企业由于种种条件限制,又难以直接面向国际市场,这就形成了外贸企业搞自己的工业,工业企业要求搞自己外贸的状况。(高尚全:《为跨国经营创造体制条件》,《经济日报》1992年1月25日)由于工贸分家,在发展跨国经营企业上基本上是工贸各自出击,重复建厂,水平底,规模小,形不成工贸联合的群体优势。(杨君:《中国大企业跨国经营的主要障碍》,《亚太经济时报》1992年6月21日)

(3)企业与银行分离影响着大企业的海外融资和投资能力。改革以来,各专业银行在企业化经营方面做了很多努力,但仍保留着国有专业资金管理部门的职能。"拨攻贷"并未使工商企业与银行业的关系理顺,相反,高利率进一步加重了工商企业负担。海外贷款或项目担保要企业在国内以1:1的资金抵押,把风险和资金负担全摊给企业。到目前为止,仅批准了17家大企业设立财务公司,但只限于集团公司内部融资,还不能

从事跨行业、跨地区、跨国界的融资。(杨君:《中国大企业跨国经营的主要障碍》,《亚太经济时报》1992年6月21日)

(4)缺乏一个统一有效的宏观协调管理机构。我国对跨国企业的管理比较混乱,政出多门。目前,对外投资兴办海外企业,计委、财政、经贸、外汇以及主管部门都要管,但又各管一段或一个方面,没有一个机构来负责统一协调和战略指导。由此政令常常不一,使投资企业无从适从。并且管理制度僵化,办事效率低,严重妨碍着我国企业的跨国经营。(段云程:《我国企业跨国经营现状考察》,《中国工业经济研究》1992年第3期)

(5)缺乏我国发展海外投资的宏观指导战略。除了对一些大企业,中央有关部门个别作一些战略指导外,对我国海外投资企业的总体发展,包括投资方向和发展规模、行业重点与地区选择,阶段性任务与长远目标等,似乎并无长期打算和战略设想。目前基本上是各地区,各部门和各企业各自为战,这很难形成和发展我国企业在国际竞争中的整体优势。(段云程:《我国企业跨国经营现状考察》,《中国工业经济研究》1992年第3期)

(6)缺乏对外投资的法律规则。到目前为止,我国尚无一部公开颁布实施的对外投资法。尽管有关政府部门对海外企业的外汇和财务管理等作了一些政策规定,但不完备,不配套乃至相互矛盾的情况仍很严重。这很不利于依法管理企业和对外投资活动。(段云程:《我国企业跨国经营现状考察》,《中国工业经济研究》1992年第3期)

(7)我国跨国经营的投资决策不够谨慎,合作伙伴的选择不尽理想。我国跨国经营的企业面对国际市场投资的新环境不甚适应,一些投资决策者在对东道国的政治、经济、文化和社会习俗等营销环境、有关法规、市场行情和销售渠道等缺乏了解的情况下,没有进行认真的可行性研究就草率确定项目,造成立项不当,仓促上马,使企业先天不足。有的甚至凭长官意志办事,不恰当的行政干预,结果使某些不符合经营条件的企业也设立了。另一方面,我国海外投资所选择的合作伙伴不很理想。一些项目的主办单位对合作伙伴的实力,布局和企业结构以及信誉等资信情况没有作详细调查,以至有的合作伙伴在资本方面虽有实力,但却缺乏生产和经营管理经验,缺乏可靠的销售渠道;有的合作伙伴不讲信用,不按平等互利的原则行事,一心想利用我方的资金取得其利益,使我方蒙受经济损失。(尹忠明:《当前我国跨国企业存在的问题与进一步发展的对策》,《亚太经济》1991年第4期)

(8)缺乏高素质的跨国经营人才。人员总体素质偏低,是影响我国企业跨国经营的主要问题之一。举办海外企业急需大批高级的金融、财会、科技、管理和法律人才,这些人才应能用外语处理有关业务和纠纷。按照这样的要求,我国海外企业干部队伍的素质和水平就总体来说有很大差距,有些外派人员不具备起码的国际贸易知识,不懂当地法律,缺乏财会知识,甚至不懂当地语言,以至给国家造成不少损失。(夏申等:《一项大有希望的事业》,《国际贸易问题》1992年第1期)

(9)外派人员的审批及待遇存在着一定的问题。其主要表现在:第一,对跨国企业外派人员的审批程序繁冗,时间太长,外派人员不能及时到位;第二,出国用汇的审批方式,不利于鼓励大型设备的出口;第三,派出人员的待遇与当地雇员相比,明显偏低,难以调动其积极性,也难以保持其稳定性;第四,人员轮换频繁,不适应开展经常性的国际商务活动和竞争的需要;第五,外派人员不允许带眷属,长期驻外必有后顾之忧。(夏申等:《一项大有希望的事业》,《国际贸易问题》1992年第1期)

三、发展我国企业跨国经营的对策及建议

对于如何发展我国企业的跨国经营,理论界的同志提出了许多积极和有益的建议,现将这些对策和建议概括如下:

1. 进一步提高对跨国经营重要意义的认识。随着对外开放的发展,国内对跨国经营的认识在日益提高。但在思想认识方面仍有许多障碍,限制了跨国经营的发展。(1)有人仍有意无意地把利用外资和海外投资对立起来,认为,我国自己还资金不足,正在大力吸引外资,怎么能同时又去海外投资呢?这种认识仍然是把海外投资看成是资本过剩的产物,不了解现代海外投资是由多种因素,既包括经济因素,又包括非经济因素产生的,跨国经营正是利用国外资金的有效途径之一。(张玉春:《略论企业国际化》,《党校论坛》1991年第10期)(2)有的同志担心,开办海外企业可能冲击或损害我国的对外贸易。海外投资确有发展进出口替代的作用。但海外投资的优点在于,它可以带动设备、技术、零部件、半成品以及原材料的出口。从整个国家的角度来说,海外投资必然会扩大出口,只不过是把这种经营工作由外贸公司转移到了生产企业罢了。(张玉春:《略论企业国际化》,《党校论坛》1991年第10期)(3)还有一些人认为开展跨国经营的种种困难难以克服,因而认为目前没有条件兴办海外企业,而不知这些困难只是相对的,而且只有在发展跨国经营中才更有利于问题的解决。(滕维藻:《关于支持和鼓励大中型企业开展跨国经营的政策建议和改进措施》,《世界经济》1992年第2期)

2.应组建以大型企业为核心的企业集团作为跨国经营的主体，尤其是工业型跨国集团应成为跨国经营的主体。其依据是：(1)企业从事跨国经营一般要具有相当的组织规模、拥有工业、技术、贸易、金融等方面的综合优势，才能发挥规模经济，参与国际市场竞争。(2)企业集团具有一般小企业所没有的综合优势，企业有可能从事多样化经营。(3)从我国海外企业的经营实况看，大企业的经济效益普遍高于中小企业。(记者：《搞好国营大中型企业、积极慎重地推进跨国经营》，《外国经济与管理》1992年第1期)

3. 为企业集团走出国门、跨国经营创造条件。(1)要赋予企业集团充分的外贸经营权和必要的外事权，使企业集团拥有跨国经营所必要的最基本的自主权。(2)制定新的有利的政策措施，使企业集团享有一定的利用海外资金的权力和在海外投资的自主决策权。(3)通过改革把外贸企业的优势和工业企业的优势结合起来，形成优势的联合，一致对外。(刘鸿儒：《为集团走出国门创造条件》，《经济日报》1991年11月16日)

4. 改善跨国经营企业的管理体制，首先，母公司的上级主管部门及其领导人，要根据政企分开的原则，把管理境外企业的权力全部交给母公司，不要超过它去对境外企业发出指示和要求；其次，母公司对国外企业实行直接管理，其权力由母公司确定。境外企业经营上重大决策都必须请求母公司并得其批准，日常生产管理及销售活动可由分、子公司自行处理。再次，母公司不能像目前有些公司那样，派出人员后放任不管，也不能用国内管企业的办法去管境外企业，下达不切实际的指示和指标，使境外企业不能自主经营。(滕维藻：《关于支持和鼓励大中型企业开展跨国经营的政策建议和改进措施》，《世界经济》1992年第2期)

5. 要加强对跨国经营的宏观管理。我国是有计划的商品经济的国家，对企业国际化进程必须加强宏观调控。避免盲目投资和重复建设，以提高对外投资的宏观效益。国家应建立一个由计划、财政、外贸、银行等有关机构组成的对外投资委员会，作为对外投资宏观调控的权威机构，统一管理和协调对外投资的组织和实施工作。从我国国情出发，制订企业国际化发展的整体战略，确定各阶段发展的重点和步骤，使其成为整个社会经济发展战略的重要组成部分；根据国际经济环境以及我国经济发展的需要和可能，进行对外投资规模的总量调控；通过采取倾斜的政策手段及必要的行政手段，引导和调节对外投资的产业结构，等等。(马红军：《我国企业国际化的经济效应及其对策构想》，《南通社会科学》1991年第5期)

6. 优化我国海外直接投资的选择。(1)投资区域的选择。企业应根据自身的产品、资金、技术、管理和劳动力等方面的相对优势来制定对外直接投资的区域战略。就我国海外直接投资总的区域战略看，可以分为三个不同重点的层次，第一层次是发展中国家，尤其是东南亚诸国。这是我国海外投资的主要市场，第二层次是西欧、美国、日本等发达国家，这是我国海外投资的长远目标市场；第三层次是原苏联、东欧各国，这是我国海外投资潜在市场。(2)投资行业选择。目前，我国海外直接投资主要投向制造、建筑等劳动密集型产业，今后应当注意投资行业的合理布局、确定主次比例、逐渐向资金和技术密集型产业过渡。(章建英：《谈我国海外进接投资的战略选择》，《外国经济与管理》1992年第1期)(3)投资方式选择。在今后相当一段时间内，股权式合资仍是我国企业进入国际市场的较好方式，也可以选择适当的非股权机动灵活地渗透到国际市场，此外，选择时机加入国际性战略联盟，进行国际性合作生产也不失为一种新颖、大胆的选择。(孙维炎：《发展跨国经营是我国的一项战略选择》，《经济日报》1991年11月16日)

7. 要加快我国海外投资和跨国经营的法规建设。(1)完善国内的法规体系，规范我国企业行为，当前亟待制定如《银行法》、《海外直接投资法》、《海外企业财税法规》等有关法规和政策；(记者：《搞好国营大中型企业、积极慎重地推进跨国经营》，《外国经济与管理》1992年第1期)(2)积极开展对国际和东道国有关法律的研究，使企业的跨国经营能按国际惯例，享受应得的权益、承担应负的义务。目前，应实行海外投资保险制度和签订双边与多边投资保护协定，保护我国企业的海外投资。(寇亚明：《试论我国对外直接投资应采取的法律措施》，《外国经济与管理》1992年第3期)

8. 认真做好可行性研究。应特别注意：(1)项目所在国的政局。(2)项目所在国的外资政策。(3)市场预测。(4)资源和技术论证。(5)可行性研究应由专门机构承担。(陈永才：《努力办好企业、走我国企业跨国经营之路》《国际经济合作》1992年第1期)

9.选择好合作伙伴。这是办好境外企业的关键。对合作伙伴必须下功夫详细了解清楚，不能仅凭道听途说或表面印象，花一点征信费用是必要的。必须充分发挥爱国的有经济实力和社会影响的华人企业家的作用。在充分了解的基础上加强合作，相互信任，依法办事。(滕维藻：《关于支持和鼓励大中型企业开展跨国经营的政策建议和改进措施》《世界经济》1992年第2期)

10. 要注重培养人才。海外企业经营的好坏，关键之一是我方选派的管理人员素质如何。国际市场的竞争，归根到底是人才的竞争。要选派那些政治素质好，技术业务过硬、通外语、懂法律、懂经济、年富力强、身体健康的人员，努力培养一大批有专长、勇于开拓和精通国际企业经营管理业务的人才，是我国企业发展跨国经营的基础条件。（陈永才：《努力办好企业、走我国企业跨国经营之路》，《国际经济合作》1992 年第 1 期）

（王碧峰整理）

世界经济热点问题争论

"冷战"结束和"两极格局"瓦解之后，世界各国已将主要精力投入了激烈的经济竞争，随之而来的有关世界经济理论问题的争鸣也十分活跃。这些问题既包括以往曾争论过，如今又成为新的关注的热点；也包括新旧格局转换之中，首次提出的重大课题。现仅就其中几个侧面介绍如下：

一、关于新旧格局转换时期的主要矛盾

1. 认为国际局势正处在过渡时期，新旧矛盾交织，各种力量还在继续较量或重新组合，因此现在还不能得出什么矛盾是主要矛盾的结论，仍需要进一步观察。

2. 认为旧格局被打破后，新的格局就随即产生了；旧的主要矛盾消失后，世界原有的多种矛盾中必然会有一种上升为主要矛盾。持这种观点的人认为，取代美、苏两极格局的是"一超多强"格局。东西矛盾虽然还存在，但已构不成主要矛盾。现在"西西矛盾"即发达国家之间的矛盾已上升为支配和影响其它矛盾的主要矛盾。

3. 认为目前东西方矛盾地位下降，发达国家之间的矛盾更是突出。持这种观点的人着重针对有人提出"西方大国把中国视为它们的主要威胁"的看法发表了不同意见。他们认为冷战体制下，美苏两个超级大国争夺的态势主宰着国际关系的发展。在这种格局下，一方面，美苏之间或者一方主动出击另一方积极推回；另一方面，各种地区纷争不管起源如何无不被纳入到两极的范围之内，华约与北约两大军事集团的对抗无处不在。苏联解体后，一切都改变了。不可否认，当前社会主义事业遭到挫折，现正处在低潮时期。中国始终坚持社会主义道路，在意识形态斗争上，自然会遇到西方大国的攻击和反对。不过，从现实矛盾斗争的实际情况来考察，并没有根据可以认定西方大国已经把中国视作它们的主要威胁。这至少是因为，第一，欧洲仍然是世界各种矛盾的汇集点。一连串的新事件如德国统一，前苏联和东欧各国复归欧洲体系等引出了许多新矛盾。目前乱事丛生，需要重新协调关系。重建原苏联和东欧各国经济也非短期内所能完成。第二，美日、美欧和美德矛盾比它们同中国的矛盾更现实更紧张。因此，中国有理由也有条件把主要精力放到搞好国内建设上。这是实现中国长治久安的必由之路。（罗肇鸿：《苏联解体及其对世界经济与政治格局的问题》，《世界经济与政治》1992 年第 10 期）

4. 除上述三种不同看法外，比较一致的意见是：苏联解体后，西方国家共同的、主要对手已不复存在，西方国家之间矛盾和利害冲突上升，但西方国家还面临很多共同问题需要协调，因此西方国家之间的关系还是既有协调又有摩擦和竞争。理由如下：

第一，关于"西西矛盾"，即发达国家之间的矛盾，既要进行全面分析，又要看到还需要一个发展和变化的过程。第一次世界大战后和第二次世界大战后世界格局的变化是由战胜国通过协定、建立体制而形成的，而这次格局变化是在和平条件下，由于苏联解体而发生的，其他矛盾和问题都没有发生很大变化，发达国家仍然面临许多共同问题：(1) 发达国家还要协调行动，继续推动前苏联各共和国和东欧国家在政治上进一步纳入资本主义体制，在经济上完全走上市场经济、在政策上同发达国家协调。在今后一个时期内，发达国家要继续协调行动：防止前苏联的核武器和核技术扩散到发展中国家；使前苏联各共和国和东欧国家的民族冲突和国家之间的对抗得到控制，防止发生大规模动乱，导致大量难民流进西方国家，引起西方国家的社会动荡。(2) 很多热点问题已经或正在解决，但地区性冲突的危险仍然存在。1992 年 3 月 7 日《纽约时报》发表了美国国防部正的拟定的 1994—1999 年的新军事战略——"地区防务战略"。该战略的核心是将美国防务重点放在对付地区性冲突上。美国认为，在 90 年代影响美国安全环境的诸因素中，下列"四大要素"的发展变化，是美国制定和调整军事战略的基本依据：前苏联地区的各种不稳定因素依然存在；复杂多变的地区性冲突的危险不断增长；盟国不断增强的防务能力已使其能够与美国共同承担对付地区冲突的防务责任；军事技术革命正改变着未来战争的模式。现在，美国全球战略重点仍在欧洲，但美国防务计划的侧重点已从欧洲转向第三世界广大地区。随着全球性威胁的减弱和盟国防务力量的增强，美国将较大规模削减前沿部队，但仍将在欧洲、中东和东亚等战略要地保持一定规模

的军事存在，同时通过联盟条约和集体安全等多种形式参与各地安全事务。此外，需要协调解决南北问题，以及环境、贩毒和恐怖活动等问题。对待这些问题，发达国家之间也存在分歧和矛盾，但它们之间的共同利益大于分歧，协调大于矛盾。

第二，发达国家之间的经济关系，也是既有竞争，又有协调。但是，随着发达国家之间的经济发展越来越不平衡，它们之间的矛盾、摩擦和竞争将日趋激烈。所谓世界主战场转向经济竞争，主要是指昔日的美、苏军备竞赛已转向发达国家之间的经济竞争。第二次世界大战结束后，决定美国、日本和西欧国家关系的主要因素是冷战和力量对比悬殊。1945 年，日本、西欧 4 国（英国、法国、西德、意大利）和美国的经济规模之比为 1：64：185。日本和西欧国家不仅在经济上依赖美国，而且需要美国的核保护，致使美国扮演老大哥甚至家长角色。如今，发达国家的共同对手苏联已经解体，日本、西欧 4 国和美国的经济规模之比已日益接近为：1：13：1.7。特别令美国人不安的是，如果主要发达国家目前的经济增长速度保持下去，那么到本世纪末，日本、西欧 4 国和美国的经济规模之比将是 1：1：1.3，即基本上形成三足鼎立之势。美国、日本和西欧主要国家为争取对已有利的经济地位，已经展开了极为激烈的经济竞争，从这个意义上讲，一场没有硝烟的经济战已经拉开序幕。日本及西欧主要国家将同美国展开激烈的经济竞争。（李长久：《西方国家的经济协调和竞争》，《世界经济》1992 年 10 期）

二、关于苏联解体的经济根源

苏联解体之后，我国学术界着力探讨了其解体的经济根源。专家学者们见仁见智，看法各有侧重，不尽相同，归纳起来主要有这样一些观点：

1. 功能逐渐衰竭的经济体制拖垮了苏联。持这种观点的同志认为，苏联的经济体制从 30 年代建立之后直到解体并未发生重大变化。这种经济体制的理论基础是产品经济论，即极端排斥市场调节，视商品经济为异己。其运行机制则是依靠权力和指令来构建。经济结构则是准军事型的超重结构。毫无疑问，苏联经济体制在其存在的几十年时间里起过重要的作用，促进了工业的发展，特别是军事工业的发展更为迅速，使苏联从沙俄时代相对落后的国家在几十年中便跻身于超级大国的行列。从这一方面讲，功不可没。但仔细考察便会发现，苏联为此付出的代价实在太大。这一切都是在高投入低产出、高消耗低效率、缺乏平衡和协调的情况下取得的。更重要的是，一旦权力和指令的结构发生变动，经济体制的运转便会发生震荡，导致原本已经衰竭的经济体制失去生存的能力。（罗肇鸿：《苏联解体及其对世界经济与政治格局的影响》，《世界经济与政治》1992 年第 10 期）

2. 体制设计思想的历史局限性使经济体制与生产力发展之间的矛盾激化。持这种观点的同志认为，苏联的旧经济体制是工业化时期按产品经济模式设计和形成的。它的形成既有理论原因又有实践原因。在理论上，片面理解，机械套用马克思主义经典作家关于未来社会主义的构想是重要原因。把马克思主义关于商品货币关系将会消亡的设想作为体制设计的现实指导思想，认为商品货币关系与社会主义本质不相容。在实践上，苏联当时一方面商品奇缺，人民生活困难；另一方面经济建设任务重、时间紧，用通常的商品交换和商业轨道不可能保证经济生活的正常运转。此外，当时苏联工业化建设的主导思想是保卫苏维埃政权，而不是经济效益。当时，苏联的重工业企业大多数是亏损的，而斯大林则誉之为资本主义经济无可比拟的“高级盈利”。这种实践与上述产品经济理论又恰好合拍，从而进一步加强了产品经济观。这种产品经济观，不仅表现在流通和交换领域，它进而渗入经济生活和经济关系的深层次。他们这种产品经济模式在特定的历史条件下是可行的，而且取得过颇为辉煌的成就。但是，它的历史局限性是明显的。它既不符合经济运行的一般规律，也未能合理体现社会主义经济的本质。（王金存：《从世界经济看经济体制改革与经济制度的生机》，《世界经济》1992 年第 5 期）

3. “准国家化”经济体制同经济发展的规律和动力相悖。持这种观点的同志认为，前苏联经济体制是一种“准国家化”体制，即指经济体制的形成、设置、管理、运行及其目标，均为实现国家的政治目的和追求国家的政治利益，而非经济利益与经济效益。经济运转是靠国家政权——行政体系的支撑和强制力，而非经济规律的制约和经济竞争的压力，从而导致国家对社会经济的垄断和社会经济关系的国家化。这一体制的基本矛盾决定苏联解体是不可避免的。理由如下：第一，国家政治利益与公民经济利益之间存在着矛盾。“准国家化”体制下经济动转的基本动因是精神刺激，它在特定时期和特殊环境下能超过物质动因的作用。然而，随着环境的变化，利益矛盾逐渐突出，在原苏联表现为国家不放弃称霸的政治利益与人们追求物质利益的矛盾。第二，高度国有化与经济自主权存在着矛盾。“准国家化”体制实际上也是高度国有化经济体制，这种体制下的企业是行政机构附属物，因而是产权虚置。在这种产权关系下，国家高度垄断经济与企业的独立性难以相容和共存。第三，资源的行政配置与市场配置存在着矛盾。“准国家化”经济体制是以行政（计划）方式配置资源的典型。这种配置排斥了市场的功能和信息，牺牲了资源配置的理性、放弃了最佳经济效益的目标，因而不可能客观反映社会对产品的需求和资源的有效利用，导致国家资财耗尽但却没有刺激经济增长。(田春生:《从经济体制根源探寻苏联的解体》,《世界经济》1992 年第 8 期)

4. 赶超战略使苏联经济走向了歧途。持这种观点的同志认为，二次大战后，围绕着提高劳动生产率，以前苏联为首的社会主义阵营与世界资本主义体系展开了一场和平竞赛。西方主要资本主义国家利用战后科学技术革命的成果，进行了产业结构的调整，通过大力发展资本密集型和技术密集型产业，迅速提高了劳动生产率。可是，苏联不但没有很好地利用当时科学技术革命的成果，而且在传统的"赶超"战略下，走向另一条提高生产力的道路。赫鲁晓夫在 50 年代末期访问美国时曾宣布说，到 1970 年，最迟到 1980 年，原苏联将赶上并超过美国。结果，1980 年原苏联在主要实物产量上（钢、石油、煤、水泥、铅、镍、拖拉机、金属切削机床、小麦等）虽然都超过了美国，然而，这一切并没有使原苏联的生产力水平提高到新的阶段。相反，与西方发达国家相比，在以当代科学技术为标志的劳动生产率的差距进一步扩大了，从而构成了对原苏联社会制度的潜在威胁。

5. 两大部类严重失衡使苏联经济走向深渊。苏联的工业总产值中，甲类工业的比重占 75%左右。农轻重的比例基本为 2∶2∶6，这是苏联长期奉行优行发展重工业方针的结果。持这种观点的同志认为，苏联本应在战后一方面转变经济发展战略，另一方面随之调整经济结构。然而，苏联由于经济战略未转变，社会生产效率下降，产品生产上的基金占用和物质消耗降不下来；国民经济军事化造成经济的相当大部分服务于军事、准军事经济，自成体系，军转民难乎其难；因此，两大部类对比关系一直未得根本调整。战后甲类工业所占比重的基本趋势是不断上升的，从 1946 年占 65.9%，上升到 1988 年占 74.8%。直到 1989 年苏联才下决心大幅度调整甲乙类工业比例关系，然而为时已晚，一场日益深重的衰退性经济危机已经到来。

6. 粗放型经济导致苏联出现短缺型经济危机。持这种观点的同志认为：在二战之前苏联推行粗放型经济发展战略是必要的和行之有效的，但粗放型经济具有历史的局限性。苏联实现国家工业化和建立起完整国民经济体系之后，其社会经济条件和国际环境已发生重大的变化，理应借鉴经济发达国家的集约化经验，及时地由粗放型经济向集约化发展过渡，即由强调经济发展速度逐步转上以产品质量和生产效益为中心的发展轨道。但是，当时的苏联领导继续强调经济发展的速度，因而忽视产品质量和经济效益。这种粗放型经济，加上致力于扩军备战，到 60 年代末期已使苏联各种生产要素——资金、技术设备、原材料、劳动力等不再能保证国家发展计划的需要，加剧了增长速度下降的趋势。实践表明，苏联粗放型经济的突出弱点是投入多而产出少。在战前的国家工业化时期，它曾是高速度增长的，但效益却不算高。而在科技革命迅速发展的现代社会，粗放型发展的矛盾就急剧尖锐化，从而使苏联经济陷入速度与效益双下降的困境。这主要表现为：生产发展速度持续下降，甚至出现负增长；投资效益低，基金产值率下降；劳动生产率增长速度递减；产品质量低，物资消耗大；市场供应日趋紧张，通货膨胀加剧。(杨庆发:《苏联粗放型经济的历史局限》,《世界经济》1992 年第 6 期)

7. 经济管理高度集中，使地方产生了离心倾向。持这种观点的同志认为，长期以来，苏联一直实行高度集中的经济管理体制，这种高度集中性体现在国民经济管理的各个方面，而从中央与地方的关系看，突出地表现在对工业的管理权限上。应该说，1965 年改革以后实行的部门管理与地区管理相结合的体制，从原则上看是比较合适的，从在工业总产值中所占的比重看，加盟共和国的权限也不算小。但是，如果考虑到其他条件的限制，则加盟共和国的这一权限还应打上折扣。首先，由于实行高集中的指令性计划制度，归加盟共和国管理的企业生产什么、生产多少，都由中央批准的计划规定，加盟共和国不能自主地决定，从而仍难以进行自主经营和综合发展本地区经济。其次，改革后苏联在物资供应上实行的是物资分级计划管理、供应指标按主管系统下达、调拨量由供应机构统一实现的制度。按照规定，通用物资由苏联国家计委和苏联国家供委管理和分配，加盟共和国有权管理和分配的只是本共和国企业生产并在本共和国内消费的产品，以及位于本共和国境内的中央企业超产产品的 50%。这样，虽然加盟共和国管理的企业的产值占工业总产值的比重不低，但加盟共和国有权支配的产品占工业总产品的比重却只有 10%左右。由于经济体制高度集中，加盟共和国管理权限过小，不利于共和国经济的综合发展，严重地妨碍了地方积极性和创造性的发挥。随着时间的推移，中央与地方就产生了严重的离心倾向。(许新:《从中央与地方的经济关系看苏联的解体》,《世界经济》1992 年第 6 期)

8. 军备竞赛压垮了苏联。苏联的国民生产总值约为美国的 40%，但军费开支却比美国高出 10—20%。在军事上，苏联在 70 年代争得了同美国平起平坐的地位，但却为此付出了高昂的代价。苏联经济结构畸形化的主要表现形式就是军工生产发展异常。它一方面建立起无处不享受特权的军工生产体系，而且消耗了巨子的国民财富。另一方面，军工体系又成了改革的阻力。据估计，军工产值约占国民生产总值的1/4左右。苏联机器制造业产品的近半数直接或间接用于军需。军工部门无论在投资、原材料供应和科技力量的配置方面都处于优先地位。军工生产不仅直接排挤了农业和轻工业，也排挤了民用生产资料的生产。庞大的军工系统是国民经济的吸血鬼，也是造成苏联财力、物力日趋紧张、经济滑坡和走向危机场的重要因素。另一方面，庞大的军工系统不仅是国民经济不堪忍受的沉重负担，而且也是苏联经济结构调整乃至经济体制改革的严重障碍。军备竞赛一朝不停止，军工生产便一日不能削弱。同时，任何会触动军工特殊地位的改革都会遭到抵制和反对。苏联经济改革长期推不动，军工集团从中作梗是一个重要原因。罗肇鸿：《苏联解体及其对世界经济与政治格局的影响》《世界经济与政治》1992 年第 10 期）

三、关于美国经济地位的争论

美国已经“衰落”了，还是正在“复兴”？一部分学者指出，美国已走上衰落的道路。另一部分学者却认为“复兴的形象比衰落论者所描绘的衰败形象更接近美国现实”。还有一种观点认为，美国经济地位只是相对削弱了。下面分别加以介绍。

（一）“衰落论”认为美国经济相对衰落，地位下降的主要现由有以下几个方面：

1. 美国的经济增长速度没有日本等国快。日本和德国与美国的经济和科学技术方面的差距日益缩小，尤其是日本，不仅在纺织、钢铁等传统工业方面已起过美国，而且在汽车、机器人、家用电器等领域也占有优势。在半导体、计算机及航空和航天技术方面则正的迅速地逼近美国，美国的许多产品在世界市场上失去了阵地。

2. 预算赤字和外贸逆差增大。1982 年，里根政府的财政赤字首次突破 1 000 亿美元大关，达到 1 280 亿美元，这个数额比战后历届美国政府的财政赤字都大，此后几年赤字又连续增加，1986 年财政年度，美国的预算赤字又达到了 2 210 亿美元的创记录数字。1991 年又进一步上升为 2 687 亿美元。

80 年代的大多数年份，美国的外贸逆差数额都较大。1986 年美国的外贸逆差达到了 1 700 亿美元的高峰。从 1988 年起，外贸逆差连续 3 年有所缩减，1990 年的外贸逆差已降至 1 086 亿美元，但 1992 年外贸逆差又由 1991 年的 600 多亿美元增至 800 多亿美元。

3. 80 年代中期以来，美国成为世界最大债务国。1982 年，美国仍是世界最大的债权国。到 1985 年；美国在国外的资产总额已比外国在美国的资产总额少 1 074 亿美元，从而使美国由世界最大债权国沦为最大债务国。1991 年美国公私债务总额高达 10 亿美元以上。

4. 美国在世界国民生产总值中和世界出口总额中所占份额的大幅度减少。在战后的全盛时期，美国的世界国民生产总值中所占的份额曾高达 40%以上，在世界出口总额中所占的份额也超过 1/4。而 80 年代以来，美国在世界国民生产总值中所占的份额已降至 25%以下，在世界出口总额中所占的份额则也已降至 12%以下。

（二）“复兴论”认为美国经济地位不但没有衰落，而且还在上升的主要理由有以下几个方面：

1. 从经济增长率来看，美国与日本和欧共体在经济增长速度上的差距在缩小，1966—1970 年，美国的国民生产总值年均增长率 3%，日本为 11%，欧洲经济共同体为 4.6%，美国的经济增长速度明显落后于日本和欧共体。1971—1975 年，美国的国民生产总值年均增长率为 2.2%，月本为 4.3%，欧共体为 2.9%，1976—1980 年，美国的年平均经济增长率为 3.4%，虽仍落后于日本的 5%，但却高于欧共体的 3%，进入 80 年代，美国的年平均经济增长速度仍保持这种慢于日本但快于欧共体的状况。

2. 从美国的世界国民生产总值中所占的份额来看，“复兴论者”认为，战后初期，美国在全球经济活动中所占份额高达 40%以上，这是战争造成的暂时产物，它不可能长期保持这种状态，结束这种不平衡状态，是美国政策的一个重要目标。美国在世界国民生产总值中比较稳定地保持 20—25%的份额，这是比较正常的现象，不能说是美国经济相对衰落的表现。

3. 从双赤字问题上看，“复兴论者”认为，双赤字不是由美国经济的缺陷，而是由里根政府不适当的经济政策引起的，只要政府改变经济政策，双赤字的问题会很快得到解决。“复兴论者”强调，里根政府后期已改变了政策，布什总统也采取了减少双赤字的政策。

4. 从债务问题上看，“复兴论者”认为，美国的统计方法有其特殊性，不少收入项目在正式统计中没有反映或没有完全反映出来。如，美国的正式统计没有把寄往美国的汇款计算在内，特别是美国在海外的实际投资数额比帐面上表现出来的数额要大得多。美国在海外的直接投资有相当数量是在 70 年代以前投入的，当时每个美元的购买力比现在要高得多，如果用现在的货币价值重新估价美国过去的投资，其数额将大大超过商务部正式公布的数字。假如把各种在统计中没有反映或没有完全反映出来的收入都予以计算在内，美国目前的外债总额肯定会大大减少。“复兴论者”还认为，美国的债务国地位并不令人担忧，因此，在国际上，美国的投资仍然遥遥领先。

（三）第三种看法认为对美国经济比较确切的提法应该是相对削弱，现由如下：

1. 衡量大国兴衰的主要依据应是综合国力。相对削弱论认为，衡量一个世界大国的兴衰过程，应该以其综合国力为依据。在一定的历史时期内，既要考察该国经济、军事和政治实力的消长，也要考察该国人口、规模、疆域大小、自然资源状况、教育水平、科技成就、社会凝聚力等各种要素对推动社会经济发展的作用。迄今为止美国仍然是当代世界中经济实力最强和科学技术最发达的国家。

2. 从经济实力上看，近20多年来，美国对日本和欧共体国家的经济优势确实是削弱了，但这种削弱还是没有从根本上动摇美国的经济实力。以日本为例，日本虽然已发展成为经济大国，它的经济增长速度也确实比美国快，但与美国相比，在经济实力上仍有相当一段差距。1980年美国和日本的国民生产总值分别为26 317亿美元和10 401亿美元，日本的经济规模约为美国的40%。到1989年，日本的国民生产总值已突破30 000亿美元，比1980年净增了两陪；美国的国民生产总值则增至52 340亿美元，比1980年增加了一陪。但就绝对额来看，两者的差距还扩大了，1980年，日本的国民生产总值比美国少16000亿美元，1989年，这个差额却扩大为22 000亿美元。

3. 从美国经济现状和发展前景看。持这种观点的人还着重指出，"复兴论者"用较短时期的经济增长数字来论证美国经济正处在复兴之中是缺乏说服力的，从历史的角度看，无论是美国的兴起，还是英国的衰落，都不是在短时间内显示出来的，而是经历了半个多世纪的发展才完成的。美国有可能走上衰落的道路。但是，即使会出现这种前景，也恐怕是半个世纪以后的事了。

四、关于国际竞争力的内涵

什么是国际竞争力？这是进行国际竞争力比较研究必须首先搞清的问题。关于这一概念的内涵，主要有以下一些看法：

1. 传统经济学家的观点。传统经济理论把国际竞争力看作是一个国家或地区在生产的基本要素——劳动力，资金与自然资源等方面具有的相对优势。也就是说，在劳动力、资金和自然资源方面拥有优势的国家或地区要比别的国家或地区更有竞争力。如加拿大、澳大利亚、新西兰、中东石油出口国以及其他原材料生产国就比别的自然资源贫乏的国家有竞争力。二次大战后头10年的日本以及近年来亚洲"四小"之所以获得竞争优势，基本原因之一是劳动力价格偏低。

2. 经济历史学家的观点。经济历史学家强调政府决策对构成社会经济环境所起的作用，特别是政府与市场力量之间的相互影响。他们认为有利的环境是推动国家经济发展的动力，也是促进其国际竞争力的动力。他们把18、19世纪的西欧和中国加以比较，认为当时技术基础不如中国坚实的西欧之所以发生工业革命并取得成功，是与其较灵活的社会政治结构分不开的，同时也与其鼓励市场经济的发展密不可分。他们把一些不发达国家缺乏竞争力的原因归咎于这些国家的社会政治体制，认为这些国家的体制过于专制并排斥市场经济。一个国家或地区要想使竞争能力得到充分发挥，必须使经济面向市场并实行民主政治。

3. 增长经济学家的观点。在专门研究经济增长的经济学家看来，科技资源是国际竞争力的重要支柱。与自然资源相比，科技资源更能决定一国或地区的竞争力。因为自然资源随时间的推移而逐渐枯竭，而且国际贸易的趋势是原材料的比重不断下降，因此科技资源的重要性逐步上升。这一点可由统计事实得到证明。他们在对战后几十年促进经济增长的各要素进行统计分析时发现，传统生产要素（如劳动力和资金设备）对于经济的实际增长作用甚微。如美国1984—1992年期间的实际增长中，只不到1/5是靠劳动力与资金设备的增加而实现的。大约有一半的经济增长是靠那些难以定量的要素(如技术创新与新的科学知识的应用)而实现的。

4. 企业经济学家的观点。在研究企业管理和企业发展的经济学者看来，国际竞争力只是工业范畴内的概念。竞争力就是工业的实力。他们认为，除自然资源外，工业的管理经验，工业内部的竞争程度以及支持某一工业的基础工业的完善程度，对于形成一个国家或一个地区的国际竞争力十分重要。凡是工业强国其竞争能力往往不弱。因此他们认为，一国或一地区的国际竞争力的高低主要取决于工业的实力，工业的实力又取决于企业的状况。所以，提高竞争力必须提高企业的技术水平和管理水平，使企业在生产和推销方面比别国的同类企业更强。

5. 各国（或地区）实业家的观点。实业家对竞争力的看法受其所处的地理左右，带有明显的国家色彩。比较重视合作的国家如北欧诸国的实业家认为，劳动力素质高，经济社会化、医疗设施完善、产品与服务质量好及效率高是构成竞争力的主要因素。侧重于经营独立化的国家，如英联邦国家的实业家则认为，劳动力适应性强，自由社会化、金融设施完善、企业家善于创新和自然资源丰富是构成竞争力的主要因素。日本、瑞士等国由于自然资源相对匮乏，不得不重视开发人力资源，提高科技水平、加强企业管理等等，以获得竞争的主要优势。

（范新宇整理）

中国经济思想史

一、《管子》的适度思想

胡显中认为，适度思想并非《管子》书中独有，但是，对适度思想表棕得最清楚、最完备，则莫如《管子》，它不仅有一般的原则性规定，而且也有具体运用。

作者认为，《管子·法法篇》中“故正者，所以止过而逮不及也。过于不及也，皆非正也。非正则伤国一也”的论述正是对适度原则的概括表述。

适度原则具体运用于经济的许多领域，在分配领域，它表现为“终岁之利无道相过”和“富而能夺，贫而能与”。即，掌握社会各行各业的比较利益，大体相近。同时对贫富悬殊的情况要实行社会调节，控制在合理限度以内。在财政方面表现为“取民有度”，《管子》中多次对“取民有度”进行了深入的阅述。同时还确定了“民得其七；君得其三”的分配比例。而这一比例在某些重要产品的分配时则有所变化，如“彼谷七藏于上，三游于下”。在消费领域，该原则则体现为“饮食有量，衣服有制，宫室有度”。而对于《管子·侈靡篇》中对某些奢侈行为的描述和提倡，作者认为、唯一合理的解释只能是，作者对某些消费行为极度夸张的描述是为了一个社会主题：“兴时化若何？莫善于侈靡”。（如何才能振兴当代经济？最好的办法莫过于极度消费）。（见〈管子〉的适度思想及其现实意义》，《西北大学学报》1992年第11期）

二、对“黜奢崇俭”的反思

欧阳卫民认为，黜奢崇俭是中国消费思想的主题，与重本抑末、轻徭薄赋一起构成中国经济思想的三根骨架。他说：首先，黜奢崇俭并不是一句空洞的论理说教或简单的消费口号，它有自己的表现形式，即以实用为消费品的制造原则，以温饱为社会消费目标，以吃穿为消费主结构，以节制为消费需要戒尺，以原始消费为理想，以等级为消费依据，其次，黜奢崇俭具有积极和消极两方面的作用，从积极方面看，它缓和了生产与消费的矛盾，稳定了国民经济；确保了积蓄，备战备荒；有利于国家财政收支平衡。从消极方面看，限制了消费对生产的反作用，使生产停滞不前；使市场变得狭小，不利于商品经济的发展；使消费本身长期得不到改善；不利于劳动力素质的提高。总的说来，黜奢崇俭有利于经济稳定却有害于经济发展，至于黜奢崇俭对中国经济发展的影响，作者认为，近代保守派、顽固派利用“黜奢崇俭”阻碍资本主义发展，他们混淆生产消费与生活消费，贬斥投资意识，鼓吹贫穷主义，仇视资本主义；禁用洋货而维持古朴的、落后的消费习俗。而中国近代的资产阶级，特别是民族资本家，利用黜奢崇俭这古老的格言，宣传资本主义节俭精神，从而至少在形式上把黜奢崇俭追认为这种精神的源泉。在社会主义条件下，黜奢崇俭的最终目的是为了提高节约的消费水平，促进经济发展。节俭只是手段而不是目的，节俭不是为了艰苦而是为了更富有。（《黜奢崇俭：中国消费思想的主师》，《复旦学报》1992年第6期）

三、柳宗元经济思想

王双认为，柳宗元不仅是一位著名的文学家而且是一位思想家，尤其对经济问题有过较为深邃的思考。他说：柳宗元十分强调人民的物质利益，他要求政府重视“民利”，达到“安其常而得其所欲，服其教而便于已，百货通行而不知所自来，老幼亲戚相保而无德之者，不苦兵刑，不疾赋力”的地步，要求当政者发展社会生产，保障人民有安定、丰裕的生活，特别强调顺应民心，他的“贤者之作，思乎利人”和“所谓民利，民自利者是也”的思想突破了儒家局限的“利民”思想，成为其经济思想的核心。在唐代，长期存在着租赋负担极不合理的状况，据此，柳宗元提出从根本上“定经界，核名实”，即统一核查私人田亩，划清疆界，肯定其实际占田与隐匿的差额数目，真正按贫富实际情况制订税额，实现赋税均衡负担的原则以安天下。同时他也批评了“泽不下流”的赋税制度，提出恢复“十一之税”的主张，至于租税来源，柳宗元则主张只根据人丁和田亩数征税，免除工商等租税。在发展社会生产方面，柳宗元认为，“今之长人者”应该“以富庶且教为大任”，也即统治者的责任首先就是发展社会生产，让人民过上富裕的生活，然后再大力发展教育事业。为此，统治者首先要“敬授人时”，即按四季时令的变化，适当地组织安排各种农工牧业生产。另一方面，统治者则应顺应民意，以“所谓民利，民自利者是也”作为宏观经济管理的指导思想。使百姓自由地生产经营获得财富，不仅可使百姓得到实惠，政府也省却了政令管理上的诸多麻烦，而民富则必然导致国家的充实富足。（《柳宗元的经济主张》，《学术月坛》1992年第2期）

四、周学熙的实业思想

胡卫清认为，当官督商办、官商合办等企业形式被视如敝屣时，周学熙却踏进了实业领域。他创办的企业一直与政府保持十分密切的关系，并且借助这种关系迅速地成长为一个包括轻重工业及金融保险业的综合性民族资本集团。周学熙也逐渐形成了一套利用政权发展实业的理论，从而与当时主张完全商办、反对官府干预企业的主流思想形成鲜明的对照。

周学熙的实业思想具体说来分为三个部分，第一，他认为创办实业可以“开通民智”，而且“工艺为民生至计”。他从资产阶级的长远利益出发，看到民生富裕是有利于资本主义发展的。因而也曾试图运用资本主义农场经济来改造自然经济。但是，这些努力有的没有达到预期效果，有的则完全失败。面对外国资本咄咄逼人的攻势，周学熙认为“惟实业足以救国。”第二，周学熙提出，“采国家社会主义，锐意实业，大开利源。”作者认为，周学熙之所以提倡“国家社会主义，乃是打算借助国家政权来大力发展实业，做一般私人公司所不能做的事情。它直接反映出资产阶级深感自身力量弱小，迫切希望利用国家政权来推进实业的愿望。周学熙的高明之处在于，他认识到在近代社会环境里，国家政权的经济职能能否充分发挥对企业的发展起着决定性作用。他一方面强调借助政权力量发展企业，而另一方面，他又普兴股份公司制度，采取让官僚军阀入股，担任董事和监察的方式，吸收了大量资金并为自己找到了坚实的保护伞。第三，在企业经营与发展战略方面，周学熙也有一整套的观点，即“工业为立国之本，”“工艺非学不兴，学非工艺不显。”“必先有健全之金融，”“一切悉按商规”以及“创办新事业专款”的思想。(见《周学熙实业思想述论》，《学术月刊》1992年第10期)

五、荀子明分论的理论体系

吴丽红认为，荀子的明分论即为“人生不能无群”，但“群而无分则争，争则乱，乱则穷矣。”只有“明分使群”，明分论是荀子为消除动乱纷争保持长治久安而寻求的解决途径。荀子用性恶论来解释纷争的必不可免，而以义去解释社会阶级和阶级划分，作者认为这二者之间是相互冲突的。

从内容上看，明分首先是明封建阶级、等级之分、使贵贱有等、长幼有差、穷富轻重皆有称，荀子把整个社会划分为“君子”和“小人”两大集团，“君子”又可分为“上贤”、“中贤”、“下贤”等，其次，明分是明各种职业集团之分，即划定农贾百二士大夫公侯等的职业分工界限，并把农业放在首位，体现了他的重农思想。

明分的主体，即执行者，在作者看来是封建君主，能否在明分的基础上实现天下大治，关键在君主，所以荀子称：“人君者，所以管分之枢要也。”国家是适应明分的需要而产生的，权力的集中使封建君主成为国家的总代表，而要实现明分的需要，必须由圣人来管理国家，故而君主必须是圣人，他才能以其个人的品德才能，靠君主具备圣人的品行来维护自身地位。

作者还认为，“尚贤使能”是君主明分所依据的原则。即应根据人们的品德、智慧、能力、专长来明分，而不应任人唯亲、世卿世禄。这一原则使得社会的等级之分和职业之分都不能是固定不变的，也不是主观随意确定的，而是后天决定的。

荀子的明分论，论证了封建国家、君主产生的必要性、必然性，从而为封建皇权的合理性以及神圣、不可侵犯的至高无上性提供了理论依据，他尚贤使能的思想对社会内部变动和地主阶级活力的补充具有深远的影响，此外，明分论还突出体现了一种重视经济，通过发展经济来达到“富安天下”的观点。(见《荀子的明分论及其历史意义》，《江淮论坛》1992年第4期)

六、墨子管理思想

邱燕翎总结了墨子的管理思想，认为墨子的管理思想分为五个方面。

兼相爱、交相利是墨子人际关系管理思想。墨子企图依靠国家(圣王)来推行交相利的原则，以便人民都能在利人中达到利己，达到衣食足，交利思想反映了独立小生产者防级的经济特点。小生产者在经营中往往从别人的利益中看自己的利益，已经成为他们的经济本能。这就是交利论产生的经济基础。

尚贤集中地体现了墨子的人事管理思想。它要求选择贤能而适当的人立为政长，因事任人，根据各人能力，量才使用。同时不问身世，只问贤能，以利出身贫贱的人进入仕途。它还主张使贤能在位的人富有尊贵，以提高其威望。

尚同是与尚贤相辅而行的行政管理思想。墨子认为政令不一，只能导致社会纷乱，有鉴于此，他主张“壹同天下之义”，主张天子的正确意志通过各级官长灌输到民间，行政管理的权力集中于最高层。

赖其力、强其事是墨子的生产管理思想。墨子已经认识到人和动物的根本区别在于劳动，并在先秦诸子中最为重视生产劳动，他把社会安定和人民的精神面貌都归于社会物质生产的状况，提出贫富不决定于命而决定于力的思想，提倡勤奋的劳动精神，把延长劳动日和增加劳动强度作为增加财富的一条主要途径。

墨子最为强调的节用论则体现了他的消费管理思

想，墨子认为对衣食住行各方面的基本生理需要必须予以满足，以保持生存和健康，这是他对消费行为是否合理的标准。另一方面，他努力限制上层统治者的奢侈浪费以增加普通劳动人民所需要的生活必需品，从而保持他所代表的小生产者简单再生产正常进行的条件。（见《墨子管理思想初探》，《江淮论坛》1992年第6期）

七、清末建立本位制度的讨论

叶世昌认为，中国铸造金币的主张并不只是近代才有，但从学习西方货币制度角度提出自铸金钱主张的则是清朝光绪年间。

从光绪九年到光绪二十三年，先后有钟天伟、陈虬、陈炽、宋育仁、胡燏棻、王鹏运、盛宣怀、杨宜治、江标等著文宣传或正式上奏建议铸金币。

1902年至1903年，中国先后与英、美、日订立通商行船条约，规定中国要设法立定国家一律之货币。美国人精琦提出了《中国新圜法条议》，即以一定纯金量为货币单位，政府自己或代民间铸造相当于五倍、十倍、二十倍的金币，国内流通以银币为主，金银比价为一比三十二，另铸小银币及红、白铜币为辅币。它规定"应派一洋员为司泉官，总理圜法事务"，这样名目张胆地无视中国主权，受到了以梁启超、刘世珩、张之洞为代表的朝野人士反对。刘世珩反对金汇兑制度，先后提出了金本位和复本位制，这是有明显缺陷的。梁启超则主张实行虚金本位制，他指出，由于金贵银贱，中国国际贸易差额要用更多的银补偿，中国赔款额也由于银价涨落无常而遭受损失。为求同一法定平价须实行金本位，但金本位尚无条件，则惟有采取虚金本位制。他提出由政府垄断铸币权，限制银币的铸造，从而保证对金币的法定比价，而与一般的金银比价无关。

康有为则在《金主币救国议》中，极力主张实行金本位，并提出在纽约、旧金山、悉尼、檀香山四地设大清、交通银行，向华侨吸收黄金，同时收兑民间藏金，在当时条件不成熟的情况下，他也主张暂行虚金本位制。

但清末清廷提出的则是要实行银本位制，于是围绕以元为单位还是以两为单位各大臣又互不相让，两元之争以宣统二年四月颁布由度支部制定的《币制则例》而宣告结束，用元说取得了胜利。（见《清末关于本位制度的讨论》，《中国钱币》1992年第4期）

（魏　仲整理）

中　国　经　济　史

一、中国经济史学

（一）经济史的对象问题

曾有一种见解，中国经济史是"中国自远古至1949年中华人民共和国建立之前经济发展演变的历史。"（《中国大百科全书·经济学》Ⅲ，第1 341页。）**赵德馨**不以为然；他赞同这样的见解："中华人民共和国成立后的经济发展过程，不仅是中国经济史学科的研究对象，而且应当是研究的重点或重点之一"；"是今后的主攻方向"。他进而作了一些阐释，认为，"必须研究作为客观存在的经济事件与经济史学科的区别"。所以要有这样的区别，是由于"事物的发展有其自身的阶段性。事物本质的暴露需要一个过程。已发生的、昨天的或'直至今天为止'的经济事件，都成了客观存在的不能再改变的历史。但是，当某种经济事件的发展阶段尚未终结，因而它的结局、后续性及本质还不可能被人们认识，它也就不可能成为一门科学的经济学科的研究对象"。"只有当某种经济（事件）运动的一个阶段已告终结，人们才可以开始将它作为经济史学科的研究对象"。中国经济史研究对象，除了其上限具有共识，其下限应随着"经济发展的不断延伸，不可能限定于某一年。区分经济历史与经济史学科研究对象的界标，应是某种经济事件是否已经告一段落，而不是绝对时间"。"经济（事件）运动只要告一段落，即便当年的事，也可着手作为对象来研究"。唯有这样，才有利于扩大中国经济史学的研究领域，使经济史学科更贴近现实；科学的研究成果也更可直接地为决策的重要依据而充分发挥它的为现实与未来服务的功能。（赵德馨：《重提经济史学科研究对象的问题》，《中国社会经济史研究》1992年第3期）

（二）经济史的方法问题

方法论一般说是思维工具，兼具指导和实用两性。中国经济史研究实践中的方法论，习惯上存在不同涵义或政治不同层次——世界观意义上的方法论、求证和推理意义上的方法论和经济学学派的方法。吴承明对作为世界观和历史观的历史唯物主义认定是我们研究经济史的指导方法，"'唯一科学的'说明历史的方法"，和我国的史料学、考据学中求证，推理意义上的方法可取作借鉴之余，着重就不同学派的方法作了介绍并表示了自己的看法：

（1）经济计量学方法。可以用于经济史的研究，主要用它检验已有的定性分析。一般说来，它适用于研究生产力而不适于研究生产关系，否则，由于经济上的量原都以一定的质为前提，而有可能导入岐途。此方法只见量变，不见质变，对最初不表现为量的事物，便无能为用。又它只追求数量的连续性，以函数关系代替事物的辨证关系，把经济制度至多视为外生变量而不确切地看作发展过程中的内在因素，则是它的局限性的缺陷。(2)发展经济学方法。重视长期趋势，注意比较研究，可取作借鉴。二元经济论是这个学科中的一项创见，可取作方法论看待。(3)区域经济史方法。从事区域经济史研究不必限制于划区标准，可以从习惯；或大或小，可以资料方便为准。区域内的研究与区际间的研究宜同时进行；流行的中心地处论认为经济发展常由核心地区向边缘地区扩散可取作一种方法论看待。研究中与其着眼于周期，不如研究其发展趋势和发展阶段。地区的特性和各区域的共性是对立的统一，随着历史发展而变化，不可偏废。区域形成理论中的组织理论、耗散结构理论，都可作为方法论来看待尝试应用。(4)社会学方法。经济史研究社会经济自应试用社会学方法。社会学把研究对象作为一个整体来思考，“整体大于部分之和”的观点对宏观经济史研究具有指导意义；注意每个民族以至地区都有自己的社会结构、文化传统而对其演进予以比较研究，重视“底层”即人民群众的物质生活和精神生活以及非常重视社会调查和调查的客观性所积累的一套科学的调查方法，大都可以用于经济史上有关专题的研究。至于它偏重于上层建筑而对于生产关系尤其是对生产力注意不够，则是运用社会学方法于经济史研究中所应注意的它的局限性。(5)系统论方法。它把研究对象根据目的和需要作成一个所谓“系统”，并设定这个系统有一“边界”，其外是环境，一个系统一般都是稳定的，而不注意其内部的矛盾。它研究事物的存在和运动，不是研究它的变异。一个系统的变异或破坏，看成主要由于外部的干扰，有时也由于内部机制发生障碍所致。系统论作为方法只是在一定范围内才属有用；它的特长(精华)所在，是把研究的对象从系统上看问题，在系统整体水平上进行分析，以及使相互关系和许多概念具体化、精确化，能用数学模型或用物理模型作出明确的计量。

我国向有“史无定法”的传统说法。**吴承明**赞成此说，并作了引申：“这当然不是说可任意判断”；而是在经济史的研究实践中，“可因对象条件之不同”，除以历史唯物主义作为说明历史的方法还可以相机采用经得起历史唯物主义检验的其它各种合宜的方法。（吴承明：《中国经济史研究的方法论问题》，《中国经济史研究》1992年第1期）

（三）历史事件（人物）的评价

严中平就其多年对洋务运动、老殖民主义的侵略活动、特别是帝国主义对华侵略的历史的研究，形成他对历史事件（人物）评价的某些想法，即：规律性判断研究和价值性研究的问题。他认为，对某一历史事件和某一历史人物进行评价和研究，有必要理清这两者的界限，才能澄清一些令人困惑的观念。他对自己提出的命题，作了这样的界定：“规律性判断研究是对事物发展变化本身的客观规律的研究”；“价值性研究是对事物发展变化对人的利害关系的研究”。两者不可混为一谈。社会经济形态的发展都按照它自己的内部矛盾和外部条件所形成的客观规律发展变化着。科学研究的任务就在于透过事物发展过程中的偶然现象去肯定事物发展的必然规律，给人们提供行动的指南，因势利导，必促其利避其害。而由于规律本性不以人们的意志为转移，规律作用下出现的事物，无所谓利害，无所用其褒贬。但该注意的是，历史上凡是已经发生的事物，都有它的必然性。研究者必须区分两种历史必然性——一种是社会经济形态发展规律的历史必然性。这种必然性使奴隶制、封建制、资本主义制上升期发生过“杠杆”作用的人物具有暂时的历史正当性。另一种是特定“条件和情况”下的必然性。这种必然性不使任何历史人物具有历史正当性。资本主义上升期西方殖民主义者进行的海外掠夺，乃是特定“条件和情况”下的必然性，并不具有像在同一时期内把小生产者剥夺生产资料和生活资料的那种历史发展规律的必然性，因而也不具有历史的正当性，哪怕暂时的也罢。设若把特定“条件和情况”下出现的历史必然性当成客观的发展规律的必然性，从而进行价值性的研究，则在实际上就是为“支配当前经济制度”的阶级作辨护的客观主义的观点了。

他进而认为，一旦离开规律性的研究从事价值性研究，则对自然历史过程和对社会经济形态发展过程的研究便出现极度的差异。自然现象带给任何人都一视同仁，社会经济形态的变化对存在民族、国家、阶级区分的人来说就不是这样。我们不能从抽象的阶级义愤出发去进行价值性研究，而应具体地分析具体问题，根据被剥削、被压迫者在历史当时的实际利益去进行价值研究。资产阶级对世界市场的影响的客观规律简单地可概括为一句话：“按照自己的形象制造出一个世界。”英国在印度是这样，列强在中国进行的也是这样。所不同的在中国是在形式上保持独立，只是破坏中国的主权。他们向中国引进西方先进的生产技术，当然也提高中国土地上的生产水平。但是，这不过是在中国范围内显示政治经济学本身内在规律罢了。他们从中所扮演的角色，只是充当了“历史的不自觉的工具”。（严中平：《规律性判断研究和价值性研究》，《帝国主义对华侵略的历史评价问题还需要讨论》，《中国经济史研

究》1992年第2期）

二、中国封建社会长期延续问题

国内学者对中国封建社会长期延续问题，提出过不少看法，诸如耕织结合所形成的自然经济结构的制约，村社中都图里甲宗族制等基层组织对封建统治的维护作用，土地、商业资本、高利贷资本的顽强结合，强大的中央集权对全国土地、户口的严格控制，国家对工商业所采行的政策措施等等。今年发表的论文中，有直接、间接涉及这个问题，或进一步重申己说，或从一个新的角度作探索，分别记述如下。

（一）地主制经济与封建社会的长期延续

李文治10年前认为，中国封建社会长期延续问题，实质是作为封建经济内核的地主制经济长期延续的问题。（《地主制经济与封建社会长期延续问题论纲》，中国史研究，1983年），今年重申此说，分别从地主制经济作为中心线索探讨其本身为什么能长期延续和把地主经济和商品经济的相互关系作为一个重要问题进行探讨，而作了进一步的论证。

李认为，中国封建社会地主制经济时代，封建土地关系的变化反映在三个方面：(1)地权集中与分散的一再反复，(2)地主身份地位的变化和(3)封建依附关系由强化而削弱、趋向松懈。就地权来说，中国地主制经济时期的土地分配，和西欧比较僵化的领主制不同，表现出极大灵活性。“不论地权分配如何变化，作为封建社会农民与地主两大对立的阶级构成始终不变”，“属于统治阶级成员的各类地主可以不断再生”；即使经过大规模农民战争的冲击“被打倒的只是部分地主，地主制经济体制却照旧延续”。这里说，地主制经济制约下的封建所有制具有顽强的生命力。就地主身份来说，中国地主制经济的地主阶级构成和中古欧洲那种僵化的世袭贵族等级性很强的领主制不同。贵族官僚身分性地主和一般非身份性庶民地主互相转化，即宦室沦为庶民户、庶民上升为官绅户的屡见不鲜；在互为消长中，相对地说，庶民地主有逐渐扩大的趋势。地主阶级内部等级关系的这种转化并不影响地主制经济的延续；而且地主制经济不但未因庶民地主的发展而有所削弱，反而得到充分发展，相对于西欧的领主制存在重大的区别。就封建依附关系来说。封建地租是封建地权的体现形式，封建依附关系是实现封建地租的强制手段。中国封建地租一般约占产量50%始终不变，封建依附关系则不断发生变化。与欧洲领主制下人身依附乃是封建地权的国有属性有异，中国地主制经济下的封建地权完全可以在摆脱人身依附关系条件下独立存在；而且主佃间封建依附松懈，农民获得更多人身自由，中国地主制经济也得到进一步的发展。总之，中国地主制经济本身具有很强的自我调节功能，构成为中国封建社会长期延续的一个基本条件。

一般说，封建关系的突破，取决于商品货币关系发展的冲击力量；而中国的地主制经济离开商品发展，就不可能存在和发展。李文治认为，商品流通、商业资本积累两者本身并不反映它是封建的或资本主义的属性。中国地主制封建经济中进入流通领域的大量商品诸如粮食布匹之类主要由个体农民所生产，其它经济作物产品也不例外。生产者农民基本上仍停留于交换价值形态的自给自足，乃是封建经济的延续。至于商人所拥有的大量商业资本基本上也是建立在剥削个体小生产基础之上，通过贱买贵卖从中渔利而积累起来的，从而也不具备资本主义经济的属性。中国封建经济、特别是到了它的后期如明清时代的商品经济繁荣，主要是能适应商品经济发展的地主制经济高度发展制约下的产物；伴随着其他一些因素，如农民和工人有较多的人身自由，虽然有利于也出现了资本主义的“萌芽”，而发展甚为迟缓，不单未曾对封建经济产生重大冲击作用，反而相辅相成，使发展着的商品经济变成为封建经济的组成部分；遭到冲击的主要是农村自然经济，而不是封建经济体制本身，从而构成中国封建社会得以长期延续的又一原因。（李文治：《再论地主制经济与封建社会长期延续》，《中国经济史研究》1992年第2期）

（二）农业的特点和农业人口的“游离”

在西方，举英国为例，“圈地运动”中伴随土地集中、大批农民离开土地，“促使农村居民变成无产阶级，把他们‘游离’出来投向工业”。在中国，历代封建王朝虽也有过不少因土地兼并而被迫离开土地的农民，但迥异于“圈地运动”，并未从土地中“游离”出来。其原因何在？有一种似乎成为定论的说法是：这是由于我国手工业不发达，无力容纳这些农民，所以他们只能重新回到土地上去。（参看傅筑夫：《中国近代经济史概论》，中国社会科学出版社1981年版，第66.91.103页）赵磊则认为，真正原因“与农业本身有关”。他认为，“与其说中国工业不发达从而导致农业人口不能游离出来，毋宁说，由于农业人口不能游离开来而使工业得不到顺利发展”为更能“抓住问题的实质”。还认为，中国古代农业人口不能游离出来，与中西农业构成的特点不同有关。欧洲人的农业概念是利用土壤生产植物和动物，农牧型并重；中国的农业概念自春秋以来2000余年间鲜有变化，一直偏重粮食作物的生产，畜牧业在农业中占很小比重。畜牧、种植两业相比较，对劳动力的需求前者比后者要少得多（有一说，大致少80%）。在英国，随着养羊业的发展和圈地运动的展开，因昔日的耕地变成牧场不需要更多的劳动力，“被赶出土地的农民就不可能再回到土地上去”，“只好到城市及其它工业中去寻找出路”。中国的土地兼并则不然，“它既未把农民变成多余的人，也不与土地的分散经营相矛盾”。“兼并后的土地仍然用来经营种植业”，“仍需大量的农业劳动力来分散进行”。这种“土地兼并只是把农民从自己的土地上赶走，即并未能割断农民与土地的关系”。“这种土地集中过程并未导致农业劳动力的相应减少，只不过是减少了自耕农的人数，增加了更多的佃农和雇农。与农业构成特点的不同有关，耕作制度上中国封建时代农耕制度不像西方那样采用“三圃制”，“敞地制”而是对土地实行连续利用，形成了个体小农的高度稳定性和相当顽强的生存能力，所有这些差异，终使土地的集中在“英国的圈地运动导致的原始积累过程为城市工业提供了大量的无产阶级”；而在中国，“尽管土地兼并一再发生”，“造成了无数流民则只能是一种封建剥夺”，“却始终未能使农民脱离农耕投向工业”。（赵磊：《农业构成的差异与中英土地集中的不同结果探析》，《中国农史》1992 年第 3 期）

三、“闭关”新解和清代前期的中西贸易的新看法

清政府在鸦片战争前对中外交往上所执行的政策，学术界习以“闭关”或“开关”相称，评价各异（参看本《年鉴》，1987，第 311－312 页，又 1989，第 196－197 页。），在探究中国之所以落后而作历史反思中，又每对清政府当时执行的政策多加指斥。继已往“见仁见智”的各种见解之余，有一些新的见解。

（一）正名、界说与政策效果

许增纮认为学术界对“闭关”政策有关问题看法分岐的原因固是多方面的，其中一个重要原因，是对这个政策的内涵理解不同；一种主要是指清政府对西方采取排斥的态度，包括对外国商人的严格限制，取作这个政策的主要内容。另一种认为这个政策的主要内容，不是对外国商人的防范条例，而应该是对清政府在国内所实行的商业的、文化的政策。他认为，“如果都认为‘闭关政策’是‘对外’”，那么彼此的观点便一致了。其次，与“闭关政策”内涵理解岐异相联系，还有一个“闭关政策”这一名词是否妥当的问题，他以为以叫做“严格限制的中外交往政策”为好。因为这个政策“即限制来华的外国人，也限制国人出洋与外国人的交往”，而不仅“限定为排斥西方商人，或仅解释为对国人出洋的限制”，所限制的在当时的特定条件下，固然“主要是围绕商业贸易这一中心”来进行，实际上是“既包括经济方面的内容，也包括政治、军事、宗教、文化以至生活方面的内容”。他不同意已有的一种见解：自给自足的自然经济基础并非必然产生严格限制中外交往的政策，它只是为清政府执行这个政策“提供了客观条件，”却不是制定这个政策的“最主要的原因”。他认为，之所以要制定这个政策，“当从政治方面去探寻”缘由，还有意识形态方面的根源，如清朝统治者的“传统的妄自尊大，‘夷夏之辨’和‘重本抑末’”等等。他辨证史实得出结论：在实行这一政策的长时期里，在不同阶段的侧重点虽然各有不同，而“西方殖民主义者在中国的非法活动与侵略行径，是清政府日益加强限制来华外国人的最重要的直接原因”。所以有不少规定，是“为维护国家主权而作出的”。虽然“这种限制政策是被动消极的手段，最终未能抗住资本主义国家的侵略”，但毕竟“在某种程度上”，也“起过抵御侵略的作用”。（许增纮：《对清朝前期“闭关政策”的再思考》，《福建论坛》1992 年第 1 期）

（二）清代前期（1684－1840 年）对外经济交往实际

谢必震、**黄国盛**认为对清代在鸦片战争前执行的国策，笼统地用‘闭关’或‘开放’加以概括和描述，都是不恰当的，有背客观历史事实的。他们历举史实得出结论：“鸦片战争前的清代对外经济交往，明显地经历了两个不同时期”：“主动交往时期”和“被动交往时期”。康熙 23 年（1684 年）清政府决定开海贸易，结束禁海闭关局面，“一种比较正常的、稳定发展的中外经济交往的关系与秩序正式建立了”。“这是中国社会经济发展史和中外关系史上一个重要转折”。从这时侯起到 18 世纪 70 年代约一百年间，清政府为“国计民生”着想在一定程度上从经济规律的角度认识到“通商对促进社会经济发展的重要性”，而且在对外经济交往上具有“相当的经济实力和优势”，制定、采取一系列推动对外经济交往的政策、措施，取得了一定的积极效果。从此之后到鸦片战争前，为第二阶段。在这个阶段，对外经济交往的规模，无论就各国来华商船数或贸易额说，都增长很多、很快，“近代化特征”日益明显。不过，由于中西经济形势的演变和清政府对既定政策不单未能作出及时的改革，反而日趋保守，以致交流的格局出现了对中国越来越不利的状况，诸如中国对外经济贸易优势的逐步丧失；中国商人赴海外贸易的规模，开始大大落后于西方商人对华贸易的状况；而且中国商人出洋经商主要是与友邻国家（日本和东南亚诸国）来进行，未远赴欧美各国而大大削弱了中国海商在世界贸易中的地位和影响；在广州的对外贸易中，无论是关于商品价格的规定、贸易限额的分配，还是负责监督外国行商地位的变动等等，总会成为中国对贸易支配权的旁落。此外，清政府具有针对性地所颁布的一系列限制外商在华活动的“防范”章程，却“并没有在正常贸易和非法侵掠之间划出严格区分的界限”。这样，这一时期的一些政策措施，因“具有防范殖民侵掠的意

义”，在很大程上却“束缚了自己正常交往的手脚”，终陷自己于“欲禁不止，欲放不能”的窘境之中。笼统说作“锁国”有背事实，而应注意此中的演变。（谢必震、黄国盛：《论清代前期对外经济交往的阶段性特点》，《福建论坛》1992年第6期）

（三）“买办制度萌芽”、“封建主义剥削资本主义”辨

在“广州体系时期”（1757—1842年），云集广州中外商人间的矛盾和竞争非常激烈，资本主义国家的商人经过长时间的努力用经济上种种办法，逐步使中国商人依赖于外国，近年来对此有人认为是买办（非指当时外国商馆中使用的仆役身分的买办）或买办制度萌芽的论断。**彭泽益**在详述当时贸易状况后反驳了这种看法。认为在竞争的冲击下，广州洋行制度也不断遭到破坏。此时行商尽管有受外商利用控制的，但无论如何，不能算是买办。因为，“当时清朝是一个主权独立完整的国家”。“行商本是经营外贸的中介商”，两个主权独立国家各自经营外贸的商人独立地经营彼此之间的外贸，“能说甲国商人是乙国的买办，或乙国商人是甲国的买办吗？”“其实，买办是一个政治名词概念，有其特殊意义，它是殖民地或半殖民地社会的产物”。若按那时中国商人同外国商人所发生的那种关系，就论断是“买办制度萌芽”等等，是不确切的。

又当时商人之间尔虞我诈，特别是行商和外商之间的互相倾轧，有说这是“封建主义剥削资本主义”的。彭泽益认为“这种论点是不符合历史事实的”。事实是，当时广州市场上的商业利润很高。就英国东印度公司对华贸易的商业利润说，“仅茶叶贸易利润就占到整个公司商业利润的90%”，在1775—1815这40年间，总共攫取了26 744 344英镑的巨额利率；其平均利润在50—60%之间，有时高达80%，甚至高达190%，这种惊人利润得自购售货价之间的差额。当年英商在广州购买茶叶价格每担银27两，其中包括行商的商业利润25—30%；中国的直接生产者实际所得约12两，而把茶叶贩运到英国售价为每担60两，利润为122%。数字表明外国资本通过中国商人对中国小商品生产者的剥削是何等深重。何来“封建主义剥削资本主义”哩！（彭泽益：《清代“广州体系时期”中外商人之间的竞争》，《历史研究》1992年第5期）

四、清代前期封建地租率和近代小农经济贫困化

长时期间农业在国民经济生活中居于极期重要的地位。今就关于清前期地租率等问题简介如下。

（一）清代前期的地租率

方行以清代前期的封建地租率为重点，探索中国封建社会的地租率，表示他的如下见解。

在封建社会中，由于经济生活的复杂性，在不同地区存在着高低不等的多种地租率，虽则如此，还是存在一个一般地租率——主佃对半分成，在历史文献中或叫做“均分”、“中分”、“对分”等等。这个地租率既能保证佃农在交纳地租后还能补偿生产资料的消耗、维持生存，能够进行简单再生产；还能让一部份经营条件较好的佃农，能够获得超过必不可少的生活资料的余额，以调动他们的生产积极性，推动农业生产的发展，使封建社会经济能在扩大再生产的基础上获得发展。又认为，佃农交纳地租后的收入决定于生产成果的大小，是一个变量，它的伸缩余地并不很大。不过，随着农业生产的发展，土地收获量的增加尽管一般地租率不变，地主在定量土地上所得地租的绝对量是增加着的，佃农所得“必要产品”的绝对量也是增加着的；一部分经营条件较好的佃农在“剩余产品”中除地租外所得的余额也是如此。这样，这种地租率，既能满足封建地主增殖财富和增加消费的欲望，也会使佃农的生活水平和自有经济水平都得到提高；至于有些经营条件较好的佃农还有可能在经济上有所发展，使自己进而成为自耕农、富裕农民甚至变为地主。他强调，“中国封建社会发展的长期实践说明，均分地租率……决定着中国地主制经济产品分配的主要过程，体现了中国地主制经济运转和发展所要求的经济必然性，体现了地主阶级的根本利益和长远利益。它的形成和扩大其作用的领域，是一个经济的自然过程，具有不以人们意志为转移的客观规律性”。又道：对“中国封建社会的地租率及其变动”，宜“着力从各种社会经济因素的相互作用中去探索”，而不能对有关的一切都“只简单地用地主阶级的贪婪本性去说明。”（方行：《清代前期的封建地租率》，《中国经济史研究》1992年第2期）

（二）农村换工劳动向雇佣劳动的转变

甲午战争后，随着中国社会半殖民地半封建化的加深，在商业性农业的扩大和雇工农户增加的情况下，雇佣劳动——其中既有资本主义性质的，还有形形色色的封建性的——有着较大幅度的发展（参看刘克祥：《甲午占后的中国农业封建性雇佣劳动》，《中国经济史研究》1992年第2期）与此同时，某些地区更相当普遍地存在着一些农户为劳力的协作和调剂的一种互助性的换工劳动。**刘克祥**对种劳动之向雇佣劳动演变，作了考察。他认为，若“从劳动补偿和报酬支付的情况看”，农户间的换工劳动大致有两种：一是“直接换工劳动”，即以工还工，不计工资报酬，仅以饭食相待，有的连饭食也不管，是一种直接的活劳动交换和调剂”；另一是“以雇佣劳动的外形的换工劳动”，即按时计劳付酬，一如普通雇工，但雇主和雇工不断易位，形成

"互佣"。这些换工劳动的存在有其一定的合理性：不单在一定程度上克服了农民一家一户劳力单薄、资金缺乏、农具不配套等缺陷；还包含了以劳动的简单协作所产生的节省劳力改善劳动条件、产生新的生产力和提高劳动生产率的作用，从而对中国近代农业生产的发展具有重大意义。可是，换工劳动毕竟是在经济发展水平低下，农民劳动的价值形态发展不充分的产物；在商品货币经济发展的环境中，流动性雇工和雇工市场有所发展的条件下，换工劳动不能不逐渐地被雇佣劳动所取代。整个演变过程，大致可以依次区分成如下四个阶段：(1)以直接换工劳动为主，对相互抵销以外的剩余部分支付现金报酬，使"雇佣劳动开始成为换工劳动的补充"；(2)雇佣劳动取代商业性农业中的换工劳动，外来流动短工的雇佣劳动取代自给性农业中部分换工劳动；雇佣劳动与换工劳动并存，甚至占着优势；(3)换工劳动"以货币为媒介来实现"，在形式上完全为雇佣劳动所取代，但其范围尚未超出原来的换工的圈子；(4)农户劳动的雇用和被雇用不再局限于以往换工的狭小圈子里，需要换工的农户通过自由雇工和佣工实现劳动的调剂和平衡，在形式上同一般雇佣劳动已无差别。自然，这种取代在一个地区并不一定都经过上述四个阶段；直至20世纪初，这个过程在全国各地还远未完结。而且，地区间的发展极不平衡，即使在局部范围内，也往往是几种情况同时并存。值得注意的是在这里，农业雇佣劳动究竟是具有"以劳动交换和调剂为目的的换工性"的，还是"以榨取雇工剩余价值，追求利润为目的"；若"一见雇佣劳动就连上资本主义"，或"一见雇工就认为必定是地主、富农"，有可能两皆失误。(刘克祥:《甲午战争后的农村换工劳动及其向雇佣劳动的转变》，《中国农史》1992年第4期)

(三)中国近代小农经济的贫困化

中国从古以来的男耕女织的传统社会经济结构，经过鸦片战争，发生了极其巨大的、深刻的变化。**全慰天**探索其原因，认为自从"洋布盛"，作为农家经济生活两根主要支柱之一的家庭工业既被打垮，仅靠另一根支住农业来维护，"伴随而来的自然就是农家的日益贫困化和大量破产"。破产农民在资本主义国家里的正常出路，原是进入城市工厂、企业当雇佣工人，变成无产阶级；可是在近代中国，由于民族资本"只得到一定的病态发展，"这条出路对农民破产者来说，"虽有若无"，"继续留在原来农村当贫农的现象还是大量的、主要的"。倦随近代中国农村贫困化而同时出现的是盗贼蜂起，农村中日益不能安居乐业，在这种情况下，"工商业家但愿把少数新式工厂集中设立在较安全的租界和大都市"；"封建大地主也不再留恋田园生活，而携带金银财宝"往大中城市去享福；留在农村的经营地主和富农们也"不敢随便添置象样的骡马大车，怕过路兵匪顺手牵羊"。结果，只有不怕兵匪的一贫如洗、占农村人口绝大多数的贫农，"充当了农业生产的主力军"。"旧中国城市繁荣与农村破产的矛盾统一现象"，既是这样出现的；中国近代半殖民地半封建社会经济结构及其上层建筑，主要也是"依靠贫农的简单再生产勉强维持着的"；而且若与十月革命前俄国农业生产中富农经济比较发达作一对比，中国正好相反，"贫农经营的小农场最为发达"。另一方面，贫农为谋求生存，"比一般农家更需要以织助耕"。于是，他们不单是近代中国农业生产的主力军，同时也是农村家庭工业及其他副业生产的主力军。统计资料表明：越贫困的农家，从事家庭手工业的越普遍。他们从事于此，主要不在图利，而在糊口。家属不是临时雇工，不能辞退，总得"共苦"；农闲不干副业，"也得吃饭"。这样，资本主义企业的产品价格必须包括c+v+m，而农家手工业产品既可不包括m，还可以连v都不包括，从而可以"总是打不垮"。但是，中国近代农家手工业由于时代背景的不同，即由封闭的长期停滞不前的封建社会而一步步变成半殖民地半封建社会，其本身也由自然经济向着商品经济转变，再也不能像在古代那样"长期保持稳定"而是"日益动荡不安"、"不断被迫失业改行"而急剧趋向贫困化了。(全慰天:《近代中国小农经济的贫困化》；《中国人民大学学报》1992年第4期)

五、中国近代商业资本"畸形"发展和新疆近代化的开端

(一)商业资本在近代中国的"畸形"发展

近代中国商业资本"畸形"发展一般认为系洋货入侵的结果。可是，在此之前，中国市场上已有偌大的商业资本了。**陈庆德**认为，对近代商业资本的畸形发展，"仅以'封建性'、'买办性'等经济外特征来解释"，未必能深入"到事物的本质，至少是不完全的"。他在考察了近代中国资本因素的演变及发展趋向，即"商业资本在不断地进行着形式变化，转入生产领域"，百"商业资本形态"却一直"在社会总资本中保持其主体地位"；和近代中国资本形态转化的社会条件，即最显著的一个特点为战乱频仍，社会动荡不安后认为，二元经济结构在中国近代的形成，是"商业资本得到突出发展的最重要的基础"。他论证道："由社会化的机器生产体系提供的商品以及由个体性手工生产体系提供的更大量的产品的交换，都需要藉大大小小的商业资本所组成的多层次中转环节，才能在两种体系间实现社会产品的交换"；"商业资本作为沟通二元体系之间的桥梁得到了充分的发展"。以手工劳动为基础的零星产品既一直是中国近代社会的一个主要的商品来源渠道，从

而使"商业资本在这种流通中独立于生产过程之外而获得高额利润，使商业资本形态必然成为二元结构社会中的主要形态"。总之，商业资本在中国近代的"畸形"发展，是"资本因素在特定的历史条件下得不到充分发展"的产物，长期地"使其迟滞于旧有经济结构中而被赋予了特殊的历史性质"；作用所及，又未能给近代中国传统经济结构带来本质的变化。(陈庆德:《论中国近代资本形态转化道路的阻塞》，《云南民族学院院报》1992年第3期)

(二) 新疆近代化的开端

上个世纪60年代起持续30余年的洋务运动对我国边陲地区的开发和治理，也起了作用，产生过影响。**吴福环**认为关于"这一点常为论者所忽视"。他认为，除了左宗棠收复新疆、曾纪泽受命与俄交涉收回伊犁，是洋务运动在军事、政治、外交上所取得的成果外，在整个新疆于1882年收复后，左宗棠、刘锦棠先后在哈密、吐鲁番、库车等地设立官办"蚕桑局"，虽然其生产工具，生产技术都还不是近代化的，但已"有些'洋务'因素；接着在1893－1896年间先后架设肃州（即甘肃酒泉）至迪化（即乌鲁木齐），和新疆南北路电报线路；使南线从吐鲁番经库车、阿克苏至喀什噶尔，北线从迪化经乌苏、伊犁至塔城，总长4 000余公里，不单使新疆与京师、内地的电讯瞬息可通，而且为尔后不久在塔城、伊犁、喀什噶尔三处与俄国电报线路联络，为并入世界电讯网络准备了条件。机械工业最先出现的是1897年制造子弹、修配枪支、铸造银元的迪化机器局，和或官办或商办仍用土法开采的几个小型的铁矿、铜矿和金矿。尽管洋务运动的经济技术设施在新疆呈现了起步晚（比沿海地区约晚30年）、规模小，因此收效也不大"的特点，但毕竟构成了"新疆近代化的开端"。清政府在签订《辛丑条约》后在全国举办"新政"；新疆地方以受戊戌变法、义和团运动的影响极少，在新疆的"新政"是接续着洋务运动进行的。它在新疆的展开的规模和取得的成效若与洋务运动比较都要大；在这一期间，为广开利源，开始出现一些近代机器工矿业，如1902年仿漠河金矿章程，创设喀什噶尔金矿公司，设置保利、保大、保源、保兴四个金矿厂，采取官商合资、官督商办经营方式。1903年，以官方设"宝新公司"，恢复旋兴旋废的塔城喀图山金矿等等。尤值得注意的是1907年，新疆大吏惩前事之失，谋以全力专办一、二矿，改用机器新法"而决心创办的乌苏独山子石油矿，以及其它一些或官办或商办的如棉纺织、制革等企业，给新疆社会带来了一些新气象，产生了一些资本主义性质的近代工矿业。吴福环就所述史事得出结论："从洋务运动到'新政'，是新疆向近代化道路迈进的时期"；其特点，"是艰难、缓慢、长期"，"规模、效益远赶不上内地省份"；直至解放前夕，其近代化也还是处于'起步'阶段"。"这一'时间差'和'量差'"是造成新疆与内地经济文化存在巨大差距的重要原因之一"。(吴福环:《从洋务运动到"新政"——新疆近代化的开端》，《西域研究》1992年第4期)

六、当代中国经济增长史的剖析

赵凌云认为，1957年是中国社会主义初级阶段的起始之年，1989年是中国经济全面展开"治理整顿"之年；1957－1988年间中国经济增长具有共性，而又可以分为1957－1978年和1979－1988年两个阶段。这里以前一阶段为主，他作了如下史的剖析。经济增长是通过生产发展的。作者以Y为经济增长速度（这里指国民生产总值年平均增长速度），α，β分别为资本和劳动力的产出弹性，K为资本投入增长速度，L为劳动力投入增长速度，a为技术进步速度，制成如下经济增长方程式：

$$Y = a + \alpha K + \beta L \tag{1}$$

它的经济含义是，经济增长速度由技术进步速步、资本、劳动力投入量及其产出弹性所决定。

再设以CK、CL、Ca分别代表资本劳动力和技术进步三者在经济增长中的贡献份额，则据（1）式，可推导出如下三个公式：

$$CK = \frac{\alpha K}{Y} \times 100\% \tag{2}$$

$$CL = \frac{\beta L}{Y} \times 100\% \tag{3}$$

$$Ca = \frac{a}{Y} \times 100\% \tag{4}$$

根据国民生产总值的推算和国家计委等单位的测算数据，$Y=5.7\%$，$K=9.35\%$，$L=2.5\%$；取$\alpha=0.3$，$\beta=0.7$，则$a=1.145\%$。把这些数值分别代入（2）、（3）、（4）式，即有$CK=49\%$；$CL=31\%$和$Ca=20\%$。这也就是说，在1957－1978年中国经济增长速度中，资本投入、劳动力投入以及技术进步的贡献，分别为49%，31%和20%。这些数据表明，技术进步虽在经济增长中起了一定作用，相对说来，贡献不大。这些年间中国经济的增长，绝大部分是有赖于外延性因素（资本和劳动力的投入）的驱动。1979年起十年间中国经济迅速增长若运用上述公式来分析，$CK=24\%$、$CL=23\%$和$Ca=53\%$，分别代表了资本投入、劳动力投入和技术进步所起的作用，表明着在1979年启动的经济结构调整与经济体制的改革中，集约因素对经济增长的驱动力明显上升。他进而对这一期间经济增长的动态特征和结构特征作为剖析；认为从1957年起开始形成的传统格局在中国社会主义初级阶段的1957－1978年间显示了巨大的资源动员能力、推动了中国经济在较低的水平上实现了较高的工业化，在一定历史条件下具有历史的合理性。然而也蕴含着一系列的矛盾。首先，在落后的社会经济状况基础上赶超世界先进国家的急切情绪，发展成为经济建设指导思想上急于求成的主体错误；同时，落后的经济状况与高度集中统一的经济体制等多种因素共同生成"短缺"、"瓶颈"等经济增长速度的制约因素，而形成为赶超先进国家经济水平而加速增长→遇资源的"瓶颈"、"短缺"等束缚因素而爆发总量失衡→经济总量增长速度下降甚至绝对量出现萎缩→与先进国家的经济技术差距拉得更开→赶超愿望更为急切。其次，一方面企望迅速推进工业化，一方面试图走超越商品经济的发展道路，而形成了工业化脱离生产专业化、社会化而孤立发展→工业体系内部充满自给自足的"大而全"、"小而全"的"万能工厂"→工业企业间难以发展专业化分工关系。其三，在经济增长方面，一方面片面强调依赖于人力、物力的大量投入，另一方面忽视经济增长中的技术进步等集约因素，导致着集约因素驱动力甚微，而更加依赖外延因素的投入，其四，经济总量相对地有较快增长，而二元经济结构的演化则严重滞后，从而出现总量增长与结构变动脱节和总量增长的既定格阻碍结构的演化，终使两者之间互相牵制，日益严重地"脱勾"，所有这些，在实质上体现中国经济增长传统格局内部一系列恶性循环中的矛盾和冲突。"大跃进"是上述矛盾和冲突的第一次大暴露："文化大革命"结束时，这些矛盾和冲突则发展到极端，上述各种循环往复已失去回旋余地，到了非解决不可的时候了；而有70年代末的对旧的、传统的格局的历史否定和正形成着中国经济增长的新格局。（赵凌云：《1957－1988年中国经济增长格局的历史剖析》，《中国经济史研究》1992年第3期）

（夷　贞）

七、史事辨明

（一）明代湖广地区田亩究竟有多少

这个问题是研究明清时期两湖农业经济不能回避的一个大问题，也是有关于全国田亩变化的问题。明代湖广布政司的载籍田亩或作220余万顷，或作20余万顷，相差额达200万顷之巨，很早就受到中外学者的关注，从不同角度提出了不同的解释（见梁方仲：《中国历代户口田地田赋统计》第336－338页，上海人民出版社　1980年版；顾诚：《明前期耕地数新探》"《中国社会科学》1986年第4期）。**龚胜生**根据明末加派辽饷数和清初原额田亩数作了推算，重新肯定220余万顷的记载最初是个统计定位错误"的见解。"载籍数则为20余万顷"，但并不等于承认这个数字为实际耕地数，而认为"明万历时湖广耕地实际在95万顷上下"。他说，册报的田历来"都不可能是绝对的实际数"，这里的相差之巨，原因在于当年湖广布政司载籍所记只统计民田，而没有把卫所田亩（清初称"屯田"）和宗藩庄田（清初称"更名地"）总括在内。进而认为梁方仲在所编著书中时前人论定的220余万顷是"一个统计计算中的定位错误"的批评是不恰当的；又认为梁氏提出的"明代册籍登记数字分歧的主要原因之一是各田亩法不同的关系"说，也是站不住脚的。同时，龚胜生对美籍华裔学者何炳棣在其《中国古今土地数字的考释与评价》一书中的某些有关观点，如认为"万历初所谓的大量对原来的田额并未发生影响，……都是相当尊敬保持原额的观念，其目的在均税，在使田额不受亏损，而不是在索求耕地精确的亩数"以及清初"即以万历未丈量前的额田为原额"诸说，都不符合历史事实，他对何氏认为"我国传统土地数字与实际耕地面积相比失之过低的原因，主要有"折亩、免科、隐慝"，认为无疑是正确的之余，表示还应该补充一点：田亩登记的不完全。这也就是说，一般典籍所载都只是民田数额，而屯田、庄田及其它官田的田亩数字，大都不入其中，"是我国传统土地数字失之过低的一个重要原因"。（龚胜生：《明代湖广布政司田亩考实》，《中国农史》1992年第3期）

（二）福建粮食市场的变动及其含义

福建粮食市场曾有多人作为研究课题，但主要是探讨有限时间范畴内的福建粮食市场的状况（参看王业键：《十八世纪福建的粮食供需与粮价分析》，《中国社会经济史研究》1992年第2期；陈文平：《清代前期福建的非常米价》，《中国社会经济史研究》1988年第3期；徐晓望：《清代前期广东福建两省的粮布消费问题》，《中国社会经济史研究》，1989年第2期）徐晓望则对近三百多年来福建粮食市场的运动规律，从各县粮食余缺情况入手，制成如下一表：

福建全省各县粮食余缺情况

（1644－1949）

	清前期 1644－1777	清中晚期 1778－1911	民国年代 1912－1949
余粮县	23	14	15
自给县	23	12	38
缺粮县	15	34	12
总　计*	61	62	65

* 总计数不一，原文未注明，或由于行政区划有分、合、增减的异动。

根据上表，他做了三点归结：一、福建农田虽少，但若全部用于种粮食，完全足以自给；缺粮原因在于农民大种商品性作物；二、福建粮食市场最盛时在清代中后期，年输入量约七、八百万石，并认为吴承明主编的《中国资本主义萌芽》一书中“认为……及至清代，福建粮食市场萎缩了”的“结论值得商榷”。三、民国时期福建粮食市场萎缩，是福建经济衰退——在明清时期相对先进的省份却沦落为经济最落后的省分之一的反映；并指出：“展视全国”，一般说来，在“中国的商品经济是向前发展的，沿海省份的发展更快”，可是“类似福建这种经济上出现反复倒退现象的还有广西、江西、安徽、湖南等省”，“是研究经济史必需注意的一个事实”。（徐晓望：《清一民国福建粮食市场的变迁》，《中国农史》1992年第3期）

（夷　贞整理）

经济学著作、译著选介

经典作家论国有资产

国家国有资产管理局科研所
经济科学出版社 编

经济科学出版社 1992.8

随着改革开放的发展，国务院建立了管理国有资产的专职机构，对全部国有资产实行专业化管理。我国的国有资产，就是生产资料公有制中居于主导地位的全民所有制资产。如何建立适应社会主义市场经济的国有资产管理体制，转换国有企业经营机制，有许多理论和实践问题需要探索。国有资产的形成是社会化生产的必然，马克思主义对此有诸多论述。本书即把马克思、恩格斯和列宁的有关论述精选编辑而成。全书共分十个专题：一、社会主义公有制代替资本主义和私有制的客观必然性；二、社会主义国有资产形成的途径；三、社会主义国有资产的地位和作用；四、生产资料所有制与资产产权管理；五、价值规律在决定和实现商品价值中的作用；六、国有资产的增殖途径；七、再生产过程中的价值补偿和资产保值；八、社会主义国有资产的经营方式；九、社会主义国有资产管理应坚持的原则；十、社会主义国有资产所决定的个人消费品分配方式。这十个方面不仅使我们明确改革中有资产管理体制必须坚持的方向，而且可以获得国有资产经营如何与市场经济相适应的有益启示。

邓小平社会主义经济思想论

刘　鹏　等编著

中共中央党校出版社　1992.6　30.5万字

本书是一部深入、系统地研究邓小平社会主义经济思想的专著。其主要内容有：经济哲学思想；以经济建设为中心；从国情出发走中国式的现代化道路；公有制为主体和共同富裕是社会主义的根本原则；允许一部分人先富起来；经济改革对外开放、经济发展战略思想等。作者在论述这些理论观点时，对邓小平社会主义经济思想的内涵、历史地位和现实意义，进行了深刻的分析，将其形成和发展勾勒出一条清晰的轨迹。

作者通过把邓小平的若干经济理论观点与马克思、列宁、毛泽东的有关论述进行比较研究，明确提出邓小平社会主义经济思想是马克思主义经济理论的继承和发展。这主要包括三个方面：一是以往的革命导师原则提出过的理论观点，在我国社会主义经济建设实践中，增添了新的形式和内容；二是过去搞错了或者反对错了的理论观点，把它纠正过来；三是对传统的理论观点（包括社会主义创始人囿于当时历史条件提出的理论观点），根据我国的实践，在理论上有创新和突破。这样，从历史的对比中，就可以清楚地看到邓小平同志对社会主义经济理论所做的新贡献。

作者还对邓小平经济思想的特点进行了深入的挖掘，归纳起来有四点：一是以政治角度讲经济问题；二是实践性；三是全局性；四是预见性。

（刘扬名）

《资本论》和社会主义经济

张大军 著

经济管理出版社 1992.7 30.5万字

本书共十章:总论:《资本论》在社会主义时期是建设的科学;《资本论》研究发达的商品经济给我们的启示;对《资本论》主线和副线的探索;劳动价值论的生命力;剩余价值生产原理和必要价值的生产;剩余价值流通原理和必要价值的流通;剩余价值分配原理和必要价值的分配(上);剩余价值分配原理和必要价值的分配(下);社会主义生产关系内部结构分析;社会主义前景展望。

《资本论》是无产阶级的一部百科全书,作者在本书中只是从适应社会主义商品经济发展的需要和经济体制改革的角度,进行了发掘和研究。即使如此,作者也惊异地发现,《资本论》不仅在无产阶级夺取政权的时候是革命的科学,而且在社会主义建设时期是建设的科学。作者认为,本书没有也不可能把《资本论》中能够用于社会主义建设事业的所有理论、观点发掘尽,例如,关于企业管理方面的内容就没有涉及。

必要价值论(第二卷)

王 珏 主编

人民出版社 1992.6 23.3万字

本书为国家社会科学"七五"规划重点项目《社会主义商品经济理论体系》课题的主要研究成果之一。

《必要价值论》第一卷考察必要价值的生产过程。本卷则研究必要价值的流通、再生产与市场。全书四篇十三章。第一篇"企业资金的运动"(即第一章"流通主体和企业资金的运动");第二篇"社会主义资金的再生产"(包括第二至第五章);第三篇"必要价值的实现与市场"(包括第六至第九章);第四篇"流通产业及其功能"(包括第十至第十三章)。

必要价值的流通是许许多多企业联合劳动组织买卖关系和纷杂矛盾的总合。它有自己特殊的活动方式和运动规律。在理论上深入分析这个领域的矛盾,探索商品——货币——商品和货币——商品——货币的形态变化及其规律性,是本卷考察的主要目的。

无形价值论

王书瑶 著

东方出版社 1992.11 21.8万字

本书的副题是"精神生产科技进步的价值理论"。所谓无形价值,指直接从事精神生产的脑力劳动所形成的价值,它具有向物质产品转化价值的功能。这里所说的"无形",是指体现价值的产品是无形的,不是价值本身是有形还是无形的。无形价值论是在马克思的劳动价值论的基础上,依据现实的经济发展,补充和展开马克思当时所舍弃和略去的某些因素。

全书共十章。第一章提出问题,问题分为两类,一类是科技进步促进经济增长的价值源泉与价值转化问题,一类是精神产品本身的价值形成问题。第二章阐述一些基本概念。第三、四章研究价值转化问题。第三章通过经济分析来论证价值转化,无形价值向物质产品价值转化并成为物质产品价值的一部分;第四章则通过建立经济动力学,用数学物理方法研究这个转化过程,指明科学技术怎样才能成为第一生产力,怎样成为经济增长最主要的价值源泉的。第五章集中解决第一章所提出的理论问题和其他问题。第六章介绍国外关于估计科技进步占经济增长份额的理论和方法。第七、八章解决我国现实生活中的两个具体问题:一是用周期理论解释我国面临的经济问题,一是用知识劳动力价值的形成理论讨论并提出解决我国知识劳动力工资待遇过低的办法。第九、十章讨论精神生产本身的若干问题,指出精神生产中观念科学与美学,是怎样影响社会进步与经济发展的。

知识经济学

张和生 著

辽宁人民出版社 1992.10 33.6万字

本书以分析知识劳动为核心,从知识劳动价值论、知识劳动宏观分析、知识劳动微观透视、知识劳动与知识经济、知识经济与中国现代化建设五个方面,系统地阐述了知识在社会物质财富创造与价值增殖中的作用。作者把研究知识劳动的专题上升为一门新兴经济学科的高度。

全书具有以下几个特点:(1)在深入研究马克思劳动价值论的基础上,侧重对劳动力发挥作用的智力因素进行了系统分析。(2)该书将政治经济学、生产力经济学与劳动经济学的研究有机地结合在一起,并将管理、信息、科学、技术作为特点的知识劳动范畴,运用思维科学与哲学有关观点和方法,深层次地分析了知识劳动发挥作用的过程。(3)通过对知识产品价值量确定因素的分析,提出了一种新的知识产品价值量确定的价值工程式计量模型,在实践应用中有一定的指导意义。(4)结合发展经济学与经济增长理论,从知识劳动与社会经济增长关联的角度,针对新技术革命对社会经济的影响,阐述了未来经济学以知识劳动的广泛渗透为表现的知识经济,这一探索为人们研究未来经济开阔了思路。(5)把理论研究和现实经济紧密结合在一起,具有一定的实践意义。

(王　松)

信息经济学

张守一　主编

辽宁人民出版社　1992.2　39.4万字

本书是在"信息经济学及其软件系统"课题研究成果的基础上写成的,它是国家"七五"重点科学技术攻关项目的一个课题。

本书的指导思想和特色是:第一,以马克思主义为指导。信息经济学是信息科学与经济科学交叉形成的一门软科学,该书从马克思主义经济学原理出发,紧密结合中国的实际情况,研究了信息产业的再生产过程。第二,在学科的界定上,将信息经济学作为一门产业经济学来研究,也就是研究第四产业的理论和方法论。第三,加强学科体系研究。由于信息经济学是一门产业经济学,在层次上高于各子学科,决定将过去划分成计算机经济学、软件经济学、知识经济学等的子学科改为信息产品的生产、分配、交换、使用和消费,这一改动使信息经济学体系的研究前进了一大步,为信息经济学体系的建立奠定了基础。第四,用科学的观点分析各种流行的看法。作者认为工业化与信息化是同步的。第五,理论与实际相结合、定性分析和定量分析相结合。

(王　松)

质量经济学概论

郭克莎　著

广东人民出版社　1992.2　33.8万字

多少年来,质量问题一直被看作技术问题或技术经济问题,过去出版的《质量经济学》,实际上只是研究了质量管理的一些技术经济问题,严格说来应称为《质量管理经济学》,本书是作为经济理论的一个研究课题提出来的。其研究对象是关于质量"的总体性经济理论问题。是一门研究质量问题在社会经济发展中的地位和作用,质量范畴所反映的社会经济关系,以及提高质量的社会经济条件的科学。

本书的特点:(1)以深刻的理论分析和自成一派的逻辑结构,构建了质量经济学这一门新学科的理论体系。这一体系主要由三部分组成,一是质量范畴的基本理论问题,二是产品质量与经济增长和发展的关系,三是提高产品质量的社会经济条件。(2)重视理论创新,以质量两重性理论为基础,提出和分析了关于经济学的一系列颇具新意的范畴和原理。所谓质量的两重性,即质量的物质性与社会性。(3)立足中国实践,重点抓宏观分析,揭示了产品质量与经济增长和发展的关系,以及提高产品质量的社会经济条件,为搞好我国质量管理,提供了有价值的思路和对策。

中国山区经济学

徐荣安　主编

农业出版社　1991.12　34.7万字

全书分5篇25章。第一篇,总论:着重阐明中国山岖与山区经济的科学概念;中国山区经济与山区经济学的关系;中国山区经济学的研究对象、性质、体系与方法;中国山区经济的总体战略、发展模式、战略目标、战略方针、战略突破口与建设重点、良性生态循环与人口控制等。第二篇,结构:从生产关系与生产力的角度,着重剖析了生产、交换、分配、消费结构;并对生产力方面的农业、工业、乡镇企业、旅游业、交通与能源进行了研究;还对商业、财政通过分配、消费过程进行了论证。第三篇,机制:从宏观方面价值规律的机制、科技支撑的动力、体制改革的保证、文教卫生设施的改善、城镇发展与建设等来阐明机制、动力、保证、条件集聚问题。第四篇,区域:介绍了长白山、沂蒙山、武夷山、井冈山、大别山、秦巴山等区域经济,从中探索规律性。第五篇,趋势:阐述中国山区扶贫致富的机遇与挑战;世界反贫困与山区资源开发潮流和经验。

山区经济学是一门新型的区域经济学科。山区占我国面积的65.9%,资源丰富,发展潜力很大。该书探索了中国山区经济发展的规律性,提出了某些重大战略措施,为开放、开发我国山区经济具有指导意义。

(贺宏善)

跨国公司经营学

裴　平编著

南京大学出版社　1992.4　29.2万字

本书是作者在比利时鲁汶大学攻读学位,赴日本参加国际学术交流期间对跨国公司进行的研究、考察,以及归国后数年教学和科研工作的积累写成的。全书分12章,内容包括跨国公司的基本概念、产生与发展、类型和特征、经营环境、战略计划、组织结构、内部控制、财务管理、海外经理选派、对外直接投资、所有权结构、技术垄断与转让、国际市场营销和经营风险管理等。作者还结合我国改革开放的实践,对如何正确认识跨国公司、如何在本土上与外国跨国公司交往和组建中国跨国公司的问题,进行了深入探讨。

本书的特点是:(1)理论视角新。作者没有循着传统的思路研究跨国公司,而是另辟蹊径,着重揭示跨国公司作为社会化、国际化企业组织形式的运行规律和经营惯例;(2)有自己的理论体系。作者从宏观入手,不断向微观深入,按照跨国公司及其经营环境、运行机制和经营策略的基本框架,提出了与众不同的理论体系;(3)分析方法多样化,书中采用定性、定量和比较等分析方法。

发展经济学概论

谭崇台　主编

辽宁人民出版社　1992.6　30.1万字

发展经济学是第二次世界大战后逐步形成的一门新兴综合性学科。它的研究对象是发展中国家的经济发展,它所论证的是资本如何积累,人力资源如何开发,工业化与农业现代化如何进行,人口在部门之间如何流动,对外贸易如何开展,国外资源如何利用,财政政策与货币政策如何制定,计划与市场调节的关系如何处理、发展的优先次序如何选择、投资项目的成本与收益如何评价等等有关经济发展的问题。本书正是围绕这些方面展开论证的。

本书以下几个特色:(1)以马克思主义为指导思想,在肯定发展经济学中某些理论作为发展中国家的我国有一定程度的借鉴作用的同时,指出西方发展经济学的内在庸俗性及其表现,使读者明确方向,取其精华,去其糟粕。(2)对经济发展的基本理论和主要学说做出比较全面、系统的介绍,力求简明扼要,突出重点。(3)对论证问题的不同思路和不同学说作比较分析,使其优劣互见,供权衡取舍。(4)对数学分析,只在必要时适当采用。(5)取材求新,使用了下迄1991年秋发表的统计数据。

(王　松)

发展经济学概论

刘占军　戴天柱　等编著

中国物资出版社　1992.3　33.4万字

本书论述了在当今改革开放的新形势下,如何把总结中国经济发展的经验教训和其他国家的经验教训结合起来,使我国在经济建设中少走弯路。同时,对吸收已有的发展经济学的优秀成果,运用马克思主义的思想方法进行革新和创造,建设起具有中国特色的发展经济学政府体系进行了有益深入的探索。

本书有以下特点:(1)对"有理论而无体系"的西方发展经济学理论进行了精心梳理,对其逻辑结构进行了大胆探索,使读者看到了一个从理论模型、发展要素和条件到发展战略和结构变动,再到发展的调节与控制的层次清晰的结构体系。(2)以对西方经济发展理论的评价为中心,总结了发展中国家特别是中国经济发展过程中的经验教训,发掘了马克思主义经济发展思想,在工业化、农村发展、对外开放、政府与市场等问题讨论中尽可能把三者结合起来,通过比较分析,加深了对这些问题的理解。(3)在有关发展经济学前景、发展中国家人才流失、要素组合、中国乡村工业化的代价与前景、农业改革、经济特区建设等问题上进行了一定深度的探讨。

(龚　涛)

比较经济体制学

江春泽 著

人民出版社 1992.4 27.7万字

人类的经济发展史，特别是进入工业化以后的近代经济史表明，经济发展的结果与经济体制之间有紧密的依存关系。这不仅从理论上，而且从世界不同类型国家的发展经验上，都可以证明。正是这种依存关系促使人们要把经济体制本身作为现实生产力发展目标的重要手段之一来加以选择。本书的中心思想，就是通过最有效地使用经济体制这个变量，达到获取尽可能理想的经济结果这一目标，简言之，即体制择优，即“优”体制的确定。

本书共六篇：导论；经济体制的界定；经济体制的分类；若干类型经济体制的实例；经验体制的模式化描述；经济体制的比较与择优。

本书的特点：(1)把体制择优作为中心思想，象一根红线贯穿全书的研究。体制择“优”最基本的前提条件是科学地定义“经济体制”范畴的内含与外延。作者提出了自己的定义，即构成经济体制的三项基本要素：财产权亦即所有制关系；经济决策结构与类型；资源配置方式亦即计划、市场或二者的某种结合。这三项基本要素不可分割，构成一个整体。(2)书中明确指出的，所谓体制择优不是理想化的，而是“适度的”。尤其明确指出衡量体制“优劣”的根本标准是经济结果。(3)本书分析了体制择优的基本途径。

比较财政管理学

姜维壮 主编

中国财政经济出版社 1992.6 31.8万字

本书由导言、四篇十一章构成。第一篇财政管理体制，包括财政管理体制比较研究、税收管理体制比较研究两章；第二篇财政收入管理，包括税制结构比较研究、80年代各国税制改革比较研究、国家信用制度比较研究三章；第三篇财政支出管理，包括财政支出结构与管理比较研究、财政支出效果评价比较研究两章；第四篇财政综合管理与监督，包括综合财政计划管理比较研究、国家预算管理制度比较研究、社会保障制度比较研究、监督财政制度比较研究四章。全书结构的特点之一，是从财政管理的基本制度——财政管理体制入手，逐步展开对一些发达国家在建立、运用、完善市场经济的实践过程，在财政管理工作的制度、政策、方法、理论认识、历史变革、经验教训等方面，进行较全面系统的整理分析和比较研究。另一个特点，是在上述分析比较的基础上，每一部分都与我国现行的有关制度、作法、实践情况进行对比研究，并根据我国的具体条件提出启示性结论和借鉴性改进管理工作的设想。由于比较研究强调贯彻“三个面向”和为现实服务的指导思想，提出的建议和设想体现了较鲜明的现实性、可行性和一定的新意与超前性特点。本书是1991年由同一作者主编和同一出版社出版的《国际财政制度比较》一书的姊妹篇。

中国改革全书·总论卷

马洪 王怀超 主编

大连出版社 1992.9 80万字

中国改革全书的编撰宗旨，是全面系统地总结我国改革开放的历史经验，宣传各条战线十三年改革开放的光辉成就，深入探索改革开放的客观规律，为了解和研究我国改革开放的历程与前景，提供一部集理论探索和文献资料荟萃于一身的大型参考书。

《全书》共24卷，各卷均分为八篇：历史回顾；理论探索；中央领导人论改革；重要文献辑要；重要论著摘要；实际工作者谈改革；重要论著索引；改革大事记。24卷中，与经济学有关的共16卷，以下将逐一介绍各卷的理论探索部分。

本卷第二篇社会主义改革理论探索包括五章：第一章社会主义改革的基本内涵，包括改革的含义、内容、方式和主体三节；第二章当代中国改革兴起的原因，包括直接动因、体制方面的原因和思想根源三节；第三章当代中国改革的性质和方向，包括认识史的回顾、中国共产党对社会主义改革性质和方向的探索、两种不同的改革思路及形成的原因三节；第四章中国经济体制改革的基本问题，包括计划与市场的关系、国家与企业的关系、中央和地方的关系三节；第五章中国改革的基本经验，共总结了十条：改革是社会主义社会发展的重要动力；要积极稳妥地推进；进行社会主义改革政府的充分准备；正确处理破和立的关系，尽可能缩短新旧体制之间的过渡时间，把损失减少到最低限度；正确认识基本制度和具体体制之间的关系，在维护社会主义基本制度前提下，大胆革新阻碍生产力发展的具体管理体制；建立科学的决策程序；要有一个坚强的领导核心；不断解放思想，始终保持一个积极进取的精神状态；要始终坚定不移地两手抓；要把改革与制度建设结合起来，学会运用法律手段维护和巩固改革成果。

中国改革全书·农村改革卷

王仕元　李修义　杨世文　主编

大连出版社　1992.9　80万字

本卷政府探索部分分为八章：牢固树立农业是国民经济的基础的思想；稳定、完善以家庭联产承包制为主的责任制，是保持我国农业持续、稳定发展的关键所在；关于农产品购销体制问题；关于农业社会化服务体系；关于乡镇企业的发展；走科技兴农之路；我国农村劳动力的转移问题；关于农村合作组织改革的理论思考。

农村改革的主要经验是：尊重农民的首创精神，始终把农民的意愿作为制定党的方针政策的依据；坚持从中国的国情出发，因地制宜、循序渐进、积极稳妥地把农村经济体制改革向纵深推进；抓好生产和流通、农业和乡镇企业，使两者有机结合；搞好县级综合改革，发展县域经济，大力促进农村与城市经济和改革的协调发展。

中国改革全书·城市改革卷

武迪生　张理泉　主编

大连出版社　1992.9　80万字

本卷城市改革理论探索分为五章。第一章完善城市所有制结构与分配制度，包括五节：全民所有制的结构改革；集体所有制的改革；非社会主义经济成份；多种所有制经济的联合；社会主义分配制度的完善。第二章发挥大中城市经济网络中心的作用。包括三节：以城市为结点形成经济网络的依据和要求；经济网络要以大中城市为中心；建立经济网络的途径。第三章改革城市流通体制，包括三节：改革的必要性；改革的基本经验；进一步改革的任务和方向。第四章调整城市政府经济管理职能，包括三节：经济中心对城市政府经济管理职能的客观要求；城市政府经济管理的任务、内容和职能；城市政府职能转变的重点方向。第五章完善城市经济调节机制，包括三节：坚持计划经济与市场调节相结合；培育和健全社会主义市场体系；完善经济、行政、法律调控手段。

中国改革全书·工业企业体制改革卷

刘国光　周桂英　主编

大连出版社　1992.9　80万字

要使企业经营机制得到转变，必须使企业逐步成为自主经营、自负盈亏、自我发展、自我约束的社会主义商品生产者和经营者。深化企业改革，应当在这方面迈出更大的步伐。这就需要总结和探索。本书就是为此而编著的。

本书是一本系统地介绍和论述我国工业企业体制改革的著作。主要内容包括工业企业改革的理论前提及改革的历程；国营大中型企业经营机制的转换；完善和发展企业承包制、租赁制和股份制；积极发展工业企业集团；深化工业企业领导体制改革等。本书荟萃了大量文献资料，既总结了改革开放以来工业企业改革中所取得的成就，又探索了我国工业企业体制改革的具体道路；既交流了工业企业体制改革先进单位的成功经验，又探讨了进一步深化工业企业体制改革的若干重要理论，对探索具有中国特色的社会主义工业企业管理体制具有较大参考价值。

中国改革全书·交通运输改革卷

张有民　唐杰　主编

大连出版社　1992.9　80万字

本书分两部分：铁路运输部分和公路水路运输部分。两部分均包括七篇：历史回顾，理论探索，中央领导人论运输改革，重要决议文献辑要，重要文章著作摘要，实际工作者谈运输改革，重要文章著作索引，改革大事记。

铁路运输部分第二篇铁路运输改革理论探索共分八章：铁路投资体制改革的理论探索；铁路经济承包中的问题与解决的途径；铁路现阶段两权分离的恰当方式——实行经济承包责任制，铁路财务管理体制改革的理论探索；铁路劳动工资体制改革的理论探索；铁路多种经营的理论探索；地方铁路改革的探索；铁路对外开放。

公路水运部分第二篇公路水路运输改革理论探索

包括五章:坚持以公有制为主,发展多种运输经济成分;建立计划机制与市场机制相结合的运输经济管理体制;深化企业内部改革,搞好国营大中型交通运输企业,是交通运输经济体制改革的中心环节;建立多层次、多渠道的交通运输投资体制;公路水路运输改革的基本经验。

中国改革全书·商业体制改革卷

贺名仑　韩太林　主编

大连出版社　1992.9　80万字

本书第一篇商业体制改革历史回顾包括五章:社会商业结构的调整和发展;调整商品购销政策和体制;改革企业管理体制,建立企业活力机制;供销合作社体制改革;改革商业行政管理体制,建立宏观调控体系。

第二篇商业体制改革理论探索分四章:商品流通理论的新探索;商品流通体制模式的发展;国营商业企业运行机制的重建;商品流通领域计划与市场相结合的运输机制。

第一章的内容有:对商品流通的地位作用的重新认识;对商业劳动的认识不断深化;对社会主义商品流通生产力的新探索。

中国改革全书·财政体制改革卷

项怀诚　姜维壮　主编

大连出版社　1992.9　80万字

本卷理论探索部分共三章。第一章中国财政体制改革的理论依据,包括两节:马克思主义经典作家和主要领导同志的有关论述;建立有中国特色的社会主义财政体制的基本要求。第二章财政体制改革的意义和方向,也包括两节:财政的性质、地位、作用和财政体制改革的意义;财政体制改革的任务和方向。第三章深化财政体制改革方向的理论探索,包括三节:有计划商品经济的主导特征和深化财政体制改革的方向;深化预算体制改革方向的理论探索;深化财务体制改革方向的理论探索。

中国改革全书·金融体制改革卷

刘鸿儒　王佩真　主编

大连出版社　1992.9　80万字

本卷理论探索部分共分四章:第一章马克思主义者论金融与经济的关系,包括什么是经济、什么是金融、经济决定金融、金融影响经济、我国改革开放中的经济与金融四节;第二章建立有中国特色的社会主义金融体制的根本要求,包括各国金融体制都有自己的特点、金融体制要符合社会主义初级阶段的要求、符合有计划商品经济体制要求、吸收世界上一切有用经验完善我国社会主义金融体制四节;第三章金融体制改革与经济体制改革的关系,包括经济体制及其基本内容、经济体制与经济成果、经济体制改革、我国经济体制改革四节;第四章九十年代深化金融体制改革展望,包括六节。

中国改革全书·税收体制改革卷

董　庆　铮　主编

大连出版社　1992.9　80万字

本卷理论探索部分共六章:第一章利改税的理论探索,包括利改税的理论依据、利改税的原则、利改税的优越性、利改税的几个认识问题、利改税同其它改革的关系、对利改税的评价六节;第二章税利分流的理论探索,包括税利分流的理论依据、税利分流的意义、税利分流与其它改革的关系三节;第三章流转税改革的理论探索,包括流转税的一般理论及我国的新型流转税制、流转税制改革的必要性、流转税制改革的原则、流转税制改革的基本构想四节;第四章涉外税制建设的理论探索,包括建立涉外税制的必要性、涉外税制建设的基本原则、涉外税收优惠的理论探索、改革涉外企业所得税法的理论探索、完善个人所得税制的思考、涉外流转税制改革的思考六节;第五章税收管理的理论探索;第六章税制改革的目标模式与理论探索。

中国改革全书·劳动工资体制改革卷

令狐安　孙桢　主编

大连出版社　1992.9　80万字

本卷理论探索部分共四章:第一章劳动经济理论研究,包括四节:劳动理论;就业理论;用工理论;工资理论。第二章社会保险理论研究,包括两节:社会保险理论研究进展概况;研究的几个主要方面及新观点。第三章劳动法理论研究,包括三节:总体情况;对若干基本问题的探索;完善劳动法制的途径。第四章劳动系统工程理论的兴起和发展,包括三节:对劳动系统工程的初步认识;劳动系统工程理论的基本内容;劳动系统工程理论的初步应用。

中国改革全书·价格体制改革卷

童宛生　邹向群　主编

大连出版社　1992.9　80万字

本卷理论探索部分共六章:第一章九十年代价格改革的理论基础,包括四节:经济体制与价格体制;价格改革的地位和作用;计划调节价格与市场调节价格相结合;计划价格的形成规律。第二章有计划商品经济中的价格机制,包括三节:价格机制的涵义和表现形态;双重价格机制并存是现代商品经济共有的特征;社会主义经济中新旧价格机制的转换及实现条件。第三章价格改革与通货膨胀,包括两节:社会主义经济中的通货膨胀;价格改革与通货膨胀。第四章价格改革中的"瓶颈"——农产品价格波动及形成规律,包括三节:农产品价格波动及其规律性;农产品价格补贴;比较利益的倾斜及比价关系的调整。第五章政府、企业价格行为界定,包括两节。第六章价格改革中的新课题,包括要素价格体系的形成、开放经济中的国内外价格衔接、价格宏观调控体系的确立三节。

中国改革全书·投资体制改革卷

彭桂兰　黄书田　主编

大连出版社　1992.9　80万字

本卷理论探索部分共六章:第一章投资体制改革中的基本理论,包括六节:固定资产投资活动的科学界定;投资体制改革在经济体制改革中的战略地位;投资体制改革的理论指导,投资体制改革的原则,投资体制改革的内容;我国投资体制改革的特点。第二章投资主体多元化,包括四节:投资主体的概念及其在改革中的地位;投资主体多元化的意义;我国投资主体多元化的构想;各投资主体的职能和任务。第三章投资来源多渠道,包括多渠道的意义、多渠道的完善两节。第四章固定资产投资决策包括三节:意义;传统投资决策的思考;改革投资决策的出路。第五章投资体制改革的目标模式,包括意义、基本点、特点、建立四节。第六章投资效益研究,包括三节:投资效益研究的意义;固定资产投资效益的制约因素;固定资产投资效益的考核。

中国改革全书·物资流通体制改革卷

邵俊亭　张声书　谢明千　主编

大连出版社　1992.9　80万字

本卷理论探索部分共三章:第一章物资流通体制改革的理论与实践,包括两节:物资流通体制改革的回顾与总结;物资流通体制改革理论的回顾与总结。第三章九十年代物资流通体制改革的目标模式,包括两节:改革的总体目标模式;总体目标模式的子模式。第二章实现目标模式的措施及步骤,分别论述了"八五"时期的措施步骤和"九五"时期的措施步骤。

中国改革全书·土地制度改革卷

马克伟　主编

大连出版社　1992.9　80万字

本卷理论探索部分共六章:第一章改革的初步总

结，包括两节：改革的成效；改革的经验。第二章土地制度改革的目标，包括三节：维护和完善社会主义土地公有制；深化土地使用制度的改革；建设有中国特色的土地管理制度。第三章建立社会主义土地租赁制，包括两节：城镇国有土地的租赁制；农村土地租赁制。第四章土地利用计划与土地市场，包括三节：土地利用计划与土地市场的关系；土地利用计划；土地市场。第五章地价与地价评估，包括三土地价格的概念与特性；影响土地价格的因素；土地价格评估方法。第六章关于土地收益分配的改革，包括三节：土地收益分配的历史概述；当前土地收益分配存在的问题；深化土地收益分配改革的若干设想。

中国改革全书·房地产业改革卷

张元瑞　张跃庆　主编

大连出版社　1992.9　80万字

本卷理论探索部分共七章：第一章建设有中国特色的房地产业是房地产业改革的根本任务，包括三节：房地产业及其基本特征；建设有中国特色的房地产业的途径；房地产业发展的现状及其进一步发展的思路。第二章深化对房地产业改革的理论认识，包括三节：有计划商品经济理论为房地产业改革提供了理论指导；马克思主义的地租理论是我国房地产业改革和发展的理论基础；住宅个人所有制和住宅商品属性，是住宅管理体制改革的理论依据。第三章建立和健全房地产市场体系，包括三节：房地产市场体系及其结构；住宅流通的特点；我国房地产市场体系发育的状况和进一步发展的思路。第四章加快住房制度改革是改革和发展房地产业的根本途径，包括四节。第五章理顺资金渠道，建立住房资金市场，是房地产业改革和发展的关键，包括三节。第六章建立健全住房市场是房地产业发展的基础，包括三节。第七章住宅合作就是住房制度改革和房地产业发展的一种重要形式，包括五节。

中国改革全书·旅游业体制改革卷

何光暐　主编

大连出版社　1992.9　80万字

本卷理论探索部分共分五章：第一章旅游业：新兴的经济产业，包括性质、运行特点、发展前景三节。第二章我国旅游生产力发展水平与目标，包括我国旅游业的基本国情、我国旅游生产力发展现状、旅游业的发展目标三节。第三章世界各国旅游体制模式比较，包括国家旅游管理体制、旅游业的经营体制两节。第四章深化旅游经济体制改革的内容与政策，包括三节：现行旅游体制的矛盾与认识；旅游体制改革的要点；深化旅游体制改革的若干政策。第五章采用国际惯例加快旅游发展，包括四节：新形势下的更高要求；对国际惯例的若干认识；旅游业采用国际惯例的基础和条件；采用国际惯例的主要措施。

经济改革启示录丛书

张卓元　周叔莲　主编

中国社会科学出版社　1992.4

一群具有良好经济学理论修养的青年经济学博士，在经济学前辈的参与和指导下，审时度势，冷静思考，理性地看中国，理性地看未来，撰写了这套独具特色的小丛书。

目前列入这套丛书的选题有12种，包括(1)《寻求效益优势—国有企业改革思路的第三次突破》；(2)《十字路口的抉择—深化农村经济改革的新思考》；(3)《经济冷热病的背后》；(4)《无法回避的冲击—市场发育在中国》；(5)《并非自由的选择—改革时期的通货膨胀及其对策》；(6)《赤字引出的思考》；(7)《理性的呼唤—经济改革的哲学思考》；(8)《选择与代价—经济改革的经济学思考》；(9)《平等与效率的对话—关于我国分配现状的理论思考》；(10)《价格双轨制的历史命运》；(11)《跳出劳动力就业的陷阱》；(12)《看得见的"黑洞"—对我国税收问题的思考》。其中，前6种已出版，后6种于1993年出版。

这套小丛书具有与以往经济学著作不同的鲜明特色：其一，它把着眼点放在了诸多经济难点和热点问题上；其二，它具有鲜明的理性思维的特点；其三，它具有基本统一的学术倾向和写作风格；其四，它具有大众读物的特点。

（韩育良）

中国著名经济学家论改革

何 伟 魏 杰 主编

北京出版社 1992.12 136.5万字

本书40位作者应编者之邀，根据邓小平同志南巡讲话精神，总结多年研究成果，尽抒己见。全书从不同角度和层次，全面阐释了社会主义市场经济的客观规律、历史根据和发展途径。其中不少真知灼见，丰富、发展了社会主义经济理论，具有较强的可操作性，有些已成为党和政府制定经济体制改革政策的重要依据。

本书由六部分组成：以市场经济为基础的中国经济改革的理论与方法；中国经济体制改革的市场取向；建立现代市场经济体制；将国家所有制企业改成市场经济的微观基础；按照市场经济要求改革部门经济；依据市场经济准则进行对外开放与模式比较。各部分作者按文章排序如下：薛暮桥、刘国光、林子力、马家驹、晓亮、熊映梧、肖灼基、樊纲、蒋一苇、厉以宁、王珏、杨启先、谷书堂、赵人伟、郭树清、陈吉元、于光远、杜润生、吴敬琏、戴园晨、王积业、韩志国、洪银兴、何伟、孙效良、董辅礽、周叔莲、杨培新、魏杰、唐丰义、宋养琰、唐宗焜、张卓元、万典武、赵海宽、王绍飞、周小川、冯兰瑞、方生、江春泽。

我的经济观(1)

江苏人民出版社 编

江苏人民出版社 1992.2 65万字

当代中国百名位经济学家自述——我的经济观，共分5卷。本书努力全面、准确地反映我国经济学界在探索社会主义经济理论方面的进展和巨大成就；努力展现40多年来，我国经济理论研究队伍发展壮大的风貌；并由此看出我国社会主义经济理论研究的态势和未来走向。

本卷收入18位经济学家的自述：马洪：中国经济体制改革的现状和展望以及我的经济观；刘诗白：我的社会主义有计划商品经济观；高尚全：论社会主义有计划商品经济新体制及其运行机制；谷书堂：我对改革经济运行机制的看法；张卓元：稳定发展经济，稳步推进以市场为取向的改革；杨承训：我的社会主义商品经济整体观；方生：对外经济开放若干问题之我见；蒋学模：我是怎样阐述社会主义制度优越性的；孙尚清：关于我国产业结构调整问题；唐丰义：公有产权论——我对一个新领域的探索；朱光华：积极稳妥地探索有中国特色的社会主义股份制；陈栋生：我的空间经济观；汪海波：我国工业经济效益的现状及其提高的途径；宋涛：工业企业管理体制改革的几个问题；谭崇台：我的发展经济理论观；乌家培：经济及其研究的数量化与信息化；田江海：我主张建立一门宏观技术经济学；樊纲：我对经济学方法论若干问题的理解。

我的经济观(2)

江苏人民出版社编

江苏人民出版社 1992.2 64万字

本卷收入18位经济学家的自述：刘国光：中国经济的发展和改革开放；杨坚白：社会主义在发展中；夏振坤：经济改革与发展的若干重大问题；曾牧野：改革开放与发展社会主义商品经济；许毅：治理整顿必须坚持社会主义方向；吴振坤：我国所有制深化改革的基本方向；王积业：我对国民经济持续稳定协调发展的再认识；宋则行：适度经济增长率及其制约条件；熊映梧：我的经济观——生产力首位论；孙效良：经济体制改革系统论；胡寄窗：社会主义有计划商品经济的理论及其有关问题；于光远：对农业现代化的一些思考；仇启华：我对帝国主义和世界经济理论和探索；邓子基：我对财政理论若干问题的看法；尹世杰：消费是实现国民经济良性循环的重要关键；钱荣堃：加强研究工作，推进国际金融学科建设；徐寿波：中国技术经济学的理论和实践；胡代光：我国经济体制改革和西方经济学借鉴问题。

我的经济观(3)

江苏人民出版社编

江苏人民出版社 1992.5 65万字

本卷收入20位经济学家的自述：苏星：我怎样认识社会主义商品经济；张薰华：遵循客观规律，促进经济发展；王梦奎：我国经济和社会发展的新阶段；刘光杰：我的改革与发展观；洪远朋：我的综合经济观；詹武：坚持宏观经济综合平衡与微观经济富有活力效率相结合；表恩祯：非纯化的社会主义经济论；洪银兴：非均衡经济运行和发展的有序结构;陈吉元:我的计划与市场观;魏杰:计划与市场相结合的体制化;吴敬琏:中国经济的振兴有赖于市场取向的改革;郑宗汉:我对社会主义公有制的看法;周叔莲:我对中国产业发展的看法和建议;牛若峰:中国经济偏斜循环中的农业发展;陈彪如:人民币汇率改革问题;何炼成:我的生产劳动与非生产劳动观;李占祥:创建中国社会主义企业管理学;厉以宁:我的环境经济学观点;丁鹄:我的反通货膨胀观;汤在新:论社会主义政治经济学的发展趋势。

我的经济观(4)

江苏人民出版社编

江苏人民出版社　1992.7　72万字

本卷收入20位经济学家的自述:蒋一苇:企业本位论与职工主体论;董辅礽:双重体制并存与把竞争性企业推入市场;雍文远:我的社会主义经济观;王珏:我的社会主义有计划商品经济观;卫兴华:社会主义商品经济与经济体制改革;肖灼基:商品经济是我国改革与发展的基本思路;有林:建设有中国特色的社会主义经济;宋承先:宏观调控的若干理论问题和政策问题——改革十年的反思;沈立人:关于我国经济体制改革的若干问题;胡乃武:中国宏观经济管理之我见;王绍飞:社会主义与商品经济;胡培兆:我的社会主义商品经济观;闻潜:宏观调控的基本理论;陈肇斌:中国对外开放的若干理论问题及实践的发展路向;吴象:农村改革与社会主义商品经济的发展;戴园晨:对工资分配中几个问题的实证考察和理论思索;李光远:社会主义的本质、劳动者的地位和经济学的任务;李崇淮:我对一些经济问题的看法;周林:国际货币制度改革的几个重要问题;陈观烈:积极的货币政策的理论基础。

我的经济观(5)

江苏人民出版社编

江苏人民出版社　1992.7　73万字

本卷收入26位经济学家的自述:薛暮桥:我的经济观在实践中形成和发展;林子力:走向市场导论——一个经济改革的理论框架;王正宪:我国现代化经济建设中值得注意的几个问题;马家驹:社会主义的商品经济和商品经济的社会主义;王琢:唯有党的十一届三中全会路线最能振兴广东经济;项启源:要重视对社会主义经济规律的研究;赵履宽:更新观念体系——中国经济体制改革的当务之急;薛葆鼎:从实际出发研究问题;黄家驹:我对社会主义对外开放理论的认识;刘方棫:我对一些经济理论问题的看法;何建章:论我国现阶段的所有制结构;杨培新:关于通货膨胀和企业承包之我见;吴宣恭:关于全民所有制改革的几个观点;黄范章:股份制——社会主义全民所有制的好形式与历史趋向;杨时旺:按劳分配与工资改革;朱玲:体制转换中的乡村合作经济组织;蔡馥生:中国的商品经济和按劳分配;陶大镛:对现代资本主义的基本认识,吴大琨:我对当前资本主义世界经济和中国社会主义经济的看法;伍伯麟:当代资本主义的社会化和垄断;骆耕漠:政治经济学的艰难探索;李宗正:以科学的态度对待西方经济学;高鸿业:编写西方经济学教材要适合我国国情;钱伯海:关键在于尊重两大经济规律;李扬:我国财政赤字分析;巫继学:以人为本同以物为本冲突中的自主劳动经济学——回归科学:从元经济学到改革方略。

陶大镛文集(上下卷)

北京师范大学出版社　1992.10　113.5万字

本书收集了作者自30年代至今从事教学和科研工作的主要学术成果,集中地反映了作者的学术观点和治学方法。上集包括六部分:大学时代论文,新中国成立前的时事评论,政治经济学导论,《资本论》研究,新民主主义经济,社会主义经济建设与改革开放。下集包括四部分:社会主义思想史,经济思想史,世界经济,文化教育与知识分子问题。

作者的研究涉及了经济科学中的各个领域,既研究马克思主义经济学,又研究西方资产阶级经济学,既研究中国经济和经济思想史,又研究世界经济和外国经济思想史。在探索真理的道路上有所比较,有所鉴别,对某些问题有所突破。反映了作者力求以马克思主义的经济学原理为指导来分析问题,解决问题和坚持理论联系实际,不从本本出发的学风。

(陆建石)

社会主义市场经济主体论(札记)

于光远 著

中国财政经济出版社 1992.9 20.8万字

本书收入于光远同志在1992年3月到6月学习邓小平同志南巡讲话后写的有关市场经济的二十几篇论文。据作者自己讲,"社会主义市场经济主体论"是他在1985年形成的观点,1986年写成文字,收到《政治经济学社会主义部分探索》第四卷中。主体论的涵义,就是"把社会主义市场经济视作国民经济主体",它本身是运动、变化、发展的;市场经济不是与有计划相结合,而是有计划发展。本书文章对于市场经济与商品经济的关系,如何看待计划经济,如何看待市场经济与社会主义,以及如何看待股票市场等,都有作者自己的看法,学术性较强。此外,作为附录,本书还收入了作者在1986年的有关报告和文章,以及有前资料。

(梁 文)

社会主义市场经济的理论与实践

于 光 远 主编

中国财政经济出版社 1992.11 45.4万字

这是一本经济学家们集体创作的论文集。它精选了三十几位经济学家在党的十四大之前写的有关社会主义市场经济的论文五十多篇。这些经济学家大都是较早地研究和肯定市场经济的,例如于光远同志、吴敬琏同志等。他们都认为改革的目标就是走市场经济之路。市场经济完全可以为社会主义所用。那种认为实行市场经济就是搞资本主义,就是走原苏联和东欧的老路的观点,是完全错误的。改革以来的实践证明,只有市场经济才能繁荣经济,调动各方面的积极性。因而本书是一本有较高水平的学术著作。为了使读者了解社会主义市场经济概念的形成,理论界的争论、进展,本书还收入了晓亮等有关的报道和论点综述。

(梁 文)

著名经济学家论社会主义市场经济

黑龙江日报社编

黑龙江教育出版社 1992.10 13.3万字

这是黑龙江日报社在党的十四大之前,约请于光远、马洪、厉以宁、吴敬琏、王萝奎、林子力、马家驹、晓亮、孙连城、熊映梧、苏东斌等十一人写的论述社会主义市场经济问题的文集。这些文章从不同的角度,论述了确立市场经济体制的必要,市场经济的内容,计划经济为什么必须否定,以及市场经济与股份制,市场经济与产权制度改革等等。为了便于大家研究,本书还辑录了邓小平同志及党和国家重要文献中有关计划与市场问题的论述。

(梁 文)

社会主义市场经济学要义

王传藩 谭 坚 著

西南财经大学出版社 1993.1 46万字

这是本书作者多年来的研究成果。它以事实为依据,运用马克思主义的系统观,提出了社会主义市场经济的理论框架,系统地论述了社会主义市场经济的丰富内涵。本书共有三篇十四章。第一篇为社会主义经济的本质论——公有制基础上新型等价交换的社会主义商品经济;第二篇为社会主义经济的运行论——以市场为基础配置资源的社会主义市场经济;第三篇为社会主义经济的发展论——现代科技基础上不断提高科技含量的社会主义集约经济。全书对深化改革、加快中国经济发展等重大问题作了新的探索,是一本观点鲜明、结构严谨的学术著作。

(梁 文)

论竞争性市场体制

吴敬琏　刘吉瑞　著

中国财政经济出版社　1991.12　27万字

本书以对话形式写成，共分为前言和十二章，其中包括：除了改革，我们别无选择、可行的社会主义经济模式、中国不能没有生机蓬勃的企业、竞争性市场的形成、宏观调控体系、改革的战略选择、行政性分权、此路不通、跨越企业承包制、利益关系的调整和新利益格局的建立、经济改革、政治民主和观念更新、农村社会的变革、改革时期的发展方针。著名经济学家薛暮桥为之作序。

本书在1991年的形势下，明确提出建立社会主义市场经济体制的目标模式，充分肯定了市场机制在资源配置中的基础性作用，并全面讨论了如何建立社会主义市场经济体制的问题，提出了许多精辟见解，不仅是社会主义经济理论的重大创新，而且是可供选择的社会主义经济改革方案。随着时间的推移，人们已看到此书为1992年十四大确立社会主义市场经济体制目标模式作舆论准备的历史性贡献，中共中央宣传部和国家新闻出版署有关评委会已在1992年12月授予此书最高图书奖——"中国图书奖"一等奖。

（袁中良）

计划经济还是市场经济

吴敬琏著

中国经济出版社　1992.10　15.8万字

本书收录了吴敬琏同志最新论著十四篇。在这些文章中，作者从不同侧面分析了市场经济与计划经济在资源配置上的得失利弊。全书的主题思想是：我国现行的计划经济体制存在着根本的缺陷，经常造成资源的误配置和生产的低效率；判断一种经济体制是否优越，根本标准是看它是否能更有效地配置资源，以及利用资源的功能，发展社会生产力；计划经济发挥作用的前提条件是完全不可能具备的，而市场经济发挥作用的前提条件虽然不可能完全具备，但有可能基本具备；因此，社会主义国家进行改革的实质就是用市场经济取代计划经济。

（梁　文）

通向市场经济之路

吴敬琏　著

北京工业大学出版社　1992.8　19.2万字

本书是一本讨论我国经济改革要义和它的实际措施的著作。

作者认为，我国的经济改革最重要的特征，在于它是一场明确的以市场为取向的真正的体制革命，它不是在传统集中计划经济体制的框架内进行某些修修补补，小改小革，而是对这种经济体制进行具有根本性的改造。与此同时，通过改革建立起来的有中国特色的社会主义经济，也将完全突破传统社会主义政治经济学的陈旧观念的束缚，建立在市场经济体制之上。

本书共分四篇十三章。第一篇《社会主义走向复兴的必由之路》，从社会主义学说历史发展的角度讨论了市场取向的改革对于社会主义复兴的意义；第二篇《市场取向改革的战略和战术》，讨论了改革的战略方针和策略安排；第三篇《市场取向改革的主要任务》，分别从自主企业的建立、竞争性市场的培育和政府职能的转变三个相互联系的方面论述了改革的主要任务；第四篇《改革时期的国民经济和社会发展方针》，讨论了如何保持改革所需要的稳定的经济和政治环境，以及如何通过经济改革促进经济和社会的发展，促进政治体制的进一步改革。

社会主义市场经济体制论纲

吴振坤　主编

中共中央党校出版社　1993.2　16.8万字

党的十四大提出我国经济体制改革的目标模式是建立社会主义市场经济体制。这是社会主义经济理论又一次突破性的发展。本书从三个方面对这一理论进行了深入的阐述。一是市场经济本体论，即论述市场经济自身的基本理论。如：实行市场经济的历史必然和重大意义，市场经济与商品经济的关系，资源配置与市场经济，市场经济的一般共性和制度特性，市场经济与运行机制，运行机制及其基本要素，市场经济与计划经济，市场机制与计划机制，市场经济与企业制度等。二是市场经济体制的械架论，探讨建立社会主义市场经济体制的基本条件。这就是：市场主体、市场体系、价格制度、财政分配制度、工资制度、社会保险和转变政府职能，建立间接的宏观调控制。这些问题的深化改革，合理解决，就会逐步建立起社会主义市场经济体制。三是社会主义市场经济体制条件下进一步扩大对外开放的问题。

本书在阐述理论的同时，注重对策性研究，提出了一些改革的新思路和新举措，对建立社会主义市场经济体制具有重要的参考价值。

（刘扬名）

中国市场经济大思路

杨启先　主编

中国统计出版社　1993.5　20万字

本书二十多位作者主要是中青年学者，他们活跃在我国理论界，其中有些人在各个领导部门担负着与经济体制改革有关的工作，对实际经济生活多有了解，他们有的还担负着体制改革的具体设计和组织实施工作。全书体现了主编的总体构思，并在理论上有所创新。

全书共分20章：历史的必由之路；市场经济的目标模式；奠定新体制的基石；重塑所有制结构；再造国有企业；个体私营经济的发展；转换价格机制；劳动力市场；证券市场；市场体系；需求约束型经济下的分配结构；调控市场的财政政策；调控市场的货币政策；培育社会秩序；市场经济下的政府职能；市场经济下的生产力布局；科技与经济协调发展的战略；敞开国门大力发展对外贸易；90年代改革的推进和阶段性目标；市场经济与经济体制改革。

董辅礽为本书写了长达五千多字的序。

中国市场发育研究

卢中原　著

浙江人民出版社　1991年　22.4万字

本书主旨在于论证中国市场发育的现实基础、制约因素和可行的道路。作者认为，市场在中国的发育问题，不仅仅在于组建市场体系和放开价格，而是要确立一种高效率的资源配置方式和全新的经济运行机制，实质上是如何构造有宏观调控的市场协调体制的全面改革问题，无异于一场历史性的深刻变革。

全书共分六章，第一章带有导论的性质，阐明中国市场发育面临的制约因素和难点，论证在中国经济特有的非均衡现实及其体制成因下，市场发育必须是有组织、有计划的，理论研究视野也必须是系统而广阔的，需要将马克思主义的市场理论同西方经济学中有科学价值的市场理论结合起来。第二章分析市场机制生效的理想条件。第三章主要借鉴非均衡分析法，探讨市场机制在非均衡条件下的作用机理，在我国双轨体制环境下市场机制的实际运转，以及改革的方向。这两章从不同角度探讨了我国市场发育的总体状况和应当的创造的体制条件及宏观经济环境。第四章具体讨论我国商品市场、劳动力市场和金融市场面临的非均衡状况，以及如何培育这些市场。第五章探讨市场有序运行和宏观调控的有机结合。第六章从城乡市场体系的协调发育、所有制改革和个人自主活动能力的加强三个方面，探讨社会主义市场长期发展的深层制度构造。

走向开放的中国经济

——理论·模式·路线

方　生主编

经济日报出版社　1991.11　33.7万字

本书是国家教委“七五”计划博士点科研项目的研究课题。除绪论（介绍本书写作的指导思想）外，共分七篇：对外经济开放与世界经济；对外经济开放和要素转换；对外经济开放的模式比较；对外经济开放的模式选择（上）——产业结构调整；对外经济开放的模式选择（中）——地区开放格局；对外经济开放的模式选择（下）——大陆、台湾、港澳经济关系；对外经济开放的基本路线。

本书把对外开放经济作为一门新学科来研究，这在我国经济界、学术界尚属首次。因此，本书的研究突出一个新字：体系新，观点新，理论上有深度，敢于讲问题。全书的重点是研究提供我国对外经济开放如何结合本国情况采取的适当模式。

当代中国经济问题探索

宋养琰 著

北京出版社 1991.12 42万字

本书运用马克思主义经济思想、发展观和方法论，从较深的层次上系统地揭示了当代社会主义中国经济运行规律和实现形式，以及在经济建设和改革中所面临的问题和应采取的对策。

作者从我国正处在社会主义初级阶段这一基本国情出发，沿着贯串全书的这条社会主义现代化建设和改革、开放的"主线"，首先对以公有制为基础的有计划商品经济及其运行全过程——生产、流通(市场)、分配、消费，以及相应的运行机制，进行有统有分、统分结合与有静有动、动静结合的分析。从中，十分强调了宏观调控的作用和必要的调控途径。其次，又从中观和微观上将社会主义国民经济这一庞大有机体，按其内在的自然构成，次第地分解成农业、工业、商业、外向型经济等部门，逐一地对其运行规律、现状、困境、对策和出路，进行实事求是的剖析。

全书还密切注视到对当前我国经济改革中所遇到的并始终困扰着我们的诸多棘手问题，如财政补贴、通货膨胀等；对当今一些朦胧领域，如生产关系的系统性和层次性以及所有制双螺旋形结构等，都作了尝试性的剖析。

新中国经济的变迁和分析

杨坚白 等著

江苏人民出版社 1992.2 30.9万字

本书除前言外，分为13章，主要内容有：历史性的选择：社会主义；国民经济的增长与波动；工业化与产业结构变动；人口、耕地、农业；地区经济发展和城乡关系；内向发展和对外开放；资源开发和生态平衡、环境保护；教育、科技和知识分子；平等与效率；经济运行的调节方式；个人的经济权利和政府的经济职能；发展、创新和经营管理；社会主义经济在实践中。

本书特色：(1)它选择了40年来我国经济发展的若干重要侧面，进行分章记述与分析其来龙去脉，或论说是非，或揭示矛盾，或总结经验。每章各具特色，全书形成一个完整的体系。(2)它在对新中国经济发展的总结与探讨中，思路开阔，有独到、警醒之见。(3)它提出了解放生产力最主要最根本的就是解放人，解放人的能力的思想。人们为了生存、活动和发展，必然要追求个人利益和个人价值。社会主义还不能改变这一铁的事实，因而要为人们追求个人自由和利益的活动创造一个新的条件和环境。 (胡 凡)

经济发展与制度选择

——对制度的经济分析

张宇燕 著

中国人民大学出版社 1992.10 22.5万字

本书共8章：问题的提出；国家之兴衰；对制度进行经济分析的方法论；人的行为假定及其他假定；作为分析前提的制度范畴；制度的起源和演进；来自历史事例的启迪；制度的起源与演进；借助理论模型所作的说明；制度的功能——比较研究；对国家兴衰问题的重新审视。

经济增长和发展的源泉常常被归结为资本与劳动投入以及技术进步。但本书认为，上述理论仅仅从细流汇聚的角度解释了经济发展之江河的形成，而没有触及更为根本的东西：降雨和淤泥。实际上，扮演国家兴衰这台历史剧主角的，不是别的，而恰恰是制度安排。有什么样的制度，便有什么样的人类行为，而有什么样的人类行为，便有什么样的经济结果。本书的这一基本结论，是建立在对制度概念、制度的起源与演进、制度功能的经济分析基础之上的。

中国经济周期实证研究

卢建 著

中国财政经济出版社 1992.10 16万字

本书采取定性与定量分析相结合的方法，使用"剩余法"和"直接法"测定出长度为10年左右和7年左右的两种中国经济周期。并阐述了中国经济周期的长度、波动幅度和国际关系等方面的特征。为寻求中国经济周期发生的原因，作者提出"周期裂变"假说，论述了早期工业化以后，工业周期与农业周期的分裂过程以及工业周期对经济周期的决定作用，将中国经济周期的内生因素归结为固定资产投资、前期国民收入增量、引致消费、加速数、引致投资和重置投资，外生因素归结为政治事件、行政决策和社会经济体制变动等，并揭示出它们的传递机制。最后得出结论：在我国需要树立“反周期”意识，使经济政策和经济改革与经济周期相配合，以有效地降低波动频率和幅度，提高经济增长效率。

本书成功之点：(1)广泛搜集了中外文献资料和统计数据，并加以认真分析和整理；(2)采用了一套特有的研究方法，把定性分析和定量分析结合起来，科学地测定中国经济周期的轨迹、性质和特征；(3)提出了新的理论，用于解释中国经济周期性波动的主要原因。

中国经济的波动与调整

——中国宏观经济运行状况研究

郑家亨　等著

中国统计出版社　1992.9　20万字

本书是在国家“七五”社科重大课题《中国宏观经济运行状况研究》的基础上形成的科研成果。

我国建国40多年来，经济运行轨迹鲜明地呈现出三次大的波动，对社会经济发展产生了深刻的影响。如何避免经济的大波动，保持经济持续、稳定、协调地发展，是政府追求的目标，也是经济学家所关注的重要课题。为此，成立了《中国宏观经济运行状况研究》课题组，对这一问题进行了认真的研究。

全书分三部分。第一部分，中国经济的三次大波动与调整；第二部分，中国经济发展大起大落的原因探析；第三部分，对实现国民经济持续、稳定、协调发展的政策建设。

作者运用实证分析的基本方法，以唯物辩证法为指导，从具体到抽象，从个别到一般，选取中国经济发展时程中最有影响的三次大的波动与调整，特别是80年代以来的经济运行状况作深入的透视，进行多侧面的研究，得出了8点结论。

经济发展的结构与战略比较

黄田华　著

中国对外经济贸易出版社　1992.2　15.2万字

全书分为前言、第一章发展的概念、第二章发展的指标、第三章发展的类型划分、第四章发展的结构比较、第五章工业赶超战略与满足基本需要战略、第六章平衡发展战略与不平衡发展战略、第七章进口替代与出口导向战略。按内容可分为三个部分：第一部分包括一、二两章，着重分析和讨论有关发展的一些基本概念和指标，从理论和实践两方面对流行的发展概念和指标进行质疑，并对发展的基本内涵和主要统计标准进行探讨。第二部分包括三、四两章，着重分析和讨论发展的类型与结构，对发展中国家经济发展的不同类型和结构差异及其原因进行探讨。第三部分包括五、六、七三章，分别从发展目标的选取、资源配置的方式、与国际经济的关系三个方面对有关的发展战略进行分析和讨论。

该书对经济发展下了一个全面的定度：发展，指人们的思想观念和经济、社会、政治制度的变革，这些变革导致形成一个持续的和协调的增长所必需的环境。这一定义对分析各国的发展经济具有指导意义。

社会主义商品经济计划论

刘志彪　著

人民出版社　1992.9　27.4万字

本书沿着计划经济与市场调节相结合的思路，具体探讨在商品经济基础上的宏观计划管理问题。全书3篇13章：第一篇(第一至第三章)取向论，探讨我国计划经济改革的取向和基本框架问题；第二篇(第四至第八章)机制论，重点研究商品经济计划管理的机制问题；第三篇(第九至十三章)方法论，主要揭示商品经济计划管理系统中的管理方法问题。

作者认为，建立我国商品经济计划新体制的目标模式，必须站在发展商品经济的高度，以社会主义商品经济为主体，逐步进行计划经济的商品货币取向的改革。首先要构建合理的体制基础。这个体制基础主要由宏观调控、企业机制和市场体系三个方面组成。宏观调控体制是实现计划经济与市场调节相结合的关键环节，起着导向作用;企业机制是实现这种结合的客观基础,对经济细胞的活动起着规范作用;市场体系则是实现这种结合所必需的环境,起着中介和桥梁的作用。三者的有机结合才能使计划经济与市场调节相结合成为现实。这就要求加强这三个方面的同步改革,解决目前存在的国家宏观调控能力弱,企业依法自主经营、自负盈亏、自我约束机制不健全,市场发育程度低等问题。

国民经济核算通论

钱伯海 主编

中国统计出版社 1992.12 48万字

本书是国家哲学社会科学"七五"重点科研项目的成果。

国民经济核算是以国民经济为整体的核算,是国民经济科学管理、进行宏观经济调控的手段和工具。建立国民经济核算体系是一个巨大的系统工程,不仅在体系设计中,面对十分复杂的国民经济系统,需要运用系统思想,作周密系统的科学处理,而且要把设计方案在十几亿人口的大国内付诸实施,也是一项十分复杂的艰巨任务。

本书着眼于理论研究,它不同于实践,在一些具体问题的阐明和处理上,存在一些差异。但作者在参加全国核算体系方案的设计和讨论中,是围绕自己研究所得提出意见的。

全书共分14章:国民经济管理与国民经济核算;国民经济核算模式;国民经济核算的原则与方法;国民经济的分类;国民收入核算;投入产出核算;资金流量核算;国民资源与资产负债核算;对外经济核算;国民经济帐户体系;国民核算体系的价格分析和物量比较;国民经济核算资料的运用(两章);国民经济核算现代化。最后附录美国国民经济核算体系编制工作介绍。

外向经济论

王珺 著

广东人民出版社 1992.6 25万字

本书是探讨外向经济理论模式的专著。外向经济作为综合的发展中国家经济发展战略的一种类型,包括产品贸易和非产品贸易、资本流动和技术贸易以及信息产业等内容。为了充分说明这些因素的内在联系及影响,本书对外向经济的研究限定在产品贸易范围内。

作者以一百多年来世界工业发展的进程为背景,系统地考察了国际上增经出现三次"外向发展浪潮"的经验,在总结国外国内有关外向经济理论研究成果的基础上,创造性地提出了"三因素组合"理论,并用十几个国家和地区的成功实例进行验证。三因素即:国际市场环境,国内资源供给能力和贸易体制与政策作用。由于三因素各自不同的变化规律与特点,在不同时期有不同的组合类型。因而后起国家所面临的国际经济环境总是不同于发达国家在发展初期的条件。假如把一个时期或一个国家的三因素相互作用模式套在另一个时期或另一些国家上,就会显出不适应。

本书根据"三因素组合"理论并运用回归分析法归纳我国十年来的经济外向化过程,作出如下结论:中国外向经济的发展不在于着重扩大外向依存度,而应把重点放在培育外向经济发展的机制上,按照为个目标进行资源配置和结构调整,以及体制与政策的协调配套。

经济体制转轨与宏观调控

郭树清 著

天津人民出版社 1992.12 21.6万字

本书以"中国经济中了什么魔法?"为引言,共分九章:总量平衡与总量均衡;消费的短期波动和长期走势;投资与储蓄的失衡;货币的供应和需求与通货膨胀;国民经济运行机制的实质性变化;三年治理整顿回顾;中国经济发展的战略取向;现阶段经济改革的任务、方法和步骤;近中期宏观调控的基本构想。全书在回顾总结经济改革和宏观调控基本实践,特别是治理整顿期间的对策措施及其效果的基础上,采用现代宏观经济学的研究方法,剖析了最近几年中国国民经济波动的特殊轨迹,指出宏观经济运行的主要问题是结构失衡导致总量失衡,这种失衡标志中国经济发展进入一个结构转换的新阶段。也就是说,中国经济的运行机制已发生实质性变化,即经济体制已初步转轨。要顺利实现这种结构转轨,关键在于加快经济体制改革,尽快实现全面转轨。在此基础上,作者提出了中国中长期发展战略构想,经济改革的基本思路,以及在近中期内把发展和改革紧密结合起来的宏观调控的指导方针和具体措施。

(王镜德)

策,有重要的价值。

经济运行机制改革研究

陈国恒 著

经济管理出版社 1992.6 21万字

本书是以社会主义全民所有制经济为主要对象,从理论和实践的结合上,系统地研究我国经济运行机制配套改革的专著。

全书共分三篇。第一篇首先研究了经济体制和经济机制的一系列基本理论问题,包括经济机制与经济体制的关系,经济机制的内涵、功能、特征和类型,经济机制与经济规律的关系,以及经济运行机制配套改革应遵循的基本原则等。第二篇从转换经济运行机制的角度,从企业、市场和宏观管理体制改革待三个方面,比较全面地回顾和评析了三中全会以来的经济体制改革实践,既充分肯定了改革的巨大进展和显著的成效,又实事求是地分析了已有改革的局限性及其症结。第三篇研究了企业机制、市场机制和宏观调控机制的整体配套改革,提出了一个完整的经济运行机制配套改革的理论框架。这是本书的精华。

本书的理论对于当前建立社会主义市场经济体制的改革实践具有现实意义。

中外城市化比较研究

高珮义 著

南开大学出版社 1991.12 26.6万字

本书是迄今为止国内外在这一研究领域唯一的一本学术专著。

本书在理论方面的贡献,是在吸收国内外已有研究成果的基础上,对于城市化含义、城市化发展的内在动因,以及城市化共同规律等问题,作出了颇有创见的理论概括,并且作了周密的逻辑分析和可靠的实证分析,丰富和发展了城市化理论。

该书在应用方面的贡献,是在吸收国内外关于中国社会主义城市化道路问题的已有研究成果的基础上,对于中国未来城市化发展战略作出了新的概括和论证。特别是通过对中外城市化的比较,十分注重借鉴外国城市化的经验教训,这是国内以往的研究较少注意的。该书提出的我国城市化战略,对于国家制定有关的方针政策,有重要的价值。

体制转轨期城市改革战略及操作

肖林森 著

中国经济科学出版社 1992.3 20.2万字

本书在对我国十年改革的理论与实践进行总结和反思的基础上,认为:(1)就经济体制改革谈经济体制改革,走不出改革的"百慕大三角"怪圈,必须从经济体制与政治体制、改革与发展的更大领域来思考,寻找经济体制改革的出路;(2)十年改革我们多注重对改革对象的研究,缺乏对改革主体的研究,我们在对改革方案的设计中,总是把改革主体理想化,结果往往因改革主体的非理性行为,使改革达不到预期效果,甚至适得其反。

为此,作者提出现阶段城市改革必须以城市经济体制与政治体制结合部位的经济管理职能、机构和人事干部制度的改革为突破口,来进行城市改革战略的总体设计。

围绕上述指导思想,作者就城市改革战略的选择原则、城市改革的战略方案及与此有关的中央、省与城市责权利关系的界定、新体制主导的微观基础的塑造与改革目标的衔接、专项配套改革及市场体系的创立、新体制主导的宏观管理体系的建立等问题进行了广泛的探讨。

(刁其武)

国有资产经营原理与实务

谢秋涵 林友孚 主编

经济科学出版社 1992.7 26.7万字

本书共15章,大致可分为五个部分。第一部分(第一章)主要阐述国有资产经营的内容、任务、原则,国有资产经营系统、经营主体、经营方式以及存量清理这一基础工作。第二部分(第二—九章)主要阐述国有资产经营中现行的几种主要方式,具体介绍了国有资产的中介经营、直接委托经营、股份经营、集团经营、承包经营、租赁经营、增量投资经营和存量调整的产权转让经营等经营方式的特点、应用条件、责权利关系以及有关主要业务问题。第三部分(第十—十三章)主要阐述一些特殊领域中的国有资产经营问题,具体介绍了国有金融资产经营、国有资源性资产的经营、境外国有资产经营和国有无形资产经营的管理体制、经营模式、主要特点以及值得注意的问题。第四部分(第十四章)主要阐述对国有资产经营活动和经营成果的监控,具体介绍了国有资产经营监控的体系、指标、方法、手段、方式等。第五部分(第十五章)主要阐述国有资产经营收益的核算与分配,具体介绍了国有资产经营收益的界定、分配主体、分配标准、分配模式等。

该书以全国国有资产的总体为研究对象,从全国宏观和中观经济角度来研究经营问题,并在总结已有实践经验的基础上,比较系统地介绍了有关理论研究的成果,力求理论联系实践,使其在实际工作中具有可操作性。

中国工业经济的改革与发展

吕　东　著

经济管理出版社　1992.8　38万字

本书是吕东同志的文集。吕东同志长期担任工业战线的领导工作,他把1979年以来主持工业部门,特别是主持国家经委工作期间的主要工作报告、文章和讲话,选编成本书。书中比较全面地反映了我国工业从产品经济走向有计划的商品经济即计划与市场有机结合的经济,从不重视社会需求变化、单纯追求发展速度,走向讲求经济效益、讲求品种质量和重视科技进步为内涵的高速发展,从封闭走向开放的历史进程。同时,阐述了走有中国特色的工业经济发展道路,必须坚持改革开放,以解放和发展生产力为根本出发点,提高经济效益为中心,完善企业经营机制为动力,加速科技进步为手段,加强管理为基础,建设"四有"职工队伍为保证,形成完整的工作体系及相应的政策措施。

作者认为,本书是我们党关于经济建设的路线、方针、政策的记述,是他所在的工作部门领导班子和各级干部的集体创作,也凝聚着工业战线广大干部和职工极其丰富的实践经验。

转型中的中国企业
——国有企业组织创新论

李培林　等著

山东人民出版社　1992.9　31.5万字

本书系国家社会科学基金资助项目。作者充分运用经济社会学的概念系统、理论框架和分析工具,从国有企业组织问题入手,研究分析了中国企业组织的非经济特征及其深远影响,全面探讨了企业的行动模式、功能框架、制度化结构、运行机制、利益格局、观念系统等问题,提出了国有企业组织创新和转型问题,并进一步阐述了企业组织创新的概念、意义、途径、代价、收益、风险等理论问题。这独特的研究视角为转换国有企业的运行机制,塑造社会主义微观经济基础,探索社会主义市场经济模式开辟了一条新的思路。该书在国有企业组织的理论研究方面,取得一些进展。首先,作者认为,目前国有企业的运行机制是与它所承担的深化功能角色相联系的,因此转换企业运行机制的关键是通过企业制度化结构的转型来重塑企业在社会功能系统中的角色;其次,该书强调指出,国有企业组织的创新过程,实际上也是一个利益格局的重组过程,因此在企业改革中,不仅要坚持企业制度的创新收益高于创新成本,而且要坚持使大多数参与者获益的原则;第三,该书把企业组织转型和创新的研究与中国社会变迁的研究结合起来,探讨了社会结构转型对企业行动的影响。

(王小林)

企业产权交易

刘世庆　著

中国社会科学出版社　1992.6　21万字

本书主要从我国进行经济体制改革以来企业种种改革方案,尤其是企业"包、租、改、转、卖、股份制、集团化"改革的实践出发,探讨了在公有制条件下和有计划商品经济体制中企业的商品性问题,特别是社会主义国有制企业的改革问题。全书从三个层次展开分析:第一,从企业的商品性出发,对企业商品的定义、特点、价值决定、价格运动等基本理论进行了探讨。第二,试图对企业商品和企业产权的交易方式、交易市场和价格表现形态进行讨论。第三,讨论了企业商品的价格功能,企业商品化与企业行为、个人行为和家庭消费模式,企业商品化与改革思路,企业商品化与"积累铁律",以及企业商品化的实现途径和意义等。

(韩育良)

企业全方位竞争策略

沙献玉 王岚生 主编

人民出版社 1992.12 39.2万字

本书分六篇二十章。第一篇理论篇,对企业竞争所涉及的一系列理论和环境问题进行总体性认识和概括。第二篇开发篇,以新产品开发为主线,分析了企业与此相关的一系列行为和专列化策略。第三篇行销篇,着重分析产品行销的各个专业化策略,为使企业产品立足国内、面向国际市场创造最佳的运行条件。第四篇涉外篇,提高企业出口创汇能力,发展外向型经济,是本篇研究的中心之一。第五篇应变篇,着重对把握时间、捕捉机遇、以变应变的竞争策略进行探讨。第六篇约束篇,探讨企业竞争行为规范。社会主义企业竞争不仅要注意企业自身经济利益,而且要确保社会效益,就要抑制不正当的竞争行为。这就要对企业竞争行为进行约束,并逐步完善企业约束机制,以实现企业竞争行为的合理化。

本书的特点:(1)新颖性。本书专门研究社会主义企业竞争制胜的理论和策略。从结构体系上看,既有竞争的一般理论知识,又有企业竞争的典型经验;既有竞争的术略、技巧和方法,又有竞争行为的自我约束和宏观调控等。各篇章是相对独立的,但又有内在联系,把理论、技巧、专业知识和实践经验较好地融为一体。(2)致用性。本书在集中论述了营销、竞争一般理论的基础上,侧重于竞争制胜的术略、技巧、能力和方法的研究。(3)通俗性。

管理原理

周三多 等编著

南京大学出版社 1992.6 32.5万字

本书用系统的观点阐述、研究了一个组织,特别是一个企业,有效地进行管理的基本理论和原则。全书由五篇组成。第一篇总论,主要研究了管理客体——组织(特别是企业)的一些基本问题,并对管理的特征和内容作了明确的阐述,同时根据管理思想发展的历史继承性,介绍了工业革命以来管理思想的演变。第二篇计划与决策,研究了制定决策的外部环境和内部条件及决策本身的一些基本理论和原则,并结合企业实际,研究决策理论和原则的应用、落实和实现。第三篇组织和人事,研究了组织结构的设计、人员配备、各主要力量的整合。第四篇领导与激励,从领导者角度来考察领导这个课题,研究领导者的素质、领导艺术和领导方法等问题。同时,从被领导者角度来考察领导这个课题,主要研究人的积极性的因素有哪些,领导者如何针对这些因素去开展工作。第五篇为信息的控制,控制是使实际活动与计划动态适应的过程,但控制离开信息是无法进行的。

本书的特点:(1)吸纳了现代管理各学派的成果,用系统的观点将其所长溶为一体。(2)虽然较多的结合企业来阐述管理的理论、原则和方法,但它的一般原理对其他组织也是适用的。

企业文化的理论与实践

程国定 主编

中国经济出版社 1991.3 18.5万字

本书共分九章。在阐述了美日企业文化理论的一般意义和我国十一届三中全会以来借鉴及建设企业文化的实践之后,着重运用实证的成功范例,深入地探讨了中国特色社会主义企业文化的理论框架,包括基本原理、定义与结构、功能,以及它的运行模式、发展战略等,特别是用三章的篇幅探索了我国企业文化的要素建设,概括出它的十大要素:(1)企业目标是企业文化的主要支柱;(2)企业素质是企业文化的重要基础;(3)企业哲学是企业文化的理性规则;(4)企业组织是企业文化的沟通网络;(5)企业制度是企业文化的行为规范;(6)企业精神是企业文化的活力源泉;(7)企业民主是企业文化的桥梁纽带;(8)企业作风是企业文化的外化表现;(9)企业环境是企业文化的必要条件;(10)企业形象是企业文化的社会责任。这样的理论概括和书中提出的企业文化理论框架中许多独特的见解,对于构建中国式企业文化的科学理论体系,无疑具有重要的意义。

中国国民收入实证分析

杨坚白　余广华　主编

经济管理出版社　1992.10　39.5万字

本书是一本全面探索中国国民收入系统运行的学术著作。为求从中国实际出发,以中国社会主义经济建设的实践为背景,密切结合中国的经济发展战略、经济体制和经济政策,运用实证方法,分析中国国民收入的动态和再生产过程及其中存在的问题。在研究过程中,也借鉴了西方经济实践和经济理论中反映商品经济和社会化大生产的某些内容,以及与实证方法有关的一些方法论。

本书的结构,是先综合分析全国和地区国民收入运行的过程和特点;再重点阐述与我国国民收入相对应的总供给和总需求的两个方面,既着眼于宏观,又兼及微观;最后,结合对非经济关系,主要讨论怎样通过深化改革,运用各种经济机制、经济政策及经济措施,在国民收入总供给与总需求的非均衡的长河中达到相对均衡。这一结构体系是寓国民收入再生产各环节于其中,因而对国民收入再生产各环节未另辟专章,单独反映。

社会主义分配通论

李　斌　著

人民出版社　1992.5　27万字

分配问题是社会主义经济中的重大理论问题和实际问题。长期以来,人们习惯于把分配仅仅看作是经济运行中的一个"环节"、一个"阶段",实际上,分配贯通于社会主义商品经济运行的全过程,本书把它作为经济运行中的整体事物来考察。

全书共3篇14章:第一篇(前三章)为分配的基础和特征。主要从总体上回答社会主义分配的若干基本理论问题,书中提出了分配三要素、宏观分配、微观分配等概念,并试图概括社会主义分配的三大基本特征,即公平与效率相统一、计划分配机制与市场分配机制相结合、以按量分配为主体的多种分配形式并存。第二篇(第四至第八章):国民收入分配。对分配的运行过程进行全面的动态分析,侧重研究宏观分配。第三篇(后六章):个人收入分配。着重研究微观层次的分配活动及其规律。

本书的特点:(1)从实际出发,探讨社会主义分配关系的现状和变化规律,对分配模式的选择既注意理论上的科学性,又注意操作可行性。(2)紧紧把握改革这条主线。(3)将分配纳入经济运行大系统中去考察。(4)坚持定性分析与定量分析相结合,在进行理论规范性论证的同时,尽可能根据实证性统计资料,通过计算机运算,共处理了上万个数据。

论商品型按劳分配

王　克　忠　著

复旦大学出版社　1992.9　439页

本书是作者和蒋家俊负责的国家博士点科研项目《社会主义初级阶段的劳动工资》研究成果之一。本书作者认为,我国原来的工资制度是以马克思设想的产品型按劳分配为理论基础的;但是现实的社会主义经济仍然是一种商品经济。在这样的经济条件下,硬要实行产品型的按劳分配及其工资制度,必然带来"低"、"平"、"死"等种种弊端。要从根本上消除平均主义和分配不公等弊端,使工资分配成为促进经济发展的强大的动力、工具和方法,就必须如实地从社会主义商品经济这一基本事实出发,建立商品型按劳分配模式及其工资制度。

本书内容共十三章。其中除前两章是讲分配的一般理论和对产品型按劳分配实践的教训的认识之外,从第三章起,即探讨商品型按劳分配的产生条件分配主体,商品型按劳分配的"劳"、计量尺度、分配形式,商品型按劳分配与工资制度改革,商品型按劳分配与价格的关系,与劳动力市场等问题。书的立论是正确的,在理论观点有新意、有突破。书后附录《分配理论的发展历史和现状》一文,也很有参考价值。

(梁　文)

流通企业诊断

衡晓光　杨安利　魏修建　编著

中国物资出版社　1992.2　27.7万字

企业诊断作为现代化管理方法之一,属于高层次企业管理。它已形成为一门科学,也是一门艺术,反映了社会化大生产的共同规律。

本书共八章，除概述外，包括：经营战略诊断，经营管理组织诊断，人事劳动诊断，市场营销管理诊断，储运管理诊断，财务管理诊断，管理中应用计算机的诊断。

本书特点：一是系统性。根据流通企业经营特征，比较系统地分析判断企业人、财、物和购、销、运、存等各个方面的合理性，以达到提高营运效率之目的。二是可操作性。编写顺序和内容，与我国流通企业实际紧密结合，符合企业习惯，并附有大量图表，便于操作。

（龚　涛）

社会主义市场经济探索
——浙江专业市场现象剖析

孙家贤　主编

浙江人民出版社　1992.12　30万字

本书对专业市场的发展轨迹、类型、结构、主体与运行机制，以及与国合商业、市场体系、政府行为、观念变革之间的关系等进行了系统研究。其较为突出之处，是在理论上回答了三个问题：一是市场究竟是不是比“计划”更加效率；二是专业市场为什么比综合商场和一般的集贸市场有较高的运行效率；三是为什么有些地区的市场发育快些、好些，而有些地区则慢些、差些，甚至在自然、经济、社会条件基本相近的情况下市场发育也会发生明显的地区差异。

本书的特点：一是联系实际进行理论分析。作者对浙江这一特定省区专业市场发育的现状及其历史作了解剖麻雀式的全方位的考察，从而使其对市场这一资源配置方式的理论分析建立在翔实深厚的资料之上。二是实证分析与规范分析相结合。一方面，适用实证分析方法，研究了专业市场“是什么”的问题；另一方面，适用规范分析方法，研究了专业市场发育的目标模式，即“应该是什么”的问题。三是理论分析着重于实际应用。作者在剖析专业市场的各种现象之后，力图指出适合中国国情的市场发育之路。比如，指出解决市场建设的资金问题，可以是社会集资的路子，实行公开招标有偿投资，谁投资谁租用摊位或营业用房，所投入资金以市场的摊位或营业用房的租赁费逐年冲抵。也可按照“谁投资谁受益”的原则，市场建成后的租赁费由投资兴建的单位收取，以形成多层次、多渠道共建市场的局面。

（楼贤俊）

90年代中国出口战略研究

徐贤权　主编

中国对外经济贸易出版社　1992.8　29万字

本书是国家“七五”哲学社会科学重点研究项目，由经贸部国际贸易研究所的有关专家学者共同完成。

全书共分三部分：第一编——总体战略。主要介绍90年代我国总体出口发展战略，对我国的出口综合能力和比较优势进行了分析，同时对世界经济贸易的发展趋势和国际经贸经验，进行了比较研究和全面综合的考察。第二编——商品战略。商品战略对农副产品、石油、纺织品和服装、轻工业品、机电产品、化工产品以及技术出口等七大类商品在90年代的出口前景和趋势分别进行了论述，并指出了应重点发展的商品。第三编——市场战略。市场战略针以港澳、日本、美国、西欧、澳大利亚、前苏联、东欧、东盟六国、中东、拉美和非洲等11个市场，分章论述了各个市场的特点，提出了拓展出口的战略建议。

本书把商品战略和市场战略独立出来，加以论述，以突出各主要出口商品和主要出口市场的发展战略与措施，既同总体战略相呼应，又各自保持独立，其用意是为了密切结合外贸实际业务的需要。论述系统全面，论据充分准确，对发展国际贸易具有指导意义。

商品期货交易

朱国华　编著

中国社会科学出版社　1991.10　21万字

本书从全面介绍期货交易过程和规范操作实务着手，对期货市场进行了系统的理论研究。

期货交易是商品经济发展的必然产物，是指买卖双方通过预买预卖的方式取得未来市场信号的一种特殊的交易方式。期货交易在商品经济发展过程中有着重要的作用。这不仅表现在通过公平竞争，促进企业提高生产水平，提高经营效益方面，更重要的是，期货交易的发展增加了交易机会，从而加强和加速了社会交易的联系。而回避风险、促进正确的“远期市场”价格的形成，则是期货交易最基本的作用。

本书系统地介绍了期货交易的过程和规范的操作

程序。探索了期货交易形式、组织结构、期权交易以及价格分析预测和交易策略等问题，较为深入地研究了期货交易市场的功能和作用，并对建立我国期货市场的必要条件等进行了探索性的分析和研究。本书具有理论性、知识性和可操作性的特点，它的出版将以形成具有中国特色的期货市场有所裨益。

（韩育良）

中国股份经济概论

金 建 编著

华南理工大学出版社 1992.9 44万字

本书全面分析了国内外股份经济形成的历史和发展特点，详细阐述了股份经济在中国社会主义经济体制中的地位和作用；同时，运用大量统计资料和法律文献，论证了实行股份制经济的理论依据和证券投资的软硬环境，剖析了伴随中国经济体制改革的股票证券市场的发育过程，预测了具有中国特色的股份经济发展趋势和变动规律。

全书5篇20章。各篇篇名是：股份经济的起源与发展；股份有限公司；股票与公司债券；国家对股份经济的管理；中国实行股份制试点的理论与实践。

中国证券市场

王广谦 主编

中国财政经济出版社 1991.7 31.4万字

本书是“七五”期间国家社会科学基金资助的一项研究成果。

全书11章，分为5个部分：1.证券市场存在的社会经济基础；2.中国早期（19世纪中至20世纪上半叶）证券市场从萌芽走向发展的背景、特点、经验与教训；3.新中国成立后对证券市场的利用、限制到逐步否定的理论基础与过程；4.证券市场在改革开放中重新出现并迅速成长的原因、过程、现状、特征和问题；5.中国未来证券市场的发展模式与发展道路。

本书最大的特点是把证券市场放在历史、社会、经济、文化的大背景下进行大跨度、全方位的研究。其突出的观点有：证券市场不但受制于一定的生产力发展水平，而且还与具体的社会经济体制和文化传统道德有着密切的内在联系；现代经济需要有规范化的现代金融市场，而现代金融市场必须是多元化并重发展；中国证券市场的发展要在遵循一般的客观规律基础上，根据自己的体制和文化背景，走出一条适合国情的发展之路，等等。

本书是该领域第一本理论性专著，其理论价值在于探讨了证券市场发展的一般规律和符合中国体制、文化的特有规律；对中国证券市场的发展模式和发展道路进行了深入研究。

中外投资项目评价

邹一峰 编著

南京大学出版社 1992.10 29万字

本书共分三篇，第一篇项目评价的理论基础，包括技术及其评价、技术经济效益、技术经济指标、资金时间价值、比较原理和影子价格等内容；第二篇评价方法；第三篇应用，包括项目可行性研究、价值工程和投资项目评估、跟踪分析、再评估等全过程评价。

本书的特点：(1)同类型的书，都只谈经济评价，而忽视了技术及其评价，本书用较大篇幅介绍了技术及其评价，当然经济评价仍然作为评价核心来阐述。

(2)同类型书只介绍项目评价如何操作，即只要求知其然；本书通过教学和咨询的实践对体系结构和内容作了思考，前二篇为读者提供从事项目评价所必备的基本概念、基本原理和基本方法，有了这“三基”，在进行项目评价实务操作时，不仅知其然，而且还可知其所以然。(3)内容尽量新。本书所采用评价方法和参数与国家计委编制的《建设项目经济评价方法与参数》保持一致。

中国财税体制的问题与出路

周小川 杨之刚 著

天津人民出版社 1992.12 30.5万字

本书力主建立社会主义市场经济模式，主要是围绕宏观经济中财税体制改革而展开分析的。贯穿该书的主线则是：消除扭曲，建立统一市场，平等竞争和公平税赋，实现资源的最佳配置。作者全面系统的回顾了中国财税体制改革历程，深刻分析了目前经济理论、经济思维方式和经济分析方法中存在的弱点，以及对财税体制改革的影响。在此基础上,参照国际经验,提出自己的财税体制改革方案与实施办法。

1.作者在肯定"两步利改税"和1986年国家整体改革方案的方向性原则前提下,提出"促进公平竞争,扩大税量,使负担水平更加接近"的财税改革新思路,强调从成本会计法修订入手设计财税改革方案,并提出许多新建设性意见,是很有价值的。

2.从九个方面揭示了影响我国财税体制改革的有关经济思想,并做了实事求是的分析,是中肯的。还就资本收入、劳动的边际贡献及三部门经济等概念做了新的阐释。

3.坚持配套改革原则,并突出研究了住房商品化、工资及企业生产成本真实化的具体途径和方法,使其改革方案具有可操作性。

(王镜德)

税制改革研究

周连洲 著

武汉大学出版社 1992.10 24.9万字

经济学方面的著作不少,但研究税收制度改革的专著尚不多见。本书先从税制改革的有关理论问题入手,从宏观方面对我国税制如何进行改革做了模式设计,同时对税制系统中的流转税、所得税、农业税制怎样进行改革分别作了概述,进而从税制改革的微观方面,采用系统研究的基本方法,对税收负担、税收管理、税收促产、税收财会、税收审计等十个方面进行了论述,是溶理论与实践于一体、将理论阐述和应用研究相结合的一种尝试。

本书的特点:(1)有开创性。第一章首先提出了我国税制改革的基本模式,包括改革的指导思想,基本原则,基本内容,基本步骤等,从而形成流转税、个人所得税、资源税、特定目的税和财产税5大类税别、18个税种的工商税制格局。同时,对现行税制的负效应及其原因进行了剖析,对如完善流转税制,改革农业税制,建立分税制、公平税制,以及实现利税分流等提出了许多有益的见解。(2)有较强的针对性和可操作性。作者从基层税收工作的实际出发探讨税收负担、税收管理等新时期税收工作中的诸多新问题,最后对名目繁多的税种进行归类介绍,具有实用性。本书不仅以税制理论工作者有所启迪,而且对从事税务的同志提供了有益的借鉴。

中国的金融深化与金融改革

谢平 等著

天津人民出版社 1992.12 18.2万字

本书的中心是探索我国商品经济体制下,应该建立什么样的金融体系和金融运行机制,以及应采取的改革步骤和措施。

作者从金融机构、金融资产、金融市场、金融调控机制、外汇体制和保险体制等六个方面分析了中国的金融深化和金融改革,并给出一种新的理论框架。

本书作者认为,中国的金融体系及运行机制已经发生了根本性变化,特别是金融机构的多样化、金融工具创新和金融市场的发展,金融中介在中国资源配置中的作用越来越大,企业进一步依赖于外源融资,更多的储蓄通过金融中介而转化为投资,这一趋势会使中国国民经济运行发生更深刻的变化。

作者借鉴西方经济学中的金融理论和发达国家的金融实践,对我国金融体系的设置标准和金融市场的进一步完善等问题,进行规范性的探讨,并揭示了金融深化和金融改革与财政体制、价格体制改革以及与企业经营机制转换之间的相互依存、相互制约的关系。

(王镜德)

中国金融改革与货币政策

沈柏年 主编

经济管理出版社 1992.9 30.2万字

本书是1991年国务院研究室财金贸易组、中国人民银行金融体制改革司、中国人民银行金融研究所联合进行课题研究的产物。全书分两部分:金融体制改革,货币政策研究。共收集20多篇文章,它们反映了课题研究的主要成果,从不同侧面回顾和总结了十多年来我国金融体制改革与货币政策调整的历程与经验,分析了目前尚存在的主要问题,并探讨性地提出了90年代深化金融改革,完善货币政策的设想和建设。

中国生产资料价格改革

张卓元 主编

经济科学出版社 1992.12 33.8万字

本书是国家哲学社会科学"七五"重点研究课题成果,亦是我国第一部全面而系统地研究生产资料价格改革问题的专著。该书论述了有关生产资料价格改革的17个大问题,即生产资料价格改革的理论基础;生产资料价格改革的地位、作用和特点;生产资料价格改革的目标、模式和思路;生产资料价格改革的宏观经济环境;生产资料价格双轨制问题;企业消化吸收能力问题;生产资料价格改革与生产资料市场发育的关系;我国生产资料进口价格改革;能源产品价格改革;交通运输业价格改革;矿产品价格改革;中国土地价格问题;原材料产品价格改革;机械电子产品价格改革;农业生产资料价格改革;工用农产品原料供应价格改革;技术产品价格改革。

该书不仅对生产资料价格问题作了充分的理论分析和研究,并且就放开生产资料价格的具体操作问题、形成生产资料要素市场、将生产生产资料的企业推向市场等现实问题作了有益的探索。对我国深化经济体制改革,逐步形成规范的生产资料各要素市场具有重要的理论与现实意义。

(金 梅)

民国价格史

贾秀岩 陆满平 著

中国物价出版社 1992.5 46万字

本书是我国第一部全面研究民国价格的专著。系统阐述了自辛亥革命到新中国成立之前这一时期社会主义商品价格的变动过程,从政治、经济、社会等方面揭示了价格变动的内在的、深层次的原因,特别对通货膨胀的发生、发展史作了重点探讨,根据大量确实的史料,提出了不少新的见解,比如通货膨胀问题,作者摒弃以往的观点,从经济角度给予客观解释。该书资料翔实,逻辑严谨,是研究民国经济史不可缺少的参考书。

(郭爱东)

垄断足够价格论

蔡继明 著

南开大学出版社 1992.2 23.9万字

本书作为天津市"八五"重点社会科学研究项目(原名《马克思的地租理论和我国土地资源的合理配置》),是在作者的博士论文基础上修改而成的。

本书把价格形成理论与地租理论的研究有机地结合起来,在马克思劳动价值论和平均利润理论的基础上,重新阐释了包括所有产业部门和商业部门在内的级差地租和绝对地租的来源及其量的规定,依次揭示了生产价格向垄断生产价格、进而向垄断足够价格及垄断足够出厂价格和垄断足够差价的转化。"垄断足够价格"这一崭新的范畴,可以认为是对马克思价值理论及其转形理论的进一步完善和发展,是有关社会主义价格形成基础的一种新见解,它为我国土地使用制度改革以及相应的价格制度改革提供了理论依据。

本书比较成功地运用了从抽象上升到具体的方法,从而建立了一个严密的逻辑体系。作者还借鉴了现代西方经济学中的一些数量分析特别是边际分析方法,使其所阐述的经济范畴既具有明确的质的规定,又有严格的量的规定。

中国通货膨胀形成的研究

蔡重直 著

中国人民大学出版社 1992.5 18.8万字

本书除导论外,分上、下两篇。上篇:一个人满为患的社会环境。包括4章:一个较贴近我们实际的理论假说及批判;劳动冲动规律的支配;劳动冲动规律;投资乘数与货币乘数的偏差规律。下篇:一个失去内在制衡的经济机制。也包括4章:处在自我清算过程中的国营企业;收入攀比获得阶层与结构性通货膨胀;财政收不抵支可逆转吗?通过货币创造得以最后"平衡"的银行体制。

与传统的主流通货膨胀理论迥然不同,本书从"一个人满为患的社会环境"和"一个失去内在制衡的经济机制"的全新角度剖析了中国通货膨胀的主要成因,在经济学上首次提出了两大规律和一个阶层,即:劳动冲动规律、投资乘数间断与货币乘数连续规律,以及收入攀比获得阶层,分析了处在自我清算中的国营企业。全书各章相对独立,也浑然一体。

反通货膨胀论

刘涤源　主编

广东人民出版社　1992.4　30.5万字

本书围绕"反通货膨胀论"这个中心旨趣而展开论证与介评,牢固树立"货币价值标准长期稳定性"这个具有战略意义的坚强信念,并就通货膨胀对国计民生的严重危害作用,全面而翔实地进行了实证分析,澄清"温和通货膨胀有益论"新引起的思想混乱。

本书对西方国家各流派的通货膨胀理论进行了评价,也对世界各国和地区的通货膨胀实例进行了分析。在此基础上结合我国的通货膨胀问题作了分析,并提出了治理通货膨胀的对策。

本书的特点:(1)立论鲜明,观点独具一格。(2)比较全面地展现了关于通货膨胀这一重大课题的理论演变和实践态势,从历史到现状,由发达国家至发展中国家,将通货膨胀的危害性分析得透彻,有说服力。(3)对于西方经济学说在我国经济建设中的借鉴和利用问题,坚持了马克思主义实事求是的科学态度。(4)书中提出了不少政策建议,如"保卫人民币"等,有创见性,对如何防止我国经济再度过热,保持国民经济持续、稳定、协调发展,有很大的参考价值和现实意义。(5)作者虽然较多,但全书体例完整,逻辑严谨,结构协调。

中国地下经济问题研究

夏兴园　主编

河南人民出版社　1992.12　30万字

从政府经济管理的角度,可将社会经济活动划分为两类,一是纳入政府监督管理范围的正常经济活动,称之为"合法经济";一是政府管理权限不达的经济活动,称之为"非法经济"或"地下经济"。

本世纪80年代地下经济的全球性蔓延,引起各国政府和经济学家的普遍关注。本书系学术界第一部系统论述我国地下经济问题的学术专著,为1990—1992年国家社会科学基金资助项目。著者分章概述了我国地下经济的现状及表现形式,产生、发展的社会根源,运行特征及一般规律,对社会环境的总体影响;通过定量分析地下经济活动的地区、行业分布、主要实物构成、人员职业构成及我国地下经济的规模,进一步阐明了地下经济存在发展的利弊;最后在全面评价国内外治理地下经济得失成败、经验教训的基础上,提出了可供政府决策部门参考的综合治理对策。(金研)

大庆区域发展战略研究

李秀果　主编

中国社会科学出版社　1991.12　42.5万字

本书是大庆区域发展战略研究报告的精选本。原报告由两份主报告、15份报告、8份专题报告、7份国外调研报告组成,总共112万字。大庆区域发展战略研究是一项宏大的社会系统工程,由中国科学院科技政策与管理科学研究所与大庆市计划委员会联合组成课题组承担。它由7个子系统、40多个分项组成,先后有150多位多学科学者参加研究,本书是集体研究的结晶。

本项课题研究全面地总结了大庆地区30多年来的发展历程,深入研究了大庆市的社会经济现状,分析了影响大庆未来发展的各种因素,揭示了大庆发展的规律性,提出了大庆发展的方向。在此基础上,根据区域发展理论,参照国外同类城市的发展实践,科学地论证了大庆所面临的新的战略选择,提出了大庆要实行三个战略转变,进行三种结构调整,发展以石油和石油化工以及相关的高新技术产业为主体的多元化产业,走开放型的内外向结合的区域性中心城市的道路等战略思想,并提出了相应的战略措施和建议。本书所总结出来的"石油城市"发展理论,填补了我国矿区发展战略理论的一项空白。

赶超的基石
——中国西部地区深化农村改革研究

龚晓宽　刘西荣　主编

中国经济科学出版社　1992.12　29万字

本书是国家社会科学基金资助项目成果。本书在总结西部地区十多年农村改革正反两方面经验的基础上,在对西部与东、中部农村经济发展进行比较研究后,指出了制约西部地区农村经济发展的问题所在，提出了深化西部农村改革的总体思路，主要包括以下几个方面：(1)西部农村的落后在于商品经济不发达，为此，要摆脱落后的面貌必须通过政府来推动市场发育，即根据各地区的具体情况，在市场主体、市场组织、市场机制等方面进行基础构造与规则建立，以促使市场的发育和完善。(2)土地制度的改革是促进农村商品经济发展的核心问题，为此，提出了分步骤改革的设想：第一阶段即近期目标是稳定和完善土地承包责任制，第二阶段是实行土地经营责任制。在集体所有制为主体的多元化结构的基础上，通过建立股份公司将原有土地资产入股，土地使用实行以招标竞争为主的租赁经营。(3)西部农村有计划商品经济体制的确立还需要生产经营组织的创新。(4)从西部农村的特殊情况出发，提出推动市场的发育进程，一是推行区域市场政策，二是推行西部市场的双向开放。除此之外，改革还包括政府对西部农村宏观管理体制的改革，建立合理的农村剩余劳动力的转移机制，建立城乡关系的新格局，创新扶贫制度等等。

（刁其武）

走向东北亚经济圈
——绥芬河市发展战略研究

张思平　赵明非　主编

中国社会科学出版社　1992.3

我国对俄罗斯联邦及东欧的贸易，近几年来发展很快，然而内地企业想进入以中国、俄罗斯联邦、日本、南朝鲜为主的东北亚经济圈，则缺乏良好的跳板，因而往往坐失良机。本书所介绍的即是近期新开放的口岸城市——绥芬河，它的独特的地理位置，将成为所有内地企业走向东北亚经济圈的最好跳板。绥芬河市在不久的将来将成为中国北方的小香港——一个自由贸易区。本书介绍了该市的优惠政策及企业走出国门的路径。

（韩育良）

中国农户经济行为研究

胡继连　主编

农业出版社　1992.7　31.2万字

本书是国家社会科学基金项目。

全书系统地运用经济学、心理学、行为科学和社会学的理论方法，从农户一般心理和社会心态出发，多角度对我国农户投资行为、农户劳动组织行为、农户分配行为、农户消费行为、农户市场行为、农户借贷行为等作了考察研究，分析了每种行为的概况、特征、存在问题和解决对策。本书的特点是：既吸收和运用了国内外关于行为科学的理论和方法，又密切结合我国千百万农户的客观实际；既概述了我国农户的历史发展，又重点突出研究了我国农村改革后的农户经济行为新特征；不但重点分析现时我国农户经济行为，又探索了未来农户经济行为的发展趋向。该项研究占有实际资料翔实，论证充分，并提出了某些新的见解。

本书填补了我国这一科学研究领域的空白，对制订农村政策、提高农业管理干部和广大农村干部的思想水平，有其指导作用。

（贺宏善）

住房改革：理论的反思与现实的选择

杨鲁　王育琨　著

天津人民出版社　1992.12　20.8万字

本书设八章，作者根据我国国情，运用现代经济学的理论和方法，在总结我国住房改革实践的基础上，系统分析了现行住房体制的特点、住房改革的背景以及住房改革的制约因素（如房价与收入比例，租售比价以及与此相关的工资、利率、税利水平等），并对近期住房改革理论研究做了总体回顾。作者认为，我国房改的实质是由住房福利制向住房商品化转变。由此提出我国城镇住房改革的总体战略——成立住房租赁出售公司，从而判断企业与职工在住房分配和消费方面的联系，依照市场经济和现代产权理论原则构造新型的住房经济运行机制，使其成为社会主义市场经济体制的有机组成部分等。这些见解，对于我国下一步的深化改革提供了有益的启示。

（王镜德）

中外农村产业结构比较研究

刘朝明 著

中国社会科学出版社 1992.5 34.5万字

本书始终把重心摆在对农业问题的分析上，把关注的焦点集中在农业与非农业的关系方面。全书分为三部分共九章。

第一部分包括第一、第二章，是本书的总论。第一章阐述产业结构演变的一般原理和条件。原理方面主要描述了产业结构演变的一般规律，产业结构成长的阶段性、动因和标准。条件方面主要分析了产业结构形成的社会环境。第二章在第一章的基础上，把农村产业结构置于国民经济发展、农村经济发展和新技术革命冲击的背景下进行分析。

第二部分包括第三至第六章，分别考察中国和其他不同类型国家的农村产业结构。

第三部分包括第七、八、九章，是本书的结构部分。第七章研究了各类国家的农村产业结构政策，第八章研究各类国家的农村产业结构模式，第九章比较了各国农村产业结构演进的趋势。

本书在分析方法上，注重实证分析与抽象分析的结合，一是历史描述，二是现状概括，三是模式抽象，四是趋势展望。

宏观财务与会计准则

陈毓圭 著

经济科学出版社 1992.12 18.5万字

本书共分三篇、十章。全书围绕发展社会主义市场经济体制，探讨了宏观财务改革与会计准则的关系，阐述了发挥会计信息作为国际通用商业语言对于发展市场经济和改革开放的决定性作用，以及中国会计准则的结构、内容及实现途径。第一，对制定中国会计准则在发展市场经济中的重要地位、中国会计制度与国际会计惯例接轨的必要性进行了分析。第二，对中国会计准则的理论基础进行了探讨，在我国首先提出了会计准则基础理论框架。包括：会计假设理论、会计要素理论、会计计量理论和公计报告。第三，面向实际，分析了我国会计制度改革过程中出现的现实问题及解决办法。比如，作者根据我国企业普遍存在的虚盈实亏、潜亏严重的问题，提出了按存量和流量划分会计要素并以存量的是否保持作为考核国有资产是否保全的依据等。第四，对会计制度改革中中国国情与国际会计惯例的关系进行了研究。作者指出，制定中国会计准则必须考虑中国国情。但是，从我国目前情况看，影响我国市场经济发展和对外开放的主要以矛盾是不符合国际会计惯例。当前制定中国会计准则的首要任务是尽快与国际会计惯例接轨，实现中国会计准则的国际化。作者在此基础上探讨了中国会计准则国际化的具体内容和途径。

（安　远）

比 较 会 计

陆正飞 著

南京大学出版社 1992.8 28.8万字

本书是我国会计学界第一部专门研究国际比较会计理论的学术专著，无论在体系结构安排上，还是在观点及其论述上，都颇有新意。全书分四篇十六章。首篇对国际比较会计的基础理论——会计环境，作了系统的研究，提出并充分论证了“会计特征是由多种环境因素共同决定的，各国会计环境的差异导致会计体系的差别”这一重要观点，同时，这也为以后各篇奠定了基础。次篇对当代典型会计模式作了比较研究，具体揭示了世界六大典型会计模式的特点和发展趋势，从而为人们提供了世界会计的基本图景。作者认为，只有按会计目标划分世界会计模式，才最有利于作国际会计比较研究。第三篇进一步就中、美会计作了直接比较研究，使会计的国际比较点面结合，同时也为我国会计改革实践提供了更多、更具体的借鉴。最后，作者在第四篇中就国际会计协调和中国会计改革与发展这两个专题作了探究，从而使国际比较会计研究的目的更为明确。

国际经贸大全

李育鉴 主编

南京大学出版社 1992.8 212.2万字

本书共30篇，大体可分为两部分：国际经贸理论和国际贸易实务。各篇均分章节，自成体系，相对独立，但又互相联系，构成一个整体。它不同于辞典一类的工具书。

本书理论部分的各篇有：国际经济概论，国际贸易理论，区域经济一体化与关贸总协定，国际金融，国际经济合作，国际经济法，国际经贸地理，中国对外贸易发展战略，国际投资与技术转让，国际承包工程与劳务合作，外商投资企业及其管理，国际化经营，乡镇工业外向型经济的发展，国际旅游，国际市场情报，国际市场营销等。

本书的特点：全面——迄今外贸书籍中体系和内容最全面；新颖——反映对外经贸工作中的最新做法、最新资料和最新规定；精炼，实用。

关税与贸易总协定总论

汪尧田　周汉民　主编

中国对外经济贸易出版社　1992.5　29.6万字

关税与贸易总协定是协调当代世界经济贸易的三大金融支柱之一，目前参加关贸总协定的有100多个国家和地区，其中70%以上为发展中国家和地区，现在世界贸易量的85%以上是在关贸总协定缔约方之间进行的。

本书是关贸总协定上海研究中心近年来研究成果的综合反映，尤其是对1991年4月召开的“乌拉圭回合与中国对外经济贸易关系研讨会”所准备的大量材料，经过讨论予以归纳整理及提高的成果。

全书共为11章。第一章介绍关贸总协定产生的时代背景；第二章介绍关贸总协定的宗旨和作用；第三章介绍关贸总协定的基本原则；第四章介绍协定的条文、职能机构和加入条件；第五章介绍总协定的历届多边贸易谈判和成立的协议；第六、七、八章介绍“乌拉圭回合”谈判的现状和趋势；第九章介绍关贸总协定对发展中国家的待遇；第十章介绍中国与关贸总协定的关系；第十一章论述关贸总协定的前途。

全书较为系统、全面、完整地介绍了关贸总协定以及同我国的关系，是一本论述关贸总协定的专著。

战后国家垄断资本主义条件下的经济周期与危机

熊性美等　主编

经济科学出版社　1992.6　17.3万字

本书将战后资本主义4—5年左右的短周期波动、10年的再生产周期和50年左右的长波周期运动全部纳入作者的视野之内，综合加以考察、论述，这至少在国内是别开生面的。这是本书的一大特点。其次，全书始终贯穿着一条主线，或围绕着一个主题，即在国家垄断资本主义干预经济的条件下，资本主义经济周期受到了什么样的影响？发生了哪些变化？从而涉及到一个发人深思同时也是颇有争议的问题：在资本主义自由竞争阶段和一般垄断资本主义阶段，经济危机作为资本主义再生产过程的自发调节机制，周期性地缓和了不断产生着的资本主义生产与消费的矛盾，从而资本主义再生产周期也就周而复始地运行不止。那么，在国家垄断资本主义条件下，国家对经济的干预，作为一种所谓资本主义的自我调节机制，对资本主义的短波、长波尤其是10年再生产周期产生什么影响呢？经济危机是否消失了，如果没有消失，又有什么特点？第三，作者把经济周期放在一个宏大的世界历史背景之下进行考察，把资本主义经济周期的变化与战后世界经济中的各种最新现象或特殊事件紧密联系起来。

资本主义经济周期——理论与预测

薛敬孝　主编

人民出版社　1992.10　30.3万字

本书是国家教委“七五”重点研究课题之一，是我国经济学界对资本主义经济周期研究的一项新成果。

本书由三篇组成。第一篇（第一至第六章）理论分析。它首先总结了经济周期的基本理论。作者根据实证分析指出了经济波动的多种类型，并把它们分别界定为增长周期和波动周期。本书的对象是波动周期。从资本主义基本矛盾作为经济危机的概括源出发，作者把它的各种表现最后归结为生产与市场的矛盾，并把这一矛盾看作是经济危机的直接原因。作者还重视了利润率下降在经济危机原因中的地位。指出了历史上的周期不可能是一个样子的,各个历史阶段的经济周期必然呈现出不同的特点。这个观点不仅有理论意义,也有现实意义。理论分析的重心是对决定和影响经济周期的各种因素的分析,包括内在因素和外在因素。

第二篇理论验证(第七、八章)和第三篇预测方法(第九至十一章)的共同点是大量应用了数理方法。对经济周期定性的认识是数量分析的前提和基础,由定性分析到定量分析则是对定性分析的深化。对经济周期中心主要经济指标和内在运行机制进行定量分析,有助于加深对经济周期特点和规律性的认识。本书在定性分析的基础上,采用数量方法验证了若干理论的正确性,并研究和试用了若干预测方法,取得了较为满意的结果。

当代资本主义宏观经济调节

佟福全　李玉平　主编

中国物价出版社　1992.2　28万字

本书是一部既有理论深度又有实践内容的学术专著,也是国内全面系统研究当代资本主义宏观调节问题的第一部专著。全书共分十三章,主要从以下四方面对资本主义宏观经济调节作了研究:(1)从产生不同类型调节的理论渊源入手,阐明当代资本主义宏观经济调节的理论基础。(2)从实际操作角度对西方国家宏观调节的目标、政策和手段作了介绍。(3)从发展变化的角度对西方宏观调节历史演变作了研究。(4)从比较经济学角度对当代主要资本主义国家宏观调节特点分别进行了研究。

本书的特点:其一,理论性。对当代资本主义宏观经济调节的一些重大理论问题提出了新见解,阐述深刻。其二,系统性。对30—80年代西方宏观经济调节作了全面论述,并对90年代西方宏观经济调节作了展望。其三,综合性。不仅对美、日、德、法的宏观调节特点分别作了阐述,而且还就一些共性问题进行了综合分析。

(郭爱东)

当代国外发展考察与研究

中国社会科学院外事局编

中国社会科学出版社　1993.2

本书是中国社会科学院一些学者出国访问,对国外经济、科技和社会进行考察和研究的文集。作者们从不同的角度介绍和论述了国外经济运行及管理,经济的宏观调控,财政和货币政策,企业管理制度的改革,企业兼并,企业的营销战略,公有企业的民营化,股份公司和职工参股制,技术进步与产业结构调整,高技术企业的发展,土地开发及土地的管理与使用,还研究了一些发展中国家对外资的吸收和使用以及技术引进等问题。由于作者是带着相应的问题出国考察的,因此这些报告具有鲜明的针对性和实用性,对我国进一步改革开放,建立和健全我国的社会主义市场经济体制有实际的参考和借鉴意义。特别是不少作者对国外具体企业的实际运作所进行的考察,还具有一定的可操作性,比如美国企业管理制度的改革,美国的职工参股制,日本的商业营销,美国的城市土地开发,日本的铁路的改革等等。本书反映了当今国外社会、经济、科学和技术们最新发展。

(韩育良)

现代货币经济学——西方货币经济理论研究

盛松成等　著

中国金融出版社　1992.4

本书由上海财经大学教授胡寄窗和武汉大学教授刘涤源推荐给中国图书奖评选委员会。

胡寄窗在推荐书中说:该书是国内第一部关于西方货币经济学的专著,且具有完全不同于国外同类著作的独特的体系,填补了我国经济理论研究的一个空白。该书在国内外第一次明确指出货币经济学与货币银行学的区别,第一次提出货币经济学研究货币与经济的关系及货币对经济的影响,并由此出发建立了一个完整的货币经济学的理论体系。该书也是迄今国内唯一一部系统阐述和评析西方货币经济理论的专著。该书每章每节都是在深入钻研了大量原著的基础上写成的。据初步统计,该书直接引用的外文原著就达**200**余种。该书具有很高的学术价值,并对我国货币政策的实行和货币经济理论的建设具有较高的参考价值。

刘涤源在推荐书中说:该书体系严谨合理,内容丰富翔实,评论恰如其份,其理论研究的广度与深度均达到甚至超过国际先进水平。该书是我国第一部全面而系统地评介现代西方各种货币经济理论的学术专著,在国内具有填补空白的重大价值,对金融学科建设具有开创性的贡献。在当前我国进行社会主义市场经济建设的过程中,该书无疑具有十分重大的参考价值,确实是一部堪称一流的好书。

亚洲金融角逐

宋运肇 著

中国金融出版社 1992.8 29.2万字

本书对亚洲各国在80年代中后期所推行的金融自由化与国际化运动进行了相当全面、系统的分析，是一部关于亚洲金融问题的专著。

本书的特点：(1)将马克思关于货币资本与现实资本相互关系的理论直接运用于阐述亚太地区的金融发展，断定一国金融实力和金融发展模式只是该国经济实力和经济发展模式在货币金融领域的特殊表现。这一论断是有创造性的。(2)从经济发展与金融深化相互作用的一般规律出发，揭示了亚洲金融发展的基本特点和经验，特别是东南亚一些国家通过金融发展先行来带动经济起飞的经验，这对我国深化金融改革很有参考价值。(3)指出金融变革是由生产和流通条件的变化而客观地决定的。反过来，金融变革又会影响实质经济部门的微观运行和宏观调控。这种辩证关系的论述，颇有新意。(4)对亚洲证券市场的分析，特别是证券市场结构与各地经济结构以及产生周期的内在联系的分析，相当中肯，很有现实意义。

本书提出许多有价值的独到见解，既有学术价值，又有实践意义。

各国社会保险与福利

赵立人 编著

四川人民出版社 1992.1 62.1万字

本书原名《各国经济福利制度》，1986年出版，此次修订再版，共20章6个附录。作者根据近年国内外变化了的情况对第一版作了较大的修改和增补。它介绍了英国、美国、瑞典、日本、前苏联等国家的社会保险与福利制度及其实施状况，新增了介绍墨西哥等6个有代表性的发展中国家及瑞士等3个发达国家的社会保险与福利制度的情况。作者根据大量数据得出的逻辑结论是：经济福利并不是一种独立的分配原则，它从属于该社会占统治地位的分配方式，它是一定生产关系的反映。本书可说是目前国内介绍二次大战以后各国社会保险与福利制度内容最丰富，资料最翔实的一本著作，是广大读者了解各国社会保险与福利制度现状的一个“窗口”，不仅对我国的专家学者研究有关问题有较高的参考价值，而且对我国市场经济体制下建立、健全社会福利与保险制度也有借鉴意义。

香港概论

杨奇 主编

中国社会科学出版社 1992.4 35.8万字

香港是当代世界上最开放的自由港。近年来，香港的“经济奇迹”在国际上引起了人们极大关注。

由香港大公报主笔杨奇先生主编的本书，就是在大量吸收中外研究香港问题著述的丰富成果的基础上，揭示产生香港“经济奇迹”的原因及规律的一部力作。本书以实事求是精神和尊重历史的观点，全面、系统、客观地介绍香港的现状及历史前景，探索香港社会的发展规律，科学地评论香港的成功经验和存在问题，使读者对香港能有一个全面而准确的了解。本书还对香港经济的活力进行了透视，书中指出：来自多国多方的大量资本，投入了完善、成熟的市场，与适合本地特点的自由开放、多元化的国际市场型经济模式有机结合，就迸发出香港特有的经济活力，创造了世界瞩目的经济奇迹，出现了一种值得人们探索的“香港现象”。对“香港现象”的深入研究，对于我国收回香港主权后，正确处理过渡时期在香港出现的新问题，有效实施“一国两制”的伟大构想，借鉴和吸收香港成功的建设经验，加速我国的改革开放步伐都将产生积极而有益的作用。

（韩育良）

经济分析史(第2卷)

[美]约瑟夫·熊彼特著

朱泱 等译

商务印书馆 1992.10 42.3万字

本书是一部篇幅浩繁、内容广泛而又艰深的经济学说史巨著，是迄今为止西方经济学界关于经济学说史、特别是关于经济分析方法演变方面论术最为广泛，最为详尽，追根溯源最为深远，分析评论又最具特色的专著。作者熊彼特是在西方经济学界享有盛誉的经济学大师。

全书共分为五编。第一编是导论，主要讨论经济学科的研究范围和研究方法。所讨论的经济分析技术和方法包括经济史、统计学、“理论”、经济社会学、政治经济学以及应用领域的各个学科，并讨论了与经济学同时发展起来而又密切相关的学科，如社会学、逻辑学、心理学和哲学。第二编至第四编按照年代顺序分别评述了从公元四五百年前的希腊—罗马时期起，到本世纪 40 年代末为止的绵延 2400 余年的经济分析发展史，包括各个时期的重要人物、思想观点、学说体系、分析工具以及方法、贡献和影响、评价等等。第五编是结论，概述了本世纪 20 年代到 40 年代末期 20 余年经济分析方法的发展，特别是现代微观经济学和现代宏观经济学的形成和发展的过程。

（张胜纪）

现代经济分析史

[英]罗杰·巴克豪斯著
晏智杰译

四川人民出版社　1992.1　50 万字

本书共四篇 20 章。第一篇背景：1870 年前的政治经济学；第二篇新体系：1870—1890 年；第三篇新古典时期：1890—1939；第四编现代时期：1939—1980。各篇分别对西方经济学发展的四个阶段进行了系统的叙述。它按照历史和逻辑的顺序，把西方经济学从产生、演变、发展至今整个过程中学派林立、观点纷呈的面貌展现在我们面前，并对各个时期主流派及非主流派的代表人物及其观点加以评论，重点介绍了西方经济理论中“新古典”学派主流内部的发展，该主流派从马歇尔以来居支配地位。作者专辟一章评论马克思的经济观点。

本书的特点：(1)论述的期限很近。在西方出版的大量同类著作中，论述期限多止于战前，而本书止于 1980 年，且对 1939—1980 年的论述较为详尽。(2)层次分明，编排独到，一方面，论述的各期主流和正统学派为主线，另一方面，以 1890 年代为界，对此前的论述以人物或学派为序，对其后的则以论题为序。(3)论述不拘泥于各人各学派各学说的详情细节，而着力指出其基本点和主要层次，并注意历史的各逻辑的联系与比较。(4)注重考察各种观点产生的历史背景，及其以经济政策的影响。(5)注重方法论的介绍。(6)书后的注释，参考文献对读者进一步学习西方经济学提供了线索。

现代非马克思主义经济学史

[匈]安道尔·马加什著
张晓光　李新华　译

商务印书馆　1992·10　53.9 万字

作者安道尔·马加什教授是匈牙利科学院经济学委员会副主任，著名的经济学家。他长期从事经济思想史的研究和教学工作，著作颇多。本书是他的一部主要著作。

本书比较详细地阐述了从 19 世纪 70 年代到 20 世纪 80 年代为止一百多年来西方经济发展的全过程。作者不是单纯按照编年顺序介绍和论述经济学史上重要人物的理论，而是突出主要理论体系，在社会历史发展的总前提下，分别论述每一理论的演变进程及其基本内容。它不仅使读者了解现代西方经济学的产生和发展的历史过程，而且可以通过历史过程比较全面地掌握现代西方经济学的理论体系。作者在介绍各种理论的同时，还辟专节用马克思主义观点对它们进行分析和评价。

本书在编写上脉络清晰，内容上亦有新意，并获得匈牙利科学院颁发的“科学院奖”。

（杨宝兰）

经济分析基础

[美]保罗·萨缪尔森著
费方域　金菊平译

商务印书馆　1992.9　48.5 万字

本书从所要解决的问题——找出使各种理论和方法赖以统一的理论和方法，提练它们共用的数学结构作为经济分析的基础——出发，对新古典经济学即边际主义经济学的分析方法作了以下总结：(1)均衡和比较静态方法。作者将此方法作为一切方法的总揽，明确提出了由参数和变量构成的联立方程组表示的一般化的均衡体系；(2)比较静态方法。作者阐述了静态分析的一般结构，揭示比较静态和静态分析的内在关系，指出了比较静态分析的一般公式；(3)最大化方法。它的实质是根据规定的标准，作出最有效选择。作者以准确和明晰的数理形式，阐明了它的最一般结构；(4)动态分析和对应原理。本书第一次一般性地将比较静态分析和动态分析方法用一致的数学形式统一在一起。本书还对新古典经济学的成本和生产理论、消费者行为理论和福利经济理论等进行了概括和总结。作者所扬弃旧概念，定义新概念，吸纳旧定理，推出新定理，在以往的认知结构中建立起各家之长和一己之见的新体系，并巧妙地把他前驱们的思想和表达思想的方法和谐地结合在一起，而且还在其中融入了自己的新创见。总之，本书揭示了西方经济学中各种理论问题和分析方法和基本统一性；实现了最大化原理和一般均衡原理的综合；并将全部西方经济理论和方法转译为一致的数学形式，从而为西方经济学家定下了理论框架和分析风格，它不失为西方经济学的一部重要著作。

（王淑荣）

经济学方法论

[英]马克·布劳格著
石士钧译
商务印书馆 1992.10 23.6万字

本书是作者的代表作，在战后西方经济学方法论发展史上具有突出的地位。

作者从方法论角度来透视所考察的种种经济学说，从而丰富和完善了西方经济学方法论；同时对将近半个世纪中西方经济学方法论的诸多成果作了系统而深层的总结，并就一系列方法论观点阐明了自己的独到见解。全书首先概括了经济学方法论的定义、范围、作用及其应用的教训，随后考察了已成为西方学者讨论经济学方法论的重要指导原则的现代科学哲学的成果，概述了西方经济学方法论的演进，并用一系列的案例来综合评价各种经济学方法论，最后作了概括性的理论总结：(1)经济学的中心目的是预测，而不是解释；(2)经济学方法论能做的是提供接受或反对某种研究纲领的准则；(3)现代经济学之所以陷于危机，其根本弱点在于不愿产生一种内容能明确经受反驳的理论，从而普遍不想使其理论内容与现实相一致；(4)激进学派、现代奥地利学派、制度主义者和马克思主义者都用漂亮的借口来轻视证伪主义方法论，唯独新古典主流经济学家在强调理论服从经验检验的重要性。

通过本书，我们可以清晰地概览西方经济学方法论的历史和现状，扼要地了解种种普遍流行的方法论见解。

（王涌泉）

国际经济学

[美]丁·克拉克·利思
P·T·埃尔斯沃思著
王兆基 李宏祥等译
商务印书馆 1992.10 46.7万字

本书对国际经济中的一系列重大问题作了较为详细的探讨。认为国际贸易的历史发展经历了四个时期，即重商主义、自由主义贸易、两次大战期间和二次大战后至70年代。全书的编写即按此历史进程展开。全书除引语、导言外共分六篇，三十章。作者在第一篇首先叙述了工业化之前国际经济体系的起源，对政治家起指导作用的经济思想以及人们从事贸易和管理贸易的方式，接着论述了自由主义的兴起及工业革命对社会和经济的影响，后又阐述了斯密、李嘉图和约翰·穆勒的国际贸易理论。第二篇，作者从简单到复杂的顺序对近代国际贸易进行了分析，提出了贸易均衡、揭示了贸易的基础，接着是对各种理论的经验评价。第三篇论述了因束缚贸易而引起的问题。接着分析关税的性质和作用，并对赞成保护主义的理由作了评价。随后讨论了一些旨在使贸易自由化的国际规定的安排。第四篇继续叙述历史，首先叙述19世纪以英国为中心的紧密交织的世界贸易体系的发展，接着继续阐明民族扩张主义的重新抬头。第五篇从微观经济学谈到宏观经济学，论述了各国的货币和金融关系。第六篇继续回顾历史的发展，集中论述20世纪国际货币体质的制度性后果。作者从"微观分析法"入手进行论述，并对国际经济上各家各派理论进行深入探讨，分析由简化的模型扩及复杂的因素。

（程秋珍）

应用经济学

[英]艾伦·格里菲斯 斯图尔特·沃尔著
邬性宏 等译
上海远东出版社 1992.6 54.8万字

本书是理论实际相结全的应用型经济学专著。书中将当代西方经济生活中的实际问题归纳为：经济结构、价格、投资、消费、财政、金融、贸易、信息技术、跨国公司、收入与分配、欧共体等27个方面，并进 行分析、论证、评价。本书可帮助读者加深对经济理论的认识，并了解西方经济的发展脉络、存在问题和解决方法。

全书广采博引，不拘泥于某一种理论框架，它按经济领域和时间顺序对各种经济流派的观点和相应政府政策的制订、变迁及具体操作都作了简明扼要的介绍与分析，并从众多的书报、杂志及官方统计月报和年鉴中引用了大量的资料和数据，向读者展示了西方形形色色经济思潮的概貌和西方经济，特别是英国经济的概况。各章在对各种观点进行分析、评价的同时，处处渗透着作者对英国经济症结的看法。作者的不少观点，例如认为低生产率是英国经济结构发生变化的关键因素，非价格竞争力低是英国非石油有形贸易恶化的一个重要因素等，都很有独到之处，为我们研究英国经济提供了有益的借鉴。

（张大伟）

当代十二位经济学家

[英]J. R. 沙克尔顿 G. 洛克斯利 编著

陶海粟 潘慕平 等译

商务印书馆 1992 21.3万字

本书是一部介绍当代主要经济学家的文集，是继熊彼特的《十大经济学家》之后，西方第一本试图比较系统地介绍第二次世界大战以后世界最著名的一些经济学家的著作。

本书所介绍的十二位经济学家中，弗里德曼、哈耶克、希克斯、里昂惕夫、萨缪尔森和布坎南是诺贝尔经济学奖获得者；加尔布雷思、罗宾斯、罗宾逊、贝克尔、卡莱茨基、斯拉法，尽管在经济学界对他们的评价不尽相同，但多数人的看法是比较一致的。编者将这十二位经济学家选入本书的标准有三条：(1)他们最重要的著作都是在近40年左右的时期中产生的；(2)他们在这一学科中进行了开创性的研究，而不是仅仅综合或改进别人的思想；(3)他们都对经济界同行产生过重大影响。

全书共收13篇文章，第一篇是引言，后十二篇分别介绍十二位经济学家。每一篇文章都采取专题论文的形式，试图概括出这些经济学家的研究成果及其理论，并对其提出看法和批评。

（杨宝兰）

制度分析与发展反思
——问题与抉择

国际经济增长中心

V. 奥斯特罗姆、D. 菲尼、H. 皮希特编

王 诚等译

商务印书馆 1992.9 31.3万字

本书是一部研究发展中国家制度选择的论文集，作者认为，发展中国家的经济发展普遍面临着两大难题：一是实际国民生产总值的增长率难以维持稳定的速度，二是生产过程难以用低投入高产出的方式来实现。其原因是：1. 忽视对于寻租活动的分析和治理，使得积聚经济发展实力的努力收效甚微；2. 提供公共物品的公共部门过于单一化，妨碍了人们在组织制度创新方面的创造力的发挥；3. 在没有进行传统体制改革的发展中国家中，权力过于集中，必然决策失误过多和效率观念淡漠；4. 市场制度不完善，使得多种经济信号缺乏有效的反应中枢，企业投资难以投向经济发展急需和投资收益率高的项目。作者一反用资源、技术和人的偏好来解释经济增长速度的传统经济思想，而是从理论和实践上分析经济发展过程中存在的制度障碍，提出了发展中国家如何走出当前困境的基本原则，及如何克服制度障碍的可供选择的各种方案。

本书在分析方法上为发展经济开拓了一个新的视角。

（王涌泉）

通货膨胀理论

[奥]赫尔穆特·弗里希著

费方城译

商务印书馆 1992.9 20万字

60年代末和整个70年代，西方主要工业国家经历了剧烈的通货膨胀，给经济和社会生活带来了严重影响，同时也促使这一时期的通货膨胀理论有了长足的发展。本书正是这一时期通货膨胀理论发展的概览和评价。它全面、系统地介绍了西方通货膨胀理论的新发展，涉及的论题有：数量理论、通货膨胀缺口模型、菲利普斯曲线的修正及其在经济模型中的位置、货币主义通货膨胀理论、斯堪的纳维亚模型、预期和通货膨胀、滞胀等，几乎包括了西方通货膨胀理论的各个方面。

全书分为七章。第一章是关于通货膨胀的定义和度量。主要介绍了莱德勒和帕金对通货膨胀的定义,还介绍了两种最重要的物价指数——拉氏指数和帕氏指数——的结构和特征。第二章对预期形成的两个主要概念——适应性预期和理性预期——作了详细说明。第三章以对菲利普斯曲线的解释为线索,分析了李普西、萨谬尔森和索洛的有关模型,介绍了新微观经济学的通货膨胀学说。第四章主要分析了货币主义的两种通货膨胀理论,指出了两者的区别和联系。第五章分析了结构性通货膨胀理论,讨论了封闭经济和开放经济中工资与劳动生产率因素对通货膨胀的影响。第六章论述了两种不同类型的滞胀。第七章简要回顾了传统的货币数量论和凯恩斯的通货膨胀缺口模型,概述了60年代前后在西方流行一时的需求拉上和成本推进的通货膨胀理论,指出了以往的这些理论同近年来的通货膨胀新学说之间的关系。

(张胜纪)

汇率与国际金融

[英]劳伦斯·S. 科普兰著

中国金融出版社 1992.5 32.1万字

外汇汇率理论日趋复杂。原因在于。1985年时,瑞典斯德哥尔摩大学国际经济研究所召开了一次研究当代外汇汇率理论的研讨会,参加这次会议的有美国几个大学、日内瓦国际问题研究所、美国联邦储备体系和国际货币基金组织的专门研究国际金融的学者。他们根据各自的立场和角度并使用了大量的数学模型和经验分析方法,对外汇汇率和外汇市场进行了深入的分析。由于各人使用的研究方法不尽相同,意见相当纷歧,以致形成了不同的流派。

本书的着重点是评介浮动汇率制下的外汇汇率理论而不是政策。全书分四个部分,其中第二部分是外汇汇率的决定,这是本书精华所在。作者在这一部分依次介绍了当代西方外汇汇率理论的主要流派及其根源。在其他部分阐述了和外汇汇率理论有关的其他问题,诸如国际收支、国际货币制度的演变、开放经济下的国际金融市场、对外汇汇率和国际利率变化的预期、外汇期货的买卖和外汇交易的风险等。

本书的一个非常显著的特点是,深入浅出地阐述了当代的外汇汇率理论,既有基本知识的介绍,也有比较高深的不确定性分析,把本来应该使用高深数学的部分加以简化,使用了几何的数学方法来分析和介绍。

三论世界发展中的跨国公司

联合国跨国公司中心编

南开大学国际经济研究所译

商务印书馆 1992.5 45.2万字

1974年联合国设立跨国公司中心,负责搜集和整理有关跨国公司的情报资料,向发展中国家提供咨询服务等。跨国公司中心继联合国秘书处1973年撰写的《世界发展中的多国公司》之后,于1978年发表了《再论世界发展中的跨国公司》,接着,又于1983年发表了《三论世界发展中的跨国公司》,即是本书。本书以70年代中期世界经济开始进入一个日益变化莫测和动荡不定的新阶段为背景,以跨国公司经营活动的演变为线索,概述了跨国公司在世界发展事业中的作用和外国投资在资本主义国家中的变化。本书详尽地探讨了下列四大问题:一、发展中东道国、发达的东道国和母国对待跨国公司一政策,以及有关跨国公司的国际规范;二、跨国公司与东道国的工业化、贸易和技术转让的相互联系;三、跨国公司在能源部门、非燃料矿物部门和农业部门的活动;四、跨国公司合同安排的新趋势。本书对了解和研究跨国公司的历史和现状,制定与跨国公司打交道的有效对策和利用外资的正确措施颇为有用。

(宗 理)

人口学词典

国际人口学会编著

杨魁信、邵 宁译

商务印书馆 1992.8 20.8万字

本词典是国际人口学会协助联合国人口委员会组织众多知名学者集体写成的作品,是一本具有高度科学性、准确性、权威性的人口学专业词典。

该词典不是简单的词条诠释,也不是百科词典式的分词条阐述,而是按人口学的一般概念、人口统计资料的加工整理、人口的分布和分类、死亡与患病、婚姻、生育、人口增长和更替、空间流动、人口学的社会方面和经济方面等题材内容分章阐述,而且是融词条于内容进行系统叙述,使读者能在人口现象的客观联系中准确把握每一词条,加深理解同类相关词条的相互联系和区别。

本词书原著名为《多语种人口学词典》用英、法、西班牙、意大利、德、芬兰、俄、捷克、波兰、瑞典、葡萄牙、阿拉伯、塞尔维亚——克罗地区等不同语言文字分别出版，读者通过各条词目的统一编号能在各种文本中找到对应的词条，是一本能沟通各种语言的多语种人口学词典。

词典还附有详细的英中、中英文词目对照索引。

（王涌泉）

美国阶级结构

[美]丹尼斯·吉尔伯特
约瑟夫·A·卡尔 著

彭华民 齐善鸿等译

中国社会科学出版社 1992.2 34.3万字

本书作者是美国著名的社会学家，本书是他们关于社会分层研究的代表作，是关于美国阶级结构研究的综合成果。它以包括职业、收入、财产、声望、交往、社会化、权力、阶级意识和流动九个变量在内的变量系统为主线，全面、系统地分析了美国分层研究的历史、现状、方法以及对分层理论的评价，同时，剖析了美国社会分层的原因。这是我国第一本系统地介绍美国社会分层研究历史和方法的译著。

九个变量具有双重性，一方面可以对它们进行操作化，由此可在经验层次上进行统计分析；另一方面它们是可以进一步抽象的概念，环绕每一个概念可形成相关的理论。总体看来，九个变量又是一个分析的理论框架。

以九个变量为线条，作者在九章中讨论了美国的阶级阶层结构。第二、三、四章是与经济方面有关的内容，第五、六、七章是与地位方面有关的内容，第八、九、十章是与阶级冲突有关的内容。作者的研究是跨学科的，其著作集理论、历史、方法、资料于一体。

得失相等的社会

[美]莱斯特·C. 瑟罗著

李迈宇译

商务印书馆 1992.10 16.1万字

作者莱斯特·瑟罗参加过约翰逊总统的经济顾问委员会，现任麻省理工学院教授。他属于自由派经济学家，著作颇丰，本书是其中比较著名的。本书揭露了美国经济的弊端。美国社会中存在的许多经济问题，保守派经济学者主张通过给企业以自由经营的权力、削减政府的社会支出、取消各种妨碍工商业经营的政府法规等办法来加以解决。而瑟罗则认为，政府干预和社会支出与经济成就之间并无冲突，政府干预是否可取不在于干预这一形式本身，主要在于其干预的内容及其后果如何。作者认为美国经济问题迟迟不得解决是因为每一种解决办法都有一个共同的特点：即在一部分人得益的同时，另一部分人必然受损，因而每项经济目标的实现都要求相当一部分人甘心忍受由此带来的损失。由此，作者认为在一个经济生活充满了得失相等因素的社会里，必须权衡得失，确立一个"公平"的分配、再分配原则，然后才能确定哪些群体的要求应该加以满足，哪些应该加以回绝。作者用这种政府干预主义和自由市场思想混合的观点，全面、生动地分析了现代美国经济中存在的主要问题：能源、通货膨胀、缓慢的经济增长、环境恶化、不可调和的利益集团之间的矛盾冲突、繁琐的法规等等。

（宗 理）

中世纪晚期欧洲经济社会史

[美]詹姆斯·W. 汤普逊著

徐家玲等译

商务印书馆 1992.10 49.7万字

本书是1961年出版的汉译世界学术名著《中世纪经济社会史》（上、下册）的续篇。本书记述了14—16世纪前半期欧洲大陆的经济和社会状况，而在此时期，特别是16世纪的前半期，恰是封建社会的经济结构逐渐瓦解，资本主义生产方式正在形成、壮大的时期。全书共有22章。重点记述了在欧洲历史上有重大影响的事件，如英法百年战争（战争的背景及战争的第一二阶段的情况）、德国城市同盟、汉撒同盟、意大利的羊毛工业和教廷及其君主国的财经政策，以及行会、银行、商业、外贸及萌芽中的无产阶级与资产阶级的早期斗争。本书史料有助于读者更好地认识封建社会的灭亡和资本主义的兴起发展是同样不可避免的这一历史规律，是研究中世纪社会史和资本主义萌芽问题的一部很有价值的参考书。

（程秋珍）

俄国经济发展问题的评述

[俄]П. 司徒卢威著
李尚谦等译
商务印书馆 1992.9 16.2万字

本书是俄国政治活动家、历史学家、经济学家彼·伯·司徒卢威的代表作,是一部世界学术名著。

这是一部论战性著作。在俄国经济发展的道路问题上,作者与民粹主义展开了针锋相对的争论。作者一方面肯定了民粹派代表了当时俄国农民小生产者的利益,反映了农民反对农奴制度和沙皇专制统治的正义要求;另一方面指出了民粹派否定资本主义在俄中的发展是纯属主观社会学的观点。司徒卢威在他的阶级本性所能接受的限度内利用马克思主义,以"合法马克思主义者"的身份,运用历史唯物主义观点来考察和分析了俄国经济发展问题,并列举了大量的事实和数字对俄国经济生活的历史发展过程以及经济发展与社会发展的关系作了系统的论述,并同时对民粹主义的经济思想和历史观作了深入批判。

在《列宁全集》第一卷中列宁对此书作过评介,指出了作者的哪些思想和观点可算做马克思主义,哪些思想和观点反映了作者的资产阶级自由派本色。

我们从中可以了解和研究俄国经济史和经济思想史,了解俄国资产阶级学者在其著作中是怎样反映和利用马克思主义的。

(王涌泉)

现代流通政策和课题

[日]铃木武编
王 哲 陈 晋译
中国商业出版社 1993.3 19.5万字

本书由日本九州地区流通政策研究会会长、长崎县立大学校长铃木武教授编著。全书共分四部十二章。第一部(第一—三章)为"流通政策的基础理论";第二部(第四—六章)为"流通政策的结构";第三部(第七—九章)为"现代的流通问题";第四部(第十—十二章)为"流通政策的课题"。

本书主要是以研究政府对市场的干预入手,较系统地介绍日本如何有计划地充分利用流通政策促进竞争、调整流通结构、振兴流通产业的成功经验,并对流通政策的制定、运行以及如何与市场相结合,均有精辟的论述。在对流通政策的独立性和目标观念、市场经济体制与流通政策的理论联系、流通政策形成过程中的政府参与等基础问题进行一般性理论考察的基础上,编著者还对作为维持和促进流通领域中的竞争的流通竞争政策、为促进流通领域中的中小企业适应环境变化的流通振兴政策、为调整流通领域中的大企业和中小企业的利害关系的流通调整政策等进行了理论和实证的分析,对现实中流通渠道的封闭性限制竞争性提出了批评并对构筑既开放又能促进竞争的流通系统以及转换流通政策的方向等进行了探索。

(刘树林)

日本的经济

日本经济新闻社编著
大连市信息中心编译
东方出版社 1992.6 23.3万字

日本经济新闻社编写了一套《昭和经济历程》的丛书,共三卷,第一卷,日本的经济;第二卷,日本的产业;第三卷,日本的企业。这套丛书既有对具有史实的描绘,又有经济理论角度的分析,并对关键性的历史事件、典型的企业及代表性人物作了重点介绍与剖析。三卷既各成体系,又互相照应,既可以一卷一卷地纵向地读,又可以按不同的年代与发展时期将三卷的相关章节结合起来横向地读。

本卷从宏观经济的角度,如日本的财政金融政策运营与重要经济发展计划的实施等,描绘了日本以一个资源匮乏的狭小岛国为何成长为现代经济大国的曲折历程;论证了日本宏观经济关系几次从失衡到恢复平衡的过程,论证了日本经济如何把握国际经济发展的大趋势与机会,在半个多世纪风云骤变的年代里战胜了一次又一次"危机"与"冲击",创造了一个又一个"奇迹",终于走上了国际化的道路的历程。

全书共六章:经济危机与战争的年代;从废墟中走向复兴;经济高速增长;高速增长走向探索的年代;走向全球化经济;从数字看日本经济的发展历程。

本书认为,日本经济的成功,很大程度上要归因于战后美国对日本所采取的历史上罕见的宽大的占领政策,以及在此期间所断然实施的各项制度的改革。战前就存在的一些因素如劳资关系、雇佣惯例、行政指导、产业政策等等,也起了重要的作用。

日本的产业

日本经济新闻社编著

大连信息中心编译

东方出版社　1992.6　24.1万字

本卷从中观的角度阐述了以昭和初年的纤维工业为开端，日本诸产业发展、壮大、升级(变迁)的具体过程，特别是论证了日本产业如何适应经济发展内在规律的要求，在国内外经济环境激烈的变换中，在政府宏观政策干预下实现了产业结构的几次调整。

本书认为，关于日本产业取得大发展的原因，可以举出官民协调的体制、引进技术、企业的应变能力、优质而充裕的劳动力资源、积极的储蓄热情、沿海型分布等等，这些当然都是日本从一个中等发达国家发展成为发达国家所不可缺少的。而纵观昭和年代日本经济60多年(1926—1989年)的发展历程，能够在经济发展的不同阶段充分地发挥出劳动密集与资本密集两方面优势的前提是自由主义的经济政策。战后的日本经济的舞台是自由创造性的舞台。

以经济发展为背景连续地跟踪产业演变的过程是很重要的。日本的产业发展与其环境变化紧密相关。当前，日本正以高技术为轴心探索规模宏大的产业结构转换，没有国际性的协调就不可能有日本产业的发展。

本书共六章：萧条与动荡下的产业；战后重建并打下高速增长的基础；量产化、重化学工业化；发挥“重厚长大”优势，跨入经济大国行列；朝着软件化与国际化的方向前进；从数字看日本产业的发展历程。

日本的企业

日本经济新闻社编著

大连市信息中心编译

东方出版社　1992.6　23万字

本卷从微观的角度描述了日本经济的细胞——日本企业60余年不断进步的轨迹；论证了日本企业如何顺应适者生存、优胜劣汰的商品经济规律，发挥超凡的企业家精神，实施灵活多变、富有特色的经营战略，经受了一次又一次外部环境巨变的考验，终于赢得了今天在全球范围的发展。

本书认为，日本企业的成功应归固于其顽强的生命力——为了生存而进行殊死的拚搏，而对瞬息万变的环境发挥了无与伦比的应变能力。其中，最重要的是昂扬的企业家精神。50年代后期到美国企业考察学习的日本企业中上层管理人员，尚为美国企业的高生产率与出色的经营管理技术咋舌称叹。但是时隔不久，“日本式经营”而引起了世界范围的瞩目。日本的企业家精神表现在积极果断的设备投资、引进技术、技术开发、提高生产技术、多元化经营、发展海外事业等各个方面，这种企业家精神与日本国民所具有的高等教育水准及奋发向上的精神有机地融合在一起，成为日本企业发展的原动力。另外，经营革新是企业永恒的课题。

本书共六章：合理化与卡特尔化；新企业群的诞生；投资热与流通革命；面对公害与消费者问题的应变；减量经营与世界性战略的实施；从数字看日本企业的发展历程。

中国：亚洲下一个经济大国

[美]D·H·珀金斯著

金志有译

学林出版社　1992.8　5.2万字

本书作者是美国哈佛大学政治经济学教授。本书是根据他在华盛顿大学杰克逊国际研究学院的两次演讲稿整理而成。帕金斯教授研究中国及亚洲经济的发展已达20年之久，具有较大的权威性。全书分为两章，第一章为东亚经济发展的模式与探讨，第二章为中国经济的现实与发展。作者在掌握大量数据及资料的基础上，对亚洲“四小龙”的成功经验，作了充分的阐述，并结合80年代中国经济发展的现实，从政治、经济、社会、伦理及人力资源等各个方面，进行了对照，客观地评述了中国自70年代末开始实行改革开放政策以来，经济上取得的成功与不足。作者预言，只要有一个支持改革开放的良好的政治环境，保持一个外向型经济继续发展的势头，依靠本国丰富的人力资源，中国定能实现经济的高速增长；同时，对中国经济发展中可能出现的如通货膨胀、资金短缺、城乡差别以及人口控制等问题，也作了充分的估计。

附：部分经济学著作、译著、工具书索引

著　　作

经　济　学

《资本论》第二稿研究　李善明主编　山东人民　1992.2　447页

《资本论》的结构　蒋绍进、王锦涛著　山东人民　1992.2　300页

《资本论》创作史简编　田光、陆立军著　人民　1992.9　504页

当代公有制经济模式对策论：《资本论》的社会主义经济思想体系研究　董玉魁著　黑龙江人民　1991.10　528页

经济学方法论　廖士祥主编　上海社科院　1991.8　259页

经济系统的自组织理论：现代科学与经济学方法论　沈华嵩著　中国社科　1991.4　227页

经济发展原理　傅子行等著　湖南　1991.12　272页

经济增长概念　梁代良、李贵清著　东北师大　1991.9　169页

微观宏观经济学　杨君昌著　立信会计　1992.6　503页

论科学技术是第一生产力　本书编选组编　中央党校　1991.12　228页

科技进步与经济发展　任廷枢、严华编　重庆大学　1991.10　343页

当代资本主义经济　赵志清主编　福建人民　1991.8　262页

当代资本主义经济特征　刘美珣主编　清华大学　1991.4　403页

当代垄断资本主义经济　龚维敬著　三联上海分店　1991.7　484页

当代帝国主义经济问题研究　李达昌著　四川人民　1991.7　226页

商品经济学　王永年主编　中国经济　1991.8　359页

社会主义商品生产存在的条件　梁文祯著　中国城市　1991.7　98页

社会主义市场模式研究　赵效民　贾履让主编　经济管理　1991.12　552页

社会主义经济理论与方针政策　贵培根、苏良基主编　北京经济学院　1992.4　284页

社会主义经济理论与经济政策　刘景岐等主编化学工业　1991.9　241页

社会主义经济理论与经济政策　朱学新主编　华东化工学院　1991.12　285页

市场体系的构造与耦合：社会主义市场体系的理论探索　程恩富、张晖主编　江苏人民　1991.12　336页

马克思生产劳动理论与当代现实　陈永志著　厦门大学　1991.5　238页

剩余收益论　沈德仁著　新疆人民　1991.10　205页

建立公有制商品经济体制：公有制与商品经济兼容研究　魏杰、林亚琳著　东方　1992.2　104页

公有制经济运行的理论分析——上海三联书店1991年经济学论文选　陈昕主编　三联上海分店　1991.8　187页

所有和占有的理论与实践　黄声仲著　湖南师大　1991.4　174页

国家所有权研究　王利明著　人民大学　1991.4　328页

国家所有权与企业经营权适度分离研究　吴文翰主编　兰州大学　1991.6　250页

现代产权经济学　张军著　三联上海分店　1991.7　248页

股份经济学　肖灼基主编　甘肃人民　1992.1　276页

本栏收录1992年国内正式出版的经济类新书，其中包括1991年出版但在1992年上市的图书。因篇幅所限，主要选收学术性、资料性和应用性强的部分书籍。关于编辑体例及图书著录规则均与本年鉴以前各卷相同。

股份制经济学概论：股票、债券、证券交易所和股份制度 于纪渭著 复旦大学 1991.4 290页

公有制的命运 袁恩桢等著 上海社科院 1992.1 196页

合作经济运行学 马振铭、高兴华著 青岛海洋大学 1991.5 294页

支配价值论 王献立著 河南人民 1991.12 373页

资本积累论与现代资本主义：理论的和实证的分析 高峰著 南开大学 1991.11 395页

失衡经济学导论 魏杰著 人民大学 1991.4 265页

经济杠杆理论与实践：续二 中国经济杠杆研究会编 中国财经 1991.11 567页

分配经济学 杜康等著 华中理工大学 1991.7 275页

分配系统论 高书生著 中国经济 1992.2 209页

经济发展与产业结构 张蕴岭主编 社会科学文献 1991.6 323页

区域经济理论与政策 朱明春著 湖南科技 1991.12 285页

小型经济概论 林振淦等著 湖南 1991.12 465页

发展经济学概论 蔡思复、张燕生主编 北京经济学院 1991.9 304页

农业国工业化问题：发展经济学通论 第一卷 张培刚著 湖南 1991.8 413页

当代西方经济学 詹仲主编 太原理工大学 1991.10 383页

中级西方经济学 上册：微观经济理论 魏埙主编 山西人民 1991.10 403页

西方经济学研究 方崇柱主编 上海人民 1991.12 464页

西方社会主义经济理论述评 黄泰岩主编 人民大学 1991.10 324页

当代西方经济学说评介 潘琼林著 湖南师大 1992.4 203页

毛泽东经济思想研究 倪大奇著 复旦大学 1991.10 283页

邓小平经济思想研究 赵文博等主编 南京 1991.6 279页

陈云与新中国经济建设 本书编辑组 中央文献 1991.5 529页

中国著名经济学家论改革 何伟、魏杰主编 北京 1992.12 907页

我的经济观 (1) 江苏人民出版社编辑、出版 1991.12 907页

我的经济观 (2) 江苏人民出版社编辑、出版 1992.2 855页

袁宝华经济论文集 袁宝华著 中国经济 1991.11 613页

邱纯甫文集 邱纯甫著 中国经济 1991.10 550页

经济学说史教程 李靖华著 西北大学 1991.11 457页

外国经济思想史 赵崇龄著 云南大学 1991.6 721页

西方经济学说史 胡寄窗主编 立信会计 1991.9 481页

马克思主义经济思想史 中国人民大学马列主义发展史研究所编 中央党校 1991.6 539页

社会主义政治经济学史 黄家驹、杨文汉主编 陕西人民 1991.10 422页

世界经济

当代国际经济导论 倪云虎、孔伟成著 浙江大学 1992.1 263页

国际经济关系的理论和实证分析 陈亚温著 湖南 1991.12 490页

当代资本主义经济与政治 李维贵等 云南人民 1991.11 347页

大变动中的世界经济 程极明著 江苏人民 1992.4 140页

惯性下的增长：九十年代世界经济透视 张远等编 江苏人民 1992.1 266页

世界经济热点问题研究 曾国平等主编 吉林大学 1991.11 268页

超越国界：第四届共同体国际讨论会文献集 上海国际问题研究所编 三联上海分店 1991.5 211页

债务——第三世界的桎梏 甄炳禧著 世界知识 1991.8 375页

对外经济开放发展战略比较研究 吴振坤主编 中央党校 1991.10 484页

战后世界经济大事100件 张健著 新华 1992.3 190页

国际石油经济 石鸿熙著 石油工业 1992.2 318页

太平洋的崛起 武桂馥等著 人民日报 1991.1 297页

太平洋经济的崛起与合作 沈贵进著 中国对外贸易 1991.9 224页

东南亚十国概览 秦钦峙等编著 云南人民 1992.7 524页

东北亚金三角 崔龙鹤等主编 延边人民 1991.6 364页

“欧洲——1992”国际学术讨论会文集：汉英对照 百家 1991.5 167页

非洲国家经济发展与改革 中国现代国际研究所编 时事 1992.3 227页

加拿大经济 张崇鼎等编译 电子科技大学 1992.1 407页

战后日本经济腾飞之谜 刘鉴如、柳长生主编 天津科技 1991.9 209页

日本产业政策研究 陈淮编著 人民大学 1991.3 260页

欧美经济史 夏炎德著 三联上海分店 1991.6 824页

中国经济

中国经济概论 肖灼基主编 经济日报 1992.3 731页

改革、开放与增长:《中国经济论坛》1991年学术论文集 《中国经济论坛》编委会编 三联上海分店 1991.5 165页

中国十年经济改革理论探索 张卓元、黄范章主编 中国计划 1991.5 303页

中国十年经济体制改革研究 文家瑜主编 山东大学 1992.4 363页

改革十年 袁思祯著 上海社科院 1991.7 142页

80年代中国经济改革与发展：研究报告 续集 刘国光等著 经济管理 1991.7 490页

中国经济体制改革之路 陈荣著 上海社科院 1991.6 200页

治理整顿、深化改革的理论和对策思考 刘诗白主编 西南财经大学 1991.5 257页

《资本论》与当化中国经济 宋涛主编 江西人民 1991.11 292页

现实与抉择:来自国家计委经济研究中心的报告：1991 国家计委经济研究中心编 上海人民 1991.10 331页

中国的经济体制改革 高尚全著 人民 1991.4367页

中国经济矛盾论 谷振宇著 山西经济 1991.7271页

比较经济政策：经济改革的理论思考 张幼文著 安徽人民 1991.5 324页

中国当代经济 潘富龄等主编 天津科技 1991.12 376页

改革·开放·发展 马洪编著 山西经济 1991.1 301页

九十年代中国经济的改革与发展：第四次中日经济学术讨论会论文集 吴家骏、江海波主编 经济管理 1992.2 370页

改革与发展的理论思考 王珏主编 中央党校 1991.7 276页

当代中国经济问题探索 宋养琰著 北京 1991.12 550页

改革中的探讨与思考 黄迪民、李峰主编 西北工大 1992.2 244页

发展改革的两个关键——高技术产业化与反腐败 马宾著 中国国际广播 1991.10 284页

经济改革 北京市体改办编 北京科技 1991.12 436页

经济体制改革新思考 丁任重著 西南财经大学 1992.3 252页

八十年代的探索：经济体制改革理论与对策 廖曙辉著 经济管理 1991.12 212页

论竞争性市场体制 吴敬琏、刘吉瑞著 中国财经 1991.12 352页

走向开放的中国经济：理论、模式、路线 方生主编 经济日报社 1991.11 414页

开放经济的理论与实践 朱钟棣、陈锡荣著 西南财经大学 1991.10 212页

中国开放经济论 王伟民主编 中山大学 1991.8 485页

对外经济学 夏和坤主编 杭州大学 1991.5 284页

建立新的所有制体制：我国所有制体制的发展方向 魏杰著 东方 1991.2 98页

中国:公有制、经济运行·宏观调控 刘家琪主编 中国财经 .1991.7 262页

并存与竞争中的协调发展：论公有制为主体的多种所有制并存 林岗著 陕西人民 1991.6 467页

中国经济效益问题研究 汪海波主编 经济管理 1991.5 527页

积累率研究：中国的理论与实践 罗云毅著 中国商业 1991.9 166页

建国后经济过热现象探析 冯全武等主编 1991.8 197页

雇工新论：中国现阶段私营经济问题研究　葛林著　南京　1992.3　222页

经济建设方针政策简论　李鑫、马泉山著　经济管理　1991.12　133页

中国经济增长论　林叶、孙伟化著　黑龙江人民　1991.3　298页

中国与世界经济发展的比较　刘国平著　湖南　1991.5　303页

中国经济发展比较研究　孙培钧主编　北京大学　1991.3　349页

中国发展蓝图：1991—2000　新华社对外新闻编辑部　新华　1991.12　633页

当代中国社会生产力考察　熊映梧主编　人民　1991.2　330页

从贫困走向富裕　罗必良著　重庆　1991.6　448页

产业组织及有效竞争：中国产业组织的初步研究　王慧　主编　中国经济 1991.9　454页

经济技术开发区研究　郑宁主编　中国财经　1991.8　414页

中国国土资源概况　童扬芬、黄仲权著　广东地图　1991.7　439页

中国能源基地经济区产业经济研究　冯宗宪等著　西北交大　1991.7　208页

中国国防经济运行分析　游潜之等著　中国财经　1992.4　434页

中国地区发展与产业政策　马洪、房维中主编　1991.11　1414页

中国区域经济研究　刘振亚、张振西主编　中国经济　1991.8　345页

民族区域经济开发规划和管理纲要　李文潮主编　中央民族学院　1991.7　341页

晋陕豫蒙宁能源基地地区产业规划与布局　吴德春等主编　中国计划　1991.2　303页

长江三角洲地区产业结构和布局　本书编委会中国计划　1991.8　433页

开发大西南　综合卷　《开发大西南》从书编委会　学苑　1991.9　537页

烟台经济改革十二年：1979—1990　烟台市体改委编　改革　1991.6　783页

上海市杭州湾北岸地区综合开发规划研究　谢自奋主编　上海科普　1991.9　354页

江苏沿江经济发展战略研究　洪昌仕等著　江苏教育　1991.10　272页

江苏科技进步与经济发展展望　沈谊主编　江苏人民　1991.7　357页

综合开发湖北长江经济带的构想　程小琴著　测绘科技大学　1991.5　244页

福建沿海开放区经济综合开发研究　福建省委政策研究室编鹭江　1991.5　348页

厦门经济特区宏观经济管理研究　厦门市计委编　鹭江　1991.6　180页

历史的选择：广东改革开放的探讨　刘维明著　1991.9　152页

汕头经济特区十年：1981—1991　本书编委会　广东人民　1991.1　188页

深圳特区的昨天、今天和明天：深圳十年改革开放概览　本书编写组　中山大学　1991.9　209页

粤港经济合作新阶段　丁励松主编　广东人民　1991.5　172页

云南省不同类型民族地区分类指导研究　谢本书主编　云南人民　1991.5　280页

西藏——非典型二元结构下的发展改革：新视角讨论与报告　孙勇主编　中国藏学　1991.11　357页

香港经济运行规则评介　佐牧主编　上海社科院　1991.11　118页

90年代海峡两岸及香港经济合作前景　周叔莲等著　经济管理　1991.11　321页

大陆与台港澳经济关系与合作　姜殿铭编　中国友谊　1991.7　249页

我国大陆与台湾财产权制度比较　王克衷主编　福建人民　1991.5　458页

转型期的台湾经济与社会　中国社科院台湾研究所编　时事　1991.11　308页

台湾科技经济发展概论　鲍振元著　福建科技　1991.8　315页

中国第一部经济史：汉书食货志　黄绍筠著　中国经济　1991.8　227页

中国古代经济史　余也非著　重庆　1991.3　894页

魏晋南北朝经济史新探　张尚谦著　云南人民　1991.10　148页

中国现代经济史　黎惠英等主编　吉林大学　1991.3　266页

中国经济制度史　赵冈、陈钟毅著　中国经济　1991.9　323页

中国近代盐务史资料选编　第二卷　南开大学经济研究所编　南开大学　1991.6　342页

上海近代经济开发思想史　马伯煌主编　云南人民　1991.10　398页

民族资本主义与旧中国政府：1840—1937　杜恂

诚著 上海社科院 1991.6 525页

太古集团在旧中国 张仲礼等著 上海人民 1991.6 244页

新中国经济的变迁和分析 杨坚白等著 江苏人民 1992.2 395页

中国经济地理 安成谋等主编 中国财经 1992.2 542页

孙敬之文集：经济地理学与人口学 孙敬之著 中国财经 1992.2 433页

国民经济计划与管理

宏观经济计划管理学 罗隽、熊大达主编 海洋 1991.9 454页

宏观调控与计划管理 孙国宾著 中国商业 1991.9 267页

计划经济与市场调节如何结合的探索 房维中主编 中国计划 1992.2 435页

不宽松的现实和宽松的实现：双重体制下的宏观经济管理 上海人民 1991.8 999页

经济系统工程 赵一锦主编 西南财经大学 1991.10 208页

国民经济中长期发展模型研究 张鸿博等著 中国科技 1991.7 250页

国民经济循环总矩阵模型 陕西统计局本课题组著 中国统计 1991.8 227页

经济决策与方法 孙学敏著 河南人民 1991.5416页

经济决策的逻辑程序 鞠福臻等著 人民大学 1991.6 248页

经济分析方法论 张塞著 中国统计 1992.1 81页

经济效益与计算方法 张立波等著 山西经济 1992.1 362页

经济信息概论 郭多林主编 吉林大学 1991.8269页

经济信息与信息经济 乌家培等著 中国经济 1991.7 213页

国民经济监督系统研究 上海财经大学课题组 中国财经 1992.1 334页

产业经济学 郑林著 河南人民 1992.4 521页

经济结构理论、应用与政策 孙尚清主编 中国社科 1991.6 582页

产业政策研究 吴冬梅等主编 华南理工大学 1991.8 247页

产业政策的经济理论系统分析 周振华著 人民大学 1991.4 306页

产业结构优化论 周振华著 上海人民 1992.3293页

生产力布局学 李树琮著 东北财经大学 1992 12.352页

江苏投入产出模型与应用 曹楷、汤以伦主编 东南大学 1992.2 307页

区域开发与规划 黄以柱主编 广东教育 1991.12 507页

科技进步与区域开发 陕西省科委政策处编 西北工大 1992.1 470页

如何清理三角债：清理“三角债”中的法律问题 本书编写组 1991.12 258页

国民经济核算概论 刘奇主编 中国经济 1991.7 247页

两大核算体系及其在我国的应用 李钟著 中国计划 1991.5 430页

地区国民经济核算的理论与实践 薛军等著 山西经济 1992.1 369页

资产评估理论与方法 徐兴恩著 北京经济学院 1991.9 190页

数量经济学的新发展 李京文、张守一主编 社科文献 1991.11 566页

企业数量经济学应用趋势 吴连生等主编 社科文献 1991.6 265页

统计信息系统 罗永泰主编 天津科持 1991.9297页

定性资料的统计分析 张尧庭等著 广西师大 1992.11 208页

在沃土上：《中国统计》优秀文章选编 《中国统计》编辑部编 中国统计 1991.9 268页

统计参与决策100例 谢雨德等主编 中国商业 1991.4 361页

经济技术协作统计概论 马俊林等主编 华南理工大学 1992.1 297页

国民经济各部门价值量统计 吴玉春、李岗著 中国统计 1991.11 249页

会计审计新学科概论 王维、曹大宽主编 河南人民 1991.10 567页

高级财务学 刘恩禄、汤谷良著 辽宁人民 1991.6 487页

高级会计学 向泽生主编 辽宁人民 1991.8 465页

西方财务管理与会计核算 檀录华等主编 新华 1992.1 425页

财务管理信息系统　周金琪主编　中国财经　1991.9　509页

物价变动会计　葛家澍、曲晓辉著　北京经济学院　1991.11　346页

涉外会计学　德平等著　辽宁人民　1991.8　314页

破产会计　裘宗舜、王平著　中国财经　1991.8189页

审计论丛　白玉贵主编　朝鲜民族　1992.4　549页

高级审计学　边恭甫著　辽宁人民　1991.8　645页

审计调查理论与方法　王培忠等主编　山西经济　1992.4　310页

社会主义经济与审计监督　邢俊芳著　经济日报　1991.9　236页

经济效益审计学　竹德操、吴云飞主编　西南财经大学　1991.8　414页

物资财务物价审计文集　本书编辑组编　北京经济学院　1991.8　311页

全国内部审计优秀成果精萃　审计署审计体系指导司编　辽宁大学　1991.2　340页

审计史初探　白玉贵著　黑龙江人民　1992.2　248页

人口理论　梁文达、张克勤主编　中国人口　1991.11　253页

田雪原文集　田雪原著　中国经济　1991.6　393页

人口结构学　刘长茂主编　中国人口　1991.7　389页

人口控制的理论与实践　国家计生委宣传教育司编　中国人口　1991.11　252页

人口决策学　苗霞、杨新科著　兰州大学　1991.7　185页

人口大国的希望：人力资源经济概论　姚裕群主编　中国人口　1991.5　250页

人口资源经济活动分析　陈宇等编　中国劳动　1991.12　309页

人口态势与对策研究　万长文主编　四川人民　1991.6　455页

人口老龄化对策研究　浙江老年学会编　浙江大学　1991.11　397页

世界人口通论　潘纪一、朱国宏著　中国人口　1991.10　421页

各国人口政策比较　侯文若著　中国人口　1991.5　326页

中国人口总论　袁永熙主编　中国财经　1991.9632页

中国人口1990年人口普查10%抽样资料：电子计算机汇总　国务院人口普查办公室　中国统计　1991.8　708页

中国第一资源：人力资源开发利用理论与实践　潘金云主编　机械工业　1991.12　245页

中国人口素质　吴进义主编　中央党校　1991.8222页

中国人口的困境与对策　杜亚军主编　中国人口　1991.8　369页

中国人口分析与区域特征　刘岳等主编　海洋　1991.6　401页

中国人口发展史　葛剑雄著　福建人民　1991.6411页

中国古代户籍制度史稿　宋昌斌著　三秦　1991.6　498页

中国历代的人口与户籍　杨子慧、张庆五著　天津教育　1991.11　132页

劳动经济学　张启山主编　中国经济　1991.4　329页

国外人力管理　张煌、张涛著　山西人民　1991.11　267页

中国——劳动力市场发展的经济分析：从微观到宏观　符钢战编　上海人民　1992.1　532页

全员劳动合同制理论与实践　龚树基主编　中国财经　1991.5　389页

绚丽的改革之花：企业劳动工资社会保险制度改革典型经验选编　企业劳动工资保险典型经验编选组　中国劳动　1991.8　318页

就业·失业　信长星著　人民大学　1992.3　131页

论双轨工资制　翟祥松、金德水著　经济管理　1991.11　336页

企业工资改革方案与操作方法评述　陈乃醒、杨予新主编　经济管理　1991.6　727页

中国第二职业问题　劳动部政策法规司编　中国劳动　1991.6　225页

劳动工资社会保险制度改革文献选编　赵履宽主编　山西经济　1992.6　357页

1990年中国城镇居民家庭收支调查资料　国家统计局城调队编　中国统计　1991.10　295页

物资经济学　孙国武著　上海翻译　1991.7　326页

物资流通经济学　孙启源、毕黎明主编　中国商业　1991.6　264页

物资流通经济分析 王中明等著 浙江大学 1991.11 278页

物资工作与物资体制改革 柳随年著 中国物资 1991.7 518页

中国物资系统概况 柳随年等主编 中国物资 1991.12 543页

中国企业现代化经营管理理论与实践 王中蕃主编 浙江人民 1991.12 891页

企业发展纵横谈:走向2000年的启迪 李华君等主编 山东大学 1991.10 281页

比较社会主义企业制度 刘伟著 中国经济 1991.7 247页

深化企业改革新思考 王康农主编 河南人民 1991.9 324页

国有制企业模式探索:玉溪卷烟厂企业体制的深层次思考 褚时健、魏杰著 中国金融 1991.9 418页

企业组织与市场体制 张春霖著 三联上海分店 1991.8 193页

企业兼并论 杜飞进、吴勇敏著 浙江人民 1991.12 191页

企业集团发展与实践 本书编写组 湖南科技 1992.3 260页

现代经济的支柱——企业集团 卓福民主编 上海人民 1991.8 373页

企业集团的理论与实践 顾宝孚等主编 贵州人民 1991.10 292页

企业集团:模式构想与道路选择 邱靖基、陈佳贵主编 经济管理 1991.7 294页

九十年代中国企业瞭望 本书编委会 中国工人 1991.5 192页

企业管理优秀论文集 《河北企业》编辑部编 企业管理 1991.5 243页

企业管理咨询的理论与方法 中国企协咨询服务中心 企业管理 1991.8 811页

管理与效率 孙景春著 吉林大学 1992.2 311页

企业承包制股份制论纲 薛金文、颜世芳主编 陕西人民 1991.2 336页

企业承包制纵横 徐惟清主编 改革 1991.6 311页

企业人才学 胡立坤等著 科技文献 1992.1 317页

企业与人才 王雅卿主编 辽宁民族 1991.12202页

企业技术进步分析 王振江等著 上海科技文献 1992.1 221页

科技成果与企业发展 殷正坤等主编 华中理工大学 1991.7 189页

企业民主管理十年发展:1981—1991征文选 全国总工会编 经济管理 1991.11 367页

企业民主管理理论与实践 龚庆珠主编 中国华侨 1991.12 191页

现代工商企业经济效益分析 李有智等主编 湖南科技 1991.7 372页

企业内部银行的理论与实践 郝天民主编 广西教育 1991.10 312页

简明企业社会学 江波、詹一之主编 四川人民 1992.2 257页

企业文化:企业精神与职业道德 张良等主编 陕西人民 1991.12 257页

怎样才能搞活国营企业 杨培新著 机械工业 1991.12 177页

大中型企业经济效益探析 赵怀让主编 北京经济学院 1991.7 242页

中小企业的经营管理与发展 邹艳 符宇忠主编 南京 1991.12 329页

中外合作经营企业 初保泰、董薇园著 中信 1992.3 248页

中外合资企业导论:投资、组建、管理 林功实、周焕鹏著 清华大学 1992.2 268页

中外合资经营企业管理概论 李书华等主编 复旦大学 1991.10 250页

外商投资企业管理研究 吴祥钧等著 中央党校 1991.11 251页

管理与开拓:上海市优秀企业管理经验 上海市企协等编 上海人民 1991.9 345页

上海企业跨国经营初探 顾达、陆伯文主编 上海科技文献 1991.6 250页

国际工商企业经营管理 邓志阳等主编 暨南大学 1991.12 287页

国际企业财务管理 屠绍元、邵晨著 厦门大学 1991.6 519页

跨国公司概论 滕佳藻等主编 人民 1991.7 416页

日本企业经营管理新编 陈重等编 企业管理 1992.3 289页

中国传统文的现代管理价值 张济兴著 北京经济学院 1991.6 167页

《老子》智慧与经营管理 张锦明著 学林 1991.1 167页

孙子兵法与经营之道 老简著 黑龙江人民

1991.10 211页

孙子兵法与竞争谋略 张世和著 重庆大学 1991.4 159页

三国演义与企业领导谋略 昌 主编 中国矿业大学 1991.10 360页

中国民族资本主义企业经营与管理 李刚著 西北大学 1992.3 271页

中国市长谈城市建设 王树茂主编 辽宁人民 1991.12 428页

城市产业结构的调整与优化 杨明远著 黑龙江人民 1991.12 316页

城乡协调发展研究 周尔基等著 江苏人民 1991.12 331页

中国城镇集体经济的发展与管理 杨安勤等主编 重庆大学 1991.6 282页

大城市流动人口研究 中国城市科学研究会编 中国社科 1992.1 354页

流动人口对大城市发展的影响及对策 李梦白等著 经济日报 1991.5 359页

大城市地区国土综合开发政策研究 方磊主编 上海社科院 1991.9 477页

中国东部沿海城市的发展规律及经济技术开发区的规划 董鉴泓主编 同济大学 1991.12 176页

中等城市经济改革与发展 中国城市经济学会编 南京 1992.1 230页

中国城市改革初探 齐乃贵等主编 山东人民 1991.1 123页

市县规划规范化理论与实践 陈声南等主编 中国商业 1991.3 506页

县域经济建设与管理概论 贾英勋主编 吉林人民 1991.3 237页

小城镇建设的新路 广州市建委村镇建设学会编 广东地图 1991.7、305页

住宅经济学 孙志诚主编 四川 1992.2 300页

住房改革与房改金融 于学龙主编 知识 1992.2 453页

中国城镇住房改革的问题与方案 世界银行亚洲区中国局城市发展处编 中国财经 1992.3 150页

房改目标、模式与运行:论“提租补贴”模式 戴香、孙武志著 中国经济 1991.12 207页

我国住房制度改革的探索 云志平等著 中国财经 1991.6 213页

租房、买房 邱泽元等著 人民大学 1992.3 116页

中国房地产经济研究 杨重光、刘继新著 河南人民 1991.12 376页

城市住房与房地产业改革 桑荣林主编 上海人民 1991.6 652页

外国城市住宅问题研究 陈光庭主编 北京科技 1991.11 372页

经济法学 孙晓清主编 辽宁大学 1991.4 398页

经济行政法概论 贺东民主编 陕西人民 1991.5 601页

中国经济法通论 曹平主编 广西教育 1991.5518页

经济管理大系:经济法卷 扬洪、徐杰主编 上海人民 1991.6 826页

发展与改革的经济法律分析 杨春堂著 吉林人民 1991.12

主体·秩序·法律:经济秩序中的若干法律问题研究 剑峰等主编 河南大学 1992.4 386页

经济干部专业法律教程 上海市经委编 上海人民 1992.3 191页

维护公平竞争法 吴 主编 中国人事 1991.9533页

中国农业经济法若干问题研究 陈继明等主编 立信会计 1991.2 249页

中国企业运行的法律机制 顾培东主编 重庆 1991.4 305页

现代劳动法学 范建学等主编 山东大学 1991.5 381页

中国劳动立法问题 夏积智主编 中国劳动 1991.7 237页

科技法学 赵震江主编 北京大学 1991.8 551页

专利法研究 中国专利局专利法研究所编 专利文献 1991.9 348页

价格法概论 陶人主编 北京经济学院 1992.4149页

中国税法通论 曹鸿轩等著 陕西人民 1991.10 355页

金融法学 郭国有等主编 河南人民 1991.5 275页

中国海商法年刊:1990 中国海商法协会主编 海运学院 1991 475页

中国国际贸易法 任荣明主编 航空航天大学 1991.10 417页

对外开放法规政策选编 天津市政府研究室等编 天津社科院 1991.11 4册

涉外经济法概要 陈训敬主编 福建人民

1991.6 230页

中国涉外经济法概论 孙遥春主编 中山大学 1991.11 435页

中国涉外经济法律问题 黄炳坤主编 广西人民 1991.9 433页

涉外经济合同法律问题 李仕安主编 南京 1991.11 254页

中外合资企业法律的理论与实务 曾华群著 厦门大学 1991.6 315页

当代西方经济法律制度 李昌道主编 上海人民 1991.10 364页

外国经济法：南朝鲜卷二 陈龙山主编 吉林人民 1991.12 1484页

美国专利及商标保护 孟庆法等著 专利文献 1992.5 422页

农业经济

农业经济学 雷海章主编 中国科技 1991.12 354页

农村经济研究 陈锡根著 上海人民 1991.10 333页

现代化农业的模式选择 孟繁琪等著 农业 1991.12 299页

农业政策学 方 庆主编 中国财政经济 1991.6 368页

世界农业：发展格局与趋势 丁泽霁著 农业 1991.5 141页

世界农业经济概论 綦好东 刘明厚主编 青岛海洋大学 1991.8 375页

亚洲农村合作社经济 毕美家 管爱国编著 中国商业 1991.7 267页

八十年代中国农业改革与发展 何 康著 农业 1991.9 520页

农村发展与对策探讨 黄奕妙等主编 宁夏人民 1991.12 220页

中国农村的合作经济 韩元钦主编 东北师范大学 1991.7 349页

中国农村产业结构论 王贵宸等编著 人民 1991.5 324页

中国农村：政策研究备忘录(2) 农业部经济政策研究中心编 改革 1991.10 480页

农村改革探索 袁德政 赵俊臣主编 云南人民 1991.8 378页

乡镇长(书记)谈深化农村经济改革 马方建主编 北京经济学院 1991.4 245页

中国农业问题研究 农业部农业政策研究会主编 农业 1991.5 327页

倒悬的金字塔：中国农业现代化的几个问题 方原著 农业 1991.12 80页

中国农业经济十大问题 张瑞著 东北财经 1992.3 138页

中国农业若干问题 陈俊生著 中国青年 1992.2 537页

经济腾飞之源 张家禄等著 西南财经大学 1991.12 150页

农民生产积极性的困扰与出路 唐洪潜主编 西南财经大学 1991.12 503页

中国农村新型合作经济典范荟萃 王景师 孙普主编 北京 1992.3 346页

改革中的农村与农民：对大寨、刘庄、华西等13个村庄的实记研究 陆学艺主编 中央党校 1992.4395页

发展农村集体经济之路 朱 毅 张德广主编 河南人民 1991.9 527页

科技兴农的理论与实践 沈桂芳 饶用虞主编 四川大学 1991.12 436页

农业经济与科技发展研究：1991 中国农业科学院农业经济所编 农业 1992.5 260页

科技副县长工作实践 浙江省科技干部局编 浙江大学 1991.1 263页

希望与探索：来自农村第一线的报告 徐振汉主编 成都 1991.10 255页

来自大后方的报告(上)：一个县委书记的农村工作记事 朱思炎著 经济日报社 1992.1 273页

农村经济发展与管理概论 刘凤权 李增秋主编 中国经济 1991.6 311页

全国农村经济发展十年规划和第八个五年计划 本书编委会编 中国经济 1991.10 586页

农业信息学概论 朱振道著 河南人民 1991.10 183页

农业综合工发的实践与对策 颜伯勋等主编 广西民族 1991.7 403页

农业区域开发技术对策 全国农业区划委员会办公室编 农业 1991.9 536页

农业区划与农业工发：理论·实践 王丕章等主编 辽宁科技 1991.12 378页

农业投入研究 李鸿儒等编著 科学技术文献 1991.7 272页

农村劳动力资源利用与配置 郭正模 赵 巍著 四川人民 1991.4 294页

农业投资与管理 曹 骏主编 西南财经大学

1991.12 537页

中国农业资金问题研究 赖瑞华主编 中国人民大学 1991.7 397页

积极建立农业合作发展基金 张 雪主编 山西经济 1991.7 185页

中国社会主义土地经济问题 张朝尊主编 中国人民大学 1991.7 260页

论社会主义的地租与地价 马炳全等著 中国农业科技 1991.10 369页

走出困境之路：当前中国农村土地制度研究 杨沛英等著 陕西人民 1992.1 202页

中国农村土地制度的理论探索 曲福田著 江苏人民 1991.4 171页

土地利用现状调查成果应用经验汇编 国家土地管理局等编 农业 1992.5 117页

当代农村社会化服务体系建设 王建功主编 1991.12 410页

中国农村改革之路：论家庭承包与社会化服务 张广友 赵莉主编 气象 1991.4 200页

农村服务经济概论 王宝诚 柏继民主编 改革 1991.9 406页

中国当代乡镇经济问题研究 吕大洲等著 吉林大学 1991.3 200页

农村振兴与小城镇问题：中日学者共同研究 费孝通等著 江苏人民 1991.4 376页

非农化与城镇化研究 辜胜阻著 浙江人民 1991.12 223页

种值业生产结构与发展前景 种植业生产结构与发展前景研究组编 农业 1991.8 193页

中国粮食问题研究 苏兆新等著 湖北人民 1991.6 245页

粮食工作若干问题哲学思考 陈 晖著 黑龙江人民 1991.8 141页

粮食经济的财政对策 陈文水 廖文田主编 中国财政经济 1991.9 253页

拯救大森林文集 余宏道等主编 黑龙江人民 1991.9 389页

林区经济研究 大兴安岭林区课题组编 黑龙江人民 1991.11 576页

中国乡镇企业现状与前景 刘 宇等著 电子科技大学 1991.12 251页

乡镇企业十年观察与思考 夏令发著 中国科技 1991.8 178页

牧区经济发展 张建华 侯少平主编 中国经济 1991.1 438页

畜牧区生产结构与发展前景 畜牧业生产结构与发展前景研究组编 农业 1991.6 205页

草原畜牧业经济论 邰霖 李俊生著 中国财政经济 1992.3 167页

畜牧扶贫与开发 李仲昌 将 英主编 农业 1991.10 213页

中国水产业生产结构和发展前景 水产业生产结构和发展前景研究组编 农业 1991.6 145页

中国渔业机械化调查和区划 本书编写组编著 浙江科技 1991.4 209页

中国浅海滩涂渔业区划 本书编写组编著 浙江科技 1991.6 165页

贫困地区农村经济发展概论 姜绍卿主编 辽宁人民 1991.9 294页

中国山区经济学 徐荣安主编 农业 1991.12 444页

黄土高原区域治理与评价 杨文治 余存相主编 科学 1992.3 424页

淮北地区水土资源开发与治理研究：中国科学院黄淮海平原综合治理研究：1986—1990 周明枞 姚培元主编 科学 1992.2 261页

中国古代农业 李根蟠著 天津教育 1991.11 133页

中国古代著名的水利工程 朱学西著 天津教育 1991.11 125页

中国屯垦史 下册 王毓铨等著 农业 1991.12 124页

上海农业合作经济史料 陈锡根 范广龄主编 上海人民 1991.6 493页

东北近代林业经济史 王长富著 中国林业 1991.9 416页

农业地理与政策 范慕韩著 科学普及 1992.2 132页

工业经济

工业经济管理概论 易济林 樊 为编著 武汉工业大学 1991.8 334页

新编工业经济管理学 薛家凯主编 中国经济 1991.8 350页

工业管理工程导论 李 业主编 华南理工学院 1991.9 528页

工业发展新探 李长铎 王有杰主编 河南人民 1991.9 290页

产业配置经济学导论：理论、方法和模型 孟庆学 朱东尧著 东北财经大学 1991.11 460页

技术引进和标准化 王占第 徐 涛编 辽宁科

技 1991.11 210 页

技术引进与可行性研究 齐 欣 姜津祥著 天津科技 1991.12 455 页

论提高工业经济效益 赵贺春著 上海社会科学院 1991.4 242 页

工业增长与效益新论 廖千山著 广西人民 1991.8 178 页

现代工业企业管理学 吕天琮等主编 甘肃科学技术 1991.4 433 页

矿产经济学 陈希兼等主编 中国国际广播 1992.2 236 页

能源经济学 华泽澎主编 石油大学 1991.3 430 页

能源价格 石 瑛著 浙江大学 1992.3 310 页

石油工业技术经济学 李慧珠主编 石油大学 1991.8 240 页

当代世界工业 韩 琦等著 山东人民 1992.1 358 页

世界汽车浪潮 孙益年编著 经济管理 1991.6 401 页

中国工业化理论和实践探索 吴敏一 郭占恒著 浙江人民 1991.12 385 页

中国工业的发展与改革 周叔莲等著 经济管理 1992.3 397 页

中国工业化问题初探 郭 庆 胡鞍钢著 中国科学技术 1991.3 200 页

后来居上:中国工业发展新时期展望 刘世锦 江小涓著 中信 1991.12 190 页

评价我国工业经济效益的新指标体系 李建立等著 中国计划 1991.5 329 页

搞好国营大中型企业政策研究 回良玉等主编 云南人民 1992.4 194 页

中国工业财务现状 国务院全国工业普查领导小组办公室 财政部工业交通财务司编著 中国财政经济 1991.5 451 页

中国非金属矿行业大观:汉英对照 中国非金属矿工业总公司等编 国际文化 1991.9 140 页

中国机械工业经济规模 本书编委会 机械工业 1991.11 319 页

机械电子工业工业工程与综合治理 机械电子工业部科学技术司,机械电子工业部科技咨询委员会组编 机械工业 1991.4 436 页

轻工产品调整与发展战略 瞿伟恩,王文河主编 复旦大学 1991.7 167 页

中国食品工业发展前景 食品工业发展前景研究组编 农业 1991.6 187 页

中国水利 钱正英主编 水利电力 1991.3 668 页

八十年代天津工业发展研究 孙鸿武主编 天津社会科学院 1991.7 641 页

首钢改革 中共北京市委宣传部等编 北京 1992.1 上卷,687 页;中卷,581 页;下卷,662 页

宝钢工程管理的理论与方法 冶金经济发展研究中心等编 冶金工业 1992.4 285 页

宝钢现代化管理 张俊杰主编 上海人民 1991.11 232 页

走向新世纪:郑州纺织机械厂科技兴厂纪实 中国经济 1992.3 188 页

中国古代矿业 李仲钧,李 卫著 天津教育 1991.11 122 页

中国古代的纺织与印染 赵翰生著 天津教育 1991.11 98 页

中国资本主义的历史命运:苏州纺织业“帐房”发展史论 王 翔著 江苏教育 1992.4 474 页

中国近代工业发展史:1840—1927 年 范西成,陆保珍编著 陕西人民 1991.4 314 页

近代南纺织工业史 徐新吾主编 上海人民 1991.5 445 页

交通经济

哲学与运输:现代运输基本理论研究 张磊主编 中共中央党校 1991.8 202 页

公路交通论文集 穆业丰等编 长春 1991.9 337 页

水运工程经济 李国臣著 人民交通 1991.12 272 页

中取华东 陈贤安等编 中国铁道 1992.2 304 页

铁路用地规划与管理研究 张宏吉等主编 东北师大 1991.10 256 页

邮电企业管理的理论与实践 蒋华园等主编 东南大学 1992.3 302 页

中国古代交通 王荣焕著 天津教育 1991.11 117 页

中国公路交通史志编纂综录 交通部公路交通史编委会 中国大百科 1991.7 500 页

中国航海科技史 章 巽主编 海洋 1991.11 374 页

长江航运史:古代部分 罗传栋主编 人民交通 1991.6 461 页

中国航海史纲　孙光圻主编　大连海运学院　1991.3　458页

贸易经济

商业经济学概论　李淑敏，张　毅主编　中国商业　1991.5　269页

商品流通概论　周咏才等主编　湖北教育　1991.8　190页

商业系统工程概论　杜莹芬，姜荣国著　南开大学　1991.7　431页

流通经济论：高涤陈文集　高涤陈著　中国商业　1991.4　499页

工商行政管理总论　蔡良才主编　山西人民　1992.1　285页

中国社会主义商业实践四十年　孙胜名等编著　河南人民　1991.10　289页

商业运行概论：中国商业改革与发展研究　高涤陈等主编　中国物资　1991.8　410页

国内市场国际化：中国经济起飞的必然趋势　孙祥剑著　辽宁人民　1991.10　217页

商贸企业改革之路　傅文学主编　中国商业　1991.5　333页

商品经济与道德　陈　升著　山西教育　1992.2　120页

商业统计分析报告选编　国家统计局贸易物资统计司编　中国统计　1991.4　311页

商业企业计划与调控　孙宗福主编　农业　1991.8　292页

市场学　李学茹主编　天津教育　1991.3　344页

市场管理理论研究　夏家福主编　安徽人民　1991.5　299页

市场管理国际研讨会论文集　杜　岩主编　改革　1991.4　216页

市场监督学　杨克强　齐向东主编　电子科技大学　1991.7　266页

价格学　周亚里，王中亮主编　北京经济学院　1992.3　298页

价格学原理　蒋正甫主编　中国商业　1991.2　274页

社会主义价格理论　于洪平，切禹风主编　东北财经大学　1991.7　359页

宏观价格管理　石建庄等主编　1991.12　332页

价格系统工程　王枝茂编著　山西经济　1991.7　210页

中国社会主义市场价格学　许崇正主编　浙江大学　1991.10　376页

产业价格学　胡伯锁等主编　北京经济学院　1992.3　353页

商业价格学　金家麟主编　中国商业　1991.5　368页

技术贸易学　杨继绳著　新华　1991.5　425页

日用工业品批发体制改革研究　万典武等主编　经济管理　1992.3　260页

食物流通、价格与进出口　食物流通与价格体制研究组，食物进出口战略和对策研究组编　农业　1991.6　145页

中国中长期食物发展战略研究　中国中长期食物发展研究组编　农业　1991.6　199页

中国城市食物消费需求与生产供给　大中城市食物消费与生产供给研究组编　农业　1991.6　132页

居民消费、营养与食物结构　消费水平与食物结构研究组，居民营养与食物结构研究组编　农业　1991.6　157页

不同地区食物发展前景　不同地区食物发展研究组编　农业　1991.6　282页

边境贸易理论与实务　李茂兴等主编　德宏民族　1991.9　408页

服务经济论　百仲尧著　东方　1991.9　359页

现代广告论文选　沈阳市广告协会编　沈阳　1991.3　288页

中国商业史　罗吉义著　云南人民　1991.3　284页

中国古代商业　吴　慧著　天津教育　1991.11　132页

清代前期米谷贸易研究　蒋建平著　北京大学　1992.1　218页

上海总商会史：1902—1029　徐鼎新，钱小明著　上海社会科学院　1991.7　454页

中华人民共和国商业史　赵玉芝，李建勋主编　黑龙江教育　1991.10　332页

中国商业地理学　朱式毅主编　中国商业　1991.8　489页

战后日本物价史：1945—1989　孙执中主编　郭士信等著　中国财政经济　1991.6　477页

国际贸易

国际贸易　汪素芹主编　中国科技大学　1991.5343页

国际市场分析学　刘小龙主编　上海科学普及　1991.3　406页

国际市场营销学　洪质彬主编　中国经济　1991.6　348页

涉外经济管理学　陈双喜主编　大连理工大学　1991.6　369页

对外贸易价格学　陈喜法主编　杭州大学　1991.8　316页

对外贸易出口代理制　王垂芳等编　上海科技　1991.12　148页

物资外贸概论　杨松华著　中国物资　1991.12318页

新编国际商务公约与惯例　王垂芳编　上海科技教育　1992.3　1127页

各国对外经济贸易概况　陈一云编　华中师范大学　1991.6　726页

上海对外经济技术合作　上海对外经济技术合作公司等编　上海科技文献　1991.12　109页

丝绸之路贸易史研究　李明伟主编　甘肃人民　1991.12　364页

中苏经济贸易史　孟宪章主编　黑龙江人民　1992.3　410页

中国近代对外经济关系研究　郑友揆著　上海社会科学院　1991.4　151页

国际经济贸易地理　俞坤一主编　北京经济学院　1992.2　396页

对外贸易运输地理　于宗灵著　对外贸易教育　1992.2　188页

财　政

财政与金融　苏信良编　江苏科技　1991.6　368页

综合财政理论与实务　马骏廷主编　中国财政经济　1991.6　601页

财力经济学　尹文敬等著　上海社会科学院　1991.8　340页

西方财政金融思想发展　王传论编著　西南财经大学　1991.11　278页

国际财政制度比较　姜维壮主编　中国财政经济　1991.7　525页

国际税收学　邢　成著　广西人民　1992.3　471页

西方税收概论　张双照著　湖南师范大学　1991.6　348页

现代税收学　邢西唯，宋德安著　西安大学　1991.6　234页

公债经济论　胡关金等著　杭州大学　1991.12　374页

财政赤字研究　袁振宇著　中国财政经济　1991.8　315页

增值税　张潞生主编　山西经济　1991.5　461页

社会主义税收管理若干问题　刘志诚主编　中国财政经济　1992.1　504页

中国财政体制改革研究　宋新中主编　中国财政经济　1992.4　245页

中国财政发展战略概论　马　明著　吉林人民　1991.7　254页

中国财政政策的理论与实践　谢贤星著　江西人民　1991.5　301页

税收调研文集　崔俊慧主编　山东人民　1992.3　437页

财经论选　陈秉良著　吉林大学　1992.3　568页

税务促产增收参考研究资料　国家税务局编　光明日报　1992.3　444页

中国私营个体经济税收　魏淏如、赵维金主编　河南大学　1991.3　396页

关于财政会计改革的若干问题　葛家澍，毛伯龄主编　西南财经大学　1991.12　171页

地主财政改革现状与对策　农业财务管理专辑　石增泉主编　山西经济　1991.1　168页

县财政理论与实践探索　李武学，陈光金主编　西南财经大学　1991.9　500页

乡财政的理论与实践　李　海，苏　明著　中国财政经济　1991.6　331页

中国社会集团消费概论　《我国社会集团消费问题研究》课题组编　西南财经大学　1991.6　215页

明补·暗补　高德步编著　中国人民大学　1992.3　125页

公债：理论与实践　蔡妙友，余　生著　学林　1991.10　200页

借债·用债·还债：中国对外债务面面观　彭刚，黄卫平编著　中国人民大学　1992.1　137页

新加坡税收原理　刘心一，秦泮义编著　东北财经大学　1991.7　418页

美国加拿大税制改革比较研究　邓子基，邓力平著　中国财政经济　1991.7　434页

中国赋税史纪略　徐世钜著　中国财政经济　1991.6　327页

中国古代的赋税与劳役　张守军著　天津教育

1991.11 113页

唐代财政史新编 陈明光著 中国财政经济 1991.9 349页

中国工商税收史资料选编 第四辑：宋辽金部分 王文素编 中国财政经济 1991.10 333页

中国第一历史档案馆馆藏清代朱批奏批奏折财政类目录 第二分册：关税盐务杂税地租房租 中国第一历史档案馆编 中国财政经济 1991.7 1080页

金 融

马克思的货币银行理论 王永锡主编 西南财经大学 1992.2 373页

货币银行学 孙礼照编著 清华大学 1991.8 295页

金融概论 宋耀明编 立信会计 1992.2 301页

金融管理全书 赵锡安主编 辽宁人民 1992.21355页

金融理论与实践研讨会文集 陈淑魁，布 赫主编 东北财经大学 1992.2 318页

社会主义汇率经济学原理 张志超著 华东师范大学 1991.4 251页

社会主义农村金融学 李锡梁等编著 中国财政经济 1991.5 252页

金融定量分析 严凤喜等编著 华中理工大学 1991.4 298页

金融意识与融资决策 蒋金波，苗海新主编 中国经济 1991.6 479页

现代金融信息经济 郭福木，李秀芝主编 吉林大学 1991.12 316页

金融综合分析反馈导论 栗恒云等著 河北科技 1992.1 481页

西方金融制度 冯肇伯，贾渠平著 西南财经大学 1991.9 563页

国际金融概论 王玉珍著 甘肃人民 1992.1 347页

国际金融专论 钱荣堃主编 中国金融 1991.3 332页

微观国际金融学 林大辉著 中国财经 1991.11 391页

当代国际金融业的革新 宦国琳著 中信 1991.3 166页

货币信用学 郭国有，苗海新主编 中国经济 1991.10 344页

通货膨胀概论 王文斌著 陕西人民 1991.3 284页

通货膨胀与经济增长 张幼文主编 上海社会科学院 1991.10 245页

当代资本主义通货膨胀研究 谢 平著 经济日报 1991.4 233页

投资经济学 许鸿仪等编著 上海科学技术 1991.7 435页

投资经济学 王正斌，杜越涛主编 陕西人民 1991.10 382页

投资金融与经济 邢东成著 山东大学 1991.10 149页

西方投资学 戴玉林著 中国财政经济 1992.1 511页

国际投资学：对外直接投资的决策、融资及环境分析 陈浪南著 福建人民 1991.10 470页

现代西方投资学 徐文通，任映国主编 中国金融 1991.9 484页

现代国际投资学 崔振民主编 中国经济 1991.8 465页

投资项目经济评价 芮明杰主编 复旦大学 1991.11 316页

西方证券市场金融创新 陈敏强，丁建臣著 东北师范大学 1991.8 113页

证券投资学原理 朱 元编著 立信会计 1992.2 385页

国际债券发行理论与实践 李裕民主编 中国金融 1991.1 239页

信贷政策与产业结构调整 中国人民银行计划资金司等编 中国金融 1991.10 201页

信贷资产监测基本理论与实务 代云华主编 中国地质大学 1991.8 159页

国际金融期货 蔡长学著 重庆 1991.6 187页

银行经营管理学 熊范五，周适芳主编 湖南科学技术 1991.3 391页

现代银行管理学 陈伟恕著 复旦大学 1992.2 365页

货币政策概论 黄放鸣等编著 贵州人民 1991.4 262页

货币政策与经济成长 王松奇著 中国人民大学 1991.2 241页

货币供给、货币需求与价格：西方货币数量论研究 陆虹明著 北京大学 1991.10 421页

银行投资管理 熊大信，黄正新主编 江西高校 1991.6 414页

利率导论 郑先炳著 中国金融 1991.11 413

页

银行评估技术与管理　李　诚编著　浙江大学　1991.5　324 页

国内外储蓄种类简介　刘凤集主编　河南人民　1991.10　227 页

中国货币金融概论　庄德钧等主编　山东大学　1992.3　553 页

中国金融问题探讨　高荣贵主编　吉林大学　1991.6　342 页

金融政策思考与选择　王启人主编　四川人民　1991.7　550 页

中国货币政策论　韩文亮，黄文灼著　上海人民　1992.1　233 页

开拓奋进：中国金融体制改革　中国人民银行金融体改司编　中国金融　1991.11　784 页

中国资金管理体制的改革　高　翔著　中国金融　1991.11　305 页

中国金融渗透论　王安君著　经济日报社　1991.11　359 页

银行改革与发展　焦玫高，勒协成主编　中国经济　1991.1　419 页

我国银行业务工作四十年　卢汉川，王福珍主编　中国金融　1992.4　352 页

中国当代金融运行调控论　江其务等著　河南人民　1990.11　354 页

专业银行经营分析　党益信，刘云里主编　黑龙江人民　1991.8　324 页

农村货币流通理论研究　丁文翔等著　河南人民　1991.7　361 页

农村金融论文集　李　银主编　山东人民　1991.7　313 页

农业银行工作的理论与实践　李中权著　中国经济　1991.6　234 页

信用社改革的理论与实践　张明亮，陈景奎主编　河北人民　1992.1　507 页

农村信用合作社改革与发展探索　刘炸华主编　气象　1991.10　376 页

九十年代特区金融战略研究　蔡木生主编　中国金融　1991.11　341 页

外商对华直接投资调研报告　武　超主编　中国财政经济　1991.10　337 页

海南模式的特征、问题和前景：海南世界银行区域发展贷款背景调研报告　海南省世界银行贷款办公室编　时事　1991.5　358 页

中国储蓄心理学　张守春著　中国金融　1992.1364 页

信贷结构调整简论　孙必标主编　中国金融　1991.3　141 页

中国社会资金流量核算　张可兰等著　中国财政经济　1991.8　397 页

农村金融经济学　章梦生主编　东北财经大学　1991.4　465 页

控制社会集团购买力问题研究　张怀渝主编　中国财政经济　1991.12　188 页

中国证券市场：1991　金建栋等主编　中国金融　1991.3　226 页

中国证券市场　王广谦主编　中国财政经济　1991.7　413 页

固定资产投资学　李学良主编　东北财经大学　1991.4　450 页

中国股市风云录（A）　庄宗传主编　中国经济　1992.5　108 页

中国股票市场问题争鸣　王　健等编著　南开大学　1991.10　276 页

升值·贬值：人民币汇率走向透析　张宇贤，李锴编著　中国人民大学　1992.3　116 页

国际金融学说史　陈岱荪，厉以宁主编　中国金融　1991.7　728 页

中国金融旧事　朱镇华著　中国国际广播　1991.10　238 页

中华民国货币史资料　第二辑：1924—1949　中国人民银行总行参事室编　上海人民　1991.3　883 页

资本主义国家在旧中国发行和流通的货币　中国人民银行金融研究所编　文物　1992.2

金融图集与史料：新民主主义革命时期　姜宏业著　湖南　1991.7　327 页

中国地方银行史　姜宏业主编　湖南　1991.121137 页

保　险

保险经济学　刘茂山编著　南开大学　1991.7　515 页

保险经济学　汤　鹰著　哈尔滨船舶工程学院　1991.7　222 页

国际保险通论　魏润泉编著　中国金融　1991.4　450 页

译　著

21世纪的经济学　[英]《经济学家》主编；徐诺金译　中国金融　1992.1　127页

影响人类命运的七位经济学大师　[英]坎纳范著；杨建文译　河南人民　1991.9　336页

经济学论文集：理论、事实与政策　[美]里昂惕夫著；陈　冰等译　北京经济学院　1991.12　161页

政治经济学原理及其在社会哲学上的若干应用　上卷　[英]约翰·穆勒著；赵荣潜等译　商务　1991.9　543页

政治经济学原理及其在社会哲学上的若干应用　下卷　[英]约翰·穆勒著；赵荣潜等译　商务　1991.9　571页

弗里德曼文萃　[美]米尔顿·弗里德曼著；高榕等译　北京经济学院　1991.12　672页

关于稳定政策的争论　[美]莫迪利亚尼著；冼国明等译　北京经济学院　1991.12　163页

生产、收入与福利　[荷]丁伯根著；何宝玉译　北京经济学院　1991.12　248页

世界贫困的挑战：世界反贫困大纲　[瑞典]缪尔达尔著；顾朝阳等译　北京经济学院　1991.12　416页

第三世界的经济发展：发展经济学教程　下　[美]M·P·托达罗著；于同申等译　中国人民大学　1991.3　344页

世界人口历史图集　[英]科林·麦克伊　韦迪等著　陈海宏等译　东方　1992.1　453页

经济史中的结构与变迁　[美]道格拉斯·C·诺思著；陈　郁等译　三联书店上海分店　1991.6　251页

国际经济摩擦　[日]川田侃著；方桂芝　辽宁人民　1991.3　261页

九十年代的太平洋经济：太平洋地区经济中期展望研究会报告　日本经济企划厅综合计划局编；钱皓等编译　中国经济　1991.9　183页

90年代日本与世界经济　[日]小林实著　毛良鸣等译　上海翻译公司　1991.9　179页

美国的参与管理　[美]约翰·西蒙斯等著；王占忠等译　天津科技　1991.8　285页

中国的经济发展：与日本的比较　[日]南亮进著；景文学等译　经济管理　1991.7　303页

中国：经济改革和宏观经济管理　[阿根廷]马里奥·布莱杰等著　中国金融　1991.10　84页

德国的审计制度　[德]埃里克·桑德尔著；余秉立等译　北京经济学院　1991.6　160页

技术革新的管理方法　[美]C·沃尔科夫等著；肖莉莉·扬阳译　机械工业　1991.5　137页

有效的物流管理　[英]约翰·盖特纳著；王慧等译　天津科技　1991.4　202页

国际间的贸易竞争：小企业如何将其产品打进国际市场　[英]H·德山普斯诺伊夫斯著；赵燕宁，吴向东译　冶金工业　1991.6　140页

城市经济学　[日]山田浩之著；魏浩光等译　东北财经大学　1991.5　257页

房地产开发中的风险、不确定性和决策　[英]P·拜尔尼，D·卡德曼著；深圳大学土木工程系译　科学　1991.7　171页

美国和德国的经济与经济法　[德]爱里克·松尼曼编；南京大学中德经济法研究所译　法律　1991.10269页

农业地理学：世界农业的构造地带与经营形式　[德]B·安德烈埃著；刘西平等译　科学　1991 11　344页

法国农村史　[法]马克·布各赫著；余中先等译商务　1991.9　282页

航空工业的国际化趋势　张大信编译　航空工业 1991.11　95页

90年代的世界石油市场　叶东峰等译　石油工业　1991.6　149页

美国制造业的衰退及对策——夺回生产优势　中国世界观察研究所译　军事科学　1991.11　302页

1990年国际贸易术语解释通则　国际商会编；周秉成，黄晓光译　上海外语教育　1991.8　185页

进入国际市场的战略　[美]富兰克林·阿·茹特著；李冀凯等译　中国经济　1992.1　313页

日本怎样占领国际市场　[美]菲利普·卡特勒等著　张尽平等译　世界知识　1992.2　275页

银弹攻势：日本以“金钱政治”手腕操纵美国的经济贸易政策　[美]帕特·乔特著；林晨辉等　中国经济　1991.5　302页

开放发展中经济的财政政策　维托·坦齐编；王健等译　中国金融　1992.1　238页

国际税收大全:1989计划与决策指南 [美]爱德温·J·雷维编；朱明熙等译 西南财经大学 1991.12 126页

美国税收体系的结构与改革 [美]阿伯特·安德欧等著；刘醒亚等译 大连理工大学 1991.5 156页

世界钱币简史 [英]洛德·埃夫伯里著；刘森译 中国金融 1991.6 138页

国际金融纲要 [日]小宫隆太郎著；何泽荣译 复旦大学 1991.7 77页

国际货币与金融 [美]迈克尔·梅尔文著：欧阳尚军，俞志暖译 三联书店上海分店 1991.5 322页

货币稳定方案 [美]米尔顿·弗里德曼著；宋宁、高光译 上海人民 1991.6 132页

外债定义统计范围与方法：世界银行，国际货币基金组织，国际清算银行经济合作与发展组织外债统计国际工作组报告 赵天朗等译 中国金融 1991.12 190页

各国外汇管理制度 张光华等编译 中国金融 1992.1 672页

西欧金融史 [美]P·金德尔伯格著；徐子健等译 中国金融 1991.10 623页

工具书

《资本论》索引 刘焱编 山东人民 1992.2 598页

经济学学科手册 智玉莲主编 山西经济 1991.7 302页

经济学新名词辞典 孙尚清主编 山西人民 1991.11 425页

简明帕氏新经济学辞典 顾海良等主编译 中国经济 1991.5 849页

日语经济外来语词典 邹焕壬主编；慈兆霖等编 东北财经大学 1991.8 318页

产业经济辞典 丁宝山，任建平主编 中国财政经济 1991.9 515页

现代产业经济辞典 郭万达主编 中信 1991.9 277页

商品经济大辞典 魏杰等主编 四川人民 1991.3 429页

经济计算辞典 李复兴，龚益鸣主编 经济管理 1991.9 691页

技术贸易辞典 方明伦等主编 上海科学普及 1991.11 420页

外向型经济工作辞典 王开春等主编 辽宁人民 1991.7 569页

英汉工业企业管理词汇 《英汉工业企业管理词汇》编写组编 国防工业 1991.2 535页

企业文化辞典 易可君，雷世平编 中南工业大学 1991.9 583页

公路运输经济辞典 吴国庆主编 人民交通 1991.8 369页

中国商业大辞典 许彩国主编 同济大学 1991.12 815页 译文 1991.7 656页

英华·华英实用经贸大辞典 贾育民主编 学苑 1991.9 1702页

实用外贸英汉辞典 戚云方主编 浙江大学 1992.2 638页

新编财政大辞典 黄运武主编 辽宁人民 1992.4 1356页

税收大辞典 王美涵主编 辽宁人民 1991.6 1093页

现代金融大辞典 陈立主编 吉林大学 1991.10 933页

英汉金融大词典 解景林，魏承杰主编 中国经济 1991.5 1204页

英汉金融与投资辞典 [美]约翰·道森等著；聂庆平等译 中国金融 1992.1 728页

中国商业百科全书 张其泮等主编 经济管理 1991.12 2册

国际经济贸易百科全书 天津国际贸易学会编天津科技 1991.7

中国税务百科全书 金鑫等主编 经济管理 1991.12 813页

中国经济监督大全 王文元，毛岩亮主编 辽宁科技 1992.4 1729页

中国税收大典 王洪金等主编 大连 1991.3 1162页

现代财政金融理论指南 阮华主编 中国商业 1991.8 341页

世界货币手册：1990年版 中国银行国际金融研究所编 中国金融 1991.11 713页

企业技术进步手册 王久华主编 科学

1991.11 1395页

中华人民共和国工业大事记：1949—1990 《人民日报》社国内资料组，中国工业经济协会调研组编 湖南 1991.7 708页

世界经济年鉴：1990年版 世界经济年鉴编辑委员会编 中国社会科学 1991.4 905页

国际经济和社会统计提要：1990 国家统计局国际统计信息中心编 中国统计 1991.3 415页

中国经济年鉴 1991年刊 中国经济年鉴编委会编经济管理 1991.11

中国统计年鉴：1991 国家统计局编 中国统计 1991.8 857页

中国统计摘要 1992 国家统计局编 中国统计 1992.5 121页

中国经济体制改革年鉴：1990 国家经济体制改革委员会编 改革 1990.12 683页

中国劳动年鉴：1988—1989 《中国劳动年鉴》编辑部编 中国劳动 1991.7 529页

中国劳动统计年鉴 1991 国家统计局，劳动部合编 中国劳动 1991.10 578页

中国固定资产投资统计资料：1988—1989 国家统计局投资统计司编 中国统计 1991.5 347页

中国城市统计年鉴：1991 国家统计局城市社会经济调查总队编 中国统计 1991.9 762页

中国经济特区与沿海经济技术开发区年鉴：1980—1989 何椿霖主编 改革 1991.5 611页

中国农业年鉴 1991 本书编委会编 农业 1991.12 599页

中国渔业统计四十年 农业部水产司编 海洋 1991.6 256页

中国农村统计年鉴：1991 国家统计局农村社会经济统计司编 中国统计 1991.9 408页

中国分县农村经济统计概要：1989 国家统计局农村社会经济调查总队编 中国统计 1991.5 539页

中国分县农村经济统计概要：1990 国家统计局农村社会经济调查总队编 中国统计 1992.2 406页

中国工业经济统计年鉴 1991 国家统计局编 中国统计 1991.12 453页

中国建筑业统计资料：1988—1989 国家统计局固定资产投资统计司编 中国统计 1991.7 217页

中国企业管理年鉴 1991 本书编委会编 企业管理 1991.12 823页

中国国内市场统计年鉴 1991 国家统计局贸易物资司编 中国统计 1992.2 494页

中国对外贸易统计 郑敦诗编 对外经贸 1991.11 463页

中国海关统计年鉴：1990 中华人民共和国海关总署编 现代 1991.6 663页

中国物价统计年鉴 1991 国家统计局城市社会经济调查总队编 中国统计 1991.10 363页

有关经济法律汇编 1987—1990 全国人大常委法制委员会编 法律 1991.8 628页

中华人民共和国建设法规汇编：1989—1990 建设部体改法规司编 中国建筑工业 1991. 849页

中国土地管理文件汇编(一) 国家土地管理局科技宣教司编 改革 1991.4 1165页

鼓励外商投资法规新编：英汉对照 厦门法制局编 鹭江 1991.6 78页

（中国社会科学院经济研究所
刘厚成 葛鑫芳编）

经济学论文选介

不要再回避"市场经济"这个词

于光远(载《改革》1992年第3期)

作者说,直到小平同志这次讲话之前,绝大多数经济学家在文章中回避使用"市场经济"这个词。

回避使用"市场经济"这个词的经济学家,现在并不回避使用"商品经济"。"商品经济"这个词的使用,直到1984年党的十二届三中全会之后才得到"解放"。在这之后,使用"商品经济"这四个字才不再成为禁区,连那些在一个时期对别人认为社会主义经济应是商品经济这种言论无限上纲、横加指责,自诩在商品经济问题上立场最正确的人也讲起"商品经济"来。

我认为市场经济同商品经济本来是同义语,或者说与其刻意把它们区分开来,不如还是把市场经济和商品经济视作同义词比较好。市场经济是一个世界上通用的名词,商品经济是我国八十年代初才开始使用的名词。这两个名词本来难得分开,因为商品本来就是为市场而生产、在市场上交换的产品。一定要把商品经济和市场经济说成是两个不同的东西,难以自圆其说。

十二届三中全会后的经验表明,商品经济完全可以同资本主义经济区别开来,……。在十二届三中全会的文件上开始使用"社会主义商品经济"这个词,它的使用在政治经济学社会主义部分的理论上,应该说是一个创造。

市场经济同商品经济既然应该看作是同义词,那么,对商品经济说的话,都可以用来说市场经济。我认为,完全可以使用"社会主义市场经济"这样的名词。

邓小平同志是一直使用"市场经济"这个词的。而且他每次明确指出"市场经济"不等于"资本主义"。在这次他的重要讲话中再一次提出这个重要的命题。我认为我国的经济学界今后再也不应该回避使用"市场经济"这四个字了。坚持市场经济等于资本主义观点的人,我想今后还是会有的。不过他一定要讲出一篇站得住脚的合乎科学的道理来,要认真地同不赞成他的观点的人平等地讨论问题。

上面我说的是使用不使用某个名词的问题,但是在它背后,存在一个实质性的问题,那就是在实践中对发展社会主义市场经济的态度。认定市场经济就是资本主义经济的经济学家否定社会主义的市场经济,当然就会反对在我国充分发展市场经济。这样一种意识形态本身就构成对发展我国的市场经济的一种阻力。为了发展我国的社会主义市场经济,我们就要努力去排除这种障碍。

(梁文摘)

建议确立"社会主义市场经济"的提法

吴敬琏(载《财贸经济》1992年第7期)

社会主义经济中计划与市场的关系问题,一直是国际共产主义运动中关于社会主义的理论论争的焦点。因为它不仅是一个重大的理论问题,而且也是一个重大的实际问题,直接关系到改革的成败和社会主义前途。从改革之初,对计划经济与市场经济的争论,到十二届三中全会确立的我国经济改革的目标是建立"社会主义商品经济"的观点,再到"社会主义市场经济"提法的最终确立,可以说,是根据我国实际状况和经济发展的需要,对社会主义经济中计划与市场的关系的丰富和发展。

商品经济和市场经济是两个相互联系的概念,分别从不同角度界定同一种经济类型。商品经济是同自然经济相对立的一种经济形式。在我国现实条件下,它是同产品经济相对立的一种经济形式。市场经济则是同"集中计划"或"统制经济"相对立的概念。市场经济是具有一革的实质,是用以市场机制为基础的资源配置方式取代以行政命令为主的资源配置方式。在这个意义上,社会主义经济可以叫做市场经济。虽然我国经济体制改革取得了举世瞩目的成就,商品经济有了较大发展，但还不能说是以市场机制为基础配置资源的。按照现代经济学分析，要通过市场机制配置资源，首先要有一个能够反映资源稀缺程度的价格体系，而目前这一体系远没有建立。市场机制建立严重滞后，已经成为新经济体制有效发挥作用的主要障碍。在这种情况下，对市场经济的再认识，具有重要的理论意义和实践意义。

劳动价值论一元论

苏　星（载《中国社会科学》1992 年第 6 期）

文章分析了决定商品价值的社会必要劳动时间问题，认为不是两种涵义的社会必要劳动时间共同决定商品的价值，而是只有第一种涵义的社会必要劳动时间决定价值。因为，第一，马克思所说的另一种意义上的必要劳动时间，是指按比例分别用于各个特殊生产领域满足社会需要所必要的劳动时间。按比例，是指使用价值的比例。这种按比例分配社会劳动的必要性，存在于一切社会形态。第二，在商品经济条件下，使用价值是交换价值的物质承担者。使用价值和价值的矛盾，在市场上表现为价值与价格的背离。如果社会劳动分配是按比例进行的，不同类产品会按它们的价值出售。否则，会高于或低于其价值，或者价值不能实现。所以，另一种意义上的社会必要劳动时间只是与价值的实现有关，而与价值决定无关。第三，如果某种商品的价值不能实现或不能完全实现，生产这种商品的部门的资本会向外转移，这就是价值规律对生产的调节作用。作者认为，主张两种社会必要劳动时间决定价值，理论上很容易走到否定劳动价值论的境地，而且，我国有的学者已经从第二种涵义的社会必要劳动时间出发，得出了否定劳动价值论的结论。

作者最后评析了非劳动生产要素（资本、土地）也创造价值的观点，认为这种观点一是混淆了使用价值和价值的区别，把使用价值当作价值了；二是取消了生产劳动和非生产劳动的界限；三是把社会主义的工资、利息和地租，说成是根据劳动、资本、土地等生产要素在价值形成中所作的贡献而给予的相应报酬，并把它确立为社会主义的分配原则。作者分析了生产要素决定价值的观点为许多人所接受的原因。

（欧　阳）

论商品经济对公有制的反规定

宫希魁（载《争鸣》1992 年第 1 期）

作者认为，社会主义公有制是一个制度性经济范畴，而商品经济则是一个运行性经济范畴。公有制对商品经济的制约（即正规定），是制度性经济范畴对运行性经济范畴的规范。这种规范的意义在于：把不同经济制度基础上的商品经济区分开，给公有制条件下的商品经济以特殊规定，要求商品经济的运行必须与社会主义公有制本质属性相协调。商品经济对公有制的制约（即反规定），是运行性经济范畴对制度性经济范畴的规范。这种规范的意义在于：把传统的公有制模式和现实的公有制模式区分开，使公有制的研究摆脱理念演绎的羁绊，在商品经济的现实基础上重塑有血有肉的公有制之躯，使公有制的改革和自我完善与发展商品经济的客观要求相适应。

公有制可以与商品经济对接，二者具有相容性。但光有这个一般性结论并不能解决深层次问题，因为由于人们的出发点不同，观察问题的视角不同，依据的材料和分析的方法不同，对公有制概念的理解和把握有很大区别。传统的公有制模式与商品经济是不相容的。近十多年来，对传统公有制模式进行了一系列改革，使其朝着适应商品经济的方向演变，但这种演变并没有最终完成，它在许多方面还不适应大力发展商品经济的需要。因此，必须深化公有制改革，通过改革扬弃公有制中某些脱离实际的先验构想和“一大二公”的传统模式。只有这样，才能真正实现公有制与商品经济的对接。离开了商品经济这个前提条件，公有制的当代涵义就得不到正确说明。

商品经济对公有制的反规定，其具体内容有：(1)公有制经济的产权必须明晰化。(2)公有制的最终所有权主体必须非行政化。(3)公有制经济的产权运作必须市场化。(4)劳动报酬和福利分配必须价值化。

（雪　凌）

让集体经济在数量上占优势势在必行

——答何建章同志

戎文佐（载《经济科学》1992 提第 2 期）

本文是一篇争鸣文章，其基本观点是：“让集体经济占主体地位，在数量上占优势”从而对何建章同志《壮大国有经济实力，巩固公有制主体地位》(载《学习与研究》1991年第12期）一文提出商榷。

首先,作者对“让集体经济占主导地位并在数量上占优势”提出三点依据：(1）集体经济与国有经济在我国所有制结构中同居于主体地位是上了宪法的。固而集体经济上升不存在超过公有制经济比重的问题，恰恰相反，因国有经济下降，集体经济比重上升尤显重要。(2)集体经济的比重逐步提高并终将在数量上占优势是90年代的大势所趋。(3）让集体经济在数量上占优势是建立有中国特色的所有制结构的重点所在。

其次,针对那种认为让集体经济占主导地位,数量上占优势不符合我国现阶段社会化大生产实际要求以及集体经终究只能“代表局部利益”不能“任其自由发展并占据主体地位”的意见,文章从社会主义初级阶段理论、基本国情、中国的工业化和城市化、党和国家的有关政策文件等方面进行了“逐句解答”，从而充分肯定了发展集体经济的意义与作用。

再次，“让集体经济占主体地位并在数量上占优势”会不会导致整个生产无政府状态和社会各阶层收入差距悬殊、进而使整个经济生活陷入混乱甚至社会政治生活出现动荡呢?对此,文章从两个方面进行了具体分析。一是认为有些后果确实存在并有可能继续发展,如社会各阶层收入差距拉大和地区之间差距扩大,但却作出了与“何文”完全不同的价值判断。二是认为“何文”的某些推断既没有事实根据,也没有理论根据,如将导致生产无政府状态、经济混乱与政治动荡等。特别以“怎样接受原社会主义国家社会主义制度和平演变的教训”为题着重就“‘何文’提出的要我们接受这些国家和平演变的教训”作了分析说明。

（赵　晓）

社会主义发展三阶段新论

程恩富（载《江西社会科学》1992年第3期）

文章认为，单纯以生产力发展水平或以生产关系和生产资料所有制为标志，来界定社会主义发展阶段是有缺陷的。对划分社会主义社会发展阶段的标志或标准必须作整体考察,既要看到生产力的终极作用,又要看到生产关系的直接作用，应在确认它们各自作用的基础上进行全面综合的分析。也就是说,在具体判断社会主义社会所处的发展阶段是否发生变化时，生产关系比生产力更具有直接的意义。从这个意义上说,生产力是间接标志或终极标志,生产关系是直接标志。据此,作者预见社会主义社会将经历初级、中级和高级三个阶段。其中，初级阶段的总体特征：(1）生产力不发达,实行以机械化工具为主的物质技术结构。(2)生产资料公有制不成熟，实行以多种公有制形式为主的多元所有制结构。(3)计划经济不完全,实行有计划的商品经济,经济运行机制是“以市场调节为基础、以国家调节为主导”。当市场体系和市场机制真正发育成熟和完善的时候，这种体制实质上是一种新型的计划主导下的市场经济体制。(4）按劳分配不充分,实行以多种按劳分配形式为主体的多元分配结构;(5)民主制度不健全,实行以工人阶级领导的、以工农联盟为基础的人民民主专政。

作者指出,初级阶段可分为两个小阶段:一是初步建立阶段,从无产阶级夺取政权起,一直到初步建立以公有制和按劳分配为主体及有计划商品经济体制为止。二是巩固发展阶段,这一阶段的时间要比第一个阶段的时间长得多。文章采用历史分析方法,主张我国实际经历的初级阶段应分为四个小阶段：社会主义改造阶段(1949至1956年);旧经济体制的完善阶段(1957至1978年)；新经济体制重建阶段（1979年到下一世纪初)；新经济体制巩固发展阶段。

（陈漓高）

商品经济·市场经济·计划经济

岳福斌（载《中央财政金融学院学报》1992年第3期）

本文就商品经济、市场经济和计划经济的本质及其内在联系四个问题进行了探讨。作者认为私有制是商品经济产生和存在的必要条件，但商品经济只能以私有制为基础的观点是不能成立的。强调要从私有制关系中抽象出更深层次的质,即“不同的利益要求导致的利益主体关系”,并将此作为商品经济存在的必要条件。关于商品经济运行与市场和计划关系问题,作者指出:商品经济运行的最大特点是与市场的不可分性,市场已成为商品经济的重要范畴之一，市场调节则成为高品经济运行的最一般手段,具有生产导向、要素调剂等作用,两者都与社会政治制度没有本质联系。但市场调节有局限性，因而政府的政治干预和计划调节是必要的。计划和市场是商品经济条件下资源配置的两种手段和形式。市场经济是商品经济的另一种表述,只是表述不同而已,不应给市场经济贴上资本主义的标签。但又认为计划经济是社会主义经济的本质特征，认为计划经济与市场经济并不排斥，而是具有统一基础。

（赵　晓）

对“按贡献分配”的再探讨

谷书堂（载《改革》1992年第5期）

发展以公有制为主体的多种经济成份，必然要求在分配体制上实行以按劳分配为主体的多种分配形式。但是对于多种分配形式之间的内在联系，人们却至今未能取得共识。为此，作者提出了“按贡献分配”的论点。

文章指出，所谓按贡献分配，在整个社会范围内是指按各种生产要素对财富的创造所作出的实际贡献向各要素所有者支付报酬，在国有企业内部则是指在劳动者之间按各人的劳动贡献支付报酬。至于贡献的确切数量，可以通过边际分析的方法加以测定，具体地说也就是，在其它条件保持不变时，最后增加一单位该种要素所引起的总产出增量的交换价值（即边际收益产品）。之所以强调要按各生产要素的贡献分配，是因为在社会主义初级阶段，不仅劳动仍然是谋生手段，资本、土地和企业家才能也都是稀缺的经济资源，只有承认各种生产要素对生产力发展和社会财富创造所作出的实际贡献，并根据这些贡献的大小给予各要素所有者以应得的报酬，从而使社会成员对社会的贡献与各自的利益紧密结合在一起，才能调动各方面的积极性，实现资源优化配置，提高效率，促进社会生产力的尽快发展。

作者认为，通常所说的按劳分配，指按劳动贡献分配，而与按劳分配并存的其它分配形式，如利息（包括股息和红利）、地租和企业家收入等，实质上也都是按贡献分配的形式。当然，由于公有制的主导地位，劳动之外的其它分配形式只能居于次要地位。从这一点也可以看出，按贡献分配不过是对现阶段以按劳分配为主体的多种分配形式的理论概括。

作者特别强调，按贡献分配有特定的内涵，不能把它等同于萨伊的“三位一体公式”，按贡献分配谈的是使用价值的创造和由此决定的分配形式，并不涉及价值的形成问题，理论界一些人提出的批评意见很大程度上就是因为他们没有注意到这种差别。

（曹学林）

论公有制经济的双重分配原则

蔡继明（载《南开经济研究》1992年第6期）

作者认为，按劳分配既不是社会主义的唯一分配原则，也不是公有制经济的本质特征。恰恰相反，生产资料公有制本身所要求的是平均分配。这是因为生产资料和劳动都是物质财富的源泉，既然生产资料是由社会（或集体）成员共同占有的，每个成员对公有的生产资料都拥有平等的占有权，所以，由公有的生产资料所带来的那部分收益，只有在公有制成员之间按人头平均分配，才能使每个成员对生产资料的平等占有权在经济上得到实现。

另一方面，由于在公有制经济中，劳动力的生产和再生产仍然是以家庭或个人为单位进行的，劳动也还只是谋生的手段而不是乐生的需要，所以，劳动力无论是从法律上还是事实上都归劳动者个人所有。而正是劳动力的个人所有权，才构成按劳分配的基础。这里所说的“劳”，是指劳动贡献，它是在劳动产品中扣除了上述生产资料的收益后所剩余的部分。既然在生产资料公有制条件下劳动者唯一能够提供的仅仅是他的劳动，所以，劳动者凭借其劳动力的个人所有权所能得到的，也就仅仅是与其劳动贡献相一致的收入。

根据以上分析，作者认为，公有制经济中实际上通行的是一种双重分配原则，即一方面是以生产资料公有制为基础的平均分配，另一方面，是以劳动力的个人所有权为基础的按劳动贡献分配。这种双重分配原则也同样是由生产要素的所有权关系和生产要素对财富的生产所作的贡献决定的，只不过由于劳动者对生产资料的占有是平等的，所以，按生产资料的贡献分配也就只能表现为按人头平均分配。

（白丽健）

科学技术是第一生产力与物资、精神转化论

徐　堃（载《真理的追求》1992年2期）

在关于“科技是第一生产力”的讨论中，产生了一些理论上的疑点：其症结是：对于属于精神和知识形态的科学技术，怎能同政治经济学与历史唯物主义的“生产力”范畴相通起来，这会不会混淆物质与意识、社会存在与社会意识的界限”

作者认为，在马克思的著作中，生产力不限于指物质生产力，有时还指“精神生产力”。如马克思说机器“是物化的知识力量”时指出：“它表明，社会生产力已经在多大的程度上，不仅以知识的形式，而且作为社会实践的直接器官，作为实际生活过程的直接器官被生产出来”。鉴于“生产力”的多义性，“生产力”一般称之为‘社会生产力’，这里又有广义和狭义之分。广义指人控制和改造自然的物质的和精神的、潜在的和现

实的各种能力的总和。狭义指体现于生产过程中的人们控制和改造自然的客观物质力量。通常在后一种含义上使用。这个释义既对生产力的内涵作了完整的概括，又突出了重点，可以启发我们去理解“科技是第一生产力”的涵义。由此可以得出以下几点认识：

(1) 科学技术就其知识形态而言，仅仅是一种精神生产力，是属于广义的生产力范畴。(2) 作为精神生产力的科学技术，一旦投入生产实践领域，同物质生产活动相结合，分别渗透于生产力的各基本要素：劳动者、生产工具、劳动对象之中，并作为生产力的整体组合而运行之后，科技这一精神生产力就转化为物质生产力或称直接的生产力，发挥出巨大的物质力量。(3) 如果从历史唯物主义的基本观点的视角审视“科技是第一生产力”，那是指科学技术作为现代物质生产力的第一动因；是指科学技术的精神生产力在物质生产活动中转化为生产力要素能量巨大增长的物质生产力状况。因此，正确理解“科技是第一生产力”这一论断，关键在于完整地把握马克思主义的唯物辩证法的转化论。

(雪　凌)

对生产力的结构演变和发展规律的几点认识

陈铁新（载《社会科学战线》1992 年第 3 期）

作者认为，生产力是不断演进发展的历史范畴，其要素及结构在不断地发生变革。劳动者、劳动工具和劳动对象这三大原始要素的不断质变，日益产生新的生产力要素。现代生产力成为一个多因素、多层次有机结合的巨大系统，它包括：(1) 实体性因素，即劳动者、劳动资料和劳动对象，它们是生产力构成的基础；(2) 附着性或渗透性因素，如科学技术、教育等，它们对生产力其他因素具有加强性作用；(3) 运筹性因素，如生产的社会分工与协作，劳动的组织与管理、信息等。生产力越发展，非实体性因素的功能和作用越明显，科学技术便成为“第一生产力”。

生产力自身的发展规律大体有三类：(1)生产力诸要素自身发展的规律。其中有：劳动力日益智力化的规律，劳动工具日益自动化规律，劳动对象的加工日益深化规律等。(2) 生产力组合方式的规律。这包括，生产力在各部门按比例分配的规律，生产力沿着农轻重序列成长的规律，生产力日益社会化的规律，生产力要素分布规律等。(3) 社会生产力总体发展变化规律。如生产力与生产关系相适应的规律，生产力不断智能化、不断发展的规律，物质资料生产和人口生产相互促进的规律等。

在生产力构成的各要素之间及各要素内部，都时刻存在着矛盾，并在结构、规律、布局、时序等形式上表现出来。它们构成生产力内部矛盾的主要内容，是客观存在的、不以人们的意志为转移的客观规律。生产力就是在其内部矛盾不断产生、不断解决的过程中发展演进的。

经济学界一度把政治经济学的研究对象规定为生产关系，把生产力的发展、变化完全归结为生产关系的“反作用”，事实上是否定了生产力有其自身运动的规律。而正是在这一规律作用下，生产力才能决定生产关系的变化，成为社会变迁的终极原因。

(李　华)

马克思主义经济学中的人道主义价值观论纲

胡义成（载《江汉论坛》1992 年第 1 期）

作者认为，马克思主义经济学的确含着人道主义价值观。马克思恩格斯曾在其著述中多次把产生于商品经济中的自由、平等、尊重“人的价值”等原则构成的人道主义，作为自己价值观念和判断的基础之一。

无产阶级平等观始终体现在马克思主义经济学中。(1)马克思主义经济学的理论基石——劳动价值论正是平等思想的集中体现。(2)剩余价值理论实际上也是把无产阶级平等观念作为自己的根本价值判据。(3) 作为马克思主义经济学之核心要求的生产资料公有制，也包含着无产阶级在生产资料所有制方面要求平等的理论判据。(4) 马克思对社会主义、共产主义社会生活资料分配问题的论述，也是以无产阶级平等作为价值根据的。

自由理想的思想也始终在马克思经济学中闪光。在马克思主义经济学对未来理想社会的构思中，频繁地被加以使用。(1)关于生产资料公有制理论中包含着丰富的自由理想。(2) 对共产主义“按需分配”的设想渗透着自由理想。(3)马克思主义经济学还以人的自由发展程度为价值座标，来审视人类社会历史进程，从一个更深的理论层体现了它对自由理想的执着追求。

作者还认为，马克思主义经济学最尊重“人的价值”。这集中表现在：(1) 从“现实的人”出发，把“现实的人”当作最重要的生产力的思想；(2) 把满足“现实的人”的需要当作生产的目的；(3) 谴责“商品拜物教”对人的价值的贬低；(4) 提出“人的全面发展”和“全人类的彻底解放”作为理想标尺。从而在理论思路上体现出对“现实的人”的终极关怀和尊崇。

由此可见人道主义的价值观处处体现在马克思主义经济学中，从而形成了马克思主义经济学的一个重要组成部分。

（武洪波）

战后资本主义经济危机及相关的几个理论问题

李守身（载《江淮论坛》1992年第6期）

作者认为，战后资本主义经济周期和危机发展呈现出某些新特点：经济危机与周期发展的复杂性增强；周期的阶段发生明显变化；周期的危机阶段物价和固定资本投资发生重要变化；世界经济周期未明显缩短，但少数国家周期确已缩短；周期中往往出现多种危机并存的局面等。

文章认为深入理解下述几个问题对进一步探讨战后经济危机与周期问题具有重要意义。

关于周期性危机与中间性危机的关系。二者在实质上是同一的，但在范围和量的表现等方面则有重大差异。战后历次危机的深重程度通常不如战前那样猛烈，这与战后爆发的几次中间危机有密切关系。

关于周期性危机和世界经济危机的关系。作者认为，一国的周期性经济危机和世界经济危机决不是“同生死，共命运”的，后者必须具有同期性，前者则不一定导致同期性和世界性。战后，由于各国经济政治发展不平衡，使各国危机成熟期有先有后，一国爆发危机不一定引发为世界危机，从而延缓了统一的世界周期进程。战后危机史表明，多种危机纷呈，既有世界经济危机，又有国别和国际经济危机；既有周期性经济危机，又有局部或中间性经济危机等，从而构成战后世界经济周期复杂发展的历史长卷。

关于固定资本更新就是资本主义再生产周期的物质基础问题。文章指出，固定资本更新的过程既是周期性繁荣的必要过程，又预示资本主义积累矛盾的加深；固定资本的周转期不仅取决于物质磨损，在当代更取决于精神磨损，从而缩短固定资本的更新期限；固定资本更新期限只是影响危机周期性变化的决定因素之一，还有其它一些因素如市场的紧张程度、竞争的尖锐化、设备利用程度和科技进步等，都从另一些方面对危机的周期变化性产生影响；固定资本更新是危机周期性的物质基础，是周期缩短的一个因素，但绝不是危机产生的原因。

（雪　凌）

资本社会化与社会化资本

——对马克思社会资本理论的再探索

龚唯平（载《学习与探索》1992年第1期）

《资本论》中所考察的资本只是资本主义前期的单个私人资本，马克思没有完成对资本的发展形式的展开分析，没有来得及深入探讨资本社会化问题。有鉴于此，本文根据资本主体性及其社会化性质，着力考察资本发展形式及其所反映的社会经济关系变革。

资本的社会化性质是由生产社会化客观经济过程决定的。作为社会经济运动的主体，资本不仅是社会化劳动的产物和一种社会的结合力量，而且是资本主义社会中支配一切的经济权力，它本质上具有社会化性质。资本的社会化性质是不同于其社会性质的，它主要反映资本越来越构成为异化的、独立化了的社会权力，以及这种社会权力和资本家个人权力之间的矛盾发展过程，它强调资本自身关系的调整及其形式变化。虽然资本具有社会化性质，但并非资本一经产生就开始了资本社会化进程，只有资本创造出了最适合于自己的生产方式，才开始了资本社会化进程。资本社会化是社会化大生产的客观要求和必然产物。生产社会化与资本社会化是社会化大生产的矛盾统一的两个方面。资本社会化是分散的单个私人资本日益向集中的社会资本转化的过程，在这个过程中产生了一系列的中间形式或发展形式，主要有股份资本、国家资本和国际资本三种形式。资本社会化既是资本内在矛盾的展开，又是矛盾在资本范围内的一种解决或克服。社会化资本是处于私人资本向社会资本转化进程中的过渡性资本，它以资本职能与资本所有权的分离为条件。社会化资本既是旧社会的变革要素，又是新社会的形成要素；它不仅创造着新社会的物质技术基础，而且它本身就是向新社会过渡的形式。

（雪　凌）

中国经济生活中的非正式制度安排

孔泾源（载《经济研究》1992年第7期）

作者认为制度是一套特定的活动方式和相互关系的规则，包括人们有意识地创造的正式制度和由文化进化形成的非正式制度。制度的均衡是正式制度的最佳供给与非正式制度相容，而且正式制度大多产生于非正式制度或具有同源的意识形态，因而非正式制度安排是影响制度变迁及经济运行的重要因素。

由于现实的复杂性及人类行为理性的有限性，人们可以利用意识形态弥补理性的不足，因此作者认为意识形态在非正式制度按排中处于核心地位，并且社会现在的意识形态是该社会传统思想与外来的可以与之相容的思想的结合物。马克思主义与中国传统儒家思想在思辩逻辑及形式结构上的会通使它在中国社会现存的意识形态中取得了支配地位,同时,中国在长期农耕社会中形成的对王权的依附和集权主义传统，这两者结合使中国集权式的计划经济制度得以在较少的交易费用之下迅速建立。然而,马克思主义与传统儒家思想在价值信念及社会理想的不同，中国千百年来积淀而成的伦理规范和风俗习惯导致的家庭本位主义及东方式的个人理性主义以及计划经济制度与人们理性能力的矛盾，使在刚建立时相对有效的计划经济制度变得效率低下,因而在技术变迁过程中,诱致性与强制性变迁或迟或早地发生，这是集权计划经济体制自其诞生之日起就由其内在逻辑所决定的不以人的意志为转移的一种客观过程。

作者强调指出，由中国传统的伦理规范所生的平均主义想在计划经济制度下加以革除，只能是事倍功半甚至是徒劳无益的，平均主义的最后突破只能与新的制度安排相联系。我国非正式制度的安排也不能简单地诉诸意识形态的教育或寄希望于道德良知，而只能求助于社会生产力的发展所引起的相对价格水平的变化。“周虽旧帮，其命惟新”。

（董纪友）

制度创新的一般理论

汪丁丁（载《经济研究》1992 年第 5 期）

本文是在对西方制度经济学最新发展中有关内容的转述的基础上展开讨论的。包括四个部分：(1) 制度创新的定义，(2) 制度变迁的理论，(3) 制度创新的一般过程，(4) 文化对中国经济体制改革的意义。

作者把制度定义为人与人之间的“契约形式”或“契约关系”,认为这是比计划与市场更细致的概念,进而又把它细分为互补而又互不交叉的正式规则和非正式规则。前者指的是具有硬性约束的法律，经济政策等，后者指的是具有软性约束的受社会文化影响的习惯性行为。制度变迁的根本原因是制度变迁过程中交易费用降低从而使人们的利益最大化行为得以更充分地实现。制度变迁遵循这样的规律:社会文化的变化导致人们习惯性行为从而非正式规则的变迁，非正式规则经过各方的认可纳入正式规则之中导致正式规则的变迁，所以，文化及其生长是创新制度的源头。

文章就制度变迁中的技术创新和制度创新作了比较,认为技术创新与制度创新具有一致性,在利益诱导的作用下，当人们发现一种潜在的新制度能为人们带来更大的利益时,人们就会认可以至接受新制度,这就是制度的内生性特征。这一特征涉及到了制度变迁过程中人与人之间的利益的关系。由于制度变迁遵循上述规律,而且制度不可能跳跃性地发展,那么只能在文化变动的边际上产生新的非正式规则，在非正式规则与正式规则衔接的边际上由非正式规则演变为正式规则,这就是制度变迁的边际性特征。这一特征把文化纳入了经济分析的框架之内，也指出了中国传统文化及西方外来文化对我国经济体制改革的影响及强制性制度变迁可能会带来的问题。

（董纪友）

平等和效率的选择

黄宝平（载《学术月刊》1992 年第 9 期）

任何平等都是历史的、具体的。所谓平等，就是用同一尺度用于不同的人，或用于衡量所涉及的事物。平等就因尺度不同而有不同的内容。“按资分配”、“按劳分配”、“按需分配”，相对于它们的尺度而言，都是一种平等，只是依据的尺度随着历史的发展各不相同而已。

作者认为，马克思设想的按劳分配有着一系列严格的约束条件，而这些条件在社会主义初级阶段尚不具备，因此需要选择一个更贴近社会主义初级阶段现实的尺度。

选择的标准是要看哪一种尺度更有助于实现社会主义初级阶段的社会目标。社会主义具有三大目标，即政治平等、社会平等、经济平等。而经济平等，应成为社会主义初级阶段考虑平等问题的首要基点。作者认为，应该建立一种复合的而互相间又具有内在统一性的尺度。具体到初次分配领域，应该包涵三个层次：(1)以资金所有权为基础的按资分配，这是就投资者而言的平等；(2)以商品所有权为基础的平等，其尺度即社会必要劳动，这是对具体生产单位而言的；(3)以社会平均劳动为尺度的个人报酬平等，这是对劳动者而言的。这三个尺度是有机统一的，一方面否定了特权经济，另一方面又否定了平均分配，有助于解决平均主义分配问题。

文章认为，初次分配领域内平等尺度的建立，只是提供了一种规则平等以及与此相联系的机会平等的可能性，而规则的实现，需要国家在再分配领域运用各种手段进行维护，建立一系列旨在维护平等规则的公平的收入政策和收入调控体系。

（宁 咏）

不利用资本主义就造不成社会主义“香港”

方 生（载《社会科学战线》1992年第4期）

作者认为，正确地利用资本主义社会一切对我有用的东西为社会主义特区建设服务，这是关系到深圳特区建设成败的一个原则问题，也是关系到能否继续把深圳建设成为社会主义“香港”的一个关键问题。中央建立经济特区的政策之所以是正确的，很重要的一点，就是允许特区在借鉴和利用资本主义进行改革方面，先行一步，努力探索，勇于实践。而深圳经验的可贵之处正在于，不是把精力用于抽象地争论“姓社”“姓资”问题，而是对于看准了的，即有利于生产力发展的，就大胆地试，大胆地闯。如果凡事都等争了水落石出之后再去干，那就不会有任何改革，也就不会有深圳的今天。

深圳特区改革经济体制的一项重要内容，是要使特区经济活动和运作适应国际惯例，按照国际惯例办事，否则就达不到利用资本主义的目的。有人把按照国际惯例办事看作是按照资本主义原则办事，这是误解。所谓国际惯例，是指国际交往中被多数国家和地区接受的习惯作法。国际惯例是经过长期反复实践所形成的行为规则。有的虽不成文，却具有法律约束力。就是说，国际惯例是适应国际交往而自发形成的，同发展商品经济的许多手段一样，资本主义可以利用，社会主义也可以利用，不能把它和资本主义等同起来。十多年来，如果深圳特区不尊重国际惯例，不按照国际惯例办事，特区建设将一事无成，而利用资本主义也将是一句空话。

（圣 复）

重新认识新民主主义经济

周为民（载《南京社会科学》1992年第5期）

作者认为，人们长期把新民主主义经济看作是前社会主义的经济，根本的理论原因在于按苏联模式来理解社会主义，似乎只有消灭了国营经济、集体经济以外的其它一切经济成分才称得上是社会主义。现在，实践已摒弃了这种错误的理论，多种经济成分的长期并存已被普遍确认为现实社会主义经济的显著特征。因此应当重新认识新民主主义经济，承认它就是社会主义经济的一种现实形态，而不应继续把它当成不能确立和巩固的暂时的过渡形态。

被称为“新民主主义”的经济制度1952年在中国大陆全面确立，这时，社会主义国有经济已掌握了国家的经济命脉，集中着中国现代产业的主要部分，在整个国民经济中占主导地位。国有和集体经济以外的成分虽有相当比重，但是第一，个体经济本身不是一种独立的生产关系；第二，私营工业不仅在比重上已大幅度降低，而且在国家以多种方式进行的管理、调控下不断向国家资本主义发展；第三，至于国家资本主义，则本来就是社会主义国家主动采用的一种方式。可见，在国有和集体经济占主导地位的条件下，这些经济成分所占的比重不过是一个可由国家根据需要来加以调控的量，而不具有决定社会经济性质的意义。因此，“新民主主义”经济仅仅区别于社会主义的经典理念和苏联模式，却不会因为存在着多种成分而在性质上区别于同样是多种成分并存的社会主义经济。

根据发展了的社会主义实践，明确肯定“新民主主义”经济就是社会主义经济，意味着彻底抛弃以往那种关于社会主义的错误标准，真正用有中国特色的社会主义理论来对历史与现实作出逻辑一致的解释。所谓“新民主主义”本身就是中国现实的社会主义。

（雪 凌）

论上海经济近代化的轨迹和发展内因

张仲礼 潘君祥（载《中国经济史研究》1992年第3期）

上海是一个在近代勃兴起来的对我国经济有着巨大影响的工商城市，也是一个与世界各国有着广泛经济联系的著名海港城市,鸦片战争以后,上海被辟为首批对外通商的口岸之一。开埠以后,上海因其有利的地理位置和方便的交通条件,并能以广阔内地为其原料输出基地和商品销售市场,对外贸易迅速发展,从而不久就取代广州而成为我国对外贸易的中心。飞速发展的对外贸易成为上海经济发展的主要标志,并对上海城市的发展产生了深刻的影响。

首先,随着日益发展的对外贸易,上海大部分原有的商业不但持续繁荣,而且还产生了许多新兴的商业行业,逐渐形成了门类较齐全的近代化商业网。其次,发达的国际贸易也进一步密切了上海同内地各埠的联系。再次,对外贸易的发展对其它各行业,如交通运输、电讯通信、金融保险等业有巨大的牵动作用。最后,内外贸易的发展还推动了上海近代工业的发展。对外贸易的发展先是带动了为外贸服务的工业行业的产生,同时也为上海近代工业企业引进国外先进的设备和技术开辟了渠道。在近代前期,主要是外贸推动着上海经济的近代化,在20世纪以后,上海工业发展在推动经济近代化方面的作用也开始显露出来。上海经济是以外贸为先导,循着外贸带动内贸,同进推动着交通运输、电讯通信、金融保险和轻重工业发展的轨迹逐渐发展起来。

近代上海企业家在发展近代实业中表现出来的旺盛企业家精神,特别是他们旺盛的创业欲望、炽热的爱国精神和强烈的竞争意识是推动上海企业和经济发展的重要的内在因素。上海企业家重视技术和智力的开发,为推动企业经营的近代化,还较早地采用和引进了国外比较科学合理的管理制度和方法,从而使企业能充分发挥更高的经济效益,这也是促成上海经济近代化不可忽视的另一个基本因素。上海经济的近代化正是在这种主客观因素的交互作用下实现的。

(王玉茹)

关于企业改革的系统思考

蒋一苇 (载《中国工业经济研究》1992年第4期)

作者认为,"放权让利"这四个字是产品经济的概念,理论上有错误,也不太符合实际。国家与企业是权力义务关系,不存在"权力"下放和上收问题;眼睛向内对企业是必要的,但今天大中型企业不活首先是外部问题,是企业受制于政府。所以,必须全面系统地考虑"正确处理国家与企业的关系,扩大企业自主权"与正确确立企业与职工的关系,保障劳动者在企业的主人翁地位"这两个问题。

作者提出了"一四五"的企业改革主张:即一个目标——使企业成为社会主义的商品生产者和经营者,四个分开——政企分开、政资分开、利税分开、投贷分开,其中的核心是政企分开,以及在企业内部建立五个制度——产权制度、劳动制度、经营制度、分配制度和领导制度。

作者认为,对公有制为主体的股份制并不等于都是挂牌卖股票,有一种是有限责任公司,实行内部分股,将来大量的企业可改成这样的公司,企业集团更得如此。股份制与承包制是两个东西,没有互相排斥的关系,实行股份制,也可以搞"类似承包"。

不理顺产权关系,不解决政企分开、政资分开的问题,企业就不可能真正转变成自主经营、自负盈亏的经营机制。自主经营在有简单再生产与扩大再生产两方面的自主权,把指令性计划改为国家订货以及扩大企业留利将有利于这两个自主权的扩大。

企业劳动制度应根据马克思讲的企业是自由平等者的联合体这一原则来制定。作者不太赞成现在搞的合同制,认为它多多少少运用了资本主义早期的管理方式,不符合以人为中心的现代管理趋势。而主张正式工、合同工、临时工并存;将来在职代会底下建立劳动委员会,专管招工和解雇问题。完善激励机制不单单是物质的刺激,尊重不尊重人对工人才是至关重要的。在分配上应实现两级按劳分配。企业领导制度方面应建立合理的党政工群的关系。

(赵　晓)

改革大进程与国营企业的改革

周振华 (载《天津社会科学》1992年第4期)

作者认为,国营企业承担了改革初始阶段的大部分改革成本,现在是由其他利益主体多承担一些改革成本,以重新恢复那些已精疲力竭的国营企业的元气的时候了。

在改革初期,改革成本比改革收益大得多,尽管在长时期内后者会逐渐超过前者,政府本身并不是我们想象的那样是改革成本的承担者。人们常说政府为改革提供了资金,因为政府提供了大量的财政补贴和许多优惠政策。为了刺激经济,政府还放弃了许多税收。然而,实际上政府只是一个中间环节,改革初期真正的财政支持者是企业,国营企业纯收入的81.6%上交给了政府,供政府开支。正是由于国营企业强有力的支持,政府才有可能在不影响社会稳定的前提下采取严厉的改革措施。

从表面上看，非国营经济的快速发展是政府鼓励政策的结果，但是这些政策又对国营企业造成了不平等的竞争条件。非国营企业通常只缴纳较低的税赋，它们所关心的，主要是利润目标，几乎不必关心自身行为的社会效益，而国营企业却不得不考虑这个问题。国营企业和非国营企业出现了较大的利润和收入差距，非国营企业对就业者明显地表现出更强的吸引力。在过去的几年里许多技术人才、管理人才和熟练工人从国营企业流入非国营企业。

建国以来，国营企业一直充当了国民经济开路先锋的角色，改革初期却为别人充当了铺路石的角色。如果忽视国营企业的这一历史角色，下一步改革将会误入歧途。

作者认为，当前最紧迫的任务是改变国营企业在改革中所扮演的历史角色，使它由改革成本的承担者转变为享受改革收益的受益者。过去几年取得迅速发展的非国营经济，已经具备了承担部分改革成本的能力。

（信　欣）

企业技术进步：九十年代中国经济发展的基点选择

龚绍林（载《经济与管理研究》1992 年第 1 期）

作者认为，加速企业技术进步是促使我国经济在 90 年代起飞的必要选择，并从三个方面作了探讨。

一、90 年代中国工业经济发展态势及其技术进步需求。80 年代我国工业经济发展仍在粗放状态中运行，为了谋求经济持续、稳定、协调发展，就必须努力实现我国工业经济发展模式的转变。这在客观上形成了加速企业技术进步的内在需求：(1)工业经济发展由粗放型向集约型转变的需要，(2)工业经济结构由失衡型向合理型转变的需要，(3)工业企业管理由传统型向现代型转变的需要。

二、我国企业技术进步现状及其障碍因素。80 年代，我国企业技术进步取得了重大进展，开始走上依靠技术进步的轨道，但还受到诸多方面的制约，制约我国企业技术进步的因素主要有：(1)体制因素。政企不分，产权模糊，政府保护导致企业缺乏技术进步的内在动力和外在压力；“分灶吃饭”的财政体制、地区保护压抑了市场竞争等。(2) 资金因素。企业留利水平太低，企业设备折旧周期长使企业技术进步资金严重短缺。(3)人为因素。由于职工文化素质比较低，企业缺乏技术接受能力和创新能力，企业技术进步缺乏主体力量的有力推动。

三、加速企业技术进步的对策。企业技术进步是一个系统化工程，必须采取综合措施：强化企业技术进步的思想导向，强化企业技术进步的宏观调控，强化企业技术进步的微观激励。

（赵　晓）

财产权能分解与国有权运动形式

周立群（载《学习与探索》1992 年第 6 期）

文章认为，在现代经济生活中财产权通过系列分解、转化，已经形成了一种制度性分工和权能相互制衡的新结构格局。引起这一变化的直接原因是生产的分工和专业化以及财产运用和支配的社会化和市场化，而不是导源于所有制或所有权性质的变化。这一变化的结果是：(1) 财产权的分工（分解）与社会分工相适应，以及企业组织内部权能组合与社会化、市场化的进程相适应；(2) 是所有制或所有权的存在形态、运作形式和实现方式的变化。

文章在深入分析了改革后国有制产权关系变化的基础上，指出：维护或巩固一种特定性质的所有制或所有权并不在于固守某一僵化的组织模式，而是可以选择不同的权利存在形态、运动形式和实现方式。把所有权看作是对所有物的静态控制或直接对象化于所有物上的观念，已与现代商品经济的要求格格不入。经济改革中分解国有财产权能和建立企业法人产权制度不是对国有权的否定，而是对公有制内涵的丰富和发展。

在国有产权权能分解后仍然需要国有权的管理和控制，但这种管理控制的特点要发生变化。(1)管理控制的目标将由实物化转变为价值化，(2)管理方式将由直接性转变为间接性，(3)控制协调手段将由强制性转变为诱导性，(4)控制对象——企业将由被动性转变为自主性。新国有权管理模式将是与市场机制结合在一起的，是动态化和宏观化的。

作者认为，推进国有产权分解使国有权的存在形态、运动形式及实现方式真正适应市场经济发展的要求，必须重构国有财产组织结构。现代财产权结构的基本特征是终极产权与法人产权的分离、产权层次化和结构化、企业产权法人化、产权运作市场化。而股份制则是现代化社会最富有潜力的财产组织形式，按股份制原则重构国有财产组织是国有制改革的必然选择。

（白胜玲）

国有企业集团产权管理问题研究

张冀湘（载《管理世界》1992年第5期）

文章指出，产权管理只能依据产权关系，而一定的产权关系要由相应的产权组织制度来保证。目前，我国国有企业集团组建过程中之所以出现一些矛盾，就直接涉及到国有企业资产产权组织制度的改革问题。例如，在建立企业集团内部资产纽带过程中的“资本双重注册登记”，就是由于现行国有企业资产组织形式不适应造成的。解决问题的出路在于实行公司化改造，以公司制度做为国有企业集团产权制度的组织基础。

作者认为，国有企业集团产权管理重点应作好四方面工作：(1)资本估值应是国有企业集团产权管理的着眼点，政府可以通过调整产权投资限额来影响集团母公司的资本金利润率。(2)所有权的分级实现是国有企业集团产权管理的基本特征。国有企业集团产权管理可以分为两个基本层次：其一是国家对国有企业集团的产权管理，其二是国有企业集团内部母公司对集团成员企业的产权管理。(3)应该建立起一整套国有企业集团产权经营信息分析指标体系和相应的统计报告制度与分析制度，指标体系可从总量指标和结构指标两方面来建立。(4)国有资产产权专职管理工作应须以推动企业集团的公司化改造为突破口，通过国有资产授权经营改革试点来逐步理顺国家与国有企业集团以及集团内部的产权关系。

（宁　咏）

集团公司经营管理国有资产的探索

王　河（载《经济科学》1992年第4期）

在传统体制下，由于没有相应建立起一套行之有效的、强有力的国有资产管理制度，大量国有资产正在被小集体或个人蚕食、甚至鲸吞。这种状况严重制约国民经济的发展，为此，迫切需要对国有资产管理体制进行改革。

作者提出，国家授权集团公司经营管理国有资产，实施授权经营管理责任制。作为授权方，国有资产管理局是国有资产所有权的总代表，集团公司是被授权方，在授权经营的体制下，其法人所有权与经营权直接结合，具有完整意义和实际作用的经营权。

授权经营管理责任制的核心内容是国有资产的保值和增值。国有资产保值，是指与简单再生产相适，维持规模不变的国有资产再生产。国有资产增值，是指在存量的总价值的基础上，由于扩大规模或改善原有规模资产的内在质量而增加的价值量以及国家集中的资产效益。

通过授权经营，国有资产管理部门和集团公司建立的是一种产权关系，它从根本上区别于旧体制政府部门直接管理企业而形成的行政隶属关系。集团公司通过授权经营，对股东（国有资产的管理局）负责，承担国有资产保值、增值及收益解缴责任，并对其经营的国有资产，实际行使占有、使用收益和处置权利。

作者认为，实施集团公司经营机制改革，首要任务是建立符合授权经营要求的领导制度，同时进一步理顺集团公司与其分支机构、子企业的责权关系，改革企业财会制度、劳动制度和分配制度，建立符合资产经营要求的考评指标体系。

（谷孝元）

我国基础产业资金筹集问题研究

国家计委经济研究中心
基础产业资金筹集课题组

（载《中国工业经济研究》
1992年第10期）

作者认为，中国在过去几年中的总储蓄与总投资保持着高水平的平衡，其中国内总储蓄为总投资提供了97%的资金，国外储蓄提供了3%。由于中国的储蓄形式有限（证券在金融资产中的比重只占10%左右），因此在提高国内总储蓄水平方面有很大余地。但是总投资的结构存在着较严重的问题：(1)存货投资比重过高，平均占国民生产总值的4%左右；(2)固定资产投资中基础部份明显偏低；(3)在固定资产投资中存在严重的重复建设和规模不经济问题。

建立新型的基础部门筹资体系，需要抓住以下几个方面：(1)动员和引导居民储蓄；(2)严格确定财政资金的责任范围和来源途径；(3)构建一个规范的金融体系。

在金融资金供应渠道的构建和完善方面，首先，所有吸收存款的银行和非银行金融机构，一律将其新增款的一定比例（例如5%或10%）转存给政府金融体系，利率由国家确定；其次，邮政储蓄吸收的存款，以弥补经营存款的成本为基准来确定利率，并转给政策金融体系；再次，建立全国性的社会保险基金，将基金支付余额以国家确定的利率转给政策金融体系，政策金融的组织机构体系包括：设立一个国家发展银行；在中国银行中设立一个政策性长期投资的资金运用部，负责对基础部门提供优惠性外汇贷款业务；上述机构根据业务需要，依照经济区划，在全国设立若干派出机构；设立普通长期信用银行；开辟多样化的直接金融渠道，同时创造有利的政策环境

（白胜玲）

投资体制的构造机理新探

——兼论我国投资体制改革的目标模式

王国文（载《探索与争鸣》1992年第6期）

作者认为，从系统论的观点来看，投资体制是一个容纳投资运行的完整的系统。它是由五个既相互独立，又相互联系、相互制约的分系统即决策系统、动力系统、信息系统、调整系统和运行系统组成的。其中决策系统是整个投资体制的核心系统。

本文从提高资源配置效率。减少投资体制的摩擦的角度，对投资体制进行评价和选择。认为，投资的物质内容是资源的配置问题，因此，评判投资体制的优劣应当以资源配置的效率为标准。据此，作者对我国现行的投资体制作了透视，揭示了其具有的特征和摩擦。现行的投资体制有以下五个特征：(1)投资决策分散化，(2)产权结构多元化，(3)信息系统网络化，(4)调控方式双重化，(5)投资运行经济化。由于我国目前所实行的投资体制是新旧体制转换时期的投资体制，存在着诸多摩擦，阻碍着资源有效配置。为此，我国投资体制改革的目标应该是建立一个以生产资料公有制为基础，计划指导和市场调节结合并且以市场导向为主的中央、地方和企业分权的投资体制。这种新的投资体制运行的特点是：(1)处于分散状态具有独立利益的各种经济实体都可以成为投资活动的投资主体，其投资行为要接受国家计划和产业政策的指导，并依据市场信号进行自我调节；(2)资金、生产资料、劳务、技术和信息等投资要素市场全面开放，各个投资主体展开公平竞争，同时投资要素外于充分地自由流动状态，通过市场竞争向高效益的项目自然集中；(3)政府计划不再具有直接分配资金和物资的功能，而是依靠财政政策和货币政策对市场信号进行有目的的修正，促使各个分散的投资主体把追求自身利益的主观努力与国民经济长远发展的客观要求协调一致。

（白胜玲）

建立健全基础产业筹资机制

周汉荣　刘慧勇　（载《投资研究》1992年第5期）

作者认为，首先必须解决相关的理论认识问题，端正新时期基础产业筹资战略的指导思想。(1)要敢于适当扩大国家负债，增加有效的基础产业特别是基础设施的建设投资。不少人认为国家负债过多是“笼中虎”，随时都可能跑出来冲击市场。这种担忧是不必要的。因为，在投资建设领域存在闲置资源和居民个人形成剩余资金的条件下。国家是可以借债进行基础产业建设的。只要所建的项目是有效项目，国家增加一些债务并不可怕。在这种情况下与债务相伴而行的是国家实物资产的相应增加，“资能抵债”。(2)要为“短存长贷”和“借新债还旧债”这样一些经常遭到非议的做法正名。“短存长贷”是世界各国银行界的普遍现象，而“借新债还旧债”可以达到“短借长用”的目的。在短期贷款利率低于长期贷款利率的情况下，短借长用能够降低筹资成本，这是国外资信高的大公司常用的融资策略。总之，需要解放思想，加大国家借债的幅度，把借债建设做为新时期基础产业筹资指导思想的核心。

文章认为，促使个人储蓄向基础产业建设资金转化，健全筹资机制的要点为：(1)中央和地方发行建设债，增加全国性和地方性基础设施拨贷款；(2)中央银行利用缴存的存款准备金以低息认购国家投资债券，增加中央财政的基础产业投资贷款；(3)以金融立法规定吸收居民存款的金融机构都必须按其个人存款的一定百分比认购建设银行金融债，增加建设银行对基础产业的投资贷款；(4)经过计划平衡对基础产业部门的国有大企业发行投资债券提供政府担保，提高企业在金融市场上筹资的资信和能力。

（宁　咏）

浅论投资经济理论研究中的形式化倾向

王平俭　（载《当代财经》1992年第5期）

作者从四个方面论述了投资经济理论研究中的形式化倾向：(1)投资战略的经验化倾向；(2)投资战略

模式的雷同化倾向；(3) 投资研究规范的程式化倾向；(4) 投资战略研究方法的单一化倾向。

作者认为，单凭经验来作投资战略决策和规划是不行的。投资战略的制定和实施所处的政治、经济和社会环境总是发生着不以人们意志为转移的演变，预测和适应这种演变来制定投资战略和规划固然重要，还应研究由于投资战略实施而产生的反作用及其正效应。

在我国投资经济理论研究，特别是投资战略制定中，缺乏对不同地区进行分类的评判体系。因而无法对地区的优势职能、显著职能和专门化指数从定量和定性的结合上进行把握、评价和衡量。宏观上尚未为区域分工和地方发展的互补关系提供充分的理论依据，这就很自然地造成了目前投资战略研究的方法雷同、目标相似和流于形式的现象。

投资经济具有社会特征，投资主体横向上具有多元性，纵向上具有多层次性。而目前各地各级的投资战略研究和制定，基本上是按着现状、问题、目标、重点和措施的固定程式一一排列的，且内容上也相差无几，缺乏体现投资经济社会特征和投资主体个性的生动刻划。因此，对投资战略而言，必须研究投资经济增长态势、投资体制更新和自我复制的周期长度、投资的滞后效应和惯性强度等。投资战略研究分析方法过分单一，有两种倾向注意：其一是简单类比方法，其二是单一的定性分析方法。

作者指出，在对投资项目的具体论证上，人们往往只注重可行性研究，而忽略了不可行性研究，因而在论证过程中，必然会受到现实政策和理论倾向、分析角度和方法特征等诸因素的强烈影响，这足以引起人们高度重视。

(谷孝元)

我国生产要素供给效率研究

石　磊　(载《上海社会科学院学术季刊》1992年第4期)

本文以两种生产函数的假定为前提，分析了我国生产要素供给效率现状、形成机制及其所导致的种种不对称关系。这两种有关要素配置体系的生产函数的假定是：(1) 一般生产函数 $Q=AL^{\alpha}k^{1-\alpha}e^{Pt}$；(2) 反映规模效益的生产函数：$Q=A^{n}L^{\alpha}k^{1-\alpha}e^{Pt}$。

作者认为，在计划者主权体制下，资源配置主权掌握在计划者手里，当是单一计划者主权时，收入水平和相对价格水平是资源配置体系的外生变量，对供求无弹性；当是多元计划者主权时，价格体系的不合理性又使得市场机制的正向调节加剧了存量结构矛盾，因而表现在供给函数中的变量不是与市场规则有关并直接反映消费者利益和偏好的随机变量，故供给总量和结构也不能随之调整。当是单一计划者时，生产与消费服从"短边规则"。以维持低水平均衡；当是多元计划者时，对局部利益最大化的追求反加剧了总量失控和结构失衡，连"短边规则"都难以维持。计划者主权体制还直接影响劳动供给效率。由于不允许劳动力"蓄水池"的存在，劳动供给的有效性很少成为经济增长的限定条件，劳动力供给弹性与劳动供给效率反相关。在对资产供给效率与经济增长速度不对称关系分析中，作者指出计划者主权体制下的投资机制使我国资产供给有效性不足，只加速了存量扩张，而未引起存量结构向高度化演进。技术进步滞后于数量扩张成为我国经济增长的常规特征之一，原因在于价格的非弹性。

作者分析了我国要素投入的规模效益特征，即规模效益低下。表现为：(1) 规模效益畸高畸低；(2) 经济增长主要依赖于投资扩张，众多劳动力制约了规模效益；(3) 实际技术构成变化缓慢，使投资扩张反与规模效益后相关，恶化了存量结构。

作者的结论是，提高要素供给效率必须加速市场化进程，以完善价格体系为改革首要步骤，用市场的传导作用来增强要素供给的有效性。

(王　宏)

国民收入分配中的V扩张

刘诗白　(载《中国社会科学》1992年第5期)

本文认为，国民收入分配中个人收入占的比重迅速增大、企业收入增长不足、国家收入占的比重下降以及向个人倾斜的现象是国民收入分配中的V扩张。国民收入分配向个人倾斜，是指个人收入增长过度，从而影响企业收入，特别是影响了国家集中支配的收入的现象。

V扩张的后果：V扩张意味着M缩小，"吃掉积累和发展"；导致消费需求膨胀，成为通货膨胀的重要因素；导致产品单位成本中工资比重增长，企业效益下降；分配不公，不利于调动全体劳动者的积极性。

V扩张的微观原因：(1) 工资支出膨胀。"自有资金发奖金，流动资金找银行，基建和技改靠国家"。(2)工资外的报酬支出膨胀。如企业超过标准大量发放个人的劳保福利费用、劳务费用以及高额集资利息和

"股息"等。(3)劳动用工扩张。为什么产生这些原因,从根本上说,是纯收入在企业与个人之间进行分配中缺乏或失去了内在的约束。V扩张的宏观经济原因,则存在于所有制结构、价格机制、金融机制、税收机制等多方面。

克服V扩张的途径:(1)形成健全的国家——企业分配机制。(2)形成企业内部自我约束机制。(3)形成政府的调控机制。

(欧 阳)

关于消费水平和消费结构的国际比较

——兼论我国小康生活水平的标准

葛霖生 (载《复旦学报》《社会科学版》1992年第1期)

作者指出,消费水平是指居民每年人均消费额。它的增长,与经济增长成正比,与人口增长成反比。我国居民消费水平的增长,比发展中国家的平均增长率快得多。但我国居民消费与经济增长的依存度比发展中国家的平均依存度低,这主要是因为我国国民收入中用于积累和社会消费的比重较高的缘故。

消费结构是指居民所消费的各种消费资料(包括劳务)之间的比例关系。作者通过对84个国家(地区)的家庭消费结构资料的比较分析,揭示了各类国家(地区)家庭消费结构差异的规律性:属于生存必需资料(如食品)支出所占比重同经济收入水平的高低成反比,而属于享受(如耐用消费品)和发展(如教育)的支出所占比重则同经济收入水平的高低成正比。同时指出,家庭消费结构从一个侧面反映出经济发展和收入水平的高低。但是,决不能根据其中的任何一类所占比重,就简单化地作出结论,而必须作进一步的具体分析。

文章还论述了我国小康生活水平的标准。认为根据我国现阶段的生产力发展水平,小康生活消费水平按全国居民计算为每年人均消费1 000元(人民币,1988年价格,下同)以上,其中:农民为750元以上,非农业居民为2 000元以上。同时指出,衡量小康生活的标志,不单是人均消费水平,还有一系列其他指标,如人民的健康水平,营养状况,平均寿命和识字率等。

最后,作者还指出,鉴于我国是一个经济文化发展很不平衡的大国,全国小康水平的宏观,不论从时间上还是地区上,不应该也不可能规定一个全国统一的时间表。但2000年实现小康,走共同富裕的道路是确定无疑的。

(雪 凌)

文化教育是第一消费力

尹世杰 (载"消费经济"1992年第5—6期合刊)

文章认为,随着现代科学技术的发展和居民消费水平的提高,消费领域也要求知能化,要求消费者不断提高科学文化素质,需要掌握现代科学技术,才能充分享受现代科学技术的丰富成果,发展消费力,更好地满足消费需要。作者提出文化教育是第一消费力这个新命题,正反映了商品经济不断发展、新的科学技术不断进入消费领域、消费生活愈益现代的情况下,对消费者提出越来越高的要求,强调了人的因素、知力因素在社会经济生活和经济发展中的作用,提出了发展消费力的根本途径,揭示了当代社会消费力发展的趋势和内在规律。

文化教育为什么是第一消费力?第一,文化教育是提高劳动力素质、提高生产力的极重要的条件,而生产力的发展,可以转化为消费力;第二,文化教育能直接提高消费者消费消费资料的能力,这种能力是一种个人才能的发展,一种最强大的消费力;第三,发展文化教育,有利于发展享受资料、发展资料的消费,有利于提高消费的层次,扩展消费力;第四,发展文化教育,大大有利于促进消费合理化,提高消费效益;第五,发展文化教育有利于提高消费者的权益意识和抗递能力,保护消费力。

文章最后提出:要发挥文化教育作为第一消费力的作用,必须:(一)要真正认识文化教育对经济增长和社会进步的作用;(二)要发展文化教育事业,增加知力投资;(三)要提高精神文化产品质量;(四)加强消费教育。

家庭储蓄与经济发展

胡汝银 (载《经济学动态》1992年第5期)

作者认为,改革以来我国的家庭储蓄功能已经发生了显著的变化,为投资而储蓄或将储蓄用于投资已成为我国家庭储蓄的一种重要动力。那种将劳动者个人收入混同于消费基金的认识，已经成为一种认识上的滞后。

作者指出，在政府部门和公司部门的储蓄十分有限的情况下，我国的经济发展将在越来越大的程度上依赖于如何形成一套经济机制来充分动员和有效地利用自愿的家庭储蓄。有愿家庭储蓄的规模越大，整个经济的资本供给和资本形成的规模就越大，物化的技术进步速度就越快，可支持的经济增长率和经济效率就越高。特别是在存在巨大的隐蔽的储蓄潜力的情况下，通过进一步的金融改革来增进家庭金融资产保障，从而鼓励和促进家庭储蓄，能够使"超常增长"得以继续。

文章还认为：(1)通过实施一种优惠利率政策来保护和提高家庭储蓄意愿，促进家庭储蓄，将有利于短期宏观经济稳定和长期经济持续增长。(2)那种希图通过降低利率来促进家庭"减少存款，增加消费"，以求摆脱短期市场疲软的政策方案是不足取的。这种金融浅化的措施只会加剧短期经济波动甚至导致长期储蓄不足和积累不足，延缓我国经济发展进程。(3)促进金融深化，促进自愿储蓄和积累，促进可储蓄资源的有效利用；避免金融浅化，避免盲目地鼓励消费和损害积累，避免可储蓄资源的浪费，应当成为今后我国宏观经济政策的着眼点之一。(4)巨额家庭储蓄的存在，可减少劳动者个人及其家庭在就业、福利保障、家庭消费和资金积累等方面对政府和公共部门的依赖。从而，为提高社会经济结构的灵活性，为推进我国的就业制度社会保障制度、城市住房制度、财政与金融制度等方面的改革，提供了稳固的经济基础和巨大的选择空间。

（宁　咏）

经济增长和居民收入分配假说及若干理论问题的讨论

张道根　（载《社会科学》1992年第2期）

作者对"快速经济增长和收入分配公平不可兼得"这一论断提出异议，认为经济增长速度与居民收入平等间是相悖还是互相促进，需视技术进步速率、需求增长速率、供给能力扩张速率相对变化情况而定，不能笼统判定。

文章对库兹涅茨的经济增长和收入分配差别变动的倒U型假说，从总量增长不同阶段中增长速度同收入分配平等关联角度，提出新的补充假说。作者假设人类经济发展史从增长角度可划分两大阶段，即工业化前经济增长时期和工业化以来的经济增长时期再设两大阶段中分别包括诸多小阶段。在两大阶段中分别存在低速、中速、高速增长三个不同小阶段，通过历史经验实证显示，库兹涅茨经济增长中收入分配变动的倒U型假说只是特例，只适于第二阶段时期，并提供了对第一阶段及两大阶段中不同增长速度时期收入分配轨迹的描述性假说。

经济增长与居民收入分配关联考察中一个重要的理论问题，是收入激励效应同总供给增长及效率问题，作者认为它们之间主要有三种关联模型。模型Ⅰ：收入激励、劳动效率、总供给增长之间呈正相关变化；模型Ⅱ：工资同劳动效率呈相反变化，经济增长呈滞胀的均衡状态；模型Ⅲ：工资上涨，劳动效率不变或降低，经济增长呈衰退的非均衡状态。我国1978年以来的经济发展实践隐含着上述三种关联模型的更替，在78年至84年的经济增长类似于模型Ⅰ，85年后大致如模型Ⅱ，89年6月市场疲软经济增长进入衰退以来，大致如模型Ⅲ。一国经济增长的效率高低和实际产出水平的提高，受到劳动者劳动努力程度，从而劳动者劳动能力发挥的直接影响，而这又取决于激励制度的有效性与合理性。如何通过体制创新建立有效激励体制，对于提高增长效率、加速经济成长极其重要。

（谷孝元）

论国民收入向个人倾斜

陈　共　范一飞　（载《财贸经济》1992年第10期）

收入分配向个人倾斜是指在较长时期中，个人收入相对其他国民收入分配主体而言，其增量及全部所得份额增长较快，超过其他主体。收入分配格局演变的事实总趋势是：国家收入比重急剧下降，个人收入比重急剧上升，集体收入比重略有上升。收入分配呈现向个人倾斜的特点。

作者结合世界经济发展历程和我国的实际情况，认为改革十多年来国民收入分配向个人倾斜是现阶段经济发展和经济改革的内在要求和必然趋势，具有合理性的一面，但也存在倾斜过急、过度的问题。在现实经济条件下，收入分配向个人倾斜过急，过度的危害在于不能适应产业结构的变动，只会破坏国民经济平衡，加剧产业结构失调和资源浪费，破坏补偿、积累和消费之间的比例关系，影响社会再生产的顺利进行，降低国家进行宏观调控的有效性等。

判断收入分配是否向个人倾斜过度，需要对个人收入倾斜部分的性质、作用、来源进一步分析来确定。目前收入分配向个人倾斜很大程度上是与分配不公相联系的，不合理不合法的收入构成了收入向个人倾斜的主要部分，个人收入的增长在调动人们的积极性和创造性方面的作用并未有效地发挥出来，分配格局不合理，分配秩序混乱。向个人倾斜收入主要来源于对企业利润、公有资产的侵蚀，对"流通利润"的间接和非法占有，"三乱"成灾、"创收"失控，偷税漏税以及小部分基本合理收入（如离退休人员再就显收入、知识产权转让收入、投资和借贷利息收入等）。通过分析可见，个人收入分配向个人倾斜度应适当控制，分配秩序要进行调整，分配格局有待进一步完善。

（邵慧明）

关于我国经济保障系统工程体系的探讨

刘茂山　（载《理论与现代化》1992 年第 3 期）

作者认为，社会保障机制是一个经济保障系统工程体系。强调社会保障的经济性质和保障的系统性质。可谓保障的经济性质，是指保障的对象（生产资料和劳动力）是经济要素，保障的出发点是发展社会经济，保障的实现手段是过去积累的物质财富，保障实现的结果是促进国民经济的发展。所谓保障机制的系统性，是指实现经济保障职能的不是个别的组织和机构的孤立行为，而是一个复杂的系统工程体系的共同协作的结果。这个系统工程体系是由经济保障制度、经济保障机制、经济保障组织和经济保障管理机构四个支系统组成的一个有机整体，共同完成经济保障的功能。

作者从我国的现实出发，对我国经济保障各支系统的自身的职能，作用及相互间分工与协作关系进行了全面的论述。认为经济保障系统工程体系中的四个支系统，一方面，各自处于不同的地位；执行不同的职能，实现各自的保障作用；另一方面，这四个支系统又相互联系、互相作用，组成一个更大的系统，共同执行一项更高的职能，实现对全社会的经济保障作用。

针对我国改革开放过程中在社会保障领域出现的分工不明确和互相之间争业务、"打乱仗"的现象，就经济保障组织系统内部的分工问题作了详细地论证。作者认为，经济保障组织内部的分工，包括两个层次，第一个层次，商业保险公司与其他各种保障组织之间的分工；第二个层次，是商业保险公司之间的分工。第一个层次的分工，就人身保障来说，可分为三类：(1)社会福利、救济等福利性质的业务，其业务应当由社会保障基金组织来承办。(2)养老、疾病医疗和失业补贴等基本保障性业务，应当以社会保险组织为主，保险公司为辅。(3)意外伤害等分散性业务，应当由保险公司承办。第二个层次内部即各商业保险公司之间的分工，原则上不应一家独办，亦不必划分业务范围，而应当开展自由竞争，发展业务。

（雪　凌）

建立个体劳动者养老保险制度初论

陈　颖　（载《经济与管理研究》1992 年第 6 期）

个体经济作为公有经济的有益补充正经在理论上得到确认，在实践中得到发展，但个体劳动者的社会保险这个社会问题却没有引起足够的重视。本文在实际调查的基础上，对此作了初步探讨。

关于个体劳动者家庭养老现状和特点。作者认为，家庭养老一直是个体劳动者占主导地位的养老模式，但一胎化的生育制度使其逐渐对家庭养老感到"靠不住"。由此个体劳动者对家庭养老保险表现出矛盾的心态。一方面，他们不得不依赖于家庭养老，另一方面又觉得靠不住，对子女"指望不上"；他们对稳定的象"全民"那样的"绝对安全"的社会保险需求强烈，又感到不现实。一部分有朦胧保险意识的个体劳动者进行了个人储蓄或参加人身保险以备养老之需。

关于个体劳动者养老模式趋势比较与选择。作者认为，个体劳动者养老方式大致有三种发展趋势：储蓄保险、人身保险和社会保险。但三者不是对立而是相互补充的关系。在剖析了储蓄保险与人身保险难以避免的缺点后，作者论证了社会保险制度是最为必要和最为可取的，其所固有的强制性、非盈利性、互济性和普遍性具有其他保险制度无可比拟的优越性，但也面临着亟需解决的一些问题。

作者提出了构造个体劳动者养老保险制度的基本思路和原则。个体劳动者社会保险制度要纳入我国社会保险体系，成为其一个有机组成部分；建立个体劳动者养老保险制度要适应我国生产力水平和个体劳动者的特点；个体劳动者的养老保险模式是由政府实施的强制储蓄型老年社会保险制度。为建立这一制度，应遵循强制性原则、渐进性原则、系统化原则，个人投保为主的原则、家庭养老以及其他民间保障形式相结合等原则。

（赵　晓）

长期宏观决策必须考虑的一个必然趋势

黄 达 （载《财贸经济》1992年第4期）

作者认为，长期宏观决策必须考虑的一个必然趋势是不完全的工资、成本和价格向比较接近完全的工资，成本和价格的转化以及由此带来的价格总水平的不断上升趋势。

作者首先论证了国营经济现行的工资，成本和价格的不完全性。由于国家的住房制度社会保障制度，医疗制度及各种补贴制度的介入，使得基本工资不能抵补基本生活资料费用，因而工资不完全；由于固定资产折旧制度、会计制度的缺陷以及对其他成本因素的忽视，造成了不完全成本；由于价格中的利润部分不能满足维持简单再生产和实现必要的扩大再生产的需要，因而形成不完全价格。同时因农产品和乡镇企业产品中存在较完全的工资、成本和收益，因而其价格基本完全，但这并不影响对国营经济不完全的工资，成本和价格的分析。

不完全价格向较完全价格的转化日益构成价格改革的主导内容。这一观点是从总量认识的角度提出的，故比价调整不能涵盖这种转化的全部含义。作者将再生产过程简化为工资、成本、利润和价格，将利润划分为财政集中收入和企业留利，并用这几个因素构成一个函数系统，旨在说明这一转化过程与改革的全面推进息息相关。改革过程是渐进的，而价格改革可能是迟滞因素，但价格从不完全趋向完全的转变不可避免，结果必然导致改革过程中价格水平的渐进式提高。

作者指出，如果说价格所涵盖的经济内容伴随着改革必将日益趋向完全，并且必将导致价格水平的逐渐上升，那么，不仅在价格工作中对之要有足够的重视，而且要在长期宏观决策中予以重视，价格水平允许变动的幅度就会成为制约改革步幅的界限。对此需进行计量的研究和论证，以服务于长期宏观决策。

（王 宏）

宏观技术经济分析

李 丰 （载《数量经济技术经济研究》1992年第1期）

作者通过对技术进步的宏观经济效果的分析，指出与粗放投入型经济发展方式相比较，技术投入型经济发展方式带来的经济增长具有相对实际增长效果较低的名义经济增长率。在同样的实际发展水平下，经济规律决定了名义经济增长率与技术进步速度是负相关的。而粗放投入型经济发展的种种根本性弊病则被较高的名义经济增长率所掩盖，这种名义经济增长率与实际增长效果的偏离使得粗放投入型经济增长对各类经济行为主体来说，更为诱人并导致粗放型经济发展方式的不断延续。

作者认为科技进步可以提高生产力，带来明显的经济增长。技术进步、价格结构、经济增长率等，这些都是一个经济系统中互相联系的因子，忽略了技术结构等诸因素的发展形态，经济增长就少了许多质的内涵。在用经济增长率指标来比较各国的经济发展快慢时，必须同时探讨各国经济发展所采用的手段及相关因素。我国的经济发展速度远高出发达国家和发展中国家的平均水平，但生产率提高对经济增长的贡献份额不但低于发达国家，而且低于发展中国家，技术落后造成了增长速度被高估。我国经济实力的增长远不如名义经济增长率那样令人瞩目，其关键原因在于以技术进步促进经济发展未能在我国得到重视。技术进步是经济发展速度的决定因素，我国如果盲目地将经济发展速度降到5—6%左右，而不能同时提高技术水平，这种粗放式的低速发展将比粗放式的高速发展具有更差的发展效果。

作者认为技术进步是发展效益型经济的唯一手段，认识到这点，才能避免经济发展政策制定中的错误导向，才能在经济发展中同时获得高速度和高效益。因此应该加强对科技、对知识产业的投入。

（谷孝元）

战略抉择是经济发展的关键

林毅夫 李 周 （载《经济社会体制比较》1992年第1期）

作者认为，经济发展的成功与否的关键在于经济发展战略。

作者将选择政府高度保护为后盾并注重进口替代的工业发展战略，归结为“重工业优先发展”战略，这一战略一般采用低利率、低汇率和低生产要素价格的经济政策。而这样做的结果一是在资源配置上因放弃了比较优势而无法突破比较劣势的制约，二是受到高度保护的产业和企业因缺乏竞争而失去了讲求效益和效率的内在动力和外在加力，从而阻碍了经济的正常发展。而与此相反，亚洲“四小龙”等经济发展比较成功的国家和地区，它们采用的则是根据资源的比较优势确立产业结构，根据资源比较优势的变化调整产业结构的经济战略，作者称它为“比较优势战略”。该战略最基本的特点是在经济发展的各个阶段上，都能充分利用具有相对优势的资源来为经济的稳定增长服务。而与此相对应采用的经济政策是：利率，汇率的自由浮动和生产要素和产品的价格自由形成。在资金，外汇和其它生产要素价格完全由市场来配置和调节的政策环境和经济运行机制下，任何企业都不会因人为的价格扭曲获益或受损。资源总是流向边际报酬高的部门或企业，迫使企业努力创新以提高自已获取资源的竞争能力。这样，就形成了以平等竞争、优胜劣汰为特征，正常的经济发展的环境就形成了。

目前我国的战略抉择应是改变发展战略及其相配套的宏观政策环境和运行机制，改变以往推行重工业优先发展战略时所生成的宏观政策环境和运行机制造成的利率扭曲，生产要素和产品价格扭曲及汇率扭曲等问题。使具有比较优势的劳动力资源得到充分利用，较为稀缺的资金流向边际生产力最高的部门或企业，使我们的经济发展能够进入充分利用比较优势的良性循环。

(武洪波)

改进我国城市宏观经济效益考察的初步思考

郭鸿懋　(载《天津社会科学》1992年第5期)

作者认为，目前我国城市经济效益考察指标，虽能反映城市经济运行的主要部分和系统的效益情况，但不能反映城市经济运行的整体效益。(1)不能全面反映中心城市全部产业即全部投入的经济效益。目前城市经济效益考察中的工业利税总额、资金利税率及销售利税率，不能反映流通部门的经济效益状况，即产品最后进入消费领域的全部利税状况。(2)不能反映中心城市经济增长中结构变动的效益。还没有建立起城市产业结构变动带来的经济效益的统计指标体系。(3)反映不出城市发展和城市功能方面的经济效益。上述矛盾说明，目前我国城市宏观效益的考察工作必须改进。

作者建议，建立一个包括城市经济增长效益、结构效益、城市功能效益三个子系统在内的宏观经济效益考察系统。(1)城市经济增长效益系统，反映城市宏观经济效益基础的概括性的一面；(2)结构变动效益系统，具体反映城市经济增长类型，它说明城市经济增长及其效益所依赖的途径；(3)城市功能系统，反映城市经济增长赖以实现的物质载体的状况及这种载体的经济效益和它在宏观经济效益中的地位。

作者认为，这种考察已构成我国宏观经济调控体系的一个组成部分。如果在考察我国城市宏观经济效益方面建立起一套比较科学的指标和工作系统，并根据这套指标产生的一系列数据对城市经济发展进行实证分析，我国城市经济发展的战略和各种决策，将会建立在一种更加科学的基础之上，这无疑会推动城市经济持久稳定协调的发展。

(信　欣)

关于加快经济增长与控制通货膨胀问题的探讨

——90年代实现高增长低通胀的途径

汪一鹤　(载《社会科学》1992年第10期)

经济增长往往与通货膨胀连在一起。高增长会带来高通胀，而低通胀又会使增长缓慢。如何做到高增长同时低通胀？本文在借鉴西方经济学派有关经济增长的学说基础上指出，在抑制通胀的同时提高经济增长，是高增长低通胀的原则。

作者认为，80年代末出现了高增长高通胀的局面，其与经济飞跃在理论上和政策上出现了偏差有关，表现为：受高增长高通胀理论的影响和长期高积累低效益政策的影响，只重资本投入而忽视其他生产要素对经济增长的作用。

90年代的经济增长要靠“总合要素生产率”的提高而不应单靠增加资本量的投入。90年代加快经济增长的途径是：适当降低资本投入量，提高其他生产要素在经济增长中的作用。同时，经济增长也需要最佳的政策环境。(1)要提高国际竞争能力，消除贸易保护，制定外向型经济发展战略。(2)要减少公共支出，压缩财政赤字，削减企业亏损补贴。(3)要减少价格控制，使价格反映出资源的真实成本，调动生产活力。(4)要减少投资方面的繁琐程序，鼓励外商直接投资，促进技术进步。(5)要完善金融体制，积极创造条件采用借贷国际化运作方式，组织好资金的营运和管理。

(白胜玲)

我国的潜在生产能力与通货膨胀

宋承先　(载《学术月刊》1992年第12期)

文章围绕经济增长和通货膨胀问题，总结了改革后两个阶段的成功经验和失败教训，阐述了我们之所以取得举世瞩目成就的主要原因。作者指出，那种认为我国总是总需求大于总供给的“短缺经济”、并把1984—1988年的信贷膨胀判断为投资过多加上消费过多的需求拉上型通货膨胀的观点是站不住脚的。我国存在着发展生产的巨大潜力，1984—1988年的信贷膨胀，正好把潜在生产能力转变为现实生产力，当时的信贷膨胀决不是1985年以来两位数通货膨胀的罪魁祸首，倒是当前经济发展大好形势的重大功臣之一。

作者将潜在的GNP定义为，在现有资本和劳动力资源的质和量的基础上所能达到的最大量的国民产品。结合日本经济高速发展的经验，作者认为，(1)只要具备必要的劳动力，依靠进口，就能把潜在的闲置的劳动变成现实的财富。(2)鉴于国民经济再生产循环往复的动态序列中，存在着西方经济学“乘数”和“加速数”的相互作用，只要突破一点，让闲置的劳动投入生产，就会出现国民经济累积性螺旋上升的良性循环。(3)根据改革以来出现的一些现象，可以说明生产关系的调整，会使生产力释放出巨大的能量。因此作者认为，我国并不是资源约束的“短缺经济”，而是存在着发展生产的巨大潜力。

要把潜在生产能力转化为现实生产能力，还必须有新增加的货币供应量。日本银行系统通过所谓“超贷”一类对大企业的贷款，使得日本现实生产力十分接近其逐年加速度增大的潜在生产能力，就足以说明了这一点。此外，由于商业信用和银行信用即货币信贷资本本身，突破了贵金属生产的限制，在执行货币流通手段和支付手段职能时，变成了现实资本，使生产领域创造的剩余转变为现实的积累，从而扩大再生产可以在更大规模上进行。

(宁 咏)

技术结构、生产率结构与产出结构

郭克莎 (载《经济理论与经济管理》1992年第6期)

作者从三个方面对我国改革以来技术结构的变动作了实证考察：(1)三次产业的更新改造投资构成的变化；(2)产业之间技术设备的变动；(3)产业之间科技人员相对比重或劳动者相对素质的变动。结果证明，改革以来三次产业的技术结构失衡的状态并没有改变，1984年以后的失衡反而明显加深。这说明，产业之间相对技术水平的变动与相对产出水平的变动是一致的，产出结构失衡发展与技术结构失衡的发展是相联系的。

作者应用“综合要素生产率相对增长率”和“综合要素生产率增长率构成”两个指标的变动，从产业之间的综合要素生产率的对比关系来考察产业技术结构的变动。认为，综合生产率结构的变动实质上是技术结构变动的表现。1984年以后第一产业技术水平上升速度远远落后于其他产业特别是第二次产业，生产率结构变动严重失衡。生产率结构变动与产出结构变动是统一的，产出结构失衡发展与产业之间综合生产率结构失衡是相联系的。

改革以来尤其1984年以后产出结构失衡的发展，是与技术结构以及综合生产率结构的失衡状态密切相关的，二者不仅在整体趋势上是相同的，在阶段性变动上也是一致的。这主要表现在技术结构过多地向第二次产业部门倾斜，从而导致了第一次产业部门的技术进步过于缓慢。

作者认为90年代要使产业结构趋于协调，必须促进技术结构的协调。在提高我国产业技术水平的过程中，尽快提高第一次产业的相对技术水平，包括提高第一次产业部门的技术更新投资比重，加快其生产技术设备的相对增长速度并改进质量，增加第一次产业部门的科技人员，努力提高农业劳动力的素质，加快科技兴农、教育兴农和农业机械化的步伐。

(谷孝元)

市场结构重组与国家计划管理

陈秀山 (载《中国人民大学学报》1992年第3期)

文章认为，我国市场结构的目标模式应是：建立垄断性市场、垄断性竞争市场和自由竞争市场并存，以垄断性竞争市场为主体的市场结构。

文章指出，建立以垄断性竞争市场为主体的市场结构，其必要性和现实性在于：(1)垄断性竞争市场有利于国家计划管理，实现计划与市场的有效结合。(2)我国正处于工业化进程的发展阶段，在参与国际分工和世界市场竞争中必须依靠整体国力，通过具有一定垄断性的大型企业集团，才可能逐步进入世界市场并立足其中。(3)我国产业组织中企业规模结构不合理，分散的中小企业比重过高，规模经济水平低下，生产集中化程度不高，建立垄断性竞争市场将有益于实现企业的规模效益，减少竞争的盲目性。(4)建立以跨部门、跨地区的综合性企业集团为主体的垄断性竞争市场，有助于打破超经济垄断的地区割据和封锁。

认为在垄断性市场中，由于基本上没有竞争或竞争程度很弱，因此不能把价格决定权交给企业，而应由国家实行直接的价格管理。在垄断性竞争市场中，国家对价格一般不实行直接管理，而主要采取指导价格的方式。只对少数短缺产品在一定时期内实行直接控制，大多数产品应由企业在国家指导下自行定价。在自由竞争市场中，企业的投资、产量、产品价格都是自行决定的，国家利用税收、利率等经济杠杆实行间接管理。

（宁　咏）

期货市场的理论与实践初探

胡新智　（载《党校论坛》1992年第12期）

文章认为，建立期货市场是商品经济发展和深化经济体制改革的客观要求。为了尽可能有效地利用社会资源、避免浪费、保持社会经济的稳定发展，尽量避免市场交易者的价格风险，保证生产经营的正常进行，经过漫长时间的摸索实践，人们终于找到了能够完善价格机制，规避或减少价格变动所带来的损失的交易方式，这就是商品期货交易。

发展期货市场，由期货交易中的预期价格功能、保值功能、分散风险功能和长期交易等功能来弥补现货交易功能之不足，促进市场机制的完善，是稳定我国农业生产、深化生产资料价格改革、增强企业活力和建立社会主义市场经济新体制的客观要求。

作者认为期货市场具有微观功能和宏观经济作用两重作用。微观功能是：(1)获取未来市场的供求信息，有利于提高企业生产经济的灵活性；(2)期货市场的公平竞争，促进企业提高生产经营水平；(3)通过期货交易，有利于稳定企业生产，降低库存，加速资金周转，提高经营效益；(4)进行卖期保值交易，有利于提高企业的市场竞争能力，扩大市场占有份额。宏观经济作用是：(1)有利于整个市场体系的进一步完善；(2)有利于宏观经济上防止市场过渡波动，防止社会资源的浪费；(3)有助于现货市场价格的稳定；(4)有利于商流与物流适当分离，节约社会商品流通费用的支出；(5)有利于政府加强对宏观经济的调控。

作者认为，建立有中国特色的期货市场可根据期货市场的三种模式，即萌芽的期货市场、初期的期货市场、现代发达的期货市场，取长补短，有兼有容地建立具有中国特色的期货市场。首先以期货的方法做现货交易，然后向目标期货市场过渡。

（徐焕章）

中国股市发育中的困境与出路

陈明森　（载《财贸经济》1992年第7期）

随着商品经济发展和经济体制改革逐步深入，中国各地股市正相继进入发育成长期，中国早期股市是低效市场，主要表现为：(1)动员储蓄、筹集资本能力低下；(2)股市价格高变动快，股价涨跌幅度远远超出西方成熟股市的涨跌幅度；(3)股市投机行为被异常放大。

发育中股市低效的根本原因是：市场规模狭小，股票需求与供给严重失衡，必然引起股价狂升，严重脱离上市公司的经营业绩。股市交易，多以个人投资者为主，股价运行轨道受到非理性行为左右。股市有关信息尚未充分公开，缺乏完全性，正确性与时效性。股市险与收益不对称性，投资者普遍缺乏风险观念，这只能刺激人们对股票的狂热购买，而不能引导人们正确认识证券质量和上市公司经营状况。

培育股票市场，提高股市效率是我国经济体制深层次改革，必然要与现行发展模式和统传管理体制产生诸多的磨擦与冲突，面临种种矛盾的困扰，诸如：扩大股票发行与企业股份制改造滞后的矛盾，股市规模扩大与信用膨胀的隐患，股票市场发育与货币市场发育的矛盾，股票发行市场发育与股票交易市场发育矛盾，等等。

作者提出，为使股票社员尽快走向健康成熟阶段。而当务之急必须做到：(1)把企业推向资本市场，刺激股市供给；(2)培育证券投资机构（如国有资投资信托公司、证券投资信托公司、基金会等），鼓励机构投资者入市交易；(3)强化股票市场的监督和管理工作。

（雪　凌）

论中国地区市场封锁问题

陈甬军　（载《经济学家》1992年第4期）

地区市场封锁，是指一国范围内的各个地区，以地方政府为主体，以过度追求地方经济利益为目标，以行政、经济、法律等措施为手段，实行政策和行为的单向倾斜，在商品流通过程中以保护本地产品，限制外地产品为中心内容，干扰商品按经济规律和自然流向进出本地区市场的一种经济现象。它既是地区经济分割的主要表现，也是在社会主义国家中，由于经济体制和机制的不完善而产生的流通扭曲行为中，与“市场大战”现象相互对立又相互转化的一种流通行为。其中限制流入的形式可称为市场封锁Ⅰ型，限制流出的形式可称为市场封锁Ⅱ型。地区市场的影响效应可以概括为：对宏观经济来说，是有百害而无一利，对地区经济来说，则是取一时之收益，留长远之后患。

地区市场封锁现象是由国民经济系统中地区经济利益冲突程度、地方政府和企业行为的自我取向程度、宏观供求波动所引致的市场容量增长波动状态、消费规模和结构失衡程度和产业结构和同构程度、社会流通组织和市场体系建设滞后程度等诸因素变化综合作用的结果。从根本上说，它是在中国经济发展和改革中，地区利益关系冲突和市场容量增长波动的综合反映，也是流通发展和市场体系发育滞后的一个直接后果。其中利益关系冲突是基础，市场增长波动是诱因，流通发展滞后是条件。这三者在时间动态上的耦合会引致高强度、大规模的市场封锁。

作者认为，解决地区市场封锁这种多因素综合作用经济现象的对策，其中心内容是在深化改革中实行“综合治理”，重点消除和控制上述在地区市场封锁形成和发展中起主导作用的三大因素。要通过改革，处理好全民所有制内部政府与企业，政府与政府之间的利益关系；努力实现国民经济持续、稳定和协调的发展；发展社会流通产业，提高市场的发育程度，以形成打破地区封锁、消除市场割剧的体制基础、宏观环境和市场组织条件。

（雪　凌）

中国价格运行的现状、问题与前景

中国社会科学院财贸物资经济研究所
《中国商品市场发育与完善》课题组
（载《财贸经济》1992年第5期）

作者从进一步完善和发展中国商品市场出发，考察了中国价格运行的现状、问题与前景，并提出了若干政策性建议。

中国目前的价格是由混合型的价格形成机制决定的。其中，既有国家机关的行政手段的作用，又有市场供求关系的作用，市场的供求关系在价格形成中起主要作用。通过近些年来价格改革以及其他经济体制改革，价格体系或价格结构逐渐趋向合理。价格总水平虽然上升了，但居民实际生活水平并没有因价格上升而下降，反而显著提高了。

中国价格运行中存在的主要问题是继续放开价格权的阻力很大，通货膨胀反弹的压力增大，价格补贴仍是各级财政的沉重包袱，价格信息不灵，管理落后。市场上的价格秩序还比较混乱，价格关系尚未理顺。

在中国未来的理想价格模式中，价格的形成与运行主要靠市场，实行国家定价的商品和劳务仅限于生产技术上垄断者和社会公共使用与消费的少数重要商品与劳务，除此以外的所有商品和劳务的价格由企业根据供求关系自行决定。按照这个价格模式的要求，中国价格改革中，要进一步降低国家定价的比重，相应提高市场价和国家指导价的比重。今后要坚持市场取向的价格改革方向，把大部分的价格权真正放给企业，使价格真正回到市场交换中去。在价格改革的具体操作过程中，可以把平均利润作为衡量价格关系是否合理的客观标准，在正常经营条件下，通过市场竞争各行业的商品和劳务的价格能够使经营者获得平均利润，则可认为此时的价格体系是合理的。反之，则是不合理的。另外还要处理好价格调整，价格放开与稳定物价的关系，保持相对稳定的物价水平，把价格的“双轨”逐步并入市场单轨，依据准确而及时的价格信息，实行高效灵活的价格管理，努力创造出具有中国特色的社会主义价格模式。

（邵慧明）

可以借鉴的西方价格法规

袁世明（载《价格理论与实践》
1992年第7期）

作者认为，加强国家对市场的宏观管理需要完善价格法规，研究和借鉴西方国家有关价格法规是十分必要的。

文章从三方面对西方价格法规进行研究。(1)反托拉斯法中有关价格的内容。作者将西方国家价格违法行为概括为固定价格、维持转售价格、搭售和价格歧视。并对国际贸易中“寄售”和欧洲经济共同体等有关价格法规进行了研究。(2)西方价格法规的结构和处置程序。作者认为：西方国家价格法规中的禁止性或节制性法规、例外规定和惩罚规定等方面有许多共同之外。但各国之间也有差别。在违法行为上，美国对违法的垄断行为界定的范围要比其他国家宽。在例外规定中，美国只有经由政府所控制的事例方可对价格干涉；而欧共体中凡有利于社会经济发展的价格干涉，都可在法律上获得例处。在处理程序上，多数国家是由法律作出规定，由政府机构执行，法院复审；但美国坚持通过司法程序，由法院来执行。(3)国家采取的价格紧急措施。西方各国在战争、灾难、经济混乱时都对具体产品价格做出明确的法律规定，以稳定物价、稳定政局。

西方国家有关价格的法规为我们提供了值得借鉴的经验。只有通过立法才能避免行政干预价格的随意性和主观性，才能真正创造出公平竞争环境。目前在我国许多地方以加强市场价格管理为名义，实行行业定价、大企业领导价格、固定商品价格，采取价格歧视和搭售。这些价格垄断行为不利于市场发育，我们应通过价格立法维持和巩固市场秩序。在价格立法中应分别规定禁止性和限制性的法律条款，同时严格规定惩罚措施，把刑事和行政处理方法结合起来。作者还指出：放开价格并不是放弃对价格的宏观管理。有关部门在法律上要拥有对市场价格干预的例外规定，并制定紧急状态下的专门法规，确保在突然事态发生后市场价格水平不会失控。

(雪　凌)

沿海与内地：价格政策衔接的障碍及对策

童　珂　(载《财贸纵横》1992年第8期)

作者认为，区域价格改革及其价格政策思路设计，在很大意义上是对梯度推移理论的移植和实践。但是，由于梯度推移增长理论的局限和缺陷，在一定程度上又给区域价格政策设计和衔接设置了障碍，主要表现为：(1)体制障碍即区域价格形成机制时滞；(2)政策障碍即宏观产业价格政策的区域导向错位，组织障碍即区域贸易价格秩序运行紊乱等。区域价格政策衔接上的障碍，切断了沿海与内地用统一的商品经济原则规范建立区域产业分工和扩大双边贸易的良性循环机制，给本来就处于明显劣势区位的内地商品经济的发展增大了风险和压力。

在对区域价格政策衔接困境透析的基础上，作者进一步分析了产生这种价格政策摩擦的机理，指出实质上这是沿海与内地双方对区域产业结构调整的主动机及其利益分配制高点的一场争夺。在这场区域价格拉锯战中，沿海用高价竞争吸收紧缺资源大量外流，抑制了内地轻化型产业组织的积极扩张。同时，内地一些资源省为了尽快从宏观产业价格政策误导的困境中走出来，纷纷上马了一些有利于地区而不利于全国的小加工企业群，以此来转换内地产业价格机制和产业结构。

作者认为，坚持“等价交换、互惠互利、共同发展”的指导思想，坚持以市场取向为主的改革方向，重新塑造区域价格的“转换机制，导向机制，组织机制，对接机制”，这才是衔接沿海与内地价格政策的基本立足点。具体地说，用分区同步改革推进内地价格形成机制积极转换，用分类指导原则衔接区域产业价格政策，用构造区域共同体组织规范区域价格行为机制，用适度开发内地自费改革试验区培育区域价格政策对接机制。争取用10年左右的时间，最终在区域滚动改革推进中实现沿海与内地价格政策的顺利衔接。

(钟晓勇)

价格扭曲与外贸效益

张幼文　(载《上海社科院学术季刊》1992年第1期)

本文运用开放经济一般均衡的方法，说明了国内价格扭曲与对外贸易效益的关系。价格扭曲会导致错误的贸易结构和不适度的贸易量，从而会导致实际的国民经济损失或不可能充分利用本国的比较利益。文章从经济机制和生产、外贸企业的行为规律出发，指出，在双重体系下价格扭曲影响贸易效益的更大的可能性。作者认为，西方完全转换论与不变成本论是有局限性的，并提出了具有更普遍意义的“不完全转换论”并把它与扭曲理论结合起来，说明了开放经济价格政策的原理。

所谓“不完全转换”是在双重意义上而言的：价格差还存在，分工不完全的不均衡状态作为经常状态而存在；即使完全分工、价格差仍然存在，即生产转换不能完全消除价格差。所以“不完全转换”比完全转换或不变成本更接近于现实。资源流动、生产控制和国家控制等，都是双重体系的特征。事实上，世界市场的竞争不断调节着各国的资源配置和生产变动，技术因素又使各国本身的生产成本不断变动，所以内外价格相等只是一种趋势而不是现实经济的一种状态。

作者认为，就出口而言，在既定出口价格水平与数量上，国内供给的弹性很大，外部需求的价格弹性很小。同时没有垄断和削价出口现象，国内市场价格低于国际价格，就是不完全转换而不是扭曲。

文章指出，使内外价格一致或不一致意义上的挂钩或脱钩政策都会造成事实上的价格扭曲。因为，脱钩的政策并不符合开放经济的价格运算规律。而如果挂钩是作为一种政策而不是生产交换的实际结果，同样也会造成扭曲。因此正确的价格政策应当是在消除国内价格扭曲的前提下，使价格随贸易、生产变动和国际市场价格变动相挂钩的政策。

(宁 咏)

对财政平衡的再认识

袁振宇 (载《中国人民大学学报》1992年第1期)

研究财政平衡问题要以国民经济运行总体出发，而不能就财政论财政。财政收支与国民收入变动之间存在密切的联系。为达到一定的宏观经济增长目标，可以通过调整税收（T）、政府购买（G）、转移支付（R）或T、G、R的变动组合来进行。这样，财政收支是保持平衡还是不平衡，就要根据宏观经济发展目标来决定。

现实的经济运行都呈现非均衡的状态特征。这种非均衡状态不可能依靠市场的自发力量校正，而需要由政府来进行调节。财政是政府实施间接调控的强有力的手段之一，在调节社会总需求与总供给方面具有特殊的功能。为此，应根据社会总需求与总供给的对比状态，来调整和安排财政收支。财政收支平衡并非在任何情况下都是最理想的选择，有时收支平衡是必要的，有时收支失衡也是可取的。

财政分配是社会再生产的一个重要环节，财政收支构成社会总资金运动的一个有机组成部分。因此，还必须把财政平衡问题放到社会总资金运动中加以考察。如果把整个经济活动划分为政府、个人、企业、外国几个部门，这几个部门的资金收支相互联结，相互补充，有的部门为资金盈余部门，有的部门为资金短缺部门，从而要求在部门间进行资金的融通而不是各部门自求平衡。由于政府部门在资金收支（财政收支）方面的缺口完全可以由其他部门资金收支的盈余来填补，也就不必要求财政收支在任何情况下都保持平衡。

在经济体制改革前，财政工作一直奉行“收支平衡、略有结余”的方针。在财政上实行统收统支的传统体制下，坚持这一方针有其必要性和合理性，或者说是财政政策的最好选择。1979年以来，由于改革的不断深入，经济运行状况已发生了很大的变化。虽然财政收支会在很大程度上影响经济的运行，但已不能直接决定国民经济的总量平衡。因而必须破除“收支平衡、略是结余”的传统财政平衡思想，立足于整个国民经济的平衡来适当安排财政收支，发挥财政在宏观经济调控中的作用。

(曹 蕾)

区域财政政策研究

刘飞鹏 (载《中南财大学报》1992年第4期)

改革以来，我国区域财政政策呈现出三个方面的变化：(1)越来越注意发挥地方政府在经济发展与改革和宏观调控中的作用；(2)区域财政政策目标取向由追求区域公平、缩小区域差距转为效率优先、区域梯度发展；(3)调节方式由集中财力直接控制资源的区域投入份额转向以政策倾斜为主。现行区域财政政策在支持改革和贯彻沿海经济发展战略，在促进地方发展和宏观调控方面发挥了积极作用。但同时也诱发或加剧了地区利益矛盾、区际贸易摩擦、地区封锁、市场分割，造成了地区产业结构趋同化和区域经济发展差距拉大，削弱了中央宏观调控能力。

针对这些问题，作者认为：(1)要理顺中央与地方的财政分配关系，增强中央在资源配置中的宏观调控能力，尽快改革现行的地方财政包干体制，加紧向分税制过渡。同时应调整现行不合理的区域倾斜政策和财政经济建设支出。(2)合理调整地区利益格局，优化地区产业结构。地区产业结构偏离国家产业政策的根源在于资源配置中地区利益与国民经济总体利益的矛盾。因此必须协调二者的关系，使地方局部利益服从国民经济全局利益。同时，要协调地方利益，促进区域产业合理分工和协调发展。将产业倾斜与地区倾斜有机结合起来，按照比较优势原则，合理组织地区产业分工与协作关系。(3)改革和完善区域补偿政策、逐步缩小地区之间的经济发展差距，消除收入分配不公。应将区域补偿政策与产业政策配套运用，对中西部地区的能源、原材料、农业等资源和基础产业价值东移所造成的“剩余”流失，给予充足的补偿；把救济性补贴与产业投资“补偿”结合起来，增强西部地区的“造血”功能；改革现行“低价—补贴”模式，实行“高价—补贴”产业发展补偿模式。

(宁 咏)

关于我国实行分税制的思考

钟思远 刘基荣 (载《四川大学学报》(哲社版) 1992年第4期)

作者认为目前我国正在试点的分税制形式，分税承包制不利于预算管理体制的改革，因为它会引起新的矛盾和弊病：(1)这种形式的分税制没有从法律上划分中央和地方的财政权限，使双方的摩擦越来越严重。(2)中央财政宏观调控能力下降。(3)导致地方发展的不平衡日益加剧。

作者认为，一个适合中国国情的分税制方案应包括以下内容：(1)划分各级政府的事权和财权。(2)从法律上确定各级政府的税收管理权限。(3)建立中央和地方两套税收征管体系。(4)科学地划分税种。必须按税源而不是以企业行政隶属关系划分中央与地方的财政收入，把全部税种划分成中央税、地方税、共享税三大类，并遵循以下划分原则：(1)数额大且比较稳定的税种划给中央；(2)将那些资源分散，能发挥地方征管优势的税种划给地方；(3)尽可能使同一纳税人都能向中央和地方财政纳税，这样就可以使中央与地方结成“一荣俱荣，一损具损”的利害关系。中央税包括：产品税、增值税、营业税、关税、盐税、资源税、能交基金、烟酒税、烧油特别税、建筑税、特别消费税等。地方税包括：房产税、车船使用税、牲畜交易税、农牧业税、个人收入调节税、个体工商所得税、个人所得税、农林特产税、城市维护建设税、集市交易税、土地使用税、印花税等。中央和地方共享税包括：国营企业、集体所有制企业、三资企业和私营企业的所得税、国营企业奖金税、国营企业在利税分流后向国家上缴的利润部分。

有学者认为分税制只能在少数发达地区的城市实行，不宜在全国大多数地区实行，作者不同意这种看法，认为作为一种法律制度，应该在全国实行一种划一的分税制。

（雪　凌）

我国生态经济中的森林问题

王宏昌　（载《中国社会科学》1992年第1期）

本文首先指出，我国森林的破坏，从古至今持续了7千年，直到新中国建立才有所改变。1949年，我国的森林覆盖率只有7.5%，经过40多年的努力，现在也只占12.7%。在全世界160个国家和地区中，中国的森林覆盖率和人均林地面积都排在第120位以后。森林和草地少至今仍是困扰我国生态经济协调发展的突出问题。

作者在总结我国经验和借鉴外国经验的基础上，提出了今后实施生态经济系统改进的建议，并对其中若干问题或项目进行了设计。认为，国家营林与群众营林，重点应放在群众营林上；而群众营林又需将义务植树与经济植树结合起来，并把重点放在经济植树上，使林业经营有利可图。为此，有必要推广欧美办合作社的做法。他们并不把生产资料都集中到合作社，自己成为合作社的一个劳动力，而是什么需要合作就合作什么。合作社还可建立联社，许多联社具有在国际市场上竞争的能力。建议我国早日制订合作社法，或分别制订各类合作社法。

农民营林需要资金，除银行应给予低息贷款外，对木材工业征收的税收应用于森林建设。此外，还要解决水资源的问题。大气候决定于大气环流，很难加以改变。但对一个个小流域的微气候，人类可以施加有利的影响。以色列是一个极干旱的国家，国土面积小而且有不少沙漠。他们用一系列管道、水泵站、地上和地下水库、堤坝、水井等把全国联成一个水网。他们对付干旱的办法是全国性的水利系统工程。

（欧　阳）

当代会计科学发展的大趋势

余绪缨　（载《厦门大学学报（哲社版）》1992年第1期）

作者从四个方面概括了当代会计科学发展的大趋势：

一、当代会计科学面临的新挑战和取得的新进展。近年来，会计作为重要的管理工具随生产技术和管理的变革取得的进展是“适时制下的非积累性成本法”和“作业成本法”的形成。所谓适时制，即凭生产的电脑化、自动化将全面质量管理贯穿于生产经营各环节，达到各环节的“零缺陷”，实现供产销的“零存货”的生产系统。“适时制下的非积累性成本法”系在适时制下，由于“零存货”而使本期产品成本不受上期存货结转成本的影响；而与本期间成本趋于一致的成本计算法。“作业成本法”即以成本作业为核算对象，分别设置多样化的成本库并按多样化成本动因进行制造费用分配，以提高成本计算的正确性和成本控制有效性的成本计算法。

二、现代管理会计与传统会计的分离是会计科学发展的新阶段。它成为以现代管理科学为基础，以决策性管理会计为主体，着重研究如何为提高企业经济效益服务的综合性交叉学科。

三、微观会计与宏观会计趋于一体化。微观会计可分为考察项目投资效益的微观投资决策会计和考察项目建成投产后经营效益的微观经营会计。宏观会计可分为建立在项目国民经济评价之上的宏观投资决策会计和体现在国民经济核算体系上的宏观经济会计。国民经济核算体系应归属为会计范畴而非统计范畴，并以增值会计、投入—产出会计和现金流动会计为例说明宏观会计与微观会计的恰当结合，能使会计更好地发挥国民经济指示器的作用，更有效地优化资源配置，提高宏观经济效益。作者以现行会计的两大分支即以“权责发生制”为基础的财务会计和以现金流动为基础的管理会计的关系说明了宏观会计与微观会计在当代会计科学发展中趋于一体化的趋向。

四、作者论述了随着国际经济一体化的发展会计的某些理论与实务趋于国际化的趋向。

（吴　革）

论“大香港”开放经济圈

王琢　（载《特区与港澳经济》1992年第2期）

作者认为，邓小平同志提出“造香港”的开放战略思想，目的在于造一个近似香港开放度的国际大市场功能的港口城市。而具备优先“造香港”的特殊地缘优势和人文优势的首推同港澳毗邻的深圳、珠海特区和开发中的大亚湾规划区。构造“大香港”开放经济圈的积极目的，就是在我国南方开辟一条从中国本土直接进入国际市场的大通道，让深圳，珠海和大亚湾规划区等港口城市相继成为直接跻身于世界市场的开放的国际都市，并与香港、澳门在开放与开发上相继连结成一片，实行开放体制一体化，从而把中国对外开放推上一个新台阶。

构造“大香港”开放经济圈，需要创造四个条件：一是特区企业要进入市场，企业行为接受市场调节，并在市场竞争中优胜劣汰；政府对企业实行利率、税率和汇率的间接调节。二是城市功能国际化，大力发展第三产业和基础设施，使之成为国际性的贸易中心、金融中心、运输中心和经济信息中心。三是在经济特区实行特别关税区政策，兴办和健全保税生产资料市场、保税仓库和保税区。四是在经济特区实行国际货币制度，1997年在“大香港”开放经济圈实行港币流通制度，相应取消外汇管制。

构造“大香港”开放经济圈要分三步实施：第一步先在深圳经济特区实行特别关税区政策，让深圳先走一步，在扩大开放上让深圳同香港对接，初步形成港、深开放经济区。第二步在珠海经济特区实行特别关税区政策，让珠海同澳门对接，补步形成澳、珠开放经济区。第三步，1997—1999年，最后形成包括香港、澳门、深圳、珠海、大亚湾规划区的“大香港”开放经济圈，在经济圈内实行“两制、一体”，即两种社会制度和开放经济体制一体化。

（龚唯平）

关于比较成本理论的几点思考

唐海燕　（载《国际贸易问题》1992年第9期）

作者认为：由亚当·斯密开创，大卫·李嘉图继承并发展了的国际分工理论存在缺陷。按比较成本原则进行的国际分工并不一定是互利的国际分工。因此，“比较成本”概念的外延需要扩大。它应包含三重含义：(1)是生产成本的国际比较，即比较两国生产同种产品所需要的劳动单位的相对数，以判断一国的国际比较优势，确定国际分工的基本框架；(2)是生产成本的国内比较，即比较一国国内两种产品生产成本的绝对数，以判断一国按比较成本原则进行的国际分工能否给本国带来利益，进而决定是否参加国际分工；(3)是国内比较成本的国际比较，即比较两国各自分工生产的产品的生产成本占本国另一种产品成本的差异，以判断各国参加国际分工后的利益状况。只有进行上述三方面的成本比较，比较成本原则才是有效的国际分工原则。

而与此相反，古典国际分工理论片面强调生产成本的国际比较而忽视了生产成本的国内比较，割断了国内生产成本与国际分工之间的一切联系，从而导致国际分工理论的严重缺陷。

事实上，国际分工不过是国内分工的扩展和延伸。是否参加国际分工，必须判明国际分工能否给本国带来利益，这就不仅要进行生产成本的国际比较，而且要进行生产成本的国内比较。进行生产成本的国际比较，可以知道一国只有分工生产某种产品，才可能是有利的；进行生产成本的国内比较，可以知道国际分工是否能给本国带来利益和带来多少利益。离开了生产成本的国际比较和国内比较，就无法判断一国的比较优势；就无法判断国际分工的利益状况，因此生产成本的国内比较和国际比较在国际分工中具有同等重要的地位。

（武洪波）

发展中国家和地区外向型经济的发展

陈漓高 （载《南开学报》1992年第1期）

作者认为，外向型经济是一国通过外向型工业化战略，使国内经济与世界经济紧密联系起来的经济体系。一些发展中国家和地区在不同程度地实行了内向型的进口替代工业化战略基础上，从60年代初起相继转变为外向型的出口替代或出口导向工业化战略，并由此带动了经济的迅速增长，跨入了举世瞩目的新兴工业化经济行列。

发展中的新兴工业化国家和地区之所以能在二三十年时间里便走完了西方发达国家用了一二百年时间才走完的工业化历程，主要原因之一是依靠两个“飞轮”的带动和一个“轴心”的运转。这两个“飞轮”：一是引进西方发达国家的资金技术，二是制成品出口扩张。而实现产业结构—出口结构的逐步升级即是由这两个“飞轮”带动运转的“轴心”。

产业结构和出口结构的转换和升级是外向型工业化战略的核心内容，而产业结构和出口结构的转变则取决于供给结构和需求结构的变化。发展中的新兴工业化国家和地区充分利用了二战后西方发达国家三次产业结构调整和转移的时机，一方面通过引进西方发达国家的资金技术，使之与当地资源相结合，改变了自身的要素供给结构；另一方面以国际市场需求为导向，适应国际市场需求结构的变化来推动制成品出口扩张。在这两方面基础上促进了产业结构—出口结构的转换和升级。在这个过程中，实现了产业结构从西方发达国家（如美国、日本）向第一级新兴工业化经济（如亚洲“四小”）再向第二级新兴工业化经济（如东盟四国）的梯次传递。

发展中的新兴工业化国家和地区随着经济实力的增强和产业结构的升级，其外向型经济的发展正朝着两个方面升级与深化：一是高技术产品的出口逐步增加，二是对外直接投资的不断增加。

对外直接投资的大量增长是发展中的新兴工业化国家和地区外向型经济发展到一个新阶段的重要标志。传统的观点把外向型经济仅仅看成是商品市场的外向。实际上，只有当一国（或地区）经济不仅通过对外贸易而且通过国际投资与世界经济溶融一体之时，其外向型经济才开始趋于成熟，发展中的新兴工业化国家和地区外向型经济的发展正是处于这个过渡时期。

（武洪波）

对发展中国家外资流入模型理论的考察

张阳 夏申 （载《世界经济》1992年第5期）

作者认为，积极有效地吸收和利用外资是发展中国家克服资金“瓶颈”，实现本国经济发展目标的重要条件之一。从理论上看发展中国家外资流入的模型主要是结构主义与新古典理论。结构主义认为发展中国家存在储蓄和外汇两个缺口，而引入一笔外资可以同时纠正两个缺口，提高出口能力，带动收入水平和国内储蓄水平的上升。新古典理论采用的是一般均衡的分析方法，认为资本在国际间自由流动之后，将使资本的边际生产力在国际间平均化，从而增加世界资源的利用效率，提高世界生产总量和各国的经济效益。

除了上述两种主要的理论模型外，还有三种理论是从不同侧面阐述外资与发展相互关系的。(1)国际收支阶段论。它运用阶段分析方法提出了“债务周期”的模型，认为一个国家不可能永远是资本输入国或输出国，其国际收支地位是会发生变化的。(2)城市和外资需求理论。它认为发展中国家人口的迅速增长引起了城市化，进而决定了对资本的大量需求和对外借款。(3)基础设施建设与利用外资模型。它认为发展中国家加强基础设施建设必然会加重政府财政负担，而解决问题的可行途径就是搞赤字财政或对外借款。权衡利弊，大多数发展中国家采用的是后者。

外资流向发展中国家不仅有总量问题还有外资采用何种形式流动，各种外资形式所占比例以及在诸种外资利用方式中进行比较、权衡与选择的问题。作者就此分成了两个类型：“新型外资”和“传统外资”。“新型外资”即以商业银行贷款和出口信贷形式出现的私人借贷资本。目前这个领域遇到最大问题就是债务危机问题。各国政府应顺应全球性的金融一体化潮流，采取正确有效的利用“新型外资”的战略。“传统外资”是指官方援助和对外直接投资，官方投资有助于提高资本全球配置的效率，而跨国直接投资对于第三世界东道同时具有积极和消极两方面的作用。

（雪凌）

试论我国对外贸易的集约经营与规模效益

陈全贵 （载《国际贸易问题》1992年第2期）

作者认为，我国外贸效益低下的基本原因在于外贸在经营机制上没有实行集约化经营，而是一种粗放式经营。因此，提高我国外贸经济效益的关键在于外贸经营的集约化以及外贸经济实体和外贸生产的规模化。集约化是规模化的必然要求，规模化是集约化的基础，二者相辅相成，相互促进，不可分割。

从市场竞争角度考察，规模经济有三大指标体系即经济规模、竞争规模、优势规模。根据上述标准，将外贸企业经济实体和外贸生产产品划分为三大类：规模经济显著行业、企业、产品；规模经济不显著的行业、企业、产品；规模经济完全不存在的行业、企业、产品。只有将规模经济显著的行业、企业、产品作为主体企业，外贸经济才能形成适度竞争型的企业结构，若以规模经济不存在的行业、企业、产品为主体，外贸经济效益必然下降。目前，我国外贸经济效益的根本症结就在于此。

文章认为，由粗放式经营向集约化经营转变，由过度竞争型规模企业结构向适度竞争型规模经济结构转变，对于外贸新体制运行的成败，对于外贸经济的结构性、体制性改革具有根本性的意义。实现这一根本性转变，大幅度提高外贸经济效益是当务之急：(1) 加强对开展集约经营、发展规模经济的宏观指导；(2) 迅速建立我国外贸集约化经营指标体系，用经济杠杆促进外贸企业经营的集约化；(3)参照日、韩的综合商社标准，制定外贸企业规模经济标准，推动产业合并和企业合并，组建外贸企业集团，同时实行外贸企业的分级管理。

（谷孝元）

论西方发达国家产业结构的软化及其影响

李　晓（载《世界经济》1992年第3期）

文章认为，产业结构软化是指在社会生产和再生产过程中，体力劳动和资源投入相对减少，脑力劳动和科学技术投入相对增大；在经济发展中，劳动和资源密集型产业的主导地位和作用日益被知识和技术密集型产业所取代。产业结构软化有两层含义：一是内涵式软化，即产业内部直接生产劳动的比重减少，而调查、开发、研究和信息服务等服务性劳动的比重增大；二是外延式软化，即产业部门之间的层次和推移，主要表现在以知识和信息产业为代表的第三产业在国民经济中日益占有重要地位。

西方发达国家产业结构软化的过程发生在所有产业部门。内涵式软化与外延式软化相互联系、相互作用的结果，导致了各次产业之间出现“产业融合”的趋势。

产业结构变化的原因是多方面的：(1)科学技术进步使西方国家的供给结构高层次化。(2)科学技术进步使发达国家的需求结构高级化和多样化。

产业结构软化，对西方发达国家及整个世界的经济的发展起了重大的影响。(1)产业结构软化增强了西方国家的经济素质，提高了劳动生产率，增加了产品附加值和国际竞争力。(2)在一定程度上促进了西方发达国家经济的稳定增长，经济波动也较以前趋于平稳。(3)造成了发达国家大规模的结构性失业，但同时它也创造新的旧业机会，并进行就业创新，这种创新使人们的劳动内容和方式有了深刻的变革。(4)在资本主义制度下，产业结构的软化进程往往出现扭曲，导致“产业空化”。这对西方发达国家及整个世界经济的影响是双重的。一方面它不利于国民经济健康发展，另一方面从世界经济来看，它促进了国际分工的平衡发展，对整个世界经济起促进作用。

（武洪波）

90年代世界经济区域性集团化的趋势

甘士杰（载《世界经济研究》1992年第3期）

作者认为，世界各国经济的荣枯消长，既受自然生产资源的制约，也为历史进程演变所形成，还因科学技术创新乃至国际专业化分工程度的不同而各异。所以，世界各国经济发展的不平衡，是一种客观规律；它过去一直在起支配作用，当前仍在起支配作用，今后必然还要起支配作用。进入90年代后以东西双方冷战两大集团对峙和苏美两霸争雄为特点的两极格局已经瓦解，而世界政治、经济多极化的格局正在加速形成，世界经济演变为以美国、日本和欧共体为代表的三足鼎立的新格局。

世界各国经济日益相互渗透、彼此依存，在频繁的国际交往中力求避短扬长，你追我赶，结果不过是缩短某些差距，或者是改变差距的格局，造成新的不平衡。在这种情况下，各国为了保障自身的利益，或是为了谋求更多更大的利益，与一些彼此邻近的国家，特别是与那些民族、语言、历史、文化、宗教、信仰、政治制度、发展水平大致相同或较大接近的国家加强经济合作，逐步深化原已形成的地区性经济一体化组织，或是促使形成新的更大范围的区域经济一体化组织。

这类一体化组织确有不少好处：(1)促进专业化生产，提高生产效率，(2)实现规模经济，提高生产水平，(3)改变国际交易地位，优化贸易条件，(4)加强国际竞争，提高经济效益，(5)推动科技迅速发展，生产要素易于流通，正因如此全球几个经济实力雄厚的国家，形成以其为核心的西欧经济共同体、北美共同市场和东亚经济圈。在国际垄断资本的控制下，这些发达国家建立的一体化组织，更具有垄断、封锁、排他和保护主义色彩。而发展中国家的同类组织，虽也具有相类似的特征，但主要是为了维护和发展各自的民族经济，针对发达国家的控制与剥削，采取"以牙还牙"的办法，这也是今后发展的必然趋势。这种情况在今后可预见的岁月里，是很难逆转的。这种趋势并将持续相当长的一个历史时期。

（雪　凌）

世界经济区域集团化对我国企业跨国经营的影响

赵曙明（载《南京大学学报·哲社》1992年第4期）

文章首先探讨了世界各经济区域集团对集团内成员与集团外各国企业的影响，认为，对集团内部各成员国来讲，结盟可以创造更多的贸易机会；大大降低物货流动成本；市场的扩大为充分获取规模经济效益创造有利条件；以及降低企业跨国经营中的国家风险。但对集团外部国家而言。区域经济集团化往往与对集团外部国家以贸易保护主义相伴而生。

文章分析了世界经济三大区域集团的政策措施及对我国企业跨国经营的影响。认为区域经济集团化形成之后出现的"贸易转向"会影响我国产品的出口，而且由于我国在海外直接投资较少，单纯的产品出口会处于极为不利的地位。同时区域经济集团化也会对我国引进资金和技术带来困难。

文章认为，发展企业跨国经营势在必行，符合我国国情，应该加大海外投资的数额。到海外办企业的资金，相当部分来源于国际金融市场，直接利用了外资。同时可利用当地的土地、生产设施、服务设施和人才技术。

作者认为，到海外投资办企业，只要前期可行性研究工作充分、双方配合好、经营者管理得法，就可以以较少的投入直接获取我国所短缺而又必需的资源、技术和经营管理经验，其效果与引进外资相同，有时甚至优于引进外资。作者建议，对欧洲经济区和统一大市场，应以争取市场、跟踪和引进技术为目标，以企业集团为单位直接投资设厂；对北美自由贸易区，我国企业跨国经营的目标应以争取市场、引进技术、开发当地自然资源、满足国内需要为目标；对亚太经济区，应以优势产品和技术向东南亚国家投资，以求在与日、韩等国的竞争中占有一席之地。

（宁　咏）

不发达国家经济发展中的政府行为

姜汝祥（载《管理世界》1992年第1期）

作者认为，发展中国家经济发展中的政府的作用、规则与行为可以概括为：谋求经济活动的主体企业获得独立，乃是一切发展中最基本的要求，在获得这样的基点的条件下，一旦政治稳定，剩下的对应关系是，政府追求制度理性和操作理性的程度，与经济发展的程度成正比，经济发展国家的政府一定是一个理性政府。

从理论上看，政府与经济活动的关系分为两个方面：政府与经济运行全体企业的关系，以及政府与经济动行过程的关系。在政府与企业的关系上，东亚国家和西方国家的做法是一样的，企业充分独立而自由。而在政府与经济运行过程的关系上，西方国家政策和东亚国家的政策则不同，这反映了在不同的经济发展环境和不同的经济发展阶段中，经济活动对政府角色的不同要求。也就是说，政府在经济活动中的角色，不能一概而论。政府的地位是独特的，政府拥有任何其他组织所无法拥有的垄断权力。如何利用政府的独特作用，在限制其滥用权力的同时积极地推动经济发展是极其重要的。

作者认为，政府也是有理性的。其作为立法者去赋予企业独立、赋予市场规则，是政府行为理性的一种表现。通过立法和制度建设来规定活动各方的行为规则，并充当规则裁判的做法，可称之为："制度理性"。政府的理性还表现在"操作理性"方面，它是针对政府的行政管理职能而言的，行政管理是政府体系的基本推动力操作理性要求政府不仅要理性地构造合理的制度和政策，而且要理性地引导、控制的指挥事件的发展。操作理性认为，艺术而合理的操作，能够改变社会对现存条件下收益和成本的看法，能够减少成本特别是心理成本，放大收益。对于发展中国家来说，要获得操作理性要比制度理性困难得多。

（白胜玲）

关于中等城市工业结构合理化的判断和选择

田福庭　康　政（载《经济管理》1992年第3期）

区域经济发展的关键是从本地区的实际出发，科学地选择本区域内的优势产业，积极支持，使之在区域内的整体经济中占有举足轻重的地位，带动区域内整体经济的高效发展。中等城市以工业生产和商业集散为中心，而中等城市经济的发展，又取决于工业结构的科学判断、优势选择与合理化取向。本文从三个方面进行了可行性探索。

(1)工业结构合理化的内涵和判断标准。工业结构指工业内部的经济联系和比例关系。纵观世界各国工业发展大体分为初、中、后三期，其工业结构的特征分别以轻纺工业为主、以重化工业为主、以高加工度化为主；其资源占用类型分别是劳动密集型、资金密集型、知识密集型；其消费倾向分别是温饱型、小康型、富裕型。从以上工业结构演变的一般规律看，我国工业正处于工业化初期结束至中期起始阶段。从这个认识出发，区域工业结构合理化的标准是：使本区域内的各种资源得到充分合理的利用，尽可能发挥比较优势；同时在优势行业发展的基础上，创出反映地方特色的名优特新产品；有利于推动工业技术的不断进步和劳动生产率的不断提高，有利于经济效益的提高，有利于提高自我调节能力和结构转换能力。

(2)合理工业结构中优势行业的选择原则。这主要包括：服从全局原则，发挥比较优势原则，市场导向原则，符合技术进步的方向，有组和有序原则等。

(3)优势行业选择的标准应以经济效益高、收入弹性高、生产率提高快、能带动全社会经济的增长为基准。

目前，国家和各地区都在进行工业结构调整。作者认为，要从实际出发，避免结构趋同，较好地发挥自己优势，创出较好的经济效益。

（武洪波）

技术创新中的不确定性

陈国权　高传明（载《深圳大学学报》人文社会科学版1992年第3期）

本文根据技术创新及技术交易中信息不确定性和不对称性，利用随机模型对论题进行研究导致一系列新观点和新结论。

作者指出，技术交易的成交概率与卖方技术的质量、买方企业的生产能力、信息不确立和不对称程度以及技术卖方的研制成本和出价原则有关。中介方的作用在于帮助双方减低信息的不对称性并增进信息的确定程度。

作者认为，当信息不对称性达到一定程度时，技术市场可能出现优败劣胜的逆淘汰现象，导致市场蜕变为次货市场。以至市场失败。提高技术受让方对技术评价的水平，刺激受让方对技术的需求，加强社会对技术的权威评价，完善专利制度以及采取适当的付款办法可以防止技术市场的萎缩。

文章采用主从模型（Principal and agent）研究科技创新中的风险分担和利益分享机制，指出利益分享和风险分担对科技创新的重要性。具备资产性和科技成果若不采用对待其他资产的方式加以处理，将导致科技创新的失败。虽然科技创新第一阶段一般比较艰苦，但兄弟创业精神尚可支持渡过难关。管理正规化阶段和形成生产力社会化阶段对科技创新是更大的挑战。

（雪　凌）

规律·国情·战略

——中国城市化道路的选择

杜闻贞（载《南京大学学报》1992年第1期）

作者首先论述了城市化的一般规律：城市化只是始于以大机器工业为主要标志的近代。城市化有两种形式，即初始阶段以人口向城市集中等为主要特征的集中型城市化和高级阶段以中心区人口和企业不断向城市郊外扩散等为主要特征的扩散型城市化。这两种形式的城市化是由不同历史阶段生产力水平不同引起的。工业化与城市化的过程是紧密结合在一起的。为加速这两个过程必须大力发展商品经济。

作者分析了中国城市化必须考虑的种种国情，如城市化起步很晚，大约比世界总体晚50年，比发达国家晚100年，更为艰巨的任务是“十亿人口、八亿农民”，急于求“城”不可行，等等。进而指出：中国社会是一个典型的城乡隔绝、工农分离的二元结构，这是中国长期落后、城市化水平很低的重要因素。由此决定中国的城市化战略也该是二元的：一方面是国家投资进行的城市化，另一方面是地方投资和农民投资进行的农村城镇化。

作者特别强调了城市化战略的阶段性与区域性。在城市实现的过程中，应时刻考虑阶段性与区域性。忽视了阶段性，以小城镇为重点会“欲速则不达”；盲目孤立地发展大城市会加剧“二元经济结构”；忽视区域性，只提一个统一的城市发展模式会越大越拉大东、中、西部业已存在的差距。

在对“控制城市化规模”及“非城市化论”进行了评论后，提出应全面辩证地看待“控制城市规模”，城市尤其是大城市的“空间聚集效应”是极其明显的，“控制大城市的规模”决不能说是一个人不进。在经济繁荣的情况下，城市迁入人口的增长有利城市繁荣。作者不同意“非城市化论”的观点，认为根据城市化的一般规律，在工业化的前期，大城市人口增长、膨胀是正常现象，只有到经济水平进一步提高后，大城市人口流向才会逆转、向郊外扩散。这是带规律性的发展过程，不能算作“走弯路”，更不能因此提出“非城市化论”。

（赵　晓）

走出困境之路

——“当前中国农村土地制度研究”导论

杨沛英（载《经济改革》1992年第4期）

作者指出，当前农村土地制度建设方面存在很多严重问题：(1)土地管理、使用无组织载体，种植业领域没有法人；(2)土地流转没有法定的利益补偿机制，流转的客观要求与现实政策制度约束存在矛盾；(3)在土地种植计划和作物布局方面，宏观调控和微观搞活互不衔接；(4)土地投入缺乏激励机制，投入主体和对投入效益的占用相脱钩，影响了对土地投入的积极性。

因此，需要积极深化农村改革，完善土地承包和管用制度。其目标是：(1)完善土地承包制度，建立利益约束机制，把土地经营和流转纳入商品经济的轨道；(2)完善土地管理、使用制度，承认土地的商品属性，逐渐使土地商品化；(3)完善土地种植的计划调控机制；(4)完善土地投入机制，克服投入主体和投入效用长期享用相脱钩的现象，停止执行造成这种脱钩现象的所谓“小调整”；(5)完善和土地经营密切相关的双层体制、价格各市场体制。

为实现上述目标，首先要在理论思维的一系列两难选择中解决和处理好以下问题：(1)耕者有其田和能者多其田即公平原则与效率原则的两难选择，(2)规模经营与集约经营即劳动生产率优先还是土地生产率优先的两难选择，(3)计划调节和市场调节即到底是按价值取向还是按实物取向安排农作物种植计划的两难选择，(4)稳定土地承包关系和加速土地流转即稳定和发展的两难选择，(5)要在农户、社团、国家三者利益的缠绕中找到均衡点。

（赵　晓）

在近代化过程中日本和中国农业发展的比较研究

王玉茹（载《南开经济研究》1992年第2期）

作者认为，在近代化的过程中，农业始终是非农业部门的基础，特别是在工业化的早期阶段，农业劳动生产率增长的高下，在很大程度上制约近代化的进程。中国和日本的近代化过程大体都从19世纪80年代起步，到本世纪30年代中期日本已经成功地完成了工业化，而中国则远远落在后面。其重要原因之一即在于日本农业劳动生产率在这一时期迅速增长，而中国的农业生产发展则十分缓慢。

中日两国在开始着手经济近代化时都存在高度密集的人口和十分不利的人地比例关系。在日本近代化的过程中基本解决了农村人口压力问题。1883/37——1933/37年期间日本人口以年率1.18%的速度增加，农村就业人口却减少了12%。同期农业净产值增加194%，年率达2.18%。同期中国农业净产值只增加了67%，年率为1.03%，远远低于日本。此期间中国人口增长率虽然仅为0.35%，但农村人口却增加了二千余万人，造成中国人均产值增长只有48%，而日本同期则增加了三倍多。农业近代化的另一个重要指标农产品的商品化率，1876年时日本为24—30%，至1924年则上升为62—72%。中国则仅由1919年的5%上升到1936年的30%。

造成日本和中国农业发展状况不同的主要原因是：(1)日本封建土地制度解体的潜在能量是一下子释放出来的，中国则经历了漫长的过程。(2)日本农业技术的进步在于尽可能地节约土地和劳动，同时适度增加资本投入。中国农业技术没有明显的进步，产出的增长主要靠耕地面积的扩大。(3)日本各级政府对农业的投入不断增长，中国则政府很少直接投资。

两国农业对经济近代化的作用也不相同。日本充分利用了农业剩余支援工业化，农业为工业发展提供了劳动力、原料和市场。中国农业则很少剩余提供给工业，而且由于农业劳动生产率低，农产品价格的提高、农民的贫困使工业品成本上升，国内市场无法扩大。

（如 玉）

农村工业化过程中的社区政府：权力与利益的分化

王汉生（载《北京大学学报》1992 年第 4 期）

作者认为，改革以来农村社区政府权力与利益格局发生了深刻的变迁，导致这一变迁的根本原因是宏观经济管理体制的改革和农村经营制度和经营方式的转变。改革前权力与利益主要集中于大政府。改革后，特别是明确“分灶吃饭、权力下放”政策以后，权力与利益由“大行政”同“小行政”分散，权力与利益格局由上倾变为下倾。随着农村承包制改革的进行，农村社区的组织形式和财产制度发生了巨大的变化，社区政府原赖以行使权力的集体资源和组织依托严重弱化，乡镇企业成为社区政府和资源的新来源。由于各地乡镇企业发展水平与乡镇企业所有制等级结构的不同，中国农村社区的权力与利益发生了巨大分化。

文章用上述两个因素来刻画现阶段农村社区政府权力与利益的分化。一个是“工业化”变量。它用于描述一个社区乡镇企业的发展水平。一个社区的工作化水平是以该社区非农产业产值占农村社会总产值的比例和非农劳动力占农村总劳动力的比重来衡量的。另一个是，“集体化”变量，它是作为刻画乡镇企业所有制等级结构的变量。“集体化”亦即社区直接控制资源的程度，它是由乡村级经济在该社区经济中所占的比重以及乡村办企业所涉及户数占该社区总户数的比重。

由上述两个变量可以把农村社区分为四种类型，即（1）高工业化、高集体化社区；（2）高工业化、低集体化社区；（3）低工业化、高集体化社区；（4）低工业化、低集体化社区。其中（1）的集体资源雄厚、社会控制力极强，(2)的集体资源较弱，社会控制严重弱化。而目前我国大部分农村社区则属于类型（4）即低工业化、低集体化，其集体资源很少，社区政府对社区的控制力也不强。而为型（3）的低工业化、高集体化的社区代表了我国改革前大多数农村社区的情况，随改革深入这一类社区大部份已消亡。

（武洪波）

对我国农民负担状况的分析

李 芹（载《中国农村经济》1992 年第 8 期）

现阶段农民负担的具体表现形式有：农业税；以工农产品价格剪刀差形式承担的隐形负担；社会性集资、摊派和管理性收费、罚款；乡村集体经济内部提留统筹和劳务；其它变相负担等。

作者通过农业部统计资料分析，认为近年来农民负担变动呈现如下特点：(1)农民负担的增长与农村经济的发展、农民收入的增长不同步，且前者明显高于后者。

（2）农民负担的增长已超过了农民的承受能力。1991 年各种农民负担占到上年农民人均所得的 64.9%。比 1990 年增加了 6.4 个百分点。（3）农民负担多头化，项目越来越多，数额越来越大。目前在财政体制包干情况下，各部门纷纷将负担转嫁给农民。

农民负担持续加重对农村经济乃至国民经济的发展产生了副作用：(1) 农民收入增长缓慢、生活水平下降，扩大再生产能力减弱。(2) 扩大了城乡差别。(3) 制约着国民经济的良性循环。农民负担加重，收入增长缓慢，导致占全国人口 80%以上的农民有效需求不足，农林市场萎缩，从而制约了国民经济的良性循环。(4)引发了多种社会矛盾。农村基层干部把相当一部分精力放在催收粮款上，影响抓生产。加上用不适当方式收取，造成干群关系对立，有损党在农民群众中的形象。同时各种名目繁多的收费和罚款给少数以权谋私，钱权交易、贪污腐败者提供了可乘之机，影响到社会的稳定。

（张庆忠）

我国农户收入增长问题研究

皮希俶 柯炳生（载《农业经济问题》1992 年第 11 期）

作者认为，近十几年中我国农户的真实收入经历了两个阶段。第一个阶段（1977 — 1985）年均增率高达13.5%，价格关系的有利变化、劳动生产率的提高和乡镇企业的蓬勃发展，是主要原因，第二个阶段，收入增长陷于停滞状态，原因在于非农产业发展和农业劳动生产率提高缓慢，其对农民收入增长的作用为通货膨胀、各种税收和提留负担的加重以及人口的持续增长所抵消。

我们城乡居民的收入水平存在较大的差异。这种差异在80年代中期以前呈缩小趋势，而在80年代中期以后又呈现出扩大趋势。目前农村人均收入水平均仅为城市收入的一半。差别扩大的主要原因是城市居民的收入保持一定的增长速度而农民收入增长停滞。

另外，农户内部的收入差别呈现扩大的趋势。在农户平均收入水平没有显著增加的情况下，农户内部收入差别的扩大意味着低收入阶层的真实收入情况恶化。有相当大一部分农民的收入仍然处于贫困线之下。

作者认为，在影响农户收入的各种因素中，非农业的发展情况如何，已经成了有首要意义的决定性因素。由于农户的土地经营规模太小，农业劳动生产率难以较大幅度提高，农户的收入很难获得根本性的改善。农业未来收入的发展前景如何，将直接取决于非农产业的发展，或者说取决于农业人口和劳动力的向外转移程度。这实质上是产业结构的调整问题。至于这种转移能否脱离城市化的进程，能否在农村内部以“就地转移”的农村工业方式来实现，是值得专门研究的。在今后的发展过程中，如果没有上述产业结构的大规模调整，而仅仅靠价格政策的作用来解决农户收入问题，可能是很有限的。因此，为了提高农民的收入和生活水平，早日实现小康目标，政府除了在调整农产品价格、减轻农民负担，控制人口增长等方面作出努力外，要重点在调整产业结构方面采取重大措施。

（武洪波）

苏联东欧经济停滞的历史教训

郭树清（载《经济社会体制比较》1992年第2期）

本文着重讨论了苏联东欧经济出现停滞的原因，认为苏联及东欧经济出现了停滞的主要原因是两方面的。(1)经济运行机制不能保持资源的有效配置。从经济学的角度看，一个国家经济表现如何，完全取决于资源的使用效率如何，而苏联和东欧国家由于经济决策信息不灵、经济决策权力高度集中、制定的计划与实际严重脱离、经济活动者的动力弱化、劳动者严重的懒惰、弄虚作假和投机取巧，使它们的经济完全失去了活力并出现了停滞现象。(2)苏联及东欧经济在特殊时期形成的经济体制没有适时转变，传统体制弊病早已就显露出来，但思想理论却是僵化的，例如把计划经济与商品经济对立起来，把二者看作是相互排斥，水火不相容的社会经济制度，对公有制的理解上教条主义严重，极端脱离实际，又如在：要素收入”问题上理论与实际相脱离等。这使得苏联及东欧在经济体制已不能适应生产力发展时没有适时转轨，从而使经济出现停滞。

80年代苏联及东欧掀起了第三次改革浪潮，但改革的时机已经十分不利。僵硬体制造成的经济、政治、社会问题，经年累月，积重难返，使这次改革行动彻底失败。其原因主要是(1)经济处于几十年来最衰弱的时期；(2)党和政府的威信急剧下降，社会生活日益失去控制，没有一个非常有权威的政府，改革政策无法贯彻；(3)党及政府的国家干部缺乏风险和创新意识，对改革缺乏热情；(4)长期传统体制使全社会养成一种惰性，“大锅饭”现象严重；(5)由于种种原因使改革领导集团始终处理盲目和被动状态，无法领导改革沿着正确轨道运行；(6)由于集中计划体制已经搞了数十年，使大多数人对市场经济十分陌分，缺乏从行政性经济到商品经济转轨的技术性基础。

（武洪波）

我国土地经济学的学科建设

周　诚（载《中国土地科学》1992年第6期）

作者认为，随着经济体制改革的逐步深入发展，一个具有自己特色的中国土地经济学源已初步形成。这一学派所研究的土地经济学的基本特征，以马克思列宁主义基本原则为指导思想，以社会主义政治经济学和生产力经济学作为新本科学，以中国土地公有制为研究背景和基础，以土地使用——经营制为主要研究客体，以充分而合理地利用土地资源、适应经济建设和人民生活的需要为基本准则，以土地利用、土地制度、土地价值作为土地经济学的基本结构。

作者认为，当前我国的土地经济学学科建设已步入深化、提高的新阶段。在新阶段中需进一步研究解决以下问题。(1)土地经济学是以研究生产力为主还是以研究生产关系为主？作者认为，土地经济学虽然应兼顾生产力和生产关系两个方面，但其重点应是生产关系而不是生产力。因为土地价值问题，即土地经济关系的价值表现问题，是土地经济学独特的、核心的内容，而现实的地租、地价从理论到实践，还缺乏深入的研究。

有人把土地收益及其合理分配问题作为土地经济学的主线，是很有道理的。(2) 土地经济学的学科建设应侧重在理论方面抑或是方法方面?作者认为，土地经济学应以阐述土地问题的经济理论为核心，研究作为土地经济规律表现形式的有关原理、原则、模式、方法论等，使其对实践有直接或间接的指导意义。定量方面的研究主要是对量化方法应用的指导，而不是数学方法的运用。(3) 如何正确处理概论与专论的关系。现有的土地经济学教科书，一般都以基本原理为主，属于概论，而仅就土地经济学某一重要问题，如地租、地价问题深入阐述，形成"地租论"、"地价论"的专论不多，今后土地经济学的学科建设应在这方面注重研究。

(邵捷传)

试论土地增值

朱道林（载《中国土地科学》1992 年第 6 期）

作者认为，土地增值存在于土地利用和土地交易中，它的产生是分别由土地经营者对土地的投资、土地区位条件的改善、土地利用类型的变化和土地供不应求等四种不同的情况引起的，不同条件下产生的土地增值表现为不同形态地租的资本化。认识土地增值的目的在于在土地交易和土地利用过程中准确测算土地增值收益，准确测算土地价格，并在此基础上合理确定土地增值收益的分配方向，使促成土地增值者获得应有的收益，其最终目的是利用合理分配土地增值收益这一经济杆杠促进土地的合理利用。由于土地增值表现为不同形态地租的资本化，所以土地增值的分配可以以地租的分配为依据。我国土地属于国家和集体所有，同时所有权与使用权分离，地租的分配应兼顾国家、集体和使用者三方面的利益。由土地经营者增加投资引起的土地增值，是级差地租Ⅱ的资本化，应归土地投资经营者。而其他三种情况产生的土地增值，是级差地租Ⅰ的资本化，应归社会或国家所有。但我国目前国家或集体对土地经营使用者的土地收入没有任何调节措施，同时由于土地使用的无偿或低偿性，甚至看不到土地增值收益的存在，使得大量的土地增值收益源源不断地流入单位或个人手中。作者建议设立土地增值税，在对土地增值进行充分评估的基础上，将应归国家或集体所有的土地增值收益，通过征收土地增值税收归社会所有。

(邵捷传)

土地价值论

周　诚（载《中国土地科学》1992 年第 2 期）

作者认为，由于经过人类开发的土地是由土地物质（土地自然资源）和土地资本（土地固定资产）两个截然不同的部分组成，具有不同的属性，由此带来了土地价值的二元性。土地自然资源具有使用价值，但不具有劳动价值（即价值），凭借对土地权利（所有权、使用权）的垄断，向土地需求者索取的地租、地价等经济收益，其实质为索取劳动价值。土地固定资产的价值是以其中凝结的人类抽象劳动作为价值实体的，其价值形成具有持续性、积累性，但任何一块土地上所含的土地固定资产价值量，都不可能因不断积累而有增无减。因此，以劳动价值为尺度，土地自然资源是无价值的或者说它的价值是虚幻的，而土地固定资产的价值则是真实的，这就是二元的土地价值，与普通商品的价值是有根本性区别的。

价值的货币表现形式即为一般商品的价格。由于土地自然资源本身没有价值，土地自然资源的价格并不是土地的购买价格，而是土地所提供的地租的购买价格。土地自然资源价格是绝对地租与级差地租Ⅰ之和的资本化。土地固定资产的价格应是土地固定资产的劳动价值的货币表现，土地固定资产的价格是因向土地投资而形成的级差地租Ⅱ的资本化。土地自然资源价格和土地固定资产价格结合起来，就是完整的土地价格，同一般商品相比较，有以下特点：(1) 土地价格的二元性，即由土地自然资源的虚幻价格和土地固定资产的真实价格所组成。二者对地价的作用是不同的，在土地供过于求时，土地的总价格主要或完全取决于土地固定资产的价格；反之，土地供不应求时，土地的总价格主要取决于土地自然资源的价格。(2)土地价格并不是围绕着土地价值而波动的，不存在什么"土地价值规律"。(3) 土地价格所代表的资金的现实性。就资金占用量而言，投资于土地与投资于其他固定资产，毫无一致。

(邵捷传)

建立我国国有土地产权制度的探讨

张　瑜（载《中国土地科学》1992 年第 1 期）

作者认为，在改革之前，我国国有土地的产权制度是以单一所有权为土地产权的主体对象，行政性划拨土地是唯一配置国有土地的方式，使土地的分配与流动国产权关系的转移变化完全脱离；土地不作为财产，没有量化表现形式，对土地使用者也不存在财产约束力，经济体制改革以来，随着商品经济关系的发展，原有的土地产权制度日益不能适应，作者提出了建立我国国有土地产权制度的基本思路。(1)明确确立土地所有权的代表机构，使其法人化。由国家土地管理局承担国有土地所有权法人代表。(2)规范国家与地方的土地财产关系。对国有土地资产进行合理评估的基础上，调整国家与地主政府的土地收益分配关系。(3)设立与土地利用有关的多种权利，规范各种权利的权限及获取方式。作者认为仅依靠土地使用权一种形式是不可能规范住实际土地利用中各种复杂的权利义务关系，应根据不同土地使用者对土地利用的不同要求，建立不同的财产关系，明确各自应有的权利与义务。目前应着重确立和规范土地所有权、土地作用权、土地租赁权等几种财产权利。城市土地所有权属于国家，无论在所有权之外设立任何其他权利，国家土地所有权都含有最终处分权。设立土地使用权是为满足土地使用者长期、稳定、不受外界干扰地使用土地。土地使用权的设定必须依法律而成立，它除包含占有、使用、收益的权利内容外，还具有可以转让、继承与抵押等的不完全处分权。土地使用权是具有物权性质的重要财产权。与土地使用权不同，土地租赁权是债权，以当事人的意志而成立，土地租赁权人必须依据出租人的意志行使自己的收益权不拥有处分权。

（邵捷传）

附：部分经济学论文索引

政治经济学

《资本论》经济危机理论的逻辑结构之我见　牛德生　河南财经学院学报　1992.4

《资本论》与科学的抽象法　巫继学　中州学刊　1992.3

《资本论》与社会主义商品经济　刘志钧　学术交流　1992.1

《资本论》研究——试论占有的社会化　陈其林　中国经济问题　1992.4

《资本论》第1卷几种版本对结构的调整　汤在新　武汉大学学报　1992.4

《资本论》的经济均衡思想及其启示　赵士刚　经济学家　1992.1

《资本论》中的区位论思想　陆单明　北京大学学报　1992.4

马克思再生产模型及其与经济增长状态的识别　王根蓓　学术界　1992.4

论马克思的固定资本效益观　钟成勋　投资研究　1992.1

马克思恩格斯的集体所有制和合作社若干论述的辩析　杨继瑞　贵州财经学院学报　1992.1

社会必要劳动时间、再生产理论与平均利润率　吴铁军　河南财经学院学报　1992.2

关于设备更新的几个理论问题　海宇东　贵州财经学院学报　1992.3

列宁新经济政策理论给我们的启示　黎明中　江西社会科学　1992.4

浅谈列宁关于社会主义经济建设的思想及其启示　季荣民　山西财经学院学报　1992.5

列宁的新经济政策与社会主义商品经济理论　胡家勇　中南财经大学学报　1992.5

论列宁晚期关于社会主义经济运行机制的思想的重大转变　鞠立新　经济研究　1992.5

列宁论国家垄断资本主义的经济调节　郭吴新　武汉大学学报　1992.2

马克思的社会资本理认与当代资本主义的界定　张莹玉　社会科学　1992.6

列宁以后帝国主义理论的演变和发展　蔡中兴　学术月刊　1992.7

试论当代资本主义结构的危机　俞可兴　世界经济　1992.11

当代资本主义是向社会主义过渡的资本主义　李晓　世界经济　1992.7

正确认识现代资本主义及其发展总趋势　郭福刚　北京社会科学　1992.1

关于资本主义国家宏观经济调节机制的形成条件与作用问题　江瑞平　河北大学学报　1992.3

现代科学技术革命与当代资本主义的历史命运　刘炯忠　叶险明　中国人民大学学报　1992.2

对资本主义社会的经济现象要作科学分析　吴树青　改革　1992.3

论资本主义体系主要矛盾不平衡发展规律　耿殿忠　北京社会科学　1992.4

试运用马克思主义中心外围观研究产业资本剥削网　郭寿玉　北京社会科学　1992.3

对现代资本主义的本质、发展与历史趋势的思考　漆光瑛　社会科学　1992.10

繁荣经济科学促进经济改革与发展　高尚金等　经济研究　1992.1

经济研究方法论的变革与经济学的进步　唐杰　南开经济研究　1992.2

定量分析方法与政治经济学研究　毛键　南开经济研究　1992.2

马克思经济学著作计划与社会主义政治经济学研究对象　汤在新　经济学家　1992.1

论上层建筑一定要适合生产力状况的规律　马英华　暨南学报　1992.3

制度创新的一般理论　汪丁丁　经济研究　1992.5

试论发展经济学家的公平与效率观　李风圣　经济科学　1992.1

论社会主义经济理论流派的产生和发展　袁庆寿　王寿春　学术交流　1992.1

经济与社会协调发展的理论研究　李笑华等　学术交流　1992.3

两个重要的经济理论问题　蒋学模　学术月刊　1992.3

论社会主义初级阶段的两重性特征　张亚　北京社会科学　1992.3

社会主义改革理论的重大发展　徐双敏　中南财经大学学报　1992.4

在社会主义商品经济中劳动力也是商品　白雪海　关筱琳　学术研究　1992.4

关于社会主义经济制度基本特征的几个认识问题　袁庆寿　北方论丛　1992.1

论社会主义和商品经济的统一性　王洪斌　中国人民大学学报　1992.4

社会主义国家所有制和商品经济　熊懿求　江汉论坛　1992.8

商品经济是社会主义制度的生存形式　朱志杰　江汉论坛　1992.11

论社会主义商品生产的价值调节　胡炳麟　福建论坛　1992.9

论所有制结构调整　孙耀川　辽宁大学学报　1992.4

社会主义公有制主导地位浅论　孙丽娟　辽宁大学学报　1992.1

改革所有制结构，完善公有制形式　杨欢进　河北大学学报　1992.3

论公有制与商品经济兼容到水乳交融　唐任伍　河北财经学院学报　1992.4

也论公有制与商品经济的兼容性　沈太基　财贸研究　1992.3

谈公有制与商品经济的兼容　魏杰　农业经济问题　1992.1

所有制范畴论纲　龚唯平　南开经济研究　1992.5

论社会主义公有制的实现形式　肖灼基　经济研究　1992.2

论公有制商品经济是产品经济　刘烈龙　中南财经大学学报　1992.5

论公有制与商品经济兼容关系研究的基本前提　金晓瑜　沈卫平　江海学刊　1992.3

社会主义公有制经济的组织形式及变革　吴敏　社会科学战线　1992.2

论商品经济与个人所有制　周振平　河北财经学院学报　1992.1

马克思重建个人所有制思想与中国改革　钟良　中央财政金融学院学报　1992.2

马克思“重建个人所有制”理论研究　袁中良　王东京　江汉论坛　1992.7

马克思“重新建立个人所有制”的设想与社会主义公有制的现实　邓崇清　改革与战略　1992.1

马克思“重建个人所有制”理论新诠　杜亚斌　厦门大学学报　1992.3

从均衡原理看生产关系要适合生产力　沈逢吉　改革与战略　1992.2

论生产力范畴的基本涵义　肖德南　暨南学报　1992.2

生产力、生产关系、所有制的涵义及其相互关系初探　张素芳　生产力研究　1992.1

关于生产力和生产关系理论的重新辩证　麻秉华　李业杰　东岳论丛　1992.1

从生产力的飞跃引起的思考　郑秀萍　经济问题探索　1992.5

生产力内涵发展论　郑英隆　生产力研究　1992.1

关于科技生产力的若干经济学研究“热点”的思考　冒天启　生产力研究　1992.1

社会生产力体系与生产力经济学体系　李宝元　生产力研究　1992.4

论劳动者的生产力　王涛　生产力研究　1992.1

生产力经济理论新探　郑英隆　经济论坛　1992.10

第一生产力与生产力要素构成　江泓　南开学报　1992.5

论坚持生产力标准与坚持社会主义方向的一致性　朱延福　中南财经大学学报　1992.4

关于现代社会生产力的思考　沈广留　南京大学学报　1992.2

对生产力的结构演变和发展规律的几点认识　陈铁新　社会科学战线　1992.3

科学技术在生产力中的首要地位初探　周少歧　学术交流　1992.1

对科学技术是第一生产力的几个理论问题的探讨　刘小春　东岳论丛　1992.5

论马克思“科学是生产力”观点的理论内涵与启示　赵凌云　江汉论坛　1992.7

高新科技转化为生产力的机制和动力　李星文　河北学刊　1992.1

科学技术作为第一生产力的功能及其本质特征　薛维君　河北学刊　1992.1

浅论科学技术是第一生产力　王颖　西北大学学报　1992.2

论科学技术向现实生产的转化　沈骊天　南京大

学学报 1992.2

怎样理解科学技术是第一生产力 蒋学模 经济问题探索 1992.1

科学技术与劳动者在生产力中的地位与关系 孙朝东 生产力研究 1992.4

社会科学技术也是“第一生产力” 虎毅琛 徐淮东西北大学学报 1992.2

马克思主义价值论 李德顺 江淮论坛 1992.5

第二种含义的社会必要劳动时间不决定农产品的价值 徐兴明 价格理论与实践 1992.8

关于必要劳动和剩余劳动的几个问题 张胜旺 社会科学战线 1992.2

试论两种含义的社会必要劳动时间对价值决定的作用 王德勇 吉林财贸学院学报 1992.3

论劳动量的二重性 洪纪山 中州学刊 1992.2

产品使用价值二重性分析及其应用 范正美 学术交流 1992.4

三大产业分类与劳动价值论 束金中 社会科学 1992.5

严格区分价值与价值形式 朱永贻 社会科学战线 1992.1

价值规律与价格规律 李义平 学术研究 1992.3

论价值转化为市场价值 丁堡骏 吉林财贸学院学报 1992.1

劳务价值的实现与流通费用补偿问题浅探 何临勇 当代财经 1992.3

商品价值实观的几个问题 许加强 社会科学辑刊 1992.5

关于“自觉利用价值规律”的命题 李义平 广东社会科学 1992.2

关于平均利润率和超额利润的定义问题 毛树礼 潘永强 吉林财贸学院学报 1992.5

论价值规律在农业经济领域的特殊表现形式 许经勇 社会科学战线 1992.3

商品使用价值规律与质量品种效益 刘有源 北京商学院学报 1992.2

商品经济的若干理论问题探讨 张鹤 江汉论坛 1992.6

关于商品生产的几个问题 吴静波 兰州大学学报 1992.2

对社会主义社会中的商品经济的理论思考 林禧山东大学学报 1992.1

对商品成本观念的再思考 曾志立 南开经济研究 1992.4

社会主义劳动力商品论 刘兆峰 山西财经学院学报 1992.2

从“垄断价格的公式”谈起 张经文 河北财经学院学报 1992.5

竞争与垄断悖论及国家的作用 郑秉文 世界经济 1992.9

有计划商品经济条件下生产和消费的关系 王桂芬 吉林财贸学院学报 1992.1

马克思长期供求理论研究(上) 冯根福 价格理论与实践 1992.11

按马克思原意理解货币流通量规律 赵文绪 湘潭大学学报 1992.1

对马克思社会总产品分配理论的再认识 宁学平等 财政研究 1992.1

对适度积累率的探讨 支道隆 南开学报 1992.3

社会主义社会公平的分配与劳动的效率 陈家骥 李云晋 中州学刊 1992.3

关于资本和“按资分配”问题的讨论 候恒 崔朝栋 河南财经学院学报 1992.1

商品经济与按劳分配 陈课箴 中国经济问题 1992.1

论公有制经济的双重分配原则 蔡继明 南开经济研究 1992.6

社会主义商品经济与按劳分配 冀有江 张伶 南开经济研究 1992.4

按劳分配与公平分配 芮立新 中央财政金融学院学报 1992.3

简议按资分配的功能 武建奇 当代财经 1992.5

论个人收入分配不公及不公平幻觉 徐旭 中国社会科学院研究生院学报 1992.4

中国现实经济研究

总论

政府调控领域性收入差距的政策选择　季建林　社会科学　1992.9

经济运行中的政府行为论纲　熊峰　暨南学报　1992.3

小机关　多实体　大服务　杨尚　改革　1992.6

社会场论方法论　孟氧　河南财经学院学报　1992.1

“改革是第二次革命”　刘国光　改革　1992.4

转变政府职能是当前深化改革的关键　何伟　改革　1992.3

试论运用抽象法研究中国经济理论　陈驭涛等　学术交流　1992.6

社会主义发展三阶段新论　程恩富　江西社会科学　1992.3

一个需要深入研讨的问题:经济、政治与行政的关系　王寿春　北方论丛　1992.6

社会主义经济运行理论在中国的发展与模式的选择　商德文　经济科学　1992.1

建立全方位多层次的社会保障体系的初步设想　张红霞　经济科学　1992.1

论新形势下中央与地方关系的协调　常明　经济科学　1992.3

对当前经济形势及发展趋势的几点看法　李京文　中国工业经济研究　1992.10

90年代世界经济形势及我外经战略探讨　任世刚　改革与战略　1992.4

1992年中国经济的预测与分析　钟禾　经济与管理研究　1992.1

1991—1992:经济增长发展分析与趋势展望　邱晓华　万东华　中央财政金融学院学报　1992.2

中国九十年代的战略抉择:体制驱动　王沪宁　复旦学报　1992.1

当前经济形势:矛盾分析与走出困境的选择　荀大志等　经济研究　1992.4

对1992年国民经济发展的预测及分析　中国社科院经济学科片经济形势分析与预测课题组　国家统计局综合司宏观经济分析与预测课题组　经济研究　1992.5

1991年宏观经济留给我们的启示和教训　马建堂　金融研究　1992.2

对经济形势的分析、判断及看法　郭树清　金融研究　1992.9

90年代:走向成熟的中国经济　“发展与改革”课题组　管理世界　1992.5

中国经济发展的战略取向　郭村清　管理世界　1992.5

1992年经济形势分析与1993年经济发展预测　中国科学院国家统计局综合司课题组　经济管理　1992.12

对当前宏观形势的分析与建议　国家计委经济研究所综合室　经济管理　1992.9

90年代世界经济新格局及我国对外开放的新思路　柯美成　经济管理　1992.7

九十年代加快经济发展的可能性及其面临的矛盾　吕政　中国工业经济研究　1992.9

论改革开放中的姓“资”姓“社”问题　林凌等　改革 1992.4

关于社会主义经济关系的本质问题　卫兴华　经济理论与经济管理　1992.4

正确处理社会主义与资本主义的共存关系，是中国社会主义的重要特色　蒋一韦　改革　1992.3

从经济结构看中国为什么不能走资本主义道路　于乐庆　江苏经济探讨　1992.2

正确认识和利用资本主义的基本前提及其实践意义　高健生　社会科学　1992.8

论经济发展总体战略的几种类型及其变动规律　李培荣　中山大学学报　1992.1

经济“转型理论”及其思考　姚先国　河北学刊　1992.4

社会主义经济良性循环的要素和系统　杨承训　中州学刊　1992.1

经济调节摩擦与调节机制设计理论　胡汝银　天津社会科学　1992.2

必须牢固树立以经济建设为中心的指导思想　程维高　经济论坛　1992.2

解放思想、实事求是努力建设具有中国特色的社会主义　常修泽　价格理论与实践　1992.6

公有制基础上的多种形式、多样化,是中国社会主义经济一大特色　晓亮　天津社会科学　1992.5

论我国经济监督体系的新格局　秦荣生　当代财经　1992.10

关于现代商品认识及我国有关对策的思考 范正美 北方论丛 1992.3

我国流通产业落后的原因和对策 谢明干 改革 1992.2

传统体制下供需失衡理论分析与对策 张向达 吉林财贸学院学报 1992.4

马克思主义农业开发与劳动力非农化理论及中国的实践 辜胜阳 经济问题探索 1992.4

现阶段工农关系协调问题探讨 张宏伟等 经济论坛 1992.3

论非均衡经济发展的秩序 洪银兴 经济研究 1992.4

关于加速我国社会生产集约化发展的看法 丁敬平等 改革 1992.5

资源配置及组织优化 周立群 经济学家 1992.6

我国共同基金的建立和管理 曹风岐等 经济学家 1992.5

略论有计划商品经济条件下的资源配置方式 王青云 经济论坛 1992.7

中国与发展中国家资金积累道路的比较分析及政策选择 余乃胜 经济问题探索 1992.5

我国财源结构及其矛盾 吴强等 经济学动态 1992.6

我国基础产业资金筹集问题研究 国家计委经济研究中心基础产业资金筹集课题组 中国工业经济研究 1992.10

中国经济增长分析 李京文 中国社会科学 1992.1

论经济增长的非均衡性质 毕世杰 社会科学战线 1992.4

三论我国经济发展的动力机制问题 安江林等 兰州大学学报 1992.3

国民经济发展的递阶控制探析 毛志峰 蒋正华 西北大学学报 1992.1

社会主义存在经济周期的理论观点应予否定 逄锦聚 中国人民大学学报 1992.1

我国经济持续、稳定、协调发展的条件 连四清 北京师范大学学报 1992.1

基本建设与中国经济增长 邹东涛 社会科学战线 1992.4

我国经济发展速度和效益关系的实证分析 王定元 中南财经大学学报 1992.1

经济稳定的基础建构 汤劲松 中南财经大学学报 1992.1

坚持国民经济快速增长与稳定协调发展的统一 逄锦聚 南开经济研究 1992.4

积累与经济增长的国际比较 李萍 北京师范大学学报 1992.1

经济非良性循环的表现与成因之探讨 张德霖 福建论坛 1992.1

关于经济增长的几个问题 赵旭光等 学术交流 1992.2

论实质经济增长 周月秋 福建论坛 1992.11

我国经济波动的实证分析 逄锦聚 唐杰 天津社会科学 1992.1

正确认识我国经济发展的波动性 王国京 张艳珍 学术交流 1992.1

论社会主义经济发展的周期性 钟建勤 江汉论坛 1992.9

中国经济加速发展研究 陆德明 复旦学报 1992.5

百分之二的经济增长率与主要经济变量相关关系的实证分析 忻建明 学术月刊 1992.4

经济周期的形态和特征 中国人民银行金融研究所课题组 金融研究 1992.10

经济周期——不容再忽视的因素 徐诺金 金融研究 1992.3

中国经济波动的原因探析 课题组 管理世界 1992.4

更积极地发展非国有经济 樊纲 改革 1992.3

论“经济盲目性”问题 周冰 经济研究 1992.8

我国资源总配置效应分析 郭克沙 经济研究 1992.5

对九十年代我国经济增长速度的思考 刘国光 改革 1992.6

不可片面追求产值增长，还需大胆加快改革步伐 马宾 改革 1992.5

论中国经济的高速增长战略 邹东涛 改革与战略 1992.1

论“三条件约束”下经济发展的运行机制 傅予行等 经济学家 1992.2

内生经济增长理论的新意和困难 杨宏儒等 经济学动态 1992.3

经济增长中的物耗动态分析 李惠茹 经济科学 1992.2

经济增长趋势研究 郑有敬 方汉中 经济研究 1992.2

我国经济运行研究的几个方法和理论问题 陈元 经济研究 1992.2

我国当前经济发展速度问题探讨 刘国光 中国工业经济研究 1992.9

论经济速度增长 闻潜 经济与管理研究 1992.2

我国经济调整的周期性与原因分析 张郁年 经济与管理研究 1992.2

贸易、就业与经济发展 李善民 经济理论与经济管理 1992.1

发展资金积累和集中的机制 洪银行 经济理论与经济管理 1992.1

储蓄扩张、收入波动与经济增长 周佐望 经济理论与经济管理 1992.2

经济增长和居民收入分配假说及若干理论问题的探讨 张道根 社会科学 1992.2

国有资产管理体制和社会主义经济体制 李家镐 江海学刊 1992.2

论经济体制特征与经济立法策略 姚潇瀛 北京商学院学报 1992.3

权能分解与国有资产管理经营新格局 周立群 南开经济研究 1992.6

论战略规划的实施管理 杜渐等 四川大学学报 1992.1

关于改革国有资产管理方式的探讨 李兰英 天津财经学院学报 1992.2、3

建立具有中国特色的资产重组机制 常修泽 天津财经学院学报 1992.2、3

国有资产管理改革的方向及模式 罗元明 中南财经大学学报 1992.4

产权关系并非所有制关系 王国刚 天津社会科学 1992.1

国营企业自我积累的产权归属问题 边玉龙 经济研究 1992.6

建立新型的国有资产管理体制 周岐 学术交流 1992.1

关于我国经济布局的历史思考 郭志仪 兰州大学学报 1992.1

建立符合公有制商品经济要求的产权制度 耿刚 社会科学战线 1992.3

国有资产产权管理的几个基本理论问题探析 杜莉 吉林财贸学院学报 1992.1

论资产与所有制 王国平 探索与争鸣 1992.5

重建国有产权与非国有产权制衡机制 周殿昆 经济体制改革 1992.2

市场发展与产权制度改革关系分析 陈中民 经济体制改革 1992.3

国有资产管理体制改革的构想 孙效良 改革 1992.5

公有制产权与有计划商品经济 吴宣恭 学术月刊 1992.1

企业集团产权纽带问题刍议 宋英利 经济管理 1992.10

论国有资产管理体制改革 郭元晞 中国工业经济研究 1992.7

试论我国国有产权制度的改革 王开国 中国工业经济研究 1992.1

两权分离与产权改革 王国平 社会科学 1992.2

论产权关系与所有制关系 王国刚 经济学家 1992.1

论产权关系与所有制关系 王国刚 改革 1992.1

产权制度变革的必然性与现实性 唐丰义 改革 1992.1

“两权分离”的理论和在我国的实践 宋养琰 经济学动态 1992.2

我国积累与消费比例关系的历史回顾和未来选择 王刚 经济科学 1992.3

国有资产产权转让初探 曲振涛等 经济科学 1992.3

关于集体企业的产权问题 沈安波 经济问题探索 1992.2

八十年代我国所有制结构的演化及对2000年的预测 陈明星等 经济与管理研究 1992.5

公有制主体地位衡量标准的理论探讨 苏增添等 中国经济问题 1992.2

现代经济中的所有权分离现象 孙洛平 财贸研究 1992.4

我国所有制结构新论 晓亮 经济理论与经济管理 1992.2

调整所有制结构与深化改革 黄少华 经济与管理研究 1992.5

关于我国所有制结构的几个问题 郭振英等 经济研究 1992.2

实行股份合作制的再认识 周锦廷等 特区经济 1992.5

试论集团公司股份制改造与机制转换的意义 王守仁等 特区与港澳经济 1992.2

以推行股份制为契机深化企业改革 刘志守 江苏经济探讨 1992.10

论经济效率、总供求关系与经济体制 樊纲 经济研究 1992.3

关于股份制若干问题 黄速达 中国工业经济研究 1992.10

搞好股份制试点的关键在于规范化 孙效良 中

国工业经济研究 1992.10

正确认识股份制改革的性质 王珏军 经济理论与经济管理 1992.4

关于我国股分制改革的深层次思考 马文超 经济论坛 1992.8

九十年代中国股份制展望 陈永忠 经济体制改革 1992.4

股份制走样的原因及其正负效应 余根钱 经济研究 1992.9

对国有股权代理人进行有效的管理 余水平 改革 1992.6

试行股份制有关问题的探讨 韩晓东 经济与管理研究 1992.4

关于股份制的几个问题 赵海宽 金融研究 1992.9

股份制改革与资产评估 王利德 金融研究 1992.8

股份化、私有化和社会化 黄范章 经济社会体制比较 1992.3

双重体制的特点及其实际均衡态 孙祁祥 经济理论与经济管理 1992.5

从国有制列股份制 殷晓 改革与战略 1992.1

股份化、私有化、社会化及其它 黄范章 经济学家 1992.6

论制度均衡和制度变革 张署光 经济研究 1992.6

股份制改革与基础产业发展 李建萍 方惠明 江汉论坛 1992.9

股份制不能解决国有企业内部经营机制问题 荀旸 经济研究 1992.7

谈所有制和股份制的几个问题 卢小珠 社会科学 1992.11

论股份制与承包制的关系 王济昌 北京商学院学报 1992.1

论股份经济在我国的崛起 王奇华 北京商学院学报 1992.5

对股份制企业同股不同利现象的探讨 江运生 财政研究 1992.4

论股份制与国营大中型企业的改革 林毅夫等 经济研究 1992.9

承包制和股份制功能机制之比较 陈棣沭 湘潭大学学报 1992.3

论股份制经济的性质 高佩义 社会科学战线 1992.4

关于股份制改革的几点思考 郭跃进 贵世财经学院学报 1992.3

承包制与股份制比较研究 张晓阳 贵州财经学院学报 1992.3

股份合作制是公有制的一种较好的实现形式 林宏桥 王东秀 社会科学辑刊 1992.2

我国推行股份经济的正负效应论析 陈琏 四川大学学报 1992.1

股份制是重塑中国企业集团的成长机制 赵敬成 财贸研究 1992.1

对股份制若干问题的认识 张启模 张小军 当代财经 1992.2

现代股份经济的特征及现阶段我国股份制模式问题 郑侠 北方论丛 1992.5

实行股份制是实现产权变革的选择 陈炳珍 北方论丛 1992.5

发展和完善中国特色股份制经济的几点思考 张明梁 夏海舟 中央财政金融学院学报 1992.3

对实行股份制的思考 谭再求 北京社会科学 1992.3

速度与效益 李悦 经济理论与经济管理 1992.5

实现速度与效益统一是当前极重要的问题 汪海波 经济管理 1992.10

当前要强调提高速度与增进效益相统一 汪海波 中国工业经济研究 1992.10

经济效益低下原因与对策 程礼泽 中国经济问题 1992.2

试论社会主义经济效益 盖地 天津财经学院学报 1992.1

试论科技进步与效益型经济发展的关系 李丰何凝 北京社会科学 1992.2

我国经济效益影响因素分析 蔡永生 河南财经学院学报 1992.1

对经济效益内涵的再认识 刘福寿 河北财经学院学报 1992.3

效益：一个多年追求而又没有实现的目标 张景成 吉林财贸学院学报 1992.2

在平等与效率的基础上实现社会主义分配 蒋伏心 江海学刊 1992.3

论平等、公平与效率 王健平 兰州大学学报 1992.2

关于规模效益的初步探索 赵国杰 南开经济研究 1992.6

就业与效率的选择 金雁 南开经济研究 1992.1

社会主义经济运行中的总供给和总需求 吴晓求 经济理论与经济管理 1992.2

总需求、总供给——从概念到现实　郭树清　经济研究　1992.3

科学的总结　正确的指导——学习李先念同志有关综合平衡的论述　俞秋秋　财政研究　1992.8

论我国总需求周期变动的再生机制　刘迎秋　中国工业经济研究　1992.11

再论收入分配的市场化　宋则　经济学家　1992.6

对我国收入分配现状的探讨　郑京平等　经济与管理研究　1992.5

当前我国国民收入分配中的问题及政策取向　胡润峰等　经济管理　1992.6

国民收入分配持续向个人倾斜的症结和态势　郑廉明等　经济管理　1992.4

关于"国民收入分配向个人倾斜"问题研究　刘海华　经济管理　1992.3

我国个人收入分配问题的若干思考　周彦文　经济理论与经济管理　1992.1

国家与企业分配关系存在的问题和对策建议——对四川十户大中型企业调查的思考　陈永忠等　经济理论与经济管理　1992.2

我国转型期中收入分配的一些特殊现象　赵人伟　经济研究　1992.1

从产品经济分配观到商品经济分配观的转变　何伟　中国工业经济研究　1992.6

如何认识国民收入分配向个人倾斜问题　周振华　改革　1992.4

国民收入分配结构的变动与金融体制改革取向　周月秋　改革　1992.4

怎样看待收入分配向人个倾斜　王学力　改革　1992.2

个人收入分配的新格局与宏观调控　解书森　改革　1992.2

中国居民收入分配:城市、农村和区域　赵人伟等　改革　1992.2

正确评估国民收入分配格局的变化　周富祥　改革　1992.5

收入功能分配的调整：对国民收入分配向个人倾斜现象的思考　李扬　经济研究　1992.7

非农产业活动对农户收入分配格局的影响　朱玲　经济研究　1992.3

论个人收入分配理论中的误区——破除平均主义的思想认识障碍　张德珍　经济科学　1992.3

我看"国民收入向个人倾斜"　王东京　经济论坛　1992.9

国家财务分配论　刘贵生　经济学家　1992.5

社会主义市场经济中的按劳分配问题　沈卫平　江苏经济探讨　1992.12

论国民收入分配向个人倾斜　陈共　范一飞　财贸经济　1992.10

谈深化分配制度改革　雷　弢　北京社会科学　1992.2

经济机制转换与利益关系的合理化　李松龄　学术界　1992.4

试论按劳分配在新条件下的地位和特征　吴绍春　北方论丛　1992.4

分配不公透视:特征研究、成因剖析与对策选择　苏东荣等　吉林财贸学院学报　1992.1

分配机制的转换与社会利益群体的分化组合　季建林　东岳论丛　1992.1

论平均主义分配的实质和运行特点　金喜在　胡希宁　社会科学战线　1992.3

关于社会主义初级阶段的分配问题　课题组　河北财经学院学报　1992.4

二元经济发展与收入分配的关系　赖德胜　北京师范大学学报　1992.1

关于个人收入分配理论的几点思考　周彦文　中南财经大学学报　1992.5

论科学技术成果推广应用的经济机制　张鸿文　南开经济研究　1992.2

略论生产力加速发展的规模扩张机制　陈典模等　生产力研究　1992.5

全面提高劳动者素质，促进科技向现实生产力转化　张宏武　生产力研究　1992.5

塑造科技成果转化为生产力的运行机制　常昌武　生产力研究　1992.4

试论科学技术是第一生产力的现实性和紧迫性　郭健　生产力研究　1992.4

解放生产力，保护生产力与发展生产力　熊映梧　生产力研究　1992.3

试论高科技生产力在现代社会生产力系统中的作用和地位　刘星　生产力研究　1992.4

发展我国社会生产力两个根本问题　王雯　生产力研究　1992.2

劳动力需求行为的微观分析　胡汝银　南开经济研究　1992.1

试论科学技术转化为生产力的机制　原道谋　经济学动态　1992.1

谈我国技术落后的原因及对策　李道平　改革与战略　1992.2

科技进步与经济模式转换　何并煌　改革与战略　1992.1

关于我国发展高技术产业的若干思考　田丰伦　改革　1992.3

中国引进技术大可借鉴香港模式　甄灿球　港澳经济　1992.8

依靠科技进步是振兴经济的必由之路　吴锡军　江苏经济探讨　1992.2

论发展高技术企业的战略选择　夏丹　城市经济研究　1992.11

我国加速发展高技术产业的对策研究　李俊江　经济理论与经济管理　1992.1

论科技生产力及科技应用　晓亮　经济学家　1992.5

积极跟踪世界新技术革命的进程　宋养琰　经济问题探索　1992.5

我国技术引进的问题与对策　夏江海　数量经济技术经济研究　1992.1

优化经济结构，促进生产力的发展　梅文千　生产力研究　1992.3

高科技与现代经济增长模式　李锬　生产力研究　1992.2

中国要素生产率增长战略与途径　张德霖　生产力研究　1992.2

科学技术转化为生产力的机制与模型研究　原道谋　生产力研究　1992.1

我国劳动力供求平衡浅议　赖金云　江西社会科学　1992.4

劳动者本位论　赵学增　姚先国　天津社会科学　1992.4

关于劳动力问题的若干理论辨析　李林杰　河北大学学报　1992.1

论我国第三产业的发展目标和重点　王述英　南开学报　1992.6

浅谈第三产业在劳动就业中的重要地位　李振国　河南财经学院学报　1992.1

我国第三产业发展滞后性浅析　王述英　南开经济研究　1992.5

加快发展我省第三产业的若干设想　江祥钦　福建论坛　1992.11

加快发展第三产业思考　布赫　管理世界　1992.5

三次产业增长因素及其运运特点分析　郭克沙　经济研究　1992.2

服务效益的特点及其增长对策　李江帆　经济学动态　1992.7

关于双层经营与社会化服务关系的探讨　何海龙　经济论坛　1992.1

第三产业市场的供求态势和运行机制分析　石柱成　经济学家　1992.2

对我国第三产业上新台阶的几点看法　左春文　经济管理　1992.12

我国部分城市第三产业发展的现状与规划　纪仲合　特区经济　1992.9

谈事业单位有偿服务问题　刘新昌　经济与管理研究　1992.5

我国邮电通信产业的发展与政策分析　金建　中国工业经济研究　1992.5

我国信息服务的现状与未来　乌家培　中国工业经济研究　1992.6

让集体经济在数量上占优势势在必行　戎文佐　经济科学　1992.2

把发展集体经济放在战略地位上　杨坚白　改革　1992.6

当前我国集体所有制经济存在的问题及发展对策　李振华　吉林财贸学院学报　1992.2

论我国现阶段私营经济的性质　陈永志　江西社会科学　1992.4

关于私营经济的几个问题　萧汉昭　中央财政金融学院学报　1992.3

记规范个体工商户的经营行为　张明龙　经济理论与管理　1992.2

论个人的经济独立性　陶维季　经济研究　1992.5

关于个体经济的理论分析　林文益　曹慧升　财金贸易　1992.8

对我国现阶段私营经济几个理论问题的认识　周晓梅　吉林财贸学院学报　1992.5

生产力才是我国现阶段个体经济和私营经济存在和发展的依据　林文益　河南财经学院学报　1992.4

论公有制体系中的私有经济行为　金碚　改革　1992.3

对我国私营经济的多维考察　丁任重　财贸研究　1992.1

论我国现阶段私有经济的性质的特质　陈永志　厦门大学学报　1992.3

私营经济：地位、作用、对策　潘石　社会科学战线　1992.2

经济体制改革

改革配套、政策协调才能加快改革步伐　戴园晨　改革　1992.3

关于加快改革步伐的几点思考　吴敬琏　经济研

究 1992.4

国际形势要求我们加快改革、迅速发展 罗肇鸿 改革 1992.3

关于中国经济体制改革的系统思考 赵履宽 改革 1992.3

抓紧有利时机 加快改革步伐——首都部分中青年经济学者笔谈 马建堂等 经济研究 1992.5

三年治理整顿与中国经济改革 郭树清 生产力研究 1992.5

经济体制改革与经济周期的矛盾与协调 张长生 经济研究 1992.5

对经济改革的几点认识 周叔莲 改革 1992.3

中国经济体制改革的基本经验与90年代的任务 高尚全 改革 1992.3

对中近期我国经济改革和宏观经济政策的几点意见 马建堂 中国工业经济研究 1992.6

中国社会主义的特色与今后改革的任务 杨启先 改革 1992.3

“沿边渐进”与“中国突破”并举——关于中国改革开放战略调整的思考 刘克田等 改革 1992.6

90年代我国经济体制改革的目标和任务 郑曙东 改革与战略 1992.5

对我国新经济体制的探讨 郭树清 中国工业经济研究 1992.5

当前价值形势及改革设想 刘文等 中国工业经济研究 1992.7

经济体制改革和产权理论 周叔莲 经济管理 1992.4

“让产转股”：国有制改革的新思路 杨昌俊 特区经济 1992.9

改革、对策、决策 董贻正 经济管理 1992.2

我国新型高效经济体制模式探索 姚远声 经济与管理研究 1992.4

制度变迁中的改革战略选择问题 苗壮 经济研究 1992.10

我国经济体制改革的若干问题 许经勇 经济学家 1992.2

新的改革形势下经济学界面临的任务 吴敬琏 改革 1992.3

改革是解放和发展生产力的必由之路 朱义峻 生产力研究 1992.3

现代化模式的转换和九十年代的经济改革 刘吉瑞 经济体制改革 1992.3

对新经济体制几个重大理论问题的再认识 许文建等 经济论坛 1992.6

论国有资产管理与国家财政和联系及相关体制改革 巫克飞 厦门大学学报 1992.2

两种经济体制的分析思考 侯彦斌 中州学刊 1992.5

改革的实质在于转换经济运行机制 许经勇 改革与战略 1992.3

我国经济体制改革的基本实践和基本估计 曾国祥 社会科学辑刊 1992.3

经济体制改革亟需突破 石正高 福建论坛 1992.10

中国经济改革理论三部曲：商品经济论、市场取向论、市场经济论 张卓元 财贸经济 1992.11

体制整体转型和优化资源配置 于祖尧 财贸经济 1992.10

论我国改革的十大特性 何荣飞 学术界 1992.6

推进经济改革与发展社会主义 金学长 天津财经学院学报 1992.4

经济体制改革以扩大市场功能为特征 张银杰 吉林财贸学院学报 1992.5

关于九十年代我国经济改革契机的若干思考 张杰 学术界 1992.3

略论价值规律与经济体制改革 李义平 杨明丽 学术研究 1992.1

制约近期深化改革的三个理论困惑 窦建平 北京商学院学报 1992.2

关于90年代我国经济体制改革与经济周期总体协调的设想 张长生 学术研究 1992.5

从二元机制的“非凸组合”看中国经济改革的市场化取向 1992.5

以市场经济为目标深化经济改革 张宇 中国物价 1992.8

论经济改革中的冲突与摩擦 潘熙宁 社会科学 1992.8

对我国经济体制改革几个重大问题的探讨 周洪涛 韩晓东 投资研究 1992.4

坚持市场导向的改革战略 曾牧野 广东社会科学 1992.1

我国农村微观经济体制改革的回顾与思考 许经勇 贵州财经学院学报 1992.2

我国市场取向改革的进程、特点及难点分析 刘志彪 财贸研究 1992.2

论财政改革也是经济体制改革的关键 冯宝兴 社会科学战线 1992.2

市场机制的理论与改革实践 宋先均 改革 1992.4

试论我国改革的目标模式：“政府主导型市场经济

体制　江春泽　改革　1992.4

通货膨胀

通货膨胀压力加速强化与宏观政策取向　黄中发等　财贸研究　1992.3

关于当前通货膨胀问题的几点思路　凌涛　财贸经济　1992.6

通货膨胀的传递机理及时距计量　张玉堂　财贸经济　1992.1

通货膨胀的即期影响和滞后影响　杭斌　财金贸易　1992.10

论通货膨胀的反弹与财政信贷的宏观调控　郝中华　李洪涛　吉林财贸学院学报　1992.4

当前国民经济运行中潜在的通货膨胀　沈成文　财贸研究　1992.1

我国未来通货膨胀预测　杨帆　中国物价　1992.10

测算我国潜在通货膨胀的新方法　罗新广　南开经济研究　1992.6

经济增长与通货膨胀：80年代的回顾　任海华　财贸研究　1992.5

社会制度、经济发展战略、经济体制和通货膨胀　财贸经济　1992.7

再度通货膨胀的现实可能性　吴琦　中南财经大学学报　1992.4

关于加快经济增长与控制通货膨胀问题的探讨　汪一鹤　社会科学　1992.10

经济运行中的通货膨胀压力与缓解措施　郑先炳　经济学家　1992.4

80年代我国的经济增长、通货膨胀与短缺　左大培　经济研究　1992.5

对当前通货膨胀问题的看法　方玉鹏　经济与管理研究　1992.3

必须重视经济发展速度引致的通货膨胀压力　叶振鹏等　财政研究　1992.7

经济效益、通货膨胀压力与最终总需求　樊纲　金融研究　1992.2

投资规模与通货膨胀　阿思奇　经济研究　1992.9

关于抑制通货膨胀的几点认识　祁丹盛　学术界　1992.3

治理潜在通货膨胀促进深化改革和发展　高天鹏　海南大学学报　1992.3

财政赤字与通货膨胀关系辩析　张晋武　河北财经学院学报　1992.1

价格理论与价格改革

推动以市场为取向的价格改革　张卓元　价格理论与实践　1992.5

价格改革：类型区别与效果分析　周小川等　改革　1992.3

论价格机制与价格改革　许经勇　经济论坛　1992.1

迈向市场的革命——从改革、开放、发展总体角度看九十年代的价格改革　常修泽等　价格理论与实践　1992.10

对我国价格改革改革若干问题的思考　徐天贵等　经济管理　1992.1

搞好大中型企业的价格对策　张启波等　江苏经济探讨　1992.7

论企业改革与价格改革　贾秀岩　价格理论与实践　1992.6

价格补贴的负作用及改进意见　高佩义　价格理论与实践　1992.1

关于深化价格监督检查的思索　林积昌　中国物价　1992.2

社会主义市场价格机制的若干认识问题　价格改革与市场发育课题组　中国物价　1992.10

对发展马克思主义价格理论的几点思考　赵兴汉　高浇慧　价格理论与实践　1992.9

论价格学的研究对象和方法　许崇正　学术界　1992.2

运用比较方法深入研究价格模式的转换　常青　东岳论丛　1992.3

“板块模式”下的企业价格行为　周登科　探索与争鸣　1992.1

中国价格运行的现状、问题与前景　中国社科院财贸物资经济所《中国商品市场发育与完善》课题组　财贸经济　1992.5

1991年度三种价格形式比重　国家物价局综合司　中国物价　1992.8

以市场经济为目标加快价格改革的步伐　洪峰　张宇　中国物价　1992.11

加快价格形成机制转换的配套改革　王兴家　价格理论与实践　1992.10

对九十年代价格改革的设想　张大光　中国社会科学院研究生院学报　1992.4

放开价格与有效调控　胡惠才　当代财经　1992.10

论建立价格间接调控体系　邓宦松　价格理论与

实践 1992.7

论价格调控体系的建立 陈娟 辽宁大学学报 1992.1

建筑产品价格应包含地租因素 靳克兴 价格理论与实践 1992.8

劳动生产率的双重内涵及其对价格变动的影响 余云辉 福建论坛 1992.6

稳步调整价格结构 加快转换价格机制 马凯 改革 1992.3

不规则价格预期的负效应、成因及其对策 周浩明 经济科学 1992.2

生产价格理论中的平均利润率问题 张念瑜 价格理论与实践 1992.5

价格长期规划中的若干理论与政策问题 刘树杰 中国物价 1992.2

价格理论的发展与转变 许兴建 价格理论与实践 1992.9

理顺价格关系的若干设想 尹淑琴 财贸经济 1992.10

再论我国粮食市场上的价格问题 柯炳生 中国农村经济 1992.6

进一步改革粮油价格补贴的设想 姚今观 李建平 河北财经学院学报 1992.2

论农产品价格补贴模式的决定因素 江华安 中南财经大学学报 1992.2

对"剪刀差"研究中几个问题的反思 李朝鲜 北京商学院学报 1992.3

农产品内部比价问题研究（上）（下） 黄建军等 价格理论与实践 1992.2.3

资源的价格体系、价格形成机制和价格形式 胡昌暖 中国经济问题 1992.4

试论能源价格政策与资源合理配置 于立 价格理论与实践 1992.1

建立反映资源稀缺性的价格结构 胡文政 价格理论与实践 1992.7

影子价格及其在宏观经济评价中的应用 邹一峰 南京大学学报 1992.2

论有计划商品经济的价格形成机制 邱泰如 北京商学院学报 1992.3

我国社会主义市场经济形成中的价格管理 洪峰等 价格理论与实践 1992.10

完善农村物价管理网络的建议 宋成鹏 价格理论与实践 1992.1

构建粮食市场价格风险化解机制的设想 邓向荣 价格理论与实践 1992.8

论建立与商品经济相适应的农产品价格制度 石成林 沈习淼 北京商学院学报 1992.5

关于"剪刀差"计量的两个问题 黄慰愿 宋俊东 中国农村经济 1992.5

对"'剪刀差'与农业的贡献"几个问题的商榷 李风民 农业经济问题 1992.7

对"剪刀差"问题的研究 李作岩 农业经济问题 1992.2

破除"剪刀差"迷雾 刘福垣 中国农村经济 1992.2

煤炭价格形成中两种价格理论之比较 赵兴汉 张晋光 中国物价 1992.10

中国煤炭价格政策的选择（上）（下） 彭鸿林 价格理论与实践 1992.8，9

论自然资源价格的确定 王彦 价格理论与实践 1992.2

论农产品价格风险调控 古宏玲 中国农村经济 1992.7

资源价格对价格体系、国民收入再分配和价格总水平的影响 胡昌暖 财贸经济 1992.9

试论自然资源的价格 侯伦 中国物价 1992.10

农业生产资料专营条件下的价格问题 陈尚林等 价格理论与实践 1992.2

进一步深化农产品价格改革(上) 马凯 中国物价 1992.11

试论科技产品价格的确定 曾小彬 经济论坛 1992.5

我国零售物价自发变动的分析与思考 赵宏越 经济论坛 1992.3

市场价格供求弹性的特征及对策 刘士福 郭村勤 吉林财贸学院学报 1992.5

关于我国价格周期与经济周期关系的研究 马建堂 经济论坛 1992.4

试论物价指数与工资指数的关系 宋牧襄 改革与战略 1992.4

论经济发展与物价上涨 邹东涛 价格理论与实践 1992.11

经济发展过程中的物价上涨 曹玉书 价格理论与实践 1992.6

如何界定城镇居民价格改革承受能力 贾振中 经济研究 1992.3

论国家定价的范围与依据 高佩义 经济学家 1992.5

关于我国涉外经济领域的价格改革 王风鸣 江淮论坛 1992.4

加速折旧及其对价格的影响 张光远 财贸经济

1992.7

信息商品价格制定、管理和实现的探讨 陈式君 中国物价 1992.2

社会主义市场经济的发展与价格改革 林国光 经济学家 1992.6

技术商品的作价原则 钟筱梅 管理工程学报 1992.2

市场经济

中国与西方国家指导性计划比较——兼论我国指导性计划模式选择 牛江涛 吉林大学社会科学学报 1992.3

从市场经济和计划经济并存到以社会主义市场经济为主体的经济 于光远 经济体制改革 1992.4

大胆地运用计划和市场经济手段，加快社会主义市场体系建设步伐 高尚全 经济体制改革 1992.3

对计划经济和计划调节的再认识 温潮经济论坛 1992.5

关于计划与市场的"中性"分析——兼论社会主义市场经济 林凌 经济体制改革 1992.4

计划经济与市场经济相结合的模式选择 王礼等 经济论坛 1992.4

利用承包制的特点实现计划经济与市场调节相结合 吴宣恭 经济学家 1992.2

二元经济演进中计划与市场的结合 黄志亮 经济学家 1992.2

指导性计划运行模式重构 牛江涛 经济学家 1992.4

坚持计划与市场的统一论——对当前流行的若干观点的商榷 沈立人 经济学家 1992.4

有计划的商品经济、商品经济的有计划发展、商品经济的计划 于光远 改革 1992.4

论现代指导性计划的经济政策原理 周炼石 经济研究 1992.3

试论计划管理中的指导性计划 李建荣 经济论坛 1992.3

计划是否是社会主义经济的本质属性？ 付廷臣 经济学动态 1992.6

有关计划经济与市场调节相结合的几个问题 张经文 河北财经学院学报 1992.1

计划与市场相结合中的若干误区 雷丰新 中南财经大学学报 1992.5

商品经济运行中的计划与市场关系 高涤陈 侯善魁 北京财贸学院学报 1992.1

关于计划经济与市场调节相结合的几个理论性问题 詹连富 社会科学战线 1992.1

也谈计划经济与市场调节相结合 曲昭仲 山西财经学院学报 1992.3

计划经济与市场调节相结合的制约因素和实现途径 卫兴华 黄泰岩 中国社会科学 1992.1

论计划经济与市场调节 袁盛旺 北京商学院学服 1992.2

对计划和市场几个问题的认识 樊景辉 山西财经学院学报 1992.2

关于计划与市场的属性和结合问题 杨玉川 南开学报 1992.2

计划和市场问题的理论思考 杨春明 北京师范大学学报 1992.6

计划与市场都是经济手段 赵扬 学术交流 1992.6

关于计划与市场结合点的探讨 刘耀华 东岳论丛 1992.2

从理论的原则性与灵活性相结合看计划经济与市场经济相结合 姜启渭 当代财经 1992.7

四区间宏观调控中的计划与市场 董世荣 山西财经学院学报 1992.1

计划经济与市场调节相结合的产权基础 任兴洲 江淮论坛 1992.2

计划经济与市场调节结合的障碍分析 曹尚等 财金贸易 1992.2

商品经济、市场经济、计划经济 岳福斌 中央财政金融学院学报 1992.3

双重体制下计划与市场的结合 王善迈 北京师范大学学报 1992.1

市场结构重组与国家计划管理 陈秀山 中国人民大学学报 1992.3

计划和市场不是区分社会主义和资本主义的标志 李乾德 贵州财经学院学报 1992.3

计划与市场的功能性缺陷及其有效结合 刘小燕 改革 1992.1

经济运行机制的有序结构：计划与市场 洪银兴 改革 1992.3

论我国计划经济与市场调节的基本结合点 梁言顺 辽宁大学学报 1992.1

试论计划与市场的对立 夏明德 西北大学学报 1992.1

社会主义经济是有计划的市场经济 葛承群 财贸研究 1992.3

对有计划商品经济的再认识 训汴生 河南财经学院学报 1992.1

有计划商品经济运行机制的探讨 贺镐圣 学术

月刊 1992. 8

计划、市场与经济发展 夏振坤 中国社会科学 1992. 4

关于计划与市场有机结合的思考 徐钊凤 兰州大学学报 1992. 3

有关商品经济、市场经济和计划经济涵义的部分资料 集恩 改革 1992. 4

在计划与市场结合实践中存在的主要问题 倪吉祥 改革 1992. 2

计划与市场关系探索中的薄弱环节及难点 范恒山 改革 1992. 2

计划与市场在世界范围内争议的历史背景 江春泽 改革 1992. 2

计划与市场结合的结构实现问题思考 高涤陈 经济研究 1992. 5

论作为调节手段的计划和市场 卫兴华等 经济学动态 1992. 10

从计划经济到市场经济 刘吉 改革 1992. 6

市场第一性 计划是第二性——也谈计划与市场的关系 张友凯 特区经济 1992. 3

对社会主义市场经济的认识——兼论计划与市场的关系 陈彪 特区经济 1992. 9

消除社会主义计划经济的理论误区 张朝尊 中国工业经济研究 1992. 11

对计划经济与市场调节结合方式的再认识 吕政 中国工业经济研究 1992. 2

指令性计划质疑 林凤萍 杨大光 中国人民大学学报 1992. 4

建立计划与财政的双向制衡机制 柯小星 中南财经大学学报 1992. 5

社会主义商品经济理论的重大发展——学习十四大报告的一点体会 经济管理 1992. 12

发展社会主义市场经济 完善计划与市场相结合的新体制 马洪 经济管理 1992. 11

关于社会主义市场经济的若干思考 吴敬琏 中国工业经济研究 1992. 6

论社会主义市场经济 刘诗白 经济学家 1992. 5

关于社会主义市场经济的几个理论问题 逄锦聚 天津社会科学 1992. 6

经济体制、经济机制及计划经济与市场调节相结合的具体模式选择 赵晓雷 学术月刊 1992. 6

我国商品市场发育现状和近期改革目标 李由鹏 东岳论丛 1992. 3

社会主义市场经济初析 夏振坤 江汉论坛 1992. 12

市场体系与科技进步协调成长论 郑英隆 黄丹彤 财贸经济 1992. 3

关于社会主义市场经济问题 李世华 江汉论坛 1992. 10

建立和完善社会主义市场体系的几个问题 马建堂 东岳论丛 1992. 4

加大市场改革的力度 曾国祥 财贸经济 1992. 1

坚定不移地建立社会主义市场经济新体制 陈福和 王德慧 东岳论丛 1992. 6

关于社会主义市场经济理论的若干思考 陈维 社会科学 1992. 11

论社会主义市场经济 张朝尊 文力 中国社会科学 1992. 4

我国经济体制的目标模式：社会主义的市场经济体制 冯文荣 北京师范大学学报 1992. 6

跳出旧的思维模式 加速市场经济的发展 陈必佐 河南财经学院学报 1992. 4

建议确立“社会主义市场经济”的提法 吴敬琏 财贸经济 1992. 7

市场经济与资金供给体制改革 王昭江 财贸经济 1992. 12

适应商品经济发展的需要加速我国市场的发育 朱淑兰 吉林财贸学院学报 1992. 3

社会主义和广东市场取向改革的伟大实践 董小麟 中山大学学报 1992. 4

社会主义市场经济是理论上的重大突破 陈乃圣 东岳论丛 1992. 6

论中国特色的社会主义市场经济 郑炎潮 学术研究 1992. 1

社会主义市场运行的动力机制、价格机制和竞争机制 吴华锋 当代财经 1992. 9

试论邓小平的社会主义市场经济思想 李炳炎 财贸经济 1992. 12

加强市场体系评测，促进调控机制的转换 张彦伟 吉林财贸学院学报 1992. 5

论社会主义市场经济 蔡秉玺 任树江 河北学刊 1992. 6

论承认和发展社会主义市场经济的核心问题 沈太基 山西财经学院学报 1992. 5

加快建设我国的社会主义市场经济体制 凌耿平 中国物价 1992. 11

关于市场取向改革的几点认识 戴新祥 余华银 河北财经学院学报 1992. 11

不要把商品经济和市场经济对立起来 王绍飞 财贸经济 1992. 3

论市场经济中的政府经济职能 沈有基 杨文进 学术界 1992. 5

市场取向：中国经济改革大趋势 昌天启 中国工业经济研究 1992. 7

我国市场波动的原因分析及对策探讨 左中海 西北大学学报 1992. 2

在商品经济问题上思想要进一步解放 方恭温 改革 1992. 3

加快改革步伐 搞活商品流通 郭洪岐 经济论坛 1992. 5

论我国社会主义与商品经济的争论 南岭 经济论坛 1992. 8

构建社会主义市场经济新体制的若干思考 李建勇 经济学家 1992. 5

根本性的改革在于向市场经济的转变 杨连云 经济论坛 1992. 10

靠市场机制的活力发展公有制企业 陈世增 经济论坛 1992. 10

改革后我国经济的主体应是社会主义的市场经济 于光远 经济社会体制比较 1992. 4

东欧型“向市场经济过渡”的若干问题 冯舜华 世界经济 1992. 1

中国改革的目标是发展社会主义市场经济 郭元晞 经济体制改革 1992. 4

论确立和发展社会主义市场经济 周殿昆 经济体制改革 1992. 4

坚定不移地走社会主义商品经济的路子 曾国祥 经济体制改革 1992. 3

冲破市场障碍 为市场经济正名 章玉钧 经济学家 1992. 5

关于社会主义市场经济问题 薛暮桥 经济研究 1992. 10

关于社会主义市场经济理论的几个问题 刘国光 经济研究 1992. 10

要的是现代市场经济 于光远 经济研究 1992. 10

论市场导向改革 李金早 经济研究 1992. 5

社会主义的市场经济和我国经济改革的目标选择 马家驹 改革 1992. 4

加快流通改革步伐 推进经济市场化进程 柳随年 改革 1992. 4

全力以赴 建设市场经济的基础结构 吴敬琏 改革 1992. 5

双轨制条件下我国市场体系发育研究 温桂芳 改革 1992. 2

发展社会主义市场经济的几个问题 乔刚 改革 1992. 5

试论社会主义市场经济的立论依据 李连仲等 经济学家 1992. 6

努力创建社会主义市场经济新体制 袁文平 经济学家 1992. 6

论公有制同市场经济的对接 洪银兴 江苏经济探讨 1992. 11

建立社会主义市场经济体制 本刊编辑部 江苏经济探讨 1992. 11

在发展市场中进一步实现市场发展 刘志彪 江苏经济探讨 1992. 9

对外经济接轨与发展市场经济 钟永一 江苏经济探讨 1992. 9

关于社会主义市场经济的若干问题 王成稼 经济学家 1992. 5

关于“政府培育市场、市场引导生产”的理论思考 沈立人 改革 1992. 2

如何看待社会主义商品生产——兼评商品经济研究中的形而上学和折衷倾向 胡瑞梁 经济研究 1992. 6

社会主义市场经济论 臧志风 改革 1992. 6

论中国市场的性质及其转化——市场疲软与价格居高不下并存问题的理论探索 闻潜 经济研究 1992. 2

把经济发展转移到市场导向的轨道上来 沈立人 经济学动态 1992. 10

社会主义市场经济若干问题初探 沈立人 改革 1992. 6

关于社会主义市场经济的几个问题 高尚全 改革 1992. 6

从市场经济发展的历史过程探讨与社会主义市场经济有关的若干问题 陈耀庭 改革 1992. 5

试论市场经济是中国经济的主体 刘生峰 特区经济 1992. 8

论社会主义市场经济模式 王新前 特区经济 1992. 8

社会主义市场经济理论与特区改革的实践 刘文韶 特区经济 1992. 9

加大市场改革的力度 曾国祥 中国工业经济研究 1992. 2

试论我国市场体系的完善和发展 柳泽伟 经济与管理研究 1992. 4

改革战略转换：以市场调节为主到市场经济体制 吴先满 江苏经济探讨 1992. 12

市场经济是历史的必然 毛系銮 江苏经济探讨 1992. 12

社会主义市场经济的重大意义　顾纪瑞　江苏经济探讨　1992.12

培育大市场——社会主义市场经济走向成熟的关键　顾松年　江苏经济探讨　1992.11

论社会主义市场经济与资源配置　黄远贵　特区经济　1992.9

关于社会主义市场经济的几点思考　王东　特区经济　1992.9

论建立和完善期货市场　柳泽伟　经济管理　1992.11

宏观调控

认真推进宏观分析的理论建设　黄达　金融研究　1992.10

财政政策选择与宏观经济稳定增长　郭振林　贵州财经学院学报　1992.2

论提高中观调控效益的紧迫性及主要途径　章新华　探索与争鸣　1992.5

建立统一的宏观经济景气指标体系　苏东荣等　贵州财经学院学报　1992.1

关于宏观经济平衡的几个理论问题　戴根有　财贸经济　1992.3

宏观经济调控机制及其优化研究(下)　侯恒等　河南财经学院学报　1992.4

关于宏观经济管理中财政——银行关系的几点思考　王传伦　财贸经济　1992.11

中央银行宏观调控启示录　王兆星　财贸经济　1992.7

长期宏观决策必须考虑的一个必然趋势——从不完全的工资、成本、价格向比较接近完全的工资、成本、价格的转化　黄达　财贸经济　1992.4

1991年中国的宏观经济与经济政策　马建堂　财贸经济　1992.4

论宏观经济增长的协调　王振　学术交流　1992.5

宏观计划与社会保障　王绍顺　学术交流　1992.1

我国现阶段宏观调控方式的选择　尹文书　中央财政金融学院学报　1992.3

论宏观经济的二级调控模式　蒋清海　中州学刊　1992.3

对物价波动与宏观调控的思考　林国光　福建论坛　1992.10

论资金运动的宏观控制和统一平衡　刘树森　吉林大学社会科学学报　1992.4

论宏观经济运行的常态——兼评均衡论与非均衡论之争　朱延福　东岳论丛　1992.6

流通过程宏观调控"警戒线"确定与调节力度选择　高涤陈　侯善魁　北京财贸学院学报　1992.2

中观经济调控的三重效益　章新华　中南财经大学学报　1992.1

宏观调控机制运行的市场秩序：产业市场论　刘志彪　社会科学战线　1992.3

从计划和市场的关系看宏观管理职能和企业经营机制的转换　李宜溥　山西财经学院学报　1992.3

经济结构、效益与增长宏观调控的新思路　李凤梧　李晓丹　山西财经学院学报　1992.4

我国宏观经济调控体系建设　张怀富　中南财经大学学报　1992.2

国有投资体制改革：宏观调控与投资经营的楔合　王子林　广东社会科学　1992.4

改善宏观调控　稳定经济增长——对1991年经济形势和1992年增长趋势的分析　中国人民银行金融研究所形势分析课题组　经济研究　1992.1

向市场经济迈进中的宏观经济管理问题　戴园晨　经济研究　1992.9

关于建立有计划商品经济的宏观调控体系的构想　李同明　经济科学　1992.1

论国家对企业工资收入分配的宏观调控　郭元晞　经济问题探索　1992.5

解决宏观调控中几个突出矛盾的基本思路　姜作培　经济问题探索　1992.1

我国宏观经济潜在运行能力分析　王继祥　经济研究　1992.9

宏观经济调控的比较研究　乌家培等　经济研究　1992.5

论我国宏观调控模式的选择　孙祁祥　改革　1992.3

我国股份制企业的宏观管理　季崇文　经济理论与经济管理　1992.4

建立我国宏观平衡调控体系的新设想　李同明　经济理论与经济管理　1992.2

改革以来我国宏观调控体系的变化与分析　李量　经济与管理研究　1992.3

宏观体制、结构变动、利益调整　路欣等　经济理论与经济管理　1992.3

国民经济循环总矩阵：宏观经济管理的主要工具　万源地　经济与管理研究　1992.4

货币政策与产业政策互约性的理论分析与现实思考　何孝星　南开经济研究　1992.6

总量均衡：成本分析与对策思考　管怀鎏　天津

社会科学 1992. 3

中国地方政府调控：障碍与选择——兼论中央和地方的调控关系 朱加良等 经济研究 1992. 8

论生产要素的总量重组——宏观创新 宋光茂 社会科学战线 1992. 3

产业结构

中国产业结构矛盾再认识 张立群 经济研究 1992. 4

用经济体制改革去推进产业结构调整 黄范章 中国工业经济研究 1992. 4

论产业结构与生产力的发展 任林泉 生产力研究 1992.3.

对我国产业结构变动的分析和预测 汪海波等 中国工业经济研究 1992. 5

我国产业结构调整的基本思路 高旭东 中国工业经济研究 1992. 2

论产业结构对经济增长的影响 陈敢 经济学家 1992. 6

产业结构调整中的生产要素替代原理 乌家培 经济学家 1992. 6

我国产业结构分析的方法问题 郭志沙 经济学动态 1992. 7

产业进入壁垒机制与我国产业组织重塑 孙彦彬等 经济理论与经济管理 1992. 5

结构调整障碍与综合排除方案 周月秋 改革 1992. 1

我国产业结构调整的非体制性制约及其启示 何大安 经济研究 1992. 7

论产业结构的调整与经济稳定的关系 梁展崇 经济科学 1992. 2

我国产业结构成长与产业组织演进 陈明森 中国经济问题 1992. 5

注重存量调整——产业结构调整的关键 汤洪明 社会科学 1992. 8

九十年代消费结构演进与产业结构调整 王继康 广东社会科学 1992. 1

产业结构合理化的关键是利益制衡 王志国等 经济论坛 1992. 2

产业结构调整的基础性分析 胡援成 当代财经 1992. 10

谈产业政策的概念与选择 周小川 杨之刚 财贸经济 1992. 7

试论产业结构的分析方法 徐衡 天津财经学院学报 1992. 4

计划约束总量 市场引导结构 陈彩虹 江汉论坛 1992. 1

产业结构与贸易均衡 王先吉等 投资研究 1992. 2

论产业高度化——消除地区产业同构化的出路 崔焕青 武建奇 河北学刊 1992. 1

论结构变动对经济发展的影响程度 王珺 中山大学学报 1992. 3

我国产业结构失衡的原因和对策分析 王化栋 河北财经学院学报 1992. 1

利用外资要与产业结构调整相适应 庄俊鸿 投资研究 1992. 2

产业结构高度化：成本研究与战略选择 管怀鎏 探索与争鸣 1992. 1

论现行企业承包制对我国产业结构调整的消极影响 熊立光 湘潭大学学报 1992. 1

产业关联深化的经济增长效应：机理与机制分析 周振华 南京大学学报 1992. 1

我国产业结构调整的深层思考 刘光杰 胡艳超 江汉论坛 1992. 5

论产业结构失衡与投资结构调整 慈勤广 于天义 朱岳论丛 1992. 3

我国产业政策内容层次性浅析 李良智 当代财经 1992. 4

略论产业结构调整与产业政策 王绍顺 中央财政金融学院学报 1992. 2

产业政策区域化的理论与方法 刘再兴 天津社会科学 1992. 3

产业结构优化的障碍及对策思路 钱春 操鸣祥 江淮论坛 1992.3

调整产业结构是改革发展的重要措施 王笑丽 河北财经学院学报 1992. 3

论我国产业结构调整机制的转变 刘恒保 河北财经学院学报 1992. 4

财政与产业结构合理化 余功斌 中南财政大学学报 1992. 5

我国八十年代三次产业的制约分析 苏玉田等 中国人民大学学报 1992. 4

存量调整与产业结构 白风峥 山西财经学院学报 1992. 4

中国产业组织的现状、目标和对策 陆文辉 中国社会科学院研究生院学报 1992. 2

我国产业组织结构优化的因素分析及对策探讨 胡义君 湘潭大学学报 1992. 2

建立新的积累机制 强化基础产业建设 杨晓辉 投资研究 1992. 9

国际产业结构重组的格局及我们的对策　薛亮　改革　1992. 2

我国产业结构调整机制的思考　周为　北京师范大学学报　1992. 6

产业结构调整的价格阻碍及对策　王晓燕等　经济论坛　1992. 3

企业经济

我国企业创新的失业陷井与创新战略选择　宋光茂　经济学家　1992. 5

关于搞活国有企业的几个问题　周叔莲　中国社会科学 1992. 3

论企业经营机制的系统观　果洪迟　北京商学院学报　1992. 4

搞活国营大中型企业的思考　余新民　天津财经学院学报　1992. 2，3

搞活大中型国营企业的基本思路　杨欢进　河北财经学院学报　1992. 1

增强国营大中型企业活力的基本对策　邓明发　河北财经学院学报　1992. 1

论我国企业集团的运行机制　余仰清　中南财经大学学报　1992. 4

国营企业改革的困难与出路　周叔莲　中州学刊　1992. 5

论经营权与国有企业产权制度改革　刘凯湘　北京商学院学报　1992. 2

关于搞好国营大中型企业的几个问题　郭信昌　刘书翰　天津财经学院学报　1992. 2，3

关于搞好大中型企业的理性思考　陈荣耀　社会科学　1992. 3

增强企业活力与国有资产管理　国风　中央财政金融学院学报　1992. 2

论国有企业自我约束机制的形成　许经勇　学术交流　1992. 6

当前搞好国营大中型企业的基本思路　陈文灿等　复旦学报　1992. 2

大中型企业面临的外部环境及改善措施　吴宪春　社会科学辑刊　1992. 2

企业活力的动力机制　陶友之　探索与争鸣　1992. 1

简论企业微观行为与对策　徐洪基　学术交流　1992. 1

把企业推向市场的必要性、难点及对策　潘石　吉林大学社会科学学报　1992. 5

社会主义企业的性质和地位辨析　刘建华　吉林财贸学院学报　1992. 3

双重体制下中国国有企业的行为　董辅礽　财贸经济　1992. 9

我国企业现代化的战略思考　王继勃　经济管理

国有制企业行为分析　刁禾祚　吉林大学社会科学学报　1992. 4

搞好大中型企业的关键是转换经营机制　孙维先　河北财经学院学报　1992. 1

搞活国有大中型企业的若干理论与对策思考　潘石　天津社会科学　1992. 2

增强国营大中型企业活力的基本思路　朱耀华　江海学刊　1992. 1

搞好国营大中型企业的理论与实践　李占祥　中国人民大学学报　1992. 2

搞好国有大中型企业是一项重大战略任务　张景涛　改革　1992. 1

企业活力与企业自主　肖秧　改革　1992. 1

企业活力与企业良性循环　课题组　管理世界　1992. 4

战略思考中的大中型企业活力问题　白卫星等　改革与战略　1992. 2

增强大中型企业活力之我见　于业强　改革　1992. 1

我国国有企业行为目标的实证分析　马建堂　经济研究　1992. 7

搞活国营大中型企业的对策研究　王东京　经济理论与经济管理　1992. 3

论搞好国营大中型企业的意义和途径　王梦奎　改革　1992. 3

全国工业企业两轮承包比较分析　杜海燕　改革　1992. 5

企业自主权差异和实绩效应及其原因　刘小玄　经济研究　1992. 8

技术进步、提高生产率与人力资源开发的关系及其在搞好大中型企业中的作用　李京文　经济学动态　1992. 1

论通过竞争选择国有企业的经营者　郭元晞　经济学家　1992. 5

不平等的竞争是制约企业走向市场的重要障碍　孙发平　经济体制改革　1992. 4

增强大中型企业活力的两难对对策　陈煜涛　经济体制改革　1992. 3

对搞好国营大中型企业问题的再认识　秦玉珍　经济科学　1992. 3

如何规范国有企业所有权和经营权关系的思考　倪吉祥　经济研究　1992. 10

推行利税包干制是搞活企业的现实选择 李效伟 中国工业经济研究 1992. 3

关于国营大中型企业进入市场的思路 搞活大中型企业调研组 中国工业经济研究 1992. 3

关于企业决策体制比较的研究 王元 中国工业经济研究 1992. 2

增强国营大中型企业活力的政策取向 郭振英等 中国工业经济研究 1992. 4

增强国营大中型企业活力的财政思考 袁振宇 经济理论与经济管理 1992. 4

企业活力的动因在于建立有效的激励机制 文钊 经济与管理研究 1992. 2

稳妥进行政治体制改革是搞活企业的关键 李幛喆 特区经济 1992. 2

积极慎重地推进企业三项体制的改革 沈位 江苏经济探讨 1992. 8

科技是大中型企业的活性剂 赵文生 生产力研究 1992. 1

论国有企业在改革中社会主义生产关系的自我完善 林长华 厦门大学学报 1992. 2

经济体制组织选择与国有企业制度改革 刘世锦 经济研究 1992. 4

关于企业改革的系统思考 蒋一苇 中国工业经济研究 1992. 4

国有企业改革：可供选择的方案 中国社会科学院经济研究所国有企业改革与效率课题组 经济研究 1992. 7

建立广义企业改革的概念 周小川等 经济研究 1992. 6

国有企业改革与人力资源的市场配置 忻文 经济研究 1992. 6

论把竞争性国有企业推入市场 董辅礽 中国社会科学院研究生院学报 1992. 1

关于90年代中国企业改革的几个问题 尹文书 吉林大学社会科学学报 1992. 4

论国有企业改革的"元线"及模式选择 马海涛 卜祥来 当代财经 1992. 8

国有企业改革模式比较 武巧珍 山西财经学院学报 1992. 1

从实际出发探索国有企业改革的途径 华克协 天津财经学院学报 1992. 2，3

论全民企业改革与产权制度创新 耿刚 吉林大学社会科学学报 1992. 2

试论企业制度创新 谢剑琳 兰州大学学报 1992. 1

国有企业的改革与人力资源的配置机制 忻文 东岳论丛 1992. 5

论国有企业的深化改革 戴青春 王莉 吉林财贸学院学报 1992. 1

论改革企业机制与建立中国式的股份制 柳定华 胡程鹏 学术交流 1992. 3

我国九十年代企业改革的若干问题 徐俊杰 东岳论坛 1992. 6

国营企业改革中的全民所有制与商品经济相容问题 张维达 高校理论战线 1992. 1

关于企业"三项制度"改革的探讨 陈炳根等 江西社会科学 1992. 3

企业集团组织效应形成机理研究 郭汉斌 山西财经学院学报 1992. 4

社会主义市场经济下企业的转轨变型 熊诚杰 江西社会科学 1992. 6

关于公有企业与市场接轨的难点思考 戈平 社会科学 1992. 9

加快国有企业的机制改革 陈东琪 改革 1992. 3

深化企业改革中的一个矛盾 孙效良 改革 1992. 4

国有大中型企业改革的难点、实质与战略转换 刘世锦等 改革 1992. 1

中国国有大中型企业制度目标规式及宏观环境 莫扶民 1992. 3

国营企业改革与非国有经济发展 周振华 经济研究 1992. 8

改革企业工资分配制度的理论思考 郭元晞 中国经济问题 1992. 5

全民所有制企业改革的基本思路 胡逢吉 中国经济问题 1992. 2

论国有企业制度的改革及完善 罗明义 经济问题探索 1992. 5

当前企业内部三项制度改革的进展及问题 张德霖 经济学动态 1992. 6

国有企业激励机制的变革及效果评价 郭晋刚 经济研究 1992. 10

关于把国有大中型企业推向市场的若干问题 何忠泽等 经济管理 1992. 1

关于转换国营大中型企业经营机制的实践与思考 沈卫平 江苏经济探讨 1992. 10

企业经营机制转换的实质和途径选择 郑永权 经济理论与经济管理 1992. 5

国有工业企业经营机制的国际比较 赵艾 中国工业经济研究 1992. 11

完善企业经营机制的实质是进一步解放生产力

徐晞前等　经济管理　1992. 1

国有企业经营机制的现状及其转换对策　国家体改委经济体制与管理研究所《转换企业经营机制课题组》　中国工业经济研究　1992. 8

转换国有企业经营机制的宏观配套改革　周叔莲　中国工业经济研究　1992. 8

论企业自负盈亏　吴家骏　中国工业经济研究　1992. 5

转换企业经营机制的市场取向　洪银兴　经济理论与经营管理　1992. 1

论国有企业经营机制的转换　冯成华　经济与管理研究　1992. 5

转换内部经营管理机制是搞好国营大中型企业的关键　董向荣等　经济与管理研究　1992. 1

健全产权机制与搞好国有大中型企业　王子林　经济理论与经济管理　1992. 3

转换企业经营机制亟需研究和解决的难点问题　狄娜等　经济管理　1992. 10

关于转换企业经营机制的几个问题　王琢　中国工业经济研究　1992. 6

经营者的监督、激励与企业经营机制　刘力　经济科学　1992. 3

国有企业的激励机制与劳动供给行为　胡汝银　经济研究　1992. 1

对转换企业经营机制的基本认识　郭振英　管理世界 1992. 4

关于转换和完善企业经营机制　张彦宁　管理世界　1992. 4

试论搞活企业的动力机制　林汉川等　改革与战略 1992. 1

企业转换经营机制的两个难题　倪吉祥　改革 1992. 6

转换企业经营机制中企业制度的创新　陈路　社会科学　1992. 8

国有企业转换经营机制若干问题的思考　张品修　财贸经济　1992. 5

论大中型企业经营机制的转换　林汉川　江西社会科学　1992. 2

转换国有企业经营机制的财政对策　邓学基　财贸经济　1992. 10

大中型企业运行状况研究　龚诗渝等　中国经济问题　1992. 2

论国有企业向生产经营型的转变　夏龙江　天津财经学院学报　1992. 2，3

国有大中型企业规模机制与规模调整　盛毅　经济体制改革　1992. 1

论企业经营机制与企业经营活力　杜国林　经济学动态　1992. 10

关于创建国营企业职工积累资金的设想　岳章　南开经济研究　1992. 2

试论提高国营大中型企业经济效益的措施与途径　翟文莹　天津财经学院学报　1992. 2，3

论企业运行中的地方政府经济行为　吴敏一　中国社会科学院研究生院学报　1992. 4

企业经营机制论　刘志刊　北京财贸学院学报 1992. 2

国有企业利润转移和企业再生产能力　唐宗焜　经济研究　1992. 7

国营大中型企业不活的深层原因　宋养琰　经济理论与经济管理　1992. 2

逆境中的企业决策行为初探　企业逆境管理课题组　经济理论与经济管理　1992. 2

企业管理失误现象的实证分析　企业逆境管理课题组　经济管理与经济理论　1992. 4

企业逆境周期性规律研究　企业逆境管理课题组　经济理论与经济管理　1992. 5

中国经济发展中的企业效率问题　徐向艺　山东大学学报　1992. 3

关于建立促进国有企业获得最佳经济效益运行机制的思考　谢望祺　当代财经　1992. 11

浅谈我国外资企业的效益问题　黄进冲　吉林财贸学院学报　1992. 2

国有企业职工激励效率分析　王欣　经济研究 1992. 3

创立有利于提高我国大企业规模效益的新型企业制度　李明义　经济科学　1992. 3

企业经济效益的宏观分析　潘熙宁　经济与管理研究　1992. 1

国有企业自主权扩大的基本特征及其对效率的影响　郭晋刚等　中国工业经济研究　1992. 11

我国企业集团的现状和发展对策　柳刚　经济管理　1992. 6

中国企业集团深化发展的目标模式　胡士莲　江苏经济探讨　1992. 10

企业集团组织管理浅析　郑淑蓉　山西财经学院学报　1992. 1

开拓中国特色的企业集团发展道路　才晓予　管理世界　1992. 4

国有企业集团产权管理问题研究　张冀湘　管理世界　1992. 5

跨国经营与我国大中型企业发展　季崇威　管理世界　1992. 5

企业集团管理中的制约因素及其对策 沈安标 经济学动态 1992.4

我国企业集团的现状及进一步发展的思路 陈全生等 中国工业经济研究 1992.11

论我国企业的国际化经营 郭国庆 经济论坛 1992.1

关于我国企业国际化经营的探讨 王秋克 社会科学辑刊 1992.4

关于支持和鼓励大中型企业开展跨国经营的政策建议和改进措施 滕维藻 世界经济 1992.2

我国企业的国际化经营 赵安祥 中国工业经济研究 1992.3

我国企业跨国经营现状考察 段云程 中国工业经济研究 1992.3

企业集团的功能效应 戚聿东 北京商学院学报 1992.1

探索有中国特色的社会主义企业管理模式 汪海 中国工业经济研究 1992.3

创建我国股份制企业的现实选择 赵雯玮等 湘潭大学学报 1992.3

关于股份合作企业性质问题的思考 陈瑞铭 经济研究 1992.4

国有企业推行股份制的模式选择 张汉东 投资研究 1992.10

实行股份制是提高企业经济效益的有效途径 阎世琪 金融经济 1992.11

企业股份化是深化改革的突破口 金麟根 金融研究 1992.3

关于集体所有制企业股份制改造的探讨 郑海航 中国工业经济研究 1992.11

股份经济与股份制企业 赵希友 管理世界 1992.4

论国有企业向股份制企业转换 徐向艺 中国工业经济研究 1992.10

国有大中型企业股份制问题研究 股份制研究课题组 中国工业经济研究 1992.1

合资企业经营管理中问题与对策 杨桦 经济管理 1992.12

我国“三资”企业发展的现状、问题与对策 金祖钧等 中国工业经济研究 1992.10

对沿海地区“三资”企业效益普遍低下的深层思考 武红先 经济体制改革 1992.1

加强乡镇企业管理的几点思考 顾臻祺等 江苏经济探讨 1992.3

九十年代乡镇企业面临的挑战及其对策 郭晓鸣 经济学家 1992.4

试论九十年代我国乡镇企业发展观的转换 付晨 经济体制改革 1992.4

乡镇企业发展集团化经营的障碍及其清除 单永贵 经济体制改革 1992.1

按商品经济规律重构乡镇企业宏观管理新体系 黄炳泰 改革 1992.2

乡镇企业：促进中国工业化发展的重要力量 陈乃醒等 改革 1992.3

乡镇工业战略地位的理论思考 李炜勋 改革 1992.3

九十年代乡镇企业发展的宏观效应 张毅等 农业经济问题 1992.2

广东乡镇企业运行机制的探讨 彭昆仁 中山大学学报 1992.4

中国乡镇企业区域发展不平衡的思考 刘毅等 北京师范大学学报 1992.6

乡镇企业应采取协调发展的战略 陈贵民 王太平 河北财经学院学报 1992.3

建设有中国特色的企业文化 黄金芳 田云清 中南财经大学学报 1992.1

我国企业文化建设中的几个问题 段从清 中南财经大学学报 1992.1

加快改革步伐是解放企业生产力的根本途径 吉万林 生产力研究 1992.5

如何解放企业生产力 郭如新 生产力研究 1992.5

区域经济·地区经济

关于欠发达地区经济发展问题的若干思考 罗涵先 农业经济问题 1992.6

我国经济地区的经济界定及梯度发展战略 严瑞珍等 农业经济问题 1992.6

欠发达地区在国民经济决策中的战略思考 傅政德 农业经济问题 1992.7

区域经济规律与区域经济发展 董藩 贵州财经学院学报 1992.1

欠发达地区发展经济宜更多向市场方向倾斜 苏良锐 贵州财经学院学报 1992.1

区域经济分工的理论与实践 陈栋生 江汉论坛 1992.11

区域经济运行机制的构想—兼议计划经济与市场调节相结合的具体形式 马桂信 何海云 中南财经大学学报 1992.2

进一步开放中部地区的实证分析 高潮 张璋 中南财经大学学报 1992.5

我国区域经济发展战略选择　叶宏森　中南财经大学学报　1992. 2

垄断竞争条件下的区域经济关系　唐杰　南开经济研究　1992. 5

区域经济、社会、生态环境协调发展问题探讨　高群　吉林大学社会科学学报　1992. 5

论中国地区市场封锁问题　陈甬军　经济学家　1992. 3

我国区域产业结构趋同的原因、表象、危害及对策　刘源　经济论坛　1992. 1

面向二十一世纪的中国区域经济发展总战略　徐炳文　经济学家　1992. 6

论我国区际收入差异的变动格局　魏后凯　经济研究　1992. 4

论我国东西部地区间的均衡与非均衡发展选择　夏永祥　经济科学　1992. 2

地区间收入差距变动的实证分析　杨伟民　经济研究　1992. 1

区域性企业集团资金管理模式探微　徐秀歧　经济论坛　1992. 1

试论县域经济对外开放与生态建设的协调发展　焦必方等　复旦学报　1992. 2

发达地区同样要致力于打破封闭性　戴园晨　江苏经济探讨　1992.2

未来我国的区域经济发展战略　禹贡　经济问题探索　1992. 2

中国区域经济运行问题研究　张可云　经济研究　1992. 6

构建我国中部地区开放的新格局　刘纯志　中南财经大学学报　1992.5

对地区产业同构化的再思考　樊丽明　王中华　河北学刊　1992. 6

重构沿海与内地经济关系的利益机制　史忠良　汪玉奇　当代财经　1992. 2

广东所有制改革的实践及特点　关则文等　学术研究　1992. 4

试论珠江三角洲经济增长的双重特征及其转型前景　王光振　张炳申　学术研究　1992. 2

环黄渤海地区国际经济合作的前景　陈　钺南开经济研究　1992. 1

论科学技术进步与西部经济发展　雷起荃　经济学家　1992. 1

我国生产要素跨地区流动与地区差别变化的现状和问题　吴克烈等　经济研究　1992. 7

试论陕西的产业结构和产业政策　何炼成　西北大学学报　1992. 3

90年代的生产力布局与区域经济　陈栋生　投资研究　1992. 1

实行对外开放

理论的支柱——邓小平对外开放思想研究　经济学家　1992. 2

谈改革开放中的争论　董辅礽　改革　1992. 3

应强调改革开放同社会主义方向的一致性　张卓元　改革　1992. 3

当代国际形势与中国改革开放的新阶段　童大林　特区与港澳经济　1992. 3

坚持改革开放的正确方向　林凌　经济体制改革　1992. 3

解放和发展社会主义的生产力必须加快改革开放　宋涛　社会科学战线　1992. 4

再谈对外开放和利用资本主义问题　方生　改革　1992. 3

走向开放型经济　周小川　社会社会体制比较　1992. 5

加快对外开放，走发展外向型经济之路　王敏生　经济社会体制比较　1992. 4

加强经济理论研究　促进改革开放发展　陈岱荪　朱涛　经济学家　1992. 3

中国改革开放的国际环境　罗元铮　社会科学战线　1992. 4

外商投资的生态环境效益问题　张小金　中国经济问题　1992. 5

论我国的对外开放　胡承统　袁康　当代财经　1992. 2

扩大开放与发展生产力　李鸿烈　福建论坛　1992. 6

试析我国改革开放的根据和条件　荆自立　河南财经学院学报　1992. 4

试论外向型经济及其发展战略　祁忠武　吉林大学社会科学学报　1992. 3

转向外向型经济的政策与环境　王珺　学术月刊　1992. 8

中国市场特点和对外开放政策　黄国雄　中国人民大学学报　1992. 5

关于外商在中国大陆投资成片开发问题的研究　常修泽　经济研究　1992. 6

论利用外资的适度规模　洪银兴　经济学家　1992. 3

当前引进外资中的矛盾、问题及对策　刘立锋　经济管理　1992. 12

研究国债理论为社会建设事业服务 许毅等 财政研究 1992.4

规范化:90年代中国国债市场的发展方向 课题组 金融研究 1992.5

关于我国对外债务资本化的探讨 王玉珍 金融研究 1992.2

我国外债的现状发展 夏利等 金融研究 1992.11

我国适度贷款增长率研究 秦宛顺等 金融研究 1992.2

我国利用外资态势 李少卿 暨南学报 1992.3

对外开放和尊重国际惯例 方生 河北学刊 1992.5

关于利用香港直接投资问题浅析 刘重力 南开经济研究 1992.3

九十年代世界经济与中国对外开放 郑伟民 经济学家 1992.1

农业经济学

论我国农业政策目标与手段的选择 韩俊等 经济管理 1992.11

九十年代我国农业发展的技术经济对策 寇作鹏等 经济理论与经济管理 1992.5

农业现代化的实践与展望 凌启鸿等 农业经济问题 1992.8

中国或农业现代化的必由之路—生态农业 戴漠安 赵文焕 学术交流 1992.6

关于农业运行机制的几点认识 厉以宁 中国农村经济 1992.2

运用市场机制促进农村经济全面发展 肖建章 中国农村经济 1992.10

关于加快农业和农村经济发展问题之我见 杨雍哲 农村经济问题 1992.9

关于我国农业远期发展问题 郭效祥等 学术交流 1992.2

持续农业与中国农业的持续发展 梅方权 中国农村经济 1992.5

工业化过程中的农业发展:对中国的实证分析 郭万达 陈通 南开经济研究 1992.5

九十年代农业之使命 刘志澄 农业经济问题 1992.1

我国农业向持续农业转化的政策选择 高波 学术研究 1992.6

中国农村经济非农化实践及其发展趋向 辜胜阻 农业经济问题 1992.6

论我国农业问题的症结与出路 牛若峰 中国农村经济 1992.5

在农民家庭经营的基础上实现农业社会化 于泽霁 经济研究 1992.1

试论制约我国农业发展的十大原因 谭峰 改革与战略 1992.3

对发展高产优质高效农业的基本认识 王建功 中国农村经济 1992.8

发展高产优质高效农业的实践与探索 胡木强 郑红维 中国农村经济 1992.8

农村工业化过程中的社区政府:权力与利益的分化 王汉生 北京大学学报 1992.4

我国农业积累模式的再探讨 邹树林 刘德旺 福建论坛 1992.4

农业兼业化现象透视 凌岩 社会科学 1992.5

我国农业兼业化问题初探 沈越 北京大学学报 1992.1

中国农业波动周期分析 周登科 经济体制改革 1992.2

对新经济体制与农业市场化问题的思考 唐仁健 改革 1992.6

具有中国特色的社会主义农村市场经济略论 石成林 福建论坛 1992.5

论新旧农村经济体制的对立 许经勇 社会科学辑刊 1992.1

论农村经济体制改革的目标和阶段 徐志明 江苏经济探讨 1992.9

按市场经济原则全面深化农村经济体制改革 许经勇 经济学家 1992.6

当前农村改革形势的评价及今后改革的重点 杜鹰 改革 1992.6

深化农村改革的若干问题 郭书田 改革 1992.3

中国农村的现代化与经济改革 王志忠 江海学刊 1992.3

农民利益—农村发展和变革的重要因素 李鸿飞 社会科学辑刊 1992.4

中国农村改革试验区概览 朱守银 中国农村经济 1992.11

关于深化农村改革的几个问题 陈吉元 江汉论坛 1992.2

中国农业政策改革的系统考察 唐仁健等 农业经济问题 1992.9.10

中国农村股份合作经济 杨宇 学术月刊 1992.10

九十年代农村改革与发展面临的新问题 陈锡文

中国农村经济 1992.5

当前的农村形势与深化农村改革 郭书田 中国农村经济 1992.8

关于深化农村改革重点的理论分析 徐逢贤 中国农村经济 1992.2

新形势下农村改革面临的主要课题 杜鹰 中国农村经济 1992.10

农村科技制改革是农村第二步改革的关键 何开萌 学术界 1992.2

发育市场—90年代农村改革的主线 林毅夫等 农业经济问题 1992.9

完善双层经营是深化农村内部改革的主题 龚道广 湘潭大学学报 1992.2

试论完善农村双层经营体制及其发展趋势 李文斌 兰州大学学报 1992.3

重新选择我国土地规模经营的政策重心 周鸣翔 周登科 福建论坛 1992.3

农业适度规模经营若干政策问题的思考 中共福建省委政研室课题组 中国农村经济 1992.5

重视农业适度规模经营新的生长点 薛家骥 江海学刊 1992.1

农村土地制度改革的思路比较 康云海 改革 1992.1

论我国农村土地制度和经营方式的变革 林叶 北方论丛 1992.3

当代中国农村的土地制度和经济改革 何东霞 学术研究 1992.6

农村土地集体所有权的理论探讨 杨继瑞 河北财经学院学报 1992.1

进一步深化农村土地使用制度改革的构想 蔡继明 经济学家 1992.1

健全完善农村双层经营体制是当前深化农村改革的关键 谢仰钦 当代财经 1992.3

论农村双层经营与商品经济原则 李凌 当代财经 1992.11

完善农村双层经营体制的几点思考 马儒龄 农业经济问题 1992.4

关于农业双层经营的几个认识问题 杨学成等 农业经济问题 1992.7

我国农村股份合作经济考察 王树枫 经济学动态 1992.9

论农村经济股份企业制 伍云长 改革与战略 1992.1

我国农村合作经济组织的发展 张强 经济与管理研究 1992.5

社区型股份合作经济：农村经济组织的创新 于幼军 中国农村经济 1992.11

农村股份经济产权制度的特征和社会主义经济效应 蒋励 农业经济问题 1992.4

关于农业社会化服务的几个问题 国务院发展研究中心农村部《农业社会化服务体系研究》课题组 经济研究 1992.8

论加强农业社会化服务体系的建设 王德元 经济与管理研究 1992.5

农村私营经济与农村社会化服务体系建设 李志高 改革 1992.1

发展社会化服务体系是深化农村改革的客观要求 许经勇 福建论坛 1992.4

论90年代我国农业社会化服务体系的发展趋势 国务院研究室课题组 中国农村经济 1992.6

论我国农村外向经营的战略转换及操作机理 程经红 宋海林 福建论坛 1992.1

关于外向型农业发展的两个问题 李志强 中国农村经济 1992.6

农家经济中劳力配置的理论探析 王秀清 经济研究 1992.3

90年代我国农业剩余劳动力转移及其对农业发展的影响 任建评等 经济研究 1992.10

浅谈我国农业剩余劳动力的转移 冯虹 经济与管理研究 1992.2

我国农村剩余劳动力现状及出路探讨 寇作鹏 经济管理 1992.2

九十年代我国农业劳动力转移的趋势和对策 课题组 经济理论与经济管理 1992.1

城乡二元结构与农村劳动力转移 游正林 人口学刊 1992.3

对中国农村劳动力现状的思考 马拾支 人口学刊 1992.4

我国农业劳动力的转移 黄祖辉 中国社会科学 1992.4

简论农业剩余劳动力的转移 张健仁 中国人民大学学报 1992.4

试论开放中的农村剩余劳动力转移问题 何良 特区经济 1992.2

工业化发展阶段与农业劳动力转移目标模式的选择 黄林 胡新德 福建论坛 1992.5

改革以来中国农村劳动力转移浅析 解书森 中国农村经济 1992.4

试析家庭承包责任制对农业劳动力转移的双重效应 黄赋 农业经济问题 1992.4

90年代中国农业剩余劳动力转移的道路选择 李春生 北京师范大学学报 1992.6

我国农村劳动力转移的特殊道路和阶段性 阳小华 江汉论坛 1992.2

谈农业资源综合开发的八大关系 李林凡等 经济管理 1992.2

中国农业资源配置与流失问题研究 李含琳 农业经济问题 1992.9

我国农业资源转移的规模与特点 郭熙保 经济研究 1992.9

中国农村区域间居民的收入分配 张平 经济研究 1992.2

农民收入:结构调整、市场发育 农业部农村经济研究中心 中国农村经济 1992.11

对我国农民收入问题的分析 柯炳生 农业经济问题 1992.4

农村市场对国民经济增长的需求制约 白天山 经济研究 1992.1

当前我国粮食供求状况及90年代发展前景的分析 郑京平 经济研究 1992.5

搞活农产品流通的探索 仲祖云 江苏经济探讨 1992.7

搞活农产品流通的几个关键问题 许继光 经济问题探索 1992.4

建立我国农产品期货市场 魏子钦 中国经济问题 1992.3

12年来农产品调整和改革中的几个问题 路南 中国物价 1992.2

粮食购销体制改革的进程与目标选择评述 黄不凡 中国农村经济 1992.2

建立粮食储备调节体系 增强国家宏观调控能力 刘笑然 农业经济问题 1992.9

论当前深化农产品流通体制改革问题 余国耀 李岩东 中国农村经济 1992.2

辽宁农业经济发展基本模式的设想 李延才 辽宁大学学报 1992.3

上海市郊区农业现代化建设面临的问题与对策 朱烦华 中国农村经济 1992.7

海南省农业发展战略的思考 陈苏厚 中国农村经济 1992.6

山区开发农业探讨 张明新 农业经济问题 1992.10

中国工农关系研究 郭玮 经济学家 1992.1

我国农业剩余的流动状况分析 王光伟 经济研究 1992.5

农业剩余与经济发展 叶兴庆 经济研究 1992.1

工业经济学

90年代中国工业发展的若干战略问题 塞风等 改革 1992.1

对我国工业化过程中资金积累问题的深层思考 许经勇 经济科学 1992.1

我国工业生产力布局的态势和战略 陈栋生 生产力研究 1992.2

论工业化与现代化的涵义及其相互关系 张培刚 经济学家 1992.4

中国工业企业组织结构变动的长期展望 刘世锦 江小涓 社会科学辑刊 1992.2

略论我国工业化升级转换中的战略选择 杜辉 经济研究 1992.3

中国工业集中度的初步研究 陈小洪等 管理世界 1992.5

中国工业资金使用效率与投资体制改革 林森木 改革 1992.1

工业国有资产管理体制的改革模式 程恩富 探索与争鸣 1992.2

关于老工业基地的改造与振兴 王梦奎 管理世界 1992.4

我国老工业基地改造的现实选择 尹汉宁 经济学动态 1992.9

老工业基地功能的更新与改造 史忠良 黄玉捷 学术月刊 1992.10

传统工业改造与新兴工业发展问题探讨 徐良俊 经济理论与经济管理 1992.1

实现工业经济综合效益指标的建立与应用 朱力等 辽宁大学学报 1992.5

关于我国工业企业经济效益问题的研究 刘光杰 彭必源 武汉大学学报 1992.1

对提高国营工业企业效益的思考 武迪生 社会科学辑刊 1992.5

关于中等城市工业结构合理化的判断与选择 田福庭等 经济管理 1992.3

浅议我国调整后的工业部门结构 徐良柱 改革与战略 1992.2

工业品税压问题探讨 吕政等 中国工业经济研究 1992.1

外向型工业发展的现实选择 刘品安 城市经济研究 1992.11

交通运输经济学

马克思运输经济思想研究纲要　韩彪　北京社会科学　1992.4

马克思的运输经济理论和我国的实践　韩彪　中国社会科学　1992.4

运输经济学的发展变化　荣朝和等　经济学动态　1992.10

我国交通运输业发展战略及政策建议　张宝顺　经济理论与经济管理　1992.3

我国开辟新亚欧陆桥运输的几个问题　郭信昌　齐宝君　天津财经学院学报　1992.4

亚欧第二大陆桥开辟后交通问题的思考　李宗植　兰州大学学报　1992.1

交通运输与大西北开发　金风君　开发研究　1992.1

公路、水路运输长期成本变动及发展战略研究　张国发　管理世界　1992.1

铁路运输业技术进步评价方法研究　姜丹　朱晓力　管理现代化　1992.4

论商品经济与铁路运输　王兴琦　铁道运输与经济　1992.2

大力组织均衡运输，充分利用铁路运输能力　曹英堂　铁道运输与经济　1992.10

我国加快改变铁路滞后状况　人民日报　1992.9.16

西南铁路运输与电气化　徐以芳等　铁路运输与经济　1992.8

调整产业结构　加快铁路发展　张有民　铁道运输与经济　1992.9

关于增加铁路建设基金和发展铁路股票筹措资金的建议　邝日安　经济研究　1992.10

第二亚欧大陆桥贯通后我国铁路运输形势及对策研究　孙祁祥　王明奎　兰州大学学报　1992.3

铁路运输企业转换经营机制的难点及对策　陈洪年　铁道运输与经济　1992.10

浅谈铁路运价与铁路发展　程永琳　铁路运输与经济　1992.8

大力发展合资铁路　张秋生　中国投资与建设　1992.8

高速铁路的发展与动向　郝火凡　铁道运输与经济　1992.9

铁路多种经营发展战略的优化选择　朱明初　铁道运输与经济　1992.5

中国铁路的出路在于调整产业政策　徐起汉　铁道运输与经济　1992.4

改革铁路价格管理体制、提高运输企业经济效益　乔新良等　铁道运输与经济　1992.10

新疆铁路发展对策　吴昌元　铁道运输与经济　1992.9

大城市交通发展战略初探　张旭标　发展研究　1992.8

论交通邮电在建立国际性城市中的作用　金长安　深圳特区报　1992.6.23

航运工程国民经济评价模型体系的探讨　徐念榕　水利经济　1992.1

商业经济学

商业企业管理学科回顾和思考　严斌全　暨南学报　1992.2

论商业生产力　孟海贵　隋东苏　财贸经济　1992.7

商业规模：理论分析与政策建议　陈乃道　中国社会科学院研究生院学报　1992.2

商业规模的时序结构分析　郭永祥　财贸研究　1992.3

对社会主义商业地位的再认识　邓应寿等　江苏经济探讨　1992.7

社会主义商业的社会性特征　王希文　北京商学院学报　1992.3

我国商业政策分析：重点及现代化　万卫红　当代财经　1992.8

物资流通经济效益下降的原因及对策分析　梁华　经济与管理研究　1992.3

商业经济效益的现状、成因与对策　会计系课题组　北京商学院学报　1992.1

改革国营商业企业运行机制的基本思路　李大霖　王琴素　北京商学院学报　1992.2

商业企业经济效益综合评价研究　胡祖光　张煜　财贸研究　1992.4

关于国有商业企业实行股份制的思考　王建华　北京商学院学报1992.4

对搞活国营大中型商业企业的几点看法　谢佑权　中国经济问题　1992.1

确立以流通为主导的经济框架发挥国营商业的制导作用　马风岐　财贸研究　1992.2

发展我国批发市场的思考　李骏阳　财贸经济　1992.10

发展物资流通产业的几个问题　张维达　陈树文　吉林大学社会科学报　1992.2

批发商的组织形式及其选择 宋忠顺 财贸经济 1992.11

国营批发商业的困境和出路 林文益 经济理论与经济管理 1992.2

关于搞好国营大中型商业批发企业的思考 张晓尧 财贸研究 1992.1

商业"四放开"改革的客观必要性及其政策问题思考 王建民 史慧欣 北京商学院学报 1992.5

国营商业组织化的理论与实践 李俊鸿 财金贸易 1992.1

商业文化:涵义、变迁及其建设 宋醒民 姚海明 当代财经 1992.11

对外贸易经济学

试论贸易战略选择的客观基础 尹翔硕 世界经济 1992.7

十余年来我国对外贸易地位和作用的变化 许煜 对外经济贸易大学学报 1992.4

中国对外贸易中的周期性波动 于建玮 南开经济研究 1992.1

论对外贸易与对外贸易管理政策的有效性 王新奎 社会科学 1992.4

产业结构演变中的对外贸易战略的阶段性 陈志友 财贸研究 1992.3

国际经济区域集团化与我国对外经济贸易战略的调整 常兆忠等 西北大学学报 1992.1

区域集团化趋势与中国对外经贸战略 王晓宏 四川大学学报 1992.1

贸易战略选择与就业扩展 陈东琪 财贸经济 1992.6

论贸易发展战略与通货膨胀的关系 邱崇明 财贸经济 1992.8

发展对外经济贸易要坚持速度与效益的统一 蒋永和 国际贸易问题 1992.1

对外贸易经济效益扭曲及其纠正 朱立南 国际贸易 1992.2

出口退税与外贸体制改革初探 汪素芹 财贸经济 1992.11

关于外贸体制和外贸财务体制改革的思考 傅自应 国际贸易问题 1992.3

论外贸体制改革与价格体系改革的关系 汪素芹 财贸研究 1992.4

外贸新体制实施初期的矛盾与对策 钱正皋 江海学刊 1992.2

外贸体制逐步走向效益型轨道 张惠斌等 国际贸易 1992.1

多边贸易体制与市场经济 刘崇仪 经济学家 1992.6

外贸体制转换中的出口产业政策问题 边振瑚 国际贸易问题 1992.1

三种外贸经营体制的比较与选择 周铁根 江海学刊 1992.2

试论我国对外贸易的集约经营与规模效益 陈全贵 国际贸易问题 1992.2

对坚持和完善外贸承包经营责任制的几点思考 张京鹏 宁维高 西北大学学报 1992.2

论对外贸易利益的再分配 杨宝昌 南开经济研究 1992.4

对外贸企业改为自负盈亏的几点意见 吴鸣桐 梁昭 河北财经学院学报 1992.1

论完善外贸自负盈亏新体制 廖至柔 廖梅松 暨南学报 1992.3

试论外贸联营企业的作用及发展方向 吴汉屏 复旦学报 1992.1

论对外贸易成长阶段与市场开放度 徐康宁 国际贸易 1992.8

关于外贸企业集团问题研究概述 余方州 经济学动态 1992.10

部门内贸易:动因、形成与中国现状 刘志彪 经济研究 1992.4

中国跨国公司论纲 尹全洲 山西财经学院学报 1992.3

海外经营战略初步构想 李成勋 改革 1992.1

我国重返关贸总协定与经济体制改革 史良忠 黄玉捷 江西社会科学 1992.6

论企业转换机制新形势下的外贸体制改革 张忠如等 经济与管理研究 1992.4

关贸总协定与中国经济的开放和发展—中国恢复关贸总协定缔约国地位若干问题思考 唐海燕 经济学家 1992.5

中国重返关贸总协定中贸易自由化过程的思考 佟家栋 焦健 南开经济研究 1992.6

关于恢复我国关贸总协定地位问题 沈柏年等 管理世界 1992.4

重返税贸总协定要求我们加快体制改革 张小济 改革 1992.6

重返关贸总协定对我国外贸发展的影响 于立新 改革 1992.6

关贸总协定对我国纺织工业发展的影响及对策 栾忠信 经济管理 1992.9

关贸总协定与我国钢铁工业的改革开放 金言

经济管理 1992.9

"关税和贸易总协定"对我国机电工业的影响及对策 邢玉文 经济管理 1992.7

重返关贸总协定,推动市场化进程,实现国民经济良性循环 李仲周 改革 1992.6

谈欧共体统一市场对我国机电产品的影响 陈丽娜等 经济管理 1992.1

积极参与国际分工、扩大我国出口贸易 袁文祺 世界经济 1992.5

中国恢复关贸总协定席位后进口条件的变化及其影响 梁华 管理世界 1992.4

略谈关贸总协定与我国进口体制改革 于立新 财贸经济 1992.9

一些发展中国家参加关贸总协定的经验 张向晨 改革 1992.6

关于发展对外技术贸易的几个问题 夏季 城市经济研究 1992.4

试析影响进出口商品结构的因素 周广训 苗迎春 财金贸易 1992.6

我国农产品对外贸易发展战略与潜力 蒋建平 中国农村经济 1992.6

我国的农业贸易与世界贸易自由化探析 叶永盛 庹国柱 中国农村经济 1992.10

财政学·金融学

论财政职能 刘尚希 财贸经济 1992.2

论经济体制大转变中的财政职能范围问题 何振一 改革 1992.6

社会主义财政规律性的研究 梁尚敏 当代财经 1992.6

谈财政调控手段的"合力"效应 陈新基 福建论坛 1992.4

对财政平衡的再认识 袁振宇 中国人民大学学报 1992.1

我国财政调控的缺陷及整治构想 左敏 黄磊 当代财经 1992.8

深化财政改革的若干理论问题—兼论财政基础理论的建设 许廷星 财政研究 1992.12

略论社会主义市场经济与财政改革 宁学平 财政研究 1992.12

再论财政改革的目标模式 宁学平 财政研究 1992.8

论有中国特色的社会主义财政 姜其温 财政研究 1992.8

实现财政状况好转的根本所在 项镜泉 财政研究 1992.9

再论综合财政问题 宁学平 财政研究 1992.10

当代中国社会主义财政理论的形成过程探究 黄菊波 财政研究 1992.10

关于我国财政类型的思考 宁学平 财政研究 1992.11

如何发挥财政部门在搞活国营大中型企业中的作用 伍国崇 财政研究 1992.7

经济发展与财政困难并存—改革开放以来我国经济运行的一个重要特征 汪兴益等 财政研究 1992.5

从发展中大国经济的优势与劣势看我国现阶段财政的生产建设性 张中华 财政研究 1992.4

试论财政投资的客观必然性 范一飞 财政研究 1992.4

振兴财政分三步走的总体设想 财政部科研所《振兴财政》课题组 财政研究 1992.3

解开财政困难和国营企业活力不足的纽结 王绍飞 财政研究 1992.3

试论改革中的财政和财政改革 孙毅等 财政研究 1992.3

论综合财源建设 陈水文 财政研究 1992.2

努力开创90年代综合财政计划工作的新局面 田一农 财政研究 1992.1

关于振兴我国财政的若干思考 郭代模 财政研究 1992.1

深入探索财政规律 发展财政基础理论 王亘坚 财政研究 1992.2

深化改革 振兴财政 为实现十年规划和"八五"计划提供财力保证 朱福林 财政研究 1992.2

我国综合财政发展战略的选择 梁尚敏 财政研究 1992.2

财政困难的动态分析和治理 郑霞 当代财经 1992.4

财政赤字变动趋势及其对策 陈东琪 中国社会科学院研究生院学报 1992.3

概论财政政策与货币政策的协调配合 贾康 中央财政金融学院学报 1992.2

我国财政政策与货币政策的配套模式及现实选择 陈浪南 邓子基 财贸经济 1992.12

财政政策时滞分析 樊丽明 当代财经 1992.6

论中西财政政策与货币政策关系之差异 张馨 金融研究 1992.2

论我国现阶段财政政策障碍 刘建生等 当代财

经 1992.7

我国农业财政政策的战略抉择与调整 刘飞鹏 福建论坛 1992.8

我国90年代财政形势与对策 邢成 天津财经学院学报 1992.5

90年代财政发展战略：目标、措施 李启亚 财贸研究 1992.2

我国财政失衡的实证分析与对策 张其佐 经济学家 1992.1

财政资金的运动特征 苏中一 当代财经 1992.4

加强农业基础地位的财政对策 《加强农业基础地位的财政对策》课题组 财政研究 1992.5

对信贷资金财政化问题的探讨 熊艳萍等 金融经济 1992.1

怎样更合理使用财政资金和信贷资金 赵海宽 金融研究 1992.10

分税制—财政管理体制的一项重要改革 刘文彬 经济与管理研究 1992.5

论"八五"前期的财政金融体制改革 谷实 经济论坛 1992.3

财政体制改革与中央地方财政关系变化 戴园晨等 经济学家 1992.3

市场化改革与财政理论重塑 吴俊培 经济研究 1992.8

实行政经分离 划分资金界限 建立二式预算—谈我国国家财政预算管理体制的改革 杜一平 财政研究 1992.11

关于完善我国财政复式预算的几点意见 陆百甫 朱建国 财贸研究 1992.7

复式预算的实证分析 侯梅生 财贸经济 1992.10

张化预算外资金管理的对策选择 董化杰等 金融经济 1992.2

我国财政复式预算问题研究 赵涛 管理世界 1992.5

近年来财政收入比重下降的原因及对策 刘海涛 学术交流 1992.3

当前我国财政收入比重若干问题的再思考 黄宇光等 改革 1992.5

关于财政收入占国民收入比重的国际比较 李林池 财政研究 1992.3

应该怎样计算财政收入占国民收入的比重 王洪等 经济研究 1992.4

调整财政收支结构是摆脱财政困境的重要途径 刘国强 经济与管理研究 1992.3

财政分配规范化初探 王图强等 财金贸易 1992.11

论财政支出结构调整的目标与途径 胡振方 朱柏铭 财贸经济 1992.7

财政支出的弹性及其控制 颜悦来 当代财经 1992.5

建立财政支出控制体系的总体构想 承皓 财金贸易 1992.6

论从财政包干制向分税制过渡 刘文林 辽宁大学学报 1992.2

财政信用化和信贷财政化的形成机理及引导策略 孟建斌 经济学动态 1992.4

论财政引导社会资金流向手段 黄明 经济与管理研究 1992.4

关于重新塑造中央与地方财政关系的几个问题 李力 财政研究 1992.4

中央和地方财政关系中存在的问题和解决途径 袁东 中国经济问题 1992.1

中央与地方新型财政关系—分级财政目标模式和运行条件初探 谢国满 暨南学报 1992.1

论外债效益的提高 王恬 吉林财贸学院学报 1992.3

"双缺口模型"及其对我国外债事务的启示 杨颖 复旦学报 1992.4

适度债务规律理论 张志超 天津社会科学 1992.5

对举借内债与经济增长关系的理论分析 姚长辉 北京大学学报 1992.4

中国借用外债的现状与政策建议 路书林 财贸经济 1992.12

关于直接融资和间接融资关系的几点意见 马建堂 金融研究 1992.9

企业市场筹资社会融资格局变革的必然要求 谢宏华等 金融经济 1992.6

试论新时期的税收政策 王诚尧 财政研究 1992.2

税收功能实现问题分析 何振一 财贸经济 1992.5

我国税收负担的理论分析与政策选择 李万甫 吉林财贸学院学报 1992.3

税利分流的难点剖析 韩庆玲 吉林财贸学院学报 1992.3

论宏观税收负担的数量界限 杨斌 财贸经济 1992.2

略论我国的宏观税收负担 阮宜胜 财贸研究 1992.3

完善现行税制，促进企业改革　沈肇章　暨南学报　1992.1

试论税式支出理论及其运用设想　徐志　财金贸易　1992.11

重塑税制的对策及理论　吴俊培　财贸经济　1992.6

税负结构不均衡对税负水平的影响　张俊　1992.9

论解决我国税收收入流失问题的主要方略　柏秀冬　财贸经济　1992.11

利税分流改革的难题探讨　陈时兴　福建论坛　1992.2

论税制改革的四大理论问题　臧显文　特区经济　1992.7

论资金信贷管理与税利分流的协调动作　贺敢　金融经济　1992.2

关于推进和扩大税制分流试点问题　项怀诚　中国工业经济研究　1992.3

增值税的现状与规范化目标　杨斌　中国经济问题　1992.3

深化税制改革，实现公平税负　陈恭义等　中国经济问题　1992.3

我国税收理论与实践中的几个问题　李智等　中国经济问题　1992.4

影响税收政策若干因素的分析与预测　钱晟　经济学动态　1992.4

资金收入化问题的探讨　周树新　中国经济问题　1992.3

税式支出理论体系的构成及税式支出预算的建立　赵迎春　吉林财贸学院学报　1992.5

财政补贴的负效应　喻波　财金贸易　1992.2

货币供给波动与总量控制　黄铁军　经济体制改革　1992.5

发展市场经济货币改革势在必行　贺建强　经济体制改革　1992.5

近期我国货币政策目标与货币供给规则　高天鹏　中国经济问题　1992.1

论通货膨胀预期：紧缩预期与宏观货币政策　杨思群　经济学家　1992.2

货币供给的内生性和金融宏观调控　徐黎鹰　经济理论与经济管理　1992.1

中国的货币政策与发展前景　陈元　金融研究　1992.5

治理整顿后仍需实行紧的货币政策　王兆星　金融研究　1992.5

货币、货币主义与货币政策　马建堂　金融研究　1992.11

论货币政策的作用与目标　陈观烈　金融研究　1992.6

社会主义市场经济条件下的货币政策　李晓西　金融研究　1992.10

我国宏观调控主要应当控制哪个层次的货币指标　刘日新等　金融研究　1992.1

经济增长中的货币与资金问题　秦池江　金融经济　1992.2

国际收支与货币政策分析　王治超　金融经济　1992.8

论我国利率的货币数量调控功能的强化　艾洪德　金融研究　1992.5

试论结构调节与货币政策的配合　杨思群　改革　1992.3

货币供给系统的目标及控制手段分析　张耀辉　当代财经　1992.1

货币政策时滞对经济运行的负效应　吴海涛　苏芳　东岳论丛　1992.2

货币范畴研究　陈彩虹　当代财经　1992.4

我国货币供给的目标与区位选择　杨喆　当代财经　1992.2

社会主义制度下的几个货币理论问题　東金中　学术月刊　1992.6

我国货币乘数模式新探　邱崇明　财金贸易　1992.11

我国经济发展中货币供给波动剖析　陈巨今　李凤梧　财贸经济　1992.6

货币政策的内在矛盾与操作　陈彩虹　财贸经济　1992.5

现金发行量作为我国货币政策中介目标的局限性　赵存厚等　财金贸易　1992.11

我国货币政策的失误及其矫正　方文渊　中南财经大学学报　1992.1

改革货币政策运行环境的两点思考　李仁杰　何孝星　南开经济研究　1992.3

人民币汇率制度的选择　曾钢　肖庆平　对外经济贸易大学学报　1992.5

人民币汇率存在的问题和弊端　施玉兰等　金融研究　1992.11

国际收支理论中关于资本移动和汇率决定问题的争论　马建堂　金融研究　1992.6

论我国人民币汇率的改革　何泽崇　徐艳　经济学家　1992.2

谈谈影子汇率的含义及其在我国的适用　吴冶平　经济科学　1992.1

金融重度开放政策论　周建松　福建论坛　1992.9

90年代中国的金融问题及金融体制改革　戴根有　经济研究　1992.6

90年代的中国金融体制改革　《中国经济体制改革的总体设计》课题组　改革　1992.5

论加大金融体制改革份量与力度　曾省晖等　经济体制改革　1992.2

高速发展中经济和金融的若干问题　李成瑞　财政研究　1992.12

区域金融市场协调发展战略设想　高洪谦等　金融研究　1992.4

我国经济增长点的转移与金融对策　人行湖北、武汉分行联合课题组　金融研究　1992.1

近期深化金融体制改革的建议　人民银行北京分行课题组　金融研究　1992.1

中国金融制度创新的理论界定和具体内容　常真旺　金融研究　1992.3

金融体制改革与经济体制改革的关系　刘光第　金融研究　1992.5

中国金融调控存在的问题及改革思路　童频　金融研究　1992.7

金融深化改革的宏观思路　谢卫　金融研究　1992.10

当前经济、金融形势分析及对货币政策的建议　课题组　金融研究　1992.7

论证券买卖条件下的金融宏观调控　王自立　当代财经　1992.9

中国金融宏观调控机制的问题与改革　陆军　中山大学学报　1992.1

财政金融逆向调控失败的原因及对策　胡晋青　阎文谦　财金贸易　1992.6

金融宏观调控的作用　武小惠　吕芳　财金贸易　1992.6

关于金融机制的几个理论问题　宋羿延　胡冰　中央财政金融学院学报　1992.1

论金融的行政创造与市场媒介　邱凤全　高杰发　吉林财贸院学报　1992.2

深化我国金融体制改革的几点构想　陈尚军　金融研究　1992.12

试论市场经济体制下金融机制的构建　肖璞等　金融经济　1992.11

"三维式"金融体制的构想　阮祥双　当代财经　1992.4

深化金融改革的若干问题　谢卫　江汉论坛　1992.2

深化金融体制改革的几个问题　张晋生等　财金贸易　1992.8

理顺社会资金分配关系　深化金融体制改革　王其务　财贸经济　1992.5

论金融改革的协调方略　谢卫　当代财经　1992.8

关于海南金融体制改革若干问题的认识　高天鹏　海南大学学报　1992.1

谈金融改革的切入点——规模管理　彭正辉　金融经济　1992.8

转换企业经营机制的金融取向　陈雨明　金融经济　1992.6

金融改革与城市信用社的发展　周晓予等　金融管理　1992.6

谈金融形势与加快金融改革的步伐　丑泽桂　金融经济　1992.5

当前金融面临的主要问题和困难　黄旭东　金融经济　1992.4

论当前金融业的重要地位与作用　朱继诚　金融经济　1992.3

论经济过热与金融抑制　谢宏华　金融经济　1992.12

金融部门应适时稳妥地推进企业转换经营机制，提高经济效益　杨政才　金融经济　1992.12

促进国营大中型企业调整产品结构的金融着力点　周孟嘉等　金融经济　1992.11

企业集团的发展对金融业提出的挑战　唐凌云等　金融研究　1992.5

金融导向对产业结构调整之效应分析　吴明忠等　金融经济　1992.11

增加企业活力的金融政策探讨　胡韧　金融经济　1992.9

论企业经营机制转换的金融需求　罗贤章　金融经济　1992.10

企业走向市场的金融媒介效应　张万银等　经济管理　1992.9

论发展企业集团的金融作用　张学智　经济理论与经济管理　1992.3

当前农村经济和农村金融问题不可忽视　张历典等　金融研究　1992.12

试论交通银行的发展方向　戴相龙　改革　1992.1

对当前银行经营风险问题的研究　吴新光　经济与管理研究　1992.2

中心城市人民银行调控目标管理和应用　白世春等　金融研究　1992.1

建设银行的改革创新思路　惠小兵　金融研究　1992.12

银行要促进企业完善自我发展机制　王宏等　金融经济　1992.10

我国银行证券投资业务初探　高岚　金融经济　1992.10

专业银行改革应以市场为取向　李文龙　金融经济　1992.11

适应社会主义市场经济发展，加快专业银行企业化步伐　李胜利　金融经济　1992.12

中央银行直接融资与间接融资的综合平衡　朱元梁　金融研究　1992.8

建行的经营困境及其相应的解决思路　夏斌　财贸经济　1992.2

谈银行作用的二重性质　甘能平　财贸经济　1992.1

对建立以商业银行为主体的我国金融体系的再认识　陈锦光等　复旦学报　1992.4

深化农业银行改革的总体思路　陈赤榴等　农业经济问题　1992.8

更好地发挥科技贷款推动科技进步的作用　胡韧　金融经济　1992.4

试论农业银行财务体制改革　刘勇等　金融经济　1992.11

试论消费信贷　熊海滨　经济科学　1992.2

关于银行储蓄管理中几个问题的探讨　刘介钦等　金融经济　1992.10

中国城乡家庭的储蓄和财产积累行为　王燕　金融研究　1992.9

企业对个人支出转储的效益问题分析　谢宏刚　金融经济　1992.1

家庭储蓄与经济发展　胡汝银　经济学动态　1992.5

对发展金融市场几个问题的思考　肖柏跃　金融经济　1992.9

我国金融市场运行机制的思考　张文棋　中央财政金融学院学报　1992.3

中西金融市场比较初探　李晓峰　北京师范大学学报　1992.1

发展我国金融市场的模式和策略　周建松　金融研究　1992.9

论中国金融国际化发展趋势与战略　晓钟等　金融经济　1992.9

企业债券的风险问题研究　凌春华　管理工程学报　1992.2

中国证券投资目标模式及其实现条件　陈云贤　经济理论与经济管理　1992.1

对发展我国证券市场的探讨　张大龙　江苏经济探讨　1992.4

论经济证券化与商品经济高层次阶段的关系　顾明德　经济研究　1992.8

我国证券市场的实证分析与展望　曹飞燕　经济与管理研究　1992.3

建立和建全我国证券市场的监管体系　杨思群　经济学动态　1992.9

发展证券市场应吸取发展中国家的经验教训　姚长辉　经济科学　1992.3

我国证券市场内幕交易的管理与防治　黄侦武　特区经济　1992.5

我国证券市场的管理　张六　经济科学　1992.1

证券市场与产业结构调整　朱锦涛　经济科学　1992.1

我国证券市场的发展　肖海泉　经济学动态　1992.3

论我国证券市场经济功能的相对效果　吴海涛　经济与管理研究　1992.5

证券市场对经济运行的时效分析　吴海涛　经济学动态　1992.10

利用证券市场加速经济深入发展　黎鸿基　暨南学报　1992.2

进一步发展和完善我国证券市场的对策探讨　黄宝奎　陈文英　福建论坛　1992.1

发展中国证券市场的几个问题　周建松　当代财经　1992.7

对发展我国证券市场若干问题的思考　谢卫　财贸经济　1992.3

试论发展证券市场的经济功能　何安军　何果萍　财金贸易　1992.5

中国证券市场的发展基础和发展道路　《证券市场现状和存在问题课题组》　财贸经济　1992.6

我国证券市场运作的结构效应　赵自明等　财金贸易　1992.1

论中国证券市场发育的区域模式　孟建斌　李修东　投资研究　1992.11

我国证券市场主体行为变异初探　潘正彦　经济论坛　1992.5

中国证券投资考察及其发展趋势　陈云贤　社会科学战线　1992.1

正确认识证券市场的作用，加快证券市场的培育　袁连生　北京师范大学学报　1992.6

试论我国证券市场的规范发展及立法对策　罗平　北京商学院学报　1992.2

证券市场与企业产权关系 顾有伟 社会科学 1992.7

股票投资规模收益论 刘恒保 投资研究 1992.8

股票抵押担保效力初探 王福祥 天津社会科学 1992.3

从供给和需求两方面发展我国股票市场 王维安 财贸经济 1992.2

对发展我国股票市场的若干认识 康书生 于春 河北大学学报 1992.3

对发展我国股票市场的思考 梁永强 特区与港澳经济 1992.1

中国股市现状及发展趋势 郭明奇 财金贸易 1992.7

对外试点地区发育股票市场的探讨 刘少波 暨南学报 1992.1

试论利用法律手段保障股票市场健康发展 谢世明 经济科学 1992.3

论我国股票市场国际化 郭世邦 经济科学 1992.3

为发展股票市场创造条件 刘光第 金融研究 1992.8

对发展我国股票市场的思考 国家计委股份制问题课题组 1992.4

股市发展中的政府行为 刘品安 经济研究 1992.8

我国股票市场发展战略构想 黄如安 当代财经 1992.1

中国股票市场的发展步骤与管理方式初探 刘青 经济体制改革 1992.3

论我国外汇市场的发展 赵效民 财贸经济 1992.3

两重汇率制度中的外汇市场均衡 萧高励 经济研究 1992.6

对调剂信贷规模的思考 龚月云 江苏经济探讨 1992.6

非均衡条件下计划与市场相结合投资模式研究 蔡万田等 投资研究 1992.2

对投资体制改革中几个关系的再认识 王向东 吉林财贸学院学报 1992.1

投资体制改革中的问题及选择 冯剑松 江海学刊 1992.1

论国民收入的分配结构与投资结构的调整 陆岷峰 当代财经 1992.3

我国投资资金使用的宏观特征及宏观效益的计量分析 刘志彪 南京大学学报 1992.1

固定资产投资领域存在的问题、原因及其整治对策 张锦华 辽宁大学学报 1991.1

建立健全基础产业筹集机制 周汉荣 刘慧勇 投资研究 1992.4

对"八五"期间适度固定资产投资规模的思考 王一楠 投资研究 1992.1

对适度固定资产投资在建总规模的研究 王一楠 李万茂 投资研究 1992.9

试论财政投资资本化 朱晓燕 投资研究 1992.6

投资政策协调设计的准则 黄磊 投资研究 1992.6

论计划与市场有机结合的投资宏观调控 张志朝 投资研究 1992.10

论投资与社会再生产 李锡奎 投资研究 1992.8

投资体制的构造机理新探—兼论我国投资体制改革的目标模式 王国文 探索与争鸣 1992.6

我国投资运行机制中的深层次问题及其改革选择 张玉堂 冯剑松 投资研究 1992.4

浅论投资经济理论研究中的形式化倾向 王平俭 当代财经 1992.5

投资倾斜排序新探 陈国宏 投资研究 1992.7

论完善固定资产投资资金筹集和管理体制 柳忠民 莫德旺 投资研究 1992.2

"八五"期间我国投资倾斜政策研究 文明等 投资研究 1992.6

共同投资基金与投资体制、金融体制改革的关系 许占涛等 金融研究 1992.7

投资效果系数计算中的时滞问题 戴玉林 张传吉 投资研究 1992.5

国民经济长期投资的动态效益分析 匡永祝 投资研究 1992.6

投资项目经济效益和择优标准 杨青 投资研究 1992.2

我国投资环境评价的指标体系 高峰 当代财经 1992.5

在产权一体化和投资经营制的基础上健全国有投资体制 王子林 投资研究 1992.1

加快保险改革与发展的若干设想 张翔 金融研究 1992.7

谈我国社会保险制度的改革 刘鸿儒 学术研究 1992.4

论影响保险需求的因素与促进我国保险供给的发展 何孝允 盛亚峰 南开经济研究 1992.4

对保险行为的经济分析 冯金华 南开经济研究

1992.5

关于社会保障分配的两个问题　张剑辉　吉林财贸学院学报　1992.3

关于改革和完善我国社会保险体系的几个问题　章勤　福建论坛　1992.9

试论我国保险市场的形成和发育　陈继儒　中央财政金融学院学报　1992.2

我国社会保险制度改革的问题　曾波　经济与管理研究　1992.5

劳动、工资理论

社会主义劳动工资制度的性质和特点　谷志义　学术交流　1992.1

中国的劳动工资制度:历史、现状及改革途径　郑国骑等　经济学动态　1992.10

浅议双轨工资制的激励作用　余卫军　经济管理　1992.3

论复杂劳动者的劳动报酬及其社会作用　王楠　经济学家　1992.4

试论劳动时间的缩短　李福田　经济与管理研究　1992.2

社会劳动力的计划管理与市场调节　李熙铮　经济理论与经济管理　1992.5

我国宏观工资计划决策的现状、问题与对策　王学力　福建论坛　1992.2

经济运行的新特点与劳动成本的真实性　王育琨　东岳论坛　1992.5

劳动计划体制改革必须引入市场机制　周和宇等　经济与管理研究　1992.3

工资理论与工资改革综合调查报告　“工资理论与工资改革”课题组　经济学动态　1992.7

试论工资增长中的“财政否决权”问题　戴园晨　改革　1992.2

工资增长形势的估价与分析　徐海波　经济研究　1992.3

也谈劳动生产率与工资增长的关系　苏中一　经济研究　1992.3

论社会主义初级阶段的工资动态积累　王光伟　南开学报　1992.3

论劳动报酬系数规律　王梅　河北学刊　1992.6

劳动的双轨价格及经济效应　姚先国　经济研究　1992.4

浅谈效益结构工资制　廖九如　财贸研究　1992.2

工资的经济效益论　苑茜　南开经济研究　1992.4

深化我国工资制度改革的思路　孙正民　中央财政金融学院学报　1992.1

工资的起源和工资的时代　曾献国　改革与战略　1992.4

国家机关工资制度改革思路比较　孙正民　经济管理　1992.7

国家机关、事业单位工资制度改革的基本思路和对策　中国社会科学院《工资改革理论研究》课题组　经济研究　1992.9

机关事业单位工资改革的若干问题　李扬　财贸经济　1992.9

积极推进企业劳动工资制度改革　宝山钢铁总厂　经济管理　1992.3

关于企业经营者工资问题的探讨　陈炳守　经济管理　1992.7

企业工资制度改革问题研究　李达昌等　经济学家　1992.6

关于企业劳动制度改革的反思与建议　李一帆　当代财经　1992.7

岗位技能工资制评析　张桂文　辽宁大学学报　1992.4

公平与效率：我国就业问题的若干理论思考　张卫东　江淮论坛　1992.1

论就业量变动对经济的影响　段宾　中州学刊　1992.4

我国就业制度的形成、发展、改革　林栖　辽宁大学学报　1992.4

当前我国农民就业面临的困境与选择　张琦　福建论坛　1992.11

关于我国现阶段失业和失业保险问题的几点思考　尹伯成　复旦学报　1992.1

社会主义初级阶段的失业问题　王燕辉　经济学动态　1992.6

城市经济学

我国城市结构和布局研究　高汝熹　城市经济研究　1992.1

城市功能、城市结构与城市综合效益　沈清基　城市经济研究　1992.9

我国中心城市不同历史时期发展特点的比较研究　严重敏等　城市经济研究　1992.10

中国城市经济圈的界定方法与态势分析　高汝喜　城市经济研究　1992.11

综合开发是实现城市现代化的有效途径　刘维新

城市经济研究 1992.6

改进我国城市宏观经济效益考察的初步思考 郭鸿懋 天津社会科学 1992.5

城市土地市场的建构目标与结构模式 高波 学术研究 1992.1

我国城市的土地使用制度及其改革 《中国城市土地使用与管理》课题组 中国社会科学 1992.2

城镇土地估价的基本理论与基本方法 崔世杰 价格理论与实践 1992.10

我国城市土地开发过程中的实物地租 王育琨 经济研究 1992.10

对城市土地使用制度改革的认识 赵海成 东岳论丛 1992.2

我国城市土地优化配置与地租调节机制 李国荣 学术月刊 1992.10

关于社会主义城市绝对地租的几个问题 邱永和 中央财政金融学院学报 1992.1

规律、国情、战略——中国城市化道路的选择 杜闻贞 南京大学学报 1992.1

关于城市土地市场的理论探讨 汝莹 经济问题探索 1992.5

我国九十年代城市发展趋势与对策 刘维新 经济学动态 1992.2

关于城市经济增长稳定性的几个理论问题 黄远贵 城市经济研究 1992.7

浅析城市经济增长的特点及其相关的影响因素 城市经济研究 1992.7

关于影响城市经济增长的变量分析 李宝喜 城市经济研究 1992.7

关于城市和城区工作问题的思考 程安东 经济学动态 1992.9

我国大城市发展的区域差异 刘征鹏 城市经济研究 1992.6

试论山区的城镇建设 李萌生 湘潭大学学报 1992.2

关于不发达地区城市化的若干问题 汪玉奇 江西社会科学 1992.1

我国区域城市化发展战略探讨 柯美成 中国人民大学学报 1992.2

上海研究与城市研究关系论纲 周庄 复旦学报 1992.1

我国城镇贫困问题的经验研究 张问敏等 经济研究 1992.10

中小城市的文化、市场和技术 袁泽沛 中南财经大学学报 1992.1

九十年代中等城市何去处 迟琳 城市经济研究 1992.2

重点投资交通枢纽城市 陈兴江 城市经济研究 1992.9

城市基础设施投资基金的筹措 李扬 经济研究 1992.10

中国对外开放与城市国际化 杨重光 经济学动态 1992.8

试论第三产业发展与国际性城市建设 韩明 城市经济研究 1992.6

房地产经济学

论我国城镇住房制度改革的难点及对策 陆岷峰 投资研究 1992.6

我国住房制度改革断想 徐经泽 庄平 东岳论丛 1992.1

住房制度改革：关于理论与实践的几点思考 蔡运兴 贵州财经学院学报 1992.1

房改目标的科学分析和合理调整 吕福新 财贸经济 1992.9

论城镇住房制度改革的几个问题 栾锋 学术交流 1992.1

住房改革背景分析 王育琨 管理世界 1992.5

房产权与住房改革 周小川 改革 1992.1

论我国城镇住房制度改革 王育琨 经济研究 1992.1

改革以来我国住房体制变化 王育琨 经济学家 1992.5

住房制度改革中的金融对策研究 邓宏乾 经济学动态 1992.2

住宅合作社探析与思考 杨继瑞 经济学家 1992.5

试论我国房地产市场的特征 傅丰村 城市经济研究 1992.10

论非均衡条件下的房地产市场 朱泳敏 城市经济研究 1992.3

商品房价格的制定及其管理 邱中琪 周润卿 价格理论与实践 1992.2

关于住房租售比价合理化问题的探讨 吴立高 辽宁大学学报 1992.4

我国住宅的供求关系及其对住宅价格的影响 李晓岚 经济学家 1992.2

旅游经济学

关于我国旅游理论研究现状的评析 杨森林 商

业经济与管理 1992.3

对发展国内旅游业的几点认识 张广瑞 财贸经济 1992.3

加快旅游业发展步伐适应改革开放需要 冯惠群 江苏经济探讨 1992.6

目前我国旅游市场的困境与出路 丁力 财贸经济 1992.7

论旅游市场条件与经营思想 郑本法 开发研究 1992.4

关于旅游行为及其动机的研究 刘纯 社会科学家 1992.1

对旅游业投资的两点思考 张荫欣 山东投资 1992.4

旅游业成为世界最大产业 人民日报 1992.6

旅游对接待地的社会影响及对策 刘振礼 旅游学刊 1992.3

论旅游的审美本质 陈刚 旅游学刊 1992.4

论我国山区旅游开发问题 翟甫东 经济地理 1992.4

黄土高原旅游资源优势与前景分析 宋力夫 地理学与国土研究 1992.2

发展旅游业是振兴海南经济的一条新路 叶正猛 技术经济与管理研究 1992.1

试论振兴贵州旅游业的策略 肖家俊 贵州财经学院学报 1992.2

江苏省旅游资源开发利用与发展战略 顾焕章等 江苏社会科学 1992.3

柳州旅游业发展研究 刘俊等 改革与战略 1992.4

关于加速发展广西旅游业的设想 苏长高 改革与战略 1992.4

广西旅游经济发展前景广阔 饶栋贤 经济工作通讯 1992.3.

太原市应当发展旅游工艺品的生产 李芳等 经济问题 1992.1

福建国内旅游发展刍议 陈及霖等 发展研究 1992.3

福建旅游业十年回顾与展望 林长榕 福建经济 1992.3

论武汉城区旅游开发的问题 李鸿文 湖北大学学报 1992.2

特区经济研究

改革开放是发展特区生产力的成功之路 梁广大 生产力研究 1992.4

试论特区市场中的摩擦因素 熊峰 福建论坛 1992.4

经济特区财政新探 邱华炳 财贸经济 1992.3

论“大香港”开放经济圈 王琢 特区经济 1992.5

深圳赛格集团实行租赁经营的探讨 王宋仁等 特区与港澳经济 1992.1

深圳的基本经验和给我们的启示 沈立人 江苏经济探讨 1992.8

深圳股份制改革的试验与企业的经济效益 张敏如等 特区与港澳经济 1992.3

深圳产业结构升级的若干思考 沈立人等 特区经济 1992.7

从“造特区”到造“香港”——深圳斯芬克思的又一隐谜 王琢 特区经济

借鉴香港经验 把深圳建设成为社会主义的“香港” 王众孚 特区经济 1992.6

把深圳建设成为社会主义“香港”的若干问题研究 深圳市委政策研究室研究小组 特区经济 1992.6

不利用资本主义就造不成社会主义“香港” 方生 特区经济 1992.6

深圳信息咨询业的现状与发展对策 陈承治 特区经济 1992.3

深圳发展房地产业的几点看法 深圳市委政策研究室港澳经济处 港澳经济 1992.7

深圳股票市场的现状及其完善对策 李晖 杜朝霞 投资研究 1992.9

九十年代厦门经济特区的发展战略 方晓丘 林永健 福建论坛 1992.2

进一步完善厦门经济特区税制建设的若干思考 唐向 福建论坛 1992.3

经济特区出口加工业兴起原因探寻 骆少辉 福建论坛 1992.10

会计学·统计学·审计学

关于会计学与经济学观念矛盾的思考 晏加源 会计研究 1992.3

论会计理论体系的基础理论与起点理论 苏秦汉 会计研究 1992.1

对会计科学属性的辩证思考 韩桐颜 当代财经 1992.2

会计学方法论初探 陆文军 当代财经 1992.2

关于会计职能的探讨 向德伟 财贸研究 1992.2

论会计发展理论 魏明海 当代财经 1992.8

会计目标论　曾威　当代财经　1992.3

关于中国会计准则模式、结构的研究　阎达五　会计研究　1992.2

现代会计的概念和特征　张晓燕　学术交流　1992.6

再探适应自我控制的会计控制理论和方法　熊楚熊　厦门大学学报　1992.2

管理会计基本理论问题探讨　李天民　会计研究　1992.1

经营管理会计基本理论结构探索　丁世连　陈美华　会计研究　1992.3

论决策会计的产生、基本原理和方法　王化成　中国人民大学学报　1992.1

会计数量化　谢志华　会计研究　1992.5

质量会计的几个理论问题　朱谱瑞　万东亮　当代财经　1992.4

企业会计目标论　李心合　当代财经　1992.8

我国成本管理面临的挑战与决策　林万祥　会计研究　1992.2

强化成本意识　建立新的成本系统管理机制　杨素媛　财政研究　1992.4

发展中国出口加工区的成本与效益分析　谷源泽　世界经济　1992.3

对成本——利润关系扭曲的探讨　周小川等　中国工业经济研究　1992.9

"社会成本问题"的问题　盛洪　经济学动态　1992.10

有关交易成本的几个理论问题　樊纲　经济学动态　1992.5

关于改革现行成本考核指标体系的思考　陈其章　经济管理　1992.7

降低成本　增加积累　钟其凌　经济管理　1992.7

论财务的起源、发展和本质　耿汉斌　财政研究　1992.6

企业集团财务公司若干问题探讨　文重萍　会计研究　1992.5

对建立我国企业集团财务管理办法的思考　叶胜建　会计研究　1992.2

迈出会计改革关键性的一步—会计方程式变更若干问题探讨　夏冬林　当代财经　1992.11

论我国会计报表体系的改革　张明静　当代财经　1992.10

关于我国会计管理体制改革的思考　张立　于长春　吉林财贸学院学报　1992.1

股份制与会计改革　杨纯琬　会计研究　1992.6

制定会计准则　深化会计改革　蒋岗　审计研究　1992.4

论会计软件的质量特征　王平　李曙兵　当代财经　1992.11

统计学若干问题之我见　林洪　当代财经　1992.7

关于社会经济统计学发展前景的一种估计　杨廷平　统计与决策　1992.4

九十年代我国统计科学发展的趋向　史家其　当代财经　1992.8

社会经济统计学对象的认定以及学科体系的构造　陈相成　河南财经学院学报　1992.4

统计职能系统的理论前提、核心与层次构造　唐斯如等　统计与决策　1992.2

统计改革三大设想　郑先朗　统计与决策　1992.1

对统计基本理论若干问题的探讨　杨宏义　吉林财贸学院学报　1992.4

统计信息主体论　岑国荣　统计与决策　1992.1

中国统计体制改革的现实选择　杨廷干等　统计与决策　1992.2

论统计运行中的关系和矛盾　云瑞群　汪葛平　财贸研究　1992.5

建立软科学研究的统计指标体系　徐明吉等　统计与决策　1992.1

层次分析法在统计综合评价中的应用　施建军　统计与决策　1992.1

论"小康水平"的统计标准　杨家栋　当代财经　1992.3

对企业统计实行委派制的思考　许鹏　统计与决策　1992.3

改革开放中的审计理论研究　姚世忠　审计研究　1992.4

论国家审计体制的变革思路　周友梅　财贸研究　1992.2

谈谈经济效益审计的几个问题　刘彬　审计研究　1992.3

论控制过程审计　陈东　财贸研究　1992.4

试论经济效益审计目标　张立民　天津财经学院学报　1992.1

我国经济效益审计的几个理论问题的辨析　崔彤　南开经济研究　1992.3

国家审计机关进行经济效益审计几个问题的探讨　管锦康　审计研究　1992.3

论经济效益审计在企业深化改革中的能动作用　朱德惠　审计研究　1992.5

关于内部经济效益审计几个问题的探讨 管锦康 审计研究 1992.5

试论经济效益审计的若干基本理论问题 竹德操 审计研究 1992.6

关于经济效益审计若干理论问题的探讨 王德升 审计研究 1992.2

审计应处理好几个方面的关系 李福包 审计研究 1992.4

正确认识和处理我国审计发展中的几个关系 康锺琦 康燕 天津财经学院学报 1992.1

内部控制系统审计的作用与重点 张沫如 审计研究 1992.1

转换企业经营机制 拓宽内部审计领域 杨树滋 审计研究 1992.5

充分发挥内审在企业机制转换中的作用 毛秀凤 审计研究 1992.5

关于加强和改进内审工作的思考 姚建华 审计研究 1992.5

我国内部审计存在的问题及对策 卢新国 当代财经 1992.7

专业审计理论的探索 陈守文 厦门大学学报 1992.1

审计风险与其控制 崔彤 南开经济研究 1992.1

数量经济学·技术经济学

经济计量学的历史、现状及展望 顾海兵 经济学动态 1992.7

影响发展中国家人均CTNG增长的经济变量分析 郭振林 经济学动态 1992.2

对1992年的投资形势预测与分析 田江海 经济与管理研究 1992.7

引进外资宏观经济效益的评价 刘星 数量经济技术经济研究 1992.1

中国宏观经济非均衡模型 张世英等 管理工程学报 1992.3

多目标经济模型及解法初探 施新地 任录顺 山西财经学院学报 1992.5

经济定量分析与多重共线性 张灿 南开经济研究 1992.3

宏观经济系统调控模型 张后启等 数量经济技术经济研究 1992.2

评价投资环境的KSIM模型 张知宝等 管理工程学报 1992.3

企业科学管理的最优数量化模型 吕怨 吉林财贸学院学报 1992.2

宏观技术经济分析 李丰 数量经济技术经济研究 1992.1

中国产业部门劳动投入的度量分析 张国初 数量经济技术经济研究 1992.1

股票价格变动的测定 张梅林 数量经济技术经济研究 1992.12

产业结构演进中的技术构成变动 乌家培等 数量经济技术经济研究 1992.11

我国农民收入增长的因素分析 李子奈 数量经济技术经济研究 1992.10

定量配合制度与中国城市居民的消费行为 王直 数量经济技术经济研究 1992.3

经济适度增长与结构动态变化 李平 经济学家 1992.4

我国现阶段消费需求的增长与制约因素 赵京兴 数量经济技术经济研究 1992.8

90年代中国主导产业的选择 赵坚 数量经济技术经济研究 1992.7

论我国技术引进的战略选择 陈建军 数量经济技术经济研究 1992.2

人口经济学

人口经济学及其在我国面临的课题 王更新 人口与经济 1992.3

80年代以来中国的人口增长 孙怀阳 李希如 人口与经济 1992.1

我国人口—经济增长的周期波动 张世晴 南开学报 1992.4

我国城市人口空间特征变化分析 李若建 人口研究 1992.5

中国城镇人口增长宏观分析 马侠 人口学刊 1992.1

人口控制模式与农村人口控制 胡学勤 人口学刊 1992.6

农村社会经济政策与人口控制 简风鸣 胡晓 人口与经济 1992.1

论二元经济发展与人口两步转变 胡传略 江淮论坛 1992.3

试论抑制农村人口过速增长的土地制度建设 杨宗贵 人口与经济 1992.1

我国社会经济发展对女性人口教育、就业状态影响的系统分析 谭琳 齐二石 南开学报 1992.3

经济起飞与人口障碍 虞沈冠 人口与经济 1992.4

土地人口承载力问题初探 徐永胜 人口研究 1992.5

当前村镇人口变动的基本特征及主要动因和趋势 潘光明等 人口研究 1992.2

小城镇和小城镇体系的基本人口结构 尹文耀 人口研究 1992.4

区域人口城镇化比较研究 李南 人中学刊 1992.1

苏南模式与人口转变 刘洪光 人口与经济 1992.4

对江西人口经济模式的探讨 吴云凤 徐升华 当代财经 1992.4

中国人口经济密度区域差异及分析 卢忠 人口与经济 1992.2

贫困地区人口特征状况分析 刘贵平 孙宏敏 辽宁大学学报 1992.4

皖江地区人口与经济发展 郭庆松 江淮论坛 1992.5

中国家庭生育行为转变的经济学解释理论模型 蒋正华 李丽君 人口与经济 1992.2

中国人口迁移年龄模式及其应用 杨云彦 人口学刊 1992.4

我国人口年龄结构的变化及其对社会经济的影响 吴国兰 经济科学 1992.2

消费经济学

把消费的经济学研究同消费的社会学研究结合起来 李新家 湘潭大学学报 1992.3

关于消费水平和消费结构的国际比较—兼论我国小康生活水平的标准 复旦学报 1992.1

消费模式论析 尹世杰 中国社会科学 1992.3

论我国消费模式的宏观类型 尹向东 经济科学 1992.2

社会主义初级阶段消费模式的基本特征 尹世杰 经济学家 1992.2

宏观消费的调整的目标途径和方式 白国华 经济学家 1992.2

消费结构变化与产业结构调整 徐国柱 贵州财经学院学报 1992.2

两种社会制度下消费水平的比较研究 韩宝清 辽宁大学学报 1992.2

消费的短期波动和长期走势 郭树清 天津社会科学 1992.6

消费效用的状态分析 贾希辉 中南财经大学学报 1992.4

正确处理消费、储蓄与市场关系的若干思考 吕耀明 中国经济问题 1992.5

改革以来居民消费和储蓄变动的实证分析 郭克莎 中国社会科学院研究生院学报 1992.2

改革以来我国城镇居民消费状况分析 向晓岚 中央财政金融学院学报 1992.1

转变居民消费需求结构应与调整产业结构同步进行 崔爱国 经济与管理研究 1992.1

简论城乡居民消费“热点”互换战略 郑京平等 经济研究 1992.7

我国居民“灰收入”经济分析 王文彩等 经济理论与经济管理 1992.4

消费者接受新产品的心理模型与新产品营销策略 刘方域 张少龙 财贸经济 1992.10

浅谈市场疲软背后的消费需求膨胀 徐良柱 江苏经济探讨 1992.3

九十年代我国集团消费行为考察 张少龙 经济科学 1992.3

辽宁居民收入与消费水平的实证分析 陈萍 辽宁大学学报 1992.3

新兴学科

关于中国经济发展理论与发展经济学的思考 蔡中兴等 复旦学报 1992.2

发展经济学在我国的发展 洪银兴等 经济学动态 1992.5

发展经济学中农业发展思想的演变 郭熙保 经济学动态 1992.9

论社会主义流通经济学的研究对象 鲁从明 经济学家 1992.5

论生态经济再生产 文启胜 经济学家 1992.4

试论生态型商品 李绍东 湘潭大学学报 1992.3

关于建立中国市场管理学初探 刘志远 当代财经 1992.7

中西方市场学比较研究 毛彦平 北京商学院学报 1992.4

关于建立中国特色市场学问题 张井 北京商学院学报 1992.1

中观经济学的若干问题 王慎之 中南财经大学学报 1992.1

信息经济学的兴起与发展 程志斌 经济学动态 1992.8

试论我国信息产业发展战略的几个问题 耿玉春等 吉林大学社会科学学报 1992.2

关于建立商品养护质量经济学的思考　邓耕生　天津财经学院学报　1992.5

台港澳经济研究

谈谈台湾经济发展　俞坤一　经济与管理研究　1992.4

论台湾经济发展的客观因素　包汉中　暨南学报　1992.4

台湾经济转型论析　李宏硕　曹小衡　南开学报　1992.2

台湾企业国际化问题浅析　赵长聚　南开经济研究　1992.3

台湾四十年物价变动及控制措施　王建民　中国物价　1992.8

台湾在90年代成为国际金融中心的可行性研究　何杰　南开经济研究　1992.3

试析台湾证券市场的国际化　何杰　南开学报　1992.2

台湾证券市场的启示　刘志坚　福建论坛　1992.8

台湾公债市场的评析　黄宝奎　福建论坛　1992.9

台湾股市引进外资的背景、运作及启示　闻岳春　金融研究　1992.7

论八十年代以来台湾对外直接投资的新特点和新趋势　陈继勇　世界经济　1992.5

台湾旅游客源市场分析及其开拓对策　郑向敏　陈心阳　福建论坛　1992.2

论海峡两岸经济协作系统　李泊溪　特区与港澳经济　1992.2

香港自由港经验对海南经济发展的启示　肖育才　海南大学学报　1992.1

香港经济发展前景与过渡期中港经济关系　纽肖东　世界经济　1992.1

香港财税管理探秘　林源昌等　特区经济　1992.3

香港在海峡两岸经贸交流中的地位及其展望　李雪莲　特区经济　1992.2

澳门经济现状与发展预测　钟沃坚　特区与港澳经济　1992.2

大陆、香港、台湾税制结构之比较分析　李瑛　南开学报　1992.2

台湾、香港和大陆经济综合的可行性　高长　特区与港澳经济　1992.2

建立港深珠澳金融一体化模式的构思　蔡木生　特区经济　1992.2

关于粤港澳经济合作的理论思考　何佳声　特区经济　1992.3

经济史·经济思想史

中华人民共和国经济史的线索和分期　周军　学术研究　1992.4

“大跃进”和60年代初的经济调整及其经验教训　黄小虎　学术论坛　1992.4

简论轮船招商局的性质和历史作用　关玉惠　南开经济研究　1992.5

旧中国房地产业的从业人员与经营方式　赵津　南开经济研究　1992.6

长芦盐业史述略　孟庆斌　河北学刊　1992.4

六朝官营手工业的管理和劳动者地位的变化　邱敏　南京社会科学　1992.4

在近代化过程中日本和中国农业发展的比较研究　王玉茹　南开经济研究　1992.2

近代洋关制度形成时期清政府态度剖析戴一峰　中国社会经济史研究　1992.3

中国近代小农经济的贫农化　全慰天　中国人民大学学报　1992.4

从开滦煤矿联营看近代煤矿业发展状况张国辉　历史研究　1992.4

洋务运动与中国城市化、城市近代化　史明麻　文史哲　1992.5

台湾光复初期闽台经济关系初探　林真　中国社会经济史研究　1992.3

民国时期上海都市发展规划述论　余子道　复旦学报　1992.1

民初中国东北对日贸易述论　娄向哲　南开经济研究　1992.4

清顺治末年的财政危机及其缓解措施　袁一堂　河北学刊　1992.4

清代人口与粮食供应　王跃生　学术交流　1992.4

清代“广州体系时期”中外商人之间的竞争　彭泽益　历史研究　1992.5

清代地方铸钱工业研究　戴建兵　河北财经学院学报　1992.3

18世纪中国与西欧的茶叶贸易　庄国土　中国社会经济史研究　1992.3

论辽圣宗时期政治经济的改革　黄凤岐　社会科学辑刊　1992.3

宋元赋税制度之比较　高树林　河北学刊

1992.1

海上贸易与宋元泉州农业经济特色 袁冰凌 中国社会经济史研究 1992.3

宋代中越两国货币文化交流史述 刘森 中国钱币 1992.1

唐宋岭南联系内地交通线路的变迁与该地区经济重心的转移 蔡良军 中国社会经济史研究 1992.3

略论战国时期的土地所有制 邵鸿江西师范大学学报 1992.2

魏晋南北朝隋唐的度量衡 吴慧 中国社会经济史研究 1992.3

西汉经济和财政政策的思考 孙翊刚 中央财政金融学院学报 1992.3

关于秦代农业生产发展的条件与标志问题 孟明汉 河南师范大学学报 1992.3

商代的财政制度 杨升南 历史研究 1992.5

商品经济与战国封建专制集权统治的强化 邵鸿 江西社会科学 1992.1

中国社会主义经济思想史研究的又一硕果 杨文汉 青海社会科学 1992.4

张闻天的经济理论研究方法与特点 马文奇 江海学刊 1992.2

试论孙中山利用外资开发建设的思想 张灏 兰州大学学报 1992.3

略论孙子的慎战思想与现代企业的有限竞争 陈炳富 陈传明 南京大学学报 1992.2

试论《管子》侈靡消费观理论的独特见解与涵义 史国藩 暨南学报 1992.2

李嘉图的级差地租量和对它的评论 郑绍增 学术月刊 1992.2

关于从重商主义到剩余价值学说的演变 王翔 河北财经学院学报 1992.3

西方经济学

现代西方经济学"非经济学化"的倾向 朱绍文 厦门大学学报 1992.3

一条可供选择的研究途径—西方经济学演化模式初探 张旭昆等 经济研究 1992.2

理论与实践、现象描述、数量分析—对西方经济学的认识 管德华 财贸研究 1992.1

西方经济增长论的新发展 储玉坤 经济学动态 1992.6

亚当、斯密的农业发展理论及其启示 周浩明 彭明朗 湘潭大学学报 1992.1

当代西方经济学与我国的经济建设 耿峠石 吉林大学社会科学学报 1992.3

西方价格理论的发展 伍世安 杨林枫 当代财经 1992.7

西方宏观消费理论的新进展 万中心 经济学动态 1992.7

现代西方通货膨胀的理论和对策的争论 刘军 经济学动态 1992.7

西方垄断性贸易理论 吴鑫 经济学动态 1992.1

西方商业银行业务表外化的启示 章忠诚等 经济学动态 1992.6

西方产权理论分析 段毅才 经济研究 1992.8

西方经济学家论外国直接投资问题 左大培 经济学动态 1992.9

西方"劳动市场均衡学说"述评 叶德磊 经济学动态 1992.9

帕累托福利经济学基本思想述评 陈龙发 经济学动态 1992.10

边际产品递减规律是西方微观经济学的基本规律 刘小燕 财贸研究 1992.1

西方边际主义经济学产生和发展的根源 颜鹏飞 武汉大学学报 1992.2

短缺经济中的总量均衡成本问题 管怀鎏 河北财经学院学报 1992.3

对政治过程的经济分析—西方公共选择理论中的一些基本问题 樊纲 经济学动态 1992.9

新凯恩斯学派与理性预期学派的基本理论的比较 胡旭方 经济学动态 1992.1

后凯恩斯主义收入分配理论探讨 郭熙保 武汉大学学报 1992.5

论西方国际收支理论的发展演变 马君潞 南开经济研究 1992.4

世界经济研究

世界经济发展板块论 于天义 国际贸易问题 1992.5

当代资本主义宏观调控与市场调节机制及作用 佟福全 世界经济 1992.11

论国际经济协调 连平 世界经济 1992.6

现代化—发展理论与东西模式 沈华嵩 世界经济 1992.8

九十年代世界经济多极格局形成的理论基础—世界经济四大基本规律作用表现的主要特点 韩世隆 经济学家 1992.1

世界经济形势综合报告：1991—1992年分析、预

测与机遇 陈东琪 经济学动态 1992.2

国际经济格局与粮食生产和流通 孟氧 经济学家 1992.2

从世界经济看经济体制的改革与经济制度的生机 王金存 世界经济 1992.5

国际投资调控论 王东京 中南财经大学学报 1992.1

世界外国直接投资新态势与我国的对策 胡培 世界经济

论GATT国际农产品贸易体制的危机与出路 程宝库 南开经济研究 1992.1

世界贸易新格局的特点与影响 胡风英 世界经济 1992.6

国际贸易摩擦与多边管理贸易 黄静波 中山大学学报 1992.4

当代国际贸易理论的发展 吴鑫 天津财经学院学报 1992.5

论国际贸易板块结构 于天义 经济论坛 1992.9

论美、欧、日三足鼎立的世界经济格局 邓瑞林 暨南学报 1992.2

国际贸易原因新探 唐海燕 学术月刊 1992.5

资本主义国家的工资制度——利润分享制 李晓萍 世界经济 1992.7

技术引进的几种国家模式 康荣平 世界经济 1992.9

开放经济模型中西方宏观政策调节的特点 雷达 世界经济 1992.6

国际经济一体化及其影响 王聪 李莉 贵州财经学院学报 1992.1

世界经济格局的变化与中国的对策 陈近隆 河北财经学院学报 1992.3

国际证券市场的新特点及前景 郭世贤 世界经济 1992.5

试论国际劳务合作的发展与我国的对策 陈铁新 世界经济 1992.4

论西方国家的价格调控 王家瑞等 经济学动态 1992.9

当前世界通货膨胀概况 虞关涛 金融研究 1992.3

世界现有石油资源的前景和真正症结所在 于民 南开经济研究 1992.4

世界四大审计模式比较与启示 杨肃田 南开经济研究 1992.3

国际技术流动不平衡发展趋势及其影响 童书兴 世界经济 1992.7

跨国公司对世界经济的影响 刘宾 山西财经学院学报 1992.2

跨国公司若干政策研讨 陈亚温 经济学动态 1992.7

技术的高速发展与跨国公司联盟—兼论技术创新与组织创新的关系 程玲珠等 世界经济 1992.5

跨国服务公司对发展中国家的影响及其对策 夏申等 世界经济 1992.8

论跨国公司技术转让的内部化 邱立成 南开经济研究 1992.6

世界经济集团化现状及其发展趋势 刘仲林 国际贸易问题 1992.2

论世界经济区域集团化 王怀宁 经济研究 1992.9

世界经济的区域集团化趋势与中国对外开放 熊性美等 经济学家 1992.1

国际债务、经济增长和政策选择 张志超 南开学报 1992.4

战后资本主义的经济社会结构变化 郭树清 经济社会体制比较 1992.3

战略选择是经济发展的关键—二战以后资本主义国家经济发展成败的透视 林毅夫等 经济社会体制比较 1992.1

世界工业生产的组织方式正在发生变革 潘子清 中国工业经济研究 1992.5

世界经济发展对民用飞机市场的影响 孙振远 世界经济 1992.11

世界银行政策性的调整贷款 熊性美 张奎 南开经济研究 1992.5

当代西方金融市场的发展的新趋势 郭茂佳 世界经济 1992.8

西方国家对证券市场管理的基本原则与处罚 钱耀 金融研究 1992.12

西方国家储蓄机构的盛衰及原因 戴国强 金融研究 1992.12

试论黄金非货币化后西方世界黄金市场的特点 杜佳 南开经济研究 1992.2

国际金融市场的变化和利用外资方式的选择 夏和坤 世界经济 1992.9

90年代国际资本形势及我国间接利用外资对策 胡建新 经济学家 1992.3

国际资本流动的新特点与我国利用外资的策略 张美玲 金融研究 1992.5

论世界经济特区及其对外贸易 杜强 国际贸易 1992.10

论西方发达国家产业结构的软化及其影响 李晓

世界经济 1992.3

论分散化发展—发达国家工业区域变化一个实例分析 李小建 南开经济研究 1992.3

西方发达国家对外经济发展战略比较 陈漓高 南开经济研究 1992.5

试论发达国家对外资银行的管理及特点 王忠文 经济科学 1992.3

当代南北贸易关系综论 张士元 南开学报 1992.4

九十年代南北经济关系展望 魏燕慎 世界经济 1992.8

欧洲统一大市场与我国企业的跨国经营战略对策 赵曙明 世界经济 1992.7

综论欧洲共同体的“企业兼并风” 辛晓岱 南开经济研究 1992.2

略论欧共体经济一体化的进程与我国的对策 邹炜 暨南学报 1992.2

对欧洲货币体系主要功能的评价 刘勇 南开经济研究 1992.2

发展中国家的经济结构变化与经济增长 卢福财 当代财经 1992.10

论后起发展国家的新结构成长模式 周振华 社会科学辑刊 1992.2

第三世界国家经济发展中的十大关系 杨敬年 南开经济研究 1992.5

发展中国家资本流动性分析 郭振林 城市经济研究 1992.9

世界格局的变化与第三世界 李琮 世界经济 1992.1

九十年代发展中国家经济发展趋势 谭秀英 世界经济 1992.11

发展中国家内源式资金积累机制与政策及其启示 余乃胜 改革与战略 1992.3

关于九十年代发展中国家外资需求和对策若干问题的探讨 陈耀庭 世界经济 1992.7

九十年代初东欧国家私有化的发展及其前景 陆福英 世界经济 1992.5

原苏联和东欧国家经济转轨的若干问题 曹英 世界经济 1992.5

论苏联经济模式瓦解的体制原因 田春生 经济社会体制比较 1992.4

制度变迁和经济的发展—中国和苏联经济改革的比较 荣敬本 经济社会体制比较 1992.2

关于苏联解体的经济根源探讨 范新宇 经济学动态 1992.10

论俄罗斯联邦市场体系的演变 葛霖生 经济学动态 1992.8

从计划经济向市场经济的转变—对匈牙利和捷克斯洛伐克的考察 刘小玄等 经济学动态 1992.10

美国商业银行的危机及其趋势 马蔚华等 金融研究 1992.6

战后美日宏观经济政策的比较 卢汉林 武汉大学学报 1992.3

美国的经济危机与金融改革 薛敬考 世界经济 1992.1

美国劳动工资考察报告 郑国琦 经济学动态 1992.8

美国证券市场 200 年 张南 经济管理 1992.11

美国住房政策和投资决策 汪利娜 经济学动态 1992.2

法国农业规模经营的成功及其启示 冯继康 经济学动态 1992.10

加拿大马尔罗尼政府改革面面观 韩继云 改革与战略 1992.4

加拿大的外资企业贸易活动剖析 张诚 南开经济研究 1992.6

论日元升值和日元国际化 刘玉操 南开经济研究 1992.1

日本跨国银行经营业务的长期变化 张岩贵 南开经济研究 1992.2

日本企业制度对中国企业改革的启示 瞿材瑜 中国工业经济研究 1992.10

中日国际收支核算制比较 王立彦等 经济科学 1992.1

日本、美国防治通货膨胀的财政政策及其借鉴 丛安妮等 经济学动态 1992.4

日本中央与地方财政分配关系及其借鉴意义 王朝才 财政研究 1992.2

近期日本金融制度的改革 张晓蒙 经济学动态 1992.7

对当代日本经济发展的基本认识 李文哲 经济学动态 1992.10

日本经济内部的“两极” 李毅 世界经济 1992.6

九十年代日本产业结构的高级化与企业经营战略的变化 刘景竹 世界经济 1992.6

日本的物价变动与经济发展 金泓汛 世界经济 1992.5

日本的金融改革及其发展方向 项卫星 世界经济 1992.7

日本能源经济的现状与发展前景 继建宜 李正

远　南开经济研究　1992.6

日本跨国企业发展的总体特性　李文光　张岩贵　南开学报　1992.5

日本企业的国际市场竞争策略　韩德昌　南开学报　1992.2

亚洲金融改革与发展的理论思考　宋远肇　复旦学报　1992.5

亚太地区国际投资的新格局与中国的外资热潮　王勤　经济问题探索　1992.4

国际新秩序和亚洲经济组合　谢定中　经济问题探索　1992.5

亚太经济合作中一种值得探讨的模式—“成长三角”　吴天佑　世界经济　1992.4

亚太经济合作中我国的基本对策　唐海燕　特区经济　1992.9

亚洲主要股票市场的基本特征　宋运肇　世界经济　1992.1

从引进外资到资本输出—亚洲“四小龙”经济腾飞原因试探　吴育频　吉林财贸学院学报　1992.3

探视“四小龙”成功之路　周永生　港澳经济　1992.8

亚洲“四小龙”腾飞的经验启示　李万春　特区经济　1992.9

南朝鲜的能源危机及能源政策　詹小洪　经济学动态　1992.1

南朝鲜的外债管理及其借鉴意义　范文波　中南财经大学学报　1992.5

南朝鲜治理通货膨胀的经验教训及启示　阎正　吉林财贸学院学报　1992.3

南韩的“创汇依赖”与对华投资分析　谷书堂等　世界经济　1992.7

泰国经济现状及其趋势　隋广军　暨南学报　1992.2

泰国经济发展的特点和启示　陈华震　江苏经济探讨　1992.10

（南开大学经济学院情报资料中心王芬吉、冯云卿整理）

经济学博士学位论文选介

所有制一般理论的新框架

龚唯平

社会主义所有制改革需要深层次的理论思考，需要在基础理论的广阔视野中对所有制发展的历史把握和对所有制关系的透彻分析。没有基础理论的重大突破，是不可能有应用理论的真正繁荣的。有鉴于此，笔者力图突破传统的所有制研究视野，在对马克思所有制理论的系统理解的基础上，通过对所有制形态历史演进的理论实证描述和对所有制范畴的结构分析，构建一个所有制一般理论的新框架。

第一、所有制范畴的整体性分析。科学的所有制范围是由马克思最早提出和确立起来的，但这并不等于说在马克思以前就不存在所有制理论。在马克思之前，主要存在首三种所有制思潮，即自然法财产理论、乌托邦公有制理论和劳动财产权理论。马克思的所有制理论是在对这三种思潮的批判中建立起来的，但马克思对所有制关系的认识也有一个发展过程。马克思在所有制范畴认识上发生过两次飞跃：第一次飞跃是以法学范畴到经济范畴的飞跃，即从法权形式上认识所有制关系发展到从经济关系实质上认识所有制关系；第二次飞跃是以所有制范畴到资本范畴的飞跃，即从抽象范畴到具体范畴的飞跃。通过对《资本论》的剖析，可以概括出所有制范畴具有两大基本命题：其一，所有制是占有与所有权的有机统一体；其二，所有制就是生产资料所有制，所谓劳动力所有制和生活资料所有制是不能成立的，它们实际上是劳动力所有权和生活资料所有权。所有制是一个整体范畴，其整体性表现为所有制的纵向历史演进与横向结构的统一，内容本身与外在形式的统一，宏观总体与微观构造的统一。

第二，所有制范畴的历史性分析。在所有制范畴的历史性的认识上一直存在着一个悖论：各种所有制具体形式在历史发展中的迭相嬗替表现出其历史性，但一般所有制却自人类产生时就有并将永恒存在，从而是一个非历史范畴。要论证一般所有制的历史性，首先需要彻底解开所有制起源之谜。近代许多资产阶级学者对所有制起源进行过专门的理论探讨，认识到私有制不是亘古就有的，但他们的理论在很大程度上带有猜想性质并存在着明显的阶级局限性和历史局限性。马克思对原始所有制的研究经历了三个阶级，其理论成果有三：一是确立了科学的唯物史观的方法论原则；二是在实证材料的基础上重新论证了原始社会公有制，并提出了原始公社与农村公社的划分；三是彻底解开了私有制起源历史之谜。但是，揭示了私有制的起源并不等于揭示了所有制的起源，因而需要根据现代科学发现重新审视原始社会公有制的命题。根据确凿史料，氏族公社制度产生不会早于旧石器时代中期，而旧石器时代早期的原始群社会并不存在公有制或私有制。原始群社会是一种无所有制的社会，主要理由有四点：其一，在主客体不分的浑沌状态中，不可能存在所有制关系；其二，没有宗教观念的原始群社会不可能存在所有制关系；其三，乱婚是同无所有制相适应的，不存在性禁忌也就不可能存在所有制；其四，在食物分配关系占首要地位的原始群社会不可能有所有制关系。从无所有制的原始群社会过渡到原始公有制的氏族社会，除生产力发展总前提外，还有三个具体的历史条件，即人的成熟、以血缘关系为基础的氏族组织和土地资源稀缺。生产力发展通过上述三个条件的综合作用，人类社会才由无所有制进入到所有制社会。对所有制历史性的分析，还需要考察所有制的历史演进。所有制的历史演进可以概括为原生形态、次生形态和发展形态三个阶段。每一阶段又可再划分为原生、次生、再次生等类型。按这样的图式去分析，既能连贯地反映所有制形式转换的历史过程，又能体现人类历史多线发展和所有制演进中的形式多样化。最后，根据马克思关于共产主义的整体思想，不管是个人所有制，还是社会所有制或社会个人所有制，实质上都是无所有制。共产主义无所有制是一个合乎逻辑的假说，总之，不仅所有制形式有一个产生、发展和消亡的过程，而且所有制本身也有一个产生、发展和消亡的过程。

第三、所有制范畴的结构性分析。所有制历史演进的过程同时也是所有制结构变化的过程。所有制的结构分析主要包括四个方面：(1) 所有制范畴的基础结构。占有是所有制的基础结构，它具有二重属性即自然属性与社会属性。由占有二重性决定，所有制也具有二重性，表现为物质性与社会性的统一、生产关系与法权关系的统一。(2) 所有制范畴的基本结构。指所有制的基本要素即占有与所有权组成的结构，由基本结构可衍变出一系列派生结构。(3) 所有制范畴的主客体结构。它指所有制关系中主体与客体相互作用而生成的一种组织结构。所有制客体性质的变换决定着所有制结构性质的变化，随着作为劳动产物的所有制客体取代作为自然产物的所有制客体，所有制结构从自然性主客体结构转变为社会性主客体结构。(4) 所有制范畴的转化形式和结构转换机制。资本是所有制范畴的转化形式。从资本范畴可以更清楚揭示现代所有制结构转换机制，即生产社会化推动资本社会化，而资本社会化又导致所有制结构变动。

原论文题：所有制范畴论——对马克思所有制理论的系统研究

龚 唯 平：南开大学经济研究所1992年博士毕业生

导 师：谷书堂教授

财产组织重构与国有制历史演进

周立群

财产组织即企业财产组织，它是以财产权利为轴心的一组经济关系，是社会财产关系微观化的组合方式，是特定生产方式和生产关系的实体性表达形式。财产组织是经济体制的奠基石，建立社会主义市场经济是新体制必须对传统国有财产组织进行重构，使之真正成为发展市场经济的基础。

财产组织是一个系统，它包含三个相对独立又相互联系的子系统：产权——它是经过细化的、有着明晰准则和界区的一组权能，权能间的组合和制约关系构成产权结构；角色——它是产权权能的人格化载体，组织正是这些分担不同权能的个体或部分共同构成的角色体系；决策——是财产组织运作的抉择中心，财产支配、信息处理、利益协调等都集中于决策现场。财产组织与外部环境间又构成一个更大的系统，它本身具有开放性。决定和制约财产组织发展和变革的因素是生产力性质、生产方式（商品经济发展的不同阶段）和生产关系的性质。一种财产组织存在的必然性和合理性取决于它与这三个因素的适应性。

传统国有制财产关系的特征是行政化和集权化，它塑造了企业特殊的性质和功能：(1)没有财产权的占用的“专用”是企业产权关系的基本特性。这表现为资源占用的非实体性、占用的无偿性和无限性、占用的封闭性和不可转移性；(2) 要素主体间的非契约关系。这表现为企业对国家的隶属、职工对企业的人身依附和企业间的非市场交易关系；(3) 多种功能合一的性质。这表现为财产组织自我封闭、自我循环，同时承担经济、社会、政治等多种功能。财产组织的这种构造无法适应现代商品经济的内在要求，也遏制了社会主义财产关系潜能的释放，对其进行根本性改造已成为经济发展的客观要求。

现代公司制财产组织是现代生产力和现代商品经济的产物，是适应生产和财产的社会化、商品化的基础组织和机制，是支撑现代市场运行的最富有潜力的财产组织形式。这是因为，在现代公司制组织形态上，财产的形成和组合是社会化的和商品化的；财产（权）的运用和支配是社会化的和商品化的；财产的运作和评价是社会化的和市场化的；组织角色的选择和确定是社会化的和专业化的。

循着现代公司制的原则分解产权权能，变企业“没有财产权的占用者和专用者”为名符其实的法人产权实体，实现公有产权的结构化、层次化和清晰化是国有财产关系重构的核心。围绕这一核心，需要重新界定产权，具体包括：(1) 分解所有权主体职能，即一方面分解政府的双重职能（社会经济管理与国有资产管理），由专门的机构和明晰的主体角色来统一行使国有权管理：另一方面要缔造和培育“中介”性质的“国有产权经营组织”(如控股公司)，它们做为财产实体专门从事产权经营或投资经营，最终实现“国有权管理”与“国有权经营”的分解。(2) 确立企业法人产权实体地位。这主要是通过终极产权外在化和股权化、法人产权独立化、产权运作市场化的途径即推行企业股份制来进行。(3) 赋予企业经营权，包括按公司制原则确立经营者角色及其充分的权能，并解决好经营者利益独立化和对经营者的约束问题，变经理官员化、职务化、终身制为专业化、职业化、聘任制。(4) 设定职工角色的“双重权能和身份”的地位，即“内部所有权”与“使用权”和“内部所有者”和“使用者”，职工的这一角色身份使之不是以股东身份而是以“内部所有者”身份参加董事会并参与决定企业重大决策，同时还体现在与双重身份相对应的双重权益方面：直接使用生产资料的岗位责任和按组织内部统一尺度（劳动与工资挂钩）实现其利益的权益；承负内部所有者财产经营责任、参与组织决策并按社会统一尺度(劳动与组织整体效益挂钩)实现其利益的权益。

按照现代公司制原则重构国有财产组织,实质上也就是按股份经济原则推进国有财产进而推进社会财产的股份化,并实现企业组织的法人化。随着经济改革的深化和社会资产的转移重组,财产组织也将会进一步优化,并引发和积累起一些新的因素和规定,进而对国有财产关系体系的历史演变产生重大而深远的影响,这主要表现在三个方面:(1)股份制企业组织的成熟和发展。企业不仅成为独立的法人实体和市场竞争主体,而且伴随资产重组、相互持股等,国有的财产组织将会循着它自身的成长和发展逻辑演变成社会财产组织。(2)由若干金融机构和投资控股公司构成的"国有权经营组织"将在社会经济生活中扮演愈来愈重要的角色,它将容纳进非国有资产并演变成为社会资产的多元化经营,进而对社会资源配置、产业结构转换、市场供求态势等方面显示出重要作用。(3)国有权管理组织的职能也将演变,它作为国家对国有资产管理的行政机关已经开始"超脱"了,它将不必也不再需要去直接干预资产经营,不仅其职能简化了,机构也可大大缩减了。

原论文题:国有财产组织论

周 立 群:南开大学经济研究所1992年博士毕业生

导　　师:谷书堂教授

中国市场均衡研究

——兼析国民经济稳定、协调、高效益发展

单庆江

市场是商品交换的领域,是商品流通领域的总表现。市场均衡可理解为市场供给和需求基本相等的状态,即供给和需求在较小的幅度内相互偏离也属于均衡状态,也就是说供求差率较小、处在瓦尔拉斯均衡点邻近的范围内都属于均衡。与这种市场均衡概念相应,市场非均衡就是指供求不相等超出相对均衡范围的状态,这种均衡不是那种乌托邦式的瓦尔拉斯绝对均衡,而是通过科学的计划管理、能够实现的相对的均衡、现实的均衡。根据国内外的经济实践,可把供求差率在3%以内的市场状态称为均衡,而供求差率在3%以上的则为非均衡市场。非均衡市场有两大类型:一是供给过剩、需求不足的非均衡:二是相对于需求膨胀而供给不足的非均衡;以往社会主义国家中经常出现的是需求大于供给的非均衡市场,这是传统体制存在的弊病和计划管理不善造成的。根据市场非均衡表现出来的程度上的差异和可能造成的各种后果,市场非均衡可分为三种情况(主要指求大于供的市场状态):一是轻度的市场非均衡,指供求差率在6%左右的市场状态;二是严重的市场非均衡,这时市场上的供求差率及物价上涨幅度达到两位数,在10%至20%之间;三是极度的非均衡,市场供求差率或物价上涨率达到50%左右甚至三位数。

市场供求的均衡与非均衡状态可以从总量、结构、个量以及总量与结构的关系进行多层次分析。要保证商品和购买力的顺利实现,供给必须同需求相适应。长期以来,我国市场供求一直存在着总需求超过总供给比较严重的失衡问题。我国总需求膨胀的主要原因在于财政连年出现赤字和货币超经济发行。我国产业和产品结构失衡和原因和根源主要是:在指导思想上急于求成,片面追求速度,忽视结构平衡;宏观调控体系不健全、不完善,调控手段不力;地方行为短期化,地区产业结构趋同;企业体制仍不合理;价格不合理也导致结构失衡。现阶段我国市场供求总量为什么以恢复到长期、稳定的均衡状态?这是因为当结构处于不协调状态,强行总量均衡,将引起经济增长速度大幅度下降甚至负增长,只有结构协调了,总量均衡才是可行的。我国市场总量长期非均衡的根子在于结构失衡、不协调,而结构不协调又在于现行体制、经济运行机制不尽合理。

国民经济协调发展与持续稳定发 展,同市场均衡与经济增长波动之间存在着紧密的内在联系。我国四十年来的经济增长有过7次波动。导致经济发展大起大落的深层次原因是经济指导思想的偏差、经济决策的失误和经济体制不合理。对实践的分析表明:供求关系基本均衡是我国经济得以超高速增长即"大起"的前提条件或客观基础;供求总量严重失衡和结构严重失调则是迫使经济发展"大落"的客观因素;保持市场供求均衡是国民经济持续、稳定、协调发展的基础。

市场供求的均衡状况与经济效益有着密切关系。当供求总量均衡,且产品供求结构也均衡的情况下,市场上全部产品都能实现,价格稳定,产出的效益最大。从长期动态来看,要保持市场供求总量和结构都均衡的状态,必须建立一种调节机制,使供求在不断地发展变动中相互适应、相互协调,才能保证总供给的全部实现即经济效益最大化。社会主义经济中容易出现的是总需求膨胀与结构失调并存。产品供求结构失衡越严重,产品积压越多,经济效益越下降。造成我国现阶段结构失衡、经济效益下降的根源在于:(1)现行经济管理体制不合理、不健全,导致宏观失控和经济秩序混乱;(2)企业组织结构和资产存量结构不合理并难以调

整；(3) 企业经营机制仍不合理。

社会主义市场供求格局的目标模式既不是“买方市场”，也不是“卖方市场”，而应是供求均衡市场。社会主义市场经济要通过计划管理、调控，实现长期稳定的市场总量均衡与结构协调状态。计划和市场两种调节方式各有其特定的前提条件，各有其长处和短处。在总量均衡和长期的结构调整方面，计划机制更有效；而对于短期的结构均衡和许多产品的个量平衡，则市场机制具有明显优势，而计划就不及市场那样能使供给结构比较迅速和灵敏地适应复杂多变的社会需求结构。我们要实现长期稳定的市场均衡，就必须进一步完善市场体系和市场机制，建立健全新的能有效调控市场供求平衡的计划调探体系。

社会主义市场经济宏观管理体制的改革是要建立起以宏观间接调控为主的新体制。从完善宏观管理、实现长期稳定的市场均衡来讲，主要包括三方面的内容：(1)坚持总量平衡、综合平衡的原则，搞好财政、信贷、外汇平衡，协调好它们之间的平衡关系；(2)国家主要运用产业政策和经济杠杆对产业、产品结构进行调控、协调和引导；(3)对一些关系国计民生的重要商品实行计划调控，国家可以用合同订货、现货收购等方式适量掌握一部分重要商品，用以保护生产、稳定市场，实现国民经济长期稳定、协调、高效益地发展。

单庆江：中国人民大学经济学系1992届博士毕业生

导　师：吴树青教授、胡钧教授

改革以来经济增长的机制与效率

郭克莎

1. 经济增长的态势与机制。改革以来，我国经济增长的速度明显加快，经济波动的程度大大降低。国民收入年平均增长速度由 1953—1978 年的 6%提高到 1979—1990 年的 8.4%，而增长率的相对波动系数(标准差系数）则由 1953—1965 年和 1966—1978 年的 2.04%和 1.30%下降为 1979—1990 年的 0.37%，相对波动幅度（全距系数）由 8.24%和 4.36%下降为 1.16%。从国际比较看，我国改革以来的年平均 GDP 增长速度只略低于南朝鲜而远远超过其他国家，GDP 增长率的相对波动系数和相对波动幅度只略高于日本而明显低于其他国家。过去不少人认为我国经济增长的波动度大大高于发达国家，是忽视了年平均增长率不同的影响。经济波动度大大下降的事实，说明发展市场经济和改革开放不会影响经济的稳定增长。但从阶段性比较看，1984 年以后的波动度明显升高，又表明在市场机制不完善和宏观调控机制不健全的情况下，市场需求的较大波动会引起经济增长的较大波动。

经济增长的态势与增长机制的变化有关。改革以来与改革前相比，在国民收入增长中，农业的作用率较为稳定和工业的作用率相对下降，这是经济增长的稳定程度提高的一个原因，同时研究结果还表明，第三次产业对 GNP 增长的作用率上升是稳定经济增长的一个重要因素。而 1984—1988 年间第二次产业对经济增长的作用率又大幅度上升和第一、三次产业的作用率下降，则再度引起了经济波动。上述现象反映了产业增长关系对经济稳定增长的影响。

2. 经济增长效率的变动及其效应。改革以来我国经济增长的效率大幅度提高，改革前（1953—1978 年）综合要素生产率（TFP）对经济增长的贡献率只有 2.7%，改革以来（1979—1990 年）这一贡献率上升到 42.1%；这个数字虽仍低于发达国家，但已分别超过发展中国家在 50—70 年代和原苏联东欧国家在 50—60 年代的平均数，也超过钱一赛模型中人均收入 560—1 120 美元时的一般水平（36%），接近于人均收入 1 120—2 100 美元时的一般水平（44%）。不过，由于需求膨胀、结构失衡和经济波动的影响，后一阶段（1985—1990 年）TFP 对经济增长的贡献率由前一阶段（1979—1984 年）的 44.4%降低为 39.6%。同时比较分析显示，资金投入增长过快是导致 TFP 的作用率较低或下降的一大原因。

从经济增长过程的内在联系看，TFP 的变动与经济增长率的波动具有直接的负相关关系。不论是改革前后的比较还是改革以来不同阶段的比较，统计分析的结果都表明，经济增长率的相对波动系数和相对波动幅度降低，TFP 的增长率及其对经济增长的贡献率就上升，反之，前者上升，后者就下降。原因在于，经济波动影响了资源有效配置从而影响了生产率增长。生产率变动的特点使经济增长具有不同的效应。增长因素比较分析使我们得出了这样的结论：经济高速增长只有建立在 TFP 的作用率不断上升的基础上，增长过程才是优化的并且才能保持良性循环；同时，只有使经济增长和要素投入保持适当的速度并不断提高投入要素的质量，才能促进 TFP 持续增长。

3. 产业增长因素变动与资源总配置效应。改革以来我国产业增长因素的变动幅度是相当大的，而资金投入增长关系（增长结构）的较大波动则是产业间 TFP 波动的根本原因。这使后一阶段的经济增长效率受到明显影响。问题在于，某一产业部门（如第二次产业）的资金投入过多必然使另一些产业部门（如第一次产业）的资金投入过少，这影响了产业内部资金与劳动比率的合理变动和资源有效配置，不利于产业之间要素（资金或劳动）生产率的协调增长，从而导致整体增长效率的降低。实证分析表明，相关部门之间要素分配比例的内在联系决定了它们的要素投入速度，进而要素生产率、变动的内在联系，最终决定了各部门 TFP 变动的内在联系。

资源总配置效应分析方法是对增长因素分析法的深化，它反映了产业间资源流动和结构变化对于生产率增长和经济增长的作用。这方面的实证分析在我国似乎尚属空白。对我国社会资源和工业资源的总配置效应所作的初步考察表明，TFP、资金生产率和劳动生产率的总配置效应在改革以来的后一阶段都比初期阶段下降（还出现了一定的负效应），这说明资源流不合理，资源再配置不是改善而是加深了经济的不均衡，特别是三次产业之间资金再配置的严重失衡带来了很大的影响。与多国模型比较，我国改革以来的总体和产业 TFP 增长率都明显较高（这与总产出高增长率有关），但社会资源总配置效应却明显较低，其原因之一是后期阶段的资源再配置出现负效应。从劳动生产率的总配置效应的国际比较看，我国改革期间的数据高于大多数发达和发展中国家，因此问题显然出在社会资金再配置的不合理方面。从这个角度去作进一步的实证探索，可以发现有三个指标出现逆趋势变动，即三次产业之间尤其第一与第二、三次产业之间的资金边际产出率、劳动生产率、资金与劳动比率的差距不是缩小而是有所扩大，这三个方面都是产业之间资金再配置失衡的表现。

原论文题：中国：改革中的经济增长与结构变动。

郭 克 莎：中国社会科学院经济研究所 1992 年博士毕业生

导　　师：杨坚白研究员、李泽中研究员。

揭开我国产出和增长的高投入、高消耗和低效益之谜

周天勇

我国经济发展的中长期目标是：在本世纪末人民生活达到小康水平，在下个世纪中叶赶上中等发达国家的发展水平。我国人均 GNP 的年平均增长必须达到 7—9%，国民生产总值总量必须年平均增长 7.8—9.9%，才能在下个世纪中叶赶上中等发达国家的发展水平。但是，如果按照目前增长的资源消耗水平，我国的资源存量和资金积累能力都不可能支撑这样一个高速度的国民生产总值增长。而农业部门过剩的劳动力约有 1.5 亿之多，城镇企业中富余的劳动力约有 2000—3000 万人，今后 10 年每年新增和重新就业的劳动力约有 1.7 亿人左右。因此，经济增长应当着眼于丰富的劳动力资源。

然而，对于产出和增长来说，重要的不是劳动力数量的供给，而是投入劳动力所付出的实际劳动。劳动是劳动力在各种经济活动和与经济有关的活动中体力和脑力的消耗，即劳动者体力和智力的耗费，劳动在工作时间中耗费多少，受劳动行为的影响。

劳动行为对经济效益的影响是一个人人熟睹而在经济理论上又忽视的问题。这是因为在于以往的理论分析一般认为，劳动力进入劳动过程后，其劳动行为是规范的。在现实的经济生活中（特别是我国国有企业中）劳动力或者管理工作没有发挥其应有的效率，所以产出不是最大的。其发生的原因是由于缺乏刺激或竞争压力，形成动力不足。在这里，不妨引入一个劳动行为系数 r，它决定劳动者实际劳动消耗的程度；而（1—r）表示劳动的 X 非效率系数，代表名义劳动供给中没有实际消耗的劳动所占的比重。

实际经济生活中，许多企业职工劳动行为系数 r 小于 1，甚至有的离 1 较远，但是产出并没有因此而减少。当企业受上级考核任务制约或者自身追求产值目标时，劳动行为不规范，即劳动消耗系数低，被大量的物质（资金）消耗所替代。

在我国国有企业劳动力劳动行为普遍存在不规范的情况下，许多企业产出也可能并没有因此而下降，这是因为资金对劳动行为的不规范形成替代，进而以资金投入补偿劳动行为不规范来维持产出水平。当劳动行为不规范时，实际劳动投入量小，如果企业不想让产量下降，就必须多投入资金要素对劳动的低效率进行替代。劳动行为越不规范，替代劳动行为不规范所需要的资金部分也就越多。这时实际劳动投入和增加后的资金投入把产量维持在既定水平上。结果：在劳动行为不规范的状况下，可以不使产出量减少。所以，增加的资金，并没有增加产出，而是替代了劳动行为的不规范，维持了既定的产出。

在劳动行为不规范状况下，资本对劳动低效率的替代表现在这样几个方面：产品的次品率上升，生产可用产品的成本增加；操作和维护不负责任，使机器设备经常损坏，修理费增加；水、电、油和其它低值易耗品等等浪费较大；产品质量不高，在市场上没有竞争力，积压严重，资金占压时间延长，成本加大；设备利用率不高，而折旧和维修费用照提不误，固定成本相对增多；有的职工甚至拿摸企业财产；有的职工在上班期间利用企业设备和原料为自己干活，甚至为别人干活；职工的出工不出力问题由增加设备数量来弥补。结果：资

本的多消耗替代了劳动行为的不规范，维持着既定的产出和增长水平。

资本替代劳动的低效率，使得国民经济运行带有如下特征：(1)劳动行为越来越不规范，系数向0方向变化，在时间序列中，实际劳动供给（消耗）相对劳动力名义供给逐年下降，这样资本投入越来越多地替代实际劳动供给的不足，从而使产品的物质消耗比重逐年上升。(2)劳动行为越来越不规范，并不意味着名义劳动投入的减少，而是名义劳动投入与实际劳动投入的差距越来越大，实际是要素投入中无效率劳动越来越多。这样，投入的资金总量（包括趋增的工资资金）随劳动行为的日益不规范而增加，而资金效益则随着劳动行为的不规范而下降。(3)因为劳动生产率是单位人时的产量，虽然生产过程中的劳动力投入或者劳动时间投入要乘以劳动行为系数，但是在计算劳动生产率时，作为分母的劳动力总量或者增量前面，并不加劳动行为系数；其经济上的含义就是出工不出力导致劳动生产率下降。我国经济运行许多年的实际情况也证明了这点。(4)在经济生活中形成劳动行为不规范型的成本上升。

从动态看，在劳动行为不规范的状况下，劳动低效率消极影响劳动投入的边际生产率，进而使资本—劳动配合比发生改变，从而使经济增长消耗更多的资本。当一国就业劳动者劳动行为不规范时，由于有效率劳动供给的减少，使其经济增长率低于劳动行为正常状况下的经济增长率。在我国许多年实际的经济生活中，经济增长的速度并不低，有时还很高。然而这并不意味着劳动力劳动行为不规范不对经济增长产生消极作用，而是多投入资金（资源）替代了劳动行为的不规范，维持了既定的经济增长。

以上论证了我国劳动行为(特别是国有企业)不规范状况下资本消耗型增长的内在性和必然性。由于这种必然性，如果不规范劳动行为，我们这样一个资源相对稀少、资本短缺和人口众多的国家，要在本纪纪末达到小康发展水平，非常困难；要在下个世纪达到中等发达国家的发展水平，更是不可能的事。因而，改善我国目前严重的劳动行为不规范状况，是一件关系到我国未来经济发展的重大问题。然而，劳动行为是对经济刺激机制和竞争机制的一种反应，所以劳动行为的不规范与企业经济体制、企业经营机制和企业行为，企业和社会福利保险，劳动者择业的选择程度，人力劳动、价值和才能实现机制，劳动就业体制，劳动力市场发育等等因素有关。因此，如果想从根本上改变我国长期以来高投入、高消耗、高速度但低效益的产出和增长局面，谋求较快的稳定的效益型经济增长，其根本途径就在于加快劳动就业体制改革和与其有关的各方面的经济体制改革，从而形成一个合理的劳动行为刺激和竞争机制。

原论文题：劳动与经济增长

周　天　勇：东北财经大学工业经济专业1992年博士毕业生

导　　师：汪祥春教授

生产率理论分析与中国生产率实证研究

张德霖

生产率是经济学的一个永恒研究主题。上至古希腊时代的亚里士多德、柏拉图等，到近代经济学大师亚当·斯密以及对资产阶级古典经济学进行严格批判和科学扬弃并创立了划时代理论的马克思恩格斯，下至当代各个流派的经济学家们，都程度不同地涉猎到这一主题，并由此创立了比较系统的生产率理论体系。

(一)生产率的基本规定性。生产率的内涵分析表明，生产率是社会物质生产和再生产过程中投入与产出相比较的效益和效率关系的反映，是现实生产力质的规定性的量的客观描述和测量尺度。生产率的外延分析表明，生产率内涵不仅表现在社会再生产过程的不同层次上（微观、中观、宏观、宇观），而且也体现为投入要素或劳动相分解的部分生产率，以及由此而合成的综合生产率。生产率内涵与外延的统一，构成了生产率的网络系统：微观部分生产率和综合生产率、中观部分生产率和综合生产率、宏观部分生产率和综合生产率、宇观部分生产率和综合生产率。马克思主义生产率理论与西方生产率理论的本质区别在于，前者是以劳动价值论为前提的，并把生产率严格地界定为“劳动的生产率”，其他一切生产要素所具有的使用效益和效率，统统还原为物化劳动，并最终归结为活劳动的生产率。相反，后者常常是以庸俗价值论为前提的。从使用价值范畴和投入与产出的效益、效率关系分析，西方生产率理论特别是全要素生产率理论，仍值得学习借鉴。

(二)经济增长的来源与发展机制的创新。就经济增长来源看，1953—1988年中国经济增长的来源主要依靠劳动和资金要素投入量的增长，生产率增长的贡献率相当微薄。其中劳动生产率。增长的贡献率为50%左右，资金生产率增长的贡献率为负值，综合生产率增长的贡献率为20%强。就经济发展模式看，根据生产率计量模型中的投入、产出和生产率三组变量与样本数据的加权平均值，可得出两个档次六种经济类型排列：高效型——最佳型、高产高投高效型、低产低投高效型；低效型——最差型、高产高投低效型、低产低投低效型。一般说来，高效型相对属于内涵型发展，而低效型则相对属于外延型发展。1953—1988年中国要素生产率诸变量排列的经济类型相对倚重于低效型，经济发展属于外延型发展。就发展机制看，“一五”时期、“三年调整”时期和改革时期，是中国生产率总体发展水平最好的时期。这表明，凡是经济发展机制（包括经济发展所必需的制度机制以及运行机制和相应的调控机制）充满生机的时期，其生产率增长便会注入泉涌般的增长激素，经济发展也格外顺畅。这也说明，发展机制的培育和创新，是中国生产率增长和经济发展顺畅与否的根本制约因素。

（三）产业生产率的变动与发展主题的重申。产业生产率是中观生产率的具体体现。1979—1988年中国三次产业劳动生产率平均增长率及其构成比例为1：1.19：0.81，其中1979—1985年为1：0.58：0.35，1986—1988年为1：4.41：3.35。这表明中国第二产业劳动生产率的增长势头进一步加强，原来增长实力最弱的第三产业也迅速增强，而第一产业却较大幅度地下降。这预示着中国产业结构的高度化程度逐步提高，因为生产率增长快的产业通常是技术进步率和技术等级高的产业；同时结构的有机化程度却在降低，因为二、三产业的发展依旧建立在农业劳动生产率水平低下的脆弱基础上。所以必须重申发展农业、提高农业劳动生产率这一主题。与发达国家相比，中国农业劳动生产率的差距（包括时差水平和时点水平的差距）不仅没有多大缩小，反而有扩大的趋势。因此，必须高度重视和发展农业，大幅度提高农业劳动生产率。

（四）提高劳动生产率与增加就业。这两者的矛盾曾被西方学者概括为“维尔杜恩—卡尔多定律”。但是，这两者并不是简单的彼此消长的关系。因为事实上，随着企业管理水平的提高而引起的劳动组织的合理化，随着需求增长而引起的生产规模的不断扩大，随着技术进步而引起的产品多元化，随着生产力特别是新技术革命的发展而引起的产业升级和换代，都使得整个社会在不断大幅度提高生产率的同时，也增加了就业机会和就业岗位。因此，我们不能因为中国长期面临着巨大的就业压力以及就业与劳动生产率的矛盾，就一味地追求以牺牲效率为代价的高就业，并长期陷入高就业低效率的陷阱。为了解决这个矛盾，一方面要大力提高劳动生产率，控制人口增长率，选择适宜的资本替代劳动的技术政策，大力发展教育；另一方面努力增加就业，扩大生产规模，发展乡村工业和环农产业，发展第三产业，推进劳务输出与合作等。

（五）轻重工业生产率变动趋势与对策选择。从1953—1982年中国轻、重工业综合生产率变动趋势看，重工业表现为综合生产率增长的贡献率低，而产出增长率高；轻工业则恰好相反。着眼于这一趋势，重工业应该在现有要素存量不变或较小幅度增长的条件下，较大幅度地提高综合生产率；轻工业应设在现有综合生产率水平基础上，更大幅度地提高其经济增长率。从要素投入量增长的贡献率看，重工业表现为劳动力投入量增长的贡献率高，而资金投入增长的贡献率低；轻工业恰好相反。因此，轻工业宜适当提高其劳动力增长的贡献率，即进一步合理利用劳动力资源；重工业宜适当提高其资金增长的贡献率，即进一步合理利用资金。

张德霖：中国社会科学院研究生院经济研究所1991年博士毕业生

导　师：骆耕漠教授

我国区域产业结构的建立及变动导向选择

刘　源

在我国经济发展过程中，产业结构高度化是一个重要目标，其主要内容包括：整个产业结构由第一次产业占优势逐级向第二次产业、第三次产业占优势的方向演进，由劳动密集型产业占优势逐级向资本密集型、技术密集型产业占优势的方向演进，由生产初级产品的产业占优势逐级向生产中间产品、最终产品的产业占优势的方向演进。目前，我国产业结构的失衡状态十分严重，这导致了经济运行过程的短线制约和瓶颈约束，影响了国民经济的发展，加剧了供给和需求之间的矛盾，因此，产业结构的调整刻不容缓。

产业结构调整的目标在于加快农业、基础工业（能源和原材料工业）以及基础设施（交通运输业等）的建设和发展，相应地抑制加工制造业的增长势头和发展速度。由此可见，产业结构的高度化和协调化的要求并不一致。自然资源禀赋优势从西至东呈由大到小的梯度分布，经济要素的赋存条件和物质生产能力则呈东部优于中部、中部优于西部的态势。这种区域格局决定了各个区域在完成产业结构高度化和协调化两大任务的过程中有不同的分工要求。

在建立区域产业结构时应当注意做好以下工作：

1. 主导产业的选择　主导产业是区域产业结构的核心，在产业系统中处于支配地位，身兼专业化职能和驱动职能，对整个区域乃至全国的经济发展有重要影响，因而，选择主导产业是建立区域产业结构的首要任务。生产率上升率基准、收入弹性基准和关联度基准是一个国家选择主导产业的重要基准，但区域的性质和特点与国家并非完全一致，这些基准对于我国各区域主导产业的选择有一定的局限性。我国区域主导产业选择的基础应是区域的动态比较优势，区域主导产业应具有较高的专门化率，较大的产业规模，较强的产业关联性，适当的比较技术进步率。

2. 潜导产业的扶持　潜导产业是那些具有较高技术水平，但尚处于萌芽阶段的产业，它们体现着区域动态的优势，代表着区域未来发展的方向，是区域未来的主导产业。因此，为了保持区域经济增长有充足的活力，应注意选择发展势头较好、市场前景广阔的潜导产业，加以保护和培育，使之能较快地成长起来，上升为新的主导产业，接替日益衰老的主导产业，顺利实现主导产业的更替和转换。

3. "瓶颈"产业的拓宽　在区域经济活动中，往往因主导产业以外的其它产业发展不足，成为"瓶颈"，造成经济活动链条的阻隔和断裂，对主导产业的发展形成制约，降低了区域经济运行的效率。因此，在建立区域产业结构时，应注意非主导产业的配套发展，对已经出现的"瓶颈"产业要及时予以加强和拓展，确保区域经济系统的协调运行。

东部地带产业结构的建立和调整应从这几个方面来考虑：用新技术改造传统产业，使其获得新的发展手段；对某些高耗能、高耗料、高运量、高污染的产业要限制发展，并有计划地向发展条件较为适宜的中、西部转移；积极建立和发展知识密集型的高技术产业，提高它们在整个产业结构中的比重，促进整个产业结构高级化；合理开发具有优势的某些资源。

中部应充分利用其经济地理位置、自然资源和经济资源优势，内涵与外延并举，广泛开展横向联系和交流，加快能源生产基地和以能源为依托的重化工基地的建设，逐步形成以能源、重化工工业为主体，农、轻、重以及采掘工业、原材料工业和适度加工工业协调发展的区域产业结构，承担起"承东启西"的重任。

西部应在大力发展交通运输等基础设施的前提下，在开发本地优势能源矿产资源的基础上，以能源为依托，以电冶金、电化工为主导，重点发展煤炭、水电、石油、天然气等能源工业，以有色冶金、磷化工、盐化工、煤化工和石油化工为主的重化工工业；此外，还应发展生态农业和具有地方特色的轻纺工业。

区域产业结构的变动分为三种基本导向：一是技术导向，区域产业结构向着高技术方向转变，高技术产业在产业结构中的比重逐渐升高，直至占有主导地位；二是结构导向，产业结构以自然资源开发为主向加工制造业方向转化，直到加工制造业占主导地位；三是资源导向，以自然资源开发为主，资源型产业占主导地位。不同地带的经济发展条件、基础、成熟度等各不相同，因而存在着不同的变动导向。同一地带内各省(市)、区之间的差异也较大，在各地带内往往不只有一种变动导向，而是几种变动导向的综合作用。东部发达地区以技术导向为主，但其中相对落后的地区应采取结构导向。中部正处于由资源导向向结构导向转变的阶段，在本世纪末或下世纪初，将由结构导向向技术导向转变。西部以资源导向为主，而在某些发展条件相对优越、经济水平较高的地区采取结构导向。

原论文题：我国区域经济发展的比较研究

刘　　源：中国人民大学区域经济研究所1992年博士毕业生

导　　师：刘再兴教授

西部开发论

胡细银

西部地区，包括内蒙、广西、四川、贵州、云南、西藏、陕西、甘肃、青海、宁夏、新疆共11个省、自治区，面积684.02万平方公里，1990年底人口32467万人，是目前我国东、中、西三大区域格局中经济发展水平相对较落后的一个区域。

未来西部地区的开发，重点应致力于解决以下问题：

首先是确立一个合理的地域开发战略。开发战略应根据其自身的情况而制订。这条战略可简括为"适度倾斜，整体协调，全面开放"。它的基本思想是：在兴地富民、服务全国的总体思想指导下，把重点论与协同论有机地结合起来，实现资源的有效配置，形成以优势部门为主体的有序有机的开放的产业关联系统或网络。提高经济的总体水平，形成一个协调运转的经济机制。进而促使本区经济与东中、部地区水平差距的迅速缩小，人民生活水平的迅速普遍提高，社会效益与生态效益同步提高。

其次是正确选择区域开发中的主导产业部门。这方面的选择不能简单套用"弹性准则论"和"比较利益准则论"，而应综合考虑自身优势资源赋存条件，国家利益与地区利益的统筹兼顾，现有产业的结构、规模及效益的静态与动态比较优势，市场前景，产业部门的关联效果，产业结构的层次递进规律等。在此基础上运用定性与定量分析后得出结论。根据实际情况，未来西部地区主导产业应当包括煤炭、油气及盐类开采业，食品、饮料、烟草制造业，纺织业，电力生产业，化学工业，建材及非金属矿物制品业，有色及黑色金属冶炼业，机械工业，电子及通信设备制造业等。围绕上述主导部门，还应注意以其为中心的产业链状开发，以便极大地发挥主导产业部门的联动效应。

第三是建构好未来经济开发的空间构架。具体来说，应以工业为主导，农业为基础，城市与交通干线为依托，采取南北并进、各有侧重、先东后西、横向西移的空间开发策略。要注意在对陇海——兰新轴、京包——包兰——兰青轴、成渝——成昆——贵昆——川黔四极“口”型轴等旧点轴加强延伸的同时，还要致力于黄河西侧纵轴线、蒙东纵轴线、内昆——南昆——南防轴、青藏轴、澜沧江中下游轴等新轴线的建设。在重点地区的开发选择上，蒙陕宁交接的黄河河套地区、陇海线西段——黄河上游地区、新疆乌鲁木齐——克拉玛依地区、六盘水——攀枝花地区、红小河地区、贵州的乌江流域地区共六片在本世纪末之前应相继投入开发建设。塔里木、阿勒泰、柴达木、川滇三江流域则应做为远景重点综合开发区来安排。

第四是努力淡化其“二元结构”。“二元结构”简言之是指大范围的落后与小范围的先进并存。由于西部工业的发展和以城市地区为主体的现代社会的建立基本是源于外源力的推动，其内生相互作用与衔接力量缺乏，造成“二元结构”的反差十分明显强烈，因而对地区社会经济发展的危害也就更大。淡化“二元结构”，未来必然采取“推”，“拉”相结合的方法。即一方面，在注意落后元内在发展、提高的同时，应有促使落后部门、地区与要素向先进方面演化的“推力”，以便为其向更高水平、层次的提升创造条件；另一方面，在保持先进元不断增长发展的同时，应有来自先进部门、地区与要素对相应落后部门、地区及要素的“拉力”。只有这种“推力”与“拉力”相结合，才能使先进更先进，落后变先进，西部地区目前的这种“二元结构”及其危害也才能从根本上得到淡化和消除。

第五是致力于本区经济实力的迅速提升。这可从供给与需求两方面着眼：从供给角度而言，西部地区除了外延的扩大（包括增加资金数量投入、扩大经济开发规模、变目前的劳动力过剩经济为劳动力充分就业的经济等）外，更重要的是应重视内涵的挖掘。重点是改善本区目前的劳力、资本等生产要素的部门与地区的投入结构，优化生产要素资源的配置，加强生产中的技术投入，根据市场需求生产有竞争力的适销对路的新产品，打破大军工体制以划出相当比重的企业向市场导向转轨，发展和产业链相联系的区内外横向和纵向经济联系与合作，实施“小政府、大市场”的政策投入等；从需求角度而言，鉴于本区人均国民收入水平低，消费需求难以大幅提高的实际状况，未来要想提高需求以刺激西部地区经济增长，必须有来自区外的需求压力（包括国家需求、区际间的地方联系、国外需求三个方面）。这就要求西部地区的产业产品结构具有开放性，不但要适合自身情况，而且要瞄准国内其他地方和国外市场的需求结构。

第六西部地区的对外开放，在战略抉择上，一、应注意瞄准西亚市场，独联体及蒙古构成的中亚市场和东南亚市场三个市场区位取向。二、应据此实行“条件各异、对象不同、特点有别、功能互补”的合理区域分工。三、应建立由重点边境贸易口岸——对外经济技术开发区——加工出口区——高技术工业园区等所组成的多功能综合对外开放体系。四、应深化以市场为导向的经济体制改革，发扬“内联外挤”精神，在努力发展对外贸易的同时，重视对外资金、技术、劳务、开发项目等方面的引进与合作，以便使开放能给西部和全国的经济发展带来真正强大的促进。

胡细银：中国人民大学区域经济与发展战略研究所1992年博士毕业生
导　师：刘再兴教授

中国财政赤字的经济学分析

王　高　潮

财政赤字是一个综合性极强的经济现象。中国的情况则更为复杂。本文在对中国的赤字进行规范和实证分析的基础上，试图就以下几个方面提出一些新的思路：

一、关于赤字的基本经济含义

应包含三个层次：

第一层次：作为预算收支逆差的赤字。古典经济学派一般把赤字视为战争、灾害或政府奢侈的财政后果；凯恩斯把赤字看作是政府调节经济的有效杠杆；新古典学派则认为赤字是贻害子孙的“公害”；我国经济学界对赤字存有一种特殊的厌恶心理。这表明，在不同的社会制度下，在同一社会制度的不同的发展阶段上，不同的观察角度，对预算收支逆差的政策含义和性质的看法可以很不相同。对于发达国家来说，赤字经常是其财政政策的产物；对于发展中国家来说，预算逆差往往是经济改革和发展过程中政府为缓解各类矛盾所付出的成本和代价。根源于赤字政策的预算逆差往往是长期的；根源于改革和发展政策的赤字往往是暂时的，可以随着经济的发展而逐步减少或消失。

第二层次：作为总需求组成部分的赤字。赤字永远是社会总需求的一个部分，但它不是以单一的或一成不变的方式加入其中。在某些条件下，赤字以新的需求因素叠加在原有总需求水平之上；在另一些条件下，则以替代支出的方式嵌入总需求中。前者会导致需求总量的扩张，后者则只影响需求结构，不影响总量。据对中国的财政帐户、投资帐户和贸易帐户平衡关系的综合观察表明，改革头十年中，叠加与替代支出性赤字都曾有过。

第三层次：作为经济系统内生变量的赤字。赤字不仅作为政策性的外生变量影响经济，也是经济系统中的内生变量而受其他经济活动的影响和制约。一般地说，实行赤字政策的西方国家比较重视赤字对经济的影响，即赤字的外生性；发展中国家，由于经济结构和运行机制尚处于变动过程，则更注意经济对赤字的影响，即赤字的内生性质。

二、关于赤字的构成

当前的经济理论常把赤字划分为结构性赤字和周期性赤字，这种划分可以满足那些经济体制比较成熟、经济结构变动不大的发达国家的分析需要，但用来解释发展中国家尤其是中国的赤字现象，则远远不够。这种划分至少不能回答我们面临的三方面问题：(1)导源于改革的赤字；(2)导源于不发达的赤字；(3)导源于历史形成的政府职能过大的赤字。中国向工业化社会的过渡将是一个较长的历史时期，财政赤字仍将是棘手问题之一。应建立适应这种过渡的公共财政学，在赤字结构划分方面，应有一个相应的概念：发展政策性赤字。其概念可阐述为：发展中国家的重大改革措施出台和为推动经济和社会发展所做的投入而导致的财政增支减收所产生的赤字。在数量上可通过政策参数测算法、比列参数测算法和弹性测算法进行计量。有了发展政策性赤字这个概念，发展中国家作为改革发展成本的赤字与发达国家赤字政策下产生的赤字就泾渭分明，在性质上不再发生混淆。

对中国改革头十年的赤字结构进行分析和测算，可得出如下结论：(1)赤字总规模不太大，十年平均为GNP2%左右；(2)发展政策性赤字规模较大，十年平均为GNP的4.3%；(3)个别年份出现过周期性赤字，但十年总计显示为周期性结余；(4)十年中，不但没有结构性赤字，还有较大的结构性结余。因此，从纯政策角度分析，改革头十年中，财政政策有松有紧，在实现经济长期发展目标时，财政实行的是“松”的政策；进行短期调节时，实行的是“紧”的政策。

三、关于赤字与货币及通货膨胀的关系

我们常说：“财政出赤字，银行发票子”。这句话从长期趋势上看是对的，因为呈增长趋势的债务最终要货币化，故有赤字等于发票子之说。但从中短期看，政府完全可以用发行货币以外的手段筹措弥补赤字资金，赤字与票子没有直接的必然联系。赤字与货币发行不能划等号。

我国经济学界一般认为政府向银行透支一定是通货膨胀政策。事实并非如此。通货膨胀只有在货币供给超过需求，同时经济增长率达到了资源充分利用(充分就业)水平的条件下才会真正发生。当经济增长仍有潜力时，政府向经济过程注入货币，即使出现了超量供给，其结果首先是促使经济向接近潜力水平进一步增长，而不是通货膨胀。财政向银行透支属于基础货币的发行，只要透支额不超过经济增长对基础货币的需求量，通货膨胀就不会发生；只要经济中仍然存在可被动员而还未被动员的生产资源，适量的超额透支也不会导致通货膨胀后果。中国属于增长经济，随着经济增长，货币需求量必然增加，在新增加的货币需求量中，必有一个货币乘数决定的基础货币需求增量，这个增量就是政府透支的最大限额。一般地说，在这个限额之内，政府发行货币弥补赤字，不论经济是否处于充分就业水平，都不应有通货膨胀后果。因此，应该找到一个数量界限，以限定政府能从货币发行中获得多少收入而又不必耽心会引起通货膨胀后果。有人对巴基斯坦的界限进行过探讨，基础货币发行不超过GNP比例的13%就应算安全的。中国各年间情况差异国较大，由于指标选择的不同，中国的比例要低于巴基斯坦，约在2～3%左右。经测算，改革开放以来，财政透支占非通货膨胀基础货币发行额的21%，保守地说，不超过三分之一就不应有任何通货膨胀影响。

王高潮：中国人民大学财金系1992年博士
毕业生（中英联合培养）
导　师：陈其教授

中国工业化思想的产生和发展

赵晓雷

根据马克思主义原理，所谓工业化，是一个以生产方式的变革为实质的经济进步过程。这种变革的特征在劳动资料(生产的技术基础)上表现为机器和机器体系代替手工工具；在劳动过程的分工和劳动者的结合方式(生产的组织形式)上表现为社会化的或共同的劳动代替单个的或简单协作的劳动；在产业结构上表现为现代工业代替传统农业成为主导的和主要的社会生产部门。由于这一过程是逐步扩展到整个社会生产中去的，因此，一个国这家的工业化必然是包涵了这一国家在一定历史时期的整个社会经济。换言之，工业化是一国社会经济成长的一个特定阶段。

世界经济史表明，大抵从18世纪开始，工业化一直是世界经济发展的主题。从19世纪中叶以后，工业化亦成为中国经济发展的主题。19世纪40年代，中国开始产生了大机器工业。此后，在19世纪下半叶和整个20世纪，中国一直经历着工业化过程，尤其是在1949年新中国成立以后，更是开展了大规模的社会主义工业化建设。所以，从19世纪中叶以来的一个半世纪中，工业化一直是中国社会经济发展的主导方向，实现工业化始终是中国经济、社会发展的重要问题。

从经济思想史的角度看，一定时期的经济思想是一定时期社会经济关系在意识形态领域内的反映；一定时期的主流经济思想也必定是由一定时期内占主导地位的生产方式所决定的。既然工业化是中国近现代社会经济发展的主线，那么工业化思想自然就是中国近现化经济思想发展的主流。中国工业化思想的发展基本上可分为两个阶段，即19世纪60年代到20世纪上半期的初始阶段；20世纪下半期的主要发展阶段。工业化思想的发展既有阶段性，又有延续性。其阶段性反映了特定历史时期的工业化发展水平及社会经济、政治状况特点；其延续性反映了中国工业化发展的整个历史进程及历史联系。19世纪60年代，中国开始了以洋务运动为特征的第一次工业化浪潮，一直到1949年中华人民共和国成立，中国的工业化进程虽然也曾有过几次高潮，但由于政治腐败，战乱频仍，外侮迭至，从总体上看是发展艰难，成效甚微。由此所决定，这一时期工业化思想的发展也处于初始阶段，虽然论述较多，但较少理论上的创见，更未形成系统的学说，基本上只是对西方有关理论的引用和复述，且带有相当的传统思想烙印。但这一阶段是中国传统经济思想向现代工业化思想的转折以及工业化思想的初步发展的时期。从这时起，中国经济思想的内涵及性质发生了转变，即从研究封建小生产方式转而研究现代大工业生产方式，从传统农业经济思想转变为现代工业化思想。新中国成立以后，开展了长期的社会主义工业化建设，40多年来，工业化的发展成就斐然，但也有曲折。这一时期是中国工业化思想的主要发展阶段，不仅出现了许多结合中国社会主义经济发展实际的极具创见性的思想，而且形成了一些系统的理论体系。尤其是80年代以来，经济改革的开展，国民经济的迅速发展，学术思想的空前活跃，以及西方当代经济理论的大量引入，更是为工业化思想的发展创造了良好的条件。所以这一时期的工业化思想较之50—70年代，呈现又是一番新的气象。

从中国工业化思想的发展过程看，19世纪60年代的洋务思想最早提出了建立机器大工业的要求，可视为中国工业化思想的发轫。19世纪下半期的重商思潮将包括近代工矿交通事业的资本主义工商业统称为“商务”、“商政”，提出振兴商务、以商立国、商战等口号以表达发展资本主义工商业的思想主张。因此近代中国的重商思想包括了工商并论的内容，其实质是要求发展资本主义工业化，标志着中国工业化思想的初步形成。19世纪末、20世纪初，中国工业化思想的发展特点明显地表现为强调工业生产的决定性作用，提出了“以工立国”、“定为工国”的典型工业化主张。这种演变反映了人们对客观经济规律的认识逐步深化的过程，以及对工业化内涵认识的逐步深化过程，这一实现工业化之命题的正式提出标志着中国传统经济思想向工业化思想转变的基本完成。此后，工业化思想取代传统农业经济思想成为中国经济思想发展的主流。

20世纪上半期，中国工业有了初步发展，特别是轻纺工业发展较快，城市公用事业开始发展，重工业中采矿业的发展较为显著，但钢铁工业和机器制造业的发展则相当微弱。这一时期中国的工业化思想也有了初步发展，其主要内容包括政府的工业化政策和经济立法，以及知识界关于工业化问题的理论探讨。从总体上看，这一时期工业化思想发展的一大特点是结合中国的实际情况，在理论上对一些问题展开讨论，进而提出较为系统的工业化方案。许多经济问题的讨论都以工业化为中心，从经济结构、国内市场、对外贸易、资本供给、劳动力转移等方面讨论工业化问题，并注重结合国情和比较国际经验。从而在工业化方面提出了一些有价值的见解和方案。这时中国工业化思想已经开始涉及综合性的战略研究和经济体制的理论层次。

新中国成立后直到现在，中国的工业化思想进入一个新的发展期，逐步形成了完整的理论体系，其中包括：工业化发展道路、工业化发展战略、工业化进程中的农业现代化、工业化地区发展战略、以及工业化与对外贸易等方面的理论。它们不仅反映了这一时期中国工业化思想发展的总体面貌和先进水平，而且也对现实的工业化进程及经济发展产生了深远的影响。

赵晓雷：上海财经大学1992年博士生
导　师：胡寄窗教授

80年代美国和英国政府的宏观经济控制

章　星

80年代是国家垄断资本主义经历转折和发展的10年。在经过滞胀的教训与打击后，国家垄断资本主义对国民经济的控制在指导思想、控制方法、控制工具各个方面都发生了显著变化。在指导思想上从凯恩斯的需求管理转向货币主义、新古典经济学和供给学派；在控制方法和内容上由需求管理转向了供给管理，由直接控制转向了间接控制。宏观经济控制出现了微观化和间接化的趋势。这些变化，虽然从形式上看减少了政府对经济的宏观控制，实则加强了这种控制。

美、英两国政府在80年代所实行的宏观金融与货币控制，都是在货币主义思想指导下，围绕反通货膨胀这个中心目标进行的。但在具体操作上，美国选择的是货币基数控制方法，通过对货币供应量的直接控制达到反通胀的目的；而英国选择的是利率控制的方法，通过利率变化对货币供应量（M_3）等的影响达到反通胀的目的。在政策组合上，英国实行的是紧货币政策与紧财政政策相结合的反通货膨胀政策，美国实行的是货币主义的反通胀政策。造成这种不同组合的原因在于英国的通货膨胀属于“需求拉动＋成本推动”型，而美国的通货膨胀则属于“货币增长”型。它使英国在80年代货币供应紧于美国，实际利率低于美国的情况下，通货膨胀率仍高于美国。

在80年代中期，美、英两国的财政政策都强调通过税收政策对经济的供给总量进行刺激。但美国在减税的同时，仍然使用扩张的支出政策刺激经济增长，经济虽然很快从80年代初的衰退中复苏，并连续保持了近8年的经济增长和高就业率，但却积累了大量的财政赤字和贸易赤字；而英国在减税的同时，也同时削减了政府支出，争取平衡或盈余预算。其结果虽然预算赤字年年减少并最终达到财政盈余，但经济增长缺乏动力，失业率居高不下，并在80年代后半期出现了贸易逆差。造成这种差别的主要原因是，在80年代两国经济都既不是完全的总供给制约型，也不是完全的总需求制约型，而是介于二者之间，所以可以同时通过供给和需求两个渠道促进经济增长。美国政府这样做了，经济增长就快；英国只实行供给刺激，增长自然不快。

除此之外，美、英两国政府在80年代中期都采取了一些旨在促进微观供给水平的宏观经济政策，如私有化、减少政府的规章制度，改变劳动立法和工会立法等，这些措施不但对增加经济总供给水平起到了一定作用，而且还理顺了微观渠道，为其它宏观经济政策的顺利贯彻创造了条件。这种“宏观与微观相结合”的趋势，实际上是西方政府宏观经济控制的现实主义倾向。

总结起来，美、英两国政府80年代宏观经济控制的作用领域有宏观、中观和微观三个部分。每个部分包括需求管理政策、地区政策、供给管理政策等不同的控制内容。针对不同的内容有抓紧、监督、放开等不同的控制方式。宏观抓紧、微观放开是两国80年代宏观经济控制的主流。这种做法不但没有削弱政府宏观经济控制，反而从手段到效果都加强了这种控制。

美国政府80年代宏观经济政策组合是前紧后松的货币政策和松的财政支出政策以及减税的税收政策。这些政策降低了通货膨胀率，促进了经济的恢复和增长，促进了就业，但同时也造成了80年代初的经济衰退，以及财政赤字和贸易赤字。其中，财政赤字可以通过“挤出效应”和“收入效应”两个渠道引起贸易赤字的增加。

英国政府80年代宏观经济政策组合是紧货币政策和紧财政支出政策加上减税的税收政策，这些政策降低了通货膨胀率，并以1988年起实现了财政盈余，也促进了经济在80年代后期的快速增长。其代价则是在80年代前半期经济一直处于恢复迟缓和高失业的状态中。英国政府实际上是靠牺牲经济增长和就业换得了通货膨胀的降低。

此外，从美国和英国政府80年代的实际经验中，还可以总结出几条宏观经济控制的重要原则：(1)在制订宏观经济政策时，必须明确政策目标的实际状况和决定性因素。比如，在治理通货膨胀时，必须首先弄清通货膨胀的类型；在促进经济增长时，必须区别抑制总产量增长的因素是供给限制还是需求限制；在判断财政扩张的程度时，还必须区别造成财政赤字的原因。(2)在实施宏观经济政策时，必须把握政策作用的经济环境和时机，争取最好的政策效果。(3)财政政策和货币政策必须有机地配合。(4)必须有区别地反通货膨胀。

章　星：中国人民大学国际经济系
　　　　1992年博士毕业生
导　师：吴大琨教授

西方市场经济中的计划调控

马红霞

计划与市场是现代商品经济中的两种基本资源配置方式。二者功能的缺陷及其互补性是其结合的理论前提和现实依据。西方许多发达国家的计划化实践，证实了市场经济中计划调控的可行性。

西方发达国家的计划调节可以归纳为以下几个共同特点：(1)经济计划是一个多层次的体系。从时间上来看，有短期计划、中期计划和长期计划以及临时计划。它可以对市场调节进行“时次校正”，变短期调节为中长期调节，变事后调整为事前引导；从空间来看，有国家计划、地区计划、部门计划以及企业计划。通过这些全国性计划和局部计划,可以对市场调节进行"区位校正",促进国民经济各部门和各地区较平衡地发展,提高资源配置的效率。(2)计划制定过程是政府与社会各界沟通重要信息、共同使用信息协调决策的过程。在制订计划的过程中,政府往往通过正式或非正式的方式与社会各界代表,特别是大工商企业或团体广泛交流信息,协调那些对国民经济稳定发展具有重要意义的决策,以减少市场的不确定性的盲目性。而一般性的生产和消费决策则由市场分散作出。(3)计划主要采取指示性指标(主要是宏观经济指标),同时还包括少量有国家财政资金保证的必须实现的具体指标即若干优先发展项目。(4)计划与产业政策相辅相成。为避免市场机制对影响经济长期发展的结构性调整的迟缓和不力,减少竞争淘汰产生的不必要的资源浪费,西方发达国家宏观计划的主要内容和功能之一就是预测不同时期产业结构的发展方向,并制定相应的产业政策措施加以实施,以推进产业结构的演进。(5)计划的实施主要是依靠经济手段来诱导企业的决策和经济运行,使之接近政府的计划目标。一般来说,指示性计划是通过参与市场运行过程,通过市场活动并与市场进行多层次立体交叉式结合来实现的。市场是计划制订和实施的立足点。

由于各国具体情况不同,在实行计划调节的西方发达国家中,计划与市场相结合的深度、广度及其方式是有差别的,而且在不同时期呈现出不同的特点。到目前为止,从西方国家经济计划的主要功能及计划与市场相结合的特点来看,其计划调节模式大致可分为以下六种类型:

1. 预测型计划。这种模式的计划仅对经济活动提出一些预测及主要的参考指标,而为企业提供信息。它对各经济主体乃至政府没有强制的约束力,即使发现目标与实际不一致,政府也不会致力于用政策去修正。英国和荷兰的计划是其典型代表。这种模式的计划作用于经济的途径,主要是通过影响市场经济活动主体的预期,刺激或抑制投资和消费的增长。需求预期理论是它的理论依据。

2. 反周期型计划。此类计划除预测外,还编制有限目标的规划,有较为详细的公共投资和公共消费的预算与目标对应。计划目标的实现,一般是采取间接鼓励或限制市场行情的方法,如预算、税收政策和信贷政策等,注重需求管理。这种模式的计划主要是通过改变经济主体所面临的市场行情参数,以影响人们的投资和消费活动,对总需求进行调节,从而影响经济周期,也具有明显的反危机性质。原联邦德国的计划是其典型代表。

3. 增长型计划。这类计划以促进经济高速增长和充分就业为目标,计划中确定不同时期计划优先发展的项目,采取推动投资的增长以及优先发展几个重要战略部门的"倾斜生产方式",以此带动整个经济的增长,实现动态式平衡发展。它侧重于供给管理,它在市场经济主体的力量较弱以及市场机制尚未完善的发展阶段的效果较佳,是快速实现工业现代化的重要模式之一。60年代以前日本和法国的计划化是其代表。

4. 结构型计划。它关注经济、社会的全面发展以及中长期经济结构的演进。计划涉及经济、社会和文化等领域的全面均衡发展,范围较前面各类计划广泛,既有一般性的宏观经济目标,也有具体的部门发展指标。此类计划侧重于产业或行业管理,计划带有较强的政策性,计划手段不仅采取影响市场参数的间接方法,还广泛采取政府直接投资、对私人企业的直接资助以及某些行政手段等政策措施。70年代以来一些西方国家采用这一计划模式。

5. 协调型计划。这类计划的明确宗旨是协调经济发展以及社会各利益集团的利益。计划只规定宏观经济的一些重要比例关系(如消费、投资、进口、出口等),强调收入分配均等化和国际收支平衡,注重收入政策和人力政策以协调劳资关系。除有限的公共投资外,国家一般不参与直接投资活动,但注重推动私人投资的增长。挪威和瑞典的计划是其典型代表。

6. 战略型计划。此类计划注重描述计划发展前景及国家总体发展战略和目标。计划不再规定具体的宏观经济指标,只指明国家未来几年发展方向,同时相应选择和确定对国家经济发展具有战略意义的领域作为"优先行动项目"。这种模式的计划重视发挥市场主体的作用。它是80年代以来法、日、挪威等国所采纳的计划模式。

由此可见,计划模式并不是一成不变的,它随着经济和社会条件的变化而不断改进。随着经济国际化和一体化的发展,不少西方国家的计划有某些共同发展趋势,即日益向综合性、协调性、战略性和灵活性的方向发展。

原论文题:西方发达国家经济计划化的理论与实践

马红霞:武汉大学世界经济系1992年博士毕业生

导　师:郭吴新教授

北美三国（美、加、墨）城市化与经济发展相互作用的动力机制比较

林 玲

城市化与经济发展之间存在着错综复杂的多重联系。为了比较具体地把握两者关系的本质，我认为城市化与经济发展之间的关系可以看是作用力与反作用力的关系。具体说来就是：经济发展对城市化的作用力表现为主导产业的转换力，而城市化对经济发展的反作用力表现为城市引力场的作用。据此，在比较美国、加拿大和墨西哥城市化与经济发展相互作用的动力机制的异同时，主要从三国经济发展对城市化的作用力（即主导产业的转换力）和三国城市化对经济发展的反作用力（即城市引力场的作用）两个方面入手分析其共同的趋势和差异性。

就实现主导产业转变的驱动力、其发生作用的机制和作用的结果而言，美国和加拿大与墨西哥之间的重大差别主要体现在以下四个方面：(1)实现产业转换的起点不同。美国和加拿大在高度发达的资本主义农业基础上顺利地实现了主导产业的转换，而墨西哥农业长期以来发展缓慢，在加紧工业化进程中又不可避免地实行了“城市偏向”政策，使农业陷入困难境地；(2)实现产业转换的动力不一样。美国和加拿大实现产业转换的基本动力主要来自市场机制、市场竞争这只“看不见的手”的推动，在这种强大、普遍、持久的经济动力的作用下，美国和加拿大的主导产业依次转换，城市化与经济发展有机地、自然而然地联系起来了；而墨西哥作为一个发展中国家市场发育水平不高，其实现产业转换的经济力明显不足；(3)在实现产业转换的过程中，国家的作用力和影响力大小不一样。美国和加拿大政府政策的主要目的是避免市场机制的盲目性，在一定程度上维持产业结构的平衡发展，因此国家的作用力和影响力相对较小，而墨西哥的经济发展、产业转换大都是由国家发起、指导和监督的，人为加快产业转换的步伐，在相当程度上忽视了产业转换的基础和过程；(4)主导产业转换力作用的结果迥异。在上述产业转换力的基础和动力机制作用下，美国和加拿大逐步实现了从农业→工业→服务业的依次转换，其经济发展和城市化基本上是按照逻辑的顺序、客观经济规律和城市化发展规律而进行的；而墨西哥析经济结构多少显得失序，比例失调，造成经济畸形成发展的过度城市化。

就城市化对经济发展的反作用力——城市引力场作用的具体内容而言，美国、加拿大与墨西哥的差异性可以归纳为三点：(1)由于各自的经济基础不一样，三国城市引力的表现形式有很大的不同。随着美、加城市体系的逐步完善，形成了不同规模、不同等级、不同层次和不同类型的城市，它们在国民经济和地区经济中发挥着多层次、多功能的作用；而墨西哥城市体系尚属不发达型，由于城乡差别巨大和“城市偏向”政策的推行，使墨西哥城具有过度的诱惑力，妨碍新城市的兴起，中小城市引力明显不足，不利于墨西哥经济的合理布局；(2)与城市引力相对应，三国的农业都具有强大的推力，但其具体内容有着本质的差别。美国和加拿大农村的巨大推力，一方面表现为具有较高劳动生产率的高度发达的农业，为经济的发展、工业化的推进奠定了坚实的基础；另一方面，表现为农业劳动力的转移与工业革命和工业化紧密相联系，农业人口的下降有利于农业生产规模的扩大，劳动生产率的提高，缓和了农业过剩的危机；而墨西哥农村的巨大推力是建立在农业衰落、乡村凋敝的基础之上，这种推力与城市的吸引力是一个问题的两个方面，城市显得富有引力主要是因为乡村太贫困，农民大举进城不是城市需要他们，而是他们需要城市，其结果，乡村衰落了，城市也没有真正繁荣起来。(3)城市文明普及加速力作用的结果不一样。美国和加拿大基本上符合城市文明普及加速力的一般规律，城乡差别相对来说随着城市化水平的提高不断缩小，正走向城乡融合、城乡一体化；而墨西哥城市人口占总人口的比重尽管高达72%，由于缺乏相应的经济基础，城市辐射力较弱，一方面是贫穷、落后、封闭的农村，另一方面是急剧膨胀起来的拥有现代文明的城市，两极分化不仅没有减弱的趋势，反而有扩大的势头。

从上述的比较分析中可以看出，美国和加拿大的城市化基本上属于一种类型，即城市化与经济发展大体上同步向前，互相促进，可把它定义为“经济同步型”；墨西哥城市化则属于另一种类型，即城市化片面推进，明显超过了经济发展程度，可称为“片面发展型”。由于这两种类型的城市化在实现前提、经济背景、经济基础、内在动力等方面存在重大区别，导致美、加、墨三国在城市化与经济发展的的关系方面存在着显著的差别，其结果必然是：美加的城市化适应了经济发展的要求，两者之间呈现良性循环的关系，从而为城市化与经济发展的进一步同步发展创造了条件；而墨西哥由于过度城市化，造成人力资源的巨大浪费，影响了生产资源的合理配置，妨碍了全国各地区之间经济的均衡发展。

原论文题：城市化与经济发展

——北美三国(美、加、墨)城市化比较研究

林　玲：武汉大学经济学院1992年博士毕业生
导　师：郭吴新教授

西方资本理论发展演变的若干特点

张凤林

资本理论是整个西方经济学中最重要和最复杂的组成部份，其内容涉及到生产、分配、积累分析等诸多方面。总的来看，西方资本理论的发展大致经历了早期古典、现代新古典和当代后凯恩斯这样几个阶段，呈现出下列重要特征。

第一，资本对于生产和分配的关系问题，始终是资本理论研究的核心问题之一。作为由经济社会产出的一种投入，或非初始的生产要素，资本这一经济范畴与劳动和土地不同，它的真正出现在逻辑和历史上都晚于商品、价值、货币等等，只有当社会生产从原始的直接生产阶段过渡到大规模使用资本品的近代、文明的迂回生产阶段以后，相应地，人们观察经济世界的目光由流通领域转向生产领域的时候，资本概念才真正形成。因此，资本理论从一开始便与生产问题结下了不解之缘。然而，由此困难便发生了：资本作为经济的一种产出，能够被视为一种生产要素吗？与此相联系，资本对于分配的职能也发生了：资本是否应当作为一种代理人参与收入分配？这种分配的量和度如何决定？由于在逻辑推理和价值判断方面所特有的困难性，又使得这些问题始终没有得到普遍令人满意的结果。这样，作为对经济学家智力的一种挑战，资本与生产和分配的关系问题长期以来便一直为人们所关注并不断地致力于解决。总的来看，自古典学派以来，所形成的基本理论不外乎两大类，即以劳动价值论为基础的剩余分配理论，和以生产诸要素论为基础的边际分配理论。至于当代各流派的论述则都不过是这两大理论传统的引伸而已。

第二，资本理论的研究范围逐渐扩展，从而与理论经济学其他领域的分野变得愈益不明显。在古典时期，资本理论的研究范围是比较简单明确的。到了新古典主义时期，资本理论涵括的范围有了很大扩展，延伸到边际主义价值、生产、分配理论等等各个方面。至于发展到当代以后，资本理论日益倾向于综合性和广延性就更为明显了，它实际上已经广泛渗入到生产、分配、增长、一般均衡等各个领域。导致资本理论研究范围不断扩展的最基本原因，就在于资本这一要素在资本主义经济中所占有的重要地位，这种重要地位使得资本这一范畴在经济学家们的理论思维中自然地被赋予特别的重要性。

第三，不同的学术思潮同时并存，既相互竞争又相互吸收，使资本理论具有相当程度的复杂性和多样性。资本理论堪称理论争论最激烈的领域。不仅不同时期体现不同思想传统的理论之间沿着历史的纵向不断发生批判与扬弃，而且在同一时期中相并存的各种不同风格的学术思潮也经常展开激烈争论。从上世纪末以来，仅重大而有影响的资本论战就有三次。之所以会如此，这首先部份地是意识形态因素起作用的结果。由于资本问题特别是其收入——利润是否合理或正义是一个很敏感的问题，故不同经济学家由于价值判断方面差异便提出了不同的解说。其次，这在很大程度上也是由于方法论的差别所使然，不同流派关于资本理论的研究对象、方法、目的等等看法不同，便导致了形形色色、五花八门的资本理论体系。当然，不同学术思潮间也绝不仅仅限于争论，与此同时它们又在不同程度上相互加以借鉴和吸收。从历史的纵向发展来看，虽然新古典主义根本否定了古典主义，然而新古典资本理论却吸收不少古典派思想和方法；虽然凯恩斯主义根本否定了新古典甚至古典的自由放任理论观点，然而后凯恩斯主义资本理论却又在相当大程度上继承、恢复和发展了新古典和古典的思想理论传统。再从同一历史时期不同学术思潮之间的横向关系来看，新古典内部的生产时期分析、生产函数分析、一般均衡分析、时际分析等等理论虽然在方法论和着重点方面各不相同，但彼此之间也存在着明显的相互影响和渗透的倾向；至于当代后凯恩斯主义时期，各流派之间相互渗透和吸收的情况就更加突出了。这种不同思潮和流派之间既相互竞争又相互吸收的情况，一方面保证了资本理论发展的某种连续性，另一方面也导致了其发展呈现出相当程度的综合性和多样性。最终形成的局面则是，在当代，西方经济学史上出现过的各种有代表性的资本理论没有任何一种销声匿迹，而是都获得了不同程度的发展，即它们相互之间并没有形成明确的替代关系，相反倒是相互补充地并列存在着和发展着。这种情况表明，尽管并没有哪一学派创立起一种关于资本主义经济运行的完美无缺的“大一统”的权威理论，然而很显然，它们关于资本主义经济运行的某一具体方面却不乏真知灼见，因而它们的理论对于解释和说明资本主义经济便是不可或缺的。从这一方面来说，我们虽然可以就某些具体的问题而将不同流派的理论加以分析和比较，但是却不能从总体上来严格地评说各个资本理论学派孰优孰劣，实际上，不同的理论有不同的

使命，它们共同构成了当代西方资本理论不可或缺的重要组成部份。这不仅是我们对待西方资本理论应该采取的态度，而且也是我们对待整个西方经济学应该采取的科学分析方法论。

原论文题：西方资本理论研究

张凤林：辽宁大学经济研究所1992年博士毕业生

指导教师：宋则行教授

经济增长理论发展的新趋势

薛进军

现代化经济增长理论在经历40—50年代哈罗德—多马模式和60—70年代索罗模式与丹尼森模式的大发展之后，整个70年代几乎没有什么新的理论创见。80年代中期以来，理论上才有了重大突破，产生了所谓“新增长理论”，出现了三大新趋势：经济增长理论和经济发展理论融合的趋势；新古典主义占据统治地位的趋势以及经济增长模式中越来越强调知识积累和人力资本作用的趋势。

一、经济增长理论与经济发展理论日益融合趋势

曾经互相指责和对立的经济增长与经济发展理论近年来在概念上、方法上、理论上乃至实践方面都出现了融合趋势：(1)在概念上，以新古典主义经济学为代表的经济理论把二者混为一谈；另一些长期研究不发达经济的学者则认为增长经济学与发展经济学互不相容，各成体系。近年来，欧美一些学者在经济增长的国际比较研究和“新增长理论”中，将研究范围扩大到发展中国家，并明确表示经济增长应包括“经济发展”的内容。由此两个概念越来越通用。(2)在研究内容上，一方面增长经济学向发展经济学渗透，罗默和卢卡斯提出了“新增长理论”来修正和发展新古典主义增长理论，试图将经济增长理论改造成一种“关于经济发展的理论”；另一方面发展经济学也出现向增长经济学靠拢的倾向。发展中国家开始越来越多地运用增长经济学的理论和战略，而发展经济学则越来越多地采用增长经济学的概念、方法、观点和理论框架。(3)在实践上，近年来发达国家在经济增长中逐渐重视结构调整和收入分配公平问题；而发展中国家在经历了不成功的政府干预和过分强调经济计划，社会收入分配等战略后，重新关注经济增长这个经济发展基础，趋于用新古典主义理论来指导经济发展，尤其新兴工业化国家的经济使发展中国家出现了“经济市场化”和“经济自由化”的浪潮。

二、经济增长理论中新古典主义占统治地位趋势

在增长经济学研究中，新古典主义可以说一直占据上风，近年来，它实际上已占统治地位。其表现主要有三：(1)越来越多地采用新古典主义理论框架。近年的增长经济学研究，诸如规模收益问题、人力资本理论和“竞争性均衡模式”等研究，大都是从新古典经济学家著作中寻找理论依据，构建基本理论框架。(2)越来越多地采用新古典主义微观分析方法，研究内容微观化实证化。目前经济增长理论研究已不限于一般理论和模式分析，而日益强调宏观问题微观化的方法。这在罗默和卢卡斯模式中尤为明显。(3)经济增长研究日趋数学化模式化。一些增长经济学论文中，数学推导和模式分析已代替了传统的文字表述，成为一种标准的经济学概念和语言，并形成了类似于数学分析的理论结构，从而增加了理论分析的精确性和完美性。

三、经济增长模式中越来越强调知识积累和人力资本作用的趋势

从内在联系来看，经济增长理论的发展有四大主线：资本决定论、技术进步论、人力资本论、特殊的知识与专业化人力资本积累论。资本决定论是统治增长理论最久、影响最大的增长理论，但它关于资本—产出比不变的假定是不现实的，对资本作用和政府干预的过分强调也日益遭致批评。索罗等人不仅对资本决定论提出异义，还制作了一个强调技术进步对经济增长作用的模式，区分了经济增长中“增长效应”和“水平效应”，得出技术进步是经济增长主要推动力的结论。丹尼森等人的实证分析证实了索罗模式的观点并得出“增长系值”的重大发现。舒尔茨提出人力资本理论补充和发展了技术进步论，指出人力资本特别是教育是现代经济增长主要动力和源泉，但它们也有缺陷。近年来萨默斯等人的比较研究发现：新古典主义理论的结论与现实完全相悖，表明它已不适于分析国际间的经济增长问题。在这种情况下，罗默等人用新方法，从新的角度研究这些新问题，在理论上取得了新突破，推动了增长经济学进入一个新阶段，集中体现在罗默模式、卢卡斯模式和斯科特模式等之中。罗默模式是“收益递增的增长模式”。它将知识作为独立的因素纳入增长模式，并认为知识积累是促进现代经济增长最主要的因素，并把知识分解为一般知识和专业化的知识。卢卡斯模式是关于“专业化的人力资本增长模式”，它为经济增长的国际比较研究提供了理论依据和方法手段。这个模式认为两国间经济增长率和收入水平的差异主要源于它们在生产商品时投入的人力资本的差异，并解释了国际资本例流现象。卢卡斯还特别指出，扩大经济的开放度可使发展中国家吸收新技术和人力资本，加快经济发展。斯科特模式是“资本投资决定技术进步”

模式，认为资本投资决定技术进步从而对经济增长发生决定性作用，但同时强调了经济增长中知识和技术对劳动力质量和劳动效率的影响。它还强调国际贸易可用来吸收外国先进技术和人力资本，产生“赶超效应”，使发展中国家通过捷径赶超发达国家。

原论文题：经济增长理论的历史回顾与最新发展

薛进军：武汉大学经济系在职博士生
导　师：谭崇台教授

澳门与现代经济增长

杨允中

一、60 年代以来澳门现化经济的发展

作为一个相对独立的超小型经济体系，澳门经济具有历史发展的特殊性、产业结构的特殊性和运行机制的特殊性。作为中国固有领土的一部分，澳门早在16 世纪中叶葡萄牙人东渡前即已开埠，葡萄牙人利用15、16 世纪海上强国的余威，在澳门定居并进一步扩展了在澳门的经济地位，但几百年来澳门并未能保持早期的繁荣。

从本世纪 60 年代以来，澳门经济开始跨上新台阶，并已进入现代增长阶段：

第一，经济规模迅速扩充，平均增幅高于邻近地区和国家。

由 1963 年至今的近 30 年间，经济平均增幅近9%。其中 1982 年至 1990 年间澳门经济平均实质增长为 7.96%，1990 年人均 GDP 为 8100 美元，1991 年全澳 GDP 折合为 41.617%亿美元，人均已达 1.14 万美元，与亚洲“四小龙”相比，虽低于香港和新加坡，但高于台湾和南韩，它在远东以至亚太地区均属较高的发展水平。

第二，城市功能趋向多元化，向现代化的国际性城市跨出一大步。

经过 20 多年来的强劲增长，澳门现时的社会经济已从昔日以赌博旅游等消费行业为主体发展成为一个多元化经济体系，澳门的制造业、对外贸易、旅游业、建筑地产业、金融业等多种行业都具有一定规模并呈现代化和国际化雏形。

第三，第三产业进一步活跃。

商业、旅游、金融等服务业佔本地生产总值的比重1981 年为 56.3%，1990 年估计已提高到 66%左右。综合性服务和现代咨询产业开始兴起。

第四，多元化、集团化成为 80 年代澳门经济发展新特点。

各行各业均涌现出一些财雄势大而具影响力的企业或财团。这些新型企业实力较为雄厚，管理较为完善，与外界联系广泛，是促进澳门经济发展的新生力量。

第五，对外经济联系和区域合作不断加强。

旅游博彩业服务对象中 90%以上为来自境外的国际或区际游客，出口加工业 95%以上产品外销。澳门不仅同 120 多个国家、地区保持稳定经济贸易联系，是 20 多个国际经济组织的正式成员或准成员，近年更被独立接纳为关税及贸易总协定成员及亚洲太平洋地区经济社会委员会成员。1992 年又与欧洲共同体签署贸易及合作协议，把澳门与欧共体之间的全面经贸关系推进到一个新阶段。

二、澳门产业结构的特殊性

第一，三次产业的发展并不具有合理性与有序性。

在澳门整体经济中，第一次产业比重微不足道，目前只有少量的渔业，产值约估 GDP0.5%以下，第二次产业在 80 年代中期比重曾达到 35.9%，但至 1990 年估计已降至 26%，包括旅游、金融及政府和私人服务等在内的第三产业则占 60%以上。澳门的就业结构中，第三产业比重也已达到 56.7%。澳门三次产业的发展与演进并不具有合理性和有序性，农牧林等第一产业从未在澳门经济中估据重要位置，以制衣纺织为主体的加工业并未靠吸纳发达农业的资金和劳力而发展起来，同样，澳门的第三产业也非由第二产业逐渐转换而呈旺势，第三产业的博彩与观光旅游比例约为七比三，博彩所估比重超常之高。

第二，多重二元结构。

澳门经济至今仍处于由传统社会向现代社会演变过程中，从生产形态到社会分配等各个领域，都呈现出较为明显的二元结构特征。其表现是：(1) 现代工业与传统手工业并存，“大型”与小型、超小型并存；(2) 商品流通中新式经营与老式经营共存，管理较为现代化、货品种类齐全的商号、超级市场网络与众多小商小贩同时并存；(3) 高劳动参与率与低文化素质之间反差强烈。劳动人口中 50.65%的人为第一学级（小学六年级至初二）以下文化程度，17.49%为文盲或半文盲。

第三，劳动的高密集性与资本、技术的低密集性相结合。

其主要表现有：(1) 行业以高劳动密集型轻纺工业为主。企业规模小，人均固定资本少，技术设备比较落后，整体上属于低加工度、低附加值、低技术密集形态。(2) 产品以低附加值消费品为主。60 年代澳门兴起了纺织制衣行业，随后工业逐步多元化，陆续发展了人造丝花、塑胶、电子、电动机械及电器等新兴工业行业。

但是澳门出口工产业品仍以高劳动密集型的纺织品为主，该类产品约估工业产品出口值的70%。(3) 生产技术水平偏低。澳门工业固定资产比较少，设备更新比较慢，不少生产设备老旧。

第四，产业门类不完整性和行业分布不均衡性突出。

澳门的第二次产业中几乎没有重工业；轻型加工业中也只有纺织制衣业和玩具业等少数几个行业；即使相对发达的纺织制衣业也主要集中在后加工工序上，没有纺染等前加工工序。整个出口加工业高度集中在纺织制衣业，纺织制衣业又是以部分西方发达国家的入口配额这一优惠为发展导向，澳门有配额优惠的纺织品长期占同类产品出口总额六至七成。玩具业等其他加工业则主要依赖西方国家的普惠制优惠。

三、质量型增长是90年代澳门经济发展新特点。

进入90年代，澳门应坚持质量型增长模式——坚持产业结构合理化，坚持技术进步，坚持“科技立区，人才立区”。

当前澳门需要逐步建立的是新型经济，是结构合理化与高度化程度逐步提升的经济。发展趋势是：由传统经济向科技经济、文化旅游经济、系统金融经济、信息经济、人才经济等组成的现代经济体系转换。在这个经济系统内各种资源与生产要素能够合理配置与自由流动：(1) 正确、充分利用各种生产要素存量，包括顺其自然地利用现代博彩业；(2)适时而不迟疑地推动转型，促进二元结构的迅速转换；(3)积极扩大城市功能，提高国际形象；(4) 充分利用与参与国际分工，强化在区域合作机构中的地位、作用；(5) 积极而实际地探索提高澳门经济发展质量和居民生活素质的措施。

原论文题：澳门经济发展路向若干问题论证

杨允中：暨南大学经济学院企业管理系
1992年博士毕业生
导　师：黄德鸿教授

经济学学术会议选介

"世界经济形势与企业如何走向国际大市场"研讨会

中国社会科学院世界经济与政治研究所、中国贸促报于1月5—9日在河北省涿州市联合举办。参加会议的有专家学者，也有企业家。

与会者认为，今年世界经济还很难摆脱低速增长阶段，原因是：(1)受世界政治、经济格局变化的影响，原苏联地区和东欧地区国家经济大滑波，同时又不同程度地影响到欧洲经济。(2)冷战格局的结束，短期内对经济发展造成不利影响。(3)结构性经济问题的影响，如美国的债务经济问题，发展中国家与发达国家的差距继续拉大问题等。(4)经济发展周期的影响。

与会者分析了世界经济形势同我国的经济建设的关系。如美加墨自由贸易区的建立对我国出口的影响；周边国家的经济发展与我国的关系等。

（一　理）

不发达地区农村金融发展研讨会

全国经济不发达地区农村金融发展战略研究会第四次理论讨论会于1月在广西举行。

与会者认为，支持经济不发达地区发展商品生产，是农村金融部门的重任。有人建议调整国家投资和信贷战略，实行向不发达地区适度倾斜政策；有人提出应按照不发达地区的特殊情况制定特殊政策，拓宽资金使用渠道；有人认为应改进不发达地区的农村信贷工作，重点加强对资源开发和社会化服务组织的扶持。

与会者还提出，对不发达地区农村金融部门应采取扶持政策，如(1)对农业银行政策性贷款的利差损失应由国家补贴；(2)对农村信用社应给予优惠政策；(3)税务部门对政策性亏损的信用社应予免征等。

（瑢）

中国城市建设综合开发理论讨论会

中国城市经济学会、黑龙江省城市经济学会、哈尔滨市城市经济学会等于1月9日在哈尔滨市联合召开。

与会者认为，在我国，城市建设综合开发具有强大的生命力和广阔的发展前景，它在实施城市总体规划、提高投资效益、节约建设用地、改善城市基础设施条件、增强城市综合服务功能、优化城市空间结构、积累城市建设资金、促进住宅商品化等方面，都显示出极大的优越性。

与会者指出，当前的城市建设综合开发管理体制不顺是个突出问题。当务之急是：(1)加强综合开发政府机构的建设，强化综合开发办的职能；(2)加强综合开发的行业管理。有的认为，管理体制的主要问题是一些深层次问题没有解决，如经济管理体制改革不配套；传统的小生产意识根深蒂固；利益结构的制约。有的认为，城市建设综合开发的管理体制应当有利于房地产的发展。

会上有的专家指出，城市建设的综合开发，必须注意和尊重城市本身的优势和特色。

（一　建）

白洋淀经济开发研讨会

白洋淀国土经济研究会、海河水利经济研究会等于1月10—11日在保定联合召开。

与会者认为，白洋淀以它得天独厚的地理位置，在京津冀经济和社会发展中的特异作用，以它在世界上鲜见的封闭型水系，越来越受到国内外的关注。如何合理开发白洋淀流域自然资源，加快这一地区经济和社会发展，同时做好生态环境的保护和整治，已经成为国内外一些机构的研究课题。

（周炳煜）

研讨如何改革我国工资体制

1月12至14日在天津召开的中国劳动学会工资专业委员会成立大会及首届年会上，重点研讨了如何改革我国工资体制问题。

与会者认为，目前情况是：旧经济体制下的工资平均化和低工资、高补贴问题没有解决，而新经济体制产生的工资高低过份悬殊的倾向又在日益扩大，这两方面存在的问题又互相影响。要改变这种分配格局必须加大改革力度，转换企业经营机制，转变政府职能，要使企业有权根据自己的支付能力决定本企业的工资如何增长和工资水平；有权根据本企业经营状况和生产特点决定本企业的工资制度和工资形式；有权决定工资向苦、脏、累、险工种和高技术倾斜，给高素质、贡献大的职工以高工资、高待遇。政府要转换职能，不开"大锅饭"，消除"国家工资"，对企业工资总量调控，对内部分配进行指导，提供咨询，实行监督，由采用行政手段向经济手段转换，由直接控制向间接控制转换，强化工资管理的法制化。

（练 岑）

工资制度改革理论讨论会

国家人事部、中国社会科学院于1月18—20日在京联合召开。

与会者认为，分配问题是当前社会关注的焦点之一，它不仅是经济问题，也是政治问题；改革12年来，很多方面有进展，就是分配体制改革落后，它影响着总体改革，因此研究好分配问题至关重要。

与会者还认为，建国以来经历过1956年和1958年的两次工资制度改革，现在需要认真总结经验教训，坚持从实际出发，而不能从抽象的理论出发，才能搞好第三次工资制度改革。有的同志认为工资制度改革的"实际"，包括四个层次：分配原则；工资制度；工资体系与激励机制；工资水平。

对于第三次工资制度改革需要在理论上解决的问题，与会者提出：(1)社会主义初级阶段的按劳分配理论，需要研究我国按劳分配的特点，与其他分配形式的关系，以及在多种经济成份并存情况下如何体现按劳分配的主体地位等；(2)平均主义问题，要不要否定，如何解决；(3)脑体倒挂问题，如何解决好知识分子、国家机关和事业单位职工的工资待遇，要不要保持在较高的水平上，以及如何处理好工资待遇与机关清廉问题；(4)工资增长与国家财力的关系问题，要不要把工资增长在财政支出中占有一定的位置；要不要看到工资增长可以调动职工积极性从而促进财政的增收；(5)激励机制问题，工资制度要不要体现激励机制的作用，要不要根据激励机制的不同来确定工资体系。

在工资制度改革的努力方向和目标上，与会者提出：(1)工资制度改革的一个重要目标是使职工全身心地投入于第一职业；(2)从长远看，企业职工的收入分配目标是实现市场化，机关工作人员的收入分配目标是实现规范化；(3)现行的"划杠杠"、"套年头"的做法剥夺了职工所在单位对职工表现的评价权，应使职工工资的提高与其所在单位对他的评价挂钩。

在工资制度改革中需要注意的问题，与会者提出：(1)要确立正确的工资制度改革思路，提出：在商品经济条件下。国家控制收入，不控制分配；(2)应明确需要优先解决的问题，如平均主义问题，过分悬殊问题，机关、事业单位工作人员收入偏低问题；(3)工资制度改革是一个漫长过程，不要期望在短期内全部完成；(4)要搞好与工资制度改革有关的配套改革。

（劳 理）

人口理论讨论会

1月19日至21日河南省计生委和人口学会联合在内乡县召开。

与会者探讨了如何利用"利益导向"机制促进行计划生育工作。有同志追溯中国人口发展史，说明以利益机制为导向，制定不同的人口政策自古有之；有同志以现实为依据，说明运用利益机制是促进计划生育工作的好办法。

与会者对近年来国际上少数人以人道主义为幌子，攻击我国的计划生育工作的问题，从理论上进行了批驳，指出，中国的计划生育可以求得生态平衡，使人与其生存环境和谐发展，保障了人类问题的生活权利，促进了社会经济的发展，提高了人民群众的生活水平，事实上对人的价值的实现，具有积极的意义，是符合人类利益的人道的举动。

对于少数民族的计划生育问题，则有不同意见。一种观点认为，建国以来我国少数民族人口增长速度大大超过汉族人口，主张对少数民族人口超出当地人口50%以上而人均耕地相对较少的乡、村，应取消照顾；

另一种观点认为，虽然中原地区少数民族人口增长较快，但同汉族相比，仍处生较低的生育率，因此应继续执行照顾的生育政策。

（李新年）

搞好国营大中型企业研讨会

陕西省委理论讲师团和《资本论》研究会2月在西安举办。

与会者认为，搞好国营大中型企业不单纯是一个经济问题，而且是一个具有现实意义和深远历史意义的政治问题，直接关系到国民经济的发展和社会的进步，是稳定国家政局和社会秩序，实现"八五"计划和十年规划的关键步骤。

会议深入分析了国营大中型企业活力不强的内外部原因后，提出综合治理措施：(1)落实企业经营自主权，健全企业内部经营机制，创造平等竞争的环境；(2)加快社会保障体系的建立并健全之，为企业深化劳动工资制度改革和参与社会保险创造条件；(3)要坚持科学技术是第一生产力，加速企业技术改造，发挥人才密集优势，提高职工素质。

（侯廷娴）

全国1990年人口普查科学讨论会

国务院人口普查办公室于2月25日在北京召开。

与会代表对人口数量、人口素质、人口结构、人口迁移、劳动力转移、少数民族人口控制、人口城市化等热点问题展开讨论，对普查的准备、户口整顿、组织实施、调查登记、数据处理、质量控制等问题进行了总结。与会代表还讨论了以下有关问题：1. 中国80年代妇女生育状况，2. 中国人口的老龄化和未来人口老龄化趋势及其可能产生的问题，3. 中国人口城镇化水平，4. 中国少数民族人口的增长态势，5. 中国农村存在的大量剩余劳动力问题等。

这次讨论会是第四次人口普查期间举办的首次科学研讨会，是对我国人口研究水平的一次比较全面的检阅。

（金　泓）

转换企业经营机制讨论会

中国工业经济协会于2月27—29日在北京召开第一届全国理事会第四次会议，对转换企业经营机制问题进行了第三次研究讨论。

与会者分析了国际国内形势，认为必须做好促进国营企业经营机制转换这篇大文章，现在就是要敢于向前走，勇于探索，勇于创新，把过去认为是社会主义的而实践证明并不符合社会主义本质要求的东西改革掉，把人类智慧创造的适应现代商品经济发展要求的东西吸收进来。

与会者在作了大量调查研究的基础上，总结了企业在转换经营机制中的经验，这就是：(1)以市场需求变化为目标，组织和调整自身的生产和经营；(2)正确制订和执行兼顾国家、企业和职工利益的承包经营责任制方案，推进企业健康发展；(3)运用国家赋予较宽松的政策条件，靠科技投入推动技术进步，形成产销和效益优势；(4)严字当头，强化企业管理；(5)积极推行企业劳动人事工资制度改革；(6)坚持不懈地抓好企业领导班子建设。

与会者认为，要真正实现国营企业经营机制的彻底转变，必须从宏观和微观两方面着手，正确处理好五个方面的关系：(1)正确处理国家与企业的关系；(2)正确处理企业和职工的关系；(3)正确处理企业和市场的关系；(4)正确处理科技进步与生产发展的关系；(5)正确处理企业生与死的关系。

（一　理）

《全民企业转换经营机制暂行条例》座谈会

国家体改委于3月在北京召开。

与会者认为，《条例》的基本内容和规定体现了《企业法》的精神和中央搞好国营企业的方针、政策，操作性较强，内容比较具体。

与会者对企业财产所有权的界定问题，认为根据我国国有资产管理与运营中的复杂情况，为保证国有资产的保值、增值，比较适宜的办法是采取罗列所有权的各项职能，界定所有权代表机构的具体权利与义务。大家认为国务院和经国务院授权的地方省、市人民政府是企业财产所有权的代表者。但对谁来代表国务院和省、市人民政府行使所有权代表者的职责，有几种不同意见：(1) 只能确定一个政府机构；(2) 应组成由若干个有关部门参加的专门机构；(3)应该是全国国有资产管理委员会，归全国人大领导。它可以委托政府以外的经济实体和企业行使所有权。

与会者对《条例》中的企业经营自主权问题，建议增加企业重大问题的决策程序和厂长的决策权；明确规定任何机构、部门不得以任何形式，包括制订《条例》的实施细则或办法，截留企业的权利。还提出，《条例》不能回避企业内部的领导体制问题，认为厂长负责制必须坚持，不能倒退。

与会者对企业自负盈亏问题，提出要从法律上解决两个问题：(1) 企业必须具有独立的法人地位；(2) 企业必须有负亏的财产基础，即企业可以用国家授予其经济管理的财产，承担债务，进行抵押，直至破产。与会的厂长经理提出：(1)要正确界定政策性亏损和经营性亏损；(2)《条例》应按权力、义务相一致的原则，对厂级领导干部体现同奖同罚的精神，不应在负亏责任中只罚厂长；(3) 企业之间、行业之间的工资幅度不得超过一定比例的具体规定，在实际工作中难以落实，会出现新的平均主义的攀比。

（企）

城乡工业协调发展问题研讨会

中国社会科学院工业经济研究所“城乡工业协调发展”课题组与《中国工业经济研究》编辑部于3月2日在京联合召开。

与会代表指出城乡工业关系的矛盾主要表现在：城乡工业的重复建设；城乡工业争原料、争市场；城乡工业结构趋同。这一矛盾的实质问题是，城市工业的技术优势和乡镇工业的劳动力、原材料优势未能实现互补；城乡工业产业缺乏必要的分工；城乡工业企业组织结构不合理。

与会代表指出城乡工业协调发展的模式应当是，城乡工业一体化，包括产业结构互补、企业经营机制同一、城乡工业利益的协调、企业组织结构的合理化。促进城乡工业协调发展的政策手段主要是，加快城市工业企业经营机制的转换，把企业推向市场；统一城乡工业的宏观管理和调控；变部门管理为行业管理。

（金　泓）

经济改革与发展座谈会

3月中旬，中国社会科学院经济学科片召开，会议主题是座谈邓小平同志1992年初的南方谈话。

与会者认为，小平同志谈话具有重大战略意义，在中国社会主义现代化建设的关键时期，提出加快改革开放与发展的步伐是非常及时的。有的同志称小平谈话为又一次拨乱反正，是思想上的第二次解放。

与会者认为，经济体制改革是一项复杂的系统工程，中央、国务院要有一个总体方案，改革涉及到企业内部、市场环境和宏观政策，改革措施应相互协调相互配套。在整体构想方面，提出如下意见：(1) 企业三项制度的改革不宜推进过快；(2)股份制是企业改革的目标模式；(3) 要从战略的高度促进非国有经济的发展；(4) 要创造平等竞争的市场环境；(6) 要高度重视农业发展，力争农业早上新台阶。

在发展速度问题上与会者认为，应当坚持一贯强调的持续、稳定、协调的原则，根据目前形势，发展速度可以适当加快、但必须要有警戒线，防止经济过热和大的周期波动。

（关　理）

中国第三产业增长与发展政策研讨会

国务院研究室、国务院办公厅综合司和《管理世界》中国企业评价中心于3月中旬在北京举行。

与会者认为，我国第三产业占国民生产总值的比重和占社会就业人数的比重都大大落后于发达国家和发展中国家。并指出我国第三产业结构不合理，社会化服务体系不健全，交通运输、物资供应、资金流通、生活服务等发展落后，信息、咨询、房地产、广告、技术服务等新兴行业发展不快，给生产、生活带来诸多不便，不利于扩大就业，提高经济效益和生活质量，也制约了整个国民经济的发展。

与会者提出，加快第三产业的发展，必须加快改革开放和经济的发展；还要进一步解放思想，把政策放得更宽一些；要继续坚持国营、集体、个体和私营一起上的方针，对一般服务行业在加强管理的同时，放手让集体、私营企业和个体户去干。

（瑢）

供销社办“综合商社”研讨会

3月18日至20日，河南省委政研室、省供销社等3个单位联合在郑州召开。

与会同志提出，综合商社应具有多形式、多层次的综合功能，包括流通、服务、融资、投资、实业、开发、信息、科技、教育、决策、组织、调控等。按大类分，主要应有四种功能：(1) 综合经营功能；(2) 全面服务功能：(3) 多种实业功能；(4) 投资融资功能。为实现上述功能，综合商社必须具备四种调控手段：(1) 组织调控手段；(2) 经营调控手段；(3) 财务调控手段；(4) 其它调控手段。

(李新年)

转换企业经营机制研讨会

由国家体改委经济体制与管理研究所、浙江省经济体制改革办公室等单位于3月30日至4月3日在浙江省兰溪市联合召开。

代表们认为，要转换企业经营机制，一定要在所有权的界定问题上有所突破，并解决好自负盈亏问题。但有三种不同主张：一是由国有资产管理部门行使所有者职能；二是由政府行业主管部门行使所有者职能；三是实行企业所有权与经营权两权合一。

代表们认为，避开产权问题，转换企业经营机制难以取得实质性进展，而要理顺产权关系，必须：(1) 明晰所有者的代表；(2)实行终极所有权和法人所有权的分离；(3) 建立新型的国有资产管理体系。

代表们提出多途径多办法实现企业经营机制转换：(1) 积极地、有步骤地发展股份制企业；(2) 进行国有资产委托经营试点；(3)实行政企分开，放开经营；(4) 对长期亏损企业，分别类型实行关、停、并、转或实行破产；(5) 少数资源垄断型企业，由国家管理。

(金　泓)

工业增长与市场问题座谈会

中国社会科学院工业经济研究所于4月上旬在京召开。

与会者认为，我国工业增长的内在机制已发生了重大变化，它从主要听命于国家计划，转变为主要服从于市场供求，特别是市场需求的制约逐步增强，在一定时期甚至已超过资源供给的制约，成为主要约束条件。

与会者指出，我国工业增长的市场空间狭窄问题并没有解决，而且随着生产速度的加快将越加突出，所以摆在我们面前的一个紧迫任务是开拓新的市场空间，如果没有新的消费热点和支柱产业，中国工业增长的前景将不容乐观。有的同志认为，90年代以后我国工业的支柱产业只能是轿车工业；有的同志不完全赞同这一意见。有的同志认为，空调器、微波炉、热水器等产品可能成为新的消费热点。另一些同志认为，寻找新的消费热点和支柱产业固然重要，但传统工业领域中仍大有市场潜力可挖，关键问题是提高整个工业的素质，提高产品质量，增加品种，以适应市场需求和市场竞争。与会者还认为，我国恢复关贸总协定地位后，工业经济将受到深刻的影响，一方面更有利于开拓市场，另一方面也将直接面临国际市场的竞争挑战。

(矣　周)

少数民族地区经济发展讨论会

湖南省少数民族经济研究会4月上旬在长沙召开。

与会者认为，随着改革开放的深入，湖南省少数民族地区经济有了较快发展，但与发达地区相比，相对贫困的状况还比较突出，而且差距有越拉越大的趋势。

与会代表对如何跨越发展，提出如下对策：(1) 进一步解放思想，大胆加快改革开放。(2)立足当地资源，进一步调整产业结构。要根据市场需要，选准方向大胆开发和深度加工，形成适合于民族地区特点的合理产业结构，使资源优势成为经济优势。(3) 进一步扩大横向联合，发展边贸市场。要引东拓西，联南通北，组建跨区域经济贸易集团，活跃省际经济；同时，要扩大边境对外贸易，西走枝柳线，开辟越南和东南亚市场，北进独联体和东欧市场，南与深圳，海南等沿海地区密切联系，全方位走向世界市场。

(陈　静)

金融体制改革讨论会

《金融研究》编辑部于4月7日在京召开。

有人在会上提出，银行是不是企业问题，是解决银行规范化的根本问题。长期以来由于对银行企业化问题认识不清，导致未能用经济手段管理经济，谁也不敢提银行破产，现在银行的呆帐最少占15%。银行企业化是个渐进过程，现在可先实行银行企业化管理。有人建议建立地方银行，或把分散在各地的专业银行分离出去一部分建立地方性银行。

与会者指出，在金融市场上刮起了债券风、股票风、各类企业都想发债券或股票，地方要搞交易所，这样盲目搞下去，肯定要出问题。也有人认为，债券、服票热不会长久下去，现在热是银行抽紧银根的结果，下一轮改革中，如贷款规模放松，贷款能够充分供应，企业自然会选择贷款。与会者还提出应该建立中国式的金融市场，其原则是能体现社会主义商品经济的特征，又要融合西方金融市场的合理内核，创造出世界上至今尚未有过的金融市场模式。现在要立足于在权限之内搞小型的试验，逐步总结经验，上升到理论高度。

（融）

"改革也是解放生产力"专题研讨会

陕西省社科联和经济学学会于4月7日在西安联合召开。

与会代表一致认为："改革也是解放生产力"是对科学社会主义和建设有中国特色社会主义理论的丰富和发展。邓小平同志在改革初期提出"改革是一场社会革命"，现在又进一步作出"改革也是解放生产力"的精辟论述，对于澄清思想和理论上的混乱，巩固改革开放成果，加快经济发展步伐具有重大的理实意义。

有的同志提出，"只有解放生产力，才能发展生产力"的科学论断，一是澄清了把解放生产力与发展生产力混为一谈的模糊认识，并为其作出了恰当的界定；二是突破了只有阶级斗争、革命才是解放生产力的传统观念，从而把解放生产力扩展到了经济体制改革的领域；三是突破了新社会制度一旦建立就不再束缚生产力发展的思维模式，为马克思主义关于社会基本矛盾学说注入了新的活力。

（侯廷娴）

加强民族经济研究研讨会

中国少数民族经济研究会于4月8日至13日在湖北武昌召开。

大家强调民族地区要加速发展经济，同样必须抓住时机，现在就是实行沿边开放的最好进机，并且要把实行沿边战略同实行沿海战略联接起来；在加速发展民族地区经济过程中，必须大力发展商品经济、市场经济，这也是各民族共同繁荣与走向现代化的必由之路，而在走向市场经济过程中，又必须因地制宜和因族制宜，切忌"一刀切"；为了适应沿边开放的需要，民族地区也要创造条件开办多种形式与多种功能的民族经济特区、实验区与边贸区；在改革开放过程中，民族地区不仅要坚持四项基本原则，而且还要坚持祖国统一和民族平等团结的原则。

（方　仁）

转换企业经营机制和政府职能转向研讨会

中国企业管理协会、中国企业家协会于4月9—11日在郑州召开会议，就新形势下如何转换企业经营机制，把企业推向市场等问题进行讨论。

与会代表认为，转换企业经营机制的关键，一是改善企业外部环境，二是深化企业内部改革。目前"企业法"中规定的企业应有的权利，大部分被各级政府截留。企业感到最为困难的是，政府职能"企业化"，宏观调控不力，微观管理过细，企业不能自主经营。因此，要转换企业经营机制，先得转变政府机构的职能。

在政府机构职能的转向问题上，袁宝华会长提出三个转向：(1)由微观管理转向宏观管理，政府部门应当放弃对企业生产经营活动和企业内部管理事务的干预，集中精力搞好宏观控制，并逐步建立起宏观调控体系。(2)由直接管理转向间接管理，由单纯的行政干预转向综合运用经济、法律和必要的行政手段实施管理。(3)由"管"字当头转向服务监督，改变长期以来企业围着领导机关转的局面，重点做好行业规划、评协、服务和监督工作，停止用行政手段评价企业和评价产品优劣，寓管理于服务之中。

（矣　理）

第二届全国国有资产管理理论研讨会

4月9日至13日在北京举行。主要围绕如何加快国有资产管理体制改革，理顺产权关系，提高国有资产经营效益问题展开讨论。

与会者普遍认为，积极推进国有资产管理体制改革势在必行。改革必须既要保障国有资产的所有权，又要落实经营权。关于如何保障所有权有三种不同观点：(1)设国家资产管理局和地方资产管理局；(2)形成国有资产管理局、经营公司、经营分公司、一般企业四层体系；(3)实行国有资产管理机构、国有资产经营组织、生产企业三个层次管理。

与会者对当前如何启动国有资产管理体制改革，提出：(1)狠抓试点，总结经验。特别要实行真正的税利分流；授权企业集团经营国有产权；由国有资产管理部门任命、考评企业领导。(2)抓好清产核资工作，建立新的国有资产统计报告制度。(3)在多种经营方式中推进产权管理。

（金　泓）

国民收入分配格局问题研讨会

中国劳动学会、中国工业经济协会学术委员会、《经济管理》编辑部、首钢研究与开发公司于4月10—11日在京联合召开。

多数代表认为，近年来国民生产总值分配中个人所得大幅度上升，这种调整变化是合理适度的，分配向个人倾斜，促进生产发展和增强国力，是件好事。也有人认为国民收入分配向个人倾斜是造成财政困难和企业活力不足的主要原因。

多数代表认为，目前国民收入分配格局基本合理是指总量而言，但在分配结构上还存在严重问题，表现在收入分配中的平均主义和分配不公，另外还存在工资外收入增长过快的问题。

与会代表认为，调整收入分配的改革措施不能一刀切。住房制度、社会保障制度、价格改革等如果不是从搞活企业、发展经济的角度出发，而主要是为了甩"财政包袱"，那是危险的改革思路。当前收入分配要重点考虑向企业倾斜，只有生产发展了，才能处理好分配关系。另外，要认真推行效益工资制度和公务员制度，加强宏观调控和法制建设。

（金　泓）

深化改革的新思路座谈会

4月13日首都近20位中青年专家学者举行座谈会，主题是"重建劳动能力个人所有制，确认生产资料公有制和劳动能力个人所有制两个基础"。

与会者普遍认为，深化改革必须破除"劳动力公有论"，重建劳动力个所有制。国内外的实践表明，由斯大林首先实行的带有革命色彩的劳动力公有制，从根本上背离了马克思重建劳动者个人所有制的科学社会主义，它不过是一种"左"的超越生产力发展阶段的空想社会主义。有的同志还指出，劳动力公有制是我国当前劳动者生产积极性不高，企业缺乏活力的经济根源。有的同志对把马克思的"重建个人所有制"解释为重建劳动能力个人所有制提出质疑。

与会者还认为，创建以生产资料全民所有制和劳动能力个人所有制为基础的社会主义商品经济体制，以及生产资料国家所有权和劳动能力个人所有权两个"两权分离"等理论，是从基础理论角度对社会主义经济体制框架的一次重大重组，也为劳动制度改革提供了理论根据。

（关　理）

长江中游开放开发带理论研讨会

4月15日至17日在武汉大学召开。

与会者认为，改革开放以来长江中游地区与沿海地区的距离越拉越大，一个极为重要的原因是长江中游地区经济基本上处于封闭状态。因此，应该从上到下解放思想，加大改革的力度、深度和广度，重新调整发展战略，建立有内陆特色的开放模式。

与会者认为，长江中游地区最终要建立一种大型的开放开发区。具体说就是规模大、功能广、层次高、政策宽、声势壮。会上有两种战略构想引起广泛重视，一是建立"长江中游开放开发带"，分三个阶段建立保税出口加工区，保税仓库群和具有综合功能的自由贸易区，是一种经济贸易性特区。二是开辟"长江中游自由贸易港区"，以出口加工为主的综合型的自由贸易港群，比一般意义上的自由港、出口加工区、经济技术开发区要大。

（金　泓）

农村小康建设研讨会

河南省农村社会经济调查队4月16日至19日在河南灵宝召开。

多数同志认为，小康是一个生活概念，是生活质量标准，指的是生活水平。首先，小康是比温饱高、比富裕低的生活发展阶段；其次，小康是就全国人民的总体水平而言的，并不意味着人人都过上小康生活；再次，小康是一个反映综合性生活水平的概念；第四，小康是一种稳定性的生活水平阶段；第五，我们的小康应具有中国特色。多数同志认为，农村小康指标体系应包括以下几方面内容：(1)总量价值指标。主要包括农民年人均纯收入和人均消费总支出两个指标。(2)物质生活指标。衣、食、住、行、用五个方面是物质生活的基本内容，在指标体系中应有具体反映。(3)文化生活指标。(4)公益事业指标。

（李新年）

老工业基地改革与发展理论研讨会

4月20—24日由黄石市、宜昌市和湖北省社会科学院联合召开。

与会者认为，老工业基地属于全国工业基础雄厚、科技人才聚集、城市化程度较高、交通运输比较发达的经济文化中心地带。改革开放以来，尽管老工业基地的实力有所下降，但仍发挥着巨大作用。

与会者指出，老工业基地发展迟滞的症结是：(1)既有内部机制问题，又有外部环境问题，而当前主要是外部环境不佳阻滞了内部机制的转换；(2)既有改革问题，又有发展问题，当前主要是改革滞后阻碍了发展。

与会者探讨了老工业基地改革与发展的目标模式，提出较有代表性的三种基本思路：(1)模式选择＋结构优化＋机制转换；(2)技术改造（核心）、体制改革（动力）与组织改组（保证）的结合；(3)双重转轨，双向开拓，内涵突破，推“老”出新。

与会者不提出如下对策和建议：(1)解开捆绑老工业基地的四条绳索；(2)调整产业结构、所有制结构、技术结构、产品结构乃至企业组织结构；(3)建议中央政府作红娘，加强老工业基地与新兴工业基地之间的横向联合和协调发展；(4)处理好资源区与加工区、长江上游产品区与下游产品区的利益协调关系。

（矣　周）

证券市场与大中型企业深化改革研讨会

4月下旬由北京用友现代会计审计研究所等单位在北京联合召开。

与会者认为，证券市场与企业的发展有着密切的关系，我国日趋活跃的证券市场为企业提供了发展机会。

与会者还指出，目前一方面要在证券市场的管理和规范化、股份制企业会计制度改革等方面扎扎实实地做好基础工作；另一方面对发育、完善股份制企业和证券市场要大胆地试，大胆地闯，进一步加快改革的步伐。

（理）

经济效益审计研讨会

中国审计学会1992年年会4月27日至5月1日在苏州市举行，会议主题是经济效益审计。

与会者对经济效益审计的职能有不同看法。有的认为，经济效益审计主要目的是为了提高经济效益，无论对被审者还是宏观经济，都是一种能动的服务；有的认为，从经济效益审计实践看，实属监督行为；有的认为，经济效益审计是一种经济监督，对审计授权人委托人来讲是一种服务。

与会者对经济效益审计的内容也有不同看法。一种观点认为，从时间上包括经济活动效益性的事前、事中、事后审计，从形式上又包括技术经济指标审计、实物审计、价值审计。另一种观点认为，其内容应包括五个方面：(1)经济——实际投入比计划投入；(2)效率——实际投入比实际产出；(3)效果——实际产出比计划产出；(4)适当——计划投入比计划产出；(5)环境——经济效益比管理、社会、自然等环境。

与会者指出，提高经济效益审计实效还应解决好如下几个关键问题：(1)经济效益审计结论和决定形式问题；(2)经济效益审计纳入正常审计工作问题；(3)效益审计与常规财务审计关系问题；(4)正确处理审计监督过程中的各种纵横关系问题。

与会者还指出，经济效益审计是今后我国审计监督制度发展的方向，是巩固、发展、完善我国审计监督制度的重要内容，是比财务审计更具感染力和震慑力的审计监督制度。

（计）

加速转换国营大中型企业经营机制研讨会

由中国社会科学院财贸物资经济所、上海财经大学、《经济日报》上海记者站、上海纺织总公司、上海贸易与发展研究会联合于4月28日至30日在上海举行。

与会者对国营大中型企业经营机制的转换十分缓慢，有几种看法：(1)期望差异。国家、企业、职工对搞好企业的期望不同，相应的要求和行为缺乏合力，致使企业的经济机制只能维持现状。(2)相当一部分企业缺乏深化改革、自我改革的紧迫感，对现状和未来没有危机感。(3)政府管理职能的互抵效应。(4)工商企业目标市场的冲突。工业自销是促成机制转换的契机，但工业自销不仅缩小了商业批发的业务规模，而且使国营大批发企业无法适应市场。

与会者提出加速国营大中型企业机制转换的对策和措施：(1)积极创造改革的宽松环境，制定加速企业经营机制转换的具体对策，如进一步实现政企分开，落实企业自主权；进一步转变政府管理职能；创造公平竞争环境，建立市场竞争保障体系；扩大股份制试点，发展外向型企业和合资企业。(2)国营大中型工商企业要加强自主改革。

（金　泓）

“珠江三角洲经济发展回顾与前瞻”理论研讨会

5月在广州举行。

来自海内外的经济学家指出，目前国内各地区为了吸引外资而互相攀比，在减免土地使用费、电费、税收等方面竞相提出更多的优惠条件，从而引发剧烈竞争，出现某些消极现象：(1)各项优惠政策可令政府财政收入减少，不能增加社会福利和基本建设，削弱了政府提供吸引外资的社会环境能力；(2)各地竞相提出优惠条件，其结果是形成相互抵销效应，反而造成对外资吸引力的下降；(3)对外资“饥不择食，肥瘦都要”，纵使短期引起外资数额上升，长远看将因结构、社会环境污染等形成未来的代价；(4)有可能使外资投入产生“利用优惠搭一把”的短期投机行为。

与会者认为，对普遍出现的引进外资势头，虽不应采取“一刀切”政策，但宏观上应有些基本原则，应解决好引进外资的“软环境”建设与优惠政策的关系。

（矣　理）

中国城镇集体工业发展与改革研讨会

5月初在广州召开。

与会者指出，必须摆脱城镇集体企业的“二国营”的身份，有关部门也应归还集体企业的所有权、经营自主权和民主管理权。

与会者认为，城镇集体企业产权本来是清晰的，但几次大的“平调”把产权关系搞得越来越复杂，挫伤了群众发展集体经济的积极性。建议尽快通过清产核资摸清集体企业中的国有资产底数，将集体企业的产权界定清楚。

与会代表还提出，股份制是组织社会化大生产的一种手段，城镇集体企业可以大胆地试。其好处是：(1)使企业按市场需要进行管理；(2)使民主管理落到实处，(3)有利于提高企业的凝聚力和向心力，促进企业行为长期化；(4)有利于集资，解决资金短缺问题。

（金　泓）

国民经济恢复时期的经济研讨会

由中国社会科学院经济研究所、中国轻工业经济史学会筹委会、经济史学会现代史分会联合于5月9日至13日在四川省峨眉市召开。

与会者认为，国民经济恢复时期照搬苏联经济模式有其必然性，但脱离中国实际。对中国民主革命胜利后要不要有一个新民主主义发展阶段产生了不同看法，实践上发生了急于过渡的问题。

与会者充分肯定了国民经济恢复时期在工业、农业、财政金融、劳动工资和贸易等方面的成就。会议还就建国以来经济史研究的现状、成果及历史意义进行了讨论。

（金　泓）

经济体制改革与宏观经济管理研讨会

《经济科学文库》编委会邀请北京、上海部分中青年经济学家以及新闻出版界部分专家和记者，于5月16—17日在北京举行研讨会。研讨会就已出版的《中国GNP的分配和使用》、《通货膨胀机理与预期》、《强波经济论》、《收入分配循环论》四部书，和进一步选题问题，结合当前我国改革开放和发展的具体实际展开了讨论。

与会代表一致认为，13年的改革、开放的成就超过了历史上任何时期。如何加快改革步伐？有两种不同观点：(1)为防止新一轮经济过热，不要“刮风”，冷静行事；(2)治理整顿的负效应，新闻界应喊一喊，促一促，刮一点“微风”。

与会代表认为，根据中国国情，不宜过份渲染反对“过热”，相反在紧缩时期反衰退是不可忽视的。对周期波动，与会代表有不同看法：一是认为周期波动是一个自然过程，只能利用；二是中国周期波动有一定的人为成份，政府可以调节。政府的反周期政策是有积极意义的。

（金 泓）

职工失业与安置对策研讨会

河南省劳动厅、省政府发展研究中心和省社科联5月19日至21日在郑州举办。

与会同志从不同角度对今后失业保险工作提出了许多建议：(1)在总体上，要立足发展生产，广开门路，以企业内部消化为主，提倡兴办集体企业，发展第三产业。(2)在企业内部用工制度上，对年老体弱职工要调整岗位，确实应当作提前退休、退养的，以企业为主予以处理。积极总结和创造女工阶段性就业制度，还可以进行缩短工时的试验，以及增加班次，安排富余人员等。(3) 建立健全厂内劳务市场，实行厂内待业制度。(4) 努力办好劳动服务企业，充分发挥其蓄水池作用，以便能够在企业内部实行自我调节。(5)允许企业精简一部分富余人员，把他们推向社会。(6) 大力加强失业职工生产自救基地建设，用好失业保险金。(7) 加强对失业职工转岗训练、职业再教育工作，对失业人员进行有计划、有目的的训练。(8) 鼓励青年职工学习深造，报考各类成人职业院校。(9)政府和劳动部门要建立一个“企业破产——职业失业”情报预警系统，及时监控企业行将破产和职工濒临失业的经济动态，以便采取相应措施。

（李新年）

审计理论研讨会

湖南省审计学会5月19日—22日在大庸市召开。会议就审计工作如何为搞好大中型企业服务进行了探讨。

会议澄清了过去认为审计与企业活不活无关，甚至把审计与经济发展对立起来的模糊观念，树立了审计为党和国家的中心工作服务、为改革开放、为大中型企业的腾飞保驾护航的新观念。

与会者提出如下意见：(1)要为企业创造搞活的良好环境；(2) 延伸审计内容，要推动企业建立健全内部审计制度，并改进企业承包经营责任审计；(3) 把开展经济效益审计作为审计工作的新任务，包括主体、客体、对象、性质、职能、依据、目的、作用8个方面的内容。

（陈 静）

研讨“生产力经济学与加快改革开放”

中国生产力经济学研究会第六届年会5月19日至22日在青岛举行。会议围绕“生产力经济学与加快改革开放”主题进行讨论。

与会者认为，当前生产力发展中的主要问题是：(1) 生产力的加速发展与现行体制相对滞后；(2) 微观生产力机制转换的紧迫性与现实条件的制约；(3)生产力调控体系不健全，调控手段不完善。

与会者提出90年代进一步发展生产力的对策：(1) 把改革放在首位，处理好改革与发展的关系，尤其要注意政治体制改革与经济体制改革同步。(2)坚持科学技术是第一生产力的指导思想，实行科技兴国。(3) 实施劳动力素质工程。(4)尽快实现传统农业向现代农业的跳跃，从数量型农业向质量型农业的转变。(5) 营造节约型工业生产力系统。(6) 调整产业结构——保证农业持续增长，搞好工业内部结构调整，大力发展第三产业。

（金 泓）

城市房地产经济的改革与发展讨论会

中国城市经济学会第二届年会于5月25日—28日在太原市召开。

许多代表认为，房地产业是振兴城市经济的龙头产业，它在现代城市中的产业关联系数大，对整个城市经济、社会、环境效益影响力强。在某种意义上，房地产业与城市发展一荣俱荣，一损俱损。一些代表特别强调，目前应纠正对房地产开发商的一些偏见。

与会者指出，城市房地产开发经营面临如下问题：(1) 一些城市的房地产开发公司与政府主管部门之间政企不分；(2) 房地产开发行业中竞争不公平；(3) 不合理因素造成商品房价格过高；(4)房地产开发自身素质亟待提高，基础管理必须加强；(5) 城市土地使用制度中存在的问题。

与会者对目前造成中国城市土地利用率低、土地利用结构不合理的原因，有不同看法。有的认为，是土地的无偿无限期使用；有的认为，是数以万计的使用者既没有改变土地利用和转让土地使用权的权力，也缺乏提高土地利用效率的经济动力。

（产　经）

投资体制改革研讨会

5月27日由首钢研究与开发公司召开。会议主题是：深化改革，使企业成为投资主体。

与会代表对企业能否成为投资主体有如下几种观点：第一种观点，企业应该成为投资主体。理由：(1)企业最了解自己的潜力所在；(2)企业是市场的主体，对市场信息反应最灵敏；(3)可以克服国家投资带来的战线长、胡子工程多和效益低下的问题；(4)能克服资金筹措、科研、设计、制造、施工、生产等环节脱节弊病；(5)企业要发展必须有自我投资的权力。第二种观点，企业应成为技术改造的投资主体，这是企业保持竞争力的前提。第三种观点，原则上国家、企业、个人都可以成为投资主体，但主要的投资主体应是企业，因为它是商品经济发展的主体。第四种观点，将来我国投资主体有两类，即政府和企业。政府投资是宏观调控的手段。

与会者还对企业投资主体的构造提出建议：(1)转变政府职能；(2)企业投资能力是宏观控制的最好办法；(3)政府和企业的投资目标和方向应有明确分工；(4)银行的宏观投资调控作用应得到充分发挥。

（全　泓）

研讨如何搞活国营大中型企业和科技兴农

第七届全国财经院校研究生科讨会5月30日至6月2日在西南财经大学召开。会议围绕“如何搞活国营大中型企业”和“科技兴农的理论与实践”主题进行了讨论。

一、如何搞活国营大中型企业

国营大中型企业缺乏活力的原因：(1)企业经营机制没有得到根本转变，政企不分的现象依然十分严重，企业独立的经营自主权至今没有落实；企业技术落后，设备老化；企业负担沉重；企业流动资金不足；技术更新改造资金短缺。(2)国营大中型企业没有真正面向市场。(3)企业产权制度不完善。(4)承包制不完善。(5)企业干部职工缺乏生产积极性。(6)缺乏财政、金融部门的支持。

二、科技兴农的理论与实践

与会者认为：(1)科技兴农的关键是加快农技推广工作的步伐。(2)关于农村剩余劳动力的转移问题，与会代表提出了如下建议：开发农业经济，实现“内部转移”；因地制宜，发展乡镇企业；加强宏观指导，把农业剩余劳动力转移到商品经济机制运行之中；进一步贯彻计划生育政策，控制农村人口的增长。(3)关于贫困地区如何实施科技兴农战略、信贷如何支持科技兴农、财政如何支持科技兴农，与会者都提出了自己的看法。

（佘方勇）

金融改革与企业转换经营机制研讨会

陕西省金融学会于上半年先后会同西安金融学会，咸阳市金融学会开展研讨活动。

会议认为，目前企业在生产经营和发展中，明显地存在着三高一低问题（高投入、高消耗、高成本、低效益）。要彻底转换企业经营机制，加快金融改革与之配套是重要条件。为此，提出如下建议：

(1)金融部门应积极发展和培育金融市场，为企业提供多种融资方式和渠道，把企业推向金融市场。(2)贯彻信贷原则，打破“信贷供给制”。(3)增加科技信贷供给，为企业加快技术改造，改善产品结构，提供适当的财力。(4)为企业改革创造外部环境，配合多方发展社会保障体系。(5)改进金融管理，加快银行电子联行建设，积极开通全国范围的卫星清算系统，为企业加速资金周转，维护社会信用秩序提供条件。

（侯廷娴）

商品流通理论研讨会

商业部经济研究所、中国社会科学院财贸所、中国人民大学等联合召开的“首都两所三校第九届商品流通理论研讨会”，6月在北京举行。

与会者对新形势下的商业的地位和作用，提出四种观点：(1)中介论；(2)分工合作论；(3)多角度论；(4)转换角度论。

与会者还认为，发挥商业的作用应该三管齐下：(1)澄清认识。要加强理论研究，扩大宣传，改变轻商思想，澄清对商业的错误认识；(2)政府重视。要从以生产为中心转变为以市场为中心来组织经济建设，政府要切实转变职能，减少对商业企业的行政干预，为商业企业创造良好的经营环境。(3) 自身努力。商业企业要转变“等、靠、要”的思想，树立市场竞争观念，转换经营机制，调整组织结构，实现商业管理与经营设施现代化，并向多层次大市场渗透，实现经营多角化。

(矣　理)

经济特区、开发区发展战略与财税对策研讨会

中国财政学会中青年理论研究工作委员会、中国财经报理论部和上海市中青年财政理论研究会于6月在上海联合召开。

与会者认为，总结和反思我国现有经济特区、开发区发展中的经验教训，主要有：(1) 发展战略不十分明确，经济特区层次复杂化，缺乏整体规划，不少经济特区、开发区带有明显的地方经济色彩，短期行为严重，导致特区产业结构类同化和低层次重复。(2)政策优惠倾向过重，忽略经济特区机制与体制的改革和调整。(3) 存在着“饥不择食”的倾向，缺乏宏观调控机制。中小型企业合资多，大型跨国集团直接投资少；非生产性投资多，生产性投资少；加工装配型多，高新技术投入少；产品轻型化严重，新型产品少；用汇项目多，创汇项目少。(4) 风险内移，利益外转，逃税严重。(5) 经济政策难以与国际惯例相适应，经济法律体系不完善。传统封闭的金融体系，与特区国际化、企业市场化要求不相适应，已成为外商投资的障碍。

与会者对构建浦东新区的财政体制有不同意见。一种意见认为，中央或上海市对浦东新区一级财政可实行大包干一类的管理体制，收入全留以外，再按原有支出基数的一定比例给予补贴性拨款。另一种意见认为，应率先实行分税制，造就外向型经济运行的体制。

(一　理)

社会发展科技理论与实践研讨会

中国社会发展科学研究会于6月在珠海市召开。会议重点探讨了如何进一步推动社会经济协调发展。

与会者对中国未来社会经济发展模式发表了看法，认为国际社会中有两种基本模式，一种是经济与社会相互制约的被动调整方式，即首先进行增长式的经济发展，以积累资本，当社会发展出现不协调之后，再进行被动式调整；另一种是经济与社会相互促进、互为支持、融为一体的持续协调发展模式。我国的社会经济发展，必须坚持后一种模式，但要实现这一模式需要有几个转变：(1)由片面追求国民生产总值增长的单一目标模式向经济、社会、环境协调发展的多目标模式转变；(2) 由单纯速度型发展向效益型发展转变；(3) 由国家直接控制和管理的环境和自然资源模式，向国家直接控制与众多主体分解，界定保护责任相结合的模式转变。此外，人口控制、环境保护、资源保护、合理开发与综合利用，也是实现经济社会持续协调发展的关键。

与会者还指出，推进社会发展必须以科学技术为先导，为此：(1)要特别重视以高新技术引导社会发展；(2)努力促进自然科学和社会科学的交叉融合，发展多学科的综合优势，推动社会的进步与发展；(3) 应重视研究适应科技第一生产力发展的生产关系——科技体制、运行机制等问题，加速科技成果的转移和推广。

(技　理)

当前国际经济关系新格局问题研讨会

中国国际经济关系学会第六届年会于6月上旬在大同市举行。

与会者认为，国际格局变化对国际经济关系发生了重大影响。有的学者认为，苏联、东欧巨变，从根本上改变了国际政治的两极格局，加快了世界经济的多极化趋势，特别是加剧了西方经济中美、欧、日三极的不平衡，三方又不断构筑外围体系，极外有圈，圈外还通过辐射扩大范围，以欧共体为轴心的欧洲经济区正向全欧洲范围扩展；以美国为轴心的北美自由贸易圈正向中南美洲扩展；以日本为轴心，以“四小龙”和东盟为骨干的东亚经济圈正向西太平洋沿岸国家延伸。

与会者认为，苏联解体后，西方国家失去了共同的对手，:“西西矛盾”将会上升。但如何估计西方国家之间的矛盾及其发展趋势，有不同看法。一种意见认为，随着国际竞争的重点由政治、军事转向经济、科技，争夺经济霸权的斗争加剧，美、欧、日各自的主要威胁将来自西方内部，西方国家之间的矛盾已上升为世界主要矛盾；第二种意见认为，在世界新旧格局转换时期，各种矛盾错综复杂，西方国家之间的矛盾目前还不是主要矛盾，但有逐步演变成为主要矛盾的可能。第三种意见认为，美、欧、日之间的经济矛盾与协调合作并存，至少在90年代，西方国家之间以美国为主导的协调合作的总框架不会改变。

与会者还讨论了国际资金市场形势，认为进入90年代以来已发生了变化，其特点是：(1)国际资金短缺，

供求缺口大;(2)国际资金集中流向发达国家,这将给发展中国家带来不利影响。

(关 理)

90年代中国宏观经济发展趋势学术研讨会

中国社会经济系统分析研究会、首钢研究与开发公司于6月5日至6日在北京联合召开。会议主要对90年代中国经济增长的潜力、可能实现的增长速度、需要解决的相关条件等问题进行了论证。

与会代表认为,90年代中国应力争经济再上一个新台阶。经过十几年的改革,中国已具备了经济起飞的条件,如果一味求稳、怕乱,会把自己拖垮。另外,国际经济大环境和国内的改革开放,也迫切要求中国实现更高的增长速度。运算结果表明,90年代中国年均GNP增长的合理区间为9—10%。与会代表还就加快增长速度的相关条件和可行性进行了论证。

(金 泓)

股份、证券热中的经济问题研讨会

《经济研究》、《财贸经济》、《中国工业经济研究》编辑部于6月5日联合在京召开。

与会者对推行股份制的目的和途径看法不一。一种观点认为,目的在于深化企业改革,清除传统产权制度的落后性,重新构建社会产权主体,解决国有企业所有者长期缺位问题,途径有三种:集团股权化、债务股权化、模拟拍卖法。一种观点认为,推行股份制的目的在于构造一种能够强化企业间的横向制约、淡化行政主管部门的直接干预,充分发挥经营者集团作用的企业组织结构。途径是通过实行法人企业相互持股来改革企业的经营机制。还有一种观点认为,推行股份制不是深化国有企业改革的唯一选择。

与会者一致认为,推行股份制应慎重、稳妥。因为股份制的推行涉及许多方面的问题,主要有(1)资产评估;(2)股权设置;(3)试点问题;(4)股票上市与发展股票市场。在有关法律没有建立健全的情况下,应放慢股权证券化速度,减少消极影响。

(金 泓)

讨论招商局成立120周年的意义

中国经济思想史学会第六届年会6月23日至26日在上海举行,年会由上海复旦大学经济学院主办。这届年会主要讨论的议题是:纪念招商局成立120周年,讨论招商局的成立与中国近代工商业的关系;招商局成立前后有关人物的经济思想;改革开放与招商局的关系。代表们认为:招商局是我国最早的一家轮船运输公司,以官督商办的形式,开创了中国最早的资本主义民用企业,它采用灵活的经营管理体制,立足航运,投资兴办近代企业,培养管理人才;它把中国近代开放和发展相结合的思想认识正式付诸实践。这些思想的代表人物有:李鸿章,盛宣怀,郑观应等。回顾招商120年的历史,对我们当前的改革开放,是有着很深刻的历史借鉴意义的。

(沈 惠)

中国股票市场建设与发展战略研讨会

《金融研究》编辑部与中国人民银行辽宁省分行6月24日至26日在北京联合召开。会议对"股票热"和股票市场建设的布局及规范化问题进行了讨论。

代表们认为,股份制试点时期出现的股票供求失衡应及时控制,要不断完善和制定有关股份制与证券立法,扩大股份制范围,增加股票上市量,同时要加强有关的配套改革。

代表们还认为,发展股票市场要与国家产业政策相结合,还要根据区域经济发展的要求,在全国建立若干证券交易所和交易网络,引导资金在地区间合理流动。

代表们对完善管理提出建议:(1)加紧制定有关法规,尽快实现以法治市;(2)尽快建立全国性证券资信和企业资产评价机构,做好资产评估工作;(3)改造现有会计制度,调整相关的税收政策;(4)理顺证券管理体系,逐步建立一个统一管理的专门机构。

(金 泓)

流域水利经济研究座谈会

中国水利经济研究会于6月24日至26日在北京召开。会议针对存在的缺乏治水的系统观点、不能落实江河治理开发规划等问题，提出应当树立按流域治水的系统观点，上下游、左右岸都要服从统一的治水规划，一方面要照顾到地区、部门的利益，符合市场经济的要求；另一方面也要顾全大局。会上还提出办水利产业要保持一定的超前发展速度。

（李文治）

研究浦东开发开放与江苏经济发展

江苏省社科联、苏州市社科联等于6月24日至27日在昆山市联合开会。

与会同志在立足大开放的指导思想下，从江苏经济发展的特点和优势出发，提出了全省梯度推进与重点突破相结合的开放战略。一方面与浦东开发开放相衔接，组织"三沿"分层推进战略的实施，即"加快开发沿海，重点发展沿江，积极建设东陇海沿线"，逐步形成江苏全方位对外开放的新格局；另一方面在"三沿"推进中突出抓好沿江经济带的建设。沿江开发要以苏、锡、常为核心，首先发挥这三个市在呼应浦东，扩大开放中的先行作用和联结效应，使其经济技术能量及时向沿江传递，向苏北传递。

（张君诚）

西南第三次人口科学讨论会

四川、贵州、云南、广西四省区人口普查办公室于6月28日至7月5日在广西南宁市联合召开。

与会代表认为，西南四省区1990年人口已达2.19亿，人口基数较大，人口增长速度高于全国平均水平，其中少数民族人口增长迅速，这种局面要迅速扭转，控制人口工作必须加强，少数民族也应实行计划生育。

与会代表指出，西南四省劳动力结构转化速度缓慢，与全国平均水平差距大，为此，应使劳动力从单一的粮油作物种植转到农、林、牧、副、渔多种经营上来，大力发展乡镇企业，建立劳务市场，合理引导和管理劳动力的流动。

与会代表还指出，西南地区早婚早育现象突出，过去以政策约束生育，今后除政策外应以经济、文化等因素来影响生育观，并建立国家、集体、个人共同分担的社会保险、保障制度。

（金　泓）

研究加快中部地区开放开发

全国部分地区实现第二步发展战略目标研讨会1992年7月在山东泰安举行。会议主题是：对具有丰富资源优势的中部地区，如何加快开放开发，挑起"承东启西"重担。

一些专家提出，中部地区综合开发的战略适宜于立足资源优势，实施高起点跨越，以科技为先导，以国内外市场为导向，以有效投入和社会化服务为保证，继续搞好农业开发，大力发展乡镇企业和第三产业，逐步向工业化转化，走农牧商、科工贸、产供销一体化的路子，尽快把中部地区建成结构合理、功能齐全的新型经济区。

与会者针对开发中部地区面临资金、技术和人才投入的严重短缺，以及开发出的产品销售渠道不畅等困难，提出应以开放带开发，以开发保开放，坚持开放开发并举，尽快形成大开放、大开发的新局面。

（瑢）

中国工业发展问题研讨会

中国社会科学院工业经济研究所于7月7日至7月9日在北京怀柔召开。会议重点讨论了以下几个问题：(1) 加快工业发展的可能性及其条件；(2) 我国工业发展面临的突出矛盾；(3)在工业发展中如何实现速度、结构和效益的有机结合；(4) 保证工业持续、稳定、协调发展的政策选择及对策。

（金　泓）

关贸总协定与中国经济贸易研讨会

国家进出口商品检验局和对外经济贸易部于7月14—15日在北京联合举办。

会议针对我国恢复在关贸总协定的缔约国地位后面临的机遇和挑点，系统介绍了关贸总协定的有关知识，并探讨了我国对外经贸事业的发展态势和外贸体制改革的趋向。

（经）

工资经济效益研讨会

中国劳动学会工资专业委员会于7月21日至23日在福建莆田市召开。工资经济效益问题是我国工资研究中的新课题、新理论。这一点已为与会者共识。与会者认为，长期以来，人们把工资看做获得收入的形式，是被动的分配问题，过份强调工资的保障职能，工资的长期不调、低调、普调、滥发、平分的现象就日益严重。由于割裂工资和效益的关系，我国长期走着低工资、低效益的恶性循环之路。为了扭转这种状况，理论上必须明确，工资是一种投入，是成本，它是最重要、最活跃的生产要素——劳动投入的货币表现。我们应强调工资的激励职能，促进经济效益的增长，使我国走向高效益、高工资的道路。

（练　岑）

中国藏族人口科学讨论会

国务院人口普查办公室和西藏自治区人口普查办公室7月24日至26日在拉萨市联合召开。

会议就以下问题进行了讨论：(1)藏族人口的现状与特点；(文)藏族人口的文化素质，宗教习俗；(3)妇女生育模式；(4)人口发展与人权保障；(5)西藏地区的人口与经济、人口与婚姻家庭、人口死亡率等。

代表们以确凿的数据和事实，证明解放40年来藏族人民在翻身做主人后，文化和身体素质都有很大提高，人口平均寿命大大延长，有力地批驳了少数人制造的所谓西藏问题。

（金　泓）

中国《资本论》研究会第六次学术讨论会

中国《资本论》研究会第四届会员代表大会暨第六次学术讨论会7月24日至28日在长春市召开。

与会者认为，关于当代资本主义经济中的利润率下降趋势规律，随着资本主义进入现代垄断资本主义阶段，出现了新因素，使这一规律显示出若干新特点。当代资本主义将不断地受到利润率下降趋势规律的支配。

与会者指出，垄断资本的统治仍然是当代资本主义的基本特征。反托拉斯法对垄断可以起到一定程度的遏制，但不能消除垄断，由于混合联合大企业的发展，现代垄断资本的统治势力比战前更加强了。

与会者还探讨了资本主义积累的历史趋势，认为当代资本赖以生存的条件决定性的有两点，一是现代科学技术，二是资本所进行的国际性掠夺。马克思在《资本论》中揭示的资本的本质及其运动的规律仍然适合于对当代资本主义经济的分析。

（金　泓）

坚持和完善承包制研讨会

中国工业经济协会、中国企业管理协会、首钢总公司与光明日报联合主办，7月底在北京举行。

与会者指出，承包制是群众在实践中创造的一种企业改革模式，是理顺国家与企业关系的现实选择，对进一步搞活国有企业发挥着重要作用。因此，断言“承包制已走入困境”为时过早。

与会者认为首钢承包制的几个显著特点是：(1)包死基数；(2)承包期长；(3)全员承包制。这几条从根本上保证了承包制在转换企业经营机制上所具有的优势。

（金　泓）

我国90年代消费热点问题座谈会

《消费经济》编辑部8月在北京召开。与会者有的提出“无热点论”，认为我国90年代居民收入差距会扩大，消费会出现多样化、多层次化，难以形成比较集中的热点；有的提出“多热点论”，正因为收入多元化、多层次化，消费也会出现多元化、多层次化，因而会出现多种热点；有的提出“热点常变论”，认为热点会随着消费品供求情况而经常变化。有的提出，住房、室内装饰会成为90年代消费热点；有的提出，小汽车、电话、空调器会成为消费热点；有的提出：旅游和文化生活将成为消费热点，座谈会还讨论到什么是消费热点、为何才成为消费热点等问题。有的提出，某种商品成为消费热点，必须是适合人们消费需要、具有时代气息的；必须有较大的生产能力和可供量，而且能吸收大量购买力的。有的还提出：要对消费热点进行正确引导，以利于提高消费层次和质量，并促进产业结构、产品结构的合理化。

（向　东）

个体、私营经济健康发展政策研讨会

全国工商业联合会8月在北京召开。

与会者对私营经济的地位和作用有不同认识。一种观点认为，“私营经济是对公有制经济的补充”的提法应加以修改，它不仅仅是“补充”，而是社会主义市场经济的组成部分。另一种观点认为必须坚持原来的提法，不过对“补充”应作进一步的说明。关于多种经济成份的比重问题，有的认为应规定一个比例；有的则认为不一定规定比例关系。

对于私营经济的发展方针也有不同认识。一种观点认为“适当发展”的提法带来很多问题，应让其充分发展；另一种观点认为，现在的问题是把“限制”放在第一位，因而影响了私营经济的发展。

（金　泓）

税收负担水平再研究研讨会

中国税务学会课题组8月中旬在内蒙古自治区呼伦贝尔盟召开。

与会者认为我国宏观税负基本适宜，“七五”时期各年度税收总额占国民生产总值的比率基本处于持续下降态势，这与经济效益下降和分配关系发生变化有关，这种趋势从总体上说是正常的。目前的任务既不是提高宏观税负水平。也不是降低宏观税负水平，主要应从压缩支出着手，并整理税收之外的各种非规范性的分配。

与会者指出，目前税收负担不尽合理主要在于微观税负不均衡，表现在：(1)不同产业企业的税负不均衡；(2)不同所有制企业的税负不均衡；(3)不同规模企业的税负不均衡。企业税负不平衡不利于企业在平等基础上开展竞争，必须及早调整，提出流转税的改革应侧重于全面推行增殖税、所得税的改革应侧重于简并税种的设想。

（矣　兵）

卫生改革与发展理论讨论会

湖南省卫生经济学会8月23—25日在长沙召开。

会议围绕湖南省卫生改革与发展提出如下对策和建议：(1)深化卫生改革，转换医疗卫生单位机制，进一步扩大卫生医疗单位自主权；(2)完善卫生医疗单位补偿机制。重点和难点在于承包卫生医疗服务的价格体系，如何同社会物价水平相协调，要建立卫生医疗服务成本指标体系和核算体系，争取在实行成本收费上有较大的突破；(3)加强对农村卫生医疗事业的投入；(4)加快医疗保健制度的改革，逐步向社会医疗保险过渡。

（陈　静）

粮食价格问题座谈会

国家物价局9月在北京召开。

与会者认为，粮食价格改革应坚持计划与市场相结合的原则，逐步建立起事先调节与事后调节相结合的富有中国特色的粮食购销体制和价格体制。但对如何改革有不同思路：一是完善“双轨”的思路，继续实行“死一块、活一块”的方针。二是放开价格的思路，其中又有不同的四种意见：(1)主张全面放开，一次到位；(2)主张分两步走；(3)主张“两头限价、中间放开”；(4)主张取消国家定购，实行粮食税征实制度，并在此基础上放开粮食生产者价格。

与会者指出，要确保粮食价格稳步前进，必须具备一系列配套措施：(1)要建立和完善国家、省和地方多级粮食储备体系；(2)建立和完善中央、区域和地方三级粮食批发体系；(3)设立平抑粮食价格基金；(4)根据人民生活水平提高、消费结构的变化，调整农业种植结构，发展优质高产高效农业；(5)要大力提倡科技兴农，提高粮食单产，提高广大农民的科学文化素质，提高粮食劳动生产率；(6)转换粮食企业经营机制。

（农）

中国质量战略高层研讨会

中国质量管理协会、中国科学技术协会、中国社会科学院工业经济研究所、“中国质量万里行”组委会9月2—4日在北京联合召开。

会议提出，应该把产品质量问题作为一个战略问题抓好，应该把“质量第一”确立为我国的基本国策之一。

与会者认为，经济体制的转换，要求质量观念、质量工作也必须相应的转换。抓质量工作，使用行政手段是必要的，但更主要的是靠市场机制来解决质量问题。

与会者还认为，公平竞争是质量发展的重要动力，为此就必须提高人的素质，包括科技文化和思想道德两个方面;必须两个文明一起抓。要提高我国产品质量竞争能力,国家必须对重点行业、重点产品在资金、技术等方面给以政策倾斜,还必须继续推行全面质量管理,组织贯彻国际质量管理和质量保证系列标准,向国际惯例接轨。

与会者还对提高质量提出如下措施:(1)坚决取消地方保护主义,形成全国统一市场;(2)任何一个部门、地方,都要正确对待来自质量方面的批评和曝光,不能护短,质量万里行要再行焉,反映群众的心声;(3)当前要把打击假冒伪劣商品当中心工作来抓,商店出卖的商品要实行"三包";(4)技术改造资金重要真正用在提高产品质量、增加花色品种上。

(一 理)

海峡两岸土地问题学术研讨会

由中国土地学会和台湾私立中国地政研究所共同组织,9月2日至5日在北京举行。会议围绕土地经济与土地市场、土地评估与地产经营、土地登记与地籍管理、土地利用与土地保护、土地开发与土地规划等方面,进行了广泛研讨。此次研讨会是海峡两岸土地学术界的首次交流。

与会者认为,虽然两岸的土地制度不同,但是人口众多,土地资源相对贫乏,特别是耕地资源不足,是海峡两岸具有的共同特点。因此,珍惜土地,节约建设用地,合理利用和科学管理土地,尽可能地提高土地生产力,充分发挥土地资源的功能,是海峡两岸发展经济共同关注的重要课题。

大陆的专家学者详尽地介绍了有关大陆改革开放的政策,特别是城市土地使用制度改革中土地所有权和使用权分离的理论依据和法规,以及沿海开放地区土地使用权有偿出让的具体做法和成效。台湾的专家学者重点介绍了有关台湾的农地改革与经济发展的关系;农地使用管制;农地重划与都市土地重划;地价上涨的控制以及土地金融在经济发展中的作用等。与会者认为,在土地科学理论方面海峡两岸各有所长,需要取长补短,共同发展。

(邵捷传)

1992年海峡两岸旅游研讨会

由中国旅游协会和台湾"中国文化观光研究发展协会"9月3日至4日在北戴河联合举办。此次会议是海峡两岸旅游界人士举办的第三次专题旅游研讨会,主题是海峡两岸旅游业合作与发展。第一次是1990年8月15日至18日在深圳举行。第二次是1991年8月12日至13日在北京举行。

与会代表认为,本次讨论会规模大、主题突出、准备充分、务实、官方色彩比较浓。代表们交流了海峡两岸旅游交流发展的现状和继续发展的意义,提出虽然近年来两岸旅游业有了突破和迅速发展,但远不尽如人意,还存在许多问题。

与会代表对今后两岸旅游交流的改进提出以下建议:(1)建立两岸旅游协调机构;(2)加强两岸旅游业组织的合作;(3)推行交易合同制;(4)尽快实现直航;(5)加强旅游研究与旅游教育的合作。

(金 泓)

国有林区森工企业改革学术讨论会

中国林业经济学会和吉林省林业厅9月11日至13日在长春市举行。会议以林木生产商品化改革为中心议题,全面探讨了森工企业的改革。

与会者提出把森工企业林木培育过程纳入商品化管理轨道:(1)全面实施内部林价制度,对森林资源进行有偿使用;(2)改革育林基金的使用管理办法,实行了统收统支,用统收的育林资金购买企业营造林生产成果;(3)按照森林资源所有权与经营权适当分离的原则,建立森林资源监督和管理新体制。

(穆志明)

社会主义市场经济与财政改革座谈会

中国财政学会中青年财政理论研究会和《财政研究》编辑部9月14日在北京联合召开。座谈会围绕社会主义市场经济中财政的理论、职能作用、调控方式等问题进行了讨论。

1. 如何认识"社会主义市场经济",代表一致认为,"社会主义市场经济"的提出是对14年改革的科学总结,是我国经济改革理论方面的一大突破。市场经济的基本要素是资本主义和社会主义所共有的,因此,在建立社会主义市场经济新体制过程中,可以借鉴资本主义的成功经验。

与会者认为,在社会主义市场经济条件下,我国财政不会象西方国家财政那样,地位降低、职能弱化,相反更需要强化财政的宏观调控功能，实现财政职能的必要转变，包括财政分配形式、分配范围、分配方式和理财手段的转轨。

与会者提出应按市场经济的原则重新构造我国财政体制。为此一要将财政与国有资产所有者的职能分开；二要规范国家与企业的关系。代表们还指出分级财政管理是一项复杂的系统工程，需要一系列内部和外部条件的配套。

（金　泓）

研讨筹措教育经费和提高教育投资利用率

9月20日至24日在九江市召开，会议主题是多渠道筹措教育经费，提高教育投资利用效率等。

与会代表提出三项解决教育经费不足的措施：(1)确定有关税种作为教育经费的补充来源；(2)发展校办企业；(3) 扩大自费生比重。

与会代表认为，提高教育投资利用效率是迫切需要研究和解决的重要问题，提出评价指标体系的三种方案。(1) 人力、物力、财力的利用效率；(2) 投入产出的比较；(3) 投资效益背景、投入指标、成果指标。

与会代表一致认为，教育是科技与劳动力再生产的重要手段，是科技转化为现实生产力的中介点，只有科学地处理教育、科技、经济三者的关系，才能促进社会主义现代化建设。

（金　泓）

专业银行资产负债管理研讨会

9月21—22日浙江省人民银行金融研究所在杭州举办。

与会者认为，现行信贷限额管理办法已难以为断，推进实行资产负债管理乃大势所趋，这是建立社会主义市场经济体制的客观需要。

对于银行资产负债管理的内含，大多数同志认为是指按照当今国际上商业银行经营的通则，以实现银行资金的流动性、安全性、盈利性为目标，来管理银行资金的来源与运用。其主要内容，包括资金比例管理的资产风险管理。

如何推进浙江省银行实行资产负债管理，与会者提出以下思路：(1) 必须符合国际一般规范；(2) 提出切实的指标设置；(3) 要处理好政策性贷款，对确定核算单位、压缩信用贷款、补充资本金、会计核算制度相应改革等问题也要处理好；(4) 解决好配套措施。

（矣　理）

江苏乡镇企业再上新台阶研讨会

江苏省社科联、企业家学术研究会等9月24日至26日在靖江县联合召开。会议着重就江苏乡镇企业90年代实现第二次飞跃献计。

与会者认为：上台阶的战略目标，一是要攀登社会主义市场经济的新台阶，全面按照市场经济的原则和要求运行。强化乡镇企业市场主体地位，运用市场体系，走经济国际化之路。二是要在迈向现代化的道路上跨登新台阶。要用现代化科技装备乡镇企业，用现代市场机制运作乡镇企业，用现代方式管理乡镇企业。在经营机制上，要按照社会主义市场经济的改革方向，推进乡镇企业的制度创新，促使产权关系明晰化，使企业按社会主义市场经济的原则走向市场化，实现经营机制的完善化。在优化结构上，必须强化市场导向，弱化行政手段，改乡（镇）林政府对乡村企业的直接管理为主为间接管理为主。

（张君诚）

川陕老区建设与发展理论研讨会

中共四川省委宣传部、达县地委等单位10月在达县举行。

与会者认为，全区面貌和人民生活水平已发生了巨大变化；但差距仍大，主要是经济发展水平低，财力、物力积累少。

一些代表对老区经济如何进一步发展发表看法：(1)要解放思想，更新观念，尤其要冲破小农经济思想的束缚；(2) 要立足区情，着眼开发，制订和实施好“两点一线”（即达县、巴中为两点，襄渝铁路沿线为一线）经济发展战略。

与会者还建议：(1) 国家在投资上应实行倾斜政策；(2) 降低老、少、边、穷地区工业、农业基本建设和技改项目自有资金和匹配资金的比例；(3) 在能源、交通、通讯建设项目予以重点支持。

（一　理）

新疆加快建立社会主义市场经济体制座谈会

10月初,《新疆日报》编辑部与新疆工业经济协会联合召开。

与会者强调,今后新疆与先进省区在经济发展上的差距是缩小还是继续扩大,主要取决于新疆向市场经济的过渡是快还是慢,是主动还是被动。为此第一,要解放思想,转变观念,破除那种认为只有计划经济体制才有利于少数民族地区经济发展的观念,树立现代市场经济观念。第二,要增强紧迫感,积极为建立新体制创造条件。要破除"新疆特殊"的传统观念。第三,要积极参与国内、国际市场的竞争。

(杜培善)

海南特区土地政策与房地产开发研讨会

海南省社会经济发展研究中心、海口市政府和三亚市政府10月6—12日在海口市联合举办。

与会者认为,1988年2月13日发布的《海南土地管理办法》,突出点有四条:(1)土地使用权可以有偿出让、转让和抵押;(2)允许外国和港澳台公司、企业或个人参加土地的开发、经营、承包;(3)对已用的国有土地征收土地使用费;(4)政府有计划地开放土地市场。但由于具体做法不够明确,带来了某种程度的混乱,尤其是成片出让较多,而地价又过低,导致了国有土地资产的流失和失控,这是值得总结的经验和教训。

与会者认为,海南发展有两个最大优势,一是自然资源(尤其是土地)和环境,二是特区各项优惠的政策。海南是以房地产业的发展为先导,现已初步形成包括生产、流通、消费在内的产业运行机制,形成包括土地使用权出让、转让、出租、抵押、租赁、拍卖等各类经济活动的房地产市场,房地产业已成为海南特区的支柱产业之一,其发展前景更为乐观。与会者还指出,发展交通是个突出问题,并提出户籍管理应放开,以吸引全国的仁人志士。

(一　理)

中国社会主义市场经济体制下劳动关系问题研讨会

浙江大学、河南财院和光明日报理论部等10月在郑州召开。

与会者认为,劳动力配置、劳动关系的建立,应按照市场法则来调整和完善。当前政府应积极改善劳动环境,建立和完善劳动力市场,实行市场作用下的竞争劳动机制。一些同志指出,改革以来劳动者与国家之间的依附关系始终没有触动,现在必须淡化依附意识,应把劳动者和企业一起推向市场。

与会者对建立和发展具有中国特色的社会主义劳动关系,认为必须着眼于市场运行法则下的劳动关系问题,这就既要在理论上明确劳动力的个人所有和劳动的自主性,又要在实践上实现劳动者与生产资料的优化组合。为此:(1)应培育和开放劳动力市场;(2)尽快出台《劳动法》,使劳动力管理法制化、规范化;(3)变纵向行政建立劳动关系为横向经济性发展劳动关系;(4)理顺劳动经济秩序,搞好劳动供求的总量平衡。有的还提出,调整劳动关系,依次实现"国家人"——"企业人"——"自由人"的变革。有的提出要依靠和发挥工会的作用。

(矣　理)

分析外国经济学说发展状况及其值得借鉴的内容

10月7日至12日在郑州举行。会议主题是研究和分析当代外国经济学说的发展状况,以及值得我国借鉴和利用的内容。

与会者对比研究了外国经济学说中的市场理论与我国社会主义市场经济问题,认为西方微观和宏观经济学的基本理论表明市场不是万能的,需要国家干预。对我国不能笼统地谈国家干预,我国政府的作用主要是推进市场化进程,完善法规,建立必要的秩序和规范。只有在市场充分发挥作用后,政府的调控才具备相应的条件和基础。

与会者对外国经济学说的发展趋势,提出以下值得注意的方面:(1)寻求宏观经济学统一的微观基础;(2)主流学派经过长期争论将走向新的综合;(3)将出现"不完全信息"的微观经济学革命;(4)经济学方法论问题重新引起人们的兴趣。

(金　泓)

中南地区粮食经济研究协作会第三次理论讨论会

10月8日至11日在湖南省大庸市召开。

会议打破了"粮食是特殊商品"的传统理论。多数同志认为,粮食不是特殊商品,经营粮食的企业也属一般的商品生产经营企业。因此,转换粮食企业经营机制的目标,就是按照社会主义市场经济的要求,把产品分配型转变为商品经营型,以市场为导向进行改革。

针对当前存在的问题,与会者提出了加快粮食企业经营机制转变的对策:(1)企业要面向市场,开拓经营;只要市场需要,经营什么都行。(2)组建企业集团发挥行业优势;(3)改革人事用工分配制度;(4)进行企业外部环境的配套改革。

(陈　静)

企业数量经济学研究

中国数量经济学会企业专门委员会10月12—16日在厦门市召开。

与会者认为,企业数量经济学研究要适应我国社会主义市场经济的发展需要,不要先搞框框,应因势利导。

与会者还指出,数量经济学的研究和应用还必须与企业决策科学化、企业管理现代化,以及成果的推广应用结合起来,要充分利用动态方程和定量分析的理论和方法。

(吴连生)

保险理论研讨会

10月16日—19日,长沙召开了湖南省保险学会第二次代表大会暨理论讨论会。会议提出保险配套服务的11条对策:(1)千方百计地把大中型企业的财产保足保全;(2)把保险作为重要内容之一纳入企业承包经营责任制;(3)对保额大的企业给予费率优惠和实行分期交费的优惠;(4)为企业技术改造和新产品开发提供新险种;(5)推广产品质量保证保险、产品责任保险和产品信誉保险;(6)为大中型企业提供各种待业、医疗、养老等保险;(7)合理规定安全无赔款优待方法;(8)推行安全生产承包责任制;(9)发挥保险融资功能,帮助大中型企业缓解资金短缺;(10)强化客观调控机制,加强保险市场的管理;(11)加强保险宣传和改善保险服务。

(陈　静)

1992年经济形势分析会

首钢研究与开发公司10月17、27日在北京召开。

与会者对当前经济形势有三种不同看法。第一种观点认为,当前国民经济运行正常,不会出现过热。其理由是:(1)固定资产投资增势仍在正常范围之内;(2)价格上涨幅度在可控制范围之内;(3)银行新增信贷和货币发行虽已超过计划控制范围,但金融形势正常;(4)瓶颈产业对经济增长的支撑程度也属正常,各瓶颈产业的供给大幅度增加,供应偏紧的生产资料价格上涨幅度也在可承受限度之内。第二种观点认为,已处于过热状态。理由是:(1)固定资产投资规模已大大超过经济过热的1988年水平,势必加剧产业结构失衡;(2)信贷、货币发行在连续三年超经济增长之后继续大幅度扩张,热必要引发信用膨胀,导致新的一轮通货膨胀。(3)在双重体制并存和价格结构严重扭曲情况下,追求经济的高速增长,最终会陷入"膨胀——紧缩"的恶性循环。(4)国民经济增长还在沿袭旧的"高投入、低产出"的数量扩张方式。(5)金融秩序和流通秩序非常混乱。第三种观点认为,说目前经济出现过热还为时过早,但由于投资规模、信贷规模的急剧扩大以及瓶颈产业约束的程度越来越大,目前还存在过热的危险。

与会者对当前国民经济运行的主要矛盾及今后的宏观经济政策选择也有不同看法。一种观点认为,是需求不足。今后应继续启动需求:(1)固定资产投资保持25—30%的增长率;(2)加快交通运输业的投资;(3)金融方面还应继续保持扩张性的货币政策。另一种观点认为,是产业结构与需求结构之间出现的新矛盾,应加快经济结构调整的步伐,解决生产结构不适应消费结构的矛盾。

(一　理)

加快发展城市第三产业研讨会

中国城市经济社会发展研究会、商业部经济研究中心、中国社会科学院财贸物资经济所等。10月29日至31日在东山市联合召开。

与会者认为,第三产业的发展有利于调整和优化我国产业结构,实现国民经济的良性循环;有利于提高农业、工业和全社会的生产效率和工作效率；有利于提高居民的生活质量和文化素质；有利于改革开放。

与会者还指出，第三产业的发展决定着城市经济的发展，其发展程度也是城市现代化的标志，所以优先加速发展第三产业是发展城市经济的必由之路。

与会者提出，加快发展第三产业的对策建议：(1)转变观念；(2)选准带头产业，作好规划；(3)增加资本股入；(4)政府转变职能。

（金泓）

发展企业集团迎接“复兴”座谈会

国务院发展研究中心《现代企业导刊》于11月召开。

与会者认为，企业集团的形成及其扩张是社会生产力发展和进步的结果，是现代商品经济条件下的现象。我国既要坚持社会主义市场经济的改革目标，又要因势利导，按照商品经济规律和借鉴国外经验，引导和培植一些大型企业集团，以此推动和促进我国企业的组织结构调整，实现规模经济，并成为提高我国企业的国际竞争力，迎接“复兴”挑战的一个战略性手段，成为我国国民经济抵抗各种冲击和动荡的“航空母舰”和骨干力量。

与会者也指出，引导和发展企业集团不应用行政手段强行搭配，也不宜一哄而上搞形式主义。并提出如下建议：(1)引导和发展企业集团，应以资产关系为纽带，通过资产扩张和参股控股来实现；(2)把发展企业集团和转换企业机制联系起来，不能光指望国家给过多的优惠政策；(3)把政府有意识扶植企业集团和产业倾斜政策统一起来，特别是当前应根据关贸总协定多边贸易谈判的进展，重点培植一些服务业企业集团；(4)应制订相应法规，坚持政企分离，不挂行政级别，尊重集团下属企业的法人地位和自主权，理顺集团内部管理体制。

（矣　理）

财政体制改革座谈会

中国财政学会、财政部科研所、《财政研究》编辑部于11月在北京联合召开。会议围绕社会主义市场经济、转变政府职能和财政体制改革等问题进行讨论。

与会者认为，我国财税改革的基本取向是：推进分税制、税利分流、统一税制、复式预算及加强国有资产管理体制建设五个方面，其基本推架是符合发展社会主义市场经济要求的。

会上一些同志指出，今后的财政改革必须从单纯的放权让利转到正确处理国家与企业、中央与地方的责权利关系上来。为此，财政部门应当摆脱人治理财、“不定式”调剂的老方式，以及财税体制中随意性的老做法，实现科学理财和规范化管理。

（瑢）

金融改革研讨会

湖南省金融学会11月在娄底召开。

与会者对我国金融改革，提出如下对策：(1)必须确定中央银行的独立地位。一些学者建议中国人民银行总行应直接对全国人民代表大会和它的常务委员会负责，受全国人大常委会的领导和监督。中央银行，要尽量提高自己的宏观决策能力和操作技能，将自身置于超然的地位上，把一些实际事务交给其他金融机构去办，以全部精力履行中央银行的职能。(2)走出货币改革目标的误区，建立货币政策直接目标新概念。一些专家认为，要果断走出“发展经济，稳定币值”的双目标误区，确立中央银行的独立地位，保证货币供应的独立性，打破过去财政、信贷联动体系，适应市场经济要求，增强间接的自动调节功能。(3)呼唤专业银行市场化。市场经济要求银行打破专业分工限制，建立和健全金融市场，组建股份制的商业银行。(4)建立市场型的信贷资金运行机制。要按照负债制约资产的原则管理信贷资金，取消信贷规模控制；实行资金和利率市场化，代替低弹性的利率运行机制；按照安全、流动、盈利的原则建立信贷资金的投放机制。(5)组建政策性银行，使其负责国家直接的投资项目和关系国计民生的生产经营信贷业务，并承担历年的政策性补贴和企业亏损挂帐的填平补齐任务。政策性银行可挂靠财政，业务上由中央银行统一领导和监控。

（陈　静）

研讨市场经济理论

11月3日至5日，全国地方社科院经济所第三届联席会在云南昆明召开，由云南社科院综合经济研究所承办。会议集中讨论了社会主义市场经济理论问题。

代表们认为，社会主义市场经济理论在中国的确立，突破和解决了计划与市场谁主谁辅和改革”摸着石头过河”两个问题；有利于社会主义政治经济学体系的建立，是对马克思主义经济理论的发展，必将产生深远的划时代的影响；有利于社会主义市场体系的建立和完善，加速我国生产力的发展。

与会者认为，商品经济同自然经济、产品经济相对应；市场经济同计划经济、战时统制经济相对应；商品经济从产品是否通过商品交换进入消费领域的角度去界定经济类型，市场经济从社会资源配置的角度去界定经济体制；商品经济的范围宽，市场经济的范围小，市场经济都是商品经济。

与会者还认为，社会主义市场经济的特征，是由社会主义基本制度的本质决定的，此外，还具有消费性、外向性、开放性、效益性、竞争性、科学预测性等特征。

在发展市场经济需要解决的问题上，有的提出必须从放开价格起步；有的认为必须改变过去那种旧的领导体制、法规、政策、处理好企业改革和政府职能转变的关系。

（王力京）

研讨蒋一苇的经济思想

中国社会科学院工业经济研究所和中国企业改革与发展研究会11月4日至5日在北京联合召开。社会主义经济民主理论研讨会会议主要围绕1978年以来蒋一苇在经济改革理论和政策研究中的观点和主张进行讨论和评述。

会议介绍了蒋一苇经济思想的主要理论观点及其实践意义。主要包括社会主义商品经济的观点、企业本位论、职工主体论、经济民主论、经济民主与政治民主的关系等。代表们认为，企业本位论、职工主体论、经济民主论是蒋一苇的基本理论观点，而最主要的是企业本位论。企业本位论为我国经济改革提供了很好的理论武器，蒋一苇是第一个从理论上阐明扩大企业自主权的必要性的学者。

代表们肯定了蒋一苇较早地提出计划、市场、股份制等是中性的，资本主义可以利用，社会主义也可以利用的观点。

（金巧云）

北京地区高校社会主义市场经济理论与实践讨论会

北京大学经济学院主持，11月12日在北京大学召开。

与会者认为社会主义市场经济理论的提出，对我国经济体制改革的深化和经济理论的发展具有主要意义。如何尽快地建立起社会主义市场经济的新体制，需要深入研究，做好以下四方面的工作：1. 改革企业制度，使之成为市场经济的主体；2. 健全完善市场体系；3. 建立国家宏观调控体系；4. 进一步扩大对外开放。

与会者还就如何准确地理解和把握社会主义市场经济的含义，以及对市场经济与商品经济的关系，市场经济中市场与计划的关系发表了各自的观点。

与会者还提出高校的经济理论教学面临着如何进行理论体系更新的问题，需要进一步统一思想，明确认识。

（金　泓）

天津城市国际化理论研讨会

11月12日至13日由天津市委宣传部、天津市社会科学界联合会及市环渤海经济研究会等联合召开。

与会同志认为，城市国际化的实质是经济国际化，当前应抓住有利时机，把社会主义市场经济搞起来，并以市场经济为突破口加速天津城市国际化的进程。根据天津市的实际情况，应制定一些优惠政策，努力改善投资环境，大量吸收国内外资金和技术，加快发展外向型经济，把天津逐步建成为我国北方的国际经济中心，即我国北方的工业生产基地、商业经济中心、国内外金融中心和信息咨询服务中心。

（陈祯权）

发展社会主义市场经济与转换金融机制研讨会

11月13至14日湖北省金融学会、人民银行湖北省分行金融研究所在武汉举办。

与会者认为，发展社会主义市场经济，进行金融体制改革要从实际出发，一方面要摸着石头过河，审时度势，另一方面要敢为人先，有所突破，不能因为怕难而行动缓慢。

与会者指出，发展市场经济走向市场，必须克服通货膨胀和市场混乱的困扰。

(1)应该正确认识和面对我国的通货膨胀。治理通货膨胀不能简单地用减少货币量的办法加以控制，而必须通过发展经济来减轻其影响。同时也应该认识到，现代经济是一种预付经济，西方学者认为，在预付经济条件下存在一个适宜通货膨胀率。难度在于适宜的通货膨胀率是多少，需要冷静的科学的探索。(2)市场混乱是计划经济向市场经济过渡必然出现的现象，应该逐步完善市场机制和与之相配套的法制体系。

中央银行的宏观调控问题，是这次研讨会讨论的重点和热点。与会者认为，中央银行始终摆脱不了“一控就死，一放就乱”的怪圈。完善中央银行宏观调控的取向应该是间接化和市场化。中央银行调控无力的原因是：调控手段落后，缺乏灵活性；基础货币投放都是用于政策性投入，是“填窟窿”，投放出去再也收不回，调不动，没有起到调节银根的作用；中央银行的统计监测体系不完善，缺乏法律保证，总量控制不协调；中央银行缺乏进行间接调控和市场调控的外部环境。代表们就以上问题提出了许多建设性的意见。

关于专业银行转换经营机制和金融改革的外部环境，与会代表认为，目前我国专业银行还没有成为真正的金融企业，而是政府的附属物，国家所有制使专业银行产权不明晰，无人真正对国家金融资产的盈亏负责，盈亏都是国家的，使专业银行缺乏内在动力。要对专业银行进行股份制改造，取消政策性职能，实行专业银行商业银行化。

对金融改革的外部条件，与会代表认为，第一，要彻底改变银行包企业资金的实质上资金供给制的局面。第二，政府彻底转变职能，放弃对企业和银行的行政干预。第三，取消专业银行的宏观调控职能，使其成为真正的金融企业，以利润作为其经营目标。第四，理顺财政与银行的关系。第五，完善金融市场体系，加快金融法制建设。

（张贵益）

社会主义市场经济问题座谈会

中国社会科学院经济研究所 11 月 17 日邀请部分专家学者在北京举行。

与会同志指出，党的十四大报告把中国经济体制改革的目标确定为社会主义市场经济，这不仅丰富了马克思主义的理论宝库，而且极大地推动社会主义改革的实际进程。

专家们认为，商品经济与市场经济是两个相互联系的概念，它们分别从不同角度来界定同一种经济类型。商品经济是同自然经济相对立的一种经济形式，市场经济则是同计划经济相对立的概念。商品经济是市场经济存在和发展的前提和基础，市场经济是商品经济存在和发展的必然要求。市场经济就其本身而言，并不具有任何社会制度或任何“主义”的属性。它可以为某一种或某几种社会制度服务，市场经济是资源配置的一种形式。

专家们认为，社会主义市场经济是在社会主义公有制为主体的基础上的、有社会主义国家政策计划宏观调控下的、市场在资源配置上起基础性作用的市场经济。

专家们还认为。建立社会主义市场经济对我国的经济改革和经济发展将在下述方面起巨大作用：(1)将大力推进改革开放的深入发展，进一步解决深层次的矛盾和问题；(2)将有力地推动企业合理地配置生产要素，提高企业经济效益；(3) 将自动地调节供给结构、需求结构以及总供给和总需求的大致平衡；(4)将有利于合理配置社会资源和利用社会资源；(5)将有利于推进企业的技术革新和进步。

（一　理）

社会主义市场经济体制研讨会

11 月 30 日至 12 月 2 日由西北大学中法企业管理研究所、经济研究所联合在西安市举办。

与会者对市场经济有不同的理解。有人认为，市场经济包含着经济的市场化和市场的现代化，其基本特征：(1) 整个社会再生产过程的市场化；(2) 它是规范化、秩序化、制度化的市场经济；(3) 经济组织和运行手段已实现科学化、现代化。也有人认为，市场经济的本质是一种经济权力的交换关系。

与会者对社会主义市场经济体制的内容也有不同见解。有的认为应包括：(1) 通过市场配置资源；(2) 通过市场调节总供给、总需求与经济结构；(3) 通过市场形成价格；(4)现代市场经济体制是价格机制与计划调节的结合。有的认为应包括：(1) 企业应是国家控股和法人互相参股为主的股份经济；(2)国有经济中除个别实行国营外，其余均按市场规则进行民营；(3) 存在一些反映集团共同利益的行业协会和社会中介组织；(4) 职工与企业有较稳定的契约关系；(5) 社会保障体系较强大。

与会者认为构建社会主义市场经济体制面临的难点有：(1) 市场经济主体地位的塑造问题；(2) 市场价格机制的形成；(3)改革中经济主体之间的利益流失和补偿问题；(4)政府作为改革的推动者和改革对象的矛盾；(5) 市场目标与社会目标的矛盾等。

与会者还对构建市场经济体制的战略与策略选择，提出应取“渐进式”的战略，具体做法是：(1) 通过大力发展非国有经济来推动国有经济的改革；(2)通过沿海经济率先发展来推动内地的改革与发展；(3)通过发展第三产业来推动生产领域的市场化进程；(4)通过国内市场与国际市场的对接来加大外向型经济的依存度，建立开放型的市场经济体制。

（矣　周）

全国税收理论研讨会

中国税务学会于12月在四川省乐山市召开。会议主题是:以建立社会主义市场经济为目标,加快税制改革。

与会者认为,税制改革的指导思想应以我国经济体制改革的总体目标为导向,体现公平税负,促进竞争;体现国家产业政策,促进经济结构调整;调节社会分配,发挥宏观调控功能。

许多代表对税制改革的目标模式提出设想,认为实行流转税、所得税双主体的模式是符合我国国情的,当前税制改革的重点是加快所得税和流转税改革的步伐。提出:(1)统一内资企业所得税;(2)统一个人所得税;(3)改革流转税;(4)全面推行增值税。

(一 兵)

私营企业发展座谈会

北京纵横管理咨询公司和新同达中国中西部发展研究中心12月在京就所谓"王祥林现象"举行座谈会,探讨在社会主义市场经济条件下我国私营企业的发展道路及未来。

与会者认为,"王祥林现象"(王祥林原是广西博白县的农民,他以创办广西喷施宝有限总公司闻名)是借助个人的力量,依靠市场,实现科技成果的商品化,获得较高的经济效益,为我国农业的发展作出了贡献。

与会者还认为,"王祥林现象"是一种企业家精神的体现,并与我国的市场经济的发展密不可分,没有市场经济的发展就不可能出现王祥林这样的私营企业家。

与会同志还就私营企业与个人企业的性质、国家对私营企业和个人企业的政策等问题发表了看法。

(一 理)

"三资"企业领导运作研讨会

中国管理科学研究院等单位12月在广东肇庆举办。

与会者认为,"三资"企业健康发展,必须抓好四个环节,即创建、领导运作、国内环境和国际环境。

有的同志提出,创办三资企业,首先要注意地区行业分布,不能任其盲目发展;其次,要引导外资投向第一、二产业和国有大中型企业的开发、改造。

不少同志指出,领导运作是搞好三资企业的中心环节,其核心是人才,特别要选好中方经理;同时要处理好工会与党组织建设的关系,确立正确的经营战略和决策思想,以及文化建设。

会议指出三资企业存在的主要问题,如短期行为,抽逃资金,虚盈现象,以及劳动工时长、强度大,职工住房困难,社会保险无靠等问题,与会者有针对地提出了意见。

(瑢)

特区与有中国特色的社会主义研讨会

中共中央党校《党校论坛》、《理论动态》编辑部和深圳市委宣传部等12月在深圳联合召开。

与会者认为,兴办经济特区是把马克思主义基本原理同中国具体实际相结合的一个伟大创举,是建设有中国特色的社会主义的重大成果。

与会者指出,深圳的实践说明,(1)只要坚持改革,我国经济发展是可以加快的;(2)建立社会主义市场经济体制是振兴经济的必由之路;(3)深圳敢于利用资本主义发展社会主义,也是发展快的一个重要原因;(4)只要坚持两手抓,两个文明建设是可以互相促进,同步发展的;(5)经济发展和人民生活水平的提高,会使人们对社会主义更有信心。深圳经验的根本之点在于实践和开拓,这是这些年来改革开放获得成功的关键。

(矣 周)

全国区域经济合作研讨会

中国区域经济技术合作研究中心、中国工业经济协会12月上旬在北京召开。

与会者认为,改革开放以来,我国区域经济空前活跃,发展步伐加快,各地初步形成了商品、资金、技术、物资、人才、信息等生产要素区域性市场,为建立全国市场并走向国际市场趟了路子,为建立和发展社会主义市场经济创造了条件。

与会者还指出,在区域经济发展中,存在着地区产业结构趋同,经济效益不尽理想,以及对区域经济合作作用不同认识等问题。

(周 全)

培育地产市场研讨会

中国土地学会1992年学术年会于12月5日至7日在广州市召开。

与会者认为，旧的土地使用制度造成土地利用效率不高，结构不合理，症结在于旧的经济体制中，土地使用者没有独立的经济利益，和对土地资源配置起作用的调控手段。土地使用制度改革的方向，应是在国家宏观调控下建立与市场经济相适应的，以市场为主要手段的土地资源配置机制。土地使用制度改革的目标，应是通过明晰的土地产权制度、合理的土地收益分配机制和公平的地产市场竞争机制，实现土地资源的合理配置。因此，如何培育地产市场，是今后土地使用制度改革的中心任务。

与会者对如何培育地产市场发表了不同意见。一种意见认为，土地(使用权)出让国家垄断的市场行为，只有国家垄断了土地出让市场，才能对整个地产市场进行有效的调控。另一种意见认为，土地（使用权）转让市场应成为中国城市土地资源配置的基本方式。为保证土地使用权转让中产生的土地收益做到公平分配，同时促进土地使用权的流动，宜开征以土地及其地上建筑物为课税对象(税基)的不动产税或财产税或房地产税（香港称为物业税）。还有人提出，在企业实行股份制过程中，推行土地股份制是培育地产市场的重要途径。

与会者还对当前出现的“开发区热”、“房地产投资热”、新一轮的乱占滥用土地提出意见，认为这是土地管理新旧体制交替过程中深层次矛盾的暴露，我们既不能放任不管，也不能靠旧体制的单纯行政手段去“收”，当务之急是转变土地管理部门的职能，适应市场经济，加强土地管理部门对地产市场的宏观调控能力。

（邵捷传）

江苏省企业机制与企业环境研讨会

江苏省社科联、经济学会等12月6日至8日在镇江联合召开。

与会者认为，转换企业经营机制的根本出路，首先必须按照市场经济的原则改革国有资产的产权体制，其重点是：(1)将国有资产的所有权从政府手中分离出去；(2)对企业的产权进行界定，使企业产权责任明确化。(3)将产权机制引入企业，建立有效的激励机制和约束机制。其次，企业的外部环境必须改善。再次，企业必须进入三个市场：商品交易市场、要素市场和产权市场。

（张君诚）

邓小平经济思想理论研讨会

人民日报理论部、《人民论坛》杂志社编辑部和中共南充地委12月12—13日在四川广安县联合举办。

与会同志认为，邓小平同志建设有中国特色的社会主义理论是马克思列宁主义基本原理与当代中国实际和时代特征相结合的最新成果，是当代中国的马克思主义。他的经济思想则是其重要的组成部分。

与会者还归纳了邓小平同志的如下经济思想：关于社会主义社会本质特征的论述；关于社会主义市场经济理论；关于改革也是解放和发展生产力的论述；关于科学技术是第一生产力的科学论断；关于现代化建设分三步走的总体战略构想；关于抓住时机、发展自己、争取每隔几年上一个新台阶的论述；关于全方位实行对外开放、发展外向型经济的思想和特区建设的决策；关于三个“有利于”作为衡量改革开放和一切工作是非得失的根本标准；关于政治和经济、稳定与发展的辩证关系论述等，认为这些都极大地丰富了马克思主义的经济理论宝库，是我国人民最珍贵的精神财富。

（一　理）

大型特大型企业贯彻落实《条例》研讨会

中国社会科学院工业经济研究所12月14日至16日在北京召开。国务院副总理朱镕基、国务院发展中心马洪、吕东，中国社会科学院副院长刘国光到会并讲话。

代表们在发言中反映了在贯彻落实《条例》中存在的问题，同时提出了一些建设性意见。主要有：(1)政府机构改革是企业经营机制转换的前提；(2)国有资产产权改革问题不能回避；(3)加快国有企业股份制改造的进程；(4)避免企业集团组建与发展中的行政化倾向；(5)国有大型特大型企业必须拥有与自我发展要求相适应的投资决策；(6)建立企业自主融资机制；(7)进一步扩大和落实企业的进出口经营权；(8)深入进行社会保障制度与住房制度改革；(9)按市场经济要求，加强和改善企业经营管理。

（金　泓）

天津市环渤海经济研究会年会

12月21日在天津市举行。会议就天津在环渤海经济区（辽宁省、河北省、山东省、北京市、天津市）中的地位和作用展开了认真讨论。

与会同志指出，环渤海经济区的建立是我国经济发展的必然趋势，是党中央、国务院对发展我国区域经济的一个重大决策。

与会同志指出，天津除了地理位置优越外，还有很多优势：(1)天津是我国北方的老工商业城市，工商业基础和技术力量较雄厚，行业多，配套性强，商品化水平较高；(2)天津有一个良好的港口，有全国最大的集装厢码头；(3)天津不仅有丰富的油、气、盐、煤、地热等资源，而且交通十分方便；(4)天津近邻北京，是首都的门户，京津塘高速公路的建成，把两市的优势连结起来，逐步形成一个综合性的高新技术开发地带；(5)天津通过对城市的改造建设，使城市的功能有了较大提高，为引进国内外资金创造了优化的投资环境。天津应很好地运用这些优势更好地为环渤海地区经济发展提供优质服务，在服务中不断深化联合。

（陈祯权）

海峡两岸产业政策发展研讨会

中国社会科学院与台湾“中华经济研究院”12月21日至24日在厦门联合召开。台湾方面参加会议的多为经济学界和工商界有影响的人物，岛内的知名经济学者，“总统府”国统会研究委员，前经济部长，前经建委副主任等。中国社会科学院参加的有以刘国光副院长为首的一批知名经济学者和国务院有关部委的经济研究人员。

会议主要探讨了两岸产业发展政策的产生、演变及其效果和影响，并在农业、高新科技、能源、加工业、金融等方面进行研讨，比较了大陆与台湾在产业政策方面的差别和可以互补的地方。

（金　泓）

附：

全国性学术会议（部分）一览表

（1992）

会议名称	时间	主办单位	地点	主要议题
中国国际人才交流与开发研究会年会	1月16—17日	中国国际人才交流与开发研究会	北京	培养国际开发人才与途径
中美贸易问题研讨会	1月11日	中国贸促会、广东健力宝集团公司	北京	如何进一步发展中美贸易
社会主义市场经济理论讨论会	3月	中国企业改革研究会等	北京	大力发展社会主义市场经济
全国发展城市商品市场研讨会	5月	中国市长协会	北京	发展城市商品市场
19城区商业座谈会	5月	中国商业经济学会	北京	深化商业改革与加强横向经济联合
苏、锡、常企业家参与浦东开发研讨会	5月12日	上海工业经济报	上海	参与浦东开发的可行性及其途径
海峡两岸经贸发展回顾及合作前景研讨会	5月16—18日	中国亚太地区贸易研究与培训中心、台湾中华经济研究院等	北京	探讨两岸经贸合作的前景与方式

会议名称	时间	主办单位	地点	主要议题
社会科学院系统旅游经济研讨会	5月25—29日	中国社会科学院财贸所、山西社会科学院	太原市	旅游经济的有关理论与方法
全国部分地区实现第二步战略目标研讨会	6月		山东泰安	如何加快中部地区的开放和开发
深化改革的难点及其对策研讨会	6月	中央党校《党校科研信息》编辑部	北京	企业转换经营机制、政企分开、分配、流通体制改革等
全国大中型商业企业转换经营机制理论研讨会	6月5—8日	中国商业经济学会、广西商业经济学会	柳州	如何加快大中型商业企业的经营机制的转换
中国煤炭经济研究会1992年学术会议	6月上旬	中国煤炭经济研究会	河南平顶山	(1) 搞好煤炭工业的人事、劳动、工资制度的改革；(2) 培育和建立煤炭市场
中国经济思想史学会第六届年会	6月23日	中国经济思想史学会	上海	研究招商局与中国近现代经济发展的关系
重返"关贸"中国面临的机遇与挑战研讨会	7月	中华工商时报、中国工商银行南京分行等	南京	研究入关的形势和对策
公有制经济发展规律研讨会	7月10日	中国历史唯物主义学会国情调查工作委员会	北京	公有制经济的发展规律问题
中国农村合作基金组织发展研讨会	7月中旬	中国农村发展信托投资公司等	北京	促进中国农村合作基金组织和农村金融市场的发展
全国党校系统《资本论》研究会第五届年会	7月10—16日	全国党校系统《资本论》研究会	贵阳	社会主义市场经济、企业转换经营机制等
中国加入关贸总协定研讨会	8月	中国商报社等	北京	我国重返关贸总协定将对我国经济生活产生的影响及需要采取的对策
国民经济宏观调控学术研讨会	8月	陕西省数量经济学会	西安	国民经济宏观调控的理论基础方法，及其对策
市场经济与金融改革研讨会	8月16—20日	中国金融学会、甘肃省金融学会	兰州	适应社会主义市场经济要求的金融改革，以及近期货币政策选择等
小型经济形势分析座谈会	8月26—28日	中国社会科学院数量技术经济研究所	北京	分析当前经济形势

会议名称	时间	主办单位	地点	主要议题
建立社会主义市场经济的金融机制研讨会	9月20—24日	中国金融学会金融改革与发展战略研究会	井冈山市	市场经济对金融机制的要求、市场经济的金融模式和运行机制的构建等
不发达地区农村金融发展研究会第五次研讨会	9月26—29日	不发达地区农村金融发展研究会	敦煌市	如何实现经济不发达地区商品经济深层次、全方位、快速度、高效益的发展；农村金融部门如何通过改革来加强支持的力度
哈尔滨、黑河考察研讨会	9月24—10.1日	中国水利经济研究会、哈尔滨水利学会	哈尔滨 黑河	中俄贸易互补的可能性；水利改革与涉外经济的途径
江南九省（区）煤炭经济研讨会	10月中旬	中国煤炭经济研究会	庐山	研究广州煤炭价格放开、煤炭企业进入市场的情况、问题等
水利经济学术研讨会	10月15—19日	全国水利经济科技情报网	漳州	水利经济理论和水利经济计算规范问题
都江堰灌区水利经济研究会成立大会暨学术讨论会	10月23—25日	中国水利经济研究会	四川黑龙潭水库	古老水利工程如何用提高经济效益方法焕发青春
中国及亚太地区市场环境和营销技术研讨会	11月下旬	上海财经大学等	上海	研究市场环境与营销技术
关贸总协定—挑战与对策研讨会	11月23日	新华社《经济世界》杂志社、广州华隆发展（集团）公司	北京	我国重返关贸总协定后如何应付可能出现的挑战
活立木有偿转让与林地租赁学术讨论会	12月1—3日	中国林业经济学会、福建省林业厅	厦门	交流活立木转让与林地租赁调查研究成果
煤炭经济学术讨论会	12月上旬	中国煤炭经济研究会	北京	完善煤炭市场；煤炭企业转换经营机制等
社会主义市场经济讨论会	12月	上海市经济学会等		社会主义市场经济的基础结构、运行规律等
邓小平改革开放理论与中国农村及万丰村实践研讨会	12月		北京	研究深圳万丰村的股份合作制等问题
全国区域经济合作研讨会	12月	中国区域经济技术合作研究中心、中国工业经济协会	北京	区域经济的合作问题

（杜瑢　整理）

经济学新学科介绍

咨询经济学

王夫友

咨询经济学是我国经济学界首先提出的一门同时为咨询业和经济管理业提供理论和方法的综合性应用新学科。

咨询经济学同其它任何新学科的生产一样，“必须首先从已有的思想材料出发，虽然它的根源深藏在物质的经济的事实中。”（引自《马克思恩格斯全集》第4卷，第205页。）

咨询业在国外发展较早而且比较迅速。英国可谓咨询业的鼻祖，早在1800年就出现了咨询业，到1975年已有正规的咨询机构2 000余家。美国的咨询业，在从1986年到1992年的七年间，约有4 000个咨询公司。1975年，联邦德国、日本、法国分别约有咨询企业2 000余家、500余家和1 000余家。荷兰1970年已有120家咨询企业。印度1972年也有127家咨询公司。在我国，咨询发展为一种产业，其历史只有8年多时间，但进展迅速。截止1991年8月，咨询机构已达33 000余家，从业人员69万余人；1986年至1990年，上海市咨询业的总收入达4.2亿元，净收入1.3亿元；在管理咨询和技术咨询方面，1986年至1990年四年中，仅中国科协系统就为1.6万余家中小企业增加产值220亿元、利税48亿元、出口创汇6亿美元。

由于咨询业在国内外的迅速而蓬勃的发展，直接和间接经济效益十分可观，客观的咨询活动与经济活动联系日益紧密，许多实践问题需要由之回答和解决的咨询经济理论应运而生。比如，究竟什么是咨询？咨询活动和经济活动的联系和区别是什么？咨询收益分配应确立什么样的形式和原则？咨询经济活动应遵循一些什么样的规律？怎样做才能获得较高的咨询经济效益？咨询者与被咨询者之间应确立一种什么样的经济关系？咨询技术与咨询经济效益之间的关系怎样？等等。1989年至1990年，我国经济理论工作者王安君及其同伴在研究这些问题的过程中提出了创立咨询经济学的问题。

咨询经济学是关于咨询者与被咨询者如何适应经济规律的科学。其研究对象是在经济管理过程中发生的、反映在生产过程的经济关系，即咨询者与经济管理者、咨询机构与经济管理部门、咨询内容与决策结果、咨询技术与决策经济效益等四个方面的经济关系。咨询经济学的任务，是揭示咨询与经济的相互关系，阐述、分析和评价咨询经济效果的方法，发现咨询经济规律，提供获取咨询经济效益的途径和技术。

咨询经济学研究的主要内容：一是咨询领域的经济问题。这包括咨询领域本身固有的经济问题，以及由于别的领域的影响和渗透而形成的经济问题。具体地说，就是咨询活动支出节省、咨询活动收益、咨询业总体结构的合理化、咨询业生产资料所有制结构、咨询收益分配等问题。二是经济领域的咨询问题。由于经济活动包括物质资料生产活动的全过程和在进行这个活动时所发生的各种经济关系的相关活动两大方面，所以，其中会产生一系列的咨询问题。比如，经济活动决策问题的咨询，经济政策形成、实施、反馈、评价的咨询，等等。三是咨询经济效益。这包括咨询经济效益的概念，提高咨询经济效益的依据、意义和途径，评价咨询经济效益的原则、指标，咨询经济活动的价值运动，咨询经济活动的管理，等等。四是咨询经济规律。咨询经济规律是咨询者与被咨询者、咨询业与经济管理业之间内在的必然的联系。这种联系、经常不断地表现为咨询者与经济管理者、咨询机构与经济管理部门、咨询内容与决策结果、咨询技术与决策经济效益等等之间的经济关系。这种关系，在一定条件下经常不断地起着作用，并且决定着社会的咨询经济活动必然向着其规定的趋向发展。咨询经济规律主要有：咨询经济关系一定要适合生产关系性质的规律，咨询经济活动的服务规律，咨询经济活动的双重经济效益规律，在资本主义条件下的咨询经济效益的资本家占有规律，在生产资料公有制条件下的咨询经济效益的社会与个人共同占有规律。五是咨询经济学的理论分类。就是根据咨询经济学理论的特性和其对咨询经济活动的指导作用，将其分为宏观的咨询经济学理论、中观的咨询经济学理论和微观的咨询经济学理论。六是咨询经济学研究的方法。咨询经济学的研究方法，是以唯物辩证法为基础的一系列与之相联系的新的科学方法。如抽象法、理论方法、数学方法、广泛借用法等等。

咨询经济学自提出来以后，在指导社会实践中发挥了巨大作用。这一作用主要体现在它科学地、全方位地、战略性地顺应了经济发展规律，成为推动经济发展的有力杠杆。它的现实意义，具体体现在对战略性经济问题的控制研究和指导上，对未来性经济问题的预测研究和指导上，对具体经济问题的决策研究和指导上。

咨询经济学的问世，同任何新事物的出现一样，有一个发展和完善的过程。这一过程包括下面三个方面的内容：

一、充分认识现有咨询经济学理论中的缺陷。这主要表现在两个方面：一是咨询经济学分析了在咨询经济实践中表现得不够充分的某些现象之间的内在联系。比如，现实咨询经济活动对咨询经济效益追求不够明显，而咨询经济学则把咨询经济效益作为核心内容；现实的咨询经济效益的分配原则不够明确，而咨询经济学具有确定的分配原则。二是咨询经济学对有些经济关系的分析有待深入。比如，咨询经济学对咨询经济规律与社会经济规律之间的联系和区别分析不够；对咨询领域的经济问题和经济领域的咨询问题分析不够；对获取咨询经济效益的途径与方法的分析、总结、概括不够等。

二、准确把握咨询经济学的发展趋向。这需要从两个方面进行预测：一是现实咨询经济活动的发展方向。根据国内外咨询经济活动的状况预测，咨询经济活动将朝着方式多样化、内容系统化、人员高能化、组织科学化、结果效益化和咨询经济产业现代化方向发展。二是咨询经济学的发展前景。随着社会的咨询经济活动的领域的不断拓展，为其服务的咨询经济学理论的内容将日益丰满，咨询经济学的价值将得到充分体现，研究咨询经济学的人员将愈来愈多。

三、大量吸收、借鉴与咨询经济学相关的学术成果。这要求咨询经济学的研究者在对实践经验不断总结、不断概括、不断抽象和及时把获得的规律性认识不断补充到咨询经济学中去的基础上，大胆地引进和吸收与之相近的其他学科的学术成果，以促进咨询经济学的发展。

流通经济学

王奇华

流通是社会经济生活中的一个重要领域，是市场经济运行的必要阶段。流通把生产与消费联系起来，实现着社会再生产的价值补偿与物质替换，从而也实现着社会的生产目的。

一、流通经济学的研究对象

流通经济学是我国经济学者以马克思主义经济理论为依据，在探索社会主义经济运动规律的实践中，专门研究社会流通过程的经济关系，以及社会再生产运动的社会形式和实现条件所创立的一个新学科，目前仍处于初创阶段。

流通经济学研究的对象是社会再生产过程中人们交换行为体系的经济利益关系的矛盾运动的发展变化规律，以及商品价值补偿和物质替换的社会形式和实现条件。它是马克思主义政治经济学（社会主义部分）在流通领域的深入和具体化，但它又不是对政治经济学的简单重复。它所研究的是以货币为媒介的社会资源配置的实现的连续性、整体性和社会性。以各种形态表现出来的生产要素以具体价格形式进入市场流通，在其连续不断的交换过程中，以货币为媒介买进、卖出开拓着市场，扩展流通，受到价值规律及其供求、竞争等市场机制组合一起的市场调节，进而反映出市场经济运行的整体性、社会性。

二、流通经济学的基本内容

流通经济学研究的基本内容大致可以概括为如下几个方面：

1. 流通是商品交换自身矛盾运动的社会形式。主要阐明在流通领域把不同的商品所有者和经济利益主体在社会分工的基础上又结合起来，实现社会经济的运行，以及这种结合为什么要以商品货币关系为其社会存在形式。

社会主义初级阶段由于实行以社会主义公有制为主体的多种经济成分并存的结构，这就决定了在流通领域必然是错综复杂的、多元经济利益要求的商品交换关系；同时，现代商品经济的要求流通社会化，在社会分工的基础上，流通主体由专业职能部门承担。因此，流通作为社会再生产的组织者处于中介、枢纽的地位，它把各种交换关系组成的经济运行及其存在的社会形式具体地反映出来。研究流通就是研究人们如何从经济上结合起来；研究人们的商品货币关系即等价交换的平等互利关系；研究人们为市场交换而生产劳动产品，又怎样造成"人与人的互相独立为物与物的全面依赖的体系所补充"(《马克思恩格斯全集》第23卷，第126页)，这个"补充"是由流通过程来完成的。就是说，流通把千万个不同所有者、企业结为一个有机整体，组成社会经济。

2. 流通是社会再生产的独立的经济过程。

流通社会化是现代市场经济发展水平的重要标志。社会再生产过程中的流通环节从生产分离出来，成为独立的经济职能部门，是社会化大生产实现市场资源配置得以正常进行的前提和条件。

社会再生产的先导行为是流通行为、市场行为，社会劳动的分配只有依赖流通、市场交换才能全面实现。我们知道，交换本身就是流通的要素。社会消费的满足要以流通为条件。可见，流通经济学的一项基本内容就是分析流通如何作为独立的经济过程，履行着社会再生产的价值补偿和物质替换的基本职能。

流通成为人们之间经济利益关系独立的实现过程具有如下特点：一是总体性。流通是全面的交换行为，不是一次性个别的商品交换，而是具有客观性，即商品交换关系的总和。二是煤介性。无论是商品流通，还是其他生产要素的流通，都以货币为煤介，货币作为流通手段实现当事人各自的要求，实现物质替换。三是等价性。商品买卖双方把货币作为一般等价物，按照等价原则发生买卖行为，实现价值补偿。

3. 流通是商品经济社会运行的载体。

流通是经济人追逐自身利益而展开市场竞争的领域。这种市场营销活动没有哪一个经济环节能够象它那样灵敏、及时地反映出错综复杂、瞬息万变的经济信息。所以，人们常说流通是国民经济的一面镜子，是整个经济生活中最敏感的环节。流通完成着"商品价值从商品体跳到金体上"的实现过程，而且是"商品的惊险的跳跃"。流通是保证社会再生产得以顺利进行的必要条件，是国家、企业、劳动者个人之间的社会主义物质利益体系得以实现的场所，是满足社会成员物质文化需要、实现社会生产目的的基本途径。总之，流通是实现商品价值和使用价值的必经阶段，在社会再生产过程中发挥着特殊作用。

4. 流通是商流、物流、信息流和货币流的统一。

商流、物流、信息流和货币流紧密联系的四种运动形式，组成了现代商品经济社会的流通过程。过去由于受旧的传统体制的束缚，流通领域的"物流"储运部门和市场的横向信息被人们所忽视，建立流通经济学的重要任务之一，就是要研究如何发展为生产和生活服务的第三产业部门；研究如何汇集和传播信息，并把市场信息作为国家和经济组织运用的经济杠杆，发布调节信号的重要根据之一。"货币流"是流通的一个要素，商品借助货币同商品交换，货币流通是商品流通引起的，以货币为煤介的商品交换就是商品流通，货币从一个商品所有者手中转到另一个商品所有者手中，这种商品世界的形态变化运动，是商品价值和使用价值内在矛盾运动的产物。因此，流通经济学要着力研究货币流通规律；分析银行金融组织指导和调节生产、流通、消费的作用；分析以货币形态表现出来的资金运动的特殊功能，如运用货币作为组织社会经济生活的工具和分配社会财富的工具，国家进行宏观管理的工具。

流通经济学还要阐述发展第三产业的内容和意义，说明流通形式、组织形式、流通渠道之间的关系，以及流通规模与生产规模、流通业务总量增长相适应的必要性。

5. 流通是发展社会主义市场经济的关键。

我们要建立社会主义市场经济体制必须在宏观、总体上自觉运用价值规律，把计划建立在市场经济的基础上，计划要保持对市场的弹性，在流通领域商品价格围绕价值自行波动，实现人们的交换关系。因此，我们的计划只能是预测、指导性计划，国家要建立起指导性计划指标、经济政策和经济杠杆"三维一体"的宏观调控机制，通过"国家调控市场，市场引导企业"的经济运行实现社会再生产的发展目标。

市场经济运行机制是一种高效、畅通、可调控市场运行体。因而，首先要研究市场自发运行和自组织功能的特点。阐明市场交易中各种生产要素市场的地位、作用，以及它们之间相互关系；阐明商品市场在市场体系中的基础地位，指出各个生产要素市场的特殊功能，特别是金融市场在市场运行中的导向作用，从而如何成为国家宏观控制的关键市场。其次要研究的对象不仅有市场的外延，更要研究市场的内涵，各种市场在运行中其内涵是一致的，都有灵敏的市场机制，流通经济学要阐明各种市场的特性和共性，具体地研究价值规律在各种市场的表现形式，运行中自发实现平衡的状态，在发展中表现出来的均衡和非均衡状态。再次要研究决定市场机制中的诸因素，如市场供求关系、市场竞争、市场价格、企业利润等如何发生交互作用，产生市场导向信号，调节商品生产者以扩张或以收缩态势参与流通活动；第四，还要研究市场供求关系以及价值补偿、物质替换的实现问题，社会资源市场化配置的实际意义，进而阐明流通领域商品或各种生产要素的供给数量、结构与市场有支付能力的需求数量、结构的平衡关系。

6. 研究市场经济条件下国家对流通的管理，建立宏观调控机制的必要性，研究宏观调节的原则、手段和措施。

流通经济学着重分析国家经济职能在流通中的表现,国家统管流通领域各种职能经济部门的重要性、意义和主要任务。其次,要着力分析国家作为为经济基础服务的政治力量,必然干预社会经济生活,调节流通过程中的各种利害冲突,这就产生了经济政策。国家通过对各种经济政策的综合运用,加强流通的宏观管理,以便实现企业和社会再生产的良性循环。再次,研究在市场自发运行的基础上,如何建立国家的高效率、通畅的、可调控的市场运行模式,把企业微观活动和国家宏观活动衔接起来、结合起来,如何运用经济杠杆使它转化为宏观调控的经济参数,利用市场价值的开放性,竞争性,把国家意图渗透到市场活动中,指导企业在追逐自身利益的过程中,使企业行为符合国家控制目标的要求,实现流通过程的总供给与总需求的平衡。最后,论述国家在流通领域的经济监督体系,研究国家如何通过有关行政机构、社会组织、群众监督组织,特别是审计、统计、社会薄记和国家金融机构,监督、检查商品流通中的业务活动,促其流通行为实现规范化、合理化、合法化的要求。

第三产业经济学

穆 舟

第三产业经济学是以第三产业的服务产品的生产、交换、分配和消费的经济现象、经济关系和经济规律为研究对象的经济学科。

第三产业经济学作为一个独立的经济学理论体系,是在我国80年代末期创建的。战后,随着国民经济发展水平的提高,世界第三产业迅速发展,其比重在发达国家中已超过第一、二产业比重之和。但在中国,囿于对传统政治经济学的片面的、凝固化的理解,以及对苏联的“物质产品平衡表制度”的照搬照抄,直到70年代末期,经济学界还把第三产业比重的增大斥为“帝国主义腐朽性、寄生性的突出表现”,我国长期实行的轻视、抑制“非生产部门”的政策造成了第三产业发展严重滞后,服务产品严重短缺,供不应求矛盾已激化到非解决不可的程度。中国迫切需要发展第三产业;而第三产业的发展提出的许多亟需研究的新问题呼唤经济理论的创新给实践以指导。在此背景下,我国经济学术界从80年代初开始比较系统地研究第三产业理论,其进程可大致分为三个阶段:

(1) 讨论第三产业劳动性质的阶段(1980—1983年):从国外首次引进第三产业概念;探讨服务劳动是不是生产劳动,是否创造价值。

(2) 探讨第三产业发展战略的阶段(1984—1985年):主要讨论大力发展第三产业的战略目标、重点、步骤和对策。

(3) 研究、创建第三产业经济学学科体系阶段(1986—1988年):以马克思主义政治经济学为理论基础,以全球第三产业蓬勃发展为背景,以我国和苏联、东欧流行的否定第三产业及其产品、产值的传统政治经济学为理论突破口,创立第三产业经济学。

我国第三产业经济学的主要代表作是李江帆1988年6月完成的专著《第三产业经济学》(广东人民出版社1990年出版,1991年获第4届孙冶方经济科学著作奖和全国哲学社会科学优秀学术著作“光明杯”一等奖)。其他代表作还有王慎之等编《劳务经济学》、陶永宽等著《服务经济学》、王慎之等主编《第三产业经济学》、白仲尧著《服务经济论》、高涤陈等著《服务经济学》等。从经济学说史看,从配第、萨伊到西斯蒙第,从李斯特、西尼耳到马克思,都为服务理论贡献过一些颇有见地、发人深省的有益论点、术语或原则性提示,从广义上构成第三产业经济学的理论渊源。当代美国学者富克斯著《服务经济》,苏联学者沙洛特科夫著《非生产领域经济学》和巴拉洛夫著《生活服务经济学》,对服务业的经济问题作过专题性或系统的研讨。不过,都没有建立起以服务产品的运动为研究主线的第三产业经济学体系。

第三产业经济学的研究对象是第三产业的服务产品(即非实物形态的劳动成果)的生产、交换、分配和消费的经济现象、经济关系和经济规律。分配和消费的经济现象、经济关系和经济规律。换言之,第三产业经济学研究的行业范围是第三产业,既包括生活服务业,又包括生产服务业,也包括社会服务业;研究的主题是经济规律;研究的主线是服务产品的运动。它通过对第三产业服务生产、服务流通、服务分配和服务消费“四环节”的经济现象和经济关系的分析,揭示三大产业的共有经济规律在第三产业领域起作用的条件及其特殊表现形式,探讨第三产业的特有经济规律的形成条件、作用形式与特点,并通过对第三产业各分支部门的特殊经济规律的分析,揭示其共同的经济规律及发展趋势。这一研究对象使第三产业经济学在经济科学体系中兼有概论经济学(概括和总结第三产业领域各部门经济学)、理论经济学(丰富、补充和应用马克思主义政治经济学理论)和边缘经济学(经济学体系、内外相关学科间的参透和融合)的地位。服务产品的运动成为贯穿该学科体系始终的主线,使第三产业经济学既区别于以物质产品的生产和交换规律为研究对象的传统政治经济学体系,又相异于主要以物质财富在“非生产领域”的分配、交换和消费为研究主线的“非生产领域经济学”(苏联),也不同于一些无明确研究主线和理论体系的专题式服务业经济学。

第三产业经济学主要采用5种研究方法。一是矛盾的共性、个性分析法,既论证第三产业与第一、二产业的共性,以扫除发展第三产业的思想障碍,又揭示第三产业区别于第一、二产业的个性,有的放矢地解决第三产业的特殊矛盾,制定发展第三产业的具体战略和对策。二是动态分析法,将经济发展同第三产业的演变联系起来,在运动、变化中研究第三产业的演变规律;用动态的观点认识第三产业生产的运动形式的产品和财富。三是科学抽象法,重点研究第三产业中主要的、本质的、带有普遍意义的经济现象——服务产品和服务部门,舍象掉现实第三产业中次要的、非本质的,或与第一、二产业类似的经济现象,如混杂于第三产业中的实物产品及其生产部门。四是定量分析方法,通过建立反映第三产业运行机制的数学模型,在动态上寻求一定需求条件下第三产业的最佳规模,揭示促进供求平衡的服务窗口和服务员的的最佳配置,以及价格水平等规律性的东西,预测服务生产结构和消费结构的演变趋势,为发展第三产业提供数量依据。五是系统方法,把第三产业放在系统联系中,以整体性、综合性和层次性等观点对它进行考察。

第三产业经济学的理论体系包括三大部分内容:总论、非实物产品理论和服务“四环节”理论。

(一)第三产业经济学的理论与历史总论。主要从理论和历史的角度为非实物产品理论的出台作铺垫。分析第三产业经济学的研究对象、学科地位、研究方法和研究意义;研究第三产业理论从配第到费希尔、克拉克的发展历史;揭示第三产业形成的规律,包括形成的标志、条件、时间、途径等。

(二)非实物产品理论。这是第三产业经济学体系所建立的理论基石。包括服务产品理论、服务产品使用价值理论和服务产品价值理论。

1.服务产品理论:论证没有静止质量和体积的、不由基本粒子构成的劳动成果——服务产品是当代社会产品的愈来愈重要的组成部分,并将服务产品划分为服务型生产资料和服务消费品两大类,分归第一、二部类增设的b副类中,不仅根据当代经济发展的事实扩充了产品概念,而且合理地解决了三次产业理论与两大部类理论的兼容问题。

2.服务产品的使用价值理论:从使用价值两类形式入手扩充使用价值概念,提出非实物使用价值范畴,并阐明:非实物使用价值具有满足物质、精神需要的功能,和非实物性、非贮存性、生产与消费同时性、非移动性等特性,也是构成社会财富的物质内容,也可充当交换价值的物质承担者。

3.服务产品的价值理论:论证:(1)服务劳动的运动性与凝结性、具体性与抽象性、私人性与社会性的矛盾决定了用来交换的服务产品具有价值;(2)服务产品的价值量由社会必要劳动决定,但创新型服务产品的价值量决定有其特殊性;(3)服务产品的相对价值量的变化有其规律,据此可确定实物使用价值与非实物使用价值的合理交换比例。

非实物产品理论既坚持了马克思主义政治经济学关于产品、使用价值与价值的基本原理,又正视并充分反映了当代产品结构中服务比重日趋上升的新情况,作出新的理论概括,阐明了第三产业生产的产品、使用价值、价值和社会财富的客观存在,而且为第三产业的服务生产、服务交换、服务分配和服务消费概念的确立及其系统分析,奠定了理论基础,因而成为第三产业经济学的理论基石。

(三)服务的“四环节”理论。这是在非实物产品理论基础上,以服务产品的运动为轴心推导的服务生产、服务流通、服务分配和服务消费理论。它构成第三产业经济学的主体。

1.服务生产理论。突破传统的狭义生产观,确立广义生产观,阐明:(1)服务生产,就是对非实物形式的劳动成果的创造;(2)服务生产过程是生产服务产品的劳动过程和服务产品的价值形成与增殖过程的统一;(3)服务过程的简单要素是服务劳动、服务劳动对象和服务劳动资料;(4)服务劳动过程有其本质和特点;(5)服务价值形成过程及其特点。

2.服务流通理论。包括3个内容:(1)服务价值理论,确立服务价格范畴;(2)服务供求理论:分析了服务的需求规律与供给规律,影响服务供求的因素以及服务的需求弹性与供给弹性;对服务供求系统中的排队模型和排队系统的最优化决策作出定量分析。(3)服务再生产和流通理论:一是分析了服务再生产和流通及其宏观平衡。二是揭示了第三产业比重增大规律。

3.服务分配理论:揭示了第三产业的分配规律。一是阐明了第三产业的分配只是对第三产业生产的服务产品的占有过程;二是探讨了第三产业中的市场分配方式、半市场分配方式和非市场分配方式的特点及我国服务分配方式的改革方向;三是揭示了第三产业的分配水平的制约因素及其变动机制以及我国第三产业分配水平的问题解决对策。

4.服务消费理论:系统分析了服务消费的概念、属性、方式、社会功能,并对消费结构作出定性、定量分析和预测。

第三产业经济学以非实物产品理论多层面地丰富和补充了传统政治经济学,并从世界第三产业的发展历程中寻求和总结第三产业经济规律,有助于从经济理论高度认识第三产业为社会生产比重日趋增大的服务产品和不可缺少的社会财富的重要作用，认识由其发挥的协调功能、效益功能、闲暇功能和福利功能决定的重要产业地位，明确我国发展第三产业的指导思想，并从服务生产的宏观比例、微观结构、运行机制、运行效率等方面，为第三产业的经营和发展提供了指南。因此，第三产业经济学的创立，不仅对我国第三产业的发展产生着积极的影响，而且对我国经济科学的建设，也起着有益的推动作用。

企业经营战略学

李　桥

企业经营战略也称企业发展战略，它是企业为了自身的生存与发展，根据内部条件和外部环境，对企业经营与发展的战略指导思想、战略目标、重点和对策等所进行的决策。它具有全局性、长远性、根本性和稳定性。

一、企业经营战略学的形成与发展

企业经营战略在世界上出现的时间并不很长，最早可以追溯到20世纪30年代，美国经济学家伯纳德在其代表作，也是西方企业经营学名著《经营者的职能》一书中，为阐述企业的各个因素的作用，首次在企业经营中融入战略思想，但是，并没有形成自己的一套完整的理论。

直到20世纪60年代，美国企业家钱德拉和美国学者安绍夫、安东尼，分别在各自的著作中阐述了关于企业战略的理论，从而奠定了企业战略理论的初步地位。钱德拉在其所著《企业战略与组织结构》一书中指出：只有具备符合战略要求的经营管理方式，才能使企业获得成功。特别是安绍夫在其1965年出版的《企业战略论》一书中，把“经营决策结构”和“战略决策模式”放在首位，把确立企业目标作为决策的出发点，认为企业战略必须沿着严密的逻辑步骤有秩序的进行。总之，60年代美国学者们的著作已初步形成了企业战略的体系。

到了本世纪70年代，由于经济、政治、社会的进一步发展，企业经营环境也更加复杂多变，各企业为了适应外部环境的变化，纷纷制定符合自身发展的经营战略。这一时期，为了适应形势的发展，企业战略的研究方向由抽象理论转为具体应用。这一时期著作纷呈，形成了一股不大不小的企业经营战略热。

本世纪80年代，由于我国经济改革的推行和深入，企业经营的外部环境发生了巨大变化，即由集中的计划经济体制逐步向社会主义市场经济体制转变。在前一种宏观环境中，企业只要听从行政主管部门的指挥就行了；在后一种宏观环境中，企业必须自主经营、自负盈亏。于是，在这一时期，我国一批敏感的学者迎着世界范围内的战略热潮，积极探求适合本国企业情况的经营战略，并著书立说，形成和普及了企业经营战略学。其中1984年李世俊等所著《孙子兵法与企业管理》一书，把我国春秋时期的兵书《孙子兵法》中的军事战略思想，运用于研究现代企业经营战略。1989年郭振英主编的《企业发展战略概说》一书，比较系统而简明地总结了中外企业经营战略的理论与实践，具有较大的可操作性。其后又陆陆续续出版了一批有关企业经营战略的论著，从不同层次，不同角度阐述了企业经营战略问题，虽然理论上缺乏更多的创新，但发展势头较强。

二、企业经营战略学的基本内容

企业经营战略，分为企业经营的总战略和企业经营的分战略。企业经营总战略是整个企业长期的发展决策。包括战略指导思想、战略目标、战略重点、战略阶段和战略对策等。企业经营分战略是指企业内部各部门和所属各单位，在企业经营总战略的指导下，为了在条件变化中，连续不断地完成各项任务而制定的战略。企业经营分战略服从于企业经营总战略。

企业经营分战略包括：

企业组织战略：是企业为了维持自身的正常运作而制定的能够满足自身需要的目标，并且能够完善和发展企业组织机构的战略。企业组织一般包括目标、人、工作环境和信息四个基本要素。企业组织职能一般包括组织设计、组织联系和组织运动等。

企业人才开发战略：是企业为了达到其生产经营的目标，而有效地开发企业人力资源，充分发挥职工的积极性和各种专业人才的作用的长远谋划。企业的人才大致可分为：管理人才，技术人才，销售人才。企业的人才战略包括相互关联的三个方面的内容，即人才的开发、培训和使用。

企业筹资战略：是企业以生产经营为前提，以自我更新、自我强化和自我发展为目的，而对资金筹集渠道和手段所进行的长远谋划。企业筹资形式主要有国家拨款、银行借款、向社会筹资、内部积累、租赁筹资和利用外资等六种形式。

企业投资战略：企业投资是指以企业为主体的投资行为，它要受企业投资战略的约束。企业投资战略是对企业投资活动中的方针、投向、投资形式和投资结构等重大问题的总体决策。在企业投资战略中，对投资方向的选择，要确定在国内投资和国外投资的比重；对投资形式的选择，要确定对直接投资和间接投资（证券投资）的取舍与比重；对投资行业的选择，要确定纵向投资（本行业）和横向投资（跨行业）的关系；对投资结构的选择，要确定生产性投资和非生产性投资的比例。企业在对一系列投资进行战略选择时，不仅要考虑企业投资利益，也要考虑企业承担投资风险的能力。投资利益愈大，投资风险也愈大。

企业产品开发战略：是企业为适应人们消费需求的变化，跟上技术与竞争条件的发展而制定的新产品研究、生产和扩大销售的长远谋划。企业产品开发后，一般要经历投放期、增长期、成熟期、衰退期四个时期。掌握好产品生命周期是企业产品开发战略的关键。

产品系列管理战略：是企业除用“产品整体”概念研究产品并采取相应的产品战略外，为了对其生产经营的全部产品组合情况进行分析研究而制定的系统谋划。产品系列管理是就产品组合方式而言。企业可根据自身条件、服务对象和竞争状况的不同，确定不同的产品组合，以满足市场需求，谋求企业经营的发展。

企业科技发展战略：企业以对科学技术的发展和生产经营条件的变化的预测为根据，而作出的设备更新和采用新工艺、新材料的长远谋划。这种战略包括三个层次，即基础理论研究、应用技术研究、新设备、新材料、新工艺的采用。引进技术和鼓励职工创造发明，是企业两项重大的科技战略对策。

企业市场开拓战略：是企业为达到其预定的销售目标，以市场调查与市场预测为基础，以市场细分为前提，以市场的选择、发展和竞争为手段，在一定时期内所采取的主动开展市场经营的总体决策。企业市场战略分国内市场战略和国际市场战略两部分。

企业价格战略：是企业在一定时期内带有全局性的价格规划。企业价格战略一般有4种类型：1. 以成本为中心的价格战略；2. 以需求为中心的价格战略；3. 以竞争为中心的价格战略；4. 以市场为中心的价格战略。

企业竞争战略：是企业为了自身的发展，以市场为导向，以盈利为目的，以商品生产和交换为手段，而采取的有组织、有计划的竞争谋划。企业竞争战略一般可分为3个基本类型。1. 低成本战略；2. 产品差异战略；3. 集中优势、重点攻关战略。此外，还有广告宣传和企业形象战略等。

企业规模经营战略：是企业为了选择和确定最佳经营规模和合理的企业规模结构，争取生产经营能享有最大限度的规模效益而制定的战略。企业规模经济大体包括4种类型。1. 内生规模经济；2. 内生规模不经济；3. 外生规模经济；4. 外生规模不经济。

企业多种经营战略：是企业所实行的开发产品多样化、生产地区多样化、销售方式多样化和服务项目多样化的经营战略，以多样化来满足社会多种的需求，在竞争中取得理想的经济效益。多种经营战略，一般可分为5种类型：1. 垂直统一型战略；2. 专业型战略；3. 本业中心型战略；4. 关联型战略；5. 非关联型战略。

企业海外经营战略：当今经济生活的国际化日益加深，发展外向型经济已成为一种国际潮流。发展外向型经济的关键是建立外向型企业，而外向型企业发展的关键是如何确定和实施企业海外经营战略。企业海外经营战略的基本目标是：力争使自己的产品在一定的海外市场范围内获得较高的占有率。企业开始进入国际市场一般要经过开拓、成长、巩固3个阶段，相应地占有国际市场也有3个基本战略目标：开拓性目标、成长性目标和巩固性目标。

企业文化战略：是通过建立共同价值观，用精神激励的办法，调动企业成员的积极性，规范企业成员的行为，并形成一种作风和精神，从而获得企业长远发展的精神动力。企业文化战略具有柔韧性、渐进性、潜移默化性和继承性。

另外，还有企业公共关系战略、企业产品差异战略、企业成长战略等等。

三、研究和发展企业经营战略学的意义

企业是国民经济的细胞，企业的兴衰关系到国民经济的整体素质和一国的经济实力。促进企业的发展，使企业能够取得最大限度的效益，是每一个现代国家都很重视的问题。

保证企业的发展有企业内部因素和企业外部因素，总括而言主要有3个方面：一个合理的体制；一种科学的企业理论；一套精干的企业领导班子和素质良好的职工。有了上述3个条件，即使没有市场也可以开发市场，没有资金也能够筹措到资金。企业经营战略学就是一种企业理论。所以，研究与发展企业经营战略对于保证企业发展有着很重要的意义。

企业经营战略学这一学科，在我国出现和兴起时间并不长，目前正处于方兴未艾时期。随着邓小平同志的南巡讲话精神和党的十四大决议的日益深入人心，我国的社会主义计划经济体制将逐步向社会主义市场经济体制转换，在这一重大社会经济变革之际，将会把千百个企业推向市场，这就迫切需要有一种专门的、系统的理论，来指导处于变革之中的企业经营机制的转换。企业经营战略学这一学科，正是目前企业经营机制转换的理论依据。我们相信，随着我国经济体制改革的深入和市场经济的迅速发展，企业经营战略学必将不断得到丰富和发展。

邮电经济学

王永江

一、邮电经济学的产生和发展

随着社会化大生产和商品经济的发展，现代邮电通信方式首先在经济发达的资本主义国家产生，并逐渐发展成为独立的经济部门，成为一个国家传输信息的基础性产业。随着现代邮电通信事业的发展，邮电通信作为一个独立产业部门的投入与产出，与其它部门的经济关系、邮电部门内部的经济关系日益复杂；邮电通信对国民经济的发展、社会的繁荣、居民生活质量的提高起着越来越大的作用。因此，邮电经济在市场经济体系中的地位、作用、投资的决策与经营等，需要从理论上加以说明，并用以指导邮电经济的发展。这就产生了邮电经济理论。当邮电经济理论形成一个比较完整的体系时，邮电经济学便应运而生了。

从邮电经济理论的产生到形成完整的科学体系，大约经历了50年左右的时间。邮电经济理论最先产生于经济发达国家。在那里，对邮电经济问题是从电信和邮政两个方面加以研究和论述的。不过一方面由于这类经济理论与著作比较少，另一方面由于长时间我国的邮电经济管理落后于邮电通信技术的发展，研究邮电经济理论的著作译成中文的寥寥无几。邮政方面的经济理论，法国人有专著，但至今尚未翻译；比较全面而系统地阐述电信方面经济理论的，是英国伯明翰大学教授利特尔·蔡尔德。他的代表作是《电信经济学原理》，已有中文本。这本书实际上是一本电信工程经济学。

把邮政经济与电信经济合在一起作为统一的邮电经济加以研究，始于50年代初期。在中国工作的原苏联邮电经济学专家波德哥罗捷茨基于1956—1957年在北京邮电学院讲学期间，留下了一部中国邮电经济课程的讲义。中国学者结合当时中国邮电业务的最新资料整理成《中国邮电经济》，由人民邮电出版社于1958年分上、下两册出版，初步形成了社会主义计划经济体制下的邮电经济理论体系。20年后，原苏联学者吉洪诺娃于1978年主编了一部《邮电经济学》，是供原苏联电信技术学院使用的教科书，初步建立了社会主义计划经济体制中的《邮电经济学》的理论框架。

在我国，由于相当长一段时间基本上没有邮电经济管理专业，从事邮电经济理论研究的人员也屈指可数，加上有关院校在文革前基本沿用原苏联专家的讲稿《中国邮电经济》，直到文化大革命结束也没有出版过自己的邮电经济学。粉碎“四人帮”后高校恢复招生，为满足教学的需要，有关院校教师根据计划经济体制下的邮电经济运行的实践，编写了一部《邮电经济学》(讲义)。到1989年，北京、南京、石家庄、重庆等四所邮电院校的教师，基于商品经济体制中邮电经济运行的实践，编写了一本《社会主义邮电经济学》，由北京邮电学院出版社正式出版。时隔不久，北京邮电学院出版社又出版了一本《邮电经济学》。由于历史的原因，完全按照社会主义市场经济体制要求、充分反映市场经济发展规律和体现市场经济一般特征的《邮电经济学》尚在孕育之中。

二、邮电经济学的研究对象

关于邮电经济学的研究对象，国内外邮电经济学家有不同的表述。原苏联邮电经济学家波德哥罗捷茨基认为，邮电经济学研究的对象是：“在社会主义经济规律的作用下所形成的邮电方面的规律性，以及运用这些规律性来制定邮电经济政策措施的方法。”(《中国邮电经济学》上册，人民邮电出版社1958年版，第3—4页)原苏联经济学家吉洪诺娃则认为：邮电经济学的研究对象是“与邮电部门使用的生产力相互联系起来研究生产关系的特征，并研究经济规律在邮电部门特有的表现形式”，“邮电经济学的任务是，在研究本部门内企业的生产与活动的独特特点的基础上，对部门在管理、领导邮电企业中采用经济方法等方面提出实际的建议。”(《邮电经济学》，人民邮电出版社1981年版，第1页。)这都是对计划经济体制中邮电经济学研究对象的表述。按照这种表述，邮电经济学与邮电企业管理学没有什么区别。

由于西方经济发达国家把邮政与电信是分开管理的，目前我国只有《电信经济学》中译本，尚没有邮政经济学，因此，只有关于电信经济学的研究对象的表述。在西方邮电经济学家看来，电信业是社会的基础结构，属第三产业，甚至认为是第四产业，也就是说，把邮电看作非物质生产的服务行业。同时，他们在研究电信经济问题时，着重从经营的角度出发，通过投入产出分析，揭示邮电经济学的研究对象。如《电信经济学原理》作者利特尔·蔡尔德认为，电信经济学主要是以如何经济地和有效地分配资源的概念为基础，提出一些特定的政策。因此，“电信经济学是一门研究电信系统和货币有关的那些问题的学问，即资费、投资评估、经营、就业政策，以及资本的积累。”(《电信经济学原理》，人民邮电出版社1983年版，第2页。)

目前，我国邮电经济学界对邮电经济学研究对象基本上有两种表述，一种意见认为：邮电经济学“是在深刻揭示邮电通信生产经济特征的前提下，通过认识和分析客观经济规律在邮电通信生产经营活动中发生作用的条件、范围及表现形式，研究邮电生产力、生产关系与上层建筑之间的关系，并通过研究，找出如何不断调整生产关系和上层建筑，以达到适应邮电生产力发展与尽量提高邮电经济效益的目的。”(《张跃庆等编著:《经济百科辞典》中国工人出版社，1989年11月版，第365页)另一种意见则认为:邮电经济学研究的对象是:揭示在信息和实物(指通过邮政传递的信息和物品)传递过程中，邮电经济与社会经济发展的社会经济关系、邮电通信部门内部的经济关系及其发展规律。即邮电经济学是研究邮电经济关系及其发展规律的科学。(见《社会主义邮电经济学》，北京邮电学院出版社，1992年版，第5页)

从上述四种表述中我们可以看出，对邮电经济学研究对象的认识是极不统一的。有的实际是研究电信事业发展投入与产出;有的是研究邮电企业管理;有的虽然研究邮电经济关系，但很不具体。特别是在社会主义市场经济中，邮电经济学的研究对象究竟应怎样表述尚没有问世。

三、邮电经济学的基本内容

由于对邮电经济学研究对象的认识不同，其理论体系、结构及内容自然也就不同。从目前已经出版的几个版本来看，基本上可以分为3类，一类是西方邮电经济学;一类是传统的计划体制的邮电经济学;一类是有计划商品经济背景下的邮电经济学。社会主义市场经济的邮电经济学尚未问世。其基本内容简介如下:

第一类，如《电信经济学原理》的基本内容为:电信在社会、经济发展中的作用、电信的需求、生产函数、成本函数、投资评估、价格政策、边际成本定价法、电话忙时负荷定价方法、服务等级、电信管理方面的一些问题等。概括地说，该书首先介绍了进行电信经济活动分析的基本工具——需求函数、生产函数、成本函数;其次，阐述了如何将这些工具用于价格和投资政策的制定，以获取最大限度的利润，为了达到社会最佳效益必须采取的价格和投资政策;最后，讨论了美国私人电话部门进行管理和调节方面的经验。

第二类，如原苏联《邮电经济学》的基本内容为:邮电在国民经济中的地位和作用、邮电产品及其计划、邮电产品质量和服务质量、邮电资金及其利用、邮电资费、邮电经济核算、邮电物质技术基础、邮电劳动、人事管理等。基本上包括三部分内容:一部分是定性分析邮电在国民经济中的性质、地位、作用;一部分是邮电企业管理的基本内容，即计划、物资、财务、劳动人事;一部分是邮电经济核算。

第三类，如我国的《社会主义邮电经济学》的基本内容为:邮电经济的商品属性、产业属性;邮电经济所有制形式和经营方式;邮电经济在国民经济中的地位和职能、经济结构和管理体制;邮电资产、产品、资金、成本、经费、劳动人事管理;邮电经济核算、邮电经济效益和社会效益;邮电经济的调节机制和发展战略。

另外，据《当代新科学手册》介绍，邮电经济学的基本内容为:(一)邮电通信部门的基本特征和分类，邮电通信作为物质生产部门的理论阐述，邮电通信部门在国民经济体系中的地位和作用，社会主义经济规律在邮电通信部门中的作用;(二)邮电通信部门组织机构与职能，邮电通信部门的计划及其工作原理和预测方法，邮电通信部门的产品及其计量方法;(三)邮电生产基金的经济性质、分类及结构分析，邮电通信部门的劳动生产率，邮电通信部门的利润;(四)邮电通信部门科学技术进步的经济意义和基本方向，测定邮电通信新技术经济效果的方法和指标，邮电通信部门的基本建设，以及提高基本建设投资的经济效果的途径。(五)邮电通信部门自身的经济效益及社会经济效益。(见《当代新科学手册》上海人民出版社1985年版，第273页)

四、邮电经济学与现代化建设的关系

社会主义现代化建设与发展，特别是市场经济、城市化和现代化城市的发展，社会各种信息管理系统的发展、居民生活水平的提高等，都需要邮电通信事业的发展。邮电通信产业越来越成为社会的重要产业。这就需要从理论上揭示市场经济中邮电通信发展的客观规律、邮电通信发展与国民经济各部门的关系、公共邮电通信业与专业通信的关系、邮电通信部门内部的关系、应建立和完善的调节上述各种关系、促进邮电通信发展的机制等，以指导邮电通信事业的迅速发展。具体地说，邮电经济学与社会主义现代化建议的主要关系是:

(一)邮电经济学揭示了在市场经济中邮电通信业在社会再生产发展中的地位、作用，揭示邮电通信与国民经济各部门、居民生活质量的关系，揭示邮电通信的社会经济效益，可以使人们从理论与实践相结合上加深对邮电通信发展对社会主义现代化建设的意义的认识，提高各级政府、全社会各部门对发展邮电通信的自觉性和积极性，促进全社会都来重视发展邮电通信事业。

(二)邮电经济学揭示了在市场经济中邮电经济自身发展的客观规律，揭示了邮电经济内部经济关系的发展变化规律，为正确进行邮电通信的经营管理提供了理论基础，以此提高广大邮电通信经营管理者经营管理水平。邮电经济学是广大邮电企业经营管理者必备的基础知识，是培育现代化的邮电企业家不可缺少的理论准备。

（三）邮电经济学揭示了邮电通信为社会再生产和居民生活质量改善提供服务的客观规律。因此，邮电企业经营者运用这些客观规律更好地为社会再生产和居民服务，提高邮电通信的社会经济效益，直接加速了社会主义现代化建设事业的发展。经济体制改革以来虽然邮电经济理论有了一定发展，但至今还没有一个真正揭示市场经济中的邮电通信发展规律的完整的邮电经济理论，使邮电通信发展中的各种矛盾、利益关系的调节、解决，以及邮电经济经营管理水平的提高缺乏理论指导，在一定程度上，制约了邮电通信更迅速更协调的发展，使邮电通信的发展仍不能适应社会主义现代化发展的要求。

总上所述，我国应加强邮电经济理论的研究工作，尽快完善适应并指导市场经济中邮电通信事业迅速发展的邮电经济理论体系，尽早编写出适应市场经济要求的《邮电经济学》。

质量经济学

郭克莎

质量经济学作为一门研究质量经济问题的学科，实质上是以产出质量特别是产品质量为中心、并联系其他有关的质量问题来进行研究的。

在西方发达国家中，对质量经济问题的研究，是在企业质量管理尤其是全面质量管理推进的过程中提出来的，因而研究者基本上是质量管理专家，研究范围大体上围绕企业质量管理而展开，研究内容主要是质量成本、质量收益、质量利润以及质量生产率等方面，总的看来，属于质量管理经济学的性质。而在原苏联东欧国家，对质量经济问题的研究，是在产品质量问题严重并影响到国民经济发展的情况下得到重视的，研究者主要是经济学家以及统计学家，研究过程大体从经济理论的角度展开，研究内容包括产品质量与使用价值、价值、价格和计划的关系，产品质量的作用和影响等方面。一些经济学家提出了“产品质量经济学”的范畴，或论述了建立这样一门学科的必要性。

我国对质量经济学问题研究，可以说是在以上两个方面的影响下发端和推进的。随着对外开放的扩大和商品经济的发展，人们日益认识到产品质量及其经济问题的重要性；而全面质量管理的推行和质量问题对经济运行的影响，则使一些从事质量管理研究和从事经济理论研究的人分别从不同角度来研究质量经济问题。1985年10月，自学成才的青年学者程抱全所著的《质量与效益研究》一书在已故著名经济学家孙冶方的帮助下由科学普及出版社出版，并改以《质量经济学》命名。该书在国内第一次较为系统地探讨了质量管理的经济问题，特别是提出了不少值得研究的领域或内容。随后，一些同志继续从质量管理的角度来研究有关的经济问题，并进一步发表了一些这方面的著述。这标志着质量管理经济学在我国的兴起和发展。但是，从经济理论的角度来研究质量问题的论著在国内一直较为少见，这不能不是一个欠缺。1992年2月，郭克莎撰写的专著《质量经济学概论》由广东人民出版社出版，该书是作者在发表了一系列论文的基础上写成的，它从经济理论方面、从宏观总体上对质量问题进行了较为系统的研究，从而标志着一门新的质量经济学在我国的的诞生。

质量经济学的研究对象，是关于“质量”的总体性经济理论问题，而不是具体的技术经济问题。它是一门研究质量问题在社会经济发展中的地位和作用，质量范畴所反映的社会经济关系，以及提高质量的社会经济条件的科学。质量经济学的研究范围大体包括以下几个方面：(1)研究质量运动和变化的经济原因及其规律性，世界产品质量发展的趋势和特点；(2)研究西方发达国家质量改进的方向和历程，质量发展过程的经济环境、社会环境和法律环境；(3)研究社会主义国家存在质量问题的社会经济原因，提高产品质量的各种经济机制；(4)研究我国质量变动的状况和特点，质量改进和发展的方向、途径以及需要具备的社会经济环境。显然，重点在于研究我国社会主义市场经济条件下提高产品质量的各种经济问题。

从经济理论的角度研究质量问题，与其他学科所研究的内容和侧重点必然有所不同，由此形成的质量经济学，具有以下两个方面的特点：第一，它研究的不是质量的自然属性而是质量的社会属性。经济学研究质量问题的角度与商品学不同，后者主要研究商品质量的自然属性和物质内容，以及质量形成和变化的工艺过程，前者则主要研究商品质量的社会属性和经济内容，以及质量问题在社会经济关系中的地位和作用。在这个基础上，质量经济学所研究的内容也不同于质量管理学或质量管理经济学。质量管理学主要研究与质量的自然属性有关的技术问题以及提高产品质量的技术条件；质量管理经济学主要研究质量管理过程中的技术经济问题以及加强质量管理的技术经济条件；质量经济学虽然也要涉及以上这些问题，但它的根本目的和基本内容在于研究与质量的社会属性有关的经济问题和理论问题，研究质量范畴所反映的社会生产关系，质量问题存在的社会经济原因，质量变动对社会经济关系的影响，以及提高质量的社会经济条件。第二，它不是从企业内部而是从总体上来研究质量问题。

这是经济学研究问题时与其他学科的不同之处，质量管理的概念应当包括国家对企业产品质量的管理和企业自身对产品质量的管理两重含义，但质量管理学所研究的一般是后者，即企业内部的质量管理；以此为基础，质量管理经济学研究产品质量与经济效益的关系，一般也是从单个企业的角度来考察的。质量经济学虽然也要联系这些问题来进行研究，但它的重点在于总体方面，即主要是研究质量问题对经济运行的影响，产品质量与经济增长和发展的关系，市场机制的作用与质量水平变动的特点，以及国家对产品质量实行宏观调控的方式和措施。宏观总体考察与微观个体考察的差别在于，前者在研究质量的经济问题时必须更多地考虑资源约束和资源的有效配置，必须更加注重发展模式的选择和经济增长的前景。

与其他大多数新学科一样，质量经济学也具有自己研究方法上的特点。它除了应用唯物辩证法、抽象法和逻辑与历史统一的方法等三大基本的科学方法之外，还较多地运用以下几种具体的分析方法：其一是层次分析法。从经济理论的角度来研究质量问题，主要研究质量范畴的社会属性，但质量的社会属性与质量的物质属性既相互联系、不可分割，又相互作用、相互影响；质量范畴的两重性不仅是由不同的因素和过程决定的，而且具有不同的基础和表现形式。因此只有运用层次分析的方法，才能揭示二者之间的内在关系及其不同的运动特点，从而去探索质量运动过程所反映的经济关系及其规律性。其二是联系分析法。产业部门之间的内在联系，包括数量联系和质量联系两个方面，数量与质量的不可分割，使数量联系与质量联系也相互依存、相互制约；同时，各个产业部门在社会再生产过程中要保持相对平衡，必须实现价值平衡与实物平衡的统一，而这种统一是建立在数量平衡与质量平衡统一的基础上的。因此，只有运用联系分析的方法，才能揭示质量问题和质量联系在社会再生产过程中的重要性，并反映质量协调关系对于产业循环的作用和影响。其三是比较分析法。我国企业推行质量管理比西方发达国家晚得多，研究和实行宏观、中观质量管理更是近年来才开始的，因而实践经验的缺乏和理论上的不成熟是很自然的，国外在这方面有很多理论和经验值得我们借鉴。这就要求我们在研究质量的经济问题，尤其探索提高产品质量的社会经济条件时，应当运用比较分析的方法，取别人之长，补自己之短，并根据我们的国情，有区别、有选择地采用其他国家的有益东西。

质量经济学作为一门新的学科，它的内容体系显然是不成熟的。根据目前的研究，这一学科的研究体系主要由三大部分构成：

一、关于质量范畴的基本理论问题。这一部分探索质量范畴所反映的社会经济关系。

1. 质量范畴的经学含义和两重性。从经济学的角度看，一切具有商品性质的物品或过程的质量，都可以概括为满足某种社会需要的程度，而满足程度又受到消费条件和消费特点的影响，因而质量范畴的定义应当反映这两个方面的内容。质量范畴的两重属性在量的关系上表现为绝对质量和相对质量，二者具有明显差异，这种差异反映了社会需要的多样性和多变性。

2. 社会需要与社会质量的关系。社会需要的每一个方面都是数量需要与质量需要的统一，社会质量需要既由经济发展水平和科学技术水平所决定，又反过来影响着社会质量标准和质量观念。

3. 质量与使用价值、价值和价格的关系。在它们之间的关系中，质量范畴的作用和影响，都是通过质量的社会性即相对质量表现出来的。

4. 质量供求与价格变动的关系。质量供求关系与质量差价变动起着相互调节的作用，而这种作用又取决于不同商品质量供求的价格弹性和收入弹性。

二、产品质量与经济增长和发展的关系。这一部分探索产品质量问题在国民经济增长和发展中的地位和作用。

1. 产品质量与经济增长的模式。数量型与质量型经济增长模式的不同内容和特点，投入质量、增长质量与产出质量的关系，增长模式转换中的一系列质量问题。

2. 产品质量与资源配置。资源有效配置的条件与产品质量的作用，比较成本与比较质量的综合考察及其对确定资源配置形式的意义。

3. 产品质量与结构变动。质量结构的变动特点及其对产出结构的影响，产品质量水平与产业结构关系的相互联系和相互影响。

4. 产品质量与经济效益。质量两重性在质量与效益关系中的作用，质量成本、质量效益与质量投资效益的变动特点。

三、提高产品质量的社会经济条件。这一部分探索质量问题存在的原因和提高产品质量的途径。

1. 市场机制与产品质量。通过考察供求机制、价格机制和竞争对产品质量的作用特点，探索完善社会主义市场机制，以形成促进产品质量提高的经济条件和环境。

2. 宏观调控与产品质量。宏观质量控制是直接控制与间接控制的统一，它包括质量战略、质量目标、质量规划等方面的确定，并通过宏观经济调节和宏观质量管理来使之付诸实现。

3. 社会环境与产品质量。产品质量水平的变动与社会的质量意识和法律环境有很大关系，加强全社会的质量意识、质量监督和质量立法是确保产品质量水平的一个重要条件。

毫无疑问，质量经济学这一新学科在我国的建立和发展，将有助于推动我国产品质量水平的提高。在中国质量协会、中国科学技术协会、中国社科院工业经济研究所和质量万里行组委会联合上报中央的"宏观质量战略研究报告"中，上述的有关理论已被引为基本依据和重要内容，这就在一定程度上表明了这门学科的重大的实践意义。

企业经营管理和企业改革

北人集团公司总经理
朱谈林

以市场需求为导向，不断调整产品结构，推动企业技术进步

北人集团公司

北人集团公司(从属名称北京人民机器厂)现有职工5 100多人，其中工程技术和管理人员800多人，固定资产原值近二亿元，是我国最大的印刷机制造厂和机电部重点骨干企业之一。

1956年以来，生产各种类型印刷机械1万多台，其中胶印机8 000多台，平张纸和卷筒纸国产多色胶印机的市场覆盖率达90%以上，遍及国内30个省市近2 000多个大中型印刷厂，并销售到东南亚、欧洲、美洲、东欧十几个国家和地区。

建厂40多年，在60年代试制生产了我国第一台平张纸自动双色胶印机；70年代试制生产了我国第一台卷筒纸双色胶印机；80年代试制生产了我国第一台平张纸双面胶印机，四开、对开系列多色胶印机，卷筒纸报纸及书刊中、高速单、双、四色胶印机。90年代初期试制了我国第一台电脑控制的对开六色带联机上光的多功能胶印机。

改革12年（1981—1992）产品品种增长9倍，实现利税增长8倍，上交利税增长6.4倍，这12年“人机”上交给国家的利税可以建相当于1980年规模的7个人民机器厂。近几年先后进入国家安全级企业、计量一级企业、能源一级企业、国家一级企业、全国技术进步企业等。

经过十多年改革，“北人”在国内同行业中初步形成了品种、质量、市场、规模、效益等五大优势。保证了企业持续稳定发展和综合效益的不断提高。

那么，我们厂是如何搞活企业、在激烈的市场竞争中保持经济效益持续稳定增长的?对企业内部来说，主要是靠以市场需求为导向，不断调整产品结构，推动企业技术进步。

一、以市场需求为导向，制定正确的企业经营战略

随着经济体制改革的逐步深化，企业开始成为自主经营，自负盈亏的商品生产者和经营者，企业的生存与发展越来越依赖于建立在市场分析之上的经营战略。为此，改革12年来我们一直紧盯住市场，通过市场研究、分析和论证，使我们深切地认识到，我国印刷工业的现状与社会主义现代化发展需要和商品经济的发展存在着很大的差距，要下大力气解决我国印刷工业长期以来存在的出书慢、出书难、周期长，包装装璜

行业技术装备水平低，报纸印刷装备落后，办公印刷设备落后，印刷设备大量进口等五个问题。并把这五个没有解决的问题作为“北人”经营和服务的主要目标，每一个五年计划都要把它作为战略重点，并结合市场情况进行动态调整，这样既保持战略的连续性又体现了战略的实际性。

“六五”期间制定了一个市场三个面向的经营战略。

“七五”期间修订为两个市场五个面向的经营战略。

“八五”期间修订为两个市场五个面向三个转化的经营战略。

两个市场即国内和国外，五个面向即书刊、包装装璜、报刊、票证和办公印刷，三个转化即经营机制向集约型转化，产品向技术密集型转化，企业向外向型转化。

二、以市场需求为导向，不失时机的做出重大决策

企业有了指导生产经营活动的经营战略之后，还必须根据战略实施的不同时期，市场以及各个方面提供的信息，不失时机的作出一系列关于市场、品种、质量各方面的重大决策，以保证总战略的实现。因此，在“主动出击引导市场”的思想指导下先后作出了几次重大决策：

“六五”初期，当时的主导产品 LP1101、1103 型铅印轮转机，为我厂赢得了第一枚银牌。当时市场预测从国外印刷工业发展来看，胶印将逐步取代铅印已成为必然趋势。虽然我厂生产的铅印轮转机暂时还有一定的市场，但从印品质量和制版周期上无法与日益发展的胶印印刷相比。为了与高技术产品市场相同步，我们毅然决策让这个产品光荣地离了休，全部改产胶印机。两年后，市场上对胶印机需求量猛增时，我厂已形成批量生产能力，捷足先登占领了市场。

“六五”中期，我们通过占全国书刊印刷总量 1/3 的 180 家书刊大中型印刷厂的调查，了解到有 1/3 的书刊胶印印品在我厂生产的单色胶印机上印刷，如果能开发出一种在纸的正反面同时印刷的胶印机，社会效益将增加一倍，生产周期将缩短一倍。因此，我们决策立即着手书刊对开双面胶印机设计试制工作，由于生产效率提高一倍，12 年相当于为印刷工业多提供 608 台单色胶印机，解决了出书慢、出书难、周期长的问题。

“六五”末期，我们通过对国际市场调研发现，多色胶印机正处于萌芽状态，国际上仅有少数几个厂家生产，是一种有前途的产品，经过反复论证，决策上马四色胶印机。这在当时确实有很大风险，设计能力、加工水平、设备状况能不能满足，心里底数不大。在国外名牌厂家严密封锁，外汇又十分紧张的情况下，我们决策引进了国外一种中档产品的生产制造技术，经过消化、吸收、创新、自行设计，试制了我国第一台对开四色胶印机，当时社会各界都给予了极大的关注，在国内外同行和一些用户中也产生了巨大的反响。国产四色机的诞生，使日益抬头的多色机进口浪潮得到了遏制，仅挡住进口一项，就为国家节省外汇 7 000 万美元以上。

“七五”中期，我们获悉国家教委为改变我国印刷设备落后面貌，向世界银行贷款 5 000 万美元，将要进行国际招标。当时，正是市场疲软到来的前夕，我们经过反复考虑认为，主动出击引导市场不仅是向国内市场进军，还要树雄心立壮志，要敢于同外国人较量，用破釜沉舟的勇气去提高产品质量，引导国内用户认识到国产胶印机的水平，为替代进口进而打入国际市场闯出新路，因此我们又做出了参加国家教委国际投标的风险性决策。

我们详细分析了有利形势和不利因素，大张旗鼓地与外国厂商开展了面对面的竞争，并按国际标准积极进行投标的各种准备工作，经过艰苦的努力，最后开标结果设备台份中标率 76.8%，中标金额占全部中标额的 55%，创造了国内机电行业单项台份中标率最高纪录。这次投标的胜利，创汇 1 920 美元，保证了 1989、1990 年两年经济效益持续稳定的增长，也为我厂逐步实现向国际市场转移的战略奠定了基础。

三、以市场需求为导向，建立稳定广泛的信息渠道

敢于淘汰老产品，把新产品推向市场的前沿。引导市场确实需要勇气，需要决策者的决心。决策者的勇气从哪里来，决心根据什么下，关键是要不断解决和完善市场信息的收集和预测工作。我们认为，信息的收集和处理不能跟在市场的后面跑，而要把注意力放在超前信息上。如果发现了市场疲软了再去找对策，跌到低谷再抓调整，对企业来说不仅很难提高效益，而且是真正的危机。我们的决策着眼于信息，并建立了稳定的信息渠道，这些渠道包括：

1. 通过政策部门掌握决策信息。从轻工业部、新闻出版总署的“七五”、“八五”发展规划中了解国家对印刷行业及印刷机制造业的方针政策。例如“七五”期间我国印刷工业的发展总战略是“振兴我国印刷工业”。根据这个发展战略制定的印刷机械发展方针是“激光照排、电子分色、胶印印刷、装订联动”。从这些信息中我们了解到我国印刷工业的装备政策就是发展

胶印印刷，而且证实了我们在“六五”初期淘汰铅印机，全部转产胶印机的决策是正确的，也坚定了我厂不断开发胶印机品种的信心和决心。

2. 通过专家调研掌握市场信息。组织各路专家搞市场调研，了解市场动向。我们聘请了全国96位专家采用特尔裴专家预测法对国内市场胶印机需求品种、质量、水平作了一次全面的趋势预测，通过这次预测给我们提供了国内胶印机实际需求总量、“北人”胶印机质量重点是要解决电气不稳定的信息等。这些信息给我们制定“七五”期间生产经营发展战略和品种发展规划提供了可靠的依据。

3. 通过售后服务和用户访问掌握质量信息。我们坚持用户访问制度，对产品进行跟踪调查，建立产品跟踪档案，四色胶印机投放市场六年，在用户的帮助下先后进行了六次重大质量改进，如把传统的继电器控制改为微机控制，解决了电器控制的稳定性和可靠性问题，使机器质量水平有了突破性的提高。我们还在全国范围内建立了27个维修服务网点，负责“北人”牌胶印机的安装调试和技术服务工作。这样做的好处一是技术服务和提供备件及时，二是解决了“北人”安装调试工人不足，三是信息反馈及时、面广。通过聘请一些印刷机专家到印刷厂向用户征求对我厂产品质量方面的意见，由于用户不直接与我厂人员接触，心中没有顾虑，反映的意见客观真实，便于我们全面了解掌握质量信息。

4. 通过参加订货会、展销会及出国访问活动掌握市场和技术信息。与用户、客户广泛接触，了解市场，了解用户心理。掌握技术发展趋势。每四年一次在西德德鲁巴举行的世界印刷机械展览会，我们都要派领导和技术人员参加。例如在1990年4月份的展览会上，我们了解到以电子技术为核心的胶印机机电一体化的自动控制水平近几年有很大发展，便根据这些信息修定了“八五”期间企业经营战略，提出在产品上要向技术密集型转化，把机电一体化做为提高产品水平的突破口。

5. 聘请有关方面专家当顾问，帮助企业出谋划策。例如：我们在开发报刊卷筒纸胶印机上，专家们就向我们提出一定要大、中、小型都具备，以适应不同报刊印刷厂的需要。专家们还提出对报纸胶印机来说自动接纸、报纸记数与活套页这些特殊要求不可忽视，这些信息为我厂报刊胶印机在适应性上提供了可靠依据。由于注重了市场研究，使我们对印刷机市场做到五年之内有准备，十年之内有设想。

四、以市场需求为导向，不断对产品结构进行调整

市场是用户对产品需求的温度计，也是企业生存发展、优胜劣汰的舞台。按照市场需要不断对产品结构进行调整，才能使企业立于不败之地。进入80年代后，为了适应“振兴我国印刷工业”的需要，根据我厂“七五”期间的经营战略，制定了产品开发战略，即：胶印机由单一产品向系列化发展，由单色向多色发展；四开、对开、全张幅面齐全；国内外需要规格同时生产。在这个开发战略指导下编制的“七五”规划，在产品品种上有了一个突破性的进展，胶印机由“六五”初期5种发展到40种，出口产品由2种发展到13种。其中有12种新产品填补了我国的空白，有6种被机电部列为替代进口产品，新开发的产品全部达到70年代末80年代初的水平，使新产品产值达到60%以上。

“八五”期间根据产品要向技术密集型转化的开发战略，把提高产品机电一体化作为提高产品等级和水平的突破口，1991、1992两年新开发产品十余种，其中适应包装装璜纸版印刷的对开六色带联机上光的胶印机达80年代中期水平，在1992年6月北京第三届国际印刷技术展览会上，得到国内外用户好评。

在改革的12年中，产品结构调整打了四个战役：

第一是书刊印刷胶印机战役。我们用三至五年试制了平张纸对开、全张书刊双面胶印机，完成了卷筒纸单、双色书刊胶印机的系列化设计。批量生产了平张纸和卷筒纸书刊胶印机1 035台，增加了2 788万令书刊胶印的能力，解决了出书难、出书慢、周期长的问题。

第二是包装装璜彩色胶印机战役。从“七五”开始我们坚持科技就是第一生产力的指导思想，坚持开发高起点和高技术含量的新产品。试制了平张纸对开系列单、双、四色胶印机；四开系列单、双、五色胶印机及单、双色多功能胶印机。批量生产了平张纸四色胶印机240台，增加了3 323万对开色令彩色胶印的能力，填补了我国解放37年来不能生产四色胶印机的空白，为提高包装装璜产品的印品质量打下了牢固的基础，挡住了多色胶印机的大量进口，节约外汇近7 000万美元。

第三是报刊印刷胶印机战役。我们又用了三至五年试制了一面双色、一面四色小型报纸卷筒纸胶印机，一面双色、一面四色双给纸、双印刷、双折报中型卷筒纸胶印机，批量生产了报纸卷筒纸胶印机140台，增加了日产1 458万份黑白、彩色报纸的生产能力，1990年试制了大型高速印报机，填补了我国解放40年来不能生产彩色报纸卷筒纸胶印机的空白，为从根本上解决大、中、小型报纸印刷厂装备极端落后的状况，为我国

报纸行业“八五”技术改造创造了一个良好的物质基础。到1990年新产品的产值率达76.8%，技术进步产值率达94.2%。

第四是提高产品等级和水平战役。“八五”期间我们用了两年时间集中力量解决胶印机的机电一体化水平，集中力量通过自动控制缩短印刷辅助时间和提高印品质量。我们试制了对开六色胶印机，采用倍径压印滚筒，适于包装装璜纸版印刷，并增加了墨色调整、数据存贮和故障诊断等自动控制、紫外线上光联机装置。试制了双面四色大开本卷筒纸胶印机，增加了二级涨力自动控制和红外线烘干满足了小学教科书彩色印刷的需要。

在发展品种对产品结构不断进行调整的同时，还必须把提高产品质量放在一切工作的首位，把提高产品质量作为企业生产经营活动的中心。质量与数量、质量与交货期、质量与成本发生矛盾时都要首先服从质量，在经济责任制考核中执行质量否决权，不断提高全体职工的质量意识。在国产化四色胶印机第一台样机试用期间，我们八次下江南，同用户共同努力，对新产品进行三次重大改进，达到了投标产品的标准。经机电部组织专家评审，认定“北人牌PZ4880-01A型对开四色胶印机达到国际80年代水平，可印精细胶印印品，替代绝大部分进口产品”。1986年我们在卷筒纸多色胶印机移值引进技术的基础上，解决了高速折页问题，使印速由2.5万张/小时，提高到4.5万张/小时，提高了折页精度。为了适应外向型发展的需要，从“六五”末期开始按国际ISO标准纸张规格组织生产，电气按国际IEC标准设计与制造，并采用微电脑（PC机）使电器控制的稳定性和可靠性有一个突破性的提高。现在我厂生产的主导产品中有两个金牌、两个银牌、三个部（市）优，于1985年获机电部质量管理奖称号，并连续十年被评为北京市质量管理奖企业。

在发展品种对产品结构不断进行调整的同时还必须狠抓企业的技术改造，没有技术改造，企业发展就没有后劲，产品等级和水平就无法提高。“六五”、“七五”、“八五”期间，“北人”技术改造总共投资2.3亿元。我们把有限的资金用于科研基础地建设上，用于提高关键件加工和检测水平上，用于调整工艺路线挖掘潜力，用于提高工艺水平和质量水平上。

在科研建设方面：新建科研楼3 200平方米，试验车间2 400平方米，新增设备55台，初步形成了新产品开发和试验基地。

在关主件设备方面：引进了具有80年代水平的加工中心，蜗杆砂轮磨齿机，三座标测量机，齿轮检查仪等先进设备，加工和效率精度提高1—4倍，新增设备460台，其中数控、精密、高效、节能设备250台，占总投资74.7%，设备新度系数由“六五”期间的0.56提高到0.72，数控设备由1%提高到8%。

在提高工艺水平方面：铸造引进了日本树脂砂再生设备，全部取消了粘土砂造型工艺，改为树脂砂造型，使铸件表面质量得到提高，劳动环境得到改善，产量由4 000吨提高到6 000多吨，冲天炉采用了微机控制。推广了硬齿面滚齿、强力磁盘，锤纹漆等新工艺提高了质量和效率。应用数显、微机等新技术精化改装原有机床25台，炉窑6台，使炉窑耗电量普遍降低6—34%。

通过“七五”技术改造，我厂已先后建成科研、教育、计量和计算机四个中心，增强了科研和新产品开发能力，使关主件加工和检测达到国外80年代水平。

市场是用户需求的温度计，市场是企业制定战略的依据，市场是企业重大决策的基础；企业只要紧紧盯住市场，经常研究市场，分析市场动态，按市场需求不断调整产品结构，就能使自已增强适应能力和竞争能力，从而立于不败之地。

娃哈哈集团公司总经理兼党委书记
宗庆后

自觉转换经营机制，在市场竞争中发展壮大

杭州娃哈哈集团公司

我们杭州娃哈哈集团公司是一家以食品生产为主,同时实施多元化经营的国营大型企业。公司现有职工3 000余人,拥有资产4.87亿元。自1991年起公司跻身全国500家最大工业企业行列，经济效益居全国同行业第三位。1992年公司产值近4亿元，利润超过7 000万元，经浙江省人民政府批准升格为省级集团，经国务院经贸办批准，享有外贸进出口自主权。

娃哈哈公司的前身是1987年创办的杭州市上城区校办企业经销部。当时仅三个人，靠借贷14万资金起家。经过几年奋斗，到1990年，产值即突破亿元，利润2 000多万。为了壮大规模，提高效益，1991年娃哈哈兼并了连年亏损的原国营中型骨干企业杭州罐头食品厂，成立了集团公司，当年便实现产值2.5亿，创利润3 400多万。回顾娃哈哈集团的发展历史，我们感到之所以能有今天的成绩，最根本的一条，就在于坚持走社会主义市场经济的道路，围绕着市场这一核心，增强企业活力和竞争能力，提高效益，在生产发展的基础上，使国家、集体、个人的利益得到较好的兼顾。

一、投身市场，把开拓市场作为企业发展的根本导向

我们娃哈哈集团公司在创业之初，主要是为别人推销产品。在推销过程中，我们深切地意识到市场对企业发展有着决定性的制约作用，由之而树立了市场第一的指导思想。随着企业的发展，这一认识也在不断深化。市场意识贯彻到我们的具体工作中，主要体现在以下几个方面。

首先，在产品开发方面，瞄准市场需要，开发适销对路的产品。1988年，企业创建不久，经过周密的调查分析，决定投资生产儿童营养液。当时国内各种营养液不下百种，竞争格外激烈，营养液销售已经进入了疲软状态，不少人怀疑开发营养液能否成功。但是我们在市场分析中注意到，营养液虽多，却没有一种真正成名的儿童专用营养液，这表明在中国营养品市场表面饱和之下，掩盖的是一个极为开阔的空白带。中国有三亿多儿童，而且由于60年代的生育高峰必将导致90年代的又一次高峰。通过细分市场，对产品的开发前景有了明确的认识，从而更加坚定了我们上马儿童营养液的信心和决心。营养液投放市场后，由于适合消费者的需要，立刻受到了广泛欢迎，从而迅速占领了市场，一举获得成功，为娃哈哈的未来发展打下了基础。近两年，我们又先后几次推出新产品，也就是瞄准了市场的需求，把生产适销对路的产品与灵活的营销策略相配合，从而保证了在市场竞争中的主动地位。

其次，在公司的整个管理过程中树立营销主导思想。为了真正地把握市场，适应市场，以便在激烈的竞争之中立于不败之地，公司强调要把营销意识贯彻到管理和生产的每一个环节。基于这种认识，我们在公司的内部机构设置上也打破常规，从市场需要出发，围绕市场，本着高速高效的原则，设立相应的工作机构。1991年，在兼并了原杭州罐头厂成立集团公司后，我们立刻着手“消肿”，简化领导层次，合并和裁减那些与生产营销没有直接关系的科室。目前，公司直属职能部门从三十多个科室压缩到仅有十部二办，各部门及各分厂直接对总经理负责。精干的机构，不但大大加快了工作节奏，有助于捕捉战机，顺应市场的变化，而且

也有利于各项责任制的落实，同时也自然减少了由于机构繁杂、职责不清所造成的互相扯皮和内耗。公司在此基础上又要求每一个职能部门都必须树立营销第一的思想，也就是从工作的每一个环节抓起，把每一项工作都与产品使用价值的最终实现相连接，从原材料的选用、生产加工的每个过程、质量检验以及售后服务等多方面抓起，以保证质量，提高信誉，增加竞争力。由于这种对营销意识的强调和贯彻，大大增加了职工的市场观念，增强了产品竞争的力度，同时公司上下也形成了一种只争朝夕的紧迫感和强烈的危机感。

其三，注重人才引进，加快培养一支具有较强市场竞争力的干部和职工队伍。市场竞争，归根到底是一种人才的竞争。只要有一大批具有真才实学、敢于竞争、善于竞争的人，必然会引导未来的竞争走向胜利。正是因为认识到了这一点，所以公司一直抓紧人才的引进。几年来公司曾先后进行过几次公开招聘，每一次招聘，都为公司的职工队伍注入新鲜血液，都使得公司的人才结构和知识结构朝着有利于开拓市场的方向迈出了一大步。求贤若渴，珍惜人才，爱护人才，为人才的脱颖而出创造条件，已成为公司领导一贯作风。比如，公司创业之初，曾经了解到一位中药制剂方面富有专长的科技人员，在原单位没有能发挥其所长，就想方设法将他引进来。为了解决其后顾之忧，公司领导把上级主管部门分给自已的一个大套住房让给了这位技术人员。后来，这位技术人员在新产品开发中，果然不负众望，屡有建树，为娃哈哈产品迅速占领市场做出了贡献。

其四，把科技投入作为参予市场竞争的内在因素。竞争靠的是产品，而一个产品如果缺少了必要的科技含量。就很难成为过硬的产品，它在竞争中就难免腹背受敌。所以公司十分注重依靠高技术含量的产品占领市场，并在竞争中永远处于先导地位。当初开发儿童营养液时，我们就曾几度向专家教授请教，并根据市场需求提出独特的配方原则，终于研制出了自已的拳头产品。后来，随着娃哈哈儿童营养液的成功，国内仿效的产品多达百种，但在质量上却没有一家能超过娃哈哈营养液。如今这一产品经过几次更新换代，依然在国内同类产品中处于领先地位，几年来先后被授予国际国内三十多项大奖，被评为“中国公认名牌产品”，1992年还荣获国家星火二等奖，成为中国食品和营养保健品中唯一获此殊荣的产品。可以说，正是由于产品在技术质量上的领先，才保证了其在竞争中的优先地位。如今社会主义市场经济的理论已经确立，为了真正地依靠科技，在未来竞争中立于不败之地，公司又一次次地通过中外合资等途径，不断引进先进技术，同时大规模投资进行设备更新换代，还与有关科研机构合作，创办第一流的科技检测机构。这一系列的投入将不仅使娃哈哈产品走向一个新的高度，同时也将使其在新的市场竞争中占据自已应有的位置。

二、落实企业内部责任制，实行权责利统一，充分调动职工积极性

作为计划外的全民所有制企业，娃哈哈没有享受过任何计划内的待遇。但是，由于当时整个宏观经济环境的影响，计划经济的观念与模式仍然严重困扰着我们。因此，必须加快改革开放的步伐，集中精力，练好内功，才能把广大职工群众中蕴藏着的社会主义积极性、创造性挖掘出来，步入良性循环的轨道，才可能使企业保持年年上台阶的发展势头。

新一轮的企业内部改革，仍然是从改革内部分配制度和完善内部责任制开始的。公司将产量、质量、消耗、效益、基础管理五大指标，层层分解落实到分厂、车间、个人进行定量考核，与工资奖金挂钩，生产工人上班干多少活，自已就能算出拿多少报酬，加大了透明度，大大调动了职工的生产积极性。兼并以后，严格的管理和饱满的工作任务，使原先因任务不足而松散惯了的“杭罐厂”职工一时难以适应，而娃哈哈的干部对罐头厂职工的慢节奏也看不惯，因此，工作中出现了许多矛盾。好多人闹着要调到轻便岗位，甚至把家属也请出来提抗议，有的还把管理人员说成是90年代的“拿摩温”，写信向上级控告直到中央。对此，我们在加强思想教育、纠正如“正式工不做临时工活”等错误认识的同时，尽快落实了经济责任制，实行超定额计件奖励制度，把定额具体到每道工序、每个岗位，使职工清楚地知道一天下来可拿多少奖金。贯彻责任制以后，职工纷纷提高了生产积极性，变被迫干为争活干。如割瓶车间早班要八时才开工，但有的职工四、五点钟就进了车间，怕迟了拿不到活干。当分厂领导主动提出把一些以前提出调动的职工安排到轻便岗位去时，这些人都笑着“拒绝”照顾。现在进入车间，见到的是有条不紊的紧张工作场面，没有一个人说闲话。1992年，我们又推开了“分级承包责任制”改革，改变了产值、利润双重指标分别下达的方式，把实现利润作为主要考核指标，根据不同的产品特点给各分厂下达不同的分配政策，赋予各分厂、部门更多的自主权，而且加大了分配中活的比重，加大了责权利结合的力度。1992年，职工收入的50%左右是活分配。

严格的经济责任制，必须同深入的思想政治工作相结合，要使广大职工充分认识到搞活企业于国、于己的重大关系；同时，切切实实地做好改善职工的工作和生活条件的各项工作，使职工亲身体会到搞活企业的实际意义。几年来，我们为所有已婚员工解决了住房、

煤气，安排好了职工子女的入学、入托问题，设立了职工养老保险基金，由公司统一妥善保管和运用，每年分给一定的红利，退休时全部发还。还办起了卡拉OK晚会、舞会、图书馆等，丰富了职工业余文化生活。而且，从更高层次的需求出发，力求建立人与人之间相互尊重、理解和沟通的融洽关系，建设“以人为本、从严管理”、大家庭般的娃哈哈企业文化，调动广大职工的积极性、创造性，不断提高企业整体素质，使企业以高凝聚力、高效率、高效益去面对变幻莫测的国内外市场。

在坚持物质文明和精神文明建设一起抓的过程中，我们始终贯彻实事求是的思想路线。通过多年的实践，我们认识到必须全面、正确地理解“全心全意依靠工人阶级”这一指导思想。“全心全意依靠工人阶级”、“实现民主管理”其根本目的不是为依靠而依靠、为民主而民主，不能陷入形而上学。我们的做法是，紧紧围绕经济建设这个中心，通过群众的参与、民主的管理，把群众发动起来，把企业搞好，把“蛋糕”做大，使职工群众也得到实实在在的好处。这样，既增加了企业的凝聚力，也增强了职工的主人翁意识。

三、依法从严治厂，建立健全自我约束机制

经过企业的努力，在上级领导的关怀和支持下，我们企业获得了较多的自主权。然而，自主经营必须依法治厂，只有建立完善的自我约束机制才是保证企业持续、稳步发展的关键。

公司领导深刻认识到，作为领导不能滥用手中的权力，要有“已所不欲、勿施于人”和身先士卒的精神，也要有勇于承担责任的胸襟。只有严格要求自已，把自已的根扎到职工群众中去，才能树立自已的威信，才能为国家、为企业、为职工用好权。上级的一纸“任命书”仅仅是法律上、形式上给予权力，只有靠自已的道德品质、实际工作能力和领导水平，得到上下的信任，才能取得真正的领导权，才能有效地指挥、协调职工去为企业、为国家创造财富。

依法从严治厂，我们重点抓好对口部门的对口法律普及工作，建立了一支知法、懂法、守法的干部队伍，严格贯彻执行《经济合同法》、《税法》、《食品卫生法》、《标准化法》、《商标法》等有关企业的国家法律、法规，使企业在法律规定的范围内得到健康发展。市场经济，从某种意义上来说是法制经济。政府通过经济和法律手段来对企业发展进行调控。企业要参与市场竞争，必须牢牢掌握法律武器。我们的娃哈哈系列产品在全国市场畅销以后，引来了几十家不法企业的假冒和侵权，什么娃娃哈、哈哈娃、哈娃娃等，一时间搞乱了我们的市场，但是由于我们较早的学习和应用了《商标法》，把“娃哈哈”的文字、图形以及她的兄弟姐妹商标全部依法注册，而且还在世界上二十多个国家进行了国际注册。这样，我们就利用《商标法》这一武器，追究假冒、侵权者的法律责任，维护了企业的合法权益，避免因被假冒、侵权而给企业造成损失。多年来，我们企业严格执行《经济合同法》，做到我不欠人，人不欠我，在别的企业因三角债缠身无法发展时，我们却能十分轻松地开拓市场，取得了主动；我们每年都主动将年度财务报表委托有关机构审验后报财税部门，定期做好财产盘点和审计，做到帐实相符，如实反映经营情况。企业财产在没有任何外来支持的情况下，从六年前的一无所有，发展到1992年6月拥有净资产18 850多万，每年都以翻番的高速度增值。

在企业飞速发展，经济效益成倍增长的大好形势下，企业领导并没有被冲昏头脑，而是十分坚决地建立了“经济效益高增长、职工收入慢幅度”的分配约束机制。1991年全公司实现产值2.5亿元，利润3 400余万元，分别比上年增长254.98%和193.35%，劳动生产率和人均创利分别达到11.29万元和1.93万元，但是公司员工工资奖金收入仅比上年增长40%，人均年收入为4 600多元，1992年公司实现产值3.9亿元，利润7 012万元，分别比上年增长53.14%和104.88%，跃上了一个新台阶，劳动生产率和人均创利税分别达到15.71万元和3.38万元，又分别比上年度增长39.15%和75.13%，但是公司员工收入仅比上年增长33.60%，人均年收入为6 100多元。

四、上规模、上档次、保持高速发展，向跨国集团迈进

面临国际竞争的严重挑战，建设有中国特色的社会主义，充分发挥社会主义优越性，提前实现国民经济翻两番，需要一大批国营大中型企业转换经营机制，增强活力，提高效益。兼并“杭罐”厂，组建集团后，公司又不失时机地向不同行业、不同地域发展。申办了娃哈哈房地产实业公司、娃哈哈乐园，发起组建了拥有1.8亿元股本的规范化股份制企业娃哈哈美食城股份有限公司，与台商合资兴办了娃哈哈医药保健品有限公司，与韩商合资兴办了娃哈哈孝农罐头食品有限公司，还与香港、台湾、马来西亚等地的客商签订了合资兴办娃哈哈百立贸易有限公司、浙江辉煌广告公司第一批合资合作项目，又在美国洛杉矶开办了娃哈哈美国集团公司，从而逐步形成了以全民所有制为主、多种所有制并存，以娃哈哈系列名牌产品为龙头，以商业、服务业、饮食业的投资、开发、经营为基础，巩固国内、辐射海外、有进有出的集团发展格局。

发起组建规范化股份制试点企业，引进外资开办

中外合资、合作企业，走出国门开办境外企业，将使我们企业的内部关系、会计制度、核算体制，经营方式等一系列传统观念发生根本性变化；同时，更重要的是能使我们企业在充分发挥全民所有制大中型企业的优势、搞好政治思想工作、关心爱护职工提高凝聚力的同时，引入其他经济成分和更适合于市场经济的经营方针和管理办法，探索中国特色的集团型企业管理之路，为国家经济建设作出更大贡献。

从国际经济形势看，跨国市场早已形成，市场竞争已趋于国际化，企业要想在国际竞争中赢得胜利，就必然要上规模、上档次，提高效益，降低成本。为了增加企业后劲，保持高速 发展，"八五"后三年，我们计划在杭州建设二个新的大型工业基地、改造原有工业基地、兴建二个大夏，通过外引内联，兴办近十个中外合资和合作企业，并进一步向海外拓展，在办好美国分公司的基础上，争取在东南亚、南美、欧洲各设立一到二个公司，大力开拓国际市场。在巩固现有产业发展的前提下，使集团的生产经营领域向房地产业，机电工业，物资贸易等领域全方位发展。争取到"八五"末期，集团能形成年销售收入20亿、年利税5亿的经营规模。

现在，随着国家《全民所有制工业企业转换经营机制条例》在全国的深入贯彻，将为我们企业的发展创造良好的外部环境。我们决心以邓小平同志南巡重要谈话精神和党的十四大提出的建设社会主义市场经济理论为指导，解放思想，大胆改革，真抓实干，把娃哈哈办成有中国特色的社会主义大型跨国集团。

（执笔：沈培生）

中国神马帘子布（集团）公司总经理
郭书道

深化改革，走集团化发展之路

中国神马帘子布（集团）公司

我公司是全国最大的锦纶帘子布生产企业。近年来，面临市场疲软，经济滑坡的严峻形势，我们始终坚持以提高经济效益为中心，进一步深化企业内部改革，狠抓产品质量、新产品的开发及产品结构的调整，积极转换经营机制，完善企业承包经营责任制，致力于走集团化发展之路，从而有效地克服了困难，取得了显著成效。1992年帘子布产量达到32 807吨，销售收入突破9亿元，实现利税1.7289亿元，经济效益居全国同行业之冠。1991年被命名为国家一级企业，并荣获全国企业管理优秀奖——金马奖。

一、审时度势，组建企业集团

1991年，企业面临资金紧缺，市场疲软，竞争加剧，汇率变动等严重困难。以总经理郭书道同志为首的领导班子，冷静地分析了国内外市场情况和发展趋势，认为要从根本上摆脱困境，在愈来愈激烈的市场竞争中立于不败之地，决不能收缩，停滞，而必须进取、开拓。首先要进行企业组织结构的调整，促进生产要素的合理流动和优化组合，壮大企业实力，实现规模经营。为此，我们大胆决策，决定组建企业集团，走集团化的发展之路。1991年11月，企业依靠自身强大的经济实力和产品技术优势，以原平顶山锦纶帘子布厂为核心，以兼并、控股和投资创办的5个企业为紧密层，以投资、参股的6个企业为半紧密层，以有长期稳定协作关系的28个科技、工贸、金融单位为松散层，形成以帘子布为主导产品、集科研、开发、设计、生产、贸易、综合服务为一体的跨地区、跨行业、多功能的外向型企业集团——中国神马帘子布（集力）公司。公司共拥有占全国总产量50%以上的锦纶帘子布生产的能力，在国际国内市场具有强大的竞争力，并拥有占全国很大比重的产业用纺织品、装饰用纺织品、工程塑料等5个系列、60多个化纤品种的生产能力，构成了统一组织、统一规划、统一开发、统一生产、统一营销、技工贸一体化的企业群体，在国民经济建设中起到了支柱企业的作用，并为开办参与国际市场竞争奠定了坚实的基础。

集团公司成立后，原有的组织机构和管理方式已不能适应。根据集团公司经营管理的需要，将原有40多个处室精减合并为“七部二处一室”。不但理顺了管理层次，体现了精减、高效的原则，而且兼具事业部的职能，对集团成员单位实行对口管理。具体管理方式是对核心层、紧密层实施“五统”、“五分”、“四结合”、“四为主”的管理方法。五统是：统一规划、统一开发、统一信贷、统一收支、统一营销；五分是：分级管理、分别经营、分解指标、分级核算、分别考核；四结合、四为主是：集权与分权相结合，以分权管理为主；综合管理与专项管理相结合，以专项管理为主；条与块管理相结合，以块为主；经济手段与行政方法相结合，以经济管理为主。对半紧密层成员单位主要采取经济管理手段，公司可派行政副职协助管理。对松散层成员主要采取协议、契约管理。新管理模式的建立，形成了集团内部管理的三个层次，即决策层、管理层、执行层、建立了五个中心，即投资中心、利润中心、成本中心、开发中心、信息中心。这种管理模式，体现了功能分层，有序放松，职责分明的特点，有利于集中决策指导下的分散管理。初步营运后显示出很强的生机和活力。

1992年，我国经济建设和改革开放的步伐明显加快。为了抓住机遇，加快发展，公司根据转换经营机制、筹集建设资金、增强凝聚力的需要，决定引入股份制经营机制，成功地将公司改组为股份有限公司，为企业博击市场、发展壮大，增添了新的活力和动力。

二、积极引进，加快技术进步

企业在外有压力、内有困难的条件下，如何才能保证经济效益的稳步提高？我们的体会是，必须坚持内涵挖潜的方针，坚定不移地走企业发展由外延型向内涵型转移，由速度型向质量型、科技先导型和资源节约型发展的道路，向技术进步要效益。几年来，通过对引进技术的吸收、消化，公司实际生产能力比设计值已有大幅度提高。1991年我们在已有的高起点上，首先重点实施了原丝增产20%的技术改造，经在两个系列实施后，增产原丝700吨，创经济效益1 750万元。目前，公司实际生产能力比设计能力提高19%，年增产量4 500吨以上，相当于新建一个三期工程。其次，用废丝再纺子口布获得成功。去年废丝再纺子口布19.74吨，增值49.35万元。第三是加快了工程塑料的试制工作，用废丝造粒再生工程塑料的试制工程获得圆满成功，生产出增韧、增强、超韧及阻燃四个品种，投放市场后，反映良好。第四以市场需求为导向，研制生产特殊规格的帘子布新产品，先后为东风轮胎厂、河南轮胎厂等用户生产了不同规格的新产品4 308吨，占总产量的14.1%，取得了良好的经济经益。第五，完成了橡胶分厂技术改造任务，1991年创产值4 799万元，实现利税490万元，分别比1990年增长39.6%和71.3%。

积极引进外资，"嫁接"国外先进的管理和技术，是加快技术进步的重要措施，也是发展外向型经济，参与国际竞争的重要形式。1991年以来，公司与德国豫欧有限公司合资兴建神欧股份有限公司，总投资4 187万元人民币，设计规模年产6 000吨浸胶帘子布。公司还与香港新纶公司、中国化纤公司三方合资兴建神马地毯丝有限公司，总投资991.12万美元，设计年产地毯4000吨，产品的一半由美国孟三多公司外销。这些项目均属市场紧缺产品，投资效益十分显著。建成投产后，不仅将改变我公司产品单一的局面，而且可形成系列生产和经济效益多点支撑的格局，进一步增强企业的市场竞争能力、应变能力和发展后劲，为企业开拓国内外市场，转向外向型，挤身国际市场打下了坚实的基础。

三、以人为本，优化企业管理

在长期的实践中，我公司逐步形成了"以人为本，以质量管理为重点，以现场管理为突破口，以动态控制为手段，以提高效益为目标"的系统管理模式，实现了管理的整体优化，促使企业整体素质进一步提高。

一是优化方针目标管理。1991年我们制定了"狠抓设备、提高质量、优化管理"的方针和"创8亿产值、上4个项目，健全管理法"的年度目标，引导各单位各项工作围绕方针、目标而进行。公司重点抓三个环节：(1)目标制定坚持"两高"，即标准高、要求高；做到依据充分、合理先进，能激发职工的积极性。(2)目标实施网络化，"横向到边、纵向到底"，层层落实，使职工目标明确，责任明确，利益明确，形成了"千斤重担大家挑，人人身上有指标"的局面。(3)目标的诊断检查实行动态管理，建立了目标检查细则和月报制度；每次检查后针对存在的问题，制定整改方案，及时下达整改任务书，并与经济利益挂钩，促使目标按计划完成。通过以上工作，1991的方针目标实现率达100%。

二是优化以定额管理、班组建设为重点的基础管理。我们把标准化、计量、定额、职工教育、信息、班组建设、设备、工艺等基础工作列入方针目标，统筹规划，纳入责任制中考核，强化各项基础管理工作，健全了定额管理的四个体系，即指标体系、组织体系、责任制体系和考核体系。在班级建设中，我们健全完善了"党委指导抓，行政负责抓，工会协助抓、处室对口抓"的管理体系，全公司317个班组，全部配齐了"两长三员"，即生产组长、工会组长、政工员、安全员、质量员。修订完善了《班组工作条例》、《班组长工作职责》等，广泛开展了班组达标升组活动。

三是优化现场管理，修订了现场管理标准、考核制度和奖罚措施，把"人、机、料、法、环"五大因素在时间、空间上重新优化组合，做到"六定"，即定岗、定位、定量、定标、定时、定责。为保证现场管理秩序化，成立了工艺、设备、安全、环保、劳动纪律等专业检查组，每周检查一次，月底评分公布，优者奖差者罚，促进了现场管理的制度化、经常化。

四是强化质量管理，我公司产品的各项性能虽然达到或超过了国际同类产品的先进水平，但我们始终清醒地认识到，抓产品质量如逆水行舟，不进则退，特别是在当前市场竞争激烈的情况下，必须以更加严格的标准强化质量管理，靠过硬的质量占领市场，赢得用户。为此，我们以国家标准为基础，进一步完善了半成品、成品质量内控标准和贯彻执行制度，严格实行"质量否决权"，重点加强了工序质量的控制、调整、健全和提高。1991年白坯布合格率达99.59%，原丝一等品率达95.7%，均比上年提高1.3%以上。

五是强化物料管理，节能降耗，向增收节支要效益。我们采用"指标分解到部、责任落实到人"的办法实行全方位的节能降耗措施，推行“三改变三结合”的节能降耗办法，即：(1)改变过去只下达单耗计划的办法，实行下达单耗计划与节约计划相结合；(2)改变过去只对车间下达计划的办法，采取对车间和职能部门下达计划相结合，联保、联扣、联奖的办法；(3)改变过去只下达折合指标的办法，实行下达折合指标与分类指标相结合的双重考核办法。并且严格控制消耗定额，对各类消耗定额按照先进、合理和国家级企业的标准，普遍进行了一次修改和完善。充分发挥厂内银行的监督功能，控制不合理支出，堵塞漏洞，减少损失。我们还建立了各职能部门、厂、车间、工段、班组能耗核算网络，健全物耗、能耗保证体系，每月逐项考核，节奖超罚。通过以上措施，1991年总公司各项消耗指标有11项低于年度目标值，全年共节能降耗1 030万元。

四、深化改革，转换经营机制

企业能否在市场竞争中取胜，归根结底取决于企业的经营机制，取决于能否把广大职工的积极性创造性充分调动起来。从1991年起，我们作为省的试点，全面进行了劳动用工、干部人事、工资分配三项制度的综合配套改革。1992年6月，在作好充分准备的基础上，公司全面实行了全员劳动合同制，5 000余名职工自上而下，签订了劳动合同，同旧的劳动工制度——“铁饭碗”告别，在三项制度改革上迈出了一大步。接着，我们又进行了工资分配制度改革，在劳动岗位测评的基础上实行岗位技能工资，将劳动技能、劳动环境、劳动强度与工资分配紧密挂起钩来，合理拉开苦、脏、累、险、技术要求高的岗位同一般岗位的工资差距，对提高这些岗位的职工的劳动积极性起到了重要作用。通过这些改革，公司正逐步形成一套工资能升能降，职工能进能出，干部能上能下的新机制。

转换企业经营机制的另一项重要措施是进一步完善指标导向型的经济责任制，即把全年不同时期的工作重点和薄弱环节以及车间、工序的主要技术指标作为经济责任制的关键点，严格考核目标值完成情况，利用奖惩经济扛杆引导全员、全方位、全过程强化管理，力保各项经济技术指标的全面完成。在指标导向型经济责任制中，突出了“一个中心、两个重点、三个挂钩和双否决”。即：以提高经济效益为中心，以提高产品质量、节能降耗为重点，职工奖励与劳动贡献挂钩、奖金发放与经济效益挂钩，经济责任制与总公司方针目标挂钩，严格执行质量，安全否决权。

为了适应企业参与市场竞争的需要，总公司最近又对企业内部经济责任制作了新的改进。即根据下属各单位的性质，承担任务的特点分别把它们划分为独立单位、相对独立单位、后勤服务、行政管理四种类型，依据“分块管理、分灶吃饭、目标牵引、责权落实”的原则，对各单位分别实行了利润承包、成本承包、目标责任制等多种形式的经济责任制。这一措施有力地推动了企业由生产型向生产经营型的转变，有效地保证了公司年度目标的完成和效益的提高。

(1993年5月)

中国第二砂轮厂厂长兼党委书记
郝延忠

“两制四全”理论在中国第二砂轮厂的应用

郝延忠　王守安

“两制四全”是著名经济学家蒋一苇同志在总结国内外企业管理经验基础上提出来的社会主义企业管理思想。所谓“两制”，是指民主集中的企业领导体制和责权利相结合的工业经济责任制。所谓“四全”，是以实现企业经营决策目标为目的的企业全面计划管理，以提高工作质量和产品质量为目的的全面质量管理，以降低成本消耗提高经济效益为目的的全面经济核算，以开发人才、提高人的积极性为目的的全面人事与劳动管理。确立“两制”，旨在解决生产关系问题，即解决党政工和群众在企业中的地位、作用和相关关系。“四全”涉及企业生产经营全过程。抓好“四全”管理，可以使企业各项工作形成一个有机整体，从而把生产经营的各个环节都纳入到系统管理的轨道。

中国第二砂轮厂是我国也是亚洲最大的磨料磨具制造企业，也是蒋一苇同志曾经工作和生活过的地方。党的十一届三中全会以后，蒋一苇同志提出了“两制四全”企业管理思想。二砂由于和蒋一苇同志的“特殊”关系，较早地了解了“两制四全”的管理思想体系，并联系企业实际，将之运用于企业整顿。从抓经济责任制和班组建设入手，扎扎实实地进行了五项整顿工作，突出抓好两级领导班子建设，处理好党委、行政和职代会的关系，强化了“四全”管理和企业基础工作，使工厂出现了前所未有的新局面，1983年被国家经委授予“全国企业整顿先进单位”称号。十余年来我们围绕“两制四全”下功夫，使企业的管理水平和整体素质不断提高，生产蒸蒸日上，效益逐年增长。

一、领导制度的改革，必须突出民主集中制，发挥好职代会的作用

企业领导权大致有三种，即决策权、指挥权和监督权。这三权既分立又互相制约，才能维护企业所有者、经营者和生产者的权益，并保证现代企业所必需的管理效能。正是基于这种考虑，蒋一苇提出了在职工代表大会民主决策基础上建立厂长负责制的观点，认为企业职工代表大会应成为企业权力机构，无论企业的生产经营、企业立法、企业领导人的任免（选举、聘任）、职工工资奖金分配、生活福利等，职代会均有决策权。而厂长则在生产经营活动中行使集中统一指挥权，并建立以厂长为首的、强有力的行政指挥系统，执行和处理生产经营各项工作。党委则对厂长和职代会实行监督保证，发挥政治思想领导的核心作用。

二砂在企业领导制度改革中，充分考虑了蒋一苇同志的上述观点。在全国同行业中首先实行了厂长负责制，并按照党委集体领导、厂长行政指挥、职工民主管理的原则，对党、政和职代会的职责关系作出了明确规定，尽最大可能使职代会充分发挥其职权。凡厂长作出的重大生产经营决策，一律提交党委会集体讨论，并提请职代会审议通过；厂里重大规章制度的建立，行政上研究后，也必须由职代会通过方可实施；凡与职工生活福利有关决策，一律由职代会审议决定。这些作法充分体现了蒋一苇“职工群众是社会主义企业主体”的思想。

二、推行经济责任制，必须严格考核，拉开分配档次，体现按劳付酬

蒋一苇同志认为，经济责任制有两个不同的内涵，即企业对国家的“经营责任制”和企业内部的“经济责任制”。前者是通过给企业以责权利，调动其生产经营积极性；后者的实质，则是要正确处理和调整企业生产技术和经营管理过程中人与人的经济关系。即通过层层落实经济责任，使整个企业认真履行对国家承担的经营责任、并使企业和职工得到相应的物质利益。因此，经济责任制不管采取什么形式，都必须是责权利的高度统一，都必须体现按劳付酬原则。

“二砂”在推行经济责任制中，体现了蒋一苇同志的上述观点。我们逐年逐季逐月把各项经济技术指标全部分解落实到各个分厂（处室）、车间（科室）、直到班组、机台，个人岗位经济责任制寓于集体经济责任制之中，逐月、逐季、逐年考核，视指标完成情况，拉开分配档次，收到良好效果。1986年，二砂同市政府签定了一定四年的“两保一挂”承包经营协议（即一保上交利润在核定基础上每年递增5%；二保四大技术改造工程项目投资1亿元并按期交工验收；一挂是实现利税与工资总额按1：0.75的比例挂钩）。为确保承包经营任务的完成，二砂根据各分厂、处室不同特点，分别采用了“联产联利”、“利润承包”、“费用包干”等不同承包办法，同各单位分别签订内部承包合同，总厂实行宏观调控，只考核指标实现情况。生产指挥权、考核权、分配权全部下放到基层，在企业内部形成了两级责任中心、两级利润中心和两级分配中心。企业对国家承担的经济责任和经营成果同企业经济效益挂钩，职工的经济责任和劳动成果同自身经济利益相连，全厂人人关心企业的大事，人人都是“财政部长”，继第一轮圆满完成承包经营指标后，第二轮承包也有了一个良好的开端。

三、抓好动态组织工作，才能强化“四全”管理

蒋一苇认为，任何事物运动都存在着相对静态和相对动态两种形态，因此企业管理的各项职能也必须与这两种形态相对应。“两制”构成了企业静态组织的主要内容，即自上而下的纵向组织——按民主集中制原则建立起来的企业领导体制；以及分工协作的横向组织——责权利相结合的经济责任制。而“四全”管理则属于动态组织系统，即通过强化生产经营全过程的、全员的、全面的综合动态管理，以达到提高企业整体管理素质之目的。

“二砂”在进行“四全”管理中，把全面计划管理作为动态组织工作的“龙头”来抓。为把生产型的计划管理改为生产经营型的全面计划管理，由以产定销改为以销定产，厂设置经济计划处担任企业生产经营活动的“总设计师”，根据不同时期市场状况和用户需求，及时调整产品结构，编制年季生产经营计划和三年滚动的产品发展计划。所有计划均以时间目标＋效益目标＋技术质量目标为主要内容下达到各分厂（处室），再由分厂（处室）层层分解下达到车间（科室）、班组乃至岗位、机台，同经济责任制紧密挂钩，严格考核、奖罚兑现。同时，还通过加强横向协调和综合平衡，使人、财、物、产、供、销各个环节互相紧密衔接，组成完整严密的计划体系，使全面计划管理真正成为贯穿生产经营活动全过程的、全面的、全员的管理活动。

全面质量管理是以发展品种、提高产品质量为目标，以实现和扩展产品使用价值为对象的一项全面综合管理。为抓好此项工作，我们首先建立了总厂全面质量管理办公室，在各单位设置了全面质量管理领导小组，班组均设置了质量管理员，使全厂上下形成了严密的全面质量管理保证体系。同时建立健全了各项质量管理制度，年、季、月、旬质量指标均按计划、分品种下达。为加强生产过程的质量管理，除工序间由专检人员严格把关外，还在产品加工点设置了群检质量控制点，通过专群结合，把产品检验由事后检验改为事前把关，有效降低了废次品率。全厂400多个班组开展了QC小组活动，每年都有至少3项成果获省级以上QC成果奖。全面质量是一项综合管理，不仅仅局限于产品的制造过程，还取决于研究、设计和为生产经营活动提供条件的准备过程和服务过程。因此，企业各部门都要保证自身的工作质量，并把工作质量作为保证产品质量和搞好全面质量管理的前提。基于这一出发点，二砂全厂所有处室和所有干部都建立了便于考核的工作标准，其中包括工作项目、工作内容、时间要求、质量要求、考核人、奖惩意见等，逐月考评，奖罚兑现，较为有效地保证了处室干部及岗位职工的工作质量和服务质量，得到了一线岗位职工的好评。现在，全厂上下已形成人人学技术、人个重质量的好风气，产品质量和技术水平在稳定的基础上逐年提高，从1983年获全国同行业第一块银质奖牌以来，截止1992年底，已有4项产品获“国优”奖，21项产品获“部优”奖，23项产品获“省优”奖，以“白鸽”牌命名的“二砂”磨料磨具产品不仅畅销国内，还出口69个国家和地区，年创汇额达800万美元以上，由于“白鸽”牌产品质量好、信誉高，不少国家已将其列为“免检”产品。

全面经济核算是以提高经济效益、增加国家与企业收益为目标，以商品价值为对象的一项综合管理。“二砂”在推行全面经济核算中，首先建立了总厂、分

厂(处室)、车间(科室)、班组四级全面经济核算体系，将总厂年度经济效益指标分解为近400个单项指标层层下达，直至班组、岗位，成本消耗与经济效益指标都纳入经济责任制同步考核。经济计划处侧重指标的综合平衡、下达和统计业务，财务处负责厂内各项经济往来的会计核算、成本及效益的控制与监督、考核。企业所有班组所设兼职经济核算员负责对全组的各项生产经营活动按日进行记录与核算，车间根据班组核算情况，分厂根据车间核算情况，总厂根据分厂核算情况，定期进行经济分析，制定相应措施，确保增产增收。企业内部所有经济往来均由企业内部银行统一管理与考核，这就为全面经济核算的全面性、纪实性、完整性与可靠性创造了坚实的基础。

全面人事与劳动管理是以调动职工积极性，开发人才为目标，有效组织人事和劳动的一项综合管理。在开展这项工作中，我们致力于全员劳动生产率的提高，按照管理职能，把全厂人员的录用、调配、考核、培训、工资、奖励、生活福利等结合起来，形成一个鼓励人们向上的机制，即激励机制。其目的是有计划地开发人才，提高职工队伍的素质和积极性。同蒋一苇同志的观点一样，"二砂"认为企业职工不一定都实行合同制，更何况国家目前各种改革不配套，待业保险制度不健全，企业精简下来的职工难以安排。基于这一原因，"二砂"经过一年多的准备，参考了全国不少省市兄弟企业的经验教训，以定岗、定责、定编、定员为基础，从评价劳动技能、劳动责任、劳动强度和劳动条件入手，扎扎实实地进行了岗位技能工资的改革，按照岗位分工、责任大小、技术高低、工作表现、人心流向，合理拉开工资档次，同时实行"一岗一薪、易岗易薪"，组建了厂内劳务市场，建立了正常上下岗制度。此项工作从1991年5月始，至1992年11月试运行，历时一年半，由于坚持了"积极稳妥、平滑过渡、先开渠、后放水"的原则，充分考虑了职工对改革的承受能力，既保证了职工思想的稳定，又促进了职工积极性的增长，企业经济效益大幅度提高。1992年，"二砂"实现销售收入2.4亿元，实现利税3 709万元。

十余年来，"二砂"企业管理工作不断充实完善，管理水平和职工整体素质不断增强，经济效益也以每年5%的速度逐年递增，继1988年在全国同行业率先进入国家二级企业以后，又于去年获"全国先进企业"称号。"二砂"这些年来的发展，同"两制四全"管理思想的应用是分不开的。

我们认为，"两制四全"管理理论之所以富有生命力，是因为它体现了职工群众在社会主义企业中的主体地位，适应了企业作为市场主体，自主经营、自我发展的需要，符合我国企业的实际。如果说，十余年前改革起步时，我们对此还体会不深，那么，经过实践的检验，特别是党的十四大确定了建立社会主义市场经济的改革目标后，这一点是愈来愈清楚了。正如蒋一苇同志所讲，"'两制四全'体系正逐步形成中国企业管理的一个学派"，它必将在中国企业管理史上写下更加辉煌的一页。

(1993年5月)

浙江省新安江化工（集团）
股份有限公司董事长兼总经理
王　伟

抓住市场机遇，形成规模优势

王　伟

浙江省新安江化学工业集团是1991年下半年组建的一个跨行业、跨地区，拥有包括核心层、紧密层、半紧密层、松散层在内的一批企业联合组织起来的浙江省省级重点企业集团。集团公司由浙江建德化工厂和建德农药厂倒旗联合组成，成为集团核心层，注册资金1.1亿元，是一家国有大型工业企业。公司生产经营的化工产品品种有黄磷、磷酸盐系列农药系列及其它化工产品共四十余种。主要产品质量、产量及生产技术、管理等方面在国内同行业中居领先地位。十余种产品打入国际市场，年创汇近1 000万美元。1992年，由于我们抓住了市场机遇，及时调整产品结构，在形成规模优势上做文章。因此，在整个农药化工行业不很景气，煤、电、原材料大幅度提价的困难情况下，企业生产经营仍然不断发展，取得了较好经济效益。1992年，公司工业总产值达到1.32亿元，实现利税1 700万元，均比上年有了较大幅度的增长。1993年一季度以来，生产经营又取得了新的成绩。我们在一年多来的生产经营实践中，深深体会到：要使企业有大的发展，就必须抓住机遇，形成规模优势。

一、以市场为导向，抓住发展机遇

所谓企业发展机遇，是指企业外部环境，包括政治、经济、市场、社会等方面的综合形势，以及企业内部形成的条件，造成有利于企业发展的最佳时机。这样有利的机会是很难得的。1992年年初，邓小平同志的南巡重要谈话，进一步拓宽了我们的视野，充实和完善了企业发展思路。公司领导班子通过对企业内外部环境的调研分析，一致认为近三、五年是企业发展的最好机遇。机不可失，时不再来。必须以市场为导向，抓住发展机遇，形成规模优势，增强公司对集团成员的吸引力。首先，是抓住扩大改革开放的外部环境为企业发展所提供的机遇。邓小平南巡重要谈话，使我国形成了扩大改革开放的热烈氛围，也为企业的发展提供了契机。公司抓住了投资需要筹集资金的时机，委托浙江省证券公司在杭州发行企业首期债券500万元，仅几天内就筹到了这笔资金。同时，公司进一步扩大开放度，在内外两个层次上强化市场、科研、生产三结合。公司内部成立了科研所，集中了成员企业的科研人员，加强市场信息的收集、调整、研究，指导企业开发新产品。对外与十余家大专院校建立了科研协作关系，与科研单位携手共同开发新产品。这样做，很快取得了成效，1992年当年就开发了三种新产品，缩短了科研和生产的距离，拓展了市场。第二，是抓住国内外化工市场发展变化的趋势为企业发展所提供的机遇。在1991年年底，我们就对1992年的国、内外化工市场作了较全面的调查分析和预测。认为从总的趋势看，国内化工市场稳中有降、有升，不会有大的波动。但对生产化工初级产品的企业，尤其象我们这类主要原料与产品的销售市场"两头"在外，高能耗、低价值、大吨位的初级产品加工生产企业，随着政府把企业推向市场步子的加快，企业原享受国家煤、电、矿石等计划价格逐步放开，以及铁路运价大幅度调整，减利因素大大增加。仅上述因素：公司1992年与上年同口径相比，全年减利因素就达到310万元，1993年又大幅度加价，预计全年在消化去年的减利因素基础上，又减利400多万元。而产品的市场价格一时又难以同步到位。又加上长期以来，我们化工行业普遍存在着加工深度低，精细化工比重很小，高能耗、低价值产品比重大，产品更新换代缓慢的状况，在我公司也同样是存在的。这样，使原本负担就不轻的企业更加重了负担，企业所面临的形势较为严峻。同时，我们也看到有利的一面，公司的磷酸、甲酸及磷制品系列等主导产品的生产、技术、管理及产品质量在国内居领先地位，具有较强的市场竞争力，特别是磷酸盐、磷酸酯系列具有较大的潜在市场，还有草甘膦产品1992年在国内外市场上将会有一个新的回升，但竞争更趋激烈。此外，产品结构调整和优化还有一个过程，象我公司现有加工的一些产品仍然有一定的市场。可见，虽然化工行业环境艰难，但具体到公司，仍有不少产品具有较大的潜在市场。第三，是抓住核心企业优劣互补为企业发展所提供的机遇。在公司两家核心层工厂中，原建德化工厂历年来经济效益较好，企业积累了较丰厚的发展资金，但由于厂址在城市规划区内，厂内已无发展余地，而且，由于效益较好，精力集中于现有生产，后劲建设相对显得力量不足。相反原建德农药厂“七五”期间发展势头很旺，新建的化工基地已初具规模，水、电、路三通，空余场地大，投资环境好，而且该厂每年有二至三个新产品上马，但由于资金、技术、管理等因素，难以形成规模效益。我们抓住1992年公司运行之际，围绕市场，通过优劣互补，增强了后劲建设，为企业形成规模优势打下了基础。第四，是抓住企业组织结构优化为企业发展所提供的机遇。公司组建后，我们从适应市场经济发展着手，优化了企业内部组织结构，集中了两家核心层企业的经营权，划分了公司内部的生产层和经营层。生产层专心致志搞好工厂的安全，强化优质、高产、低耗的保证体系；经营层则强化决策、预测功能，尤其是在做好原材料供应、产品销售的同时，加强市场研究、市场信息、市场服务的功能。抓住组织结构的调整和优化，逐步理顺各项关系，调动各方面的积极性，为公司面向市场，着力发展，形成规模经营创造了良好的条件。

二、以市场为导向，形成规模优势

抓住发展机遇，目的是为了形成规模优势，增强公司经济实力，发展和壮大企业集团。规模经济是社会化大生产的内在要求，工业生产达不到一定规模，就能以实现最佳经济效益。因此，我们公司始终把形成规模优势，作为企业发展的指导思想，围绕这一指导思想，从多方面开展扎扎实实的工作：

1. 形成规模优势，就要开拓市场，适应市场。

我们公司的主导产品虽然产量、品种、质量等在国内处于领先地位，但一些有较大发展前途的产品与市场经济的要求相比，规模效益、规模优势还未形成，如磷酸盐产品，品种虽多，但规模偏小，1991年全年产量仅1 500余吨。经过市场分析预测，1992年的磷酸盐产品仍有一定的潜在市场，为此，我们在扩大磷酸盐的生产和销售上采取了新的举措；一是对磷酸盐生产工艺进行了技术改造，使产品的档次、品种、规模等适应市场的要求；二是围绕市场，调整营销计划，在巩固老市场的同时，面向国内外，拓展新市场，以满足市场的要求，从而实现规模效益。1992年磷酸盐产品产量达到了4 000余吨，预计1993年可突破6 000吨。

2. 形成规模优势，就要调整产品结构，上档次、上水平。

在市场竞争中，随着计划的取消、价格的放开，我们公司原有产品结构已难以适应市场经济的客观要求，因而，以市场为导向，调整产品结构，已迫在眉睫。在产品结构调整中，我们重点放在处理长线产品的转产和产品的更新换代，开发一些技术含量高、附加值大的新产品。如1992年，我们投入了400余万元，开发了高效新型农药哒螨灵等两个产品。该产品质量可与日本的同类产品速螨酮相抗衡，且价格仅为进口速螨酮的50%，在国内外市场具有较强的竞争力。现已进入大面积应用阶段，并反映出较好的经济效益。除积极扩展国内外市场外，已成功地开展了出口业务，前景很好，目前正在进行二期扩建工作。

3. 形成规模优势，就要降低成本，提高效益。

几年来的实践使我们认识到，企业只有走规模经营路子，才能降低成本，提高经济效益。公司核心层工厂建德农药厂前几年已投入1 500余万元，在新区上了年产500吨的草甘膦生产线。但由于生产、技术管理设备等因素，月产量一直在30吨左右，未能达到设计能力，造成成本高、效益差。1992年6月，我们以达产为目地投入了几十万元资金，对生产工艺、设备进行了调整、完善，使生产能力迅速达到了设计能力，月产量由原来的30吨左右提高到50吨。在此基础上，我们又根据市场走势，利用年底大修之机，投入了300多万元，对原草甘膦生产装置进行了改造扩建，短期内就完成了年产1 000吨草甘膦的扩建工程，使产量又翻了一番。同时，为适应规模生产管理的需要，将原建德农药厂的一个生产车间，单独设置为一个工厂，并加强企业领导力量，充实和健全了党政领导成员，完善了各项管理制度，从严治厂，搞好企业管理和科学化、程序化和规范化。从扩建后的运行情况看，主要原料消耗大幅度下降，产品工厂成本较大幅度地降低，经济效益明显提高。目前，该产品已成为公司主要创利产品，成为全国草甘膦生产和出口量的大户，在国内国际市场的竞争中已处于明显的有利地位。

4. 形成规模优势，就要瞄准未来，超前发展。

企业要想在市场竞争中取胜，关键在于有一个面向国内外市场，既有近期效益观念，更有长远发展的营销战略，我们在抓好现有效益增长的同时，瞄准未来市场，着眼于超前发展，并走出了两步棋：一是背靠云、贵，依托沿海，建立跨地区的生产经营联合体。公司将利用部分资金和先进的技术管理，与云、贵磷矿产地合作，建立长期稳定的上规模的黄磷基地。目前，此项工作正在抓紧实施，并规划在此基础上，在沿海地区建立一定规模的磷化工厂，使云、贵的原料优势，以及沿海口岸的出口渠道、政策优势有地结合起，形成一个产品品种效益在新安江，资源优势在云、贵，规模在沿海的三角形并进的生产经营新格局，加快与国际市场的接轨步代。二是寻找一到二个具有一定投资规模、有较高的技术含量、代表行业发展方向、效益和发展前途良好的替代产品，如投资2亿元，年产2万吨甲酸的技术换代和能力扩大项目，将引进国外先进技术和关键设备，近期内将通过可行性报告评审。

三、以市场为导向，转机制促发展

尽管我们在以市场为导向，形成规模优势方面做了不少工作，但随着市经济的发展，由转换企业经营机制改革滞后引发的阻碍生产力发展的矛盾更加突出起来，经济发展深层次的问题仍难以解决。因此，要形成更快、更大、更好的规模优势，单一的国有制已难以适应市场经济的需要，企业必须从根本上转换经营机制，才能真正形成规模优势，促进企业的不断发展。1992年下半年，我们根据企业自身实际，在上级有关部门的支持和帮助下，对公司实行了整体股份制改造，成为浙江省第二批股份制试点企业之一，浙江省首批30家转换机制试点单位之一。公司股本总额为9 000万元，其中：国有资产折股为6 000万元，向社会法人定向募集1 332万元，内部职工募集1 668万元。1993年一季度募集工作已顺利结束，并召开了创立大会，各项工作已开始按规范化的股份制企业要求运行。

通过股份制改组，不仅从根本上转换了企业经营机制，实现了单一国家所有制向兼容国家、社会法人、职工个人等多种经济成份的混合所有制转换，增强了企业的活力；同时通过股份制改组，募集了几千万元的发展资金，为企业形成更大规模、促进更快发展提供了资金保证。为了提高经济效益，提高股东的投资回报率，对股东负责，目前公司已提出了一个跨地区、跨行业、全方位经营的规模发展战略。除上述正在着手的项目之外，有为草甘膦配套生产的年产1 000吨甘氨酸、1 500吨氯乙酸产品项目，可望在1993年进入实施阶段。此项工作的实施，既保证了主导产品的原料供应，又可降低成本，增加效益，同时还可以作为商品出售。还有一个投资约2 000万元与有关院校、部门共同开发的年产量达5 000吨的沥清防水材料添加剂，目前也正进行市场调查，预计该产品将具有较好的经济效益和社会效益。此外，公司还将在国家政策允许的范围内，除抓好主导产品的规模经营外，以市场为导向，放开经营，谋求最高的经济效益和股东投资回报率为目标，积极开展全方位的多种经营。如房地产开发公司、化工机械厂已着手建立，参与市场证券交易等新的运行体系已初步形成。总之，我们将通过机制的转换，力争形成一个以市场为中心，发展规模化、生产专业化、经营集约化、产业多元化的规模经营新格局。

抚顺自来水公司经理

李广新

加快供水企业的改革步伐

——记抚顺自来水公司经理李广新

张树柏　刘伯行

抚顺市自来水公司是全国八个大型一档供水企业之一。1992年末，拥有固定资产原值25 139万元，日综合供水能力110.7万立方米，供水管网总长度1 315公里，年供水总量26 746万立方米，日平均供水量73.3万立方米，供水人口119万人，供水普及率96.9%。现有职工2 439人，其中专业技术人员289人。1992年实现利润总额1 790万元。《管理世界》评价：抚顺自来水公司综合效益居全国同行业的第7—9位。

抚顺市自来水公司经理李广新同志当过工人、作业班长、施工队长，历任过工会主席、党委书记、行政副经理、经理等职务。他在党的培育下自学成才，已是具有大专文化、精通生产技术的高级工程师，谙熟企业管理的优秀企业家。40年来，他一心扑在城市供水事业上，呕心沥血，奉献一切。特别是改革开放以来，沿着党的十一届三中全会以来的路线、方针和政策，坚持"一个中心，两个基本点"，审时度势，大胆、稳步地在城市供水事业上进行了一系列改革，为搞好城市供水、振兴抚顺经济、安定市民生活作出了卓越的贡献。他多次受到上级机关的表彰，荣获抚顺市、辽宁省、建设部的劳动模范称号和全国"五一"劳动奖章。

一、锐意改革，实行分区、分质、分压供水，为振兴企业迈开了第一步

为了在抚顺地区实行"三分"供水，李广新经理首先从理论上探讨，撰写了《浅谈分区、分质、分压供水》、《分区、分质、分压供水是城市供水企业的改革之路》等五篇文章，受到同行业专家们的广泛关注。为加速城市供水工程的建设和改造，合理布局水源、水厂，实现"三分"供水，提供了理论依据。实践证明，"三分"供水的理论是完全正确的。

1.实行分区供水，缩短了供水半径和服务单位。几十年来，城市供水企业一直按着历史沿袭下来的"条条"管理，权力集中，统得过死，产销脱节，基层无权，严重影响广大干部和职工积极性的发挥。公司于1983年经过企业整顿后，在管理体制上以实现"三分"供水为中心进行了大胆改革，按照抚顺带状城市的特点，划分东部、西部、河南、河北四个供水区域，实行产供销、人财物一体化，建立两级核算、三级管理体制，使各水厂成为公司内部相对独立的经济实体，缩短了城市供水半径和服务半径，方便了千家万户。随着改革的不断深入，又推行了全方位、多层次的经营承包责任制。这一改革不仅增强了职工的责任感、紧迫感和忧患意识，而且使企业充满了生机和活力，增加了企业的凝聚力。10年来，公司的销售收入总额是前30年总和的1.6倍，上缴利润比前30年的总和还多1 247万元。

2.实行分质供水，充分挖掘和合理利用水资源。抚顺是个以燃料生产为主的重工业城市，工业用水量大，水质污染日益严重。为了充分合理地利用城市水资源，做到水尽其用，李广新经理向广大工程技术人员提出

要开发水的新产品，在混水、净水的基础上进行工业净水的生产。于是，改造了永安工业原水水源为工业净水厂，使原供给石油、发电企业上千度的混水变为20度以下的工业净水。水质的改善，不仅确保了用水企业的安全生产，延长了设备检修周期(由每年两次改为两年一次)，每年节省检修费用达百万元以上，节约用水量50%以上，受到用水企业的欢迎，而且也增加了供水企业的经济效益。1990年又改造了滴台水源和望花水源为望花工业净水厂，从而结束了生产供应混水的历史。由于分质供水，居民全部饮用上了气味甘甜、水质洁净的大伙房水库水。

3. 实行分压供水，解决了新区建设与老区改造的矛盾。城市的老区改造和新区建设给城市供水工作带来艰巨的任务，尤其是近些年来的高层建筑拔地而起，与旧有平房交织在一起，供水压力大小互相影响。国内供水企业对高层楼房供水均采用二次加压，在楼房上设有储水池，安装加压设备，工人值班定时供水。抚顺实行高压供水管线和低压供水管线同时运行、分压供水，既有效地解决了要求水压高低不同的矛盾，又降低了送水漏失率；既方便了广大用户，又防止了水的二次污染。这种供水方式，虽然加大了供水企业电耗，但是他们采用万伏电机、更换节能设备等节能措施，尽可能“以丰补欠”。即使有所亏损，正象公司李广新经理说的，“宁亏我一家，方便百万人”。

二、开创“五个一流”，实现“五个突破”，弘扬“五有精神”，为振兴企业迈开了第二步

为了调动职工积极性，实现“七五”计划，李广新经理团结党委一班人，共同提出在“七五”期间，要开创“五个一流”、实现“五个突破”作为企业的奋斗目标；同时倡导职工要有“五有精神”，弘扬企业文化。

1. 开创“五个一流”，改变了抚顺供水面貌。

一是在满足城市生产及生活用水需求量上，创省内同行业一流水平。为了满足城市用水，李广新经理亲自领导、指挥扩建了吴家堡净水厂，改建了永安工业净水厂和望花工业净水厂，新建了净军净水厂和32公里长的输水渠道。8年时间，日供水综合能力由原来的59.7万立方米增加到110.7万立方米，供水干线由原来的579公里增加到1 315公里，在省内排列第二，在全国同行业中排列第八位。

二是在达到生活饮用水卫生标准上，创省内同行业的一流水平。为了保证水质达标，李广新经理组织科技人员进行技术攻关，有关改善水质的科研项目先后有四项获奖，并在同行业中推广应用。为了防止每年供水期水库水浊度增高，于1987年在水库取水塔安装了活动取水装置，使饮用水浊度合格率由原来的62%上升到100%，全部达到了国家规定的35项卫生标准。这不仅在省内名列前茅，在全国同行业中也处于一流水平。

三是在供水管网服务压力上，创省内同行企业的一流水平。为了满足用户对水压的不同要求，实行“一步到位”，不搞二次加压。李广新经理亲自设计并组织实施分压供水方案，供水企业将一般压力表全部改装为自动压力记录仪，对压力监测实行严格的科学管理，使全市的供水压力合格率由过去的85%提高到99.5%以上，在全国大城市中居于一流水平。

四是在分区、分质、分压供水上，创省内同行企业的一流水平。李广新经理把实现“三分”供水不仅作为振兴企业的重要步骤，而且也当成进行企业改革的突破口。供水企业不同于其他工业企业，全国供水行业基本是按“条条”划分，抚顺供水实行“块块”管理，不仅在省内是一项创举，而且在全国同行业中也无先例。目前，抚顺分区供水已经形成，分质、分压供水正在不断完善。

五是在职工住宅建设速度上，创省内同行企业的一流水平。为了搞好城市供水，解除职工的后顾之忧，李广新经理想方设法筹措资金，每年新建职工住宅5 000—10 000平方米。目前公司职工人均住房面积已由过去的3.4平方米增到10—15平方米，老职工都住上了三室，青年职工也住上两室。这个标准，不仅增加了本企业职工的凝聚力，而且对社会上和省内同行们具有很大的吸引力和羡慕感。

2. 企业管理实行“五个突破”，提高了企业素质。

一是企业内部改革有新的突破，加大了职工干部的力度。承包一开始，公司就为基层放权7项28条，使基层干部在经营管理上有充分的自主权。权力可以转化为生产力。基层有了自主权也就有了生财之道。实行承包一年，仅上水工程一项增收就达1 500多万元，创利300万元。“改革承包可使企业增加生机和活力，不改革就没有出路”，这是抚顺供水企业的实践总结。

二是重点工程建设有新的突破，加速了城市供水基础设施建设。8年来，抚顺供水企业自行筹措资金，自行勘察设计、自行组织招标。由李广新经理亲自指挥的投资5亿多元的10项大工程，都是当年施工，当年竣工，当年受益，特别是在工程质量、工程造价和施工速度上都有新的突破。这些工程及早投产受益，对缓和全市供水紧张的矛盾起了重要作用。

三是强化企业管理有新的突破，提高了企业素质。李广新经理本着“两手一起抓”的原则，一手抓工程建设，一手抓企业升级。企业升级是强化企业管理的系统工程，在企业升级带动下，档案管理达到了国家二级标

准，被评为省级先进企业和科技先导型企业。同时也是省内供水企业达标升级的第一家。各项管理晋级达标，为提高企业素质起到了不可低估的作用。

四是转变机关作风有新的突破，使机关工作由指挥型变为服务型。李广新经理很少在上层召集会议，他善于深入实际，深入基层，深入群众，搞调查研究，实行现场办公。改革十几年来，机关工作人员只减不增，机关权力只放不收。工人看干部，干部看领导，领导以身作则，身先士卒，为基层和广大职工树立了榜样。

五是精神文明建设有新的突破，使企业精神变为强大的生产力。为了建立企业文化，弘扬企业精神，公司党委提出全市供水企业职工要发扬“五有”精神。即：争上游，创一流，勇于开拓的精神；供好水，服好务，勇于奉献的精神；守纪律，讲党性，坚持原则的精神；学知识，会管理，当家做主的精神；讲理想，比贡献，艰苦奋斗的精神。在企业“五有”精神鼓舞下，供水管线抢修披星戴月，夜以继日，职工从不叫苦怕累。公司多次被评为省、市级的先进单位，连续5年是省、市文明单位。

三、转变观念，迎接挑战，兴办第三产业，为振兴企业跨上了第三步

在邓小平同志南巡讲话和党的十四大精神指引下，李广新经理针对供水企业的具体情况，教育职工、干部必须尽快转换脑筋，更新观念，迎接市场经济的严竣考验。在他的推动下，公司开创了“综合开发公司”，各基层单位开办了商店、工程公司、饮料厂、服务部等，第三产业在全市供水企业方兴未艾。

1. 为了加快兴办第三产业的步伐，公司提出“以水业为主，开展多种经营”的指导方针。公司各级领导班子多次到各地及出国考察，开辟多种经营途径。目前，“综合开发公司”一期总投资已达三千多万元，开发的项目基本落实，预计1993年底将有比较理想的效果。

2. 对长期依靠公司贴补过日子的两个辅助单位实行“断奶”政策，把他们推向市场，参加竞争，今后公司不再负担工资和奖金，促进他们自己找米下锅，多挣多得、不挣不得，逼 他们下海去学游泳，不能投在公司的怀抱里过太平日子。

3. 为了鼓励基层兴办第三产业，公司下发了发展第三产业的有关政策。李广新经理提出兴办第三产业必须以搞好城市供水为前提。基层兴办三产，三年内三产人员的工资和奖金照发；三年内不要基层兴办三产的利润；基层办三产有招聘、雇用专业人员、干部任免等自主权；兴办三产的资金基层有自行筹措权；经营体制、利润分成方式，分成比例基层有自主权；对兴办三产有功人员还提出了奖励规定。

4. 为了调动职工积极性，1992年进行了劳动制度综合配套改革。建立了岗位工资、技能工资和劳效工资制，实行职工能进能出、工资有升有降、干部能上能下的运行机制。退休职工保险、职工医疗制度也正在不断完善。

总之，在李广新同志领导下的抚顺供水企业，为城市的经济发展、人民生活条件的改善，促进社会安定团结做出了突出的贡献。抚顺自来水公司创建80多年来，从来没有象今天这样兴旺发达，职工的精神面貌也从来没有象今天这样斗志昂扬。所有这一切，除了党的改革开放政策外，其中一个重要原因是李广新同志领导有方。

浙江省建德市石油公司经理
赵志详

提高竞争能力，适应市场经济

赵 志 强

浙江省建德市石油公司是一家市属全民所有制商业骨干企业。过去，在计划经济的条件下，公司“吃的是计划饭”，“坐的是太平椅”，但是企业发展不快。近几年来，随着经济体制改革的不断深入，在计划内油品逐年大幅度减少、面临价格双轨制并轨、多渠道市场竞争日益激烈、经营风险越来越大的情况下，公司为了适应社会主义市场经济的要求，主动参与市场竞争，在竞争中求效益，在竞争中求发展。经过几年的努力，目前已发展成为一家拥有一座 12 000 立方米油库和五座加油站，竞争实力较强的国有中型石油经营企业。1992年实现利税 406 万多元，比上年增长 54.08%，占全市商业企业利润总额的 71.5%；商品销售总额比上年增长 57.11%，全员劳动生产率达 54 万元，比上年增长 57%。1993 年一季度，公司各项经济指标又创历史最好水平。回顾几年来的实践，我们的主要体会是：

一、把制定正确的营销策略与主动参与市场竞争、放开胆子经营结合起来，不断提高企业的应变力

营销策略的正确与否直接影响着一个企业的发展和经济效益的提高，而其正确性只能来源于市场。因此，主动参与市场竞争，在市场的海洋中获取信息，开发信息资源，是企业制订正确营销策略的前提。有了正确的营销策略，就能为提高企业参与市场竞争的应变能力起到有效的指导作用。但是，提高企业的应变能力，单靠制订出正确的营销策略是不够的，还要主动参与市场竞争，放开胆子经营，在经营的实践中，适时调整策略。只有这样，才能适应市场的千变万化。

我省 1992 年的石油市场走势是：上半年资源较充裕，购销两旺，下半年资源偏紧，运输紧张，价格坚挺，多渠道竞争十分激烈。面对这一多变的市场，我公司把握市场行情，科学决策，及时制订了营销策略，即大力采调合理的油品资源，广开销售渠道，主动参与市场竞争，抢占市场。例如，我们在采调上，一是根据市场经济要求，建立新的供货基地。1992 年 4 月，公司向本企业职工和社会个人发行石油债券 260 万元，这在本地尚属首次，影响极大，三天认购完毕。我们将这笔资金全部投到炼油厂，得集资油 3 000 吨，获利 60 余万元。二是加强采调力量，克服运输困难。由于价格上涨因素，供货单位对原已订过合同的油品迟迟不肯发货。为此，业务科长多次带业务人员到发货地催调，同时做好铁路运输部门的工作，直至催调完再回家。一年共催调四大类成品油 37 765 吨，比上年同期增长 50.2%，使公司中在竞争中始终处于有利地位。

在销售上，面对“众人抢一碗饭吃”的局面，我们采取灵活多变的经营策略，展开全方位、多层次、跨地区的销售攻势。一是大力开展“两头在外”的大生意。年初公司从上海石化争取到 2 000 吨 70#汽油，由于运输困难，将其中 1 000 吨就地销完，获利不小；4 月，市场销售不旺，公司通过对市场的分析，认为在石油资源不足的情况下，价格必然有升有降，因此，在人家怕进货时，我们从南京购进 13 000 吨 90#汽油。果不出所料，5 月初价格开始回升，没动用公司一分流动资金，及时组织业务人员进行销售，在很短的时间内全部就地销完，及时回笼货币，仅此一项公司就获利 50 余万元。事后我们及时进行了总结，认为在市场经济中，只要按经济规律办事，冒点风险是值得的，也是需要的。二是积极占领市场，紧抓大户，不放小户。年初，业务部门及时召开了“基层供销社负责人座谈会”和“工矿企业用油大户座谈会”，会后根据用户要求，多次

下乡帮助供销社改善服务设施，进行油品经营指导，赢得了信誉，有27个供销社和公司签订了“委托经销油品协议书”。一年来，农村油品销量达5 716吨，其中计划外油品销量3 865吨，比上年增长11.2%，基本上占领了农村市场。对工矿企业用油客户，不分大小分片调查，经常走访，及时掌握需求和流失情况，做到只要用户需要，不分多少，随叫随到，保质保量。由于我们讲信誉，服务周到，尽管有许多单位以低价上门推销，但他们仍然相信我们靠得牢。5月又与市长运公司合作，委托该公司内部加油站代销我公司油品，自开业以来到年底，为公司新增销售额91万元，据统计我公司市内市场占有率达80%以上。三是利用自身优势，扩大区域外销售网络。目前我公司的区域外销售网络已扩散到桐庐、淳安、龙游、衢州、江山、龙泉、遂昌、福建、江苏等地，其特点是点多面广，辐射力强。1992年，通过上述网络销售油品达19 202吨，比上年净增11 228吨，占销售总额的53.8%。这是公司在销售上的一大突破，也是公司今后的经营方向。四是加油站转变观念，努力扩销。由于系统内外和邻县加油站的前后夹攻，各加油站的领导由坐站等生意变为上门揽生意，积极开展“创三优”活动，把“顾客至上”切实落到实处，站内生意红红火火。同时，各站长挤出时间，多次走访工矿和运输企业用户，积极推销，以真心打动客户，把已流失的客户又拉回来，1992年加油站的销售额达1 285.6万元，比上年增长50.23%，都超额完成全年的任务，也为1993年加油站独立经营取得了一点经验。五是注重市场信息，发挥信息资源的效用。针对多变的石油价格，业务部门加强了对油品进销价的收集和预测，专门定人搜集上海、镇海、杭州等地进价和杭新公路沿线及金华、兰溪等地加油站销价的动态，及时反馈，使公司在价格上牢牢掌握油品供销的主动权，保证了油品销量的增长。

二、把深化企业内部改革、转换企业经营机制与加强企业管理结合起来，不断提高企业的竞争力

随着我国社会主义市场经济的发展，已经形成了多种经济成份并存的新格局，这对国有企业构成了严峻的挑战。国有企业要在市场竞争中立于不败之地，其出路在于深化企业内部改革及转换经营机制。去年以来，我们在转换经营机制上主要从两个方面着手：一是做好搞活分配、放权经营的文章。1992年小平同志南巡讲话以后，我们趁全国各地加快改革、扩大开放的强劲东风，着力搞活分配和放权经营，从企业内部促进经营机制的转换。如建立了经理奖励基金，重奖有突出贡献的销售人员、管理人员及职工；制订促销奖励政策，大力鼓励职工开展“两头在外”的大生意；制订和落实了适应改革开放和市场经济的库、站经营责任制，给库、站以更大的经营自主权，各库、站有权自采油品，有权分配职工的奖金和工资，有权合理组合现有人员，目的是使之逐步成为自主的经济实体，独立参与市场竞争。实行了以上强化激励机制的改革举措之后，各库、站领导和职工增强了参与市场竞争意识，纷纷搞测算、提建议、定方案，积极为库站经营献计献策、出汗出力，到1993年2月底止，各加油站销售额比去年同期增长54%，收到了非常明显的效果。二是优化国有企业产权结构，改革企业经营形式。1992年公司采用股份制形式新建加油站一座，建立了“建德市大同石油经销有限公司”，接着又与香港之江企业有限公司签订了合资经营“杭州新港石油化工有限公司”的意向书和可行性报告，预计1993年6月可正式成立。我们认为，经济成份单一的国有企业难以最终实出经营机制的转换，出路是通过对企业的产权结构改革，引进多种经济成份，把单一的国有经济改造为混合型经济，这样才能适应市场经济的要求。这不仅能使企业在复杂多变的市场中经营更为灵活，具有更强的竞争能力；更重要的是可以借鉴国外先进的经营管理经验，为企业的发展带来更多的机遇。

在深化企业改革的同时，还应当重视对企业管理的加强。严格的管理是巩固和发展企业深化改革、转换机制成果的保证。几年来为促进经营承包责任制的全面落实，我们在管理上着重抓好制度的完善、责任制的考核、问题隐患的整改这三个环节。通过实践我们认识到：制度的建立和完善是企业管理的生命之源。近几年，我们以深化企业内部改革为动力，建立和健全了111个规章制度，汇编了长达162页的《建德市石油公司企业管理》一书，形成了比较完整的规章制度体系。制度的落实和执行是企业管理的关键。有令不行，有章不依，是企业的致命点。因此，我们把每月对责任制的考核与对规章制度的检查督促结合起来，把白天的经常检查与夜间不定期的突击检查结合起来，坚持实事求是，奖罚分明的原则，敢抓敢管，查到问题，当场扣分，限期整改，决不马虎。去年发现一名职工倒拨加油机字码的事件，当即令其停职检查，进行教育。根据其认错态度，及时作出了行政警告处分和经济处罚上千元的决定，在职工中引起强烈震动，广大职工也由此受到一次很好的教育。对工作表现好，贡献突出的管理人员和职工，采取多种形式、在多种场合进行表彰和奖励。同时，根据石油行业许多岗位易燃易爆的特点，切实加强安全管理和规范化管理，建立了立体全方位的隐患查整体系，确保安全无事故。通过这几年的不断实践和努力，公司的管理水平上到了较高的档次，建立了

以经营承包责任制为主线，规范化管理与规章制度相配套的有效而又成熟的企业管理格局，使公司连续6年被上级有关部门授予重合同守信用、物价、计量、质量信得过单位，获得了“杭州市先进企业”的荣誉称号。

三、把加强和改进职工思想政治工作和发挥企业领导者的表率作用结合起来，不断提高企业的凝聚力

经过几年的实践，我们党政领导班子形成一个共识：即企业竞争力的提高，关键是调动广大职工的积极性，发挥职工的劳动创造潜力和改革创新精神。要做到这一点，一方面需要靠严格管理和强化激励机制，另一方面又必须加强和改进职工思想政治工作。加强职工的思想政治教育首先要加强对职工的身教和言传，而这一活动的主体是企业领导者，如何身教？言传什么？怎样言传？是领导者要念好的三本经。一是领导者以身作则，关心职工生活，取得职工信任，是加强职工思想政治教育的前提。我们一直十分重视领导班子的自身建设，在思想和行动上始终以党员标准严格要求自己，经常组织领导班子学习党的路线、方针、政策，找差距。谈体会，开展批评与自我批评；在工作上带头干，经常牺牲休息天，一心扑在公司的发展上。特别在商品经济的冲击下，始终保持清醒的头脑，做到不以权谋私，保持一个好的党风。同时，又积极为职工办实事，每年组织职工体验，一有职工住院，领导必带上礼品前去探望。每逢节日，就买点礼物对离退休职工进行慰问。努力提高职工的福利待遇和工资收入。领导者廉政的工作作风和求实精神，职工们看在眼里记在心里，特别是公司领导为企业的发展呕心沥血，不停奔波，走出一步步改革创新的路子，职工们打心眼里佩服，这样做有效地密切了党群关系和干群关系。二是在多渠道竞争的石油市场中，职工的思想政治工作始终为企业的经营服务。去年我公司把组织职工学习十四大文件和小平同志讲话作为解放思想、振奋精神、转变观念的突破口，从而增强了企业的经营活力。其做法是分层次组织中层骨干和职工认真学习，对照实际谈体会、找差距、定措施。以“讲话”精神分析生意难做的原因，从“讲话”中寻找解决困难的思路，把困难当作机遇，解放思想，鼓足干劲，开拓经营，取得了预期的目的，职工们的危机意识明显增强，具有了强烈的参与市场竞争意识。三是加强职工之间的交流，扬正气，刹歪风。公司根据点多面广的特点，于1992年5月创办了《公司简报》，建立了一支积极反映部门经营管理情况和好人好事的通讯报导队伍，公司领导关心，库、站领导支持，做到每月一期，有效地提高了职工们的工作热情，为基层和公司的思想政治教育提供了有用的信息，又起到润滑剂的作用。由于我们一直重视加强和改进职工的思想政治工作，职工的整体素质不断提高，使公司具有政通令行、上下一致、工作努力、改革创新的整体优势。

四、把当年生产经营、提高经济效益与增强企业综合实力、注重发展后劲结合起来，不断提高企业的发展力

几年来，我们一直着眼于长远利益，使公司成为我市实力最强的经营单位。究其原因主要是：正确处理好当年的经济效益、职工分配和资金投入三者之间的关系，注重基础设施建设和服务网点建设。从1987年至今，资金投入达450余万元，着重于改造和扩建油库。新建加油站、添置先进设施。建立了以油库为依托，加油站为基础的油品经营服务体系，形成了少投入多产出的良性循环。在做好经营的同时，为了开拓经营领域，大力开展横向经济联合，增强企业发展后劲。早在1987年，我们就与省石油公司联建联营加油站，接着又与外地两家单位联建联营加油站2座，特别是与省军区联营的“杭州新星加油站”，是全省唯一挤入杭州石油市场的加油站。它作为我公司在杭州的“窗口”企业，既为公司创利，更重要的是为公司及时提供有用的市场信息。1992年，我们又决定自筹资金，与5家单位签订联建联营加油站6座的协议，目前大都进入设计和施工阶段。为了尽快为参与国际市场竞争创造条件，在上海浦东经济开发区投资150万元的加油站正在加紧建设，立足浦东，放眼世界。实行以上横向和纵向同时并进的经营发展横式，企业将逐步形成规模经营，适应市场经济的发展趋势，也为公司今后组建企业集团创造条件。

新乡五金站总经理
王宗尧

在改革中奋进的新乡五金站

新乡五金站办公室

新乡五金采购供应站也称新乡五金批发公司，是50年代初建立和发展起来的老企业，现有职工495名，是新乡市唯一主营五金商品的国有二级批发企业，同时兼营交电、化工、机电、灯具、装璜装饰材料。

1988年以来，该站按照社会主义市场运行机制的要求，坚持以市场为导向，积极转换企业经营机制，不断强化企业管理，深入挖掘内部潜力，在实践中走出了一条具有企业自身特色的改革之路，经济效益逐年稳步增长。1988—1992年，商品销售额和实现利润连续5年创本企业历史最好水平，特别是1989年下半年市场疲软之后，在许多国有企业无法适应市场变化而举步维艰之际，本站却如一枝傲雪腊梅经受了市场严冬的洗礼，在困境中脱颖而出，经济效益自1989年以来连续4年在河南省23家同行业站、司和新乡市一商系统中夺魁，获得了"四连冠"。仅1992年，本站实现利税就达386.4万元，入库利润占新乡市一商系统入库利润总额的50%以上，占新乡市财政局商业入库利润总额的30%以上，企业的固定资产总值、自有流动资金、职工人均收入也分别比1988年增长了1.12倍、26.3倍和1.1倍。由于取得了上述成绩，自1986—1992年连续7年被新乡市政府授予"重合同守信用企业"称号，1989—1992年连续4年被河南省政府授予"重合同守信用企业"称号；1988—1992年连续5年被新乡市工商银行评为"信用特级企业"，1985的以来连续8年被评为纳税先进单位，1988—1990年被新乡市一商局评为先进单位；1990年被新乡市政府评为"第一轮承包先进单位"，1991年被新乡市政府授予"财贸系统红旗单位"称号，并荣获新乡市总工会授予的"五一劳动奖状"；1992年荣获河南省总工会颁发的"五一劳动奖状"。

上述成绩的取得，是与全体职工特别是经营管理人员的努力分不开的。值得指出的是，高级经济师、总经理王宗尧的领导起了决定性作用。他刻苦钻研、勇于实践，摸索出了一套科学的商业企业管理办法，把新乡五金站推上了市场的峰巅。

在改革的大潮面前，我们在企业的经营管理工作中进行了以下几个转变：

一、努力做好整体市场预测，结合企业自身特点，灵活转变经营策略

几年来，以总揽全站经营管理工作全局的总经理王宗尧为首的站领导班子运筹帷幄，他们根据市场形势的不同，不断调整和设计新的营销策略。1988年，他们根据企业自身特点，提出了"以主营业务为主，主兼营并举"的经营策略；1989年，在市场刚刚出现疲软的苗头时，他们又及时提出了"集中精力、扩大销售、以销定购、以销促购"的经营策略，把经营工作的重心由过去的购销并重转变到以扩大销售为中心上来；1990年在市场持续疲软的形势下，他们又提出了"巩固主营、发展兼营、主兼并举、批零同上"的营销策略，针对不同的经营态势，分别采取"阵地战"、"游击战"、和"小分队出击"等不同的扩销方式，战胜了疲软，继续保持经济效益稳步增长；1991年，他们进一步调整了经营策略，针对复杂多变的市场形势，提出了"外拓内改、以变应变、以兼补主、批零同上"的营销策略，以"外拓"和"内改"来增强企业活力和生存能力；1992年，随着大市场、大流通的市场框架的形成，本站制订了"省内外并重、内外贸结合、全面放开经营、提高整体效益"的经营策略，以顺应新的市场形势的需要。这些经营策略经过实践检验，证明了它们一箭中的的准

确性和适时性，为经营工作的开展提供了超前的、清醒的宏观决策指导。

二、合理调整企业内部机构设置

自1988年以来，本站按照有利于调控挖潜、反应快、效率高、竞争力强的要求，本着“经营专业要细、核算点要小”的原则，分三步对企业经营机制进行了调整。第一步是把原来批零合一的四条线分别核算的经营机制，划分成批零单独核算、分灶吃饭的8个经营单位，从而使原来的“4”个积极性变成了“8”个积极性，批零之间的矛盾也得到了较好解决。调整后，当年的商品销售额和实现利润分别比上年增长了28.3%和4.6%。第二步是实行专业细划，把原来的一个五金科划分成建筑五金科、水暖器材科和工具科，使其“术业有专攻”，既可收到扩大经营品种之效，又兼蓄专业经营之长。专业细划当年，工营品种比原来增加了1 000余种，年实现利润比原来增加了28.3万元。第三步是打破经营范围，大胆放开经营，实行一业为主、多种经营，先后增设了机电科、机电商店、综合业务科、物资调剂科、五金装璜经营部等5个兼营部门，增强了企业占领市场的能力，实现了以兼补主的既定目标。

三、把进货渠道转向生产领域

近几年的价格竞争已成为经营者的主要竞争手段之一。面对这种竞争形势，本站及时把进货渠道转向生产领域，利用从工厂进货的价格优势积极参与市场竞争。1989—1992年，我们从工厂购进商品的总额占总购进的比例分别为70.5%、72.4%、77.1%、86.6%，从而加重了企业在市场价格竞争中的砝码。

四、灵活转变经营方式

几年来，本站针对不同商品在不同阶段的不同情况，注重根据市场信息做出准确的市场预测，采取各种积极有效的灵活经营措施，抓住稍纵即失的机遇搞好商品经营。以建筑五金类中骨干商品铅丝为例，1992年二季度以前，针对销售不旺的市场态势，为防止形成大库存包袱，我们坚持对铅丝实行多规格小库存储备、薄利多销、勤进快销。1992年二季度，我们注意到：随着基建项目在全国范围内的大规模上马，势必连锁造成铅丝货源趋紧、价格上扬。为此，我站一改以往的经营方式，利用自身在经营规模和信誉上的优势千方百计组织货源，认真进行市场分析、捕捉最佳时机组织销售。1992年，仅铅丝一项就比上年多销了1 120吨，销售额达1 007.4万元。

五、放开经营，改变过去的单一化经营模式

早在1988年，本站就提出了“以主营业务为主、主兼营并举”的经营策略，采取了“把握时机、选准空档、单项突破”的办法，在个别品种上实现了规模化、系列化经营。如我们与上海亚明灯泡厂建立了豫北地区总经销关系，使钠灯泡的销售形成了规模，销售量由原来的600只、3万余元增加到3 000只、15万余元。1990年以来，本站兼营商品的销售额和实现利润均占全站总额的40%以上。商业系统推行四放开后，进一步坚定了我们突破传统经营的樊笼、进行多角化综合经营的决心，积极利用这一有利契机，开展跨行业、跨专业的交叉经营。现已经营了百货日杂、汽车配件、体育、文化用品等各类商品，使业务进一步发展。

六、在销售对象上，变以销售给辖区内县公司为主为以区内外县公司、供销社、大型零售商店和直接用户并重

我们一改过去计划经济时期形成的单一线型销售渠道，致力于营造一个辐射状全方位的销售网络。本站已与全国28个省、市、自治区的上千家企业建立了业务联系，年销售额达到7 000万元以上。为寻找销售对象，扩大商品销售，我们专门组织人员行程数万公里分赴西南、西北等8个省、区，深入到各大厂矿联系业务，推销商品70余万元，为企业开辟了更广阔的销售市场。

七、变单纯经营型企业为多功能经营服务型企业

几年来，本站将服务工作同经营工作有机地融合起来，以服务带动了企业经营工作的开展。我们与武汉风帆电镀技术有限公司合作设立了电镀添加剂特约经销部，并联合召开了有29个生产用户参加的新闻发布会，为用户介绍新产品电镀添加剂，提供技术咨询和服务，促进了电镀系列商品的销售，销售额比去年同期净增了20万元。我们将外联推销、送货上门等服务工作纳入了日常经营工作中，全站共配备了30部大小车辆，专门用于联系业务和开展送货服务，沟通与用户的联系，为企业经济效益的提高奠定了基础。

八、变区域性经营为大市场经营

为逐步步入大市场、大流通的经营格局，本站的领导班子把增设经营网点作为一条新的发展思路，积极开拓新的经营空间。我们采取“借台唱戏”的新战略，在省内焦作市开设了“焦作分公司”，做为跨出辖区办企业的一种新尝试。在此之后，我站又积极在濮阳市及

市内的工业区——北站区开设了分公司和批发部。这些“星星之火”为我站适应社会主义市场经济、积蓄企业发展后劲奠定了坚实的基础。

九、在资金管理上，变多头帐户为一个帐户，实行资金定额管理、使用审批、内部融通和“百元资金利润率考核”等一系列制度

几年来，新乡五金站始终坚持把资金管理作为企业管理工作重点来抓，亲自主抓资金的总经理王宗尧将他数十年从事商业工作所积累的经验和科学的资金管理手段结合起来，形成了一整套适合五金站特色的具有独创性的资金管理办法。

一是调整核算形式，变多头帐户为一个帐户。1988年前，本站下属经营部门在银行都单独设有帐户，资金自行使用、各自为政，站里对各部门的资金无法调控，造成了资金使用上的混乱现象。为了改变这种状况，1988年，我站取消了各经营部门的独立帐户，在银行只设一个结算帐户，全站实行二级核算，资金统一管理、调剂使用，保证了经营用资金高效畅通。

二是实行资金定额管理。即根据各部门经营规模和经营商品的不同，为其核定一定数量的流动资金，以保证其正常经营工作的开展。

三是实行资金使用审批制度。业务部门进货，按照资金使用审批权限，经主抓资金的经理审批后方可使用资金，减少了进货的盲目性，杜绝了假冒伪劣和不适销商品的购进。本站的商品适销率始终保持在95%以上。

四是对商品资金实行内部融通、调剂使用。站里对各经营部门超过定额数使用的资金，根据其适销程度分别采取了“保证供应，适当供应，不予供应”的办法，确保有限的资金用在经营急需上。

五是实行了“百元资金利润率”考核制度。站里根据各经营部门经营商品的不同，为其核定不同的“百元资金利润率”考核指标，标准在16%到25%间不等。超过标准者奖，达不到标准者罚，并将这一办法列入承包合同，从而形成了人人节约使用资金、全员注重管理资金的良好局面。

由于我们强化了资金管理，企业的资金使用效能大大提高，1988年以来，我站的资金利税率始终保持在20%以上，超过了国家二级企业18%的标准，1992年全站银行贷款仅为960万元，实现利税却达386.4万元，全部流动资金利税率已达到40.3%。

十、转变人才使用、培育机制，不遗余力塑人才，不拘一格用人才

我站领导班子有一个共识：人是最基本、最活跃的因素，要想搞好企业，关键在于抓人，把人的最大的潜能发挥出来，让其释放出巨大的积极性。我们首先打破了干部终身制，改过去的干部任用制为聘用制，每年按德、才、绩对中层干部进行考核评聘，摒弃亲疏派别观念，严格看能力选人才、凭政绩用干部，增强了广大中层干部和各类人才对领导班子的向心力，在企业中产生了巨大的凝聚力。站领导班子同时认为：培育人才是起用人才的先举之策，是解决企业后劲的基本建设。本站坚持从企业内部直接发掘人才潜力，将“全员培训”同“重点培训”相结合，先后在企业内部举办了新职工岗前培训班，中层干部学习班、门店经理培训班、会计业务培训班、全面质量管理培训班、文化补习班、公共关系培训班等各类培训班20余期800多人次，为企业培养了多层次、全方位的合格人才，使企业干部职工队伍的知识结构和业务素质都有了全面提高。

十一、转变企业奖励机制，合理运用感情奖励办法

几年来，我站本着“鼓励为主、惩罚为辅”的原则，根据每年的实际情况，灵活采取了多种不同的奖励办法。每一种奖励措施的出台，在当时都产生了积极的作用。例如1991年一季度，全站实现利润较上年同期相比出现了下降的趋势，在这种情况下，我们及时出台了保同期利润季度奖办法，规定部门实现利润达到上年同期水平者，每人每季可得45元季奖，达不到者不得奖，结果到年底，全站13个经营部门中有11个达到了要求，使全站1991年实现利润在1990年的基础上又有所增长，有效地避免了原来利润下滑的趋势。1991年我们同时实行了换车目标奖后，有3个部门在该年实现利润共超额上年103.2万元（未摊站行政费用），由站里分别为其更换了更高档次的业务用车。1992年，我站又改革了季奖发放办法，实行了高、中、低三档选标季奖办法，极大地调动了干部职工的工作积极性，全站13个经营部门中有9个拿到了高档奖，各经营部门的实现利润共比上年增加了162.8万元（未摊站费用）。而4个经营部门达到了当年的安装电话目标奖，为其8个部门领导安装了住宅电话。他们还运用感情鼓励办法，对付出了艰辛的劳动，但由于种种原因部门奖金不多的4个部门进行了额外奖励。合理的感情投资，使得奖集体的干部职工产生上进的动力，主观能动性和创造性得到了更为充分的发挥。

上述工作为我站带来了“四连冠”的佳绩，我站总

经理王宗尧也先后荣获新乡市优秀经理、新乡市五一劳动奖章获得者、新乡市劳动模范、河南省商委系统优秀企业家等荣誉称号，并荣任河南省商业企业家协会、河南省商业企业管理协会常务理事和新乡市商品经济学会理事、新乡市第六次党代会代表、新乡市新华区人大代表。

已荣获“四连冠”之冕的新乡五金站，在1993年的工作中，将进一步振奋精神、深化改革，以崭新的姿态出现在市场经济跑道的超跑线上，力争能够在40站庆之年圆他们的“五连冠”之梦。

宁波线林制品集团（公司）
第一分厂厂长
李　翳

企业家——现代市场经济的主体

——宁波线材制品集团（公司）第一分厂改革启示录

杨逸寅

以现代市场经济作为实现社会主义生产目的的手段，已成为人们的共识，而对现代市场经济的本质特征如何理解，理论上还存在不同意见。来自宁波线材制品集团（公司）第一分厂改革实践的结果说明：现场市场经济，实质就是企业家经济。

宁波线材制品集团(公司)第一分厂前身是宁波渔业钢绳厂劳动服务公司，创办于1985年，其目的在于安置企业富余人员，增加“外快”收入，解决企业福利问题。近年来，该分厂靠以平价向集团（公司）购入各类线材，高价出售给乡镇企业、个体、私营企业度日，用这种方式所得利润占分厂总利润的60%左右，是集团（公司）的“包袱”。随着社会主义现代市场经济体系的确立，要求集团（公司）和分厂之间的商品交换接受价值规律支配，变无偿让利为互惠互利，实行分灶吃饭。

1992年6月，在集团（公司）将第一分厂抛入市场经济大潮的关键时刻，集团（公司）领导慧眼独具，选派了李翳这位“湘潭钢铁公司职工大学”国内唯一专业——金属制品系高材生的年轻人出任分厂厂长。在短短的6个月内，他便以青年企业家对社会主义企业独特的认识和市场特有的敏感，先内后外，由表及里，果断地实施了一系列强有力的措施，形成了强力的冲击波，完全实现了第一分厂由“车间”型向企业型的转化，初步形成了产品围绕市场转、生产围绕产品转的良性循环系统，树立了企业形象。企业现在拥有固定资产50万元，占地面积1 000多平方米，建筑面积660平方米，职工38人，拥有微细拉丝、热处理、铝合金压接索具、废丝处理等车间及配套动力机修、生活后勤设施。1992年产品销售收入100.5万元，实现利税8.1万元。

一、理顺第一分厂与集团（公司）之间的关系，实现“包袱”向企业的跨越式转化

在传统计划经济体制下，第一分厂实际是集团(公司）的附属物，属于集团（公司）的一个“车间”，生产、经营什么得由集团（公司）决定，甚至职工的工资标准，劳动报酬也都由集团（公司）规定，职工多劳不能多得，报酬与工效不挂钩，赏罚不分明。第一分厂没有自主权。1990—1991年，全厂职工均收入仅2335元。针对这个现实，第一分厂选择外争“三权”，内改分配制度为改革突破口。

所谓外争“三权”，就是将用工自主权、经营投资权、收益分配权争取到手，从而使第一分厂能自己决定投资方向和投资金额，根据自已经营状况的优劣，决定分配原则，风险性和获利机会共存，完成由集团（公司）的一个“车间”向一个完全独立经营，自负盈亏的真正商品生产者的转化。第一分厂既是投资主体，又是利益主体，自己决定自己的命运。这种完全按商品经济原则管理经济的办法，使企业生存必备的外部环境基本形成。

企业内部管理则由“多头领导制”改为“直线职能制”。生产各部门直接对厂长负责，不再设置职能机构，分口管理，避免了多头领导，杜绝了相互扯皮现象，并对每一岗位定编，定责，优化劳动组合。

在分配上，推行静态工资加动态工资制。静态工资包括基本工资，工龄工资，国家规定的副食品补贴；动态工资则视企业效益和职工对工厂的贡献大小而定，上不封顶，下不保底。下表反映了工资改革前后职工人

均收入，企业创利税指标的变化情况。

年 份	1990	1991	1992
人均收入（元）	2 132	2 531	3 800
企业创利税（元）	38 902	74 145	80 668

从表中可以看出，静动态工资制的实行，使职工在追求自身收入的同时带动了企业效益的提高，企业利益，职工利益真正得到了统一，现在企业职工既有压力又有动力。

二、面向市场，依靠科技，开发“微、细、特、异、优”系列产品

第一分厂由“车间”职能型实现企业型的转化，只是改革的第一步，企业要生存下去，必须接受市场经济优胜劣汰规律的挑战，于是分厂决策者迈出了改革的第二步——走向市场。

拥有适销对路产品是企业走向市场的重要一环。纵观国内外成功企业，生产围绕市场转是主要经验之一，在高新技术兴起条件下，又以开发高新技术产品为主，而第一分厂技术设备落后，几年来没有进行过一次大的技术改革，所添置的一些设备也均属“二手货”，缺乏生产高质量、高技术产品的硬件。在综合权衡利弊之后，该厂决定走以技术改造为主，适当发展外延再生产的道路，以“微、细、特、异、优”为经营方针，围绕这五个字开发新产品，积极开拓、占领国内外市场。

所谓“微、细”，是指生产微细钢丝、铜丝、合金丝。

所谓“特”，是指积极开发“微细丝”的延伸产品，例如包塑钢丝绳，索具等。

所谓“异”是指加强技术改革，开发异型钢丝，异型钢绳等。

所谓“优”是指强化产品及生产过程的质量管理，在向市场提供优质产品的同时加强售后服务，追求“卖出的是服务，买进的是文化”的高尚社会主义商品经济境界。

为此，企业就要做到：

1. 产品开发体现市场信息化。“合金微丝系列”产品是冶金部“八五”重点开发品种之一，国内40多家合金丝生产厂尚未开发成功，产品不仅国内市场紧缺，而且走俏东南亚，市场前景广阔，所以分厂当机立断，投资8万元，改建标准厂房200平方米，改造设备12台，理顺工艺流程，形成了年产微细合金丝150万吨的生产能力，镀塑钢芯多用途索具、注塑钢绳、多绞线网、钢绳压接索具等“合金微丝系列”产品样品，随国家科委组织的中国民间科技产品展览团，参加了规模甚大的汉诺威国际博览会，并巡展圣比德堡、莫斯科等城市，取得了满意的效果。

2. 产品性能体现科学技术化。以钢绳压接索具为例，接头技术引进交通部船舶运输科学研究所研制的具有国际先进水平的科研成果——铝合金压接接头技术，并通过国家科学技术成果鉴定。产品经北仑港港埠公司使用证明，采用铝合金压接接头技术的钢索，能充分发挥钢绳强度，使钢索拉力达到钢绳额定拉力的90%以上，比手工编织产品提高1/3，接头工程强度超过钢绳强度的1/3左右，在钢绳断裂情况下，接头丝毫无损，安全系数达到100%。这一接头技术改变了我国钢索结头靠手工编结的落后状况，填补了我省的一项空白，结束了第一分厂没有拳头产品的历史。

3. 生产组织形式体现区域协作化。即企业产品都是用不同区域生产厂家部件组装的制成品。例如镀塑钢蕊多用途索具，钢蕊是由宁波线材制品集团（公司）按第一分厂提供技术参数要求组织生产的，五金件是都达五金厂产品，塑料小件是协作厂产品，注塑工艺，由特种电线厂完成，最后由第一分厂负责组装、定型。又如钢绳压接索具的铝合金套管，是上海合金冶炼厂特制产品，技术是交通部船舶运输科研所成果，第一分厂负责接头压制，因此很难确切地说这种产品算哪个厂的产品。这是一种“择优原则”的区域性生产方式。

第一分厂第二步改革的成功说明，信息化、科学技术化、区域协作化体现了现代市场经济特征。而李翳1990年的实践，则是第二步改革成功的基础。

1990年，作为制定国家经济“八五”发展计划调查人员之一，厂长李翳参与了“线材制品‘八五’及十年后渔用钢丝需求发展”部分的调研工作，历时一年，走访了国家26个部委办、全国24个省市自治区的用户和生产厂，对国内“八五”及十年后线材制品生产和需求的走势有了详尽的了解，他拟定的《渔用钢绳的“八五”及十年发展需求》编入了国家《“八五”线材制品行业的需求及发展》调研丛书。生产开发包塑钢丝绳、合金微丝和其他各类非渔业用多功能索具正是出于对我国线材制品行业宏观走势的基本判断。

宁波线材制品集团（公司）第一分厂的改革实践证明，企业决策者是实现企业由“车间”型转向自主经营，自负盈亏商品生产者的关键；在市场竞争中求生存求发展，更有赖于企业决策者对市场走势的判断。在以信息化、协作化、科学技术化为特征的现代市场经济中，企业之间的竞争实质是企业家之间的竞争，企业家素质决定竞争成败。现代市场经济呼唤着新一代企业家的诞生。

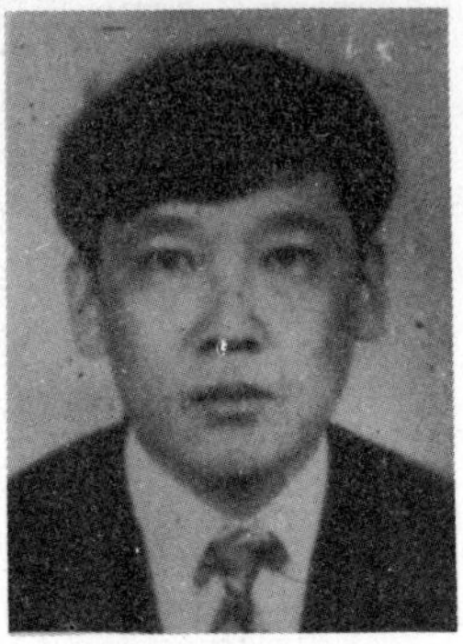

抚顺龙凤电瓷厂厂长
于英杰

提高企业素质，振兴乡镇企业

——抚顺市龙凤电瓷厂的发展道路

刘伯行

抚顺市龙凤电瓷厂是抚顺市顺城区碾盘乡龙凤联社创办的一家集体所有制企业。该厂始建于1985年，现有固定资产140万元，职工150人，厂房建筑面积15 000平方米，年产值250万元。该厂创建初期，由于多种原因，连年亏损。1985—1989年，共换了五任厂长，都没有使该厂出现转机。1989年4月，年仅28岁的年轻共产党员于英杰同志走马上任，担任厂长。四年来，他狠抓领导班子和科技队伍的建设，改善经营管理，带领全厂职工艰苦奋斗，从整体上提高企业素质，终于使一个濒临倒闭的企业起死回生，扭亏为盈，成为抚顺地区较先进的乡镇企业，为乡镇企业的发展提供了宝贵的经验。

一、整顿领导班子，改善经营管理

"企业好不好，关键在领导"。于英杰同志认准了这个理。为了建设好领导班子，他首先改变领导班子的结构，同时改进领导班子的作风，并制定了科学的规章制度。

第一，调整领导班子。龙凤电瓷厂是个小企业，要求领导班子成员既能决策、指挥，又能具体操作。为此他将一些不适宜做管理工作的同志调出领导班子，吸收一些符合条件的人员进入领导班子，并将原来的18名管理人员减为13人，从而形成了一个精干高效的领导系统，工作效率大大提高。

第二，改进领导工作作风。处于农村的乡镇企业，往往受到两种不良倾向的影响。一是小生产者的自由散漫作风。这种思想作风容易使企业只注意眼前利益而忽视长远利益，只注重追求产品数量而忽视产品质量，只强调企业自身利益而忽视消费者利益。因此，一些伪劣产品往往出自乡镇企业。一是宗族派性的影响。这种影响往往使企业领导者以感情代替政策，以家族利益代替集体利益，家长制作风盛行。于英杰厂长清楚地看到这一点。他要求领导班子成员一定要发扬工人阶级的优良传统，克服小生产者的陋习，树雄心，立大志，想集体，顾大局。他自己就能自觉地克服家长制作风的影响，有事和大家商量。厂领导班子中有外聘来的老同志，他对这些同志格外尊重，处处请教，事事关心，这些同志都能全力协助他工作。在他的带动下，整个龙凤电瓷厂不仅领导班子作风正，而且厂风也很好，职工都能遵法守纪，勤奋工作。

第三，制定科学的规章制度，使企业严格按标准运行。要想克服农民的自由散漫作风，乡镇企业还必须在严格的科学的规章制度下运行。为此，他们建立和健全了各种同生产和管理相适应的规章制度。为了使规章制度得以顺利实施，他们广泛、深入地对职工进行宣传教育。此外，他们还制定了严格的检查制度和奖惩制度，这些措施提高了企业的经营管理水平，产品的合格率由原来的30%提高到80%。1992年该厂产值达200万元，利税25万元。1993年合同已经订满。

二、诚聘科技人员，组织科技队伍

于厂长上任后，第一件事就是组织有关干部查找企业亏损的原因。经过仔细认真地查找分析，弄清了企业亏扣的主要原因是废品率太高。据测算，成窑废品率高达70%以上，致使用户纷纷撤销合同。而造成废品率高的主要原因是企业技术力量不强，工艺不过关。要想改变这各局面，救活企业，并使其发展起来，必须大力加强企业的技术力量，积极推广和应用新技术、新工艺，使企业的产品适应国内、外市场的需求。为此，他们着重抓了以下几件事：

第一，努力提高领导班子的科技意识和科技水平。如何尽快地提高领导班子的科技意识和科技水平，于英杰厂长连续召开了五次会议进行讨论和落实措施，并组织有关人员到外地参观学习。同时，从组织上将领导班子的主要成员都换成在电瓷行业方面有专长的工程技术人员。

第二，多方求助，聘请科技人员。龙凤电瓷厂是个村办小厂，上级主管部门不可能给他们分配来技术人员，大专院校的毕业生也不可能主动、自愿地到这里来工作，即使能来个别大学生，也解决不了当前深层次的技术问题。工厂连年亏损，更没有条件从其他单位“挖”人才。于英杰厂长反复思索，找到了人才的源泉。抚顺市有一座全国规模最大、技术力量最强的电瓷行业工厂——抚顺电瓷厂。这个厂每年都有一些高级技术人员、技工和管理人员退休。这些人员的特点，一是技术水平高，经验丰富。他们大多有30年以上的工龄，有较高的业务水平。二是思想觉悟高。他们多年受党和国家的教育，能够兢兢业业地工作。三是待遇问题好解决。他们出来工作，主要不是为了谋生，而是使自己的晚年过得更充实一些，因此在待遇上不大计较。如果聘请这样的人员来厂工作，一可迅速解决企业的技术难关，二能利用他们的技术和作风培训新一代科技人才，三可节约开支。认识统一后，他们就大胆地从抚顺电瓷厂聘来11名身体好、思想正、技术硬的高级技术人员和管理人员。其中4名被安排到厂领导班子里，技工师傅都安排到生产的重要岗位上。这些同志在各自的岗位上都发挥了很大作用。宣忠辉同志原是抚顺电瓷厂的老工程师，有30多年的管理经验，是电瓷行业的能手，他被聘任副厂长后，在挽救龙凤电瓷厂的工作中做出了巨大贡献。高级工程师常德恩被聘来厂后，任总工程师，也为龙凤电瓷厂做出重大贡献。

第三，广泛普及科学技术，提高广大职工的科技水平。于英杰厂长和整个领导班子成员充分认识到，企业的主体是工人群众，广大职工对科技的认识和自身的技术水平如何，直接影响产品的质量。因此，他们十分注意对全厂职工进行科技教育，教育职工爱集体，爱科技，爱学习，激励大家为振兴工厂而刻苦学习的热情。他们的具体做法是，“一全、二带、三不放过”。所谓“全”，是指技术普及要全面，要求全厂干部、群众，不论文化水平高低、年龄大小，都要积极学文化，学科学技术，学生产技能。对学习不合格的，不仅要进行批评教育，态度不好的还给予处罚。有的撤换工作，有的扣发奖金，有的还要减发工资。学习优秀的要提拨重用，给予必要的物质精神鼓励。所谓“带”，一是指领导带头学，要成为学习的模范。厂长于英杰是1979年的初中毕业生，来厂以前是汽车司机。接受厂长重任后，他克服底子薄、担子重等种种困难，刻苦学文化、学技术、学管理。四年来，他边干边学，已由一名对电瓷行业一窍不通的青年农民成长为通晓电瓷生产和管理的出色的领导者。“带”的另一含义是领导带动职工学。龙凤电瓷厂的职工，大多是本乡的青年农民。他们文化水平低，工业生产方面的知识少，学习的主动性也比较差。领导班子就耐心地对他们进行说服教育，带领他们学技术，手把手地教他们学本领，帮他们解决学习中的困难。有的小青年沉浸在婚恋和小家庭之中，不思学习、进取，厂领导就向他们进行前途理想教育，使他们认识只有学习到实实在在的本领，才能巩固和发展自己的家庭幸福。所谓“不放过”，是指不放过任何学习机会。不论工作怎样忙，要做到挤时间学；不论什么岗位、什么工种，都有师傅指导。做到技术课程有人教，实际操作有人帮。经过几年的刻苦努力，目前全厂84%以上的职工经过了专业技术培训，都能独立操作了，产品合格率达90%以上。现在，全厂较优秀的工程技术人员已占职工总数的12.3%，形成了以专业技术人员为骨干，以广大工人群众为主力军的技术队伍。

三、大力生产适销对路的拳头产品，不断研制开发新产品

1. 以市场为导向，调整产品结构。随着改革开放的不断深入，企业必须适应不断变化的市场。作为乡镇企业，更要注意这一点，以便在和其他强大企业的竞争中得到生存和发展。就电瓷行业说，在抚顺就有四家，其中就有全国规模最大的“抚顺电瓷厂”。龙凤电瓷厂在这四家中，规模最小，建厂时间短，厂址又很偏僻。要摆脱这种不利局面，就要根据市场的需求，调整产品结构。厂领导亲自走访用户40余家，收集他们对产品质量的意见和要求，再依照国家有关法令政策，对自己的生产经营活动提出了“一严、二准”的战略。“严”，就是生产的产品，都要严格按照国家GB772-87标准生产，不合格的产品一律不准出厂。“准”，就是一定要获得准确的市场信息。市场对某种产品的评价如何，还需要什么样的新产品，等等，都要准确地反馈到企业决策机构中来。厂领导、销售员是收集信息的主要人员，其他职工也要及时反映同本厂有关的信息。1992年，

他们运用这一战略使企业增加了产值达70万元的新用户，为企业开辟了新的发展道路。

2. 研制、开发新产品，增强企业的竞争力。龙凤电瓷厂是乡村小企业，研制、开发新产品不是一件容易的事。厂领导班子认真分析了我国电瓷行业市场疲软的形势，认为其原因是新产品少，满足不了各方面对电瓷产品的需求。因此，决定把开发新产品作为振兴企业的主攻方向。他们抽出得力的专业干部和技术力量，聘请有关专家，组织集体攻关。经过艰苦努力，同各方通力协作，终于研制出了新产品RW10-63/0.5-20型户外瓷套式高压限流熔断器。这个产品适用于各电业部门的电压互感器的短路保护装置，有很重要的用途，填补了国内空白。该产品已通过电业部门国家级检测部门的检测，各项性能指标的符合IEC282-1国际电工委员会技术标准的规定。产品最大断流能力达到20KA，实际涌流峰值波限制在280A以下，受到电瓷专家的好评。这一产品成了企业的救命产品。接着他们又研制出了PSJ-15T驾空线路绝缘导线用柱式绝缘子，经国家检测中心一次检测合格，已批量生产销往各地，受到好评。新产品问世，工厂出现转机，工业总产值成倍增长。

3. 以开发新产品为契机，推动科技进步和技术改造。随着新产品研制成功，要求企业加快技术改造的步伐。因此，在开发新产品的同时，加大了技术改造的投入，经过几年的努力，由过去只能生产6—35千伏的电站电瓷发展到能生产60—110千伏级产品。过去不能生产熔断器，现在已成批生产。产品不断向广度和高精尖技术发展，畅销国内120多个用户。

龙凤电瓷厂在开发新产品的同时，更注重产品的质量。他们一方面巩固新产品，另一方面抓紧老产品的更新换代，以适应用户的新要求。新老产品都受到了用户的称赞。

平顶山高压开关厂
徐树龙

面向市场，走“科技兴厂”之路

平顶山高压开关厂

面向市场，依靠科技进步，不断调整产品结构、提高企业整体素质，坚持走“科技兴厂”之路，是我厂所以能够在激烈的市场竞争中稳定发展、日益壮大的根本原因。

(一)

早在建厂之初，我厂就坚持这样一条原则：技术落后的产品不开发不生产；市场无竞争力的产品不开发不生产。我们始终把眼光瞄准国际先进水平，以此作为企业的奋斗目标。1979年，我厂抓住水电部引进国外超高压设备的机遇，大胆从法国引进具有80年代国际先进水平的六氟化硫断路器和全封闭电器制造技术。仅仅用了3年时间，就完成了从引进技术、样机试制到国家鉴定的过程。1984年，我国首批50万伏SF6断路器运往葛州坝等国家重点工程，在技术开发上迈出了关键的一步。我们还进一步建立完善了同技术进步相适应的生产经营管理体系，产品科研开发体系，严格的标准化和质量保证体系，先进的试验检测体系以及产品配套协作体系等。经过十余年的努力，引进的SF6断路器和全封闭组合电器制造技术已全部实现国产化，为振兴我国高中开关工业闯出一条新路。几年来，我厂运用引进技术生产的断路器，共创产值2.12亿元，创利税4 500万元，出口创汇300万美元。我厂提供的替代进口产品累计为国家节约外汇5 500万美元。LW6-500SF6断路器荣获机电部和国家科技进步二等奖和三等奖。1988年，我厂荣获了李鹏总理签发的“努力实现重大设备国产化”荣誉证书。实践证明，“科技兴厂”是振兴企业的必由之路。先进的技术改变了过时的产品结构，增强了企业的竞争力。目前，我厂新产品产值率达50%以上，其技术水平已达到国际IEC标准。

(二)

企业要发展，必须面向市场，即根据市场发展和用户需求，不断调整产品结构，在新产品开发上大做文章。为此，我厂制定了“改造老产品、完善新产品，强化拳头产品，开发系列产品”的产品开发战略。立足于超前预测，超前决策，超前投入，真正做到“眼睛盯着一个，兜里揣着一个，手里干着一个”。建厂21年来，我厂从只有两种产品发展到目前拥有15个系列45种几百个规格的产品。其中，1987年以来开发的32种，基本上迈入了“开发一代，研制一代，生产一代”的良性循环轨道。新产品开发为企业发展积累了强大的后劲，我厂销售收入从1990年7 063.6万元增长到1992年的14 150万元，几乎翻了一番，主要得益于新产品的开发。许多国家电力重点工程，如葛州坝、元宝山、晋京线、蓟县、天生桥、天桂县等，都装备着我厂的产品。截止今年五月底，来我厂订货的合同已签到1995年，市场前景看好。

(三)

先进的技术能否转化为先进的产品，能否给企业带来效益，关键在于质量。我厂在生产管理中始终坚持“质量第一”的原则，把提高质量作为企业生存、发展的基本保证。工厂成立以厂长为首的质量管理委员会，制定了各项质量管理标准29项，工艺管理标准6项，大力开展群众性QC小组活动。建立了从科研、设计、制造、检测到销售服务的全面质量保证体系，并将质量责任与经济利益紧密结合。在生产过程中，严格贯彻“不执行工艺纪律不能上岗，不合格零件不准转入下道工序，不合格产品不能出厂”的守则，广泛开展现场优化管理。实行零部件定置管理和分装、总装打标记管理，并建立了产品质量档案。在分厂、车间、工段、班组设立专职检查员和监督员，实行严格的质量检验和监督，在全厂形成了一个庞大的质量管理网络，从而确保了产品质量的稳定提高。而产品质量的提高，则提高了企业在全国的知名度，增强了企业的竞争力。我厂已有11种产品荣获省、部优称号，产品遍及全国29个省（市、自治区），并远销东南亚四国。高质量为企业赢得了效益，也为企业树立了良好的形象。

（四）

企业之间的竞争，归根结底是职工素质高低的较量，是人才的竞争，特别是在我们这些技术含量较高的行业，更是如此。多年来，我厂始终把人才培养，职工教育放在重要位置上，舍得为此“出血”。十余年来，我厂在职工教育上的投资达500多万元，已经形成了一个多层次多形式的职工培训体系。

在搞好职工教育，提高职工素质上，我们主要抓了四方面的工作。一是采取多层次，多形式的岗位培训。1990年以来，已培训职工985人次。二是采取专业人才超前培训。我厂先后投资200多万元，办起了职大，技校和职工学校，为满足工厂的发展需要培养了大批急需人才。从1984年以来，我厂共培养大专生619人，中技生1 360人。三是采取请进来、送出去的方式培养人才。我厂先后聘请法国、日本、瑞士、英国等国的专家来厂考察和讲学，并选派专业人员到国外学习考察。同时，与国内20余所大专院校、科研单位挂钩，选派专业人员深造学习。四是大张旗鼓地开展技术比武活动。每年都有400多名青工参加技术比武。在全市历次技术比武中，我厂所有参加项目都名列前茅，成绩显著。

培训大大提高了职工队伍的素质。目前，我厂有初级以上职称人员896人，占全厂职工的28.6%，一线工人都已达到中技水平，名列全国同行业之冠。这是我厂所以能够在引进新技术、开发新产品、提高产品质量、开展文明生产、实行科学管理等方面，始终保持良好势头的重要原因。“科学就是生产力”。我们在自身的实践中深深感到，在智力开发上多下一点本钱是划得来的，它对企业的发展将会产生深远、重大的影响。

已故经济学家介绍

王振之

(1928—1992)

王振之，男，江苏省江阴市人，汉族，1928年生。中国社会科学院财贸物资经济研究所研究员、中国社会科学院研究生院教授、博士生导师。还任中国价格学会副会长、中国成本研究会副会长兼秘书长、全国生产资料成本与价格研究会副会长、全国农产品成本与价格研究会副总干事、中诚会计事务所董事长等职。

王振之1951年毕业于江南大学工业管理系。1951—1974年，先后在国家计委、国家经委、全国物价委员会从事成本物价专业工作，历任技术员、科长、副处长。1975年调中国科学院哲学社会科学部（现中国社会科学院）经济研究所，任科研组、物价组负责人。1979年中国社会科学院财贸物资经济研究所成立后，任该所成本价格研究室主任。1984年后兼任国务院价格研究中心常务干事、办公室副主任。

党的十一届三中全会后，随着党的工作重心转到经济建设上，王振之先后主持了国家重点科研项目"社会主义价格研究"、社会科学基金项目"我国粮价改革"等一批科研项目。主要著作有：《社会主义价格研究》(与季龙、王永治合著：中国社会科学出版社，1982年版)，《社会主义价格学》(副主编，中国财经出版社，1986年版)，《价格改革与价格管理》(与乔荣章合编，中国物资出版社，1987年版)，《中国价格改革的回顾与展望》(中国物资出版社，1987年版)，《成本管理大辞典》(主编之一，经济管理出版社，1987年版)，《物价知识大全》(主编之一，中国物价出版社，1989年版)，《中国价格模式转换的理论与实践》(副主编，中国社会科学出版社，1990年版)。几年来，王振之同志发表论文百余篇，主要有：《应按综合利润率确定计划价格》(《经济研究》，与季龙、王永治合作，1981年第12期)，《价格改革与保持物价基本稳定的关系》(《红旗》，1985年第6期)，《加强我国成本管理研究，建设有中国特色的成本管理学科》(《财会通讯》，1984年第1期)，《关于工业出厂价格的改革》(《成本与价格资料》，1985年第8期)，《价格改革中的若干理论问题》(《价格理论与实践》，1986年第6期)，《我国农产品价格改革的对策与思考》(《管理世界》，与王永治、韦韵琅合作，1987年第3期)，《十年价格改革：回顾、反思、新探索》(《成本与价格资料》1989年第8期)，《'八五'和十年价格规划的设想》(《经济学动态》1990年第6期) 等。

王振之同志的主要学术观点及学术方面的贡献是：(1) 提出并论证了浮动价格的理论和应用问题"他是国内最早提出这种观点的经济学家之一，这对打破几十年的固定价格制度及其观念，起了很大作用。在传统体制下，价格只能是国家制定，由国家调整。浮动价格则突破了这一模式，主张由国家定出产品的中准价和允许上下波动的幅度，由企业根据市场供求的变化，适时地进行调整。这种定价制度，是把国家定价与企业定价结合起来的尝试，1982年首先在电子工业部试行，并逐步推展开来，成为一种重要的价格形式。显然，浮动价格的理论与其实践，为我国价格改革起步起了促进的作用，也为形成新的价格管理体制起了很大推动作用。(2) 在国内最先提出了关于定价中的综合利润率的观点，这对突破按单一的利润率（如按成本利润率、或按资金利润率，或按工资利润率、或按销售利润率等）制定计划价格的观点起了很大作用。这个观点具有重要的实践意义，受到计划和物价部门的重视，有的部门采用了按综合利润率定价的办法。(3) 改革之初，王振之同志在分析了价格改革与稳定价格关系的基础上，提出了应把稳定物价的方针改为"基本稳定和合理调整"的方针，用"基本稳定"代替"稳定物价"的提法，用"合理调整"代替使价格长期固定不变的作法，认为这是进行价格改革的一个必要条件。因为试图维持价格总水平一点不变而要进行价格改革，实践已证明是不可能的。价格不进行调整，则无法实现比价关系的合理化。尽管这种认识，在今天已广为人们接受，但在刚经历了冻结价格的当时，能提出这种见解，说明他对价格改革有较深刻的认识。与此同时，他又提出，在价格改革中要控制物价总水平和重要消费品的价格，以保持经济和社会的稳定。十二年改革的实践证明，这一点也是十分重要的。(4)他较早地提出了我国价格体系应由单一的计划价格改革为由统一价、浮动价和自由价相结合的价格体系，并以浮动价为主，逐步缩小统一定价的范围，为实行有计划的商品经济新体制创造条件。(5)提出了要建立新的成本管理体系，主张用成本决策、成本预测、成本计划、成本分析和成本检查构成新的成本管理体系，以代替过去的成本计划、成本核算和分析的管理体系，并把成本决策作为企业经营的重要组成部分，以提高成本管理水平。这是在新形势下，在企业由统收统支的核算单位转变为有自主经营权的社会主义商品生产者和经营者，对成本管理提出的一项适应经济体制改革要求的改革建议，具有很强的现实意义。(6)特别要指出的是，王振之同志在价格理论的研究中，始终坚持马克思主义的劳动价值论，运用这个理论来分析和研究现实中的价格运动的规律，指导研究生的学习与研究，并把这个认识编写进了价格学的教科书。可以说，王振之同志在把马克思主义的劳动价值论与我国价格改革的实践结合方面，作出了自己应有的贡献。

王振之同志对我国的成本与价格学科建设的贡献不仅表现在他自己的研究活动中，而且表现在对全国的成本与价格研究活动的组织工作上。改革、开放以来，王振之同志在国家物价局、财政部和中国社会科学院的支持下，参与组织了全国成本研究会和中国价格学会及所属的多个分会，并主持日常工作，组织了一系列学术活动，包括办培训班、学习班，组建专业性杂志，得到成本与价格学界的公认。

王振之同志在成本与价格理论研究上取得的丰硕成果，是与他的治学方法是分不开的。他理论研究有明确的目的性，就是为经济建设服务，为改革开放服务。他的论著，来自于实践，又用之于实践。他多次积极参与了中央有关部门的价格改革方案的研究与设计，对成本、价格管理体制改革提出了很多的有价值和政策性建议，有一些已被决策部门采纳，他每年都用很多时间在全国城乡进行调查研究，坚持在深入实际调查研究的基础上撰写论文；他十分注意根据客观经济规律和按照党和政府的决策要求去认识和解释成本与价格变动的现象，努力使自己的研究工作与党和政府的现实需要紧密结合起来。正因为坚持理论联系实际，王振之同志才能在改革开放的十几年中，一直处于成本与价格研究的前沿。

（李晓西）

邝日安

（1919—1992）

邝日安，1919年生于广东台山.1939年在上海圣约翰大学附中读书时，参加中国共产党。1944年毕业于上海圣约翰大学经济系。在读书期间，就开始在地下党的领导下从事学生运动和青年会工作。大学毕业后，在上海工商界进行统战和经济研究工作，并创办了“工商经济研究会”。在日本投降前，曾为地下党提供：上海几个主要经济集团的内部组织、资金实力和相互关系情况，有关日本、汪伪、英美和瑞士的金融、货币、物价、市场、经济政策、经济发展趋势等资料，汪伪和国民党组织系统和重要人物资料，等等。由于撰写《论华股交易和华股市场》《中国经济》1944年第8期)，为中国经济研究会聘为工业调研员。后又发表《论防止通货膨胀政策》(《中国经济》1944年第10期)，揭露日本帝国主义在中国实行通货膨胀政策、掠夺中国资源的罪行。抗日战争胜利以后，曾在1947年编写上海批发物价指数，撰写上海经济形势等文章，揭露国民党反动派发动内战、催残农业、民族工商业，实行恶性通货膨胀造成民不聊生的经济政策本质。另外，还在大学讲授国际金融和汇兑课程。

全国解放后，邝日安曾任上海市军管会工商处物价科科长、上海市工商局市场管理处处长、中央财政经济委员会副主任曾山办公室秘书、商业部办公厅副主任兼商业经济研究所副所长、中国科学院经济研究所副所长、《经济研究》常务副主编、国家物价局重工交通价格司司长、中国价格学会常务理事、中国成本研究会顾问、中国交通运输协会常务理事、交通运输价格委员会主任委员、等职。1984年离休，但直到逝世前夕，仍调整重工产品和交通运输价格以及价格体制改革进行不懈的工作。

解放初期在上海工作期间，邝日安积极参加了整顿市场、平抑物价的工作，为制止通货膨胀、恢复经济、稳定居民生活作了贡献。在中国科学院经济研究所任副所长期间，作为孙冶方的助手，积极贯彻理论联系实际的学风，为国家培养出一批有才干的经济理论家。70年代末期，《经济研究》在他的主持下，为批判“四人帮”的谬论、正本清源作了大量的工作，使该刊成为批判传统经济管理体制、建立社会主义商品经济理论的舆论阵地。在国家物价局工作期间，他积极主张按价值规律来逐步调整不合理的价格体系，为重工产品和交通运价管理体制的深入改革打下了基础。

作为著名经济学家，他在如下几个方面作出了贡献：

1. 经济核算问题。他接受国家经委委托，承担国营工业实行严格经济核算课题的调查研究，并与当时经济所青年研究人员共同写出《试论国营工业企业实行严格经济核算问题》(《经济研究》1963年第8期)。在这篇论文中，提出三个新观点：一是提出资金核算指标。主张核算企业全部固定资金和流动资金运用的综合效果。要正确规定企业的责任和权限，发挥企业合理运用资金、组织严格的资金核算的积极性。二是提出盈利核算。认为盈利是比成本更为综合的指标，是评价企业经营活动最终成果的重要依据之一。盈利水平可以用三个指标来表示：成本盈利率、产值盈利率和资金盈利率。三是提出将班组的综合经济效果(当时指企业内部价格的利润指标——引者)的核算列为考核指标。

2. 生产价格问题。1959年孙冶方在《论价值》一文中提出生产价格问题以后，他完全同意这个观点。在上述经济核算问题中的"资金盈利率"就是生产价格问题。在70年代末和80年代初，他与其他同志合作发表了《社会主义经济中资金利润率和生产价格问题》(《经济研究》1979年第1期)和《经济体制改革要求以生产价格作为工业品订价的基础》(《中国社会科学》1981年第1期)，对生产价格进行了充分论证。他也是中国生产价格学派的代表人物之一。

3. 商品成本问题。1981年中国成本研究会在无锡召开的年会上，他第一次提出：成本的概念，并不是生产某商品所实际消耗的(按购进时市场价格计算的)物化劳动和活劳动的价格，即是再生产这一商品时，按照新的市场价格购进的物化劳动和活劳动的价格。这一成本概念，也是他多年来从事价格管理工作中，制定和调整各种产品价格和收费的指导思想。在现实生活中，使物价管理的国家定价向市场价格转轨起到了积极作用。

4. 浮动价格问题。在传统价格管理体制下，主要产品的价格都是由计划部门制定，称为固定价格。这种价格不能随着供求、商品价值量的变动而变动，不适应经济的发展。为了解决这个矛盾，1979年8月他与当时的电子工业部共同研究决定试行浮动价格。1982年国务院常务会议通过的《物价管理暂行条例》中，以法规形式加以确定。所谓浮动价格，是相对固定价格而言的，是从计划价格向市场价格转化的过渡形态。他在《我国浮动价格问题探讨》(《经济研究》1983年第5期)中论证说："我国社会主义商品的浮动价格形式的基本特点，是社会主义商品经济中一种由国家领导和企业有浮动定价权相结合的计划价格形式。其内容是国家规定实行浮动价格商品的范围、浮动的最高限价、中准价、最低限价(或最低保护价)以及价格浮动的幅度。企业只能在国家规定的范围内行使它的自主权。"这样，"企业可以在规定的范围内通过市场信息，根据社会现实需要和商品供应情况，制定有关商品的销价，并根据上述情况的变化，浮动调整有关商品的销价"。是"让价值规律在规定的范围和幅度内，通过竞争和价格的浮动，直接调节商品的生产、交换即流通、消费以及再生产的规模，适应了社会主义经济的特点，是我国经济体制改革过程中新出现的一种计划价格形式"。

6. 企业自主权问题。1979年4月，为了探索社会主义商品经济理论，推动对旧的经济管理体制的改革，我国经济学界在无锡召开了社会主义经济中价格规律作用问题的理论讨论会。为了参加这次讨论会，他与其他同志合作提供了《试论价值规律同企业独立自主权的关系》(《经济研究》1979年第5期)一文。文章提出："要使企业对自己的经营管理承担起自负盈亏、保证盈利的经济责任，那就必须改变包括对产品的统购包销，对资金的统收统支，以及基层单位不需要自负盈亏、不需要独立地进行经济核算，上面不拨、下面不动的一整套做法，而实行承认企业具有独立商品生产者地位的商品生产和商品交换的经济管理体制。"由于该文较早地提出赋予企业"以独立商品生产者所应有的地位"，以及进行了充分论证，而荣获孙冶方经济科学奖首届论文奖。

(张问敏)

张寄涛

(1927—1992)

张寄涛，1927年生，河南潢川人，生前任中南财经大学经济研究所教授、博士生导师，并兼任湖北省社科联学术委员会副主任，武汉市人民政府咨询委员等职务。1992年11月因病逝世。

张寄涛教授自50年代初期起即从事《资本论》、《政治经济学》等的教学和研究工作，潜心钻研马克思主义经济理论。他虽然受过不正确的对待，身处逆境二十年，历尽坎坷，但对马克思主义的信念始终坚定不移。张寄涛教授研究的方向是社会主义经济理论，侧重于科学社会主义奠基人的社会主义设想和社会主义实践，并从事国外社会主义不同经济模式和流派的比较分析。在将近半个世纪的岁月中，张寄涛教授在经济科学领域辛勤耕耘，奋力开拓，撰写和主编学术著作多部，并在《经济研究》、《财贸经济》、《江汉论坛》、《湖北社会科学》、《经济纵横》、《中南财经大学学报》等刊物和报纸上发表学术论文百余篇。他的主要学术思想如下：

1．关于社会主义经济中的“剩余劳动”。

社会主义经济中有无“剩余劳动”？这一范畴的内涵及其表现形式是什么？如何划分“剩余劳动”与“必要劳动”的界限？这是我国理论界讨论多年问题。1983年，张寄涛教授发表了《马克思剩余价值理论和社会主义剩余劳动的性质及其表现形式》的论文，系统地阐述了他的见解。该文认为马克思在三种含义上使用的“剩余劳动”这一概念：一是把“剩余劳动”作为反映资本主义剥削本质的特定范畴；二是把“剩余劳动”作为各个剥削制度所共有的范畴；三是把“剩余劳动”当作人类进入文明时代以来任何社会都存在的一般范畴。诚然，作为“资本主义剩余劳动”和“剥削制度的剩余劳动”在社会主义经济中已不复存在，但作为社会存在和发展基础的一般剩余劳动，都始终存在着，变化的只是它的社会特性和表现形式。文章对有些同志提出用“剩余产品”、“剩余产品价值”、“社会主义剩余价值”等作为社会主义条件下剩余劳动的表现形式的看法提出异议，认为应把“为社会的价值”作为社会主义剩余劳动的表现形式。他指出，“为社会的价值”这一概念，一方面明确显示出社会主义剩余劳动不同于资本主义剩余劳动的根本特点，另方面反映了社会主义商品经济条件下剩余劳动不是直接表现为使用价值形态的剩余产品，而是表现为一定量的价值。同时，文章还论述了社会主义下“必要劳动”和“剩余劳动”的划分。他不同意有的同志从分配形式出发、从国民收入已分配的结果去划分“必要劳动”和“剩余劳动”的观点，认为应该从生产过程中出发去考察，这样可以探讨其内在的规定性，从而把国民收入分配建立在对客观经济规律的认识上。

2．关于经济体制改革。

改革以来，张寄涛教授以饱满的激情参加撰写了《我国经济体制改革的理论探讨》一书（湖北人民出版社1983年出版），担任副主编。他执笔的第一、二、九、十、结束语等章中，系统地论述了马克思、恩格斯、列宁有关未来社会经济模式的设想。对于怎样看待马克思所提出的“自由人联合体”，怎样认识经典作家所提出的生产合作社与合作工厂等，均提出了自己的见解。他明确指出，“自由人联合体”只能以社会占有生产资料为基础；生产合作社、合作工厂只是一种过渡形式或中间环节。书中还对列宁新经济政策时期有关商品生产与产品交换的思想变化作了详细的论述，分析了列宁由产品交换→商品交换→商品买卖的理论发展。通过分析，提出了必须要以科学的态度对待马克思主义经典作家所奠定的科学社会主义学说，要历史地、正确地理解经典作家论述的真谛，从中把握指导我们经济体制改革方向的科学原则。书中还探讨了社会主义流通体制和价格体制的改革，是我国学术界中比较早地论述社会主义市场体系和多种价格并存的价格体制的一部著作。该书出版后也受到学术界重视，并获湖北省社会科学优秀成果二等奖。

3．关于社会主义商品经济。

1984年，党的十二届三中全会作出的《关于经济体制改革的决定》，提出了社会主义经济是有计划商品经济的论断。张寄涛在学习《决定》之后，与几位同志合作撰写了《中国社会主义商品经济概论》一书（中国财政经济出版社1986年出版）。该书把商品经济作为一个经济关系体系来把握，比较了“社会主义商品经济”与“社会主义商品生产”两种提法的理论含义和区别，明确指出现实的问题不再是这一领域还是那一领域是否存在商品货币关系，而是如何把各个领域普遍存在的商品货币关系作为一个有机整体来考察，研究社会主义商品经济的运动规律、经济范畴及其运转的机制。书中还较详细地论述了商品经济这一范畴的理论含义、存在条件、原因以及它在社会主义经济中的地位。还探讨了社会主义商品经济与世界市场的关系，以及如何从充分利用两种资源、两种市场的角度考察社会主义的经济效益。该书还回顾了国内外关于社会主义经济运行机制的争论情况，在我国学术界中较早地提出了计划机制与市场机制同时存在于一场经济领域，只是在不同领域中作用的形式与程度有差别的观点。这本著作获湖北省社会科学优秀成果二等奖。同时，作为社会主义经济理论研究生的教材，获财政部第二届优秀教材二等奖。

4．关于宏观经济的调控。

1988年开始，我国经济生活中出现了社会总需求与社会总供给失衡，出现了通货膨胀。这时，以张寄涛教授为主持人的课题组接受湖北省社会科学领导小组和武汉市人民政府的委托，进行了宏观经济调控课题的研究。在课题研究的基础上，张寄涛主编了《社会主义经济运行的宏观调控》一书（中国计划出版社1989年出版）。该书论述了社会主义经济运行宏观调控的重要性，明确指出社会主义宏观经济调控的主要依据是国民经济的发展计划和战略目标，同时也要依据价值规律的客观要求。宏观调控并不直接规定企业的投入产出活动活动，而是着重于对社会总供求与部类结构的总量调节，主要是运用经济杠杆，通过各种经济参数来调控市场，从而间接引导企业活动趋向于国家计划的经济社会目标。书中还详细地分析了宏观经济调控的总量调节、结构调节，以及实现宏观经济调控的各个经济手段和控制系统。对于金融和投资的宏观调控也提出自己的见解，明确指出专业银行企业化是对金融进行宏观间接调控的基础，开放资金市场是建立投资约来机制的一个重要方面。该书还以专章论述了宏观经济调控系统与方法论，明确提出要具体把握经济时间与经济空间、幅度控制与弹性控制、正负刺激的选择与配伍、可估度的估量等。并且提出宏观经济控制的质量要从它对整个经济运行系统所起的作用来考察。任何经济控制手段的应用都不可能是无负作用的，判断控制的正误，只能是看得失的比较，得大于失即可行。当然也要尽可能采取措施以减轻其负作用，使其得控制之利，减轻其弊。该书获湖北省社会科学优秀著作奖。

5. 关于价值规律与市场机制。

1988年，为纪念党的十一届三中全会召开十周年，张寄涛撰写了《价值规律与市场机制——十年来经济运行机制的回顾与反思》一文。该文较详细地分析了在社会主义经济运行机制的选择上向市场机制倾斜的理论发展过程，对市场机制发挥其资源配置功能的必要前提与条件，对充分发挥市场机制积极作用的市场环境等问题，也表达了自己的见解。文章还从我国改革开放十年来经济发展的现实，说明了宽松经济环境和宏观经济总量平衡与结构平衡的重要性。该文在阐述价值规律作用的具体形式和价格形成的机制时，着重地描绘了社会主义经济中价格形成的动态轨迹，把它归纳为：供求不平衡的市场价格→均衡价格→生产价格，明确提出在我国现实经济生活中，只有与生产价格相一致的均衡价格，才是稳定的均衡价格。同时，也分析了农产品价值的转化形式问题，根据我国的实际情况，以家庭与经营单位的农民生产者是双重身份，既是资金投入者又是劳动投入者，他们在考虑各种产业或产品的生产、经营时，既要比较资金收益又要比较劳动收益。因此在市场机制竞争中形成的农产品生产价格是双渠的，支配价格运动的规律有两个：资金收益平均化规律与同等（复杂程度相近，可相互转换）劳动收益平均化规律。因此，在商品经济条件下就不能象过去那样，考虑农产品价格水平时只注意计算是否能补偿成本，还应该十分重视上述的比较收益。

（夏兴园）

胡昌暖

（1930—1992）

胡昌暖，男，浙江省永康县溪岸乡郭山村人，汉族。曾任中国人民大学计划经济系教授、博士生导师、校学术委员会和学位委员会委员、价格学教研室主任、系学术委员会和学位委员会主席，中国价格学会常务理事、全国高等院校物价教学研究会会长、北京市价格学会副会长、纺织工业部经济研究中心顾问、全国工业生产资料价格研究会常务理事、《价格理论与实践》和《中国物价》杂志编辑委员、全国高等教育自学考试指导委员会价格学专业主考教师等职。

他出生于一个贫苦农民家庭。上小学和中学时均成绩优异。1948年3月考入国立上海复旦大学统计系，后转入国立上海交通大学管理学院财务管理系。1950年9月到中国人民大学计划经济系学习，次年7月留校任教。1955年9月至1959年11月在苏联国立莫斯科经济学院国民经济计划系专门经济教研室攻读研究生，获副博士学位，回国后在中国人民大学任教。

胡昌暖在上海交大读书期间，接受了进步思想，加入党的外围组织，积极从事革命活动。解放后，他作为党培养的教育工作者，始终把教书育人作为自己的精神支柱，在教学、科研等各项工作中，始终起着一个共产党员的先锋模范作用。

50年代初期，在国内和苏联学习期间，在苏联著名经济学博士米·维·布列也夫教授（1951—1954年作为苏联专家在中国人民大学执教）指导下专攻国民经济计划专业。在苏联学习后期，在苏联著名国民经济平衡表和价格学专家萨·耶·杜列茨基博士指导下专攻价格学专业，写副博士论文《苏联和中华人民共和国过渡时期价格形成问题》。并在杜列茨基教授主编的《成本与价格》一书中发表现了他的论文《中华人民共和国为稳定的物价而斗争》，是我国在国外发表有关价格问题的最早著作之一。

回国后，他侧重研究价格学，参与写作了与中国情况相结合的《价格理论》教材等。

他是我国价格学的主要学术带头人之一，为价格学专业的建立和价格理论的发展作出了贡献。他先后主编了《价格学》（1982年）、《生产领域价格概论》（1987年）、《价格学原理》（1991年）等重要著作，在《中国社会科学》、《经济研究》、《价格理论与实践》等报刊上发表论文百余篇。其中，《价格学》是我国第一部深入系统地阐述社会主义价格理论和价格政策的著作，奠定了价格学体系基础，出版后即引起较大影响，成为许多高校和物价部门教材，对推动价格理论的发展起了重大作用。该书1987年被评为国家教委优秀教材二等奖。《价格学原理》和《生产领域价格概论》都被国家教委列为高校文科教材。

胡昌暖十分注重社会调查，注重理论联系实际。他认为在科学研究上成果和教学上的成就，都是与积极参加社会调查分不开的。他把社会调查分为三类：(1)有计划，有组织地参加基层调查活动。这种调查得益最多，印象最新，能取得第一手具体资料。受国家有关部门委托，他曾去浙江杭州、宁波、绍兴调查过经济计划工作；去广东电白、茂名、信宜、肇庆调查过农村供销社商品流通问题；在浙江温州、南京调查加工工业成本、价格问题；专门调查过生产资料涨价对上海加工工业成本、价格影响问题；去山西大同、阳泉调查煤炭成本、价格问题，以及去云南调查个旧锡矿、东川铜矿、建水锰矿、昆明磷矿、大理大理石矿成本、价格问题。这类调查，他都亲自执笔写调查报告。其中，《加工工业产品成本、价格调查》（载《经济调查》丛刊第三辑，1984年）、《原材料、燃料提价对上海加工工业成本和价格的影响》（载《中国社会科学》1986年第4期）、和《对我国煤炭价格考察》（载《中国社会科学》1991年第6期）三篇调查报告，社会影响很大。《对我国煤炭价格的考察》受到国家有关部门的重视，其观点和资料在"八·五"计划和十年规划中被采用。(2) 利用一切机会进行社会经济调查。几十年来，下乡锻炼，"四清"、五七干校，回乡探亲，都被他作为很好的社会经济调查机会，有意识地收集资料，研究新情况、新问题。(3) 参加各种会议调查。

他常为国家价格决策提供咨询服务，曾对国家价格改革的重大决策问题，如"六五"、"七五"、"八五"计划以及某些重要价格决策都提出了自己的建议，并受到重视。

他的主要观点有：

在价格与价值、市场供求之间的关系问题上，他一贯坚持要全面地、正确地理解马克思劳动价值论和价格理论。他认为，从一个较长时期、从整个社会生产来看，商品价格大体上符合其价值。他详细地研究了价格与价值的一致或偏离的各种情况，指出供求关系是影响价格运动的重要因素。他还明确地把供求关系分为两类：一种长期供求关系，一种是短期供求关系。前者在很大程度上调节着价值的形成，而后者则调节着价格围绕价值上下波动。

在价格形成的基础问题上，他在1982年出版的《价格学》中，就系统地阐述了在社会主义经济中生产价格存在的客观必然性，提出价格以价值的转化形态生产价格为基础，但为了便于计算，在国民经济不同部门可以按各自特点将生产价格转换为与其相适应的价格模式。在他看来，生产价格是同社会大生产、商品经济的发展联系在一起的。在我国经济改革过程中，随着企业、地方、部门自主权的扩大和竞争的开展，随着资金的有偿使用，客观上必然使各部门利润趋于平均化，使价格围绕生产价格上下波动。

在价格体系变动规律性问题上，他首先把影响价格体系变动因素分为生产性因素和分配性因素两类，指出决定价格体系变动趋势的主要原因是生产性因素，生产性因素又分为技术条件和自然条件。由于各个生产部门技术条件和自然条件不同，因此其产品成本和价格就呈现出不同变动趋势。他对我国现阶段各种主要产品价格变动趋势作了具体的描述，认为，农产品收购价格和矿产品出厂价格将有不断上涨趋势。以农产品为原料的轻工业产品价格将略有上张，以重工业品为原料的轻工业产品价格有下降趋势。重工业中的传统材料工业品价格将略有上涨，传统制造工业品价格呈下降趋势，新兴工业品价格呈较快下降趋势。他还进一步分析在货币价值变动的条件下各种产品价格变化趋势的具体情况。

在我国价格总水平的变动趋势问题上，他在1979年发表的一篇论文中就明确指出，由于价格体系的改革与调整，必然会引起价格总水平的一定幅度的上涨。针对有些人主张的随着劳动生产率的不断提高，各类商品价格应该普遍降低的观点，他从理论上和实践上都进行了批评，认为劳动生产率不断提高同价格总水平不断降低之间并不存在必然的依存关系。因为价格的变动不仅取决于商品价值的变动，而且取决于货币价值的变动。从实践上看，普遍降价并不利于国民经济的发展。他系统论证了价格总水平相对稳定、略有上涨应作为控制价格总水平的方针，认为正常时期价格总水平年平均增长率应为2%，价格改革时期年平均增长为5%。并对那种认为价格改革、物价关系的调整不会引起价格总水平上升的观点，较早地提出了自己的不同看法。他还对我国长期使用的零售价格总指数计算方法提出了批评和改进建议。他认为现行的年零售价格总指数并不能揭示某一年内零售价格的真实变动情况，由此而产生的所谓翘尾影响又不易为人理解，因此必须改革，应该建立国际通用的月环比价格指数或按月顺序价格指数来表现价格总水平的变动情况。

在价格改革问题上，在80年代初，他就对价格体系不合理的根源及其改革途径进行了卓有成效的研究。认为价格体系改革有赖于价格形成机制的改革；指出国家定价与市场调节价对立统一的价格形成机制是价格改革的目标模式。价格形成主要以市场为主，但在一定时期内国家定价应在品种上占1/10，销售金额上占2/3，在稳定经济和安定人民生活的作用上达1/2以上；国家定价必须遵循价值规律，反映市场供求；市场调节价也需要有宏观调控。

最近两年，他集中研究了自然资源价格问题，完成了国家社会科学基金项目《资源价格研究》。他认为，对自然资源实行有偿使用，规定合理的价格，有利于资源的节约使用和合理配置，减少或避免资源的浪费，也可以为国家和集体提供一笔可靠的经常性收入，为开发资源创造有利条件。他认为"资源价格是地租资本化和资源价值的货币表现两种形式的综合"的表述是欠妥的，勉强把资源价格划分为两部分，即一部分是地租的资本化，一部分是价值的货币形态，实际操作上也会带来许多困难。他明确指出，建立合理的资源价格体系和形成机制应当是我国今后价格改革的一项重要内容。在论及资源价格形成规律时，他对地租理论进行了深入的研究。他早就指出，社会主义条件下不但存在级差地租，而且还存在着绝对地租和垄断地租。资源价格是地租的资本化，地租是决定资源价格的重要因素。他还研究了我国资源价格的上涨趋势和资源价格实现的条件，这项成果对于推动我国资源价格体系的形成和改革具有重要的价值。

（黎玖高）

章有义

（1919—1992）

章有义又名章季闳，安徽省桐城县白云区龙文岗村人。中国民主促进会员。抗日战争爆发后，流亡湘西。1943年毕业于湖南大学经济系。同年秋被中央研究院社会研究所选拔为研究生，从此投身社会科学研究。解放后，历任中国科学院哲学社会科学学部、中国社会科学院经济研究所助理研究员、副研究员、研究员，兼社会科学院研究生院教授。在长达半个多世纪的笔耕生涯中，章先生始终执著不倦，勤奋耕耘，在经济学及中国经济史领域中，特别是在中国农业经济史研究中作出了突出贡献。1991年获国务院颁发的“政府特殊津贴”。

从青年时代起，章先生就把关心国是，追求真理、献身科学作为自己的人生目标。1942年他在《中央日报》贵阳版“新食货”副刊上发表的题作《从战时经济原则谈到中国的战时经济》的处女作，抨击的对象就是当时官商投机倒把、大发国难财的罪恶行径。大学毕业论文《现社会下所得不均现象的分析和量度》，把矛头直接指向当时不合理的社会。进入社会研究所后，在巫宝三先生的领导下，章先生从事国民收入的研究，他参加了巫宝三先生主编的《中国国民所得》一书的编著（1947年出版，笔名章季闳），这本著作是在收集大量史实的基础上，熟练运用统计计量方法并得出令人信服结论的著作。

解放后，章先生研究的重点转向农业经济史领域。他努力学习和运用马克思主义的科学世界观和方法论指导自己的研究工作。他先参加了严中平先生主编的《中国近代经济史统计资料选辑》一书的编著。后又编辑了《中国近代农业史资料》第二辑和第三辑。这些工作，为中国近代农业史的研究和教学提供了系统的基本资料，对中国经济史学科的发展做出了重要的贡献。

1978年后的十余年时间里，章先生围绕徽州农业经济史进行了一系列研究，共完成四部著作：《明清徽州土地关系研究》（中国社会科学出版社1984年出版），《近代徽州租佃关系案例研究》（中国社会科学出版社1988年出版），《清代徽州地主分家书和置产簿选辑》（待出版），《明清及近代农业史论集》（待出版）。章先生关于徽州农业经济史的研究，在方法上突破了前人研究的不足，从宏观着眼、微观入手，通过对徽州的个案研究和计量方法，着眼于经济发展趋势，对中国农业经济史的研究，是一个重大的突破。他还参加了严中平先生主编的《中近代经济史》（1840—1895年）一书的大量工作。此外，还发表专题论文二十余篇，著作和论文总字数达130万字左右。

章先生的研究素以严谨和独到见称，50年代他的农业资料集出版后，即受到国内外史学界和经济史学界的普遍重视。章先生对徽州土地关系、租佃关系的两部书出版后，由于在新史料的开拓以及分析方法上的创新和见解的独到，一问世就受到学术界的好评和赞誉，认为他的著作为经济史研究提供了“新窗口”，“作出了重要贡献。

在长期的科研工作中，章先生通过对大量史实的研究和反复的思考探究，在学术界很多有争议和尚无结论的问题上，形成了一系列独到的见解，成为一家之言。例如：(1)他认为经济史从根本上说是经济科学的一个分支。它的任务是在实证上探究经济发展规律，因此必然侧重于经济分析和数量分析。在这个过程之中，必须把微观研究和宏观研究结合起来，以宏观着眼而从微观入手，两者相辅相成不可偏废。既要反对单纯经济观点或单线因果论，也要反对上层建筑决定论，阶级斗争决定论和暴力论等唯心史观，必须以经济基础中寻求深层的主导因素，方能接近客观真理。(2)章先生确认中国没有经历过奴隶社会，中国封建社会长期存在着家内奴隶或其他形式的奴隶，这并不是奴隶社会的残余，而是封建土地所有制本身固有的附产物。不应把奴隶制和封建制截然对立起来。(3)关于明清以来中国佃农的地位和性质问题，章先生不同意“实际上还是农奴”的说法，也不同意看作“自由农”。他认为实际上是同地主保持或多或少的依附关系的“依附农”，而主要是对土地携 附。(4)关于近代中国经济落后的原因，章先生以为既要看到帝国主义侵略的影响，更应着眼于内部封建经济结构。不能把一切简单归结为外来侵略的结果，而将内因的作用置于次要地位。事实上，我国对外贸易额、外债利息和外资企业收入，不论按人口平均或对国民生产总值的比率，都是很低的。而且，帝国主义对中国的支配，也只有通过内因而起作用，侵略的方式和后果不能不受到内因的制约。(5)近代中国没有实现工业化，其根本原因在于农业劳动生产力太低，没有为发展现代工业提供足够的剩余劳动和市场条件。而农业劳动生产力的低落，主要是由地主所有制支配下的小农经营的先天局限和沉重的封建剥削，包括地租、赋税和商业高利贷盘剥所造成的。帝国主义贸易和资本剥削起着不容忽视的破坏作用，但不能说是主要的原因。在中国这样一个农业大国，没有农业生产力的发展就不可能实现工业化，这是值得记取的历史教训。(6)关于近代农产商品化问题，章行生认为：首先，不能因其发展进程受到局限(可以说，直至本世纪30年代我国农业资本主义还未超出萌芽阶段)而断言自然经济仍占统治地位。其次，不能因部份农产品卷入世界市场，贸易条件不利而推定我国农业生产服从于帝国主义的需要，并具有半殖民地性质，后一问题的论证只能从超经济强制和垄断着眼。再次，在近代中国社会条件下，农产商品化并未给农民带来富裕，相反，却加速了农民的贫困化和商业资本的畸形膨胀。(7)关于农业资本主义萌芽问题。章先生认为，过去论者对农业资本主义萌牙往往估量过高，把孕育萌芽的条件和因素看作萌芽本身。就社会经济条件整体考察，明清之际尤其清代中前期，出现农业资本主义萌芽的可能性，无疑是存在的，但真正带有资本主义性质的农业经营的例子却非常少见。甚至到了20世纪二三十年代，出现的所谓新式农垦企业或新式农场，主要用的也在于垄断土地以利于出租，而不是实行资本主义农业经营。很重要的原因，是因出租土地比雇工经营更为有利和可靠，而这是由中国小农经济结构及特点所决定的。(8)关于近代土地问题，章先生认为地权不断集中论和租额不断增长论都缺乏足够根据，他对地富占地百分之七八十的流行说法提出了质疑。他认为忽视自耕农小土地所有者的地位和作用，是无法全面正确了解土地关系的。近代租佃关系的特点是：佃农同地主依附关系松弛化，佃户流动频繁，佃期缩短，因而导致粗放耕种和掠夺性经营。这种租佃制，终于以其对农业生产力的消极作用而为历史所否定。

章先生以广闻博识，持论深刻而为同行所称道。他从青年时代起，就把"无愧于科学良心"作为自己从事研究事业的座右铭。正象他在一篇材料中自述的那样，"生平只会勤勤恳恳读书，清清白白做人"。在学术研究上，"重视独立思考，力戒剽窃盲从"。他在学术问题上目光犀利，但在待人接物上却极为宽厚平和。故此经济史学界凡与他相识的人不分长幼都喜与他接近和讨论问题。他是那种甘于淡泊，"只求耕耘，不求闻达"，只知默默奉献，不求索取的人。

(朱荫贵)

中外学术交流

会议简介

中国经济专题讨论会

1992年达沃斯世界经济论坛年会2月1日在瑞士达沃斯举办。来自数十个国家70多名企业家、经济学家和政府官员就中国经济的发展、改革和对外开放等问题广泛地交换了意见。

中国国家计委副主任甘子玉应邀在讨论会上作了题为“中国的经济发展和改革开放”的发言。他的讲话引起与会者的浓厚兴趣。来自西班牙、美国、澳大利亚、意大利、法国等国家的企业家先后就中国对外开放的具体内涵、中国人口增长与经济发展、各省市间的相互关系、沿海与内地在经济发展速度上的差距、能源与电力发展规划、对外贸易政策、以及中日、中美贸易关系等提出了一个个问题，并同中国代表进行了热烈的讨论。

（一　理）

基础产业长期建设资金筹集国际研讨会

国家计委经济研究中心、中国投资学会4月在杭州联合举办。出席这次会议的有国际著名的英国经济学家凯恩克劳斯爵士、日本兴业银行顾问小林实等外国专家和我国的一些经济管理专家、学者。

与会者认为，80年代中期以来我国基础产业发展明显滞后，加强基础产业不仅关系到“八五”计划和十年规则的顺利实施，而且对21世纪我国经济持续、稳定、协调发展具有深远意义。

多数专家学者指出，我国社会资金总量是相当大的，但由于国民收入分配结构的演变，目前社会资金的大部分来源于储蓄，因此，应通过发展间接金融和直接金融的办法，把尽可能多的居民储蓄转移到长期投资特别是基础产业投资中来。全上还提出：(1)区分政策性金融和商业性金融，建立一个或若干个长期开发银行或长期信用银行，扩大各种债券和股票的发行，进一步完善证券市场，为基础产业的筹资服务。(2)用好财政资金，扩大贴息，以引导更多资金投入基础产业建设。(3)允许和鼓励基础产业部门和有关金融机构到国际市场筹资。(4)提高某些基础产业产品的价格，调整不合理的比价关系，这是加强基础产业筹资能力的重要步骤。基础部门还必须改善经营管理，挖掘潜力，特别是某些部门要打破垄断经营，开展平等竞争，优化经营机制。

会上，国外专家还介绍了日本、新加坡和南朝鲜在基础产业筹资方面的经验。

（一　理）

经济机制转换国际研讨会

国家体改委和联合国经济社会发展部4月21日至25日在北京联合召开。17个国家90名代表参加了会议。李鹏总理会见了代表并介绍了中国改革的目标、实践和经验；各国代表介绍了本国经济机制转换的情况。会议主要讨论了以下问题：

1. 经济机制转换已成为世界潮流，但各国走什么道路必须从各自国家的历史、现实状况出发。在改革的具体道路选择上，渐进式好还是激进式好，不能简单下结论。转换经济机制是个痛苦的过程，决策者必须在速度与痛苦之间寻找平衡。

2. 经济机制转换实际是寻找计划与市场的最佳结合点。经济本身是“混合的”，简单的称“中央计划”或“市场”都不准确，要寻找二者的最佳结合点。对于在经济机制转换过渡阶段的国家，总的趋势是市场调节比重将越来越大，最终是建立商品经济新体制。

3. 经济机制转换的核心是从根本上改变国有企业低效率问题。企业微观机制转换很重要的是改革国有企业生产权管理体制，理顺国家与企业的关系，使政府作为企业所有者的职能与作为社会经济管理者的职能分开。另外，微观经济机制的转换在一个国家也不能采取一个模式，而要分类指导。

4. 经济机制转换的关键是价格改革。价格影响着人们的政策行为、经济行为和社会行为。所以完善的价格机制对经济的影响是极其重大的。对目前价格改革的各种方式，也不应作简单评价。

（金　泓）

中国——东盟经济关系国际学术研讨会

中国社会科学院世界经济与政策研究所和新加坡东南亚研究所4月28日至30日在北京联合召开。新加坡、泰国、印度尼西亚、马来西亚、菲律宾的代表应邀出席了会议。

会议主要讨论了以下问题：

1. 产业结构调整与国际汇率关系；

2. 中国——东盟在太平洋地区国际分工变化中的比较优势；

3. 中国——东盟产业结构调整与外国投资的作用；

4. 产业结构调整战略，中小企业与中国乡镇企业在产业结构调整中的作用；

5. 某些部门、地区和服务业在产业结构调整中的作用。

（金　泓）

提高中国国营工业企业效益国际研讨会

国家经济体制改革委员会、国务院发展研究中心和国务院生产办公室5月4—6日在北京联合举办。来自12个国家和地区的80多位经济学家、企业家和政府官员出席了会议。

国家体改委主任陈锦华在开幕式致辞说，解决国营工业企业的效益问题是中国经济体制改革的核心问题，也是当今世界所面临的共同的理论与实践课题。最终解决这个难题，既需要改革的勇气和胆识，也需要科学细致的务实精神；既要加强理论和政策的指导，更要注重在实践中大胆试验和探索。

国务院发展研究中心副主任张磐认为，提高国营工业企业效益是一个攻坚任务，其主要问题是亏损企业增多、产品成本上升、资金使用效益下降、产品销售不畅、设备陈旧和技术老化。他提出提高效益的五条途径：(1) 深化改革，增强企业活力；(2) 转变企业运行机制，使之成为自主经营、自负盈亏的独立的商品生产者；(3) 转变政府职能，下放权力；(4) 培育市场体系；(5) 建立社会保障体系。

壳牌公司、美国百事可乐公司、IMB公司、日本电报电话公司等大公司的企业家介绍了他们是如何处理计划与市场、如何提高经济效益的经验。

欧洲复兴开发银行首席经济学家约翰·蒂果明认为，这一问题是每个国家的国营企业都会遇到的，尤其是中欧和东欧过渡经济中的国营企业。基本答案是通过一种刺激体制，奖励那些按市场价格并盈利的企业的经理和工人，惩罚那些亏损企业的经理和工人，关闭那些已无偿债能力的企业。

日本国际金融中心总裁大场智滋认为，在经济中实行计划是必要的，但是计划经济的效益不高。他赞成市场指导企业，但不同意国家控制市场，认为国家可以控制一些小市场。

欧共体主席特别顾问费尔南达·布朗介绍了市场经济中欧洲的国营企业经验。他认为如果企业想成功，必须获得用于投资的财政来源，企业内部必须高度稳定。

国务院发展研究中心马洪认为，国营工业企业是社会主义的经济基础，中国将以国营工业为主体，同集体工业企业、外商投资企业、个体和私营企业相互联系、相得益彰地发展、繁荣社会主义商品经济。他还认为我国经济体制改革的根本任务，是形成计划与市场相结合的社会主义经济新体制，其核心内容是转变国营工业企业的经营机制，把企业引向市场，提高国营大中型工业企业的效益。

（金　泓）

中国：世纪之交的城市发展国际研讨会

国务院发展研究中心6月13日至14日在北京召开。此会受到福特基金会资助。会议主要围绕“中国城市发展研究”课题组的主报告《中国：世纪之交的城市发展》以及有关问题，如城市住房、土地、财政、规则；旧城改造与城市结构变革；城市环境和城市发展前景；

城市经验和城市发展研究评估等问题进行了热烈讨论。

代表们对主报告给予较高评价，同时也提出了需要进一步研究和完善的意见。

1. 要研究不同类型城市对国家和地区经济发展的不同作用；要注意研究城市发展的物质、管理基础和环境；发展乡镇工业的双重影响。

2. 城市发展研究问题。必须加强城市基础数据的搜集、整理，建立计算机网络；有关概念要重新设计和定义，以便有利于国际交流；比较研究应深入细致，包括宏观、微观以及操作层次上的问题。

3. 城市住房与土地市场。应防止以规范化名义进行行政干预，规范化也不能理解为全国一个模式。土地市场规范化应有三个基本条件：(1) 产权关系明晰；(2) 竞争形成价格；(3) 交易有法律保障。另外，公平竞争是开拓土地市场的重要前提。

4. 城市发展道路。大城市的“郊区化”将继续发展，其形式主要是城市建成区向外延伸，而不是卫星城发展，因为受到交通条件限制。另外，城市的发展取决于农村的发展程度。

5. 代表们认为我国在环保问题上已取得相当大的成就，污染没有同经济发展同步增长。今后应防止引进外资时把污染扩散到我国。

（金 泓）

海峡两岸经济贸易学术研讨会

云南大学和美国加利福尼亚州立大学6月15日至17日在昆明联合召开。来自台湾、香港、美国、新加坡、缅甸和大陆的专家、学者和经济界人士共50多人出席了会议。

会议围绕台湾的经济发展，大陆的改革开放，国际新秩序，亚洲经济组合，云南的经济发展及投资环境、边境贸易等问题展开讨论。

与会代表认为：(1)在当前大陆加快改革开放步伐和海峡两岸贸易额猛增长的新形势下，召开这个研讨会对今后海峡两岸的经贸和科技合作交流将产生深远的影响。大家还提出了一些具体的合作项目建议。(2)海峡两岸的经济有很大互补性。如果把台湾的资金和大陆的技术、资源结合起来，以香港为纽带，形成大陆、港、台相结合的区域经济圈，可以在多元化的世界经济竞争中共同发展，因此加强海峡两岸经贸与科技合作交流势在必行。

（金 泓）

广东省外向型经济发展国际学术研讨会

中国国际文化交流中心广东分会与中山大学岭南学院8月在广州举办。60余位海内外学者出席。

与会者认为，一个国家或一个地区经济开放的程度与经济发展水平呈正相关系。进一步扩大开放，是使广东乃至全国经济发展上升到一个新台阶的必要条件之一。

有些代表认为，今后的扩大开放，应采用更多的有效形式，在利用外资方面仍应采取外商直接投资的形式，但引进应以提高技术档次和规模效益为导向。从长远看，还应到海外办跨国企业。在出口市场结构和外资来源国（地区）结构上，也应朝多元化的方向发展。在市场环境的完善方面，不应仅仅局限于政策的优惠，而要加强对市场环境的综合配套建设。

与会者还提出，发展外向型经济要和产业结构的调整相结合。首先，要管理好三大产业之间的关系；其次，要注意发展进口替代产业和改善出口产品结构与档次；再次；要多发展资金和技术密集型产业，特别要加强新技术、新材料的研究和运用，原有的劳动密集型产业可以逐步向内地转移。

（一 理）

东亚地区经济发展与跨国公司国际学术会议

8月4日在上海复旦大学举行。会议就日本企业在东亚地区的直接投资及其作用、外资在中国经济发展中的地位和作用、亚洲经济合作的可能性与前景等问题进行切磋。

出席会议的有日本、美国、澳大利亚等国的专家、学者、企业家共百余人。

（一 理）

中国对外经济发展战略国际研讨会

国家计委经济研究中心8月24日在北京举办。来自世界银行等国际经济组织、美国、日本、加拿大、韩国、香港以及国内有关方面的专家学者近50人出席了会议，与会者对中国进一步扩大对外开放问题展开讨论。

与会者认为，加快对外开放是90年代中国经济发展的必然选择。经过80年代发展，中国市场与世界市场已不可分割，世界市场乃至世界政治格局和经济格局的变化对我国涉外经济以及整个国民经济的影响不断加深，90年代加快对外开放的步伐也是提高中国国际竞争能力的关键环节，而且中国在90年代将进入GATT，也要求中国加快对外开放步伐。

与会者分析了90年代我国面临的国际经济环境，认为有利的方面是：(1)初级产品的价格，在90年代初会继续下跌，但在整个90年代会慢慢上升；(2)利率不会太高，估计在3—4%的水平。不利的方面是：(1)集团化的形成会加剧地区贸易保护主义；(2)国际资本市场的竞争将会异常激烈。为此，中国必须适应形势，选择正确的对外发展战略，在外贸、外资和地区对外开放布局上做出适当的战略性调整。

与会者认为中国对外贸易的重心应由规模扩张型转向效益提高型。首先，要变粗放型出口战略为集约型出口战略；其次，要进一步放开进口限制；再次，汇率管理的改革要配合进出口体制的改革。

在扩大利用外资方面，与会者认为在政策上要由过去的区域倾斜为主转变到"产业倾斜"为主上来；要在利用好国外贷款和直接投资的基础上，进一步采取其他各种形式；要与我国的跨国经营相结合，利用外资在境外经营。

对于实行全方位、多元化的区域对外开放布局，与会者认为应根据不同类型区域的优势和特点，确定各区域的对外经济战略、产业重点、地区布局及政策调整方向。提出：(1)沿海开放地区仍将是我国对外开放的重心地区；(2)沿边地区以向周边国家开放为重点，发展边境贸易；(3)内陆地区要充分发挥沿长江产业密集带与沿陇海、兰新铁路地区的区域优势，以及能源矿业资源和三线地区庞大资产存量的潜在优势，进一步提高对外开放度。

（一　理）

财政金融理论国际研讨会

由财政部主办、东北财经大学承办，8月25日至30日在大连市召开。加拿大、德国、日本、瑞士、以色列和国内的专家学者50余人参加了会议。代表们就以下问题进行了讨论。

1. 关于财政货币政策在经济发展和政府宏观管理中的地位作用。代表一致认为它们是促进和保证经济稳定、协调、高速发展的重要经济杠杆，是政府调节经济的主要政策工具。随着社会主义市场经济的发展，财政和金融两个职能都需要进一步强化。

2. 财政银行分工及财政货币政策职能的划分。代表们认为财政与银行是政府管理宏观经济的两大综合部门，必须有明确的分工，但如何分工有不同观点：(1)随着社会主义市场经济的发展，财政的主要职能应转向公共工程和公共服务，退出一般的生产投资领域。(2)为保持较高比例的国有经济，保证政府一定份额的投资权，财政参与社会生产过程是必需的。有些代表还对财政和银行的职能分别做了具体分类，强调要赋予银行货币发行的自主权和发挥财政信用的作用。

3. 在宏观经济管理中要特别注意财政政策与货币政策、财政与银行的协调配合。德国、瑞士、加拿大、日本等国代表分别介绍了本国处理财政银行关系的经验。中方代表回顾了我国40年来的财政、银行关系，认为总体是协调的，改革以来关系更规范了。但是还存在不少问题。指出在我国目前条件下，财政与银行仍需坚持"一松一紧"的结合方式。至于何松何紧则有不同观点。

代表们还对财政金融体制改革的总原则和改革的基本内容、具体的改革措施进行深入的讨论。

（金　泓）

东北亚地区经济合作国际学术研讨会

中国社会科学院世界经济与政治研究所9月1日至2日在北京召开。这次会议是中日韩三国学者间一次定期学术研讨。第一次于1989年5月在东京举行，主题是世界经济的地区集团化问题。第二次于1991年9月在汉城举行，主题是世界新秩序问题。第三次即本次会议，主题是东北亚地区经济合作。

1. 会议交流了对东北亚地区经济合作的国际环境的看法。多数代表认为，近两、三年来世界政治与经济格局发生了很大变化，一方面使冷战局面消失，另一方面造成世界政治局势失衡，引发新的地区热点问题爆发。世界经济形势不容乐观，但是还不致陷入大的危机之中。世界经济将缓慢地走向回升，低速而不稳定的局面会持续一段时期。

2. 与会代表认为，国家间的经济合作与政治外交关系是紧密相关的，目前国家关系的改善和紧张局势的缓和是东北亚地区的主要趋势，有利于经济交流与发展合作关系。如何促进这一地区国家间关系的发展和安全问题，各国代表交换了各自的观点和看法。

3. 东北亚地区的经济情况和合作前景。与会代表认为近年来这个地区的经济有了迅速的发展，80年代国民生产总值年平均增长速度日本为4%，韩国为

9.7%，中国为9%。进入90年代都表现出增长的势头。代表一致认为东北亚地区国家间存在广阔的合作前景。因为，这个地区在缓和国家间关系方面取得了进展；中国对外经济合作有很大吸引力；已经发展的经济合作关系为进一步开展合作打下了基础；东北亚地区国家间的经济有很大的互补性，有距离近和交往方便的有利条件。同时也指出这种合作还存在一些障碍，有些障碍在短期内难以消除。

（金 泓）

比较税制与税政管理国际研讨会

财政部9月17—24日在青岛召开。国际货币基金组织、欧共体、美国、荷兰、法国等国家及组织的代表，国务院发展研究中心、中国体改委、社科院、财政部、国家税务局、大专院校及新闻出版单位的专家学者共67人参加。

与会者认为，我国税制改革的基本方向应是：减少税收对经济的过多干预，向着降低税率、扩大税基、减少优惠、完善税法、简化征管的中性税制发展，建立与社会主义市场经济相适应的新税制。我国税制改革目标原则的选择，既要按照社会主义市场经济发展的要求，又要向国际税制靠拢，要符合公平性，中立性，简化原则和国际兼容性的要求。

与会者认为，建立与社会主义市场经济体制相适应的新税制，主要应包括：(1)完善流转税制；(2)建立统一的企业所得税制度；(3)完善个人所得税制；(4)兼并和开设一些新的税种，逐步完善税制结构。

与会者对于如何合理划分中央和地方的税权，实行分税制改革有不同意见。一种观点认为，中央税和共享税的立法权由全国人大立法；地方税的立法，视情况由中央或地方确定。另一种观点认为，立法权都应集中在中央，但地方税的税目、税章在中央规定的统一范围内，地方可拥有具体制定的权力。关于分税制问题，大多数代表认为应设立中央税、地方税和中央地方共享税。

（一 理）

第12次企业管理国际研讨会

中国企业管理协会和世界经济论坛10月21日至22日在北京联合召开。会议代表180人，其中外方代表100人，来自33个国家和地区的大公司、银行和报社。会议期间我们向外方代表介绍了我国财政金融、技术改造、吸引外资、对外经济合作、对外贸易与投资、中国劳动制度改革等情况。外方代表就股票市场的运行机制、跨国公司的管理、国际竞争能力研究、中国恢复关贸总协定缔约国地位对企业的影响等问题作了讲演。

会议对以下问题进行了讨论并得到共识。

1. 中国已经逐步将自己与世界经济结为一体，在整个东亚地区，作为迅速发展的楷模发挥着越来越重要的主导作用。中国在世界的地位不容忽视。

2. 人力资源开发，在90年代有了新的含义，具有更为突出的作用。90年代资本、技术、先进设备等正以前所未有的速度在全球范围流动和转化，唯一不能转让的是一个国家人民的素质，尤其是职工队伍的技术、业务水平。因此掌握和运用最新的科学技术将是十分重要的。

3. 企业管理形态的变化。代表们认为，(1)企业的全球化趋势使企业必须改变它们的经营管理方式，创造性基础研究和国际合作越来越重要。(2)技术变革迅速，必须预测可能出现的新需求。(3)非传统市场的竞争出现。由于新技术的带动，使传统的产品、技术、市场发生了变化，企业必须适应这一变化，不能坐等好的经济环境，或指责政府经济政策失误，应以创业精神迎接挑战，寻找竞争最激烈的市场。

4. 发达国家越来越注重生态环境问题，而发展中国家则担心发达国家利用环境保护来减弱发展中国家在某些领域中的竞争优势。代表们认为这个问题在很大程度上决定着经济发展和全球部分的格局。

（金 泓）

中国城市投资环境国际研讨会

中国市长协会于10月27日至30日在北京召开。中国50个大中城市的市长、以及80多位海外高级官员、企业家出席了会议。中外代表围绕改善城市投资环境，更好吸引外资的议题展开讨论。

北京市市长陈希同主持了开幕式。建设部部长侯捷介绍中国城市从80年代到90年代的建设情况。会议期间国务院总理李鹏会见出席会议的中外代表，并说，中国城市建设已进入新的发展阶段，在今后的建设中应注意几个重要问题：(1)重视发展中小城市；(2)搞好城市规划；(3)逐步实行城市住房制度改革，为居民提供良好的居住条件；(4)搞好城市基础设施配套建设；(5)重视农村集镇建设。

（金 泓）

中国扶贫国际研讨会

国务院贫困地区经济开发领导小组与世界银行10月28—30日在北京举办。

田纪云副总理在研讨会上说，世界银行把扶贫工作重心转移到帮助中国缓解贫困和加强贫困地区经济发展的过程中，应继续对中国提供优惠性贷款，不应受到社会制度和政治形势变化的影响。

国务委员、国务院贫困地区经济开发领导小组组长陈俊生说，按可比价格计算，中国农村的贫困人口已从1985年的1.25亿下降到1990年的8 500万，减少32%。尽管中国扶贫已取得一定成绩，但仍然有一部分群众衣食无着，非常贫困。以外，全国尚有2 700万左右的群众，年人均纯收入低于200元，还没有解决温饱问题；收入介于200—300元之间的群众大约有近64万。

世界银行副行长斯文·桑德斯卓姆说，由中国起带头作用的东亚地区在全世界减贫方面最为成功。中国这种减贫速度和规模都是史无前例的。

在此会之前，世界银行与中国合作研究，提出了长达123页的《中国90年代扶贫战略》的报告。

（金　泓）

期货市场问题国际研讨会

国家体改委11月在北京举办，来自美国、日本、香港和中国的专家学者参加，会议就在我国如何建立发展期货市场等问题进行讨论。

与会者认为，期货交易是现代市场经济中的一种常见的交易方式，期货市场具有价格保值、分散风险、提供未来市场信息的作用。

国家体改委副主任高尚全认为，建立社会主义市场经济体制需要积极稳妥发展期货市场，这是一项开创性事业，需要大胆探索。

（一　理）

搞好国有大中型企业中日研讨会

国务院经济贸易办公室与日本国际贸易促进会11月5—6日在北京联合主办。中国企业管理协会会长袁宝华、国务院经贸办副主任王忠禹、陈清荣，以及日本一些知名大型企业的领导人和我国大中型企业代表出席。

会议研讨了如何转换国有企业经营机制、企业与政府的关系，如何实行股份制，如何增强企业国际竞争力等问题。

（一　理）

第四届中国经济发展国际研讨会

中国社会科学院、上海社会科学院和美国亚洲经济研究委员会11月10日至13日在北京联合召开。会议的中心议题是：中国经济的稳定发展。各国专家就以下问题进行了探讨：

1. 中国经济稳定增长的环境与政策；
2. 中国经济增长与效率及其对外贸的影响；
3. 中国的金融和外贸体制及价格改革；
4. 中国经济发展、技术进步及其国际比较。

会上刘国光副院长作了《中国经济发展的过去、现在和未来》的专题报告，对改革开放以来中国经济发展过程作了概括性总结，对目前经济形势作了精辟的分析，对社会主义市场经济新体制下的中国未来发展趋势作了展望。

美国经济协会主席维克利教授作了《中国在快速经济增长条件下所面临的通货膨胀威胁》的讲演。诺贝尔经济学奖获得者克莱因教授作了题为《控制通货膨胀的重要性》的专题讲演。

（金　泓）

中国乡镇企业股份制国际研讨会

11月中旬在杭州举行。

与会者认为，乡镇企业股份制是我国社会生产力和商品经济发展的必然产物。目前，东南沿海地区的乡镇企业正在广泛开展形式多样的股份制，这对拓宽集资渠道，促进生产要素的优化组合都有着重大意义。

（一　理）

首届中国海峡两岸企业管理人员讨论会

中国企业管理协会、中国企业家协会和台湾资诚会计师事务所、炜亨企业股份有限公司12月在深圳市联合举办。台湾统一企业集团总裁高清愿（国民党中央委员）、联合货柜工业（股）董事长郑春生、台翔航太工业（股）董事长侯贞雄、资诚会计师事务所所长赖春田、炜亨企业股份有限公司总经理许瑞峰等46位台湾企业代表和北京、上海、内蒙古、河北、浙江等14个省、市、自治区55名企业代表参加会议。

海峡两岸代表相互介绍了双方经济形势和在大陆投资的有关问题。台湾代表说："大陆不开放，中国没希望，两岸不交流，台湾没前途"。他们对来大陆投资兴趣很高，但希望大陆改善投资环境。据初步统计，参加会议的大陆企业与台湾参加会议的32个企业进行了个别接触，谈定意向性项目40多个。

一些与会的大陆代表提出两点建议：组织一批大陆企业家去台湾考察企业管理，并进行招商；成立中国海峡两岸企业家联谊会。

发展深圳证券市场国际研讨会

深圳证券交易所12月1—2日在深圳举办。来自11年国家和地区及国际货币基金组织的证券界人士、经济学家，以及国内的学者专家参加。

深圳市人民银行行长王喜义和深圳证券交易所副总经理王健在开幕式讲话中指出，深圳证券交易所自1990年12月1日试营业以来，证券市场的运行由柜台交易转向场内交易，由手工操作转向电脑化作业，市场管理逐步向法规化、规范化发展，市场区域化和国际化也初具规模，但管理和运作尚待完善，要借鉴国际经验。

国际货币基金组织的经济学家劳伦斯·杜克认为，新兴证券市场的发展有力地推动了原先的中央计划经济向市场经济转化。要使国际投资者增强对新兴资本市场的信心，就必须建立适应国际化的最低标准的体制。

日本野村证券株式会社的专家就搞活中国国营企业和股份制问题作了发言，认为中国经济逐渐转向市场经济，但国营企业并没有相应地转变成为在市场经济中起骨干作用的股份公司，而股份制是搞活企业的最合理办法。国营企业转向股份制，可从效益较好的企业开始着手；有名望的大企业先实行；在特定地区同时推行；公开股份制债券；推进集团化与系列化以及同外资企业协作等。

美国中西证券交易所副总裁丹·马盖尔讲述了高度自动化对于繁荣证券市场的重要意义，并展望了发展中国家新兴证券市场的发展前景。

韩国证券交易所董事南永荣介绍了韩国证券市场30多年发展历程中的经验与教训。

出席会议的新加坡、香港、台湾等国家和地区的证券界人士也在会上发言。

（一　理）

市场经济与国有资产管理国际研讨会

中国国有资产管理学会于12月3—7日在桂林市召开。会议邀请英国兰卡斯特大学管理学院系统和信息管理系主任大卫·布朗、丹麦财政部官员克布·苏坡里、泰国财政部公债和财务司高级专家维苏特·蒙吹瓦特、韩国财政部金融外汇政策处副处长任太熙参加。

会上，外国专家分别对本国国有资产管理及其体制改革情况作了介绍，并就有关问题与中国专家进行了交流与探讨。

（一　理）

中国社会保障与经济改革国际研讨会

中国（海南）改革发展研究院与联合国开发计划署、世界银行、国际劳工组织12月上旬在海口联合举办。海内外100多位专家学者参加。

与会者认为，社会保障制度改革是发展社会主义市场经济所必需的社会条件，是建立社会主义市场经济新体制的重要内容。而建立新型的社会保障制度，则是社会经济发展的稳定因素和动力因素。

与会者指出，当务之急是理顺社会保险管理体制，加强社会保险基金的管理和运用，提高保险的社会化程度，以及加强社会保险法制的建设。

（一　理）

大中型企业国际合作研讨会

12月上旬在北京举行。国内近百家大中型企业（集团）负责人和海外100多家跨国企业集团的代表参加，共同研讨中国大中型企业转换经营机制及中外大中型企业国际合作问题。这次会议研讨的主题包括中共十四大后改革开放的新形势、股份制改革和股票市场的发展，海外投资银行和投资基金投资大陆的准备和部署、中国发展第三产业的政策条文及外商参与审批手续和税务规定、中国企业集团如何在海外上市以及中外在金融、房地产等领域的合作经验和前景等。

（一　理）

亚太地区贸易投资机遇与对策（中国）研讨会

联合国亚洲太平洋经济及社会理事会和中国贸促会12月中旬在北京共同举办。

与会者分析了世界经济形势和亚太地区经济形势，认为亚太地区特别是东亚，是经济发展最具活力的地区，而中国与亚太各国之间的贸易及投资存在巨大潜力，具有很强的互补性。

（一　理）

中国社会科学院对外学术交流大事记

1　月

▲应泰国亚洲理工学院邀请，中国社会科学院农村发展研究所胡必亮于1月赴泰国参加亚洲理工学院组织的“中国农村就业与农村发展理论研讨会”，并在会上作主报告。在泰期间，胡必亮还与有关专家就乡村农业发展、乡村非农业发展与中国就业问题；中国农村就业与农民收入；中国城市发展与城乡移民；中国的二元经济结构与带动力等问题进行了交流。

2　月

▲应中国社会科学院邀请，奥大利亚阿德雷得大学高级讲师芬德利(Christopher Charles Findlay)2月7日至2月15日在北京进行学术访问。同中国社会科学院农村发展研究所有关研究人员就中国粮食运销的经济政策问题进行交流，并访问了中国社会科学院经济所、人口所、中科院综考会、农科院农经所、国务院发展中心农村部、国家体改委农村经济部、农业部政策法规司等单位。

▲根据中国社会科学院与德意志研究联合会合作协议，德国科隆大学东亚研究所托马斯·夏乐平(Thomas Sharping)教授于2月21日来华访问三周。主要了解我国第四次人口普查的最初结果以及经过审核的人口统计规划等情况，与有关学者进行了座谈。

▲中国社会科学院农村发展所孙潭镇于2月7日赴日本参加《中国农村商品经济的发展和社会变动》双边讨论会，宣读《农村改革后中国农业财政的研究》论文，并考察日本的农村土地改良事业和农村金融。在日还访问了大阪、东京等地农业研究机构。

▲中、港合作研究项目：“中国经济微观基础重构和宏观运行调控“经三年时间，已完成四份研究报告。中国社会科学院经济研究所副研究员樊纲等一行5人于2月27日赴港参加成果交流研讨会。

▲应澳大利亚留学生经济学会的邀请，中国社会科学院经济研究所所长何建章等于2月21日赴澳大利亚墨尔本参加“中国贸易投资和经济发展趋势研讨会”，提交论文《中国经济现状及其发展趋势》。

▲以中国社会科学院数量经济与技术经济研究所所长李京文为团长的“中国宏观经济模型工作访问小组”一行4人，于2月5日赴美进行为期10天的访问。此次出访是执行“中国宏观经济模型与共黄海项目”合作研究计划，并与美国学者讨论中国宏观经济模型的改造和更新，中国宏观经济模型在黄海项目中的联接及模拟计算结果等问题，听取美国专家对中国经济分析和预测的意见，讨论下一步的工作计划。

▲中国社会科学院经济研究所研究员王文修应莫斯科经济外交协会邀请于2月25日赴俄罗斯联邦访问15天。此次访问主要了解俄罗斯联邦当前的经济形势，特别是放开物价后各阶层人们的反映，私营化的步骤及其存在的困难和问题。同时了解对俄罗斯联邦开展经贸业务、经济技术合作的可能及方式。

3　月

▲根据福特基金会资助中、美、英合作研究项目“国有企业改革与效率”计划，以牛津大学教授林至人(Cyril lin)为团长的“国有企业改革与效率讨论会，”英美代表团一行8人于3月17日来华，在桂林参加为期8天的工作会议。会议讨论了课题第二阶段调查数据的分析结果，论文集的出版和进一步合作的可能性。

▲根据中国社会科学院与德意志研究联合会协议，德慕尼黑大学经济系弗里德里希·哈夫纳(Friedrich Haffner)教授于3月30日来华访问四周。主要了解我国经济系统改革状况，特别是价格形成、计划经济与市场经济中存在的问题。

▲应中国社会科学院邀请，日本亚洲经济研究所研究人员丸川知雄于3月31日来华研修两年。主要研究中国产业结构和产业组织以及中国企业集团问题。在辽宁和吉林短期访问时，他了解了我国企业兼并、企业破产、股份制、企业发展战略等问题。

▲由福特基金资助，中国社会科学院经济研究所《中国劳动力市场与工资制度改革》课题组一行四人3月赴美考察。与美国哈佛大学、华盛顿州立大学、迈阿密大学、伯克利加州大学和有关经济研究部门的专家、学者就中国劳动力市场发展、工资制度改革以及美国劳动工资的现状进行了学术交流。

▲根据中国社会科学院与日本学术振兴会协议，财贸物资经济所殷作恒于3月1日赴日本进行为期6个月的学术研究，主要是系统地了解和掌握日本商品

流通产业结构的现状及与产业结构的相互联系；了解日本流通产业的政策。

▲应德意志研究联合会邀请，中国社会科学院副院长刘国光于3月7日赴德访问，与德国同行进行座谈，并举行报告会，介绍中国经济改革情况。

▲以中国社会科学院经济研究所副所长关于祖尧为团长的“就业、工资考察团”一行4人于3月15日赴美访问14天。主要就中美合作研究项目《中国劳动力市场与工资制度改革》的进展状况和学术观点进行交流，并访问美国劳动部，了解美国就业和工资制度情况。

▲根据中国社会科学院与日本学术振兴会的协议，数量经济与技术经济研究所副所长郑友敬等一行3人于3月30日赴日本考察20天，主要了解日本技术进步方面的近期成果、动向以及未来的研究重点和趋势。特别是日本在技术进步与产业结构调整、产业发展政策、技术创新战略与人力资源开发等情况。

▲中国社会科学院经济研究所副编市乔桐封等2人于3月7日赴美，与世界银行社会主义改革局进行合作研究，题目是《工业改革与中国企业的生产力》。

▲中国社会科学院经济研究所研究员吴承明、副研究员孔经源于3月25日赴澳门参加“澳门与欧共体研讨会——90年代的挑战”。

4 月

▲应中国社会科学院财贸经济研究所邀请，世界银行咨询专家英国苏赛尔斯大学教授大卫·沃尔(David Wall)于4月5日来华，在北京、海口、广州、厦门等地进行学术访问。此次访问是根据财贸所与世界银行合作项目“中国90年代外贸政策”的研究协议，来华考察和研究中国经济特区和外贸体制改革的有关问题。

▲根据中国社会科学院与罗马尼亚科学院社会科学交流协议，罗科学院国民经济研究所所长乔治·萨曼博士(Cheorghe Zaman)于4月20日至5月4日来华访问。主要共同探讨和相互交流东欧经济近期演变的情况；中国经济改革的现状和经验。

▲应中国社会科学院邀请，新加坡、泰国、印度尼西亚、马来西亚和菲律宾15位学者于4月28日至4月30日来京参加世界经济与政治研究所和新加坡东南亚研究所共同举办的“中国——东盟经济关系”国际学术研讨会。会议中心议题是中国——东盟产业结构调整。

▲根据中美合作研究项目“中国商品市场的发育与完善”研究计划，中国社会科学院财贸物资经济所组织的副所长贾履让为团长的“商品市场考察团”一行4人，于4月4日赴美国、加拿大访问21天。此次访问是进行课题最终成果的研究与交流，并对美国、加拿大的商品市场的发育与组织管理进行实地考察。

▲应国际农经学会邀请，中国社会科学院经济研究所副研究员朱玲于4月10日赴以色列出席以色列发展研究中心组织的“合作组织的理论和实践经验”国际研讨会。会议期间收集了国外的最新文献，并与各国代表交流研究成果。

5 月

▲根据中国社会科学院与澳大利亚社会科学人文科学院交流协议，澳大利亚新南威尔士大学经济学博士研究生李百权于5月4日来京进行4周学术访问。主要了解我国经济改革与发展战略，“六五”、“七五”、“八五”规划的制定情况。在京期间访问了计委计划研究中心、体改委体制改革司、中国社会科学院政治学所、财贸所、技经所、经济所等。

▲应中国社会科学院人口研究所邀请，美国东西方中心人口所梅森教授(Karen O. Mason)和任姗博士(Nancy E. Riley)根据双边协议于5月6日至5月15日来华访问。主要就当代中国妇女地位研究课题进行数据分析方法的讲授，并介绍国外妇女问题研究的调查分析方法和研究情况。

▲应中国社会科学院邀请，俄罗斯科学院经济学部副主任兼国民经济预测研究所所长尤·亚列缅科(Ю В. Яременко)通讯院士和夫人于5月7日至19日访华。访华目的是进一步了解我国深化经济体制改革的进程，并介绍俄罗斯联邦放开价格以后的经济形势。

▲应中国社会科学院邀请，美国国会图书馆国会研究服务处副主任、苏联经济问题专家约翰·哈特(JOHNP. HARDT)于5月12日来京访问。就以下问题与我国有关方面的专家、学者进行了交流：(1)俄罗斯及独联体各国向市场经济过渡的前景；(2)西方国家特别是美国向俄罗斯及独联体各国提供援助和投资的条件、前景；(3)亚洲混合市场形成及发展前景；(4)我国经济体制改革问题。

▲根据我国与世界银行合作开展专题经济调研项目的需要，并与财政部世界银行司协商后，中国社会科学院财贸物资经济所于5月17日至6月10日接待以彼得·哈罗德(Peter Harrold)为团长的世界银行“中国90年代外贸政策”课题组一行7人来华访问。课组双方成员根据项目备忘录共同考察和研究了中国外贸

体制改革的有关问题。

▲中国社会科学院经济研究所副研究员樊纲应邀于5月11日赴泰国曼谷参加亚洲太平洋经济社会理事会举办的学术研讨会——“经济改革过程中的社会成本问题”。

▲以中国社会科学院数量经济与技术经济研究所副研究员汪同三为团长的“中国模型工作小组”一行3人，于5月10日赴英国牛津经济预测中心进行为期90天的合作研究。此次出访完成三项任务：(1)学习研究协整理论，探讨它应用于中国经济模型和预测的方法和途径。(2)与英国学者共同研制中国宏观经济季度模型。(3)搜集必要资料准备撰写专题报告和专著。

6 月

▲应中国社会科学院邀请，乌克兰科学院工业经济研究所代表团一行3人于6月4日至18日访华两周。团长是乌克兰科学院院士、工业经济研究所所长丘玛琴柯(Chumachenk o. A.)。这次访华主要了解我国经济机制重构中的社会经济问题、我国工业经济，特别是企业改革情况。

▲根据中国社会科学院经济研究所承担的国家重点课题《中国劳动力市场和工资制度改革》的国际合作计划，美国哈佛大学弗里曼教授(Richard Freeman)等五人于6月16日至30日来华访问，了解我国有关劳动力市场及制度、工资分配及工资制度改革的情况。

▲应中国社会科学院邀请，美国路易斯安那州立大学地理系助理教授格雷格·威克(Gregory Veeck)于6月23日至8月15日来华访问。此次访华是与中国社会科学院农村发展所就“中国贫困山区生态变化与经济发展”课题进行合作研究。在华期间还到山西中阳县了解当地生态变化与经济发展的基本情况。

▲应中国社会科学院财贸物资经济所邀请，美国加利福尼亚大学伯克利分校霍尔顿(Richard H·Holton)教授于6月28日至7月3日携夫人来华进行学术访问。此次访华是根据中美合作研究项目《中国商品市场的发育和完善》的计划来华交流、讨论第二阶段合作研究的成果，并制定第三阶段合作研究的计划。

▲根据中澳学术交流协议，澳大利亚Monush大学教授Yew-Kwang Ng于6月5日访华一个月。主要与中国的经济学者就经济改革以及发展战略问题进行交流，并了解所有制改革与价格改革的关系及改革速度问题。

▲应机电部经济技术政策研究所和中国社会科学院工业经济研究所的邀请，韩国总统首席经济顾问、高丽大学教授朴英哲一行6人于6月21日至27日来华访问和进行学术交流。双方就国有企业在经济发展中的作用和政府与企业的关系，政府在发展与改革中的作用，国有企业体制改革与政府的宏观调控作用等问题进行了交流。

▲应美国华盛顿大学中苏研究所邀请，以中国社会科学院原苏东所所长张文武为团长的赴美学术交流小组一行4人于6月8日访美14天。主要就原苏联、东欧和中国的经济改革问题进行比较性研究和交流。

▲联合国开发计划署中国代表处和天津市政府于6月24—28日在天津举办“天津的改革开放和经济发展战略”国际研讨会。会议就美国斯坦福国际咨询研究院的《转变中的天津：迈向更加市场导向化的经济》的咨询报告进行评审。

7 月

▲应中国社会科学院工业经济所邀请，日本九州大学冈郭铁男教授和翟林瑜教授于7月15日来华访问，到工经所讲学15天，主要就日本股份制企业和日本经济高速增长时期的产业政策及通货膨胀抑制问题作学术报告。

▲中国社会科学院农村发展研究所研究员、副所长陈瑞铭等3人于7月2日赴保加利亚、波兰访问30天。主要波兰、保加利亚两国的农村所有制、社会政策、重新分配土地的措施；在考察的基础上预测两国农村所有制，各项政策的中、近期基本走向；了解两国各自主要政党、学术界对农村经济变革的基本观点与态度。

▲应卢森堡国际收入分配中心邀请，中国社会科学院工业经济研究所刘世锦、高自民于7月18日赴卢森堡，参加国际收入分配研究中心举办的夏季研讨班，主要交流中国国有部门的收入分配状况及进行国际比较。

8 月

▲应中国社会科学院邀请，日本亚洲经济研究所青年研究人员木崎翠(女)于8月20日至9月18日来华进行学术访问，主要了解在中国工业发展过程中，企业与政府的关系以及政府的作用，并访问北京、陕西、甘肃等地。

▲应中国社会科学院财贸物资经济所邀请，美国乔治亚州立大学教授罗依·鲍尔(Roy Bahl)于8月22日至30日来华进行学术访问，就我国现行税制结构、

税务管理及分税制等问题与国务院发展研究中心、财政部、国家税务局、中国银行、国家计委经济研究中心、人民大学、财贸物资经济所的官员和学者进行了座谈。

▲应中国社会科学院经济研究所邀请，国立台湾师范大学教授林丽月（女）于8月5日来访12天，与经济研究所经济思想史室和经济史室学者座谈，就东亚地区经济思想史研究的动态和开展海峡两岸在相关专业方面的研究进行了交流。

▲中国社会科学院工业经济所。副研究员黄速建8月赴日本，参加由日本北太平洋地区高级研究中心和夏威夷东西方研究中心联合召开的“全球化与区域化对太平洋周边企业的战略和结构的影响”国际研讨会。

▲中美合作研究项目“改革与中国工业生产率研究”按期完成，根据计划于8月12在香港中文大学召开“中国生产率研究国际学术研讨会”。以中国社会科学院数量经济与技术经济研究所所长李京文为团长的一行7人于8月2日赴港参加会议，交流生产率研究的成果，并决定由香港中文大学负责出版英文版本的会议论文集，数量经济与技术经济所负责出版中文版的会议论文集。

▲中国社会科学院经济研究所副研究员朱玲应邀于8月9日赴美参加“第8届乡村社会学国际年会”，在会上宣读《转折时期的中国农业合作组织》论文。在美期间还访问了康奈尔大学和夏威夷东西方中心，交流扶贫研究成果和今后合作的可能性。

▲中国社会科学院经济研究所研究员赵人伟应邀于8月15日赴美进行合作研究。主要同哥伦比亚大学东亚研究所的教授共同研究居民收入分配问题的比较，并出版有关专著。在美期间还就中国经济状况，经济改革和经济发展、中国的居民收入分配进行讲学。

9　月

▲应中国社会科学院邀请，日本东京御荣水大学副教授小风秀雅于9月6日至26日自费来华进行学术访问，主要到中国第一历史档案馆、中国第二历史档案馆、上海市档案馆查阅有关清代外交档案，轮船招商局档案和近代上海开港通商有关材料。

▲中国社会科学院工业经济所副所长、副研究员吕政应邀于9月9日赴美国参加在华盛顿召开的“太平洋贸易与发展第20次会议”。会上亚太有关国家的经济学家对90年代国际经济新格局、新形势和发展趋势进行了分析，交流亚太地区经济发展和贸易变化情况及投资格局的变化对贸易和经济发展的影响。介绍了中国加快经济发展和改革开放的新情况。

▲应中国社会科学院数量经济与技术经济所邀请，英国牛津经济预测中心首席经济学家约翰·沃克(John Walker）和高级研究员乔夫·米恩（Geaff Meen）于9月13日至25日来华进行学术访问。此次访华主要是在北京举办为期四天的宏观经济模型讲座，介绍协整理论及其应用和英国牛津经济预测中心的世界经济计量模型结构。

▲应中国社会科学院邀请，日本一桥大学经济研究所所长南亮进夫妇于9月27日至10月1日来华进行学术访问，与我国学者进行交流，并作题为“日本经济发展的经验对中国的借鉴意义”的报告。

▲应中国社会科学院邀请，日本佐贺大学经济考察团长野教授一行五人于9月28日至10月18日来华，主要考察乡镇企业的发展；城市开发计划及投资贸易政策；开发区的建设；中日合资企业和国营大中型企业的经营情况。访问北京、沈阳、长春，大连。

▲应中国社会科学院经济研究所邀请，香港浸会学院工商管理学院高级讲师邓树雄于9月2日来北京、天津访问10天，与经济研究所、清华大学、财政部条法司、南开大学的学者就中国经济发展及中港经济关系进行座谈。

▲根据中国农业科学院与日本北海道大学协议，中国农业科学院于9月13日赴日本组团考察16天，主要了解日本内陆山村战后脱贫致富的发展过程，经验和出现的问题。并实地考察了岛根大学农学部和青森县农林部。

▲中国社会科学院经济所副所长冒天启等一行3人于9月1日赴俄罗斯访问15天。主要了解：(1)俄罗斯经济发展的形势和近斯趋势；(2)俄经济体制转轨过程中的政策、措施和经验教训以及准备出台的转轨方案。

▲中国社会科学院工业经济所研究员蒋一苇于9月6日赴日本东京，参加“第一次国际经营学会”，并在会上作题为“中国企业经营机制改革的理论与实践”学术报告。

▲应美国太平洋论坛邀请，中国社会科学院工业经济研究所副研究员丁敬平于9月10日赴美与太平洋论坛、美国国际战略研究中心合作研究国际技术转移问题。

▲中国社会科学院经济研究所特约研究员熊必俊应邀于9月14日赴美参加“人口老龄化国际会议”。会议主要讨论人口老龄化问题及对策，并向联合国提供建议。

▲中国社会科学院工业经济所所长周叔莲、副研究员王元于9月赴德访问3周，主要考察德国市场经

济及两德统一后的变化；行业管理的职能、体系及与企业的关系；行业管理在宏观调控和市场机制中的作用等。

10　月

▲根据中国社会科学院与匈牙利科学院的学术交流协议，匈牙利科学院世界经济研究所所长伊诺泰(Inotai) 等于10月3日至13日来华了解中国经济改革过程中的一些主要因素；外国资金对中国生产、技术和出口的影响；中国与世界经济特别是亚太地区的相互关系以及中国与匈牙利经济关系的前景。

▲应中国社会科学院邀请，以原朗为团长的日本东京大学经济学部教授访华团一行6人于10月4日至17日来华进行学术访问，参加中日小型学术研讨会，就企业与市场经济、农村经济与现代化等问题作报告。并访问上海、西安等地。

▲应中国社会科学院邀请，俄罗斯科学院国民经济预测研究所副所长涅克拉索夫(Некюqсоъ A. C)和研究室主任库兹涅佐夫(Kyzюеюъ Q. E)于10月10日至11月2日来华访问，主要了解我国深化经济体制改革的进程和大中型企业管理经验，并介绍俄罗斯联邦放开价格以后的经济形势。

▲应中国社会科学院邀请，日本亚洲经济研究所研究员小林昌之于10月11日至24日来华进行学术访问，主要考察中国特区开发与法制建设情况，并访问北京、海口、广州、深圳等地。

▲根据中国社会科学院和波兰科学院社会科学合作协议，波兰科学院经济研究所所长塞莎里·约瑟菲亚克(C. Jozefiak)教授于10月30日至11月13日访华，就中国经济改革的经验和问题，中央和地方政府在经济中的作用；外资引进的积极因素和障碍等问题与中国学者进行讨论并收集资料。

▲由英中贸易48家集团、英国无形贸易委员会和中国银行上海市分行联合，于10月28日在上海召开“伦敦·世界金融中心”国际金融研讨会。

▲“上海汉堡经济贸易合作研讨会”于10月28日在上海举行。

▲应俄罗斯工业部科教中心邀请，以中国社会科学院农村发展研究所副所长陈瑞铭为团长的赴俄经济考察团一行22人于10月7日至19日赴俄罗斯莫斯科州访问12天。主要了解俄经济转轨情况，包括市场经济结构、宏观经济方面的矛盾等，考察俄方市场，探讨在经济合作、投资建厂、贸易方面进行合作的可能性。

▲中国社会科学院农村发展研究所张晓山副研究员于10月下旬赴日本参加“国际合作社研讨会”，并在会上宣读《中国农村股份合作企业与蒙德拉贡类型合作社的比较研究》。

▲中国社会科学院农村发展研究所所长陈吉元于10月28日赴韩国参加“计划经济国家农业改革的经验”国际学术讨论会，并提交《中国经济改革和农业状况》的论文。

▲中国社会科学院工业经济研究所所长周叔莲研究员和陈乃醒副研究员应邀于10月4日赴韩国，参加由中国机械电子工业部和韩国高丽大学共同举办的“如何提高国有企业的活力问题研讨会”。会议双方交流了提高国有企业活力的看法。会后访问了大宇汽车公司、开发研究院等单位。

▲根据中国社会科学院和德国研究联合会的协议，财贸物资经济所副所长秦毅和宋则于10月访问德国30天。通过访问相应的科研机构和工商企业对德国的投资品及原材料市场组织，营销系统进行考察，了解工业品市场的组织建设和调控等方面的经验。

▲中国社会科学院经济研究所研究员戴园晨应邀于10月22日赴澳门参加“珠江三角洲地区发展与会作国际研讨会，提高论文《珠江三角洲与港澳经济合作问题》。

▲中国社会科学院数量经济与技术经济研究所副所长郑友敬应邀于10月25日赴泰国曼谷参加“提高生活质量与信息技术和电讯”国际研讨会。

▲根据中美合作研究课题“中国企业行为、宏观运行和经济增长”的计划，中国社会科学院经济研究所研究员张曙光、副研究员樊纲、助理研究员王利民于10月28日赴美进行为期一个月的合作研究。主要议题是：(1) 国有企业行为和国外企业行为的比较；(2) 地方政府行为和地区经济发展；(3) 公共财政和经济改革；(4) 信贷供求和宏观稳定等。

11　月

▲应中国社会科学院邀请，韩国汉城大学朱奉圭教授携夫人于11月8日来华进行为期10天的访问，与农村发展所进行学术交流，并赴河北省迁西县进行实地考察。

▲应中国社会科学院邀请，澳大利亚学者苏·里查森(Swe Richardsorъ)博士与彼德·特拉佛斯(Peter Trъvers) 博士于11月11日至18日来华进行学术访问。与农村发展所合作对“反贫困对策研究”的温州苍南县进行试验调查。

▲根据中国社会科学院与澳大利亚社会科学院协议，悉尼大学农业经济系高级讲师阿赫马迪·艾恩法哈尼（F. Z. Ahmadi-Esfahani）博士与万广华博士于11月22日来华进行为期一个月的学术访问，主要了解中国食品自给的经济成本及其对澳大利亚的借鉴意义等问题。

▲根据中国社会科学院与印度社科理事会交流协议，印度前德黑大学教授杜特（V. Γ. Dntt）于11月29日至12月10日来华访问，了解中国的经济状况及对外政策。

▲根据我国农业部与澳大利亚国际农研中心的协议，为完成两国合作项目“中国绵羊毛原毛生产和销售的经济问题”的数据库及线性规划模型的建立，以及做好最终成果公开出版的准备工作，中国社会科学院农村发展研究所刘玉满于11月1日赴澳大利亚昆士兰大学工作42天。

▲应乌克兰科学院工业经济研究所邀请，中国社会科学院工业经济所副所长裴叔平等一行4人于11月17日赴乌克兰进行为期10天的访问。主要探讨双边经济发展和经济改革的经验，并访问乌克兰的综合经济部门和几个工业企业。

▲中国社会科学院工业经济研究所副所长吕政等一行3人于11月7日赴英访问30天，主要考察英国老工业基地改造和重振问题。涉及以下几方面：1. 英国老工业衰退的原因及其对国民经济发展的影响；2. 地区经济衰退与工业结构变化的关系；老企业在老工业区衰退过程中的状况及其对策；英国政府在改造和重振老工业基地中的政策及其效果。

▲中国社会科学院工业经济研究所张永耀副研究员应邀于11月24日赴日本参加“日本·国际劳工组织协会”创办20周年纪念会。

▲中国社会科学院财贸物资经济研究所研究员郭冬乐等于11月20日赴泰国访问15天。主要为福特基金资助的中美合作研究项目《中国商品市场的发育和完善》做调查研究工作。通过对泰国批发商业和零售商业、农产品流通及泰国政府对商业、外贸、农产品流通管理等方面的考察和交流，借鉴泰国商业流通方面的经验。

▲中国社会科学院财贸物资经济所副研究员李晓西于11月3日赴美国参加由美国OFAS公司在加州大学组织的“中国加入关税与贸易总协定的意义和影响”学术讨论会。在美停留10天。

12　月

▲应印度农村管理学院邀请，中国社会科学院农村发展研究所副研究员张晓山于12月6日赴印度参加“农村合作社的经营管理”国际研讨会。

▲中国社会科学院工业经济研究所副研究员郑海航于12月1日赴日进行为期4个月的学术访问。主要了解和考察三方面问题：(1)日本股份有限公司、有限责任公司的历史发展、组织规范和领导体制。(2)日本股票的发行、交易、股市管理及其规律性。(3)企业法人相对持股及企业集团的作用、变化趋势。

▲中国社会科学院财贸物资经济研究所研究员袁文祺、副研究员陈家勤、李晓西于12月3日赴香港访问15天。主要考察香港进出口贸易、利用外资情况以及香港如何参与国际市场竞争等问题。在香港期间访问了华润集团公司、光大实业公司、华永兴贸易公司、香港菲利浦公司和香港股票公司。

▲中国社会科学院财贸物资经济研究所副研究员温桂芳等于12月5日赴波兰访问15天，主要了解波兰在向市场经济过渡过程中，有关价格改革理论的研究和发展情况；价格改革和市场培育方面的做法、经验、出现的问题及采取的对策；政府如何控制价格水平剧烈波动和防止通货膨胀。

▲以中国社会科学院数量经济与技术经济研究所所长李京文为团长的数量经济与技术经济所代表”一行4人于12月3日赴英国进行为期10天的访问。通过访问交流；讨论了短期经济预测的理论方法和数据处理问题，发布了中国1993年经济预测情况，并与英美学者控讨了西方国家先进的经济分析技术。

▲中外《关贸总协定》研讨会于12月8日在北京举行。

海外经济学家对中国的评论

萨谬尔森：

社会主义与市场经济是可以结合在一起的

美国麻省理工学院教授、1970年诺贝尔经济学奖获得者保罗·萨廖尔森指出，中国过去长期实行的是苏联模式的中央计划经济，造成了普遍的效率低下和大批国营企业亏损。但是，如果实行完全的自由市场经济，那也是非常大的错误。应该保持政府在经济中的重要角色。中国现在实行的社会主义市场经济，试图把市场活力与出于道义、分配和发展需要方面考虑的政府干预结合起来。这不是中国独有的，虽然其他国家在叫法上有所不同。只要我们不是按19世纪中期的旧观念，而是按20世纪末的现代意义来理解社会主义，那么社会主义经济与市场是可以结合在一起的。旧有意义上的社会主义是政府拥有生产资料，政府是最大雇主，可以作出所有重要决策。然而从实践上看，政府不可能有效地执行这一任务。从理论上讲，这种关于社会主义的定义应该得到修正，即理解为通过税收和再分配来纠正资本主义带来的最糟糕的社会不平等。

萨谬尔森教授还认为，中国向市场经济的过渡最好从经济的最底层开始。实际上中国已经让农民和手工业者自由买卖和自由生产了。那么国营大工厂怎么办？如果想有所作为的话，可能最终还得租给许多小的制造业企业。在美国很重要的一条是，我们创立企业时不需要得到任何人的批准。我靠我自己，如果赚钱就可活下去；如果生产没有效益或产品没有人要，我就垮掉。中国能够学会许多如何发展市场、同时消除没有效率行政干预和知识。我相信，中国只要按照目前这条路走下去，就可望在2020年成为世界上第二或第三大的经济强国。然而，到那时，中国人也应该记住：必须运用税收和再分配来缓解私人财产市场体系带来的贫困和不平等。我不认为转向纯粹的资本主义是正确的答案，但我真诚地祝愿中国顺利。

（摘自《上海经济研究》1993年第4期）

中国经济改革的经验

［美］陈　康　谢千里　I·辛格

本文目的在于总结中国经济改革的主要经验，既有重大的成功，又有失败。这些经验可能关系到东欧、前苏联各共和国以及90年代中国的改革者们所面临的选择。

主要改革经验

（一）主导部门的重要性

第一条经验涉及中国农业改革的成功对其他部门的影响，亦即农业发挥的改革引导部门的作用，从农业改革成功汲取的重要经验是：农业改革在大大提高农业生产率的同时对体制的其他部分的影响。特别是，农业改革必须视为农村工业的原动力。

近年来，农村工业，亦称乡镇企业（TVES）已经成为中国经济最有活力的部门。1980—1988年，中国物质生产总量增长的30%以上归功于农村乡镇企业。农村乡镇企业产值在国民生产总值中的份额从1980年的13%增加到1988年的21%。考虑到乡镇企业没有接受国家预算投资分配和补贴，农村乡镇企业的增长率更为引人注目。

没有下述两个条件，乡镇企业不可能有这一惊人增长。第一，国家放松了对物资分配系统的限制，允许正在兴起的乡镇企业部门购买国营部门生产的工业品；第二，农业改革。它通过推动农业劳动生产率，（1978—1984年平均增长率为4.7%），刺激较高的收入和储蓄以及剩余劳动力，因而创造了丰富的资本和劳动力资源，这反过来刺激了农村企业的有力发展。

乡镇企业部门的蓬勃发展使其成为领导部门，现在正在对整体经济和部门间产生积极效益。特别是，乡镇企业的发展（1）缓解了农村剩余劳动力问题及其向城市的迁徙，（2）扩展了市场活动范围，给国有企业带来竞争压力，（3）使改革条件下城乡地区日益增长的分工所带来的潜能扩散开来，（4）促进了经济的出口绩效。

（二）渐进的和局部改革的功效

中国城市工业改革直到1984年才正式开始。尽管1978—1984年零星实施的各种改革到1984年得到相当大发展，但是1984年的一揽子改革不具有东欧和前苏联务各共和国正在试验或提倡的“大撞击”式（the big bang）方案的特征。尤其是，中国城市工业改革方案强调扩大企业自主权和激励机制以及减少而不是取消计划分配范围。比较重要的城市工业改革包括：

1. 数年期管理责任合同，确定各种管理目标，最重要的是利润、利润上交和税收；

2. 利润留成以及留存利润投资和资金分配的自主权；

3. 大大扩大了企业选择生产的品种和水平、在市场上出售产品和获得物质投入以及定价，至少是议价的自主权范围。

80年代期间，为了支持另一种所有制形式，包括私人和集体所有制企业，国营部门的比重逐渐下降。我们认为这种双轨经济战略已经获得惊人成功。一些分析家和东欧和苏联经济改革的参加者主张迅速市场化和私有化。他们坚决主张，深渊不可能分两次跨过。中国工业改革提供了一个分步骤改革的生动事例。两次或多次跳跃的第一步是，获得中国改革者们所设想的工业效率水平。非国营企业，特别是乡镇企业的迅速兴起和发展，创造了一个竞争性工业环境。国有部门利润下降，并要求国营工厂经理改进他们的工作。

（三）血缘模式的重要作用 中国经济，特别是东南部外向型省份经济国际化一个引人注目的重要特征是，香港的支配作用和台湾的影响不断增长。香港这一狭小但充满活力的贸易中心，作为贸易伙伴、资金提供者、中间人和便 利条件提供者，对于一个人口是自己200倍的国家的发展道路已经产生普遍深远的影响。

1. 贸易伙伴。因为中国外贸统计没有区分直接和间接或或转口贸易，我们采用香港统计来源。这些统计材料表明，对香港的出口占中国出口总额的40.8%。香港作为最终目的地，只占这一比重的1/4，3/4在装船之前已经在香港加工，被再次出口。在进口方面，中国进口总额的30.8%来自香港。这一进口额的2/3以上在中国加工后通过香港再出口。

2. 资金供给者。香港对中国对外关系的支配也反映在香港作为对外直接投资来源的作用上。1988年，外国对华直接投资32亿美元中，有21亿美元，占总数的2/3来自香港和澳门。广东省占有对华直接投资总额的43%，这一事实进一步强化了紧邻香港的重要性。中港贸易的迅速发展部分反映了投资模式，特别是香港对于中国低工资的加工和装配业的投资。香港厂商向这些企业提供所需要的原材料和零部件。部分零部件在香港制造。

3. 中间人和便利条件提供者。衡量血缘经济的重要作用还有一个标准是，相当大数目华侨居住在香港、澳门和台湾，1988年，在到中国访问的3 170万华人中，有2980万来自香港、澳门和台湾，足足占90%。侨胞在游人中占优势反映了华裔投资者、经理、商人、技术人员和其他经济代理人，包括不同的消费者进入中国的频率，每天将近10万游客的景观足以说明大量的资源、技术和设备被从香港转移到中国。

从长远看，香港在中国经济中能够发挥的最大作用是，作为一个证明市场效率的模式。在最近10年改革期间，香港比任何一个地区或团体在自发性改革道路上提供了更多启示和指导。

近年业，随着放松到中国旅行和投资的限制，台湾成为第二个带血缘关系的资金和技术来源。由于台湾的外汇储备是世界上最多的，台湾加强和发展华人对中国第一个10年改革已经发挥的影响有相当大的潜力。

（四）中央安排型改革（*Centrally managed reform*）和从下而上（*buttom－up reform*）（自发性）改革的重要区别

改革具有事先及主动的涵义。的确，中国经济改革方案最初的实施是审慎的；这些积极性构成一张令人印象深刻的改革措施一览表。其中引人注目的有，建立经济特区、利润留成和资金分配规定以及企业承包责任制。这些来自中央和积极性已经产生重大的直接影响。可是，最重要的改革却是在基层普及以后政府才同意或批准。中国农村改革是最富戏剧性的例子。自发性改革至少已经成为安排型改革的一个必要补充，并且有时已经成为管理型改革的一个必要的先决条件。

自发性经济改革力量是一项政府不应抑制的重要资源。它产生信号说明从何处进行渐进改革可以获得最大收益。

（五）制度缺陷和政策失误阻碍改革

在最近10年，重要的改革障碍包括：（1）间接宏观经济管理手段的缺陷，使 得必须依靠直接的行政措施；（2）各种阻碍就业形成的政策，从而提高了人们对劳动力流动和劳动力市场扩大带来的大批失业的担忧。

1. 宏观经济管理。在中国，1988—1990年宏观经济稳定方案的实施要求过多地采用直接行政手段，如价格控制、信贷和原材料配额如用债券代替工人货币工资。结果，与先前的改革发生冲突并且使改革方案比实行间接宏观经济稳定手段产生更严重的脱节。

特别是，中国宏观经济管理体制的下列缺点使直接行政干预成为必要：

① 缺乏独立性。有几种方式削弱了中国中央银行的独立性：在现有结构下，金融体制、政府计划和国家预算仍然相互依赖。计委批准项目，财政部开出帐单，相应地银行贷出货币。当政府在银行里的钱不够，印钞票成为透支的惯用方法。在这个意义上，货币供应是内生的，没有独立的货币政策。

在中国，银行业机构的独立性也受到地方政府的频繁干预，结果，地方信贷和储备量膨胀，不得不需要采用直接信贷控制。

② 固定利率。中国金融体制的一个突出特征是，企业对投资资源的严重饥渴。实际利率低（经常为负数）刺激了这一情形。80年代期间，虽然名义利息逐渐调高，但是赶不上通货膨胀上升速度。结果，恰逢应该利用利率来抑制信贷需求时，却刺激了更大的投资需求和宏观经济更加不稳定。抑制投资资金这种不断扩大的供求失衡，需要更多的信贷配额和对银行体制的更大干预。

③ 储备制度缺乏弹性。中国与其他大多数中央政府本身税收很少的国家不同，除了关税和几项货物税以外，中央依靠地方政府上交财政收入中的绝大部分来自国营工业，根据“财政大包干”的规定，地方征缴的一部分财政收入要上交中央。上交数额等于某一固定目标。在某些情况下，超过这一目标的财政收入的一小部分也要上交。

人们发现，这种税收体制的问题是效率极低，也就是名义收入增长没有弹性。特别是，正如1987—1988年通货膨胀加速那样，中央实际税收基数（名义税收固定不变）下降。此外，一旦完成了中央签订的财政收入任务合同，地方政府往往会将一部分本来应该上交北京的财政收入隐藏下来。80年代后半期，中央政府支出膨胀性增长导致支出和收入的更大缺口，这反过来加剧了赤字财政和印刷货币的困境。

虽然80年代末中国宏观经济稳定的崩溃源于许多因素，但是，显然，银行体制缺乏足够的独立性、固定利率和无效率的储备制度使问题更糟。除了各种反改革措施以外，利用笨拙的行政手段与80年代后半期加速的通货膨胀作斗争，使改革方案付出了相当大的代价。

2. 反就业政策。中国采取的广泛政策和定价惯例，带来歧视劳动密集型营运这一未曾料想的结果。由于这些政策抑制了创造就业的动力，并且加剧了城市失业大量增加（这是企业拥有解雇过剩工人的更大自由的结果）的可能性，从而使富有意义的城市劳动力市场改革的实施愈发困难。谢千里和拉夫斯基特别提到下列5项反就业政策：(1) 促使劳动力离开劳动力密集型农业的反农业倾向；(2) 反服务性部门倾向，阻碍了服务业这一劳动密集型部门的发展；(3) 反对劳动密集型企业所有制形式特别是小型私人企业的偏见；(4) 出口政策和惯例抑制了与中国国际比较优势相一致的劳动密集型部门的发展；(5) 要素价格扭曲，刺激企业用资本、能源和原材料替代劳动力。

这一系列棘手的反就业政策的持续存在，当然使中国改革者和政治领导人担忧，进一步放松对劳动力分配和流动性的控制将导致城市失业水平难以接受。政府已经采取初步的步骤，实行有效的劳动力市场改革。其中包括减少劳动力分配体制、优化劳动力组合方案以使工人在企业内部的分配合理化以及建立由企业共同分担退休金和失业救济金的养老金和失业救济金方案。可是，创建一个竞争性劳动力流动市场需要一系列更加大胆的改革，而只有取消前面所述的市场就业限制，这些改革才能站得住脚。

（六）制衡原则的重要性以及在社会主义政权下达到这一目的困难性

中国企业改革方案的含义是建立管理和财务上独立的企业。然而，从70年代初开始的将行政控制权下放给地方政府的做法，加强了地方对企业管理的行政干预、价格操纵和腐败。问题在于，社会主义政府已经习惯于政治垄断和对经济资源随意控制，能否建立一种法律的和制度的框架，在这一框架内，企业能够进一步扩大自己的自主权。

行政干预、价格操纵和腐败以及地方企图垄断生产和贸易，进一步说明了，加强有对市场经济中有效制衡原则的需要。这些制衡机制包括竞争性市场，独立的银行体制、包括企业法、商法和刑法的综合法律制度实施和阐明法律的独立法律制度以及新闻媒介监督，以使陋习成性的官员和经济犯罪引起公众舆论的注意。

（摘自《社会经济体制比较》1992年第4期）

美国刘遵义教授：

中国在改革中所有制不是最大问题，关键是资源怎么利用

（一）经济发展

刘遵义教授说，他对中国经济发展是比较乐观的。

他认为中国前十多年的改革开放是取得了很大成绩的。中国的改革一定会继续下去。但改革要取得成效，政府对经济活动的干预要得当。凡是政府能不进行干预的地方就不要干预，让企业和个人自己去办，只有那些必须干预的方面才干预。

实际上，政府要做的事很多，一是要有一部分直接投资，这部分应主要用于公共基础设施方面，如公路、铁路、桥梁、能源、通讯等。二是政府要维持市场秩序，使它正常工作，不受市场内外各种因素的干扰，让市场完全自由，避免出现垄断。垄断的效率虽然低，但由于别人不能进入，还是能赚钱。这是利用权力赚钱。政府要保持竞争，政府做到上述这些已经很不容易，不必去开纺织厂之类的一般企业，只在建立平等竞争和良好的投资环境，国内外都会有很多人对这些企业投资。

（二）改革方向

刘教授说，他不同意当前改革的出路主要是私有化这种看法。在东欧，有人提出私有化，把企业交给私人。这里的问题是交给谁。没有经营经验的人把企业送给他也没有价值。这些工厂不是他自己赚来的，他不会精心经营的。现有的资产是沉淀的成本。重要的是新的投资，要让新投资具有效率，不要再浪费资源。旧的亏损的国营企业不能再给它贷款。因为赚了钱是企业的，亏了也不必还。台湾 1958、1959 年时公营企业占 80%，后来除了交通、能源、电力外其它全部放开，到 1965 年公营企业只占 30—40%，现在只有 10%左右。在中国，1984、1985 年后成长最快的是三资企业和乡镇企业，这些企业有效率，赚钱快。把现有国营企业交给现在的厂长也不见得就会办好，因为若他们管得好工厂就不会有今天。

所有制不一定要很快改，但新资源不是浪费，要有效率，效率由市场决定，亏损就是没有效率。效率低的第一次能借到钱，第二次就借不到钱了。会被自然淘汰。但有的效率不行就搞垄断，照样赚钱。所以维持竞争很重要。公有制企业没效率是因为大家都有完全感。但现在也不能就让它们都破产，有的人还得养着，因此老厂还要维持下去。旧有的东西养在那里，你若不愿留在旧企业可以去应聘新的工作。原东德就是这样。要改造还不如不要。中国没有社会保障体系，破产法形同虚设。

中国在改革之中所有制不是最大问题。关键是资源怎么利用，而且要维持竞争。

（三）股份制与承包

股份制在美国也不见得对企业经济效率有作用。小股东没有权力，公司由总经理或董事长操纵。一般股东肯投资主要看主办人想投下多少钱，主办人没信心其他就不敢干。你投下去 100 万，我才跟上 100 万，这样你就必须成功。这样激励机制就有了。搞承包制，搞投标，扫地的也可能中标，亏了他没什么损失，赚了是他的。这种承包不行。亏损必须由承包者承担才能经营得好。

（四）股票市场

搞股票市场有发大财的机会。但目前中国股票市场的作用不大。股票市场真正有用的话，应该是吸收资金给企业，但实际上投机性太大。台湾股票市场的投机性就很高。真正需要钱的企业在股票市场上还是拿不到钱。重要的是用自己的钱下赌注才有用，而股票市场是用别人的钱下赌注。中国有资金，问题是如何利用，搞股票市场也可以，但期望股票市场带动中国经济恐怕要失望，股份制不能解决激励机制问题。

（摘自《中国国情国力》1992 年第 4 期）

美国德姆塞茨教授对中国国有企业产权管理制度改革的几点建议

第一，对国有企业的经营业绩必须有比较明确的考核标准。如果没有比较明确的考核评价标准，国有企业就没有办法经营好，这一点对资本主义的国有企业也是如此。他认为，象上海和深圳那样的股票交易所将来要发展起来的话，其价格指数将是一个较好的考核评价标准。

第二，国家所有者必须找到某种制度化的方法，确保可以约束住企业的经营，在资本主义社会，并没有禁止职工拥有企业或禁止职工雇佣经理人员的法律，但人们很少看到职工拥有企业或雇佣经理人员，为什么呢？因为企业的经理人员是全体职工雇佣的话，经理就很难对其职工实施纪律约束，如果他对职工实施纪律约束的话，他有可能被全体职工解雇。所以，在资本主义社会，如果职工成为企业的所有者，那么它就成为一个效益不高的企业，人们应当从南斯拉夫的社会主义自治企业中吸取教训，在那里，企业收入分配过度向个人消费倾斜，积累下降，劳动生产率增长缓慢，职工纪律松驰，无一不同上述问题有关，作为国家所有者必须控制任命企业董事长的权利、确定企业经营方向和重大投资决策的权利以及行使财产股权转让的权利，从而可以约束住企业经营。

第三，关于两权分离的问题。他说，在中国似乎有一种更广泛意义的所有权（法人所有权），从而强调两权分离的必要性。他认为，在美国现代商品经济体制中,也存在着所有者和经营者完全不分的企业,而且这种企业大量存在，这种企业和人们所说的两权分离毫不相干。人们所说的两权分离是指股份公司,因为股份公司很自然地是两权分离。如果中国要致力于在主要竞争性的行业搞两权分离式企业,弱化行政控制,搞股份制当然是合适这的。

第四,关于企业的董事会的组成问题。企业的董事会应该怎样组成，必须考虑到一个问题就是能不能执行纪律、实施控制和监督。他说，如果选择董事会的成员的标准是不同集团的代表形成的联合体，如党的代表、政府各部门代表、工会代表、经理人员代表，我怀疑用这种标准会构成一种有效的管理机构。组成董事会的根本标准必须是能有效地进行决策、管好企业,使企业有更好的经济效益，而不是有效地代表不同利益的集团。

第五,在公有制社会里,必须约束住官员对产权侵蚀的行为。他说。无论是在美国还是在中国，官员和产权保护并没有多少直接的联系，官员的利益并没有多少在公有产权保护里面。官员的升迁取决于对上级的服从而不取决于对产权的维护程度。相反,如果硬把官员与产权联系起来的话，他们很可能凭借手中的权力地侵蚀产权,使其朝着有利于自己方向分配。这就要求在国家所有制社会里，把政府官员的行为和资产的营运的商业行为分开，可以用专业的机构代表国家行使产权,然后通过代理、委托、授权方式将国有资产交由商人或经理人员去经营。

（摘自《理论探讨》1992年第5期）

伍德教授：

联合股份制不妨一试

英国伍德教授说,搞活国有企业的确并非易事。即使在西方国家，许多国有企业的经济效益也远不如私营企业高。正因为如此，西方国家在80年代纷纷对国有企业实行私有化。但是在中国，伍德教授认为，那种通过销售或分配股票将大部分大中型国营企业转变为私有企业的方式,不仅在政治上是不可取的,经济上也是不切实际的。因为中国与西方国家情况不同。

那么,将国营企业交由企业职工管理,是不是一个可行办法呢?对此，伍德先生认为，这也许能使职工更加关心企业，但总的讲，局限性很大。他以南斯拉夫的例子说，由职工（包括管理人员）管理国有企业容易导致工资和职工福利过高、就业受限制、对企业盈利不太关心等问题。

伍德教授谈了他对搞活中国国营企业的建议。他认为,在今后相当长的时期内,中国国营大中型企业的全民所有性质难以改变。现在的问题是如何在所有制性质不变的情况下,提高大中型国营企业的经济效益。要做到这一点，中国应该打破目前国营企业隶属于某一中央政府部门或某一地方政府的格局，将某一国营企业的所有权分散给多个不同的、主要关心企业利润的全民所有制机构。这些机构可以是商业银行、保险公司、养老金基金会等金融机构,也可以是中央和地方的国有资产管理局或其他公司企业。这就需要将国营企业转变为“联合股份公司”，然后让其他全民所有制机构购买或交换等形式来拥有“联合股份公司”的股票。由于这些股东都是全民所有制机构，所以在促使国营企业发挥社会效益方面比较容易协调。但是，像商业银行、保险公司这样的公司企业,则更多的是希望已变成“联合股份公司”的国营企业能最大限度地获得利润。这样一来，“联合股份公司。就可以逐步摆脱中央或地方政府的干预和控制，变得对其股东负责，真正感到经营上的压力，便于转换经营机制。同样，由于“联合股份公司”的股东来自不同的行业和地区,股票使股东们有机地结合在一起，从而会共同关心所持投份的国营企业的利益。这样,又有利于打破目前中国经济改革中出现的部门和地区封锁。当然,为了让职工的利益与企业的经营状况密切联系起来，国营企业也可拿出少量股票卖给本企业的职工。

伍德先生认为，企业的“联合股份制”，既能保持中国企业的国有性质，又能搞活企业，很值得一试。

（摘自《经济时报》1992年3月16日）

美经济学家P·萨谬尔森答英国记者问：

中国新混合经济

塞谬尔森答记者问全文如下：

问：中国目前正在实行社会主义市场经济，您对此何评论？

答：中国过去长期实行的是苏联模式的中央计划经济，它造成了普遍的效率低下并使大批国营企业亏损。但是，如果实行完全的自由市场经济，那也是非常大的错误。我认为应该保持政府在经济中的重要角色。在这一点上，社会主义市场经济这一提法中的“市场”一词，应在政府离开问题百出的旧经济体制的时候得到合理的平衡。从这个意义上说，社会主义具有真正的意义，它和过去的斯大林主义概念完全不同。

问：您谈到政府的作用，也许从政府上说是必要的，不过中国的改革者现在强调的是市场，您认为他们真的还要社会主义吗？

答：他们正处于最不寻常的转变时代。全世界任何人都和中国领导人一样，不能明确界定什么是社会主义。中国现在实行的社会主义市场经济是对1976年以来事态变化的概括。他们企图把市场活力以及承认道义和分配方面的考虑、承认干预市场对经济迅速发展的需要结合起来。这不是中国独有的，虽然在叫法上可能与其他国家不同。我认为中国在80—90年代好象非常接近台湾60—70年代的作法。台湾认为他们有社会主义因素，那是计划自由市场经济，关注分配和增长。这也是中国正在迈进的方向。

问：从许多国家包括英国的经历来看，在政府干预和市场之间达到理想的平衡并不容易。在中国官僚机构不健全，还存在官僚主义及贪污的情况下，社会主义好的一面真能发挥作用吗？

答：很明显，对任何社会来说，在增长和分配中对市场进行干预都会有很多问题。回顾历史，一味追求单纯的自由市场经济，像80年代撒切尔夫人领导下的英国，到90年代就产生了很大的问题，如社会不满情绪强烈，10—20%的最低收入者变得贫困，还有可怜的增长记录。因为在单纯的自由市场经济中，个人所得是由市场决定，而不是由政府、由官僚机构、由选民决定的。而在混合经济体制下，最严重的不平等模式、最严重的贫困状况，将由于精心设计的和按交税能力拟定的税收制度和福利计划而得到缓解。请注意这一点：在二十世纪的最后阶段，旧的社会主义模式（即人民国家拥有社会主义生产手段的模式）在成功的混合经济中完全不起作用。

问：但是市场是自我调节的，而社会主义经济基本上是中央计划的，理论上有可能把两者结合在一起吗？

答：有可能。条件是我们按二十世纪末的现代意义来演绎、解释社会主义，而不是按十九世纪中期的旧观念。旧式意义上的社会主义是政府拥有的生产手段，政府是最大雇主，它的官僚机构作出所有重要决定。但从东欧、从瑞典、从中国大陆的经历看，政府不能有效地执行这一任务。所以，假如我们修正一下社会主义的定义，把它理解为福利国家，使资本主义制度带来的最糟糕的社会不平等，通过税收和重新分配得到纠正。如果我们那样做了，我们就得到了混合经济。这是自由放任资本主义与良好的社会之间合乎逻辑的、可以行得通的妥协。

问：许多人认为，中国的最大问题是造成亏损的国营企业，所以中国政府现在开始进行国营企业的机制转换。基本上这是企业在相当程度上自主经营、自负盈亏，不过所有权仍在国家手里。您认为现在的改革措施能否解决问题？

答：我不是中国问题专家，但我知道，前苏联、捷克斯洛伐克和匈牙利的大型国营企业非常缺乏效率。一旦过渡到市场经济，我不认为大型国营企业能起什么作用。我想中国最好是从经济的最底层开始，实行市场调节。事实上，中国已在那个方向开展工作，让农民和手工工人自由买卖、自由生产。在我教书的美国新英格兰地区，一些巨型工厂已经分散并分租出去，变成几十个独立企业后，得到最好的发展。我猜想，中国的大工厂如果想有什么作用的话，最终还得租给许多小的制造企业。中国可能朝那个方向进行试验。反对自由市场的官僚应受到惩罚；帮助小的生产者得到原料和机器的官僚应得到酬谢。在美国很重要的一条是，我们创立企业时，不需要得到任何人的批准。我靠我自己，赚钱我活下去；如果我是没有效益的生产者或生产没有人要的产品，我就垮掉。如能避免智利70年代军事独裁的那种法西斯主义，新的中国就会学到许多怎样发展市场、同时消除没有效率的政治干预的作法。我相信，中国只在照目前这条道路前进，就可望在2020年成为全世界第二或第三大的经济强国。但达到那种程度时中国得要记住：混合经济如何运用税收和分配来缓解私人财产市场体系带来的贫困和不平等。我不认为转向纯粹的资本主义是正确的答案，但我真诚地祝愿中国顺利。

（转载自香港《星岛日报》10月12日）

纽约《世界日报》文章：

《大陆企业五大症结阻碍经济快速发展》

中共十四大确立了建立社会主义市场经济体制为改革的目标，而且提出经济发展的速度可以高一些的设想，但是，由于大中型国有企业内部一直存在的深层矛盾，在过去14年的改革中并未有根本性触及，故要达到上述积极目标，还得依靠改革的进一步深化。

分析人士认为，大陆企业的问题概括起来有以下5个方面：

（一）指令性计划减少，但企业活力并未增加

从上海、山东、河南、陕西三省一市企业调查结果看，1989年企业自主生产计划比率已达62.4%，原材料自行采购比率为70.6%，产品自销比率为79.2%。企业对计划的依赖性逐渐减少。但企业并没有因此而增加活力。一是企业盈利下降。二是政府没有相应提高国有企业留利比例。三是国有企业的折旧率低,比例仅为制造成本的5.3%。四是企业的社会负担过重。

这种现象表明,计划体制虽已改变,但与之相配套的财政、税务、金融、外贸、价格、投资等体制的改革仍然滞后。

(二)在企业自主权不断扩大的同时,经济效益却并未提高

指令性计划减少的结果是企业自主权扩大,近年来,企业在投资决策、产品定价的决定比例和工资制度变更等权限方面,都分别达到一定的水平。企业自主权扩大,附加价值额理应增加,但将自主生产计划占90%以上,原材料自行采购占75%以上,产品自销比率为100%的企业作为自主程度高的企业进行分散分析后却发现,这类企业中很大一部分附加价值没有增加,甚至减少,经济效益较差。

(三)企业职工福利待遇提高,但最能反映职工是否关心企业的合理化建议却在减少

有关问卷调查数据显示:上述三省一市的国有企业职工合理化建议件数极低。同时,国有企业合理化建议产生的经济效果也是最低的。合理化建议最低并不是因为这些企业已满足了职工的要求,而只能说明企业的工作并没有真正调动起职工的积极性,长期以来抓职工的民主管理,通过各种方式宣传主人翁作用,多流于形式。

(四)非业务部门人员依然膨胀

对上海、山东、河南、陕西等地的调查显示,国有企业在生产计划部门的人员比例为1.1%,中外合资企业为5.6%,在技术部门,国有企业为2%,中外合资企业为4.1%,同时,在质量管理、研究开发、财务管理、销售采购等业务部门中,国有企业里人员所占比例也均低于合资企业。但从非业务部门(包括总务、人事、综合、秘书及党务人员等)来看,其人数比率却大大倒过,中外合资企业为11.9%,而国有企业却高达20.9%。这种现象一方面反映了上级党政部门对企业干预过多,有的甚至人为规定企业某些部门的比例,另一方面也反映了国有企业的社会负担过重,有时必须通过增加非职能部门的人员去应付。非业务部门人员过多、机构臃肿、人浮于事,其经营管理的效率就难以提高。

(五)企业内部管理工作的各种数据很高,但实际效果较差

在计划管理、作业管理、质量管理、安全管理及生产现场的规范化管理程度方面,严格进行产品检查的全民企业占95.7%,集体企业占91.6%,合资企业为88.7%。与此同时,在企业外部还相继推出"质量、品种、效益年"、"质量万里行"等措施。但是定期公布的质量抽查公报结果却表明,工业产品合格率一直在七八成左右徘徊,极不尽人意。这说明,企业各种管理工作的数量和上报的材料有相当大的差距,管理本身存在着严重的质量问题。

(摘自纽约《世界日报》1992年12月16日)

《中国时报周刊》社评:

《大陆建立市场经济面临的挑战》

中共十四大建立社会主义市场经济体制的宣言,表明了大陆将以新的经济体制代替旧制的战略取向。

大陆从不乏在实践上创新的人才,但只有在理论上有所突破后,人才始有用武之地,在社会主义市场经济体制这面旗帜下,可以预料,大陆下一步的经济改革与发展,将会出现一系列新的变化。

首先,作为一个新的体制,市场经济要求建立适合其生存发展的各种管理制度,包括新的宏观经济调控系统、法律、会计、税收等方面的制度,要求以制度化的规则制约经济竞争的行为。这必将促使政府职能的转变。在一个市场经济中,政府的任务不在于经营企业,而在于创造一个制度的构架,促使各种交易契约在公平公开的基础上履行,市场竞争机能得以发挥。最近大陆各级国家机关尤其是经济管理部门的官员们弃官从商的倾向,即是旧的国家处理系统与职能解体的象征。人们有理由期待一个新的政府管理体系以及行政管理体系将逐步形成。

第二,市场经济作为一个自由经济,要求地不分内外,人不分公私,货畅其流,人尽其才。中国大陆是一个自然资源分布极不平均的国家。根据比较利益原则,市场越自由,贸易越充分,各地的比较优势才能得到极度发挥。地方、地区与中央的矛盾,今后将会在市场经济而非计划经济的原则下得以重新协调和解决。经济自主且相互依赖无疑将有助于形成国土统一的大市场,削弱诸侯割据的经济动因,并且为防止未来的政治动乱添加经济筹码。

第三,市场经济作为一种竞争性的经济,将给大陆国营企业的改革提供新的路子,国营企业的改革除改变产权归属外,外部条件也可成为内变的催化剂。一旦政府放弃了经济垄断,而由市场取而代之,民营企业和外资企业即可以平等的身份参与和国营企业的竞争,这将迫使国营企业转变内部经营机制而提高效益。

第四,市场经济作为一种世界性的经济,它的建立和发展将使中国经济最终融入国际经济的大循环,这必将在各个方面对大陆经济产生影响。首先，商品市场与世界市场的融合，使其进出口大幅度扩张，从而大陆将产生对世界市场的依赖，这就引进了外部对大陆改革的压力，其次，金融市场与世界的接轨，使外资、外币在大陆发挥更大的作用，这在一定程度上使大陆的货币当局失去独立性，迫使大陆的宏观调控与世界其他国家相协调；再次，外资的注入带去了新的管理制度；而这种管理后面的文化价值观念也会对大陆经济产生深远影响。

总之，大陆将面临一场跨世纪的巨变，也面临史无前例的挑战。如何在一党专政和新闻控制的政治结构下，吸引大批懂得市场经济的海外专业人员回大陆参加这项重大工程，如何防止市场经济金钱原则对政府机构的腐蚀，这是市场经济体制在大陆能否最终建立的关键。

（摘自《中国时报周刊》1992年11月8日—14日）

R·I·麦金农：

社会主义向市场经济转轨中的宏观稳定：财税体制改革

在经济自由化的转轨过程中，人们一般做两件事，一是放开价格，一是鼓励非国营企业比较快的发展。

从中国1978—1991年来看，改革造成总收入的变化很大，是什么原因？我首先的反应是非国营部门发展很快，这些部门一般不会被征税，政府只能从它所控制的国有企业中征税。后来，我发现情况并不完全如此，还有许多其他因素。对于国有企业来说，即使仍属国家所有，只要价格放开，制成品的价格相对于原材料和成本而降低了，那么过去它所能达成的高盈利就消失了。这当然使企业收入的地位大大削弱，而政府是靠这些企业的盈余作为自己税收的来源的。所以我给大家介绍一个概念，在资本主义国家里什么叫做正常的资本流动，举例说，1990年，美国公司的利润只在占GNP的5.4%，而中国1978年利润占GNP的大约20%，要高得多了。而在美国的占GNP的5.4%的利润中，只有2.3%是公司向政府所交纳的税收。当然，两个数字并不完全可比，假如可比就会得出美国的税收比例是中国税收的1/10。随着价格的放开，必然发生企业的税收地位削弱，向政府上交的收入会减少。

实际上，这是一个新的经济法则。这个新的经济法则可以这样概括，当社会主义国家的经济向市场经济自由化方向过渡时，向政府上交的税收利润也就下降。举越南为例，1986年，越南政府征得的税收占GNP的17.2%，1990年下降为7.1%。同样道理，在老挝，1986年税收占GNP的9.5%，但到了1990年这一比例急剧下降到占GNP的1.7%。而在前苏联土崩瓦解之前也存在同样的趋势。当然苏联同中国相比更加不如，它不象中国同时还极力削减支出，所以通货膨胀的爆发显得更为激烈。过渡时期的现状就是如此，一方面政府极力想从企业身上榨出尽可能多的税收，而另一方面企业税收的地位却在不断地削弱，在这种情况下，每一单位，每一个人都力图向银行借钱。由于旧体制下银行系统是被动的，不会对人人争夺贷款的情况进行抑制和约束，政府也就失去了对货币投放的控制，这种通胀性进程对整个生产力具有严重的破坏作用。在严重通胀的环境中，企业不会力争掌握金融资产，实际上只是力求掌握库存来应付通胀。这种收入减少，通胀率不断上升的情况在整个东欧都看得很清楚。在这方面，从管制走向放开的自由化进程伴随严重通胀的唯一明显的例外是1979—1984年的中国。中国的秘诀在什么地方？尽管政府在这一期间收入下降，但通胀率即没有大幅度提高。我对这一现象的解释是，中国农业改革走向家庭联产承包责任制取得了非常大的成功。当每一家得到一小块土地的时候，中国实际上还处于货币化不足的境地。所以，中国农民多年来都愿意建立起他们的现金余额地位，能够在他们的农田上进行更多的投资。尽管这一阶段政府不断向银行系统借钱并不断增加货币供应，但这两者之间还是取得了平衡，这就解释了为什么价格水平比较稳定。但我总的感觉是中国比较幸运，而不是有意识地通过计划获此成功的。在英语中有这样一句谚语：“你特别交好运”。

遗憾的是中国政府却没有意识到它有如此绝妙的好运，在1985年大量增加了对工业企业的信贷和货币投放，这时农业却无法提供服务，通货膨胀的压力急剧增加了，虽然还没有象东欧那样糟糕。然后政府就清楚了它在税收上的困境，于是就与地方订立新的税收合同，每一级政府也都可以与企业分别订立合同。可能在座的都比我更清楚这种情况。我认为这种承包制办法在过渡时期可能暂时是有效的，仍可能通过所有权而达到税收目的。但是有一点大家一定要搞清楚，这种讨价还价定的承包办法只是过渡时期中的一种办法，并不是最终要定型的手段。中国现在面临的最根本的需要是成立中央国税机构（IRS），使其地位增强。这是一个庞大的集中的行政机构，对各级、各部门、个人、各种经济成份征收待遇相同的税。所以这就要同过去以所有权为基础征税的办法决裂，摒弃那种办法。今天，仍以所有权来征税，正是这一传统思维导致中央政府地位削弱，所以，应认真考虑这一问题。

与此同时，要认真考虑的是如何建立财政的“联邦制”（federalism）的“分级财政”的税收体制，即不同等级的政府订立不同的税收范围与税率。我们再举美国为例，中央政府的税收主要来自公司所得税和个人所得税。而州政府的税收主要是销售税。正是由于有这样一种分税自主体制才构成美国的联邦制。当然对于中国来说，要达到这样一个境地，还有很长的路要走。比如这样一种分权体制的财税改革马上会遇到不可能建立零售销售税的问题，而美国州政府却相当依赖这一税收。在美国这样的成熟的市场经济国家，商业组织严密发达，零售商较规范，规模大，相对就容易多了。而中国到处存在千千万万的小商贩，要想征收零售税难度就大得多了。但是，中国目前如果要搞财税改革，至少要将这一前景记在心中。

正因为财税改革一下子达到"联邦制"目的并非易事，增值税才显得如此有吸引力，因为增值税是从批发环节与进口环节征收的，即便在销售环节没有收到也不会损失太多。但如果采用欧洲的目的地准则来征收，对地方政府来说难度就很大了。比较自然的是由中央政府来征收增值税，然后与地方分享。如果政府想以快捷的办法收到税，增值税不失为一种较好的选择。我了解到中国也有增值税，但是范围相当有限，而且是按12级税率征收的。中国所需要的是两条：①税基要比目前更广泛；②税率要统一。一系列国家成功地实施了金融货币的稳定，在这成功的背后，实际上增值税起了很大作用。举例来说，智利在70年代中斯成功地利用了增值税，收到了GNP9%的税收。更近一点的情况是墨西哥，它成功地利用增值税来帮助政府平衡预算。经济学家一般比较偏爱增值税的做法，认为实行增值税对有效使用资源的促进作用很大。中国过去实行较多的价格管制，故财政收入必然主要依赖流转税和企业上缴利润，价格问题也造成近年已实行的增值税覆盖面小和税率繁杂。为改进增值税，必须有价格改革。在中国现行价格体系下，转轨时期一种可能的选择是区分两类企业，先后推行增值税。对继续实行价格控制的传统企业继续征收流转税，但可计算"影子增值税"，这样至少可知真实亏损是多大，这类企业不能发行股票、债券。对市场定价的自由企业，则实行完整的增值税，取消补贴，可进入金融市场。

我也了解到中国在其他领域也在实行一些改革，比如试图征收财产税来帮助地方解决财政问题。由于农业收购价格已经提高，更有必要在这时候恢复征收土地税。理想的是把这项税收的任务放在乡、村一级政府身上。如果我们把目光放得更远一点，中国还可以做的一件事是恢复和开始实施征收个人所得税。但更重要的我认为应该使每一级政府都有较大自主权与独立性。加拿大是另一个联邦制国家，个人所得税与商品税均由中央财政收缴，而每一年中央财政部长都要与各州会晤，来磋商这钱如何分配。这种作法对加拿大政府十分不利，因为各州的利益不同，他们必然要向中央拼抢自己能获得的部分，这也是为什么这个国家目前面临要四分五裂的原因之一。所以从长远来看，不如要每一级政府有更大的权力来决定收多少税，收哪些税，这样更有利于一个国家的稳定。这样并不排斥中央与地方政府在某种税上分享。比如美国的加利福尼亚州，联邦政府替加州制定了税基，而税率由加州自己决定。尽管美国每一州大体实行的都是差不多的税基，但税率却都是由州政府自己决定的。同样，更低一级政府可以决定对财产税收多高税率。这一套制度之所以能够很好地运作，原因在于州和地方必须自主平衡收支，每一级地方政府既有很大的权力，可以降低税率来吸引新产业，同时还会由于财政状况不良而破产，因此降低税率不能过分。能够破产这一条是非常重要的。当然联邦政府有所不同，它拥有银行，可以发票子，所以不大受约束。另外中央政府可以发行债券，而公众知道联邦政府的债券与州政府债券是不同的，因为联邦政府可发行货币，而州政府却不能。

这里我还想强调的是，平等税负原则的重要性。不要因为中国大，地区发展不平衡，就随意扭曲这一平等原则。地区发展不平衡实际上存在于每一个国家，中国由于特区的存在，这一问题被夸大了。对财政目标来说，似乎应该力争把中国都变成特区，这意思是每一地区、每 一部门、每一个人都要平等税负，而且每一地区、每一部门、每一个人所得到的外汇留成对待也应该相同。因为由中央政府拿走一部分外汇，实际上也是税收。当然我讲的平等税负、统一待遇，并不是说忽视贫困地区和穷人，但是，这种补偿与补贴应该通过间接手段实现。正因为中国目前还没有完备的个人所得税制度，刚才我讲的建立增值税才显得尤其重要。在市场经济非常发达成熟的体制中，个人所得税的规定详尽而又繁杂，实际上是在贫富之间对财产进行再分配。这样做并不需要直接把税收从某一地区调到另一地区，只是从富人身上多收税补给了穷人。通过这种所得税的间接办法重新分配，来补助贫困地区。个人所得税这一方法是将弥补贫富差距原则考虑进去了。中国由于比较落后，只好采用调拨办法，这种情况只适于目前的过渡时期，20年后要改变。

总之，为了增加财政收入，首先要在市场定价的基础上建立一个广泛、强大的税基，即实行增值税。同时，给地方各级政府更大的权力自己决定征税范围与税率，以保证国家在经济自由化过渡过程中的稳定。

（摘自《社会经济体制比较》1992年第6期）

R·I·麦金农:

中国的金融深化:顺序性与难题

(一)中国金融体制存在的最大问题

主要有三个:

1.政府从税收中得到的建设资金太少了,所以许多基础设施建设都必须依靠银行出资,这样使银行行为扭曲了。

2.大量亏损的国有企业要靠银行贷款支持,这就把有限的信贷资金的相当部分投向了无效率的企业。由此会造成两种后果:一是银行本身收入减少,限制银行的发展;二是"挤出效应",大量有活力的非国有企业得不到外源融资,不利于经济发展。

3.长期的低利率政策。实际上,中国目前 M_2 占GNP的比率值在1991上年已达65%,接近发达国家,说明金融发展也达相当程度。但是,低利率一方面限制了存款,另一方面也限制了贷款,使资金供求不能平衡。

(二)金融体制改革应建立在财政体制改革基础上

如果没有一个健全的税收体制,如果在改革中不能保证政府财政的平衡,不能保证政府有足够的收入,就会在诸多方面限制金融改革。

1.在财政困难的条件下,政府很难也不应该放弃对银行的直接控制,政府必须在四个方面依靠银行:(1)基础设施建设;(2)对国有企业(特别是亏损企业)的信贷支持;(3)财政赤字的弥补;(4)银行利润收入。所以,中国目前还难以推进对银行的分权制度改革。

2.在财政不能平衡的情况下,贸然推进金融自由化改革,很可能出现失控,出现恶性通货膨胀。中央银行完全失去了对银行业的监督与控制,整个金融、信用制度崩溃。在这种情况下,财政对企业的监督也无法进行,财政收入上不来,财政状况就更恶化了。

3.在中央财政未能平衡之前,如果放开自由借贷市场和资本市场,政府本身的资金需求会近使利率不正常的上升,不仅政府本身的筹资成本很高(如国债利率很高),而且对整个经济发展不利,整个资本市场运行会不规范。

(三)银行的综合经营与分业管理

美国吸收金融危机教训而制定的分业管理原则是非常重要的。分业管理首先要把商业银行、投资银行和保险分开管理,特别要把有开支票功能的银行与投资银行分开,要保证支付系统的安全。各种金融业务的分业管理,最大的优点是各业之间有一种监督机制,防止金融机构作弊欺骗客户。

这里我还想提请你们注意的一点是银行绝不可以直接经营房地产,否则风险太大。最现实的例子是日本的银行持有许多房地产公司的股份,这次股票下跌,房地产市场萧条使银行资本受到很大损失,迫使银行收缩信贷。当然银行可以间接地投资房地产,即贷款给做房地产生意的私人或机构。这时候银行必须谨慎地进行管制,其办法就是对存款期限和贷款期限进行合理搭配。银行给房地产公司的贷款是一种长期贷款,一定要有长期的存款。德国的银行是综合经营,他们一般发行多少长期债券,才发放多少长期贷款。当然,银行经营房地产有两种情况是例外:一是银行可以投资自己用的房产,一是以房产进行抵押贷款的公司破产了,房产转给银行,但按规定在几年内一定要转让出去。

关于长期限搭配还有一种形式,即如果出现一边有许多长期贷款,而另一边却是许多非常短期的存款,这种情况就是使银行具有了投资银行的性质。例如,银行贷出的20年的房屋贷款,但银行里的存款却是短期的。这时候,银行应马上把房产贷款单卖掉,或者卖给保险公司,或者卖给养老基金会,这样银行只是中介机构。这种意义上的银行为投资银行,并且符合期限搭配的原则。

美国的库存银行发生危机,往往是因为它把两种银行混在一起,即它又是投资银行,又是吸收存款的银行,结果就坏事了。

(四)发展中国家怎样运用金融手段支持政府的产业指导

我始终认为,有一个政策性银行是有必要的,但首先是要分清银行的职能和财政的职能。要把国营企业中的盈利企业与亏损企业分开,由银行负责对盈利性企业的贷款,政策性亏损企业则由财政负责。政府要建立良好的税收政策,特别要注重增值税,简化税种,扩大税基,避免企业利用"零利润"政策逃避税收。政府的税收多了,就不会让银行做财政应该做的事了。中国金融演深化较快,其中有些不好的因素是银行替财政做了许多事。例如中国的中央银行还要对许多国营企业进行补贴,这些都是对中央银行行使职能的很大限制。

发展中国家的政府与中央银行分不开会造成许多问题,1972年时,我做哥伦比亚政府的顾问,在此以前,我一直认为外国中央银行与美国的中央银行一样,是独立于政府的,但我发现哥伦比亚完全不是这么回事。哥伦比亚中央银行也设董事会,但其董事长只是记录长,因为所有的董事都是各部部长,这些部长们经过谈判决定中央银行的贷款如何分配,而董事长——即中央银行行长只是做记录,当出纳,给这个部长多少,那个部长多少，跟成熟的市场经济体制下的银行完全不一样。这对中央银行发挥职能很不利。还有，对于中国目前的政策性贷款，我主张通过价格改革和销售体制改革来解决农副产品收购问题，而对于基础设施、基础产业的投资，应主要靠良好的税收政策来筹集资金。只要税收上来了，这些产业最好用财政拨款，而不是银行贷款。

（五）适当放开非银行金融机构

我建议中国可以适当放开非银行金融机构的利率，但与此同时加强对他们的同险管理。要严格地把银行金融资产和非银行的金融资产区分开来，银行的特征就是可以创造货币。1990年越南发生了银行危机。越南银行一直是国营体系，而在1990年突然又允许建立一个没有管制的、利率可以自由浮动的合作银行，公众按照惯例以为这个银行也是由政府保险，并且有非常高的银行利率，于是大量资金从国营银行逃出，存入这家合作银行，结果整个银行系统就崩溃了。

中国要避免这种情况，必须建立管制非常严格的银行体系，因为银行是可以创造货币的，可以开支票。非银行的金融资产，如债券、股票，绝对不能有一个工具使得它们可以类似支票。墨西哥就犯过一个错误，政府发行了一种储蓄债券，后者听起来是一个非银行金融资产，但政府却保证其资本金额在任何时候都可以变成现金，这实际上与开支票一样。在银行和非银行金融资产严格区分的条件下，放开的问题不大。当然在这一过程中，需要审计和监督，以防止腐败现象。

中国的信用社能开支票，有银行的功能，千万不能在国家银行很死的时候，让信用社的利率自由浮动。当然除了利率以外，也许可以在其他方面放宽对信用社的限制，不过对非银行金融机构的利率可以放开，因为它用的是不同的金融工具。

也许中国不会象那些发展中国家那样，中国金融深化比一些发展中国家要深得多，中国特别需要发一些长期债券。

在经济发达国家也有真正的信用社，就是一些人把钱放在一起，互相帮助，完全建立在自愿的基础上。在美国或者世界其他地方有许多会、社等，把钱筹在一起，某人有用再贷出去，这种性质的机构，政府是不给保险的。在美国也有许多名称是信用社，但实际上不是。在我看来，是否是银行要看两条，一是是否可以开支票，一是是否给予保险，二者是联在一起的。

在美国信用社也跟银行差不多，只是最终没有股东，存款人就是股东，存款人收到红利，但它与利率是一样的，税收上也是一样对待。在正式的意义下，区别是存款开户的时候，你要压上10元钱作为基金，这样你会收到一个选票，选谁做董事。信用社在名义上是股东的，但实际管理上是一样的。

（六）利率自由化问题

在中国目前条件下，还不能完全放开利率，使之自由化。因为整个银行体制、价格体制、金融市场体系都还不具备这种条件。实际上，许多欧美国家、发展中国家与地区、韩国、台湾等地利率都是长期受政府控制的。只是近几年才利率自由化。利率水平高低是一回事，利率受不受控制是另一回事。即使是利率水平已达到市场均衡利率，也同样存在着控制或不控制的问题。

在许多发展中国家，由于金融市场的发展还不成熟，利率水平相当高，存贷款利率都保持正利率，甚至接近市场均衡利率，但仍受政府控制。之所以这样，主要是为了避免利率的过大波动，避免造成"信任"危机，避免银行随意抬高利率的"不利选择"行为，避免利率大幅度波动造成的风险涉及企业预期的不稳定。所以，我认为中国的利率政策可作如下选择：

第一，提高存、贷利率水平，使利率基本能反映资金稀缺的程度，这样可以提高信贷资金的使用效益，也可以保证银行体系的稳步发展。同时，可以防止利率"计划价"与"市场价"差距过大而引起的套利、寻租等行为。最起码，这样可以防止"补贴性"贷款所造成的不利后果。

第二，在利率水平较高的情况下，政府仍保持对利率的最终控制权。同时，对于一些小信贷机构、非国有企业的贷款等有风险的借贷行为放开利率，让这些小信贷机构通过自由利率来自求资金平衡，自由决定放贷行为，政府对这部分利率不控制。实际上，当有控制的利率水平已接近市场均衡利率时，这部分利率的放开并不会造成差距很大的"利率双轨制"，而只会使这部分利率真正反映出风险差别。因为反映资金总供求的利率总水平已经比较真实了。中国真正的问题是利率水平太低，从而整个资金供求极度不平衡，这种情况下金融改革、金融市场发展等都难以进行。

（摘自《社会经济体制比较》1992年6期）

R·I·麦金农：

三种银行体制模式，中国选择哪种？

（一）日本模式

日本银行体制的主要特点是：银行与企业相互持股，形成具有内在利益的财团。银行一方面向企业提供贷款，另一方面又持有企业股份，同时也承担企业对其他股东的部分责任。这样，银行可以监督企业的经营，可任命董事（甚至董事长），参与企业的决策。日本金融业基本由几家大城市银行控制。对日本的企业来说，其股本结构中，法人（包括银行）相互持股的比重高，约占70%，社会公众个人持股的比重低；在整个外部资金来源中，银行融资比重大，直接融资（债券、股票）比重小。并且每家企业都有一家银行（主银行）负责监督。在这种体制中，企业不是靠个人持股者（股民）来监督，而主要是靠银行来监督。这又产生一个问题，银行由谁来监督，而且银行的稳定对经济至关重要，因为银行是主要融资中介，把个人的储蓄转贷给企业。在日本，对银行的监督主要靠大藏省，非常严密，也很成功。所以，在近几十年中，日本的银行基本上是稳定的，不象欧美国家，日本银行倒闭数很少。

日本的银行体制在二战后日本经济高速增长时期是成功的，为企业提供了大量的信贷资金，而且保证了资金的安全性和效率性，即资金可以流向最有效益的企业或部门。了解日本银行体制的成功，有两点非常重要：第一，从整个宏观经济环境看，这段时期日本批发价格一直比较稳定，从而保证了整个信贷业务的正常运转。

第二，在物价稳定的基础上，存款一直保持正利率（当时名义利率一直是5—6%）；贷款名义利率约为8—9%，保持了一定存贷利差。这种利率水平和利差水平保证了资金供求基本平衡。特别需要指出，日本的银行还实行一种"贷款补偿性转存款"的做法，即企业必须把贷款的一部分转存回贷款银行。这样，实际执行的贷款利率又高出合同规定的表面贷款利率。有时候从统计表上看日本利率低，但实际利率是高的，这样可保持银行的正常收益，扩大银行资本。

（二）英美模式

这种银行体制不仅指英国和美国，还包括澳大利亚、加拿大等英语国家。这一模式的基本点是有众多商业银行、银行业竞争激烈。而且，由于历史的、法律的原因，商业银行不得持有企业（公司）的股份。在这种体制下，银行就不可能对贷款企业的经营状况有深入的了解。贷款业务主要靠一系列法律规范，贷款均要求抵押或担保，并且商业银行一般仅办理短期贷款。

在这种体制下，企业的长期资金来源主要靠发行企业债券和股票。就全社会金融结构看，与日本相比，银行（间接）融资比重低一些，直接融资比重高一些。这样，监督企业的责任主要落在股票持有者身上，因为企业股本结构中，个人持股者占绝大比重。但是，从70年代中期到现在的情况看，由于持股者高度分散化，股东最关心的是红利，并没有很大兴趣来监督企业，从而证明这种体制并不能有效地对企业实行监督。而且，也很难防止少数控股者操纵内幕交易，发生杠杆收购等不法行为，损失了广大股东利益，也伤害了企业的发展能力。

但是，决不能说英美银行体制是一种坏体制，而只是说明这种体制运转的特征，它是由那些国家的历史、法律体系、经济等因素决定的。也正是为了避免风险，所以英美等国对商业银行的业务范围限制较多，有关法律非常严格。

（三）台湾模式

台湾的金融体制在60—80年代对台湾经济持续增长发挥了重大作用，很有特色，引人关注。

在台湾，主要银行业务集中在五大商业银行，这些银行由政府控制（这一点与中国大陆相似）；利率水平也是由政府控制下的银行协会决定的。台湾银行体制的特点可以归纳为三点：

1. 在物价稳定的基础上，存贷款均保持较高的正利率，这是银行制度筹集资金、支持经济增长的根本保证。较高的利率水平和合适的银行存贷利差收入可保证有限的贷款流向最有效益的企业。可以避免银行的"不利选择"，即可避免银行受政府（或某些利益集团）控制而向风险大、基础不好的企业放贷，从而造成呆帐。

2. 台湾模式的最大特点，在于"正式资本市场"与"非正式资本市场"的并存，并且能很好的协调。"正式资本市场"就是以国有五大银行为代表，贷款主要支持基础好的大、中型私有企业。这样，必然会有一些有潜力的小企业得不到及时的足够的贷款，从而造成一块资本市场缺口，由此也就产生了"非正式资本市场"，即一些小的信贷机构专门为一些有风险的，但又充满机会的小企业融资。台湾"非正式资本市场"在信贷总量中的比重较大，约占40%。这样，就并存着两个资本市场（或可称之为信贷市场），在正式市场上，利率相对低和稳定一些，借贷关系稳定，借款企业基础好、风险小；在非正式市场上，利率高，风险也大。在非正式市场上，"延期支付的支票"是一种最为普遍的金融工具，因为台湾有严格的"商法""票据法"等，"空头支票"或不付支票（跳票）是要进监狱的，所以违法行为较少。这也保证了非正式市场的运行。

3. 由于台湾有健全有效的税收体系，一些基础设施建设均由财政支持，国有银行进行的是规范的商业银行放贷业务，故"呆帐"等风险贷款很少。

在比较了上述三种模式以后，我以为，对中国大陆的改革而言，"台湾模式"比"英美模式"或"日本模式"更适合于中国的改革。中国的金融改革可以汲取"台湾模式"和"日本模式"的优点。

（转载自《社会经济体制比较》1992年第6期）

R·I·麦金农：

取消通向自由贸易的限制，应是经济改革的首要目标

（一）中国的外贸体制改革的内容与顺序

中国要走向开放型经济，外贸部门的改革的内容包括：放开配额、关税和外汇控制的最优顺序是很复杂而且很重要的。支配外贸的贸易政策和支配外汇的金融安排应当与为内税制安排和货币改革相配套。

传统体制对制造业产品的保护是很高的，从外汇控制、国家经营外贸到对能源和其他原材料投入品使用的暗补，完全阻碍了与外国制造业的竞争，从而使大多数制造业产品，按世界市场价格来算，只能带来负的附加价值。在这种环境下，迅速转向自由贸易可能会引起大多数国内制造业的倒闭。此外，突然进入世界市场会加速国有工业企业剩余的减少。

因此，在进行以市场为基础的、实行适当信贷限制和统一汇率的体制改革初期，要用关税来代替对竞争性的制造品和工业产品的进口实行的数量限制，同时，配之以取消对能源和原材料价格的同工资相比相对上升，同国内制造业的关税保护相平衡，可以防止工业产量和政府收入的急剧下降。对受到极高保护的工业消费品，由于扭曲程度高，应当给予一定的时间加以调整。

向自由外贸制度过渡的最优速度将取决于：(1)国内收入服务机构产生的收入，是否成功地取代来自国有企业的利润转移和关税收入。(2)工业部门能以多快的速度重新装备自己，以消除对能源和原材料和过分依赖。

（二）加入关贸总协定与货币自由兑换

实际上没有一个国家完全满足关贸总协定的要求，特别是发展中国家，都是用第18条款保护自己，想尽各种理由保护自己。例如印度是非常保护主义的国家，但它也是关贸总协定的成员。当然西方国家把中国看成是一个潜在竞争力很强的国家，所以对中国可能要苛刻一些。如果加入关贸总协定，就不必每年都跟美国谈判最惠国待遇的问题了。所以这恐怕是加入关贸总协定的一个原因。

关于加入关贸总协定，其中有许多可采用的技术性的回旋余地，因为中国现在的价格是扭曲的，特别不合算。在加入关贸总协定以前，一定要想好哪种产品需要保护，关税就加上去，但如果价格不对，算出来的东西就不一定准确。现在的关税是以现行的价格为基础的，以后的关税是以以后的价格为基础的，如果价格不对，可能该保护的得不到保护，该限制的得不到限制。你不能说我现在订了一套关税，加入关贸总协定后，价格变了，我再调整关税，这是不行的。所以，加入关贸总协定的前提是价格改革。中国目前进出口基本上让一些进出口公司来做的，它把真正的卖方与买方隔绝了，所以现在的进出口指标不能反映实际的进出口状况。波兰就犯过类似的错误，它加入关贸总协定时，把关税一下子订得很低，从而无法对其工业进行保护。

还有货币可兑换问题，关贸总协定的第八条只要求经常项目的货币可兑换，但不要求资本项目的货币可兑换。也就是说，加入关贸总协定后，你还可以对进出口的资本项目进行控制。关贸总协定要求的是不能有多重汇率，这是比较重要的。比如说把中国调剂市场的汇率价格与官方的汇率价格统一了就满足这一要求了。这是对经常项目要求的，对资本项目没有这个要求。例如，你赚了外汇可以拿不出去，资本可以不自由流进流出，这都不违反第八条款。

如何制定合理的汇率特别重要，如果你把汇率贬得很低的话，通货膨胀的压力会很大，价格一下子会涨上去。也许不一定把官价调到调剂市场价，也许反过来，采取某种措施把调剂市场价压到官价水平。

但是，我所要强调的是，对于发展中国家的贸易自由化转轨，初期可以为幼稚工业保留几项保护关税，但并非配额或数量限制。而且随着金融深化，资本市场繁荣发展，产业发展日趋成熟，应该有系统地废除这些保护关税。如果中国成为关贸总协定成员国，并能放弃协定中第十八条款所赋予的权利，则更有助于中国经济的繁荣与进步，因为放弃这一权利能增强向发达国家争取关税减让的讨价还价地位。无论如何，对外贸易的最大障碍，恰恰来自发展中国家自身，因而，取消这些限制，应是经济改革的首要目标。

（转载自《社会经济体制比较》1992年第6期）

中国对外贸易的改革

〔美〕 程杭生

（一）组织结构

为了进一步通过竞争来提高市场的效率，一个中期目标就是把这些外贸公司转变成为真正的利润中心，最大限度地减少上级主管部门对它们的干预。这里改革外贸机制的主要困难在于如何使政府改变依赖外贸公司推行外贸政策的局面。但是，在短时期内政策目标的实现还必须依赖对外贸易公司，直到其他方面经济改革的完成。对私营企业、合作企业、合资和外国独

资 企业开放外贸业务，可以提高对外贸易服务的质量和效益。为了保证这些新机构能够完成它们预期的任务，中央和地方政府必须严格禁止对这些企业的经营进行过多的干预。目前对外贸易机构的另一个弱点是严重的地方主义。地方主义形成对外贸易的严重分割，这是个远远超出外贸改革的大问题。特别是对外贸来说，地区分割阻碍了在地区之间资本、货物和劳动力的流动。而地区之间生产要素的自由流动是国家获取全部外贸收益的必要条件。而且，这个问题也不能等到经济改革的全面成功。外贸部应该采取主动，制定和提出各种政策措施，改变这种趋势。

特别是在中期内，应该废除目前施行的外贸承包责任制。这种做法不利于市场的竞争和全国市场的统一。另外，应该重新评估在外贸中对个别地区实行优惠政策的做法。经济特区和沿海城市在外贸方面已经获得了很高的自由度和特别优待，这是实行政策实验的结果，也是期望这些地区发挥主导作用，通过外贸使整个国民经济更加繁荣。现在，实验时间已经足够长，似乎到了总结经验的时候了，然后决定在多大程度上可以把这种特别的自由度和优先权扩展到所有的地区，以便实现在同等条件下的竞争。

（二）外贸计划和贸易限制

从1978年以来，作为全面改革的一个组成部分，外贸计划的范围已经大幅度减少。从总体上看，在进口方面的进展比出口方面的进展更大。在进口方面，以许可证制度为主要形式的进口限制代替了进口计划，但在出口方面，计划仍在发挥着作用。指令性计划中的具体数量指标和指导性计划中各部门的具体价值指标仍然支配着出口贸易活动。

从中期发展来看，出口计划应由其他的促进出口增长的措施来取代。许多发展中国家的经验证明，通过市场促进出口要比利用行政命令更有效。

在进口方面，进口计划的目的一直是确保进口足够的“基本”物资，这些物资的调剂价格低于其进口成本，因此必须给以补贴。如果从政策的角度出发，考虑到这些物资的国内价格不能抬高，那么更好的做法是补贴国内的分配环节，而让商业部门自行决定是利用国内货源还是依赖进口。改革已经取消了绝大多数原先需要进口补贴的物资。根据这些经验，在不久的将来，完全取消所有物资的进口补贴不会遇到太大的困难。

如上所述，进口许可证制度已经取消了进口计划，这至少是朝着正确的方向迈出的一步。现代经济学的大量文献在论及进口限制是否公正；如果公正的话，那么进口配额或进口许可证制度是否比进口关税更合理的问题时，争论很激烈。我认为根据目前中国的实际情况，失业和半失业现象严重，而且劳动力的流动性极低，在中期内实行进口限制是必要的，以保护国内工业，并防止严重的社会动乱。定量进口限制措施比关税更严格，因而保护程度更高。然而在中期是否有更好的保护措施，如关税制度等还有待于进一步讨论，但是至少在短期内似乎别无选择，只能采用进口许可证制度。

在中期内，除了利用进口许可证制度来保护某些特殊工业外，关税不但可以作为保护国内工业的一般措施，而且也可以做为政府收入的主要来源。但是在短期内，首先应该对目前的关税结构和程序进行全面的核查。重新调整关税税率，根据工业的增值情况，为国内工业提供更均衡的保护，将有助于减少由于关税而引起的分配扭曲程度。

在出口方面，重新考察出口控制政策的合理性也是必要的。过去的出口控制有三个目的：第一获取出口香港和澳门的新鲜食品和其他生活必需品的垄断利润。第二，遵守由主要进口国颁布的出口限制条约。第三，减轻由于出口需求而引起国内供给短缺的压力。现在前两项仍然有效，而且有效是长期的。但是，现行管理办法却把垄断利润让给了出口许可证的持有者。它不仅造成国家收入的减少，而且使腐败现象增加。如同进口许可证一样，出口许可证也应该拍卖。如果能这样做的话，就可以取消出口关税。实际上，同样的机构利用同样的程序来管理进口许可证和出口许可证的拍卖工作，这项改革能够在短期内进行。出口控制的第三个目的是缓解国内供给短缺的压力，这只是在国内价格结构严重扭曲的情况下才有效。如果为了适应国际贸易的要求，国内价格要进行大规模的调整，那么出口限制，可能就不再需要了。经过调查以后，即使发现出口限制还是合理的，拍卖出口许可证的方法还是比目前的行政管理方法好。

另外，即使目前国内价格的严重扭曲现象仍将存在下去，也应该尽早考虑利用更有效的方法来纠正这种扭曲。经济改革的一个既定目标就是要使价格反映实际成本。仅为此目的，12年已经很长了。拖延是不能避免调整物价的痛苦的。实际上，让国内市场的短缺接受出口需求的挑战，是调整国内价格扭曲的更好的、更有效的方法。随着物价上升，供给将做出最迅速和充分的反应，而且生产过程下游价格的上升同样会使市场做出相应的调整。

在贸易计划和贸易限制领域内，外贸承包制的意义也是一个争论的主题。这种体制实际上是改革的倒退。完成承包合同的定量类似于改革前完成计划的定量。现在制定合同的讨价还价基本上与过去制定计划的讨价还价一样。在这两种体制下，都是更多地依赖于政府部门安排，而不是依赖市场机制来调节。如果不及时改正,新的僵化体制必然会损害过去12年来在外贸改革方面取得的成就。

（三）外汇管理与外汇市场

摒弃繁杂的行政性外汇控制将是向自由对外贸易迈进的一大步。事实上,中国在摒弃行政性外汇管制方面已经取得了很大的成就。外汇留成制度的发展以及全国各地外汇调剂中心的建立，为外汇管理部门开辟了一条完全不同的获取外汇的途径。很显然,这些调剂中心还处于雏型阶段,工作中还存在着许多问题,比如地区间资金流动的障碍，而且进入这些调剂中心也要受到限制。但是,这些调剂中心的进一步发展及其工作的进一步改善，已使建立一个高效益的完整的外汇市场成为可能。

外汇留成制度的一大缺点是留成率的复杂化，在不同的产业和不同的地区之间,留成率各不相同。但在留成外汇可以高于官方汇率兑换的情况下，多重的留成比率必然造成实际上的多重汇率，从而成为对外贸易扭曲的又一原因。自从1987年实施外汇承包制以来，中国在统一大多数承包合同的外汇留成比率方面做了一些努力,但终因例外太多,使政府难以实行整齐划一的留成比率。

在汇率政策方面。建立一个高效率的外汇市场,并且使汇率能够对市场情况的变化做出更灵活的反应。有人认为,只要有灵活的汇率,国际收支就永远是平衡的。因此,只要允许汇率自由浮动,外汇管制就不需要了。这种观点是目前大多数支持在新兴的市场经济中实行通货完全自由兑换的建议的基础。然而,这一观点忽视了在这些国家中金融市场尚不发达的这一事实。没有一个开放的功能良好的外汇市场，建议实行浮动汇率显然是不现实的。而且,中国实际上还没有一个金融资产市场。自由通货兑换必然为资金外流打开大门,导致货币的急剧贬值。象中国这样的缺乏资本的国家,由于没有发达的金融市场，为了满足部分居民对国外资产的偏好，而承担货币贬值的实际损失是没有道理的。

虽然为了防止资本外流可以排除通货完全自由兑换的可能性，但是仍然可以考虑允许在商品和劳务的进出口业务中实行外汇的自由交易，即经常项目的可兑换性。这里只要保证不会由于放松对外国货物和金融资产需求的限制而带来急剧的货币贬值即可。

上述保护意味着某种形式的外汇管制是需要的，但并不一定是现行的外汇管制制度。一种可能是从改革现行外汇留成制度开始，允许所有出口单位保留全部外汇，外汇留成率是100%。如同现行体制一样，出口所得外汇必须全部出售给指定的银行，出口单位保留的将是动用银行外汇帐户的权利，或者留作自用或者在公开市场上出售。

为了限制国内外汇支出,每年可以制定外汇预算,但不再具有指令性特点。在预期外汇收入的基础上,外汇管理部门每周可以发放一定量的外汇。与现行的随意行政性分配不同,外汇的发放将在公开市场上拍卖,而不问购买者的目的。由于出口所得外汇只能出售给指定银行,而外汇管理部门又不能动用官方外汇储备,所以外汇管理部门所拍卖的不是外汇，而是在公开市场购买外汇的期权。

公开外汇市场业务可以设立在指定银行，目前是在外汇调剂中心。指定银行的所有外汇帐户单位可以在任何时间出售任何数量的外汇。而购买者只能是持有外汇管理部门发行的期权的单位。汇率则由供需自行决定,就象1988年开业以来的上海外汇调剂中心那样。在目前情况下,为了稳定汇率或控制官方储备,中央银行可以加入外汇市场的买卖业务。由于中央银行可以使用官方储备干预市场，而且每周的拍卖额是由外汇管理部门与中央银行协商确定的，所以汇率不是自由浮动而是在控制下浮动。

这种方案有助于同时实现上述建议的外汇改革的三大目标:减少外汇管理的负担,建立一个高效益的外汇市场,根据市场的变化情况对汇率做出灵活的调整。但是，这种方案本身还不能保证避免因对外国货物和资产的过度需求而引起通货急剧贬值。而且如同在现行的外汇管理制度下一样,资本外流仍然是一个问题。一种可能的补救办法，是只允许经过注册登记的经纪人进入外汇市场。审计,在这种外汇管制下,也不能完全防止资本外流。它的有效性将取决于管理部门的可靠性以及管制过程的严格程度。

（摘自《社会经济体制比较》1992年）

为什么经济改革会导致通货膨胀

〔美〕　贝瑞·诺顿

正如在其它命令经济中一样，中国的通货膨胀已经威胁到经济改革进程。那么,通货膨胀必然伴随命令经济体制的转型过程吗？长期被认为是渐进改革最成功典型的中国为什么到80年代末跌入了严重的通货膨胀深渊?本文考察中国通货膨胀经验,强调了财政失衡的重要作用。

从命令经济过渡到市场经济要求全面改变价格体系和相对价格。在命令经济中,价格在单独资源配置决策中起的作用不很大。价格对部分居民消费决策有影响，但是，生产和投资决策大都是政府在没有考虑相对价格或经济效益的情况下作出的。价格长期固定，价格关系高度扭曲。向市场经济过渡要求价格接近稀缺值，并在生产、投资和消费的资源配置中发挥主导作用。全面改变相对价格不可避免地将是经济改革进程的一个重要组成成份，但是，这必定会导致通货膨胀吗？

资料表明，在改革的最初8年（1979—1986），消费品价格水平的增加主要是相对价格的改变引起的。允许长期人为地定在较低水平的食品价格上涨，是总价格水平增加的主要因素。但是，自1987年起，所有重要消费品价格开始上涨，通货膨胀相应加速。纯价格水平（价格变化的货币成份）在数量上的增长变得比改变相对价格更为重要，正是在通货膨胀日趋恶化后，实施了严厉的通货紧缩政策，从而抑制了通货膨胀，但也减缓了增长，损害了改革。

与大幅度调整消费品价格相联系的总价格水平适度增长时期为什么会转变成纯通货膨胀时期？要回答这一问题，我们必须首先重新考察命令经济转型时期价格体系功能的变化情况。在命令经济中，价格在资源配置方面没有扮演主要的角色，而只在资源流动中充当主要结算工具的作用。政府控制的价格为现代工业创造了高价格和高盈利率，而农业、矿山以及大多数服务性行业的价格则相应定得较低。这种高度扭曲的价格结构确保了现代国营工业部门提供绝大部分国民收入，其中上交财政的部分则被纳入政府预算。预算除了支付正常的政府行政支出外，还包括了大部分国家投资。因此，投资不是由价格信号导引的，相反，政府投资的资源是由严重扭曲的总价格结构规定的。对产品价格进行控制取代了税收制度，从而有利于庞大的和进行干预的政府部门。

显而易见，如果价格体系要履行作为资源配置主导因素的新功能，就必须放弃以前作为资源流动主要结算工具的功能。单一的工具无法充分履行两种截然不同的功能。当价格在经济改革过程中接近稀缺值时（尤其是当部门间价格差额减少时），宏观经济的稳定就会要求要么制定新税制为政府提供收入，要么在收入减少时压缩政府开支。这两种方法如果都未采用，或行动太迟缓，政府赤字就将产生通货膨胀压力，其程度将取决于弥补赤字的方式。本文第二部分讨论了在改革期间中国政府预算作用所发生的巨大变化。改革前预算的主要特点就是绝对依赖现代工业获取财政收入，但是，随着经济中相对价格的变化，大大削弱了现代工业的盈利能力。其结果是在GNP中预算收入份额巨幅下跌、经常性的财政危机以及整个x公共部门大量的资金需求。从而，产生了与相对价格变化的直接影响有所不同的通货膨胀压力的来源。

只有当银行系统为满足价格增长提供了过量的流动资金时，财政赤字和物价调整才会引起通货膨胀。第三部分表明货币政策到1984年底转变到了尽量提供贷款的位置上。这一转变是造成通货膨胀逐渐积累乃致1988年爆发的最终原因。中国政府通过持续用从国际资本市场获得的资金来弥补庞大的赤字，使得通货膨胀压力暂时得到了遏制，但是随后，在赤字缩小时政府仍旧采用松的信贷政策，就使得公开的通货膨胀加剧了。货币政策的这种转变与通过银行系统来满足政府投资的需求有着密切关系。

中国在放开产品价格及给经济注入市场活力方面取得了长足进步。尤其是工业进入壁垒的降低，促进了乡镇企业产出和农业产出的迅速增长。可是在使财金关系合理化、建立税制以及明晰所有权和资产使用责任方面实际上毫无进展。缺乏现代化税制意味着随着改革而来的相对价格变化将导致政府财政收入大量流失。倘若政府默许其资原控制权降低，事情还不算太糟。但是，当中央领导寻求维持中央政府的大规模投资项目时，他们就会命令银行系统提供资金，这就必然导致执行通货膨胀的信贷政策，并最终扰乱经济和经济改革的进程。

这一分析表明渐进改革不存在导致严重通货膨胀的不可避免的原因。相对价格的调整确会产生短期通货膨胀的“峰值”，但是如果财政政策和金融政策健全合理，就能够对此加以控制。相反，通货膨胀的原因应到中国改革措施出台的顺序上去找。如果中国政府在改革的较早阶段实施税改，并适时拓宽非国营工业部门的税收基础，政府就有能力避免80年代的通货膨胀。因此，渐进改革战略需要较早地实施财政结构调整，而且在宏观经济记录中没有任何东西显示，渐进法存在固有缺陷。

（摘自《美国经济评论》1991年5月号）

玛丽·蔡尔德：

中国将要应付因工人失业出现的社会动乱

北京不会立即放开所有物价、取消所有国家补贴或使一切工业企业实现私有化。但是，即使政府实施本周在党纲中原则确定的雄心勃勃改革措施中的一半措施，中国仍会面临人员大量失业的局面以及随后出现的社会问题。如果政府无法在全国范围内有效地处理好失业问题，党的全面改革计划就有可能走向失败。

据中国官方说，中国目前的失业率为3%，政府已保证将失业率保持在这个水平上。但是，实际失业率

——包括未登记的外来劳动力和工作单位闲置人员——比这个数字高得多。在向十四大作的中央委员会报告中原则确定的经济改革措施中的大部分措施意味着还会有更多的人失业。

例如，政府将继续减少对国有公司的微观管理，让它们独立地按照市场原则运转。它将不再象以前那样每年拿出大约500亿元（合97亿美元）来支撑亏损企业。它还打算增大私有化程度。如果这些改革措施得到全面实现，至少将有2000—3000万本来就已就业不足的人员失去工作。

预计，精简中央至地方政府机构的雄心勃勃的计划将会使另外数百万人随着政府离开中央计划职能而失业。

在中国，失业对社会福利所带来的潜在影响比一个非社会主义国家大得多，因为工作单位可以为职工提供很多好处。在中国，国营企业或政府机构的人员失业，不仅仅意味着会失去现金收入来源，而且还可能意味失去家庭住房、医疗保险、养老金、孩子入托和上学机会和其他在工作单位的保护巢外面不容易得到、不那么广泛或负担不起的好处。

一方面，政府自1985年以来就一直鼓励企业经理人员在工作人员使用和安排上作出更为划算的决定。但是分们也受到很大压力，要他们把多余的或生产率低下的人员留下来，以便这些人员仍然可以得到各种好处。幸运的是，按照短期合同原则雇用新工人的做法正在越来越多地取代旧的终身就业保障制度。

目前，国家还没有为被解雇的工人设立保险基金，虽然在1986年以后就为此打下了法律基础。新的党纲中有一项建立全国失业保险制度的计划。这将使地方当局能获得可赖以逐步取消或改造更多的亏损公司的财政支持。

如要促进劳动力的流动和调整，并缓和失业带来的痛苦，中国就必须开始使其社会福利网脱离工作单位。政府应该首先取消免费提供住房的制度，并开始培育房地产市场来使住房事项与就业保障脱钩。其次，政府还应该使医疗保险成为人们在工作单位以外也能负担得起而且可以广泛得到的保障措施。

与此同时，地方政府也在依靠自己的力量解决这个问题。广东省政府部分通过对第三产业、集体企业和私营企业征税来支付失业救济金。其他地区仍在挣扎着解决大规模失业的问题。

例如，在重庆市，今年8月一个针织厂有2 600名工人被解雇。地方政府保证他们在两年内可以得到基本工资，而且还负责实施其退休金计划。目前这些失业工人仍可以住在工厂提供的住房里，但是政府不会用新的国营企业工作来帮助他们。据说到9月初找到新工作的人还不到8%。他们中的大多数人看来还要长期靠重庆市预算来生活。

如果各地官员确信他们在政治上和经济上经受得起失业带来的后果，类似的情况有可能在全国各地出现。北京要想避免发生社会动乱，就必须尽早采取行动来支持重新培训工人的工作，并努力促进全国增加就业机会。

（摘自美国《商业日报》1992年10月14日）

纽约《侨报》文章：

《兀型战略与“大中国圈”》

从80年代以后世界经济出现了明显的区域集团化趋势，特别是西欧以共同体为基础将于1992年建立统一市场，北美也将形成统一的自由贸易区，它们实行内部优惠，从而对外发生排斥作用，台湾现在已产生被“关在门外”的感觉。这种形势向中国提出了新的挑战，但同时也提供了新的机遇。特殊之处在于，中国将在改革开放过程中，一方面经受国际竞争的考验，使经济迅速成长，同时由海峡两岸加强合作，使国家逐步走向统一。要同时做到这二点，当前阶段至关重要的是妥善解决海内外中国人共同关心的大陆、台湾和香港形成“大中国圈”的问题。很明显，由于政治因素的障碍，关税、货币统一等许多问题需逐步解决，以及必须顾及别国可能的反弹，这个“圈”的正式建立还需相当长的时间，但无疑形成圈的过程已经开始，而且将加快地发展下去。在这里，笔者想着重讨论一下兀型战略与大中国圈的关系，以及当前需要采取的一下些措施。

（一）兀型战略与圈的关系

由沿海、沿长江和沿北方天津至乌鲁木齐以远的铁路大动脉构成的兀型地区是中国大陆的精华和主要开放地区。鉴于兀型地区具有劳力、能源资源、科技、市场、产品制造和运输等优越条件，以及有改革开放的基础，而台湾、香港则具有资金、信息、航运、经济管理和销售方面的优势，因此兀型地区与台港的贸易和经济合作近年来发展迅速，其明显的趋势是投资地域正从东南沿海的福建、珠江三角洲向北方和内地扩展；涉及领域从加工业扩大到基础设施、原材料和企业改造，以至商业和金融业；产业类型从劳动密集型提升到高科技产业。还出现了投入巨资建设大工程的动向。

正因为兀型战略覆盖了大陆主要的地区，与沿海战略相比来著扩大了开放前沿，而与全面开放相比以有相对集中、突出重点的优点，因此这一战略有可能显著促进大陆与台港的大规模合作，主要是：一、广阔而相对集中的投资空间，不仅使台港和外国向大陆的投资地域比沿海扩大很多，而且行业增加到包括制造、运输、能源、原材料、高科技等各个领域。从长远看，还有一个好处是使丌型沿线的内陆省份和少数民族地区及早得到资金，较快地开发，减少沿海和这些地区发展不平衡带来的矛盾。另一方面，由于外来投资相对集中于丌型地区，突出了重点，因此又比全面开发易于避免可能的投资分散和低水平重复的现象。二、比沿海战略多几倍的劳力和占全国80%以上科技力量处于开放前沿，可为整个大中国圈提供更多的产品、技术开发和研究，同时也减少内地劳力和科技人员向沿海少数地区流动的现象。三、提供更大的国内市场，丌型地区较大陆其他地区更有条件吸收外来的大量产品，既丰富人民生活，又促进各种产业在竞争中发展，也可通过丌型地区将外来物品转移到广大腹地。四、可吸引台港和外国资金联合开发丌型地区能源资源，在经过加工升值后输往台港和大陆缺能、缺原材料地区，这是单靠沿海地区做不到的。五、由于丌型地区各区段都有常设性机构进行有力的协调，使开放前沿和腹地结合更好，进出口物品流程缩短，流向更为合理，也使大陆与台港合作效率更高。六、丌型战略可使沿长江航运更迅速发展、亚欧陆上通道大为缩短，从欧洲、中东至天津不到20天，同时运量成倍增加，这对大陆和台港开展国际贸易都是很有利的。

（二）若干认识与措施

为促进大中国圈及早形成，首先应对三方的合作有个正确的认识，例如：一、大中国圈的建立对大陆和台港都很重要，并非只对一方有利。近年来世界经济低迷，但台港经济仍持续增长，这无疑与向大陆扩大投资和贸易有密切关系。二、大中国圈是“一国两制”下的合作，并非国与国的关系，那种把经济合作当成政治筹码而提出不切实际的条件，甚至推行“两个中国”，对合作采取“降温”刹车等，都是不明智也不利于整个民族发展的。三、未来国际竞争突出表现于科技方面，大中国圈要有强的生命力，必须以大陆丌型地区实力很强和水平高的科技为基础，在台港合作下解决产业化和行销渠道，这将使整个大中国圈经济迅速发展，也是台港实现产业升级、从积极方面防止“空洞化”的有效办法，据有人估计大陆科学技术的转移可解决台湾80%以上的产业“瓶颈”，而且大陆参与承包台港的大型工程也是可能的。四、三方经济既有很大互补性，在发展商品经济情况下又必然会在国内外市场上发生竞争，不是有人设想的那种简单的“前锋”和“腹地”关系。为了减少三方之间的摩擦和抵销作用，加强共同的对外竞争力，进行适当的协调是很必要的。五、合作主要发生在丌型地区和台港之间，这是关键所在，但大中国圈是一项全民族的事业，因此东南亚和其他地区的华裔也均可作出贡献。可以预计，在大中国圈中，三方和其他华裔经济都会保持活跃和增长势头，经济结构会更加优化和相互适应，而中国综合国力大为加强。

为促进大中国圈需要采取的措施，目前主要还是消除合作障碍，实现海峡两岸的“三通”。另一个富有成果的做法是，近年来大陆与台港三方在机械、化工、建筑、仪器、汽车、电器、计算机、医学、出版等行业，以及某些地区的开发方面，举行了大量的专题研讨，促进了合作，这无疑应继续发展。笔者建议在上述两项基础上采取进一步的措施，如：建立一个三方参加的常设性协调机构，互相通报经贸方面情况和要求，处理有关政策法规，投资环境和国内外市场关系等问题；进行较高层次或大型集团之间接触，开辟涉及巨额资金和建设期长的大型工程以及科技方面的大规模合作。如能实现这一个步骤，相信大陆与台港经贸合作和大中国圈的形成必将大步进入新阶段。

（摘自纽约《侨报》1992年8月27日）

附　　录

国家哲学社会科学"八五"重点研究课题
经济学科项目

序号	课题名称	课题负责人及所在单位	
1	新中国经济思想史	胡寄窗	上海财经大学经济系
2	县域经济发展的理论与实践	谢自奋	上海市社会科学院部门经济所
3	中国经济发展的区域结构调整	王积业	国家计委经济所
4	我国城乡集体经济合作经济研究	何　光	劳动部、中国合作经济学会
5	社会主义产权制度研究	李贤沛	武汉中南财经大学工经系
6	社会主义初级阶段个体、私营经济与"三资"企业问题研究	陈　炎	浙江省委政研室
7	九十年代经济体制改革	林　凌	四川省社会科学院
8	中国经济改革与对外开放的经验总结	胡海银	华东化工学院经济发展所
9	社会主义初级阶段所有制	有　林	《求是》杂志社
10	社会主义初级阶段个人收入分配问题研究	周勤淑	中央党校马克思主义研究所
11	我国国民收入分配问题研究	刘宗时	中央财政金融学院经管系
12	我国国民经济宏观管理与综合平衡	张　塞	国家统计局
13	中国：计划与市场	童大林	中国经济体制改革研究会
14	社会主义工业经济效益研究	赵贺春	合肥工业大学管理工程系
15	中国近代经济史	汪敬虞	中国社会科学院经济所
16	中国经济的稳定增长的机制分析与定量研究	刘树成	中国社会科学院数量与技术经济所
17	中华人民共和国经济档案资料选编	刘国光	中国社会科学院
18	现代资本主义经济研究	陶大镛	北京师范大学经济学系
19	社会主义国家经济职能与体制改革	宋光华	南开大学，天津南开区卫津路94号
20	国际经济理论问题研究	薛敬孝	南开大学国际经济系
21	社会总供需平衡及其调控机制的系统研究	钱伯海	厦门大学国民经济综合平衡研究所
22	中国革命根据地经济史	孔永松	厦门大学历史所
23	我国经济特区发展研究	郭哲民	厦门大学经济所
24	政治经济学学科建设中的基本理论问题研究	吴树青	北京大学
25	马克思主义生产资料公有制理论与我国国营企业的所有制改革	张胜宏	北京大学经济学院
26	计划经济与市场调节相结合的理论实现的途径和形式	卫兴华	中国人民大学经济学系
27	地区经济开发研究	杨树珍	中国人民大学区域经济研究所
28	中国贫困地区经济开发研究	严瑞形	中国人民大学农村发展所
29	当代西方经济理论的新发展及其与我国经济体制改革的关系	高鸿业	中国人民大学经济系
30	当代西方经济理论研究	傅殷才	武汉大学经济学院
31	中国生产率理论、测算与对策研究	李京文	中国社会科学院数量与技术经济所
32	中国产业结构问题研究	方　甲	中国人民大学函授学院

序号	课题名称	课题负责人	所在单位
33	中国生产力布局优化问题研究	刘再兴	中国人民大学区域所
34	中国经济监督研究	杨公朴	上海财经大学
35	中国农村宏观经济信息监测与分析系统	邓英淘	中国社会科学院农村发展所
36	我国人力资源开发与就业研究	宋晓梧	劳动部国际劳工所
37	中国老工业基地改造与振兴研究	戴佰勋	辽宁大学经管院
38	企业集团研究——股份制企业集团研究	伍佰麟	复旦大学经研中心
39	企业经营机制转换与财务会计政策	石成岳	上海财经大学
40	技术成果商品化的机制与运行研究	王正卫	浙江大学经济系
41	我国商品流通理论与实践	张文杰	山东经济学院
42	我国市场体系培育的目标，阶段及实现途径研究	许荣昌	国家计委市场司
43	新价格模式的建立与市场发育的关系	张卓元	中国社会科学院财贸所
44	各国税制比较研究	韩绍初	财政部税政司
45	广义财政分配理论及政策体系研究	许　毅	财政部财科所
46	我国金融机制转换研究	俞天一	中国金融学会
47	我国货币政策及其调控体系研究	刘光第	中央财金学院金融系
48	城市土地利用与管理的研究	包宗华	建设部政研中心
49	我国城乡住房制度改革研究	蔡德容	湘潭大学消费经济所
50	我国居民消费问题研究	曾壁钧	北京理工大学经济室
51	储蓄——投资转化机制研究	赵效民	中国社会科学院
52	中国第三产业发展战略与政策研究	李江帆	华南师范大学经济所
53	中国农民生活由温饱向小康转变的对策研究	詹　武	中国经济体制改革研究会
54	中国农民生活从温饱转向小康对策研究	何焕炎	国家统计局农调总队
55	中国工业化过程中农村剩余劳动力的转移	郭犹焕	华中农业大学农经系
56	农村社会化服务体系发展模式研究	王西玉	国务院发展中心农村部
57	我国现代化进程中生态经济管理问题研究	王松霈	中国生态经济学会
58	不同地带改革开放分类指导研究——内陆地区的改革开放研究	辛　文	四川省政协
59	中国对外经济技术交流与合作系统研究	滕维藻	南开大学校长办公室
60	技术引进与外向型经济发展理论与实践之研究	彭瑞玲	哈尔滨工业大学社科系

1992年国家中华哲学社会科学基金经济学科项目

序号	课题名称	课题负责人	所在单位
1	大陆与港台地区比较会计审计	黄世忠	厦门大学会计系
2	境外国有资产管理的理论与方法	邱震源	厦门大学财金系
3	中国社会主义商品经济思想研究	胡培兆	厦门大学经济所
4	马克思主义的合作经济理论与中国特色的合作经济研究	洪远明	复旦大学经济学院
5	现代资本主义经济中的国家与市场	华　民	复旦大学世经系
6	九十年代国际贸易与跨国公司投资理论与政策研究	陈建梁	复旦大学世经系
7	中国物资流通体制的模式转换	秦　毅	中国社会科学院财贸所
8	现代资本主义研究	唐思文	北京财贸学院
9	珠江三角洲、长江三角洲、环渤海湾地区经济发展水平评价、比较及开发策略研究	黄朗辉	国家统计局城调总队
10	九十年代美、日、德、印、中综合国力发展预测	江健桐	国家统计局国际统计信息中心
11	当代西方经济学家关于中国经济的研究	陈志禄	南京大学经济学系

序号	课题名称	课题负责人及所在单位	
12	长江中下游开放——开发带研究	夏国政	武汉大学管理学院
13	社会主义国家经济职能	徐清安	武汉大学管理学院
14	现代资本主义研究 ——美国贫困问题研究	陈恕详	武汉大学经济学院
15	不发达地区的发展机制研究	李少宇	四川省社会科学院经济所
16	甘肃省贫困地区经济开发研究	郭志仪	兰州大学西北开发综合研究所
17	黄山旅游经济开发研究	陈基余	安徽省人民政府
18	中华民国经济史	虞宝棠	华东师范大学历史系
19	农产品商品化与市场组织类型	于秉生	沈阳农业大学农经系
20	中国证券市场和证券投资的研究	黄芳泉	华中理工大学经济系
21	旧中国国家资本主义经济与管理研究	凌耀伦	四川大学经济系
22	中国古近代经济管理思想及其现实意义	何炼成	西北大学经济管理学院
23	马克思的剩余价值理论在当代	徐淑娟	北京大学经济学院
24	固定资产、投资结构、效益与经济稳定增长	顾金吾	南开大学经济系
25	现代发达资本主义国家的所有制问题	高　峰	南开大学经济系
26	经济发展中的商品流通体系变革 ——流通体系变革的比较研究	陈志昂	杭州商学院企管系
27	商品期货价格研究	周功华	江西财经学院贸经系
28	整体管理论	乌　杰	山西省人民政府
29	产业结构的地区协调与效果检验	董新保	清华大学经济管理学院
30	《资本论》与改革开放研究	陈　征	福建师范大学校部
31	宏观平衡调控体系研究	廖季立	中国经济体制改革研究会
32	我国农村剩余劳动力的比较研究	吴天然	浙江农业大学经济管理系
33	中国生产力布局优化问题研究	张宝通	陕西省社会科学院
34	九十年代我国个人收入分配体制改革研究	吴梦蛟	杭州大学经济系
35	巩固完善和发展社会主义全民所有制研究 ——全民所有制内在矛盾及其调节机制	秦贤正	中南财经大学经济系
36	个人收入的税收调控体系	许廷星	西南财经大学财政系
37	新疆兵团边境农场脱贫与开发建设问题研究	章　恒	新疆生产建设兵团
38	中国区域经济发展比较研究	徐惠蓉	江苏省社会科学院经济所
39	图门江下游地区开发模式及对策研究	安庆昌	吉林省人民政府经济技术社会发展研究中心
40	县域经济发展的理论与实践	胡悌云	河南省人民政府
41	沿海开放地区县域经济发展研究	蒋振声	浙江农业大学经管系
42	走向世界——珠江三角洲外向型经济研究	宋子和	中共广东省委党校
43	边缘区域发展战略与运行机制研究	莫一心	湖南省人民政府经济研究信息中心
44	世界热带（亚热带）海岛、海滨、旅游资源开发与保护比较研究	刘建华	海南大学文学院旅游系
45	海洋经济建设研究	王仁元	山东省水产局
46	环境经济量化的理论和方法研究	李金昌	国家环境保护局环经中心
47	深化城乡住房制度改革	高柳根	上海市社会科学院部门所
48	湖北老工业基地系统改造研究	周景堂	湖北社会科学院
49	中国企业集团研究	王　河	暨南大学经济学院
50	我国居民储蓄问题研究	周升业	中国人民大学财金系
51	农业社会化服务体系的层次与结构	欧阳旭初	中南财经大学农经系
52	中国农民生活由温饱转向小康的对策研究	王叔云	西南财经大学
53	社会经济统计理论与方法	黄良文	厦门大学计统系

序号	课题名称	课题负责人及所在单位	
54	信息产业投入产出分析	贺　铿	西安统计学院
55	人力资源会计	王志忠	北京经济学院财会系
56	特区国营和三资企业的经济效益与经营机制比较研究	王鲁捷	海南省委党校管理学教研室
57	不同地区乡镇企业资金积累机制比较研究	肖中铭	江苏省社会科学院经研所
58	甘肃省国营工业企业优化劳动组合模式选择与富余劳动力安置对策研究	潘留栓	兰州大学经济系
59	老企业的改造与振兴	孙鸿武	天津市社会科学院工经所
60	华东沿海地区乡镇企业发展趋势与对策研究	李基国	中共浙江省委党校
61	对我国三资企业经营活动的管理	熊性虞	南开大学国际经济研究所
62	中国企业集团研究	王益民	新疆经济管理干部学院
63	港、澳、台民族实业家的经营管理经验和经营管理思想	赵　靖	北京大学经济学院
64	中日企业文化比较研究	孙钱章	中共中央党校图书资料中心
65	全民企业和三资企业工资模式比较研究	童源轼	上海市社科院经济所
66	90年代中国城镇集体企业改革与发展	夏维扬	陕西师范大学集体经济室（陕西师大马列室）
67	我国私有企业经济管理研究	陈高林	四川大学工商管理系
68	国营大中型企业内部分配机制研究	甘本佑	西南财经大学四川成都
69	我国西部乡镇企业发展问题研究	李尚实	西南交通大学社科系四川成都九里堤
70	中国企业集团的发展	刘兆彬	中共中央党校经济部
71	贵州三线军工企业机制转换研究	陈谨之	贵州省体改委
72	少数民族地区乡镇企业模式研究	左　理	宁夏大学经济系
73	当代资本主义股份公司的新变化	陈为汉	四川省社会科学院
74	深化高新技术产业开发区改革、促进高新技术商品化、产业化，国际化的对策研究	陈永忠	四川省社会科学院工业财贸所
75	高新技术产业过程中经营和决策机制的系统分析	汪应洛	西安交通大学管理学院
76	技术引进机制的研究	王慧炯	国务院发展研究中心
77	非线性宏观动态经济模型	郭廷选	吉林大学系统工程研究所
78	中国特色的资本市场研究	刘鸿儒	国家经济体制改革委员会
79	中国税制改革的理论与实践	侯梦蟾	中国人民大学财金系
80	中国国债制度的改革规划	高培勇	中国人民大学财金系
81	中国灰黑色金融市场研究	朱德林	上海财经大学财经所
82	中国收费研究	伍世安	江西财经大学
83	我国农村土地使用和管理研究	郑景骥	西南财经大学农经所
84	土地价格理论与方法研究	陈洪博	华中师范大学城市经管系
85	深化城镇住房制度改革的理论探讨及政策设计	张中俊	国务院房改领导小组办公室
86	我国居民消费问题研究	邵宗明	国家统计局
87	新疆居民消费问题研究	宋　岭	新疆大学马列部
88	我国储蓄与投资机制的宏观研究	曾康霖	西南财经大学
89	中国农村经济发展空间结构的转换机制研究	曾菊新	华中师范大学资源与区域开发室
90	农村工业生产力聚集问题研究	陆立军	浙江省委党校理论所
91	农业综合开发的理论与实践研究	郭正模	四川省社会科学院农经所
92	三种不同地带县级经济改革与发展模式比较研究	高焕喜	山东省农业干部管理学院农经系
93	中国非耕地利用与管理制度研究	何道峰	国务院发展中心土地室
94	中国西北不发达地区农业现代化研究	聂华林	兰州大学
95	陕甘宁连片贫困地区的开发研究	文亦华	宁夏自治区经济研究中心
96	水灾害与经济发展问题研究	陈文科	湖北省社会科学院经济发展中心
97	农村集体资金运行机制研究	王家传	山东农业大学农经系

序号	课题名称	课题负责人及所在单位	
98	深化农村经济改革与发展畜牧业社会化服务体系问题研究	李明哲	沈阳农业大学农经系
99	“三西”重点扶贫县第二期扶贫开发对策研究	王朝良	宁夏区社会科学院
100	我国技术贸易价格管理和决策支持系统的研究	金明律	南开大学管理学系
101	劳动工资的正常增长机制研究	陈均平	重庆大学系统工程及应用数学系
102	社会主义经济发展中的浪费问题	李晓群	长春市委党校现代科技与经管室
103	中国工业现代化过程中的城乡经济关系	周叔莲	中国社会科学院工经所
104	创新经济工程研究	梁　镇	天津商学院
105	奥港经济合作与珠江三角洲产业技术升级研究	李鸿昌	广东商学院
106	专业性工矿城市发展模式的比较研究	鲍寿柏	马鞍山市人民政府
107	股份制与社会主义	周学曾	山西省委党校
108	2050年中国能源战略研究	周小谦	能源部综合计划司
109	中国特色的社会主义的社会进步指标体系和社会模型	颜德纶	上海市统计学会

1992年国家青年哲学社会科学基金
经济学科项目

序号	课题名称	课题负责人及所在单位	
1	经济发展与收入分配关联研究	左中海	西北大学经济管理学院
2	人口迁移与地区发展问题研究	朱　农	武汉大学人口研究所
3	中国产业结构理论与政策研究	叶树生	厦门大学经济研究所
4	调整对保持我国经济持续稳定增长的作用	刘　瑞	中国人民大学计划经济系
5	八十年代我国单一农业区产业结构调整及其所面临的问题研究	贺耀敏	中国人民大学经济系
6	中国江湖经济区域研究——江湖经济区开放开发战略	安　文	江西经济管理干部学院
7	国际劳动力流动与商品、资本流动	佟家栋	南开大学国际经济系
8	少数民族经济的开发与发展	陈庆德	云南民族学院政法系
9	天津市自由港建设与滨海地区协调发展研究	孟广文	天津师范大学地理系
10	国有资产保全机制和政策研究	王子林	国务院请产核资办公室
11	现阶段全民所有制经济改革的环境与对策	赵　谨	国家教委社科中心
12	中国居民收入、消费和储蓄问题研究	李晓超	国家统计局平衡司
13	我国沿海开放城市现代化进程中环境保护的经济学研究	时建人	东北财经大学经研所
14	县级政府职能与县域经济发展	周讳林	浙江省委党校
15	陕北贫困地区90年代经济开发研究	杨秋宝	陕西师范大学政教系
16	社会主义公有制形式的改革与发展趋势	李　飞	中央编译局当代马克思主义研究所
17	社会主义的改革经济理论与现代主义的“混合经济”理论的比较研究	史晋川	杭州大学经济系发展所
18	九十年代我国农村消费结构变化对产业结构调整的研究	王晓红	四川省社会科学院工业财贸所
19	农业开发投资效果实证研究	彭建强	河北省社会科学院农经所
20	西南地区农村工业化问题研究	郭晓鸣	四川省社会科学院
21	西南农村集镇的发育与成长研究	朱方明	四川大学经济系
22	关于建立和推广“中国式现代农场制度”的研究	龚益鸣	湖北省社会科学院
23	农村剩余劳动力转移与城镇化	刘艾玉	北京大学社会学系
24	高效农业与农区经济发展——关于解决温饱后农区经济发展道路的一种思路	刘卫东	山东省社会科学院农村经济所
25	珠江三角洲乡镇企业国际化经营研究	温思美	华南农业大学农经系
26	社会主义企业竞争论	张云钢	云南师范大学马列部

序号	课题名称	课题负责人及所在单位	
27	W理论——关于来自企业外部的管理企业的受外管理和对外管理的叙述	盛立先	浙江省金华市委党校
28	推进我国企业技术进步的难点与对策	龚绍林	江西省社会科学院
29	我国中小企业发展实证分析与深化企业改革的理论、方法和方案研究	曲建国	吉林工业大学管理学院
30	中国企业管理会计研究	周亚娜	安徽大学经济学院
31	证券市场与货币调控	王维安	杭州大学财金系
32	我国社会审计监督问题研究	何洪斌	郑州大学经济系
33	宏观金融管理有效性研究	郑先炳	中南财经大学财金系
34	我国税收负担分布态势与结构优化	解学智	东北财经大学
35	发展郑州贸易中心研究	吴海峰	河南省社会科学院
36	中国西部市场发育与开发研究	孙明贵	兰州大学经济系
37	各国股票市场比较研究	郑振龙	厦门大学财金系

本年鉴编辑部举办首届全国经济学工作者联谊周活动

为了中国经济科学的繁荣和发展，推动经济体制改革，本年鉴编辑部于1992年10月7日—13日在北京举办全国性的经济学工作者联谊周活动。

参加联谊周活动的有全国大部分省、市（区）的经济学者和经济工作者共108人。

出席开幕式的经济学家有(按姓氏笔画为序)王梦奎、卫兴华、马家驹、方生、苏星、李京文、何伟、何建章、汪海波、张卓元、陈吉元、周小川、周叔莲、骆耕漠、郑家亨、晓亮、高尚全、黄范章、樊纲、戴园晨、魏杰。骆耕漠、苏星、卫兴华等在开幕式上作了即席发言。李京文、张卓元、马家驹、何伟、晓亮、刘国光、方生、王珏、樊纲等作了专题发言。部分与会者也在会上发了言。中心是探讨市场经济问题。

会议期间邀请首都部分经济学报刊、出版社的负责人、编辑同与会的同志见面，交流信息，沟通作者、编者、读者的感情。应邀参加的有《经济研究》、《财贸经济》、《中国工业经济研究》、《中国农村经济》、《经济研究资料》，人民大学出版社、经济管理出版社、吉林人民出版社等。

与会者还参观了首都钢铁公司。

（欧　阳）

本年鉴编辑部举办十二届三中全会以来经济学文章评奖活动

为了促进经济的发展，加速经济体制改革，培养经济理论队伍，本年鉴编辑部于1992年12月至1993年3月，举办了十二届三中全会以来经济学文章评奖活动。

为了认真组织评奖，特设立评奖委员会。其成员为：李京文、郑家亨、张卓元、晓亮、张朝尊、肖灼基、翟立功、刘福垣、张问敏。

鉴于经济学文章的作者非常广泛，涉及各部门、各层次，为了便于评比，将文章作者大体划分为两个系列：

第一系列。包括经济理论研究单位的研究人员，中央各部委（含省级）所属政策咨询机构的研究人员，在全国重点高等院校和省级以上(含省级)党校的教学人员，以及在读的经济类专业的博士生等。

第二系列。包括经济管理部门的工作人员，企业职工，省级以下的政策咨询机构的工作人员，全国非重点高等院校和省级以下党校的教学人员，在读研究生、大学生，以及其他经济学爱好者。

参加评奖文章的范围是，1985年至1992年在公开和内部报刊、资料上发表的经济类文章、调查报告、研究报告、政策建议等。规定每人寄参评文章1篇，但极少数人寄来参评文章2篇，个别人寄来多篇。作者绝

大多数属第二系列。

经过评委会认真评审，两个系列各评出二、三等奖和纪念奖各若干名。现将二、三等奖名单公布如下（按姓氏笔划为）：

第一系列二等奖

王　梅	论劳动报酬系数规律	河北学刊 1992 年第 6 期
王新前	论社会主义初级阶段的经济模式	社会科学研究 1989 年第 1 期
文　力	论市场的社会经济制度非特质性——马克思主义经典作家的市场理论及其启示	学习与探索 1992 年第 2 期
卢嘉瑞	空间资源的开发与利用	中国社会科学 1992 年第 5 期
刘立均	社会主义企业高度民主论	经济问题参考资料 1987 年第 11—12 期
李炳炎	商品经济和社会主义的命运	安徽省委党校学报 1987 年第 2 期
李晓西等	市场化改革思路的主要特征与内容——深化改革的战略选择	世界经济导报 1987 年 11 月 30 日
张守一 葛新权	理论价格的实证研究	财贸经济 1991 年第 7 期
张辅枢	社会主义国防经济学初探	军学 1985 年第 5 期
武汉社科院市场课题组	扩大开放开发长江流域若干问题的比较研究	湖北财政研究 1991 年增刊三
房郁琴	论利率机制的非对称性	经济研究 1992 年第 12 期
姜启渭	我的《资本论》今日观	领导参阅总第 59、60 期（1986）
奚兆永	关于住宅商品化的形式问题	南京大学学报增刊（1987）
郭晋刚	国有工业企业激励机制的变革及效果评价	经济研究 1992 年第 10 期
傅殷才	吸收西方经济学成果建设有中国特色的社会主义——学习邓小平同志关于西方经济学的论述	武汉大学学报 1992 年第 4 期

第一系列三等奖

王文博	审计质量及其控制概念
王国平	论产权与所有制
王树帆	当代帝国主义腐朽性的重要表现
云　鹏 郑东亮	走向市场——从劳动力市场角度看劳动部门职能转换
毛　健	定量分析方法与政治经济学研究
牛江涛	浅谈区域经济结构的调整
石　磊	存量调整：九十年代改革的落脚点
叶子荣	流转税转嫁的几点思考
冯玉华 张文方	论农村土地的“三权分离”
许学武 曹之虎	再造上海贸易中心的战略构思
牟朋文 蔺凤萍	论社会主义商品市场
汪叔九	理顺国家与国营企业分配关系的几个问题
汪叔九 吴维虎	谈谈保险业的征税原则
张　通	论建立社会主义市场经济体制的分配调控机制
李金早	论市场导向改革
杨正良	让股份经济进入国营企业

作者	题目	出处
杨秋宝 惠 升	推进贫困地区经济发展的战略选择	
杨渤海	市场调节为主的模式探讨	
吴敏一	我国区域经济运行机制初探	
张卫国	实现计划与市场有机结合的障碍	
张承元 侯立宏	黑龙江省各县经济实力分析及发展对策研究	
张恭德 李健英	论珠江三角洲产业结构向前演进的目标模式及实施对策	
张增芳	江苏全民企业试行劳动积累股份制的探讨	
陆国梁	现实社会主义与资本主义若干共性探讨 ——关于改革理论的深层思考	
邵少敏 林 伟	关于储蓄存款利率结构合理化的建议	
陈时兴	利税分流改革的难题探讨	
陈国恒	全民所有制企业利益机制的探讨	
陈昌玖	关于社会主义商品经济与资本主义商品经济的异同问题	
陈浪南	我国财政政策与货币政策的配套模式及现实选择	
林汉川	试论转换企业经营机制的内容体系	
罗明义	西南经济发展与产业结构分析	
金 建	论中国价格改革的深层动力和压力 ——社会主义初级阶段价格机制作用机理分析	
周开达	搞好国营大中型企业的探索	
赵锡敏	责任贡献工资制	
唐海燕	关贸总协定与中国经济的开放和发展 ——中国恢复关贸总协定缔约国地位若干问题思考	
高培勇	对国债承购包销问题的若干思考	
黄少安	论所有制深层结构改革与企业制度创新	
黄文忠	试论社会主义劳动力的商品属性	
韩 彪	马克思的运输经济理论和我国的实践	
韩建国	试析八十年代以来美日金融势力的相对变化	
董瑞华 陈 宪	“科学技术是生产力”理论的创立与发展	
程恩富	论《资本论》研究的发展态势	
蒙一丁	完善企业承包制的新思路——“三权分离”	
漆多俊	论社会主义市场经济体制下的政府职能	
裴 平	利用外资应以增强资金积累能力为立足点	
鞠立新	论列宁晚期关于社会主义经济运行机制思想的重大转变	

第二系列二等奖

作者	题目	出处
刁仁德	改革以来积累率研究的评价	福建论坛 1993 年第 2 期
王长明	住宅商品化及金融对策	金融研究 1988 年第 4 期
王成龙 王茂根	增强杭州市工业发展后劲对策研究	杭州经济研究 1991 年第 1 期
王保畲	略论建设长江经济带	长江流域资源与环境 1992 年 11 月
尹全洲	中国银企集团论纲	山西财经学院学报 1991 年第 3 期
冯铁坚	关于农村资金城市偏向的调查	改革 1990 年第 1 期

作者	篇名	出处
刘永祥 刘 韬	我国商业物流发展态势的初步思考	当代经济科学 1992 年第 5 期
刘淑慧 郭林田	也谈“三角债”治理	忻州金融调研 1991 年
向文桥	试论重复建设问题	中国经济问题 1992 年第 3 期
任志华	缓解资金短缺对策中的十个关系	改革 1989 年第 5 期
华定谟	共有制企业与共有制学派	上海经济时报 1989 年 10 月 4 日
汤 枫	金融体制改革的有益尝试	经济问题 1991 年第 6 期
李茂枝	论产业结构调整的金融对策	新金融 1991 年第 6 期
李南芳	深化联行制度改革的设想	中国金融 1989 年第 3 期
李映青	社会主义竞争的基本特征和企业竞争战略的构思	陕西财院学报 1987 年第 2 期
李鹤山 刘 敏	县级经济近期发展的方向与重点——论“贸易兴县”	商业经济研究 1992 年第 9 期
杨万铭	剪刀差与财政补贴	经济学家 1991 年第 4 期
何听彝	试论工业化及我国面临的战略选择	中国工业经济研究 1991 年第 6 期
邹东涛	从二元机制的“非凸组合”看中国经济改革的市场化取向	天津社会科学 1992 年第 5 期
张 驰	关于深化劳动制度改革的几点意见	经济体制改革内参 1992 年第 3 期
张自强	论打破传统的公有制构造	理论之声 1989 年第 3 期
张金香等	唐山市外商投资企业发展中的问题和对策	金融研究 1991 年第 6 期
张学勤	深圳建设和调控市场体系的启迪	经济研究参考 1992 年 7 月 15 日
陈华震	农村土地商品化经营初探	农业经济问题 1985 年第 9 期
陈鋈宇	启动资金为何难解债务链	金融研究 1990 年第 6 期
武汉市人民银行金融所课题组	九十年代中国金融改革的若干思考	经济研究 1991 年第 7 期
周军生 向文桥	从理顺全民所有制企业财产关系入手来提高投资效益	投资与建设 1990 年第 11 期
周洪涛	实行通货紧缩政策发挥金融的宏观调控作用——稳定经济、深化改革的战略研究	经济与管理研究 1989 年第 1 期
郑继方	试论石油经济学的研究对象与基本内容	石油学报 1988 年 10 月
赵广耀	论烟酒生产过剩之弊	经济日报 1989 年 5 月 6 日
赵文举等	粮食流通“双轨制”的新问题	中国粮食经济 1991 年第 2 期
赵自明等	证券市场与中国经济结构	管理世界 1992 年第 1 期
赵丽生	短缺经济学的启迪——兼与胡汝银、苏挺老师商榷	山西财专学报 1990 年第 6 期
贺建强	联合制导：搞活国营大中型企业的探讨	经济学动态 1991 年第 10 期
秦尊文	粮食定购“三挂购”透视	中国农村经济 1989 年第 3 期
徐志勇	简论资金价格的管理	福建金融管理干部学院学报
徐伟荣 石悔如	土地承包制与社会主义地租理论	农业经济丛刊 1985 年第 2 辑
徐镇南	温州农村股份合作企业考察报告	农村经济与社会 1992 年第 2 期
高书生	九十年代分配体制改革的战略选择	改革 1991 年第 6 期
涂白亮	豫南县农民负担过重问题调查	社会学与社会调查 1991 年第 4 期
黄 敏 徐开东	试论国债制度的创新	内部文稿 1990 年第 23 期
董 藩	关于地区间收入差距变动分析的几点商榷意见	经济研究 1992 年第 7 期
程国定	构造我国企业文化的思考	经济管理 1989 年第 5 期
温孝卿	供求总量与供求结构论——兼论实现我国供求均衡的政策选择	商业管理纵横 1990 年第 2 期
蔡木生	在“一国两制”下，建立港、深、珠、澳	金融研究报告 1991 年第 52 期

金融一体化模式的构思

蔡仲谋	第三产业是生产性的真正的产业	南方经济 1987 年第 2 期
慕锡凡	对《关于社会主义商品经济几个问题》的思考	延安大学学报 1992 年第 3 期
蔺俊杰等	对储蓄利率调整效应的思考	金融研究 1991 年第 6 期
谭永清 刘颂军	湖南农村货币流通情况调查	金融研究 1991 年第 10 期
颜春宁	试析浮动工资	管理改革的探索，经济管理出版社 1985 年版
薛跃进	我国云南边境贸易清算初探	国际金融研究 1992 年第 8 期

第二系列三等奖

丁　茜　当前搞活国营大中型企业的金融对策探讨
丁永祥　注重人才资源开发是欠发达地区经济发展的重要途径
丁春霖　社会主义依然存在资本——兼评《社会主义政治经济学原理》
于文化　按市场经济要求改革投资“笼管”体制
万由信　坚持生产力标准为发展生产力服务——兼论社会主义初级阶段工商行政管理
万景玉　拨离—→安置—→效益
马西炳、蔡国安　四重奏：控亏　促盈　监督　服务——中国银行支持外贸体制改革方略研究
马耀强、常　玲　实现农村奔小康出路何在？
王中荣　信贷向农业倾斜中的问题及对策
王曲华　技改项目与铺底流动资金有效结合的研究
王延龙　论强化责任制
王运昌　试论发挥企业活力的基础与前提
王志华　浅谈按劳资功能比例分配
王连骥　关于对个体和私营经济兴利抑弊的思考
王佑常　深圳房地产市场发展前景：问题与对策
王宏荣等　对恢复和发展东北区域粮食贸易的探索
王所明　实行银行参股是搞活经济的关键
王松山　加强工资基金管理　认真做好编制工作
王学德　浅议计划经济与市场经济
王绍基　试论商业集团的组建
王春生　启动工程技术杠杆，促进经济效益提高
王衍行　我国教育投资问题研究
王振岳　试论国民经济持续稳定协调发展
王晓光　论适合高新技术企业发展的外部环境
王晓晖　企业建港的重大尝试——中国南山开发股份有限公司的探索与实践
王茂枝　关于建立价格监测预警系统的思考
王峻峰等　缓解工业资金紧张是当务之急——对抚顺市工业流动资金的研究
王植青等　关于提高财政挤占信贷资金透明度的若干思考
公天亮　广东省乡镇企业发展状况考察及对兵团乡镇企业发展的启示
文军锋　加强基建概预算工作　提高投资效果
文启湘　论利用市场机制改革商业与搞活流通
文泽梅　搞好工商行政管理工作必须处理好六个关系
方宝忠　谈工商行政管理中的期限
尹生祥　试论“双定”在全员劳动合同制企业管理中的地位与作用
平　亮　为什么国家限制、调整的产业反而得到了发展？

龙义芳
谢小菲　浅析城镇劳动力供求态势与就业对策

史润青　乡镇企业亏损的症结何在？——对平定县信用社贷款企业亏损情况的调查

叶飞文　试论福建省第三产业发展的目标

叶绍周
陈少东　逾期农业贷款实行按季结息十分必要

田　贺　企业奖金激励效应问题的思考

田　涌　不同类型企业如何实行税利分流

田　涌等　当前税务部门推行全方位规范化管理需要解决的几个问题

田玉宝等　太原市工业企业利息、税收和设备老化问题的调查与思考

田春林　强化服务职能做好编制工作

司金銮　消费者行为学的起源、形成和发展

成友清　引导农民增加投入的对策

吕先声　加快发展　走质量效益型之路

曲长云　应加速现有中低压电厂的技术改造

朱祥林　进一步改革和完善我省财政管理体制的构思

朱硕甫　应该实事求是地调整承包基数——关于涟邵矿物局实行承包制后经济效益的调查

乔守基　抓住时机　发展自己　关键是要解放思想

乔继中
陈少东　农贷换据弊端十种

任树凯　全面提高工业经济效益

任群罗　从牟平看兵团

刘　可　深化对外经贸企业改革的几点构想

刘　华　调整企业与政府关系是解决企业内改与外部环境矛盾的关键

刘广云　浅议城乡居民储蓄存款的二重性

刘小华　略谈企业家形象

刘小渝
吕　红　浅议行社整体功能的发挥

刘书善　建立乡镇金库　完善乡镇一级财政

刘文基
刘景旺　提高企业经济效益的若干意见

刘长明　教育也是生产力

刘凤军　积极开发大豆食用制品提高人民营养水平

刘凤军
高洪芬　日伪对大豆市场的控制是伪满时期大豆生产萎缩的重要原因

刘加合　搞好农业科技开发是贫困地区脱贫致富的重要途径

刘有源　商品使用价值规律与质量品种效益

刘守义等　对逐步实行以公有制为主体的股份制经济的若干思考

刘廷元　信息的价值

刘观海　发展社会生产力与建立商品经济新秩序

刘宏宇　宏观市场价格公式与市场调节功能——兼议计划经济与市场调节相结合

刘伯行　试论“以权谋私”

刘沫行
冯文林　改革完善农业税制促进粮食生产稳定提高

刘家城　变革外部环境是把企业推向市场的关键

刘海江　投资结构调整与产业结构调整

刘景来　系统　规律　尺度——对生产力标准的再认识

刘景旺
薛成秀　集中资金加速财源建设的思考

江南云 官 强　农村信用社改革势在必行——对禄丰县农村信用社情况的调查
许长明　强化企业管理，提高经济效益
毕志强　要在提高固定资产产出率上作文章
孙有斌　论战后西方资本主义国家的消费购买力膨胀危机
孙自力　试论建立适应市场经济运作的农村金融体系和运行机制
孙红光　市场疲软的原因及利弊
孙建章等　税利分流：一种现实的选择——国企分配关系调查与思考
孙晓阳　我国企业集团发展面临的问题与对策思考
严炳洲　廉价劳动力不廉
苏　阳　联合经营是乡镇企业的必经之路
苏成春 张瑞才　二级分行稽核部门如何发挥职能作用
苏俭雄　一个亿元所的成功之路——对启东市支行中心储蓄所的调查
李平方 范　焜　银行放款产生纠纷的原因及预防
李　晓（阳泉）　遏制通货膨胀关键是发展经济
李　晓（蚌埠）　如何开展农业银行经济信息业务
李　珊　浅析粮食市场及其对策
李八一 胡尔义　最佳调价幅度浅析
李凤阳　商品市场体系若干问题探索
李玉禄 李　晓　信贷货币仍须从紧控制
李世发　对农副产品收购资金实行有效供给的构想
李麦秋等　迎接金融改革与发展的新阶段
李志华 赵子文　国库券黑市透视
李志宏 顾志伟　仪征市个体经济健康发展
李连第　重大的理论创新
李佩莹 杨树森　“躲胎”的成因及其对策
李欣广　西部地区矿产水利资源开发的经济战略措施
李怀福 陈朝根　对我市企业试行股份制问题的探讨
李英杰　试论变企业原始国有为现代国有
李明泉　论“社会个人所有制”
李树棠　论商品信息流
李涛香　世界货币防伪与我国的反假斗争
李荷宝　应让市场取代计划高效地配置资源——略论增加股票发行与股票交易所
李景华　试论价格的法律定义
李新生　加快金融立法　强化执法手段
杜百舜等　银行如何帮助森工企业尽快摆脱“两危”困境
杨　睿　试论乡镇企业链动式发展战略
杨文彦　在深化改革中建立社会主义的股票筹资融资机制
杨文洪　外商投资企业管理中的问题及对策
杨永华　我国 80 年代商品经济中消极因素大量泛起的原因探讨——与袁恩桢、顾光青、雍文远同志商榷
杨兰英　谈谈对我国同业拆借市场的看法

杨志安　论国债运行中财政货币政策的偏差协调——兼与黄敏、徐开东同志商榷

杨岳波
庞双全　系统工程在企业经营管理中的运用

杨学亮　我国城乡集市贸易的发展与商品经济规则问题

杨树森　自用货车向运输公司入股是解决空驶等问题的妙策

杨景江　关于国民收入增长与积累率增长的数量界限及其公式计算

杨逸寅
宋忠元　调整税收导向

肖光庆　银行在发放科技开发贷款中面临的矛盾及对策

肖象奎　农业信贷必须与科技结合

吴文霖　指导性计划还存在吗

呈立高　试论扩大企业的投资决策权

吴启新　试论审计监督在武警部队经济活动中的地位与职能

吴承铭　发展质量效益型农业的金融思路

吴振亚　论企业人事、用工、分配三项制度改革的内在机制

吴翔铃
蒋　静　刍议现阶段我国私营经济的发展

吴新文　外商投资开发经营成片土地若干问题

何光临　引入市场机制的最佳流通模式

何学仪
颜乃谦　储蓄电脑化的发展和管理浅议

余住壬
叶飞文　在加快改革开放步伐中进一步发展福建经济

余朝富
乐　杰　采取灵活措施　促进经济发展——宣汉县财政支持企业发展的调查

邱水云等　从金融角度看经济疲软的深层原因

邱春林　基层外贸企业实行规范化管理体制的探讨

辛元磊　区域经济的基本原理和规律性问题探讨

汪发元　企业走向市场运行机制探讨

沈明坤　债务的起源和发展

宋开祥　论"官本位"经济向"民本位"经济的转变

宋申海　试论建立政策性银行的局限性

宋永康　赋予"中间环节"新的活力——盐城市大中型商业批发企业情况调查

宋昌银　企业改革与政府职能的转换

宋森刚　市场疲软问题初探

张　伟等　银行政策性业务和经营性业务划开势在必然

张　红
任志华　遵循操作规程维护资金安全——由银行几起败诉案件引出的思考

张　利
陈凤岭　正确核定集体企业经济性质

张　林　佛山市对外开放实现经济腾飞的经验

张　诚　发达国家国债发行趋势及改进我国国债发行办法

张　挥　略论剩余价值规律的本质属性

张　静
熊华享　商业信用票据化及票据市场

张万银等　企业走向市场的金融媒介效应

张方春　库存产成品损失严重是工业生产企业转换经营机制的障碍
——对东明县预算内工业生产企业产成品库存情况的调查

张尔升 岳　平　试论农产品价格改革的方向
张立群　股份制改革与坚持社会主义方向
张宇平 冯友喜　对亿元县建设再上台阶问题的思考
张宇平等　关于搞活地方骨干企业的调查与思考
张国杰 张家星　价值规律是一个系统工程——论价值规律的结构及其运动机制
张凯闽　用集合论来研究剩余劳动时间
张和平　质量效益型研究述评
张学尚　对完善农村双层经营机制的思考
张淑珍　恢复关贸总协定缔约国地位对中国经济的影响及对策
张景莉　城市信用社的管理工作要加强
张富源 李卫平　银行承兑汇票业务潜流辨析
张赞恭等　中心幅射　振兴中国——关于建立洛阳经济特区的探讨
陈　琳　试论我省农村智力开发的目标模式——兼析文化程度与经济发展的关系
陈大明　加强工商行政管理在调整生产结构中的能动作用
陈才茂 何光临　加强盐业固定资产管理刍议
陈少东　对农贷管理中若干问题的思考
陈永明 张文军　重造大中型企业有效资金通道的金融思考
陈圣安　评地方保护主义的危害
陈汝冰　关于对齐市实施"三三"战略的几点理论思考
陈祁章　运输价格总体改革的思考
陈红儿　培育社会主义统一市场的大胆创新——对浙江省义乌市国合商业参与民间市场的考察
陈辉煌 王伟陵　对外汇留成制度改革的几点思考
陈逸龄　试论杭州市人口规模的控制
陈镜华　储蓄结构的变动趋势与税利改革
陆小兵 田春林　办"三产"兴教育
陆连华　建立农产品流通风险机制的探讨
林成行　个体工商户和建立家庭物资供应网点参与生产资料经营探讨——兼和况敬胜、聂长法同志商榷
林吕琪　从健全合同兑现办法入手进一步完善承包经营责任制
杭州娃哈哈集团公司　运用商标战略使企业立于不败之地
卓兆彭等　扶持与教育管理相结合促进私营科技企业健康发展
易培强　经济上新台阶的主要支点——提高效益
罗贵荣 魏业坤　依靠"粮油生产"基础　狠抓"乡镇企业"支柱
季洪茂　社会主义的根本任务是大力发展生产力
金开好　试探马克思恩格斯关于社会主义经济管理思想的形成
周　强　从社会文化背景论造就企业家阶层的条件
周仕强　对不发达地区商品经济普遍启动若干问题的认识
周志刚　试论实现统一汇率的时机选择和步骤
周连洲　关于公平税负的理论思考
郑江燕　城市信用社贷款呆帐损失问题亟待解决
郑孟煊　对发展第三产业的几个认识问题

官　强　对民族地区金融组织行使自治权的几点看法
孟　杰　综合效益审计初探
赵云鹤　组建乡镇企业集团的探讨
赵亚洲　会计工作如何进一步参与企业管理
赵松柏　乡镇企业发展中的难点及对策
赵宝伟　搞活地方财政的十个问题
赵保卫等　“公款私存”透析
赵玲玲　积极组建物资企业集团
赵朝贵　关于乡镇企业发展的理论思考
胡　振等　企业经营机制转换中的金融功能研究
胡安泰　流通中的货币不包括银行存款
胡继之　储蓄、消费与社会总供求平衡
侯以莅　优化外资决策的方法
钟本源　农业资金投入的经验教训及改革思路
郗玉芹　经济发展与对外开放
施镇平　实现计划与市场优越性结合的理论探索
姜守志
董永山　关于对粮食全面放开购销的构想
姜作培　国有资产管理体制改革的基本构想
洪　涛　劳动力的商品性和双轨制人才市场
胥茂森　信贷与货币对经济增长的直接效应
姚晓彬　平等竞争　自由竞争　公开竞争——浅析建立社会主义商品经济新秩序的必要条件
秦克建
孙应敏　调整信贷结构　促进优化产业结构
袁　钦　以东南亚目标市场为导向调整云南产业结构
聂　辉　适度国债规模论析
夏庆华　对劳务市场运行过程实施监督管理刍议
夏江海　我国技术引进的问题与对策
顾国建　挂户经营与农村工业化——温州农村家庭工业调查的思考
倪宏伟　建立“程序管理制度”与强化企业管理
徐开东等　论投资松动与克服市场疲软的关系
徐元旦　对深化企业工资制度改革的探讨
徐向东　建立清算银行是联行改革的唯一选择
徐嘉惠　企业内部管理与核算改革的一点尝试
钱友渔　卫生经济运行机制总论
钱安国　对社会主义劳动力性质及个人消费品分配的再认识
高廷民　简论信用货币与货币信用化
郭生荣　现金“体外循环”是商品经济的必然
郭如鳌　浅谈农牧民消费问题
郭晓勇
李建元　承包后银行的困扰与出路
诸亦裕　浅议同行议价
陶化东
余振地　税利分流全面推开的思考
陶伯春等　“高速度”与社会总供求平衡
陶严复等　强化货币导流　解脱债务困扰　搞活大中型企业
——关于增创中央银行对专业银行跨省、区大额结算贷款办法的构想

崔慧霞　整厂折股——加快国有老企业发展的新途径
黄　勇　论劳动力的合理流动
黄　敏　深化住房制度改革与住房金融制度创新的思路及建议
黄正新　我省固定资产投资规模现状、成因及对策
黄本森等　对信用社协管村组集体资金的认识与思考
黄江新　通货膨胀内涵的辨正
黄慷侠　商品名称中的商标侵权问题
曹汉昌　对公路运输行业企业兼并之管窥
崔鸣玉
蔡国安　我省利用外资问题剖析及策略选择
崔轶成　当前我国经济结构优化问题初探
章　克　论速度型财政向效益型财政转轨
梁海燕
梁卫平　信贷资金的现状分析与集约经营策略
姬肃林　企业直接进入市场、计划管理部门退出市场——完善市场体系必须注意的一个问题
屠启豪　在职失业——我国通货膨胀不容忽视的诱因
谢小荣　温州市开发性农业发展的回顾与思考
谢世明　试论运用法律手段保障股票市场健康发展
谢京师
刘进社　关于理顺国营企业党政工三者关系的探讨
彭晓寰　企业发展中资金紧张的原因与对策
蒋学毛　深化用工制度改革的战略及对策
蒋亭亮　发展农区畜牧业的几点思路——兼论陕西畜牧业的发展问题
董　藩
周　宇　关于建立我省闲置设备租赁市场的探讨
董国良　对发展黑龙江省外向型农业经济的探讨
董国良
姜守志　对搞活城乡粮食流通问题及对策的探讨
韩晓东　近期基层建行战略构思
韩晓东等　加强我国技术改造投资管理的思考
韩锡峰　制止通货膨胀必须：以坚定的货币政策为中心果断地压缩有效需求
程长羽　论广义使用价值
程为宝　株洲市电子研究所有偿合同课题承包责任制
程远斌等　现状·危害·根源·对策——信贷资金财政化问题研究
程惠芳　出口产品结构的转换与对外贸易运行模式的选择
——关于浙江纺织品出口结构的调查与思考
傅济生　转换企业经营机制的思考
焦国祥　山西省部分地、市劳务市场的调查与思考
焦俊峰
朱维平　推行股份制是深化企业改革的现实选择
舒化鲁　计划经济不等于社会主义
曾令京　努力把银行办成真正的银行——学习邓小平金融思想的体会
曾建明　论劳动合同制的效应
富思礼
郝燕妮　运用商标广告促进企业搞活
甄高福　强化县级人民银行的领导地位
鲍步云　生产力经济学的节约论
鲍晓峰　试论社会化大生产条件下中小企业的发展道路

谭永清　农村民间借贷的主要特征和政策选择
蔡国安 李文丽　试论贷款"三查"的现状及其对策
廖正云 李涛香　论我国银行信贷结构调整矛盾与解决思路
廖成明　加速民族地区经济发展必须实现三个突破
廖伟庭　特区经济结构调整中的金融工作研究
管怀鎏　论产业结构均衡化成本
樊　星　银行参与企业集团的设想
潘喜炎　启动贫困山区经济发展的信贷政策
薛志勇　财政赤字与宏观调控的思考
戴炳源　评布坎南的公共选择财政理论

《经济研究》编辑部与本年鉴编辑部联合召开首届全国经济类报刊编辑工作交流会

1993年3月23—29日，由《经济研究》编辑部和本年鉴编辑部共同发起，在北京召开了首届全国经济类报刊编辑工作交流会。来自全国百余家经济类报刊的140名代表参加了此次盛会。

会议请著名经济学家吴敬琏教授作了"抓住时机，推进改革"的学术报告；请中华工商时报社长兼总编辑丁望同志作了"市场经济条件下的经济新闻工作"报告；请国家新闻出版总署期刊司的张伯海司长介绍了全国期刊管理工作会议精神并与代表座谈。会议由《新华文摘》、《中国人民大学报刊复印资料》的编辑们介绍了从经济类报刊中摘登文章的标准和要求并回答了代表们的提问；由中南财经大学经济期刊信息服务部的同志介绍了他们对全国经济类报刊的评估手段，服务方法。与会代表围绕着市场经济条件下编辑工作遇到的新情况、新问题(诸如当前如何摆脱报刊发行量普遍下降的困境，报刊企业化经营，同时兼顾社会效益和经济效益)展开了热烈的讨论。会议代表还倡议以此次大会为基础，发起成立全国经济类期刊协会，并希望主办单位在适当时机于适当地点举办第二届全国经济类报刊编辑工作交流会。

(詹小洪)

1978—1992年我国经济类图书出版简况

一、经济类图书出版大幅度增长，呈繁荣兴旺态势

十一届三中全会以来，经济类图书的出版由复苏走向繁荣兴旺。1978年出版259种，1992年增长创约5 000种。14年来，累计出版约3万种。

经济类图书出版的品种在图书总品种中的比例迅速提高，1979年这一比例为2.3%，1991年增至7.77%。与近两三年其他一些国家经济图书年出版品种占图书总品种的比例相比，美国为10—11%，英国为7—8%，法国为4—5%。我国经济类图书出版的比重已进入世界前列。

14年来我国经济类图书出版的发展，大体可概括为以下几个阶段：

——1979—1984年，年出版量由335种增至1 117种，年平均增长46.7%。

——1985—1989年，年出版量由1 656种增至3 771种，平均增长率为25.5%。

——1990—1991年，年出版量为3 800—4 100种。

二、品种向多层次、多类型发展

各经济学专业教材的出版稳定增长。其中政治经济学教材1979年为30多种，1982年突破100种，到80年代后期增至约250种。

有关我国社会主义经济建设和改革开放的著作数量是多，增长快，比重大；并出版了一批颇有影响的专著和丛书，先后有一些优秀著作获得"孙冶方经济科学

奖”等奖励。

经济学译著出版是1985—1989年间的热点，整个80年代出版的译著约1 800种。

各部门经济学、应用经济学图书在经济类图书中占相当大的比重，并逐步成龙配套，渐成体系。据北京图书馆抽样统计，部门经济、应用经济图书占经济类图书总数的53%。

经济类工具书的出版十分突出，品种多，覆盖面广，增长快。1979—1988年间出版约350种，占这10年工具书出版总数的10%。加上1989年到1992年出版的经济类工具书共约700种左右。另外经济性年鉴约有200种。

（摘自《光明日报》1993年1月22日，钟　舒：《14年来我国经济图书出版走向》）

简　　讯

（1992）

（一）

▲新华社3月27日电，国务院批转了《国家体改委关于1992年经济体制改革要点》并发出通知，要求各地根据本地区、本部门的实际情况，采取有力措施，认真贯彻实施。1992年经济体制改革的重点是搞好全民所有制大中型企业，贯彻落实《中华人民共和国全民所有制工业企业法》，转换企业经营机制，有步骤地把企业推向市场。

▲以加速改革国有资产管理体制为宗旨的中国国有资产管理学会于4月10日在京正式成立。国务委员王丙乾担任学会的名誉会长。该会是研究国有资产管理科学的群众性学术团体。

▲4月10—19日，中共中央宣传部在京举办了“全国经济出版工作研讨班”。罗元铮、吴振坤、方生、张卓元、魏杰等经济学教授和11家大型企业的负责人、20余家经济出版社、期刊社的总编、主编参加了这次研讨班。由经济学界、企业界、出版界三方联手共同研究经济出版工作，在我国出版史上尚属第一次。研讨班上，经济学家希望企业界、出版界与理论界团结一致，共同总结改革开放实践的新经验、新成就、新方法，进一步解放思想，大胆探索，系统介绍和吸收国外一切有利于我国现代化生产、经济管理和宏观调控方面的知识、经验。大型企业的负责同志希望经济学界和出版界要出好总结改革开放经验、向企业提供有理论深度、便于学习、能操作、实用性强、通俗易懂、符合中国企业情况的经济管理图书。

▲5月4日，应北京大学校长、经济学家吴树青邀请，台湾著名经济学家蒋硕杰教授及夫人抵京访问，在京期间，蒋硕杰教授在北京大学进行了学术交流。

▲7月12日，我国首篇研究期货市场博士论文通过答辩。作者田源从经济统计分析的角度论证了建立中国期货市场的必要性，认为中国将成为国际期货大国。

▲8月7日《人民日报》讯，刘晓军主编的《中国当代经济科学学者辞典》近日由上海社会科学院出版社出版。该辞典收录了我国当代经济科学各领域的学者3 400多人，并介绍了每一位的生平现况、治学经历、学术成就、主要论著目录及目前研究方向。

▲8月，我国第一家股份经济研究所“河南社会科学院密县股份制研究所”在河南省密县挂牌办公。这家股份经济所是由河南省社科院、密县县委、县政府联办的。

▲由国务院发展中心主持开发、中科院管理、决策与信息系统实验室等单位参加研制的“中国宏观经济决策支持系统”于8月通过国家鉴定。专家认为，这一成果已达到国际同类系统的先进水平，具有较高的推广价值。该系统有宏观经济形势分析、经济波动分析、市场物理形势分析等9个子系统，它对制定科学合理的宏观经济政策、加快我国经济改革步伐将起到积极作用。

▲9月24日，“九十年代的中国经济暨‘献计献策’研讨交流会”在北京开幕。会议从全国各地上报的200篇论文中筛选出40余篇优秀论文进行交流和评奖。

▲11月9日，国家计委在北京举行仪式，聘请诺贝尔经济学奖获得者，联合国“世界经济预测项目”的创立人、美国宾州大学荣誉教授劳伦斯·克莱因担任国家信息中心顾问。

▲12月，由中共中央政策研究室委托国家统计局农调总队进行的“中国农村小康标准研究”课题已经完成，并在北京通过专家鉴定。专家们一致认为，这项研究具有重大的理论和实践意义，可作为各级党和政府部门制定有关农村政策的重要参考。

▲由联合国开发计划署无偿援助165万美元的《中国长期规划与宏观经济管理研究》项目，12月15日起在北京签字实施。这一项目的主要课题有：中长期预测，市场体系的建立，国际经济环境研究，新兴产业

的发展，人力资源的开发，财政和金融等宏观经济政策的制定等。项目实施年限为3年。

▲12月18日《人民日报》讯：据国家有关部门透露，我国开始按照新的标准划分经济类型。新的标准将我国经济成份划分为9种类型。即：国有经济、集体经济、私营经济、个体经济、联营经济、股份制经济、外商投资经济、港澳台投资经济、其它经济。

▲12月28日，由于光远、吴明瑜等倡导，由北京飞马发展公司支持而组建的北京开达经济学家咨询中心宣告成立。咨询中心由国内一大批著名的经济学家组成，何伟为理事长。

(二)

▲4月上旬，《经济学家》杂志社在北京举行了"经济学家理论座谈会"。会议由《经济学家》主编刘诗白教授主持，四十余位在京著名经济学家济济一堂，畅谈学习邓小平同志讲话的体会。与会代表的共识是：大胆探索当前深化改革、扩大开放中的重大理论和实践问题，是中国经济学家的历史使命。

▲由中国国家体改委会和联合国经济社会发展部联合主办的"经济机制转换"国际研讨会，于4月21—24日在北京举行。出席会议的有中外代表、联合国官员近80人，研讨了有关经济体制的调整和改革已成为世界潮流；充分注意微观领域中机制转换问题；价格改革在经济机制转换中的作用；政府在经济机制转换中的作用；经济机制转换过程中的社会政策问题；等等。作为本次会议的一个直接成果，联合国将通过世界银行、亚洲开发银行等金融机构筹措资金，在中国成立一个培训中心，介绍中国经济体制改革的经验，增进各国的互相理解与合作。

▲6月20日，《财贸经济》、《中国工业经济研究》、《经济研究》三刊编辑部联合召开了社会主义市场经济问题座谈会。参加会议的有中央办公厅调研究、国务院发展研究中心、商业部、中国银行、中国人民大学和中国社会科学院的专家学者30余人。会议讨论了社会主义市场经济理论，市场体系的培育，转变政府职能和新的社会主义市场体制的建立等问题。座谈会由《财贸经济》主编张卓元主持。

▲7月18日，《中国工业经济研究》、《经济研究》、《财贸经济》三刊编辑部共同举办了"经济发展速度问题"研讨会。参加会议的有刘国光、张卓元、何建章、李京文、陈吉元、乌家培、裴叔平、于祖尧、汪海波、吕　政、郭树清、郑海航等。研讨会由《中国工业经济研究》主编周叔莲主持。

▲9月29日，"中信国际经济论坛"在北京开幕。来自15个国家和地区的国际知名人士和我国有关部门、省市的负责同志、著名经济学家一起，共同研讨"面向21世纪——展望世界经济和亚太地区的合作与发展"这个主题。国务院副总理朱镕基到会讲了话，介绍了我国目前的经济形势。

▲10月20日和21日，由中国企业管理协会和世界经济论坛联合召开的第十二次企业管理国际讨论会在北京举行。来自世界五大洲22个国家和地区的90余位大企业高级领导人和来自我国各地的80多位大中型企业的管理者参加了讨论会。会议主要是从宏观上探讨中国最新的经济政策和投资环境及中外企业家之间的管理经验交流和合作。

▲11月4日至5日，中国社会科学院工业经济研究所、中国企业改革与发展研究会联合召开社会主义经济民主理论研讨会，评述蒋一苇同志的经济改革观点。吕　东、袁宝华、马　洪、刘国光、高尚全、陈清泰、纪　中、林　凌、周叔莲等出席了会议并发言。与会同志一致认为，改革开放以来，经济理论界做出了重大贡献，蒋一苇同志是其中比较突出的一员，他的经济改革观点有代表性的是"三论"，即：企业本位论"、"职工主体论"和"经济民主论"。

▲11月12日"期货市场国际研讨会"在北京举行。来自美国、日本、香港和我国专家学者在这次研讨会上，就在我国如何建立和发展期货市场等问题进行讨论。

▲12月20日，纪念毛主席关于延安南区合作社讲话发表五十周年及毛主席合作经济理论研讨会，在人民大会堂举行。

(三)

▲1月，全国城市经济理论研究优秀成果评选结果揭晓。该活动由中国城市经济学会和中国城市经济社会发展研究会联合组织，20名知名专家组成优秀成果评委会，在汪道涵会长和刘国光理事长的领导下，进行了评审工作。共评出城市经济理论研究优秀专著5本，优秀论文20篇，并对11篇论文给予优秀成果荣誉奖。1. 获奖城市经济优秀专著：杨重光、刘维新《社会主义城市经济学》，中国财经出版社1986年版；蔡孝箴主编《社会主义城市经济学》，南开大学出版社1990年版；朱林兴主编《中国社会主义城市经济学》，上海社科出版社1986年版；马传栋《城市生态经济学》，经济日报出版社1989年版；朱铁臻主编《中国城市手册》，经济科学出版社1987年版。2. 获奖优秀论文：林凌《中心城市改革及其新体制》，《改革》1988年第6期；饶会林《试论城市空间结构的经济意义》，《中国社会科学》1985年第5期；王保畬、罗飞林《城市现代化与综合交通运输体案》，《经济科学》1987年第1期；

王茂林《探索中心城市管理经济的新方式》,《经济与社会发展》1985 年第 1 期；周一星、杨齐《中国城市工业经济效益的多因素分析》,《经济地理》1990 年第 3 期；陈法博《试论社会主义土地准商品性》,《江汉论坛》1986 年第 8 期；宋家泰、顾朝林《城镇体系规划的理论与方法初稿》,《地理学报》1988 年第 2 期；刘国选《浅议城市化布局网络问题》,《城乡建设》1990 年第 1 期；江淮《关于城市经济结构合理化几个问题》,《城市问题》1988 年第 1 期；周殿昆《试论城市经济区的流通网络体系》,《经济地理》1986 年第 4 期；严重敏、刘君德《关于城乡结合部若干问题初探》,《城市经济研究》1989 年第 12 期；上海组《上海产业结构变动与转换的战略》,《中国城市年鉴（1988 年)》；张增芳《劳动积累股份制——改革出路》，《当代经济科学》1989 年第 5 期；孙文广《城市经济效益和我国城市化战略》,《城市问题》1989 年第 2 期；郭元晞《中心城市政府管理职能的探索》,《社科研究》1984 第 4 期；沈立人、徐惠蓉《城市经济发展的结构战略》,《上海经济研究》1988 年第 1 期；张人广《中国城市发展战略的资源配置》,《国际会议论文集》1988 年；白津夫《论省区城市发展战略》,《中国城镇》1988 年第 5 期；王品弟《建立和完善市场体系》,《市长参考》1987 年 12 月；李殿魁《东营市的兴起和发展》,《城市规划》1989 年第 2 期。

▲7 月，孙冶方经济科学奖励基金委员会公布“1992 年孙冶方经济科学奖励基金评奖标准和方法。”1. 根据 1983 年 6 月 19 日通过的《孙冶方经济科学奖励基金委员会条例》和《孙冶方经济科学奖励基金评奖标准和方法》，制定 1992 年度的评奖标准和方法。2. 评选对象：1979 年至 1992 年 12 月底（以近两年为主)我国经济理论工作者和实际工作者发表的论著。此次评选作品学科范围包括：理论经济学，国民经济综合问题研究，农、商业经济学中综合性、理论性问题研究。要特别注意发现和奖励中青年的优秀作品。3. 评选标准：获奖作品应是有创见和坚持党的基本路线和邓小平有中国特色社会主义理论并对我国社会主义现代化建设、对马克思主义经济科学的发展有较大贡献者。4. 评奖委员会组成：由孙冶方经济科学奖励基金委员会聘请 16 位经济学家组成评奖委员会，评定获奖作品，报基金委员会批准后发奖。评奖委员会名单如下（按姓氏笔划为序）：于光远、马洪、刘国光、孙尚清、李京文、苏星、吴敬琏、何建章、宋涛、张卓元、周叔莲、陈吉元、项启源、徐雪寒、董辅初、薛暮桥。主任委员薛暮桥，副主任委员刘国光，秘书长张卓元。